SCHÄFFER
POESCHEL

John Erpenbeck/Lutz von Rosenstiel (Hrsg.)

# Handbuch
# Kompetenzmessung

Erkennen, verstehen und bewerten
von Kompetenzen in der betrieblichen,
pädagogischen und psychologischen Praxis

2003
Schäffer-Poeschel Verlag Stuttgart

Herausgeber:

*Prof. Dr. John Erpenbeck,* Bereichsleiter Grundlagenforschung im Qualifikations-Entwicklungsmanagement (QUEM) der Arbeitsgemeinschaft betriebliche Weiterbildungsforschung (ABWF), Berlin

*Prof. Dr. Dr. h.c. Lutz von Rosenstiel,* Lehrstuhl für Organisations- und Wirtschaftspsychologie, Ludwig-Maximilians-Universität München

Bibliografische Information Der Deutschen Bibliothek

Die Deutsche Bibliothek verzeichnet diese Publikation in der Deutschen Nationalbibliografie; detaillierte bibliografische Daten sind im Internet über <http://dnb.ddb.de> abrufbar

Gedruckt auf chlorfrei gebleichtem, säurefreiem und alterungsbeständigem Papier

ISBN 3-7910-2106-0

© 2003 Schäffer-Poeschel Verlag für Wirtschaft · Steuern · Recht GmbH & Co. KG
www.schaeffer-poeschel.de
info@schaeffer-poeschel.de
Einbandgestaltung: Willy Löffelhardt
Satz: Johanna Boy, Brennberg
Druck und Bindung: Kösel GmbH & Co. KG, Kempten, Allgäu
Printed in Germany
Mai/2003

Schäffer-Poeschel Verlag Stuttgart
Ein Tochterunternehmen der Verlagsgruppe Handelsblatt

# Inhalt

# Einführung

## John Erpenbeck/Lutz von Rosenstiel

### 1. Kompetenzbegriff und Kompetenzverständnis

Der Kompetenzbegriff hat den betrieblichen wie den privaten Alltag erobert. Computer – und Medienkompetenz (Gapski 2001) werden erwartet, Management- (Jetter et al. 2000) und Coachingkompetenz (Bayer 1995) gefordert, Organisations- (Thom & Zaugg 2001) und Selbstorganisationskompetenz (North 1999) gefördert. Kompetenzmanagement (Probst et al. 2000) ergänzt das schon gängige Wissensmanagement (Probst et al. 1999). Der mit interkultureller Kompetenz (Kalpaka 1998) ausgestattete Kompetenzmensch wird zum höchsten Ziel lebenslangen Lernens (Wildmann 2001).

Davon ausgehend muss verwundern, wie wenig klar »Kompetenz« gegenwärtig begrifflich gefasst und messend zugänglich gemacht werden kann. Aber nur, was vergleichend beschrieben, qualitativ charakterisiert und wo möglich quantitativ verglichen werden kann, wird wirklich begriffen, bleibt nicht bloß Begriff.

Allerdings wäre es verfehlt, auf ein einheitliches Verständnis zu hoffen, auf allgemein *verbindliche* Charakterisierungen und Messverfahren zu warten. Dazu sind die Phänomene, auf die der Begriff verweist, zu komplex und die Gebiete, in denen er Bedeutung gewinnt, zu vielfältig. Doch zeichnen sich in den letzten Jahren zunehmend *verbindende* Überlegungen und gemeinsame Vorgehensweisen ab.

(A) Das ist *bedarfsanalytisch* nicht zuletzt darauf zurückzuführen, dass einige europäische Staaten, darunter Großbritannien, Frankreich, die Niederlande, Norwegen und Dänemark Kompetenzen, welche in der Weiterbildung, in der Arbeit oder im darüber hinausreichenden sozialen Umfeld gewonnen wurden, zu einem beruflichen Aufstiegskriterium – beispielsweise auf der Basis sogenannter Kompetenzpässe oder Kompetenzbilanzen – machen. (Drexel 1997: 197-252) Auch in der Bundesrepublik Deutschland gibt es entsprechende Bemühungen, Kompetenzentwicklung in den Brennpunkt beruflicher und betrieblicher Weiterbildung zu rücken (QUEM 1996, 1997, 1998, 1999, 2000, 2001). Ihnen fühlen sich die Herausgeber auf unterschiedliche Weise verbunden.[1]

---

[1] Prof. Dr. Lutz von Rosenstiel ist Vorsitzender des vom Bundesministerium für Bildung und Forschung berufenen wissenschaftlichen Beirates des Projekts Lernkultur Kompetenzentwicklung, das von der Arbeitsgemeinschaft betriebliche Weiterbildungsforschung (ABWF) initiiert und durch das Qualitäts-Entwicklungs-Management (QUEM) organisiert wird. Prof. Dr. John Erpenbeck ist Mitglied der ABWF und wissenschaftlicher Mitarbeiter der QUEM. Beide Herausgeber sind mit dem Thema durch zahlreiche Publikationen vertraut.

Übereinstimmung herrscht zudem im Bemühen, die geistesgeschichtlichen Positionen und die kulturellen Verankerungen des Kompetenzbegriffs tiefergehend aufzuklären. Es wurden *geschichtliche und kulturelle* Bedingungen untersucht, die den Übergang von der Qualifikation zur Kompetenz (Grootings 1995: 5ff.; Lichtenberger 1999: 275-310), die eine Lernkultur der Kompetenzentwicklung (Lernkultur Kompetenzentwicklung 2000) ermöglichen.

(B) Die *Geschichte* des Kompetenzbegriffs ist lang und wechselvoll (hier und folgend Ritter 1976: 918-933; Huber 2001: 29-47). Der lateinische Begriff competentia stammt von dem Verb competere ab: zusammentreffen, doch auch zukommen, zustehen. Die römischen Rechtsgelehrten gebrauchten das Adjektiv competens im Sinne von zuständig, befugt, rechtmäßig, ordentlich. Seit dem 13. Jahrhundert bezeichnet competentia die jemandem zustehenden Einkünfte. In Johann Heinrich Zedlers Universallexikon von 1753 werden die Begriffe competentia und Competenz mit der heutigen Wortbedeutung in Zusammenhang gebracht. Seit diesem Zeitpunkt sind Kompetenz, Kompetenzstreit und Kompetenzkonflikt mit der Ausdifferenzierung einer modernen, arbeitsteiligen und funktionalen Gesellschaftsorganisation verbunden. So bedeutet Kompetenz im Staatsrecht die *Zuständigkeit, Befugnis oder Rechtmäßigkeit* oberster Staatsorgane und nachgeordneter Behörden, Anstalten, Körperschaften oder Personen für öffentliche Aufgaben und hoheitliche Befugnisse. Von dieser juristisch-militärischen Begriffsgeschichte finden sich viele Ableitungen.

In der Kommunikationswissenschaft bezeichnet Kompetenz seit Chomsky (1962) die Fähigkeit von Sprechern und Hörern, mit Hilfe eines begrenzten Inventars von Kombinationsregeln und Grundelementen potenziell unendlich viele neue, noch nie gehörte Sätze *selbstorganisiert* bilden und verstehen zu können sowie einer potenziell unendlichen Menge von Ausdruckselementen eine ebenso potenziell unendliche Menge von Bedeutungen zuzuordnen.

In die Motivationspsychologie wurde der Kompetenzbegriff von White (1959: 297-333) eingeführt. Dort bezeichnet das Konzept Ergebnisse von Entwicklungen grundlegender Fähigkeiten, die weder genetisch angeboren noch das Produkt von Reifungsprozessen sind, sondern vom Individuum *selbstorganisiert* hervorgebracht wurden. Kompetenz im Sinne von White ist eine Voraussetzung von Performanz, die das Individuum auf Grund von selbst motivierter Interaktion mit seiner Umwelt herausbildet.

In beiden Fällen stellt sich die Frage nach der Beobachtbarkeit von Kompetenzen. Wie können Kompetenzen ermittelt werden, wenn sie doch innere, unbeobachtbare Voraussetzungen, Dispositionen des selbstorganisierten Handelns einer Person sind? In der Psychologie hat sich wohl als Erster McClelland (1973) darum bemüht. Offensichtlich sind Kompetenzen nur anhand der tatsächlichen Performanz – der Anwendung und des Gebrauchs von Kompetenz – aufzuklären.[2] Das

---

2  Wir gehen hier auf die theoretisch anspruchsvolle Diskussion zum Verhältnis von Kompetenz und Performanz nicht ein (vgl. dazu Stemmer 1983) weisen jedoch darauf hin, dass die im Folgenden erwähnte aktivitätsorientierte Kompetenz den Performanzaspekt berücksichtigt. – Jegliche Theorie der Performanz enthält eine – mehr oder weniger explizite oder implizite – Theorie von Kompetenz

gilt jedoch für die meisten psychologischen Konstrukte wie Begabung, Intelligenz, Kognition, Motivation usw. Kompetenz ist also stets eine Form von Zuschreibung (Attribution) auf Grund eines Urteils des Beobachters: Wir schreiben dem physisch und geistig selbstorganisiert Handelnden auf Grund bestimmter, beobachtbarer Verhaltensweisen bestimmte Dispositionen als Kompetenzen zu.

Danach sind *Kompetenzen* Dispositionen selbstorganisierten Handelns, sind *Selbstorganisationsdispositionen.*

Hierin besteht der entscheidende *Unterschied zu Qualifikationen*: Diese werden nicht erst im selbstorganisierten Handeln sichtbar, sondern in davon abgetrennten, normierbaren und Position für Position abzuarbeiten Prüfungssituationen. Die zertifizierbaren Ergebnisse spiegeln das aktuelle Wissen, die gegenwärtig vorhandenen Fertigkeiten wider. Ob jemand davon ausgehend auch selbstorganisiert und kreativ wird handeln können, kann durch die Normierungen und Zertifizierungen kaum erfasst werden. Einem »gelernten« Multimediadesigner mit besten Abschlussnoten kann in der Praxis schlicht nichts einfallen.[3]

Danach sind *Qualifikationen* Positionen eines gleichsam mechanisch abgeforderten Prüfungsha*ndelns, sind Wissens- und Fertigkeitspositionen.*

Um das ein wenig anschaulicher zu machen: Traditionelle Qualifikationen, die zentralen Zielgrößen klassischer Weiterbildung, entsprechen den Leistungsparametern eines mechanischen Aggregats, das man jederzeit neu auf den Prüfstand schieben kann. Zeigt sich ein Leistungsabfall, muss man Achsen gängig machen, Lager ölen, vielleicht auch Teile auswechseln. Dann lässt sich die Leistungsposition neu bestimmen. Bei elektronischen Aggregaten kommt die Auffrischung der fachbezogenen Datenbasis und eine Aktualisierung der methodenbezogenen Programme hinzu. Aber auch hier ist die Leistungsposition jederzeit bestimmbar. Diesem Bild entsprechend sind Qualifikationen eben genau jene Positionsbestimmungen, die im Sinne von Leistungsparametern prüfbar und durch gezielte Maßnahmen verbesserbar sind. Das Mitgefühl für Aggregate hält sich in Grenzen, unser Interesse ist auf die Leistungsresultate gerichtet, ist *sachverhaltszentriert.*

Ganz anders bei selbstorganisierenden, folglich kreativen Subjekten. Was wir erwarten, sind überraschende Lösungen, ist schöpferisch Neues. Unser Interesse ist hier nicht zuerst auf die Leistungsresultate gerichtet, sondern auf die Dispositionen, entsprechende Leistungen hervorzubringen. Kompetenzen als entsprechende Dispositionsbestimmungen sind in erster Linie *subjektzentriert*. Sie sind nicht direkt prüfbar, sondern nur aus der Realisierung der Dispositionen erschließbar und evaluierbar.

Der Transformation der Informationsgesellschaft in eine Wissensgesellschaft entspricht eine Transformation der Qualifikationsgesellschaft in eine Kompetenzgesellschaft. Die *Wissensgesellschaft ist eine Kompetenzgesellschaft*[4] (Mittelstrass

---

3   Die vieldiskutierten Schlüsselqualifikationen sind größtenteils Kompetenzen in dem hier entwickelten Verständnis.

4   Aber nicht jede Kompetenzgesellschaft ist Wissensgesellschaft. Kompetenzen können auf anderes abzielen als auf ein selbstorganisiertes Handeln, das zu Wissen im umrissenen Sinne führt: z.B. auf Emotionen, Glauben oder – unbegründete – Werte. Die Wissensgesellschaft ist die *moderne* Form der Kompetenzgesellschaft.

als einen ihrer Bestandteile. Das Verhältnis zwischen Kompetenz und Performanz ist dann dasjenige einer Teil-Ganzes-Beziehung (Huber 2001).

1999: 49-64). Wissensentwicklung ist Teil der Kompetenzentwicklung. Beides sind zukunftsoffene, selbstorganisative Prozesse, wertgesteuert und wertgenerierend.

Da man die inneren Fähigkeiten einer Person nicht unmittelbar beobachten kann, muss man Kompetenz als einen theoretischen Terminus im Rahmen einer spezifischen Theorie über Kompetenz behandeln. Der Kompetenzbegriff ist *theorierelativ*, d.h., er hat nur innerhalb der spezifischen Konstruktion einer Theorie von Kompetenz eine definierte Bedeutung. Außerhalb jeglichen theoretischen Rahmens ist der Kompetenzbegriff bedeutungslos. Erst Modelle als spezifische Interpretationen einer Theorie bilden die anschauliche Brücke zur empirischen Beobachtung. Ein sinnvolles Reden, ein vernünftiges Messen von Kompetenzen setzt demnach ein taugliches *Kompetenzmodell* voraus, das empirische Voraussagen im Theorierahmen gestattet.

(C) Die *Kultur* des Kompetenzbegriffs ist nur im breiteren Rahmen eines Verständnisses von Lernkultur angemessen zu kennzeichnen. Wir verstehen unter Kultur generell sozial-strukturelle, kommunikative und kognitive »Ausführungsprogramme«, unter denen sich soziale Prozesse formen, vollziehen und entwickeln (Schmidt 1994: 243). Kern dieser Ausführungsprogramme und damit Kern jeder Kultur sind Ideen und Vorstellungen, die selbstorganisiertes soziales Handeln bündeln, ordnen und konsensualisieren: nämlich Werte und Normen (Dierkes et al. 1993; Erpenbeck 1996: 611-13). Damit diese tatsächlich wirksam werden können, ist jedoch ein ständiges Lernen der sozialen Akteure erforderlich, insbesondere des wichtigsten: des Menschen. Das Lernen unter den Bedingungen von Komplexität, Chaos und Selbstorganisation, das Lernen in der Risikogesellschaft erfordert eine neue Lernkultur – eine Kultur des selbstorganisierten, die Risiken von Komplexität und Chaos bewältigenden Lernens. Das wichtigste Produkt dieses Lernens sind Kompetenzen, die das entsprechende selbstorganisierte soziale Handeln ermöglichen.

Diese *neue Lernkultur* ist u.a. deshalb erforderlich, (i) weil die in Wirtschaft und Gesellschaft gegenwärtig ablaufenden Globalisierungs-, Differenzierungs- und Spezialisierungsprozesse nicht anders bewältigt werden können, (ii) weil der formale Bildungsstand und die Mündigkeit breiter Bevölkerungskreise so gestiegen sind, dass die Selbstorganisation des Lernens von ihnen selbst gefordert wird und (iii) weil obrigkeitsstaatliche, fremdorganisierte Steuerungsstrukturen allenthalben die Grenzen ihrer Leistungsfähigkeit erreicht haben (Sauer 2000: 5-8).

Die neue Lernkultur misst dem *informellen* Lernen außerhalb von Weiterbildungseinrichtungen und vorgegebenen Zertifizierungen einen hohen Stellenwert zu und ermöglicht es auf systematische Weise. Sie geht von der dominierenden Rolle des *selbstorganisierten Lernens* gegenüber Formen fremdgesteuerten oder fremdorganisierten Lernens aus. Und sie befasst sich vorwiegend mit solchen Lernresultaten, die nichtexplizit und in der Regel wertbehaftet sind, also weniger mit dem deutlichen als mit dem *deutenden Wissen*. Dieses wird vornehmlich durch *Kompetenzen* repräsentiert: Sie enthalten (i) nichtexplizites Wissen in Form von Emotionen, Motivationen, Einstellungen, Fähigkeiten, Erfahrungen und Willensantrieben sowie (ii) zu Emotionen und Motivationen verinnerlichte (interiorisierte) Werte und Normen, unter anderem solche der jeweiligen Unternehmenskultur. Die neue Lernkultur ist also *ermöglichungsorientiert, selbstorganisationsfundiert und kom-*

*petenzzentriert.* Sie ist damit auf eine umfassende Kompetenzentwicklung gerichtet – eine umfassende Kompetenzentwicklung bedarf der neuen Lernkultur; beides ist untrennbar.

(D) Aus dieser bedarfsanalytisch, historisch und kulturell begründeten Auffassung von Kompetenzen als Selbstorganisationsdispositionen des physischen und geistigen Handelns ergibt sich die in unserem Handbuch gewählte *Systematik.*

## 2.   Systematik der Kompetenzen

### 2.1  Kompetenztypen

Problemlösungsprozesse gehören heute zu den strategisch wichtigsten Prozessen in Unternehmen, Organisationen und darüber hinaus. Die Bedeutung von Kompetenzentwicklung und selbstorganisiertem Lernen ergibt sich wie gezeigt aus der wachsenden Komplexität von Entscheidungs- und Entwicklungsprozessen, die zunehmend unter Frustration (d.h. sich widersprechenden Bedingungen) und Unsicherheit über die Zielfunktionen[5] ablaufen. Selbststeuerung oder Selbstorganisation des Handelns ist in der Regel dort notwendig, wo die Komplexität der Handelnden, der Handlungssituation und des Handlungsverlaufs keine streng nach Plan verlaufenden Problemlösungsprozesse zulässt. Die modernen Selbstorganisationstheorien bieten für Selbststeuerungs- wie Selbstorganisationsprozesse eine Systematik an, die hier als erster Ausgangspunkt gewählt wird.

Sie unterscheiden als grundlegende Lösungsstrategien von Problemen *Gradientenstrategien* und *Evolutionsstrategien* (Ebeling 1990: 3-16; Ebeling et al. 2000: 127-145; Schwefel 1995; zur Geschichte vgl. Bruckner & Scharnhorst 1989: 33-58 ).

Bei Gradientenstrategien handelt es sich um Suchstrategien, bei denen implizit davon ausgegangen wird, dass es einen schnellsten Weg zu einem eindeutigen Optimum gibt, die Zielfunktion bekannt aber möglicherweise schlecht oder unscharf definiert ist.[6] Im Verlauf der Suche werden Lösungsfunktionen optimiert. Das heißt,

---

5   Die Bezugnahme auf mathematisch-physikalische Optimierungs- bzw. Suchalgorithmen ist kein Physikalismus, sondern ermöglicht, zwischen der Zielfunktion und dem Suchprozess zu unterscheiden. Dabei geht man von der Annahme aus, das für ein bestimmtes Problem verschiedene Lösungen bewertet werden können und derart eine Zielfunktion definiert werden kann, deren Maxima einer optimalen Problemlösung entsprechen. Der Problemlösungsprozess lässt sich dann als Suchprozess nach diesem Optimum beschreiben. Selbstorganisationsprozesse zeichnen sich i.a. darin aus, dass die Zielfunktion nicht bekannt ist. Selbst wenn es objektiv eine Zielfunktion gibt, so ist deren Gestalt dem Sucher in der Regel verborgen und muss lokal Schritt für Schritt erkundet werden. Diesen Erkundungsprozess nennt man auch Suchstrategie.

6   »Die Gradientenstrategie geht von der Vorstellung aus, dass man schnell zum Maximum einer Funktion gelangen müsste, wenn es gelänge, stets der Richtung des steilsten Anstiegs der Funktion zu folgen. Da jedoch die Gradientenbahn im allgemeinen gekrümmt ist, muss die optimale Erfolgsrichtung von Schritt zu Schritt neu ermittelt werden« (Rechenberg 1973: 75). Werden im Suchprozess nur Schritt-für-Schritt-Verbesserungen akzeptiert, spricht man von einer reinen Gradientenstrategie. Sie stellt dann keinen Selbstorganisationsprozess sondern einen mechanisch-kybernetischen Steuerungsprozess dar.

die zeitliche Veränderung der Lösungsschritte erfolgt so, dass das System versucht, sich entlang dem steilsten »Lösungsgradienten« aufwärts zu bewegen – Fluktuationen um den »optimalen Weg« eingeschlossen. Im Verlaufe der Suche nimmt die Lösungsnähe zu, die Unsicherheit ab. Der Lösungsprozess steuert auf das Optimum zu. Man kann von einer *Selbststeuerungsstrategie* sprechen.

*Evolutionsstrategien* unterscheiden sich davon in der Art und Weise des Suchprozesses. Für alle Problemsituationen mit mehrdeutigen Lösungen, also Zielfunktionen mit mehreren Optima, die sich möglicherweise auch noch im Verlauf der Suche ändern können, muss man auf Evolutionsstrategien zurückgreifen. Zu den wesentlichen Elementen von Evolutionsstrategien gehören die Selbstreproduktion guter Lösungen, »Mutationsprozesse«, die neue Lösungsarten kreativ erzeugen und die Fähigkeit, die so erzeugten Lösungen beizubehalten und präzisiert auszubauen. Die endgültige Lösung ist oft unbekannt und wird erst im Verlauf des Prozesses kreativ erzeugt. Es handelt sich um eine *Selbstorganisationsstrategie* im engeren Sinne.

Beide hier skizzierten Lösungsstrategien gehen von der Vorstellung einer Suche in einem Raum von Problemen oder Lösungsvarianten und einer fortlaufenden Bewertung von Ergebnissen im Suchprozess aus (Scharnhorst 2000: 106-140). Beide erfordern die Charakterisierung der einzelnen Sucher oder der suchenden Gruppen.[7] Die zentralen Fragen sind dann: Welche Eigenschaften von Personen lösen Prozesse aus, die letztlich zu einem kohärenten Verhalten der zunächst scheinbar unabhängig erscheinenden Individuen führen? Und: Welche individuellen Dispositionen befähigen Menschen dazu, unterschiedliche Suchstrategien auszuführen?

Beide Lösungsstrategien erfordern sehr *verschiedene individuelle Dispositionen*.

Sie führen zu prinzipiell unterschiedlichen *Kompetenztypen*. Bei Gradientenstrategien werden möglichst nur Suchschritte ausgeführt, die eine schnelle Annäherung an die Lösung bringen – etwa wie ein Bergsteiger, der möglichst schnell (mit dem steilsten Gradienten der Zielfunktion) bergan klettert. Auf dem erstiegenen Berge bleibt er sitzen, unabhängig davon, ob es sich schon um einen relativ hohen Gipfel oder einen Hügel am Wege handelt. Bei Gradientenstrategien findet man Lösungen, die bezüglich kleiner Suchbereiche optimal, aber oft viel schlechter als die besten Möglichkeiten sind. Persönliche Eigenschaften wie Spieltrieb, Phantasie und Beharrlichkeit, aber auch kommunikative Fähigkeiten wie Kontaktstärke, Einfühlsamkeit und Geselligkeit sind bei dieser Lösungsstrategie eher störend, werden z.B. als Eigenwilligkeit oder Schwatzhaftigkeit zurückgewiesen. Fachliche und methodische Kenntnisse stehen im Zentrum des selbstgesteuerten Problemlösens. Kurz: *Fachlich-methodische Kompetenzen dominieren die personalen, die sozial-kommunikativen und die aktivitätsbezogenen.*

---

7 »Die Gradientenstrategie geht von der Vorstellung aus, dass man schnell zum Maximum einer Funktion gelangen müsste, wenn es gelänge, stets der Richtung des steilsten Anstiegs der Funktion zu folgen. Da jedoch die Gradientenbahn im allgemeinen gekrümmt ist, muss die optimale Erfolgsrichtung von Schritt zu Schritt neu ermittelt werden« (Rechenberg 1973: 75). Werden im Suchprozess nur Schritt-für-Schritt-Verbesserungen akzeptiert, spricht man von einer reinen Gradientenstrategie. Sie stellt dann keinen Selbstorganisationsprozess sondern einen mechanisch-kybernetischen Steuerungsprozess dar.

Evolution verstanden als Folge von Selbstorganisationsprozessen setzt Destabi-
lisierungen und Umbewertungen von Vorhandenem voraus. Bei Evolutionsstrategien ist es entscheidend, dass einmal erstiegene »Lösungshügel« auch wieder verlassen werden können. Sie müssen deshalb notwendigerweise die Akzeptanz von
Verschlechterungen einschließen. Sie führen den Gedanken der aus personalisier-
ten Einzelsuchern bestehenden Population ein. Mit diesem Ansatz lassen sich Prozesse der Kommunikation über die besten Lösungswege beschreiben (Rose 1998).
Kurz: *Personale, aktivitätsbezogene und fachlich-kommunikative Kompetenzen sind
dabei zentral, fachlich methodische eine notwendige, aber in keiner Weise hinreichende Voraussetzung.*

Kompetenzen werden hier als Selbstorganisationsdispositionen aufgefasst. Wir
unterscheiden zwischen zwei Kompetenztypen: Kompetenzen I, die für Selbst-
steuerungsstrategien (Gradientenstrategien) unter – möglicherweise unschar-
fer – Zielkenntnis, und Kompetenzen II, die für Selbstorganisationsstrategien
im engeren Sinne (Evolutionsstrategien) unter Zieloffenheit notwendig sind.
Bei ersteren dominieren die fachlich – methodischen Kompetenzen, bei letzte-
ren stehen personale, sozial-kommunikative und aktivitätsorientierte Kompetenzen im Vordergrund.

## 2.2 Kompetenzklassen

Kompetenzen wurden als Dispositionen selbstorganisierten Handelns gekennzeichnet. Geistige oder physische Handlungen sind stets Subjekt – Objekt oder Subjekt
– Subjekt – Beziehungen. Selbstorganisiertes Handeln kann sich reflexiv auf die
handelnde Person selbst beziehen (P). Es kann durch Aktivität und Willenskomponenten des Handelnden näher charakterisiert werden (A). Es kann sich auf eine
gegenständliche Umwelt beziehen (in der auch andere Menschen als Forschungs-
oder Bearbeitungs-»Gegenstände« aufgefasst werden), auf deren fachlich-methodische Erfassung und Veränderung (F). Es kann schließlich auf eine soziale Umwelt
(andere Menschen oder Menschengruppen) bezogen sein (S), graphisch zusammengefasst in Abbildung 1.

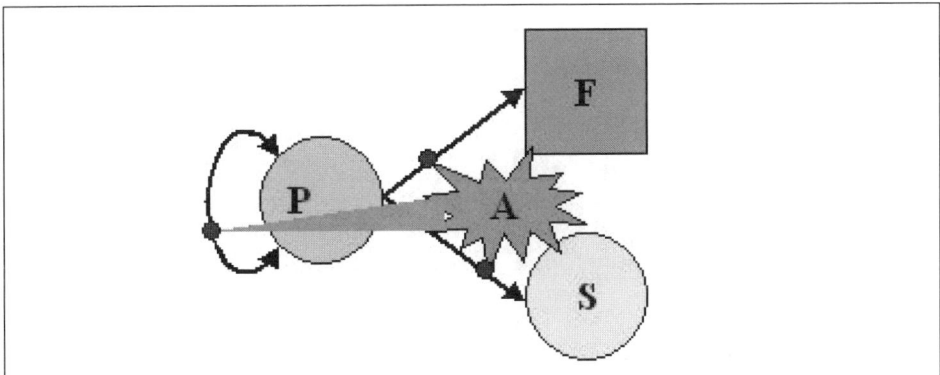

Abb.1: Die unterschiedlichen kompetenzrelevanten Subjekt – Objekt – Relationen

Damit lassen sich grundlegende Kompetenzklassen[8] (oft auch als Schlüsselkompetenzen bezeichnet) unterscheiden:

**(P) Personale Kompetenzen**: Als die Dispositionen einer Person, reflexiv selbstorganisiert zu handeln, d.h. sich selbst einzuschätzen, produktive Einstellungen, Werthaltungen, Motive und Selbstbilder zu entwickeln, eigene Begabungen, Motivationen, Leistungsvorsätze zu entfalten und sich im Rahmen der Arbeit und außerhalb kreativ zu entwickeln und zu lernen.

**(A) Aktivitäts- und umsetzungsorientierte Kompetenzen**: Als die Dispositionen einer Person, aktiv und gesamtheitlich selbstorganisiert zu handeln und dieses Handeln auf die Umsetzung von Absichten, Vorhaben und Plänen zu richten – entweder für sich selbst oder auch für andere und mit anderen, im Team, im Unternehmen, in der Organisation. Diese Dispositionen erfassen damit das Vermögen, die eigenen Emotionen, Motivationen, Fähigkeiten und Erfahrungen und alle anderen Kompetenzen – personale, fachlich-methodische und sozial-kommunikative – in die eigenen Willensantriebe zu integrieren und Handlungen erfolgreich zu realisieren.

**(F) Fachlich-methodische Kompetenzen**: Als die Dispositionen einer Person, bei der Lösung von sachlich-gegenständlichen Problemen geistig und physisch selbstorganisiert zu handeln, d.h. mit fachlichen und instrumentellen Kenntnissen, Fertigkeiten und Fähigkeiten kreativ Probleme zu lösen, Wissen sinnorientiert einzuordnen und zu bewerten; das schließt Dispositionen ein, Tätigkeiten, Aufgaben und Lösungen methodisch selbstorganisiert zu gestalten, sowie die Methoden selbst kreativ weiterzuentwickeln.

**(S) Sozial-kommunikative Kompetenzen**: Als die Dispositionen, kommunikativ und kooperativ selbstorganisiert zu handeln, d.h. sich mit anderen kreativ auseinander- und zusammenzusetzen, sich gruppen- und beziehungsorientiert zu verhalten, und neue Pläne, Aufgaben und Ziele zu entwickeln.

Diese Kompetenzklassen werden, wenn auch unter unterschiedlichen Bezeichnungen, immer wieder benutzt, wenn eine *grundlegende* Taxonomie von Kompetenzen angestrebt wird. Differenzierungen zeigen sich erst bei der unterschiedlichen Zuordnung von Einzel- und Teilkompetenzen zu diesen Klassen. Sie ergeben sich aus dem Blickwinkel der Untersuchenden und Messenden, aus Wertmaßstäben und Verwertungsinteressen. So kann man beispielsweise den personalen Kompetenzen Fleiß, Beharrlichkeit, Schöpfertum, Selbstvertrauen, Wertbewusstsein, Risikobereitschaft und eine große Fülle weiterer Eigenschaften zuordnen.

Diskussionen gibt es darüber, ob aktivitäts- und umsetzungsorientierte Kompetenzen eine eigene Klasse bilden sollten. Zuweilen werden sie nur als »Integral« der anderen aufgefasst. Es finden sich jedoch oft Personen – beispielsweise in der Gruppe der Unternehmer und des oberen Management – deren fachlich-methodischen, sozial-kommunikativen und personalen Kompetenzen eher mäßig sind,

---

8  Alle aufgeführten Bezeichnungen für Kompetenzen werden im Singular und Plural (z.B. Handlungskompetenz, Handlungskompetenzen usw.) benutzt. Der Singular bezeichnet meist die jeweilige Kompetenzgesamtheit, der Plural weist auf die Existenz von Teilkompetenzen hin.

deren Qualität jedoch vor allem darin besteht, gesetzte Ziele, komme was wolle, zu erreichen, die als »Durchreißer« gefürchtet und bewundert sind. Aktivitäts- und Umsetzungsstärke hat unseres Erachtens einen eigenen, deutlich abgrenzbaren und messbaren Kompetenzcharakter.

> Als wichtigste Klassen von Selbstorganisationsdispositionen von Handlungen d.h. als wichtigste *Kompetenzklassen* sind (P) *personale,* (A) *aktivitäts- und umsetzungsorientierte,* (F) *fachlich-methodische* und (S) *sozial-kommunikative* Kompetenzen zu differenzieren und der Messung zugänglich zu machen.

## 2.3 Kompetenzgruppen

Die bisher eingeführten Kompetenztypen und Kompetenzklassen gründen sich auf sehr allgemeine theoretische Vorstellungen über menschliche Problemlösungs- und Handlungsprozesse. Erstere stützen sich auf Vorstellungen von zielgerichteter versus zieloffener *Selbstorganisation.* Letztere auf eine naheliegende *Subjekt – Objekt – Struktur* des selbstorganisierten – geistigen und physischen – Handelns. Sie entwerfen ziemlich direkte Abbilder realer Selbstorganisations- und Handlungsprozesse und lassen sich insofern als (»reales Sein« modellierende) *ontologische Klassifizierungen* charakterisieren. Dabei muss bewusst bleiben, dass die Realität nicht mechanisch, kybernetisch oder selbstorganisativ »ist«. Wir benutzen vielmehr Mechanik, Kybernetik oder in unserem Fall Selbstorganisationstheorie, um zutreffende, praktikable Modelle dieser Realität zu entwerfen.

Im Folgenden erweitern wir dies um *methodologische Klassifizierungen.* Je nach eingesetzten Messmethoden und methodologischen Ansätzen erhalten wir unterschiedliche Sichtweisen auf das, was Kompetenzen »sind«. Dabei ist klar, dass Kompetenzforschung und -messung nicht bei unbekannt beginnt. Vielmehr wird sie im Prinzip *alle* bisherigen psychologischen und sozialwissenschaftlichen Ansätze, Verfahren und Methoden daraufhin abchecken, ob und inwieweit darin selbstorganisiertes Problemlösen und Dispositionen selbstorganisierten geistigen und physischen Handelns thematisiert sind.

Um das an einem Beispiel zu erläutern: Ein Programmierer kann in entsprechenden Weiterbildungskursen die Programmiersprache C + + erlernen. Sein so erworbenes Wissen ist prüfbar und als entsprechende *Qualifikation* zertifizierbar. Diese Qualifikation sagt jedoch zunächst noch nichts darüber aus, ob er C + + bei einer konkreten zieloffenen Aufgabe, die vor seinem Entwicklungsteam steht, wird nutzen können: Dort soll ein Programm für die Auswertung von Lasermikroskopaufnahmen entwickelt werden. Der Kunde, ein Biologe, hat keine Ahnung wie das zu bewerkstelligen ist, dem Programmierer fallen die unterschiedlichsten Möglichkeiten unter Verwendung von C + + ein. Wie das Endprodukt aussieht, was es leisten wird, ob es der Kunde auch akzeptiert und verwendet – alles ist offen. Erst im selbstorganisierten Problemlösungsprozess wird sich herausstellen, ob es sich beim C + + – Wissen des Programmierers um eine bloße Qualifikation oder um eine Kompetenz handelt.

Persönlichkeitseigenschaften, Tätigkeitscharakteristika, Qualifikationen, soziokulturelle Kommunikationsvoraussetzungen können als Kompetenzen gesehen und gemessen werden, wenn sie Aussagen zu den *Dispositionen* selbstorganisierten Handelns machen. Damit sind das methodologische und messtheoretische Wissen der Motivations- und Persönlichkeitspsychologie, der Tätigkeits-(Handlungs-) und Arbeitspsychologie, der kognitiven Psychologie und der Pädagogik, sowie der Sozial- und Kommunikationspsychologie für die Kompetenzmessung nutzbar zu machen.

Darauf basierend sind grundlegende *Kompetenzgruppen* (korrespondierend mit den Kompetenzklassen) auszumachen: (p) Kompetenzen als *Persönlichkeitseigenschaften* (→ im Zentrum: personale Kompetenzen; methodologische Basis: Motivations- und Persönlichkeitspsychologie), (a) Kompetenzen als *Arbeits- und Tätigkeitsdispositionen* (→ im Zentrum: aktivitäts- und umsetzungsorientierte Kompetenzen; methodologische Basis: Tätigkeitspsychologie, Arbeitspsychologie), (f) Kompetenzen als *fachbetonte Qualifikationen* (→ im Zentrum: fachlich-methodische Kompetenzen; methodologische Basis: kognitive Psychologie, pädagogische Qualifikationsvermittlung und Zertifizierung) und (s) Kompetenzen als *soziale Kommunikationsvoraussetzungen* (→ im Zentrum: sozial-kommunikative Kompetenzen; methodologische Basis: Sozial- und Kommunikationspsychologie)

## 2.4  Kompetenzentwicklung

Ob Kompetenzen innerhalb der beiden fundamentalen Kompetenztypen betrachtet werden, ob Kompetenzen aus den grundlegenden Kompetenzklassen oder Kompetenzgruppen charakterisiert und gemessen werden sollen – stets ist es möglich, einen *Augenblicksstatus* aufzunehmen – also die jeweils analysierten Kompetenzen $K_i$ zum Zeitpunkt $t_0$ zu betrachten – oder ihre zeitliche *Entwicklung* in Form von Zeitreihen zu analysieren – also $(K_i)$ zum Zeitpunkt $t_0$ --> $(K_i)$ zu den Zeitpunkten $t_n$ . Die $t_n$ können dabei sehr unterschiedliche Zeitspannen umfassen. Je nachdem, ob *überhaupt* Entwicklungsaspekte einbezogen werden sollen und in welchen *Zeitspannen* $t_n$ dies geschehen soll, ergibt sich ein unterschiedliches methodisches und messtechnisches Herangehen. Wird z.B. die Ermittlung des Kompetenzstatus in einem Einstellungsgespräch zum Zeitpunkt $t_0$ erforderlich, ist oft ein kurzer, prägnanter Kompetenzcheck die Methode der Wahl. Umfasst die Spanne $t_n$ den Zeitraum einer kompetenzförderlichen Arbeitssitzung oder eines Kompetenztrainings oder die Kompetenzentwicklung während einer Projektdurchführung, ist es vielfach mit einer Eingangsmessung und einer Abschlussmessung getan. Werden Kompetenzentwicklungen über Jahre, oft über ganze Lebensspannen im Sinne von Kompetenzbiographien verfolgt, bieten sich vielfach Kombinationen von Zustandsmessungen zum Jetzt-Zeitpunkt und retrospektive biographisch-qualitative Analysen an. Fehlen darf der Entwicklungsaspekt bei keiner Kompetenzmessung.

Kompetenzen $(K_i)$ weisen zumeist in einer bestimmten Zeitspanne tn eine ausgeprägte Entwicklungsdynamik $(K_i)_{t0} \rightarrow (K_i)_{t1} \rightarrow ... (K_i)_{tn}$ auf. *Kompetenzentwicklung* kann kurz- ($t_n$ – Tages- oder Wochenspanne), mittel- ($t_n$ – Monats- bis

Jahresspanne) und langfristigen ($t_n$ – Jahres- oder Mehrjahres- bis Lebensspanne) Charakter haben. Sie kann je nach Aufgabenstellung entweder vernachlässigt oder durch Zeitreihenmessungen oder durch qualitative Methoden erfasst werden.


## 2.5  Kompetenzbeobachtung

Wie in allen Human- und Sozialwissenschaften spielt das Beobachtungs- (Beobachter-) Problem eine entscheidende Rolle für das Kompetenzverständnis und die Kompetenzmessung. Dabei bilden zwei Positionen die extremen Pole, zwischen denen sich reale Kompetenzcharakterisierung und Kompetenzmessung bewegt.

Am einen Pol steht die Hoffnung, Kompetenzen wie naturwissenschaftliche Größen definieren und messen zu können. Vorbild sind hierfür Zweige der modernen Psychologie, etwa die kognitive Psychologie oder Teilbereiche der Sozialpsychologie. Hier wird das ganze Arsenal moderner Messtheorie und Statistik zum Einsatz gebracht. Es geht, erinnert man sich an den oft diskutierten Gegensatz von Erklären und Verstehen, um eine möglichst genaue *Kompetenzerklärung*. Der erklärungsorientierte Denkstil des Forschens ist darauf gerichtet, kausale oder statistische Aussagen zu finden, die künftiges Handeln – etwa eines Arbeitnehmers in einem Unternehmen oder einer Organisation – vorauszusagen und damit Effektivitätseinschätzungen von personalpolitischen Entscheidungen wie von Kompetenzentwicklungsmaßnahmen zu ermöglichen. Methodologisch wird in diesem Zusammenhang nach *objektiven Kompetenzmessverfahren* gesucht, die eine Kompetenzbeobachtung gleichsam »von außen« gestatten. Selbsteinschätzungen spielen hier eine geringe, Fremdeinschätzungen insbesondere durch den Messenden eine entscheidende Rolle.

Am anderen Pol steht die Überzeugung, dass eine solche Objektivität für human- und sozialwissenschaftliche Variable prinzipiell nicht zu erreichen sei, dass die enge Verflechtung von Beobachter und Beobachtungsgegenstand sowie die damit verbundene Unmöglichkeit objektiver Erkenntnis ein anderes Vorgehen erzwinge (Luhmann et al. 1990: 8). Dabei geht es um ein möglichst tief lotendes *Kompetenzverstehen*. Verstehen ist hier stets mit Sinnanalyse (Auslegung, Interpretation, Hermeneutik) von Geist, Erfahrung und Sprache eines autonomen, selbstorganisierenden, durch Dispositionen gekennzeichneten Subjekts verbunden (Schmidt 1995: 17ff). Methodologisch wird entsprechend nach *subjektiven Kompetenzeinschätzungs- und -beschreibungsverfahren* gesucht, die zwar auch Kompetenzen metrisch quantifizierend und skalierend einordnen können, aber nicht vorgeben, objektiv vom Beobachteten wie vom Beobachter Abgehobenes zu erfassen. Hier wird auf die Selbsteinschätzung von Kompetenzen, gleichsam auf eine Kompetenzbeobachtung »von innen« großer Wert gelegt. Subjektiven Selbst- und Fremdeinschätzungen wird gleiches Gewicht zugebilligt. Die moderne qualitative Sozialforschung stellt heute ein großes Methodenarsenal bereit, um auch mit solchen subjektiven Einschätzungen gewonnene Daten verlässlich interpretieren und perspektivisch nutzen zu können.

Viele Kompetenzmessverfahren bewegen sich *zwischen* dem objektiven und dem subjektiven Pol. Sie thematisieren, dass menschliche Komplexität, Intentionalität und Selbstorganisation nicht mit klassischen, »mechanistischen« Verfahren gemessen werden können. Sie wollen gleichwohl nicht den Standpunkt aufgeben, dass Wissenschaft zuverlässige Zukunftsaussagen zu machen und Entscheidungsprozesse, hier vor allem im Personalbereich, zu erleichtern habe. Deshalb kommt der Selbstorganisationstheorie und einem selbstorganisationstheoretisch gestützten Kompetenzverständnis eine so große Bedeutung zu: Sie belassen dem Einzelnen Individualität und Würde und vermögen doch zugleich, einen exakten Erklärungsrahmen für kompetentes Handeln zu schaffen.

*Kompetenzbeobachtung* kann als *objektives Messverfahren* wie als *subjektives Einschätzungsverfahren* gestaltet werden. Im Falle des zielorientierten Kompetenztyps, der fachlich-methodischen Kompetenzklasse und der vor allem auf Qualifikationen abhebenden Kompetenzgruppe wird eine objektive Kompetenzmessung oft Methode der Wahl sein. Beim anderen Kompetenztyp und bei den anderen Kompetenzklassen und -gruppen werden subjektiv orientierte Kompetenzeinschätzungsverfahren oft dienlicher sein.

## 2.6 Kompetenzforschung

Der Differenzierung von Objektivität und Subjektivität, von Erkennen und Verstehen kommt hier offensichtlich eine große Bedeutung zu, wobei auch subjektive Einschätzungen quantifiziert und objektive Bemessungen qualitativ ausgewertet werden können. Das gilt letztlich für alle Verfahren, die Persönlichkeitsvariable in ihrer Qualität und / oder quantitativen Ausprägung zu erfassen suchen. Derartige Verfahren werden vor allem von der (Persönlichkeits-)Psychologie, gelegentlich aber auch von Erziehungswissenschaft, Pädagogik, Soziologie, Kulturwissenschaft, Linguistik, Medizin u.a. entwickelt. Sie erfassen Indikatoren auf den Ebenen der (Selbst-)Aussagen, der Verhaltensweisen, der Physiologie oder der neuronalen Prozesse sowie der Verhaltensergebnisse. Von diesen Indikatoren wird dann auf ein Indiziertes, ein Konstrukt in der Person, geschlossen.

Alle diese Verfahren können keineswegs nur nach dem Inhalt des Konstrukts – z.B. Intelligenz, Interesse, Fertigkeit – voneinander abgehoben werden, sondern auch nach einer Vielzahl anderer Kriterien (Schuler 2000; Sarges & Wottawa 2001). So können Verfahren nicht nur objektiv oder subjektiv sein, sondern hochstrukturiert oder unstrukturiert, standardisiert, halbstandardisiert oder unstandardisiert, kulturgebunden oder kulturfrei, statistisch oder hermeneutisch interpretierbar usw. In der heutigen Psychologie dominieren hochstrukturierte, standardisierte, objektive Verfahren, die nach statistisch begründeten Regeln ausgewertet werden, die sogenannten Tests (Lienert & Raatz 1994). Insbesondere die Tests werden nach bestimmten Suchkriterien bewertet, nämlich nach:

- Objektivität auf den Ebenen der Datengewinnung, -auswertung und -interpretation
- Reliabilität, bestimmt entweder als interne Konsistenz oder als Stabilität

- Validität in ihren Formen als Augenschein-, Kriterien- oder Konstruktvalidität
- Akzeptanz bzw. Akzeptabilität im Sinne sozialer Validität
- Ökonomie.

All dies gilt grundsätzlich auch für Tests zur Messung von Kompetenz, jedoch mit spezifischen Akzenten.

Das menschliche Subjekt, als vermittelndes Glied zwischen wissensbasierter Kompetenz und praxisgestützter Performanz kann nämlich nicht allein durch anonyme »objektivierte« Regeln und Messungen erschlossen werden. Das Selbst und seine Selbstorganisation erfordern auch eine qualitative, verstehensorientierte Erfassung.

Methodologisch ist es oft schwer und zuweilen wenig sinnvoll, quantitative und qualitative Forschung sauber zu trennen. Methoden *quantitativer Kompetenzforschung* akzentuieren stärker die Messbarkeit und Skalierbarkeit von Kompetenzen sowie den Einsatz von Experiment, Test und Fragebogen. Sie sind eher elementaristisch und objektiv orientiert und betonen wie erwähnt die Außenperspektive. Sie können sich auf Fragebogen, Interviews, Schätzskalen, Delphi-Methoden, Check-Listen wie auch auf systematische Beobachtungsverfahren, task performances, indirekte Messverfahren usw. stützen.

Methoden *qualitativer Kompetenzforschung* sind eher an der Beschaffenheit und Güte von Kompetenz, an Sinn- und Bedeutungszusammenhängen interessiert. Zu den qualitativen Methoden rechnen beispielsweise unstrukturierte Beobachtungen und Befragungen sowie biographische Methoden. Qualitative Sozialforschung kann sich ferner auf eine Vielzahl kognitiver und phänomenologischer Verfahren, auf historisch vergleichende und ethnographische Methoden, auf Methoden der Diskursanalyse, Aktionsforschung, Alltagsforschung und Biographieforschung usw. stützen. Sie sind eher ganzheitlich und subjektiv und betonen die Innenperspektive. Gerade bei Beobachtung und Befragung sind aber die Übergänge fließend. Jede qualitative Untersuchung kann auch quantitativ, jede quantitative Untersuchung muss auch qualitativ ausgewertet werden.

Sowohl quantitative wie qualitative Messmethoden spielen für die moderne Kompetenzforschung eine eigene, unersetzliche Rolle. Es geht nicht um die Favorisierung eines Zugangs, sondern um eine volle Ausschöpfung des »pluralistischen Netzwerks von Forschungsprogrammen« (Herrmann 1987: 106-119), die der Kompetenzforschung zur Verfügung stehen.

*Kompetenzforschung* kann sowohl als *quantitative Kompetenzforschung*, die sich primär auf quantitative Messmethoden von Psychologie, Sozialwissenschaften, Pädagogik usw. stützt, wie auch als *qualitative Kompetenzforschung*, die sich insbesondere der Methoden moderner qualitativer Sozialforschung bedient, ausgeführt werden. Qualitative Untersuchungen können auch quantitativ, quantitative Untersuchungen müssen auch qualitativ ausgewertet werden. Die moderne Kompetenzforschung bedient sich aller dieser Methoden im Sinne eines pluralistischen Netzwerks von Forschungsprogrammen.

## 2.7 Kompetenzmessverfahren

Damit ist klar: Kompetenzforschung kann und muss sich *aller* Mess-, Charakterisie-
rungs- und Beschreibungsverfahren bedienen, die von der Persönlichkeitspsychologie und -soziologie, der Arbeits- und Handlungspsychologie, der Performanzanalyse,
der Qualifikationsforschung sowie von Sozialpsychologie, Kommunikationspsychologie, Sprachwissenschaft, Erziehungswissenschaft, Pädagogik usw. zur Verfügung
gestellt werden. Die Kernfrage unseres Handbuchs ist deshalb keine *messmethodi-
sche:* Vielmehr sollten alle zum Einsatz kommenden Verfahren und Verfahrenskom-
binationen daraufhin befragt werden, ob sie tatsächlich in der Lage sind, Kompetenzen als *Selbstorganisationsdispositionen* zu erfassen und abzubilden. Von daher
ist auch der Zusammenhang der nachfolgenden Textpräsentation entwickelt. Nur
Verfahren, die *explizit* Kompetenzen messen, haben in dieses Handbuch Eingang
gefunden, nicht solche, die man *auch* als Kompetenzmessverfahren interpretieren
*könnte.* Dadurch unterscheidet es sich deutlich von jenem, das kürzlich von Sarges
und Wottawa (2001) vorgelegt wurde und das mit weniger spezifischem Anspruch
breiter über wirtschaftspsychologische Testverfahren informiert.

*Kompetenzmessverfahren* werden hier als Resultat der Grundauffassung von
Kompetenz und des entsprechenden *Kompetenztyps* aufgefasst. Aus dieser Auffassung folgt der Blickwinkel auf die unterschiedlichen *Kompetenzklassen* und
*Kompetenzgruppen.* Er bestimmt wiederum entscheidend die Sicht auf *Kompetenzentwicklung*, die Neigung zu einer eher objektiven oder subjektiven *Kompetenzbeobachtung* und die Bevorzugung eher quantitativer oder quantitativer
Methoden der *Kompetenzforschung.* Erst aus der Gesamtheit dieser Auffassungen, Blickwinkel, Sichten, Neigungen und Bevorzugungen resultiert schlussend-
lich das *spezifische* Set an Kompetenzmessmethoden, das bei einem konkreten
Kompetenzmessverfahren zum Einsatz kommt.

Die entwickelten Dimensionen der Kompetenzmessverfahren lassen sich in folgender Übersicht (Abbildung 2) zusammenfassen; jedes Verfahren ist durch eine spezifische Belegung dieses Übersichtstableaus zu charakterisieren.

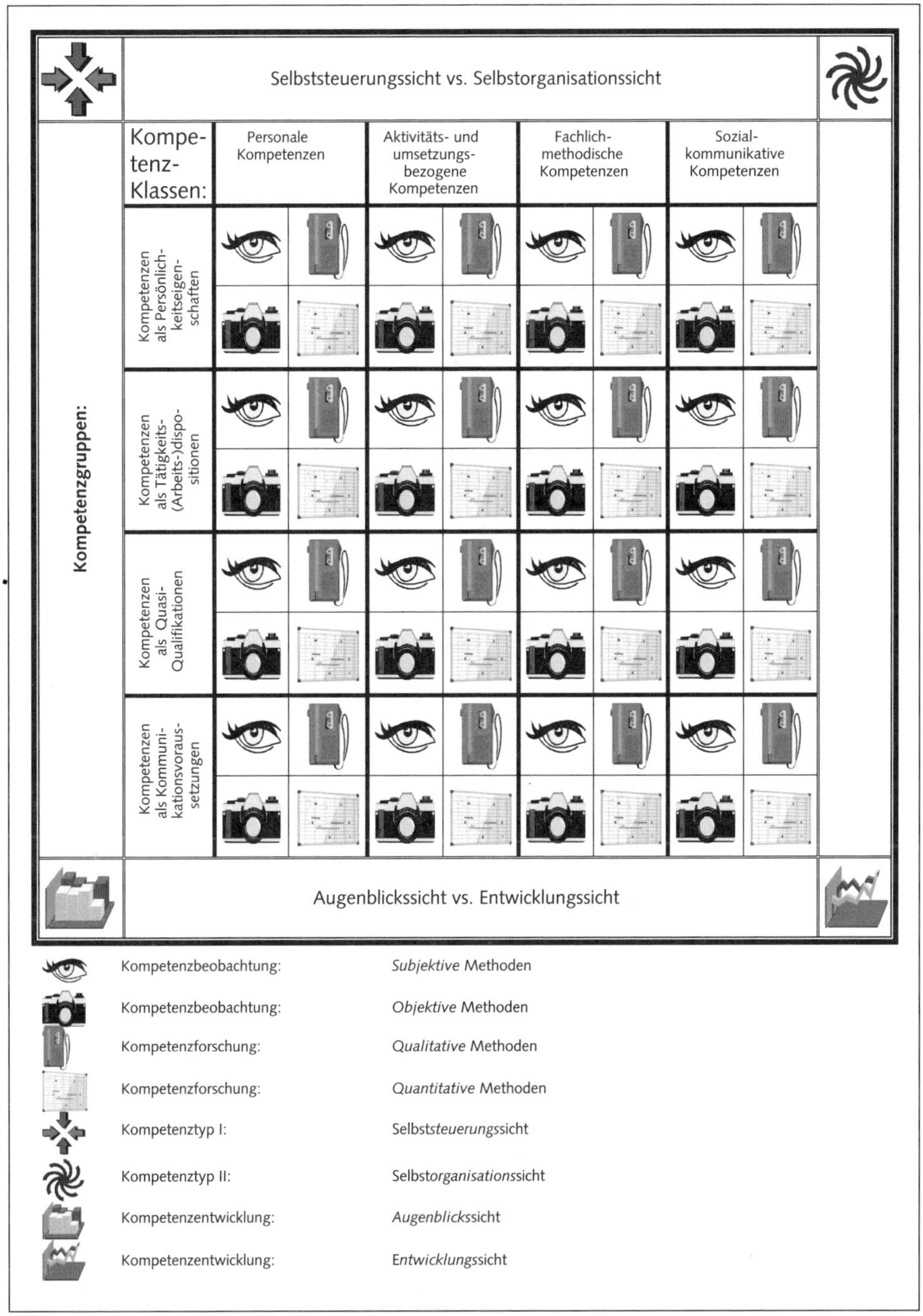

| Selbststeuerungssicht vs. Selbstorganisationssicht | | | | |
|---|---|---|---|---|
| Kompe-tenz-Klassen: | Personale Kompetenzen | Aktivitäts- und umsetzungs-bezogene Kompetenzen | Fachlich-methodische Kompetenzen | Sozial-kommunikative Kompetenzen |

Kompetenzgruppen:

- Kompetenzen als Persönlichkeitseigenschaften
- Kompetenzen als Tätigkeits- (Arbeits-)dispositionen
- Kompetenzen als Quasi-Qualifikationen
- Kompetenzen als Kommunikationsvoraussetzungen

Augenblickssicht vs. Entwicklungssicht

| | Kompetenzbeobachtung: | *Subjektive* Methoden |
|---|---|---|
| | Kompetenzbeobachtung: | *Objektive* Methoden |
| | Kompetenzforschung: | *Qualitative* Methoden |
| | Kompetenzforschung: | *Quantitative* Methoden |
| | Kompetenztyp I: | Selbst*steuerungs*sicht |
| | Kompetenztyp II: | Selbst*organisations*sicht |
| | Kompetenzentwicklung: | *Augenblicks*sicht |
| | Kompetenzentwicklung: | *Entwicklungs*sicht |

Abb. 2: Dimensionen moderner Kompetenzmessverfahren

Im Text werden wir dieses Tableau der Dimensionen durch den in Abbildung 3 dargestellten Graphen symbolisieren.

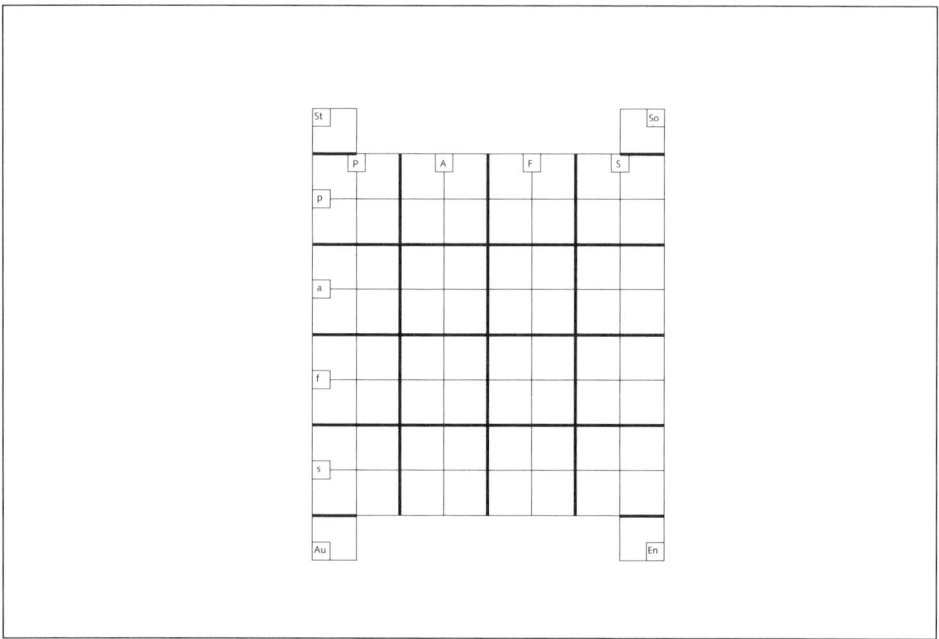

Abb. 3: Vereinfachtes Darstellungsraster (Graph) von Dimensionen moderner Kompetenz-
        messverfahren

Die Belegung des Graphen wurde durch folgende Checkliste (Abbildung 4) erfragt.

| | | Zutreffendes bitte ankreuzen! |
|---|---|---|
| Das Verfahren ist vorwiegend auf Kompetenzen gerichtet, die | zur Erreichung eines mehr oder weniger klar umrissenen Zieles notwendig sind *(Steuerung)*: St | |
| | als Selbstorganisationsdispositionen vorhanden sind, um neue unvorhersehbare Situationen kreativ zu bewältigen *(Selbstorganisation)* So | |
| Das Verfahren stellt in den Mittelpunkt die Messung/ Charakterisierung / Beschreibung | *Personaler Kompetenzen* (Dispositionen einer Person, reflexiv selbstorganisiert zu handeln) P | |
| | *Aktivitäts- und umsetzungsorientierter Kompetenzen* (Dispositionen einer Person, aktiv und gesamtheitlich selbstorganisiert zu handeln) A | |
| | *Fachlich – methodischer Kompetenzen* (Dispositionen einer Person, bei der Lösung von sachlich-gegenständlichen Problemen geistig und physisch selbstorganisiert zu handeln) F | |
| | *Sozial – kommunikativer Kompetenzen* (Dispositionen, kommunikativ und kooperativ selbstorganisiert zu handeln) S | |
| Das Verfahren fasst Kompetenzen vorwiegend auf | als *Persönlichkeitseigenschaften* (z.B. im Sinne von Motivations- oder Persönlichkeitspsychologie) p | |
| | als *Arbeits- und Tätigkeitsdispositionen* (z.B. im Sinne von Tätigkeits- oder Arbeitspsychologie) a | |
| | als verallgemeinerte *fachliche* Qualifikationen (z.B. im Sinne kognitiver Psychologie oder pädagogischer Qualifikationsvermittlung und Zertifizierung) f | |
| | als *sozial – kommunikative* Voraussetzungen (z.B. im Sinne von Sozial- oder Kommunikationspsychologie) s | |
| Methodologisch ist das Verfahren vorwiegend zu charakterisieren als | objektive Meßmethode ▨ | |
| | subjektive Meßmethode ▨ | |
| das Verfahren ist vorwiegend zuzurechnen | der quantitativen Kompetenzforschung ▨ | |
| | der qualitativen Kompetenzforschung ▨ | |
| Das Verfahren hat vorwiegend im Blick | den *Augen*blicks-, den Ist-Zustand der Kompetenzen Au | |
| | Die *Ent*wicklung der Kompetenzen En | |

Abb. 4: Dimensionen moderner Kompetenzmessverfahren (Checkliste)

Das wird es uns gestatten, die von den Autoren *selbst* vorgenommene Positionierung ihres Verfahrens durch die Belegung dieses Graphen zu veranschaulichen und den Texten jeweils voranzustellen.


## 3.   Verfahrensvielfalt und Verfahrenswettstreit

In der Regel verstehen wir unter einer Messung die »Zuordnung von Zahlenwerten und numerischen Verfahren zu empirischen Größen und Vorgängen... Das setzt die Charakterisierung eines Größenbereichs voraus, dessen Elemente und Relationen arithmetisiert werden sollen. Je nachdem, welche Relationen arithmetisiert werden sollen, lassen sich verschiedene Messskalen unterscheiden, z.B. Ordinalskalen, Intervallskalen, Verhältnisskalen« (Mittelstraß 1995: 862). Schon ein Blick auf die vorstehende Abbildung verdeutlicht, dass in diesem Handbuch *Kompetenzmessung* in einem viel weiteren Sinne verstanden wird und verstanden werden muss, will man nicht große Teile gegenwärtiger Bemühungen ausklammern, Kompetenzen tiefer zu verstehen und umfassender zu analysieren. Die schon früh formulierte Mahnung von Fraisse (1966: 661) gilt nach wie vor: »Es trifft zu, dass die Experimentatoren manchmal ihren Gegnern Argumente geliefert haben, indem sie sich mehr um die Exaktheit ihrer Methoden als um den Wert ihrer Hypothesen gekümmert haben.« Viele Hypothesen zum Kompetenzverständnis und zur Kompetenzentwicklung lassen sich heute nur qualitativ formulieren oder beschreibend umreißen. Sie auszuschließen wäre, bei allem Gewinn an methodischer Exaktheit, ein großer inhaltlicher Verlust. Wo wir Kompetenzen nicht ausmessen können, sind wir doch oft gezwungen, Handlungen und Handelnden Kompetenzen zuzumessen. Deshalb sind hier sehr unterschiedliche Verfahren aufgenommen, die Kompetenzen

- quantitativ messen (z.B. Tests),
- qualitativ charakterisieren (z.B. Begriffsanalysen),
- komparativ beschreiben (z.B. Kompetenzbiographien).

Ein anderer Aspekt kommt hinzu. Es sind nicht unbedingt die methodisch exakten Verfahren, die sich in der beruflich – betrieblichen, sozialpädagogischen oder schulischen Praxis durchgesetzt haben. Das lässt sich beispielhaft an dem methodisch zuweilen umstrittenen aber nichtsdestoweniger weit verbreiteten und ISO – zertifizierten INSIGHT® – Verfahren zeigen.

Wir plädieren hier u.a. deshalb dafür, der von Schuler (2000: 182 ff) eingeführten sozialen Validität (Akzeptanz) den gebührenden Rang bei Verfahrensabschätzungen einzuräumen (von Rosenstiel 2000: 20).

Doch auch mit diesen Weiterungen lassen sich einige methodologische Grundprobleme nicht umgehen, die vor allem im psychologischen und sozialwissenschaftlichen Bereich sehr klar formuliert wurden.

Wir befinden uns beim Messen, Charakterisieren, Beschreiben, Diagnostizieren immer in einer *Grundsituation kommunikativen Handelns*, die unser Urteil herausfordert: Wir stehen einem anderen Menschen kommunikativ gegenüber – unter bestimmten zeitlichen, räumlichen, sozialen, emotional-affektiven Randbedingungen, die unser Urteil zufällig oder systematisch beeinflussen. Wir schließen

von seinem äußeren Verhalten beobachtend und/oder uns seinem Handeln einfüh-
lend auf sein inneres Verhalten und versuchen beides auf »latente« oder »mani-
feste« Variable, Merkmale, Eigenschaften, Fertigkeiten, Eignungen, Qualifikationen,
Fähigkeiten, oder eben Kompetenzen zurückzuführen. Die über kommunikatives
oder physisches Handeln gestiftete Beziehung von Urteilenden und Beurteilten ist
methodenvermittelt, etwa über Test, Experiment, Fragebogen, Anamnese, Verhal-
tensbeobachtung, Interview, Handlungsforschung usw. (Sprung & Sprung 1984:
98ff). Je nach Methode werden die Variablen, Faktoren, Eigenschaften usw. sehr
unterschiedlich gefasst, begriffen und gemessen. Insbesondere die Anzahl charak-
terologischer Eigenschafts- und Fähigkeitsbegriffe ist Legion und nur unter klaren
Ordnungsprinzipien zu bändigen (Jun 1980, 1994).[9]

Man kommt deshalb wenig weiter, wenn man die unterschiedlichsten Auffassungen resümierend nebeneinander stellt. Versteht der eine Autor unter einer psychischen Eigenschaft etwas, was dem Individuum gleichsam eingeboren oder sozial
vererbt ist, unabhängig davon, ob es in Handlungssituationen zum Tragen kommt,
versteht der andere Autor darunter nicht mehr und nicht weniger als Verhaltens-
und Handlungsinvarianten, die außerhalb des Tätigkeitsbezugs gänzlich ihren Sinn
verlieren. Hält der eine Persönlichkeitseigenschaften a priori auch für Kompetenzen, setzt der andere beides scharf voneinander ab.

Verfahren psychologischer Diagnostik, Personalauswahlverfahren, Arbeitsanalyseverfahren, aber auch aktuelle Management-Diagnostik-Ansätze haben eine Vielzahl von Methoden entwickelt, um psychische Variable, Merkmale, Eigenschaften,
Fertigkeiten, Eignungen, Qualifikationen, Fähigkeiten usw. theoretisch zu fassen
und messend zu erfassen. Manche dieser Methoden lassen sich auch als solche
der Kompetenzmessung verstehen, zuweilen auch missverstehen. Einige der in diesem Handbuch vorgestellten Methoden sind einer solchen Weiterung entwachsen.
Thomas Lang-von Wins hat in seinem differenzierten Schlussessay die zahlreichen
Querbeziehungen und gedanklichen Verästelungen aufgedeckt. Das soll hier nicht
vorweg genommen werden. Verwiesen sei jedoch auf sein Fazit: »Die von psychologischer Seite zur Verfügung stehenden Methoden zur Diagnose von Managementkompetenzen erfassen mehrheitlich Kompetenzkorrelate auf der Ebene von Persönlichkeitseigenschaften und kognitiver Leistungsfähigkeit; sie können daher nicht
unmittelbar auf die Diagnose von Kompetenz angewandt werden. Wesentlich bei
der Anwendung für diese Fragestellung sind fundierte Hypothesen darüber, in welcher Beziehung die erfassten Konstrukte zu der Entwicklung von Kompetenzen stehen bzw. welchen Aufschluss sie über vorhandene Kompetenzen geben.«

Diesem Gedanken wollen wir hier mit einer groben Begriffsrasterung folgen,
die zugleich auf die Notwendigkeit des Kompetenzbegriffs verweist. Sie geht, holz-
schnittartig, von der mehrheitlichen Verwendung einiger traditioneller Begriffe aus.

---

9  Ausgehend von zahlreichen tradierten charakterologischen Ansätzen und entwicklungspsychologi-
schen Überlegungen konnte Gerda Jun die Vielfalt von Beschreibungsbegriffen vier evolutiv entstandenen Charakterpotentialen zuordnen, nämlich einem archischen (ordnungs-orientierungsbezogenen),
einem dynamischen (aktivitäts-spontaneitätsbezogenen), einem emotiven (nähe-gemeinsamkeitsbe-
zogenen) und einem kontemplativen (individuell-kreativitätsbezogenen) Potential. Die Nähe zu den
hier eingeführten Grundkompetenzen (fachlich-methodisch, aktivitätsbezogen, sozial-kommunikativ
und personal) ist offensichtlich und stützt diese entwicklungspsychologisch.

Freilich soll dabei nicht verschwiegen werden, dass manche Autoren einige der nachfolgend erläuterten Begriffe – etwa Variable, Merkmale, Eigenschaften – gleichbedeutend verwenden.

**Variable**. Variable bezeichnen, als Konstrukte differentieller Psychologie, Klassen von kontinuierlichen oder diskontinuierlichen Merkmalen, in denen sich Individuen unterscheiden (z.B. Intelligenz, Neurotizismus, Extraversion...) die aber der direkten Beobachtung nicht zugänglich sind und nur auf Grund von anderen, beobachtbaren Daten erschlossen werden können (Steyer & Eid 2001: 99ff). Sie sind *subjektzentriert*. Sie können gleichermaßen – also unspezifisch – Aufschluss über das Verhalten und Handeln in *konvergent-anforderungsorientierten* (direkt auf die Erfüllung äußerer Anforderungen, Vorgaben, Ziele gerichteten) wie in *divergent-selbstorganisativen* (kreativen, teilweise oder gänzlich ziel- und ergebnisoffenen) Handlungssituationen geben.

**Merkmale**. Merkmale bezeichnen dabei unterschiedliche und messend unterscheidbare, den Individuen jeweils eigene Erscheinungsformen ihrer Persönlichkeit. Sie sind der Teil psychischer Variabler, die sichtbarer und einer direkten Beobachtung zugänglicher sind als andere, nur ganz mittelbar erschließbare Zustände. Von Persönlichkeitsmerkmalen spricht man, wenn Erlebens- und Handlungsbereitschaften relativ dauerhaft sind. (ebenda) Merkmale sind *subjektzentriert*. Sie sind oft eher im Bereich der *konvergent- anforderungsorientierten* als in dem der *divergent- selbstorganisativen* Handlungssituationen von Interesse.

**Eigenschaften**. Eigenschaften sind ebenfalls stets beschreibende oder erklärende Konstruktbegriffe und bezeichnen, im Sinne von Persönlichkeitseigenschaften, Entitäten und Wesenszüge des Menschen die operational und methodisch vermittelt der Person und ihrem Verhalten relativ stabil und konsistent zugeordnet werden können (Gutjahr 1971; Riemann 1997). Ohne auf die komplizierte erkenntnistheoretische Problematik einzugehen, die dahintersteht und manche Autoren überhaupt am Eigenschaftsbegriff zweifeln lässt, lässt sich doch feststellen: Auch Eigenschaften sind primär *subjektzentriert*. Auch sie sind zugleich im Bereich der *konvergent-anforderungsorientierten* wie in dem der *divergent- selbstorganisativen* Handlungssituationen angesiedelt.

**Fertigkeiten**. Fertigkeiten bezeichnen durch Übung automatisierte Komponenten von Tätigkeiten, meist auf sensumotorischem Gebiet, unter geringer Bewusstseinskontrolle, in stereotypen beruflichen Anforderungsbereichen, auch im kognitiven Bereich, wie beim Multiplizieren oder Auswendiglernen. Fertigkeiten haben das individuelle Verhalten, den psychophysischen Tätigkeits- und Handlungsprozess als Ganzes im Blick (Hacker 1998: 655). Sie sind *handlungszentriert*. Sie erfassen vor allem das Verhalten in *konvergent- anforderungsorientierten* Handlungssituationen.

**Eignungen**. Eignungen bezeichnen die Erfolgswahrscheinlichkeiten, mit denen Personen bestimmter individueller Merkmalsausprägungen vorgegebene berufliche oder andere Handlungsanforderungen erfüllen (Schuler 2000: 228). Eignungen sind ebenfalls *handlungszentriert* und erfassen auch vor allem das Verhalten in *konvergent-anforderungsorientierten* Handlungssituationen.

**Qualifikationen.** Qualifikationen bezeichnen klar zu umreißende Komplexe von Kenntnissen, Fertigkeiten und Fähigkeiten über die Personen bei der Ausübung beruflicher Tätigkeiten verfügen müssen, um *konvergent- anforderungsorientiert* handeln zu können. Sie sind *handlungszentriert* und in der Regel so eindeutig zu fassen, dass sie in Zertifizierungsprozeduren außerhalb der Arbeitsprozesse überprüft werden können (Teichler 1995: 501).

**Fähigkeiten.** Fähigkeiten bezeichnen verfestigte Systeme verallgemeinerter psychophysischer Handlungsprozesse (Hacker 1973: 500), einschließlich der zur Ausführung einer Tätigkeit oder Handlung erforderlichen inneren psychischen Bedingungen und der lebensgeschichtlich unter bestimmten Anlagevoraussetzungen erworbene Eigenschaften, die den Tätigkeits- und Handlungsvollzug steuern. Man unterscheidet oft allgemeine (z.B. abstraktions- oder flexibilitätsbezogene), bereichsspezifische (z.B. allgemeine körperlich-sportliche, sprachliche, logisch-mathematische, künstlerische) und berufsspezifische (z.B. spezielle technische, handwerkliche, künstlerische) Fähigkeiten (Clauß et al. 1995: 188f). Fähigkeiten sind folglich handlungszentriert. Sie können sich gleichermaßen auf *konvergent- anforderungsorientierte* wie auf *divergent- selbstorganisative* Handlungssituationen beziehen.

**Kompetenzen.** Kompetenzen bezeichnen, wie umrissen, Selbstorganisationsdispositionen physischen und psychischen Handelns, wobei unter Dispositionen die bis zu einem bestimmten Handlungszeitpunkt entwickelten inneren Voraussetzungen zur Regulation der Tätigkeit verstanden werden. Damit umfassen Dispositionen nicht nur individuelle Anlagen sondern auch Entwicklungsresultate (Clauß et al. 1995: 126). Kompetenzen sind folglich eindeutig *handlungszentriert* und primär auf *divergent- selbstorganisative* Handlungssituationen bezogen.

Unterscheidet man mit Pawlik (1976: 13-43) oder Schuler (2000a: 67) zwischen einer – *subjektzentrierten* – Eigenschaftsdiagnostik (Was für Eigenschaften hat die Person?) und einer – *handlungszentrierten* – Verhaltensdiagnostik (Was tut die Person?) und nimmt man, Schuler weiter folgend, eine Ergebnisdiagnostik hinzu (welche Leistungen erbringt die Person?), die sich auf die Ergebnisse *konvergent- anforderungsorientierter* oder *divergent- selbstorganisativer* Handlungs- und Tätigkeitssituationen bezieht, so kann man die skizzierten Begriffe in folgendem Raster zusammenfassen (siehe Abbildung 5).

Mit dieser Übersicht ist unmittelbar einleuchtend:
- Unter subjektzentriertem Betrachtungsfokus sind *Merkmale* eher auf konvergent-problembewältigende, *Variable und Eigenschaften* sowohl auf konvergent-problembewältigende wie auf divergent – selbstorganisative Handlungs- und Tätigkeitssituationen bezogen, also keinesfalls selbstorganisationsspezifisch. Eine Messung psychischer Eigenschaften kann ein Indiz für das Vorhandensein einer Selbstorganisationsdisposition und damit einer Kompetenz sein – ob sie tatsächlich vorhanden ist, lässt sich erst im Handlungszusammenhang beurteilen. Extraversion kann beispielsweise ein Indiz für das Vorhandensein sozial-kommunikativer Kompetenz sein, ist aber keine notwendige Voraussetzung dieser Kompetenz. Persönlichkeitseigenschaften können daher nicht unmittelbar auf die Diagnose von Kompetenz angewandt werden, wie Lang-von Wins zurecht

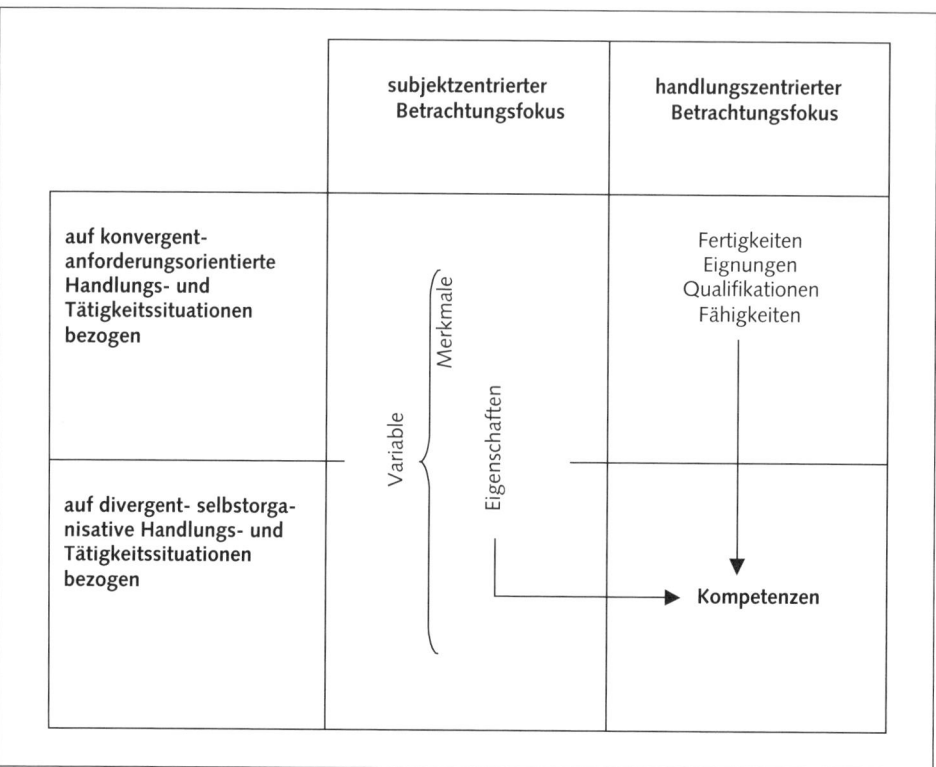

Abb. 5: Übersicht einiger traditioneller Attributionsbegriffe

feststellt. Um von Persönlichkeitseigenschaften auf Kompetenzen zu schließen, ist stets eine Übersetzungsleistung erforderlich.

• Unter handlungszentriertem Betrachtungsfokus sind *Fertigkeiten, Eignungen und Qualifikationen* ganz vorwiegend auf konvergent- anforderungsorientierte Handlungs- und Tätigkeitssituationen bezogen. *Fähigkeiten* können sich gleichermaßen auf konvergent-anforderungsorientierte wie auf divergent-selbstorganisative Handlungs- und Tätigkeitssituationen beziehen.

• Nur *Kompetenzen* decken das Feld handlungszentrierter Beobachtungsfokus – divergent – selbstorganisative Handlungs- und Tätigkeitssituationen spezifisch ab.

• Daraus folgt, dass insbesondere Messungen von Persönlichkeits*eigenschaften* und Handlungs*fähigkeiten* wichtige Rückschlüsse auf Kompetenzen zulassen und insofern als Kompetenzmessverfahren zu nutzen sind. Das hebt allerdings die Notwendigkeit nicht auf, Verfahren direkter Kompetenzmessung zu entwickeln. Nicht alles ist Kompetenz – und – Kompetenz ist nicht alles.

• Mit der Zunahme komplexer, dynamischer, Flexibilität und Kreativität fordernder Handlungssituationen im beruflichen wie im umfassenden lebensweltlichen Bereich nimmt die Notwendigkeit *divergent-selbstorganisativen* Handelns für das *Subjekt* schnell zu. Eben deshalb nimmt auch die Bedeutung von Kompetenzen in der schulischen, universitären und beruflichen Bildung schnell zu.

- Kompetenz ist also ein Programm und kein Begriff – schon gar nicht ein eindeutig zu definierender. Als *Programm* ist gefordert, die auf Grund immer größerer wirtschaftlicher, sozialer und politischer Komplexität und Dynamik erforderliche Selbstorganisation des individuellen menschlichen Handelns realitätsnah zu fassen und messend, charakterisierend und beschreibend zugänglich zu machen (Mainzer 1999). *Begrifflich* ist gefordert, aus der schon heute unüberschaubaren Fülle von Kompetenzen, Schlüsselkompetenzen, Metakompetenzen usw. herauszufiltern, inwiefern Gemeinsamkeiten im wissenschaftlichen, aus- und weiterbildungsbezogenen und wirtschaftlichen Gebrauch sichtbar sind.

In einer wichtigen Arbeit zur Klärung des Kompetenzkonzepts kommt Weinert (2001: 45-65) diesbezüglich auf fünf wesentliche Schlussfolgerungen, die trotz anderer Terminologie klar die Verankerung des Kompetenzbegriffs im Selbstorganisationsbereich stützen [wir haben entsprechende Verweise in eckigen Klammern beigefügt]:

1. Das Kompetenzkonzept sollte nur in Bezug auf die erfolgreiche Bewältigung komplexer [selbstorganisiertes Handeln erfordernder] Anforderungen benutzt werden. Die psychologische Kompetenzstruktur leitet sich aus der Anforderungsstruktur ab.
2. Das Kompetenzkonzept sollte nur benutzt werden, wenn zur Bewältigung dieser komplexen Anforderungen sowohl kognitive [fachlich-methodische] wie motivationale, ethische [personale] willensmäßige [aktivitätsbezogene] und soziale [sozial-kommunikative] Komponenten gehören.
3. Das Kompetenzkonzept sollte nur benutzt werden, wenn der Komplexitätsgrad der Anforderungen wirklich hoch genug ist [also ohne Selbstorganisationsprozesse nicht zu bewältigen ist]. Darunter liegende Anforderungen können im Prinzip »automatisiert« durch Fertigkeiten (skills) bewältigt werden. Die Grenze zwischen Fertigkeiten und Kompetenzen ist allerdings unscharf.
4. Das Kompetenzkonzept sollte nur benutzt werden, wenn Lernprozesse [Kompetenzentwicklungsprozesse] zu den notwendigen Voraussetzungen gehören, um die komplexen Anforderungen zu bewältigen. Das bedeutet: Es muss vieles gelernt werden, kann aber nicht direkt gelehrt werden [große Bedeutung informellen Lernens, u.a. in der Arbeit, im sozialen Umfeld, im Netz].
5. Schlüsselkompetenzen [Kompetenzklassen, Grundkompetenzen] und Metakompetenzen sollten konzeptuell differenziert werden. Auf Schlüsselkompetenzen sollte man sich nur dann berufen, wenn diese benutzt werden können, um ein großes Spektrum sehr unterschiedlicher aber gleich wichtiger Anforderungen des Alltags, der Arbeit oder des sozialen Lebens zu bewältigen. Metakompetenzen sollten nur benutzt werden, um sich auf deklaratives oder prozedurales Wissen *über* die eigenen Kompetenzen zu beziehen.

Auch Werner Sarges kommt mit seiner nachdenklichen Frage »Competencies statt Anforderungen – nur alter Wein in neuen Schläuchen?« zu ähnlichen Grundaussagen. Er analysiert insbesondere die auf McClelland zurückgehende amerikanische »Competency – Bewegung« und attestiert ihr deutliche Gewinne gegenüber traditionellen Anforderungsanalysen:

1. Da ist zum einen die Fähigkeit, die komplexen, dynamischen Ansprüche der modernen Arbeitswelt an das Individuum besser als traditionelle Fähigkeitsbegriffe zu erfassen.

2. Da ist zum anderen die Möglichkeit, organisationelle (Ziel- und Ressourcenantizipation) und vor allem selbstorganisative (Zeit- und Kreativitätsmanagement) Verhaltensweisen zu erfassen.

3. Da ist schließlich die Ausrichtung auf die Zukunft (focus on the future) – gerade wenn man das Arbeitsverhalten von Mitarbeitern besser auf künftige Unternehmensziele und -strategien, auf zukünftige Ziele hin ausrichten will braucht man zieloffene, kreativitätsfördernde Selbstorganisationsdispositionen statt vergangenheitsorientierter Anforderungsanalysen, braucht man Kompetenzen im zuvor umrissenen Sinne.

4. Diese Ausrichtung ist »zur Bewältigung von wachsender Dynamik und Komplexität angesichts einer immer ungewisser werdenden Zukunft« unumgänglich notwendig und benötigt relevante »Core Competencies« wie z.B. ein vernetztes Denken [fachlich-methodische Kompetenz] (Gomez & Probst 1999), Intuition [personale Kompetenz] (Schanz 1997: 640-654), Umsetzungskompetenz [aktivitätsbezogene Kompetenz] (Wunderer & Bruch 2000) und ein verallgemeinertes, in unterschiedlichen sozialen Situationen zum Tragen kommendes Lernpotential [selbstorganisiertes Lernen, sozial-kommunikative Kompetenz] (Sarges 2000: 107-128).

5. Solche Kernkompetenzen (Schlüsselkompetenzen, Basiskompetenzen...) benötigen zu ihrer Erfassung systematische und multimethodale Vorgehensweisen, wie sie z.B. in den USA, Kanada, Australien und in verschiedenen westeuropäischen Ländern bisher zahlreich, aber nur unvollkommen entwickelt wurden. Ein nationaler wie internationaler System- und Methodenvergleich tut not, denn: »Die Competency-Bewegung ist doch mehr als nur alter Wein in neuen Schläuchen.«

## 4. Das internationale Umfeld

Ein internationaler Vergleich der zur praktischen Kompetenzmessung eingesetzten Verfahren würde den ohnehin nicht geringen Umfang dieses Handbuchs völlig sprengen. Allein die in den USA seit dem von Sarges erwähnten Start durch McClelland (1973: 1-14; »Testing for competence rather than for intelligence«) entstandenen Ansätze sind zahlreich (Rychen & Salganik 2001). In Kanada wurden u.a. im Gefolge der bekannten Arbeiten von Livingstone und Mitarbeitern zum informellen Lernen unterschiedliche Kompetenzmessverfahren erprobt (Livingstone 1999: 65-92). Australien hat seit kurzem die Kompetenzbestimmung zur Achse der beruflichen Weiterbildung erklärt (Thiemann 2000: 151-184). Das trifft ähnlich auch für mehrere europäische Länder zu (Rychen & Salganik 2001; Bjornavold 2001; Infelise 2003).

Das hier vorliegende Handbuch beschränkt sich von Ausnahmen abgesehen auf eine Vielzahl von Beispielen aus dem *deutschsprachigen* Raum. Sie reichen von Verfahren, die in der betrieblichen oder pädagogischen Praxis bereits umfangreich eingesetzt werden bis zu solchen, die gerade erst erfolgreich erprobt wurden. Anhand dieser Beispiele wird, erstmals im europäischen Maßstab, das gesamte *Spektrum* von Verfahren der Messung, Charakterisierung und Beschreibung von Kompetenzen präsentiert.

Seit 2000 wird im Rahmen des Forschungsprogramms Lernkultur Kompetenzentwicklung des BMBF ein Internationales Monitoring »Grundlagen Kompetenzmessung« durchgeführt. (Haase 2000ff.) Darin sind insbesondere Bemühungen zusammengefasst, die Messung, Charakterisierung und Beschreibung von Kompetenzen zur Grundlage staatlicher, nationaler oder regionaler Programme der Aus- und Weiterbildung zu machen. Anders als auf ein einzelnes Unternehmen, ein kleinteiliges Einsatzgebiet beschränkte Kompetenzmessungen verweisen diese Bemühungen darauf, dass es sich nicht um einen modischen Trend, sondern um einen breiten, schnell wachsenden Bedarf handelt. Wir fassen einige davon tabellarisch zusammen.

| Land | Programm | Inhalt des Programms |
|---|---|---|
| *Dänemark* | ▪ Danish National Competence Account (NCA) | ↳ Identifizierung und Entwicklung von Indikatoren auf mikro- und makrosozialer Ebene, um grundlegende Dimensionen sozialer Kompetenz erfassen zu können. Ziel: Stärken- und Schwächenanalyse nationaler (Bildungs- und Berufs-) Kompetenzen |
| Frankreich | ▪ bilan de compétences<br><br>▪ Validierungsdossier | ↳ Kompetenzbilanz als Instrument der Berufsorientierung und Beratung; Ziel: individuelle Analyse und Evaluierung der persönlichen und beruflichen Kompetenzen<br><br>↳ Validierung von Kenntnissen und Kompetenzen; Ziel: Dispense für einzelne Einheiten eines angestrebten Diploms im Bereich der Hochschulausbildung |
| *Großbritannien* | ▪ National Vocational Qualification (NVQ) | ↳ NVQs basieren auf sog. nationalen Kompetenzstandards, in denen die für eine Beschäftigung oder für einen Beruf erforderlichen Kompetenzen oder Leistungsstandards festgelegt wurden, unabhängig davon wo diese erworben wurden. Ziel: Institutionalisierung einer alternativen Form nationaler beruflicher Befähigungsnachweise |
| *Norwegen* | ▪ The Realkompetanse Project | ↳ Validierung von non-formellem und informellem Lernen (Realkompetenzen statt Qualifikationen); Ziel: gleichberechtigte Kompetenzbewertung am Arbeitsplatz und im Bildungssystem |
| Schweiz | ▪ Schweizerisches Qualifikationsbuch/ CH-Q | ↳ Kompetenzbilanzierung; Ziel: Sammlung von Grundlagen für die individuelle Weiterentwicklung in Bildung und Beruf sowie für die Förderung der beruflichen Mobilität |

Abb. 6: Übersicht über nationale Programme zur Kompetenzerfassung und Kompetenzmessung in ausgewählten Ländern (Haase 2000ff.)

Einige der Handbuch-Beiträge reportieren diese Ansätze. Viele der Beiträge sind, in modifizierten Formen, als Elemente deutscher Kompetenzportfolios oder deutscher Kompetenzbilanzsysteme denkbar. Welche sich durchsetzen, wird von ihrer Qualität, ihrer sozialen Validität (Akzeptanz) und ihrer Praktikabilität abhängen. Für entsprechende Vergleiche soll das vorliegende Handbuch Grundlagen bieten.

## 5.  Die Beiträge des Handbuchs

Die im Weiteren vorgestellten Beiträge des Handbuchs Kompetenzmessung folgen einem durchgängigen Strukturschema, das den Autoren von den Herausgebern nahegelegt wurde:

1. Eine tabellarische *Übersicht* zu den Basisaspekten der modernen Kompetenzmessverfahren – kondensiert zu dem jedem Beitrag vorangestellten, von den Autoren gelieferten *Graph* – ermöglicht, das jeweilige Verfahren methodisch zu verorten.

2. Eine *Rasterdarstellung* fasst die wichtigsten Aspekte des jeweiligen Verfahrens zusammen. Sie ist durchgehend nach folgenden Gesichtspunkten gegliedert:
- *Titel* des Kompetenzmessverfahrens,
- *Schlagworte* zum Kompetenzmessverfahren,
- *Name des/der Entwickler*, Institution und Sitz,
- Kurze *Definition* des im Beitrag verwendeten Kompetenzbegriffs,
- Erläuterung der *Zielstellungen* des im Beitrag behandelten Kompetenzmessverfahrens,
- *Theoretische Grundlagen* und Vorläufer/Bezugspunkte des dargestellten Kompetenzmessverfahrens,
- *Methodologische Einordnung* des Kompetenzmessverfahrens und ggf. ihrer Komponenten,
- Kurze qualitative und quantitative *Einschätzung der Gütekriterien* des Kompetenzmessverfahrens,
- *Fehler- und Problemkritik* der verwendeten Methoden,
- *Ablauf des Messprozesses* von der Akquisition bis zum Abschluss,
  - *Räumliche Voraussetzungen*,
  - *Zeitliche Voraussetzungen* – a) Zeitbedarf für die Durchführung der Messung, b) für die Auswertung,
  - *Personale Voraussetzungen* (Teilnehmeranzahl, Durchführende),
  - *Technische Voraussetzungen* (Unterlagen, Moderationsmaterial, Visualisierungstechnik, Computer),
- *Referenzen*, andere Forschungsgruppen mit ähnlichen Zielstellungen und/oder Verfahren,
- *Literatur*, eigene Publikationen zum Verfahren und maßgebliches Schrifttum.

Diese Rasterung ermöglicht, das Handbuch auch »quer« in Bezug auf einzelne interessierende Gesichtspunkte zu lesen, beispielsweise die unterschiedlichen Kompetenzdefinitionen zu vergleichen, die verschiedenen Zielvorstellungen gegeneinander abzuwägen oder die sehr unterschiedlichen Gütekriterien einander gegenüberzustellen.

3. Anschließend ermöglicht die *freie Darstellung* den Verfassern, ihnen wichtige Verfahrensbesonderheiten und Resultate zu erläutern; sie kann beispielsweise solche Punkte umfassen wie:

- die Darstellung der wichtigsten bisherigen *Ergebnisse* des Kompetenzmessverfahrens,
- die differenzierte Einschätzung der qualitativen und quantitativen *Gütekriterien* des Kompetenzmessverfahrens und Fehlerkritik,
- die perspektivischen *Entwicklungsmöglichkeiten* des Messverfahrens (methodische Innovationen, Einsatz für neue Nutzergruppen, Verfahrensvarianten),
- mögliche *Nutzensabschätzungen*, insbesondere für den Bereich der beruflichen und betrieblichen Weiterbildung,
- Aussagen zur *Erlernbarkeit* durch wissenschaftsferne Anwender (Weiterbildner, Führungskräfte, Personalwirtschaftler, Pädagogen usw.),
- Aussagen zur *Einfachheit* und Vereinfachbarkeit des Verfahrens für die und in der Praxis,
- *Beispiele* für den Einsatz des Messverfahrens und *Erfahrungshinweise* für den Umgang mit ihm,
- *Materialien* zur freien Weitergabe, wie Fragebögen, Auswerteprogramme, graphische Darstellungen.

Dieses Themenspektrum wurde in den einzelnen Beiträgen in ganz unterschiedlichem Maße berücksichtigt, eingeschränkt oder erweitert.

Wir wollen hier betonen, dass wir an den Texten außer notwendigen redaktionellen Eingriffen und Kürzungen keinerlei *inhaltliche* Veränderungen vorgenommen haben. Die durchweg von uns ausgehende Aufforderung, am Handbuch mitzuwirken, richtete sich danach, wie ausgewiesen und erfolgreich Verfasser und Verfahren unserer Kenntnis nach sind. Nur in wenigen Fällen entschieden wir nach anderen Kriterien wie der Originalität des Ansatzes oder der Plausibilität der Darstellung. Das heißt, die Verantwortung für die Autorenauswahl tragen die Herausgeber, die Verantwortung für ihre Beiträge tragen die Autoren.

Es läge nahe, die Beiträge nach ausgewählten Basisaspekten der modernen Kompetenzmessverfahren zu ordnen, etwa nach den im Mittelpunkt stehenden Grundkompetenzen, nach dem die Kompetenzgruppen determinierenden disziplinären Hintergrund oder nach methodologischen Gesichtspunkten, etwa subjektive, objektive, qualitative, quantitative Verfahren. Doch sowohl die Breite (viele Verfahren messen mehrere oder alle Grundkompetenzen nebeneinander) als auch die Unschärfe der Zuordnungen (so verstehen Autoren sehr Unterschiedliches unter subjektiven und objektiven Messverfahren) vor allem aber die in der Abbildung sichtbare Multidimensionalität verbieten ein solches Ordnungsprinzip.

Wir haben uns für ein pragmatisches Ordnungsprinzip entschieden: Die *erste* Gruppe vereinigt Beiträge, die einzelne oder mehrere Grundkompetenzen teils forschend-experimentell, teils praxisorientiert- kommerziell messen. Die *zweite* Gruppe berücksichtigt die unseres Erachtens zunehmend wichtiger werdende Gruppe der meist mehrere Messverfahren aggregierenden Kompetenzbilanzen. Die *dritte* Gruppe umfasst Verfahren, die zumindest dem Anspruch nach umfassende Kompetenzgitter darstellen, indem sie mehrere Verfahren integrieren oder ein Rahmenwerk für eine

| Einzelkompetenzen, Kompetenzkombinationen |
|---|
| **Eine Grundkompetenz** |
| Persönlichkeitsinventar zur Integritätsabschätzung (PIA) |
| BCI (Bambeck-Competence-Instrument) |
| Test zur beruflichen Orientierung und Planung (TOP-Test) |
| Leistungsmotivationsinventar (LMI) |
| Lernpotential-Assessment Center (LP-AC) |
| Das Multi-Motiv-Gitter (MMG) |
| ICA-Instrument for Competence Assessment |
| Founders Check |
| Revidierter Allgemeiner Büroarbeitstest (ABAT-R) |
| Wissensdiagnose auf Basis von Assoziieren und Struktur-Legen |
| Das Personalauswahlverfahren »Soziale Kompetenz« (SOKO) der Bayerischen Polizei |
| Situatives Interview zur Messung von Kooperationswissen |
| Gruppencheck |
| **Zwei Grundkompetenzen** |
| IAI-Scorecard of Competence |
| Teiltätigkeitslisten als Methode der Kompetenzeinschätzung |
| Arbeitsproben und situative Fragen zur Messung arbeitsplatzbezogener Kompetenzen |
| Das Kompetenzrad |
| Siemens-Führungsrahmen |
| **Drei Grundkompetenzen** |
| Führungskräfteplanung und -entwicklung |
| Selbstkonzept beruflicher Kompetenz |
| **Vier Grundkompetenzen** |
| Das Kasseler Kompetenz-Raster (KKR) |
| Kompetenzmessung in multimedialen Szenarien: pro facts – »Ein Assessment Center am PC« |
| SYNPRO-FAI (Führungs-Analyse-Instrument) |
| !Response $360^0$-Feedback |
| Beurteilungsbogen zu sozialen und methodischen Kompetenzen - smk99 |
| Kompetenzbilanzen |
| Die Kompetenzbilanz – Ein Instrument zur Selbsteinschätzung und beruflicher Entwicklung |
| Qualipass – Dokumentation der persönlichen und fachlichen Kompetenzen |
| Übergreifende Kompetenzgitter |
| KODE® Kompetenz-Diagnostik und -Entwicklung |
| KODE®X-Kompetenz-Explorer |
| Kompetenz-Kompass® |
| nextexpertizer und nextcoach: Kompetenzmessung aus der Sicht der Theorie kognitiver Selbstorganisation |
| Entwicklungsorientiertes Scanning (EOS) |
| Das Eligo-System |
| Das Internetrecruitingtool PERLS |
| Kommerzielle Anbieter |
| Opus®Organisations- und Potential-Untersuchungs-System |
| WM-Kompetenz-Check. Fragebogen zur Erfassung relevanter Kompetenzen für Wissensmanagement |
| DISG-Persönlichkeits-Profil, Verhalten in konkreten Situationen |
| INSIGHTS MDI®-Leadership-Check |
| Behavioral Event Interview (BEI) |
| Emotional Competency Inventory (ECI) |
| Exemplarische ausländische Beispiele (referiert) |
| Bilan de compétences |
| Schweizerisches Qualifikationshandbuch |
| DACUM (Developing a Curriculum) |

Abb. 7: Die Beiträge des Handbuchs Kompetenzmessung, systematisch geordnet

solche Integration darstellen; sie werden auch im kommerziellen Rahmen genutzt. Die *vierte* Gruppe fasst Verfahren zusammen, die bereits in größerem Umfang und primär von kommerziellen Anbietern eingesetzt werden und überwiegend einen hohen Grad an Nutzerfreundlichkeit aufweisen. Die *fünfte* Gruppe referiert einige exemplarische ausländische Ansätze, die bei einer zunehmenden Berücksichtigung des Kompetenzaspekts für die berufliche Eignung oder für die Weiterbildungsplanung, einschließlich einer Erweiterung des staatlichen Weiterbildungsberichts um eine Lernkultur – Berichterstattung, von Bedeutung sein könnten.

Die Abbildung 7 fasst die berücksichtigten Beiträge entsprechend zusammen.

## 6.   Dank

Zum Schluss wollen wir uns fällige und aufrichtig empfundene Danksagungen nicht versagen.

Zunächst danken wir allen Autoren, die sich bewundernswert an das starre, aber notwenige Korsett unserer Vorgaben hielten und Beiträge hoher Qualität schufen. Ein eigenes Dankeschön gilt dabei denen, die durch hilfreiche, die eigenen Beiträge transzendierende Hinweise zum Gelingen des Werkes beitrugen.

Weiterhin möchten wir Herrn Thomas Lang-von Wins für den gehaltvollen, weit ausgreifenden Schlussessay zur Kompetenzhaltigkeit von Methoden moderner psychologischer Diagnostik-, Personalauswahl- und Arbeitsanalyseverfahren sowie aktueller Management-Diagnostik-Ansätze besonders danken.

Ohne die bereits über zehnjährige Forschungs- und Umsetzungsarbeit der Arbeitsgemeinschaft betriebliche Weiterbildungsforschung (ABWF) und des Organisationsprojekts Qualitäts-Entwicklungs-Management (QUEM), ihrer Bereichsleiter und ihres Chefs, Herrn Manfred Herrmann, ohne das stetige Wirken der Abteilung berufliche Kompetenzforschung im BMBF und insbesondere ihres Leiters, Herrn Johannes M. Sauer wäre die deutsche Kompetenzforschung nicht da, wo sie heute steht und es gäbe bestimmt nicht eine solche Fülle von Kompetenzmessverfahren, die ein Handbuch lohnten – Dank also auch ihnen allen.

Danken möchten wir auch sehr herzlich Frau Susanne Bögel-Fischer, die für eine gute Kommunikation und Kooperation zwischen den räumlich weit entfernt voneinander arbeitenden Herausgebern sorgte. Die Text- und Abbilderfassung und -vereinheitlichung besorgte Frau Karola Baumer auf perfekte Weise. Last but not least danken wir dem Schäffer-Poeschel Verlag für die konstruktive Zusammenarbeit und die solide Ausgestaltung dieses Handbuchs. Vor allem aber gilt Frau Marita Mollenhauer und ihren Kollegen unser Lobpreis für die Freundlichkeit und den Langmut, womit sie alle Probleme und Schwierigkeiten bewältigten.

Für weiterführende Kritiken, Wünsche und Vorschläge in Bezug auf die hier vorliegenden Texte, aber auch mit Blick auf mögliche Nachauflagen des Handbuchs wären wir Herausgeber allen Lesern dankbar.

## Literaturverzeichnis

Bayer, H. (1995). Coaching-Competenz. Persönlichkeit und Führungspsychologie. München

Chomsky, N. (1962). Explanatory Models in Linguistics. In: E. Nagel; P. Suppes & A. Tarski (Hrsg.). Logic, Methodology and Philosophy of Science. Stanford, CA, pp. 528-555

Drexel, I. (1997). Die bilans de compétences – ein neues Instrument der Arbeits- und Bildungspolitik in Frankreich. In: Qualitäts-Entwicklungs-Management (Hrsg.). Kompetenzentwicklung '97. Berufliche Weiterbildung in der Transformation – Fakten und Visionen. Münster et al., S. 197-249

Bruckner, E. & Scharnhorst, A.(1989). Zur Herausbildung evolutionsstrategischer Konzepte in den Naturwissenschaften. In: R. Bobach (Hrsg.). Gesellschaft und Innovation. ITW – Studien und Forschungsberichte. Band 29. Berlin

Bjornavold, J. (2001). Lernen sichtbar machen. Ermittlung, Bewertung und Anerkennung nicht formal erworbener Kompetenzen in Europa. Thessaloniki

Clauß, G.; Kulka, H.; Rösler, H.-D.; Lompscher, J.; Timpe, K.-P. & Vorwerg, G. (Hrsg.) (1995). Wörterbuch der Psychologie. 5. Aufl. Frankfurt a.M.

Dierkes, M.; v.Rosenstiel, L. & Steger, U. (Hrsg.) (1993). Unternehmenskultur in Theorie und Praxis: Konzepte aus Ökonomie, Psychologie und Ethnologie. Frankfurt a.M.

Ebeling, W.; Molgedey, L.; Reimann, A.(2000). Stochastic Urn Models of Innovation and Search Dynamics. In: Physical. Anal. H.8, S. 599-612

Ebeling, W. (1990). Application of Evolutionary Strategies. In: Syst. Anal. Model.Simul. H.7, Jg.1, S. 3-16

Erpenbeck, J. (1996). Synergetik, Wille, Wert und Kompetenz. In: Ethik und Sozialwissenschaften Bd. 7, H.4, S. 611-613

Fraisse, P. (1966). Zeitwahrnehmung und Zeitschätzung. In: Handbuch der Psychologie (Band 1). Göttingen, S. 656-688

Gapski, H (2001): Medienkompetenz. Wiesbaden

Gomez, P. & Probst, G. (1999). Die Praxis des Ganzheitlichen Problemlösens: Vernetzt Denken – Unternehmerisch Handeln – Persönlich überzeugen, 3. Aufl. Bern

Grootings, P. (1994). Von Qualifikation zu Kompetenz: Wovon reden wir eigentlich? In: Kompetenz: Begriff und Fakten. Europäische Zeitschrift für Berufsbildung, 1994, H.1, S. 5-8

Gutjahr, W. (1971). Die Messung psychischer Eigenschaften. Berlin

Hacker, W. (1973). Allgemeine Arbeits- und Ingenieurpsychologie. Berlin

Hacker, W. (1998). Allgemeine Arbeitspsychologie: Psychische Regulation von Arbeitstätigkeiten. Bern et al.

Herrmann, Th. (1987). Die nomologische Psychologie und das intentionale Denkmuster. In: W. Maiers; M. Markard (Hrsg.). Kritische Psychologie als Subjektwissenschaft: Klaus Holzkamp zum 60. Geburtstag. Frankfurt a.M., New York

Huber, H.D. (2001). Interkontextualität und künstlerische Kompetenz: Eine kritische Auseinandersetzung. In: M. Bühler; A. Koch (Hrsg.). Kunst & Interkontextualität: Materialien zum Symposium schau-vogel-schau. Köln

Infelise, L. (2003). In company training: new frontiers in Europe- research project. Bologna

Jetter, F.; Köcher, W.; Kopp,R. & Skrotzki, R. (Hrsg.) (2000). Managementkompetenz für Führungskräfte. Das Handbuch zur Personalführung und Personalentwicklung. Münster

Jun, G. (1980). Charakter. Berlin

Jun, G. (1994). Humanwissenschaft ohne Seele? Lewiston

Kalpaka, A. (1998). Interkulturelle Kompetenz. Kompetentes sozialpädagogisches Handeln in der Einwanderungsgesellschaft. Zeitschrift für Migration und Soziale Arbeit, S. 589-614

Lernkultur Kompetenzentwicklung (2000). Forschungsprogramm: BMBF stellt sich mit umfangreichem Forschungs- und Entwicklungsprogramm vielschichtigen Fragen. Berufliche Kompetenzentwicklung. Bulletin, Berlin

Lichtenberger, Y. (1999). Von der Qualifikation zur Kompetenz: Die neuen Herausforderungen der Arbeitsorganisation in Frankreich. In: QUEM (Hrsg.): Kompetenzentwicklung '99. Münster et al.

Livingstone, D. (1999). Informelles Lernen in der Wissensgesellschaft. In: QUEM (Hrsg.). Kompetenz für Europa: Wandel durch Lernen – Lernen im Wandel. Berlin

Lienert, G.A. & Raatz, V. (1994). Testaufbau und Testanalyse. München

Luhmann, N.; Maturana, U.; Namiki, M.; Redder, V. & Varela, F. (1990). Beobachter. Konvergenz der Erkenntnistheorien? München 1990

Mainzer, K. (1999). Komplexe Systeme und nichtlineare Dynamik in Natur und Gesellschaft: Komplexitätsforschung in Deutschland auf dem Weg ins nächste Jahrhundert. Berlin et al.

McClelland, D.C. (1973). Testing for competence rather than for intelligence. In: American Psychologist, 28, pp. 1-14

Mittelstraß et al. (Hrsg.) (1995). Stichwort Messung: Enzyklopädie Philosophie und Wissenschaftstheorie. Stuttgart, Weimar

Mittelstraß, J. (1999). Lernkultur: Kultur des Lernens. In: QUEM (Hrsg.). Kompetenz für Europa: Wandel durch Lernen – Lernen im Wandel. Referate auf dem internationalen Fachkongress Berlin 1999. Berlin, S. 49-64

North, K. (1999). Wissensorientierte Unternehmensführung. Wiesbaden

Pawlik, K. (Hrsg.) (1976). Diagnose der Diagnostik. Beiträge zur Diskussion der psychologischen Diagnostik in der Verhaltensmodifikation. Stuttgart, S. 13-43

Probst, G.; Deussen, A.; Eppler, M. & Raub, P. (2000). Kompetenz-Management. Wie Individuen und Organisationen Kompetenz entwickeln. Wiesbaden

Pöttinger, I. (1997). Lernziel Medienkompetenz. München

Probst, G.; Raub, S. & Romhardt, K. (1999). Wissen managen. Wie Unternehmen ihre wertvollste Ressource optimal nutzen. Wiesbaden

QUEM (d.i. Qualitäts-Entwicklungs-Management), (Hrsg.) (1996, 1997, 1998, 1999 & 2000). Kompetenzentwicklung '96, '97, '98, '99, 2000. Münster et al.

Rechenberg, I. (1973). Evolutionsstrategie. Optimierung technischer Systeme nach Prinzipien der biologischen Evolution. Stuttgart

Rechenberg I. (1994). Evolutionsstrategie '94. Stuttgart

Riemann, R. (1997). Persönlichkeit: Fähigkeiten oder Eigenschaften? Lengerich et al.

Ritter, J. & Gründer, K. (Hrsg.) (1976). Kompetenz. In: Historisches Wörterbuch der Philosophie. Darmstadt

Rose, H. (1998). Evolutionäre Strategien und Multitome Optimierung. Dissertation Humboldt-Universität. Berlin

Rosenstiel, L. von (2000). Potentialanalyse und Potentialentwicklung. In: L. von Rosenstiel & T. Lang-von Wins, T. (Hrsg.) Perspektiven der Potentialbeurteilung. Göttingen

Rychen, S. & Salganik, L. (Hrsg.) (2001). Defining and selecting key competencies. Seattle et al.

Sarges, W. (2000). Diagnose von Managementpotential für eine sich immer schneller und unvorhersehbarer ändernde Wirtschaftswelt. In: L. von Rosenstiel & T. Lang-von Wins (Hrsg.), Perspektiven der Potentialbeurteilung. Göttingen

Sarges, W. (2001). Competencies statt Anforderungen: nur alter Wein in neuen Schläuchen? In: H.-C. Riekhof (Hrsg.) Strategien der Personalentwicklung. 5. Aufl. Wiesbaden

Sarges, W. & Wottawa, H. (Hrsg.) (2001). Handbuch wirtschaftspsychologischer Testverfahren. Lengerich

Sauer, J.M. (2000). Genese des Forschungs- und Entwicklungsprogramms »Lernkultur Kompetenzentwicklung«. In: QUEM (Hrsg.). Bulletin berufliche Kompetenzentwicklung. H.5, S. 4-8

Schanz, G. (1997). Intuition als Managementkompetenz. Die Betriebswirtschaft, 57. Jg., S. 640-654

Scharnhorst, A.(2000). Modelle von Wertedynamik und Kompetenzentwicklung. In: J. Erpenbeck, Heyse, V. Kompetenzbiographie – Kompetenzmilieu – Kompetenztransfer. QUEM report H.61, Berlin

Schmidt, N.D. (1995). Philosophie und Psychologie: Trennungsgeschichte, Dogmen und Perspektiven. Reinbeck

Schmidt, S. J. (1994). Kognitive Autonomie und soziale Orientierung: Konstruktivistische Bemerkungen zum Zusammenhang von Kognition, Kommunikation, Medien und Kultur. Frankfurt a.M.

Schuler, H. (2000). Psychologische Personalauswahl. Einführung in die Berufseignungsdiagnostik. 3. Aufl. Göttingen

Schuler, H. (2000a). Das Rätsel der Merkmals-Methoden-Effekte: Was ist »Potential« und wie
lässt es sich messen? In: L. von Rosenstiel; T. Lang-von Wins (Hrsg.). Perspektiven der
Potentialbeurteilung. Göttingen

Schwefel, H.-P. (1995). Evolution and optimum seeking. New York

Stemmer, N. (1983). The roots of knowledge. New York

Steyer, R. & Eid, M. (2001). Messen und Testen. Berlin et al.

Teichler, U. (19959. Qualifikationsforschung. In: R. Arnold & A. Lipsmeier (Hrsg.) Handbuch der Berufsbildung. Opladen

Thiemann, S. (2000). Training packages: kompetenzbasierte Neukonstruktion des austra-
lischen Berufsbildungssystems. In: QUEM (Hrsg.) Kompetenzentwicklung 2000: Lernen
im Wandel – Wandel durch Lernen. Münster et al.

Thom, N. & Zaugg, R. (2001). Excellenz durch Personal- und Organisationskompetenz.
Bern

Weinert, F.E. (2001). Concept of competence: A conceptual clarification. In: D. Rychen & L.
Salganik (Hrsg.). Defining and selecting key competencies. Seattle et al.

White, R.W. (1959). Motivation reconsidered: The concept of competence. Psychol. Rev.
Bd. 66, S. 297-333

Wildmann, L. (2001). Der Kompetenzmensch: Lernen – und das ein Leben lang. Stuttgart

Wunderer, R. & Bruch, H. (2000). Umsetzungskompetenz – Diagnose und Förderung in
Theorie und Unternehmenspraxis. München

# Einzelkompetenz, Kompetenzkombination

# Persönlichkeitsinventar zur Integritätsabschätzung (PIA)

## Patrick Mussel

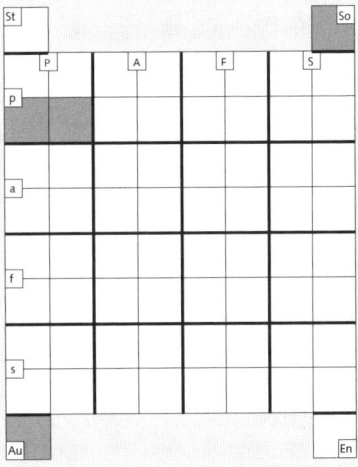

## Rasterdarstellung

### Schlagworte
Berufseignungsdiagnostik; Devianz; Integrität; Kontraproduktivität; Persönlichkeitsfragebogen

### Entwickler
S&F Personalpsychologie Managementberatung GmbH, Stuttgart

### Kompetenzdefinition
Integrität ist als Kompetenz im Sinne einer stabilen Eigenschaft eines Menschen konzipiert. Sie dient der Beschreibung, Erklärung und Vorhersage der Wahrscheinlichkeit devianter Handlungen, die zum Schaden der Organisation oder deren Mitglieder sind.

### Zielstellungen
Anstoß für die Entwicklung des PIA waren zunächst Forschungsergebnisse aus den Vereinigten Staaten, die dem Persönlichkeitsmerkmal Integrität als Teil der personalen Kompetenz hohe prognostische Werte für die Vorhersage beruflichen Erfolgs sowie devianten Verhaltens bescheinigten. Daran schlossen sich umfangreiche Studien an, die die Übertragbarkeit dieser Ergebnisse auf den deutschen Sprachraum sowie die Struktur von Integrität untersuchten. Auf den theoretischen Erkenntnissen dieser Bemühungen aufbauend wurde ein inhaltsvalides Verfahren entwickelt, das die identifizierten Dimensionen der beruflichen Integrität ebenso wie deren

Gesamtausprägung zu erfassen im Stande ist. Kernziel war es dabei, ein Instrument zur Verfügung zu stellen, das im Kontext der Personalauswahl einsetzbar ist und eine verbesserte Prognose beruflichen Erfolgs sowie devianten Verhaltens im Arbeitsleben erlaubt. Der Einsatzbereich des PIA ist dabei durch berufsbezogene Formulierungen der Items relativ eng gefasst.

## Theoretische Grundlagen

Die Ursache devianter Verhaltensweisen im beruflichen Kontext (Mitarbeiterdiebstähle, »Blaumachen«, Alkoholmissbrauch und andere mehr) wurde bisher zumeist in situativen Sachverhalten wie Arbeitszeitregelungen oder Entgeltgerechtigkeit gesehen. Entsprechend setzten Maßnahmen, wenn überhaupt, an situativen Punkten an. Ohne die Bedeutung dieses Ansatzes in Frage stellen zu wollen, liegt dem vorliegenden Verfahren eine andere, nämlich personalistische Sichtweise zugrunde.

Dies begründet sich zum einen aus einer großen Anzahl vielversprechender Ergebnisse aus sogenannten »honesty« oder »integrity tests« aus dem nordamerikanischen Raum, die kontraproduktive Verhaltensweisen zuverlässig vorherzusagen im Stande sind, zum anderen aus neueren kriminalistischen Theorien, die stabile Eigenschaften als Ursache kriminellen Verhaltens postulieren. Bestätigung haben Integritätstests des Weiteren aus Forschungsarbeiten zur prädiktiven Validität gefunden. Eine Zusammenschau aktueller Metaanalysen zu eignungsdiagnostischen Instrumenten (Schmidt & Hunter 1998) bescheinigte der Gruppe der »integrity tests« eine Vorhersagevalidität von $r = .41$. Darüber hinaus zeigte kein anderes Verfahren eine höhere inkrementelle Validität zu Intelligenztests (»General Mental Ability«).

In Anlehnung an Marcus (2000) wird Integrität im vorliegenden Verfahren als heterogenes Konstrukt aufgefasst, dem mehrere Fassetten oder Dimensionen zugrunde liegen. Dies legt den Schluss nahe, dass die Integrität einer Person neben einem Gesamtwert am Besten durch ein Profil der einzelnen Dimensionen zu beschreiben ist. Für diese Dimensionen wird Unabhängigkeit weder postuliert noch wurde sie empirisch nachgewiesen.

## Methodologische Einordnung

Der PIA setzt sich aus folgenden neun Dimensionen zusammen:
- Integre Verhaltensabsichten
- Verzicht auf Rechtfertigungen
- Integritätsvermutungen
- Vertrauen
- Gelassenheit
- Zuverlässigkeit
- Gefahrenmeidung
- Integrationsverhalten
- Friedfertigkeit

Jede dieser neun Dimensionen wird durch elf Items repräsentiert, die Aussagen zur Selbsteinschätzung sowie zur Einschätzung anderer Personen darstellen. Die Aussagen sind auf siebenstufigen Skalen (»trifft gar nicht zu« bis »trifft vollständig zu«) hinsichtlich Zustimmung bzw. Ablehnung zu beantworten.

Neben dieser Langversion stehen zwei Parallelversionen zur Verfügung, die aus je 45 Items bestehen (fünf Items je Dimension). Ein Kurzscreening mit 13 Items, das jedoch keine Interpretation der einzelnen Dimensionen zulässt, liegt bereits vor.

## Einschätzung der Gütekriterien

Bei ordnungsgemäßer Durchführung, Auswertung und Interpretation ist vollständige Objektivität gegeben. Hinsichtlich der Reliabilität wurden je nach Untersuchung für den Gesamttest interne Konsistenzen zwischen $\alpha = .92$ und $\alpha = .95$, für die einzelnen Dimensionen zwischen $\alpha = .59$ und $\alpha = .86$ gefunden. Für die Paralleltestreliabilität wurde $r = .91$ ermittelt. Die internen Konsistenzen der Parallelversionen liegen je nach Skala zwischen $\alpha = .43$ und $\alpha = .70$.

Im Rahmen der Testkonstruktion wurde auf eine inhaltsvalide Umsetzung der neun Dimensionen geachtet, die von Experten überprüft wurde. In Bezug auf die Konstruktvalidität wurden in einer Untersuchung an einer studentischen Stichprobe (N = 104) erste Hinweise auf eine weitgehende Unabhängigkeit von Intelligenz, gemessen an der Abiturnote, gefunden (Skala »Verhaltensabsichten« signifikant mit $r = -.20$, alle anderen Skalen nicht signifikant zwischen $r = .00$ und $r = -.19$, Gesamtwert mit $r = -.17$, höhere Notenwerte entsprechen geringeren schulischen Leistungen). In einer weiteren Untersuchung an N = 712 Personen (Bewerber einer industriellen Tätigkeit) bestätigte sich dieses Ergebnis. Der Gesamtwert des PIA korrelierte nicht signifikant mit einem Intelligenztest, je nach Berufsgruppe, zu $r = .12$ bzw. $r = .03$. Hingegen zeigten sich – entsprechend der theoretischen Konzeption des Testverfahrens (vgl. Dimension »Zuverlässigkeit«) – hochsignifikante Zusammenhänge zu Gewissenhaftigkeit ($r = .60$ bzw. $r = .52$). Hohe Zusammenhänge fanden sich des Weiteren zu beruflicher Leistungsmotivation ($r = .43$ bzw. $r = .46$) sowie, in etwas geringerem Maße, zu Verhalten in sozialen Interaktionen (VSI, als verhaltensbezogenem Aspekt sozialer Kompetenz, $r = .18$ bzw. $r = .30$). Zur kriterienbezogenen Validität liegen die Daten der oben genannten studentischen Stichprobe vor; es zeigte sich ein starker Zusammenhang zu zurückliegendem devianten Verhalten in der Schule, der für den Gesamtwert mit $r = .70$ bzw. für die Einzeldimensionen zwischen $r = .34$ und $r = .60$ errechnet wurde. Diese Ergebnisse stellen einen oberen Grenzwert dar, da das Kriterium im Rahmen der Itemanalyse Berücksichtigung fand.

## Fehler- und Problemkritik

Eine besondere Schwierigkeit bei der Validierung von Integritätstests besteht in der Auswahl eines geeigneten Kriteriums. Nach Sackett und Harris (1984) kommen insgesamt fünf verschiedene Strategien zur Ermittlung der Kriteriumsvalidität in Frage, die jedoch allesamt mit bestimmten Problemen behaftet sind. Hierunter fallen beispielsweise die selbsteingeschätzte Kontraproduktivität, die nur für minder schwere Vergehen geeignet ist, oder externe Kriterien, die auf Grund der hohen Anzahl unentdeckter Vergehen und der damit einhergehenden Varianzeinschränkung im Kriterium zu einer Unterschätzung der Validität führen. Als interessanter Weg wird der Kontrastgruppenvergleich angesehen; hierbei wird eine Gruppe potenziell integrer Personen (z.B. Polizisten, Priester) mit einer Gruppe potenziell unintegrer Personen (z.B. Strafgefangene) verglichen. Diese Methode führt durch die bimodale Merkmalsverteilung jedoch zu einer Überschätzung der tatsächlichen Validität. Eine diesem Ansatz folgende Untersuchung wird derzeit durchgeführt. Darüber hinaus werden momentan Daten erhoben, die eine Überprüfung der Vorhersage beruflichen Erfolgs ermöglichen.

Eine weitere Besonderheit von Integritätstests, die in diesem Zusammenhang erwähnenswert scheint, ist der hohe Zusammenhang zu Maßen sozialer Erwünschtheit. In eigenen Studien wurden dabei Korrelationen bis $r = .53$ gefunden, während für andere Persönlichkeitstests meist Werte zwischen $r = .20$ und $r = .35$ berichtet werden. Die Ursache kann hierbei zum einen in der höheren Aversivität der Items, zum anderen in der Überlappung von Prädiktor und Kriterium vermutet werden. Generell wurde durch den Einfluss sozialer Erwünschtheit jedoch keine Verminderung der prognostischen Validität gefunden (z.B. Diemand & Schuler 1998). So verringert sich der oben berichtete Zusammenhang zu Indikatoren devianten Verhaltens in der Schule durch die Kontrolle sozialer Erwünschtheit kaum ($r_{p,k \cdot m} = .62$).

## Ablauf des Messprozesses

### Räumliche Voraussetzungen
Bei computerbasierter Anwendung ist ein Computer mit Zugang zum Intra- bzw. Internet notwendig. Die »Papier- und Bleistiftversion« wird an einem Tisch durchgeführt, wobei bei Gruppendurchführungen auf ausreichend Platz, am besten an Einzeltischen, und ungestörtes Arbeiten zu achten ist.

### Zeitliche Voraussetzungen
- Die Durchführung des Testverfahrens nimmt ca. zwanzig Minuten für die Langversion und ca. zehn Minuten für die Kurzversion in Anspruch. Für das Aushändigen der Materialien sowie die Testinstruktion sind weitere fünf Minuten zu veranschlagen.
- Die Auswertung erfolgt im Falle computergestützter Erhebung automatisch. In der Papierversion müssen die Testhefte entweder von Hand (je nach Testform dauert dies ca. drei bis sieben Minuten) in eine Tabelle am Computer eingetragen oder per Scanner (ca. eine Minute) eingelesen werden. Die weiteren Auswertungen am Computer nehmen ca. fünf bis zehn Minuten in Anspruch, jedoch unabhängig von der Anzahl auszuwertender Testhefte.

### Personelle Voraussetzungen
Die Anzahl an Teilnehmern, die zeitgleich die Computerversion des PIA bearbeiten können, wird ausschließlich durch die zur Verfügung stehenden Arbeitsplätze und die Serverkapazitäten beschränkt. Mit modernen Servern sind mehrere hundert Anwendungen gleichzeitig möglich. In traditioneller Form kann sowohl das Einzelassessment als auch die Durchführung in Gruppen gewählt werden. Für letztere ist es lediglich notwendig, dass alle Teilnehmer den Versuchsleiter gut sehen und verstehen können, so dass Schulklassen-Größe zu empfehlen, jedoch auch die Durchführung in Hörsälen mit über hundert Personen praktikabel ist.

Der Versuchsleiter muss mit dem Verfahren und mit den Rahmenbedingungen einer Testdurchführung sowie ggf. mit den Besonderheiten des Computerprogramms vertraut sein.

*Technische Voraussetzungen*

Die internetgestützte Diagnostik mit einem zeitgemäßen Computer sowie einer leistungsfähigen Anbindung an das Internet erspart dem Nutzer lange Wartezeiten und damit verbundene Frustration, ist jedoch für die ordnungsgemäße Durchführung nicht zwingend notwendig. Die Software liegt zentral auf einem Server, sodass neben einem Browser lediglich ein entsprechender Zugangscode notwendig ist. Für die »Papier- und Bleistiftversion« ist ein sechsseitiges bzw. vierseitiges (Parallelversion) Testheft vonnöten, für die Auswertung ein Computer sowie ggf. ein Scanner mit entsprechender Software.

**Freie Darstellung**

### Einleitung

Die Erfassung von Integrität, verstanden als stabile Eigenschaft und Teil der personalen Kompetenz eines Menschen, hat in den Vereinigten Staaten eine lange Tradition. Seit Jahrzehnten werden sog. »integrity tests« im Rahmen der Personalauswahl eingesetzt, um kontraproduktives Verhalten der Mitarbeiter vorherzusagen. Nach Marcus (2000) kommen sie in den USA heute bei fast jedem zweiten Personalauswahlprozess zur Anwendung, Tendenz steigend.

Die Ausprägungen kontraproduktiven Verhaltens können vielseitig sein, sie reichen von unbegründeten Fehlzeiten und Alkoholmissbrauch am Arbeitsplatz über Mobbing bis hin zu Betriebsspionage und Sabotage. Marcus et al. (2002) konnten zeigen, dass diese Formen kontraproduktiven Verhaltens hierarchischen Aufbau haben. Mit Hilfe von Strukturgleichungsmodellen konnten sowohl ein übergeordneter Faktor »Kontraproduktivität« als auch die einzelnen Subdimensionen (in diesem Fall Absentismus, Drogenmissbrauch, Aggression und Diebstahl) nachgewiesen werden. Robinson und Bennet (1995) schlugen entsprechend dem Ziel devianten Verhaltens eine Einteilung in organisationsbezogene und individuumsbezogene kontraproduktive Verhaltensweisen vor. In Anlehnung an diese Arbeiten werden für das vorliegende Verfahren jene Verhaltensweisen als kontraproduktiv bezeichnet, die offensichtlich zum Schaden der Organisation oder ihrer Mitglieder sind. Ausnahmen bilden versehentliches Verhalten, Fehler, deren Konsequenzen zum Zeitpunkt der Handlung nicht vorhersehbar waren sowie Verhalten, das sowohl negative als auch positive Konsequenzen hat. Der Begriff der Kontraproduktivität ist damit enger gefasst als der der Devianz (Abweichung), da er auf den beruflichen Kontext beschränkt bleibt.

Der Einsatz von Integritätstests im Rahmen der kompetenzbasierten Personalauswahl kann sich auf Befunde zweier unterschiedlicher Richtungen berufen. Zunächst konnte in zahlreichen Studien der Zusammenhang zwischen Integrität und deviantem Verhalten nachgewiesen werden (vgl. Ones et al. 1993 für eine Zusammenfassung). Dabei wurden auf Kriteriumsseite neben »harten Daten« wie z.B. entdeckte Diebstähle auch Selbsteinschätzungen oder Arbeitsunfälle untersucht.

Darüber hinaus deuten empirische Belege darauf hin, dass Integritätstests – wenngleich ursprünglich nicht für diesen Anwendungszweck konzipiert – auch eine Prognose beruflichen Erfolgs erlauben. Neben prognostischen Validitäten, die in vergleichbarer Höhe zu anderen Persönlichkeitsverfahren liegen, konnte insbesondere in Kombination mit Intelligenztests hohe inkrementelle Validität nachgewiesen werden (Schmidt & Hunter 1998).

Diesen Ergebnissen steht ein bemerkenswerter Mangel deutschsprachiger Literatur sowie diagnostischer Verfahren gegenüber, der zum Teil auf unterschiedliche rechtliche Bedingungen zurückzuführen ist. Aus diesem Sachverhalt leiten sich die Konstruktionsabsicht und der Anwendungszweck des vorgestellten Verfahrens ab: Das Persönlichkeitsinventar zur Integritätsabschätzung (PIA) soll eine auf die hie-

sige Kultur abgestimmte valide und ökonomische Erfassung des Persönlichkeits-
merkmals Integrität als Teil der personalen Kompetenz im Rahmen der Personalauswahl ermöglichen.

## Historie

Die Anfänge der psychologischen Messung von Integrität sind in dem 1947 erschienenen »Biographical Case History (BCH)« des amerikanischen Armeepsychologen
G. L. Betts (vgl. Ash 1991) zu sehen. Betts hatte während des Zweiten Weltkriegs
den Auftrag erhalten, ein Auswahlinstrument zu entwickeln, mit dessen Hilfe Rek-
ruten mit kriminellem Hintergrund identifizierbar sein sollten. Er bediente sich
dazu der Methode der empirischen Itemselektion mittels Kontrastgruppen, die in
der Eignungsdiagnostik bevorzugt zur Validierung biografischer Fragebögen erfolgreich angewandt worden war und für die Entwicklung weiterer Integritätstests
lange Zeit die vorherrschende Methode bleiben sollte. Resultate dieser Methode
der Itemselektion sind in der Regel Testverfahren mit heterogenen Skalen und oft
geringer inhaltlicher bzw. Augenscheinvalidität, jedoch hoher Kriteriumsvalidität.
Das auf dem BCH aufbauende »Life Experience Inventory« (Cassel & Betts 1956)
stellt eine Adaptation an zivile Gruppen dar, das jedoch mit der wachsenden Sorge
um die Bedrohung der Privatsphäre vom Markt genommen wurde.

Von diesen Bemühungen weitgehend unberührt entwickelte sich Ende der 40er
Jahre ein zunächst rein kriminologischer Forschungszweig, der auf J.E. Reid zurückgeht (»Reid Report« 1951, nach Brooks & Arnold 1989). Der von ihm entwickelte
Polygraph erfasst während einer Befragung physiologische Parameter wie Blut-
druck, Puls oder Hautleitfähigkeit. In Verbindung mit einer Kontrollfragentechnik,
mit der die Reaktion auf relativ neutrale Fragen ermittelt wird, wurde diese Technik beispielsweise für die Überprüfung des Wahrheitsgehalts von Zeugenaussagen
angewendet (als »Lügendetektor« bekannt geworden). Bereits in den 60er Jahren
zählte auch die Personalauswahl zu den Anwendungsgebieten dieses Verfahrens.
Der Reid Report zählt heute zu den am meist verbreiteten Integritätstests und kann
als Stammvater einer inzwischen umfangreichen Gruppe vergleichbarer Verfahren
gelten – der Gruppe der einstellungsorientierten Integritätstests (Marcus 2000).

Eine weitere Entwicklungslinie früher Integritätstests entstammt der differenziellen Psychologie. Integrität wurde dabei im Rahmen allgemeiner Persönlichkeitsverfahren erfasst. Von besonderem Interesse ist hierbei das von Gough (1975) entwickelte California Psychological Inventory (CPI, deutsch: Weinert et al. 1982). Das aus
18 Subskalen bestehende CPI erfasst mit einer Subskala »Socialization« (ursprünglich »Delinquency«) und dient ausdrücklich zur Identifizierung delinquenter Personengruppen. Jedoch sollte auch innerhalb der Normalpopulation zwischen verschiedenen Graden von Delinquenz differenziert werden können. Harrison Gough
selbst entdeckte für diese Skala die Möglichkeit des Einsatzes in der beruflichen
Eignungsdiagnostik und veröffentlichte 1954 den »Personnel Reaction Blank« als
Integritätstest, der auf der CPI-Socialization basierte. Gough (1971) zufolge sollte
dieser Test ein eindimensionales Konstrukt erfassen, dem er den Namen »wayward
impulse« gab. Dieser Test wurde außer an Kontrastgruppen auch an berufsbezo-

genen Kriterien wie Vorgesetztenbeurteilungen validiert. Das CPI ist auch für die nachfolgende Beschäftigung mit dem Konstrukt Integrität bedeutungsvoll, da sich an ihm bzw. seiner »Socialization«-Skala eine ganze Gruppe späterer Integritätstests orientierte. Diese moderneren Entwicklungen entlehnten beim CPI sowohl das Konstruktionsprinzip als auch teilweise die Itemformulierungen. CPI-»Socialization« und der darauf basierende »Personnel Reaction Blank« wurden somit zum Vorläufer der eigenschaftsorientierten Integritätstests (vgl. Marcus 2000).

## Stand der Forschung

Die Auffassung, dass die bislang bestehenden Verfahren der Integritätsmessung größtenteils einer der zwei zuvor beschriebenen Entwicklungslinien zuzuordnen sind, wird allgemein geteilt. Sackett et al. (1989) etwa unterscheiden zwischen »Overt«- und »Personality-based«- Verfahren, während Ash (1991) mit der Dichotomie von »Clear purpose« und »Disguised/veiled purpose« auf den gleichen Unterschied abhebt. Marcus, Funke und Schuler (1997) trennen zwischen einstellungsorientierten Verfahren (in der Tradition des Reid Reports und der Polygraphieforschung stehend) und eigenschaftsorientierten Verfahren (angelehnt an andere Persönlichkeitsinventare). Der Eigenschaftsbegriff weist auf stärkere Bezüge zur differenziellen Psychologie hin, während das Konstrukt »Einstellung« größere Nähe zur Sozialpsychologie impliziert.

Nach Befunden von Marcus (2000) besitzen beide Arten von Integritätstests vergleichbar hohe Kriteriumsvaliditäten. Metaanalytische Befunde von Marcus et al. (1997) ergaben außerdem, dass Integritätstests beim Einsatz für Zwecke der Personalauswahl eine verbesserte Prognose allgemeiner beruflicher Leistung gestatten, somit also inkrementelle Validität (Zuwachsgültigkeit bei der beruflichen Erfolgsprognose) besitzen. Schmidt & Hunter (1998) zufolge kann kein anderes Verfahren die Prognose beruflichen Erfolgs durch Intelligenztests stärker verbessern als Integritätstests, denen eine inkrementelle Validität von r = .14 nachgewiesen wurde. Dies kann erstens auf die Höhe der Korrelationen mit Indikatoren beruflicher Leistung (r = .41) zurückgeführt werden, zweitens auf die Generalisierbarkeit dieser Ergebnisse, drittens auf die Unabhängigkeit von Intelligenz. Unterschiede scheinen bezüglich der faktoriellen Struktur beider Arten von Verfahren zu bestehen: Eigenschaftsorientierte Tests, quasi nach Baukastenprinzip konstruiert, erfassen demnach recht deutlich abgrenzbare Konstrukte aus unterschiedlichen Bereichen der allgemeinen Persönlichkeit. Einstellungsorientierte Verfahren scheinen demgegenüber komplexer und in ihrer faktoriellen Struktur weniger klar zuordenbar.

Hinsichtlich der Verankerung des Konstrukts »Integrität« innerhalb des Fünf-Faktoren-Modells (Costa & McCrae 1989; Norman 1963) hat sich die zuweilen vertretene Gleichsetzung mit Gewissenhaftigkeit als unzureichend erwiesen. Marcus et al. (1997) gehen davon aus, dass die Beziehungen von Integritätstests mit den breiter angelegten Persönlichkeitseigenschaften innerhalb des Big-Five-Modells lediglich durch Zusammenhänge mit einzelnen, jeweils sehr spezifischen Facetten dieser fünf Faktoren zustande kommen. Befunde von Digman (1997) legen die besondere Bedeutung der drei Skalen Emotionale Stabilität, Verträglichkeit und Gewissenhaftigkeit des NEO-FFI (Borkenau & Ostendorf 1993) nahe. Er identifizierte einen diesen drei Faktoren übergeordneten Faktor zweiter Ordnung α und benannte ihn als »Socialization«, was die Nähe dieser Faktorenkombination zu den Konstrukten Integrität und Selbstkontrolle andeutet.

Trotz der Vielzahl der seit den 50er Jahren in den USA erschienenen Integritätstests herrscht ein bemerkenswerter Mangel an theoretischen Konzepten zu diesem Konstrukt. Die meisten der erhältlichen Verfahren wurden von privaten Testinstituten zu rein kommerziellen Zwecken entwickelt, ohne begleitende Forschungsbemühungen anzustellen. Der wissenschaftliche Forschungsstand zu diesem Thema hinkt der Menge veröffentlichter Verfahren deutlich hinterher, was der operativen Validität dieser Verfahren, also ihrem Funktionieren bei der Anwendung im Feld der betrieblicher Praxis, freilich keinen Abbruch tut.

Der Ansatz des Forscherteams um Prof. Schuler von der Universität Hohenheim stellt in diesem Zusammenhang ein Novum dar, da der Auffassung von Integrität explizit theoretische Annahmen zu Grunde gelegt werden. Dabei wird insbesondere auf die Erklärungsansätze von Gottfredson und Hirschi (1990) Bezug genommen, die in ihrem Buch »A general theory of crime« ein allgemeines Erklärungsmodell kriminellen Handelns vorstellen. Im Zentrum dieses Ansatzes steht dabei ein Mangel an Selbstkontrolle, den Marcus (2000) auf kontraproduktives Verhalten am Arbeitsplatz anwendet. Unter Rückgriff auf eine Zusammenschau aller verfügbaren Integritätstest wurde ein neues Verfahren zur Erfassung berufsbezogener Integrität entwickelt. Dabei wird Integrität als heterogenes, aus insgesamt neun Subdimensionen bestehendes Konstrukt beschrieben (vgl. auch die metaanalytischen Befunde nach Marcus et al. 1997).

## Das Problem der Kriteriumsvalidität

Nach Sackett und Harris (1984) kommen für die kriterienbezogene Validierung von Integritätstests fünf unterschiedliche Strategien in Frage. Zunächst ist hier der Vergleich von Kontrastgruppen zu nennen. Dieses Vorgehen vergleicht die Testwerte einer als besonders wenig integer bewerteten Gruppe, z.B. Strafgefangene, mit denen einer Normpopulation oder einer als besonders integer geltenden Gruppe, z.B. Polizisten. Diese vor allem für den Prozess der Itemselektion bei eigenschaftsorientierten Persönlichkeitstests eingesetzte Methode führt jedoch statistisch zu einer bimodalen Merkmalsverteilung mit einem Modus in jeder Teilstichprobe, was gravierende Überschätzungen der »tatsächlichen« Validität bewirken kann. Des Weiteren können die Testergebnisse mit Eingeständnissen abweichenden Verhaltens unter Einsatz eines Lügendetektors (Polygraphen) korreliert werden. Diese Methode wurde für die meisten der älteren einstellungsorientierten Integritätstests eingesetzt. Die Validität polygraphischer Eignungsdiagnostik gilt jedoch generell als fraglich. Eine alternative Vorgehensweise besteht in der Erhebung selbsteingeschätzter Kontraproduktivität. Hierbei werden Beispiele eigenen abweichenden Verhaltens abgefragt. Zur Messung vor allem von minderschweren Vergehen gelten solche Selbstberichte als durchaus valide (Hindelang et al. 1981). Allerdings ist bei dieser Methode auf inhaltliche Unabhängigkeit des Kriteriums vom Prädiktor zu achten, da ansonsten künstlich überhöhte Korrelationskoeffizienten zu erwarten sind. Bei der Erhebung externer Kriterien werden die Testwerte der Probanden zu extern ermitteltem kontraproduktivem Verhalten, wie z.B. aufgedecktem Diebstahl, in Beziehung gesetzt. Der größte Nachteil dieser Methode ist darin zu sehen, dass der überwiegende Teil der Mitarbeiterdelikte unentdeckt bleibt, d.h. es kommt zu einer Unterschätzung der »tatsächlichen« Validität als Folge einer Einschränkung der Varianz im Kriterium. Schließlich sind Längsschnittstudien auf Organisationsebene zu nennen. Nach der Einführung von Integritätstest werden bei diesem Vorgehen die Veränderung von Parametern wie Inventurdifferenzen, Fehlzeitenstatistiken oder Personalfluktuation betrachtet.

Wie aus der vorangegangenen Darstellung deutlich wurde, stehen sehr unterschiedliche Vorgehensweisen für die kriterienbezogene Validierung von Integritätstests zur Verfügung. Die Über- oder Unterschätzungen der Validität durch die einzelnen Strategien oder die fragliche Validität der Kriterien selbst legen jedoch den Schluss nahe, dass es den »goldenen Weg« der kriterienbezogenen Validierung nicht gibt. Die Empfehlung kann aus dieser Perspektive nur lauten, Daten möglichst vieler unterschiedlicher Ansätze zu sammeln und zu aggregieren sowie die Auswahl des Kriteriums im Einzelfall von den Spezifika der Stichprobe und der Intention der Untersuchung abhängig zu machen.

## Die Entwicklung des PIA

Die Konzeption des PIA basiert auf der von Marcus (2000) ermittelten Struktur von Integrität. Dabei werden auf theoretischer Ebene neun voneinander abgrenzbare, wenngleich nicht unabhängige Dimensionen postuliert, die dem eigenschafts- bzw. einstellungsorientierten Ansatz zugeordnet werden können. Speziell für die Anwendung für Zwecke der kompetenzbasierten Personalauswahl wurden diese Skalen adaptiert und wie folgt spezifiziert:
- Integre Verhaltensabsichten: Keine Beschäftigung mit unintegrem Verhalten.
- Verzicht auf Rechtfertigungen: Deviantes Verhalten wird nicht durch einen triftigen Grund legitimiert.
- Integritätsvermutungen: Vermutete deviante vs. integre Verhaltenweisen bei anderen.
- Vertrauen: Angenommene Verlässlichkeit und Vertrauenswürdigkeit anderer.
- Gelassenheit: Tendenz zu überlegtem, nicht überstürztem Verhalten, auch in kritischen Situationen.
- Zuverlässigkeit: Gewissenhafte, auch vorausblickende Erledigung von übertragenen Aufgaben.
- Gefahrenmeidung: Meidung gefährlicher und riskanter Situationen und unnötigen Nervenkitzels.
- Integrationsverhalten: Tiefergehendes Interesse an anderen Personen sowie verträgliches Verhalten.
- Friedfertigkeit: Vermeidendes bzw. schlichtendes Verhalten in Konfliktsituationen.

Die Generierung der Items hatte dabei eine inhaltsvalide Umsetzung der neun Dimensionen von Integrität zum Ziel. Dabei wurde für die Rohfassung eine Orientierung an den Skalen Emotionale Stabilität, Verträglichkeit und Gewissenhaftigkeit des NEO-FFI (Borkenau & Ostendorf 1993) der Skalen »Socialization« und »Self-Control« aus dem Deutschen CPI (Weinert et al. 1982) vorgenommen. Alle Items wurden wenn möglich berufsbezogen, ansonsten kontextneutral reformuliert.

Die Maßgabe der berufsbezogenen Itemformulierung ergibt sich aus unterschiedlichen Gründen. Zunächst liegt die Konstruktionsabsicht des Verfahrens ausschließlich in einer Prognose devianten Verhaltens am Arbeitsplatz, während andere Lebensbereiche nicht abgedeckt werden sollen. Darüber hinaus konnte durch kontextspezifische Formulierungen eine Steigerung der kriterienbezogenen Validität nachgewiesen werden. So ermittelten Schmit et al. (1995) in einer simulierten Personalauswahlsituation höhere prognostische Validitäten, nachdem Items des NEO-FFI berufsbezogen formuliert worden waren.

Hinzu kommt, dass eine kontextspezifische Formulierung der Items zur Transparenz des Verfahrens beiträgt. Befunden von Schuler (1993) zufolge ist Verfahrenstransparenz eine der Determinanten der sozialen Validität eines Auswahlinstruments, also des Grades, in dem ein Verfahren bei Bewerbern Akzeptanz genießt. Die Berücksichtigung dieses Gütekriteriums erlangt angesichts des als möglicherweise invasiv empfundenen Untersuchungsgegenstands besondere Bedeutung.

Die entstandene Rohversion des PIA mit insgesamt 444 Items wurde durch Experten-Rating auf 258 reduziert. Maßgabe hierfür waren die inhaltliche Zugehörigkeit zu einer Dimension sowie die Verständlichkeit der Formulierung eines Items. Darüber hinaus wurden Items ausgeschlossen, die von den Experten für ein Verfahren, das im Kontext der Personalauswahl zum Einsatz kommen sollte, als ungeeignet eingeschätzt wurden.

In einer Erprobungsstudie wurde diese Version (mit 258 Items) einer Stichprobe von N = 104 Architekturstudenten vorgelegt. Das Verfahren wurde unter der Maßgabe optimiert, ein möglichst kriteriumsvalides sowie auf Skalenebene möglichst homogenes, varianzstarkes und inhaltsvalides Instrument zu erhalten. Als Außenkriterium wurde ein Fragebogen zu deviantem Verhalten in der Schulzeit (selbsteingeschätzte Kontraproduktivität) vorgelegt. Die Kürzung führte zur jetzigen Version des PIA mit 99 Items.

## Ergebnisse

Für diese Version (mit 99 Items) wurde für den Gesamttest eine interne Konsistenz von $\alpha = .95$ gefunden. Die interne Konsistenzen der Einzelskalen bewegen sich im Bereich zwischen $\alpha = .79$ und $\alpha = .86$. Die Einzelskalen korrelieren mit dem Gesamttestwert in einer Höhe zwischen $r = .53$ und $r = .86$. Zwischen den Indizes der neun Skalen bestehen Korrelationen in einer Höhe von $r = .07$ bis $r = .75$. Dies deutet darauf hin, dass die Dimensionen nicht im Sinne unabhängiger Faktoren zu interpretieren sind.

Für das als Außenkriterium erhobene deviante Verhalten in der Schulzeit wurde ein Zusammenhang von $r = .70$ mit dem Gesamtwert ermittelt. Die Einzeldimensionen korrelierten zwischen $r = .34$ und $r = .60$ mit dem Kriterium. Diese Zusammenhänge stellen einen oberen Grenzwert dar, da das Kriterium im Rahmen der Itemanalyse Berücksichtigung fand.

In Bezug auf die Konstruktvalidität konnten erste Hinweise auf eine weitgehende Unabhängigkeit des PIA von Intelligenz gesammelt werden. Die Abiturnote als Indikator korrelierte nicht signifikant zu $r = .17$ mit dem Gesamtwert. Von den einzelnen Dimensionen erreichte nur die Skala »Verhaltensabsichten« statistisches Signifikanzniveau ($r = -.20$), alle anderen Skalen waren hingegen unkorreliert (Zusammenhänge zwischen $r = .00$ und $r = -.19$, höhere Notenwerte entsprechen geringeren schulischen Leistungen). Im Sinne einer explorativen Analyse wurde darüber hinaus der Zusammenhang zu Leistungsmotivation, gemessen durch die Kurzform des Leistungsmotivationsinventars LMI-K (Schuler & Prochaska 2001), betrachtet. Es zeigte sich ein signifikanter Zusammenhang von $r = .23$ zum Gesamtwert. Der Zusammenhang zwischen dem PIA und dem Außenkriterium »deviantes Verhalten in der Schulzeit« ($r = .70$, s. o.) wird durch die Leistungsmotivation jedoch nicht beeinflusst ($r_{p,k \cdot m} = .68$).

Bei einem möglicherweise als invasiv empfundenen Untersuchungsgegenstand wie Integrität sind in besonderem Maße Einflüsse sozialer Erwünschtheit zu untersuchen. Zu diesem Zweck wurde der Kurzfragebogen zur Selbsteinschätzung KSE (S&F Personalpsychologie, o. J.) zur Erfassung sozialer Erwünschtheit eingesetzt. Es zeigten sich hochsignifikante Zusammenhänge zum Gesamtwert des PIA ($r = .42$). Im Vergleich zu anderen Persönlichkeitstests liegt dieser Wert erwartungsgemäß im oberen Bereich. Die Kontrolle sozialer Erwünschtheit reduzierte den Zusammenhang zwischen Integrität und deviantem Verhalten in der Schulzeit jedoch nur von $r = .70$ auf $r_{p,k \cdot m} = .62$ ($p < .01$).

In einer weiteren Untersuchung fand der PIA im Kontext der Personalauswahl an einer Stichprobe von $N = 712$ Personen Anwendung. Für die einzelnen Skalen wurden interne Konsistenzen zwischen $\alpha = .59$ (Konfliktmeidung) und $\alpha = .82$ (Integritätsvermutungen) ermittelt. Die interne Konsistenz des Gesamttests lag bei $\alpha = .92$.

Aus dieser Version des PIA mit 99 Items wurden nach Schwierigkeit und Trennschärfe zwei Parallelversionen entwickelt. Pro Skala wurden aus den elf Items jeweils fünf Paare gebildet, ein Item wurde eliminiert. Für drei Items konnte kein korrespondierendes Item gefunden werden, so dass diese auf Grund hoher Trennschärfe im Gesamttest in beide Parallelversionen aufgenommen wurden. Die internen Konsistenzen der einzelnen Skalen liegen zwischen $\alpha = .43$ (Rationalisierungen) und $\alpha = .70$ (Integritätsvermutungen). Die internen Konsistenzen des Gesamttests liegen bei $\alpha = .82$ bzw. $\alpha = .83$. Für die beiden Versionen wurde eine Paralleltestreliabilität von $r = .91$ errechnet, auf Ebene der einzelnen Skalen liegen die Korrelationen zwischen $r = .45$ und $r = .78$.

Die Struktur der Langversion des PIA wurde in einer konfirmatorischen Faktorenanalyse nach der Hauptkomponentenanalyse überprüft, die Rotation der Faktoren erfolgte nach dem Kaiser Varimaxkriterium. Fehlende Werte wurden durch Mittelwert ersetzt. Durch die neun Faktoren konnten insgesamt 38.7% der Varianz aufgeklärt werden.

Die Faktoren 1 (Integritätsvermutungen), 3 (Zuverlässigkeit), 4 (Vertrauen), 5 (Integrationsverhalten), 8 (Gefahrenmeidung) und 9 (Friedfertigkeit) konnten klar identifiziert werden. Auf Faktor 2, der als »Verzicht auf Rechtfertigungen« interpretiert wurde, laden neben den Items dieser Skala jedoch auch einige der negativ formulierten Items der Skala »Integre Verhaltensabsichten«. Eine Erklärung für diese Überschneidung könnte der hohe kognitive Anteil sein, den beide Skalen aufweisen. Faktor 7 wurde als »Integre Verhaltensabsichten« interpretiert, da die positiv formulierten Items dieser Skala hohe Ladungen auf diesem Faktor aufweisen. Jedoch scheint Faktor 2 teilweise auch die Varianz positiv formulierter Items anderer Skalen zu bündeln. Die Items der Skala »Gelassenheit« laden gleichermaßen auf Faktor 6 sowie dem als »Vertrauen« interpretierten Faktor 4. Da die Dimensionen des PIA jedoch nicht als unabhängige Faktoren konzipiert wurden, sind derartige Überlappungen nicht unerwartet.

In der Studie wurden einige weitere Maße erhoben, deren Zusammenhang zum PIA an dieser Stelle kurz erwähnt werden sollen. Zu den Kognitiven Fähigkeitsmodulen (KFM, S&F Personalpsychologie, o.J.), einem neun Aufgaben umfassenden Intelligenztest, der Bearbeitungsgeschwindigkeit, Bearbeitungskapazität sowie Gedächtnisfähigkeiten erfasst, konnte weitgehende Unabhängigkeit nachgewiesen werden ($r = .03$ bzw. $r = .12$, n. s., je nach Berufsgruppe). Diese Ergebnisse entsprechen der Konstruktionsabsicht, da mit einem von Intelligenz unabhängigen Verfahren hohe inkrementelle Validitäten zu erwarten sind (vgl. Schmidt & Hunter 1998). Zum beruflichen Leistungsmotivationstest (BMT, S&F Personalpsychologie, o.J.) fanden sich Zusammenhänge von $r = .43$ bzw. $r = .46$, je nach Berufsgruppe. Das ebenfalls schriftlich ermittelte »Verhalten in sozialen Situationen« (VSI, S&F Personalpsychologie, o.J.) als verhaltensbezogener Aspekt sozialer Kompetenz korrelierte mit PIA zu $r = .18$ bzw. $r = .30$. Erwartungsgemäß hohe Übereinstimmung ($r = .60$ bzw. $r = .52$) zeigte sich für einen Gewissenhaftigkeitstest (G, S&F Personalpsychologie, o.J.), da die Skala »Zuverlässigkeit« inhaltlich hohe Überlappung mit Gewissenhaftigkeit aufweist.

Analog zu den bereits berichteten Ergebnissen fanden sich auch in dieser Untersuchung hohe Zusammenhänge ($r = .53$) zu sozialer Erwünschtheit (KSE, S&F Personalpsychologie o.J.). Die Ursache kann hierbei zum einen in der höheren Aversivität der Items, zum anderen in der Konfundierung von Prädiktor und Kriterium vermutet werden, da die Skala zu Erfassung sozial erwünschten Antwortverhaltens explizit Inhalte erfasst, die auch Bestandteil einiger Items des PIA sind. Generell wurde durch den Einfluss sozialer Erwünschtheit jedoch keine Verminderung der prognostischen Validität gefunden (z.B. Diemand & Schuler 1998).

Darüber hinaus werden zur Zeit Leistungsmaße erhoben, die in naher Zukunft eine Einschätzung der Kriteriumsvalidität erlauben werden. In einer anderen Studie wird derzeit ein Vergleich von Extremgruppen durchgeführt. Eine Gruppe von Strafgefangenen soll dabei mit einer noch nicht spezifizierten Gruppe als besonders integer angesehener Personen verglichen werden.

## Anwendungsbeispiel

Durch seine personalistische Herangehensweise ist der PIA für die Anwendung im Kontext der kompetenzbasierten Personalauswahl konzipiert, wohingegen die Personalentwicklung als ein weniger geeignetes Feld eingestuft wird. Ein entsprechender Einsatz wurde beispielsweise bei einem deutschen Automobilhersteller realisiert. In einer Testbatterie von insgesamt sechs schriftlichen Verfahren war der PIA hierbei Teil der zweiten Vorauswahlstufe, die nach einem ersten Screening im Internet stattfand und der eine Reihe interaktiver Testverfahren folgte. In Abhängigkeit der Reliabilitäten sowie der prognostischen Validitäten wurden den Einzelverfahren der Testbatterie zunächst Gewichte zugewiesen. Entsprechend dieser Gewichtung wurde für die Testbatterie ein Gesamtwert gebildet. Zusätzlich wurde für jedes Verfahren ein spezifischer Cut-Off festgelegt, der eine nicht kompensierbare Untergrenze in Bezug auf jedes einzelne Verfahren darstellt. Damit ein Bewerber für die nächste Stufe empfohlen werden konnte, musste die Prüfung beider Indizes positiv ausfallen.

In Bezug auf den PIA stehen darüber hinaus noch Detailinformationen zur Verfügung, die sich auf die Dimensionen des PIA beziehen. Die Ergebnisse der einzelnen Dimensionen ergeben in der Summe ein Integritätsprofil. Abbildung 1 gibt eine grafische Veranschaulichung dieses Profils für einen fiktiven Bewerber wieder. Diese Information kann beispielsweise in Rückmeldungsgesprächen oder im Falle geringer Werte zur Detaildiagnose genutzt werden.

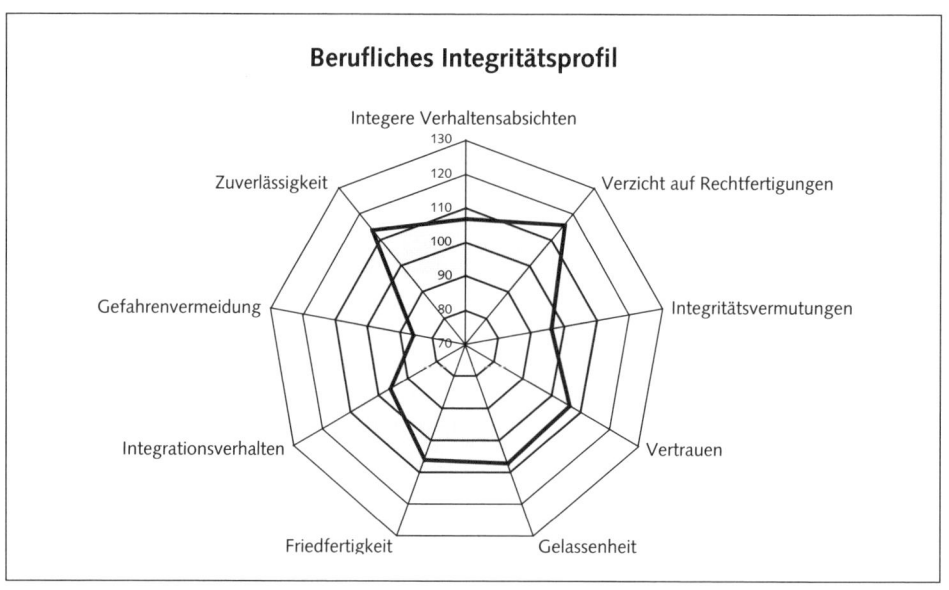

Abb. 1: Berufliches Integritätsprofil

Dem Integritätsprofil liegt ein Mittelwert von 100 sowie eine Streuung von 10 zugrunde. Dies bedeutet, dass der Wert 100 den Normwert einer Vergleichspopulation darstellt. In dem schraffierten Ring zwischen 90 und 110 liegen die Werte von 68 % der Bewerber. Das Ergebnisdiagramm der in Abbildung 1 dargestellten Person weist auf sechs der neun Dimensionen durchschnittliche Werte auf, die keiner weiteren Beachtung bedürfen. Der überdurchschnittliche Wert der Dimension »Zuverlässigkeit« deutet auf ein gewissenhaftes, planvolles Verhalten und eine hohe

Persistenz bei einmal übernommenen Aufgaben hin. Der hohen Wert der Skala »Verzicht auf Rechtfertigungen« lässt die Vermutung zu, dass die diagnostizierte Person davon absieht, unintegres Verhalten durch Rationalisierungen und Rechtfertigungen zu legitimieren. In Bezug auf die unterdurchschnittlichen Werte der Dimension »Gefahrenmeidung« könnte man mit dem Probanden in einem persönlichen Feedbackgespräch erörtern, inwieweit er dazu neigt, gefährliche Situationen aufzusuchen, die mit Nervenkitzel verbunden sind. Darüber hinaus könnten neben den positiven Seiten – wie Risikobereitschaft für einen Existenzgründer – die möglichen negativen Seiten in Bezug auf bestimmten Tätigkeitsfelder angesprochen werden, wie beispielsweise zu risikoreiches Verhalten in Verhandlungen.

## Literaturverzeichnis

Ash, P. (1991). A history of honesty testing. In: J.W. Jones (Hrsg.). Preemployment honesty testing: Current research. New York

Borkenau, P. & Ostendorf, F. (1993). NEO-Fünf-Faktoren-Inventar (NEO-FFI). Göttingen

Brooks, P. & Arnold, D.W. (1989). Reid Report examiner's manual. Chicago

Cassel, R.N. & Betts, G.L. (1956). The development and validation of a life experience inventory for the identification of »delinquency prone« youth. In: American Psychologist, 11, pp. 336

Costa, P.T. & McCrae, R.R. (1989). The NEO PI/FFI manual supplement. Odessa, FL

Diemand, A. & Schuler, H. (1998). Wirksamkeit von Selbstdarstellungsvariablen im Rahmen der prognostischen Validierung eines Potenzialanalyseverfahrens. Zeitschrift für Arbeits- und Organisationspsychologie, 42, S. 134-146

Digman, J.M. (1997). Higher-Order Factors of the Big Five. In: Journal of Personality and Social Psychology, 73, pp. 1246-1256

Gough, H.G. (1971). The assessment of wayward impulse by means of the Personnel Reaction Blank. In: Personnel Psychology, 24, pp. 669-677

Gough, H.G. (1975). Manual for the California Psychological Inventory. Palo Alto, CA

Hindelang, M.J.; Hirschi, T. & Weis, J.G. (1981) Measuring delinquency. Beverly Hills

Marcus, B. (2000). Kontraproduktives Verhalten im Betrieb. Göttingen

Marcus, B.; Funke, U. & Schuler, H. (1997). Integrity Tests als spezielle Gruppe eignungsdiagnostischer Verfahren: Literaturüberblick und metaanalytische Befunde zur Konstruktvalidität. Zeitschrift für Arbeits- und Organisationspsychologie, 41, S. 2-15

Marcus, B.; Schuler, H.; Quell, P. & Hümpfner, G. (2002). Measuring counterproductivity: Development and initial validation of a german self-report questionnaire. In: International Journal of Selection and Assessment, 10, 1/2, S. 18-35

Norman, W.T. (1963). Toward an adequate taxonomy of personality attributes. Replicated factor structure in peer nomination personality ratings. In: Journal of Abnormal and Social Psychology, 66, pp. 574-583

Ones, D.S.; Viswesvaran, C. & Schmidt, F. L. (1993). Meta-analysis of integrity test validities: Findings and implications for personnel selection and theories of job performance [monograph]. In: Journal of Applied Psychology, 78, 679-693

S&F Personalpsychologie (o.J.). Beruflicher Motivationstest BMT; unveröffentlicht. Stuttgart

S&F Personalpsychologie (o.J.). Kognitive Fähigkeitsmodule KFM; unveröffentlicht. Stuttgart

S&F Personalpsychologie (o.J.). Kurzfragebogen zur Selbsteinschätzung KSE; unveröffentlicht. Stuttgart

S&F Personalpsychologie (o.J.). Gewissenhaftigkeitstest G; unveröffentlicht. Stuttgart

S&F Personalpsychologie (o.J.). Verhalten in sozialen Situationen VSI; unveröffentlicht. Stuttgart

Sackett, P.R.; Burris, L.R. & Callahan, C. (1989) Integrity testing for personnel selection: An update. In: Personnel Psychology, 42, pp. 73-76

Sackett, P.R. & Harris, M.M. (1984). Honesty testing for personnel selection: A review and critique. In: Personnel Psychology, 32, pp. 487-506

Schmidt, F.L. & Hunter, J.E. (1998). The validity and utility of selection methods in personnel psychology: Practical and theoretical implications of 85 years of research findings. In: Psychological Bulletin, 124 (2), pp. 262-274

Schmit, M.J.; Ryan, A.M.; Stierwalt, S.L. & Powell, A.B. (1995). Frame-of-reference effects on personality scale scores and criterion-related-validity. In: Journal of Applied Psychology, 80, pp. 607-620

Schuler, H. (1993). Social validity of selection situations: A concept and some empirical results. In: H. Schuler; J.L. Farr & M. Smith (Hrsg.). Personnel selection and assessment: Individual and organizational perspectives. Hillsdale, pp. 11-26

Schuler, H. & Prochaska, M. (2001). Das Leistungsmotivationsinventar – Kurzform (LMI-K). Göttingen

Robinson, S.L. & Bennett, R.J. (1995). A typology of deviant workplace behavior: A multidimensional scaling study. In: Academy of Management Journal, 38, pp. 555-572

Weinert, A.B.; Streufert, S.C. & Hall, W.B., (Hrsg.) (1982). Deutscher CPI (California Psychological Inventory). Bern

# BCI (Bambeck-Competence-Instrument)

## Jörn J. Bambeck

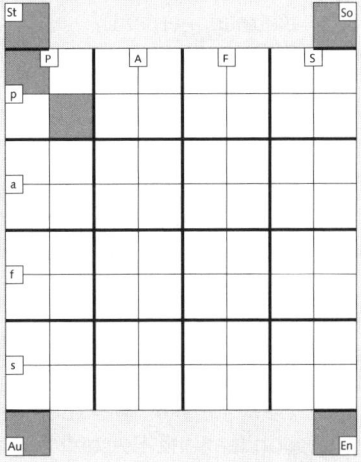

## Rasterdarstellung

### Schlagworte

Beratung; Coaching; Eignungsdiagnostik beruflich; Kompetenzmessung; Personalauswahl; Weiterbildung beruflich

### Entwickler

Dr. Jörn J. Bambeck, München

### Kompetenzdefinition

Kompetenzen kann man als Selbstorganisations-Dispositionen definieren. So gesehen misst das BCI vornehmlich Kompetenz-Realisierungen, die als Persönlichkeits-
Merkmale (Eigenschafts-Modell) durch Erfahrungen, Lernen, Training oder Therapie veränderbar/beeinflussbar sind.

### Zielstellungen

Das BCI wurde speziell für personalpsychologische Belange konzipiert.
Das BCI hat zum Ziel ein breites Spektrum von berufsrelevanten P-Merkmalen,
Eigenschaften (insbesondere Kompetenzen (bzw. Kompetenz-Realisierungen) aber
auch andere) zu erfassen, die z.T. relativ plastisch und z.T. relativ schwer veränderbar sind, um für folgende Einsatzbereiche geeignet zu sein:

- Verbesserung der Selbst- und Menschenkenntnis,
- Beratung und Coaching (Berufs-, Karriere-, Entscheidungsberatung),

- Unterstützung bei der Bildung, Entwicklung, Trainings von Teams und Projekt-gruppen,
- Begleitung/Unterstützung von Persönlichkeitsentwicklungs- und diversen Wei-terbildungs-Maßnahmen (Führung, Kommunikation, Beratung/Verkauf, Kon-fliktmanagement),
- Effizienzdiagnose von Weiterbildungs- und Persönlichkeitsentwicklungs-Maß-nahmen,
- Eignungsdiagnostik bei Erwachsenen (Screening, Selektion, Platzierung, Poten-zialanalyse),
- Begleitung von ACs und anderen eignungsdiagnostischen Verfahren (zur Vor-auswahl der Teilnehmer, zur Absicherung von Selektions-Entscheidungen, zu Eignungshinweisen bei abgelehnten Teilnehmern).

**Theoretische Grundlagen**

Das BCI basiert auf einem Persönlichkeits-Modell, dem der Trait-Ansatz zugrunde liegt.

Es baut auf dem BPI (Bambeck-Personality-Instrument) auf, das eine hohe Kor-respondenz mit Persönlichkeits-Fragebögen aufweist, die auf einem faktorenana-lytischen »Fünf-Faktoren-Modell« (FFM) basieren.

Während es beim BPI primär um »Ordnung« geht, um hohe Konvergenz innerhalb und hohe Diskriminanz zwischen den übergeordneten P-Komponenten; geht es beim BCI neben »Ordnung« primär um »Relevanz«, um die Erfassung vornehm-lich berufsrelevanter P-Merkmale oder -Eigenschaften.

Da neben leichter veränderbaren P-Eigenschaften auch schwerer veränderbare berufsrelevant sind oder sein können, erfasst das BCI beide Arten von P-Merk-malen.

**Methodologische Einordnung**

Es handelt sich beim BCI um einen psychometrischen Self-Report-Fragebogen.

Konstruktions-Besonderheiten des BCI sind u.a. Angaben zur Antwortkonsis-tenz und zur Verhaltenskonsistenz, eine Abschätzung des Entwicklungspotenzi-als jedes erfassten Persönlichkeits-Merkmals, eine Korrektur korrigierbarer verse-hentlich falscher Antworten, eine Korrektur der unbewussten Verfälschung der Selbsteinschätzungen durch die »Persönliche Erwünschtheit«, die Feststellung einer bewussten (Ver-)Fälschung des BCI in über 95 % der Fälle sowie eine automati-sche Standardisierung/Normierung der Ergebnisse.

Auf Grund seiner im Vergleich zur üblichen Offenheit-Komponente des FFM erheb-lich »breiteren« Intellekt-Komponente, mit einer ausgegliederten Verbal-Unterkom-ponente, sowie diverser »Zusatzfaktoren« dürfte die Bandbreite und Differenzie-rung des BCI in diesem Feld außergewöhnlich sein.

## Einschätzung der Gütekriterien

*Objektivität*
Die Auswertungs-Objektivität des BCI ist 1.00, da es per Computer ausgewertet wird. Die Durchführungs-Objektivität ist >.95, und die Interpretations-Objektivität ist bei standardisierter schriftlicher Ergebnis-Interpretation 1.00, bei mündlicher niedriger.

*Reliabilität*
Auf Grund der Möglichkeit der jüngsten BCI-Version zur Korrektur korrigierbarer versehentlich falscher Antworten erreicht das BCI ungewöhnlich hohe Cronbach-Koeffizienten, die bei den Komponenten im Schnitt .95 (.93 – .97) und bei den Subskalen/Unterfaktoren .89 (.84 – .95) betragen. Retest-Koeffizienten wurden für die jüngste Version nicht erhoben, da das BCI auch zur Erfassung von Veränderungen durch Erfahrung, Reifung und insbesondere durch Training, Weiterbildung sowie Persönlichkeitsentwicklungs-Maßnahmen gedacht ist.

*Validität*
Allein schon die zahlreichen und vielfältigen Validitäts-Absicherungen des FFM sowie jener des BPI belegen mittelbar auch die Kontent-, kriterienbezogene- und Konstrukt-Validität des BCI. Auf der Komponenten-Ebene korrelieren die jüngsten Versionen von BCI und BPI im Schnitt .82 (.80 – .85). Der Vergleich der Temperament-Komponenten des BCI mit den entsprechenden Komponenten von zwei renommierten FFM-Fragebögen (NEO-FFI und BFI) ergibt einen durchschnittlichen multiplen Validitätskoeffizienten von .73 (.52 – .89). Bewusst gefälschte BCI-Fragebögen werden zu über 95% erkannt.
Ein Indikator für Führungseignung aus BCI-Skalen korreliert mit subjektiven Kriterien bis zu .59, mit objektiven Kriterien (Führungsebene, Monatsgehalt) bis zu .43.

## Fehler- und Problemkritik

Die wesentlichen Probleme und Fehlerquellen von Self-Report-Fragebögen sind:
Das Problem (1)  der optimalen Komponenten-Anzahl
Das Problem (2)  der optimalen Item-Formulierung
Das Problem (3)  der unbewussten Verfälschung der Antworten
Das Problem (4)  der bewussten Verfälschung (wenn als Selektions-Instrument
                 eingesetzt)
Das Problem (5)  der Antwortpräferenzen (bei einer fünfstufigen Antwortskala)
Das Problem (6)  der Verhaltenskonsistenz
Das Problem (7)  fehlender und versehentlich falscher Antworten

In das BCI wurden für die bislang unbefriedigend gelösten Problemfelder und Fehlerquellen (2, 3, 4, 5) oder noch kaum oder gar nicht behandelten Probleme (4, 6, 7) neue oder erstmalige Lösungsansätze integriert (zu deren Validität s. Bambeck 1997). Für eine zufriedenstellende Lösung des Problems (1) sprechen die vielen internationalen, weitgehend in ihren Ergebnissen übereinstimmenden Untersuchungen zum FFM, mit dem auch das BCI korrespondiert (s. Validität).

## Ablauf des Messprozesses

Für das BCI sind keine speziellen räumlichen Voraussetzungen nötig, nur eine Umgebung, welche die Konzentration nicht beeinträchtigt.

Die BCI-Beantwortung dauert im Schnitt 30 bis 35 Minuten, wobei die individuellen Unterschiede allerdings erheblich sein können.

Werden die Antworten am Bildschirm eingegeben, steht das Ergebnis auf Knopfdruck zur Verfügung und dauert praktisch nur die Zeit, die für den Ausdruck der grafischen Ergebnis-Darstellung nötig ist. Bei der Paper-Pencil-Version dauert eine Testauswertung inklusive Einscannen oder Eintippen der Antworten und Ergebnisausdruck bei geübten Personen im Schnitt ca. 5 Minuten.

Das BCI enthält die Durchführungs-Instruktionen und benötigt keine Testleiter. Es kann per Post oder elektronisch versandt werden. Es kann aber auch unter Beobachtung/Hilfestellung als Einzel- wie als Gruppentest, für den es keine Beschränkung der Teilnehmerzahl gibt, appliziert werden.

Das BCI wird über einen Generallizenz-Inhaber mit BCI-gekoppelten Service-Leistungen vertrieben, die speziell auf die Bedürfnisse des Kunden zugeschnitten werden. Es besteht für Interessenten auch die Möglichkeit selbst eine Lizenz zu erwerben. Für nähere Auskünfte wende man sich bitte an den Autor (s. Autorenverzeichnis).

## Referenzen

Ein mit dem BCI in seinen Besonderheiten wirklich vergleichbares Instrument gibt es nicht, aber einige Fragebögen, die für ähnliche Zwecke eingesetzt werden (s. Sarges & Wottawa 2001)

## Freie Darstellung

Das BCI ist ein psychometrischer Fragebogen, der auf dem BPI (Bambeck-Personality-Instrument) aufbaut, das eine hohe Korrespondenz mit Persönlichkeits-Fragebögen aufweist, die auf einem faktoren- und clusteranalytisch gewonnenen hierarchischen »Fünf-Faktoren-Modell« (FFM) mit fünf Persönlichkeits-Komponenten
basieren. Das FFM sowie das Persönlichkeits-Modell des BCI (und BPI) gehören
zu P-Modellen mit einem Trait-Konzept.

Während beim BPI primär die »Ordnungsstruktur« (hohe Konvergenz innerhalb
und hohe Diskriminanz zwischen den übergeordneten P-Komponenten) im Vordergrund steht, geht es beim BCI sekundär um »Ordnung« und primär um »Relevanz«, um die Erfassung eines breiten Spektrums berufsrelevanter P-Merkmale oder
-Eigenschaften. Die berufliche Relevanz wurde aus langjährigen Erfahrungen im
Management-Training und Coaching, aus Listen für Schlüsselvariablen für berufliche Eignung in der Fachliteratur, aus Befragungen von Personalverantwortlichen
sowie aus Gesprächen mit Führungskräften abgeleitet.

Derzeit beginnt sich ein wachsender Konsens abzuzeichnen, Kompetenzen als Selbstorganisations-Dispositionen zu definieren. So gesehen erfasst das BCI vornehmlich Kompetenz-Realisierungen bzw. Effekte von Kompetenzen, die als P-Merkmale (Eigenschaften) durch Erfahrungen, Lernen, Training oder Therapie veränderbar/beeinflussbar sind.

(Aber auch andere Konzeptualisierungen sind möglich, z.B. Kompetenzen allein
durch ihre Realisierungen/Effekte operational zu definieren.)

Da neben relativ plastischen P-Eigenschaften (Anteil über 60%) auch relativ schwer
veränderbare Eigenschaften berufsrelevant sind oder sein können, erfasst das BCI
neben Kompetenzen bzw. deren Realisierungen/Effekte auch andere P-Merkmale.

### Ergebnisse/Inhalte des BCI

Im BCI werden 36 mehr oder weniger spezifische Persönlichkeits-Merkmale (genannt
»Unterfaktoren«), sowie 8 »Zusatzfaktoren« erfasst. Aus je sechs »Unterfaktoren«
lässt sich eine Persönlichkeits-Komponente ermitteln. Die insgesamt fünf übergeordneten Komponenten, werden als ALPHA, BETA, GAMMA, DELTA und INTEL-
LEKT bezeichnet, wobei aus letzterer eine VERBAL-Unterkomponente ausgegliedert
wurde. Da der Bedeutungsgehalt der Komponenten aus ihren jeweiligen Unterfaktoren ableitbar ist, und die Unterfaktoren Bezeichnungen tragen, die möglichst ihrer
alltagssprachlichen Bedeutung entsprechen, wird hier auf eine Beschreibung der
Komponenten verzichtet. Es werden nur die Unterfaktoren sowie die Zusatzfaktoren aufgelistet und, soweit es erforderlich schien, näher spezifiziert:

**Unterfaktoren der ALPHA-Komponente:** *A-Durchsetzungsfähigkeit, A-Initiativkraft,
A-Entschlusskraft, A-Kontaktfähigkeit, A-Flexibilität, A-Risikobereitschaft*

**Unterfaktoren der BETA-Komponente:** *B-Warmherzigkeit, B-Einfühlungsvermögen,
B-Fürsorglichkeit, B-Teamfähigkeit, B-Zuhörfähigkeit, B-Unterordnung* (sich unter-
ordnen können)

**Unterfaktoren der GAMMA-Komponente:** *G-Gewissenhaftigkeit, G-Zuverlässigkeit, G-Pflichtbewusstsein, G-Sorgfalt/Gründlichkeit, G-Arbeitsfleiß, G-Leistungsmotivation*

**Unterfaktoren der DELTA-Komponente:** *D-Emotionale Stabilität, D-Stressresistenz, D-Postive Grundstimmung, D-Stressbewältigung, D-Ärgerbewältigung, D-Belastbarkeit*

**Unterfaktoren der INTELLEKT-Komponente:** *I-Komplexitätsbewältigung, I-Analytisches Denken, I-Systematisches Vorgehen, I-Soziale Intelligenz, I-Kreativität, I-Erfahrungsoffenheit* (Hiermit ist die Offenheit und Aufgeschlossenheit für alles Neue, wie neue Erfahrungen, Ideen und Dinge gemeint).

**Unterfaktoren der VERBAL-Unterkomponente:** *V-Redegewandtheit, V-Überzeugungsfähigkeit, V-Verhandlungskompetenz, V-Konfliktkompetenz, V-Vermittlungsfähigkeit, V-Beratungskompetenz*

**Zusatzfaktoren:**
- *Selbstbewusstsein*
- *Rationale Kompetenz:* Hiermit ist folgendes Bündel von Fähigkeiten gemeint: Rational, analytisch, logisch und systematisch zu denken und zu handeln sowie die Fähigkeit komplexe Zusammenhänge zu erkennen und zu bewältigen.
- *Emotionale Kompetenz:* Hiermit ist folgendes Bündel von Fähigkeiten und Temperament-Eigenschaften gemeint: Ärger-, Misserfolgs- und Stressbewältigung; emotionale Stabilität, Belastbarkeit sowie eine optimistische/positive Lebenseinstellung und Grundstimmung)
- *Soziale Kompetenz:* Hiermit ist folgendes Bündel von Fähigkeiten gemeint: Menschenkenntnis, Einfühlungsvermögen, verbale/kommunikative Fähigkeiten (Redegewandtheit bis Beratungsgeschick), sowie Team- und Zuhörfähigkeit als auch Durchsetzungsfähigkeit
- *Verhaltenskonsistenz:* Hiermit ist gemeint, ob man sich eher gleichartig (konsistent) oder eher unterschiedlich (inkonsistent) vornehmlich in ähnlichen aber auch in verschiedenen Situationen verhält.
- *Antwortkonsistenz:* Sie gibt an, wie stimmig/konsistent der Fragebogen beantwortet wurde und inwieweit die Stimmigkeit/Konsistenz durch eine automatische Korrektur korrigierbarer versehentlich falscher Antworten verbessert werden konnte.
- *UV-Wert:* Er gibt die Richtung an (Überschätzung oder Unterschätzung) und, wie stark die Tendenz zur unbewussten Verfälschung der Selbstsicht ausgeprägt ist
- *BV-Wert:* Er gibt an, ob ein BCI als bewusst ver- bzw. gefälscht einzustufen ist.

## Besonderheiten des BCI

### Unkonventionelle Item-Formulierung

Beim neuen BCI sind 180 kurze Items auf einer 5-stufigen Skala (von 1 = trifft sehr selten zu (bzw. in 0-20% der Fälle) bis 5 = trifft sehr häufig zu (bzw. in 80-100% der Fälle)) in einem ersten Bewertungs-Durchgang zu beantworten.

Die unübliche Item-Formulierung (z.B. »Ich bin gewissenhafter als andere« bzw. »Andere sind gewissenhafter als ich«) wird im Schnitt als marginal schwieriger empfunden (2.05 auf einer 5-stufigen Skala, im Vergleich zu 2.0 bei herkömmlichen Item-Formulierungen) bietet dafür jedoch viele Vorteile: Unbewusste Verfälschungen werden reduziert; relativierende Formulierungen (wenig, manchmal, oft...), Verneinungen (nicht, un-) und Absolut-Vergleiche (»Ich weiß viel«, hätte ein Sokrates mit 1-2 beantwortet, »Ich weiß mehr als andere« hingegen mit 4-5), welche allesamt den Messfehler eines Fragebogens erhöhen, werden hierdurch vermieden. Überdies erlaubt diese Art der Item-Formulierung Vergleiche mit verschiedenen Populationen durch eine entsprechende Spezifizierung der »Anderen«.

In einem zweiten Bewertungs-Durchgang wird die »Persönliche Erwünschtheit« der Eigenschaften (z.B. »Gewissenhaft sein«), auf die sich die Items des ersten Durchgangs beziehen, ebenfalls auf einer 5-Stufen-Skala (von »sehr unerwünscht« (--) bis »sehr erwünscht« (++)), eingeschätzt.

### Auto-Standardisierung und -Normierung

Neben einer Auto-Standardisierung durch die Korrektur unbewusster Verfälschungen auf Grund der »Persönlichen Erwünschtheit« (quasi die individualisierte »Soziale Erwünschtheit«) bietet das BCI auch eine Auto-Normierung der Fragebogen-Ergebnisse hinsichtlich fast beliebig spezifizierter Vergleichspopulationen (z.B. männliche Führungskräfte, der Ebene X, im Unternehmen Y) durch die unkonventionelle Art der Item-Formulierung, sofern die getestete Person über eine entsprechende Vergleichsmöglichkeit verfügt. Bei fehlender Vergleichsmöglichkeit müssten übliche Normierungen als Behelf dienen.

### Weitere Besonderheiten

- Eine automatische Korrektur korrigierbarer versehentlich falscher Antworten
- Eine automatische Extrapolation fehlender Antworten
- Unkorrigierbare aus widersprüchlichen Antworten resultierende Merkmals-Ausprägungen werden mit »F« (= Fehlerhaft/Falsch) gekennzeichnet
- Eine Abschätzung des Entwicklungspotenzials jedes erfassten P-Merkmals
- Eine Korrektur der unbewussten Verfälschung der Selbsteinschätzungen durch die »Persönliche Erwünschtheit«
- Die Feststellung einer bewussten (Ver-)Fälschung des BCI

### Gütekriterien

### Objektivität

Die Durchführung, ob per PC oder Paper-Pencil, ist standardisiert und die Auswertung erfolgt per Computer. Die Auswertungs-Objektivität ist gleich oder nahe 1.00; die Durchführungs-Objektivität > .95. Bei einer Ergebnis-Beschreibung ist die Interpretations-Objektivität ebenfalls maximal. Selbst bei mündlicher Ergebnis-Interpretation dürfte sie bei Befolgung von Interpretations-Anleitungen > .85 sein.

## Reliabilität

Die ungewöhnlich hohen Konsistenz-Koeffizienten erklären sich vor allem aus der Möglichkeit der jüngsten BCI-Version zur Korrektur korrigierbarer versehentlich falscher Antworten. Die Cronbach-Koeffizienten erreichen hierdurch bei den Komponenten im Schnitt .95 (.93 – .97) und bei den Subskalen/Unterfaktoren .89 (.84 – .95). Die Art der Item-Formulierung ermöglicht zusätzlich die Feststellung der Testhalbierungs-Reliabilität, die .87 beträgt.

Retest-Koeffizienten wurden für die jüngste Version nicht erhoben, da das BCI auch zur Erfassung von Veränderungen durch Erfahrung, Reifung und insbesondere durch Training, Weiterbildung und Persönlichkeitsentwicklungs-Maßnahmen gedacht ist.

## Validität

Die vielfältigen statistischen Fundierungen des FFM, nicht nur durch weltweite lexikalische Untersuchungen, sondern auch durch viele Faktorenanalysen von Selbst- und Fremdeinschätzungen sowie durch Re-Analysen bereits existierender Persönlichkeits-Tests (Überblicke in Bambeck 1997), und von den zahlreichen Absicherungen nicht nur der Konstruktvalidität FFM-basierter Fragebögen (wie z.B. des NEO-PI-R (Sarges & Wottawa 2001) oder des HPI (Hogan & Hogan 1995)) sowie des BPI (s. Bambeck 1997), aus dem das BCI hervor gegangen ist, belegen mittelbar auch die Kontent-, kriterienbezogene- und Konstrukt-Validität des BCI. Auf der Komponenten-Ebene korrelieren die jüngsten Versionen von BCI und BPI im Schnitt .82 (.80 – .85), und der Vergleich der Temperament-Komponenten des BCI mit den entsprechenden Komponenten von zwei renommierten FFM-Fragebögen (NEO-FFI und BFI) ergibt einen durchschnittlichen multiplen Validitätskoeffizienten von .73 (.52 – .89).

Obwohl die hinsichtlich der unbewussten Verfälschung (UV) durch die »Persönliche Erwünschtheit« (quasi die individualisierte »Soziale Erwünschtheit«) korrigierten Ergebnisse angenähert zeigen wie man ist und die unkorrigierten Ergebnisse angeben wie man sich sieht, so muss dies nicht bedeuten, dass die korrigierten Ergebnisse höher mit beruflichen Erfolgskriterien korrelieren als die unkorrigierten. Wahrscheinlich bedingt durch die überhöhte, positive Selbstsicht der meisten Menschen (um 75%) und deren Auswirkungen, erzielen unkorrigierte BCI-Ergebnisse meist höhere eignungsdiagnostische Validitäten als korrigierte, wie die folgende Tabelle zeigt.

|  |  | UV-unkorrigiert | UV-korrigiert |
|---|---|---|---|
| Führungseignung | (Selbsteinschätzung (SE)) | .59 | .48 |
| Führungseignung | (SE der Vorgesetztenbeurteilung) | .52 | .40 |
| Führungsinteresse | (SE) | .45 | .36 |
| Berufserfolg | (SE) | .43 | .35 |
| Arbeitszufriedenheit | (SE) | .36 | .30 |
| Führungsebene | (altersbereinigt) | .43 | .34 |
| Monatsgehalt | (altersbereinigt) | .33 | .36 |
| *Fachliche Eignung* | *(SE der Vorgesetztenbeurteilung)* | *.12* | *.01* |

Tab. 1: Korrelation eines Indikators für Führungseignung aus BCI-Skalen mit subjektiven und objektiven Kriterien

(Die letzte Zeile der Übersicht spricht für die diskriminante Validität des BCI-Indi-
kators. Diese Koeffizienten können jedoch nur als vorläufig gelten (n = 88). Weitere Untersuchungen zur eignungsdiagnostischen Validität des BCI sind nötig.)

(Minderungskorrigierte) multiple Validitäten um .65 scheinen möglich, wenn
man BCI-Ergebnisse mit Ergebnissen eines Tests für kognitive Fähigkeiten kombiniert (vgl. Schmidt & Hunter 1998).

Durchschaubare Fragebögen, zu denen das BCI zählt, zu Selektionszwecken
eingesetzt, unterliegen der Gefahr der bewussten (Ver-)Fälschung. Wie die unbewusste wird auch die bewusste (Ver-)Fälschung heutzutage gerne unterschätzt,
obwohl bereits die (Ver-)Fälschung weniger Merkmale (bspw. »Durchsetzungsfähigkeit« und »Emotionale Stabilität« oder »Leistungsmotivation« und »Belastbarkeit«)
ausreichen, um die eignungsdiagnostische Aussagekraft eines Fragebogens drastisch
zu reduzieren oder gar zunichte zu machen. Befragte geben überdies an, dass ca.
53 % (Männer ~ 57 %, Frauen ~ 49 %) fälschen würden. Ein Hinweis, dass Fälschen
entdeckt werden könne, reduziert diese Prozentangaben, bringt sie jedoch nicht in
die Nähe von Null (ca. 37 % (Männer ~ 40 %, Frauen ~ 33 %)).

Bewusst gefälschte BCI-Fragebögen können mittlerweile zu über 95 % festgestellt (und der Eignungsdiagnose entzogen) werden. Der »Fehler zweiter Art«, dass
Nichtfälscher zu Unrecht als (Ver-)Fälscher eingestuft werden, liegt dabei im Schnitt
unter 10 % (bei Männern ca. 12 %, bei Frauen ca. 3 %).

## Beseitigte oder reduzierte Fehlerquellen und Probleme

Die wesentlichen Probleme und Fehlerquellen von Self-Report-Fragebögen sind:
Das Problem (1) der optimalen Komponenten-Anzahl
Das Problem (2) der optimalen Item-Formulierung
Das Problem (3) der unbewussten Verfälschung der Antworten
Das Problem (4) der bewussten Verfälschung (wenn als Selektions-Instrument
                 eingesetzt)
Das Problem (5) der Antwortpräferenzen (bei einer fünfstufigen Antwortskala)
Das Problem (6) der Verhaltenskonsistenz
Das Problem (7) fehlender und versehentlich falscher Antworten

In das BCI wurden für die bislang unbefriedigend gelösten Problemfelder und Fehlerquellen (2, 3, 4, 5) oder noch kaum oder gar nicht behandelten Probleme (4, 6,
7) neue oder erstmalige Lösungsansätze integriert (zu deren Validität s. Bambeck
1997). Für eine zufriedenstellende Lösung des Problems (1) sprechen die vielen
internationalen, weitgehend in ihren Ergebnissen übereinstimmenden Untersuchungen zum FFM, mit dem auch das BCI korrespondiert.

## Grenzen des BCI

Trotz der Beseitigung vieler Fehlerquellen von Self-Report-Fragebögen verbleiben im
BCI noch Fehlerquellen und Grenzen. Zum Beispiel, wenn eine Person ein zu stark
verzerrtes Selbstbild hat, so liefern Self-Report-Instrumente, auch das BCI, ein fal-

sches Bild von ihr. (Eine Frau unterschätzt z.B. drastisch auf Grund der ständigen Kritik durch ihren äußerst akribischen, ordnungsliebenden Ehemann ihre Gamma-Komponente. Oder jemand ist wenig ordnungsliebend, gewissenhaft etc. sieht sich jedoch ganz anders, weil er astrologiegläubig ist und seinem Sternzeichen »Jungfrau« hohe Ausprägungen dieser Merkmale zugeordnet werden). Durch eine nachträgliche Befragung (z.B. hinsichtlich Astrologiegläubigkeit und -wissen) können derartige Fehlerquellen jedoch oft zumindest erkannt werden.

## Weitere Entwicklungsmöglichkeiten des BCI

Die jüngste Version des BCI steht am Ende einer inzwischen 20-jährigen Entwicklung mit ca. 30 aufeinander aufbauenden Fragebogen-Versionen. Weiterentwicklungen sind selbstverständlich grundsätzlich möglich oder in Zukunft sogar nötig, derzeit jedoch nicht in Planung.

## Nutzen und Einsatzbereich des BCI

Das BCI wurde speziell für personalpsychologische Belange konzipiert mit einem breiten Einsatzspektrum:
- Verbesserung der Selbstkenntnis und Menschenkenntnis
- Beratung und Coaching (Berufs-, Karriere-, Entscheidungsberatung)
- Unterstützung bei der Bildung, Entwicklung und Trainings von Teams und Projektgruppen
- Begleitung/Unterstützung von Persönlichkeitsentwicklungs- und diversen Weiterbildungs-Maßnahmen (Führung, Kommunikation, Beratung/Verkauf, Konfliktmanagement)
- Effizienzdiagnose von Weiterbildungs- und Persönlichkeitsentwicklungs-Maßnahmen
- Eignungsdiagnostik bei Erwachsenen (Screening, Selektion, Platzierung, Potenzialanalyse)
- Begleitung von ACs und anderen eignungsdiagnostischen Verfahren (zur Vorauswahl der Teilnehmer, zur Absicherung von Selektions-Entscheidungen, zu Eignungshinweisen bei abgelehnten Teilnehmern)

Im Vergleich zu vielen anderen eignungsdiagnostischen Verfahren, wie ACs, Simulationen, Verhaltensproben, Probezeit, Manager-Disputation u.ä. ist das Kosten/Nutzen-Verhältnis des BCI zwangsläufig erheblich günstiger.

## Erlernbarkeit

Obwohl es sich beim BCI um ein relativ komplexes Instrument handelt, können auch Nicht-Psychologen seine Anwendung erlernen. Hierfür ist jedoch ein Training und der Erwerb einer Lizenz notwendig (s. Vertrieb des BCI).

## Vereinfachung der BCI-Anwendung

Das BCI ist ohne Leistungsverlust nicht zu vereinfachen. Abhängig jedoch von den konkreten und spezifischen Wünschen eines Interessenten/Kunden ist eine Beschränkung auf Komponenten-Ausprägungen möglich oder gar angezeigt, was die Anwendung etwas vereinfacht.

## Erfahrungen in der Wirtschaftspraxis

Das BCI wurde und wird in Wirtschaftsunternehmen verschiedener Größenordnung eingesetzt. Es überzeugt vor allem durch seine Besonderheiten, insbesondere das breite Spektrum der erfassten Merkmale, die Abschätzung der Entwicklungspotenziale der Merkmale, die Möglichkeit der Auto-Standardisierung/Normierung und, dass Fragebögen mit bewusster (Ver-)Fälschung mit hoher Wahrscheinlichkeit erkannt werden können.

Bei Seminaren in denen das BCI als Beratungs- und Coaching-Instrument eingesetzt wird, genießt es ebenfalls auf Grund seiner Besonderheiten und insbesondere durch die Gegenüberstellung von unkorrigierten und – hinsichtlich der unbewussten Verfälschung – korrigierten Ergebnissen hohe Plausibilität und Akzeptanz.

Für eignungsdiagnostische Belange kann man mittels eines Profil-Ähnlichkeits-Koeffizienten das BCI-Profil mit einem Anforderungs-Profil vergleichen. Da die gestellten Anforderungen zwischen verschiedenen Firmen, Tätigkeitsfeldern und wechselnden Trends erheblich variieren können, wird das Anforderungsprofil von Fall zu Fall entweder rational fixiert (durch mehrere geeignet erscheinende Beurteiler) oder, was verlässlicher aber auch aufwändiger ist, empirisch ermittelt (z.B. durch Extremgruppen-Vergleich).

## Bearbeitungsbedingungen und -dauer

Es gibt eine Paper-Pencil- und eine Computer-Version für Selbst- und Fremdbeurteilungen.

Der Einsatz des BCI ist als Einzel- und Gruppentest möglich. Die Durchführungsdauer beträgt im Schnitt weniger als 35 Minuten, allerdings mit erheblichen individuellen Abweichungen. Es gibt keine Zeitbegrenzung, weil die Antwortgüte davon profitiert.

## Vertrieb des BCI

Informationsmaterial zum BCI kann über die im Autorenverzeichnis angegebene Adresse bezogen werden.

## Literaturverzeichnis

Bambeck, J.J. (1997). Persönlichkeits-Analyse. München

Hogan, R. & Hogan, J. (1995). Hogan Personality Inventory manual. 2. ed. OK

Hogan, R.; Hogan J. & Roberts, B.W. (1996). Personality measurement and employment decisions. In: American Psychologist, 5, pp. 469-477

Schmidt, F.L. & Hunter, J.E. (1998). Messbare Personmerkmale: Stabilität, Variabilität und Validität zur Vorhersage zukünftiger Berufsleistung und berufsbezogenen Lernens. In: M. Kleinmann & B. Strauss (Hrsg.). Potentialfeststellung und Personalentwicklung. Göttingen, S. 16-43

Sarges, W. & Wottawa, H. (2001). Handbuch wirtschaftspsychologischer Testverfahren. Berlin et al.

# Test zur beruflichen Orientierung und Planung (TOP-Test)

**Thomas Lang-von Wins/
Jürgen Kaschube/
Angela Wittmann/
Lutz von Rosenstiel**

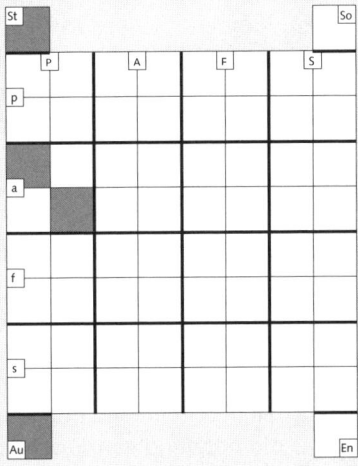

## Rasterdarstellung

### Schlagworte
Berufliche Selbstselektion; Selbsttest; Orientierungstest; Übergang Hochschule – Beruf

### Entwickler
PD Dr. Thomas Lang-von Wins, Dr. Jürgen Kaschube, Dr. Angela Wittmann und Dr. Dr. h.c. Lutz von Rosenstiel, PERFORM – Arbeitsgruppe für Angewandte Personalforschung, Schwabhausen

### Zielstellungen
Für den Berufseinstieg relevante Kompetenzen sind einerseits die von Arbeitgeberseite erwünschten fachübergreifenden berufsrelevanten Fähigkeiten und andererseits die Kompetenz, selbst an der Passung eigener Ziele und Fähigkeiten mit den Anforderungen und Möglichkeiten der organisationalen Umwelt zu arbeiten.
Die Zielstellung des Tests zur beruflichen Orientierung und Planung liegt in einer Erleichterung der für Hochschulabsolventen oft krisenreichen Orientierungsphase beim Berufseinstieg.

### Theoretische Grundlagen
Über eine systematische Erfassung berufsrelevanter Kompetenzen soll den Studenten und Absolventen die Möglichkeit geboten werden, sich einen anschaulichen Überblick über ihr Kompetenzprofil zu verschaffen. Das Raster berufsrelevanter Kom-

petenzen wurde in einer Unternehmensbefragung sowie in flankierenden Arbeiten zu von Unternehmen erwünschten Merkmalen für hochqualifizierte Berufseinsteiger gewonnen; es spiegelt allgemeine Anforderungen der Wirtschaft an fachlich hochqualifizierte Absolventen wieder.

Da ein Ziel des TOP-Tests darin liegt, die Wahl der passenden Arbeitsstelle zu erleichtern und damit den Prozess der beruflichen Selbstselektion zu unterstützen, werden im zweiten Testteil berufliche Ziele und Wunschvorstellungen erfasst und auf die beruflichen Kompetenzen rückbezogen. Dabei versteht sich der Test als Bestandteil eines Selbstklärungsprozesses, der über die Testbearbeitung hinausgeht und bei Bedarf in eine tiefergehende Beratung münden kann.

## Methodologische Einordnung

Der TOP-Test wurde nach testtheoretischen Kriterien konstruiert, und ähnelt in dieser Hinsicht anderen Testverfahren. Im Gegensatz zu den klassischen psychologischen Persönlichkeitstests, die den verfälschenden Einfluss sozial erwünschter Antworten dadurch zu beherrschen versuchen, dass sie für den Bearbeiter intransparente Items bzw. Konstrukte nutzen, setzt der TOP-Test auf weitestgehende Transparenz. Der Test ist als Selbsttest angelegt; das bedeutet, dass die Resultate lediglich der ausfüllenden Person zurückgespiegelt werden. Er versteht sich als ein Instrument, das die notwendigen Orientierungs- und Klärungsprozesse in der Berufseinstiegsphase anstößt und vertieft und ist daher von seinem methodischen Anspruch als ein entwicklungs- und prozessbezogenes Instrument einzuordnen.

Dieser Punkt wird durch den explizit dreistufigen Ansatz des TOP-Tests unterstrichen, der davon ausgeht, dass bereits mit der Beantwortung der systematischen Fragen ein Prozess der verstärkten Reflexion eigener Stärken und Schwächen sowie beruflicher Wunschvorstellungen einsetzt. Eine ausführliche schriftliche Rückmeldung der Testergebnisse gibt weitere Anregungen zur gezielten Weiterentwicklung eigener Fähigkeiten und regt zur konkretisierenden Auseinandersetzung mit den beruflichen Zukunftsvorstellungen an.

Der dritte Schritt, der eine kostenpflichtige und daher optionale Vertiefung dieses Orientierungs- und Reflexionsprozesses darstellt, ist ein auf den Ergebnissen des Tests aufbauendes Berufseinstiegscoaching. Für diesen Schritt konnte der Berufsverband Deutscher Psychologen (BDP) als Partner gewonnen werden, mit dessen Hilfe ein bundesweites Netz von einschlägig qualifizierten Psychologen aufgebaut wurde, die den Testteilnehmern entsprechende Leistungen anbieten.

## Einschätzung der Gütekriterien

Das Verfahren wurde sowohl in der Erstauflage als auch bei der Erstellung der überarbeiteten zweiten Auflage einem umfangreichen Vortest unterzogen, der zur Bereinigung der Testrohform geführt hat. Die Reliabilitäten der in die zweite Auflage neu aufgenommenen Skalen zeigen durchweg gute bis sehr gute Werte; die Skalenwerte lassen sich in der theoretisch postulierten Form mit in der Forschung sowie in den in der Erstauflage des TOP-Tests bewährten Maßen in Zusammenhang bringen.

Aus diagnostischer Sicht steht eine Überprüfung der prognostischen Validität des Verfahrens oder bestimmter Verfahrensteile an den Kriterien »Zufriedenheit mit dem Berufseinstieg« bzw. »Berufserfolg« noch aus. Entsprechende Studien werden gegenwärtig durchgeführt.

## Fehler- und Problemkritik

Bei der Konzeption des TOP-Tests wurde großer Wert auf eine transparente und nachvollziehbare Gestaltung der verschiedenen Testteile gelegt. Eine Einschränkung der Antwortqualität auf Grund von mangelndem Verständnis der Fragen sollte damit weitgehend vermieden werden. Da bei dem Verfahren die betroffene Person selbst entscheidet, ob sie die Testauswertung weiteren Personen zur Verfügung stellt, kann ein unmittelbares Interesse an der Brauchbarkeit der Ergebnisse vorausgesetzt werden. Eine Tendenz zur sozialen Erwünschtheit, wie sie bei Testverfahren oder Selbsteinschätzungen bei unmittelbar oder mittelbar karriere- bzw. entlohnungsbezogenen Entscheidungen im beruflichen Bereich vorausgesetzt wird, sollte daher bei dem vorliegenden Verfahren eine zu vernachlässigende Rolle spielen. Grundsätzliche Hinweise darauf, dass die Qualität von Selbstbeurteilungen – gemessen an der Übereinstimmung mit Fremdbeurteilungen – auch von bestimmten an die Person gebundenen Merkmalen beeinflusst wird (z.B. Selbstaufmerksamkeit), machen jedoch deutlich, dass in der Selbstbeurteilung der für den Berufseinstieg relevanten Kompetenzen ein schwer einzuschätzender verzerrender Einfluss liegen kann. Daher muss darauf hingewiesen werden, dass die Brauchbarkeit der erhobenen Daten in hohem Maß von der Person abhängt, die den Test bearbeitet.

Zudem wurde versucht, durch eine klare Strukturierung und die Kombination von auf die eigene Person bezogenen Einschätzungen mit der Erfassung objektiver Kennwerte die Datenqualität bereits durch die Testgestaltung zu sichern. Der Einsatz des TOP-Tests im Rahmen einer weitergehenden Berufseinstiegsberatung und der damit mögliche Abgleich der Selbstbeurteilung mit dem fundierten Urteil einer anderen Person kann diese mögliche Fehlerquelle minimieren.

Ein Einsatz des Verfahrens zur Beurteilung der Eignung von Berufseinsteigern sollte vermieden werden, da bei einer Koppelung der Testresultate an ein erwünschtes Ergebnis eine Tendenz zur sozialen Erwünschtheit bei der Beantwortung der Fragen vorausgesetzt werden muss.

## Ablauf des Messprozesses

Nach der Bearbeitung des fünfundzwanzig Seiten umfassenden Tests wird das ausgefüllte Testheft an die angegebene zentrale Rücksendeadresse zur Auswertung eingeschickt. Dort wird eine elfseitige schriftliche Rückmeldung erstellt und an die Testteilnehmer versandt.

Für die Bearbeitung des Testheftes sind neben einem ruhigen Platz und ausreichender Zeit (etwa eine Stunde) keine weiteren Voraussetzungen nötig. Die Erstellung der schriftlichen Rückmeldung der Testergebnisse erfolgt nach dem Eintreffen der Testhefte in einem Zeitraum von etwa vier Wochen. Die Gutachten werden postalisch an die von den Testteilnehmern angegebene Rücksendeadresse versandt. Der TOP-Test ist an keine personalen Voraussetzungen gebunden. Sein Einsatz noch vor Aufnahme eines Hochschulstudiums ist jedoch nicht sinnvoll; idealerweise befinden sich die Testanden kurz vor dem Ende ihres Studiums.

Neben dem Testheft und den skizzierten Rahmenbedingungen werden für die Durchführung des TOP-Tests keine weiteren Voraussetzungen benötigt.

**Referenzen**

Testverfahren, die sich an Hochschulabsolventen wenden, haben in den vergangenen Jahren einen deutlichen Aufschwung erfahren. Mit dafür verantwortlich ist der Wettbewerb unterschiedlicher Recruiting-Foren und internetgestützter Stellenvermittlungen, die Bewerbern nach dem Ausfüllen eines entsprechenden Tests einerseits Rückmeldung über ihre Stärken und Schwächen versprechen und diese Informationen andererseits an potenzielle Arbeitgeber weiterleiten. Keines dieser Verfahren hält einer eingehenderen Beurteilung stand und erscheint wissenschaftlich fundiert und tatsächlich an der Entwicklung der Absolventen interessiert.

Ähnliche Inhalte wie der TOP-Test werden in dem von Hossiep und Paschen (1998) entwickelten »Bochumer Inventar zur berufsbezogenen Persönlichkeitsbeschreibung« (BIP) erfasst, wobei hier der Schwerpunkt auf personalen Kompetenzen liegt. Die persönlichen beruflichen Ziele und Wünsche werden in dem Verfahren jedoch nicht erfragt, selbstselektive Anteile treten deutlich hinter den Zwecken der Fremdselektion zurück.

Weitere Verfahren zur Beratung von Hochschulabsolventen existieren nach dem derzeitigen Kenntnisstand der Autoren nicht.

Ein dem TOP-Test von der Anlage sehr ähnliches Verfahren mit thematisch anderer Ausrichtung ist der Founders Check, der ebenfalls in diesem Band dargestellt ist.

## Freie Darstellung

### Inhaltliche Struktur des TOP-Tests, Testskalen und wichtigste Ergebnisse

Der TOP-Test umfasst im Wesentlichen vier Teile, die verschiedene berufsrelevante Kompetenzen und Ziele erfassen. Diese Teile sind im Verfahren so angelegt, dass sie zu einer schrittweisen Vertiefung der Auseinandersetzung mit den eigenen Fähigkeiten und Zukunftsvorstellungen führen.

Im *ersten Testteil* wird das bisherige studienspezifische und studienübergreifende Engagement der Probanden erfasst. Das Ziel dieses ersten Teiles liegt in einer Bestimmung der auf den Berufseinstieg und die eigene berufliche Entwicklung bezogenen Aktivitätsmuster.

Im *zweiten Testteil* liegt der Fokus auf den persönlichen Kompetenzen der Studenten und Absolventen. Hier werden anhand verhaltensnaher Fragen, die sich auf die bisherige Umwelt der Studenten und Absolventen beziehen, verschiedene für den Berufseinstieg relevante Kompetenzbereiche erfragt.

Im *dritten Testteil* erfolgt der Wechsel von den Kompetenzen zu den verfolgten beruflichen Zielen und Wunschvorstellungen. Hier werden spezifische Orientierungsmuster erfasst, die ihre Relevanz für den Berufseinstieg in zahlreichen wissenschaftlichen Untersuchungen unter Beweis stellen konnten.

Im abschließenden *vierten Testteil* werden die Probanden schließlich gebeten, ihre Vorstellungen von der Organisation, in der sie gerne arbeiten möchten, sowie die von ihnen angestrebte Wunschtätigkeit inhaltlich zu konkretisieren.

In der folgenden Tabelle 1 ist die inhaltliche Struktur des TOP-Tests im Überblick wiedergegeben. In Klammern ist aufgeführt, ob die Skalen neu in die zweite Auflage aufgenommen oder überarbeitet wurden.

---

**Teil 1: Bisherige berufliche oder studienbezogene Aktivitäten**

- Spezifische Aktivitäten und daraus abgeleiteter Lerngewinn (überarbeitet)
- Laufbahnexploration (neu)
- Auslandserfahrungen (neu)
- Interkulturelle Kompetenz (neu)
- Subjektive fachliche Kompetenz
- Sprachenkompetenz

**Teil 2: Persönliches Kompetenzmuster**

- Weiterbildungsbereitschaft
- Kooperationskompetenz
- Denken und Problemlösen
- Präsentationsfähigkeit
- Einstellung gegenüber Fehlern (neu)
- Umgang mit Fehlern (neu)
- Subjektive Belastetheit (neu)
- Eigenverantwortliches Handeln (neu)
- Soziale Eindruckssteuerung (neu)

**Teil 3: Berufliche Zukunftspläne und Ziele**

- Berufsorientierungen (neu)
- Mobilitätsbereitschaft
- Berufliche Ziele

Teil 4: Wunschorganisation und Wunschtätigkeit
- Beschreibung der Wunschorganisation
- Gewünschte Form der Berufstätigkeit (neu)
- Wunschtätigkeitsbereich formal und inhaltlich (überarbeitet)

Tab. 1: Der TOP-Test im Überblick

Die Skalen, die aus der ersten Auflage des TOP-Tests für die Zweitauflage übernommen wurden, haben an einer großen Stichprobe ihre Tauglichkeit erwiesen (N = 3251). Die überarbeitete und erweiterte zweite Auflage des TOP-Tests wurde an einer studentischen Stichprobe (N = 235) überprüft. Dazu wurde ein umfangreicher Pretestfragebogen erstellt, der neben der Testrohform wissenschaftlich erprobte Instrumente enthielt, die im TOP-Test nicht enthaltene Konstrukte erfassten. Auf Grund der im Pretest erfassten Daten wurde eine Verfeinerung und Bereinigung der Testskalen durchgeführt.

In der folgenden Tabelle 2 sind die wesentlichen Skalen und ihre Kennwerte wiedergegeben.

| Laufbahnexploration | Cronbach's α | N of Items |
|---|---|---|
| • Exploration der beruflichen Umgebung | .82 | 7 |
| • Exploration der eigenen Person | .81 | 7 |
| • Beabsichtigte systematische Exploration | .75 | 3 |
| Lernbereitschaft | | |
| • allgemein | .77 | 4 |
| • sprachlich | .83 | 6 |
| Persönliche Kompetenzen | | |
| • Kooperationskompetenz | .67 | 5 |
| • Kreative Kompetenz | .79 | 7 |
| • Präsentationskompetenz | .81 | 6 |
| • Denken und Problemlösen | .68 | 5 |
| Umgang mit Fehlern | | |
| • Belastetheit | .76 | 3 |
| • Emotionale Reaktion | .79 | 8 |
| • Ärger über eigene Fehler | .64 | 3 |
| • Offener Umgang mit Fehlern | .67 | 4 |
| Eigenverantwortliches Handeln | | |
| • Pflichterfüllung | .65 | 5 |
| • Verantwortungsübernahme | .74 | 8 |
| • Eigeninitiative | .76 | 9 |
| • Risikobereitschaft | .71 | 7 |
| • Extrarollenverhalten | .73 | 7 |
| Soziale Eindruckssteuerung | | |
| • Aktives Darstellen eigener Vorzüge | .78 | 6 |
| • Interaktionsbezogene Selbstwirksamkeitserwartung | .89 | 5 |
| • Prozesskompetenz | .73 | 5 |

| Mobilitätsbereitschaft | Cronbach's α | N of Items |
|---|---|---|
| • Tätigkeitsbezogen | .78 | 6 |
| • Räumlich | .65 | 3 |
| Persönliche berufliche Ziele | | |
| • Innovation | .77 | 6 |
| • Karriere | .84 | 6 |
| • Kooperation | .60 | 3 |
| • Mikropolitik | .63 | 3 |
| Dimensionen der Wunschorganisation | | |
| • Kontrolle | .81 | 7 |
| • Dynamik | .77 | 6 |
| • Kollegialität | .67 | 5 |

Tab. 2: Kennwerte der zentralen Skalen

Die wiedergegebenen Daten weisen für die neuentwickelten Skalen zufriedenstellende bis sehr gute Reliabilitäten auf. Die Relevanz der erfassten Bereiche wurde durch die bereits erwähnten Rückkoppelungen mit in diesem Bereich praktisch tätigen Experten gewährleistet. Die Konstruktvalidität der Skalen des TOP-Tests bestätigt sich sowohl durch die Binnenkorrelationen (vgl. Tabelle 3) als auch durch die Korrelationen mit Außenkriterien (vgl. Tabelle 4), die in die theoretisch zu erwartenden Richtungen weisen.

Neben den in einem Pretest erfassten Daten und Außenkriterien des TOP-Tests wurde den Teilnehmern die Möglichkeit geboten, eine bzw. mehrere Fremdeinschätzungen einzuholen. Die Testteilnehmer sollten dadurch die Möglichkeit erhalten, mit anderen, ihnen vertrauten Personen bestimmte im TOP-Test erfasste Aspekte ihres Selbstbildes zu hinterfragen und zu diskutieren. In Abhängigkeit von der Art der Beziehung zu den Fremdbeurteilern zeigten sich differenzierte Übereinstimmungen und Unterschiede in der Einschätzung berufsrelevanter Kompetenzen und beruflicher Wünsche. Auf die Darstellung dieser Ergebnisse wird hier verzichtet, da sie den zur Verfügung stehenden Raum übersteigen würde. Bei Interesse können die entsprechenden Angaben sowie fortwährende Aktualisierungen der hier dargestellten Daten unter der o.g. Internetadresse abgerufen werden.

| | (1) | (2) | (3) | (4) | (5) | (6) | (7) | (8) | (9) | (10) | (11) | (12) | (13) | (14) | (15) | (16) | (17) | (18) | (19) | (20) | (21) | (22) |
|---|---|---|---|---|---|---|---|---|---|---|---|---|---|---|---|---|---|---|---|---|---|---|
| **Laufbahnexploration** | | | | | | | | | | | | | | | | | | | | | | |
| (1) Berufliche Umgebung | -.- | .23*** | .50*** | .14* | .30*** | .14** | .19** | .27*** | .17** | .14* | .08 | -.14* | .19** | -.03 | .07 | .25*** | .31*** | .21** | .27*** | .20** | .15* | .11 |
| (2) Eigene Person | | -.- | .24*** | .20** | .20** | .21** | -.04 | .16* | .19** | .06 | -.08 | .03 | .05 | .12 | .00 | .25*** | .33*** | .21** | .19** | .04 | -.05 | -.01 |
| (3) Beabsichtigte systemat. Expl. | | | -.- | .23*** | .19** | .07 | -.06 | .25*** | .22** | .10 | .10 | -.07 | .12 | -.06 | .10 | .21** | .25*** | .12 | .20** | .16* | .12 | .06 |
| (4) Interkulturelle Kompetenzen Lernbereitschaft | | | | -.- | .14* | .19** | .26*** | .23** | .19** | .08 | -.16* | .12 | -.13* | .06 | .27*** | .25*** | .05 | .21** | .16* | .20** | .23** | |
| (5) allgemein | | | | | -.- | .33*** | .23*** | .29*** | .14* | .20** | .10 | -.17* | .32*** | -.08 | .11 | .41*** | .37*** | .13 | .21** | .09 | .08 | .20** |
| (6) sprachlich | | | | | | -.- | .14* | .09 | .15* | .09 | -.07 | .03 | .08 | .02 | .01 | .25*** | .26*** | -.00 | .16 | .03 | .07 | .06 |
| **Persönliche Kompetenzen** | | | | | | | | | | | | | | | | | | | | | | |
| (7) Kooperationskompetenz | | | | | | | -.- | .19** | .16* | .19* | .15* | -.16* | .40*** | -.28** | .08 | .12 | .26*** | -.12 | .02 | .09 | .14* | .19* |
| (8) Kreative Kompetenz | | | | | | | | -.- | .40*** | .64*** | .26*** | -.28** | .28** | -.09 | .41*** | .44*** | .54*** | .37** | .41*** | .30*** | .30*** | .30*** |
| (9) Präsentationskompetenz | | | | | | | | | -.- | .34*** | .30*** | -.38*** | .15* | -.12 | .23** | .41*** | .35*** | .23** | .21** | .29*** | .29*** | .37*** |
| (10) Denken und Problemlösen | | | | | | | | | | -.- | .28*** | -.24*** | .23*** | -.17* | .39*** | .32*** | .41*** | .15* | .21** | .12 | .08 | .27*** |
| **Umgang mit Fehlern** | | | | | | | | | | | | | | | | | | | | | | |
| (11) Belastetheit | | | | | | | | | | | -.- | -.71*** | .38*** | -.38*** | .20** | .22** | .24*** | .15* | .19** | .12 | .23*** | .39*** |
| (12) emotionale Reaktion | | | | | | | | | | | | -.- | -.48*** | .38*** | -.12 | -.31*** | -.23*** | -.18** | -.20** | -.16* | -.22** | -.53*** |
| (13) offener Umgang mit Fehlern | | | | | | | | | | | | | -.- | -.28*** | .08 | .25*** | .37*** | .13* | .18** | .01 | .06 | .27*** |
| (14) Ärger über eigene Fehler | | | | | | | | | | | | | | -.- | -.14* | -.14* | -.03 | .17** | .06 | .11 | -.05 | -.20** |
| **Eigenverantwortliches Handeln** | | | | | | | | | | | | | | | | | | | | | | |
| (15) Pflichterfüllung | | | | | | | | | | | | | | | -.- | .25*** | .34*** | .12 | .10 | .07 | .22*** | .23*** |
| (16) Verantwortungsübernahme | | | | | | | | | | | | | | | | -.- | .47*** | .31*** | .41*** | .14* | .28*** | .31*** |
| (17) Eigeninitiative | | | | | | | | | | | | | | | | | -.- | .42*** | .55*** | .28*** | .29*** | .24*** |
| (18) Risikobereitschaft | | | | | | | | | | | | | | | | | | -.- | .66*** | .28*** | .16* | .12 |
| (19) Extrarollenverhalten | | | | | | | | | | | | | | | | | | | -.- | .33*** | .12 | .11 |
| **Soziale Eindruckssteuerung** | | | | | | | | | | | | | | | | | | | | | | |
| (20) Aktives Darstellen eigener Vorzüge | | | | | | | | | | | | | | | | | | | | -.- | .39*** | .26*** |
| (21) Interaktionsbezogene Selbstwirksamkeitserwartung | | | | | | | | | | | | | | | | | | | | | -.- | .57*** |
| (22) Prozesskompetenz | | | | | | | | | | | | | | | | | | | | | | -.- |

Tab. 3: Interkorrelationen der zentralen Skalen

| Laufbahnexploration | (1) | (2) | (3) | (4) | (5) | (6) | (7) | (8) | (9) | (10) |
|---|---|---|---|---|---|---|---|---|---|---|
| (1) Berufliche Umgebung | -.01 | .14* | .07 | .31*** | .05 | .03 | .04 | .06 | -.19** | .19** |
| (2) Eigene Person | .02 | .07 | .16* | .28*** | .16* | .07 | -.08 | .11 | -.08 | .23** |
| (3) Beabsichtige systemat. Expl. | .02 | .13 | .11 | .24*** | .03 | .02 | -.06 | .10 | -.14* | .23** |
| (4) Interkulturelle Komp. Lernbereitschaft | -.06 | .02 | -.06 | .11 | .19** | -.02 | .03 | .02 | -.14* | .04 |
| (5) allgemein | -.15* | .22** | .21** | .51*** | -.08 | .06 | .04 | -.01 | -.33*** | .37*** |
| (6) sprachlich | .05 | .12 | .20** | .26*** | .21** | .00 | .12 | .22** | -.10 | .26** |
| **Persönliche Kompetenzen** | | | | | | | | | | |
| (7) Kooperationskompetenz | .16* | .07 | -.08 | .21** | .00 | .29*** | .30*** | .21** | -.07 | .17* |
| (8) Kreative Kompetenz | -.10 | .17* | .11 | .36*** | .06 | .07 | .06 | -.08 | -.50*** | .50*** |
| (9) Präsentationskompetenz | -.13* | .08 | .19** | .19** | .08 | -.04 | .12 | .12 | -.45*** | .20** |
| (10) Denken und Problemlösen | -.12 | .07 | -.07 | .25*** | -.02 | .06 | .01 | -.11 | -.42*** | .36*** |
| **Umgang mit Fehlern** | | | | | | | | | | |
| (11) Belastetheit | -.05 | -.13 | -.07 | .01 | -.04 | -.04 | .08 | .07 | -.48*** | .08 |
| (12) emotionale Reaktion | .06 | .11 | .18** | -.10 | -.03 | .03 | -.03 | -.05 | -.59*** | -.03 |
| (13) offener Umgang mit Fehlern | -.01 | .02 | -.05 | .30*** | .02 | .09 | .17* | -.00 | -.34*** | .27*** |
| (14) Ärger über eigene Fehler | .05 | .10 | .21** | -.01 | .09 | -.10 | -.19** | -.10 | .28*** | .06 |
| **Eigenverantwortliches Handeln** | | | | | | | | | | |
| (15) Pflichterfüllung | -.10 | .16* | .11 | .12 | -.08 | .03 | .07 | -.02 | -.32*** | .22** |
| (16) Verantwortungsübernahme | -.01 | .04 | .27*** | .32*** | .18** | .02 | .16* | .10 | -.54*** | .41*** |
| (17) Eigeninitiative | .03 | .17* | .23*** | .42*** | .09 | .12 | .20** | .09 | -.39*** | .45*** |
| (18) Risikobereitschaft | -.09 | .07 | .23*** | .02 | .12 | -.25*** | -.09 | -.07 | -.27*** | .20** |
| (19) Extrarollenverhalten | -.02 | .10 | .18** | .14* | .17* | -.12 | .10 | .03 | -.30*** | .26*** |
| **Soziale Eindruckssteuerung** | | | | | | | | | | |
| (20) Aktives Darstellen eigener Vorzüge | .03 | .12 | .28*** | .11 | .10 | .02 | -.03 | .01 | -.17* | .17** |
| (21) Interakt. Selbstwirksamkeitserwartung | .06 | -.00 | .20** | .07 | .21** | .07 | .14* | .15* | -.36*** | .26*** |
| (22) Prozesskompetenz | .04 | .08 | .16* | .12 | .22** | .09 | .12 | .19** | -.19** | .27*** |

(1) Tätigkeitszentriertheit; (2) Zweckzentriertheit; (3) Lebensziel »Macht«; (4) Lebensziel »Leistung«; (5) Lebensziel »Abwechslung«; (6) Lebensziel »Intimität«; (7) Lebensziel »Altruismus«; (8) Lebensziel »Affiliation«; (9) Leistungsmotivationskomponente »Furcht vor Misserfolg«; (10) Leistungsmotivationskomponente »Hoffnung auf Erfolg«.

Tab. 4: Korrelationen der zentralen Skalen mit Außenkriterien

## Entwicklungsmöglichkeiten

Der TOP-Test ist ein Selbsttest, der sich an Hochschulabsolventen richtet, die den Übergang vom Bildungssystem in den Beruf gestalten wollen. Wie bereits eingangs angeführt, wurde in Zusammenarbeit mit dem Berufsverband Deutscher Psychologen (BDP) ein bundesweites Netzwerk ins Leben gerufen, das eine vertiefende Nachbetreuung in Form eines Berufseinstiegscoachings anbietet. Der Einsatz des TOP-Tests im Rahmen einer Berufseinstiegs- oder Karriereberatung könnte sicherlich weiter intensiviert werden; hier ist vor allem an den zu einem frühen Zeitpunkt erfolgenden Einsatz im Rahmen eines intensiven und länger dauernden Beratungsprozesses zu denken.

Das Potenzial des TOP-Tests für tiefgehende Analysen ist angesichts der unterschiedlichen erfassten Kompetenzbereiche groß; im Rahmen der schriftlichen Rückmeldung wird bislang davon abgesehen, eine zu intensive psychologische Analyse der Testanden durchzuführen, da kein persönlicher Kontakt der Auswerter zu den Testteilnehmern gewährleistet ist. Entsprechend liegt das größte Potenzial einer Weiterentwicklung nicht in dem Instrument, das hohen inhaltlichen und methodischen Standards genügt, sondern in einer Ausweitung des Prozesses, in dem der Test als beratungsorientiertes Instrument zum Einsatz kommt.

## Nutzen für die Einmündung in den Beruf

Durch seine strikte Ausrichtung an Kompetenzerwartungen der Wirtschaft einerseits und den entsprechenden Kompetenzen und Zielen der Testanden andererseits ist der TOP-Test als ein die Auseinandersetzung mit den eigenen Berufswünschen und auch entsprechenden Ängsten förderndes Instrument dazu geeignet, über ein realistischeres Selbstbild zur Formulierung entsprechender Erwartungen an die Einstiegsstelle zu führen. Dies kann einerseits dazu beitragen, unnötige Enttäuschungen zu vermeiden (im Falle überhöhter Erwartungen) und andererseits sich entsprechend seiner Kompetenzen in der persönlichen Vorstellung bei potenziellen Arbeitgebern kongruent zu präsentieren. Darüber hinaus kommuniziert der TOP-Test die Erwartungen möglicher späterer Arbeitgeber und macht so die Hochschulabsolventen oftmals intransparenten Anforderungen der Wirtschaft deutlicher.

## Erlernbarkeit des Verfahrens

Da das Verfahren fremdausgewertet wird, entfällt das Kriterium der Erlernbarkeit durch die Anwender. Als Ergänzung oder Ausgangspunkt für beratende Maßnahmen kann der TOP-Test im Rahmen eines Berufseinstiegscoaching nach vorhergehender Zertifizierung eingesetzt werden.

## Einfachheit

Das Verfahren ist selbsterklärend; in Bezug auf eine zu hohe Komplexität des Tests wurden von den bisherigen Testteilnehmern und den Teilnehmern des Pretests keine Rückmeldungen geäußert. Eine Vereinfachung des Tests im Sinne einer Aufteilung in spezifische Subtests ist nicht sinnvoll.

## Weiterführende Materialien

Informationsmaterial zum TOP-Test kommen über die im Autorenverzeichnis angegebene Adresse bezogen werden.

# Literaturverzeichnis

Hossiep, R. & Paschen, M. (1998). Bochumer Inventar zur berufsbezogenen Persönlichkeits-beschreibung. Göttingen

Kaschube, J. (1998). Ziele von Führungsnachwuchskräften. München

Kaschube, J.; Lang-von Wins, T. & Wittmann, A. (2001). Berufseinstieg und erste beruf-liche Erfahrungen von Hochschulabsolventen am Beispiel persönlicher Ziele. In: B. Lutz (Hrsg.). Entwicklungsperspektiven von Arbeit. Ergebnisse aus dem Sonderforschungsbe-reich 333 der Universität München. Berlin, S. 213-234

Lang, T. (1994). Selbstselektion von Hochschulabsolventen und ihre Folgen auf Einstellun-gen zur Arbeit. In: L. von Rosenstiel, T. Lang & E. Sigl (Hrsg.). Fach- und Führungsnach-wuchs finden und fördern. Stuttgart

Lang-von Wins, T. (1997). Arbeitnehmer, Unternehmer oder arbeitslos? Ein psychologischer Beitrag zum Berufseinstieg von Hochschulabsolventen. Mering

Lang-von Wins, T. (1998). Der Übergang von der Hochschule in den Beruf: Berufsorien-tierungen und Wege in Arbeitslosigkeit, selbstständige und abhängige Beschäftigung. In: L. von Rosenstiel, F.W. Nerdinger & E. Spieß (Hrsg.). Von der Hochschule in den Beruf – Wechsel der Welten in Ost und West. Reihe Wirtschaftspsychologie, hrsg. von H. Schuler. Göttingen

Lang, T. & Kaschube, J. (1994). Berufliche Ziele von Führungsnachwuchskräften. SFB-Mit-teilungen (Mitteilungen des Sonderforschungsbereichs 333), 8, S. 33-46

Lang-von Wins, T. & Kaschube, J. (2001). Hochschulabsolventen beim Übergang in den Beruf: Der Test zur beruflichen Ortientierung und Planung. Einsichten 1/2001, Forschung an der Ludwig-Maximilians-Universität, S. 46-48

Lang, T. & Rosenstiel, L. von (1994). Zur Karrieremotivation von Führungsnachwuchskräf-ten. Hernsteiner – Fachzeitschrift für Managemententwicklung, 7, S. 4-7

Lang-von Wins, T.; Wittmann, A.; Kaschube, J. & von Rosenstiel, L. (1995). Der Einfluss beruflicher Werthaltungen auf die Stellenwahl. Zeitschrift für Arbeitswissenschaft, 49, S. 191-196

Lang-von Wins, T.; Wittmann, A. & Rosenstiel, L. von (1995). Zum Berufseinstieg der Führungskräfte der Zukunft. Einsichten 2/95. Forschung an der Ludwig-Maximilians-Universität, S. 30-32

Rosenstiel, L.von (1989). Selektions- und Sozialisationseffekte beim Übergang vom Bil-dungs- ins Beschäftigungssystem. Zeitschrift für Arbeits- und Organisationspsycholo-gie, 33, S. 21-32

Rosenstiel, L.von & Stengel, M. (1987). Identifikationskrise. Bern

Rosenstiel, L.von; Lang, T. & Sigl, E. (Hrsg.) (1994). Fach- und Führungsnachwuchs finden und fördern. Stuttgart

Rosenstiel, L.von; Lang-von Wins, T. & Sigl, E. (Hrsg.) (1997). Perspektiven der Karriere. Stuttgart

Rosenstiel, L.von; Nerdinger, F.W. & Spieß, E. (1998). Von der Hochschule in den Beruf. Göttingen

Rosenstiel, L.von; Nerdinger, F.W.; Spieß, E. & Stengel, M. (1991). Was morgen alles anders läuft. Düsseldorf

# Leistungsmotivationsinventar (LMI)

## Heinz Schuler/Michael Prochaska

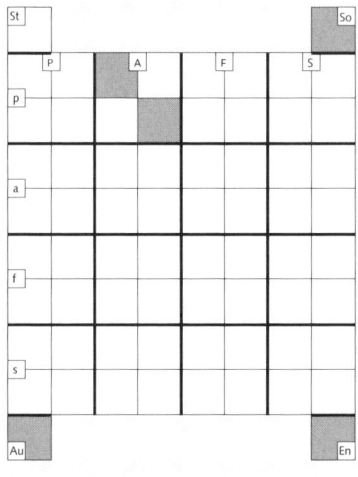

## Rasterdarstellung

### Schlagworte
Berufseignungsdiagnostik; Leistungsmotivation; Leistungsorientierungen; Motivationsfragebogen

### Entwickler
Prof. Dr. Heinz Schuler, Dr. Michael Prochaska (unter Mitarbeit von Andreas Frintrup), Lehrstuhl für Psychologie, Universität Hohenheim, Stuttgart

### Kompetenzdefinition
Leistungsmotivation wird als Kompetenz im Sinne einer generalisierten berufserfolgsrelevanten Verhaltensbereitschaft aufgefasst. Vielfältige Bezüge zu anderen Persönlichkeitsmerkmalen legen ein Verständnis der Leistungsmotivation als Ausrichtung der Gesamtperson oder großer Anteile daran auf die Leistungsthematik nahe. Zumindest ein Teil der Facetten des Gesamtkonstrukts Leistungsmotivation ist durch Training veränderbar.

### Zielstellungen
Zur Erfassung berufsbezogener Leistungsmotivation wurde in mehreren Konstruktionsschritten ein neues Verfahren entwickelt. Die Verfahrensentwicklung stützt sich auf theoretische Überlegungen sowie auf Ergebnisse aus Literaturanalysen, empirische Erkenntnisse, umfangreiche Testsichtungen und eigene Forschungsarbeiten. Ziel war es, alle relevanten Dimensionen eines breit verstandenen Konzepts berufsbezogener Leistungsmotivation oder Leistungsorientierung angemessen zu reprä-

sentieren und damit ein Verfahren zur Verfügung zu stellen, das sowohl zur persönlichkeitspsychologischen Forschung wie zu praktischen Anwendungszwecken dienlich sein kann. Die Differenzierung in unterscheidbare Teilfacetten des Globalkonstrukts Leistungsmotivation soll insbesondere dem Training dieser Kompetenz zugute kommen, da zu erwarten ist, dass enger umgrenzte Motivationselemente oder Teilbereiche der gezielten Veränderung leichter zugänglich sind als das Gesamtkonstrukt.

## Theoretische Grundlagen

Das LMI wurde unter Nutzung vorliegender theoretischer und empirischer Arbeiten zur Leistungsmotivation sowie allgemeiner persönlichkeitstheoretischer Ansätze und Messverfahren sowie von Ergebnissen der Leistungsmotivationsforschung im eignungsdiagnostischen Kontext entwickelt. Persönlichkeitstheoretischer Hintergrund ist das Verständnis von Leistungsmotivation als Ausrichtung weiter Anteile der Persönlichkeit auf die Leistungsthematik. Dabei wurde auch nicht darauf verzichtet, Motivationskomponenten zu berücksichtigen, die zumeist explizit anderen Persönlichkeits- und Motivationsbereichen zugeordnet werden – etwa Dominanz- und Statusstreben  (explizit etwa durch McClelland et al. 1953) –, wenn sich ihre Aufnahme theoretisch begründen ließ oder durch vorliegende Zusammenhangsdaten zu rechtfertigen war. Insgesamt entspricht das hier vertretene Konzept deshalb eher dem breit gefassten Ansatz Murrays (Murray 1938) als den meisten der nachfolgenden stärker eingeengten Auffassungen des Konstrukts Leistungsmotivation (in beispielsweise Heckhausen 1963 oder Hermans et al. 1978).

## Methodologische Einordnung

Das LMI setzt sich aus folgenden 17 Dimensionen oder Skalen berufsbezogener Leistungsmotivation zusammen:

- Beharrlichkeit
- Furchtlosigkeit
- Selbständigkeit
- Dominanz
- Internalität
- Selbstkontrolle
- Engagement
- Kompensatorische Anstrengung
- Statusorientierung
- Erfolgszuversicht
- Leistungsstolz
- Wettbewerbsorientierung
- Flexibilität
- Lernbereitschaft
- Zielsetzung
- Flow
- Schwierigkeitspräferenz

Jede Skala ist durch 10 Items repräsentiert, in der Langform besteht das LMI also aus 170 Items. Die Items (Aussagen zur Selbsteinstufung) sind durch Ankreuzen auf 7-stufigen Skalen (»trifft gar nicht zu« bis »trifft vollständig zu«) hinsichtlich Zustimmung bzw. Ablehnung zu beantworten.

Neben der Langform liegt die Kurzform LMI-K vor. Sie besteht aus 30 Items, die den Gesamtwert der Langversion am besten repräsentieren.

**Einschätzungen der Gütekriterien**

*Objektivität*
Bei Berücksichtigung der Anweisungen für Durchführung, Auswertung und Interpretation ist vollständige Objektivität gegeben.

*Reliabilität*
Die Konsistenzkoeffizienten der Einzelskalen variieren für verschiedene Stichproben (Schüler, Studenten, Berufstätige, Sportler) zwischen $\alpha = .64$ und $.90$. Die Retestkoeffizienten liegen zwischen $r = .66$ und $.82$ für die Skalenwerte und $.86$ für den LMI-Gesamtwert, der als reliables Globalmaß berufsbezogener Leistungsmotivation interpretiert werden kann. Die Reliabilitätswerte der Kurzform LMI-K betragen $r = .94$ (interne Konsistenz) und $r = .78$ (Zeitstabilität).

*Validität*
Die Untersuchung der faktoriellen Validität des LMI erbrachte nach einer Hauptkomponentenanalyse mit anschließender Varimaxrotation eine 3-faktorielle Lösung, die insgesamt 63% der Varianz aufklärt. Die Faktoren wurden mit »Ehrgeiz«, »Unabhängigkeit« und »Aufgabenbezogene Motivation« benannt. Die interne Struktur des Verfahrens wurde durch eine konfirmatorische Faktorenanalyse überprüft und in drei verschiedenen Sprachräumen (Deutschland, USA, Israel) bestätigt (Byrne et al., submitted). Es liegen zahlreiche Hinweise zur Konstruktvalidität des Verfahrens vor. Insbesondere fallen Korrelationswerte zu den allgemeinen Persönlichkeitsmerkmalen Gewissenhaftigkeit und Neurotizismus (jeweils bis .67) auf. Die kriterienbezogene Validierung erfolgte an schul-, studien- und berufsbezogenen Einstellungs-, Interessen- und Leistungsmaßen (z.B. .32 für Abschlußnote und Flexibilität, .38 für Anzahl positiv bewerteter Fächer und Lernbereitschaft sowie Beharrlichkeit oder .44 für die erwartete positive Entwicklung und Zielsetzung), Angaben zu Wettbewerben (.16 für Dominanz), Hobbys (bis .20 für Flexibilität) und Funktionen (bis .44 für Dominanz), für berufsbezogene Außenkriterien (z.B. .43 für Stellung in der Hierarchie und Dominanz; .38 für Wochenarbeitszeit und Engagement) sowie die Ergebnisse eines Potenzialanalyseverfahrens (bis .31 für Gruppendiskussion und Flexibilität; bis .53 für Interesse an anspruchsvollen Tätigkeitsfeldern und Schwierigkeitspräferenz).

Konstruktion und Erprobung wurden an verschiedenen Stichproben mit insgesamt 1985 Personen durchgeführt.

**Fehler- und Problemkritik**

Zur Ermittlung der Konstruktvalidität wäre es günstig gewesen, ein Persönlichkeitsinventar zur vergleichenden Messung heranziehen zu können, das die großen fünf Persönlichkeitsmerkmale (Extraverion, psychische Stabilität, Verträglichkeit, Gewissenhaftigkeit und Offenheit für Erfahrungen) in analoger Kalibrierung,
also auf Facettenebene, erfasst. Ein solches Verfahren stand allerdings zum Zeitpunkt der Verfahrenskonstruktion noch nicht zur Verfügung.

Nicht ganz einfach gestaltet sich die Erfassung der angemessenen Validierungskriterien, denn übliche Außenkriterien wie Schulnoten entsprechen nicht dem Charakter der Kompetenz Leistungsmotivation. Es müssten hierfür eher solche Verhaltensweisen und Leistungsergebnisse ermittelt werden, die freiwilliges Verhalten und
mehr oder weniger autonom in Angriff genommene Aufgaben widerspiegeln.

Als Problem wird häufig die Verfälschbarkeit von Fragebogenverfahren angesehen.
Deshalb wurden Items mit hoher Korrelation zu Maßen der sozialen Erwünschtheit
im Konstruktionsprozess eliminiert und die verbleibenden Reaktionstendenzen mit-
normiert. Die verbleibende messbare Selbstdarstellungstendenz liegt in der gleichen
Höhe wie generell für Persönlichkeitstests. Übereinstimmenden Untersuchungen
zufolge (z.B. Diemand & Schuler 1998; Ones et al. 1996) ergibt sich daraus keine
Beeinträchtigung der prognostischen Validität von Auswahlverfahren.

**Ablauf des Messprozesses**

*Räumliche Voraussetzungen*
Bei Einzeltestung keine besonderen Anforderungen. Bei Gruppentestung sollte
jeder Testteilnehmer einen ausreichenden Arbeitsplatz haben, nach Möglichkeit
an einem Einzeltisch arbeiten. Der Untersuchungsleiter sollte von allen Teilnehmern gut zu sehen und zu verstehen sein.

Für die computergestützte Version sind PC-Arbeitsplätze erforderlich (Ausnahme:
Manuelle Eingabe für die programmgestützte Auswertung).

*Zeitliche Voraussetzungen*
a) Der Zeitbedarf für die Testdurchführung beträgt etwa 30-40 Minuten (inklusive Instruktion), für die Kurzform etwa 10 Minuten.
b) Der Zeitbedarf für die Auswertung beläuft sich auf ca. 15 Minuten bzw. 10
Minuten für geübte Auswerter, für die Kurzform auf 2 Minuten.
Bei der computergestützten Version werden Auswertung und Profilerstellung vom
Auswertungsprogramm übernommen.

*Personale Voraussetzungen*
Zielgruppen sind Personen beiderlei Geschlechts ab ca. 16 Jahren. Bildungsniveau:
zumindest Realschule. Die Teilnehmeranzahl ist grundsätzlich unbegrenzt (z.B. auch
Hörsaalbedingungen), üblicherweise ist Klassenzimmerstärke die angemessene Per-
sonenzahl für Gruppendurchführungen.
Die Durchführenden müssen mit dem Verfahren vertraut sein; Durchführung und
Auswertung können auch von Hilfskräften vorgenommen werden.

*Technische Voraussetzungen*

Zur Durchführung ist für jeden Teilnehmer ein Testheft (Langform 11 Seiten, Kurz-form 3 Seiten) erforderlich. Die Auswertung wird mit Hilfe jeweils eines Auswer-tungsblatts und Schablonen durchgeführt. Für die Langform steht zusätzlich ein Profilblatt zur Eintragung der Dimensionswerte zur Verfügung. Weiteres Material zur Moderation oder Visualisierung ist nicht erforderlich. Die Interpretation erfolgt mit Hilfe von Normtabellen.

Die computergestützte Version erfordert zur Durchführung ebenfalls den Fragebo-gen. Dieser wird vom Durchführenden eingegeben und durch das Auswertungs-programm interpretiert.

**Referenzen**

Testverfahren zur Messung der Leistungsmotivation werden in der McClelland-Schule (McClelland et al. 1953) in sogenannter operanter Form (als projektive Tests) durchgeführt. Eine deutschsprachige Version eines Leistungsmotivations-TAT liegt von Heckhausen (1963) vor. Nachdem sich erwiesen hatte, dass mit dieser Testform weder nennenswerte Zusammenhänge mit beruflichen Erfolgskriterien noch mit respondenten Testverfahren (Fragebogenform) erzielt werden konnten, erfolgten weitere Testkonstruktionen nahezu ausschließlich in respondenter Form. Hierzu gehören der Leistungsmotivationstest (Hermans et al. 1978), die Mehra-bian Achievement Risk Preference Scale (dt. Mikula et al. 1976) sowie das Ver-fahren von Cassidy und Lynn (1989). Eine Zwischenstellung nimmt das LM-Git-ter von Schmalt (1976) ein, das aus Bildvorlagen mit Antwortvorgaben in Multiple choice-Form besteht.

Eine andere Strömung der Motivationspsychologie ist kognitivistisch bzw. willens-psychologisch ausgerichtet (z.B. Heckhausen et al. 1987; in eine umfassende Per-sönlichkeitspsychologie integrierend Kuhl 2001). Diese Richtung wurde für berufs-psychologische eignungsdiagnostische Zwecke noch kaum nutzbar gemacht. Die Arbeitsgruppe um George Thornton (Colorado State University), die an Fragen der Leistungsmotivation arbeitet, hat sich kürzlich dem Konzept des Leistungsmoti-vationsinventars angeschlossen und eine Übertragung ins Amerikanische erarbei-tet (Schuler et al. 2003).

**Freie Darstellung**

## Theoretischer Hintergrund

In der Berufseignungsdiagnostik ebenso wie in der Personalentwicklung hat die simulationsorientierte Vorgehensweise zwar an Einfluss gewonnen; nach wie vor ist aber auch der konstruktorientierte Diagnoseansatz von Bedeutung, dessen Ziel die Erfassung berufserfolgsrelevanter Eigenschaften ist. Neben den kognitiven Fähigkeiten kann die allgemeine Leistungsmotivation als zweites, vermutlich generell berufserfolgsrelevantes Merkmal angesehen werden (Brandstätter 1996; Eckardt & Schuler 1992). Mitunter wird in der Leistungsmotivation sogar die wichtigste Quelle der Varianz beruflicher Leistung gesehen (Atkinson 1978). Die letztgenannte Einschätzung muss nach der mittlerweile erwiesenen überragenden Bedeutung kognitiver Fähigkeiten für den Berufserfolg als zweifelhaft betrachtet werden, gleichwohl wird ihr in der Literatur nicht ausdrücklich widersprochen. Angesichts der hohen Bedeutung, die der Leistungsmotivation zugemessen wird – so wird innerhalb einer großen Zahl von Führungslehren die Motivation als wesentliche Leistungsdeterminante angesehen – wurde bemerkenswert wenig systematische Arbeit vorgelegt, ihren Einfluss zu belegen. Dies könnte auf die Schwierigkeit der Messung der Leistungsmotivation zurückzuführen sein, die ihrerseits wieder als Auswirkung mangelnder konzeptueller Klarheit verstanden werden kann. Die Konstruktion eines neuen Testverfahrens soll einen Beitrag zur Erforschung der Leistungsmotivation sowie zur Nutzung in der eignungsdiagnostischen Anwendung erbringen.

Auch die üblicherweise herangezogenen Kriterien beruflicher Leistung und beruflichen Erfolgs könnten allerdings für Validierungsstudien wenig geeignet sein. Die Bedeutung der Leistungsmotivation für die Erfüllung beruflicher Anforderungen dürfte um so größer sein, je weniger äußere Zwänge bestehen, das eigene Handeln auf Leistung als Zielgröße auszurichten. Somit sollte insbesondere für wenig strukturierte, Eigeninitiative und Aktivität erfordernde Tätigkeitsbereiche Interesse an der Aufklärung dessen bestehen, was Leistungsmotivation ist und wie man sie erfassen kann. Leistungsmotivation dürfte eher der freiwillig erbrachten und in ihrer Erscheinungsweise eher divergenten Leistung affin sein, also z.B. eher der Unternehmensgründung als dem Aufstieg ins Management, der sportlichen und künstlerischen Leistung, Erfindungen, der Teilnahme an Wettbewerben und ähnlichem.

Nicht nur liegen hierzu beklagenswert wenige Validierungsstudien vor, es ist ganz besonders wenig bekannt über den Zusammenhang von Motivation und Fähigkeit, über Abhängigkeiten dieser beiden Größen voneinander (ob etwa die Beobachtung der eigenen Fähigkeit, der eigenen Leistung wieder leistungsmotivationsförderlich sei); dementsprechend stehen über die Art des Zusammenwirkens – additiv, als Schwellenmodell vorstellbar oder multiplikativ – keine empirisch bestätigten Modelle zur Verfügung. Ebenso sind die Zusammenhänge mit anderen Merkmalen weitgehend ungeklärt. Schlimmer noch, auch das Konstrukt Leistungsmotivation in sich selbst ist trotz intensiver Forschungsbemühungen – die Datenbanken weisen 6.000 Literaturstellen zum Thema »Leistungsmotivation« auf – in seinem Homogenitätsgrad, in seiner Universalität oder Generalisierbarkeit nicht bestätigt. Dies hält die Praktiker unter den Organisationspsychologen und Personalleuten nicht davon ab, Leistungsmotivation oder Synonyme dafür in praktisch jeder Stellenanzeige von den Bewerbern zu fordern.

Die verfügbaren Verfahren zur Messung der Leistungsmotivation bieten insofern wenig Ansatzmöglichkeiten für Trainings- und Veränderungsmaßnahmen, als in respondenten (Fragebogen-)Verfahren zumeist ein Gesamtwert der Leistungsmotivation bestimmt wird, während für operante (meist projektive) Verfahren so gut wie überhaupt kein Bezug zu Kriterien des beruflichen Erfolgs hergestellt werden konnte.

Auch die Frage der Konstruktvalidität ist, trotz jahrzehntelanger Forschung zur Leistungsmotivation, erst wenig geklärt (Prochaska 1998; Schuler & Prochaska 2000). Sichtet man die Teilfacetten aller theoretischen Ansätze und publizierten Testverfahren, so stößt man auf eine Zahl von etwa 100 sprachlich unterscheidbaren Einzelfacetten, wobei natürlich viele überschneidende oder gar synonyme Bezeichnungen enthalten sind. Zu den häufig genannten Dimensionen der Leistungsmotivation (s.a. Kuhl 1983; Heckhausen 1989) gehören Zielsetzung, Antriebsstärke, Beharrlichkeit, Erfolgshoffnung und Misserfolgsbefürchtung. Andere Verhaltenstendenzen werden seltener genannt, etwa Selbständigkeit und Statusorientierung (Cassidy & Lynn 1989), lassen sich aber theoretisch auch noch in ein breites Konstrukt der Leistungsmotivation einordnen. Eine dritte Gruppe umfasst solche Merkmale, die in der Theoriebildung dergestalt vertreten sind, dass man sich ein gesetzmäßiges Zusammenwirken mit Leistungsmotivation oder Aspekten daraus vorstellt, ohne sie unmittelbar zum Theoriekern der Leistungsmotivation zu zählen. Ein Beispiel hierfür ist die Attributionsneigung. So wird in der sozialpsychologischen Attributionsforschung (Weiner & Kukla 1970) postuliert, erfolgsmotivierte Personen würden andere Attributionen vornehmen als misserfolgsmotivierte, in einigen theoretischen Ansätzen (Campbell & Pritchard 1976) wiederum in Verflechtung mit weiteren Merkmalen, im Falle der Attributionsneigung ist es insbesondere das verwandte Konstrukt Kontrollüberzeugung. Generell finden sich in den Leistungsmotivationstheorien (oder in den aus den Testdimensionen bzw. -faktoren rekonstruierbaren Quasitheorien) bemerkenswert wenige Aussagen über die Beziehung dieses Merkmals zu anderen, allgemeineren Persönlichkeitsmodellen.

Schließlich sind alle allgemeinen Persönlichkeitsmerkmale zu berücksichtigen, deren Zusammenhang mit den Kernaspekten der Leistungsmotivation man sich ganz verschieden vorstellen kann: Sie könnten einfach eine andere Art von Zusammenfassung (partiell) gleicher Verhaltensphänomene sein; sie könnten eine Art von »Hintergrundstrahlung« abgeben für Leistungsmotivation; sie könnten schließlich Ausschnitte liefern (Facetten), die relevant für die Motivation zur Leistung sind. Ein Beispiel für eine solche Facette wäre das Pflichtbewusstsein aus der Gewissenhaftigkeit, ein anderes, problematischeres, die Dominanz aus der Extraversion.

So könnte man sich Leistungsmotivation also als Folge von mehr oder weniger zum Kern des Konstrukts gehörigen Schichten vorstellen oder, wenn man zu Metaphern aus Küche und Natur neigt, als Zwiebelmodell der Leistungsmotivation. Weniger leicht einzuordnen sind mögliche Konstruktfacetten, die sich in keinem bestehenden Leistungsmotivationsmodell finden, aber dazu gut in Beziehung gesetzt werden können, wie das Merkmal Flexibilität, der Zustand Flow (Csikszentmihalyi 1992) oder berufsbezogene Werthaltungen wie die Unterscheidung der Karriereorientierung von alternativer und Freizeitorientierung (von Rosenstiel et al. 1989). Je nach Zugehörigkeit zu anderen theoretischen Konzepten oder nach (vermuteter) Globalität können sie einer der Schichten zugeordnet werden.

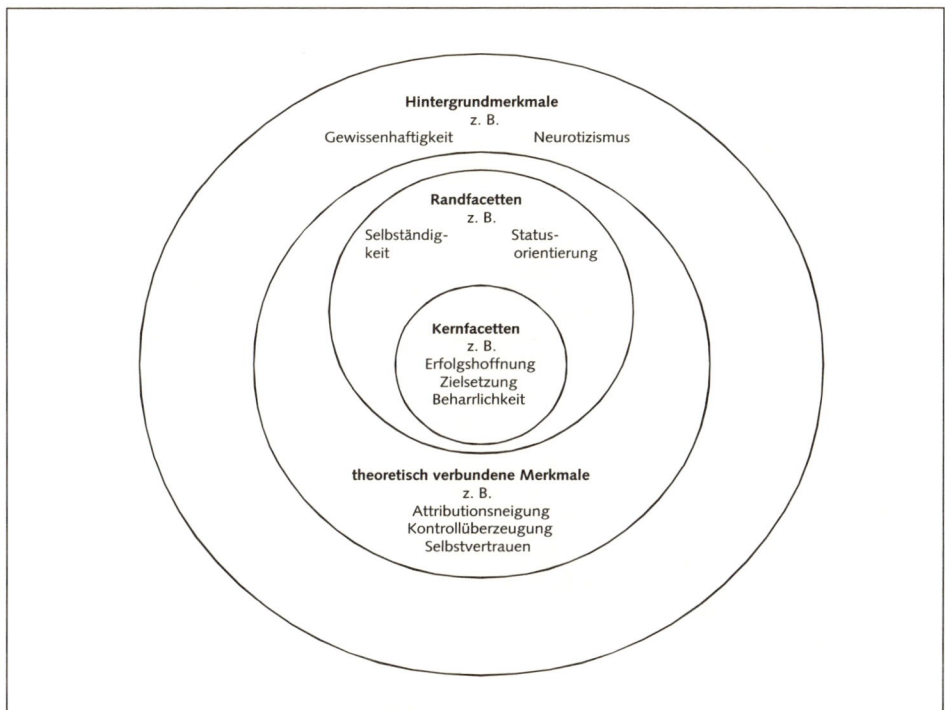

Abb. 1: Zwiebelmodell der Leistungsmotivation

Die Befassung mit der Literatur hat die Auffassung der Testautoren gefestigt, dass Leistungsmotivation nicht als abgegrenztes Konstrukt verstanden werden sollte. Den vielfältigen Bezügen zu anderen Persönlichkeitsmerkmalen dürfte eher ein Konzept gerecht werden können, das Leistungsmotivation als globale Verhaltensorientierung versteht, an der vielfältige Aspekte der Persönlichkeit beteiligt sind – gewissermaßen als Ausrichtung der Gesamtperson oder großer Anteile daran auf die Leistungsthematik.

Zielsetzung war es, einen relativ breit angelegten Leistungsmotivationsfragebogen zu entwickeln, der sowohl der Anwendung in der Berufseignungsdiagnostik wie auch der Forschung dienlich sein soll. Die Verfasser beabsichtigten mit dem LMI, alle wesentlichen einschlägigen Merkmale, Teilkonstrukte oder Dimensionen zu berücksichtigen, die der traitorientierten Forschung zur Leistungsmotivation sowie in der darüber hinausgehenden persönlichkeitspsychologischen Literatur angesprochen sind. Es wurden weder Dimensionen noch Items direkt übernommen. Es wurden zunächst 728 Items formuliert und zu 38 vorläufigen Dimensionen gruppiert (Schuler & Prochaska 2000). Nach mehreren Analyseschritten mit Expertenratings und Verfahrenserprobungen resultierte die schließlich maßgebliche Konzeption des LMI mit 17 Dimensionen berufsbezogener Leistungsmotivation (Tabelle 1):

| Skala | Itembeispiel |
| --- | --- |
| Beharrlichkeit (BE) | Es fällt mir schwer, meine Anstrengung über längere Zeit aufrechtzuerhalten (-). |
| Dominanz (DO) | Wenn ich mit anderen zusammenarbeite, übernehme ich gewöhnlich die Initiative. |
| Engagement (EN) | Ich arbeite mehr als die meisten anderen Leute, die ich kenne. |
| Erfolgszuversicht (EZ) | Vor neuen Aufgaben war ich immer zuversichtlich, sie zu schaffen. |
| Flexibilität (FX) | Neuen Situationen stehe ich zunächst immer etwas skeptisch gegenüber (-). |
| Flow (FL) | Es bereitet mir Freude, mich ganz in eine Aufgabe zu vertiefen. |
| Furchtlosigkeit (FU) | Wenn ich vor anderen etwas vorführen soll, habe ich Angst, mich zu blamieren (-). |
| Internalität (IN) | Wie weit man es beruflich bringt, ist zu einem guten Teil Glückssache (-). |
| Kompensatorische Anstrengung (KA) | Auf eine wichtige Aufgabe bereite ich mich lieber zu gründlich vor als zu wenig. |
| Leistungsstolz (LS) | Besonders auf Ergebnisse bin ich stolz, die ich durch eigene Anstrengung erreicht habe. |
| Lernbereitschaft (LB) | Im Fernsehen schaue ich mir besonders gerne Informationssendungen an. |
| Schwierigkeitspräferenz (SP) | Schwierige Probleme reizen mich mehr als einfache. |
| Selbständigkeit (SE) | Manchmal ist es mir lieber, anderen die Entscheidung zu überlassen (-). |
| Selbstkontrolle (SK) | Häufig verschiebe ich Dinge auf morgen, die ich besser heute erledigen sollte (-). |
| Statusorientierung (ST) | Es ist mir wichtig, eine verantwortungsvolle Position zu erreichen. |
| Wettbewerbsorientierung (WE) | Es ärgert mich, wenn andere Besseres leisten als ich. |
| Zielsetzung (ZS) | Ich weiß genau, welche berufliche Position ich in fünf Jahren erreicht haben möchte. |

Anmerkung: (-) kennzeichnet negativ gepolte Items. Die Beantwortung erfolgt auf 7-stufigen Likert-Skalen mit den verbalen Verankerungen der Extremwerte »trifft gar nicht zu« und »trifft vollständig zu«.

Tab. 1: Skalen und Itembeispiele des LMI

## Ergebnisse

Bei Skalenüberprüfung an verschiedenen Stichproben resultierten zufriedenstellende bis gute Konsistenzkoeffizienten. Sie liegen in der Gesamtstichprobe zwischen r = .68 für Internalität und r = .86 für Schwierigkeitspräferenz; die Werte für die Teilstichproben liegen in gleicher Höhe (Schuler & Prochaska 2000). Ebenso kann die Stabilität der LMI-Werte bei Testwiederholung nach 3 Monaten mit Werten zwischen r = .66 (Flow) und .82 (Furchtlosigkeit und Statusorientierung) als zufriedenstellend bezeichnet werden; für den Gesamtwert wurde sie mit r = .88 berechnet. Die durchschnittliche Korrelation der Skalenwerte beträgt r = .34.

Teilweise ergeben sich hohe Interkorrelationen zwischen Motivationsfacetten selbst dann, wenn sie phänomenologisch gut unterscheidbar sind, so z.B. zwischen Beharrlichkeit und Furchtlosigkeit (r = .61), kompensatorischer Anstrengung und Leistungsstolz (r = .60), Dominanz und Erfolgszuversicht (r = .59). Unkorreliert dagegen sind wenige Facetten. Dies weist auf Grundkomponenten hin, die den Motivdimensionen gemeinsam sind. Um deren Anzahl und Struktur zu klären, wurden die Dimensionswerte faktoranalysiert.

Wie aus Tabelle 2 ersichtlich, lässt sich das vorliegende Datenmaterial durch eine 3-faktorielle Lösung beschreiben, die insgesamt 63.0 % der Gesamtvarianz aufklärt.

Faktor 1 ist maßgeblich durch hohe Ladungen von Leistungsstolz, Statusorientierung, Wettbewerbsorientierung, Kompensatorische Anstrengung, Zielsetzung, Engagement und Flow gekennzeichnet. Er klärt 24.3 % der Gesamtvarianz auf und umreißt ein Syndrom des Leistungsstrebens, das gekennzeichnet ist durch die Funktionalität der Leistung für das Selbst (Leistungsstolz). Aufgaben werden als Herausforderungen erlebt, sich in Konkurrenz zu anderen zu bewähren (Wettbewerbsorientierung), durch Leistungserfolge Geltung zu erlangen (Statusorientierung). Mit dem Gefühl der Selbstbestätigung wird auf das Erreichen der engagiert verfolgten Ziele reagiert. Dieser Faktor ist mit Ehrgeiz zu bezeichnen. Die im Ehrgeiz freigesetzten Kräfte sind nicht frei von Angst, wie die negative Ladung für Furchtlosigkeit zeigt; charakteristisch ist die Umformung der furchtbetonten Anspannung in leistungszielbezogene Anstrengung, wie sie in dem hohen Ladungswert für Kompensatorische Anstrengung zum Ausdruck kommt. Auch die Zuordnung von Flow kann im Sinne eines selbstwertbezogenen Leistungskonstrukts interpretiert werden, zumal Flow im Dienste der Vermeidung von (häufig gefühlsmäßig negativ getönter) Selbstaufmerksamkeit stehen könnte.

Faktor 2 klärt 22.5 % der Gesamtvarianz auf. Er ist markiert durch hohe Ladungen von Selbständigkeit, Flexibilität, Furchtlosigkeit, Erfolgszuversicht, Dominanz und Schwierigkeitspräferenz. Das Selbstvertrauen (Erfolgszuversicht), könnte man interpretieren, das in Faktor 1 durch Leistungsanstrengung zu erreichen gesucht wird, liegt in Faktor 2 bereits vor und ist Quelle der Zuversicht, sich auch in unbekannten Situationen unter neuen Bedingungen zu bewähren (Flexibilität), auch anspruchsvolle Ziele zu erreichen (Schwierigkeitspräferenz). Hohe psychische Stabilität (Furchtlosigkeit) und Selbständigkeit geben diesem Faktor den Charakter der Ich-Stärke, die sich auch in Dominanz gegenüber anderen sowie im Zurückweisen der Dominanzansprüche anderer ausdrückt. Wir benennen diesen Faktor mit Unabhängigkeit.

Sowohl Faktor 1 wie Faktor 2 umfassen auch soziale Motivkomponenten. In Faktor 1 sind sie durch die Geltungsthematik bestimmt, in Faktor 2 durch die Macht- und Unabhängigkeitsthematik. Frei von sozialen Motiven ist demgegenüber Faktor 3, der 16.2 % der Gesamtvarianz zusammenfasst (die am deutlichsten sozial orientierten Dimensionen Statusorientierung, Wettbewerbsorientierung und Dominanz weisen sogar negative Ladungen auf). Er ist vor allem gekennzeichnet durch nachhaltigen, zielgerichteten Kräfteeinsatz (Beharrlichkeit) sowie durch disziplinierte, konzentrierte, organisierte Arbeitsweise und die Fähigkeit zum Belohnungsaufschub (Selbstkontrolle). Charakteristisch ist auch das Gefühl der Selbstverantwortlichkeit für den Erfolg des Bemühens (Internalität) und in gewissem Maße die Bevorzugung anspruchsvoller Aufgaben (Schwierigkeitspräferenz). Die Dimension Lernbereitschaft zeigt als einzige faktoriell gänzlich unbestimmte Dimension innerhalb des dritten Faktors die gleiche mittelhohe Ladung wie in den beiden anderen Faktoren. Es scheint angemessen, Faktor 3 mit Aufgabenbezogene Motivation zu benennen.

| | Faktor 1 Ehrgeiz | Faktor 2 Unabhängigkeit | Faktor 3 Aufgaben- bezogene Motivation | Kommunalität |
|---|---|---|---|---|
| Leistungsstolz | **.81** | .08 | .19 | .70 |
| Statusorientierung | **.77** | .25 | -.15 | .68 |
| Wettbewerbsorientierung | **.76** | .12 | -.21 | .63 |
| Kompensatorische Anstrengung | **.70** | -.18 | .34 | .63 |
| Zielsetzung | **.69** | .38 | .21 | .66 |
| Engagement | **.61** | .14 | .37 | .52 |
| Flow | **.57** | .13 | .23 | .39 |
| Selbständigkeit | .05 | **.81** | .12 | .68 |
| Flexibilität | .14 | **.75** | .30 | .67 |
| Furchtlosigkeit | -.22 | **.73** | .44 | .77 |
| Erfolgszuversicht | .36 | **.72** | .23 | .70 |
| Dominanz | .40 | **.73** | -.14 | .71 |
| Schwierigkeitspräferenz | .24 | **.57** | .48 | .61 |
| Selbstkontrolle | .25 | .03 | **.78** | .67 |
| Beharrlichkeit | .10 | .41 | **.75** | .74 |
| Internalität | .00 | .24 | **.61** | .43 |
| Lernbereitschaft | .42 | .42 | .41 | .52 |

Anmerkung: Es wurde eine Hauptkomponentenanalyse mit nachfolgender Varimaxrotation durchgeführt. Eigenwertverlauf 6.6 – 2.6 – 1.5 – .94 – .78 – .62 – .53 – .47 – .43 – .42 – .41- .34 – .31 – .28 – .28 – .27 – .22. Gesamtvarianzaufklärung durch die ersten drei Faktoren 63 %. Varianzaufklärung durch die Faktoren: 38.6 % – 15.4 % – 8.9 % (anfänglich); 24.3 % – 22.5 % – 16.2 % (rotiert). Ladungen größer .50 sind fettgedruckt und schraffiert. N = 1671.

Tab. 2: Rotierte Faktorenmatrix des LMI

Bei der Konstruktvalidierung des LMI zusammen mit dem Persönlichkeitstest NEO-FFI (Borknau & Ostendorf 1993) zeigte sich, dass die meisten und engsten Zusammenhänge – wie erwartet – zu Neurotizismus und Gewissenhaftigkeit bestehen. Am engsten korreliert Furchtlosigkeit mit Neurotizismus ($r = -.66$). Weitere hohe korrelative Zusammenhänge errechnen sich mit Erfolgszuversicht, Flexibilität, Selbständigkeit und Beharrlichkeit. Was den Faktor Gewissenhaftigkeit anbetrifft, resultieren Korrelationswerte bis $r = .67$. Am engsten sind die Zusammenhänge mit Selbstkontrolle, Beharrlichkeit, Engagement, Leistungsstolz und Kompensatorischer Anstrengung. Deutlich weniger und geringere Korrelationen resultieren für den Faktor Extraversion. Mit $r = .41$ ist allein die Dimension Flexibilität herausgehoben. Offenheit und Verträglichkeit sind als konstruktferne Variable markiert, wobei die Beziehungen zu Verträglichkeit überwiegend negativ sind, zu Offenheit dagegen positiv. Zum Sozialen Erwünschtheitsmaß von Crowne-Marlowe (Lück & Timaeus 1969) zeigen sich insbesondere für die Skalen Furchtlosigkeit und Beharrlichkeit deutliche Zusammenhänge.

Korrelationen der LMI-Ergebnisse mit schul- und studienbezogenen Kriterien liegen durchwegs in der erwarteten Richtung. Bemerkenswert scheinen die ausgeprägten Zusammenhänge mit Einstellungen zur Schule (Anzahl positiv bewerteter Fächer) sowie mit Motiven der Studien- und Berufswahl. Letztere liegen im positiven Bereich speziell bei Interesse und Entwicklung, im negativen bei der Studienwahl aus Verlegenheit. Indikativ für das hohe Anspruchsniveau Leistungsmotivierter ist ihre geringe Zufriedenheit mit der eigenen Leistung. Im Gesamtbild zeigt unter den 17 Dimensionen der Leistungsmotivation die Lernbereitschaft angemessenerweise besonders deutliche Zusammenhänge mit schul- und studienbezogenen Kriterien; aber auch Beharrlichkeit, Erfolgszuversicht, Schwierigkeitspräferenz und Zielsetzung heben sich aus den insgesamt gleichgerichtet positiven Zusammenhängen etwas heraus.

Unter den Außenkriterien, die mehr die eigene Initiative widerspiegeln, ist die Teilnahme an Wettbewerben am deutlichsten mit Dominanz und die Zahl der Hobbys mit Flexibilität korreliert. Am geringsten sind sie für die Teilnahme an Wettbewerben (bis zu $r = .16$ mit Dominanz). Hierfür könnte ursächlich die im Vergleich zu den beiden weiteren Kriterien geringe Basisrate der Wettbewerbsteilnahme mit dem Effekt der Varianzeinschränkung sein. Die Zahl der Hobbys ist demgegenüber etwas deutlicher mit Aspekten der Leistungsmotivation korreliert (bis zu $r = .20$ mit Flexibilität). Die deutlichsten Zusammenhänge jedoch ergeben sich mit übernommenen Funktionen. Hierbei treten unter den Dimensionen die Flexibilität und Erfolgszuversicht hervor, daneben Selbständigkeit und Furchtlosigkeit. Ganz besonders ausgeprägt ist aber mit $r = .44$ der Zusammenhang zwischen dem Merkmal Dominanz und der Zahl der übernommenen Funktionen.

Hinweise auf die Validität des LMI in Bezug auf Kriterien des beruflichen Erfolgs ergaben sich an einer Stichprobe von 185 Mitarbeitern eines Dienstleistungsunternehmens, wo parallel zum Test eine Reihe berufsbezogener Kriterien erhoben wurden. Zu den kriteriumsspezifischen höchsten Korrelationen mit Facetten der Leistungsmotivation gehören das Bildungsniveau (bis zu $r = .35$ mit Lernbereitschaft), die Jahre an Berufserfahrung (bis zu $r = .31$ mit Statusorientierung), die derzeitige Stellung in der Hierarchie (bis zu $r = .43$ mit Dominanz), das durchschnittliche Jahresgehalt (bis zu $r = .34$ mit Dominanz) sowie die Wochenarbeitszeit (bis zu

| | BE | DO | EN | EZ | FX | FL | FU | IN | KA | LS | LB | SP | SE | SK | ST | WE | ZS |
|---|---|---|---|---|---|---|---|---|---|---|---|---|---|---|---|---|---|
| Interessentest | | | | | | | | | | | | | | | | | |
| Privatkundenberatung | -.28 | .24 | -.36 | -.35 | -.27 | -.25 | -.28 | | | -.20 | -.31 | -.43 | -.26 | | .28 | -.20 | -.24 |
| Individualkundenberatung | | .19 | | | | | | | | | | | | | | | .16 |
| Firmenkundenberatung | .35 | .40 | .32 | .42 | .42 | .23 | .36 | | | .20 | .39 | .53 | .36 | | .37 | .25 | .41 |
| Stabsbereich | .20 | .33 | .28 | .34 | .25 | .22 | .27 | | | | .29 | .41 | .30 | | .26 | .17 | .24 |
| Betriebsbereich | -.27 | -.42 | -.20 | -.38 | -.38 | | -.28 | | | -.18 | -.24 | -.33 | -.36 | | -.36 | -.31 | -.41 |
| Wochenarbeitszeit | .23 | .36 | .37 | .22 | .37 | .19 | .23 | | | .17 | .38 | .26 | .29 | .18 | .22 | | .41 |

Anmerkung: Aufgeführt sind signifikante Korrelationswerte (p ≤ .05). Bei nicht-signifikanten Werten bleiben Zellen leer. (N = 166).

BE = Beharrlichkeit, DO = Dominanz, EN = Engagement, EZ = Erfolgszuversicht, FX = Flexibilität, FL = Flow, FU = Furchtlosigkeit, IN = Internalität, KA = Kompensatorische Anstrengung, LS = Leistungsstolz, LB = Lernbereitschaft, SP = Schwierigkeitspräferenz, SE = Selbständigkeit, SK = Selbstkontrolle, ST = Statusorientierung, WE = Wettbewerbsorientierung, ZS = Zielsetzung

Tab. 3: Zusammenhänge des LMI mit den Ergebnissen eines Potenzialanalyseverfahrens

r = .38 mit Engagement).Von der Seite der Dimensionen der Leistungsmotivation her betrachtet, gehören Dominanz, Engagement, Erfolgszuversicht und Furchtlosigkeit zu den auffälligeren Dimensionen.

An einer anderen Stichprobe von 166 Mitarbeitern der Finanzdienstleistungsbranche ergab sich die Möglichkeit, LMI-Ergebnisse mit den Ergebnissen eines Potenzialanalyseverfahrens zu vergleichen. Eine Besonderheit dieses Potenzialanalyseverfahrens ist der Interessentest, der sich nicht auf Anforderungsdimensionen, sondern auf Funktionsfelder, wie z.B. Stab oder Kundenberatung, bezieht. Es zeigen sich deutliche Zusammenhänge der Präferenzen für bestimmte Funktionsfelder mit den Ergebnissen des LMI: Mit dem anspruchsvollsten Tätigkeitsgebiet, der Firmenkundenberatung, ergeben sich hohe Korrelationen bei einer ganzen Reihe von Dimensionen; gleiches findet sich, in geringerer Ausprägung, auch für das Funktionsfeld Stabsbereich. Die Beziehung zur Individualkundenberatung ist neutral, während sich zu den einfachsten Tätigkeitsfeldern Privatkundenberatung und insbesondere Betriebsbereich ausgeprägt negative Korrelationen ergaben (Tabelle 3).

## Entwicklungsmöglichkeiten

Das LMI wird derzeit zur Persönlichkeitsforschung, Personalauswahl, Personalentwicklung, Berufsberatung sowie in der Schul- und Sportpsychologie eingesetzt. Da es sich beim LMI und auch seiner Kurzform um neue Verfahren handelt, sind noch längst nicht alle interessierenden Aspekte untersucht worden. Für die Zukunft in Forschung und Anwendung gibt es daher eine Reihe von Perspektiven. Einige von ihnen sind beispielhaft im Folgenden aufgeführt:

- die Anwendung an weiteren Gruppen zur Erweiterung der Normbasis, z.B. auf neue Berufsbilder oder Anwendungsfelder. Zur Zeit werden z.B. Orchester-Musiker, Arbeitslose, Internet-Nutzer und Unternehmensgründer untersucht;
- die Ermittlung weiterer konstrukt- und kriterienbezogener Validitätsaspekte des Verfahrens, um sie noch fester in ein nomologisches Netzwerk zu verankern, z.B. die Untersuchung von Zusammenhängen mit anderen Motivmessverfahren, insbesondere mit operanten Messverfahren wie dem Thematischen Apperzeptions Test (Heckhausen 1963);
- die Durchführung von Längsschnittstudien zur Ermittlung der Stabilität der Testwerte über längere Zeiträume hinweg sowie zur Ermittlung der prognostischen Validität des Verfahrens, und zwar für verschiedene Kriterien;
- die systematische Verfahrensanwendung in der Personalentwicklung, z.B. im Rahmen von Coaching und Motivationssteigerungsprogrammen;
- die Entwicklung von computergestützten Vorgabeformen, um Durchführung und Auswertung noch ökonomischer zu gestalten. (Eine computergestützte Form wird seit kurzem angeboten.);
- die Übersetzung in andere Sprachen, um die Verfahrensanwendung im internationalen Kontext zu gewährleisten (Die Veröffentlichung einer englischsprachigen Version erfolgt 2003, die einer hebräischen Version befinden sich in Vorbereitung.);
- kulturvergleichende Studien verschiedener Nationalitäten und Religionen.

Besonderer Nutzen kann von einem Training beruflich speziell relevanter Motivationsfacetten erwartet werden. Während der Gesamtwert der Leistungsmotivation zu den relativ stabilen Persönlichkeitsmerkmalen gehören dürfte, sind einzelne Komponenten durchaus der gezielten Veränderung zugänglich. Hierzu gehören etwa Zielsetzung, Internalität und Leistungsstolz. Die Einschätzung wird durch die Erfolge der kognitiven Verhaltentherapie bestärkt. Die praktische Erprobung verschiedener Trainingsbausteine lässt erwarten, dass in absehbarer Zeit evaluierte Trainings für verschiedene Zielgruppen zur Verfügung stehen werden (Schuler & Wall, im Druck; Wall & Schuler, in Vorbereitung).

Sowohl in Bezug auf die Diagnostik als auch das Training lässt sich eine positive Nutzenserwartung auch damit begründen, dass die Leistungsmotivation zu den wenigen von allgemeinen kognitiven Fähigkeiten unabhängigen Konstrukten gehört. Da gleichzeitig Kriteriumsvalidität nachgewiesen wurde (Schuler & Prochaska 2001), ergibt sich daraus zwangsläufig inkrementelle Validität für eine Diagnose der Leistungsmotivation und mit hoher Wahrscheinlichkeit Nutzen des Trainings ihrer Einzelkomponenten.

## Anwendungsbeispiel Personalentwicklung

Als Beispiel einer LMI-Anwendung im Rahmen der Personalentwicklung kann folgender Fall vorgestellt werden. Zum Durchführungszeitpunkt stand noch kein systematisches Leistungsmotivationstraining zur Verfügung, so dass sich die empfohlenen Maßnahmen noch auf andere Vorgehensweisen zu stützen hatten.

Die untersuchte Mitarbeiterin ist eine 36 Jahre alte Referentin in der betrieblichen Weiterbildung. Nach ihrem Realschulabschluss hat sie im Alter von 16 Jahren zunächst eine dreijährige Berufsausbildung als Arzthelferin absolviert und in diesem Beruf drei Jahre in einer internistischen Praxis gearbeitet. Auf dem zweiten Bildungsweg erwarb sie die allgemeine Hochschulreife, indem sie parallel zu ihrer Berufstätigkeit in Abend- und Wochenendkursen das Abitur nachholte. Mit einem Studium der Betriebswirtschaft mit der Vertiefung Personal und Organisation realisierte sie ihren Studienwunsch und nahm im Alter von 30 Jahren an einer Universität eine Stelle als Hochschulassistentin an, um eine Doktorarbeit in Angriff zu nehmen. Während ihres Studiums arbeitete sie auf selbständiger Basis als Kommunikations- und Verhaltenstrainerin und finanzierte sich damit sowohl Studium als auch Lebensunterhalt. Nach zwei Jahren wechselte sie vom Universitätsinstitut ohne Promotion in einen Versicherungskonzern als Personalreferentin, weil sie erkannt hatte, dass ihr die Arbeit mit Menschen mehr liegt als das wissenschaftliche Arbeiten. Nach weiteren drei Jahren wechselte sie in ein Industrieunternehmen als Referentin für die betriebliche Weiterbildung, wo sie insbesondere die Möglichkeit reizte, Kommunikations- und Verhaltenstrainings durchzuführen. Hier ist sie seit drei Jahren beschäftigt. Ausgangspunkt für die LMI-Untersuchung sind Fragen der beruflichen Entwicklung. Insbesondere möchte die Kandidatin wissen, durch welche Maßnahmen sie ihre Wirksamkeit im Unternehmen erhöhen kann, um in absehbarer Zeit weiterführende verantwortungsvolle Aufgaben übernehmen zu können.

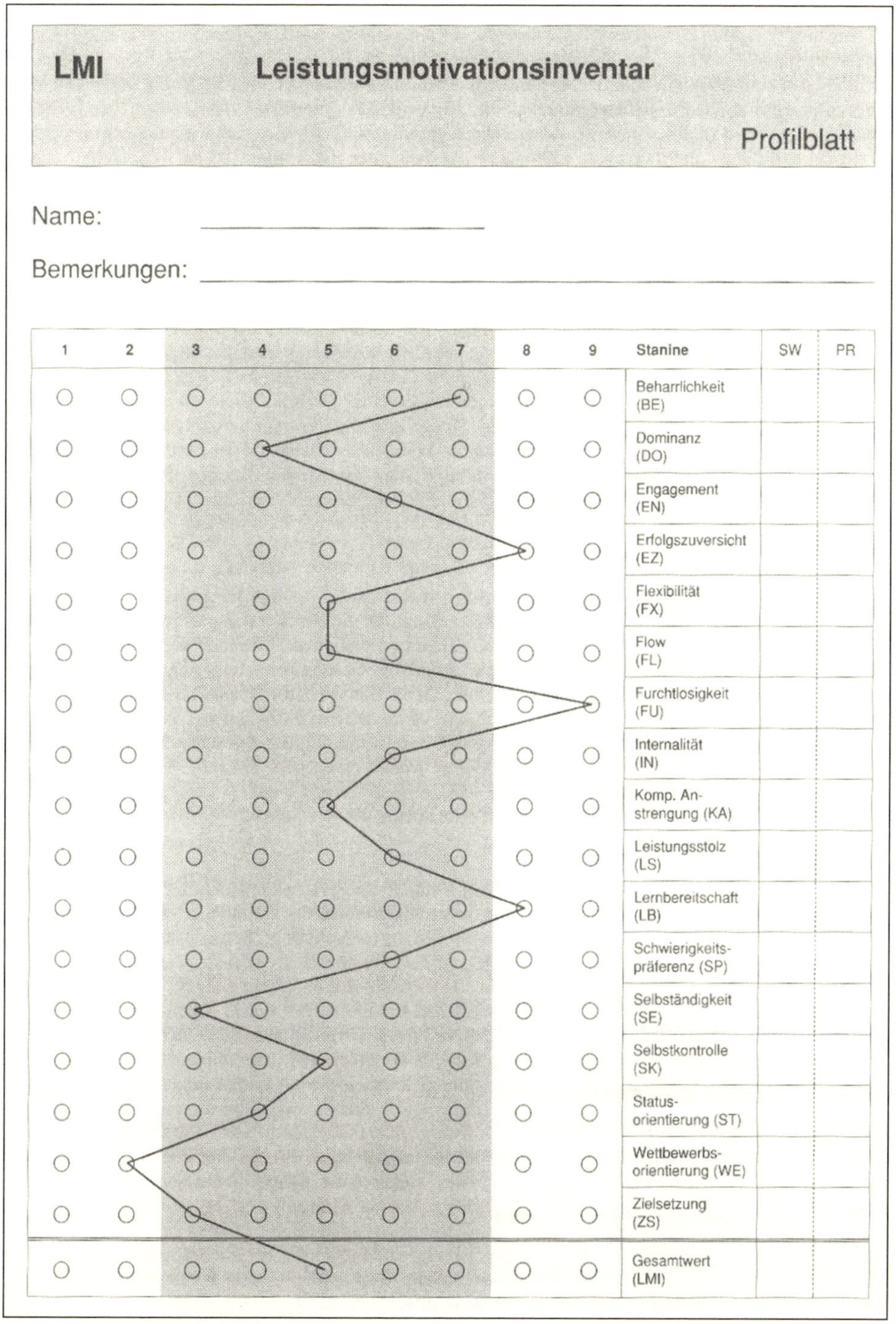

**LMI**          **Leistungsmotivationsinventar**

Profilblatt

Name: _____

Bemerkungen: _____

| 1 | 2 | 3 | 4 | 5 | 6 | 7 | 8 | 9 | Stanine | SW | PR |
|---|---|---|---|---|---|---|---|---|---------|----|----|
| ○ | ○ | ○ | ○ | ○ | ○ | ○ | ○ | ○ | Beharrlichkeit (BE) | | |
| ○ | ○ | ○ | ○ | ○ | ○ | ○ | ○ | ○ | Dominanz (DO) | | |
| ○ | ○ | ○ | ○ | ○ | ○ | ○ | ○ | ○ | Engagement (EN) | | |
| ○ | ○ | ○ | ○ | ○ | ○ | ○ | ○ | ○ | Erfolgszuversicht (EZ) | | |
| ○ | ○ | ○ | ○ | ○ | ○ | ○ | ○ | ○ | Flexibilität (FX) | | |
| ○ | ○ | ○ | ○ | ○ | ○ | ○ | ○ | ○ | Flow (FL) | | |
| ○ | ○ | ○ | ○ | ○ | ○ | ○ | ○ | ○ | Furchtlosigkeit (FU) | | |
| ○ | ○ | ○ | ○ | ○ | ○ | ○ | ○ | ○ | Internalität (IN) | | |
| ○ | ○ | ○ | ○ | ○ | ○ | ○ | ○ | ○ | Komp. Anstrengung (KA) | | |
| ○ | ○ | ○ | ○ | ○ | ○ | ○ | ○ | ○ | Leistungsstolz (LS) | | |
| ○ | ○ | ○ | ○ | ○ | ○ | ○ | ○ | ○ | Lernbereitschaft (LB) | | |
| ○ | ○ | ○ | ○ | ○ | ○ | ○ | ○ | ○ | Schwierigkeitspräferenz (SP) | | |
| ○ | ○ | ○ | ○ | ○ | ○ | ○ | ○ | ○ | Selbständigkeit (SE) | | |
| ○ | ○ | ○ | ○ | ○ | ○ | ○ | ○ | ○ | Selbstkontrolle (SK) | | |
| ○ | ○ | ○ | ○ | ○ | ○ | ○ | ○ | ○ | Statusorientierung (ST) | | |
| ○ | ○ | ○ | ○ | ○ | ○ | ○ | ○ | ○ | Wettbewerbsorientierung (WE) | | |
| ○ | ○ | ○ | ○ | ○ | ○ | ○ | ○ | ○ | Zielsetzung (ZS) | | |
| ○ | ○ | ○ | ○ | ○ | ○ | ○ | ○ | ○ | Gesamtwert (LMI) | | |

Abb. 2: Leistungsmotivationsinventar

Es resultierte das in Abbildung 2 dargestellte Profil, dem die Normtafel für Berufstätige zugrunde liegt. Ausgangspunkt für die Interpretation sind Stanine-Werte, wie sie im Testhandbuch beschrieben sind. Bei der Interpretation hat es sich als hilfreich erwiesen, insbesondere auf »Stärken« und »Entwicklungsfelder« zu achten; das sind diejenigen Ausprägungen im individuellen LMI-Profil, die an den Enden der Stanine-Verteilung liegen. Die Werte 1,2 und 3 für die unteren 23% der Stanine-Verteilung markieren Entwicklungsfelder; die Stanine-Werte 7, 8 und 9 für die oberen 23% der Stanine-Verteilung markieren Stärken.

Was fällt im Gesamtprofil auf? Zunächst fällt bei der ersten Inspektion der LMI-Ergebnisse der Kandidatin eine deutliche »Profilierung« ins Auge. Die Stärken der Kandidatin liegen in ihrer Furchtlosigkeit, Erfolgszuversicht, Lernbereitschaft und Beharrlichkeit. Im Hinblick auf die Dimension Furchtlosigkeit erreicht sie mit »9« einen Wert, der in ihrer Vergleichsgruppe nur von 14% der Personen erreicht oder übertroffen wird. Mit Stanine-Werten von »8« sind ihre Erfolgszuversicht sowie die Lernbereitschaft gleichermaßen stark ausgeprägt. Mit einem Stanine-Wert von »7« gehört auch die Beharrlichkeit zu jenen vier Dimensionen, die die Stärken der Kandidatin kennzeichnen. Immerhin wird dieses oder ein besseres Ergebnis nur von 23% der Personen ihrer Vergleichsgruppe erreicht.

Auf der anderen Seite fallen mit Selbständigkeit, Wettbewerbsorientierung und Zielsetzung drei Entwicklungsfelder auf. Für diese LMI-Dimensionen konnte für die Kandidatin jeweils nur ein Stanine-Wert von  »2« bzw. »3« ermittelt werden. Der Stanine-Wert von »3« bedeutet, dass für über drei Viertel der Vergleichsgruppe (genau: 77%) ein höherer Wert ermittelt wird, beim Wert »2« sind es 89%. Mit einem Stanine-Wert von »4« ist Dominanz bei der Kandidatin ebenfalls relativ schwach ausgeprägt – etwas mehr als die Hälfte, genau 60%, aller Personen ihrer Vergleichsgruppe sind dominanter; den gleichen Wert zeigt ihre Statusorientierung. Unauffällig – mit durchschnittlicher Ausprägung (Stanine-Wert »5«) – sind die LMI-Dimensionen Flexibilität, Flow, Kompensatorische Anstrengung und Selbstkontrolle (jeweils Stanine-Wert »5«). Leicht überdurchschnittlich ausgeprägt (Stanine-Wert »6«) sind Engagement, Internalität, Leistungsstolz  und Schwierigkeitspräferenz der Kandidatin; 40% der Personen der Vergleichsgruppe weisen gleiche oder höhere Werte auf.

Was bedeuten die Ergebnisse? Welche Hypothesen und Schlussfolgerungen lassen sich aus dem vorliegenden Profil ableiten? Zunächst zu den Stärken der Kandidatin: Der hoch ausgeprägte Wert für Furchtlosigkeit indiziert, dass die Kandidatin keine Versagensangst empfindet und sich auch nicht davor fürchtet, in der Öffentlichkeit aufzutreten und durch andere bewertet zu werden. In wichtigen und neuartigen Situationen gelingt es ihr, ihre Anspannung unter Kontrolle zu halten. Ein Beleg für diese These findet sich beim Blick auf ihre berufliche Biografie. Hier fällt auf, dass sie schon sehr früh, nämlich bereits während ihres Studiums, als Kommunikations- und Verhaltenstrainerin mit laufend wechselnden Gruppen gearbeitet hat. Aufgaben, die in diesem Sinne Öffentlichkeit mit sich bringen und couragiertes Vorgehen erfordern, scheinen der Kandidatin sehr leicht zu fallen. Solche Aufgabenstellungen entsprechen dem natürlichen Verhalten der Kandidatin und sollten auch künftig Bestandteil ihrer beruflichen Tätigkeit sein.

Die Erfolgszuversicht ist gleichermaßen hoch ausgeprägt. Die Haltung der Kandidatin gegenüber Anforderungssituationen kann mit Zuversicht, Selbstvertrauen und Optimismus beschrieben werden. Einen Beleg dafür, dass Erfolgszuversicht sich im Leben der Kandidatin manifestiert hat, liefert wiederum der Lebenslauf. Nach ihrem Realschulabschluss hat sie »nebenbei« das Abitur gemacht, hat wunschgemäß und interessengerecht ein betriebswirtschaftliches Studium erfolgreich absolviert, eine persönliche Krise mit der nicht-erfolgreichen Promotion durch entschlossene Umorientierung und erfolgreiche berufliche Tätigkeit bewältigt. Alles in allem hat die Kandidatin im Verlauf ihrer persönlichen Entwicklung gelernt, dass das, was sie in die Hand nimmt, zu einem erfolgreichen Abschluss führt und dass es in ihrer eigenen Hand liegt, einen falsch eingeschlagenen Weg zu korrigieren. Bezogen auf ihre jetzigen und künftigen beruflichen Tätigkeiten kann die These formuliert werden, dass Wirksamkeit und Effektivität der Kandidatin bei Aufgabenstellungen durch ihre hohe Erfolgszuversicht stark unterstützt werden. Vermutlich fühlt sie sich durch neue Aufgabenstellungen angespornt, weswegen sie auch künftig Bestandteil ihrer beruflichen Tätigkeit sein sollten.

Mit einem Stanine-Wert von »8« ist auch die Lernbereitschaft hoch ausgeprägt. Lernbereitschaft kennzeichnet den »Wissensdurst« und damit die Bereitschaft, die eigenen Kenntnisse, Fähigkeiten und Fertigkeiten ständig weiter zu entwickeln. In ihrer jetzigen Funktion in der betrieblichen Weiterbildung (!) ist es eine Anforderung an die Kandidatin, sich nicht nur um das Lernen der anderen zu kümmern, sondern sich auch selbst immer wieder mit neuen Konzepten und Ansätzen auseinanderzusetzen. Dass es sich bei der Lernbereitschaft um eine sehr stabile Wesensart der Kandidatin handelt, lässt sich aus ihrem bisherigen Lebenslauf ableiten. Er ist stark vom Dazulernen geprägt. Realschule, Ausbildung als Arzthelferin, Abitur in der Abendschule, Studium der Betriebswirtschaft, Tätigkeit als Assistentin an einer Hochschule, Personalreferentin und jetzt Referentin für betriebliche Weiterbildung. Es liegt der Schluss nahe, dass die hohe Ausprägung der Lernbereitschaft für die Kandidatin eine gute Voraussetzungen ist, um sich auch künftig selbstaktiv immer wieder neue Lernfelder zu erschließen.

Das vierte Merkmal, das im Rahmen der Auswertung und Interpretation der LMI-Ergebnisse besondere Erwähnung finden soll, ist Beharrlichkeit. Mit dem ermittelten Stanine-Wert von »7« ist sie bei der Kandidatin hoch ausgeprägt. Beharrlichkeit indiziert energisches und ausdauerndes Leistungsverhalten und ist für die Umsetzung von persönlichen oder beruflichen Langfristplänen von herausragender Bedeutung. Sie ist eine Grundlage dafür, Ziele über die Zeit hinweg nicht aus den Augen zu verlieren und sie zu erreichen. Sie wird dann besonders wirksam, wenn sich Hindernisse der Zielerreichung in den Weg stellen. Was an früherer Stelle bereits für das Merkmal Lernbereitschaft gesagt wurde, kann auch für Beharrlichkeit konstatiert werden: Belege für Beharrlichkeit als manifestierten Verhaltensstil finden sich in der Biografie der Kandidatin genug. Die oben beschriebene Lernbereitschaft als Basis für persönliche Weiterentwicklung und persönlichen Erfolg konnte deswegen wirksam werden, weil sie von der Kandidatin mit Ausdauer und Persistenz gezeigt wurde. Dadurch hat die Kandidatin gute Voraussetzungen, um im beruflichen Kontext ausdauernd an der Zielerreichung und Aufgabenerfüllung zu arbeiten, auch dann, wenn es Schwierigkeiten gibt und sich Hindernisse in den Weg stellen.

Damit sind die Stärken der Kandidatin (Stanine-Werte 7 und 8) ausführlich beschrieben. Im Personalentwicklungs- oder Feedbackgespräch sollte die Selbsteinschätzung der Kandidatin in Bezug auf die hoch ausgeprägten LMI-Dimensionen erfragt und mit den Hypothesen und Vermutungen des Diagnostikers verglichen werden. Das gilt selbstverständlich auch für die als Entwicklungsfelder (Stanine-Werte 1, 2 und 3) definierten Merkmals- und Verhaltensbereiche.

Mit Selbstständigkeit, Wettbewerbsorientierung und Zielsetzung wurden drei Entwicklungsfelder ausgemacht, in denen die Kandidatin jeweils nur einen Stanine-Wert von »2« bzw. »3« erreicht hat.

Mit einem Stanine-Wert von »3« ist die Selbständigkeit vergleichsweise niedrig ausgeprägt. Personen mit niedrigen Werten akzeptieren die Anweisungen und Kontrollen anderer und nehmen ihre Angelegenheiten nicht dezidiert selbst wahr. Sie bestimmen ihre Arbeitsweise nur selten selbst und treffen nur schwer eigenständige Entscheidungen. In Bezug auf ihre jetzige Funktion ist die Leistungsfähigkeit der Kandidatin vermutlich in diesem Verhaltensaspekt eingeschränkt, da von Referenten der betrieblichen Weiterbildung zu erwarten ist, dass sie eigenverantwortlich und selbständig Projekte und Aufgaben bearbeiten, ohne sich von den Entscheidungen anderer abhängig zu machen. Es liegt die Vermutung nahe, dass die niedrige Ausprägung der Selbständigkeit die Kandidatin davon abhält, ihre volle Leistungsfähigkeit im beruflichen Umfeld zu entwickeln. Damit fehlt eine Grundlage dafür, mehr Verantwortung in einem anspruchsvolleren Tätigkeitsfeld zu übernehmen.

Ebenso weist mit einem Stanine-Wert von »2« die Wettbewerbsorientierung der Kandidatin einen vergleichsweise niedrigen Wert auf. Wettbewerbsorientierung erfasst die Tendenz, Konkurrenz als Ansporn und Motivation für berufliche Leistung zu erleben. In den meisten beruflichen Kontexten ist Wettbewerbsorientierung für das Fortkommen und die persönliche Karriere eine wichtige Erfolgsvoraussetzung. Dies gilt insbesondere für eine noch maskulin geprägte Wirtschaftswelt. Für die Kollegen von Frau M. kann ihre geringe Konkurrenzorientierung angenehm sein und als Verträglichkeit in Erscheinung treten. Dies wird unterstrichen durch den nur knapp durchschnittlichen Wert für Dominanz. Im Hinblick auf eine berufliche Karriere fehlt aber dadurch eine der möglichen Antriebsquellen.

Die dritte und letzte mit einem Stanine-Wert von »3« schwach ausgeprägte Motivdimension ist Zielsetzung. Das bedeutet, dass die Kandidatin sich in der Erfüllung ihrer beruflichen Aufgaben selten ganz bewusst Ziele setzt, weder für kurzfristige Aufgaben noch für langfristige Vorhaben. Dies legt den Schluss nahe, dass sie wenig zukunftsorientiert ist und keine hohen Ansprüche an das stellt, was sie in ihrem Berufsleben noch leisten und erreichen will. Inwiefern der Kandidatin dies bewusst ist, lässt sich an dieser Stelle nicht sagen und ist der Klärung im persönlichen Gespräch vorbehalten. Jedenfalls liegt die Vermutung nahe, dass die volle berufliche Leistungsfähigkeit der Kandidatin durch den Verzicht auf explizite Zielsetzungen eingeschränkt ist. Insbesondere ist der Kandidatin im persönlichen Gespräch ein erkennbarer Widerspruch aufzuzeigen: Einerseits möchte sie Karriere machen, andererseits ist ihr Zielsetzungsverhalten nur rudimentär entwickelt. Es liegt nahe anzunehmen, dass der Kandidatin zur Zeit noch eine wichtige Grundlage fehlt, um in ihrer jetzigen Funktion als Referentin die volle Wirksamkeit zu entfalten oder nach einem Karriereschritt erfolgreich zu sein. Nachdem Zielsetzung auch mit persönlicher Reife zu tun hat, wäre die Erfolgsaussicht sicher besser, wenn sie noch einige Jahre jünger wäre.

Welche Entwicklungsmaßnahmen können helfen, das berufliche und persönliche Potential der Kandidatin weiter zu entwickeln? Insgesamt ist vor dem Hintergrund der vorliegenden LMI-Ergebnisse davon auszugehen, dass die Kandidatin ihr berufliches Leistungspotential noch nicht voll ausschöpft. Es könnten persönliche Entwicklungen insbesondere in denjenigen Bereichen angestoßen werden, in denen für die Kandidatin niedrige Werte ermittelt wurden (Selbständigkeit, Zielsetzung, evtl. auch Wettbewerbsorientierung). In diesen Entwicklungsfeldern kann der Versuch gemacht werden, neue Verhaltensmuster zu erproben und aufzubauen. Daher könnten der Kandidatin in einem Entwicklungsgespräch folgende Handlungsfelder aufgezeigt werden:

- Sie könnte lernen, berufliche Pläne mit kurz-, mittel- und langfristiger Zielsetzung zu erstellen und sie mit einer vertrauten Person besprechen, um im eigenen Verhalten effektiver zu werden.
- Ihr könnte die Auseinandersetzung mit einem erfolgreichen Rollenvorbild helfen, ihr persönliches Wettbewerbsverhalten zu reflektieren und Schlussfolgerungen für die Zukunft abzuleiten. Ohne ihre grundsätzliche Wesensart in Frage zu stellen, sollte sie lernen, sich durchzusetzen.
- Sie könnte erproben, ihre Selbständigkeit weiter auszubauen. Dazu gehört es, im eigenen Verantwortungsbereich Entscheidungen zu treffen und sie mit Konsequenz und Engagement zu verfolgen. Sie sollte künftig in ihrem Verantwortungsbereich mehr Mut zur Führung demonstrieren, was ihr dort leicht fallen sollte, wo sie sich fraglos Kompetenzen erworben hat, in der Durchführung von Seminarveranstaltungen. Sie könnte, indem sie andere in diesen Aufgaben trainiert, in einer gewissen Führungsrolle positive Erfahrungen sammeln. Weitergehende als diese angedeuteten Führungsfunktionen sind für die Kandidatin derzeit noch nicht zu erkennen.

Um die persönliche Entwicklung effizient zu gestalten, ist es wesentlich, auch Schlüsselpersonen, z.B. Vorgesetzte oder Kollegen aus dem Arbeitsumfeld, in den Entwicklungsprozess zu integrieren. Das LMI-Ergebnis kann den Dialog zwischen den beteiligten Personen fördern und ihnen helfen, Entwicklungsziele zu definieren und Wege zur Umsetzung zu vereinbaren.

## Handhabung des Verfahrens

Alle zur Anwendung und Auswertung erforderlichen Materialien sind in dem vom Verlag erhältlichen Testkoffer enthalten. Die Testanwendung und -Auswertung bedarf keiner psychologisch-fachlichen Kompetenz und kann auch von Hilfskräften nach kurzer Einweisung durchgeführt werden. Bei automatischer Gutachtenerstellung durch die rechnergestützte Version gilt dies auch für die Interpretation der Testwerte, ansonsten bedarf die Interpretation selbstverständlich einschlägiger Fachkompetenz.

## Literaturverzeichnis

Atkinson, J.W. (1978). Motivational determinants of intellective performance and cumulative achievement. In: J.W. Atkinson & J.O. Rynor (Eds.). Personality, motivation, and achievement. Washington, pp. 221-242

Borkenau, P. & Ostendorf, P. (1993). NEO-Fünf-Faktoren-Inventar (NEO-FFI). Göttingen

Brandstätter, H. (1996). Studienerfolg = Intelligenz x Willensdisziplin. In: M. Jirasko, J. Glück & B. Rollett (Hrsg.), Perspektiven psychologischer Forschung in Österreich. Wien, S. 201-204

Byrne, Z.S.; Mueller-Hanson, R.; Cardador, J.M.; Thornton, G.C.III; Schuler, H. & Frintrup, A. (eingereicht). Measuring achievement motivation: Tests of equivalency for English, German and Israeli versions of the Achievement Motivation Inventory

Campbell, J.P. & Pritchard, R.D. (1976). Motivation theory in industrial and organizational psychology. In: M.D. Dunnette (Ed.), Handbook of industrial and organizational psychology. New York, pp. 63-130

Cassidy, T. & Lynn, R. (1989). A multifactorial approach to achievement motivation: The development of a comprehensive measure. In: Journal of Occupational and Applied Psychology, 12, pp. 301-311

Csikszentmihalyi, M. (1992). Flow. Das Geheimnis des Glücks. Stuttgart

Diemand, A. & Schuler, H. (1998). Wirksamkeit von Selbstdarstellungsvariablen im Rahmen der prognostischen Validierung eines Potentialanalyseverfahrens. Zeitschrift für Arbeits- und Organisationspsychologie, 42, S. 134-146

Eckardt, H.H. & Schuler, H. (1992). Berufseignungsdiagnostik. In: R.S. Jäger & F. Petermann (Hrsg.). Psychologische Diagnostik, 2. Aufl. Weinheim, S. 533-551

Heckhausen, H. (1963). Hoffnung und Furcht in der Leistungsmotivation. Meisenheim

Heckhausen, H. (1989). Motivation und Handeln, 2. Aufl. Berlin

Heckhausen, H.; Gollwitzer, P.M. & Weinert, F.E. (Hrsg.) (1987). Jenseits des Rubikon: Der Wille in den Humanwissenschaften. Berlin

Hermans, H.; Petermann, F. & Zielinski, W. (1978). Leistungs-Motivations-Test (LMT). Amsterdam

Kuhl, J. (1983). Leistungsmotivation: Neue Entwicklungen aus modelltheoretischer Sicht. In: H. Thomae (Hrsg.). Enzyklopädie der Psychologie, C/IV/2. Göttingen, S. 505-625

Kuhl, J. (2001). Motivation und Persönlichkeit. Interaktionen psychischer Systeme. Göttingen

Lück, H.E. & Timaeus, E. (1969). Skalen zur Messung manifester Angst (MAS) und sozialer Wünschbarkeit (SDS-E und SDS-MC). Diagnostica, 15, S. 134-141

McClelland, D.C.; Atkinson, J.W.; Clark, R.A. & Lowell, E.L. (1953). The achievement motive. New York

Mikula, G.; Uray, H. & Schwinger, T (1976). Die Entwicklung einer deutschen Fassung der Mehrabian Achievement Risk Preference Scale. Diagnostica, 22, S. 87-97

Murray, H.A. (1938). Explorations in personality. New York

Ones, D.S.; Viswesvaran, Ch. & Reiss, A.D. (1996). Role of social desirability in personality testing for personnel selection: The red herring. In: Journal of Applied Psychology, 81, pp. 660-679

Prochaska, M. (1998). Leistungsmotivation – Methoden, soziale Erwünschtheit und das Konstrukt. Frankfurt

Rosenstiel, L. v.; Nerdinger, F.W.; Spieß, E. & Stengel, M. (1989). Führungsnachwuchs im Unternehmen. Wertkonflikte zwischen Individuum und Organisation. München

Schmalt, H.-D. (1976). LM-Gitter. Göttingen

Schuler H. & Prochaska M. (2001). Leistungsmotivationsinventar (LMI). Göttingen

Schuler, H.; Thornton, G.C. III; Frintrup A. & Müller-Hanson R. (2003). Achievement Motivation Inventory Test Manual. Göttingen

Schuler, H. & Prochaska, M. (2000). Entwicklung und Konstruktvalidierung eines berufsbezogenen Leistungsmotivationstests. Diagnostica, 46, S. 61-72

Schuler, H. & Wall, C. (in Druck). Trainierbarkeit der Zielsetzung als Teilaspekt der Leistungsmotivation. In: J. Wegge & K.H. Schmidt (Hrsg.). Ziele und Leistung. Festschrift für Uwe Kleinbeck

Wall, C. & Schuler, H. (in Vorbereitung). Training der Leistungsmotivation. Göttingen

Weiner, B. & Kukla, A. (1970). An attributional analysis of achievement motivation. In: Journal of Personality and Social Psychology, 15, pp. 1-20

# Lernpotential-Assessment Center (LP-AC)

## Werner Sarges

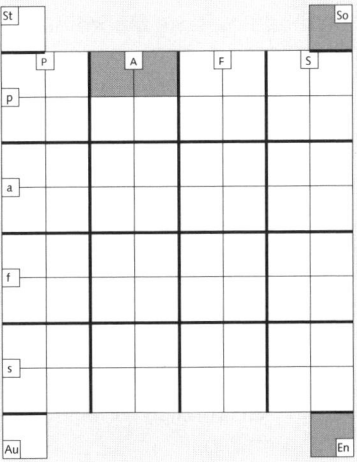

## Rasterdarstellung

### Schlagworte
Assessment Center; kritische Zukunftsanforderungen; Lernfähigkeit; Lernpotential; Lernwilligkeit

### Entwickler
Prof. Dr. Werner Sarges, Institut für Management-Diagnostik (Prof. Sarges & Partner), Barnitz

### Kompetenzdefinition
Lernpotential als Fähigkeit und Willigkeit zum Lernen wird hier aufgefasst als breites Adaptationspotential, d.h. als Adaptationspotential nicht allein in einem weiteren kognitiven, sondern auch im emotional-motivationalen und im sozial-interaktiven Bereich.

### Zielstellungen
Feststellung des Lernpotentials von Führungs- (nachwuchs-) kräften, um das Management- und Führungspotential für eine sich immer schneller und unvorhersehbarer ändernde Wirtschaftswelt valider als bisher bestimmen zu können. Lernpotential wird als die bedeutsamste Kompetenz zur Bewältigung zukünftiger Managementaufgaben angesehen.

**Theoretische Grundlagen**

Assessment Center-Konzept, Lerntestkonzept (Guthke 1991), Trainability-Konzept (Downs 1985)

**Methodologische Einordnung**

Das LP-AC ist weniger psychometrisch ausgerichtet als qualitativ. Außer mit Bezug auf das Globalkonstrukt »Lernpotential« wird auf Eigenschaften kaum fokussiert, sondern auf Verhalten und dessen zielorientierte Veränderung.

**Einschätzung der Gütekriterien**

Inhaltsvalidität wird als in besonderer Weise gegeben angenommen.
Objektivität und Reliabilität wurden noch nicht überprüft, ebenso wenig wie externe und Konstruktvalidität.
Die Gründe liegen in einem Übereinkommen der Personalentwicklungsabteilung mit dem Betriebsrat der Unternehmung, die das LP-AC seit 10 Jahren durchführt, dass keinerlei Daten aus dem LP-AC gespeichert werden dürfen. Diese Vereinbarung ist kürzlich gelockert worden, und seitdem sind auch erste Datenerhebungen im Akt.
Die Resonanz auf das LP-AC ist sowohl auf seiten der Teilnehmer (Kandidaten) als auch des Unternehmens sehr positiv. Es dominiert die Überzeugung, damit ein das Lernpotential gut erfassendes und auf hohe Akzeptanz stoßendes Verfahren zur Verfügung zu haben.

**Fehler- und Problemkritik**

Fehler in der Erfassung des Lernpotentials könnten entstehen durch eine zu starke Fokussierung der unternehmensbezogenen Inhalte, weiterhin dadurch, dass sich herumsprechen könnte, welches Modellverhalten beim geforderten Rollenverhalten (Verhandeln, Moderieren, Präsentieren oder Problemlösen) von den meisten Beobachtern als ideal favorisiert wird – jedenfalls dann, wenn der Beobachterstab nicht groß genug und damit hinreichend dispers ist.

**Ablauf des Messprozesses**

*Räumliche Voraussetzungen*
wie bei Assessment Centern: 2-4 Räume, je nach Anzahl der Kandidaten

*Zeitliche Voraussetzungen*
2 Tage für die AC-Durchführung, 1/3 Tag Beobachterkonferenz

*Persönliche Voraussetzungen*
Teilnehmerzahl: 6 oder 2 x 6 = 12, Beobachter: 3 oder 2 x 3 = 6

*Technische Voraussetzungen*
Overhead-Projektoren, Flipcharts, Computer + Beamer, Moderationsmaterial, Instruktions- und Auswertematerial ähnlich wie bei ACn.

**Referenzen**

Das LP-AC wird seit 10 Jahren von dem Unternehmen Otto (Hamburg), seit einem Jahr von dem Unternehmen Basler Versicherungen (Basel) und in modifizierter Form seit 7 Jahren vom Bayer-Konzern (Leverkusen) durchgeführt.

Verwandte Verfahren sind beschrieben bei Obermann (2001) und Stangel-Meseke (2001)

Ausgangspunkt aller Überlegungen zur Gestaltung von validen Assessment Centern (ACn) für den Managementbereich ist immer die Frage, was einen leistungsstarken von einem leistungsschwachen Manager unterscheidet. Das hängt natürlich auch von dem Umfeld ab, in dem ein Manager wirken soll: von der Branche, von der gegenwärtigen Entwicklungsphase des Unternehmens/der Organisation, von der Organisationskultur, von dem weiteren (inter-)kulturellen Kontext, von dem funktionalen Bereich innerhalb der Organisation, von der Hierarchiestufe, von den spezifischen Anforderungsmerkmalen der konkreten Position etc.

Gleichwohl lassen sich unabhängig davon einige generalisierende Aussagen für alle Managementfunktionen machen: Von den zukünftigen Managern sind auch und vor allem Kompetenzen mitzubringen bzw. weiterzuentwickeln, die sie befähigen, die stetig ansteigende Dynamik und Komplexität der wirtschaftlichen Prozesse zu bewältigen.

Der beschleunigte Wandel in den wirtschaftlichen Prozessen kommt von den größten Veränderungskräften unserer Zeit: der Technologisierung und der Globalisierung. Technologisierung bedingt die schnelle Veränderung der Produktionsprozesse und der Produkte, Globalisierung ist die Folge des steigenden Verbundes von Informations- und Warentransport: Die ganze Welt ist zugreifbar und versorgbar geworden. Wegen der dadurch immer schneller wachsenden Dynamik und Komplexität der In- und Umsysteme der Unternehmungen verlieren wir zunehmend technische und marktliche Gewissheiten.

Von daher wird – trotz aller Vorhersageprobleme im Einzelnen – augenfällig, welche Merkmale es vor allem sein werden, in denen sich später erfolgreiche Manager von später weniger erfolgreichen unterscheiden werden, nämlich in dem Willen und dem Vermögen, sich schneller an neue Anforderungssituationen anzupassen und diese zielführend zu gestalten. Damit rückt das Merkmal Lernpotential (Lernfähigkeit plus Lernwilligkeit bzw. »skill and will«) ins Zentrum der Aufmerksamkeit: als breites Adaptationspotential im kognitiven, emotional-motivationalen und sozial-interaktiven Bereich (Sarges 2000).

Gerade für den Managementbereich dürfte die Fähigkeit zu lernen, aktiviert durch die Willigkeit zu lernen, die in Zukunft immer entscheidendere Grundlage für Erfolg bilden. Wir reklamieren somit hier lediglich aufs Neue die – nunmehr allerdings verschärfte – Gültigkeit einer alten Erkenntnis, die keiner anschaulicher formuliert hat als Benjamin Franklin: »Lernen ist wie das Rudern gegen den Strom, sobald man aufhört, treibt man zurück«. Ähnliches sagt das ökologische Gesetz des Lernens: Eine Spezies wird nur überleben, wenn sie mindestens so schnell lernt, wie sich ihre Umwelt verändert.

Aus diesen Gründen hat der Verfasser bereits 1992 (s. Sarges 1993; 2001) vorgeschlagen, das klassische AC in ein Lernpotential-AC (LP-AC) umzufunktionieren. Mit dem hier vorzustellenden LP-AC wurde an die Idee des Lerntest- (Guthke 1991) bzw. des Trainability-Konzepts (Downs 1985) für die Eignungsdiagnostik angeknüpft, um sie auf den AC-Bereich zu übertragen.

## Struktur des LP-ACs

Üblicherweise haben Lerntests (z.B. im Intelligenzbereich) einen Untersuchungs-plan mit den drei Stationen »Testung zum Zeitpunkt 1«, »Trainingsphase«, »Testung zum Zeitpunkt 2«. Indikator für die Lernfähigkeit ist dann die Differenz zwischen 2. und 1. Testung.

Ein solches Untersuchungsarrangement ist aber bei so vielen und komplexen Verhaltensmerkmalen – wie für den Führungsbereich nötig – in einer 2-Tages-Veranstaltung eines ACs nur bedingt bzw. teilweise zu leisten. Wir nutzen deshalb die Tatsache aus, dass die Differenzwerte zwischen End- und Anfangsleistung hoch mit der Endleistung korrelieren und verlegen die Haupt-Lernphase schon vor den Testzeitpunkt 1 (vor Beginn des LP-ACs) und setzen sie während des LP-ACs fort (s. Abb. 1).

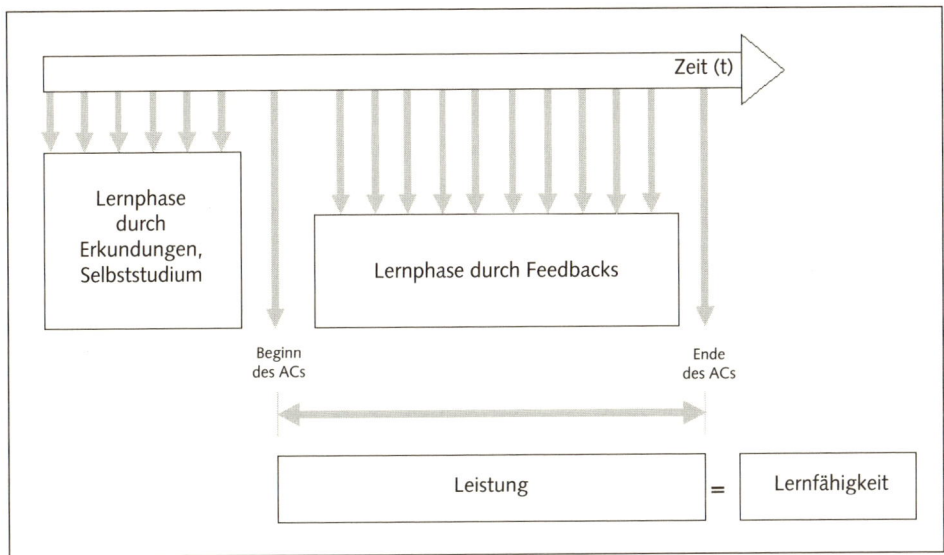

Abb. 1: Zeitliche Gestaltung eines LP-ACs

Gut talentierte und motivierte Kandidaten lernen in der Phase vor dem LP-AC in der Regel mehr, haben also zu Anfang des LP-ACs einen höheren Status-quo, der sich während des LP-ACs bis zum Ende noch erhöhen kann. Übrigens entwickelt sich Lernpotential (als Summe – bzw. gar Produkt – von Lernfähigkeit und Lernwilligkeit) nicht aus dem bloßen Zusammenspiel von mitgebrachten Anlagen und äußeren Anregungen, sondern bedarf auch und vor allem des eigenen Engagements (Lombardo & Eichinger 2000).

## Inhalte des LP-ACs

Bei der erfolgreichen Führung eines Unternehmens geht es letztendlich um die Errin-
gung, den Erhalt und den Ausbau von Wettbewerbsvorteilen (Porter 1989). Und
Wettbewerb spielt sich im strategischen Dreieck »Unternehmen – Kunde – Konkurrenz« ab (Ohmae 1982). Deshalb leitet uns dieses Dreieck bei der inhaltlichen Auswahl von Problemen, mit denen wir die Kandidaten herausfordern zur kognitiven
und sozial-interaktiven Auseinandersetzung und zum entsprechenden Lernen.
Konkret heißt dies für die inhaltliche Gestaltung der Übungen im LP-AC,
- dass Probleme wichtiger Schnittstellen im Produktionsprozess des eigenen Unternehmens behandelt werden,
- dass (enge und weite) Konkurrenzanalysen betrieben werden,
- dass über persönliche Kundenkontakte berichtet und Kundenbehandlung demonstriert wird,
- und natürlich wird auch der innerbetriebliche Klassiker der Führung behandelt,
  nämlich das Vorgesetzten-Mitarbeiter-Gespräch.

Wir geben so wenig Übungen wie möglich inhaltlich als Fälle/ Texte vor, sondern
lediglich deren Themen und die Modi der Behandlung (Diskussion, Präsentation
etc.). Dadurch fordern wir – ganz im Sinne des entdeckenden Lernens – die inves-
tigatorischen und explorativen Fähigkeiten der Kandidaten schon vor dem LP-AC
und natürlich währenddessen heraus und leiten zugleich Lernprozesse ein, die weit
über den Tag hinaus dauern können.
   Mit Bezug auf die Methodenkompetenz werden die Kandidaten hinreichend lange
vor dem LP-AC im Rahmen einer Informationsveranstaltung aufgefordert, einige
relevante praktische Managementliteratur zu studieren, insbesondere zu Gesprächs-
führung, Moderation, Präsentation, Problemlösung, Verhandeln. Dies, damit sie sich
schon vorher methodisch kompetenter machen können und wissen, welche Verhaltenserwartungen wir haben.

## Ablauf des LP-ACs

Wichtigstes innovatives Kennzeichen des Ablaufs ist es dementsprechend, dass
nach jeder Übung die Kandidaten ein Feedback hinsichtlich der Diskrepanzen von
gezeigtem Verhalten zu einem als mehr funktional oder effizient angesehenen Verhalten bekommen, und zwar zunächst von den Peers (in der Gruppe), dann vom
Moderator und danach von den Beobachtern (in Einzelgesprächen). Ziel ist es,
dadurch wirkliche Lernmöglichkeiten zu schaffen. Denn nur durch hinreichende
Iterationen von Verhalten und Feedback, von Konfrontationen der Selbstwahrnehmung mit den diversen Fremdwahrnehmungen, die im Übrigen vorher nicht abgestimmt wurden, werden zielgerechte Verhaltensänderungen bewirkt – was Hochleis-
ter (wie Sportler oder Musiker) mit der Maxime auszudrücken pflegen: »Feedback
is the breakfast for champions«.
   Mit dem hier dargestellten Ansatz (Feedbacks aus unterschiedlichen Quellen während des ganzen Assessment-Prozesses und nicht erst an dessen Ende) erfüllen wir

die schon seit langem erhobene fundamentale Forderung nach einer Wende von der Abbild- (Zustands-) Diagnostik zur Änderungs- (Prozess-) Diagnostik (Hofsommer 1991; Jüttemann 2000) weitaus stärker als das herkömmliche AC: Im offenen Dialog zwischen beiden Partnern – Kandidat und Diagnostiker – versuchen wir, kooperativ und iterativ eine gemeinsame Problemlösung zu erreichen, in der Diagnose und Beratung als einheitlicher Prozess aufgefasst werden.

Ansonsten folgt die Dramaturgie der Übungen bewährten Erfahrungen, nämlich dem anregenden Wechsel von Themen (Unternehmen – Markt – Kunde – Mitarbeiter), sozialen Arrangements (Gruppendiskussion, dyadisches Rollenspiel, Präsentation) und sonstigen »Methoden« (Einzelarbeit, Persönlichkeitsinventar, Computersimulation – ein Interview zur Abklärung von Interessen, Neigungen, Bestrebungen und tiefergehenden Motiven ist dem AC zeitlich vorgeschaltet).

Nach 2 Tagen Übungen im bunten inhaltlichen und methodischen Wechsel mit Feedbacks zu Verhaltensfortschritten – ein positiver Grundstreß ist erwünscht und wird durch Tempomotivation unterstützt – lassen sich die abschließenden Beurteilungen in der Beobachterkonferenz viel schneller bilden und die Abschluss-Feedback-Gespräche auch zügiger durchführen.

## Beurteilungsquellen im LP-AC

Normalerweise fungieren im klassischen AC lediglich die Beobachter als Quelle der Beurteilung, manchmal auch die Kandidaten, aber dann nur als Self-Rater. Im LP-AC werden als weitere Quelle auch die Kandidaten als Beurteiler der anderen Kandidaten herangezogen (Kollegenurteile), aber auch der Moderator gibt seine Eindrücke wieder. Dies dient der Steigerung von Objektivität und Akzeptanz zugleich, denn solche zusätzlichen Peer- und Moderator-Feedbacks erhöhen Fairness und ökologische Gültigkeit.

## Praktische Erfahrungen mit dem LP-AC

Das hier vorgestellte LP-AC wird seit nunmehr 10 Jahren in einem großen Dienstleistungsunternehmen eingesetzt, darüber hinaus seit einem Jahr in einem Versicherungsunternehmen und in modifizierter Form seit 7 Jahren in einem Chemie-Konzern. Validitätsuntersuchungen konnten bislang leider nicht vorgenommen werden, weil bei Einführung des Verfahrens mit den Betriebsräten vereinbart werden musste, dass keinerlei personenbezogene Daten gespeichert werden durften. Dennoch: die in einer Dekade gemachten Erfahrungen mit über 120 LP-ACn sind ausgesprochen ermutigend. Positiv war,

- dass das Ego-Involvement der Kandidaten, das durch die Vorbereitung auf das LP-AC und die LP-AC-Übungsinhalte erzielt werden konnte, deutlich stärker war als sonst in ACn: Sie diskutierten nach Ablauf der Zeit für die entsprechenden Übungen oft noch hochengagiert weiter und waren schwer zu einem Ende zu bewegen;

- dass – nicht zuletzt dadurch – die Beurteiler sich besser imstande fühlten zu differenzierter Wahrnehmung und ein Bedürfnis entwickelten nach Rückmeldung an die Kandidaten – auch die Beobachter also mehr Engagement entwickelten;
- dass das Feedback (von den Peers, den Moderatoren und den Beobachtern) bei fast allen Kandidaten insgesamt sehr gut aufgenommen wurde, dies aber erst so richtig am zweiten Tag. Wir vermuten als Grund dafür vorrangig Gewöhnungs- und Vertrauensbildungsprozesse, gibt es doch anfänglich eine gewisse (gesellschaftlich und/ oder organisationsklimatisch bedingte) Angst gegenüber direkten Rückmeldungen.

Bisher haben wir das LP-AC nur als Entwicklungs-AC für im Unternehmen schon vorhandene Mitarbeiter konstruiert und implementiert. Es sind aber durchaus auch Möglichkeiten zur Gestaltung von LP-ACn zur Auswahl von externen Kandidaten denkbar.

## Literaturverzeichnis

Downs, S. (1985). Testing trainability. Windsor

Görn, A. (2002). Optimierung von Assessment-Center-Verfahren in der Personalentwicklung auf der Grundlage theoretischer Erkenntnisse der Lern- und Leistungsmotivationsforschung. Berlin

Guthke, J. (1991). Das Lerntestkonzept in der Eignungsdiagnostik. In: H. Schuler & U. Funke (Hrsg.). Eignungsdiagnostik in Forschung und Praxis. Stuttgart, S. 33-35

Hofsommer, W. (1991). Eignungsdiagnostik als dialogische Entwicklungsdiagnostik. In: H. Schuler & U. Funke (Hrsg.). Eignungsdiagnostik in Forschung und Praxis. Stuttgart, S. 320-323

Jüttemann, G. (2000). Eignung als Prozess. In: W. Sarges (Hrsg.). Management-Diagnostik, 3. Aufl. Göttingen, S. 62-71

Lombardo, M.M. & Eichinger, R.W. (2000). High potentials as high learners. In: Human Resource Management, 39 (4), pp. 321-329

Obermann, C. (2001). Assessment Center als Prozessdiagnostik. In: W. Sarges (Hrsg.). Weiterentwicklungen der Assessment Center-Methode, 2. Aufl. Göttingen, S. 87-95

Ohmae, K. (1982). The mind of the strategist. New York

Porter, M.E. (1989). Wettbewerbsvorteile – Spitzenleistungen erreichen und behaupten. Frankfurt a.M.

Sarges, W. (1993). Eine neue Assessment-Center-Konzeption: Das Lernfähigkeits-AC. In: A. Gebert & U. Winterfeld (Hrsg.). Arbeits-, Betriebs- und Organisationspsychologie vor Ort. Bericht über die 34. Fachtagung der Sektion Arbeits-, Betriebs- und Organisationspsychologie im BDP in Bad Lauterberg 1992. Bonn, S. 29-37

Sarges, W. (2000). Diagnose von Managementpotential für eine sich immer schneller und unvorhersehbarer ändernde Wirtschaftswelt. In: L.v. Rosenstiel & T. Lang-von Wins (Hrsg.). Perspektiven der Potentialbeurteilung. Göttingen, S. 107-128

Sarges, W. (2001). Lernpotential-Assessment Center. In: W. Sarges (Hrsg.). Weiterentwicklungen der Assessment Center-Methode, 2. Aufl. Göttingen, S. 97-108

Stangel-Meseke, M. (2001). Das modifizierte Lernpotential-AC und seine Anwendung in der Praxis. In: W. Sarges (Hrsg.). Weiterentwicklungen der Assessment Center-Methode, 2. Aufl. Göttingen, S. 109-123

# Das Multi-Motiv-Gitter (MMG)

## Thomas A. Langens/Kurt Sokolowski/ Heinz-Dieter Schmalt

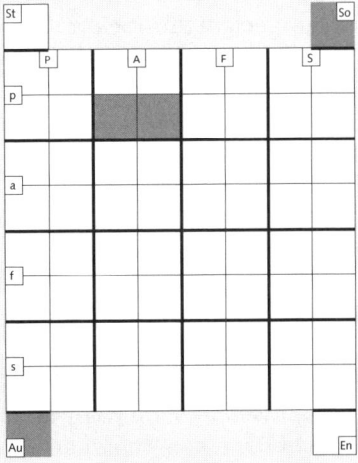

## Rasterdarstellung

### Schlagworte
Anschluss; Leistung; Macht; Motive; Motivmessung

### Entwickler
Dr. Thomas A. Langens, Prof. Dr. Kurt Sokolowski, Prof. Dr. Heinz-Dieter Schmalt, Bergische Universität Wuppertal und Universität Siegen

### Kompetenzdefinition
Motive richten – ohne dass dies bewusst werden müsste – das Verhalten auf bestimmte Ziele aus. Sie sind selbst keine Kompetenzen, doch häufig der Grund für Kompetenzerwerb und -einsatz. Sie sind verantwortlich für die Handlungssteuerung und -energetisierung und sorgen für eine zielbezogene selektive Informationsverarbeitung.

### Zielstellungen
In Arbeitssituationen muss es unter motivationspsychologischer Perspektive darum gehen, die motivationalen Anregungspotentiale der Arbeitssituation, die Motivstruktur der Mitarbeiter und die zur Auswahl stehenden Ziele in thematische Passung (Kongruenz) zu bringen. Nur dann werden alle motivationalen Potentiale optimal ausgeschöpft, und es kommt zu hohem Engagement und gesteigertem Wohlbefinden. Der Einsatz des MMG kann in zwei Bereichen wichtige Informationen geben: bei der Selektion und Koordination (1.) und bei der Personalentwicklung

(2.). (1.) Sind die motivationalen Anregungspotentiale der Arbeitssituation und der zu erreichenden Ziele bekannt, dann kann durch Selektion mittels MMG der am besten dazu passende Personenkreis bestimmt werden, und umgekehrt kann bei der Koordination für eine Person mit einem bestimmten Motivprofil die am besten geeignete Arbeitsaufgabe bestimmt werden. (2.) Um Motivationsförderung im Rahmen der Personalentwicklung möglichst effizient zu gestalten, ist es sinnvoll, die individuellen Motivdispositionen zu erfassen und darauf individuelle Entwicklungsmaßnahmen abzustimmen.

### Theoretische Grundlagen

Motive stellen von Fähigkeiten und Persönlichkeitsstilen deutlich abgrenzbare Dispositionen der Selbstorganisation dar. Fähigkeiten (z.B. Intelligenz) und Persönlichkeitsstile (z.B. Extraversion) erklären das *Wie?* von Verhalten, während Motive das *Warum?* erklären helfen. Motive können zum einen mittels Fragebogen erfasst werden – man spricht dann von selbst zugeschriebenen oder expliziten Motiven. Zum anderen können sie durch projektive Verfahren (z.B. TAT), bei denen die Messintention nicht unmittelbar einsichtig ist, erhoben werden – hier spricht man dann von impliziten Motiven. Fragebogenverfahren und projektive Verfahren kommen hinsichtlich der ermittelten Kennwerte zu unterschiedlichen Ergebnissen, und ihre Korrelationen liegen nahe bei null. Die beiden Verfahren messen offensichtlich unterschiedliche Aspekte von Motiven und eignen sich demzufolge für unterschiedliche Vorhersagen. Implizite Motive sind tief im affektiven Bereich verankert und werden automatisch aktiviert. Explizite Motive werden dagegen durch bewusste kognitive Vorgänge wie z.B. Vornahmen oder Ziele aktiviert, und sie spiegeln Aspekte des Selbstkonzepts der Personen wider. Das MMG greift die Tradition der projektiven Messung auf, besitzt jedoch im Gegensatz zum klassischen TAT einen objektiven und leicht zu handhabenden Auswerteschlüssel.

### Methodologische Einordnung

Das MMG steht in dem Methodenkontinuum zwischen Fragebogenverfahren und projektiven Deutungsverfahren, wie etwa dem Thematischen Auffassungs-Test (TAT). Beim MMG werden durch die Darbietung von 14 Bildern die Motive Leistung, Macht und Anschluss angeregt. Zu jedem Bild wird ein Satz von Aussagen angeboten, die verschiedene motivationale Reaktionen und Einschätzungen beschreiben, und die Personen geben dazu das Ausmaß ihrer Zustimmung an. Die bildsituative Anregung eines Motivs ruft Verarbeitungsprozesse hervor, die denjenigen in einer Realsituation vergleichbar sind, ohne dass dies den Personen bewusst wird. Die Beantwortung der Aussagen schafft dagegen einen bewusst repräsentierten Bezug. Das MMG stellt deshalb eine Kombination von impliziten und expliziten Motivbezügen dar, was uns veranlasst hat, das Verfahren als »semiprojektiv« zu bezeichnen. Mittels des MMG werden auf Grund der Häufigkeit der angekreuzten Aussagen Kennwerte für folgende drei Motive – jeweils einzeln in den Ausprägungen hinsichtlich Furcht- und Hoffnungskomponente (unten in Klammern), also insgesamt sechs Motivkomponenten – gemessen:

- Leistungsmotiv (»Hoffnung auf Erfolg« und »Furcht vor Misserfolg«),
- Machtmotiv (»Hoffnung auf Macht« und »Furcht vor Machtverlust«),
- Anschlussmotiv (»Hoffnung auf Anschluss« und »Furcht vor Zurückweisung«).

### Einschätzung der Gütekriterien

Zur Bestimmung der Retest-Reliabilität wurde das MMG nach einem Zeitinterval von 40 Minuten, in dem Phantasiegeschichten bewertet werden sollten, ein zweites Mal vorgegeben. Die Retest-Korrelationen liegen für die drei Hoffnungskomponenten etwas höher (zwischen .88 und .92) als für die Furchtkomponenten (zwischen .77 und .80). Die Konsistenzschätzungen mittels Cronbachs Alpha liegen zwischen .61 und .72. Ein Grund für das mittelhohe Niveau der Konsistenzkoeffizienten ist in der Methode der Bilder- und Itemselektion zu sehen, die auf Steigerung der Heterogenität und nicht auf Homogenität gerichtet ist. Zur Überprüfung der Verfälschbarkeit der Antworten wurde neben dem MMG die Crowne-Marlowe-Skala zur Messung der sozialen Erwünschtheit (SD) eingesetzt. In einer weiteren Studie wurden auch explizite Motive über das Selbst-Bild der Teilnehmer erhoben. Keiner der MMG-Kennwerte korrelierte mit SD und den expliziten Motiven – insbesondere nicht mit dem Ideal-Selbst. Neben Einflüssen der sozialen Erwünschtheit sind also auch Tendenzen zur idealisierenden Selbstdarstellung im MMG auszuschließen. Die Faktorenstruktur der sechs Motivkomponenten wurde in konfirmatorischen Faktoranalysen gut bestätigt. Die Inhaltsvalidität des MMG konnte in einer ganzen Reihe von Laborexperimenten und Feldstudien belegt werden (siehe Literatur). Die Eichstichprobe bestand aus 1919 Personen, wovon 860 Frauen und 1059 Männer sind. Das Durchschnittsalter der Eichstichprobe liegt bei etwa 30 Jahren.

### Fehler- und Problemkritik

Das MMG besitzt in seiner Kurzform 94 Items (= Bild-Statement-Kombinationen). Davon sind 22 Filleritems, und es werden für jede der sechs Motivkomponenten 12 Items zur Kennwertberechnung herangezogen. Durch die relativ niedrige Itemzahl pro Motivkomponente kommt es zu gewissen Überschneidungen der Motivkomponenten: Die Interkorrelationen der drei Furchtkomponenten liegen etwa bei $r = .50$ und die der Hoffnungskomponenten bei etwa $r = .40$. Dies schlägt sich auch in den explorativen Faktorenanalysen nieder, bei denen dreifaktorielle Lösungen (ein Furchtfaktor und zwei Hoffnungsfaktoren) sehr stabil extrahiert werden.

### Ablauf des Messprozesses

Die Testung sollte in einer ruhigen, entspannten und störungsfreien Atmosphäre stattfinden. Es sollte darauf geachtet werden, das Verfahren nicht als Motivdiagnostikum vorzustellen, da hierdurch die Messintentionen durchschaut und Verfälschungen möglich werden. Man sollte das MMG als »Test zur Beurteilung sozialer Situationen« ankündigen. Die Testung dauert ca. 15 Minuten, und die Auswertung mittels Schablone benötigt etwa 5 – 10 Minuten. Das MMG kann sowohl in Einzel- als auch in Gruppentestung eingesetzt werden. Bei der paper-pencil-Version wird nur das Testheft benötigt. Die Auswertung erfolgt per Hand mittels Auswerteschablone; bei computergestützter Testung wird ein Laptop benötigt, und hierbei findet die Auswertung danach computergestützt statt.

**Referenzen**

Das MMG wird als computergestützte Darbietung (entwickelt von der Fa. Dr. Schuhfried) seit seinem Erscheinen in dem zur Selektionsdiagnostik entwickelten Programmpaket ELIGO (vgl. Wottawa, in diesem Band) erfolgreich eingesetzt. Im Bereich der Personalentwicklung kommt es z.B. im Selbstmanagement-Training zum Einsatz (Kehr, 2002).

## Freie Darstellung

### Darstellung der wichtigsten Ergebnisse des Kompetenzmessverfahrens

Unterschiede in der Motivausprägung sind verantwortlich für die Ausrichtung des Verhaltens sowie für dessen Intensität. Bei den impliziten Motiven, wie sie mit dem MMG gemessen werden, erfolgt die Anregung automatisch: Bestimmte Dinge springen einem ins Auge, es entsteht eine spontane Idee, oder ein Handlungsimpuls wird angeregt. Durch das spontane »Anspringen« von Motiven werden gleichzeitig Ziele »mitgeliefert«. Die Motivationspsychologie hat sich vorwiegend mit den drei Motiven Leistung, Macht und Anschluss beschäftigt (Tabelle 1). In den meisten Situationen des täglichen Lebens gibt es Anreize für alle drei Motive: Eine Konferenz kann etwa das Leistungsmotiv anregen (Ziel: einen originellen und hilfreichen Beitrag erbringen), das Machtmotiv (Ziel: die Anwesenden von der eigenen Position überzeugen) und das Anschlussmotiv (Ziel: alte Kontakte auffrischen, neue Personen kennen lernen). Welche Ziele Menschen in solchen mehrdeutigen Situationen bilden und verfolgen, soll von ihrem Motivprofil, d.h. der relativen Stärke der drei Motive Leistung, Macht und Anschluss, abhängen.

|  | Leistungsmotiv | Machtmotiv | Anschlussmotiv |
|---|---|---|---|
| Anregung | Situationen, die einen Gütemaßstab zur Bewertung von Handlungsergebnissen (»Erfolg«/»Misserfolg«) besitzen | Situationen, in denen andere Personen kontrolliert werden können | Situationen, in denen mit fremden oder wenig bekannten Personen Kontakt aufgenommen und interagiert werden kann |
| Ziele | Erfolg bei der Auseinandersetzung mit einem Gütemaßstab / Misserfolg vermeiden | das Erleben und Verhalten anderer zu kontrollieren oder zu beeinflussen / Kontrollverlust vermeiden | die Herstellung einer wechselseitigen positiven Beziehung / Zurückweisung vermeiden |

Tab. 1: Anregungsbedingungen und Ziele der Motive Leistung, Macht und Anschluss

Menschen mit einem starken Leistungsmotiv (»Hoffnung auf Erfolg«) richten ihre Anstrengungen etwa auf Ziele und Tätigkeiten, die ihnen einen Erfolg in der Auseinandersetzung mit einem Gütemaßstab versprechen. Sie tun dies nicht deshalb, weil andere Personen das von ihnen erwarten, sondern der positiven Emotionen wegen, die sie antizipieren und die angeregt werden, wenn sie einen Gütemaßstab übertreffen. Menschen mit einem starken Leistungsmotiv erwerben häufig Kompetenzen, die es ihnen ermöglichen, schwierige und weit in die Zukunft reichende Ziele zu verwirklichen. In einigen Untersuchungen konnte etwa nachgewiesen werden, dass hoch leistungsmotivierte Personen eine weiter gerichtete Zeitperspektive haben und dass Jugendliche mit einem starken Leistungsmotiv sich eher dafür entscheiden, auf eine große Belohnung zu warten anstatt eine kleine sofort zu erhalten.

Zudem zeigte sich, dass hoch leistungsmotivierte Personen im Mittel ein höheres Gehalt beziehen, im Beruf erfolgreicher sind und insgesamt eine größere Lebenszufriedenheit berichten als Menschen mit einem niedrigen Leistungsmotiv.

Motive selbst sind also keine Kompetenzen; sie sind jedoch häufig der Grund dafür, dass Menschen sich bemühen, Kompetenzen zu erwerben und diese Kompetenzen dann auch bei der Verfolgung ihrer Ziele einsetzen. Personen mit einem starken Leistungsmotiv erwerben daher früher und in einem größeren Ausmaß Kompetenzen zur Selbstregulation, weil genau diese Kompetenzen ihnen dabei helfen, leistungsbezogene Ziele zu erreichen. Hoch machtmotivierte Menschen sind häufig sehr geschickt darin, andere Menschen für ihre Zwecke einzuspannen, Bündnisse mit anderen Menschen einzugehen und erfolgreich Verhandlungen zu führen. Machtmotivierte Menschen erwerben diese Kompetenzen leichter und nachhaltiger, weil sie gelernt haben, dass sie ihnen bei der Verwirklichung machtthematischer Ziele helfen. Menschen mit einem starken Anschlussmotiv sind oft einfühlsame und erfolgreiche Vermittler bei Konflikten unterschiedlichster Art. Sie haben diese Kompetenzen vermutlich deshalb erworben, weil sie hilfreich dabei sind, positive Beziehungen zu anderen Menschen aufrechtzuerhalten. Die Kenntnis des Motivprofils erlaubt also Vorhersagen über die Art der Kompetenzen, die Personen zu erwerben und einzusetzen sich bemühen.

Im MMG werden drei Aspekte der Motivstärke in der Messung umgesetzt. Durch den breit gefächerten multithematischen Bildersatz mit 14 Situationen kann (a) die Anregungsschwelle eines Motivs bestimmt werden (Beispiel: wie stark müssen etwa leistungsthematische Anreize sein, damit sie bei einer Person das Leistungsmotiv anregen?) sowie (b) dessen Extensität (wie breit ist das Spektrum an Situationen, die bei einer Person das Leistungsmotiv anregen?) bestimmt werden. Durch den Satz von Aussagen, in dem verschiedene Aspekte von Hoffnungen und Fürchten thematisiert sind, können (c) die Richtung des angeregten Motivs (Hoffnung/Aufsuchen und Furcht/Meiden) und (d) dessen Intensität erfasst werden. In der Praxis werden häufig die Intensitäten der Furchtkomponente eines Motivs (z.B. Furcht vor Misserfolg beim Leistungsmotiv) von der Intensität der Hoffnungskomponente (Hoffnung auf Erfolg) subtrahiert und auf diese Weise ein Wert für die resultierende aufsuchende Tendenz (= Erfolgsmotivation versus Misserfolgsmotivation) ermittelt.

Das MMG hat sich in einer Vielzahl von empirischen Studien bewährt. Es konnte etwa gezeigt werden, dass erfolgsmotivierte Personen im Vergleich zu misserfolgsmotivierten Personen bei einer Reaktionszeitaufgabe weniger Fehler machten und mehr Spaß bei der Aufgabe selbst hatten. Ganz offensichtlich fällt es erfolgsmotivierten Personen leichter, Kompetenzen bei der Bearbeitung neuartiger Aufgaben zu erwerben (keiner der Teilnehmer dieser Studie kannte die Reaktionszeitaufgabe). Die Studie legte ebenfalls nahe, dass der Kompetenzerwerb durch positive Emotionen während der Aufgabenbearbeitung begünstigt wurde. Eine Studie zum Übergang ins Berufsleben zeigte, dass erfolgsmotivierte Hochschulabsolventen rascher eine Arbeitsstelle fanden und mehr von ihrer beruflichen Zukunft erwarteten als misserfolgsmotivierte Abgänger. In einer anderen Studie nahmen Manager unterschiedlicher Branchen an einem Selbstmanagement-Training teil. Manager mit einem hohen Machtmotiv (Hoffnung auf Macht > Furcht vor Machtverlust) gaben an, mit dem Training zufriedener gewesen zu sein und mehr von dem Training gelernt zu haben als Teilnehmer mit einem meidenden Machtmotiv (Furcht vor Machtverlust > Hoffnung auf Macht). Auch in dieser Studie hing das Ausmaß der erworbenen Kompetenz von einem Motivmaß ab, und wiederum schien Zufriedenheit den Kompetenzerwerb zu begünstigen.

## Differenzierte Einschätzung der qualitativen und quantitativen Gütekriterien des KMV und Fehlerkritik

Die Hoffnungsskalen weisen ebenso wie die Furchtskalen in der ursprünglichen Fassung des MMG vergleichsweise hohe Interkorrelationen auf (siehe oben). Obwohl diese Zusammenhänge auch theoretisch sinnvoll interpretiert werden können, war und bleibt es unser Ziel, die einzelnen Motive möglichst unabhängig voneinander zu messen. Zu diesem Zweck wurde die Kurzfassung des MMGs konstruiert, die wir jetzt ausschließlich einsetzen. Die Interkorrelationen der Skalen sind in dieser Version deutlich niedriger. Ebenso sind jedoch die Indizes für die interne Konsistenz der sechs Skalen geringer geworden. Das Absinken der Konsistenzkoeffizienten durch die Verkürzung der Komplettfassung des MMGs kann durch die Art der Selektionsstrategie erklärt werden: Es ging nicht darum, möglichst homogene Items zu suchen, sondern – genau im Gegenteil – ging es darum, möglichst heterogene Items in der Kurzfassung zu verwenden. Beide »Schwächen« des MMGs – relativ hohe Interkorrelationen der Motivkomponenten und das Absinken der Konsistenzkoeffizienten in der Kurzfassung – führten allerdings nicht zu Einbußen der externen Validität des Verfahrens (s.o.). Zudem konnten wir in mehreren Untersuchungen finden, dass die zentrale Kriteriumsvariable (z.B. Leistung bei einer Reaktionszeitaufgabe, Erfolg bei der Arbeitsplatzsuche) signifikante Zusammenhänge nur mit dem für diese Variable relevanten Motivmaß (hier: Leistung) aufwies und nicht durch die anderen Motivmaße (Macht und Anschluss) vorhergesagt werden konnte. Auch wenn die Motivmaße nach wie vor miteinander korrelieren, scheinen sie also eine differentielle Validität aufzuweisen.

## Perspektivische Entwicklungsmöglichkeiten des Messverfahrens (methodische Innovation, Einsatz für neue Nutzergruppen, Verfahrensvarianten)

Das MMG kann momentan als Paper-Pencil oder als computergestützte Version durchgeführt werden. Wir planen, die vielfältigen Möglichkeiten einer computergestützten Anwendung des MMGs in Zukunft noch weiter auszunutzen. So bereiten wir etwa eine Erhebung und Auswertung der Reaktionslatenzen vor, die Hinweise auf die Stärke der Motivkomponenten (deutlich kurze Latenzen) oder einen Konflikt zwischen Motiven (deutlich lange Latenzen) geben könnte. Auf diese Weise könnte es gelingen, weitere indirekte Maße für die Stärke von Motiven zu gewinnen.

Zudem planen wir die Anfertigung von Bildvorlagen für spezifische Anwenderkreise. Die Bildvorlagen der ursprünglichen Version des MMGs zeigen einen Querschnitt aus alltäglichen Lebenssituationen. In einem ersten Schritt haben wir den Bildersatz durch vier Bildvorlagen ergänzt, die einen recht spezifischen Bezug zum Arbeitsleben haben (siehe Abbildung 1). Obwohl die mit der ursprünglichen Fassung ermittelten Motivkennwerte bereits eine deutliche prädiktive Validität erkennen lassen, versuchen wir nun herauszufinden, ob sich die Validität des Verfahrens hinsichtlich berufsbezogener Kriterien durch das Hinzufügen solcher Bildvorlagen noch steigern lässt. Erste Ergebnisse ermutigen uns dazu, diesen Ansatz weiter zu verfolgen.

Abb. 1: Zwei Beispiele für Bildvorlagen aus dem Multi-Motiv-Gitter

## Nutzenabschätzungen für den Bereich der beruflichen und betrieblichen Weiterbildung

Im Unternehmen werden durch Förderung und Optimierung der Motivationspotentiale Leistungsbereitschaft, Zuversicht, Führungsqualitäten und Innovationsfähigkeit verbessert. Als Zielgruppe stehen insbesondere die Fach- und Führungskräfte im Fokus – Personen also, die ein hohes Maß an Eigeninitiative zeigen und damit auch die Fähigkeit zur Selbstmotivation (= motivationale Kompetenz) besitzen müssen. Zu diesem Zweck wurde das Selbstmanagement-Training (SMT) entwickelt (Kehr, 2002). Im Gegensatz zu einer ganzen Reihe von eher effekthascherischen sogenannten »Motivationstrainings« wurde dieses Programm streng wissenschaftlich fundiert entwickelt[1]. Ein solches nicht nur kurzfristig wirkendes Training der motivationalen Kompetenzen setzt eine zuverlässige Diagnostik voraus, um die jeweils persönlichen Stärken und Schwächen kennen zu lernen – in diesem Rahmen kommt

---

[1]   Das Forschungsprojekt »Selbstmanagement« wurde 1994 von Prof. von Rosenstiel und Dr. Kehr 1994 an der Ludwig-Maximilians-Universität München aus der Taufe gehoben.

hier das MMG zum Einsatz, da so das individuelle Profil der unbewussten Motive erfasst werden kann. Im nächsten Schritt kommen dann darauf abgestimmt individuelle Übungen zum Einsatz. Die Trainingsmodule sind im Einzelnen:

- Lösung von Zielkonflikten,
- Kennenlernen unbewusster Motive,
- Aufbau von Willensstärke,
- Reduzierung von Überkontrolle,
- Förderung des Spaßerlebens bei der Arbeit und
- Überwindung von Handlungsbarrieren.

Dieses Programm hat sich inzwischen in einer Vielzahl von Trainings sehr gut bewährt.

## Erlernbarkeit durch wissenschaftsferne Anwender (Weiterbildner, Führungskräfte, Personalwirtschaftler, Pädagogen)

Die Anwendung des Tests selbst erfordert keine Vorkenntnisse. Anwender sollten sich lediglich an die im Handbuch wiedergegebenen Richtlinien für die Vorgabe des MMG halten. Obwohl das Verfahren in der Praxis leicht einsetzbar ist, erfordert die Interpretation der Motivprofile und deren Implikationen (Selektion oder Personalentwicklung) allerdings ein fundiertes motivationspsychologisches Wissen. Wir haben etwa von Anwendern gehört, die von der Annahme ausgegangen sind, dass sich der ideale Mitarbeiter durch hohe Hoffnungswerte und niedrige Furchtwerte auszeichnet. Solche undifferenzierten Annahmen sind natürlich wenig hilfreich. Wie wir weiter oben bereits ausgeführt haben, gehen wir davon aus, dass eine Passung von Anforderungen der Arbeitsstelle und des Motivprofils eines Mitarbeiters angestrebt werden sollte. Wenn es etwa die Aufgabe eines Mitarbeiters ist, die finanziellen Risiken eines Projektvorschlags abzuwägen, dann könnten Mitarbeiter mit hohen Hoffnungs- und niedrigen Furchtwerten rasch zu einer unangemessen optimistischen Einschätzung kommen und damit die Bilanzen gefährden. Solche Aufgaben könnten besser Menschen mit mindestens mittelhohen Furchtwerten im Leistungs- und Machtbereich überlassen werden. Sie sind deutlich besser dazu in der Lage, mögliche Risiken und Gefahren zu erkennen und zu bewerten. Die motivationspsychologische Forschung hat ebenfalls ergeben, dass sich erfolgreiche Manager nicht durch ein starkes Leistungsmotiv, sondern durch eine Kombination von hohem Macht- und eher niedrigem Anschlussmotiv auszeichnen. Ohne eine genaue Kenntnis dieser und anderer Befunde ist die Interpretation der Motivkennwerte eines Mitarbeiters selbst ein projektiver Test des Anwenders.

## Einfachheit und Vereinfachbarkeit des Verfahrens für und in der Praxis

Die Vorgabe des Verfahrens ist sowohl in der Paper-Pencil wie in der computergestützten Version denkbar einfach. Die Auswertung erfolgt bei der computergestützten Version durch den Rechner. Die Paper-Pencil-Version wird mit Hilfe einer mitgelieferten Schablone ausgewertet. Bei Gruppentestungen ist es damit möglich, das MMG von den Probanden selbst auswerten zu lassen (falls dies gewünscht wird).

## Beispiele für den Einsatz des Messverfahrens und Erfahrungshinweise

Das MMG wird derzeit im ELIGO-Programmpaket bei der Auswahl von Bewerbern für eine Weiterbildung zum Berater im Private Banking eingesetzt. Bislang haben mehr als 500 Bewerber das Gitter ausgefüllt. Unsere vorläufige Auswertung der Daten hat ergeben, dass das MMG auch in Auswahlsituationen seine faktorielle Struktur behält und sinnvoll zu interpretierende Daten liefert. Im nächsten Schritt werden wir analysieren, ob die MMG-Kennwerte vorhersagen, welche Bewerber bei der Weiterbildung am besten abschneiden und dann zu erfolgreichen Private Bankern werden.

Wie oben schon erwähnt, wird das MMG auch in der Personalentwicklung beim Selbstmanagement-Training erfolgreich eingesetzt.

## Materialien

Informationen zu Materialien können über die im Autorenverzeichnis angegebene Adresse bezogen werden.

## Literaturverzeichnis

Kehr, H.M. (2002). Selbstmanagement – Ein wirksames Konzept zur Stärkung von Motivation und Wille. Weinheim
Schmalt, H.-D. & Sokolowski, K. (2000). Zum gegenwärtigen Stand der Motivdiagnostik. In: Diagnostica, 46, S. 115-123
Schmalt, H.-D. (1999). Assessing the achievement motive using the Grid Technique. In: Journal of Research in Personality, 33, pp. 109-130
Schmalt, H.D.; Sokolowski, K. & Langens, T. (2000). Das Multi-Motiv-Gitter (MMG). Frankfurt
Sokolowski, K. & Kehr, H. (1999). Zum differentiellen Einfluss von Motiven auf Führungstrainings (MbO). Zeitschrift für Differentielle und Diagnostische Psychologie, 20, S. 192-202
Sokolowski, K.; Schmalt, H.-D.; Langens, T. & Puca, R.M. (2000). Assessing achievement, affiliation, and power motives all at once – the Multi-Motive-Grid (MMG). In: Journal of Personality Assessment, 74, pp. 126-145

# ICA – Instrument for Competence Assessment

## Annika Lantz/Peter Friedrich

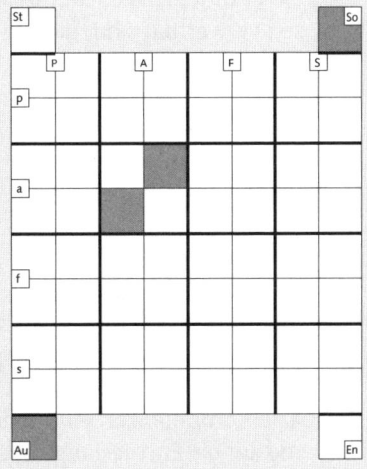

## Rasterdarstellung

### Schlagworte

Activity theory; Handlungsregulationstheorie; Interview; Mobilität; nicht-formales Lernen

### Entwickler

Dr. Ing. Peter Friedrich, FRITZ Change AB, Stocksund, Schweden; Annika Lantz, Mälardalen University, Eskilstuna, Schweden

### Kompetenzdefinition

In Handlungen umgesetzte Fähigkeiten und Fertigkeiten in unterschiedlichen Arbeitsfeldern.

### Zielstellungen

Ziel von ICA ist es, Kompetenzen einer Person sowohl qualitativ (ausgehend von unterschiedlichen Arbeitsrollen) als auch quantitativ (4 Stufen) zu differenzieren, um dadurch bessere Gestaltungs- und Ausgangsvoraussetzungen zu schaffen für die Wahl von Mobilitäts- und Flexibilitätspfaden, Karrierewegen, berufliche Weiterbildungsmaßnahmen am und außerhalb des Arbeitsplatzes, arbeitsorganisatorische Veränderungen usw.

Vorliegende Methode ermöglicht auch solche Kompetenzen zu erfassen, die

- in erster Linie durch Erfahrungen in der Arbeit und am Arbeitsplatz erworben wurden (und nicht in beruflichen Weiterbildungsmaßnahmen und Kursen),

- nicht ausschließlich theoretisch erlernt werden können, sondern praktisches Handeln erfordern,
- sich auf Grund des Wandels im Arbeitsleben sich in den letzten Jahrzehnten entwickeln konnten (Teamarbeit, Kundenfokussierung, Qualitätsausrichtung, flache Hierarchien usw.),
- die in unterschiedlichen Aufgabenbereichen und einer Vielzahl von Arbeitsplätzen verwertbar sind, die sogenannten »arbeitsplatzunabhängigen« Kompetenzen.

Der Zweck dieses Instrumentes ist es auch die Beschäftigten dazu anzuregen, über die Notwendigkeit der Weiterentwicklung ihrer Fertigkeiten und Fähigkeiten nachzudenken und das Bewusstsein über die eigenen Kompetenzen und deren Anwendbarkeit in neuen Arbeitssituationen zu fördern.

## Theoretische Grundlagen

Bezüglich des Konzeptes der arbeitsplatzunabhängigen Kompetenzen greift vorliegendes Instrument auf das von (Kern & Schumann 1970) benutzte theoretische Konstrukt »prozessunabhängige Fähigkeiten« zurück.

Für die gewählte Typologie der Kompetenzarten hat die Überlegung Pate gestanden, welche Kompetenzen ein modernes Unternehmen längerfristig benötigt, und dabei wurde auf die Entwicklungsarbeiten von (Mansfield & Mitchell 1996) zurückgegriffen. Die Stufenbeurteilung der Kompetenzen baut auf den theoretischen Überlegungen zur Komplexität von Arbeitsaufgaben auf, wie sie in der Handlungsregulationstheorie (Hacker 1998) formuliert sind und in Verfahren wie TBS (Hacker et al. 1995) und VERA (Volpert et al. 1983) operationalisiert wurden. Weiterhin hat Engeströms (Engeström 1987) kritisches Verständnis zum Lernen als »offener Prozess« zur Definition der höchsten Stufe des Kompetenzniveaus beigetragen.

## Methodologische Einordnung

Das vorgestellte Instrument ist in drei Blöcken aufgebaut:

- *Interview*; dazu gibt es einen halb strukturierten Interviewleitfaden und Anweisungen für die Durchführung des Interviews.
- *Analyse*; ein Handbuch mit Richtlinien zur Analyse der im Interview gewonnen Informationen, um die notwendigen Stufenzuordnungen vornehmen zu können
- *Feedback* über die Ergebnisse der Analyse und der daraus abgeleiteten Schlüsse für die Interviewperson.

## Einschätzung der Gütekriterien

Die Qualitätssicherung des vorliegenden Messinstrumentes war eine der Hauptaufgaben der wissenschaftlichen Begleitung durch die University Mälardalen. Unterschiedliche Aspekte der Validität und Reliabilität des vorliegenden Messinstrumentes wurden mit Hilfe von acht Untersuchungen geprüft (siehe Tabelle 1.).

Ausgehend von diesen Ergebnissen können wir den Schluss ziehen, dass ICA für die gewünschten Zwecke anwendbar ist. Mit ICA erfolgt eine zuverlässige Messung der Kompetenz, so wie sie von den Verfassern definiert wurde; und zwar sowohl in qualitativer (Kompetenzfelder) als auch quantitativer (Kompetenzstufen) Hinsicht.

Der theoretische Nutzen dieser Methode besteht vor allem darin, dass ermöglicht wird, das Lernen in der Arbeit und damit zusammenhängende Effekte zu untersuchen (d.h. wer lernt? Was wird gelernt?). Die bisherige Anwendung der Methode hat gezeigt, dass Unternehmensberater, gewerkschaftliche Vertreter, Personalabteilungen und Intermediäre des Arbeitsmarktes mit Hilfe der Methode den gewünschten praktischen Nutzen erhalten, sei es als Unterlage für systematische Kompetenzentwicklung oder zur Einstufung im Kompetenzlohnsystem.

### Fehler- und Problemkritik

- Die verwendete Methode ist zeitaufwendig aber zeiteffektiv.
- Das dem Instrument zugrunde liegende Modell der Arbeit und sich den daraus ergebenden Arbeitsrollen entspricht nicht den Vorstellungen der Interviewperson, und muss erst im Laufe des Interviews erlernt werden.
- Hat die sprachliche Ausdrucksfähigkeit der einzelnen Person eine Bedeutung für die Beschreibung einzelner Handlungen, und damit für die Kompetezen oder ist der Entwicklungsstand der Sprache ein Ausdruck für den Entwicklungsstand der Kompetenz?

### Ablauf des Messprozesses

- Die Interviewpersonen werden immer vor dem Interview mittels Faltblätter oder Informationsveranstaltungen über den Sinn, den Inhalt und die Vorgehensweise des Interviews informiert.
- Zu Beginn des Interviews wird noch einmal kurz der Aufbau des Interviews und die Zielsetzung wiederholt. Es werden einige wichtige Verhaltensregeln erläutert; z.B. dass es weder ›falsche‹ noch ›richtige‹ Antworten gibt; dass der Interviewer des öfteren Antworten vertiefen wird, was aber nicht mit irgendeiner Kritik der Interviewperson verbunden ist; dass der Interviewer Antworten abbricht, wenn sie in die falsche Richtung führen usw.
- Zur Strukturierung des Interviews wird oftmals ein visuelles Hilfsmittel herangezogen, das der IP deutlich machen soll, um welche Arbeitsrolle es im Moment geht und um welche Frage. Dies dient dazu der IP zu einem Überblick zu verhelfen, und wieweit das Interview gekommen ist.
- Der Interviewer ist angehalten dem Interviewleitfaden strikt zu folgen und sämtliche Antworten wortgenau aufzuschreiben. Bestimmte Fragen können übersprungen werden, falls die IP keine Antworten geben kann.
- Die gesammelten Interviewdaten werden dann von dem Interviewer oder einer anderen Person gemäss des Analyseleitfadens analysiert.
- Die Analyse wird schriftlich zusammengestellt, Arbeitsrolle für Arbeitsrolle und eventuell noch bestehende Unklarheiten bezüglich bestimmter Interviewaussagen werden notiert.
- Die Interviewperson erhält ein mündliches Feedback über die Analyseresultate und wird zu eventuell vorliegenden Unklarheiten nochmals befragt. Die Interviewperson erhält dann (oder nach einer eventuellen Überarbeitung) die schriftliche Zusammenstellung der Analyseresultate, um diese für ihre Zwecke nutzen zu können.

Je nach Zielsetzung und getroffenen Vereinbarungen werden die Analyseresultate auf Gruppen-, Abteilungs- und Unternehmensebenen zusammengestellt um bestimmte Maßnahmen abzuleiten.

*Räumliche Voraussetzungen*
Für das Interview an sich ist ein kleiner Raum mit Tisch erforderlich, wo sich Interviewer und Interviewperson ungestört gegenüber sitzen können.

*Zeitliche Voraussetzungen*
a) Zeitbedarf für die Durchführung der Messung,
b) für die Auswertung
Der Zeitbedarf für das Interview beträgt im Durchschnitt ca. 2 Stunden. Für die Analyse sind normalerweise 45 Minuten erforderlich und für die schriftliche Zusammenstellung nochmals 30 Minuten.

*Personale Voraussetzungen (Teilnehmeranzahl, Durchführende)*
Die Interviews werde normalerweise als Einzelinterviews durchgeführt. Der Interviewer führt das Interview, stellt die Fragen und notiert die Antworten.
Für eine erfolgreiche Durchführung des Interviews ist es erforderlich, dass der Interviewer die zugrundeliegenden theoretischen Konzepte für die Kompetenzbeschreibung und -analyse beherrscht und akzeptiert. Grundlegende Kenntnisse der Interviewtechnik sind auch erforderlich. Die Durchführung von Interviews kann nach einer 3-tägigen Einführung und einigen Tagen der Übung mit Coaching auch von ›Laien‹ erlernt werden.
Für die Durchführung der Analyse kommen nur solche Personen in Frage die grundlegende Kenntnisse in arbeits- und organisationspsychologischen Theorien haben oder Personen von arbeitsmarktnahen Institutionen (Arbeitsämter, Weiterbildungsträger usw.), die diese Kenntnisse im Rahmen eine Kurses erlernt haben.
Für die Qualitätssicherung dieser Methode ist es erforderlich, dass die Analysen dieser Personen in regelmäßigen Abständen evaluiert werden.

*Technische Voraussetzungen (Unterlagen, Moderationsmaterial, Visualisierungstechnik, Computer)*
Für die Durchführung des Interviews sind der Interviewleitfaden und Antwortblätter erforderlich. Es hat sich gezeigt, dass es für das Interview vorteilhaft ist, wenn das benutztge Modell der Arbeitsrollen visualisiert wird mit Hilfe eines Schemas. Die Analyse ist manuelle Arbeit und benötigt keinerlei Hilfsmittel.

**Referenzen**
Andere Forschungsgruppen mit ähnlichen Zielstellungen und/oder Verfahren.
Das Verfahren wird im Moment in folgenden Forschungs- und Entwicklungsprojekten benutzt:
1. Arbeitspsychologische Evaluation von Übergangsarbeitsmärkten (TAURIS); Prof. Dr. Peter Richter, Technische Universität Dresden, Institut für Arbeits-, Organisations- und Sozialpsychologie.
2. Kompetenzentwicklung zur Selbstorganisation; Prof. Dr. Klaus North, Fachhochschule Wiesbaden (ABWF/QUEM Projekt)
3. Die ÖSB Unternehmensberatung in Graz benutzt das Verfahren in seiner ursprünglichen Form oder Variationen in den Projekten »job-fit«, »job-mobil«, »job-kompass« und »job-skills«.
4. Das schwedische Bildungsministerium benutzt ICA im Rahmen der »Validierung der Kompetenz von Einwanderern« (SOU 2001: 78) in 8 Testgemeinden.

## Freie Darstellung

### Darstellung der wichtigsten Ergebnisse des Kompetenzmessverfahrens

#### Arbeits- und Kompetenzfelder

Die vorliegende Methode der individuellen Kompetenzdiagnose geht davon aus, dass moderne Organisationen nur dann erfolgreich sein können, wenn ihre Mitarbeiter in einer Vielzahl unterschiedlicher Arbeits- und Gestaltungsfelder Kompetenzen besitzen und entwickeln können (Mansfield & Mitchell 1996). Es werden 7 Kompetenzfelder differenziert:

**Wertschöpfungs- oder funktionsnahe Kompetenz**: Arbeitsaufgaben die direkt darauf gerichtet sind, die mit der Funktion des Arbeitsplatzes verbundenen Ziele zu erreichen; wie z.B. Montage von Einzelteilen; Führung von Mitarbeitern

**Kompetenz für die Prioritätensetzung und Koordination von Arbeitsaufgaben**: Handhabung von Situationen mit unterschiedlichen und auch konkurrierenden Arbeitsaktivitäten, was wird getan (und von welcher Zielsetzung geleitet) um Balance zwischen verschiedenen Aktivitäten zu schaffen, um zu priorisieren, und trotzdem die gewünschten Resultate sicherzustellen

**Kompetenz für die Handhabung von Störungen und Neuigkeiten**: Aktivitäten, die sich mit Abweichungen von einem gedachten Normalverlauf auseinandersetzen, das Entdecken/lösen von akuten und potentiellen Störungen, das Auftreten von Neuigkeiten usw.

**Kompetenz für die Handhabung von Kontakten und Kommunikation**: an den meisten Arbeitsplätzen ist die Kontaktaufnahme mit Kollegen, Kunden, Zulieferern, anderen Abteilungen usw. eine unabdingbare Notwendigkeit, um die konkreten Zielsetzungen in der eigenen Arbeit erreichen zu können. Es interessiert was der Mitarbeiter im Rahmen dieser Kontakte tut und um welche Ziele zu erreichen

**Kompetenz für die Ausführung von Organisationsarbeit**: Aktivitäten die darauf gerichtet sind die gegebene Arbeitsorganisation für Aufgabenerfüllung in den anderen Arbeitsfeldern zu nutzen bzw. zu verändern

**Kompetenz für die Ausführung von Qualitätsarbeit**: Arbeitsaufgaben die darauf gerichtet sind Qualitätsziele umzusetzen bzw. weiterzuentwickeln/zu verändern

**Kompetenz für die Handhabung der physische Umgebung des Arbeitsplatzes**: Aufgaben, die auf die aktive Auseinandersetzung des Mitarbeiters mit den physischen Voraussetzungen des Arbeitsplatzes gerichtet sind; Umgang mit speziellen Materialien, Handhabung gefährlicher Materialien, Entsorgung von Material, Berücksichtigung von Arbeitssicherheits- und Umweltvorschriften usw.

**Kompetenzstufen**

Die Analyse der Qualifikationen einer Person erfolgt auf der Basis eines allgemein-gültigen Modells. Jede einzelne Arbeitsrolle (siehe Interviewleitfaden) wird separat analysiert.

Das Ziel der Analyse ist

1. Festzustellen, ob eine Person überhaupt Qualifikationen besitzt, um bestimmte Aufgaben in der jeweils untersuchten Arbeitsrolle auszuführen und
2. Falls dies zutrifft, das Ausmaß dieser Qualifikationen zu beurteilen.

Dazu benutzen wir eine vierstufige Skala mit der Stufung 0(O), 1(A), 2(Z), und 3(V), wobei 3 den höchsten Wert annimmt. Unsere Absicht ist es, die populäre Vorstellung, dass man entweder Kompetenzen besitzen kann oder auch keine, durch eine Perspektive zu ersetzen, die es erlaubt, dass man mehr oder weniger Kompetenzen besitzen kann. Damit ist ein anderer theoretischer Ausgangspunkt verknüpft und zwar, dass es immer möglich ist, bestehende Kompetenzen weiter zu entwickeln.

**Skalenstufen**: Die einzelnen Skalenstufen (0-3) bauen aufeinander auf, d.h. das beurteilte Merkmal (Qualifikationen) ist stetig und die gewählte Skala bildet ein Kontinuum ab. Dies bedeutet, dass eine Bewertung auf einem höheren Niveau, automatisch voraussetzt, dass die Kriterien für die darunterliegenden Niveaus erfüllt werden:
- *Nichtvorhanden*: keine Kompetenzen feststellbar, da aus unterschiedlichen Gründen keine entsprechenden Arbeitsaufgaben ausgeführt werden
- *Ausführungsniveau*: die Tätigkeiten in einem Gestaltungsfeld werden in der Weise beschrieben, dass anzunehmen ist, dass die Interviewperson nur Kompetenzen zur bloßen Ausführung konkreter Arbeitsanweisungen, innerhalb des eigenen Arbeitsgebiets, entwickelt hat ohne die Arbeitsaufgaben zu den Zielen für die Arbeit in Beziehung zu setzen
- *Zielorientierungsniveau*: die Tätigkeiten in einem Gestaltungsfeld werden in der Weise beschrieben, dass anzunehmen ist, dass die Interviewperson Kompetenzen entwickelt hat, dass beim eigenen »Tun«, im Rahmen des Zusammenspiels des eigenen Arbeitsbereichs mit anderen Arbeitsbereichen, angestrebte Ziele/ Resultate aktiv berücksichtigt
- *Veränderungsniveau*: die Tätigkeiten in einem Gestaltungsfeld werden in der Weise beschrieben, dass anzunehmen ist, dass die Interviewperson Kompetenzen zur Veränderung der entsprechenden Ziele oder Arbeitsweisen, im Zusammenspiel mit anderen Funktionsträgern des eigenen oder anderer Arbeitsbereiche, entwickelt hat.

Mithilfe dieser vierstufigen Skala wird beurteilt inwieweit und auf welcher ›Entwicklungsstufe‹ der Mitarbeiter die eigene Arbeit zu Zielen in Beziehung setzt. Auf dem höchsten Niveau trägt man aktiv zur Veränderung der Arbeit im jeweiligen Kompetenzfeld bei.

## Kompetenzinterview

Vorliegende Methode baut auf einem 3-stufigen Verfahren auf. Nach dem Interview mit dem Mitarbeiter (gemäß eines Interviewleitfadens) folgt die Auswertung (ausgehend von detaillierten Analyse-Richtlinien) und abschließen die Rückkopplung an den einzelnen Mitarbeiter, seinen Chef, die Personalabteilung oder andere Interessenten im Unternehmen.

Wesentliche Teilaspekte der Arbeit der Mitarbeiter in den jeweiligen Kompetenzfeldern und der bei der Ausführung genutzten Kompetenzen werden durch eine festgelegte Abfolge von Fragen gestellt:

- *Was konkret tun Sie in ihrer Funktion?* Hier geht es darum nachweisliche, reale Handlungen des Interviewpartners im Rahmen des jeweiligen Arbeits- und Kompetenzfeldes zu erfassen.
- *Welche Ziele/Resultate wollen bzw. sollen Sie mit ihrem Tun erreichen?* Mit der Frage nach den »Zielen für das Tun« soll überprüft werden, ob ein Mitarbeiter seine Tätigkeiten in einen direkten Zusammenhang zu übergeordneten Zielen (z.B. Zielvereinbarungen) stellt und seine Tätigkeiten situativ auf wechselnde Ziele abstimmt.
- *Was tun Sie um Ihre Arbeit weiterzuentwickeln?* Mit der Frage nach seinem »Beitrag zu Veränderungen« soll überprüft werden inwiefern ein Mitarbeiter Kompetenzen in seiner Arbeit entwickelt hat, die ihn dazu befähigen, Arbeitsweisen oder Ziele zu verändern. Letztlich geht es dabei um Kompetenzen, die aufgebaut werden sollen, damit die Wandlungsfähigkeit des Unternehmens ermöglicht bzw. erhalten wird.
- *Welche Kompetenzen benötigen Sie, um die beschriebenen Handlungen (im jeweiligen Handlungsfeld) so ausführen zu können, wie Sie sie beschrieben haben?* Mit dieser Frage soll erreicht werden, dass die Mitarbeiter selbst darüber reflektieren welche Kompetenzen Sie im jeweiligen Arbeitsfeld benutzen.

## Kompetenzanalyse

Um die Kompetenzen eines Einzelnen auf einem bestimmten Niveau einstufen zu können, werden Handlungen und der Zusammenhang in welchem die Handlungen ausgeführt werden (das von der Interviewperson beschriebene Tun und der Zusammenhang), mit Hilfe folgender Merkmale beurteilt:

- Grad der Spezifikation (allgemeine Aussagen, die etwas unspezifisch beschreiben oder konkrete Aussagen, die etwas spezifisch beschreiben),
- die In-Beziehungsetzung von Mitteln und Zielen,
- Grad der Beschreibung von Zusammenhängen im Rahmen des Tuns der Interviewperson.

Diese drei Merkmale sind Hilfsmittel für die Stufeneinordnung der Kompetenzen der Interviewpersonen. Mit anderen Worten, ist bei den Interviews darauf zu achten, dass man diese Informationen direkt oder indirekt erhält.

## Vorgehensweise bei der Kompetenzanalyse

Die Analyse jedes einzelnen Kompetenzfeldes umfasst drei Schritte:

1. Vorläufige Niveaubestimmung; anhand eines Fragebaums kommt der Beurteiler zu einer vorläufigen Stufenbeurteilung, die im nächsten Schritt überprüft wird.
2. Überprüfung der vorläufigen Niveaubestimmung; für jedes Kompetenzfeld wurden im Analyseleitfaden die jeweiligen Stufen anhand einer Reihe von Kriteriensätzen operationalisiert. Der Beurteiler überprüft inwieweit diese Kriterien für die gewählte Stufe zutreffen. Falls Unsicherheit vorherrscht, wird die darüber- bzw. darunter liegende Stufe überprüft.
3. Kontrolle der Niveaufestsetzung. Hier soll der Beurteiler beschreiben, welche Veränderungen erforderlich sind damit eine höhere Kompetenzstufe erreicht werden kann bzw. welche eventuellen Veränderungen zwangsweise dazu führen würden, dass die Kompetenzen auf einer niedrigeren Stufe einzustufen wären.

## Kompetenzprofil

Das Ergebnis der Kompetenzdiagnostik ist für die Mitarbeiter ein zweiseitiges ›Profil‹, in dem die mit eigenen Worten beschriebenen Kompetenzen und das Kompetenzniveau für das jeweilige Arbeitsfeld angegeben werden. Ein Diagramm zeigt auf wo Stärken und Schwächen liegen, oder auch genutzte und ungenutzte Potentiale liegen. Dieses Zertifikat soll intern dem Mitarbeiter und seinem Chef helfen über zukünftige Qualifizierungsmaßnahmen zu entscheiden, wobei nicht nur an traditionelle Ausbildungsmaßnahmen gedacht ist, sondern an das Lernen am Arbeitsplatz (durch z.B. Arbeitsplatzwechsel, arbeitsorganisatorische Veränderungen usw.) und/ oder in Kombination mit speziell gestalteten Kursen. Auf dem externen Arbeitsmarkt soll es dem einzelnen Mitarbeiter ermöglichen besser auf die Differenziertheit im Kompetenzprofil aufmerksam zu machen.

## Differenzierte Einschätzung der qualitativen und quantitativen Gütekriterien des Kompetenzmessverfahrens und Fehlerkritik

| Untersuchung | Ziel/Frage/Hypothesen | Methode | n | Resultat |
|---|---|---|---|---|
| 1) Kontentvalidität | Identifikation unterschiedlicher Komponenten in der ›täglichen Arbeit‹ »mit Hilfe der Beschreibung von Arbeitsaktiviäten durch Praktiker und Vergleich der Übereinstimmung mit dem benutzten Modell. | Drei (a, b, c) separate Serien von jeweils 5 Workshops zum Thema. Aufzeichnung der Diskussionen. Qualitative Datenanalyse. | a) Vertreter von Arbeitsämtern, Weiterbildungsinstituten, Personalabteilungen privater und öffentlicher Unternehmen (n=12), b) Meister in einem Großunternehmen der Metallindustrie (n=8), und c) Gewerkschaftsvertreter im gleichen Unternehmen (n=7). | 10 Bereiche wurden gefunden, von denen 7 mit dem gewählten Modell von Mansfield übereinstimmten |

| Untersuchung | Ziel/Frage/ Hypothesen | Methode | n | Resultat |
|---|---|---|---|---|
| 2) Kontent-validität | Identifikation von abgegrenzten Komponenten/ Bereichen der ›täglichen Arbeit‹, um die Anwendbarkeit des Modells über Kompetenzfelder zu testen. | Arbeiter und Angestellte wurden gebeten ihre Arbeitsaktivitäten im Detail zu beschreiben. Es wurde gefragt »was tun sie während einer normalen Arbeitswoche?« Qualitative Analyse der Daten. | 182 Arbeiter und Angestellte in 22 verschiedenen Organisationen (sowohl öffentlichen und privaten Unternehmen als auch Krankenpflege, Schulen usw., und in unterschiedlichen hierarchischen Positionen). | Alle genannten Beschreibungen konkreter Arbeitsaktivitäten konnte den Kompetenz-feldern unseres Modells zuge-ordnet werden. |
| 3) Kriteriums-validität | Korrespondenz mit einem anderen Kriterium | Vergleich der von einem Manager ausgeführten subjektiven Beurteilung seiner Mitarbeiter mit dem ICA-Instrument. | n=10 Mitarbeiter | r = 0.91 |
| 4) Kriteriums-validität | Hypo 1: Personen mit wertschöpfenden Arbeitsaufgaben mit niedrigem kognitiven Anforderungen, sollten weniger funktionsnahe Kompetenzen aufzeigen können als Personen, die funktionsnahe Aufgaben mit hohen kognitiven Anforderungen haben. | Vergleich zwischen Ergebnissen objektiver Arbeitsanalysen mit Hilfe des VERA Instrumentes und dem ICA-Messverfahren.  Anova | Drei Gruppen von Montagearbeitern (n=37). | F = 2,81 p = < 0.05 |
| 5) Kriteriums-validität | Hypo 1: Personen, die in Gruppenarbeit arbeiten, sollten mehr kompetent in Bezug auf die Handhabung organisatorischer Voraussetzungen und der Handhabung von Kontakten und der Kommunikation mit anderen Personen sein als Einzelarbeiter. | Anova  Vergleich der Ergebnisse der objektive Arbeitsanalyse von funktionsnaher Arbeit mit Hilfe von VERA und dem ICA-Messverfahren. | Montagearbeit in Gruppen (n= 17) Lagerarbeit am Einzelarbeitsplatz (n= 28) | Kompetenz für Handhabung von Kontakten und Kommunikation F = 4,24 p = < 0.05  Kompetenz für die Ausführung von Organisationsarbeit F = 4,20 p = < 0.05 |

| Untersuchung | Ziel/Frage/ Hypothesen | Methode | n | Resultat |
|---|---|---|---|---|
| 6) Ökologische Validität (Face validity) | Stossen die gewählten Kompetenzfelder und die damit zusammenhängenden Fragen auf Verständnis bei den Interviewpersonen und werden sie als relevant empfunden | ›Follow-up‹ Interview nach dem Interview für das ICA- Messverfahren | 80 Mitarbeiter in der Produktion in 7 KMU (Metallindustrie) und aus zwei Großunternehmen (Montage und Lagerhaus) | 79% der Befragten fanden die Differenzierung in Kompetenzfelder verständlich, relevant und gaben an, diese auch an ihrem Arbeitsplatz identifizieren zu können. |
| 7) Objektivität/ Wiederholungsreliabilität | Stimmen die Einstufungen überein? | Drei unabhängige Experten | 50 Interviews wurden beurteilt | r= 0.87 |
| 8) Objektivität/ Wiederholungsreliabilität | Stimmen die Einstufungen überein? | Drei unabhängige Experten (ein Praktiker und 2 Experten) | 280 Interviews wurden beurteilt | r=0.82 – 0.89 |

Tab. 1: Untersuchungen zur Validität und Reliabilität des ICA Instrumentes

## Perspektivische Entwicklungsmöglichkeiten des Messverfahrens (methodische Innovationen, Einsatz für neue Nutzergruppen, Verfahrensvarianten)

Abgesehen von der ursprünglichen Nutzung dieses Instrumentes für die Sichtbarmachung von arbeitsplatzunabhängigen Kompetenzen, die die Mobilität von Arbeitnehmern fördern helfen sollen, ist das vorliegende Instrument in abgeänderter oder ursprünglicher Form in einer Reihe von Fragestellungen benutzt worden.

- Validierung der Kompetenzen von Einwanderern,
- Kompetenzbeurteilung für die Einstufung in ein Kompetenzlohnsystems,
- Kompetenzorientierte Arbeitsbeschreibungen,
- Beschreibung der Kompetenzerwartungen von Arbeitgebern an Schüler von Gymnasien,
- Karriereentwicklung ausgehend von einer Kompetenzdiagnostik,
- Beurteilung der in ABM Maßnahmen genutzten/entwickelten Kompetenzen.

In allen diesen Anwendungsbereichen wurde das vorgestellte Instrument genutzt. Die einzigen Veränderungen, die vorgenommen wurden, war das abhängig von der Situation des Auftragsgebers und dessen Problembeschreibung, die Kompetenzfelder in zwei Fällen auf 5 bzw. 6 Felder reduziert wurden. Dies gilt für (2), wo das Industrieunternehmen der Auffassung war, dass Kompetenzen zur Handhabung von Störungen und Neuigkeiten Teil der funktionsnahen Kompetenzen seien. In den Fällen (4-6) hat auf Grund länderspezifischer Eigenheiten davon abgesehen, die Kompetenzen zur Handhabung der physischen Umwelt zu erfassen.

Der Interview- und Analyseleitfaden des vorliegenden Instrumentes wurde derart aufgearbeitet, dass daraus ein Leitfaden für ein Rekrutierungsgespräch wurde.

Der Interviewleitfaden wurde, didaktisch überarbeitet und aufbereitet, auf eine CD-ROM übertragen, um Interviewpersonen zu ermöglichen eine Art Eigeninterview durchzuführen und das Interview dann an einen professionellen Beurteiler zu schicken. Dies ist vor allem dann eine Möglichkeit, wenn eine Interviewperson bereits schon mal interviewt wurde und man zu einem späteren Zeitpunkt an dessen Kompetenzentwicklung interessiert ist.

## Nutzensabschätzungen, insbesondere für den Bereich der beruflichen und betrieblichen Weiterbildung

Vorliegendes Kompetenzmessverfahren wurde unter anderem auch mit dem Ziel entwickelt, Informationen auf individueller Basis oder auf höherem Niveau zu erfassen, die es ermöglichen qualifizierte Entscheidungen (1) bezüglich der operativen Umsetzung von Personalentwicklungsmaßnahmen (sei es durch Lernen am Arbeitsplatz oder formales Lernen) und (2) der Entwicklung von neuen Inhalten und Formen situations-, gruppen- und individualspezifischer Weiterbildungsangebote.

Umgesetzt wurde dieser Gedanke in einem Projekt der schwedischen Nutzfahrzeugindustrie (160 Betroffene auf Grund der Verlegung eines Produktionsstandortes). Die Ergebnisse der individuellen Kompetenzmessung wurden von Beratern der Arbeitsämter und von Weiterbildungsträgern genutzt, um individualspezifische Weiterbildungsangebote zu entwickeln, die die Erhöhung der Anstellbarkeit zum Ziel hatten.

Bei der Validierung der Kompetenzen von Einwanderern wird diese Methode genutzt, um ausgehend von den Ergebnissen der Kompetenzmessung, zum Einen mögliche Arbeitsfelder zu diskutieren aber auch um zum Anderen Speziallösungen beruflicher Ausbildung in Kombination mit arbeitsspezifischer Sprachausbildung zu entwickeln und anzubieten.

Im österreichischen Automobilcluster Graz wurde die Methode genutzt, um Ausbildungsmaßnahmen für ein Berufsbild (Karosseriebauer) zu entwickeln, für das es keine Arbeitskräfte mit den geforderten funktionsnahen Kompetenzen am Arbeitsmarkt gab. Stattdessen wurden andere Arbeitskräfte, die andere wichtige Kompetenzen hatten, speziell für die funktionsnahen Kompetenzen ausgebildet.

In der Verwaltung des Landes Steiermark wurde die Methode im Auftrag der Personalverantwortlichen genutzt, um mit Verwaltungsdirektoren in gehobenen Positionen deren weitere Kompetenz- und Karriereentwicklung zu planen.

Die oben beschriebene Vorgehensweise war bisher dort in der beruflichen und betrieblichen Weiterbildung erfolgreich, wo die Interessenten (Personen und Organisationen) Einfluss auf die Pläne der Weiterbildungsträger und Weiterbildungsinstitute nehmen konnten. Dagegen gibt es kaum ein Eigeninteresse dieser Gruppe ihre Vorgehensweise bei der Entwicklung und Umsetzung von Weiterbildungsangeboten vom Kompetenzstatus der Nutzer auszugehen, noch immer herrscht das Prinzip der fertigen Pakete und Lösungen vor.

## Erlernbarkeit durch wissenschaftsferne Anwender
## (Weiterbildner, Führungskräfte, Personalwirtschaftler, Pädagogen usw.)

In den weiter unten beschriebenen Beispielen 1, 2 und 3 wurden sowohl die Interviews, die Analyse und das Feedback von Meistern und gewerkschaftlichen Vertretern durchgeführt. Die Analyseergebnisse wurden dann von Experten mit grundlegenden Psychologiekenntnissen überprüft und verifiziert.

In einem anderen Fall in der Nutzfahrzeugindustrie (mit der Zielsetzung der Verbesserung der externen Mobilität) wurden die Interviews von Betriebsräten durchgeführt, die Analyse von Psychologen und das Feedback von Intermediären am Arbeitsmarkt (z.B. Arbeitsmarktservice, Berufsbildungsorganisationen).

Es ist auch möglich, das Interview in einer Art Selbstbeurteilung durchzuführen. Zu diesem Zweck führt eine interaktive CD-ROM die Mitarbeiter durch den Leitfaden, wobei Hinweise und Erklärungen gegeben werden und sogar eine Überprüfung der Qualität der Antworten eingebaut ist. Die Interviewdaten werden zur Analyse per Diskette oder E-Mail verschickt.

Die breite Nutzung des vorliegenden Instrumentes in einer Reihe von verschiedenen Organisationen (Unternehmen, Intermediären des Arbeitsmarktes, Schulen, Gemeinden usw.) und in einer Reihe von Ländern (Schweden, Dänemark, Deutschland und Österreich) zeigen, dass sowohl das Interviewverfahren als auch die Analyse von sogenannten ›Praktikern‹ erlernt werden können.

Wichtige Voraussetzungen für eine erfolgreiche Umsetzung sind:
1. Einführende Ausbildung (mit umfangreicher Übung) zum Verständnis des benutzten Kompetenzansatzes, des Interviewleitfadens und des Analyseleitfadens;
2. Entwicklung eines gemeinsamen Verständnisses über die Ziele und die erwarteten Ergebnisse einer Kompetenzmessung;
3. Qualitätssicherung durch Coaching von externen Spezialisten;
4. Vorhandensein von externen und internen Gestaltungsspielräumen für Kompetenzentwicklung.

## Einfachheit und Vereinfachbarkeit des Verfahrens für und in der Praxis

Wie die meisten qualitativen Verfahren erweckt auch das vorliegende ICA Verfahren zunächst den Eindruck sehr komplex und schwer erlernbar zu sein. Unsere bisherigen empirischen Erfahrungen, sowohl mit der Nutzung des Instrumentes durch die Entwickler als auch andere, als auch der Ausbildung anderer Interessenten zeigt uns, dass dies nicht der Fall ist.

Die ›Schwierigkeiten‹ bestehen darin den Nutzern als auch den Interviewpersonen zu verdeutlichen, dass die von uns genutzte Terminologie (vor allem für die Kompetenzfelder) genauso verstanden werden muss, wie wir es definiert haben, d.h. das alltägliche Verständnis bestimmter Begriffe muss durch die Kenntnis unserer Definitionen ersetzt werden.

Der Schwierigkeitsgrad des Instrumentes wird auch dadurch reduziert, dass wir eine dreistufigen Aufbau gewählt haben; d.h. das die Interviewer zwar grundsätzlich die Grundlagen der Analyse kennen müssen aber nicht unbedingt die Analyse selbst durchführen müssen. Dadurch wird auch die zeitliche Inanspruchnahme der Experten reduziert.

Vereinfachungen sind vor allem bezüglich der im Interviewleitfaden formulierten Fragen möglich. Manchmal erscheinen die Fragen zu komplex. Bisher wurde dies dadurch gelöst, dass bei jeder neuen Nutzung, im Rahmen der Ausbildung, die Fragen so umformuliert wurden, dass sie für das jeweilige Anwendungsgebiet besser passten. Dabei wurde aber immer darauf geachtet, dass die Kernaussagen der Fragen, so wie sie anfangs formuliert wurden, beibehalten werden konnten.

Da mit Hilfe dieses Verfahrens eine Menge von Informationen gewonnen werden können, die sowohl für die Planung der Kompetenz- und Karriereentwicklung von Mitarbeitern, für produktionsorganisatorische Maßnahmen, als Grundlagen von Mitarbeitergesprächen und der Einstufung in Kompetenzlohnsystemen usw. genutzt werden können, entspricht der notwendige Aufwand dem zu erwartenden Output; d.h. ein kosteneffektives Messinstrument.

Um die Analyse zu vereinfachen, sind erste Anstrengungen unternommen worden ein computergestütztes interaktives System zu entwickeln, dass den Benutzer durch den Analyseleitfaden führt und auf die Schlüsselkriterien für die jeweilige Einstufung aufmerksam macht.

## Beispiele für den Einsatz des Messverfahrens und Erfahrungshinweise

Die Ergebnisse der Kompetenzmessung können auf individueller Ebene Beiträge leisten als:
1. Kompetenzprofil (Beispiel 1), die den Kompetenzstatus einer Person zu einem bestimmten Zeitpunkt aufzeigt
2. Feedback über mögliche Kompetenzentwicklungspfade
3. Motivation für die eigene Kompetenzentwicklung Verantwortung zu übernehmen

### Beispiel 1 – ein individuelles Kompetenzprofil:
Auf Gruppen- und Unternehmensebene kann die Kompetenzmessung genutzt werden als:
1. Systematische Analyse des Kompetenzstatus sämtlicher Mitarbeiter (n = 264)und Feststellung eventueller Ungleichgewichte (Beispiel 2 und 3)
2. Inputinformation, um eventuelle Lücken zwischen vorhandenen Kompetenzen und zukünftigem Kompetenzbedarf zu decken

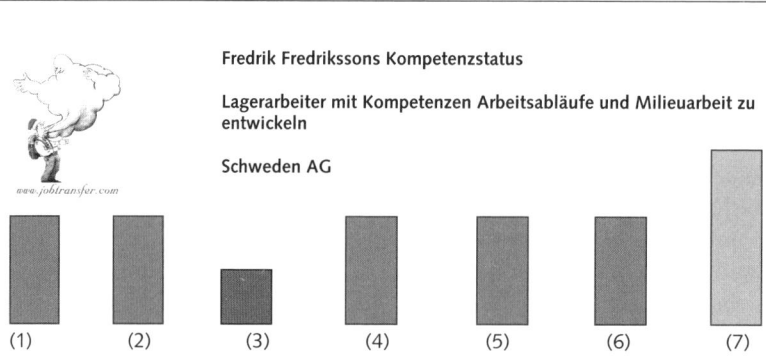

**Fredrik Fredrikssons Kompetenzstatus**

**Lagerarbeiter mit Kompetenzen Arbeitsabläufe und Milieuarbeit zu entwickeln**

**Schweden AG**

www.jobtransfer.com

(1)        (2)        (3)        (4)        (5)        (6)        (7)

**KOMPETENZSTATUS – NOVEMBER 2000**

(1) *wertschöpfende Kompetenzen* – Stufe 2
Ich habe Erfahrung mit Verpackungs-, Computerarbeit und bin für die Arbeitskleidung in der Abteilung verantwortlich. Meine Kompetenzen sind Verpackungsfertigkeiten und zu einem gewissen Maß Computerkenntnisse und Materialkenntnise. Ich versuche die Arbeitsabläufe ständig weiterzuentwickeln.

(2) *Kompetenzen für die Handhabung von Störungen* – Stufe 2
Ich habe Erfahrung mit verschiedenen Arten von Problemen, z.B. beschädigte Produkte, Computerprobleme, dass Artikel fehlen. Meine Kompetenzen auf dem Gebiet der Problemlösung sind, dass ich zum einen Probleme entdecke, dass ich die Fehlerursachen auch näher untersuche und dass ich mit denjenigen Personen Kontakt aufnehme, die mir bei der Problemlösung helfen können.

(3) *Kompetenz für die Prioritätensetzung und Koordination* – Stufe 1
Die Abstimmung meiner Arbeitsaufgaben wird in den meisten Fällen von anderen Personen gemacht. In Bezug auf 'Eilaufträge' habe ich Erfahrung damit, die Aufgaben an die richtige Person weiterzugeben. Bisher hat es aber kaum Möglichkeiten gegeben diese Art von Kompetenzen weiterzuentwickeln.

(4) *Kontakt- und Kommunikationskompetenzen* – Stufe 2
Ich habe vielseitige Arbeitsbeziehungen zu unterschiedlichen Personen im Unternehmen, aber auch Kontakte mit Lieferanten. Meine Kompetenzen in Bezug auf Kommunikation und Kontakte bestehen darin, dass ich versuche andere Kollegen zu stimulieren. Ich kenne die Voraussetzungen für Zusammenarbeit, da ich mit unterschiedlichen Persönlichkeiten zunsammenarbeitet habe.

(5) *Organisationskompetenzen* – Stufe 2
Ich habe Erfahrungen damit, in einer kleineren Gruppe relativ selbstständig und mit einer gewissen Arbeitsrotation zu arbeiten. Das trägt zur Effektivität der Arbeit bei und stimuliert das Personal. Meine Kompetenzen bestehen darin, dass ich weiß wie die Organisation funktioniert.

(6) *Qualitätskompetenzen* – Stufe 2
Ich kann in Übereinstimmung mit dem Qualitätshandbuch arbeiten und ich habe Erfahrung mit Qualitätsrevision und Lohn mit Qualitätsbonus. Meine Kompetenzen bestehen darin, dass ich Materialkenntnisse habe und vorgegebene Anforderungen erfüllen kann.

(7) *Milieukompetenzen* – Stufe 3
Ich habe Erfahrung damit, in einer Arbeitsumgebung zu arbeiten, die gewisse Kompetenzen auf dem Gebiet der Ergonomie erfordert, um belastende Arbeitsstellungen zu verhindern. Ich habe auch Arbeitsabläufe geändert, um die physische Arbeitsbelastung zu mimimieren. und ich habe auch gelernt, wie man die physische Gestaltung des Arbeitsplatzes optimal nutzen kann.

## Beispiel 2 und 3 – Kompetenzdiagnose auf Unternehmensebene

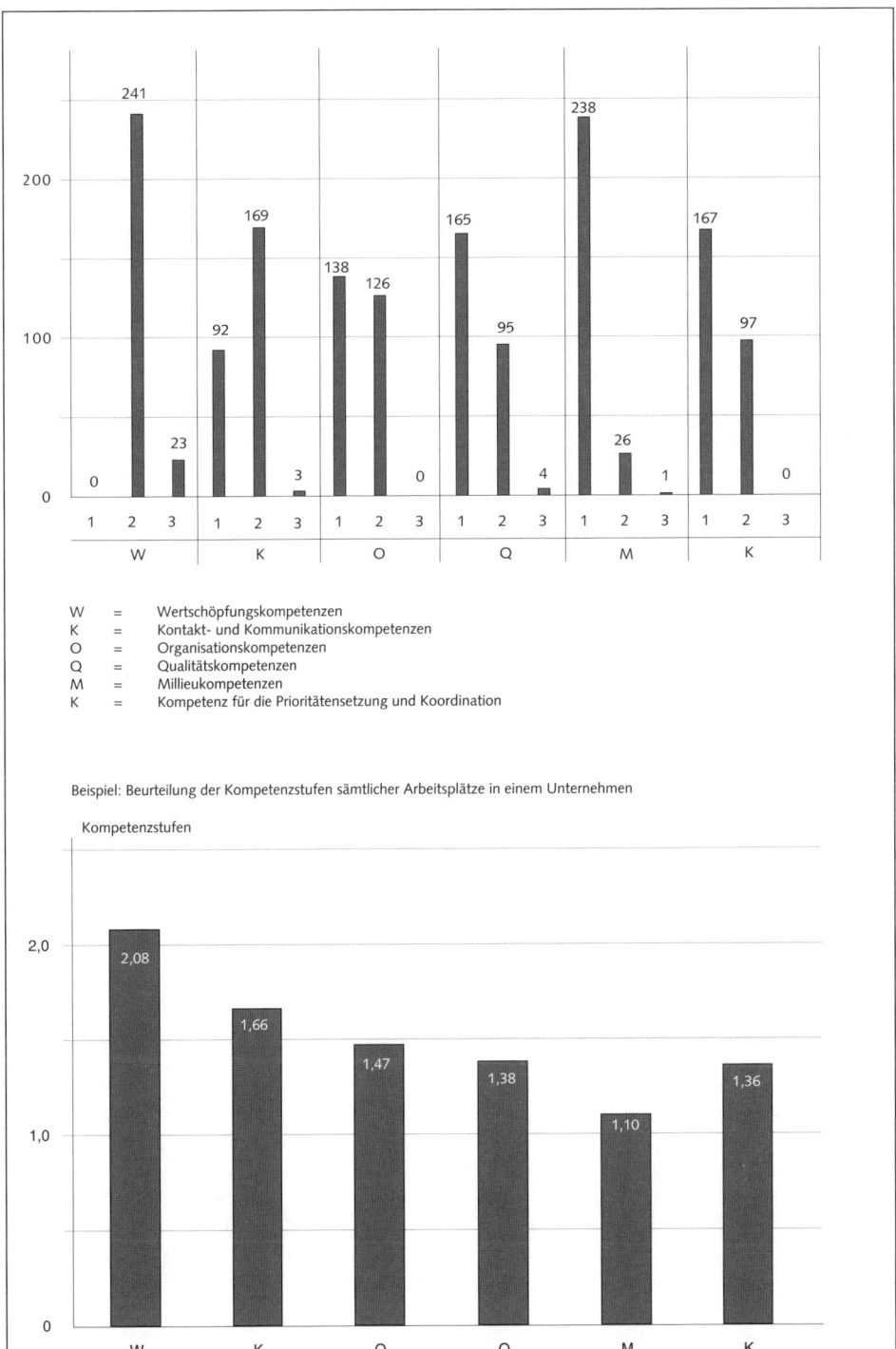

W = Wertschöpfungskompetenzen
K = Kontakt- und Kommunikationskompetenzen
O = Organisationskompetenzen
Q = Qualitätskompetenzen
M = Millieukompetenzen
K = Kompetenz für die Prioritätensetzung und Koordination

Beispiel: Beurteilung der Kompetenzstufen sämtlicher Arbeitsplätze in einem Unternehmen

## Materialien

Informationen sind über die im Autorenverzeichnis angegebene Adresse zu beziehen.

## Literaturverzeichnis

Engeström, Y. (1987). Learning by expanding. An activity-theoretical approach to developmental research. Helsinki

Friedrich, P. & Lantz, A. (2002). Kompetenzdiagnose – ein Verfahren zur Ermittlung arbeitsplatzübergreifender Kompetenzen. In: North, K. Kenner; Könner; Experten

FRITZ Change AB (2002). ICA – Instrument for Competency Assessment. Handbook

W. Hacker (1998). Allgemeine Arbeitspsychologie. Psychologische Regulation von Arbeitstätigkeiten. Bern

Hacker, W.; Fritsche, B.; Richter, P. & Iwanowa, A. (1995). Tätigkeitsbewertungssystem (TBS). Verfahren zur Analyse, Bewertung und Gestaltung von Arbeitstätigkeiten. Zürich

JTE-SKILLS (2002). In Cedefop: http://www.trainingvillage.gr/etv

Kern, H. & Schumann, M. (1970). Industriearbeit und Arbeiterbewusstsein. Frankfurt

Lantz, A. & Friedrich P. (2003). Learning in the workplace – an instrument for competence assessment. In: The Learning Organization, Issue 3.

Mansfield, B. & Mitchell, L. (1996). Towards a Competent Workforce. Hampshire

SKILLS (2002). Orientierungsinstrument im Qualifiktionswandel. In: Managing Mobility – die Ergebnisse des JobTransfer Europe Netzwerks, S. 62-65; Endbericht des ADAPT-Projektes ›JobTransfer Europe‹

Volpert, W.; Oesterreich, R.; Gablenz-Kolakovic, S.; Krogoll, T. & Resch, M. (1983). Verfahren zur Ermittlung von Regulationserfordernissen in der Arbeitstätigkeit (VERA). Analyse von Planungs- und Denkprozessen in der industriellen Produktion. Köln

# Founders Check

## Thomas Lang-von Wins

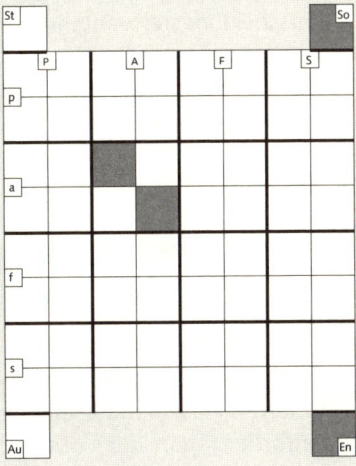

## Rasterdarstellung

### Schlagworte

Beratungsorientiertes Instrument; Einschätzung gründungsrelevanter Kompetenzen; Erfassung; Gründercoaching; Prozessorientiertes Verfahren; Selbsttest; Unternehmensgründer

### Entwickler

PD Dr. Thomas Lang-von Wins, PERFORM – Arbeitsgruppe für Angewandte Personalforschung, Schwabhausen

### Kompetenzdefinition

Gründungsrelevante Kompetenzen sind Qualifikationen und Dispositionen, die sich förderlich auf den Prozess sowie den Erfolg der Unternehmensgründung auswirken.

### Zielstellungen

Die Zielstellung des Founders Check orientiert sich an dem möglichst unmittelbaren Nutzen, den nach Orientierung suchende Gründer und Gründungsinteressierte aus der Auseinandersetzung mit differenzierten Fragen zu notwendigen Kompetenzen bei der Unternehmensgründung ziehen. Das Verfahren versteht sich damit als eine beratungsorientierte, systematische Auseinandersetzung mit den eigenen gründungsrelevanten Kompetenzen und Qualifikationen. Es will darüber hinaus auf Bereiche aufmerksam machen, die sich vor dem Hintergrund praxologischer und wissenschaftlicher Arbeiten als bedeutsam für den erfolgreichen Verlauf der

Gründung erwiesen haben. Diese angeleitete Reflexion von kritischen Punkten des Gründungsprozesses ist unverzichtbar, da sich im Verlauf der Entscheidungsfindung, vor allem aber nachdem die Entscheidung getroffen wurde, die Wahrnehmung der potenziell verfügbaren Informationen einengt auf wenige, subjektiv entscheidungsrelevante Informationen. Typischerweise werden vor allem solche Fragen ausgeblendet, die nicht den eigenen Hypothesen und Zielen entsprechen. Da die Gründung einerseits erhebliche Risiken für den weiteren Lebensweg beinhaltet und andererseits einen dynamischen, nicht durchweg rationalen Verlauf zeigt, ist es das Ziel des Founders Check, den Gründern die Möglichkeit einer »erweiterten Rationalität« des Gründungsprozesses zu bieten. Das Verfahren kann sowohl im Rahmen einer intensiven Beratung bzw. eines »Gründercoaching« angewandt werden, als auch als Baustein der persönlichen Auseinandersetzung mit erfolgsrelevanten Bereichen des Gründungsprozesses dienen.

### Theoretische Grundlagen

Das Konzept des Verfahrens folgt dem Gedanken einer angeleiteten und strukturierten Auseinandersetzung mit dem Projekt der Unternehmensgründung, den Anforderungen der Gründung und den dafür vorhandenen Ressourcen. Ähnliche Vorgehensweisen haben sich z.B. in der Berufswahldiagnostik seit vielen Jahren bewährt; sie werden dort vor allem in Verbindung mit entsprechenden Beratungsleistungen eingesetzt.

Die Fragen des Founders Check wurden auf der Grundlage wissenschaftlicher Untersuchungen erarbeitet und von einem Expertengremium hinsichtlich ihrer Bedeutsamkeit geprüft. Das Verfahren wurde vor dem Hintergrund eines steigenden Interesses an Unternehmensgründungen konzipiert, dem hohe Misserfolgsraten gegenüberstehen. Das hohe Risiko, das mit einer Unternehmensgründung verbunden ist, macht die Notwendigkeit eines die Selbstreflexion anregenden Instrumentes deutlich, das sich auch als Grundlage eines Gründercoaching eignet.

### Methodologische Einordnung

Der Founders Check folgt im Wesentlichen zwei Methoden: *erstens* der skalierten Abfrage persönlicher gründungsrelevanter Kompetenzen sowie einschlägiger Qualifikationen und Handlungen und *zweitens* einem Kanon aufeinander abgestimmter offener und geschlossener Fragen, die zu einer verstärkten Selbstreflexion während und nach der Testbearbeitung anregen sollen. Durch die Kombination von auf die eigene Person bezogenen Selbstbeurteilungen und objektiven Daten zu Qualifikationen, Vorerfahrungen und gründungsrelevanten Handlungen ist eine differenzierte Einordnung des persönlichen Standpunktes im Gründungsprozess möglich.

Der Founders Check ist als Selbsttest angelegt, der nach Rücksendung des Testheftes eine ausführliche schriftliche Rückmeldung beinhaltet. Das Ziel des Founders Check liegt in der Einleitung eines differenzierten und strukturierten Selbstklärungsprozesses hinsichtlich des risikoreichen Projektes einer Unternehmensgründung. Der Test versteht sich einerseits als Entscheidungshilfe für an einer Gründung interessierte, aber noch unentschlossene Personen, und andererseits als Hilfe bei der Umsetzung der bereits getroffenen Gründungsentscheidung. Im zweiten Fall liegt der Nutzen des umfangreichen Selbsttests darin, den sich nach einer Entscheidung häufig verengenden Blickwinkel wieder zu erweitern und auf Punkte aufmerksam zu machen, die zwar wichtig für die Gründung sind, aber außerhalb des Aufmerksamkeitsfokus der Gründer liegen. Das Verfahren geht explizit über die schriftliche Rückmeldung hinaus: bereits die Beantwortung der differenzierten Fragen zu bestimmten Bereichen des Gründungsprozesses verlangt von dem Bearbeiter eine ausführliche und tiefgehende Auseinandersetzung mit eigenen Kompetenzen und Anforderungen des Gründungsprozesses, die dann durch die schriftliche Rückmeldung weiter ergänzt wird. Der Test ist u.a. fester Bestandteil des derzeit größten Businessplan Wettbewerbes in Deutschland, der mit seinem Unterstützungsangebot an den Ergebnissen des Tests ansetzt.

Im Vergleich mit den übrigen Selbsttests für Gründungsinteressenten und Gründer handelt es sich bei dem Founders Check um das derzeit umfangreichste und differenzierteste Verfahren.

## Einschätzung der Gütekriterien

Das Verfahren wurde einem umfangreichen Vortest unterzogen, der zur Bereinigung der Testrohform geführt hat. Die Reliabilitäten der neu entwickelten Skalen zeigen durchweg gute bis sehr gute Werte und lassen sich in der theoretisch postulierten Form mit in der Forschung bewährten Skalen in Zusammenhang bringen. Die Rückmeldungen der Teilnehmer des Vortests verweisen zudem auf die hohe thematische Relevanz der erfassten Daten, was für die Zielsetzung des Founders Check als prozess- und beratungsbezogenes Instrument wesentlich ist.

Aus diagnostischer Sicht steht eine Überprüfung der prognostischen Validität des Verfahrens oder bestimmter Verfahrensteile an den Kriterien »Umsetzung des Gründungswunsches« bzw. »Gründungserfolg« noch aus. Entsprechende Studien werden gegenwärtig durchgeführt.

## Fehler- und Problemkritik

Bei der Konzeption des Founders Check wurde großer Wert auf eine transparente Gestaltung der Fragen gelegt. Eine Einschränkung der Antwortqualität auf Grund von mangelndem Verständnis der Fragen sollte damit weitgehend vermieden werden. Da bei dem Verfahren die betroffene Person selbst entscheidet, ob sie die Testauswertung weiteren Personen zur Verfügung stellt, kann ein unmittelbares Interesse an der Brauchbarkeit der Ergebnisse vorausgesetzt werden. Eine Tendenz zur sozialen Erwünschtheit, wie sie bei Testverfahren oder Selbsteinschätzungen bei unmittelbar oder mittelbar karriere- bzw. entlohnungsbezogenen Entscheidungen im beruflichen Bereich vorausgesetzt wird, sollte daher bei dem vorliegenden Verfahren eine zu vernachlässigende Rolle spielen. Grundsätzliche Hinweise darauf, dass die Qualität von Selbstbeurteilungen – gemessen an der Übereinstimmung mit Fremdbeurteilungen – auch von bestimmten an die Person gebundenen Merkmalen beeinflusst wird (z.B. Selbstaufmerksamkeit), machen jedoch deutlich, dass in der Selbstbeurteilung gründungsrelevanter Kompetenzen ein schwer einzuschätzender verzerrender Einfluss liegen kann. Daher muss darauf hingewiesen werden, dass die Brauchbarkeit der erhobenen Daten in hohem Maß von der Person abhängt, die den Test bearbeitet. Innerhalb der Teststruktur wurde versucht, durch eine klare Strukturierung und die Kombination von auf die eigene Person bezogenen Einschätzungen mit der Erfassung objektiver Kennwerte die Datenqualität bereits durch die Testgestaltung zu sichern. Der Einsatz des Founders Check im Rahmen einer weitergehenden Gründungsberatung und die damit mögliche Fremdbeurteilung kann diese mögliche Fehlerquelle minimieren.

Ein Einsatz des Verfahrens zur Beurteilung der Eignung von Gründern sollte vermieden werden, da bei einer Koppelung der Testresultate an ein erwünschtes Ergebnis – z.B. die Vergabe eines Gründungskredites oder von Wagniskapital – eine Tendenz zur sozialen Erwünschtheit bei der Beantwortung der Fragen vorausgesetzt werden muss.

### Ablauf des Messprozesses

Der Founders Check ist derzeit Bestandteil des Handbuches des Münchner Business Plan Wettbewerbes.

Nach der Bearbeitung des dreissig Seiten umfassenden Tests wird das ausgefüllte Testheft an die angegebene zentrale Rücksendeadresse zur Auswertung eingeschickt. Dort wird eine zwölfseitige schriftliche Rückmeldung erstellt und an die Testteilnehmer versandt.

Für die Bearbeitung des Testheftes sind neben einem ruhigen Platz und ausreichender Zeit (etwa eine Stunde) keine weiteren Voraussetzungen nötig. Die Erstellung der schriftlichen Rückmeldung der Testergebnisse erfolgt nach dem Eintreffen der Testhefte in einem Zeitraum von etwa vier Wochen. Die Gutachten werden postalisch an die von den Testteilnehmern angegebene Rücksendeadresse versandt.

Der Founders Check ist an keine personalen Voraussetzungen gebunden. Soll er als Bestandteil eines Gründercoachings eingesetzt werden, gelten die üblichen Anforderungen an die Eignung des Beraters. Es empfiehlt sich, die Rolle des Founders Check im Beratungsprozess bereits zu Beginn zu klären, um sein Potenzial optimal zu nutzen.

Neben dem Testheft und den skizzierten Rahmenbedingungen werden für die Durchführung des Founders Check keine weiteren Voraussetzungen benötigt.

### Referenzen

Zwar wird in vielen Institutionen seit einigen Jahren mit Möglichkeiten der Förderung von Gründern experimentiert und auch die Zahl der Forschergruppen, die sich mit den Grundlagen unternehmerischen Verhaltens befassen, ist in den vergangenen Jahren deutlich angewachsen, doch fehlen weitgehend Instrumente zur Erfassung entsprechender Kompetenzen oder Potenziale. Eine der wenigen Ausnahmen ist der von G.F. Müller (2000, 2001) erarbeitete Fragebogen zur Diagnose unternehmerischer Potenziale (F-DUP). Die Grundlage des Verfahrens sind selbstständigkeitsrelevante Persönlichkeitsmerkmale, deren Ausprägung als Hinweise auf das Vorhandensein unternehmerischen Potenzials gewertet wird. In dem Verfahren wird die Leistungsmotivstärke, die internale Kontrollüberzeugung, die Risikoneigung, die Problemlöseorientierung, das Durchsetzungsvermögen sowie die Ungewissheitstoleranz der Probanden erhoben. Auch für den F-DUP wird die Anwendung im Rahmen der Beratung von Gründern empfohlen (Müller 2001).

Ein Beispiel für die Auswahl von Kandidaten aus Sicht eines Franchisegebers stellt Schuler (1999) dar. Hier steht allerdings die eignungsdiagnostische Thematik einer Fremdauswahl von Kandidaten im Vordergrund. Das multimodale Interview, das zur Bewertung der unternehmerischen Eignung eingesetzt wurde, ist eine gängige Vorgehensweise der Eignungsdiagnostik, die für die zu prüfenden Anforderungen und Eignungskategorien spezifiziert wird.

Weitere Verfahren zur Erfassung gründungsrelevanter Kompetenzen existieren nach dem derzeitigen Kenntnisstand des Autors nicht[1].

Ein dem Founders Check sehr ähnliches Verfahren mit thematisch anderer Ausrichtung ist der Test zur beruflichen Orientierung und Planung (TOP-Test), der ebenfalls in diesem Band dargestellt ist.

---

[1]  Populärwissenschaftliche Selbsttests zur Erfassung der Kompetenzen von Gründern wurden von der Darstellung explizit ausgeschlossen.

## Inhaltliche Struktur des Founders Check, Testskalen und wichtigste Ergebnisse

Der Founders Check umfasst im Wesentlichen vier Teile, die verschiedene Aspekte des Gründungsprozesses erfassen und im Sinne einer vertieften Auseinandersetzung mit der Gründungsthematik angeordnet sind.

Das Ziel des *ersten* Testteils ist die Bestimmung der bislang erreichten Position im Gründungsprozess, wobei neben eigenen Aktivitäten auch wesentliche Ressourcen erfasst werden. Inhaltliche Leitfragen dieses ersten Testteils beziehen sich auf die bereits zurückgelegten Schritte zur Unternehmensgründung, auf wichtige Aspekte der Geschäftsidee sowie auf die Einschätzung des Verhältnisses zu potenziellen Kunden und Konkurrenten.

Im *zweiten* Teil des Founders Check steht die Verwirklichung der Gründungsidee im Mittelpunkt, wobei neben einer vertieften Auseinandersetzung mit möglichen Risiken der Geschäftsidee auch die motivationalen und volitionalen Grundlagen der Aufrechterhaltung des Gründungsprozesses geprüft werden.

Im *dritten* Abschnitt des Tests werden die mit der Unternehmensgründung verfolgten Ziele bearbeitet, wobei die Bearbeitung schrittweise verfeinert wird und in die Formulierung mittel- und langfristig zu erreichender Ziele mündet.

Im *vierten* Teil des Tests stehen schließlich die persönlichen gründungsrelevanten Kompetenzen im Vordergrund. Neben spezifischen unternehmerischen Kompetenzen und persönlichen Kompetenzen, die bestimmte Teilbereiche des unternehmerischen Handelns betreffen (z.B. Umgang mit Fehlern) wird der Umgang des Kandidaten mit Belastungen sowie Kompetenzen aus dem Bereich der sozialen Interaktion thematisiert.

In der folgenden Tabelle 1 ist die inhaltliche Struktur des Tests im Überblick wiedergegeben.

---

**Teil 1: Die gegenwärtige Position im Gründungsprozess**
- Dauer der Beschäftigung mit der Gründungsidee
- Bereits zurückgelegte Schritte auf dem Weg zur Gründung
- Vorerfahrungen
- Nutzen der Geschäftsidee
- Weiterentwicklungsbedarfe der Geschäftsidee
- Bereitschaft Anderer, die Idee aktiv zu unterstützen
- Voraussetzungen für die Umsetzung
- Entstehung und Charakterisierung der Geschäftsidee
- Potenzielle Konkurrenten und Kunden

**Teil 2: Die Verwirklichung der Idee**
- Vorerfahrungen für die Unternehmensführung
- Hauptrisiken bei der Umsetzung der Idee
- Handlungen zur Risikominimierung
- Die Verwirklichung der Idee hemmende Faktoren
- Motivationale und volitionale Prozessfaktoren
- Subjektive Schwierigkeit der mit der Gründung verbundenen Aufgaben

| Teil 3: Die mit der Gründung verfolgten Ziele |
| --- |
| • Gründungssituation<br>• Berufliche Ziele<br>• Bereits erreichte Ziele<br>• Mittel- und langfristige Ziele |
| Teil 4: Persönliche gründungsrelevante Kompetenzen |
| • Unternehmerische Kompetenzen<br>• Handeln bei Zielerreichung<br>• Einstellung gegenüber Fehlern<br>• Eigenverantwortliches Handeln<br>• Belastende Situationen im Arbeitsleben<br>• Proaktivität<br>• Soziale Eindruckssteuerung |

Tab. 1: Der Founders Check im Überblick

128 Teilnehmer des Münchner Business Plan Wettbewerbes 1999/2000 wurden mit einer umfangreichen Pretestversion des Founders Check befragt, die neben den vorläufigen Testskalen auch bereits erprobte Kontrollskalen enthielt. Der Pretest sollte Aufschluss über die Zuverlässigkeit der zahlreichen neuentwickelten Skalen geben, die in überarbeiteter Fassung in den Founders Check eingingen.

In der folgenden Tabelle 2 sind die wesentlichen Skalen und ihre Kennwerte wiedergegeben.

| Motivationale und volitionale Prozessfaktoren | Cronbach´s $\alpha$ | N of Items |
| --- | --- | --- |
| • Entschlossenheit zur Umsetzung der Idee | .82 | 7 |
| • Emotionale Vorbehalte gegenüber der Umsetzung der Idee | .81 | 7 |
| • Opferbereitschaft | .75 | 3 |
| • Commitment an die Idee | .78 | 4 |
| • Gründungsbezogene Selbstwirksamkeit | .84 | 4 |
| • Risikoreflektion | .72 | 4 |
| Unternehmerische Kompetenzen | | |
| • Organisations- und Kordinationsgeschick | .77 | 4 |
| • Führungskompetenz | .83 | 6 |
| • Gründungsrelevante Vorerfahrungen | .74 | 3 |
| • Sensibilität für den Markt | .66 | 3 |
| Umgang mit Fehlern | | |
| • Belastetheit | .73 | 5 |
| • Emotionale Reaktion | .81 | 8 |
| • Ärger über eigene Fehler | .74 | 3 |
| • Offener Umgang mit Fehlern | .73 | 4 |
| Soziale Eindruckssteuerung | | |
| • Aktives Darstellen eigener Vorzüge | .84 | 6 |
| • Interaktionsbezogene Selbstwirksamkeitserwartung | .86 | 5 |
| • Prozesskompetenz | .73 | 5 |
| Proaktivität | .82 | 1 |

Tab. 2: Kennwerte der zentralen Skalen

| | (1) | (2) | (3) | (4) | (5) | (6) | (7) | (8) | (9) | (10) | (11) | (12) | (13) | (14) | (15) | (16) | (17) | (18) |
|---|---|---|---|---|---|---|---|---|---|---|---|---|---|---|---|---|---|---|
| **Motivationale und volitionale Prozessfaktoren** | | | | | | | | | | | | | | | | | | |
| (1) Entschlossenheit zur Umsetzung der Idee | -.- | -.50*** | .73*** | .66*** | .60*** | .36*** | .20* | .13 | .31** | .34*** | -.05 | -.03 | -.06 | .08 | .15 | .23* | -.09 | .44*** |
| (2) Emotionale Vorbehalte gegenüber d. Umsetzung d. Idee | | -.- | -.31** | -.34*** | -.55*** | -.33*** | -.26** | -.31** | -.38*** | -.35*** | -.23 | .20* | .22* | -.13 | .02 | -.19* | .45*** | -.35** |
| (3) Opferbereitschaft | | | -.- | .49*** | .36*** | -.28** | .10 | .11 | .36*** | .32*** | -.12 | .07 | .07 | .12 | .15 | .08 | .09 | .33*** |
| (4) Commitment an die Idee | | | | -.- | .46*** | -.29** | .11 | .17 | .34*** | .36*** | -.04 | .01 | .09 | .06 | .17 | .37*** | -.03 | .37*** |
| (5) Gründungsbezogene Selbstwirksamkeit | | | | | -.- | -.13 | .32*** | .25* | .45*** | .26** | .14 | -.20* | -.19* | .15 | .17 | .26** | -.29** | .45*** |
| (6) Risikoreflektion | | | | | | -.- | .22* | .04 | -.02 | .01 | .02 | .00 | -.14 | .18* | .01 | -.09 | .07 | -.04 |
| **Unternehmerische Kompetenzen** | | | | | | | | | | | | | | | | | | |
| (7) Organisations- und Koordinationsgeschick | | | | | | | -.- | .60*** | .36*** | .44*** | .17 | -.22* | -.21* | .17 | .12 | .21* | -.27** | .43*** |
| (8) Führungskompetenz | | | | | | | | -.- | .28** | .35*** | .10 | -.17 | .09 | .13 | .19* | .40*** | -.27** | .46*** |
| (9) Gründungsrelevante Vorerfahrungen | | | | | | | | | -.- | .38*** | .06 | -.14 | -.02 | .09 | .19* | .14 | -.22* | .40*** |
| (10) Sensibilität für den Markt | | | | | | | | | | -.- | .08 | -.11 | -.01 | .12 | -.01 | .14 | -.04 | .46*** |
| **Umgang mit Fehlern** | | | | | | | | | | | | | | | | | | |
| (11) Belastetheit | | | | | | | | | | | -.- | .38*** | .42*** | .15 | -.28** | .10 | -.38*** | .10 |
| (12) Emotionale Reaktion | | | | | | | | | | | | -.- | .43*** | -.04 | .17 | -.08 | .33*** | -.19* |
| (13) Ärger über eigene Fehler | | | | | | | | | | | | | -.- | -.15 | .18* | -.11 | .33*** | -.12 |
| (14) Offener Umgang mit Fehlern | | | | | | | | | | | | | | -.- | .23** | -.02 | -.07 | .32** |
| **Soziale Eindruckssteuerung** | | | | | | | | | | | | | | | | | | |
| (15) Aktives Darstellen eigener Vorzüge | | | | | | | | | | | | | | | -.- | .14 | .22* | .28** |
| (16) Interaktionsbezogene Selbstwirksamkeitserwartung | | | | | | | | | | | | | | | | -.- | -.37*** | .43*** |
| (17) Prozesskompetenz | | | | | | | | | | | | | | | | | -.- | -.26** |
| (18) Proaktivität | | | | | | | | | | | | | | | | | | -.- |

Tab. 3: Interkorrelationen der zentralen Skalen

Mit Ausnahme der Skala zur Erfassung der Proaktivität – einer ins Deutsche übersetzten und gekürzten Fassung der von Bateman und Crant (1993) entwickelten Proactive Personality Scale wurden die dargestellten Skalen neu entwickelt. Der Fragebogen zur Proaktiven Persönlichkeit hat sich in anderen Untersuchungen und an anderen Stichproben bereits bewährt.

Die wiedergegebenen Daten weisen für die neuentwickelten Skalen zufriedenstellende bis sehr gute Reliabilitäten auf. Die Relevanz der erfassten Bereiche wurde durch die bereits erwähnten Rückkoppelungen mit in diesem Bereich praktisch tätigen Experten gewährleistet. Die Konstruktvalidität der Skalen des Founders Check bestätigt sich sowohl durch die Binnenkorrelationen (vgl. Tabelle 3) als auch durch die Korrelationen mit Außenkriterien (vgl. Tabelle 4).

| Motivationale und volitionale Prozessfaktoren | (1) | (2) | (3) | (4) | (5) | (6) | (7) | (8) | (9) | (10) |
|---|---|---|---|---|---|---|---|---|---|---|
| Entschlossenheit zur Umsetzung der Idee | .08 | .18* | .15 | .19* | .24* | .01 | -.13 | .01 | -.02 | .29** |
| Emotionale Vorbehalte gegenüber d. Umsetzung d. Idee | .18* | -.11 | -.07 | -.18* | -.09 | .11 | .12 | .11 | .42*** | -.31*** |
| Opferbereitschaft | .10 | .16 | .18* | .05 | .18* | .05 | -.11 | -.01 | .09 | .12 |
| Commitment an die Idee | .06 | .33*** | .14 | .21* | .13 | -.04 | -.12 | .08 | .03 | .27** |
| Gründungsbezogene Selbstwirksamkeit | -.10 | .30*** | .08 | .39*** | .13 | .01 | -.14 | -.04 | -.37*** | .50*** |
| Risikoreflektion | -.11 | -.04 | -.20* | .02 | -.14 | .10 | .08 | .02 | -.05 | -.02 |
| **Unternehmerische Kompetenzen** | | | | | | | | | | |
| Organisations- und Koordinationsgeschick | -.07 | .21* | -.20* | .24** | .09 | .20* | .12 | -.06 | -.34*** | .39*** |
| Führungskompetenz | -.09 | .19* | -.06 | .26** | .06 | .30*** | .26** | .20* | -.31*** | 30*** |
| Gründungsrelevante Vorerfahrungen | -.06 | .20* | -.02 | .17 | .06 | .04 | -.03 | -.03 | -.22* | .24** |
| Sensibilität für den Markt | -.07 | .22* | -.11 | .15 | .11 | .20* | .04 | .11 | -.14 | .25** |
| **Umgang mit Fehlern** | | | | | | | | | | |
| Belastetheit | .24** | .13 | .24** | -.03 | .08 | -.06 | .11 | .07 | .50*** | -.13 |
| Emotionale Reaktion | .17 | .17 | .17 | -.18* | .09 | -.03 | .10 | .01 | .41*** | -.04 |
| Ärger über eigene Fehler | .07 | .10 | .25** | -.14 | .03 | -.07 | .14 | .00 | .41*** | -.21* |
| Offener Umgang mit Fehlern | -.01 | .21* | -.04 | .20 | .08 | .12 | .12 | .08 | -.16 | .24** |
| **Soziale Eindruckssteuerung** | | | | | | | | | | |
| Aktives Darstellen eigener Vorzüge | .05 | .37*** | .30*** | .23** | .23** | .13 | .12 | .07 | .14 | .11 |
| Interaktionsbezogene Selbstwirksamkeitserwartung | -.05 | .18* | .04 | .26** | .17 | .12 | .10 | .05 | -.25** | .27** |
| Prozesskompetenz | .25** | .03 | .19* | -.15 | .04 | .05 | .09 | .09 | .66*** | -.27** |
| **Proaktivität** | .03 | .30*** | .03 | .39*** | .33*** | .20* | .04 | .10 | -.31*** | .57*** |

(1) Tätigkeitszentriertheit; (2) Zweckzentriertheit; (3) Lebensziel »Macht«; (4) Lebensziel »Leistung«; (5) Lebensziel »Abwechslung«; (6) Lebensziel »Intimität«; (7) Lebensziel »Altruismus«; (8) Lebensziel »Affiliation«; (9) Leistungsmotivationskomponente »Furcht vor Misserfolg«; (10) Leistungsmotivationskomponente »Hoffnung auf Erfolg«.

Tab. 4: Korrelationen der zentralen Skalen mit Außenkriterien

Als Außenkriterium zur Beurteilung der Konstruktvalidität wurde zunächst der von Pöhlmann und Brunstein (1997) entwickelte Fragebogen zur Messung von Lebenszielen GOALS herangezogen. Das Verfahren unterscheidet sechs Lebensziele (Intimität, Affiliation, Altruismus, Macht, Leistung, Abwechslung), die als zentrale Gestaltungskomponenten des Lebenslaufes angesehen werden. Im Vergleich mit einer Stichprobe von nicht bzw. moderat an einer Gründung interessierten Personen differenziert das Verfahren in allen Lebenszielen in Abhängigkeit von der Position im Gründungsprozess (Lang-von Wins 2001); es kann also als relevantes Außenkriterium für die Skalen des Founders Check betrachtet werden. Als weiteres Außenkriterium wurde eine deutsche Fassung der Achievement Motives Scale in der Übersetzung von Göttert und Kuhl (1980; vgl. Dahme et al. 1993) eingesetzt. Der Fragebogen unterscheidet zwischen der Hoffnung auf Erfolg und der Furcht vor Misserfolg und erfasst damit die klassischen Komponenten der Leistungsmotivation. Das Konstrukt der Leistungsmotivation hat in zahlreichen Studien seine Relevanz für den Sektor der Unternehmertumsforschung erwiesen. Als drittes Außenkriterium wurde schließlich die von Rheinberg (1989) entwickelte Anreizfokus-Skala eingesetzt. Darin wird zwischen der Tätigkeits- bzw. Zweckorientierung von Personen unterschieden, ein Konstrukt, das eine Weiterentwicklung und Differenzierung der motivationspsychologischen Dichotomie von intrinsischer und extrinsischer Motivation darstellt. Statistische Analysen konnten zeigen, dass auch in Bezug auf die Tätigkeits- und Zweckzentriertheit in Abhängigkeit von der Nähe zur Gründung eindeutige Unterschiede zwischen den Gruppen nachweisbar sind, die sich theoretisch gut erklären lassen (Lang-von Wins 2001). Damit kann auch das Konstrukt der Anreizfokussierung als relevant für die Beurteilung der im Founders Check neu entwickelten Skalen gelten.

Auch weitere Überprüfungen erhärten die Konstruktvalidität der im Founders Check enthaltenen Skalen. Ein Vergleich der in der Preteststichprobe vertretenen Mehrfachgründer deutet darauf hin, dass der Founders Check in der zu erwartenden Weise zwischen Mehrfachgründern und Erstgründern unterscheidet (Lang-von Wins 2001). Bei den motivationalen und volitionalen Einflussgrößen weisen Mehrfachgründer bei der Opferbereitschaft, dem geäußerten Commitment an die Idee, der gründungsbezogenen Selbstwirksamkeitserwartung und der generellen Entschlossenheit zur Umsetzung der Idee signifikant höhere Werte auf als Erstgründer. Das Ausmaß an emotionalen Vorbehalten gegen die Umsetzung der Idee fällt dagegen signifikant niedriger aus. Diese Werte entsprechen den in der Literatur diskutierten Annahmen.

## Entwicklungsmöglichkeiten

Der Founders Check ist ein Selbsttest, der sich primär an Personen richtet, die sich mit der Idee der Gründung eines Unternehmens tragen. Durch die Breite der abgefragten Bereiche deckt er ein großes Spektrum an unterschiedlichen Fragen ab. Da es sich um ein neu entwickeltes Verfahren handelt, liegen bislang noch keine ausgedehnten Erfahrungen vor, die den Einsatz im Rahmen eines Gründercoachings betreffen. Hier liegen wesentliche Entwicklungsmöglichkeiten des Verfahrens, die in der weiteren Fortentwicklung zu einer Anpassung führen können.

Der Founders Check versteht sich grundsätzlich als ein Verfahren, das für Weiterentwicklungen offen ist. Durch seine explizite Anlage als Selbsttest ist es nicht notwendig, Normen für bestimmte Gruppen zu entwickeln, da viele der zugrundeliegenden Annahmen selbst normativen Charakter haben. Eine Weiterentwicklung und Anpassung des Verfahrens an veränderte Einsatzbedingungen ist daher sinnvoll und ohne großen Aufwand möglich.

## Nutzen für den Bereich der Gründerausbildung

Die Ausbildung von Gründern ist noch kein strukturiertes und inhaltlich klares Feld, das auf theoretisch geteilte Grundlagen verweisen kann. Der Founders Check kann vor diesem Hintergrund als ein am unmittelbaren Nutzen für Gründungsinteressierte orientiertes Instrument betrachtet werden, das zu einer vertieften und systematischen Auseinandersetzung mit wesentlichen Fragen der Unternehmensgründung anregt. Für den Prozess der Reflexion der Gründungsentscheidung kann der Founders Check – wie den Rückmeldungen der Pretestteilnehmer zu entnehmen war – großen Nutzen bei der systematischen Klärung der eigenen gründungsbezogenen Vorstellungen erbringen. Da die Gründungsentscheidung offenbar nur zum kleineren Teil rationalen Abwägeprozessen folgt (Lang-von Wins 2001), verfolgt der Founders Check auch das Ziel, die rationalen Grundlagen der Gründungsentscheidung zu verbessern und sich eigener Ressourcen aber auch Schwächen bewusst zu werden. Besonders im Bereich des Gründercoachings – der flankierenden Unterstützung von festgestellten Defiziten bei den Testanden – kann der Founders Check die gezielte Behebung von Defiziten unterstützen.

Da der Founders Check der bisher – zumindest im deutschen Sprachraum – einzige umfassende und nach wissenschaftlichen Kriterien erarbeitete Selbsttest für Unternehmensgründer ist, kann vor dem Hintergrund eines großen Bedürfnisses nach Orientierung bei den Gründern von dem grundsätzlichen Nutzen des Verfahrens für die Zielgruppe ausgegangen werden.

## Erlernbarkeit des Verfahrens

Da das Verfahren fremdausgewertet wird, entfällt das Kriterium der Erlernbarkeit durch die Anwender. Als Ergänzung oder Ausgangspunkt für beratende Maßnahmen kann der Founders Check entsprechend der Erfahrung des Beraters ohne ausgedehnte vorbereitende Aktivitäten eingesetzt werden. Möglichkeiten der Zertifizierung von Gründerberatern, die den Founders Check einsetzen wollen, können beim Autor erfragt werden.

## Einfachheit

Das Verfahren ist darauf ausgelegt, dass es ein Gesamtbild der gründungsrelevanten Bereiche ergibt. Es ist selbsterklärend; in Bezug auf eine zu hohe Komplexität des Tests wurden von den Teilnehmern des Pretests keine Rückmeldungen geäu-ßert. Eine Vereinfachung des Tests im Sinne einer Aufteilung in spezifische Sub-tests ist nicht sinnvoll.

## Weiterführende Materialien

Informationen zum Founders Check sind über die im Autorenverzeichnis angege-bene Adresse zu beziehen.

## Literaturverzeichnis

Bateman, T.S. & Crant, J.M. (1993). The proactive component of organizational behavior. In: Journal of Organizational Behavior, 14, pp. 103-118

Dahme, G.; Jungnickel, D. & Rathje, H. (1993). Güteeigenschaften der Achievement Motives Scale (AMS) von Gjesme und Nygard (1970) in der deutschen Übersetzung von Göttert und Kuhl – Vergleich der Kennwerte norwegischer und deutscher Stichproben. In: Diagnostica, 39, S. 257-270

Göttert, R. & Kuhl, J. (1980). LM-Fragebogen: Deutsche Übersetzung der AMS-Scale von Gjesme und Nygard. Unveröffentlichtes Manuskript, Universität Bochum

Kaschube, J. & Lang-von Wins, T. (1999). Erfahrungen aus einem Gründungswettbewerb an Münchner Hochschulen. In: K. Moser, B. Batinic & J. Zempel (Hrsg.). Unternehmerisch erfolgreiches Handeln. Göttingen, S. 245-262

Lang-von Wins, T. (1999). Wie wird man Unternehmer? Wissenschaftliche Zugänge zu beruf-licher Selbstständigkeit und Unternehmertum. In: L.v. Rosenstiel & T. Lang-von Wins (Hrsg.). Existenzgründung und Unternehmertum. Stuttgart, S. 22-48

Lang-von Wins, T. (2001). Die Psychologie des Unternehmertums. Unveröffentlichte Habili-tationsschrift. München

Lang-von Wins, T. & Kaschube, J. (2000). Berufsorientierungen und Ziele von potentiellen Gründern aus dem Hochschulbereich. In: G.F. Müller (Hrsg.). Existenzgründung und unternehmerisches Handeln: Forschung und Förderung. Landau, S. 19-35

Müller, G.F. (2000). Fragebogen zur Diagnose unternehmerischer Potentiale (F-DUP). Landau

Müller, G.F. (2001). F-DUP – Fragebogen zur Diagnose unternehmerischer Potentiale. In: W. Sarges & H. Wottawa (Hrsg.). Handbuch wirtschaftspsychologischer Testverfahren. Lengerich, S. 247-250

Pöhlmann, K. & Brunstein, J.C. (1997). GOALS: Ein Fragebogen zur Messung von Lebens-zielen. In: Diagnostica, 43, S. 63-79

Rheinberg, F. (1989). Zweck und Tätigkeit. Göttingen

Schuler, H. (1999). Auswahl von Gründungsunternehmern mittels Interview – Ein Erfahrungs-bericht. In: K. Moser, B. Batinic & J. Zempel (Hrsg.) Unternehmerisch erfolgreiches Han-deln. Göttingen, S. 145-154

# Revidierter Allgemeiner Büroarbeitstest (ABAT-R)

## Heinz Schuler

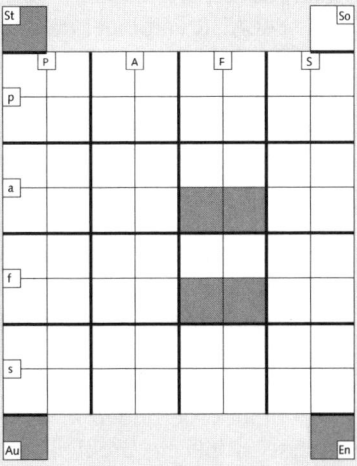

## Rasterdarstellung

### Schlagworte

Arbeitsprobe; Bürotest; kaufmännische Tätigkeiten; verbale und numerische Fähigkeiten

### Entwickler

Prof. Dr. Dr. h.c. Gustav A. Lienert†, Prof. Dr. Heinz Schuler, Lehrstuhl für Psychologie, Universität Hohenheim, Stuttgart

### Kompetenzdefinition

Büroberufe erfordern die Handhabung elementarlogischer Operationen mit verbalem und numerischem Material sowie sorgfältiges Prüfen und Korrigieren. Bei diesen Fähigkeiten und Fertigkeiten handelt es sich um Kompetenzen, die prinzipiell erlernbar und übbar sind. Gleichzeitig sind sie interessen- und fähigkeitsabhängig, was der Trainierbarkeit Grenzen setzt und sie für die Berufsberatung sowie Personalauswahl zu relevanten Konstrukten macht.

### Zielstellungen

Zur Berufsberatung für Schüler, Umschüler und Rehabilitanden ermöglicht der ABAT-R eine verlässliche Erfassung der erforderlichen Fähigkeiten und Fertigkeiten. Gleichzeitig gibt der Test dem Interessenten Aufschluss über die beruflichen Anforderungen und ermöglicht eine fundierte Berufswahl. Für die Personalauswahl

ermöglicht das Verfahren bei begrenztem Zeitaufwand die Erfassung der wichtigsten Kompetenzen, ohne weitere als schulische Kenntnisse oder berufliche Erfahrung vorauszusetzen. Für die Personalentwicklung zeigt der ABAT-R Ansatzpunkte
des Entwicklungs- und Trainingsbedarfs auf.

## Theoretische Grundlagen

Der ABAT-R verbindet den Konstruktansatz mit dem Simulationsansatz der Berufseignungsdiagnostik (s. hierzu Schuler & Funke 1995). Auf der »Oberfläche« der
Messung werden Fertigkeiten erfasst, wie sie für Bürotätigkeiten anforderungs-
entsprechend sind (z.B. Kategorisieren). »Hinter« diesen Prozessen stehen generelle kognitive Fähigkeiten, wie sie auch mit klassischen Intelligenztests gemessen
werden. Während die Simulationsebene des ABAT-R die analoge Testwertinter-
pretation unterstützt, die für Arbeitsproben charakteristisch ist und Transparenz
sowie Akzeptanz gewährleistet, stellt die Konstruktebene sicher, dass gleichzeitig allgemeine, in ihrer Validität generalisierbare Fähigkeitsfaktoren ermittelt werden. Überdies wird Arbeitssorgfalt erfasst, eine Facette des Persönlichkeitsmerk-
mals Gewissenhaftigkeit, einer personalen Teilkompetenz.
Sowohl bei konventioneller wie bei EDV-gestützter Arbeitsweise bestehen die
Grundanforderungen in Büroberufen in rascher und qualitätsorientierter Arbeitsweise, wobei ein Großteil der Arbeitszeit mit dem Sichten, Vergleichen, Kategorisieren und Kontrollieren von Information in verbaler und numerischer Form verbracht
wird. Verbale und numerische Fähigkeiten sowie Bearbeitungsgeschwindigkeit und,
insbesondere bei komplexeren Aufgaben, Verarbeitungskapazität stellen die wichtigsten Fähigkeitsanforderungen erfolgreicher Tätigkeit in Büroberufen dar.

## Methodologische Einordnung

Auf der Simulationsebene der arbeitsprobenartigen Gestaltung (s. Konstruktions-
grundlagen) lassen sich die erfassten Fertigkeiten gut mit den Bezeichnungen der
Subtests identifizieren: Kundenbriefe-Sortieren, Adressen-Prüfen, Summen-Prü-
fen, Rechtschreibung-Korrigieren, Textaufgaben-Lösen, Zeichen-Setzen. Auf der
Ebene der psychologischen Konstrukte ließen sich durch die Validitätsstudien insbesondere von Schmidt (1993) vier Faktoren nachweisen, die im Berliner Intelligenzstrukturmodell (Jäger 1984) zu den Kernfaktoren geistiger Leistung zählen:
Verarbeitungskapazität, Bearbeitungsgeschwindigkeit, verbale Fähigkeiten und
numerische Fähigkeiten.
Der ABAT-R kann deshalb sowohl als Testverfahren wie auch als Arbeitsprobe gelten, was seine hohe Validität verständlich macht.
Die Fragevorgabe erfolgt entweder in unmittelbarer Entsprechung zur Gestalt der
entsprechenden beruflichen Aufgaben oder in symbolischer Analogie dazu. Die
Antwortformate sind als Mehrfachwahl vorgegeben oder es sind kurze Eintragungen, Fehlerkorrekturen oder Richtigkeitsvermerke vorzunehmen.
Die 6 Subtests sind durch unterschiedliche Aufgabenzahlen repräsentiert, die jeweils
ein Reliabilitäts-/Zeit-Optimum darstellen.

## Einschätzung der Gütekriterien

*Objektivität*
Bei Beachtung der Anweisungen für Durchführung, Auswertung und Interpretation ist vollständige Objektivität gegeben.

*Reliabilität*
Der Paralleltestkoeffizient für die Stanine-Summe beträgt r=.79, die Retest-Reliabilität nach einem Intervall von acht Wochen wurde mit r=.83 ermittelt. Der Übungsgewinn bei Testwiederholung beläuft sich auf ca. 0.4 bzw. 0.7 Standardabweichungen bei Vorgabe der Parallelversion bzw. der gleichen Testversion.

*Validität*
Da im ABAT-R Fähigkeiten erhoben werden, die wichtigen Anforderungsmerkmalen für Bürotätigkeiten entsprechen, kann für das Verfahren inhaltliche Validität konstatiert werden. Bezüglich der faktoriellen Validität konnten neben einem verbalen und einem numerischen Faktor auch die Intelligenzfaktoren Bearbeitungsgeschwindigkeit und Verarbeitungskapazität gefunden werden. Korrelationen mit verwandten Verfahren, darunter auch Intelligenztests, sind mittel bis hoch, mit dem Leistungs-Prüf-System (Horn 1983) beträgt sie r=.67.
Angaben zur prognostischen Validität sind derzeit noch auf Studien angewiesen, die mit dem Vorgängerverfahren ABAT durchgeführt wurden. Die Korrelationen zwischen Testergebnis (Gesamtwert) und Indikatoren von Ausbildungs- sowie Berufsleistung liegen zwischen r=.44 und r=.71.

## Fehler- und Problemkritik

Klassische Intelligenztests werden von Probanden in Personalauswahlsituationen weniger geschätzt als Arbeitsproben (Schuler 2000). Dies wird vom ABAT-R insofern genutzt, als der Arbeitsprobencharakter aus der Sicht der Testteilnehmer überwiegt. Andererseits kann speziell bei geringer vorgebildeten Probanden (Hauptschüler) der Anteil der Rechenaufgaben zu Motivationsproblemen führen, wenn ihnen ihre geringe Leistung erkennbar wird. Schon auf der Bildungsebene des – für Bürotätigkeiten üblichen – Realschulabschlusses sind jedoch alle Aufgaben unproblematisch. Nachdem das Verfahren bisher nur in Papierform existiert, können damit nicht gleichzeitig entsprechende Fertigkeiten am Computer erfasst werden. Für die zu erfassenden Fähigkeitskonstrukte ist dies jedoch unerheblich. Überdies wird durch die Papierversion die mögliche Benachteiligung weiblicher Testteilnehmer vermieden, deren vorberufliche Computergeübtheit häufig geringer ist als die männlicher Teilnehmer.

## Ablauf des Messprozesses

*Räumliche Voraussetzungen*
Das Verfahren kann in Einzeldurchführung oder als Gruppentest vorgesehen werden. Insofern können die Durchführungen den räumlichen Gegebenheiten angepasst werden. Die Verfügbarkeit zweier Parallelformen begünstigt die Durchführung auch bei beengten Raumverhältnissen.

*Zeitliche Voraussetzungen*
Die Bearbeitungszeit beträgt für alle Untertests insgesamt 28 Minuten, die Durchführungszeit inklusive Anweisungen beläuft sich auf ca. 45 Minuten.
Der Zeitbedarf für die Auswertung beträgt bei geübten Anwendern etwa 10 Minuten (inklusive Ermittlung der Normwerte).

*Personale Voraussetzungen*
Zielgruppe sind Personen beiderlei Geschlechts und jeglichen Bildungsniveaus ab 14 Jahre. Die Teilnehmeranzahl ist grundsätzlich unbegrenzt; üblicherweise ist Klassenzimmerstärke die angemessene Personenzahl für Gruppendurchführungen.
Die Durchführenden müssen mit dem Verfahren vertraut sein. Durchführung und Auswertung können auch von Hilfskräften vorgenommen werden.

*Technische Voraussetzungen*
Zur Durchführung ist für jeden Teilnehmer ein Testheft (Form A oder B, jeweils 16 Seiten) erforderlich. Die Auswertung wird mit Hilfe von Schablonen durchgeführt. Weiteres Material zur Moderation oder Visualisierung ist nicht erforderlich. Die Interpretation erfolgt mittels Normtabellen.

## Referenzen
Die übrigen verfügbaren Büroarbeitstests sind durchwegs älteren Datums. Referenzverfahren für den ABAT-R ist das Berliner Intelligenzstrukturmodell, wie es im Berliner Intelligenzstrukturtest realisiert ist (Jäger et al. 1997).
Der ABAT-R gehört zu den in Unternehmen und Verwaltungsorganisationen am häufigsten eingesetzten Verfahren. Eine Großorganisation der Kreditwirtschaft hat mit einer Parallelform des Vorgängerverfahrens (ABAT) bis 1999 ca. 1 Mio. Testanwendungen bei Bewerbern um Ausbildungsplätze durchgeführt.

## Literaturverzeichnis

Jäger, A.O. (1984). Intelligenzstrukturforschung: Konkurrierende Modelle, neue Entwicklungen, Perspektiven. In: Psychologische Rundschau, 35, S. 21-35

Jäger, A.O.; Süß, H.-M. & Beauducel, A. (1997). Berliner Intelligenzstruktur-Test (BIS, Form 4). Göttingen

Schmidt, J.U. (1993). Der Allgemeine Büroarbeitstest (ABAT) – mehr als ein Bürotest? In: Diagnostica, 39, S. 151-168

Schuler, H. (2000). Psychologische Personalauswahl. Einführung in die Berufseignungsdiagnostik, 3. Auf. Göttingen

Schuler, H. & Funke, U. (1995). Diagnose beruflicher Eignung und Leistung. In: H. Schuler (Hrsg.), Lehrbuch Organisationspsychologie, 2. Auf. Bern, S. 235-283

Handwörterbuch Kompetenzmessung ABAT-R (1994). 3. Aufl., Göttingen

# Wissensdiagnose auf Basis von Assoziieren und Struktur-Legen

Heinz-Jürgen Rothe

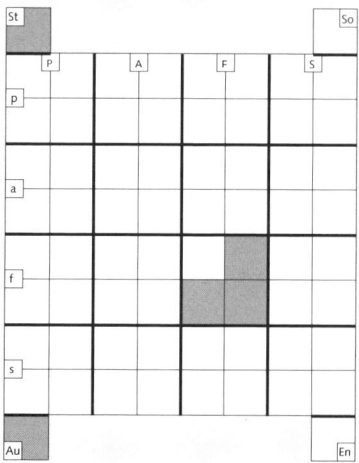

## Rasterdarstellung

### Schlagworte
Assoziieren; Begriffe; Begriffsnetzwerk; semantische Relationen; Struktur-Lege-Technik; Wissen

### Entwickler
Prof. Dr. Heinz-Jürgen Rothe, Institut für Psychologie, Universität Potsdam

### Kompetenzdefinition
Unter Kompetenz wird die Befähigung eines Individuums zur Selbstorganisation seines Handelns mit dem Ziel der effizienten Lösung von Aufgaben und Problemen in einem spezifischen Tätigkeitsbereich verstanden. Fachspezifisches Fakten- und Handlungswissen wird als notwendige, aber nicht hinreichende Voraussetzung für kompetentes Handeln angesehen.

### Zielstellungen
Mit dem aus der Kombination von Assoziieren und Struktur-Legen bestehendem Verfahren soll verbalisierbares Fakten- und Handlungswissen einer Person erfasst und bewertet werden. Durch die Struktur-Lege-Komponente wird eine Visualisierung des Wissens ermöglicht, die es der getesteten Person erleichtern soll, ihren Gedächtnisbesitz zu aktivieren bzw. zu reproduzieren. Der Einsatz der Methode ist nicht auf bestimmte Wissensdomänen beschränkt und er erfordert vom Anwender keine vorherige Übung der Durchführungsschritte. Die Ausdehnung des Wissens-

bereiches und damit der Zeitaufwand für die Wissensdiagnose kann vom Anwender bestimmt werden. In Abhängigkeit von seinen jeweiligen Intentionen ist das konkrete Vorgehen modifizierbar. Zur Klärung von zwei generellen Fragestellungen sollen die erhobenen Daten beitragen:

- Wenn Inhalt und Struktur eines fachspezifischen Wissensbereiches im Prinzip bekannt sind, kann mit der Methode geprüft werden, inwieweit eine Person über dieses Wissen verfügt.
- Im längsschnittlichen Design oder im Falle von Erhebungen vor und nach Interventionen (z.B. Weiterbildungsmaßnahmen, Änderungen von Arbeitsaufgaben) kann abgeschätzt werden, wie sich individuelle Wissensstrukturen verändert haben.

Die Klärung beider Fragen ist für die Gestaltung eines effektiven Wissensmanagements in Organisationen von großer Relevanz.

## Theoretische Grundlagen

Die theoretische Grundannahme bei einem Wort-Assoziations-Versuch besagt, dass gerade jene Begriffe auf einen Stimulusbegriff genannt werden, die mit letzterem im Individualgedächtnis verknüpft sind. Eine problemgeschichtliche Zusammenschau der mit dem Assoziationskonzept gewonnenen Erkenntnisse gibt Strube (1984). Die Ergebnisse der zahlreichen Assoziationsversuche lassen sich auf der Basis der Annahme einer netzwerkanalogen Repräsentation zumindest des deklarativen Fakten- und Handlungswissens interpretieren. Entsprechend dem Ansatz von Klix und Mitarbeitern über die Organisation des menschlichen Gedächtnisses (s. Hoffmann 1986; Klix 1992; van der Meer 1990, 1995) sind die auf Stimulusbegriffe geäußerten Assoziationen durch wohl definierte, logisch unterscheidbare semantische Relationen miteinander verbunden. Deren strukturelle Repräsentation im Individualgedächtnis lässt sich durch die Struktur-Lege-Technik aufdecken. Dabei handelt es sich hier um eine modifizierte Form des von Scheele & Groeben (1984) entwickelten Verfahrens. Personen werden instruiert, Karten, die mit Begriffen und Beschreibungen semantischer Relationen beschriftet sind, so auszulegen, wie es ihrem Wissensbesitz entspricht. Die Externalisierung des individuellen Wissens wird durch die Visualisierung von Begriffen und Relationen sowie durch die leichte Manipulierbarkeit bereits gelegter Strukturen gefördert. Die Struktur-Lege-Methode ist erfolgreich in der Lehr-Lern-Forschung zur Ermittlung von Lernfortschritten (s. z.B. Mandl & Ballstaedt 1986; Scheele 1992; Mandl & Fischer 2000) und zur Wissenserfassung im Vorfeld der Entwicklung von wissensbasierten Systemen eingesetzt (s. z.B. Bonato 1990; Firlej 1991; Hacker et al. 1995).

## Methodologische Einordnung

Mit Sprung & Sprung (1984) wird davon ausgegangen, dass Diagnostik immer »die Prüfung bekannter Erscheinungen in ihrem speziellen Realisierungsgrad im Individuum und/oder in einer Gruppe von Individuen darstellt« (S. 213). Dem entsprechend kann Wissensdiagnose als Ermittlung und qualitativ-quantitative Beschreibung von Inhalt und Organisation der gedächtnismäßigen Repräsentation von Wissen bei Individuen aufgefasst werden. Der wissensdiagnostische Prozess mittels Assoziieren und Struktur-Legen lässt sich dann folgendermaßen beschreiben:

**Analyse**: Ausgehend von einer übergeordneten Zielstellung wie z.B. kompetenz-fördernde Arbeitsgestaltung, Eignungsermittlung oder Bestimmung von Aus- und Weiterbildungsinhalten führt der Untersucher Dokumentenanalysen und Experteninterviews durch. Ergebnis sind allgemeine Beschreibungen von Wissensdomänen, die die Ableitung von Stimulusbegriffen für das Assoziieren erlauben. Ausgangsmaterial für das Struktur-Legen sind die von Personen assoziierten Begriffe und ein vorgegebener Satz von semantischen Relationen.

**Synthese**: Mit Hilfe der Methodenkombination werden qualitative und quantitative Kenndaten über das individuelle, domänspezifische Wissen von Personen erhoben. Dazu gehören z.B. die inhaltliche Bedeutung von assoziierten Begriffen und deren Position in Assoziationsketten, Art und Häufigkeit gelegter Begriffe und Relationen sowie Regularitäten in gelegten Strukturen.

**Induktion**: Unter Verwendung statistischer Verfahren werden die erhobenen Daten ausgewertet und entsprechend der Annahme einer netzwerkanalogen Wissensrepräsentation im menschlichen Gedächtnis zu einer Charakteristik hinsichtlich des individuellen und/oder gruppenspezifischen Wissens integriert. Dabei wendet der Untersucher die allgemeinen Induktionsregeln an.

**Deduktion**: Die gewonnenen Vorstellungen über die individuellen Wissensrepräsentationen ermöglichen die Ableitung von Prädiktionen, z.B. über die Art und Weise der Lösung von Aufgaben mit Hilfe des ermittelten Wissensbesitzes, die in weiteren Untersuchungen überprüft werden.

### Einschätzung der Gütekriterien

Für die hier vorgestellte Wissensdiagnose auf der Basis von Assoziieren und Struktur-Legen befindet sich die Verfahrensentwicklung in einem frühen Stadium. Die Inhaltsvalidität und Durchführungsobjektivität können als gegeben angesehen werden. Die Reliabilität und Auswerteobjektivität müssen in den geplanten Studien ermittelt bzw. gesichert werden. Darüber hinaus wird es vor allem um die Bestimmung der prognostischen Validität gehen, d.h., es ist zu klären, inwieweit die Ergebnisse der miteinander verknüpften beiden Methoden kompetentes Handeln in den für die diagnostizierten Wissensstrukturen relevanten Domänen vorauszusagen vermögen. Ein besonderes Problem stellt dabei die Bestimmung adäquater Kenngrößen zur Quantifizierung der erfassten Wissensstrukturen dar. Zumindest für Begriffsnetzwerke wird in der einschlägigen Literatur über Ansätze zu ihrer Bewertung berichtet. Als Beispiele seien hier die graphentheoretische Analyse von Bonato (1990) und die Validierungsstudien zur Netzwerk-Elaborierungs-Technik von Eckert (1998 und 2000) genannt.

### Fehler- und Problemkritik

In der jüngsten Vergangenheit sind bemerkenswerte Fortschritte bei der Entwicklung wissensdiagnostischer Instrumentarien auf der Basis von Struktur-Lege-Techniken erzielt worden (s. Mandl & Fischer 2000). Sie beziehen sich insbesondere auf Standardisierungen der häufig computergestützten Durchführung des »Kartenlegens« und auf theoretisch begründete Ableitungen von Kenngrößen gelegter Strukturen, mit denen quantitative Bewertungen möglich sind. Vergleichsweise wenig methodenkritische Beachtung wurde aber bisher der Bestimmung der Karteninhalte geschenkt. Inhalte von Relationskarten reichen von individuumspezifischen, nicht reglementierten Beschreibungen der Beziehungen zwischen zwei Begriffen bis hin zur Vorgabe eines festen Satzes definierter Relationen. Die in Beziehung zueinander zu legenden Begriffe gibt der Untersucher auf Grund seiner subjektiven Überzeugung vor, dass es sich dabei um die relevanten Sachverhalte in einer Wissensdomäne handelt. Diesem Mangel der relativen Beliebigkeit der Kartenbeschriftung wird im vorliegenden Ansatz durch Übernahme wohl definierter, in der Gedächtnispsychologie und Psycholinguistik vielfach analysierter semantischer Relationen und durch Vorgabe der von Personen in vorausgegangenen Assoziationsversuchen selbst genannten Begriffe begegnet. Allerdings ist das Beliebigkeitsproblem nicht gänzlich beseitigt, denn der Untersucher muss für das Assoziieren die Stimulusbegriffe vorgeben.

Schließlich sei auch auf die methodischen Schwierigkeiten hingewiesen, die aus Verständnisproblemen bzgl. semantischer Relationen bei »wissenschaftsfernen« Personen erwachsen.

## Ablauf des Messprozesses

Folgende Schritte sind zu realisieren:

**Bestimmung der Stimulusbegriffe**: Die zentralen Bestandteile (Sachverhalte, Objekte, Vorgänge u.Ä.) einer Wissensdomäne sind durch Textanalysen von Lehrtexten, betrieblichen Unterlagen u.Ä. und/oder durch Tiefeninterviews mit Experten zu ermitteln. 10 – 20 Stimulusbegriffe sind daraus zu extrahieren.

**Vorbereitung der Personen**: Dem Assoziieren sollten entweder (Arbeits-)Handlungen, für die das zu diagnostizierende Wissen als Voraussetzung angesehen wird, oder eine ausführliche Instruktion, in der der Kontext (Aufgaben- und Problembereich) für die Stimulusbegriffe erläutert wird, vorausgehen.

**Instruktion der Personen für das Assoziieren**: Die Personen werden zu freien, fortgesetzten Assoziationen aufgefordert, d.h., sie werden gebeten, auf die jeweiligen Stimulusbegriffe mit einzelnen Worten, höchstens Wortkombinationen, aber nicht mit vollständigen Sätzen zu antworten, die ihnen unmittelbar zu den Stimulusbegriffen einfallen.

**Registrierung der Assoziationen**: Die Antworten der Personen werden mit einem Diktiergerät aufgezeichnet. Die Einzelversuche sollten beendet werden, wenn nach längerer Pause (2 Minuten) keine weitere Assoziation erfolgt bzw. wenn die Person erklärt, dass ihr im Moment »nichts mehr einfällt«.

**Auswertung der Assoziationen**: Die Auswertung der Assoziationen erfolgt hinsichtlich Art und Abfolge. Quantitative Kennwerte sind z.B. die durchschnittliche Häufigkeit und Position identischer Assoziationen in den Assoziationsketten oder die (durchschnittliche) Anzahl von assoziierten Begriffen insgesamt. Qualitative Kenndaten sind z.B. Assoziationsketten und deren Klassifikation nach inhaltlichen Kriterien.

**Bestimmung der Begriffe und Relationen für das Struktur-Legen**: Neben den Stimulusbegriffen werden assoziierte Begriffe entsprechend der Häufigkeit ihrer Nennung ausgewählt. In einer Sitzung sollten aus Übersichtlichkeitsgründen nicht mehr als 30 Begriffe vorgegeben werden. Leere Karten für zusätzlich von den Personen als relevant erachtete Begriffe sind vorzusehen. In mehrfacher Ausführung werden Karten mit innerbegrifflichen Relationen (Ober-/Unterbegriffs-, Nebenordnungs-, Attribut-, Kontrast- und Komparationsrelation) und zwischenbegrifflichen Relationen (Handlungsträger-/Aktor-, Objekt-, Lokations-, Instrument-, Kausal- und Konditionalrelation) vorbereitet.

**Instruktion der Personen für das Struktur-Legen**: Bevor die Personen zum Auslegen der Karten entsprechend ihrer gedächtnismäßigen Repräsentation aufgefordert werden, sind ihnen anhand von Demonstrationsbeispielen die semantischen Relationen zu erläutern. Es sollte darauf hingewiesen werden, dass nicht alle Karten verwendet werden müssen, aber zusätzliche Ergänzungen vorgenommen werden können. Bei computergestützter Durchführung sind das Interface und die möglichen Dialogschritte zu erläutern.

**Registrierung der gelegten Strukturen**: Die gelegten Strukturen werden aufgezeichnet, abgelichtet oder im Computer gespeichert. Verbale Äußerungen und deutlich unterscheidbare Zwischenzustände oder Korrekturen sollten mit erfasst werden.

**Auswertung der gelegten Strukturen**: Als quantitative Kennwerte können die Anzahl gelegter und nicht verwendeter Begriffe und Relationen, spezifisch definierte Strukturmerkmale wie Anzahl von Verknüpfungen, Verknüpfungsdichte, Zentralität von Begriffen u.Ä. ausgewertet werden. Qualitative Kenndaten beziehen sich auf den Abstraktionsgrad, die inhaltliche Differenziertheit, Regularitäten zwischen gelegten Strukturen u.Ä. Für den Vergleich der gelegten Strukturen verschiedener Personen untereinander oder mit einem Referenznetzwerk können zusätzliche Korrespondenzanalysen durchgeführt werden.

*Räumliche Voraussetzungen*
Zur Durchführung der Wissensdiagnose bedarf es keiner besonderen Räumlichkeiten. Allerdings muss gewährleistet sein, dass die Personen ungestört die an sie gestellten, hohe konzentrative Zuwendung erfordernden Aufgaben erfüllen können.

*Zeitliche Voraussetzungen*
Der zeitliche Aufwand zur Durchführung und Auswertung der Wissensdiagnose hängt von der Anzahl vorgegebener Stimulusbegriffe und von der Anzahl zu testender Personen ab. Mit 10 Stimulusbegriffen dauert der Assoziationsversuch ca. 30 Minuten pro Person. Für die Aufbereitung der Rohdaten sind nochmals je 30 Minuten erforderlich. Ca. 1 Stunde wird für die Bestimmung individuums- und gruppenspezifischer Kenndaten benötigt. Ca. 30 Minuten sind vor dem eigentlichen Struktur-Lege-Versuch für die Erläuterung der semantischen Relationen zu veranschlagen. Bei einer Vorgabe von 30-50 Begriffen benötigt eine Person 1,5-2 Stunden für das Struktur-Legen. Ist ausreichend Platz vorhanden, können mehrere Personen den Versuch parallel durchführen. Für die Auswertung der individu-

ellen Strukturen sind jeweils 30 Minuten erforderlich. Nochmals 1 Stunde sind für gruppenspezifische Auswertungen vorzusehen. Insgesamt ergibt sich damit für die Durchführung der Wissensdiagnose mit 10 Personen ein Zeitbedarf von 7-8 Stunden, wenn Möglichkeiten für paralleles Struktur-Legen bestehen. Die anschließende Auswertung dauert insgesamt 12-15 Stunden. Die geplante Computerversion für das Struktur-Legen dürfte den Zeitbedarf bzgl. der Durchführung der Einzelversuche kaum, wohl aber den für die anschließende Auswertung reduzieren.

*Personale Voraussetzungen*
Durchführung und Auswertung der Wissensdiagnose kann von einem Untersucher bewältigt werden. Auf der Basis von Einzeldiagnosen können auch Aussagen über den Wissensbesitz von Gruppen gewonnen werden. Die Stichprobengröße von 10 sollte dabei aus statistischen Gründen nicht unterschritten werden.

*Technische Voraussetzungen*
Die Wissensdiagnose ist als Papier-Bleistift-Test durchführbar. Bereits beschriftete Relationskarten, Material für Demonstrationsbeispiele bzgl. des Struktur-Legens sowie ein Manual für das Gesamtverfahren sind in Vorbereitung. Die Programmierung einer computergestützten Version ist geplant.

## Referenzen
Aktuelle Publikationen zur Anwendung des Assoziationsparadigmas für Wissensdiagnosen sind dem Autor nicht bekannt. Die hier beschriebene Struktur-Lege-Technik ist eine spezifische Form der Mapping-Techniken. Dazu liegt ein breites Schrifttum vor. Eine repräsentative Zusammenschau des aktuellen Standes ist unter der Herausgeberschaft von H. Mandl und F. Fischer erschienen (Mandl & Fischer 2000).
Für die weiteren Entwicklungsarbeiten am vorgestellten Verfahren sind insbesondere die Forschungen zur Wissensdiagnose in den Arbeitsgruppen von H. Mandl an der Ludwigs-Maximilians-Universität München und G. Strube an der Universität Freiburg von Bedeutung. In engem inhaltlichen Zusammenhang stehen auch die Forschungen zum Wissensmanagement. Die überwiegende Mehrheit bezieht sich allerdings auf das organisationale Wissensmanagement. Unter den Arbeitsgruppen, die sich mit dem hier relevanten individuellen Wissensmanagement beschäftigen, ist neben der von H. Mandl insbesondere die von T. Wehner an der Eidgenössischen Technischen Hochschule Zürich zu nennen.

## Ergebnisse

In drei Anwendungsbereichen ist das Verfahren mit Erfolg eingesetzt worden:

1. Schindler (2000) hat mittels Assoziieren und Struktur-Legen Managementwissen als Grundlage für die Entwicklung eines »web-based-Trainings« erfasst und dargestellt. Dabei handelte es sich um das »Wissen, das eine Führungskraft in den ersten 100 Tagen nach Funktionsübernahme erwerben sollte«. Führungskräfte waren die (künftigen) Leiter von Vertriebsbereichen eines Automobilkonzerns. Im Ergebnis einer Dokumentenanalyse der innerbetrieblichen Kompetenzplanungs- und Führungsliteratur konnte zunächst ein vorläufiges Wissensmodell entwickelt werden. Es bestand aus 10 Modulen: Fachliches Wissen, Wissen über Schlüsselpersonen, Kollegen, Vorgänger, Kunden, Mitarbeiter, Vorgesetzte, Wissen über die Unternehmenskultur, über die eigene Rolle als Führungskraft und über das Veränderungspotential der Mitarbeiter. Die Darstellung erfolgte in Form semantischer Netze. In der darauf folgenden Untersuchung hatte ein Experte aus dem Personalentwicklungsteam für Führungskräfte auf die vorgegebenen Modulbezeichnungen zu assoziieren und danach seine Assoziationen als Strukturen zu legen. Daran schloss sich die Wissensdiagnose bei einer Gruppe von Führungskräften an, die an einem mehrtägigen Führungskräfteseminar teilgenommen hatten. Das methodische Vorgehen wurde im Vergleich zur Wissensdiagnose bei dem Experten modifiziert: Die Assoziationen auf die Modulbezeichnungen mussten die Probanden aufschreiben. Das Struktur-Legen wurde jeweils pro Modul mit allen Begriffen, die von mindestens 2 Teilnehmern assoziiert worden waren, im Gruppenversuch durchgeführt. Abschließend wurden entsprechend wohl definierter, aus der Literatur abgeleiteter Modellierungsregeln aus dem hypothetischen Wissensmodell der Untersucherin und den experimentell ermittelten Modellen des Experten und der Führungskräfte ein Modell über das »100-Tage-Wissen« aggregiert. Auf seiner Basis hat das Unternehmen inzwischen ein computerbasiertes Selbstlernprogramm für Führungskräfte entwickelt.

2. Mittels Assoziieren und Struktur-Legen konnten Erkenntnisse über die Wissensstrukturen von Personen mit unterschiedlicher beruflicher Kompetenz, gemessen anhand von Leistungskriterien bei der Lösung berufsspezifischer Aufgaben, gewonnen werden. Exemplarisch sei auf die Untersuchungen von Krejcik (1987) verwiesen: Als Paradigma diente ihr das Wissen über das »Dimensionieren von Keilwellen«. Probanden waren 16 Studenten der Fachrichtung Maschinenbau (Novizen) und 15 erfahrene Konstrukteure (Experten). Als Stimulusbegriffe für das Assoziieren wurden Begriffe ausgewählt, die durch eine Dokumentenanalyse als relevant für den Abschnitt »Dimensionieren« des Konstruktionsprozesses ausgewiesen waren. Im Ergebnis des Assoziationsversuches zeigte es sich, dass die Experten signifikant mehr Begriffe als die Novizen assoziierten. Hinsichtlich der Begriffsinhalte konzentrierten sich die Assoziationen bei den Novizen stärker auf das Fak-

ten- und Handlungswissen des spezifischen Konstruktionsabschnittes, während die Experten eher Sachverhalte assoziierten, die sich auf die dem Dimensionieren vor- und nachgelagerte Phasen des Konstruktionsprozesses bezogen. Im Anschluss an das Assoziieren hatten beide Gruppen Strukturen zum Konstruktionsabschnitt »Dimensionieren« zu legen. Die Beschriftung der Begriffskärtchen ergab sich aus der Menge der von mindestens 2 Probanden der jeweiligen Stichprobe assoziierten Begriffe, ergänzt durch jene Begriffe eines hypothetischen Wissensmodells der Untersucherin, die nicht assoziiert worden waren. Die Relationskärtchen waren mit den oben genannten inner- und zwischenbegrifflichen Relationen beschriftet. Erwartungsgemäß waren die von den Experten gelegten Strukturen komplexer als die der Novizen. Interessanterweise stimmten aber die Novizen-Strukturen eher mit dem aus Lehrbüchern abgeleiteten hypothetischen Modell überein als die der Experten. Die Abweichungen der gelegten Strukturen – bezogen auf das Modell – betrafen bei den Novizen vor allem attributive Ergänzungen, bei den Experten betrafen sie das Vorgehen beim »Dimensionieren« im Sinne der Minimierung des kognitiven Aufwandes durch Ersetzung von Berechnungen durch erfahrungsgeleitete Schlussfolgerungen.

3. Wegwarth (2002) hat zunächst nur den Assoziationsteil des Verfahrens zur Evaluation eines Weiterbildungsprogramms für Mitarbeiter einer Bank eingesetzt. Als Stimulusbegriffe fungierten in Abstimmung mit den Lehrkräften Oberbegriffe für die in mehrtägigen Kursen vermittelten Lehrinhalte. Mit einer Gruppe von 38 Lehrgangsteilnehmern wurden Assoziationsversuche vor Lehrgangsbeginn, nach Abschluss des Lehrgangs, unmittelbar nach den Abschlussprüfungen und vier Monate nach diesen Prüfungen durchgeführt. Wiederum erwies sich die durchschnittliche Anzahl von Assoziationen, jeweils gemittelt über alle Probanden der Stichprobe, als sensibler Indikator für Veränderungen bzgl. des individuellen Wissens. Die Assoziationsanzahl ist vor Lehrgangsbeginn am niedrigsten, sie steigt dann systematisch und signifikant bis zum Zeitpunkt der Prüfungen an und fällt in der Nachmessung wieder ab. Der Nachmesswert liegt signifikant über dem Vormesswert, was für die Nachhaltigkeit des Lernens spricht. Die inhaltliche Analyse der Assoziationen ergab, bezogen auf den ersten Messzeitpunkt, erwartungsgemäß deutlichere Übereinstimmungen der Assoziationen in allen nachfolgenden Erhebungen und insbesondere völlig andere Rangreihen für die nach Nennungshäufigkeit geordneten assoziierten Begriffe. Die Rangreihen sind ab der 2. Messung bis zur 4. Messung relativ stabil, es verändern sich nur die absoluten Nennungshäufigkeiten. Eine Interpretation der Inhalte der Assoziationen, gemessen an der angestrebten Wissensvermittlung durch die jeweiligen Lehreinheiten, ermöglichte zumindest eine Abschätzung des Lernerfolges. Eine exakte Aufklärung der Veränderung der Wissensstrukturen durch Struktur-Legen konnte in der Studie aus Zeitgründen nicht erfolgen. Der Einsatz des Gesamtverfahrens zu Lehrevaluation ist in weiteren Studien vorgesehen.

## Fehlerkritik

Beim Einsatz des hier vorgestellten kombinierten Verfahrens muss sich der Anwender bewusst sein, dass bei jeder Erhebung zwei Grundprobleme existieren, die für die Gültigkeit der Ergebnisse von Relevanz sind:

- Ob das mittels Assoziieren und Struktur-Legen von einer Person erfasste Wissen hinsichtlich Art und Umfang tatsächlich repräsentativ für ihr gedächtnismäßig gespeichertes Wissen über eine spezifische Verhaltens- und Wissensdomäne ist, hängt entscheidend von den vorgegebenen Stimulusbegriffen ab. Diese bilden die Grundlage für die individuelle Wissensaktivierung. Aus Ökonomiegründen können niemals alle »Knoten« eines Wissenskörpers als Stimuli eingesetzt werden. Der Untersucher muss eine Auswahl treffen. Nur wenn dabei zentrale Begriffe gewählt werden, die gewissermaßen als »semantische Kerne« in einer Wissensdomäne fungieren, sind die von ihnen getriggerten Assoziationen valide Kenndaten über die individuelle domänspezifische Gedächtnisorganisation. Der Untersucher benötigt also seinerseits Kenntnisse über die Wissensdomäne, die er durch Dokumentenanalyse und Expertenbefragung im Vorfeld des Verfahrenseinsatze erwerben muss.
- Mit dem Verfahren ist nur verbalisierbares Wissen, das bewusst zur Handlungssteuerung von Personen aktiviert wird, ermittelbar. Automatisierte Komponenten des kompetenten Handelns, z.B. Bewegungsprogramme oder kognitive Fertigkeiten, sind durch Assoziieren und Struktur-Legen nicht aufdeckbar. Diese methodischen Grenzen des Verfahrens muss der Untersucher bei der Ergebnisinterpretation berücksichtigen.

## Entwicklungsmöglichkeiten

Bisherige Erfahrungen mit dem Struktur-Legen zeigen, dass wahrscheinlich nicht nur das korrekte Auslegen semantischer Relationen zwischen Begriffen fachspezifischer Wissensdomänen wissensdiagnostische Relevanz besitzt, sondern auch bereits die Angabe von Zusammenhängen zwischen Begriffen, aber mit fehlerhafter Benennung der semantischen Relationen. Ein Maschinenbau-Student kann beispielsweise eine technische Zeichnung korrekt bemaßen und folglich wissen, dass Maßlinien dünne Volllinien sind und u. U. zwischen zwei Körperkanten verlaufen, ohne die Beziehung zwischen »Maßlinie« und »dünner Volllinie« als Attributrelation und die Beziehung zwischen »Maßlinie« und »zwischen zwei Körperkanten verlaufen« als Lokationsrelation richtig identifizieren zu können. Ob handlungsrelevante semantische Relationen zwar nicht fehlerfrei verbalisiert werden, wohl aber gedächtnismäßig richtig gespeichert sind und bei der Handlungsregulation genutzt werden, lässt sich mit Hilfe des Paradigmas des analogen Schließens aufdecken. Bei der Analogiebildung wird von folgender allgemeiner Aufgabencharakteristik ausgegangen: Gegeben sind 3 Begriffe, repräsentiert durch ihre Wortmarken 1, 2 und 3 und ihre spezifischen Merkmalssätze. Die Begriffe 1 und 2 sind auf Grund einer bestimmten inner- oder zwischenbegrifflichen Relation untereinander verknüpft. Diese Verknüpfung ist zu identifizieren und es ist dann zu dem 3. Begriff der fehlende 4. im Gedächtnis zu suchen, der beide Begriffe durch dieselbe Relation verknüpft wie das erste Begriffspaar. Entscheidend für die Aufgabenlösung ist allein der relationale Zusammenhang, die Begriffspaare können völlig unterschiedlichen Wissensdomänen entstammen. In einer Studie mit Maschinenbau-Studenten (s. Rothe & Warning 1991) konnte nachgewiesen werden, dass Personen in der Lage sind, semantische Beziehungen in ihrem gedächtnismäßig gespeicherten Alltagswissen mit jenen ihres speziellen Fachwissens auf Äquivalenz zu prüfen und die Analogieaufgaben zu lösen. Es war daraufhin möglich zu prüfen, ob fehlerhaft angegebene semantische Relationen zwischen Begriffen tatsächlich als falsches Wissen gedächtnismäßig gespeichert waren, oder ob die fehlerhafte Angabe aus Schwierigkeiten mit der beim Struktur-Legen ungeübten kognitiven Anforderung der Zuordnung von konkreten, kontextabhängigen Zusammenhängen zu verallgemeinerten Beziehungsklassen resultierte. Die Erweiterung des kombinierten Verfahrens durch einen Analogietest in jenen Fällen, in denen Probanden vorhandene Relationen zwischen Begriffen zwar richtig auslegen, aber falsch benennen, könnte die Validität der Wissensdiagnose erhöhen. Die Entwicklung einer derartigen Verfahrensvariante ist in Vorbereitung.

## Nutzensabschätzung

Wie oben bereits ausgeführt, kann das Verfahren zur Evaluation von betrieblichen Bildungsmaßnahmen eingesetzt werden. Neben den Vorher-Nachher-Vergleichen sind insbesondere bei langzeitigen Weiterbildungen beliebig häufige Zwischenerhebungen möglich: Das bei den Teilnehmern ermittelte Wissen ist jeweils zu einem netzwerkanalogen Modell zu aggregieren, das hinsichtlich verschiedener Kenngrößen (z.B. assoziierte und gelegte Begriffe sowie gelegte Relationen, Verknüpfungsdichte, Zentralität von Begriffen) mit dem vom Ausbilder erwarteten Wissensmodell als Lehrziel verglichen werden kann. Für die Datenaggregation hat sich folgende Regel bewährt: Alle die von mindestens 2 Personen assoziierten und gelegten Begriffe sowie die gelegten Relationen werden in das Wissensmodell der Weiterbildungsteilnehmer aufgenommen.

Darüber hinaus kann natürlich der individuelle Lernerfolg einer Weiterbildungsmaßnahme abgeschätzt und Vergleiche zwischen Teilnehmern bzgl. ihres Wissensbesitzes vorgenommen werden. Für diese Wissensdiagnosen sind alle assoziierten Begriffe sowie die individuellen, gelegten Strukturen bzgl. der erwarteten Wissensstruktur zu analysieren.

## Erlernbarkeit

Die Durchführung des Verfahrens sowie die Auswertung und Aggregation der erhobenen Daten zu Wissensmodellen kann in einwöchigen Kursen nicht-psychologisch vorgebildeten Hochschulabsolventen vermittelt werden. Die Vorbereitung der Verfahrenseinsatzes, also insbesondere die Auswahl der Stimulusbegriffe, und die diagnostischen Schlussfolgerungen bedürfen allerdings wenigstens der Supervision durch einen Psychologen.

## Vereinfachbarkeit

Beide Verfahrensteile können auch einzeln eingesetzt werden. Allerdings müssen in diesem Fall Einschränkungen bzgl. der Güte diagnostischer Aussagen wegen des reduzierten Datensatzes in Kauf genommen werden. Beim alleinigen Assoziieren lassen sich nur Hypothesen über die individuellen Wissensstrukturen ableiten. Wird lediglich das Struktur-Legen gefordert, müssen alle Begriffe und Relationen vorgegeben werden Hier ist die Erhebungsmethode zugleich eine Intervention im Sinne der Vermittlung von Wissen. Feststellbar ist dann lediglich, inwieweit eine Person zur Ordnung der Wissenselemente in der Lage ist. Hierbei ist aber nicht mehr zwischen dem Abruf von Wissensstrukturen aus dem Gedächtnis und dem aktuellen Aufbau der Strukturen während des Versuches zu unterscheiden.

## Erfahrungshinweise

Vor der eigentlichen Wissensdiagnose mit dem Verfahren empfiehlt sich die Durchführung einer Übungsphase mit den Probanden. Beim Assoziieren kommt es vor allem darauf an, dass die Probanden lernen, spontan zu verbalisieren und nur Begriffe oder kurze Phrasen zu äußern. Für das Struktur-Legen ist das richtige Verständnis der semantischen Relationen von besonderer Bedeutung. Zur Übung sollten wohl bekannte Domänen aus dem Allgemeinwissensbereich herangezogen werden.

## Literaturverzeichnis

Bonato, M. (1990). Wissensstrukturierung mittels Struktur-Lege-Techniken. Eine graphentheoretische Analyse von Wissensnetzen. Frankfurt

Dann, H.-D. (1992). Variation von Struktur-Lege-Verfahren zur Wissensrepräsentation. In: B. Scheele (Hrsg.). Struktur-Lege-Verfahren als Dialog-Konsens-Methodik. Ein Zwischenfazit zur Forschungsentwicklung bei der rekonstruktiven Erhebung Subjektiver Theorien. Münster, S. 2-38

Eckert, A. (1998). Kognition und Wissensdiagnose. Die Entwicklung und empirische Überprüfung des computerunterstützten wissensdiagnostischen Instrumentariums Netzwerk-Elaborierungs-Technik (NET). Lengerich

Eckert, A. (2000).Die Netzwerk-Elaborierungs-Technik (NET) – Ein computerunterstütztes Verfahren zur Diagnose komplexer Wissensstrukturen. In: H. Mandl & F. Fischer (Hrsg.). Wissen sichtbar machen. Wissensmanagement mit Mapping-Techniken. Göttingen, S. 137-157

Firlej, M. (1991). Knowledge elicitation: a practical handbook. Hertfordshire

Fischer, F. (1998). Mappingverfahren als kognitive Werkzeuge für problemorientiertes Lernen. Frankfurt

Hacker, W.; Rothe, H.-J.; Wandke, H. & Ziegler, J. (Hrsg.) (1995). Entwicklung und Einsatz wissensorientierter Unterstützungssysteme. Ergebnisse aus dem Verbundvorhaben WEDA. Bremerhaven

Hoffmann, J. (1986). Die Welt der Begriffe. Psychologische Untersuchungen zur Organisation des menschlichen Wissens. Berlin

Janetzko, D. (1996). Knowledge tracking – a method to analyze cognitive structures. IIG-Berichte, 2, 1996

Klix, F. (1992). Die Natur des Verstandes. Göttingen

Krejcik, Ch. (1987). Methodenbezogene Untersuchung zur Erfassung von Expertenwissen zu einem speziellen Problemgebiet aus der Konstruktionslehre. Dipl.Arbeit Humboldt-Universität Berlin

Mandl, H. & Ballstaedt, S.-P. (1986). Assessment of concept-building in Text comprehension. In: F. Klix & H. Hagendorf (eds.), Human memory and cognitive capabilities – mechanisms and performances. Amsterdam, pp. 861-870

Mandl, H. & F. Fischer (Hrsg.) (2000). Wissen sichtbar machen. Wissensmanagement mit Mapping-Techniken. Göttingen

Ramp, S. (2000). Erstellung eines Tools zur Unterstützung der Wissenserfassung. Dipl.Arbeit Universität Potsdam

Reinmann-Rothmeier, G. & Mandl, H. (2000). Individuelles Wissensmanagement. Bern

Rothe, H.-J. & Schindler, M. (1996). Expertise und Wissen. In: H. Gruber & A. Ziegler (Hrsg.). Expertiseforschung. Theoretische und methodische Grundlagen. Opladen, S. 35-57

Rothe, H.-J. & Warning, J. (1991). Zur Identifikation von semantischen Relationen im fachspezifischen Gedächtnisbesitz von Experten vermittels Analogiebildung. In: Zeitschrift für Psychologie Supplement 11, S. 375-384

Rothe, H.-J. (1994). Erfassung und Modellierung von Fachwissen als Grundlage für den Aufbau von Expertensystemen. Teil 2: Methodenkritische Analysen. In: Zeitschrift für Psychologie, 202/4, S. 321-348

Scheele, B & Groeben, N. (1984). Die Heidelberger Struktur-Lege-Technik (SLT). Weinheim

Scheele, B. (Hrsg.) (1992). Struktur-Lege-Verfahren als Dialog-Konsens-Methodik. Ein Zwischenfazit zur Forschungsentwicklung bei der rekonstruktiven Erhebung Subjektiver Theorien. Münster

Schindler, D. (2000). Erfassung, Modellierung und Evaluation von Managementwissen. Dipl.Arbeit Universität Potsdam

Sprung, L. & Sprung, H. (1984). Grundlagen der Methodologie und Methodik der Psychologie. Berlin

Strube, G. (1984). Assoziation. Berlin

Tergan, S.-O. (1993). Psychologische Grundlagen der Erfassung individueller Wissensrepräsentation. Teil II: Methodologische Aspekte. In: J. Engelkamp & T. Pechmann (Hrsg.). Mentale Repräsentation. Bern, S. 117-126

van der Meer, E. (1990). Dynamics of knowledge structures: Some underlying strategies. In: W. Schneider & F. E. Weinert (eds.), Interactions among aptitudes, strategies, and knowledge in cognitive performance. Berlin, pp. 134-146

van der Meer, E. (1995). Gedächtnis und Inferenzen. In: D. Dörner & E. van der Meer (Hrsg.). Das Gedächtnis. Probleme – Trends – Perspektiven. Göttingen, S. 341-380

Wegwarth, O. (2002). Evaluation der Effizienz des Nachwuchsführungskräfte-Moduls »Management und Führung« an der Ostdeutschen Sparkassenakademie. Dipl. Arbeit Universität Potsdam

# Das Personalauswahlverfahren »Soziale Kompetenz« (SOKO) der Bayerischen Polizei

Heinz Holling/Uwe Peter Kanning/
Stefan Hofer

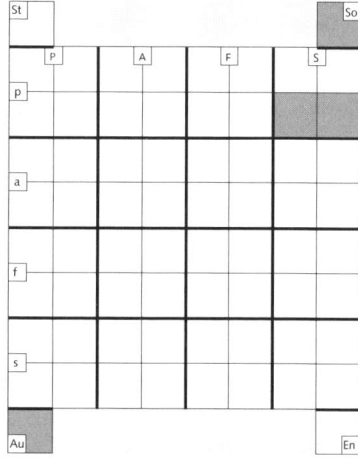

## Rasterdarstellung

**Schlagworte**
Soziale Kompetenz, Personalauswahl, computergestützte Diagnostik

**Entwickler**
Lehrstuhl für Organisationspsychologie, Westfälische Wilhelms-Universität, Münster in Zusammenarbeit mit dem Zentralen Psychologischen Dienst der Bayerischen Polizei

**Kompetenzdefinition**
Unter sozialer Kompetenz verstehen wir die Gesamtheit der Fähigkeiten, Fertigkeiten und Wissensbestandteile einer Person, die dazu beitragen, eigene Interessen in sozialen Situationen zu verwirklichen und dabei gleichzeitig die soziale Akzeptanz des Verhaltens zu wahren.

**Zielstellungen**
Das Verfahren SOKO dient zur Personalauswahl für den gehobenen Polizeivollzugsdienst der Bayerischen Polizei. Ziel des Verfahrens ist die Erfassung der sozialen Kompetenzen der Bewerber. Neben allgemeinen intellektuellen und fachlichen Kompetenzen kommt den sozialen Fähigkeiten und Fertigkeiten im Berufsalltag der Polizeibeamten eine zentrale Bedeutung zu, da sie tagtäglich in z.T. sehr konfliktträchtige Interaktionen mit anderen Menschen involviert sind. Hinzu kommt,

dass die Vertreter des gehobenen Dienstes als Kommissare schon unmittelbar nach ihrer Ausbildung Führungsaufgaben innerhalb der eigenen Organisation wahrnehmen müssen. Auf Grund der großen Anzahl der zu besetzenden Stellen ist es nicht möglich, direkte Verhaltensbeobachtungen durchzuführen. An ihre Stelle tritt mit dem SOKO ein ökonomisches, computergestütztes Verfahren, das mit Selbstbeschreibungen arbeitet.

## Theoretische Grundlagen

Bislang existiert keine empirisch fundierte Theorie sozialer Kompetenz. Häufig wird jedoch die Handlungstheorie zur Erklärung der Entstehung sozial kompetenten Verhaltens herangezogen. Die handlungstheoretischen Modelle sind allerdings so allgemein gehalten, dass sie zur Erklärung jedweden Verhaltens innerhalb oder außerhalb sozialer Interaktionen herangezogen werden könnten. Wir betrachten die soziale Kompetenz als ein Bündel von Personenmerkmalen, welche das Auftreten sozial kompetenten Verhaltens in einer konkreten Situation fördern. Ein Verhalten gilt dann als sozial kompetent, wenn es dazu geeignet ist, die Interessen des Handelnden in der Situation zu verwirklichen, wobei gleichzeitig die soziale Akzeptanz des Verhaltens gewahrt wird. Die Begriffe »soziale Kompetenz« bzw. »sozial kompetentes Verhalten« sind mithin immer wertende Begriffe, deren Verwendung die Definition des Bezugspunktes »soziale Akzeptanz« voraussetzt. Hierbei kann es sich um die Interessen eines konkreten Interaktionspartners, allgemeingültige Normen und Werte oder um lokale Normen und Werte spezifischer sozialer Gruppen handeln. Im Falle der Personalauswahl definiert die einstellende Organisation diesen Bezugspunkt auf der Basis einer Anforderungsanalyse. Die Erfassung der Kompetenzen setzt eine Abstraktion über mehrere Einzelbeobachtungen voraus. Nur so können die (stabilen) Einflüsse der Person von den (variablen) Einflüssen der Situation, in der das Sozialverhalten stattfindet, getrennt werden. In der Konsequenz müssen die Bewerber im Auswahlverfahren zum einen zahlreiche Selbstbeschreibungen ihres Verhaltens in sozialen Situationen vornehmen und zum anderen selbst über verschiedene Situationen hinweg abstrahieren.

## Methodologische Einordnung

Die Messung der sozialen Kompetenzen erfolgt nach dem Prinzip der Selbstbeschreibung. Die Bewerber charakterisieren ihr eigenes Verhalten in Alltagssituationen sowie in berufsspezifischen Situationen. Letzteres setzt voraus, dass sie ihr Verhalten auch antizipieren können, da sie im Auswahlverfahren auch mit unbekannten, offenen Situationen konfrontiert werden. Die Selbstbeschreibung erfolgt sowohl durch »Ankreuzen« auf Ratingskalen als auch über die Auswahl von vorgegebenen Verhaltensalternativen im Rahmen von zuvor definierten Situationen. In dem Verfahren werden zwei verschiedene Itemtypen verwendet. Zum einen handelt es sich um situative Items. Bei diesen werden Ereignisse aus dem Berufsalltag der Polizisten beschrieben, die auf Grund einer Anforderungsanalyse durch Experteninterviews zusammengestellt wurden. Die Bewerber müssen zu den jeweiligen Situationen verschiedene Verhaltensalternativen bewerten. Zum anderen handelt es sich um dimensionsspezifische Items, die verschiedene inhaltlich festgelegte Dimensionen sozialer Kompetenz erheben.

## Einschätzung der Gütekriterien

Die Durchführungs- und Auswertungsobjektivität des Verfahrens ist durch die computergestützte Darbietung der Items gegeben. Die Interpretationsobjektivität ist durch die Festsetzung einheitlicher Kriterien, die zum Bestehen des Testes führen, ebenfalls gewährleistet.

Die Reliabilität des Verfahrens wurde getrennt für die situativen Items und für die dimensionsspezifischen Items berechnet. Bei den situativen Items ergab sich eine Reliabilität nach Cronbach's $\alpha$ von .72, die Testhalbierungsreliabilität beträgt ebenfalls .72. Für die dimensionsspezifischen Items wurde zunächst eine faktorielle Differenzierung angestrebt. Für die drei resultierenden Faktoren finden sich Reliabilitäten nach Cronbach's $\alpha$ zwischen .85 und .89, die entsprechenden Testhalbierungsreliabilitäten liegen zwischen .80 und .87.

Zur Validierung des Verfahrens wurden fünf Studien durchgeführt. In der ersten Studie wurde eine konkurrente Validierung durch ein multimodales Interview vorgenommen. Insgesamt 80 Polizeibeamte bearbeiteten das SOKO und durchliefen anschließend das multimodale Interview. Dieses bestand aus sieben Übungen, in denen die Polizeibeamten nach einem multimethodalen Ansatz auf inhaltlich festgelegten Dimensionen sozialer Kompetenz beurteilt wurden. Die dreiköpfigen Beobachterteams bestanden aus Psychologen und erfahrenen Polizeibeamten, die an einer Beobachterschulung teilgenommen hatten. In der zweiten und dritten Studie wurden die Ergebnisse im SOKO mit Vorgesetztenurteilen (361 Polizeibeamten) und Kollegenbeurteilungen (273 Polizeibeamten) verglichen. In der vierten Studie wurden die Ergebnisse von 514 Polizeibeamten im SOKO mit den Fragebögen NEO-FFI und ICQ, die Persönlichkeitsmerkmale und Dimensionen sozialer Kompetenz erfassen, in Beziehung gesetzt. Im Rahmen der fünften Studie durchliefen 200 Polizeibeamte zunächst das SOKO und anschließend ein Assessment Center. Auch bei diesem beurteilten drei geschulte Beobachter die Polizeibeamten in sechs Übungen auf verschiedenen Dimensionen sozialer Kompetenz. Über alle fünf Studien hinweg lässt sich eine hohe interne und externe kriterienbezogene Validität feststellen. Weiterhin ist durch die Anforderungsbezogenheit des Verfahrens eine hohe Inhaltsvalidität gegeben.

## Fehler- und Problemkritik

Im Zusammenhang mit der Verfahrensweise bei der Entwicklung und Durchführung des SOKO ergeben sich zwei Problemfelder. Erstens erfolgt die Messung der sozialen Kompetenzen nur durch eine Selbstbeschreibung der Bewerber. Daher stellt sich das Problem der sozial erwünschten Selbstdarstellung. Zweitens existiert derzeit noch keine allgemein anerkannte Theorie sozialer Kompetenzen, so dass die Auswahl der Dimensionen auf Grund von Plausibilitätsüberlegungen erfolgen muss.

## Ablauf des Messprozesses

Die Durchführung des SOKO erfolgt computergestützt. Neben *allgemeinen Voraussetzungen*, z.B. einem ausreichend großen und hellen Raum, sind lediglich Computer mit der entsprechenden Software notwendig. Die Durchführung ist für die Bewerber selbsterklärend, so dass kein geschultes Aufsichtspersonal nötig ist. Die Teilnehmerzahl ist nur durch die räumlichen und computertechnischen Voraussetzungen begrenzt.

Die *zeitlichen Voraussetzungen* variieren von Bewerber zu Bewerber. Für die einzelnen dimensionsspezifischen Items stehen maximal 20 Sekunden zur Verfügung, für die situativen Items variiert die Zeit zwischen 130 und 300 Sekunden. Daraus ergibt sich eine maximale Bearbeitungszeit von ca. sechs Stunden. Die Bewerber benötigen in der Regel zwischen zwei und drei Stunden.

Die Auswertung des SOKO erfolgt durch den Einsatz eines Statistikprogramms. Die in einer Datendatei gespeicherten Ergebnisse des SOKO werden in das Programm übertragen und dort mit Hilfe eines Auswertungsalgorithmus bearbeitet. Die reine Auswertungszeit ist deshalb sehr gering, da alle Bewerber gemeinsam computergestützt ausgewertet werden. Allerdings ist hierfür geschultes Personal nötig.

**Referenzen**

Referenzen sind auf Grund der zielgruppenorientierten Spezifik des Verfahrens nicht zu geben.

Der Zentrale Psychologische Dienst der Polizei in Bayern hat im Jahr 1990 eine Studie bei den polizeilichen Bereitschaftseinheiten durchgeführt. Grund für diese Studie war die Beobachtung, dass die Abbrecherquote der Polizeibeamten in der Ausbildung bzw. die Kündigungsrate kurz nach der Ausbildung außergewöhnlich hoch war. Als Ursache für die Beendigung des Dienstes wurde von den Befragten vor allem inkompetentes Vorgesetztenverhalten genannt.

Zeitgleich dazu, wenn auch unabhängig davon, änderten sich die laufbahnrechtlichen Bedingungen für den Polizeidienst. Auf Grund der spezifischen Ausübungsbedingungen, insbesondere häufigen zwischenmenschlichen Kontakten, wurde eine Sonderlaufbahn »Polizei« eingeführt, bei der auf die besonderen Anforderungen des Berufes bereits bei der Auswahl, Aus- und Fortbildung der Beamten eingegangen werden konnte.

Das zuständige Staatsministerium des Inneren (StMI) hat deshalb ein Maßnahmenpaket beschlossen, das neben einer Reihe von Personalentwicklungsangeboten, z.B. Kommunikations- und Konfliktbewältigungstrainings, auch die Entwicklung eines Auswahlverfahrens mit dem Schwerpunkt der sozialen Kompetenzen beinhaltet. Das Ergebnis ist das Personalauswahlverfahren Soziale Kompetenz (SOKO). Es richtet sich an die Beamten des mittleren Dienstes bei der Polizei, die sich für den gehobenen Dienst bewerben. Die Auswahl für den gehobenen Dienst als Ansatzpunkt des SOKO wurde gewählt, weil in der oben genannten Studie insbesondere Defizite im Bereich der sozialen Kompetenz der Führungskräfte genannt wurden. Die Beamten des gehobenen Dienstes üben in der Regel Vorgesetztenfunktionen aus. Die Entwicklung des SOKO erfolgte in Kooperation des Zentralen Psychologischen Dienstes der Polizei in Bayern und dem Psychologischen Institut IV der Universität Münster.

Im SOKO sind zwei Aufgabenarten realisiert worden, für die jeweils spezifische Vorgehensweisen innerhalb der Anforderungsanalyse gewählt wurden. Zunächst wurden auf Grund einer Sichtung der relevanten wissenschaftlichen Literatur und einer Reihe von Experteninterviews und Gruppendiskussionen mit erfahrenen Polizeibeamten elf Dimensionen sozialer Kompetenz festgelegt, die für den gehobenen Polizeivollzugsdienst relevant sind. Diese sind in Tabelle 1 dargestellt.

| Dimension | Beschreibung |
|---|---|
| Durchsetzungsfähigkeit | Eigene Überzeugungen auch gegenüber anderen vertreten, begründen und durchsetzen können, ohne dabei autoritär zu werden |
| Selbstreflexion | Fähigkeit zu selbstkritischem Denken; die Schuld nicht immer bei den anderen suchen; aus Fehlern lernen können |
| Entscheidungsfreudigkeit | Entscheidungen nicht aufschieben; Probleme aktiv angehen |
| Akzeptanz | Aufgeschlossenheit; Einfühlungsvermögen; andere Personen und deren Meinungen akzeptieren können; Offenheit für Neues |

| Dimension | Beschreibung |
|---|---|
| Freiheit von sozialer Angst | Sich nicht vor der Interaktion mit anderen fürchten; soziale Situationen angstfrei bewältigen können; Selbstbewusstsein |
| Emotionale Stabilität | Ausgeglichenheit; den Anforderungen des beruflichen Alltags emotional gewachsen sein; auch in Belastungssituationen zu angemessenem Handeln fähig sein |
| Extraversion | Auf andere zugehen können; Freude am Umgang mit anderen Menschen |
| Gerechtigkeit | Fähigkeit und Bereitschaft, sich gerecht und fair zu verhalten; sich nicht von persönlichen Sympathien leiten lassen; jedem das zukommen lassen, was er verdient |
| Kommunikation | Zuhören können; sich verständlich machen können; Bereitschaft zur Kommunikation |
| Konfliktmanagement | Konfliktbereitschaft zeigen; Kritikfähigkeit (aktiv und passiv); Fähigkeit und Bereitschaft zur Integration unterschiedlicher Positionen im Hinblick auf eine faire Konfliktlösung; Konflikte erkennen und lösen |
| Menschenführung | Kooperatives Führungsverständnis; Informationen weitergeben; angemessene Rückmeldung geben; Delegationsbereitschaft; Motivationsfähigkeit; Fürsorge |

Tab. 1: Definition der Dimensionen sozialer Kompetenz

Der zweite Aufgabentyp umfasst situative Items. Bei diesen wurden auf Grund von Experteninterviews erfolgskritische Situationen aus dem Alltag der Polizeivollzugsbeamten erhoben. Die Experten gaben zu jeder Situation jeweils sozial kompetente und inkompetente Verhaltensalternativen an, so dass schließlich richtige und falsche Antwortalternativen für den Test resultierten. Ein Beispielitem ist in Abbildung 1 dargestellt.

Aufbauend auf der Anforderungsanalyse wurden Itemanalysen durchgeführt, um gängige Kennwerte der Items zu ermitteln. Aus diesen Analysen resultierten schließlich 71 situative Items und 308 dimensionsspezifische Items, die drei Faktoren zuzuordnen sind. Die Faktoren haben die in Tabelle 2 skizzierten Bedeutungen.

| Faktor | Inhaltliche Beschreibung |
|---|---|
| »mitarbeiterorientierter Führungsstil« | Hohe Werte auf diesem Faktor bedeuten, dass der Befragte Entscheidungen als Vorgesetzter zusammen mit seinen Mitarbeitern trifft und Widerstände bei den Mitarbeitern ernst nimmt. Meinungen und Erfahrungen seiner Mitarbeiter sind für ihn von großer Bedeutung. |
| »Teamorientierung und Entscheidungsfreudigkeit« | Eine starke Ausprägung auf diesem Faktor verdeutlicht, dass der Befragte gern und unbefangen mit anderen Menschen umgeht. Er bevorzugt die Arbeit im Team und fördert als Vorgesetzter eine rasche Entscheidungsfindung. |
| »emotionale Stabilität« | Ein hoher Wert bedeutet hier, dass sich der Befragte nicht so schnell aus der Ruhe bringen lässt, emotional angemessen reagiert und in schwierigen Situationen schnell wieder zu seinem inneren Gleichgewicht zurückfindet. |

Tab. 2: Faktorenstruktur der dimensionsspezifischen Items

---

**»Verkehrsunfall nach Blaulichtfahrt«**

Sie sind als Wachhabender (Dienstgruppenleiter) eingeteilt. Über Funk erfahren Sie, dass ein Angehöriger Ihrer Dienstgruppe bei einer Einsatzfahrt mit Sondersignalen ein kleines Mädchen überfahren hat. Das Mädchen ist sehr schwer verletzt, der Polizeibeamte unverletzt. Die medizinische Versorgung des Kindes ist bereits eingeleitet. Der Dienststellenleiter überträgt Ihnen die weitere Bearbeitung. Wie verhalten Sie sich?

1. Nachdem ich einen Stellvertreter bestimmt habe, fahre ich selbst vor Ort an die Unfallstelle. Dort versuche ich den Beamten von der Öffentlichkeit abzuschirmen und seine Betreuung zu organisieren. Außerdem sorge ich dafür, dass die Eltern des Kindes verständigt werden. Wenn möglich, gewähre ich dem Beamten für die nächsten Tage Dienstbefreiung.

2. Ich fahre selbst zur Unfallstelle, kümmere mich um den betroffenen Beamten und biete ihm psychologische Unterstützung an. Für die nächsten Tage stelle ich ihn vom Streifendienst frei, um ihn psychisch zu entlasten.

3. Ich ordne die sofortige Ablösung des Beamten an und lasse ihn von der Unfallstelle zurück zur Dienststelle bringen, wo ich ihm die innerdienstlichen Konsequenzen aufzeige. Sofern möglich, veranlasse ich seine Betreuung. Parallel dazu nehme ich Kontakt zu den Eltern des verletzten Mädchens auf.

4. Ich veranlasse die Benachrichtigung des Zentralen Psychologischen Dienstes der Bayerischen Polizei, der die Betreuung des Kollegen übernehmen soll. Die weitere Sachbearbeitung werde ich überwachen und dafür sorgen, dass der Beamte in den nächsten Tagen zur Innendienstarbeit eingeteilt wird.

---

Abb. 1: Beispiel für ein situatives Item

Beide Aufgabentypen gehen mit unterschiedlicher Gewichtung in die Bewertung der Leistung im SOKO ein, wobei die Gewichtung auf Grund von Validierungsstudien festgelegt wurde, bei denen die situativen Items größere prädiktive Kraft insbesondere für die Ergebnisse eines multimodalen Interviews sowie eines Assessment Centers zeigten. Das Vorgehen bei diesen Validierungsstudien ist weiter unten dargestellt.

Die endgültige Bewertung der Testleistung im SOKO erfolgt ebenfalls anhand der genannten Validierungsstudien. Auf Grund der Leistung der Polizeibeamten im SOKO wird das Abschneiden im multimodalen Interview und Assessment Center vorhergesagt. Diese Methoden stellen bewährte Verfahren der Personalauswahl dar. Das Abbruchkriterium ist folgendermaßen festgelegt: Die Testleistung im SOKO muss so gering sein, dass die vorhergesagte Wahrscheinlichkeit, im multimodalen Interview sowie Assessment Center als nicht geeignet beurteilt zu werden, mehr als 95% beträgt. Das ist der Fall, wenn entweder bei den situativen Items, dem Faktorscore des Faktors »mitarbeiterorientierter Führungsstil« sowie bei mindestens sieben der elf dimensionsspezifischen Items der Bewerber ein bestimmter Prozentrang unterschritten wird.

*Zur Validierung* des SOKO sind bis einschließlich 1994 fünf Studien durchgeführt worden. Diese beinhalten unterschiedlichste Validitätskriterien wie multimodales Interview, Vorgesetztenurteil, Kollegenurteil, die Fragebögen NEO-FFI und ICQ und Assessment Center. Das Vorgehen bei den einzelnen Studien wird im Folgenden einzeln erläutert.

**Validierungsstudie I – Multimodales Interview:** An dieser Studie nahmen 80 Polizeibeamte teil. Diese bearbeiteten zunächst das SOKO und durchliefen anschließend ein ca. zweistündiges multimodales Interview. In diesem wurde jeder der Beamten von einer Gruppe von drei Beobachtern begutachtet. Die Beobachterteams setzten sich jeweils aus Psychologen und Polizeibeamten zusammen, die an der Universität Münster an einer Beobachterschulung teilgenommen hatten. Das Interview bestand aus einer Reihe von Übungen, in denen die Kandidaten jeweils auf spezifischen Dimensionen sozialer Kompetenz beobachtet wurden.

Im Folgenden sollen die verschiedenen Übungen kurz vorgestellt werden. Das 30-minütige biographische Interview beschäftigte sich mit bisherigen beruflichen Erfahrungen, Freizeitbeschäftigungen, Erwartungen und Zielen der Beamten sowie eigenen Stärken und Schwächen der Beamten. Bei der Methode des Q-Sort wurden die Kandidaten aufgefordert, elf Eigenschaften zur Beschreibung der eigenen Person entlang einer 5-stufigen Skala zu ordnen. Dabei wurde eine Normalverteilung insofern angestrebt, als die Extrempunkte der Skala nur einmal, der mittlere Skalenwert fünfmal belegt werden musste. In den Rollenspielen wurden jeweils drei Bewerber zusammen beobachtet. Ein Bewerber besetzte die Rolle eines Vorgesetzten, die anderen beiden agierten als Mitarbeiter. Es handelte sich um Konfliktsituationen zwischen den Mitarbeitern, bei denen der Vorgesetzte die Rolle des Vermittlers einnehmen sollte. In dem kognitiven Interview wurden die Kandidaten gebeten, sich an eine Situation zu erinnern, in der sie sich geärgert hatten. Diese Situation wurde im Hinblick auf die näheren Begleitumstände sowie das Verhalten der Kandidaten untersucht. Bei der Fallbeschreibung wurden den Kandidaten vier Fälle vorgelegt. Diese befassten sich sowohl mit Aspekten des Vorgesetztenverhaltens als auch mit dem Umgang mit dem Bürger. Die Kandidaten mussten jeweils angeben, wie sie sich in den fraglichen Situationen verhalten würden. Bei der Präsentation standen die Kandidaten vor der Aufgabe, sich als Vorgesetzte in einer neuen Dienststelle den Mitarbeitern vorstellen zu müssen. Dies geschah in einem fünfminütigen Vortrag, der von kritischen Fragen einiger »Mitarbeiter« unterbrochen wurde.

Die aus dem multimodalen Interview anfallenden Daten wurden in einem multimethodalen Ansatz aggregiert, das heißt, es ergaben sich Bewertungen für jeden Kandidaten auf jeder Dimension. Auf dieser Basis wurde für jeden Kandidaten eine globale Einschätzung seiner Eignung als Führungskraft abgegeben. Die Ergebnisse dieser Einschätzung finden sich in Tabelle 3. Die Kategorien »Sachbearbeiter« und »weder noch« reichen nicht aus, um als Führungskraft tätig zu werden, so dass auf Grund dieser Beurteilungen ca. ein Drittel der Bewerber als ungeeignet einzustufen ist.

| Eignung als | Prozentsatz |
|---|---|
| Führungskraft und Sachbearbeiter | 67,5 |
| Sachbearbeiter | 18,2 |
| weder noch | 14,3 |

Tab. 3: Ergebnisse des multimodalen Interviews

Die aus diesen Einschätzungen hervorgehenden Ergebnisse wurden dann in Zusammenhang gestellt zu den Ergebnissen aus dem SOKO. Dabei ergaben sich die in Tabelle 4 aufgezeigten Korrelationen. Es zeigte sich zum einen ein signifikant positiver Zusammenhang der Eignung laut multimodalem Interview mit dem Faktor »mitarbeiterorientierter Führungsstil«, was inhaltlich bedeutet, dass diejenigen Personen, die mitarbeiterorientiert agieren, sich besser für Führungsaufgaben eignen. Weiterhin zeigt sich ein hoher positiver Zusammenhang zwischen der Anzahl gelöster situativer Items und der Eignung im multimodalen Interview. Die Faktoren 2 und 3 weisen keinen Zusammenhang zur Führungseignung auf.

| Prädiktoren | Eignung für Führungsaufgaben im gehobenen Dienst |
|---|---|
| Faktor 1 «mitarbeiterorientierter Führungsstil» | .33** |
| Faktor 2 «Teamorientierung & Entscheidungsfreudigkeit» | -.02 |
| Faktor 3 «emotionale Stabilität» | -.01 |
| Anzahl gelöster situativer Items | .42** |

Erläuterung: ** = p <.01; Faktoren: Skala von 1 = »trifft nicht zu« bis 4 = »trifft zu«

Tab. 4: Zusammenhang zwischen dem Ergebnis des multimodalen Interviews und den Ergebnissen des SOKO

**Validierungsstudie II – Vorgesetztenurteil:** In dieser Studie wurden Vorgesetztenurteile von 361 Polizeibeamten aus dem mittleren Dienst erhoben, die zuvor das SOKO durchlaufen hatten. Teilweise wurden diese Beamten von mehreren Vorgesetzten beurteilt, so dass insgesamt 511 Vorgesetztenurteile vorlagen. Die Vorgesetzten beurteilten die Mitarbeiter zunächst auf den aus der Anforderungsanalyse stammenden Dimensionen sozialer Kompetenz, anschließend gaben sie ein Urteil über die allgemeine soziale Kompetenz der Mitarbeiter ab. Dabei sollten sie jeweils die Frage beantworten, wie viele Mitarbeiter des betreffenden Beamten über eine geringere Kompetenz auf der entsprechenden Dimension verfügten als der zu beurteilende Beamte. Eine weitere Frage befasste sich schließlich mit der allgemeinen Tauglichkeit für den gehobenen Dienst. Sie wurde wie gerade beschrieben auf einer Prozentrangskala beantwortet.

Im Rahmen der Auswertung wurden die Ergebnisse aus dem SOKO mit den Vorgesetztenurteilen verglichen. Vergleichsbasis war hierbei erstens der Mittelwert der Dimensionen sozialer Kompetenz und zweitens die Einschätzung der Tauglichkeit auf der Prozentrangskala. Die Ergebnisse sind in Tabelle 5 wiedergegeben.

| Kriterien des Vorgesetztenurteils | SOKO | | | |
|---|---|---|---|---|
| | Anzahl gelöster situativer Items | Faktor 1 | Faktor 2 | Faktor 3 |
| Soziale Kompetenz (Prozentrangskala) | .21*** | -.10 | -.06 | -.13* |
| Eignung zum gehobenen Dienst (Prozentrangskala) | .26*** | -.09 | -.01 | -.08 |

Erläuterung: * = p < .05  ** = p <.01  *** = p < .001; Faktor 1 = »mitarbeiterorientiertes Führungsverhalten«, Faktor 2 = »Teamorientierung & Entscheidungsfreude«, Faktor 3 = »emotionale Stabilität«; Faktoren: Skala von 1 = »trifft nicht zu« bis 4 = »trifft zu«

Tab. 5: Produkt-Moment-Korrelation zwischen den Ergebnissen des SOKO und den Vorgesetztenurteilen

Aus dieser Tabelle ist zu ersehen, dass die Anzahl gelöster situativer Items jeweils signifikante Zusammenhänge mit den verschiedenen Vorgesetztenurteilen aufweist. Die Richtung der Zusammenhänge entspricht dabei den Erwartungen. Die dimensionsspezifischen Maße aus dem SOKO weisen dagegen kaum Zusammenhänge mit den Vorgesetztenurteilen auf. An dieser Stelle kommt eine Besonderheit der Vorgesetztenurteile hinzu. Die Vorgesetzten durchliefen anders als die Beobachter im multimodalen Interview bei der Validierungsstudie I keine Beobachterschulung. Damit ist die Wahrscheinlichkeit für das Auftreten der bekannten Verzerrungen, denen Personenbeurteilungen unterliegen, deutlich erhöht. Die Fehlervarianz der Vorgesetztenurteile ist erheblich höher, was die Korrelation mit den Maßen aus dem SOKO absenkt.

**Validierungsstudie III – Kollegenurteile:** Zusätzlich zu der Beurteilung durch Vorgesetzte wurden auch Kollegenurteile von 273 Polizeibeamten erhoben. Da auch hier teilweise Mehrfachbeurteilungen vorlagen, beruhen die Daten auf insgesamt 606 Beurteilungen.

Sowohl das Vorgehen bei der Beurteilung als auch die Auswertung erfolgte analog zu dem Vorgehen in Studie II. Die Korrelationen der SOKO-Dimensionen mit den Kollegenurteilen entsprachen dem bereits bei den Vorgesetztenurteilen beobachteten Muster, wie aus Tabelle 6 zu ersehen ist. Allerdings lagen hier die Zusammenhänge insgesamt deutlich niedriger als bei den Vorgesetztenurteilen. Das kann daran liegen, dass die Vorgesetzten, obwohl sie keine weitere Schulung erhalten haben, doch über deutlich mehr Erfahrung in der Personenbeurteilung verfügen als die Kollegen.

| Kriterien des Vorgesetzenurteils | SOKO | | | |
|---|---|---|---|---|
| | Anzahl gelöster situativer Items | Faktor 1 | Faktor 2 | Faktor 3 |
| Soziale Kompetenz (Prozentrangskala) | .13* | -.04 | -.05 | .08 |
| Eignung zum gehobenen Dienst (Prozentrangskala) | .17** | -.06 | -.02 | -.05 |

Erläuterung: * = p < .05  ** = p <.01; Faktor 1 = »mitarbeiterorientiertes Führungsverhalten«, Faktor 2 = »Teamorientierung & Entscheidungsfreude«, Faktor 3 = »emotionale Stabilität«; Faktoren: Skala von 1 = »trifft nicht zu« bis 4 = »trifft zu«

Tab. 6: Produkt-Moment-Korrelation zwischen den Ergebnissen des SOKO und den Kollegenurteilen

**Validierungsstudie IV – NEO-FFI und ICQ:** Bei einer Datenerhebung an 514 Beamten des mittleren Dienstes wurden zusätzlich zum SOKO die beiden Fragebögen NEO-FFI und ICQ erhoben. Bei dem NEO-FFI (Costa & McCrae 1989, 1992) handelt es sich um ein etabliertes Verfahren der Persönlichkeitsdiagnostik zur Erfassung der »big five« (a) Neurotizismus, (b) Extraversion, (c) Offenheit für neue Erfahrungen, (d) Verträglichkeit und (e) Gewissenhaftigkeit. In dieser Studie wurde die deutschsprachige Übersetzung von Borkenau und Ostendorf (1993) verwendet. Der Fragebogen erfasst jede Dimension mit jeweils 12 Items, so dass 60 Items resultieren. Die Probanden antworten auf einer fünfstufigen Antwortskala, die von »starke Ablehnung« bis »starke Zustimmung« reicht. Der »Interpersonal Competence Questionnaire« (ICQ) von Buhrmester et al. (1988) erfasst fünf Dimensionen sozialer Kompetenz: (a) Initiierung von Interaktionen und Beziehungen, (b) Durchsetzung persönlicher Rechte, (c) Preisgabe persönlicher Informationen, (d) emotionale Unterstützung Anderer und (e) Konfliktmanagement. Die Fragen werden vor dem Hintergrund von Beziehungen zu Freunden und Bekannten gestellt. Der ICQ lag zum Zeitpunkt der Durchführung noch nicht als deutschsprachiges Verfahren vor, so dass zunächst eine Übersetzung vorgenommen werden musste.

Zur Validierung wurden Korrelationen zwischen den jeweils fünf Dimensionen des NEO-FFI und des ICQ und den drei Faktoren bzw. den situativen Items des SOKO ermittelt. Die Ergebnisse sind in Tabelle 7 wiedergegeben.

| Messinstrument | Dimension | SOKO | | | |
|---|---|---|---|---|---|
| | | Anzahl gelöster situativer Items | Faktor 1 | Faktor 2 | Faktor 3 |
| NEO-FFI | Neurotizismus | -.05 | .01 | -.20*** | -.66** |
| | Extraversion | .10* | .00 | .32*** | .31*** |
| | Offenheit | .13** | .00 | .11* | .04 |

| Messinstrument | Dimension | SOKO | | | |
|---|---|---|---|---|---|
| | Verträglichkeit | .17*** | .38*** | .06 | .28*** |
| | Gewissenhaftigkeit | .07 | .01 | .33*** | .37*** |
| ICQ | Initiierung von Interaktionen | .02 | .05 | .36*** | .36*** |
| | Durchsetzung | -.04 | -.03 | .26*** | .32*** |
| | Preisgabe persönlicher Informationen | .07 | .10* | .34*** | .25*** |
| | emotionale Unterstützung Anderer | .15** | .20*** | .44*** | .27*** |
| | Konfliktmanagement | .03 | .12* | .35*** | .35*** |

Erläuterung: * = p < .05 ** = p < .01 *** = p < .001; Faktor 1 = »mitarbeiterorientiertes Führungsverhalten«, Faktor 2 = »Teamorientierung & Entscheidungsfreude«, Faktor 3 = »emotionale Stabilität«; Faktoren: Skala von 1 = »trifft nicht zu« bis 4 = »trifft zu«

Tab. 7: Produkt-Moment-Korrelation zwischen SOKO und NEO-FFI / ICQ

Betrachtet man die Richtung der Korrelationen in Tabelle 7, so sind diese durchaus plausibel. Die Anzahl richtig gelöster situativer Items korreliert positiv mit den Dimensionen Offenheit für neue Erfahrungen und Verträglichkeit aus dem NEO-FFI sowie mit der emotionalen Unterstützung anderer aus dem ICQ. Dieser Zusammenhang ist vor dem Hintergrund des Verhältnisses zwischen der Anzahl richtig gelöster situativer Items und dem Faktor »mitarbeiterorientiertes Führungsverhalten« aus dem SOKO verständlich. Die Anzahl der richtig gelösten situativen Items hängt mit mitarbeiterorientiertem Führungsverhalten positiv zusammen und die Korrelationen mit den Validierungsinstrumenten deuten ebenfalls in diese Richtung. Mitarbeiterorientiertes Führungsverhalten hängt mit Verträglichkeit, Preisgabe persönlicher Informationen, emotionaler Unterstützung anderer und Konfliktmanagement zusammen. Bei dem Faktor 2 »Teamorientierung und Entscheidungsfreude« bedeutet ein hoher Wert Zustimmung, so dass positive Korrelationen dieses Faktors mit den Skalen des ICQ zu erwarten sind. Diese Angaben gelten, bis auf den Faktor »Neurotizismus« auch für den NEO-FFI. Die gefundenen Korrelationen liegen alle in der erwarteten Richtung. Bei dem Faktor 3 »emotionale Stabilität« bedeuten hohe Werte eine höhere emotionale Stabilität. Deshalb sind, wiederum bis auf den Faktor »Neurotizismus«, positive Korrelationen mit den Skalen des ICQ und NEO-FFI zu erwarten. Die gefundenen Zusammenhänge liegen alle in der erwarteten Richtung, wobei ausdrücklich auf den hohen Zusammenhang zwischen »emotionaler Stabilität« und »Neurotizismus« hingewiesen sei.

**Validierungsstudie V – Assessment Center:** Als weiteres Validierungsinstrument wurde ein Assessment Center eingesetzt. Das Assessment Center ist ein multimodales (mehrere Beurteilungsdimensionenen erfassendes) und multimethodales (mehrere Übungen umfassendes) Verfahren, das sich in der Personalauswahl, insbesondere bei der Bestimmung sozialer Kompetenzen von Bewerbern, bewährt hat.

In dieser Studie bearbeiteten 200 Polizeibeamte zunächst das SOKO und durchliefen anschließend ein Assessment Center. Dieses bestand aus insgesamt sechs Übungen, in denen die Polizeibeamten auf den aus der Anforderungsanalyse stammenden Dimensionen sozialer Kompetenz beurteilt wurden. Als Beobachter im Assessment Center diente jeweils ein dreiköpfiges Team aus Psychologen und erfahrenen Polizeibeamten, die zuvor eine zweitägige Beobachterschulung besucht hatten. Die Bewertung auf den Dimensionen erfolgte anhand der Schulnotenskala, so dass 1 eine sehr gute, 6 eine ungenügende Leistung darstellt. Die Bewertung auf den einzelnen Dimensionen wurden am Ende in einer Beobachterkonferenz zusammengefasst, wobei die Beobachter jeweils zu entscheiden hatten, ob der Polizeibeamte als Führungskraft, als Sachbearbeiter oder für keine der beiden Aufgaben geeignet war. Nur die Beurteilung als Führungskraft reichte aus, um als geeignet für den gehobenen Dienst beurteilt zu werden.

Probanden, die eine bestimmte Anzahl von richtig gelösten situativen Items überschritten und weiterhin auf mindestens sieben der elf Dimensionen (s. Tabelle 1) einen geringeren Prozentrang als 5 % erreichten, wurden im Assessment Center als geeignet für den gehobenen Dienst beurteilt. Dieses Resultat und weitere hier nicht berichtete Zusammenhangsanalysen untermauerten damit die Validität des SOKO.

*Insgesamt* deuten also alle fünf durchgeführten Validierungsstudien auf eine hohe externe und interne kriterienbezogene Validität hin. Die aufwändige Konstruktion mit Hilfe von Expertenratings und der mehrfachen Überprüfung durch verschiedene Stichproben bestätigt die hohe Inhaltsvalidität des Verfahrens.

Die Entwicklungsmöglichkeiten des SOKO beschränken sich naturgemäß auf das Berufsfeld der Polizei. In zukünftigen Studien und durch die Hinzunahme weiterer Items bzw. die Veränderung bestehender Items ist an eine Weiterentwicklung für den mittleren sowie den höheren Dienst zu denken. Ebenso möglich ist eine zunehmende Multimedialisierung des Verfahrens. Statt einer Beschreibung der Situationen könnten kurze Videoszenen eingespielt werden, die sich positiv auf die Augenscheinvalidität des SOKO auswirken dürften.

Die Zielrichtung des SOKO ist in erster Linie die Personalauswahl. Dennoch erscheint es möglich, den Test auch im Rahmen der Personalentwicklung einzusetzen. So könnte mit Hilfe des SOKO zunächst der Status quo im Hinblick auf etwaige Kompetenzdefizite bereits eingestellter Polizisten gemessen werden. Nach gezielten Personalentwicklungsmaßnahmen wäre es anschließend zur Evaluation der Trainingserfolge heranzuziehen.

## Literaturverzeichnis

Borkenau, P. & Ostendorf, F. (1993). NEO-Fünf-Faktoren-Inventar (NEO-FFI). Göttingen

Buhrmester, D.; Furman, W.; Wittenberg, M.T. & Reis, H.T. (1988). Five domains of interpersonal competence in peer relationships. In: Journal of Personality and Social Psychology, 55, S. 991-1008.

Costa, P.T. Jr. & McCrae, R.R. (1989). NEO-PI/FFI Manual Supplement. Odessa, Fl.

Costa, P.T. Jr. & McCrae, R.R. (1992). Revised NEO Personality Inventory and NEO Five factor Inventory Professional Manual. Odessa, Fl.

Flanagan, J.C. (1954). The critical incident technique. In: Psychological Bulletin 51, S. 327-358.

Holling, H. & Kanning, U.P. (1999). Handbuch zum Personalauswahlverfahren »Soziale Kompetenz« SOKO. Unveröffentlichtes Manuskript. Münster

Kanning, U.P. (2002). Soziale Kompetenz. In: Zeitschrift für Psychologie 210, S. 154-163.

# Situatives Interview zur Messung von Kooperationswissen

## Sabine Sonnentag

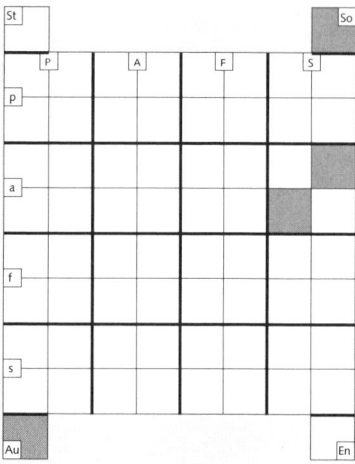

## Rasterdarstellung

### Schlagworte
Interview; Kooperation; Wissen

### Entwickler
Prof. Dr. Sabine Sonnentag, Institut für Psychologie, Technische Universität Braunschweig

### Kompetenzdefinition
Kompetenz wird gefasst als Handlungsvoraussetzung, die jedoch erst im eigentlichen Handlungsprozess zum Ausdruck kommt. In dem Verfahren wird Wissen als ein Teilaspekt der Kompetenz erfasst.

### Zielstellungen
Das Verfahren dient dazu, Kompetenzen im Bereich der arbeitsbezogenen Kooperation zu erfassen. Schwerpunkt ist dabei der Wissensaspekt von Kompetenz. Konkret wird dabei gemessen, was Personen darüber wissen, wie problematische Kooperationssituationen zu bewältigen sind. Es geht also um die Erfassung der kognitiven Repräsentation von Handlungsmöglichkeiten. Das Verfahren wurde im Kontext der Expertiseforschung entwickelt und eignet sich demnach besonders gut, Wissen und Kompetenzen von Experten und Nicht-Experten im Bereich der Kooperation kontrastiv zu untersuchen (zur Expertiseforschung siehe Ericsson & Lehmann 1996; Sonnentag 2000).

In der vorliegenden Version eignet sich das Verfahren für den Einsatz in technischen Berufsfeldern, in denen Arbeitsaufgaben – zumindest teilweise – in kooperativen Settings und in Teamarbeit bewältigt werden.

## Theoretische Grundlagen

Das Verfahren beruht in inhaltlicher Hinsicht auf einem theoretischen Rahmenmodell zum individuellen Handeln in Kooperationssituationen (Lange 1996; Sonnentag & Lange 2002). Dabei wird eine Kooperationssituation aus individueller Perspektive betrachtet. Das Rahmenmodell postuliert, dass Individuen unterschiedliche Handlungen verfolgen müssen, um Arbeitsaufgaben in Kooperationssituationen erfolgreich zu bewältigen: (1) Sie müssen das Problem analysieren und eine adäquate Repräsentation des Problems aufbauen; diese Problemanalyse muss sowohl die Arbeitsaufgabe im engeren Sinn als auch die Kooperationssituation als solche umfassen. (2) Sie müssen die eigentliche Arbeitsaufgabe inhaltlich bearbeiten und dazu Lösungsansätze entwickeln. (3) Sie müssen mit dem Kooperationspartner kommunizieren und dabei gegebenenfalls auch die interpersonale Ebene thematisieren (beispielsweise Konflikte ansprechen). (4) Sie müssen sich damit auseinandersetzen, wie der Kooperationspartner die Aufgabe bearbeitet und Einfluss auf dessen Handeln nehmen (beispielsweise unterstützen oder korrigieren).

## Methodologische Einordnung

In methodischer Hinsicht weist das Verfahren deutliche Überschneidungen mit situativen Interviews auf, wie sie im Rahmen der Personalauswahl verwendet werden (Latham et al. 1980). Die Kompetenzmessung findet im Rahmen von Einzelinterviews statt. In diesen Einzelinterviews werden den Befragten schriftliche Beschreibungen von problematischen Kooperationsszenarien vorgelegt, die große Ähnlichkeit mir realen Situationen aufweisen. Untersucht wird somit die kognitive Repräsentation von Handlungsmöglichkeiten für realitätsnahe Problemkonstellationen, nicht jedoch das tatsächliche Handeln in realen Situationen.

## Einschätzung der Gütekriterien

Das Verfahren wurde bislang in zwei empirischen Untersuchungen erprobt. Dabei wurden auch erste Analysen zu den Gütekriterien durchgeführt (für Einzelheiten siehe Sonnentag & Lange 2002), vor allem zur Beurteilerübereinstimmung und zur Inhaltsvalidität.

Die Notwendigkeit, eine ausreichende Beurteilerübereinstimmung aufzuzeigen, ergibt sich aus dem Vorgehen bei der praktischen Anwendung des Verfahrens, bei dem die einzelnen Interviewaussagen unterschiedlichen inhaltlichen Kategorien (Problemanalyse, direkte Aufgabenbearbeitung, Kommunikation mit Kooperationspartner, Thematisierung der Aufgabenbearbeitung des Kooperationspartners, sonstiges) zugeordnet werden müssen. In der ersten Untersuchung wurde die Beurteilerübereinstimmung anhand von 1356 Einzelaussagen überprüft. Dabei ergab sich eine Übereinstimmung von 91.0 % (Cohen's Kappa=.79). In der zweiten Untersuchung wurden zur Bestimmung der Beurteilerübereinstimmung 630 Einzelaussagen herangezogen. Hier betrug die Übereinstimmung 78.3 % (Cohen's Kappa=.72).

Zur Überprüfung der Inhaltsvalidität wurden die entwickelten Szenarien von Beurteilern, die den Zweck und Einsatzbereich des Verfahrens nicht kannten, hinsichtlich der beschriebenen Kooperationsanforderungen eingeschätzt. Die Szenarien der ersten Untersuchung wurden von den Beurteilern mit M=5.35 eingeschätzt, die Szenarien der zweiten Untersuchung mit M=5.28 – jeweils auf einer 7-stufigen Likert-Skala. Damit können die Szenarien als ausreichend inhaltsvalide angesehen werden.

Um die Realitätsnähe der verwendeten Szenarien zu überprüfen, wurden die Teilnehmer der zweiten Untersuchung gefragt, ob sie die in den Szenarien geschilderten Situationen aus ihrer eigenen Arbeitserfahrung kennen. Dabei gaben im Mittel 53.2% der Teilnehmer an, eine zumindest ähnliche Situation erlebt zu haben (Range zwischen 27.4% and 79.7%).

### Fehler- und Problemkritik

Das Verfahren misst Kompetenz als kognitive Repräsentation von Handlungsmöglichkeiten. Die Frage, ob und wie das Wissen über diese Handlungsmöglichkeiten auch tatsächlich in Handeln umgesetzt wird, kann mit dem Verfahren nicht direkt erfasst werden – das Verfahren fokussiert auf verbalisierbares Wissen. Wissen, das nicht verbalisiert werden kann, kann mit dem Verfahren nicht erfasst werden.

### Ablauf des Messprozesses

Wissen wird unter Verwendung von Szenariomaterial erfasst. Dieses Szenariomaterial enthält Beschreibungen von problematischen Kooperationssituationen, die nach einer Lösung und einer erfolgreichen Aufgabenbewältigung verlangen. Diese Szenarien wurden vorab mit Vertretern der zu untersuchenden Berufsfelder und mit Hilfe der Critical Incident Methode (Flanagan 1954) entwickelt.

Beim praktischen Einsatz des Verfahrens sollten insgesamt zwischen fünf und zehn unterschiedliche Szenarien für eine Befragung verwendet werden. Jedes Szenario wird dem Befragten von einem Interviewer vorgelegt. Der Befragte wird aufgefordert, Lösungsmöglichkeiten für die geschilderte problematische Kooperationssituation zu nennen (Basisvariante). Diese Lösungsmöglichkeiten werden verbatim mitnotiert bzw. auf Tonband aufgenommen. Der Interviewer sollte die Aussagen nicht kommentieren, den Befragten jedoch auffordern, weitere Möglichkeiten anzuführen. Diese Basisvariante kann je nach Untersuchungsziel weiter ausgebaut werden, beispielsweise können die Befragten die Wichtigkeit der einzelnen Lösungsmöglichkeiten, ihre Realisierbarkeit etc. einschätzen.

Im Anschluss an das Interview werden die Aussagen des Befragten durch Beurteiler kategorisiert. Das Kategoriensystem umfasst die Kategorien (1) Problemanalyse, (2) direkte Aufgabenbearbeitung, (3) Kommunikation mit Kooperationspartner, (4) Thematisierung der Aufgabenbearbeitung des Kooperationspartners, (5) sonstiges. Als ein einfaches Maß für das Wissen über die Bewältigung von schwierigen Kooperationssituationen dient die Anzahl der genannten Lösungsmöglichkeiten. – Dazu ergänzend ist es möglich, die einzelnen Lösungsalternativen nach ihrer Qualität durch die Beurteiler einschätzen zu lassen.

*Räumliche Voraussetzungen*
Ruhiger Besprechungsraum, Tisch, Stühle.

*Zeitliche Voraussetzungen*
Bei der Durchführung der Messung sind für die Basisvariante pro Szenario 3-5 Minuten einzuplanen. Bei umfangreicheren Erhebungen erhöht sich der Zeitbedarf entsprechend. Sobald die Beurteiler in das Kategoriensystem eingearbeitet sind, sind für jedes Szenario einige wenige Minuten für die Kategorisierung erforderlich. Zu bedenken ist, dass zumindest ein Teil der Antworten von zwei Beurteilern vorzunehmen ist, um Aussagen über die Beurteilerübereinstimmung machen zu können.

*Personale Voraussetzungen*
Die Interviews finden in Einzelsitzungen statt. Für die Durchführung und Auswertung sind ein Interviewer und 1-2 Beurteiler erforderlich; Interviewer und Beurteiler können identisch sein.

*Technische Voraussetzungen*
Szenariomaterial, Schreibutensilien, ggf. Tonband; Computer für die Auswertung.

## Wichtigste Ergebnisse

Das Verfahren wurde bislang im Kontext der Expertiseforschung eingesetzt. Es wurde untersucht, wie das – durch das Verfahren zu erhebende – Wissen über erfolgreiches Vorgehen in Kooperationssituationen mit Leistungsstärke zusammenhängt. In einer ersten Untersuchung im Bereich der Software-Entwicklung zeigte sich, dass leistungsstarke Personen generell über umfangreicheres Wissen über Handlungsmöglichkeiten in schwierigen Kooperationssituationen verfügen als leistungsschwächere Personen. Dabei erzielen sie auf allen Wissensdimensionen höhere Werte als leistungsschwächere Personen. Auch in der zweiten Untersuchung, die mit Ingenieuren durchgeführt wurde, wurde deutlich, dass leistungsstärkere Personen generell mehr darüber wissen, wie Kooperationssituationen zu bewältigen sind. Im Hinblick auf Einzeldimensionen wurden die Ergebnisse der ersten Untersuchung teilweise bestätigt (Sonnentag & Lange 2002).

## Gütekriterien

Die Beurteilerüberstimmung bei der Kategorisierung der Interviewaussagen kann als gut eingeschätzt werden. Auch die Realitätsnähe der verwendeten Szenarien ist gegeben. Die Realitätsnähe ist jedoch kein allgemein gültiges Merkmal des Instruments sondern muss für jeden neuen Einsatzbereich und vor allem bei der Neuentwicklung und Anpassung von Szenarien erneut gezeigt werden.

Analysen zeigten, dass Interviewergebnisse nicht auf Unterschiede in der Verbalisierungsfähigkeit der Befragten zurück zu führen sind (Sonnentag & Lange 2002).

## Entwicklungsmöglichkeiten

Das Verfahren bietet vielfältige Möglichkeiten zur Weiterentwicklung. So ist es möglich, das Verfahren für andere Berufsbereiche und dort übliche Kooperationssituationen anzupassen. Notwendig ist dabei, dass zunächst typische Kooperationssituationen – beispielsweise anhand der Critical Incident Methode (Flanagan 1954) identifiziert und situationsangepasste Szenarien entwickelt werden.

## Nutzensabschätzungen

Es ist gut denkbar, das Verfahren auch in der beruflichen und betrieblichen Weiterbildung einzusetzen. Es kann geeignet sein, Defizite im Bereich der sozialen Kompetenzen zu identifizieren. Konkrete Erfahrungen mit dem Einsatz dieses Verfahrens in der Weiterbildung liegen noch nicht vor.

## Erlernbarkeit

Prinzipiell dürfte das Verfahren auch für »wissenschaftsferne Anwender« erlernbar sein, wobei jedoch besondere Anforderungen an diese Anwender gestellt werden. Vor allem die Entwicklung der Szenarien erfordert gute Kenntnisse im Bereich der Arbeitsanalyse, insbesondere in der Critical Incident Methode. Zur Überprüfung der Inhaltsvalidität der neu entwickelten Szenarien sind grundlegende Kenntnisse im Bereich der Methodik und Statistik notwendig. Die Durchführung der situativen Interviews erfordert entsprechende soziale Kompetenzen. Für die Auswertung der Interviewaussagen schließlich ist eine intensive Auseinandersetzung mit den Kategorien und eine entsprechende Einübung zwingend erforderlich.

## Einfachheit

Das Verfahren wurde ursprünglich für den Einsatz in der Forschung entwickelt; ein Einsatz in der Praxis war nicht primäres Entwicklungsziel. Dennoch dürfte das fertige Verfahren in der Praxis relativ einfach einzusetzen sein. Die Entwicklung neuer, situationsangepasster Szenarien erfordert jedoch zusätzlichen Aufwand.

## Beispiele und Material

Ausgewählte Beispiel-Szenarien, die im Bereich der Software-Entwicklung eingesetzt wurden:
- Ein System, an dem Ihr Team arbeitet, steht kurz vor der Auslieferung. Beim Integrationstest wird in einem Modul, das Ihr Kollege erstellt hat, ein gravierender Fehler entdeckt. Nun ist dieser Kollege aber ernsthaft erkrankt und wird in den nächsten Wochen nicht arbeiten können. Somit wird Ihnen die Aufgabe übertragen, die Auslieferung sicher zu stellen. Was tun Sie?
- Sie haben zwei Kollegen in Ihrem 6-köpfigen Team, die das Projektziel offensichtlich nicht unterstützen, von sich aus nichts tun, also wenig motiviert sind. Sie sind aber auf eine enge Zusammenarbeit mit ihnen angewiesen. Was tun Sie?

## Literaturverzeichnis

Ericsson, K.A. & Lehmann, A.C. (1996). Expert and exceptional performance: Evidence of maximal adaptation to task constraints. In: Annual Review of Psychology, 47, pp. 273-305

Flanagan, J.C. (1954). The critical incident technique. In: Psychological Bulletin, 51, pp. 327-358

Lange, I. (1996). Die Rolle von sozialen Kompetenzen bei herausragender Leistung in Ingenieurberufen. Unveröffentlichte Diplomarbeit, Justus-Liebig-Universität Gießen, Fachbereich Psychologie. Gießen

Latham, G.P.; Saari, L.M.; Pursell, E.D. & Campion, M.A. (1980). The situational interview. In: Journal of Applied Psychology, 65, pp. 422-427

Sonnentag, S. (2000). Expertise at work: Experience and excellent performance. In: C. L. Cooper & I. T. Robertson (Eds.), International Review of Industrial and Organizational Psychology. Chichester, pp. 223-264

Sonnentag, S. & Lange, I. (2002). The relationship between high performance and knowledge about how to master cooperation situations. In: Applied Cognitive Psychology 16, pp. 491-508

# Gruppencheck

Alena Erke/Sabine Racky/
Ingela Jöns

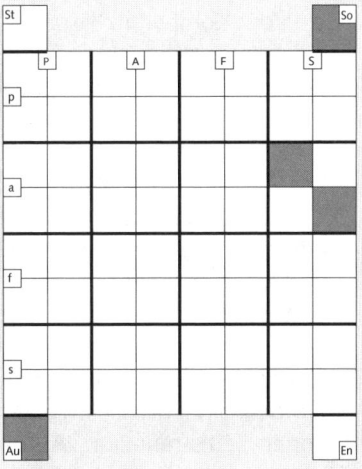

## Rasterdarstellung

### Schlagworte

Gruppenkompetenz; Handlungskompetenz; Personalbeurteilung; Personalentwicklung; Selbstorganisationskompetenzen; Teilautonome Arbeitsgruppen

### Entwickler

Dipl.-Psych. Alena Erke, Dipl.-Psych. Sabine Racky, PD Dr. Ingela Jöns, Projekt «Unterstützung selbstregulierter Gruppenarbeit» (USG), Lehrstuhl für Wirtschafts- und Organisationspsychologie, Universität Mannheim

### Kompetenzdefinition

Gruppenkompetenz wird in Anlehnung an die handlungstheoretischen Konzepte der Sozial- und Teamkompetenzen von Greif (1987, 1996) definiert als ein Merkmal von Arbeitsgruppen, das Voraussetzung für erfolgreiches Handeln der Gruppe ist. Gruppenkompetenz wird für spezifische soziale Situationen erworben und beinhaltet die Orientierung auf Ziele, Kenntnisse von Handlungsfeldern und Handlungsmöglichkeiten sowie Fähigkeiten und Fertigkeiten für die Handlungsausführung.

### Zielstellungen

Der Gruppencheck ermöglicht die Beurteilung der Kompetenz von Teilautonomen Arbeitsgruppen, wobei zwischen verschiedenen Aspekten der Kompetenz differenziert werden kann, die sich durch Handlungsfeld und Zielsetzung unterscheiden. Das Instrument lässt sich zu Zwecken der Personalbeurteilung und der

Personalentwicklung einsetzen. Es ermöglicht die Beurteilung von Unterschieden zwischen Gruppen und bei mehrmaligem Einsatz auch von Veränderungen über die Zeit. Dabei werden die Gruppenwerte verschiedener Kompetenz-Aspekte oder der Gesamtwert der Kompetenz zugrunde gelegt. Durch die Auswertung von Profilen der Kompetenz-Aspekte können über beides differenzierte Aussagen gemacht werden. Ferner können Stärken und Schwächen von Gruppen identifiziert werden, woraus konkreter Handlungsbedarf abgeleitet werden kann.

## Theoretische Grundlagen

Die Definition der Gruppenkompetenz basiert auf den handlungstheoretischen Konzepten der Sozial- und Teamkompetenzen von Greif (1987, 1996). Demnach gibt es verschiedene Aspekte der Gruppenkompetenz, die sich durch Situationen und Ziele, auf die sich die jeweiligen Handlungen bzw. Kompetenzen beziehen, unterscheiden. Eine für Gruppenarbeit besonders relevante Art von Kompetenzen sind nach Greif (1996) die Selbstorganisationskompetenzen, für die Motivation, Handlungsspielräume und Selbstreflexion wichtige Voraussetzungen sind. Daher wurden der Entwicklung des Gruppenchecks Instrumente zugrunde gelegt, mit denen Selbstreflexion, Autonomie und Gruppenentwicklung gemessen werden. Dies sind das Teamklima-Inventar von Brodbeck et al. (2000), die deutsche Form des Team Climate Inventory von Anderson & West (1994) nach der Theorie von West (1990), und ein Fragebogen zur subjektiven Einschätzung der Autonomie und Gruppenentwicklung, der im Rahmen des USG-Projektes in früheren Untersuchungen mit forschungsorientierter Zielsetzung entwickelt worden war (vgl. Hey et al. 1999; Knab & Pietruschka 2001). Die im Gruppencheck enthaltenen Kompetenz-Aspekte beziehen sich inhaltlich auf ähnliche Merkmale der Gruppenarbeit wie die oben genannten Instrumente. Dabei wurden diese Kompetenz-Aspekte so formuliert, dass sie sich auf spezifische Situationen beziehen. Für die verschiedenen Ausprägungen der einzelnen Aspekte wurden verhaltensverankerte Skalen entwickelt. Dies gewährleistet die Vergleichbarkeit der Ergebnisse zwischen Gruppen und erleichtert die Ableitung von Handlungsempfehlungen aus den Ergebnissen.

## Methodologische Einordnung

Beim Gruppencheck handelt es sich um einen vollstandardisierten Fragebogen, mit dem die subjektiven Einschätzungen der Gruppenkompetenz anhand von insgesamt 15 Einzelitems erfasst werden. Diese beinhalten sowohl aufgabenbezogene als auch soziale Aspekte der Gruppenarbeit. Die Einstufung der einzelnen Kompetenz-Aspekte erfolgt dabei auf vierstufigen verhaltensverankerten Skalen. Grundsätzlich ist der Gruppencheck als Messmethode der Gruppenkompetenz zur Erfassung auf individueller Ebene und statistischen Aggregation auf Gruppenebene entwickelt worden. Im ersten Schritt werden die subjektiven Einschätzungen der einzelnen Mitarbeiter erfasst, die im zweiten Schritt dann auf Gruppenebene aggregiert (gemittelt) werden. Neben dieser Selbsteinschätzung auf individueller Ebene kann das Instrument auch direkt zur kollektiven Selbsteinschätzung in Workshops eingesetzt werden. Da diese Form noch nicht erprobt werden konnte, soll hierauf nicht näher eingegangen werden. Weiterhin können die Gruppen anhand des Gruppenchecks von ihren Führungskräften im Sinne einer Fremdbeurteilung eingeschätzt werden.

## Einschätzung der Gütekriterien

**Objektivität der Durchführung:** Eine weitgehende Standardisierung der Durchführung ist neben gleichen räumlichen und zeitlichen Bedingungen vor allem durch eine für alle Mitarbeiter identische Testinstruktion zu erreichen.

**Objektivität der Auswertung**: Durch die Standardisierung der Items (gebundene Items) mit vorgegebenen Antwortalternativen ist die Auswertungsobjektivität gewährleistet.

**Reliabilität:** Die Reliabilität des Gruppenchecks, berechnet als interne Konsistenz mit Cronbach-$\alpha$, beträgt 0,87 (N = 34).

**Inhaltliche Validität**: ist auf Grund der Itemformulierungen gegeben.

**Prädiktive Validität**: Es konnte bestätigt werden, dass die mit dem Gruppencheck ermittelte Gruppenkompetenz positive Zusammenhänge sowohl mit der Leistung der Gruppe als auch mit dem Klima in der Gruppe aufweist. Beide Zusammenhänge lassen sich aus der Definition der Gruppenkompetenz vorhersagen.

## Fehler- und Problemkritik

Die inhaltliche Unterscheidung in aufgabenbezogene und soziale Aspekte wird durch die bisherige Untersuchung nicht gestützt und sollte im Rahmen der weiteren Studien überprüft werden. Da eine Anwendung und Überprüfung in anderen Unternehmen ebenso wie ein Vergleich mit anderen Instrumenten (insbesondere dem TKI) bislang nicht durchgeführt wurden, können noch keine Aussagen über die Übertragbarkeit auf andere Unternehmen bzw. Produktions- und Dienstleistungsbereiche getroffen werden. Die Einschätzung auf vier Stufen, die eine leichte Handhabbarkeit unterstützt, erlaubt keine große Differenzierung für die einzelnen Aspekte. Damit verbunden ist die Problematik, dass Deckeneffekte relativ schnell eintreten können.

## Ablauf des Messprozesses

*Räumliche Voraussetzungen*
Zum Ausfüllen des Gruppenchecks wird ein Raum benötigt, in dem jedes Gruppenmitglied für sich den Fragebogen bearbeiten kann. Der Raum sollte daher groß genug sein, damit die Mitarbeiter ausreichend Platz vorfinden, um den Fragebogen auszubreiten. Ebenso sollte die zur Bearbeitung notwendige Konzentration nicht durch übermäßige Lärmbelästigung gestört werden. Dies kann vor allem dann auftreten, wenn der Gruppencheck in Gruppenräumen in Produktionshallen durchgeführt wird.

*Zeitliche Voraussetzungen*
Der Gruppencheck kann innerhalb oder außerhalb der Arbeitszeit durchgeführt werden. In der Regel empfiehlt sich die Durchführung während eines regulären oder festgelegten Gruppengespräches, d.h. zu einem vorher bestimmten und mitgeteilten Zeitpunkt, damit keine weiteren Termine eingeräumt und die Arbeitsabläufe nicht zusätzlich gestört werden. Für die Begrüßung der Gruppenmitglieder und die Instruktion sind ca. 10 Minuten zu veranschlagen. Für das Ausfüllen des Gruppenchecks sind 15-20 Minuten einzuplanen. Wird der Gruppencheck wie-

derholt durchgeführt, kann sich die Bearbeitungszeit verkürzen, da die Mitarbeiter bereits mit den Fragen vertraut sind und eine gewisse Routine erwerben konnten. Ist der Gruppencheck ausgefüllt, erfolgt die Dateneingabe. Aus Erfahrung sollte pro Fragebogen maximal eine Minute veranschlagt werden. Die Auswertung (Berechnung der Gruppenmittelwerte für die Kompetenz-Aspekte und des Gesamtwertes) braucht pro Gruppe ca. 10 Minuten. Insgesamt ergibt sich somit ein Zeitaufwand von ca. 50 Minuten pro Gruppe, was vor allem hinsichtlich der Dateneingabe je nach Gruppengröße leicht variieren kann.

*Durchführung der Messung*
Bei der Durchführung der Messung werden zunächst die Gruppenmitglieder über den Zweck der Untersuchung informiert und ihnen wird Anonymität zugesichert. Diese ist dadurch gewährleistet, dass die Daten ausschließlich gruppenbezogen ausgewertet werden und keine individuelle Zuordnung möglich ist. Der Aufbau des Gruppenchecks wird erklärt und die Gruppenmitglieder werden gebeten, für jeden Aspekt diejenige der vier Wahlmöglichkeiten zu markieren, die die Situation in der Gruppe am besten beschreibt. Anschließend wird der Gruppencheck von allen ausgefüllt, wobei so viel Zeit zur Verfügung stehen sollte, wie benötigt wird. Sind alle fertig, werden die ausgefüllten Fragebogen eingesammelt.

*Auswertung*
Zur Auswertung werden für jeden Kompetenz-Aspekt über alle Mitarbeiter einer Gruppe Mittelwerte berechnet. Über diesen Mittelwert wird ein Gesamtwert der Gruppenkompetenz berechnet. Die Ergebnisse können grafisch dargestellt werden. Weitere Auswertungen können z.B. Vergleiche zwischen Gruppen und / oder zwischen Zeitpunkten beinhalten oder Zusammenhänge mit weiteren Merkmalen der Gruppen oder mit Effektivitätskriterien.

*Personale Voraussetzungen*
Der Gruppencheck wird in der Regel mit allen Mitarbeitern einer Gruppe durchgeführt, wobei jeder Mitarbeiter einen eigenen Gruppencheck ausfüllt. Ebenso wird der Gruppencheck von den direkten Führungskräften (Industriemeistern) ausgefüllt, die jede der von ihnen betreuten Gruppen getrennt einschätzen. Die Durchführung wird von einer Person angeleitet, die den Gruppencheck austeilt, die Instruktion gibt und den Fragebogen anschließend wieder einsammelt. Diese Person sollte mit dem Gruppencheck und mit dem Zweck seines Einsatzes vertraut sein. Die Auswertung kann von allen durchgeführt werden, die über die entsprechenden methodischen Kenntnisse (Berechnung von Mittelwerten) verfügen. Es ist sinnvoll, Durchführung und Auswertung nicht von direkten oder höheren Vorgesetzten der Gruppen durchführen zu lassen. Wenn die Gruppen gelernt haben, mit dem Instrument zu arbeiten, kann dieses auch selbstorganisiert z.B. durch den Gruppensprecher eingesetzt und durch ein entsprechendes Tool auch direkt für die einzelnen Gruppen ausgewertet werden.

*Technische Voraussetzungen*

Für die Durchführung und Auswertung des Gruppenchecks sind keine besonderen technischen Voraussetzungen notwendig. Jedes Gruppenmitglied benötigt einen Fragebogen und einen Stift zum Ausfüllen. Im Rahmen der Dateneingabe und -auswertung empfiehlt sich ein Computer mit einem geeigneten Auswertungsprogramm wie z.B. Excel oder SPSS. Bei Auswertung durch die Gruppen selbst empfiehlt sich die Entwicklung eines leicht handhabbaren Tools z.B. auf der Basis von Excel.

Im Zuge der Ergebnisrückmeldung an die Mitarbeiter können je nach Bedarf verschiedene Arbeitsmittel Anwendung finden. So können die Ergebnisse mittels Folien oder über einen Beamer präsentiert werden. Es können auch Metaplanwände oder Flipcharts verwendet werden, um anschließende Diskussionen zu moderieren. Jeder Gruppe sollte ein eigener Bericht mit den Ergebnissen zur Verfügung gestellt werden. So kann die Gruppe auch zu späteren Zeitpunkten über die Ergebnisse verfügen und bei einer Wiederholungsbefragung Veränderungen über die Zeit ermitteln.

## Referenzen

Das Teamklima-Inventar (TKI) von Brodbeck et al. (2000) (siehe auch Brodbeck & Maier 2001) erfasst vier Aspekte des Teamklimas, die auf Grund der Prozesstheorie der Innovation von West (1996) mit Leistungen und Innovationen in Gruppen zusammenhängen: Vision, Aufgabenorientierung, Partizipative Sicherheit und Unterstützung für Innovationen. Der TKI kann nach Brodbeck (2001) unter Anderem für Benchmarking von Arbeitsgruppen und für die Ableitung von Teamentwicklungsmaßnahmen eingesetzt werden.

Die Skalen zur subjektiven Einschätzung von Autonomie und Gruppenentwicklung des USG-Projektes (Hey et al. 1999; Knab & Pietruschka 2001) erfassen verschiedene arbeitsbezogene und soziale Aspekte der Gruppenarbeit. Diese Skalen wurden zu Forschungszwecken eingesetzt.

Der Fragebogen zur Arbeit im Team (F-A-T) von Kauffeld (in Druck, siehe auch Kauffeld & Frieling 2001a) beinhaltet die Skalen Personorientierung und Strukturorientierung, die den Dimensionen Task Reflexivity und Social Reflexivity von West (1994) entsprechen. Anwendungsfelder des F-A-T sind Forschung und Einsatz im Rahmen von Teamentwicklungsmaßnahmen.

Das Kasseler Kompetenz-Raster (KKR) von Kauffeld (1999, siehe auch Kauffeld & Frieling 2001b) erfasst vier verschiedene Kompetenz-Facetten: Fach-, Methoden-, Sozial- und Selbstkompetenz. Diese werden durch die Beobachtung von Gruppendiskussionen zur Lösung einer Optimierungsaufgabe beurteilt. Im Unterschied zu den drei bisher dargestellten Verfahren, bei denen Gruppenwerte als Mittelwerte der Fragebogendaten über die Mitarbeiter je einer Gruppe gebildet werden, handelt es sich hier um einen Gruppenansatz.

Der Gruppencheck hat mit diesen Verfahren verschiedene Gemeinsamkeiten, die sich vor allem auf die abgefragten Inhalte und auf den angenommenen Bezug zur Gruppeneffektivität beziehen. Zwei wesentliche Unterschiede zu den genannten Verfahren bestehen darin, dass verhaltensverankerte Skalen verwendet werden und dass die Itemformulierungen an konkrete Bedingungen der untersuchten Arbeitsgruppen angepasst sind. Im Vergleich zu den oben beschriebenen Instrumenten erhöht dies die Bedeutsamkeit der Ergebnisse für die Ableitung von Handlungs-empfehlungen, verringert dagegen die Einfachheit der Übertragung auf andere Arten von Gruppen.

## Freie Darstellung

### Darstellung der wichtigsten Ergebnisse

Der Gruppencheck wurde in einer Fallstudie bei einem Maschinenbau-Unternehmen entwickelt und eingesetzt. Zielsetzung war die Entwicklung eines Instruments, mit dem eine Beurteilung der Gruppen bezüglich verschiedener Aspekte der Gruppenkompetenz möglich ist. Das Instrument soll einen Vergleich von Gruppen untereinander ermöglichen und zur Ableitung von Verbesserungsmaßnahmen bei einzelnen Gruppen eingesetzt werden. In dieser Untersuchung konnte eine Einschätzung der Gütekriterien des Gruppenchecks vorgenommen werden. Es wurden 34 Gruppen und 13 diese Gruppen betreuende Meister befragt. Vorab sei ein kurzer Überblick über einige Befunde gegeben, die sich auf die Konsistenz der Ergebnisse innerhalb der Gruppen bzw. die Differenzierungsfähigkeit des Instruments zwischen Gruppen und auf den Vergleich der Beurteilungen von Gruppen und Meistern beziehen.

**Konsistenz innerhalb und Differenzierung zwischen Gruppen**: Bei der Interpretation der Ergebnisse des Gruppenchecks werden alle Werte auf Gruppenebene betrachtet. Sowohl für die Kompetenz-Aspekte als auch für den Gesamtwert der Gruppenkompetenz werden über alle Mitarbeiter einer Gruppe Mittelwerte gebildet. Zur Feststellung der methodischen Zulässigkeit der Auswertung auf Gruppenebene wurde mittels einfaktorieller Varianzanalysen überprüft, ob die Ergebnisse innerhalb der Gruppen eine höhere Übereinstimmung aufweisen als zwischen den Gruppen. Dies konnte für alle Kompetenz-Aspekte und für den Gesamtwert der Gruppenkompetenz bestätigt werden: Die Eta$^2$ liegen zwischen 0,15 und 0,46, für den Gesamtwert der Gruppenkompetenz ist Eta$^2 = 0,30$; die F-Werte liegen für die Kompetenz-Aspekte zwischen 1,76 und 9,0, für den Gesamtwert der Gruppenkompetenz ist $F = 4,40$; der größte Signifikanzwert von F beträgt $p(F) = 0,008$, somit sind alle Werte von F hochsignifikant.

**Vergleich der Ergebnisse von Gruppen und Meistern**: Für alle Gruppen wurde der Gruppencheck sowohl von den Gruppenmitgliedern als auch von den die Gruppen betreuenden Meistern ausgefüllt. Bezüglich Mittelwerten, Korrelationen und Faktorenstruktur ergab sich eine hohe Übereinstimmung zwischen Gruppen und Meistern. Ein Unterschied zwischen Gruppen und Meistern zeigte sich jedoch darin, dass die Meister die Gruppen auf allen Aspekten der Gruppenkompetenz etwas positiver beurteilten als die Gruppen sich selbst beurteilten (die gepaarte Differenz der Mittelwerte zwischen Meister und Gruppen beträgt im Mittel über alle Kompetenzaspekte 0,09 und für den Gesamtwert 0,08; der Signifikanzwert für die Differenz des Gesamtwertes zwischen Meistern und Gruppen beträgt 0,055). Ein weiterer Unterschied liegt darin, dass die Standardabweichungen der Kompetenz-Aspekte bei den Meistern etwas höher sind als bei den Gruppen (die Differenz der Standardabweichungen zwischen Meister und Gruppen beträgt im Mittel über alle Kompetenz-Aspekte 0,20; die Differenz der Standardabweichung des Gesamtwertes zwischen Meistern und Gruppen beträgt 0,011). Demnach beurteilen Meister die Gruppenkompetenz positiver als die Gruppen ihre eigene Kompetenz beurteilen. Außerdem ist auf Grund der Meisterurteile eine stärkere Differenzierung zwischen verschiedenen Gruppen möglich.

### Differenzierte Einschätzung der qualitativen und quantitativen Gütekriterien und Fehlerkritik

Die Einschätzung der Gütekriterien wurde anhand der Ergebnisse der oben geschilderten Fallstudie in einem Maschinenbau-Unternehmen vorgenommen.

**Objektivität:** Die Durchführungsobjektivität ist sicherzustellen, indem alle Mitglieder je einer Gruppe sowie alle Gruppen den Gruppencheck unter vergleichbaren Bedingungen ausfüllen. Dies betrifft die zeitlichen und räumlichen Bedingungen (z.B. Ausfüllen während der regulären Arbeitszeit), die Instruktionen zum Ausfüllen und weitere Rahmenbedingungen wie beispielsweise die Rückmeldung der Ergebnisse und abzuleitende Maßnahmen aus den Ergebnissen. Die Auswertungsobjektivität ist durch die standardisierte Form der Dateneingabe und die Berechnung von Mittelwerten gegeben, bei denen kein Interpretationsspielraum vorhanden ist. Inhaltliche oder qualitative Auswertungen sind nicht vorzunehmen.

**Reliabilität:** Zur Berechnung der Reliabilität des Gruppenchecks wurde Cronbach-$\alpha$ berechnet. Mit $\alpha = 0,87$ für den Gesamtwert der Gruppenkompetenz ist die Reliabilität des Gruppenchecks als recht hoch anzusehen. Eine Überprüfung der Reliabilität des Gruppenchecks mit Hilfe von Retest- oder Paralleltest-Verfahren ist noch nicht möglich, da bislang nur Querschnittsdaten vorliegen und keine Parallelversion des Gruppenchecks existiert.

**Inhaltsvalidität:** Auf alle Kompetenz-Aspekte treffen die Definitionsbestandteile der Gruppenkompetenz zu. Sie beziehen sich jeweils auf ein spezifisches Handlungsfeld der Gruppen (z.B. Gruppengespräche), sind zielorientiert (z.B. bezüglich Kriterien gut funktionierender Gruppengespräche) und aus Sicht der Gruppen und Meister relevant für die Effektivität der Gruppen.

**Prädiktive Validität:** Kompetenz beinhaltet entsprechend der Definition das Potenzial zur Zielerreichung. Deshalb ist zu erwarten, dass die Zielerreichung in Gruppen um so besser ist, je höher die Kompetenz der Gruppen ist. Die Zielerreichung in Gruppen kann sich auf sehr Verschiedenes beziehen, wobei Gruppenziele in arbeitsbezogene und soziale Ziele eingeteilt werden können. Ein allgemeines arbeitsbezogenes Ziel der Gruppen ist die Gruppenleistung, ein allgemeines soziales Ziel ist das Klima in der Gruppe. Erstellt man eine Zielhierarchie von Gruppenzielen, sind Leistung und Klima sehr weit oben anzusiedeln, während die Ziele, auf die sich die Kompetenz-Aspekte beziehen, sich sehr viel weiter unten in der Zielhierarchie befinden. Daher wurde überprüft, inwieweit der Gesamtwert der Gruppenkompetenz mit dem Erreichen der allgemeinen Ziele Gruppenleistung und Klima zusammenhängt. Die Zielerreichung wurde operationalisiert über Fragen, die bei der ersten Anwendung des Gruppenchecks in einem zweiten Fragebogenteil enthalten waren. Dies ist zum einen die Frage nach dem Klima in der Gruppe, die von den Gruppen beantwortet wurde, und zum anderen die Frage nach der Gruppenleistung, die von dem für die Gruppen verantwortlichen Meister beantwortet wurde. Die Korrelationen der Gruppenkompetenz mit diesen beiden Zielerreichungsvariablen zeigt Tabelle 1.

| | Gruppenkompetenz |
|---|---|
| Leistung (Meister), N=33 | +0,61*** |
| Klima (Gruppe), N=34 | +0,64*** |

Anmerkung: *** p < .001.

Tab. 1 Korrelationen zwischen Gruppenkompetenz, Gruppenleistung und Klima

Beide Korrelationen sind statistisch signifikant und nach Cohen & Cohen (1983) als hoch einzustufen. Der Gruppencheck sagt einen großen Anteil der Varianz von Ergebnisvariablen vorher, was mit der Vorhersage auf Grund der Kompetenzdefinition übereinstimmt.

**Praxisrelevanz:** Neben den klassischen testtheoretischen Gütekriterien ist die Praxisrelevanz ein wichtiges Merkmal des Gruppenchecks. Er wurde in der und für die Praxis entwickelt, sowohl für Personalbeurteilungs- als auch für Personalentwicklungszwecke, wobei nach anfänglich betreutem Einsatz auch eine selbstorganisierte Nutzung möglich sein sollte. Um die notwendige Akzeptanz bei den Gruppenmitarbeitern sicherzustellen, muss die Durchführung und Auswertung möglichst einfach und ökonomisch sein. Der Inhalt muss auch aus Sicht der Gruppen wichtige Aspekte ihrer täglichen Arbeit betreffen, d.h. Handlungsrelevanz aufweisen. Beides wurde erreicht, indem sowohl Gruppen als auch Meister an der Entwicklung des Gruppenchecks beteiligt wurden. Nach der ersten Durchführung bekamen alle Gruppen und Meister ausführliche Rückmeldung ihrer Ergebnisse und es wurde gezeigt, dass die Ergebnisse in Zusammenhang mit der Effektivität der Gruppen stehen.

## Perspektivische Entwicklungsmöglichkeiten (methodische Innovationen, Einsatz für neue Nutzergruppen, Verfahrensvarianten)

Der Gruppencheck ist bislang vor allem auf Montagegruppen abgestimmt. Zu überprüfen ist demnach die Übertragbarkeit auf andere Unternehmen bzw. einzelne Unternehmensbereiche. Darüber hinaus könnte eine Anpassung einzelner Formulierungen und die Konkretisierung der Kompetenz-Aspekte in Betracht gezogen werden. Eine Weiterentwicklung besteht vor allem in Varianten für Gruppenarbeit in Produktions- und Dienstleistungsbereichen. Weiterhin ist die selbstorganisierte

Anwendung durch die Gruppen als Ziel der zukünftigen Entwicklung des Gruppenchecks hervorzuheben. Hierzu zählen die Entwicklung und Überprüfung von Instruktionen, Auswertungstools und Berichtsanalysen als instrumentelle Unterstützung der selbstorganisierten Anwendung.

### Nutzenabschätzung (v.a. berufliche und betriebliche Weiterbildung)

Der Gruppencheck kann mit Zielsetzungen in den Bereichen Personalentwicklung und Personalbeurteilung eingesetzt werden, was vor allem durch die objektive Beurteilung der verschiedenen Kompetenz-Aspekte mit Hilfe der verhaltensverankerten Skalen ermöglicht wird: Mit Hilfe des Gruppenchecks ist eine differenzierte Beurteilung der Handlungskompetenzen von Arbeitsgruppen möglich, was vor allem hinsichtlich einer erfolgreichen Umsetzung der Gruppenaufgaben erforderlich ist. Die durch den Gruppencheck erfasste Handlungskompetenz bietet nicht nur die Chance, vorhandenes Potenzial einer Arbeitsgruppe aufzuzeigen, sondern auch deren Weiterbildungsbedarf zu ermitteln und somit Weiterbildungsangebote adäquat zuzuordnen. Die durch den Meister oder die Gruppen selbst subjektiv empfundene Notwendigkeit von Weiterbildungsmaßnahmen kann durch den Gruppencheck bestätigt bzw. korrigiert werden. Ebenso kann der Gruppencheck im Sinne einer Personalbeurteilung eingesetzt werden. Dies kann im Rahmen von Zielvereinbarungen eine Grundlage für Zielfindung und Zielfestlegung bieten. Vor allem in Hinblick auf monetäre Anreizsysteme verbunden mit Zielvereinbarungen können so entsprechende Ziele für die Gruppe definiert werden.

### Erlernbarkeit durch wissenschaftliche Anwender

Die einfache Durchführbarkeit des Gruppenchecks ermöglicht eine rasche Erlernbarkeit des Instruments. Neben dem testtheoretischen Hintergrundwissen empfiehlt sich für den Anwender ein Verständnis für das Konstrukt Kompetenz und dessen Einbettung in verschiedene Nachbardisziplinen. Ebenso kann der Transfer wissenschaftlicher Aspekte in Unternehmen durch praxisrelevante Kenntnisse erleichtert und somit ein besseres Verständnis für die notwendige Erfassung der Kompetenz von Arbeitsgruppen gewährleistet werden.

### Einfachheit und Vereinfachbarkeit des Verfahrens für die und in der Praxis

Der Gruppencheck bietet durch die Einfachheit des Verfahrens eine unkomplizierte Anwendbarkeit und Durchführbarkeit. Dies ist unter anderem durch die kurze zeitliche Bearbeitungsdauer gewährleistet (ca. 50 Minuten pro Gruppe, s.o.). Für die Dateneingabe und Auswertung sind in der Regel pro Gruppe 15 Minuten notwendig, wobei die Gruppengröße beachtet werden sollte. Die durch Pretests auf Verständlichkeit überprüften Formulierungen sind für die Mitarbeiter leicht nachvollziehbar und bearbeitbar. Bei der Anwendung des Gruppenchecks sollten jedoch die variierenden Bedingungen der Unternehmen berücksichtigt werden. So kann es je nach Branche, Firmengröße, Unternehmenskultur etc. notwendig sein, Anpassungen bezüglich der definierten und operationalisierten Kompetenz-Aspekte und der vorgeschlagenen Durchführung vorzunehmen.

## Beispiele für Einsatz des Messverfahrens und Erfahrungshinweise für den Umgang mit ihm

Der Gruppencheck wurde in einem Montagebereich eines Maschinenbau-Unternehmens eingesetzt. Die Ergebnisse dieser Erhebung wurden unter anderem zur Validierung des Gruppenchecks verwendet (s.o.), wurden aber auch zu praktischen Zwecken eingesetzt. Alle Gruppen in diesem Bereich haben Zielvereinbarungen, die auch die Verbesserung der Gruppenkompetenz als Ziel beinhalten. Die Ergebnisse des Gruppenchecks wurden der Vereinbarung des Ziels zur Gruppenkompetenz zugrunde gelegt, indem anhand des Profils konkreter Verbesserungsbedarf ermittelt wurde.

Um den Gruppencheck zu diesem Zweck erfolgreich einzusetzen, sind verschiedene Bedingungen zu erfüllen. Zunächst muss das Verfahren und seine Anwendung von den Gruppen akzeptiert werden. Ebenso spielt die Bedeutsamkeit der Ergebnisse eine Rolle. Erst dann können sich die Ergebnisse positiv auf die zielgerichtete Arbeitsausführung auswirken. Darüber hinaus sollten die Mitarbeiter nicht nur über die Ergebnisse des Gruppenchecks informiert werden, sondern Anhaltspunkte dafür haben, wie mit den Ergebnissen gearbeitet werden kann, wie also die Gruppenkompetenz verbessert werden kann. Um diese Bedingungen zu erfüllen, wurde folgendes Vorgehen gewählt, dessen wichtigste Merkmale Information, Partizipation und Rückmeldung sind:

**Information:** Die Mitarbeiter wurden im Vorfeld über die mit dem Gruppencheck verbundene Absicht informiert und das Vorgehen genau erläutert. Ebenso war den Mitarbeitern die Chance eingeräumt, Fragen zu stellen, um Unsicherheiten und Ängste bezüglich dieses Instruments zu beseitigen.

**Partizipation:** Die Gruppen und Meister wurden an der Entwicklung des Gruppenchecks beteiligt. Sie wurden in Vorgesprächen gefragt, welche Aspekte aus ihrer Sicht besonders wichtig für die erfolgreiche Zusammenarbeit und für die Effektivität der Gruppen sind. Die verhaltensverankerten Definitionen der vier Ausprägungen der Kompetenz-Aspekte wurden ebenfalls mit Gruppen und Meistern gemeinsam erarbeitet.

**Rückmeldung:** Direkt im Anschluss an die Befragung bekamen die Gruppen Rückmeldung über die Ergebnisse des Gruppenchecks. Ein Beispiel für die grafische Darstellung der Ergebnisse findet sich in Abbildung 1. Die grauen Balken zeigen die Mittelwerte der Gruppen für jeden Kompetenz-Aspekt an, die schwarze Linie zeigt den Gesamtwert der Kompetenz der Gruppe. Diese Ergebnisse wurden diskutiert, es wurde gefragt, inwieweit Ergebnisse die Gruppe zutreffend charakterisieren und es wurden Verbesserungsbedarf und -möglichkeiten erarbeitet. Nach Ende der Befragung bekamen alle Gruppen zusätzlich einen Ergebnisbericht, in dem die

Ergebnisse der jeweiligen Gruppe den Ergebnissen des gesamten Montagebereichs gegenübergestellt wurden.

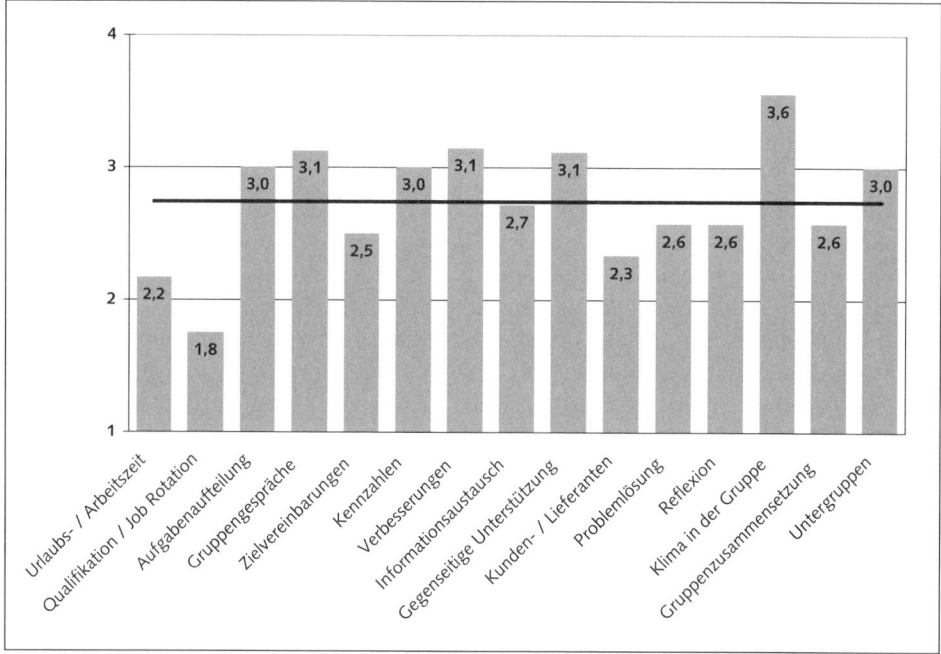

Abb. 1: Grafische Darstellung der Ergebnisse des Gruppenchecks für eine fiktive Gruppe

Die Erfahrungen bei der Erhebungsdurchführung und den darauf folgenden Zielvereinbarungsgesprächen zeigten, dass es auf diese Weise gelungen ist, eine positive Einstellung der Mitarbeiter zum Einsatz des Gruppenchecks herzustellen.

## Materialien zur freien Weitergabe

Fragebogen

## Literaturverzeichnis

Anderson, N.R. & West, M.A. (1994). The team climate inventory. Windsor
Brodbeck, F.C.; Anderson, N.R. & West, M.A. (2000). Das Teamklima-Inventar. Göttingen
Brodbeck, F.C. & Maier, G.W. (2001). Das Teamklima-Inventar (TKI) für Innovation in Gruppen: Psychometrische Überprüfung an einer deutschen Stichprobe. In: Zeitschrift für Arbeits- und Organisationspsychologie, 45 (2), S. 59-73
Cohen, J. & Cohen, P. (1983). Applied multiple regression/correlation analysis for the behavioral sciences, 2. Aufl. Hillsdale
Greif, S. (1987). Soziale Kompetenzen. In: S. Greif & D. Frey (Hrsg.). Sozialpsychologie. München

Greif, S. (1996). Teamfähigkeiten und Selbstorganisationskompetenzen. In: S. Greif & H.-J. Kurtz (Hrsg.). Handbuch selbstorganisiertes Lernen. Göttingen. S. 161-178

Hey, A.; Jöns, I. & Pietruschka, S. (1999). Personalentwicklung für selbstregulierte Arbeitsgruppen. In: Zeitschrift für Arbeitswissenschaft, 53 (1), S. 30-36

Hurrle, B. & Erke, A. (2001). Gruppenkompetenz als Schlüsselvariable Teilautonomer Gruppenarbeit. Mannheimer Beiträge zur Wirtschafts- und Organisationspsychologie, (3), S. 71-79

Kauffeld, S. (in Druck). Der Fragebogen zur Arbeit im Team (F-A-T). Göttingen

Kauffeld, S. (1999). Mitarbeiterkompetenz – Das Kasseler-Kompetenz-Raster. In: E. Frieling (Hrsg.). Flexible Unternehmen und ihr Beitrag zur Entwicklung von Mitarbeiterkompetenzen. Unveröffentlichter Zwischenbericht. Institut für Arbeitswissenschaft der Universität Gesamthochschule Kassel

Kauffeld, S. & Frieling, E. (2001a). Der Fragebogen zur Arbeit im Team (F-A-T). In: Zeitschrift für Arbeits- und Organisationspsychologie, 45 (1), S. 26-33

Kauffeld, S. & Frieling, E. (2001b). Die berufliche Handlungskompetenz bei der Bewältigung von Optimierungsaufgaben in betrieblichen Gruppen. In: R. Fisch; D. Beck & B. Englich (Hrsg.). Projektgruppen in Organisationen. Göttingen

Knab, J. & Pietruschka, S. (2001). Instrumente zur Analyse von Autonomie und Gruppenentwicklung selbstregulierter Arbeitsgruppen. In: Mannheimer Beiträge zur Wirtschafts- und Organisationspsychologie, (1), S. 1-12

Racky, S.; Erke, A. & Jöns, I. (2001). Förderung der Gruppenkompetenz durch Zielvereinbarungen. In: Mannheimer Beiträge zur Wirtschafts- und Organisationspsychologie, (2), S. 39-55

West, M.A. (1990). The Social Psychology of Innovation in Groups. In: M.A. West & J.L. Farr (Eds.), Innovation and Creativity at Work. Chichester, pp. 309-333

West, M.A. (1994). Effective Teamwork. Exeter

West, M.A. (1996). Reflexivitiy and Work Group Effectiveness: a Conceptual Integration. In: M.A. West (Hrsg.). Handbook of Work Group Psychology. Chichester, S. 555-579

# IAI-Scorecard of Competence

**Erich Staudt[†]/Bernd Kriegesmann/
Claus Muschik**

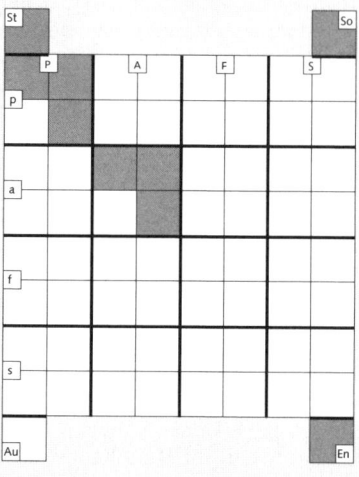

## Rasterdarstellung

### Schlagworte
Employability; Lernerfolgskontrolle; Nutzen; Performance Kontrolle; Return on Development; Wirtschaftlichkeitskontrolle; Verwertungszusammenhang

### Entwickler
Prof. Dr. Erich Staudt[†], Prof. Dr. Bernd Kriegesmann, Dr. Claus Muschik, Institut für angewandte Innovationsforschung (IAI) e.V., Bochum

### Kompetenzdefinition
Kompetenz ist Grundlage von Handlungen bzw. Aufgabenerfüllungen und basiert auf individueller Ebene auf einem Zusammenspiel der
- Handlungsfähigkeit (explizites, implizites Wissen und Fertigkeiten) als kognitiver Basis,
- Handlungsbereitschaft als motivationaler Basis und
- Zuständigkeit als organisatorischer Legitimation und Einbindung in den Unternehmenskontext.

Handlungsfähigkeit und Handlungsbereitschaft bestimmen dabei zusammen die individuelle Handlungskompetenz, die eng mit Persönlichkeitseigenschaften verbunden ist. Erst die organisatorisch-technologische Einordnung in den Unternehmenskontext (Zuständigkeit) macht die Kompetenz zur Handlung in arbeitsteiligen Organisationen aus.

## Zielstellungen

Kompetenz wird zum Schlüssel für die erfolgreiche Gestaltung und Bewältigung dynamischer Veränderungsprozesse. Die traditionelle Weiterbildung ist damit zunehmend überfordert und die Unsicherheit über ihre Effekte nimmt zu. Personalverantwortliche experimentieren zwar, mit welchen Maßnahmen sie die Kompetenz ihrer Mitarbeiter entwickeln können, geraten jedoch in Erklärungsnot, wenn sie den Nutzen von Personalentwicklungsprogrammen nachweisen sollen. Dadurch sind sie in Budgetverhandlungen mit der Unternehmensleitung regelmäßig in der Defensive und ständig der Gefahr ausgesetzt, im Rahmen von Rationalisierungsbemühungen dem Cost-Cutting zum Opfer zu fallen.

Die Bewertung von Kompetenz und Kompetenzentwicklung wird vor diesem Hintergrund immer wichtiger. Bislang dominieren dabei neben einer Vielzahl vor allem arbeitspsychologischer Verfahren auf betriebswirtschaftlicher Ebene Ansätze der Kostenkontrolle, d.h. die Input-Seite wird fokussiert. Der Nutzen bzw. die Effekte von Kompetenzentwicklung bleiben ausgeblendet oder werden als positiv unterstellt. Gleichwohl gibt es mit dem Bildungscontrolling oder Kompetenzbilanzen Versuche, das Bewertungsproblem zu lösen. Die Beurteilung der Kompetenz losgelöst vom Verwertungszusammenhang bringt jedoch weder für das Individuum noch im betrieblichen Kontext Aufschluss über den Nutzen. Hier setzt die IAI-Scorecard of Competence an. Als subjektiver Beurteilungsrahmen hilft sie, die Effekte von Kompetenzentwicklungsmaßnahmen im Verwertungszusammenhang zu erschließen. Dabei steht nicht die Erfüllung wissenschaftlicher Gütekriterien im Vordergrund, sondern die Unterstützung der betrieblichen Praxis bei der Nutzenermittlung auf der Ebene der Lernerfolgs-, Performance- und Wirtschaftlichkeitskontrolle.

## Theoretische Grundlagen

In der Betriebswirtschaftslehre sind vielfältige Verfahren der Investitionsrechnung zur Abschätzung der Wirtschaftlichkeit von Investitionsalternativen etabliert. Neben den rein quantitativen Ansätzen ermöglichen Instrumente der erweiterten Wirtschaftlichkeitsrechnung auch die Erfassung qualitativer Effekte. Die Anwendung ist dabei insgesamt auf Sach- oder Finanzinvestitionen ausgerichtet. Die IAI-Scorecard of Competence ist in diesen Kontext betriebswirtschaftlicher Investitionsrechnungsverfahren einzuordnen und überträgt das Grundanliegen dieser Ansätze auf Investitionen in die Kompetenzen der Fach- und Führungskräfte. Da die Effekte von Kompetenzentwicklungsmaßnahmen nicht eindimensional abbildbar sind, baut die IAI-Scorecard of Competence auf dem Systemansatz auf. Dieses Vorgehen ermöglicht die mehrdimensionale Erfassung ausgelöster Effekte und erweitert die Beurteilung über finanzwirtschaftliche Kennzahlen hinaus.

## Methodologische Einordnung

Die IAI-Scorecard of Competence ist ein subjektives Bewertungsverfahren, das im Kern nicht die individuelle Kompetenz fokussiert, sondern – da sich Kompetenz der direkten Beobachtung entzieht – auf den Verwertungszusammenhang abhebt. Die IAI-Scorecard ist dabei kein geschlossenes Instrument, sondern ein Rahmen, der dialogisch zur Erschließung des Verwertungszusammenhangs von Kompetenzentwicklung zu füllen und in diesem Zusammenhang mit anderen Instrumenten (z.B. der Lernerfolgskontrolle) kombinierbar ist.

### Einschätzung der Gütekriterien

Die Anwendung klassischer Gütekriterien (Validität, Reliabilität) greift angesichts des Anliegens der IAI-Scorecard of Competence nur begrenzt. Mit dem Anspruch eines in praxi einzusetzenden Instrumentenrahmens geht es hier um Kriterien wie Anwendbarkeit oder Akzeptanz.

### Fehler- und Problemkritik

Die Entwicklung von Ansätzen zur Nutzenermittlung unterschiedlicher Kompetenzentwicklungsansätze bleibt in kontroversen Diskussionen stecken. Zahlreiche methodische Probleme wie mangelnde monokausale Zuordenbarkeit auftretender Effekte, in Teilbereichen eingeschränkte Quantifizierbarkeit, zeitverzögertes Auftreten intendierter Effekte, Subjektivität der Erfassbarkeit oder die Existenz unterschiedlicher Wirkungsebenen verhindern bislang den Aufbau wissenschaftlich akzeptierter und praktisch anwendbarer Instrumente. Die IAI-Scorecard of Competence bezieht diese methodischen Probleme aktiv ein, indem sie erforderliche Festlegungen und Wirkungserwartungen strukturiert und damit die Subjektivität der Anwender offenlegt.

### Ablauf des Messprozesses

Ausgangspunkt der Kompetenzmessung ist die Offenlegung und Fixierung intendierter Entwicklungsziele. Dabei ist eine Differenzierung nach den Feldern der IAI-Scorecard of Competence, die letztlich die Quelle von Kennzahlen und Indikatoren darstellen, vorzunehmen:

- *Input* aus vorgelagerten Arbeitsbereichen, in Form von Informationen oder Material,
- *Output* an nachgelagerte Arbeitsbereiche, in Form bearbeiteter Informationen oder Materialen, wie aufbereitete Datenbestände oder techn. Halbfabrikate,
- *betriebliches Arbeitssystem*, in das Teilnehmer von Kompetenzentwicklung im Rahmen ihrer Tätigkeit eingebunden sind,
- *individuelle Handlungskompetenzen* der Teilnehmer, d.h. Handlungsfähigkeit und Bereitschaft sowie
- *finanzwirtschaftliche Größen*, wie Kosten, Erträge, Gewinne, Liquidität oder Vermögen.

Die Festlegung von Kennzahlen und Indikatoren ist durch Wirkungserwartungen zwischen diesen Dimensionen zu erweitern. Diese Größen sind vor der Maßnahmendurchführung im Dialog zwischen »Auftraggeber« und »Kompetenzentwickler« zu erarbeiten. In diesem Kontext sind die Beurteilungsebenen zu fixieren:

- Die Überprüfung erlernter bzw. entwickelter individueller Fähigkeiten bildet den Gegenstand von Lernerfolgskontrollen,
- zur Bewertung der Leistungsveränderung gerät die Performance im konkreten Arbeitszusammenhang in den Mittelpunkt der Betrachtung,
- die Beurteilung von Kompetenzentwicklungsmaßnahmen als Investition ist Gegenstand von Wirtschaftlichkeitsanalysen bzw. als qualitative Bewertung Gegenstand nutzwertanalytischer Erfolgskontrollen.

Während bzw. nach der Maßnahmendurchführung ist die Datenerhebung in den fixierten Bereichen vorzunehmen. Dabei laufen je nach Beurteilungsebene unterschiedliche Erhebungsmethoden und Datenquellen zusammen. Den Abschluss des Verfahrens bildet eine Abweichungsanalyse, um Lerneffekte zu initiieren.

**Referenzen**

Die Arbeiten des IAI sind angesichts der Kombinierbarkeit bei der Messung mit den Arbeiten verschiedener Forschungsgruppen kompatibel.

Unsicherheiten über die Effekte von Weiterbildung und Kostendruck erhöhen den
Zwang zur Erfolgs- und Kostenkontrolle (Becker & Günther 2000: 21-25). Während sich die Unternehmensentwicklung an Wertgesichtspunkten und Kapitalren-
diten orientiert (Brunner & Ehrbar 1999) und Investitionskontrollen bei Maschinen
oder Anlagen Routine sind (Eichenberger 1992), ist der Personal- und Organisa-
tionsentwicklungsbereich hiervon weitgehend ausgeklammert. Steuerungskenn-
zahlen der Kompetenzentwicklung beschränken sich im Rahmen des traditionellen Bildungscontrollings vor allem auf Kosten- und Lernerfolgskontrollen (Wolter
& Karaüç 1994). Erst langsam setzt sich die Einsicht durch, dass weder die Auflistung der Kosten für Einsatz und Durchführung noch Lernerfolgskontrollen Hinweise auf betriebswirtschaftliche Wertschöpfungsbeiträge und damit den Nutzen
liefern (Phillips 2000: 10-14).

Will man den Nutzen von individueller Kompetenzentwicklung abschätzen und
ein akzeptiertes betriebliches Instrument entwickeln, ist die Berechnung des Wertschöpfungsbeitrages stärker in das Blickfeld zu rücken. Erfolgversprechend zeigen
sich hier Anleihen bei verbreiteten Instrumenten zur Wirtschaftlichkeitsmessung,
wie dem *Return on Investment (RoI) als Leitkennzahl,* der *erweiterten Wirtschaftlichkeitsrechnung* oder *Balanced Scorecard* als populärem Bewertungsrahmen (vgl.
Staudt 1985: 30ff.; Staudt et al. 1987: 46ff.; Phillips 2000: 10f.; Wunderer & Jaritz
2000: 16ff.; Kaplan & Norton 1997: 20ff.; Gräfer 1997: 151ff.; Zangemeister 1993:
10ff.; Grob 1983: 25ff.)

Analysiert man bestehende Ansätze zur Bewertung, wird deutlich, dass man als
Basis für die Feststellung und Messung des Wertschöpfungsbeitrages von Kompetenzentwicklung einen Bezugsrahmen benötigt, der es ermöglicht,
* Veränderungseffekte systematisch zu erfassen und
* diese in Beziehung zueinander zu setzen, da Entwicklungseffekte häufig breit
  gestreut sind und sich mit eindimensionalen Ziel-Mittelbeschreibungen nicht ein-
  fangen lassen (vgl. Staudt 1985: 30ff.; Staudt et al. 1987: 46ff.; Kaplan & Norton 1997: 20ff.).

Das setzt zunächst einen »Scheinwerfer« voraus, mit dem sich Veränderungseffekte
erfassen lassen. Allzu oft sind solche Scheinwerfer auf monetäre Aggregate begrenzt,
die dahinter liegenden Strukturen bleiben verdeckt. Tatsächlich greift jedoch jede
Veränderung in komplexe Wirkgefüge ein. Kompetenzentwicklung wirkt sich in
sehr unterschiedlichen Bereichen des Unternehmens aus. Um hier einen ausgewo-
genen Ausschnitt der Wirkungen zu erfassen bzw. Systemkonsequenzen aufzublen-
den, ist ein mehrdimensionaler Rahmen zur Bewertung von Kompetenzentwicklungsprozessen erforderlich, der unterschiedliche Bewertungsintentionen aufnimmt.
Will man die Maßnahmeneffekte jenseits von Lernerfolgskontrollen messen, lässt
sich das deshalb nur über die systematische Erfassung und Abbildung im jeweiligen Einflussbereich des Teilnehmers erreichen. Damit wird der Bereich festgelegt,
in dem die Maßnahme ihre Wirkung entfalten soll.

Neben Kompetenzen und finanzwirtschaftlichen Größen wird dabei die Mehrdimensionalität um den Einflussbereich der Maßnahmenteilnehmer ergänzt, in dem Effekte auftreten. So ergibt sich ein struktureller Bezugsrahmen aus den Dimensionen

- *Input* aus vorgelagerten Arbeitsbereichen, in Form von Informationen oder Material,
- *Output* an nachgelagerte Arbeitsbereiche, in Form bearbeiteter Informationen oder Materialen, wie aufbereitete Datenbestände oder technische Halbfabrikate,
- *betriebliches Arbeitssystem*, in das Teilnehmer von Kompetenzentwicklung im Rahmen ihrer Tätigkeit eingebunden sind und sich aus den Merkmalen Arbeitsaufgaben und -tätigkeiten, Arbeitsmittel und -technik, Ort, Zeitvorgaben, Informations- und Materialströme, Umgebungseinflüsse, Rahmenbedingungen wie Gehalt und Arbeitszeit sowie arbeitsrelevante Beziehungen zu Vorgesetzten, Kollegen und Kunden zusammensetzt,
- *individuelle Handlungskompetenzen* der Teilnehmer, d.h. Handlungsfähigkeit und Bereitschaft sowie
- *finanzwirtschaftliche Größen*, wie Kosten, Erträge, Gewinne, Liquidität oder Vermögen.

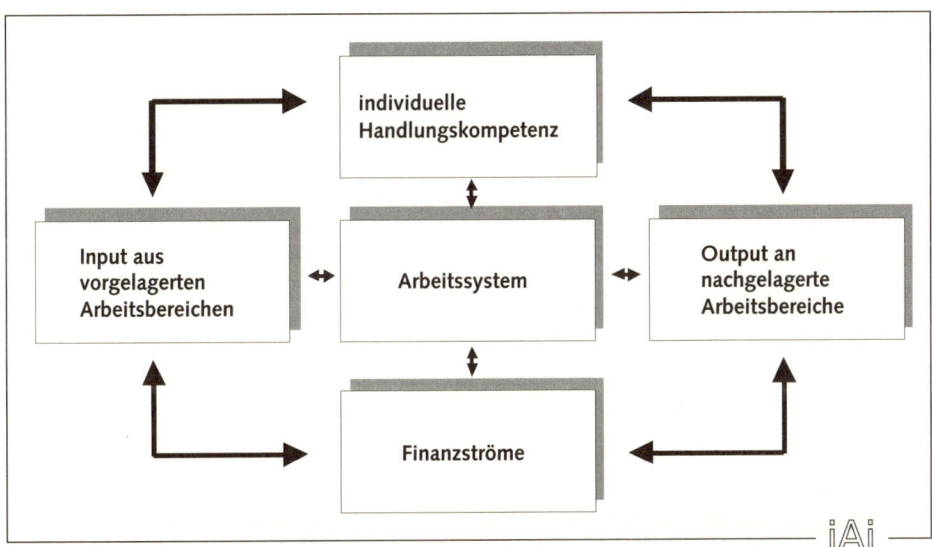

Abb. 1: Die Dimensionen der Scorecard of competence

Diese IAI-Scorecard of competence erfüllt damit als geschlossener Bezugsrahmen wichtige Voraussetzungen zur Erfolgsmessung. Sie umfasst mit ihrem Auswahlmenü über individuelle Kompetenzen und finanzwirtschaftliche Größen hinaus betriebliche Dimensionen, die in ihrer Geschlossenheit den gesamten Einflussbereich zu entwickelnder Personen erfassen (»wie soll sich Kompetenzentwicklung betrieblich auswirken?«) und ist damit Ziel- und Kennzahlenquelle.

Aus dem geschlossenen Bezugsrahmen der Scorecard of competence leiten sich insgesamt drei unterschiedliche, kombinierbare Formen der Bewertung ab:

- Die Überprüfung erlernter bzw. entwickelter individueller Fähigkeiten bildet den Gegenstand von Lernerfolgskontrollen,
- zur Bewertung der Leistungsveränderung gerät die Performance im konkreten Arbeitszusammenhang in den Mittelpunkt der Betrachtung,
- die Beurteilung von Kompetenzentwicklungsmaßnahmen als Investition ist Gegenstand von Wirtschaftlichkeitsanalysen bzw. als qualitative Bewertung Gegenstand nutzwertanalytischer Erfolgskontrollen.

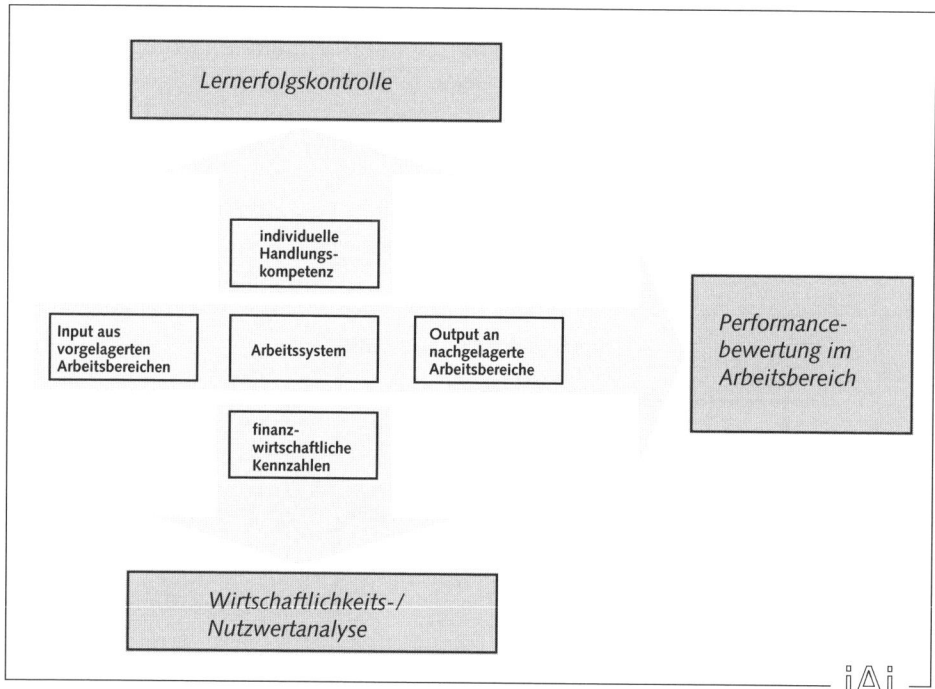

Abb. 2: Optionen der Erfolgsmessung mittels der IAI-Scorecard of competence

Mit der Ableitung operationaler Ziele, Kennzahlen und Vorgaben in dem geschlossenen Bezugssystem der Scorecard of Competence werden Entwicklungseffekte unter Berücksichtigung ihres Zusammenspiels messbar. Dieses Vorgehen schafft die Basis für eine differenzierte Nutzenanalyse:

- Die Ermittlung des monetarisierbaren Nutzens über einen Return on development (RoD), in dem Kompetenzentwicklungseffekte, die sich in der Scorecard of Competence zeigen und in Geldwerte umrechnen lassen, wie Erhöhung der Ausbringungsmenge, Verringerung der Fehlerquote oder Verkürzung der Durchlaufzeiten (dabei umfasst der monetarisierbare Nutzenteil sowohl eingesparte Kosten als auch in Geldwerten angebbare Leistungsverbesserungen) (REFA 1991) erfasst werden und

- die Ermittlung nicht monetarisierbaren Nutzens, der sich aus Kompetenzentwick-lungseffekten, deren Umrechnug in Geldwerte mit unsicheren Umrechnungsprä-missen behaftet ist, wie z.B. höhere Arbeitszufriedenheit, verbesserte Kommu-nikation, offene Unternehmenskultur oder Imagegewinn, ergeben.

Zur Einschätzung nicht monetarisierbarer Effekte bietet sich neben der Berechung des RoD als betriebswirtschaftliche Leitkennzahl eine nutzwertanalytische Einschät-zung von Entwicklungseffekten an (REFA 1993). Dabei werden qualitative Entwick-lungsziele abgeleitet, wie z.B. verbesserte Kommunikation oder erhöhte Arbeits-zufriedenheit und in Bewertungskriterien überführt. Diese werden auf der Basis gesetzter Annahmen bewertet und gewichtet. Im Ergebnis entstehen vergleichbare, subjektive Nutzwerte (REFA 1993).

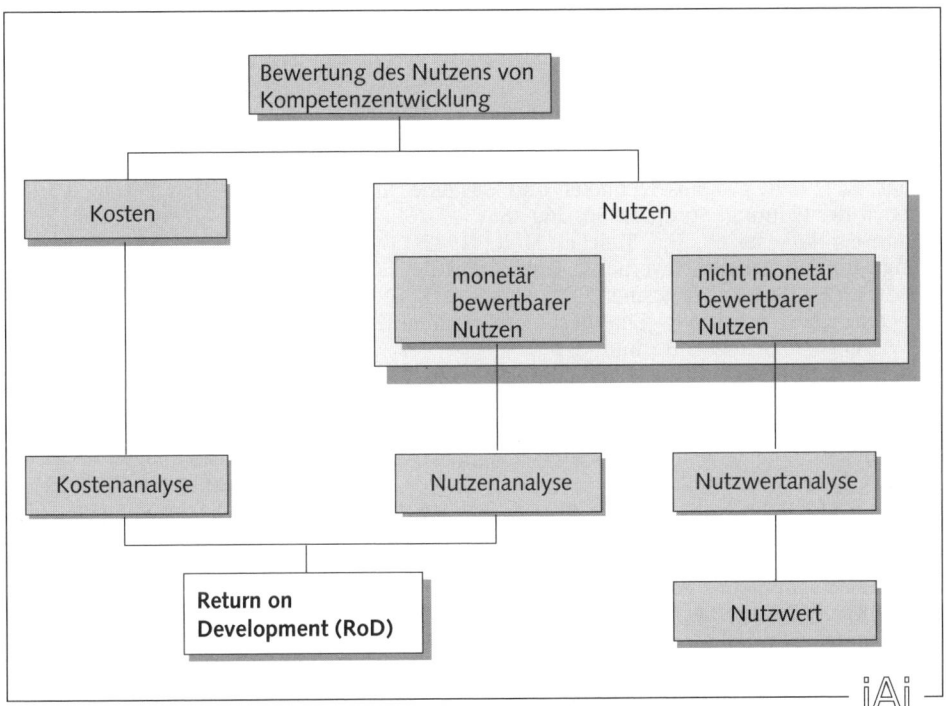

Abb. 3: Gesamtrahmen zur Bewertung des Nutzens von Kompetenzentwicklung
(in Anlehnung an REFA 1991)

Mit der Strukturierung der IAI-Scorecard of Competence ist die Basis für eine (Neu-) Orientierung der Bewertung von individueller Kompetenzentwicklung gegeben. Mit dem RoD entsteht ein Instrument zur Wertschöpfungsmessung, das in einer eher unscharfen Diskussionslandschaft um Effekte betrieblicher Weiterbildung eine betriebswirtschaftliche Orientierung bietet. Zur Weiterentwicklung dieses Ansatzes sind die auf Annahmen beruhenden Systemwirkungen zu analysieren und der kon-zeptionelle Rahmen von der Individualebene auf die Ebene der Systemkompetenz zu erweitern, um eine Abschätzung der kompetenzbasierten Machbarkeit von technischer Entwicklung, Markterschließung etc. zu ermöglichen.


## Literaturverzeichnis

Becker, F.G. & Günther, S. (2000). Ansätze zur Erfolgskontrolle in der Personalentwicklung. In: management & training, Heft 2

Brunner, J. (1999). Value-Based Performance Management. Wiesbaden

Ehrbar, A. (1999). Economic value added: EVA – Der Schlüssel zur wertsteigernden Unternehmensführung. Wiesbaden

Eichenberger, P. (1992). Betriebliche Bildungsarbeit – Return on Investment und Erfolgscontrolling. Wiesbaden

Gräfer, H. (1997). Bilanzanalyse. Herne, Berlin

Grob, R. (1983). Erweiterte Wirtschaftlichkeits- und Nutzenrechnung. Köln

Kaplan, R.S. & Norton, D.P. (1997). Balanced Scorecard. Stuttgart

Phillips, J. (2000). Der finanzielle Erfolg von Weiterbildung ist messbar. In: management & training, Heft 2

REFA (1991). Arbeitsgestaltung im Bürobereich, München

REFA (1993). Grundlagen der Arbeitsgestaltung, München

Staudt, E. (1985). Kennzahlen und Kennzahlensysteme, Berlin 1985.

Staudt, E. (1989). Diagnosetechniken und -systeme. In: N. Szyperski (Hrsg.): Handwörterbuch der Planung. Stuttgart, Sp. 269-281

Staudt, E.; Hafkesbrink, J. & Treichel, H.-R. (1987). Evaluationskonzept und Programmdesign für den Arbeitsschwerpunkt Druckindustrie, Bochum

Staudt, E.; Kailer, N.; Kriegesmann, B.; Meier, A. J.; Stephan, H. & Ziegler, A. (1997). Kompetenz und Innovation – Eine Bestandsaufnahme jenseits von Personalentwicklung und Wissensmanagement, Bochum

Staudt, E. & Kriegesmann, B. (1999). Weiterbildung: Ein Mythos zerbricht – Der Widerspruch zwischen überzogenen Erwartungen und Misserfolgen der Weiterbildung. In: Arbeitsgemeinschaft Qualifikations-Entwicklungs-Management, Geschäftsstelle der Arbeitsgemeinschaft Betriebliche Weiterbildungsforschung (Hrsg.). Kompetenzentwicklung '99 – Aspekte einer neuen Lernkultur: Argumente, Erfahrungen, Konsequenzen. Münster, S. 17-59

Staudt, E. et al. (2002). Kompetenzentwicklung und Innovation: Die Rolle der Kompetenz für Organisations-, Unternehmens- und Regionalentwicklung. In: Arbeitsgemeinschaft Qualifikations-Entwicklungs-Management (Hrsg.): Studien zur beruflichen Weiterbildung im Transformationsprozess, Münster et al.

Wolter, O. & Karaüç, M. (1994). Wie lassen sich Erträge von Weiterbildungsinvestitionen bestimmen? In: IO Management, Heft 7/8, S. 44-47

Wunderer, R. & Jaritz, A. (2000). Mit der Balanced Scorecard Wertschöpfung messen. In: management & training, Heft 2, S. 16-20

Zangemeister, C. (1993). Erweiterte Wirtschaftlichkeits-Analyse (EWA). Dortmund

# Teiltätigkeitslisten als Methode der Kompetenzeinschätzung

**Ekkehart Frieling/Sven Grote/ Simone Kauffeld**

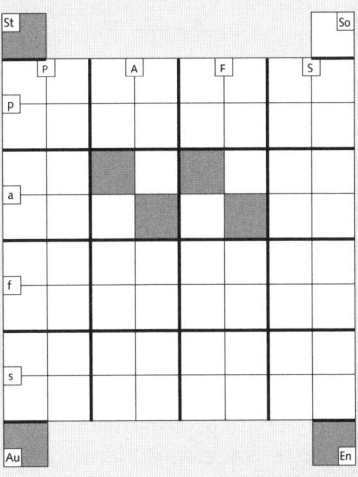

## Rasterdarstellung

### Schlagworte

Fachkompetenz; Kompetenzdatenbank; Kompetenzentwicklung; Kompetenzmessung; Kompetenzmodell; Teiltätigkeiten

### Entwickler

Prof. Dr. Ekkehart Frieling, Dipl.-Psych. Sven Grote, Dr. Simone Kauffeld, Institut für Arbeitswissenschaft, Universität Kassel

### Kompetenzdefinition

Unter der beruflichen Handlungskompetenz werden alle Fähigkeiten, Fertigkeiten, Denkmethoden und Wissensbestände des Menschen, die ihn bei der Bewältigung konkreter sowohl vertrauter als auch neuartiger Arbeitsaufgaben selbstorganisiert, aufgabengemäß, zielgerichtet, situationsbedingt und verantwortungsbewusst – oft in Kooperation mit anderen – handlungs- und reaktionsfähig machen und sich in der erfolgreichen Bewältigung konkreter Arbeitsanforderungen zeigen, verstanden (vgl. auch Kauffeld et al. in diesem Band).

### Zielstellungen

Bei der Darstellung von Kompetenzen anhand von Teiltätigkeitslisten handelt es sich um ein Vorgehen, das in betrieblichen Situationen die Diskussion um Fragen der fachlichen Kompetenz und Kompetenzentwicklung von Mitarbeitern versachlicht und strukturiert: Was sind aktuell und zukünftig wichtige (Kern-)Kompetenzen der betrachteten Analyseeinheit (Mitarbeiter, Gruppe, Abteilung, Bereich)? In welchen Bereichen sind Kompetenzen ausreichend vorhanden? Wo entstehen neue Anforderungen? Wo sind zukünftig Kompetenzen aufzubauen? Wann immer diese Fragestellungen im Fokus stehen, kann auf diese Methode der Kompetenzmessung bzw. Einschätzung zurückgegriffen werden. Insbesondere im Rahmen von Veränderungsprojekten, bei der Klärung von Schnittstellen innerhalb und über Abteilungen hinweg sowie bei der Entwicklung von unternehmensbezogenen Kompetenzmodellen und Kompetenzdatenbanken kann der Einsatz von Teiltätigkeitslisten vielversprechend sein.

Ausgehend von diesen Zielsetzungen lassen sich eine Reihe von Kriterien definieren, die für die Teiltätigkeitslisten als Methode der Kompetenzeinschätzung erfüllt werden. Eine Reihe von pragmatischen Kriterien lassen sich an die Methode der Erhebung von Teiltätigen anlegen, so sollen sie auf (1) verschiedenen Analyseebenen, z.B. des Individuums, der Gruppe und der Organisation, eingesetzt werden können. Mit dem Verfahren können (2) Stärken und Schwächen von Mitarbeitern erkannt und (3) geeignete Kompetenzentwicklungsmaßnahmen abgeleitet und (4) evaluiert werden. Nicht zuletzt muss sich eine Methode (5) in der Praxis als relevant für die Organisation erweisen, d.h. dass diese für bedeutsam erachtet werden, Diskussionen auslösen, zu Reflektion führen und Veränderungsprozesse fördern. Zudem sollen sie (6) ökonomisch und (7) fair sein, so dass Mitarbeiter prinzipiell die gleichen Chancen haben, bestimmte Ergebnisse zu erzielen. Darüber hinaus erscheint die (8) Veränderbarkeit von Bedeutung (Bungard 1997): inwieweit wird Veränderbares anstatt von Unveränderbarem, wie z.B. Persönlichkeit oder Intelligenz, erfasst (vgl. auch Weiß 1999a; 1999b).

### Theoretische Grundlagen

Da es sich bei den Teiltätigkeitslisten weniger um ein entwickeltes Instrument als vielmehr eine erprobte und übertragbare Methode zur systematischen Erfassung und Abbildung von Kompetenzen handelt, erscheint es sinnvoll, hier zunächst den Prozess der Erstellung, d.h. die Phase der unternehmensspezifischen Entwicklung und dann den Prozess der Anwendung zum Zweck der Einschätzung von Kompetenzen zu beschreiben.

**Erstellungsprozess der Teiltätigkeitslisten:** In einer Liste werden alle Aufgaben oder Teiltätigkeiten, die innerhalb eines zu untersuchenden Bereichs, einer Abteilung oder einer Gruppe von Bedeutung sind, erhoben. Das Vorgehen lässt sich typischerweise als »iterativen Prozess« beschreiben: Zunächst werden einer logischen Struktur folgend auf einer groben Ebene Tätigkeiten gesammelt. Als Möglichkeiten kommen hier (1) ein an produkt-, (2) ein an prozess- oder aber (3) ein an handlungstheoretischen Überlegungen (Vorbereitung, Ausführung, Kontrolle von Tätigkeiten) orientiertes Ordnungsprinzip in Frage. Liegt z.B. eine produktorientierte Segmentierung des Produktentstehungsprozesses vor, empfiehlt es sich, dem zweiten Ordnungsprinzip folgend, diese entlang der Prozesskette zu erfassen und darzustellen. Diese Grobstruktur wird den Mitarbeitern schriftlich zur Verfügung gestellt, mit der Bitte, die Tätigkeitslisten für Ihren Arbeitsbereich zu konkretisieren. Die Ergebnisse müssen zusammengeführt und in gemeinsamen Workshops mit Mitarbeitern einer Abteilung abgestimmt werden.

Dieses Vorgehen erscheint insofern von Bedeutung, da zwischen den beteiligten Mitarbeitern, Führungskräften und Untersuchern ein gemeinsames oder zumindest ein ähnliches Verständnis der entscheidenden Tätigkeitsabläufe entsteht. Die Transparenz, d.h. das gemeinsame Grundverständnis der Abläufe in den einzelnen Bereichen und Abteilungen für die Beteiligten, sind als wesentliche Voraussetzungen für die gemeinsam geführte Diskussion um Kompetenzen zu sehen.

Diese Liste der Teiltätigkeiten wird mit den betroffenen Mitarbeitern und dem Management im Detail abgestimmt. Ziel muss es sein, die Teiltätigkeitslisten so zu implementieren und mit den unternehmensspezifischen Führungsinstrumenten zu verzahnen, dass deren Aktualisierung dauerhaft gesichert ist. Es gilt, ein – über einen Zyklus von ein bis drei Jahren – rollierendes System zu entwickeln, mit dem die Teiltätigkeitslisten an die sich verändernden Strategien und Abläufe des Unternehmens und an die jeweiligen Abteilungen angepasst werden. Nur so ist die dauerhafte Akzeptanz des Instrumentes im Anwendungsfeld zu gewährleisten.

**Prozess der Anwendung:** Der Prozess der Anwendung kann in Abhängigkeit vom betrieblichen Kontext variieren, ähnelt sich jedoch in seinen Kernpunkten stets. Ob es um die Anfertigung von Qualifikationsspiegeln im Rahmen von Gruppenarbeit oder die Umsetzung von Laufbahnkonzepten geht, (A) im ersten Schritt sind Soll-Qualifikationen oder auch Soll-Tätigkeitsbilder zu definieren: Was sind notwendige Kompetenzen in der Gruppe, in der Abteilung, im Unternehmen? Welche Flexibilität durch Mehrfachabdeckung von Tätigkeiten erscheint optimal, um die Funktionstüchtigkeit sicherzustellen? Wie lassen sich Tätigkeiten bzw. Kompetenzen sinnvoll kombinieren?

(B) Im Folgenden gilt es, für die Mitarbeiter eine Selbsteinstufung der Kompetenzen vorzunehmen. Dies kann im Beispiel Gruppenarbeit im Rahmen eines formellen Gruppengesprächs gemeinsam mit dem Meister erfolgen. Im Beispiel des Entwicklungsbereichs wurden die Teiltätigkeiten im Intranet hinterlegt, so dass der zuständige Vorgesetzte, die Personalabteilung und die zugangsberechtigten Mitarbeiter darauf zugreifen konnten. Zunächst unter strategischen Gesichtspunkten eher allgemein formulierte Kernkompetenzen müssen spezifiziert und operationalisiert werden. (C) Schließlich geht es darum, die sich aus dem Ist- und Soll-Abgleich ergebenden Diskrepanzen zu priorisieren und konkrete Qualifizierungs- bzw. Kompetenzentwicklungsmaßnahmen für die betroffenen Mitarbeiter abzuleiten und zu planen. Um diese Diskussionsprozesse zu unterstützen, wurden bereits Übersichten mit möglichen Maßnahmen zur Kompetenzentwicklung vorgeschlagen (vgl. Frieling et al. 2000).

## Methodologische Einordnung

Das Prinzip der Teiltätigkeitslisten orientiert sich an der »Task Analysis-Methodik«. Mit dieser wird versucht, die Anforderungen in Form von Handlungen und/ oder kognitiven Prozessen zu beschreiben, denen ein einzelner Beschäftigter oder eine Gruppe, ein Team entsprechen muss, um die Ziele des Arbeitssystems zu erreichen. Der Hauptzweck der Task Analysis besteht darin, die Anforderungen des Arbeitssystems an den Operator / Beschäftigten mit dessen Kompetenzen (»Capabilities«) zu vergleichen (Kirwan & Ainsworth 1999). Aus dem Vergleich

kann im einen Fall der Schluss gezogen werden, die Anforderungen des Arbeitssystems an die Leistungsfähigkeit des Beschäftigten anzupassen oder im anderen Fall die Leistungsfähigkeit des Beschäftigten durch Kompetenzentwicklungsmaßnahmen zu verbessern. Es besteht aber auch die Möglichkeit, für zukünftige
Tätigkeiten einzelne Aufgaben / Teiltätigkeiten zusammenzustellen, die eine Person oder Arbeitsgruppe im Sinne der angestrebten Arbeits(system)ziele erreichen
soll. Die Analyse der Teiltätigkeiten kann sich nicht nur auf das *Was*, den Inhalt
der »Operation«, beziehen, sondern auch auf das *Wann*, den Zeitpunkt, die Häufigkeit und die Dauer innerhalb eines Arbeitsprozesses, auf das *Wie*, die Qualität, das Niveau der Tätigkeitsausführung, die Schwierigkeit oder die Fehlerkonse-
quenzen (vgl. Williams & Crafts 1997).

Durch die Erfassung der Tätigkeitsinhalte und deren Zuordnung zu einzelnen Personen oder Gruppen ergibt sich eine Verknüpfung von person- und bedingungs-
bezogener Arbeitsanalyse, die nicht mit abstrakten analytischen Merkmalen (Items)
arbeitet, sondern mit konkreten Arbeitsinhalten. Diese erlauben einen Vergleich
der Tätigkeiten von Personen innerhalb eines Arbeitssystems bzw. einer Arbeitsorganisation, aber in der Regel nicht zwischen verschiedenen Arbeitsorganisatio-
nen, wie das bei den »abstrakteren«, vom Arbeitsinhalt abgelösten Arbeitsanalyseverfahren der Fall ist.

Die Erstellung der Teiltätigkeitslisten entlang einer Prozesskette oder eines Produktentstehungsprozesses und die Zuordnung der einzelnen Teiltätigkeiten zu Personen führt zu einer Transparenz bezüglich der innerorganisatorischen Arbeitsteilung aber auch der vorhandenen Kompetenzen der einzelnen Beschäftigten, da
durch die Analyse zum Ausdruck gebracht wird, welche Person was in welchem
Umfang macht.

Die Art der Arbeitsteilung bzw. der Arbeitsstrukturierung wird durch die Aufteilung der einzelnen Teiltätigkeiten auf die Personen eines Arbeitssystems deutlich
gemacht, d.h. es wird die Arbeitsorganisation in Frage gestellt, und damit werden sowohl die Organisationsentwicklung als auch die Kompetenzentwicklung
angeregt.

## Ablauf des Messprozesses

Da der Ablauf und damit verbunden die räumlichen, zeitlichen, personalen und
technischen Voraussetzungen in starker Abhängigkeit von der Größe der Untersu-
chungseinheit und der Komplexität der betrachteten Prozesse, d.h. dem konkreten Anwendungsfall, stehen, können diese Angaben nicht allgemeingültig formuliert werden. An dem in Abschnitt 1 (Darstellung der Ergebnisse und differenzierte
Fehlerkritik) beschriebenen Beispiel der Entwicklung von Fachlaufbahnen für Ingenieure wird exemplarisch aufgezeigt, welche Voraussetzungen jeweils zu schaffen
sind, um die Teiltätigkeiten zu erheben (vgl. ausführlich Frieling & Grote 2000;
Frieling et al. 2000).

## Referenzen

Das Konzept der Task Analysis Inventories basiert auf Forschungen, die im Wesentlichen von Wissenschaftlern der US-Air Force und der US-Army in den fünfziger,
sechziger und siebziger Jahren des letzten Jahrhunderts entwickelt wurden. Aus-

führliche Hinweise zur Entwicklung der verschiedenen Task-Analysis-Methodiken finden sich bei Kirwan und Ainsworth (1999), Gael (1988), Meister (1985), Duncan (1974) oder Miller (1953). Die Anwendungen der Task-Analysis-Methoden liegen im Bereich der Arbeitssystem- und der Trainingsgestaltung. Bei den Anwendungen im militärischen Bereich geht es im Wesentlichen um die Mensch-Maschine-Gestaltung (Waffensysteme und deren Bedienbarkeit, Fahrzeuge wie Schiffe, Flugzuge oder Panzer) und die Optimierung von Trainingsprozessen, um Bediener dieser »Maschinen« optimal zu qualifizieren. Im zivilen Bereich werden Arbeitssysteme untersucht, denen ein erhebliches Gefährdungspotenzial zugeschrieben wird, wie z.B. die Wartung in (Atom-)Kraftwerken sowie von chemischen Anlagen, Fahrzeugen oder Kränen. Um Gefährdungen zu vermeiden, werden die Arbeitssysteme durch Gestaltungs- und Trainingsmaßnahmen auf der Basis der durchgeführten Analysen optimiert.

Für den deutschsprachigen Raum finden sich Beispiele zur umfassenden Anwendung von Teiltätigkeitslisten im Rahmen von Organisationsentwicklungsprojekten zum einen in einer Regionalbezirksstelle einer Gewerkschaft (IG BCE) sowie zum anderen in einer Weiterbildungseinrichtung bei Le Mouillour (2001; 2002). Weitere Teiltätigkeitslisten am Beispiel von gewerblichen Gruppen im Bereich der Türenvormontage finden sich bei Frieling und Sonntag (1999). Bei Eyer (1994) werden Vorschläge für Entlohnungskonzepte für Gruppenarbeit in der mechanischen Fertigung, die auf Teiltätigkeiten basieren, beschrieben. Eine weitere methodologische Einordnung der Task-Analysis-Methodiken findet sich bei Sonntag (1999).

**Freie Darstellung**

## Darstellung der Ergebnisse und differenzierte Fehlerkritik

Um einen Eindruck von den Anwendungsmöglichkeiten der Teiltätigkeitslisten zu verschaffen, wird ein Beispiel aus einem Planungsbereich aufgeführt. Das Beispiel aus der Forschung und Entwicklung eines Automobilunternehmens bezieht sich auf ein Projekt zur Entwicklung von Fachlaufbahnen für Ingenieure (Frieling et al. 2000; vgl. auch Ferenszkiewicz et al. 1988; Schmahl 1998). Da sich vorhandene Instrumente zur Anforderungsanalyse konstruktiver Arbeitsaufgaben (Müller 1990; Langner 1991; Schroda & Hacker 1998) für die vorliegende Fragestellung als zu abstrakt erwiesen, wurde eine detaillierte Form der Auflistung von Teiltätigkeiten gewählt. Es wurden alle Teilaufgaben prozessbezogen, d.h. an der Entstehung orientiert, von 1. der Vorentwicklung, über 2. die Konstruktion, 3. die Berechnung und Simulation, 4. den Versuch bis hin zur 5. Produktionsplanung und -steuerung etc. erhoben. In Ergänzung zu den einzelnen Prozessabschnitten werden auch sogenannte Querschnittsfunktionen mit einbezogen, um die Verbindung zwischen einzelnen Prozessen möglichst lückenlos nachvollziehen zu können. Die Liste veranschaulicht einerseits den erforderlichen Aufwand, andererseits auch den möglichen Nutzen, der darin besteht, dass sowohl Mitarbeiter als auch Vorgesetzte Klarheit darüber gewinnen, welche Teilaufgaben in welcher Abteilung durchgeführt und welche Teilaufgaben den einzelnen Funktionsbildern zugeordnet werden können.

| 1 | Vorentwicklung |
|---|---|
| 1.1 | An Innovationsfindung mitwirken |
| 1.2 | Neue Ideen entwickeln |
| 1.3 | Technologiebeobachtung |
| 1.4 | Produktstrategie |
| 1.5 | Erfindungsmeldung |
| 1.6 | Konzepte erarbeiten |
| 1.7 | Schaufensterlösungen entwickeln |
| 1.8 | Abstimmung mit Entwicklungsbereichen |
| 2 | Konstruktion |
| 2.1 | Produktgestaltung |
| 2.2 | Fertigungsmittelgestaltung |
| 2.3 | ... |
| 3 | Berechnung / Simulation |
| 3.1 | Simulation Gesamtfahrzeug |
| 3.2 | Modellbildung Komponente und System |
| 3.3 | ... |
| 4 | Versuch |
| 4.1 | Versuche durchführen |
| 4.2 | Beurteilungen durchführen |
| 4.3 | ... |

| 5 | Produktionsplanung und –steuerung |
|---|---|
| 5.1 | Projektabwicklung / -steuerung, Produktionsprozess |
| 5.2 | Fertigungstechnische Beratung |
| 5.3 | …. |
| 6 | Funktionsübergreifende Zusammenarbeit |
| 6.1 | Zusammenarbeit mit Fachprozessen (Konstruktion) |
| 6.2 | Zusammenarbeit mit Geometrie |
| … | … |
| 6.6 | Zusammenarbeit Einkauf / Lieferant extern |
| … | … |
| 7 | Führung, Planung, Kommunikation und Information |
| 7.1 | Leitung / Mitarbeit |
| 7.2 | Personalführung |
| 7.6 | … |
| 8 | Methodenentwicklung |
| 8.1 | CA-Methoden entwickeln |
| 8.2 | Produktdatenmanagement -Methoden entwickeln |
| 8.3 | … |
| 9 | Supportaufgaben / Allgemeines |
| 9.1 | Administrative Aufgaben |
| 9.2 | Datenaustausch |
| 9.3 | … |
| 10 | Telearbeit |
| | Geeignet? (Ja / Nein) |

Tab. 1: Ausschnitt aus der im Original ca. 20-seitigen Liste von Teiltätigkeiten entlang der Prozesskette (1. Vorentwicklung, 2. Konstruktion, 3. Simulation, 4. Versuch, 5. Produktionsplanung und -steuerung etc.)

Im vorliegenden Beispiel (Tabelle 1) werden die Prozesse bis auf die Ebene der Unterpunkte (1.1 An Innovationsfindung mitwirken, 1.2 … etc.) aufgegliedert dargestellt. In dem Beispielunternehmen war es notwendig, diese Unterpunkte weiter zu detaillieren. Der Grad der Detaillierung wird am Beispiel der Unterpunkte 2.1 Produktgestaltung (aus 2. Konstruktion) und 6.6 Zusammenarbeit Einkauf / Lieferanten extern (aus 6. Funktionsübergreifende Zusammenarbeit) in Tabelle 2 verdeutlicht.

| 2. | Konstruktion |
|---|---|
| 2.1 | Produktgestaltung |
| | Technische Zielanforderungen sammeln, abstimmen (Zielkatalog) |
| | Lastenheft / Anforderungskatalog / Schnittstellenvereinbarung erstellen |
| | Grundauslegung / Konzepterstellung im Gesamtfahrzeug |
| | Kinematik auslegen |
| | Freigängigkeitsuntersuchung durchführen |
| | Detaillierung, Konstruktion Bauteil / Komponenten |
| | Toleranzbetrachtung durchführen |

| | |
|---|---|
| | Konstruktion 3D CAD Modelle |
| | Erstellung von Einzelteilzeichnungen |
| | Erstellung der Stückliste (Freigabe) |
| | Varianten/ Konfiguration berücksichtigen, definieren |
| | Konzeptbewertung und -auswahl |
| | technische Betreuung Externer (Lieferant, Ing. Büro, Institut) |
| | System- und Bauteiloptimierung durchführen |
| | ... |
| 6. | Funktionsübergreifende Zusammenarbeit |
| 6.6 | Zusammenarbeit Einkauf / Lieferant extern |
| | Lieferantenportfolio erstellen |
| | Strategische Lieferantenvorauswahl unterstützen |
| | Konzeptwettbewerb durchführen |
| | Kostenanalyse durchführen |
| | Lieferanten anfragen |
| | Lieferantenfestlegung durchführen |
| | Leistungsschnittstellenvereinbarung durchführen |
| | Lieferantenqualifizierung durchführen |
| | Lieferantenertüchtigung / -support durchführen |
| | Mitwirkung bei Vertragsgestaltung |
| | Externe Teilebeschaffung unterstützen |
| | Kosten und Qualitätsziele ermitteln / vereinbaren |
| | Externe Werkzeuge auslösen (Termine, Kosten) |
| | Kapazität- und Bedarf planen (Produktionsvolumen) |
| | Änderungen extern steuern (incl. Einlauf- Auslaufplanung) |
| | Kostensenkungsmaßnahmen durchführen |
| | Geheimhaltungsvereinbarungen abschließen |
| | Gewährleistungsvereinbarungen abschließen |

Tab. 2: Exemplarische Detaillierung der Teiltätigkeitsliste für die Abschnitte 2.1 Produktgestaltung und 6.6 Zusammenarbeit Einkauf/Lieferant extern

Wenn das System implementiert ist, kann jeder einzelne Mitarbeiter (als Vorbereitung für das verbindliche jährliche Mitarbeitergespräch) für die Aktualisierung der Tabelle selbst sorgen, soweit sie seine eigene Tätigkeit betrifft. Die Datei wird für den spezifischen Entwicklungsbereich im Intranet hinterlegt, so dass der zuständige Vorgesetzte, die Personalabteilung und die zugangsberechtigten Mitarbeiter darauf zugreifen können. Der Aufbau der Tabelle (d.h. die zeilenweise Gliederung) ist so angelegt, dass Veränderungen, Erläuterungen und Definitionen einzelner Teiltätigkeiten nach Bedarf ohne großen Aufwand vorgenommen werden können.

Die Diskussion um zukünftig bedeutsame Kernkompetenzen des Unternehmensbereichs mündet in die Definition relevanter Soll-Tätigkeitsbilder, die anhand der entwickelten Teiltätigkeitsliste beschrieben und konkretisiert werden. Die vorgeschlagenen Soll-Tätigkeitsbilder werden von den Mitarbeitern anhand der Teiltätigkeitsliste und mit Hilfe der Kompetenzskala (X = trifft nicht zu, 1 = Grundkenntnisse, 2 = Anwendung, 3 = theoretische und praktische Systemkenntnisse, 4 = Experte) konkretisiert, so dass eine Gegenüberstellung der Ergebnisse der Mitarbeiter und des Managements möglich wird (vgl. Tabelle 3). Aus methodischer Sicht erfolgt die Ableitung der Sollprofile in Form von Workshops mit Mitarbeitern und Führungskräften, die aus relevanten Bereichen entlang der Prozesskette zusammengestellt wurden. Durch die Diskussionen ergeben sich eine Reihe von Hinweisen aus der Sicht der Betroffenen, die anschließend wieder mit dem Management und der Personalabteilung diskutiert werden müssen. Die Erhebung von Ist-Tätigkeitsbildern erfolgt analog durch den Stelleninhaber selbst und durch den Vorgesetzten. Diese Einstufungen können dann z.B. als Grundlage für Mitarbeitergespräche dienen.

| Kompetenzskala<br>X = trifft nicht zu<br>1 = Grundkenntnisse<br>2 = Anwendung/ Ausführung<br>3 = theoretische/praktische Systemkenntnisse<br>4 = Experte | | 1. Konstruktions-experte | | 2. Simulations-experte | | 3. Versuchs-ingenieur | |
|---|---|---|---|---|---|---|---|
| | | FK | MA | FK | MA | FK | MA |
| **2** | **Konstruktion** ∅ | **3,2** | **1,9** | **0,9** | **1,2** | **1,2** | **1,1** |
| 2.1 | Produktgestaltung | 4 / 4 | 4 / 4 | 1 / 3 | 3 / 2 | 1 / 3 | 1 / 2 |
| 2.2 | Fertigungsmittelgestaltung | 3 / 2 | 1 / 1 | x / 2 | 2 / 1 | 1 / 2 | 1 / 1 |
| 2.3 | Hardwarebeschaffung, Versuchsanweisung | 2 / 3 | 2 / 3 | 1 / x | 1 / 1 | 1 / x | 1 / 2 |
| 2.4 | Freigabe | 4 / 3 | 1 / 1 | x / 1 | 1 / 1 | 1 / 1 | 1 / 1 |
| 2.5 | Änderungen | 4 / 3 | 1 / 1 | x / 1 | x / x | 1 / 1 | 1 / x |
| **3** | **Berechnung / Simulation** ∅ | **1,1** | **1,6** | **2,9** | **3,1** | **2,2** | **2,1** |
| 3.1 | Simulation Gesamtfahrzeug (z.B. MKS) | 2 / 1 | 3 / 2 | 3 / 4 | 3 / 3 | 2 / 4 | 3 / 3 |
| 3.2 | Modellbildung Komponente und System | 2 / 1 | 2 / 1 | 3 / 4 | 4 / 4 | 1 / 4 | 2 / 2 |
| 3.3 | Entwicklung von Methoden und Werkzeugen | x / x | 1 / 1 | 1 / 4 | 4 / 4 | 1 / 2 | 2 / 2 |
| 3.4 | Simulation Komponenten und Systeme (FEM) | 1 / 2 | 3 / 2 | 4 / 4 | 3 / 3 | 3 / 2 | 3 / 3 |
| 3.5 | Fertigungstechnische Simulation | 1 / 1 | 1 / x | x / 2 | 1 / 2 | x / 3 | x / 1 |
| **4** | **Versuch** ∅ | **1,0** | **1,0** | **0,7** | **0,9** | **2,5** | **3,3** |
| 4.1 | Versuche durchführen | x / 1 | 2 / x | 1 / 1 | 1 / 1 | 3 / 1 | 4 / 4 |
| 4.2 | Beurteilungen durchführen | 2 / 1 | 3 / 1 | 1 / 2 | 1 / 1 | 3 / 2 | 4 / 4 |
| 4.3 | Planung und Organisation / Logistik | 2 / 2 | x / x | 1 / x | x / 1 | 3 / 3 | 2 / 2 |
| 4.4 | Entwicklung Anforderungen und Konzepte | 1 / 1 | 3 / 1 | 1 / 1 | 1 / 3 | 3 / 4 | 4 / 4 |
| 4.5 | Werkstattarbeiten | x / x | 1 / x | x / x | x / 1 | 2 / 2 | 3 / 3 |
| 4.6 | Sonstiges (Betreuung Kundendienst etc.) | 1 / 1 | 1 / 1 | x / x | x / x | 1 / x | 3 / 3 |

Tab. 3: Von Führungskräften (FK) und Mitarbeitern (MA) anhand einer 4er- bzw. 5er-Skala ausgefüllte Teiltätigkeitsliste zur Beschreibung von drei Soll-Tätigkeitsbildern für die Tätigkeitsbereiche 2. Konstruktion, 3. Simulation und 4. Versuch sowie jeweilige Durchschnittswerte (∅) zur Verdeutlichung von Unterschieden

Die *Fehler- und Problemkritik* bezieht sich für das Instrument auf vier Aspekte, die (1) Fokussierung einzelner Kompetenzfacetten, (2) die Anwendung der klassischen Gütekriterien der Testtheorie, das (3) Datenniveau sowie den (4) Aufwand in der Phase der Erstellung der Listen.

**(1) Zur Fokussierung der Fachkompetenz**: Bislang wird in Veröffentlichungen die Anwendung der Teiltätigkeitslisten zur Beschreibung von Kompetenzen im fachlichen Bereich fokussiert. Zwar lassen sich auch einzelne Beispiele für Teiltätigkeiten finden, die in den Bereich der Führung (z.B. Planung, Kommunikation und Information) fallen, jedoch sind diese eher die Ausnahme (vgl. Frieling et al. 2000). Andere Beispiele für Teiltätigkeiten, wie die Moderation von Besprechungen oder Konfliktgesprächen zeigen, dass über die fachlichen hinaus Methoden- und Sozialkompetenzen einfließen und zumindest indirekt einer Beschreibung zugänglich gemacht werden. Insbesondere die Selbstkompetenz entzieht sich einer direkten Beobachtung, diese erscheint jedoch von großer und v.a. zunehmender Bedeutung. Inwieweit sich Teiltätigkeitslisten hierfür als geeignet erweisen, ist aus heutiger Sicht als fraglich zu bezeichnen.

**(2) Zur Anwendung der Gütekriterien der Testtheorie**: In aktuellen Untersuchungen lassen sich eine Reihe von vorwiegend praxisorientierten Berichten zur Entwicklung und Anwendung der Teiltätigkeitslisten finden (vgl. Frieling et al. 2000). Es handelt sich um in Kooperation mit den jeweiligen Organisation entwickelte Listen, in denen sich deren spezifische Abläufe wiederfinden. Der Prozess der Überprüfung kann als eine »kommunikativen Validierung« beschrieben werden. Jedoch werden keine Untersuchungen berichtet, in denen die Kriterien der klassischen Testtheorie Anwendung finden. Zwar erscheint z.B. die Bestimmung der Objektivität denkbar, indem man z.B. die Kompetenz einzelner Mitarbeiter durch unterschiedliche Führungskräfte einstufen lässt. Zudem ließen sich über Wiederholungsmessungen Retest-Reliabilitäten bestimmen. Validierungsstudien wären über Extremgruppenvergleiche denkbar. Jedoch ist zu diskutieren, ob man mit der Forderung nach einer Überprüfung im Sinne der klassischen Testtheorie der Idee der Teiltätigkeitslisten gerecht wird. Bislang handelt es sich weniger um Verfahren zur Erfassung relativ stabiler psychologischer Konstrukte, wie der Persönlichkeit oder der Intelligenz, als vielmehr um unternehmensspezifisch entwickelte Instrumente, die mit dem Ziel erstellt wurden, Diskussionsprozesse innerhalb der Organisation anzustoßen, zu strukturieren und einer Entscheidung zuzuführen. So betrachtet handelt es sich bislang nicht so sehr um ein – psychometrisch zu überprüfendes – Instrument im Sinne einer Skala oder eines globalen Konstruktes, als vielmehr um ein Prinzip der Darstellung von Kompetenzen, das auf völlig unterschiedliche Organisationen und Organisationsformen übertragbar erscheint.

**(3) Zum Datenniveau**: Zwar handelt es sich um ein verhaltensbezogenes Verfahren, jedoch findet keine unabhängige oder übergeordnete, objektive Kompetenzmessung statt. Mitarbeiter nehmen Selbsteinschätzungen vor, die den Fremdeinschätzungen der Vorgesetzten gegenübergestellt werden können. In anderen Untersuchungen haben sich die Selbsteinschätzungen der Kompetenzen von Mitarbeitern im unternehmensübergreifenden Vergleich als ungeeigneter Zugang erwiesen (vgl. Kauffeld & Grote 2000): Mitarbeiter aus Unternehmen mit einem vergleichsweise stabilen Umfeld scheinen demnach ihre Kompetenzen im Vergleich zu Mitarbeitern aus Unternehmen mit hohem Flexibilisierungs- und Anpassungsdruck zu überschätzen. Die Ergebnisse wurden dahingehend interpretiert, dass Mitarbeiter weniger über einen kontextungebundenen Vergleichsmaßstab verfügen als dass vielmehr soziale Vergleichsprozesse innerhalb des Unternehmens eine Rolle spielen (vgl. Kirchler & Rodler 2001). Dem ist jedoch entgegenzuhalten, dass die Teiltätigkeitslisten bislang kaum zum unternehmensübergreifenden Vergleich eingesetzt wurden. Vielmehr werden sie hier zunächst als Methode zur unternehmensgebundenen Darstellung von Kompetenzen beschrieben. Durch die konkrete Bindung der Teiltätigkeiten an konkrete Arbeitsinhalte ist ein organisationsübergreifender Vergleich in der Regel auch nicht sinnvoll.

**(4) Zum Aufwand in der Erstellungsphase**: Die Erfahrungen bei der Arbeit mit Teiltätigkeitslisten in bisherigen Projekten machen v.a. den Aufwand in der Erstellungsphase deutlich. Insbesondere bei hochkomplexen Prozessen und hochgradig ausdifferenzierten Organisationsstrukturen von Großunternehmen, wie z.B. bei der Fahrwerksentwicklung eines Automobilherstellers, kann die Erhebung der Teiltätigkeiten entlang der Prozesskette (Vorentwicklung, Konstruktion, Simulation, Versuch bis zur Produktion) sehr aufwändig sein und sich über mehrere Monate hinziehen (vgl. Frieling et al. 2000). Dem ist allerdings entgegenzuhalten, dass gerade hier die Analyse, Gestaltung und Evaluation von Kompetenzentwicklungsprogrammen hochkomplexe Prozesse darstellen und fundierter Instrumente und Daten bedürfen. Für eine gewerbliche Montagegruppe hingegen wird die Erstellung der Teiltätigkeiten – in Form von Qualifikationsspiegeln – nicht mehr als 2-3 Wochen betragen. Nichtsdestotrotz schrecken Verantwortliche aus Linienbereichen gelegentlich vor der Erstellung zurück, nicht zuletzt, weil die Kapazitäten für diese konzeptionellen Tätigkeiten fehlen. Die Anwendung, d.h. die Erstellung von Ist- und Soll-Profilen für einzelne Mitarbeiter bzw. Tätigkeitsbilder sowie die Ableitung von Qualifizierungsmaßnahmen gestaltet sich erheblich weniger aufwändig. Eine betriebliche Personalentwicklerin kommt im Hinblick auf die Arbeit mit Teiltätigkeitslisten zu folgendem Fazit:»Manch einer schreckt vor dem Aufwand der Erstellung zurück, jeder ist froh, wenn er sie erst einmal hat«.

## Nutzenabschätzung

Zusammenfassend ergeben sich eine Reihe von Nutzen für den betrieblichen Anwender, die sich im Folgenden anhand von fünf Aspekten zusammenfassen lassen:

(1) Die erstellten Listen ermöglichen eine Bestandsaufnahme vorhandener Kompetenzen, und zwar auf unterschiedlichen Aggregationsebenen, wie dem einzelnen Mitarbeiter, der Arbeitsgruppe oder dem Bereich bzw. der Abteilung. Es lässt sich aufzeigen, welche Kompetenzen – unter Aspekten betrieblicher Flexibilität – mehrfach besetzt sind, wo Entwicklungsbedarf besteht und welche Konstellationen von Kompetenzen vorhanden sind. Hierbei kann es aufschlussreich sein, Fremd- und

Selbstbild einander gegenüberzustellen: wie sehen sich die Mitarbeiter, wie werden deren Kompetenzen von den Vorgesetzten gesehen? Analog kann auf Ebene der Gruppe gefragt werden, wo diese ihre eigenen Kompetenzschwerpunkte sieht und wie sie der Vorgesetzte einschätzt. Dieses Vorgehen kann Hinweise auf die »gewachsene Arbeitsteilung« einer Gruppe, eines Bereichs geben, die wiederum als Ausgangspunkt für Überlegungen für Veränderungen dienen können. Hierbei kann eine Transparenz entstehen, die aus Sicht der Mitarbeiter durchaus auch kritisch beurteilt werden kann. Kompetenzlücken, die sich bei Mitarbeitern offenbaren, können zu Sanktionsmöglichkeiten genutzt werden.

(2) Analog hierzu lassen sich mittels der Teiltätigkeitslisten Diskussionen um notwendige Kernkompetenzen strukturieren und konkretisieren. Was sind aktuell notwendige Kernkompetenzen? Sind diese im Betrieb, im Bereich vorhanden? Was sind zukünftig bedeutsame Kernkompetenzen? Das sind immer wiederkehrende Fragen, an denen sich leicht die Gemüter entzünden können. Diese Diskussion lässt sich versachlichen, weil sie einer Beschreibung und Quantifizierung zugeführt wird. Gerade die Übersetzung der Unternehmensstrategie in konkrete Tätigkeitsbilder wird durch Teiltätigkeitslisten ermöglicht, die Tätigkeiten werden konkretisiert. Die Definition von Kernkompetenzen ist dabei nicht als Fokussierung oder Beschränkung auf bestimmte Tätigkeitsfelder zu verstehen, sondern es kann auch um eine Integration neuer Tätigkeitsfelder und die damit verbunden Kompetenzen gehen.

(3) Der Einsatz der Listen ermöglicht die Bearbeitung von Diskrepanzen auf der Basis von Ist-Soll-Abgleichen: d.h. es werden bei priorisierten Defiziten konkrete Qualifizierungs- und Kompetenzentwicklungsmaßnahmen abgeleitet, geplant und umgesetzt. Es erfolgt ein strukturierter Abgleich der betrieblichen Notwendigkeiten einerseits und der Interessen der Mitarbeiter andererseits. Der Prozess der Zuordnung von Lernmaßnahmen kann bei umfassender Erfahrung mit Teiltätigkeitslisten recht weit formalisiert werden: Einzelnen Teiltätigkeiten werden mögliche Maßnahmen zur Kompetenzentwicklung zugeordnet.

(4) Schließlich besteht – auf Grund der einfachen Anwendbarkeit der Teiltätigkeitslisten – die Möglichkeit, diese in bestehende Führungsinstrumente, wie z.B. Beurteilungs- und Zielvereinbarungssysteme oder jährliche Mitarbeitergespräche etc., zu integrieren. Das Verfahren bleibt nicht bestimmten Anwendergruppen vorbehalten, sondern erschließt sich interessierten Mitarbeitern und Führungskräften schnell. Erfahrungsgemäß reichen kurze Schulungen der Führungskräfte aus, um eine für alle Seiten akzeptable Handhabung der Listen als Führungsinstrumente zu gewährleisten (z.B. bei dem jährlichen Mitarbeitergespräch).

(5) Kompetenzentwicklung findet auf mehreren Ebenen statt: den an der beschriebenen Projektdurchführung beteiligten Mitarbeitern und Bereichen werden Lernerfahrungen durch neue Einsichten in Prozesse, in Probleme anderer Abteilungen oder durch die Erstellung von Instrumenten, wie die Teiltätigkeitsliste, ermöglicht. Die durchführenden Forscher, Berater oder Prozessbegleiter erhalten ebenfalls vertiefte Einblicke in die Abläufe und Probleme der betrachteten Bereiche.

## Erlernbarkeit

Bislang werden keine unternehmensungebundenen branchenspezifischen Verfahren auf Basis von Teiltätigkeitslisten berichtet. Deswegen sind potenzielle Anwender, wie Personalentwickler, Unternehmensberater, Prozessbegleiter oder auch Führungskräfte, im Normalfall darauf angewiesen, in Kooperation mit dem betreffenden Unternehmen oder Bereich Listen von Teiltätigkeiten zu entwickeln. Dabei kann z.T. auf vorhandene Ablaufdarstellungen, die z.B. im Zusammenhang mit prozessorientierten Reorganisationsmaßnahmen oder Themen des Qualitätsmanagements erstellt werden, zurückgegriffen werden. Diese Entwicklung oder Anpassung impliziert eine umfassende, inhaltliche Auseinandersetzung mit den Kernaufgaben des Untersuchungs- oder Beratungsfeldes, die auf Seiten des Anwenders ein vertieftes Verständnis der Aufgaben und Probleme geradezu »unumgänglich« macht. Ein Selbstverständnis der (internen oder externen) Beratung bzw. Begleitung, das eine Beschränkung ausschließlich auf zwischenmenschliche Themen, die »Beziehungsebene« oder Fragen des Umgangs miteinander vorsieht, steht einer Tätigkeit mit den Teiltätigkeitslisten entgegen, was aus Sicht der Autoren als Vorteil des Instrumentes zu werten ist. Insofern sind ein Mindestmaß an Interesse für die inhaltlich-fachlichen Aufgaben und Probleme des Untersuchungs- oder Beratungsfeldes sowie ein Mindestmaß an Fähigkeit zum Prozessdenken nötig, um zu einer prozessorientierten Darstellung – in Form von Teiltätigkeiten – zu gelangen.

## Einfachheit und Vereinfachbarkeit

Da es sich weniger um ein fertig entwickeltes Instrument, als vielmehr um ein Prinzip der Darstellung und Einschätzung von Kompetenzen handelt, sind gerade hier Vorteile im Hinblick auf die Einfachheit und v.a. die Vereinfachbarkeit zu sehen. Je nach konkreter Zielstellung lassen sich Tätigkeiten und Teiltätigkeiten auf ganz unterschiedlichen Abstraktionsniveaus beschreiben (vgl. Tabellen 1, 2 und 3). Geht es darum, sich für eine Gruppe oder Organisationseinheit einen groben Überblick über vorhandene und zu entwickelnde Kompetenzen – z.B. im Rahmen von Workshops – zu verschaffen, kann man mit einer abstrakten bzw. hoch aggregierten Form der Teiltätigkeitslisten arbeiten. Geht es darum, für einen einzelnen Mitarbeiter einen Entwicklungsplan zu erstellen, kann man mit einer detaillierten Variante vorgehen. Ausschlaggebend für den Detaillierungsgrad der Teiltätigkeiten sind somit zum einen die Besonderheiten der Organisation und zum anderen der Anlass und das Ziel der Maßnahme.

## Erfahrungshinweise

Für den Bereich der betrieblichen und der beruflichen Weiterbildung sollte sich aus neuen Instrumenten zur Kompetenzmessung v.a. dann beträchtlicher Nutzen ergeben, wenn sie in der Praxis »anschlussfähig« werden und zur Umsetzung gelangen. Ziel muss es – neben der Entwicklung geeigneter Messverfahren – sein,

Betriebe darin zu unterstützen, Formen der Kompetenzentwicklung für den eigenen Bedarf zu strukturieren und einer effizienten Anwendung zuzuführen. Wie eine prozessintegrierte Qualifizierungsstrategie erfolgen kann, wird von Frieling, Grote und Kauffeld (2000) am Beispiel der Entwicklung von Fachlaufbahnen für Ingenieure anhand von zehn Schritten beschrieben. Ausgehend von der Überlegung, dass zukünftige Kompetenzen im Unternehmen nur für einen begrenzten zeitlichen Horizont planbar sind, wird ein – für einen Zeithorizont von jeweils zwei bis drei Jahren rollierendes – prozessintegriertes Entwicklungskonzept vorgestellt, das auf andere Unternehmen und Unternehmensbereiche übertragbar ist (vgl. Abbildung 1). Neben der Analyse der aktuellen Personalsituation (Alter, Qualifikation etc.; Schritt 1) und (2) einer Definition der zukünftigen Kernkompetenzen des Unternehmens bzw. des betrachteten Unternehmensbereichs erfolgt (3) eine Erfassung der Probleme aus Sicht der Mitarbeiter und des Managements. Die erstellten Aufgaben- bzw. Teiltätigkeitslisten (4) dienen sowohl zur Beschreibung aktuell vorhandener Tätigkeitsbilder in Kompetenzdatenbanken (5) als auch als Grundlage zur Abstimmung neuer Tätigkeitsbilder mit den betroffenen Mitarbeitern in Workshops (6 + 7). Eine Checkliste von 38 (aktuell 60) Arbeitssituationen wird den Mitarbeitern als Grundlage zur Auswahl geeigneter Kompetenzentwicklungsmaßnahmen (8) und deren Umsetzung in Fachlaufbahnen (9) zur Verfügung gestellt. Im Zuge der Integration der Teiltätigkeitslisten in vorhandene Führungsinstrumente (Zielvereinbarung, Mitarbeitergespräch) wird eine Ableitung individueller Personalentwicklungspläne für einzelne Mitarbeiter ermöglicht (10).

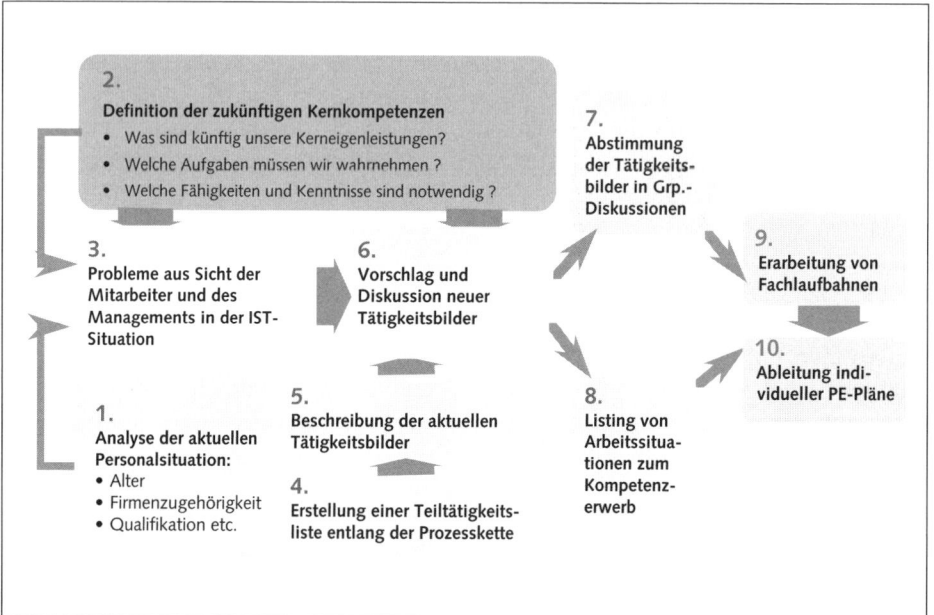

Abb. 1: Eine prozessorientierte Qualifizierungsstrategie in 10 Schritten – dargestellt am Beispiel der Entwicklung von Fachlaufbahnen für Ingenieure (vgl. Frieling, Grote & Kauffeld, 2000)

Das Vorgehen wurde hier nur »angerissen«, um potenzielle Nutzer auf diese erprobte und übertragbare Vorgehensweise im organisationalen Kontext hinzuweisen. Für eine ausführliche Beschreibung sei auf Frieling et al. (2000) verwiesen.

## Literaturverzeichnis

Bungard, W. (1997). Mitarbeiterbefragung als Instrument modernen Innovations- und Qualitätsmanagments. In: W. Bungard & I. Jöns (Hrsg.). Mitarbeiterbefragung – Ein Instrument des Innovations- und Qualitätsmanagments. Weinheim, S. 5-14

Duncan, K. D. (1974). Analytical Techniques in Training Design. In: E. Edwards & F. P. Lees (Hrsg.). The Human Operator in Process Control. London, S. 283-320

Eyer, E. (1994). Entlohnung in teilautonomen Arbeitsgruppen. In: C.H. Antoni (Hrsg.). Gruppenarbeit in Unternehmen. Konzepte, Erfahrungen, Perspektiven. Weinheim, S. 100-115

Ferenszkiewicz, D.; Frieling, E. & Klein, H. (1988). Fachlaufbahn für Konstrukteure im Forschungs- und Entwicklungsressort – Ein Erfahrungsbericht. In: E. Frieling & H. Klein (Hrsg.). Rechnerunterstützte Konstruktion. Bern, S. 163-186

Fleishman, E.A. & Quaintance, M.K. (1984). Taxonomies of Human Performance: The Description of Human Tasks. Orlando, Fla.

Frieling, E. & Grote, S. (2000). Fachlaufbahnen durch konkrete Entwicklungschancen gestalten. In: Personalführung, 4, S. 30-37

Frieling, E. & Sonntag, K. (1999). Lehrbuch Arbeitspsychologie, 2. Aufl. Bern

Frieling, E.; Grote, S. & Kauffeld, S. (2000). Fachlaufbahnen für Ingenieure – Ein Vorgehen zur systematischen Kompetenzentwicklung. In: Zeitschrift für Arbeitswissenschaft, 54 (3), S. 165-174

Gael, S.(1988). The Job Analysis Handbook for Business, Industry, and Government. New York

Kauffeld, S. & Grote, S. (2000). Haben flexiblere Unternehmen kompetentere Mitarbeiter? In: Arbeitsgemeinschaft Qualifikations-Entwicklungs-Managment (Hrsg.). Flexibilität und Kompetenz: Schaffen flexible Unternehmen kompetente und flexible Mitarbeiter? Münster, S. 95-114

Kirchler, E. & Rodler, C. (2001). Motivation in Organisationen. Arbeits- und Organisationspsychologie, Bd. 1. Wien

Kirwan, B. & Ainsworth, L.K. (1999). A Guide to Task Analysis. London, Philadelphia

Langner, T. (1991). Analyse von Einflussfaktoren beim rechnerunterstützten Konstruieren. In: W. Beitz (Hrsg.). Schriftenreihe Konstruktionstechnik, 20, Berlin

Le Mouillour, I. (2001). Die Teiltätigkeitsliste als Instrument für kontinuierliche Kompetenz- und Organisationsentwicklungsprozesse. Beitrag im Kongressband des 47. Kongresses der Gesellschaft für Arbeitswissenschaft in Kassel. Dortmund, S. 41-48

Le Mouillour, I. (2002). Teiltätigkeitsliste (TTL). In: E. Frieling, O. Cristante & I. Le Mouillour, Organisations- und Kompetenzentwicklung in der Verwaltung. Münster, S. 33-46

Meister, D. (1985). Behavioral Analysis and Measurement Methods. New York

Miller, R.B. (1953). A Method for Man-Machine-Task Analysis. Wright-Patterson Air Force Base, Ohio, USA

Müller, J. (1990). Methoden der Planung konstruktiver Arbeitsprozesse. In: Konstruktion, 42, S. 173-180

Schmahl, K. (1998). Personalentwicklung bei der AUDI AG. In: Kh. A. Geißler & W. Loss (Hrsg.). Handbuch Personalentwicklung: Konzepte, Methoden und Strategien. Köln, S. 1-26

Schroda, F. & Hacker, W. (1998).«Über das Ende wird am Anfang entschieden« – Die Analyse der Anforderungsstruktur schöpferischer konstruktiver Arbeitsaufgaben. In: Zeitschrift für Arbeitswissenschaft, 3, S. 162-168

Sonntag, Kh. (1999). Ermittlung tätigkeitsbezogener Merkmale: Qualifikationsanforderungen und Voraussetzungen menschlicher Aufgabenbewältigung. In: Kh. Sonntag, Personalentwicklung in Organisationen. Psychologische Grundlagen, Methoden und Strategien. Göttingen, S. 157-179

Weiß, R. (1999a). Kompetenzentwicklung als strategische Herausforderung aus Wirtschaftssicht. Diskussionspapier für den internationalen Fachkongress »Kompetenz für Europa: Wandel durch Lernen – Lernen im Wandel«. Berlin

Weiß, R. (1999b). Erfassung und Bewertung von Kompetenzen – empirische und konzeptionelle Probleme. In: Arbeitsgemeinschaft Qualifikations-Entwicklungs-Management (Hrsg.). Kompetenzentwicklung '99: Aspekte einer neuen Lernkultur – Argumente, Erfahrungen, Konsequenzen. Münster, S. 433-493

Williams, K.M. & Crafts, J.L. (1997). Inductive Job Analysis: The Job/Task Inventory Method. In: D.L. Whetzel & G.R. Wheaton. Applied Measurement Methods in Industrial Psychology. Palo Alto, CA, S. 51-88

# Arbeitsproben und situative Fragen zur Messung arbeitsplatzbezogener Kompetenzen

Niclas Schaper

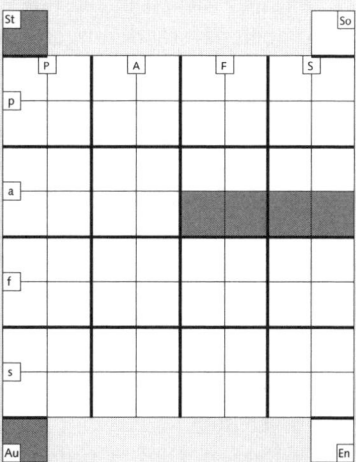

## Rasterdarstellung

### Schlagworte
Arbeitsplatzbezogene Lernerfolgsmessung; Arbeitsproben; simulationsorientierte Verfahren; situative Fragen

### Entwickler
PD Dr. Niclas Schaper, Psychologisches Institut, Arbeits-, Betriebs- und Organisationspsychologie, Ruprecht-Karls-Universität Heidelberg

### Kompetenzdefinition
Kompetenzen sind als Dispositionen bzw. im Handeln aktualisierbare, kognitive, sensumotorische, sozialkommunikative, emotional-motivationale Leistungsvoraussetzungen und Persönlichkeitsmerkmale zu verstehen. Sie entsprechen damit psychologischen Konstrukten, die im Unterschied zu direkt beobachtbarem Verhalten über definitorisch bestimmte Indikatoren bzw. Operationalisierungen erschlossen werden müssen. Für berufliche Kompetenzen gilt insbesondere, dass sie an bestimmte Tätigkeiten gebunden sind und auf eine Handlungsorientierung gerichtet sind. Sie lassen sich somit definieren über den Bezug zu einer konkreten Tätigkeit, Anforderung, Aufgabe oder Problemstellung.

**Zielstellungen**

Die hier vorgestellten Arbeitsproben und situativen Fragen dienen zur Messung beruflicher Kompetenzen bzw. von Kompetenzentwicklung auf der Verhaltens- und Wissensebene im Rahmen der Ausbildung von Industriefacharbeitern an Lernorten in der Fertigung. Das Instrumentarium nimmt dabei konkret Bezug auf die Lernziele und -inhalte an solchen arbeitsintegrierten Lernorten, die sich sowohl auf fachliche, methodische und soziale Kompetenzaspekte beziehen.

Zentrales Ziel ist in diesem Zusammenhang die Erfassung von Lerneffekten bzw. Kompetenzveränderungen durch das Arbeiten und Lernen an diesen Lernorten. Dies dient sowohl zur Evaluation entsprechender Lernarrangements als auch zur Lernerfolgsmessung des individuellen arbeitsbezogenen Lernens von Auszubildenden.

Um die Lernleistungen in den genannten Kontexten zu erfassen, wurde mit den arbeitsplatzbezogenen Arbeitsproben und situativen Fragen ein Instrumentarium entwickelt, das sich einerseits auf die inhaltlichen Anforderungen der Tätigkeiten an den arbeitsintegrierten Lernorten bezieht, und andererseits in der Lage ist, die damit verbundenen fachübergreifenden Fähigkeiten zu ermitteln.

**Theoretische Grundlagen**

Auch arbeitsplatzbezogenes Lernen, so wie es in neueren Ansätzen konzipiert ist (vgl. Schaper 2000), zielt auf die Entwicklung beruflicher Handlungskompetenz, d.h. die Befähigung zum selbstständigen Handeln in komplexen beruflichen Arbeitssituationen. Dies erfordert nicht nur die Vermittlung geeigneter fachlicher Qualifikationen, sondern auch die Förderung fachübergreifender Fähigkeiten, die ein entsprechendes selbstgesteuertes, sozial kompetentes und verantwortliches Handeln auch in problemhaltigen Situationen ermöglichen.

Die Lernerfolgsmessung oder Evaluation arbeitsplatzbezogener Lerninterventionen sollte sich daher auch auf die Messung der entsprechenden fachübergreifenden Kompetenzen beziehen. Bei der Konzeption des Instrumentariums zur arbeitsplatzbezogenen Kompetenzmessung orientierten wir uns dazu an einer Einteilung von beruflichen Kompetenzen in Fach-, Methoden- Sozial- und Personalkompetenz (vgl. Erpenbeck & Heyse 1996; Sonntag & Schaper 1999). Diese Einteilung ist einerseits in der Berufsbildungspraxis sehr weit verbreitet und sie weist andererseits deutliche Analogien zu theoretisch fundierten Systematisierungen von »learning outcomes« bei beruflichen Trainingsmaßnahmen in der anglo-amerikanischen Literatur auf (vgl. Kraiger et al. 1993).

Die Arbeitsproben und situativen Fragen wurden daher so konzipiert, dass sie auch Anforderungen an die Fach-, Methoden- und Sozialkompetenz stellen und eine Beurteilung dieser Kompetenzaspekte erlauben (auf eine Messung von Personalkompetenz wurde in diesem Rahmen verzichtet, da diese anhand von situativen Verfahren nicht adäquat erfasst werden kann). Dies lässt sich einerseits dadurch erreichen, dass in die Aufgabenstellungen auch Planungs-, Entscheidungs- und Problemlöseanforderungen sowie Kommunikations- und Kooperationserfordernisse in die Arbeitsproben integriert werden (vgl. Kloft et al. 1997). Andererseits wird der Lernende im Kontext der Bearbeitung der jeweiligen Arbeitsproben an passenden Stellen zur Begründung seines Vorgehens aufgefordert, um auf der Basis dieser Begründungen Rückschlüsse auf die Form der kognitiven Informationsverarbeitung sowie die Vollständigkeit und Richtigkeit der Wissensstruktur ziehen zu können.

## Methodologische Einordnung

Zur Erfassung von Kompetenzen im Rahmen arbeitsplatzbezogener Lernprozesse wurde ein Instrumentarium entwickelt, das vor allem eine Kombination aus Arbeitsproben und situativen Fragen vorsieht.

*Arbeitsproben* sind in diesem Zusammenhang zu verstehen als standardisierte Aufgaben zur Beobachtung und Diagnose von Arbeitsverhalten. Im Rahmen der Eignungsdiagnostik zählen sie zu den simulationsorientierten Verfahren (vgl. Schuler & Funke 1995). Arbeitsproben werden aber auch im Rahmen der Lernerfolgskontrolle eingesetzt (vgl. Kloft et al. 1997). In diesem Zusammenhang stellen sie eine handlungsorientierte Form der Lernerfolgsüberprüfung dar, da die Lernenden eine authentische Aufgaben- bzw. Problemstellung bearbeiten müssen. Durch die Beobachtung der Arbeitshandlungen (Prozess) sowie die Analyse des Arbeitsergebnisses (Produkt) können Handlungskompetenz und Wissensstruktur der Lernenden beurteilt werden.

*Situative Fragen* zählen ebenfalls zu den simulationsorientierten Verfahren in der Eignungsdiagnostik und werden in der Regel zur Erhöhung der Objektivität und Validität von Einstellungsinterviews eingesetzt (vgl. Schuler 1996). Situative Fragen beruhen auf der Schilderung von hypothetischen Aufgaben- bzw. Problemsituationen, für die der Proband beantworten soll, wie er in dieser Situation reagieren oder vorgehen würde. Die Beantwortung der Antworten orientiert sich an den zuvor festgelegten Beurteilungskriterien und Verhaltensankern (vgl. Latham et al. 1980). Der Einsatz situativer Fragen wurde ergänzend zu den Arbeitsproben vorgesehen, um Kompetenzfacetten zu erfassen, die mit Arbeitsproben nicht oder nur sehr aufwendig erfasst werden können (z.B. der adäquate Umgang mit Konflikten im Team).

Die Konstruktion der arbeitsplatzbezogenen Arbeitsproben und situativen Fragen beruht auf Aufgabenanalysen, anhand derer inhaltsvalide Arbeitssituationen und die zur Bewältigung erforderlichen Verhaltensweisen und Wissensbestände abgeleitet wurden. Durch weitere Expertenbefragungen wurden außerdem geeignete Beobachtungs- und Beurteilungskriterien ermittelt. Als Referenzgrößen zur Beurteilung wurden aber auch die anhand der Aufgabenanalysen ermittelten Vorgehensweisen (idealer Ablauf) und Wissensstrukturen von Experten verwendet, um z.B. das Vorgehen und die Begründungen der Lernenden in Bezug auf Vollständigkeit, Reihenfolge und Tempo von Arbeitsschritten zu bewerten.

## Einschätzung der Gütekriterien

Gütekriterien zu den arbeitsplatzbezogenen Arbeitsproben und situativen Fragen wurden in folgender Form bestimmt: Da die Arbeitsproben und situativen Fragen durch Beurteilungssysteme ausgewertet wurden, wurde einerseits die Auswertungsobjektivität anhand eines Maßes der Beurteilerübereinstimmung überprüft. Andererseits wurde die Reliabilität bzw. interne Konsistenz der Daten in Bezug auf die Summenwerte für die Bereiche Fach-, Methoden- und Sozialkompetenz ermittelt.

Zur Überprüfung der *Beurteilerübereinstimmung* wurden bei 10 Probanden die Arbeitsproben und Fragen jeweils durch 2 Beurteiler unabhängig voneinander ausgewertet. Als Maß der Beurteilerübereinstimmung wurde weighted kappa (K) nach Cohen (1988) bestimmt. Dies erfolgte für die unterschiedlichen Arbeitsproben getrennt. Die K-Werte für die einzelnen Arbeitsproben sowie die Wissens- und situativen Fragen liegen zwischen .68 und .95 und sind somit als ausreichend bis sehr gut zu bewerten. Außerdem wurde daraus ein Gesamt-K gebildet, das .86 beträgt und somit zufriedenstellend ist.

Cronbach's Alpha als Maß der *internen Konsistenz* bzw. *Reliabilität* der Testwerte wurde jeweils anhand der Summenwerte zu den drei Kompetenzbereichen berechnet: Fachkompetenz $\alpha$=.66, Methodenkompetenz $\alpha$=.61, Sozialkompetenz $\alpha$=.64. Diese Werte sind noch als ausreichend zu bezeichnen.

Die Arbeitsproben und situativen Fragen erfüllen darüber hinaus Kriterien der Durchführungs- und Interpretationsobjektivität, da die Durchführung weitgehend standardisiert erfolgt und die Zuordnung der einzelnen Testaufgaben zu den jeweiligen Kompetenzbereichen festgelegt ist.

Durch die Aufgabenanalysen und die Bewertung der ›inventarisierten‹ Aufgaben in Bezug auf Schwierigkeit und Häufigkeit (siehe freie Darstellung) wurden außerdem Maßnahmen ergriffen, um die inhaltliche Validität der Arbeitsproben und situativen Fragen sicherzustellen. Dabei wurde analysiert, ob sie relevante Anforderungen des Arbeitens und Lernens an den untersuchten Lernorten repräsentieren.

**Fehler- und Problemkritik**

Als problematisch beim Einsatz der arbeitsplatzbezogenen Arbeitsproben und situativen Fragen sind folgende Aspekte zu benennen:

Zunächst ist die Reichweite des beschriebenen Instrumentariums eingeschränkt. Die genannten Arbeitsproben und situativen Fragen lassen sich zunächst nur für Kompetenzmessungen an den Lernorten einsetzen, in denen sie entwickelt wurden. Für Kompetenzmessungen in anderen arbeitsintegrierten Lernorten können sie allerdings als beispielhafte Konzeptionen verwendet werden, um analoge Arbeitsproben und situative Fragen für den jeweiligen Lernkontext zu entwickeln.

Problematisch ist weiterhin, dass die Frage, inwieweit die Ergebnisse der Kompetenzmessung generalisierbar sind, noch ungeklärt ist. So werden zwar fachübergreifende Kompetenzen erfasst, sie sind im Rahmen der Messung aber stark eingebettet in situationsspezifische Anforderungen an den Lernorten (die Arbeitsproben und situativen Fragen zur Erfassung der Sozialkompetenz sind hiervon auszunehmen, da die Aufgaben bzw. Fragen zu diesem Bereich kontextunabhängiger gestaltet sind). Inwieweit die dort erworbenen Kompetenzen auch auf andere Kontexte übertragen werden können, wurde bisher nicht untersucht. Dies erfordert den Einsatz von entsprechenden Transfermessungen bzw. -aufgaben.

Selbstkritisch muss darüber hinaus angemerkt werden, dass die Zuordnung der Aufgaben und Bewertungsaspekte zu den unterschiedlichen Kompetenzbereichen nicht immer eindeutig möglich ist. Die arbeitsnahe Gestaltung der Arbeitsproben führt zu einer engen Verknüpfung von fachlichen, methodischen und sozialen Anforderungen bei einer Aufgabenstellung. Eine klare Trennung der Anforderungscharakteristika zwischen den drei Kompetenzbereichen ist daher in einigen Fällen nur schwer möglich.

Ein weiterer problematischer Aspekt beim Einsatz der Arbeitsproben ist der hohe Aufwand, der sowohl bei der Entwicklung als auch bei der Durchführung zu leisten ist. Für die Entwicklung von 6 Arbeitsproben (jeweils 2 pro Kompetenzbereich) sind etwa 5 Tage (incl. der Aufgabenanalysen) zu veranschlagen (bezüglich Aufwandsangaben zur Durchführung siehe den folgenden Abschnitt). Andererseits werden durch den Analyse- und Konstruktionsprozess zu diesem Instrumentarium die Lernanforderungen sehr differenziert analysiert, so dass die Analysen zusätzlich auch zur Systematisierung und instruktionalen Gestaltung der arbeitsbezogenen Lernprozesse genutzt werden können.

### Ablauf des Messprozesses

Die Durchführung der arbeitsplatzbezogenen Kompetenzmessung anhand von Arbeitsproben und situativen Fragen erfordert in Bezug auf räumliche Voraussetzungen, dass die Arbeitsproben möglichst störungsfrei an den Arbeitsplätzen bzw. Maschinen mit den Lernenden durchgeführt werden können. Die Bearbeitung von Planungssequenzen, Wissensfragen und situativen Fragen erfolgt ebenso arbeitsplatznah in einem Bereich, der eine akustische Verständigung zwischen Versuchsleiter und Proband erlaubt (d.h. in vom Maschinenlärm abgeschirmten Bereichen).

Das *Vorgehen* bei der Bearbeitung der Aufgaben ist folgendermaßen gegliedert: Zunächst erhält der Proband Erläuterungen zum Ablauf der Messung und in welcher Form er dabei beobachtet und befragt wird. Dann werden ihm jeweils mündlich und schriftlich Instruktionen für die Arbeitsproben gegeben. Die Arbeitsproben sind dann in einer jeweils vorgegebenen Zeit am Arbeitsplatz zu bearbeiten. Zur Durchführung der Arbeitsproben sind die entsprechenden Maschinen freizustellen und die erforderlichen Werkstücke und Werkzeuge vorzubereiten. Die Probanden werden bei der Bearbeitung der Arbeitsproben durch den Versuchsleiter beobachtet und an festgelegten Punkten befragt. Die Beobachtungen und Äußerungen werden anhand eines vorbereiteten Protokollschemas notiert. Zu Beginn werden 2 Arbeitsproben zur Fachkompetenz, dann 2 Arbeitsproben zur Methodenkompetenz und danach 2 Arbeitsproben zur Sozialkompetenz durchgeführt. Abschließend geht der Versuchsleiter mit dem Probanden die situativen Fragen durch. Der Zeitbedarf für die Durchführung von 6 Arbeitsproben liegt bei ca. 75 Minuten. Die Bearbeitung der situativen Fragen erfordert zusätzlich ca. 20 Minuten. Die Auswertung der Arbeitsproben und situativen Fragen anhand von detaillierten Bewertungs- und Punktesystemen, die für jede Aufgabe ausgearbeitet wurden, benötigt ca. 30 Minuten.

Bezüglich der personellen Voraussetzungen ergibt sich aus diesem Ablauf, dass die Arbeitsproben und situativen Fragen einzeln mit einem Probanden und Versuchsleiter durchgeführt werden müssen. Als technische Voraussetzungen für die Durchführung müssen die Maschinen, Werkstücke und Werkzeuge an den jeweiligen Arbeitsplätzen zur Verfügung stehen. Zur Instruktion, Bearbeitung von Teilaufgaben, Protokollierung und Auswertung müssen darüber hinaus jeweils entsprechende schriftliche Unterlagen vorbereitet werden.

**Referenzen**

Einen vergleichbaren Ansatz zur Messung beruflicher Handlungskompetenz mit Hilfe von Arbeitsproben hat eine Forschungsgruppe um Eckehart Klieme entwickelt (vgl. Kloft et al. 1997). Dieser Ansatz beinhaltet die Entwicklung handlungsorientierter Prüfungsaufgaben für verschiedene Ausbildungsberufe in Luxemburg. Auf der Grundlage einer umfangreichen curricularen Analyse von berufstypischen Handlungen und berufsrelevanten Schlüsselqualifikationen wurden Arbeitsproben als Prüfungsaufgaben konzipiert, die neben den fachlichen Fähigkeiten vor allem die berufsrelevanten Schlüsselqualifikationen zu erfassen erlauben. Die Arbeitsproben wurden dabei ebenfalls mit ergänzenden Testelementen wie z.B. in die Handlung integrierten schriftlichen Fragen, mündliche Nachbefragungen zu den Arbeitshandlungen und Rollenspiele zur Simulation kommunikativer Anforderungen kombiniert.

## Freie Darstellung

Die Arbeitsproben und situativen Fragen zur Messung arbeitsplatzbezogener Kompetenzen wurden im Rahmen eines Modellversuchs zur betrieblichen Berufsausbildung entwickelt und erprobt. Ziel des Modellversuchs war die Veränderung eines betrieblichen Lernortsystem in einem Automobilwerk, um das arbeitsbezogene Lernen von zukünftigen Facharbeitern in der Ausbildung zu intensivieren und den Übergang von der Berufsausbildung zum Betriebseinsatz zu verbessern. Das vorhandene betriebliche Lernortsystem wurde dazu um arbeitsintegrierte Lernorte (AiL) erweitert, an denen Auszubildende im fortgeschrittenen Stadium ihrer Ausbildung unter Betreuung von Ausbildungsbeauftragten Aufgaben im direkten Produktionsbereich übernehmen. Im Unterschied zu herkömmlichen Betriebseinsätzen (hierbei ist eine Mitarbeit in Arbeitssystemen der Produktion vorgesehen, wobei die Auszubildenden meist einzeln durch Facharbeiter betreut werden), sind die betreuenden Facharbeiter an den arbeitsintegrierten Lernorten pädagogisch geschult, es besteht kein Soll-Mengen-Druck bezüglich der Produktion, die Auszubildenden arbeiten und lernen in Teams am Stützpunkt und das Lernen ist durch verschiedene Gestaltungsmaßnahmen stärker systematisiert und auch auf die Entwicklung sozialer und methodischer Kompetenzen ausgerichtet.

Im Rahmen des Modellversuchs sollte diese neue Form des arbeitsintegrierten Lernens unter Berücksichtigung aktueller berufspädagogischer sowie instruktions- und arbeitspsychologischer Konzepte geplant, implementiert und evaluiert werden. Im Hinblick auf die Evaluation der arbeitsintegrierten Lernorte im Vergleich zu den herkömmlichen betrieblichen Versetzungsstellen wurden Arbeitsproben und situative Fragen für verschiedene Lernorte in der Fertigung entwickelt, um die Lerneffekte anhand verhaltens- und wissensbezogener Evaluationskriterien zu analysieren und nachzuweisen. Die in die Evaluationsstudie (vgl. Schaper 2000) einbezogenen Lernorte befanden sich in zwei Fertigungsbereichen: Fertigung von Getriebezahnrädern und Fertigung von Getriebegehäusen. Aufgrund unterschiedlicher Tätigkeits- und Wissensinhalte in den beiden genannten Fertigungsbereichen mussten jeweils separate Sets von Arbeitsproben und situativen Fragen konstruiert werden. Im Folgenden wird ein Überblick über die Entwicklung der Arbeitsproben und situativen Fragen gegeben, um dann jeweils die Arbeitsproben und Fragen für die Erfassung der Fach-, Methoden- und Sozialkompetenz für einen dieser Lernortbereiche (Fertigung von Getriebezahnrädern) beispielhaft vorzustellen.

### Entwicklung der Arbeitsproben

Zur Entwicklung der Arbeitsproben wurden Aufgabenanalysen zu den in den arbeitsintegrierten Lernorten auszuführenden Tätigkeiten durchgeführt. Ziel war dabei, geeignete Aufgabenstellungen und Anforderungen zur Erfassung der für die Tätigkeiten erforderlichen Fach-, Methoden- und Sozialkompetenz zu identifizieren. Dazu wurden 4 Ausbildungsbeauftragte und 18 Auszubildende zu den Tätigkeiten und Anforderungen an verschiedenen arbeitsintegrierten Lernorten befragt und beobachtet. Als Ergebnis wurde eine »Inventarisierung« der vorkommenden Aufgaben und Funktionen in den Lernorten erstellt, die in einem weiteren Schritt hinsichtlich »Schwierigkeit« und »Häufigkeit« von den befragten Personen beurteilt wurden. Aufgaben und Anforderungen, die mit einer mittleren bis hohen Schwierigkeit bewertet wurden, wurden anschließend einer hierarchischen Aufgabenanalyse (Sheperd 1992; Schaper & Sonntag 1998) unterzogen. Dies beinhaltete eine möglichst konkrete und strukturierte Beschreibung von effektiven Vorgehensweisen zur Aufgabenbewältigung: In Zusammenarbeit mit Tätigkeitsexperten wird eine schematisierte Beschreibung der Handlungsstruktur erarbeitet, die eine Hierarchie von Operationen und Plänen beinhaltet; ein Arbeitsauftrag kann so in eine Hierarchie von Unteraufgaben (Operationen) zerlegt werden. Auf der Grundlage der hierarchischen Aufgabenanalysen war es möglich, konkrete Aufgabenstellungen für Arbeitsproben und die erforderlichen Arbeitshandlungen und Entscheidungsschritte zur Lösungsbeurteilung zu identifizieren. Die Aufgabenanalysen dienten somit sowohl zur Formulierung der Aufgabenstellungen als auch zur Konstruktion eines Bewertungsschemas.

Die Arbeitsproben und situativen Fragen wurden schließlich auf der Basis der beschriebenen Aufgabenanalysen konstruiert, bezüglich ihrer inhaltlichen Richtigkeit und Angemessenheit durch Ausbildungsbeauftragte und Auszubildende beurteilt und mit weiteren Auszubildenden vorerprobt.

## Arbeitsproben zur Fachkompetenz

Der Bereich »Fachkompetenz« wird durch Arbeitsproben erfasst, die schwerpunktmäßig Anforderungen an arbeitsplatzbezogene Kenntnisse und Fertigkeiten in Bezug auf Arbeitsmittel, die vorhandenen Produktionsmaschinen sowie bestimmte Verfahrensweisen zur Ausführung der anfallenden Tätigkeiten stellen. Weitere Aspekte der Fachkompetenz werden durch ergänzende wissensbezogene Fragen zur Arbeitsorganisation, zu Fertigungsabläufen und zur Qualitätssicherung ermittelt. Tabelle 1 gibt einen Überblick, welche Arbeitsproben zur Erfassung der Fachkompetenz im Rahmen der Untersuchung entwickelt wurden und welche Aufgabeninhalte und Anforderungen diesen zugrunde lagen.

| Arbeitsprobe | Aufgabeninhalte | Anforderungen |
| --- | --- | --- |
| Maßkorrektur | • Qualitätskontrolle eines bearbeiteten Werkstücks<br>• Eingabe einer Maßkorrektur an einer Drehmaschine | • Kenntnisse und Fertigkeiten zur Qualitätskontrolle von Getriebezahnrädern<br>• Kenntnisse und Fertigkeiten zur Korrektur von Maßabweichungen an einer CNC-Drehmaschine |
| Fräserwechsel | • Ordnen der Reihenfolge von Arbeitsschritten beim Fräserwechsel | • Kenntnisse über den Ablauf und die erforderlichen Arbeitsschritte beim Fräserwechsel |

Tab. 1: Übersicht zu den Arbeitsproben, Aufgabeninhalten und Anforderungen zur Erfassung der Fachkompetenz im Lernortbereich Fertigung von Getriebezahnrädern

Die konkreten Aufgabenstellungen und Bewertungsrichtlinien der verschiedenen Arbeitsproben können an dieser Stelle nur exemplarisch wiedergegeben werden. Hierfür wird eine Arbeitsprobe aus den arbeitsintegrierten Lernorten im Bereich der Fertigung von Getriebezahnrädern vorgestellt.

## Arbeitsprobe zur Maßkorrektur (Lernortbereich Fertigung von Getriebezahnrädern)

**Anforderungen**: Die Arbeitsprobe Maßkorrektur erfordet Kenntnisse und Fertigkeiten zum Umgang mit Messwerkzeugen, Kenntnisse zur Interpretation von Maßabweichungen sowie Kenntnisse und Fertigkeiten zur Korrektur von Maßabweichungen an CNC-Drehmaschinen. Die Regulation der Tätigkeit kann als vorwiegend regelbasiert charakterisiert werden. Da Maßkorrekturen an Drehmaschinen ein- bis zweimal täglich vorkommen, kann davon ausgegangen werden, dass die Auszubildenden diese Tätigkeit mehrfach während ihres Einsatzes an den Lernorten entweder selbst ausgeführt und/oder erlebt haben.

**Fachlicher Hintergrund**: Bei CNC-gesteuerten Drehmaschinen nutzen sich während des Bearbeitungsprozesses die Werkzeuge ab. Dies hat zur Folge, dass die bearbeiteten Werkstücke falsche Maße aufweisen. Daher ist es erforderlich, durch regelmäßiges Messen die Werkstücke auf ihre Maßhaltigkeit hin zu überprüfen. Werden bei diesen Messungen Fehlmaße gefunden, führt der Maschinenbediener einen Korrekturvorgang durch, um die Maßhaltigkeit der folgenden Werkstücke sicherzustellen.

Ein Messvorgang besteht aus dem Messen mehrerer Maße des Werkstücks, wie z.B. verschiedener Durchmesser und verschiedener Höhen. Für jedes dieser Maße wird eine separate Messuhr verwendet. Entdeckt ein Maschinenbediener bei einer Messung einen Fehler, so muss er überlegen, welches Werkzeug das betreffende falsche Maß bearbeitet hat, in welchem CNC-System dieses Werkzeug eingesetzt ist und welche Bearbeitungsrichtung von dem Werkzeug fehlerhaft bearbeitet wurde. Kenntnis der Messuhren und Maschine sind Voraussetzung für den Rückschluss von einer Messuhr auf die zu ändernden Werkzeugdaten.

Der Korrekturvorgang besteht in der Veränderung der Werkzeugdaten in dem entsprechenden NC-System für das betreffende Werkzeug und die betreffende Bearbeitungsrichtung. Weichen die Maße des Werkstücks positiv ab, so muss ein negatives Korrekturmaß in Größe der Abweichung eingegeben werden. Nach Eingabe der Maßkorrektur wird die Richtigkeit der Maßkorrektur an dem bearbeiteten Werkstück überprüft.

**Aufgabenstellung und Bewertung**: Den Auszubildenden wurde ein Werkstück ausgehändigt, das zwei Fehler bzw. Maßabweichungen aufwies, die durch einen Korrekturvorgang behoben werden konnten. Sie wurden zuerst aufgefordert, die Maße des Werkstücks zu überprüfen und bei Bedarf Korrekturmaßnahmen an der Maschine zu ergreifen. Sie sollten dabei so vorgehen, wie sie es unter normalen Arbeitsbedingungen auch tun würden.

Bewertet wurde einerseits die Identifizierung der Maßabweichungen (jeweils 1 Punkt für jeden Fehler) sowie folgende Aspekte beim Durchführen der Maßkorrektur an der Drehmaschine:

- Kenntnis der bei der Maßkorrektur benötigten Tasten am Bedienpult,
- Anwahl des für diese Maßkorrektur richtigen NC-Systems,
- Anwahl der für die Maßkorrektur richtigen NC-Achse (Bearbeitungsrichtung),
- Eingabe des richtigen Korrekturwertes,
- Überprüfen der Korrektur am richtigen Werkstück.

Das Verfügen über die genannten Kenntnisse bzw. Arbeitsschritte konnte bei der Ausführung der Maßkorrektur beobachtet werden. Für jeden richtigen Aspekt wurde 1 Punkt vergeben.

## Arbeitsproben zur Erfassung der Methodenkompetenz

Zur Erfassung der Methodenkompetenz wurden Aufgabenstellungen entwickelt, die problemhaltig sind und somit Denk- und Problemlösefähigkeiten erfordern. Die Lösung der Aufgaben ist somit nicht nur durch die Verwendung vorhandener Kenntnisse oder Fertigkeiten zu bewältigen. Tabelle 2 zeigt im Überblick, welche Arbeitsproben mit welchen Aufgabeninhalten und Anforderungen zur Erfassung von Methodenkompetenz eingesetzt wurden.

| Arbeitsprobe | Aufgabeninhalte | Anforderungen |
|---|---|---|
| Auswerten von Messprotokollen | • Identifizieren von Werkzeugfehlern an Fräs- und Schabmaschinen<br>• Ableiten von möglichen Korrekturmaßnahmen | • Diagnose von Werkzeugfehlern anhand eines Vergleichs von Messprotokollen aus verschiedenen Unterlagen<br>• Auswahl einer aufwandsgünstigen Korrekturmaßnahme |
| Schabradkorrektur | • Planen einer komplexen Korrekturmaßnahme bezüglich der Schabradeinstellungen | • Analyse der Korrekturanforderungen bezüglich der Schabradeinstellungen<br>• Entwurf des Vorgehens zur Korrektur der Einstellungen, wobei die Wechselwirkung von drei Parametern zu berücksichtigen ist |

Tab. 2: Übersicht zu den Arbeitsproben, Aufgabeninhalten und Anforderungen zur Erfassung der Methodenkompetenz im Lernortbereich Fertigung von Getriebezahnrädern

## Arbeitsprobe zur Schabradkorrektur (Lernortbereich Fertigung von Getriebezahnrädern)

**Anforderungen**: Die Arbeitsprobe zur Planung von Korrekturmaßnahmen an einem Schabrad (das Bearbeitungswerkzeug an einer Schabradmaschine) stellt Anforderungen an das interpolative Problemlösen (vgl. Dörner 1979). Es geht somit um die richtige Kombination von Teilhandlungen zur Korrektur der Schabradeinstellungen. Im Vorfeld der Maßnahmenplanung ist außerdem eine Analyse der Korrekturanforderungen auf der Basis von Messprotokollen vorzunehmen, bei der mehrere Kennwerte in Beziehung zueinander zu setzen sind.

**Fachlicher Hintergrund**: Schabräder werden zur Bearbeitung von Zahnradflanken verwendet. Sie können sich während des Produktionsprozesses ab und zu verstellen. Daher ist eine Korrektur von verstellten Schabrädern erforderlich, damit in Folge bearbeitete Werkstücke maßhaltig sind. Aus Messprotokollen ist zu ersehen, welche Korrekturmaßnahmen an Schabrädern durchzuführen sind. Grundsätzlich müssen zwei Stellschrauben manuell betätigt werden, eine ist die Winkelschraube, die andere die Konusschraube. Vor dem Betätigen der Schrauben ist jedoch das Vorgehen beim Einstellen aus folgenden Gründen zu planen: Da die Stellschrauben unterschiedliche Auswirkung auf die Einstellungen des Werkzeugs haben, muss die zeitliche Abfolge der Stellvorgänge an den Schrauben genau geplant werden. Eine zusätzliche Schwierigkeit des Korrekturvorgangs liegt darin, dass durch das Drehen der Stellschrauben Veränderungen am Werkzeug in einem unterproportionalen Verhältnis erzeugt werden, wobei dieses Verhältnis für die beiden Stellschrauben verschieden ist. Um die gewünschte Position des Schabrads zu erhalten, müssen die (für beide Stellvorgänge verschiedenen) unterproportionalen Auswirkungen der Schrauben auf die Werkzeugdaten in die Planung der Schabradkorrektur einbezogen werden. Zur Bewältigung der Schabradkorrektur ist erforderlich zu wissen, welche Auswirkungen die beiden Stellschrauben auf das Schabrad haben und in welchem Verhältnis die Stellschrauben die Maße des Schabrads ändern. Diese Informationen muss der Maschinenbediener richtig verrechnen können.

**Aufgabenstellung und Bewertung**: Da entsprechende Kenntnisse zur Schabradkorrektur bei den Auszubildenden nicht vorausgesetzt werden konnten, erhielten die Probanden eine Beschreibung, wie Einstellungen an Schabrädern korrigiert werden können. Der Text enthielt außerdem Beispiele, die das Vorgehen in bestimmte Konstellationen verdeutlichen. Diesen Text sollten die Auszubildenden zunächst lesen. Sie erhielten dann die Aufgabe das Vorgehen für eine Schabradkorrektur zu planen, die auf Grund vorliegender Messprotokolle erforderlich war. Dabei war außerdem zu errechnen, welche Werte neu einzustellen waren.

Bei der Auswertung der schriftlich durchzuführenden Berechnungs- und Planungsschritte wurde bewertet, ob eine korrekte Reihenfolge bei der Betätigung der Stellschrauben gewählt wurde, ob die Unterproportionalität der Stellschraubenwirkung berücksichtigt wurde, und ob die richtigen Einstellungswerte berechnet wurden. Bei dieser Aufgabe können 10 Punkte erzielt werden.

## Arbeitsproben und situative Fragen zur Erfassung der Sozialkompetenz

Zur Erfassung von Sozialkompetenzen wurden sowohl Arbeitsproben als auch situative Fragen entwickelt, die vor allem kommunikative und kooperative Kompetenzen erfordern. Zur Bewertung des gezeigten Verhaltens in diesen Arbeitsproben bzw. der hypothetischen Verhaltensbeschreibungen in den situativen Fragen wurden Beurteilungskriterien in Anlehnung an verschiedene Modelle und Trainings-

konzepte zur Kommunikation bzw. Kooperation erarbeitet. In Bezug auf Kommu-
nikationsverhalten wurden Merkmale erfolgreicher Kommunikation z.B. nach Didi
et al. (1993) oder Klippert (1997) herangezogen. Zur Bewertung kooperativen Verhaltens wurden außerdem Kriterien nach Didi et al. (1993) sowie nach Belz & Siegrist (1997) berücksichtigt. Auf der Grundlage dieser Kriterienliste wurden spezifische Beurteilungsaspekte für die Arbeitsproben und situativen Fragen entwickelt.
Tabelle 3 gibt einen Überblick zu den eingesetzten Arbeitsproben und situativen
Fragen zum Sozialkompetenzbereich. Bei den Instrumenten zur Erfassung der Sozialkompetenz wurde nicht nach verschiedenen Lernortbereichen differenziert, d.h.
alle Auszubildende erhielten dieselben Arbeitsproben und situativen Fragen wie
in Tabelle 3 dargestellt.

| Instrument | Aufaben/Frageninhalte | Anforderungen |
|---|---|---|
| Arbeitsprobe: Erklärung technischer Sachverhalte | • Erklären alltäglicher technischer Sachverhalte (Funktionsweise eines Türschlosses)<br><br>• Einführung in den Lernort | • Verständliches Erklären technischer oder arbeitsbezogener Sachverhalte<br>• Berücksichtigen der Fragen und Voraussetzungen des Gesprächspartners |
| Arbeitsprobe: Planen einer Betriebsführung | • Gemeinsames Planen einer mehrstündigen Betriebsführung | • Kooperatives Planen und Aufteilen von Arbeiten |
| Situative Fragen | • z.B. Reaktion auf die Beschädigung von Arbeitsmitteln, oder<br>• Bemerken fahrlässigen Sicherheitsverhaltens etc. | • z.B. Anbieten von Hilfe, Annehmen von Kritik, Umgang mit Konflikten, Einbeziehen von anderen, Erfragen von Hilfe etc. |

Tab. 3: Übersicht zu den Arbeitsproben und situativen Fragen zur Erfassung der Sozialkompetenz

## Arbeitsprobe zum Erklären technischer Sachverhalte

**Anforderungen**: Mit dieser Arbeitsprobe soll erfasst werden, ob die Auszubildenden in der Lage sind, komplexere Sachverhalte verständlich und strukturiert darzustellen und dabei angemessen auf die Fragen des Zuhörers einzugehen.

**Aufgabenstellung und Bewertung**: Zunächst werden den Auszubildenden im Prä-
test zwei illustrierte Informationstexte zur Funktionsweise eines Türschlosses sowie
eines Fotokopierers zum Lesen gegeben. Nach einer festgelegten Vorbereitungszeit
werden sie aufgefordert, beide technischen Sachverhalte einem dazu instruierten
anderen Auszubildenden zu erklären. Dabei werden sie durch eine weitere Person
beobachtet und beurteilt. Die Beurteilungskriterien sind Tabelle 4 zu entnehmen.
Jedes Kriterium wird daraufhin beurteilt, ob es »gut«, »mittel« oder »schlecht« erfüllt
wird. Auf der Grundlage der Bewertungen zu den Einzelkriterien wird anschließend
eine Gesamtbewertung ermittelt, die auf einer sechsstufigen Skala mit folgenden
Polen beruht (6 = sehr gute Erfüllung der Anforderungen bis 1 = sehr schlechte
Erfüllung der Anforderungen).

| Beobachtungskategorie | Verhaltensanker |
|---|---|
| Beziehung zum Zuhörer aufbauen und aufrecht erhalten | • Blickkontakt herstellen<br>• in die Richtung des Zuhörers sprechen |
| Strukturierung | • Überblick zu Gesprächsbeginn geben<br>• Zusammenfassung am Gesprächsende vornehmen |
| Verständlichkeit | • ganze Sätze formulieren<br>• einfache Sätze formulieren<br>• Fachbegriffe erklären |
| Verständnis des Zuhörers sicherstellen | • auffordern zum Stellen von Fragen<br>• Zwischen-Zusammenfassungen vornehmen |
| Zusätzliche Stimulans | • Abbildung so platzieren, dass der Zuhörer diese einsehen kann<br>• Sachverhalte anhand der Abbildungen erklären |
| Wertschätzung des Zuhörers | • auf Fragen höflich eingehen<br>• ermutigende Aussagen formulieren, wenn der Hörer etwas nicht versteht |

Tab. 4: Beurteilungskriterien und Verhaltensanker zur Arbeitsprobe Erklären technischer Sachverhalte

## Arbeitsprobe »Planen einen Betriebsführung«

**Anforderungen**: Anhand dieser Arbeitsprobe wird ermittelt, welche kooperativen Kompetenzen bzw. Verhaltensweisen bei Anforderungen an gemeinsames Planen und Aufteilen von Arbeiten von den Auszubildenden gezeigt werden.

**Aufgabenstellung und Bewertung**: Jeweils zwei Auszubildende erhalten die Aufgabe, eine mehrstündige Betriebsbesichtigung für eine Besuchergruppe gemeinsam zu planen und vorzubereiten. Ein wesentliches Ziel soll die Erstellung eines Besuchsprogramms und Zeitplans für die Werksbesichtigung sein. Die Auszubildenden werden hierbei beobachtet und in Bezug auf die in Tabelle 5 gezeigten Kriterien beurteilt. Die Einzelbewertungen erfolgen wiederum anhand von dreifach gestuften Kriterien und werden abschließend zu einer Gesamtbewertung transformiert, der eine sechsstufige Skala wie beim Erklären technischer Sachverhalte zugrunde liegt.

| Beobachtungskategorie | Verhaltensanker |
|---|---|
| Sich selbst einbringen | • Ideen, Wissen und Fähigkeiten einbringen<br>• anbieten, die Schreibarbeit zu übernehmen |
| Berücksichtigung/ Akzeptanz des Gesprächspartners | • Gesprächspartner zum Einbringen eigener Ideen auffordern<br>• auf Beiträge des Gesprächspartners eingehen<br>• Beiträge des Gesprächspartners weiterentwickeln |
| Kritik | • Kritik des Gesprächspartners akzeptieren<br>• Kritik höflich formulieren |
| Gesprächsregeln | • Gesprächspartner Redezeit gewähren<br>• Gesprächspartner ausreden lassen |

Tab. 5: Beurteilungskriterien und Verhaltensanker zur Arbeitsprobe Planen einer Betriebsführung

## Auswertung der Arbeitsproben

Die arbeitsplatzbezogenen Arbeitsproben und situativen Fragen werden anhand der beschriebenen Bewertungsprozeduren und -kriterien ausgewertet und eine Rohpunktesumme bestimmt. Bei den Arbeitsproben zur Fach- und Methodenkompetenz wurde außerdem in unklaren Fällen jeweils ein Ausbildungsbeauftragter zur Beurteilung mit herangezogen. Die Rohpunkte werden in einem weiteren Schritt jeweils in Prozentwerte der maximal zu erreichenden Punkte pro Aufgabe umgerechnet. Dies erfolgt, um eine Vergleichbarkeit zwischen den Arbeitsproben und situativen Fragen der beiden Lernortbereiche herzustellen und um die Voraussetzungen zur Aggregation der aufgabenbezogenen Ergebnisse zu Werten für die drei Kompetenzbereiche zu schaffen.

## Abschließende Bewertung

Mit Hilfe des beschriebenen Instrumentariums zur arbeitsplatzbezogenen Kompetenzmessung konnte u.E. zum erstenmal auf der Basis verhaltensorientierter Messungen nachgewiesen werden, dass die Gestaltung von arbeitsintegrierten Lernorten anhand moderner psychologisch und pädagogisch fundierter Instruktionsansätze (z.B. Cognitve Apprenticeship Ansatz nach Collins et al. 1989) zu einer deutlich verbesserten Förderung sowohl fachlicher, methodischer und sozialer Kompetenzen führt als die traditionelle Beistelllehre im Rahmen der Ausbildung von industriellen Facharbeitern (vgl. Schaper 2000). Die eingesetzten Arbeitsproben und situativen Fragen erwiesen sich dabei als reliable und inhaltlich valide Messinstrumente zur Erfassung des arbeitsbezogenen Kompetenzerwerbs.

Weiterentwicklungen dieses Ansatzes sind einerseits wünschenswert im Hinblick auf eine empirisch fundiertere Evaluation von Konzepten zur Gestaltung arbeitsplatzbezogener Lernumgebungen. Hierzu besteht noch erheblicher Forschungsbedarf. Andererseits ist eine systematischere Lernerfolgsmessung in der Ausbildungspraxis mit Hilfe entsprechender Messinstrumente sinnvoll, um gezielter Bedarfe und Lernerfolge im Rahmen solcher Lernorteinsätze zu diagnostizieren und die weitere Lernförderung daraufhin abstimmen zu können.

Eine Weiterentwicklung und Anwendung dieses Ansatzes in der Ausbildungspraxis und Evaluationsforschung erfordert aber, dass die Aufwandsökonomie insbesondere bei der Entwicklung der Arbeitsproben für entsprechende Lernkontexte noch deutlich verbessert wird. Dies könnte z.B. durch eine weitere methodische Systematisierung und die Bereitstellung von entsprechenden Tools, die den Entwicklungsprozess von Arbeitsproben besser unterstützen, geschehen. Weiterhin sind auch entsprechende Vereinfachungen zur Durchführung und Auswertung arbeitsplatzbezogener Arbeitsproben erforderlich, damit auch Fachausbilder in der Praxis diese Messinstrumente zuverlässig einsetzen können. Im Rahmen der genannten Untersuchung wurden die Arbeitsproben und situativen Fragen in erster Linie von psychologisch geschulten Versuchsleitern eingesetzt.

Um entsprechende Weiterentwicklungen dieses Ansatzes zu fördern und durch die Bereitstellung konkreten Anschauungsmaterials zu unterstützen, sind die Unterlagen zu den hier beschriebenen Arbeitsproben und situativen Fragen über den Autor zugänglich.

## Literaturverzeichnis

Belz, H. & Siegrist, M. (1997). Kursbuch Schlüsselqualifikationen. Freiburg

Cohen, J. (1988). Statistical power analysis for the behavioral sciences. Hilldale

Didi, H.-J.; Fay, E.; Kloft, C. & Vogt, H. (1993). Einschätzung von Schlüsselqualifikationen aus psychologischer Perspektive. Gutachten im Auftrag des Bundesinstituts für Berufsbildung (BIBB). Bonn

Dörner, D. (1979). Problemlösen als Informationsverarbeitung. Stuttgart

Erpenbeck, J. & Heyse, V. (1996). Berufliche Weiterbildung und berufliche Kompetenzentwicklung. In: Arbeitsgemeinschaft Qualifikations-Entwicklungs-Management (Hrsg.), Kompetenzentwicklung ´96. Münster, S. 15-152

Klippert, H. (1999). Kommunikations-Training. Weinheim

Kloft, C.; Haase, K.; Hengsen, A. & Klieme, E. (1997). Entwicklung neuer Methoden zur Erfassung beruflicher Handlungskompetenz. Projektbericht im Auftrag des Ministére de L,Education Nationale et de la Formation Professionelle. Luxembourg, Bonn

Kraiger, K.; Ford, J. K. & Salas, E. (1993). Application of Cognitive, Skill-Based, and Affective Theories of Learning Outcomes to New Methods of Training Evaluation. In: Journal of Applied Psychology, 78 (2), pp. 311-328

Latham, G.P.; Saari, L.M.; Pursell, E.D. & Campion M.A. (1980). The situational Interview. In: Journal of Applied Psychology, 65 (4), pp. 422-427

Schaper, N. (2000). Gestaltung und Evaluation arbeitsbezogener Lernumgebungen. Unveröffentl. Habilitationsschrift, Fakultät für Sozial- und Verhaltenswissenschaften, Universität Heidelberg

Schaper, N. & Sonntag, Kh. (1998). Aufgabenanalyse und arbeitsplatzbezogenes Lernen. In: Zeitschrift für Arbeitswissenschaft, 52 (4), S. 132-143

Schuler, H. (1996). Psychologische Personalauswahl. Göttingen

Schuler, H. & Funke, U. (1995). Diagnose beruflicher Eignung und Leistung. In: H. Schuler (Hrsg.). Lehrbuch Organisationspsychologie. 2. Aufl. Bern, S. 235-283

Sheperd, A. (1992). Maintenance Training. In: B. Kirwan & L.B. Ainsworth (Eds.). A guide to ask analysis. London, pp. 327-339

Sonntag, Kh. & Schaper, N. (1999). Förderung beruflicher Handlungskompetenz. In: Kh. Sonntag (Hrsg.). Personalentwicklung in Organisationen (S. 211-244). Göttingen

Sonntag, Kh.; Stegmaier, R.; Müller, B.; Baumgart, C. & Schaupeter, H. (2001). Leitfaden zur Implementation arbeitsintegrierter Lernumgebungen. Bonn

# Das Kompetenzrad

## Klaus North

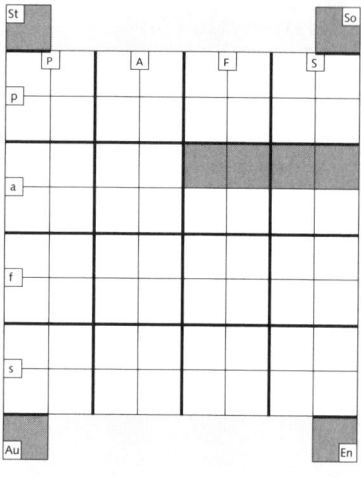

## Rasterdarstellung

### Schlagworte
Analyse; Nutzung und Entwicklung von Mitarbeiterkompetenzen (fachlich, methodisch, sozial); Selbsteinstufung

### Entwickler
Prof. Dr. Klaus North, Fachbereich Wirtschaft; Fachhochschule Wiesbaden

### Kompetenzdefinition
Der Begriff der Kompetenz einer Person beschreibt grundsätzlich eine Relation zwischen den an diese Person / Gruppe herangetragenen oder selbstgestalteten Anforderungen und ihren Fähigkeiten bzw. Potentialen, diesen Anforderungen gerecht zu werden (vgl. König 1992: 2047). Kompetenzen konkretisieren sich im Moment der Wissensanwendung und werden am erzielten Ergebnis der Handlungen messbar.

### Zielstellungen
Ziel des Verfahrens ist die Beschreibung von fachlichen, methodischen und sozialen Ist-Kompetenzen wie auch die Festlegung entsprechender Sollkompetenzen.

### Theoretische Grundlagen
Das Verfahren beruht auf einem Modell, Kompetenzen in fachliche, methodische und soziale Komponenten zu zerlegen, deren Beurteilung in Form einer Selbsteinstufung vorgenommen wird. Es kann als eklektisches Verfahren von in der Praxis in unterschiedlicher Form angewandten Vorgehensweisen angesehen werden.

## Methodologische Einordnung

Das Kompetenzrad ist eine Visualisierungsform einer qualitativen Selbsteinschätzung von Kompetenzen. Das Verfahren enthält einen Beurteilungsrahmen für die Klassifikation und Selbsteinstufung von Kompetenzen sowie ein Vorgehensmodell zur individuellen Einstufung und ein Implementierungsmodell für Organisationen. Das Modell bildet daher einen Rahmen, der für konkrete Tätigkeitsfelder und Organisationen spezifisch ausgestaltet werden muss. Dadurch ist das Verfahren für wissenschaftsferne Anwender einfach erlernbar und an die spezifischen Praxisbedingungen anpassbar.

## Einschätzung der Gütekriterien

Durch die vielfältigen Anwendungen (Ist-/Sollkompetenzen, Tätigkeitsfelder, organisatorische Rahmenbedingungen) ist eine zuverlässige Abschätzung teststatistischer Gütekriterien nicht möglich und auch nicht notwendig.

## Fehler- und Problemkritik

In der Praxis ist eine klare Abgrenzung insbesondere von fachlichen und methodischen Kompetenzen nicht immer einfach. Da Mitarbeiter eine Einstufung subjektiv anhand einer gegebenen Kompetenzdefinition vornehmen, kommt es zu Unschärfen. Persönlichkeitsbedingt neigen Mitarbeiter zur Über- oder Unterschätzung ihrer Kompetenzen, so dass das Verfahren eine subjektive Wahrnehmung transparent macht. Es besteht jedoch die Möglichkeit, die Selbsteinstufung durch eine Fremdeinstufung zu ergänzen und so diskutierbar zu machen.

## Ablauf des Messprozesses

Das Verfahren wird in vier Schritten durchgeführt. Zunächst ist zu entscheiden, ob die aktuellen Kompetenzen (ISTprofil) oder die für eine Tätigkeit oder Rolle benötigten Kompetenzen (SOLLprofil) eingestuft werden sollen. Danach wird wie folgt vorgegangen:

- Beschreibung der wesentlichen fachlichen Kompetenzen sowie Auswahl der zutreffenden methodischen und sozialen Kompetenzen aus einem Kompetenzkatalog.
- Selbsteinstufung der Kompetenzen auf einer dreistufigen Skala, die mit Beispielen aus dem eigenen Tätigkeitsbereich verankert wird. Ggf. kontrastieren der Selbsteinschätzung mit einer Fremdeinschätzung durch Kollegen oder Vorgesetzte.
- Beurteilung des individuellen Kompetenzrads.

## Entwicklung von Zielen und Maßnahmen zur Kompetenzentwicklung

Ziel des Verfahrens ist nicht nur einzelne Kompetenzprofile zu erheben, sondern dies organisationsweit zu tun, wie unten näher beschrieben wird.

*Räumliche Voraussetzungen*
Erhebung am Arbeitsplatz.

*Zeitliche Voraussetzungen*
Bei gegebener unternehmensspezifischer Struktur des Kompetenzrads kann das Kompetenzrad in ca. einer halben Stunde erstellt werden.

*Personale Voraussetzungen*
Ein Ansprechpartner zu Klärung von Fragen bei der Einstufung und zur Pflege der Kompetenzprofile ist notwendig.

*Technische Voraussetzungen*
Bei unternehmensweiter Einführung ist eine geeignete Softwarelösung zur Speicherung, Visualisierung und Auswertung notwendig. Individuell kann das Verfahren mit Papier und Bleistift angewandt werden.

## Einleitung

Mitarbeiter können ihre Rollen nur ausfüllen und gestalten, wenn sie die für die Ausführung ihrer Tätigkeiten geeigneten Kompetenzen entwickeln. *Kompetenzmanagement*, häufig auch als »Skill Management« bezeichnet, hat die Aufgabe, Mitarbeiterkompetenzen zu beschreiben, transparent zu machen (wer weiß was?) sowie Nutzung und Entwicklung orientiert an den persönlichen Zielen des Mitarbeiters und den Unternehmenszielen sicherzustellen. Kompetenzmanagement geht als Kernaufgabe wissensorientierter Unternehmensführung (North 1999) über das traditionelle Verständnis von Aus- und Weiterbildung hinaus, indem Lernen, Selbstorganisation, Nutzung und Vermarktung der Kompetenzen integriert werden. Dies wird deutlich, wenn wir uns einmal typische Probleme ansehen, die durch Kompetenzmanagement gelöst werden können:

**Projekte kompetent besetzen**: Wir besetzen Projekte vielfach mit den uns bekannten Mitarbeitern, ohne zu wissen, ob es für die Aufgabe noch besser geeignete Kollegen gibt. Wir denken an Mitarbeiter aus unserer Niederlassung oder aus unserer Entwicklungsabteilung, da wir mit der systematischen Suche nach den kompetentesten Mitarbeitern zu viel Zeit verlieren würden. Resultat: Es arbeiten immer wieder die gleichen zusammen, die zwar aufeinander eingespielt sind, aber nicht die besten Lösungen entwickeln. Unser Kunde/Auftraggeber wird suboptimal bedient. Das Projektteam braucht länger als kalkuliert, um das nötige Wissen außerhalb der Projektgruppe zu beschaffen. »Wissensprofile«, die Mitarbeiterkompetenzen beschreiben, bieten eine Möglichkeit, die geeigneten Mitarbeiter für das Projekt zu identifizieren.

**Fehlende Kompetenzen identifizieren**: Sie haben bisher mit der von Ihnen geleiteten Zentralabteilung interne Dienstleistungen erbracht. In Zukunft wollen Sie komplette Lösungspakte auch am freien Markt anbieten. Oder: Sie kommen aus einem Strategie-Workshop zur Neuausrichtung Ihrer Geschäftseinheiten. In beiden Fällen stellen sie sich die Frage: »Haben meine Mitarbeiter die für die zukünftige Ausrichtung benötigten Kompetenzen? Wie können wir Mitarbeiter gezielt weiterbilden bzw. welche Mitarbeiter mit welchen Kompetenzen müssen wir einstellen?« Erhebung der derzeitigen Kompetenzen, Ableitung der benötigten Kompetenzen, sowie ein Ist-Soll-Abgleich ermöglichen die entsprechenden Maßnahmen einzuleiten.

**Wissen über Mitarbeitergenerationen weitergeben**: In der Entwicklung, der Fertigung, im Vertrieb, in der IT-Abteilung arbeiten hochspezialisierte Mitarbeiter, ohne dass wir im Einzelnen wissen, wer Experte auf welchem Spezialgebiet ist. Erst nach dem Ausscheiden von Mitarbeitern wird uns klar, welches Wissen verloren gegangen ist. Eine Kundin beschwert sich, dass sie nicht mehr wie zuvor beraten wird, in einem Fertigungsprozess treten unerwartet Probleme auf, der neue Monteur mit der Wartung der Anlage nicht zurecht. Durch Kompetenzbeschreibungen identifizieren wir rechtzeitig, wer »verborgener Experte« ist, um kritisches Wissen über Mitarbeitergenerationen weiterzugeben.

**Karriere durch Kompetenzentwicklung**: Mit flacheren Hierarchien ist es immer weniger möglich, Mitarbeitern eine Karriere durch ein Hochklettern der Karrierelei- ter oder Beförderung zu ermöglichen. Durch Kompetenzenerweiterung und -vertie- fung können wir Mitarbeitern trotzdem eine längerfristige Entwicklungsperspektive bieten und qualifizierte Mitarbeiter im Unternehmen halten. In Zielvereinbarun- gen sowie Beurteilungs- und Vergütungssystemen wird die vereinbarte Entwick- lung verankert.

**Kompetente Ansprechpartner finden**: Wer kennt sich mit Datenbankprogram- mierung aus? Wer kann mir schnell beim Angebot helfen und kennt den Kunden schon? Wer ist in unserem Haus Expertin in U.S.-Rechnungslegung? Die Lokalisie- rung von Ansprechpartnern zur Klärung dringender Fragen führt vielfach zu einer Odyssee von Erkundigungen. Ist dann die richtige Ansprechpartnerin gefunden, dann ist sie gerade im Urlaub, krank, in einer Besprechung oder irgendwie sonst nicht verfügbar. Kollegen, die für ihre Hilfsbereitschaft und Kompetenz bekannt sind, werden andererseits so oft angerufen, dass ihre »eigentliche Arbeit« liegen- bleibt. Durch »Skill Datenbanken« können wir Expertise schnell lokalisieren und durch entsprechend Maßnahmen (z.B. zeitliche Rotation verfügbarer Ansprechpart- ner, hierzu gibt es Softwarelösungen des »skill based routing«) verhindern, dass immer nur ein kleiner Kreis angesprochen wird?

**Weiterbildung steuern**: Ein Weiterbildungsträger betreut mehrere Kleinunterneh- men mit der Aufgabe, Weiterbildungsbedarf der Mitarbeiter zu ermitteln und ein Kursprogramm zu strukturieren. Eine ähnliche Aufgabe hat die Bildungsabteilung innerhalb eines Konzerns. Mitarbeiter werden oftmals zu Seminaren angemeldet, ohne dass erkennbar ist, wie das gebuchte Seminar zur gezielten Kompetenzent- wicklung des Mitarbeiters oder der Arbeitsgruppe beiträgt. Wie kann systematisch Weiterbildungsbedarf erhoben werden? Wie können Mitarbeiter ihr eigenes »Kom- petenzportfolio« managen, insbesondere wenn sie häufiger zwischen Unternehmen wechseln und ihre Chancen auf dem Arbeitsmarkt (»employability«) erhöhen wollen?

## Der Kompetenzbegriff

Der Begriff der *Kompetenz* einer Person beschreibt grundsätzlich eine Relation zwi- schen den an diese Person/Gruppe herangetragenen oder selbstgestalteten Anfor- derungen und ihren Fähigkeiten bzw. Potenzialen, diesen Anforderungen gerecht zu werden (vgl. König 1992: 2047).

Kompetenzen konkretisieren sich im Moment der Wissensanwendung und wer- den am erzielten Ergebnis der Handlungen messbar. Diese Handlungen sind mehr oder weniger durch eine Handlungsanweisung oder einen Handlungsrahmen vor- bestimmt. Situationsadäquat zu handeln setzt daher immer die Disposition zur Selbstorganisation voraus. Daher werden Kompetenzen auch als Dispositionen zur Selbstorganisation definiert (Erpenbeck & Heyse 1999).

Die *Kompetenz* einer Person wird als eine individuelle, nicht imitierbare Eigenschaft verstanden (vgl. Sveiby 1997). *Kompetenz* ist von der ausgeübten Tätigkeit, den gesammelten Erfahrungen und dem entsprechenden Umfeld abhängig.

Kompetenzen sind

- *Kontextspezifisch*: Sie sind auf die auf die verrichtete Tätigkeit bezogen und konkretisieren sich im Moment der Problemlösung und Anwendung.
- *Personengebunden*: Sie sind in der »Erfahrungsbiographie« und Persönlichkeit einer Person angelegt und bestimmen das Verhalten in Bezug auf die Aufgaben/Situation (z.B. soziales Engagement).
- *Lernbar*: Kompetenzen sind grundsätzlich lernbar. Allerdings findet viele Lernprozesse unbewusst statt. Einzelne Kompetenzen sind nicht unabhängig voneinander.
- *Evaluierbar*: Sie lassen sich durch operationalisierte Verfahren diagnostizieren oder messen.

Während sich Fachwissen und methodische Fähigkeiten vergleichsweise einfach messen lassen, sind soziale Merkmale (Motivstrukturen, Werte) nur eingeschränkt messbar.

## Das Kompetenzrad

Das Verfahren enthält einen Beurteilungsrahmen für die Klassifikation und Selbsteinstufung von Kompetenzen sowie ein Vorgehensmodell zur individuellen Einstufung sowie ein Implementierungmodell für Organisationen, die beide im Folgenden dargestellt werden.

*Vorgehensweise zur individuellen Einstufung*

Zur Ermittlung des Kompetenzprofils erhalten Mitarbeiter zusammen mit der nachfolgenden Anleitung einen Katalog für Methoden- und Sozialkompetenz. Ggf. wird eine Einführung für die Mitarbeiter gegeben. Ein Ansprechpartner sollte als »Help Desk« für Fragen zur Verfügung stehen.

*Ist- oder Sollprofil?*: Entscheiden Sie, ob Sie Ihre aktuellen Kompetenzen einstufen (ISTprofil) oder die für eine Tätigkeit oder Rolle benötigten Kompetenzen (SOLLprofil).

1. Überlegen Sie, welche Kompetenzen Sie derzeit haben (entwickeln möchten bzw. benötigt werden).

Teilen Sie das Kompetenzrad in »Tortenstücke« auf und beschriften Sie diese mit Ihren spezifischen Kompetenzen nach drei Kategorien:

- *Fachkompetenz* umfasst alle zur Erfüllung einer konkreten beruflichen Aufgabe notwendigen fachspezifischen Fähigkeiten, Fertigkeiten und Kenntnisse. Sie umfasst z.B. Berufswissen, Sprach- und betriebswirtschaftliche Kenntnisse. Sie können Ihre fachlichen Kompetenzen anhand von Technologien, Prozessen, Produkten, Tätigkeiten etc. strukturieren.

- *Methodenkompetenz* beinhaltet von der fachlichen Kompetenz weitgehend unabhängig Fähigkeiten zur Planung und Durchführung der Arbeit. Beispiele der Methodenkompetenz sind, Projektmanagement, Qualitätsmanagement, systematische Problemlösung, vernetztes Denken, Präsentation und Moderation, Mitarbeiterführung
- *Sozialkompetenz* ist eng mit Persönlichkeit und Erfahrung verbunden. Die Fähigkeit, mit Mitarbeitern, Kollegen, Kunden zusammenzuarbeiten, ein gutes Organisationsklima zu erreichen und zu erhalten sowie eigenverantwortlich zu handeln, zeichnet Sozialkompetenz u.a. aus. Kontaktfähigkeit, Kritik- und Konfliktfähigkeit, Veränderungsbereitschaft und -fähigkeit, Team-/Zusammenarbeitsfähigkeit, Durchsetzungs- und Überzeugungskraft bilden wesentliche Bestandteile der Sozialkompetenz.

2. Stufen Sie die Kompetenzen auf der dreistufigen Skala ein

Für fachliche und methodischen Kompetenzen wird eine Skalierung in Kenner – Könner – Experte vorgenommen. Sie sollten zur Verankerung der Skalierung jeweils Beispiel aus Ihrem Tätigkeitsbereich verwenden.

- *Kenner* verfügen über theoretisches Wissen mit geringer Anwendungserfahrung und sind in der Lage, vorstrukturierte Problemlösungen aus der Theorie auf praktische Fragestellungen anzuwenden (Verankerung z.B.: Projektmanagement-Kurs wurde erfolgreich abgeschlossen sowie erste Erfahrungen im Durchführen von Projekten gesammelt).
- *Könner* haben vielfache Anwendungserfahrung und können auch auf neue, unvorhergesehene Situationen adäquat reagieren (z.B. mehrere Projekte unterschiedlicher Komplexität wurden eigenverantwortlich durchgeführt).
- *Experten* sind in der Lage weitgehend selbstorganisiert und intuitiv Probleme zu antizipieren, neue Lösungswege zu finden. (z.B. Management komplexer und neuartiger Projekte, Beiträge zur Weiterentwicklung der Projektmanagement-Methodik).

Für soziale Kompetenzen bietet sich eine Skalierung mit den Stufen »gering ausgeprägt«, »ausgeprägt«, »stark ausgeprägt« an.

3. Beurteilen Sie Ihr Kompetenzrad

- »IST-SOLL-Vergleich«: Wie kann ich mit meinen derzeitigen Kompetenzen a) den jetzigen Anforderungen gerecht werden, b) zukünftige Anforderungen antizipieren?
- »Weiße Flecken füllen«: Auf welchen Gebiet möchte ich zusätzliche Kompetenzen erwerben?
- »In die Breite gehen«: wie kann ich mich sinnvoll als Generalist positionieren?
- »In die Tiefe gehen«: wie kann ich Expertise auf spezifischen Gebieten aufbauen

4. Schreiben Sie Ihre *Ziele zur Kompetenzentwicklung* auf (welche Kompetenz und wie?)

*Ein Projekt »Kompetenzprofile« auf Organisationsebene implementieren*

Oben haben wir die Vorgehensweise zur Erstellung individueller Kompetenzräder beschrieben. Soll der Ansatz von einzelnen Personen auf Einheiten von Organisationen übertragen werden, dann ist ein entsprechendes Projekt zu strukturieren. Im Folgenden sollen die wichtigsten Schritte eines Projekts zur Erstellung von Kompetenzprofilen, vielfach auch als Wissenslandkarten oder Skill Profile bezeichnet, erläutert werden (vgl. North & Reinhardt):

- Zielsetzung festlegen: Ziel ist u.a. die Beschreibung der für Rollen bzw. Tätigkeiten notwendig erachteten Kompetenzen (Soll-Kompetenzen) bzw die Identifizierung der vorhandenen Kompetenzen einzelner Mitarbeiter oder Mitarbeitergruppen. Unternehmen können sich auf strategisch wichtige Mitarbeitergruppen konzentrieren (z.B. Forschung und Entwicklung, IT-Mitarbeiter) oder Skill Profile flächendeckend einführen;
- Betriebsrat informieren und Betriebsvereinbarung abschließen, die u. a. Art der Erstellung, Nutzung der Profile sowie Datenschutz regelt;
- Kompetenzkatalog orientiert an Rollen, Prozessen, Technologien etc. strukturieren;
- In Workshops mit Mitarbeitergruppen Sollprofile für Rollen oder Istprofile durch Mitarbeiter individuell einstufen lassen, ggf. Abgleich von Selbst- und Fremdeinschätzung;
- Entwicklung oder Kauf einer IT-Lösung zur Speicherung, Verarbeitung und Visualisierung der Kompetenzprofile;
- Visualisierungsform wählen: Bewährt hat sich insbesondere das in Abbildung 1 dargestellte »Kompetenzrad«, in dem die Kompetenzen (Merkmale) von außen nach innen folgend in den drei Stufen Kenner – Könner – Experte eingestuft werden. Eine Analogie zum Dart-Spiel drängt sich auf: Genauso schwer wie es ist, mit den Dartpfeilen in die Mitte zu treffen, so langwierig ist es, Experte zu werden. Im Kompetenzrad können Istprofile und Sollprofile sehr gut visualisiert werden (siehe das CSC Ploenzke Fallbeispiel, hierbei ist jedoch die Einstufung Kenner – Könner – Experte von innen nach außen aufgetragen);
- Pflege und Weiterentwicklung des Kompetenzkatalogs, periodische Aktualisierung der individuellen Profile einfordern.

## Anwendungsbeispiele des Kompetenzrads

*IT-Dienstleister eines Versicherungsunternehmens[1]*

In keiner Branche finden Veränderungen so rasant statt, wie im IT-Bereich. Entsprechend häufig verändern sich die Aufgaben und Ziele eines IT-Dienstleisters. Um auch in Zukunft schnell und sicher agieren und reagieren zu können, haben wir »Rollen und Kompetenzen« entwickelt.

---

1  Fallstudie verfasst von Gunther Mathy, Allianz Versicherungs AG.

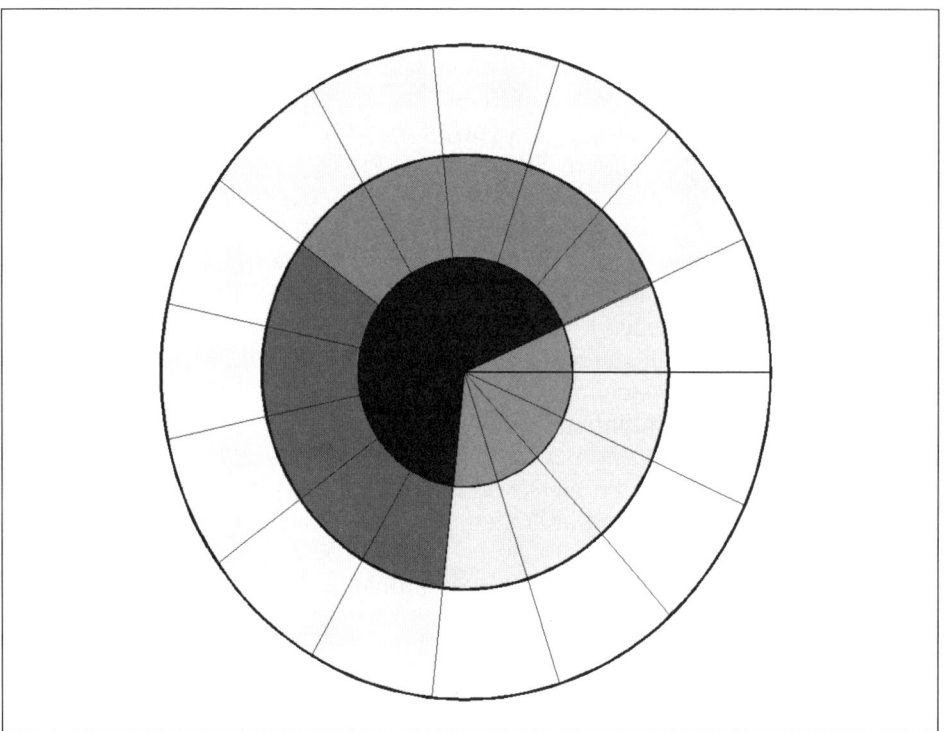

Abb. 1: Muster für ein Kompetenzrad

Unser Leitbild ist die Kundenorientierung. Mit »Kunden« sind dabei alle Auftraggeber, also auch interne Kunden gemeint. Die von uns für diese Kunden erbrachten
Leistungen lassen sich in acht Kernprozessen zusammenfassen, dazu sind Quer-
schnittprozesse definiert. In diesen Prozessen erbringen wir Leistungen für unsere
Kunden. Aufgabenbündel zur Erbringung dieser Leistungen werden in Rollen zusammengefasst. Mit jeder Rolle beschreiben wir spezielle Bereiche aus dem umfassenden Berufsbild »Informatiker«. Beispiele für Rollen sind Software Engineer oder
Database Designer. Zu jeder Rolle gehören bestimmte Kompetenzstrukturen. Die
Kompetenzen teilen wir in drei Kategorien ein: fachliche, methodische und per-
sönlich-soziale Kompetenzen. Dabei beschreiben die fachlichen Kompetenzen das
IT- und Versicherungs-Know-how. Die methodischen Kompetenzen sind nötig, um
den Arbeitsprozess selbstverantwortlich zu planen und zu steuern. Die persönlichen und sozialen Kompetenzen sind wichtig für den Kontakt zu den Kunden und
die Arbeit miteinander. Alle für eine Rolle nötigen Kompetenzen zusammen bilden
das Kompetenzprofil der Rolle.
    Jeder Mitarbeiter bringt sein eigenes, persönliches Kompetenzprofil mit. Nur in
wenigen Fällen wird dieses Profil exakt mit dem seiner Rolle übereinstimmen. An
der einen Stelle hat er vielleicht mehr Kompetenzen als die Rolle erfordert, an der
anderen Stelle weniger. Auf diese Weise wird erkennbar, welche Wege zur Entwicklung in eine Rolle mit höheren Kompetenzanforderungen offen stehen, bzw. wo die

derzeitige Rolle durch Weiterbildung noch besser ausgefüllt werden kann. Jeder Mitarbeiter kann somit seine persönliche Wissenslandkarte erstellen.

Für jede Rolle werden in Workshops mit den Inhabern dieser Rollen Soll-Kompetenzen beschrieben. Dabei gehen die strategischen Ziele ein und die Veränderungen gegenüber der bisherigen Sicht werden deutlich gemacht. Aus der strategischen Sicht des Unternehmens werden Maßnahmen zur Kompetenzentwicklung definiert. In den jährlichen Gesprächen mit den Mitarbeitern zu ihren Rollen im kommenden Jahr wird der individuelle Entwicklungsbedarf erhoben, der sich aus den notwendigen Kompetenzen der vom Unternehmen angebotenen Rollen bzw. der vom Mitarbeiter in seiner Entwicklung angestrebten Rollen ergibt.

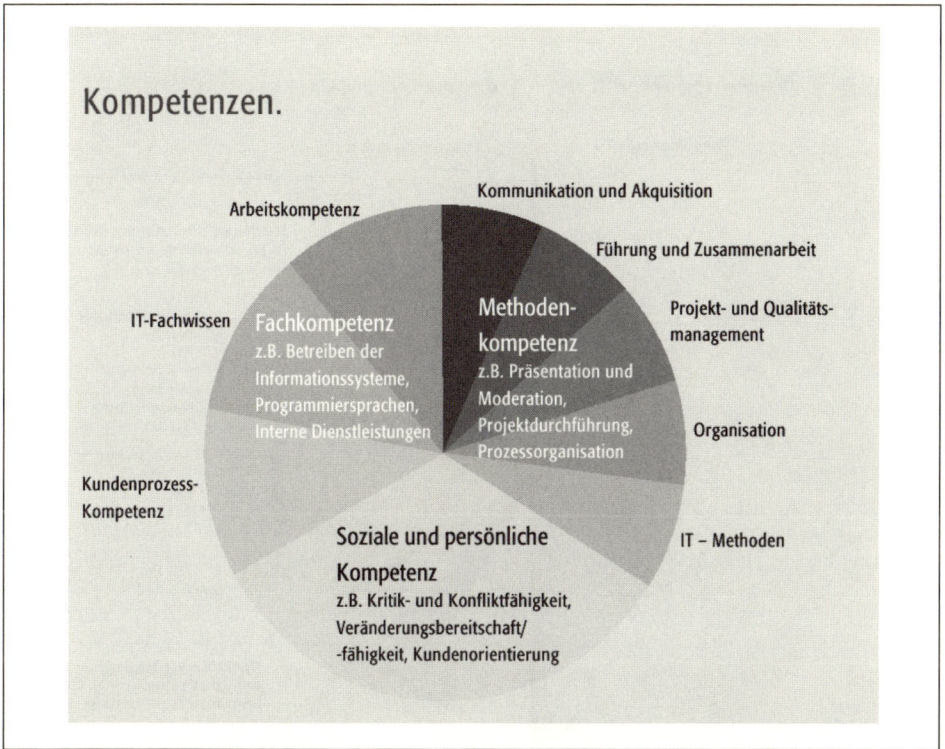

Abb. 2: Kompetenzrad eines IT-Dienstleisters eines Versicherungsunternehemens
(Quelle: Präsentation G.Mathy)

*Das Kompetenzrad eines Beratungsunternehmens*[2]

In dem Dienstleistungsmodell einer Organisationseinheit (Abbildung 3) wird das angebotene Dienstleistungs-Know-how durch Kreissegmente dargestellt. Dieses »Speichenrad« dient gleichzeitig zur Beschreibung des Know-hows einer Mitarbeiterin bzw. eines Mitarbeiters und ihrer/seiner mittelfristigen Know-how-Karriere (an Flä-

2  Aus »Leitfaden für Juniorberater und Juniorberaterinnen«, Broschüre CSC Ploenzke AG.

che gewinnen, mehr vermögen). Das Dienstleistungsmodell enthält als Kreissegmente das für die jeweilige Organisationseinheit relevante Dienstleistungsspektrum
mit den Branchen- bzw. Technologieschwerpunkten. Damit sind die Grundzüge der
Tätigkeitsfelder dokumentiert, die von den Mitarbeiterinnen und Mitarbeitern wahrgenommen werden können. Gleichzeitig wird gezeigt, welche Themen abgedeckt
werden sollen. Ein solches Blatt ist Bestandteil aller Unterlagen für das Beratungs-
und Förderungsgespräch und wird benutzt, um die mittelfristige Karriereplanung
zu besprechen. Dazu wird dokumentiert, in welchen Segmenten der Mitarbeiter
sich zur Zeit befindet und welche Segmente in den nächsten drei bis zehn Jahren
durchlaufen werden sollen.

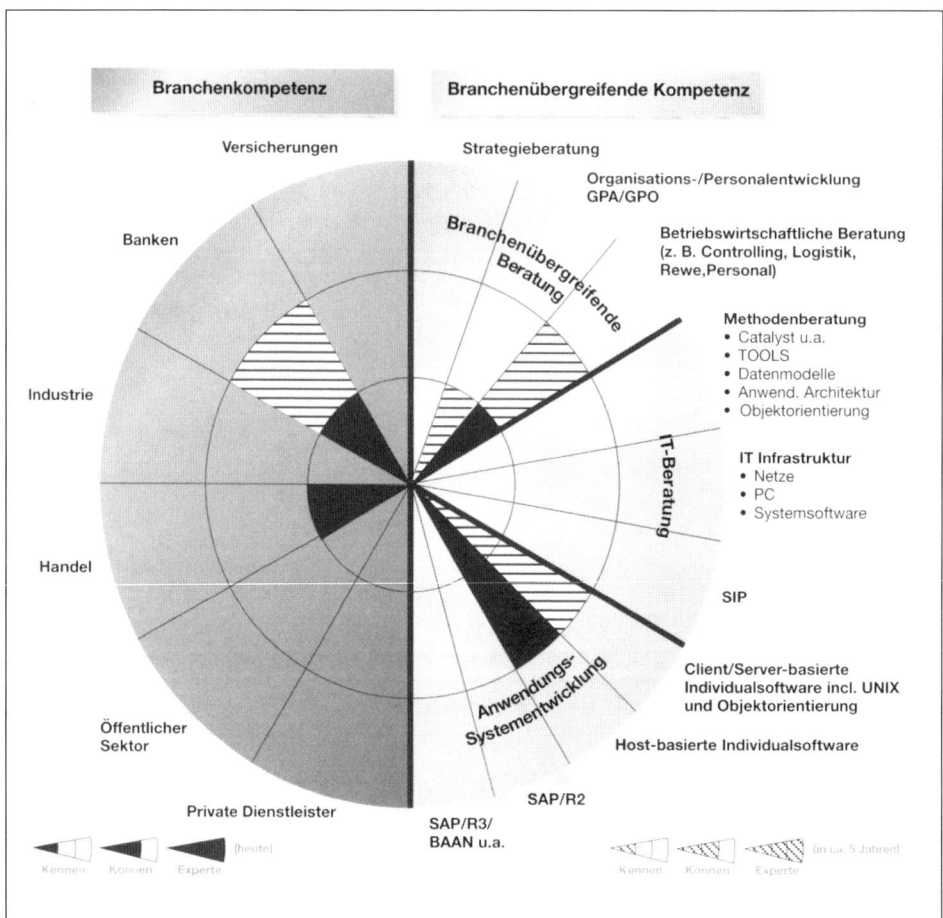

Abb. 3: CSC Dienstleistungsmodell (Quelle: Firmenbroschüre)

Mit diesem Personal Entwicklungskonzept soll nicht nur die Mehrfachqualifika-
tion, sondern auch Kreativität, Initiative, Lernfähigkeit und der Mut zu Neuem
gefördert werden.

## Literaturverzeichnis

Erpenbeck, J. & Heyse, V. (1999). Die Kompetenzbiographie. Münster

König, (1992). Soziale Kompetenz, S. 2047. In: E. Gaugler & W. Weber: Handwörterbuch des Personalwesens. Stuttgart

North, K. (2002). Wissensorientierte Unternehmensführung, 3. Aufl. Wiesbaden

North & Reinhardt (in Vorbereitung). Kenner – Könner – Experten. Mitarbeiterkompetenzen identifizieren, nutzen und entwickeln

# Siemens-Führungsrahmen

## Erich Karnicnik/Christoph Sanne

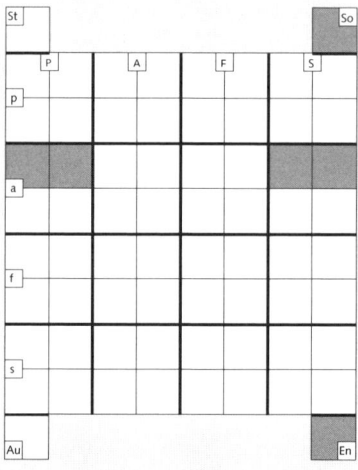

## Rasterdarstellung

### Schlagworte
»Drive«; »Focus«; Führungskompetenz; Führungsrahmen; »Impact«; »Guide«; Leadership Excellence; Mitarbeiter-Feedback

### Entwickler
Siemens AG, Corporate Personnel, München

### Kompetenzdefinition
Kompetenzen werden ganz unterschiedlich interpretiert. Es gibt keine wissenschaftliche beglaubigte Definition für »Kompetenzen«. Bei Siemens definieren wir sie wie folgt:
- eine Menge beobachtbarer Verhaltensdimensionen,
- die sowohl individuelle Kenntnisse, Erfahrungen und Fähigkeiten einschließen,
- als auch kollektive Kompetenzen (Team-, Prozess und Organisationskompetenzen) umfassen,
- die in einem direkten Bezug zu überdurchschnittliche Leistungen stehen,
- und einer Organisation zu einem wesentlichen Wettbewerbsvorteil verhelfen.

### Zielstellungen
Ziel des kompetenzbasierten Siemens-Führungsrahmens ist es, einen eindeutigen Bezug zum Geschäftserfolg und zu Business Excellence-Strategien herzustellen, durch Interkulturalität, nachvollziehbare Zielvereinbarungsprozesse, klare, transpa-

rente Führungsstandards, konsequente Personalentwicklung und Förderung und Durchsetzung des inzwischen neu geschaffenen weltweit gültigen Kompetenzmodells für Siemens.

## Theoretische Grundlagen

Die Fähigkeiten, die Siemens von jeder Führungskraft erwartet, werden mit den Begriffen »Drive« (Initiative ergreifen), »Focus« (Entwicklung von Erfolgsstrategien), »Impact« (Partnergewinnung), und »Guide« (Führungspersönlichkeit) umschrieben. Die Korrelationen zu den aktivitätsbezogenen, fachlich-methodischen, sozialen und personalen Kompetenzen sind offensichtlich. Von daher ist der Anschluss and die modernen Theorien der Kompetenzforschung deutlich.

## Methodologische Einordnung

Es handelt sich beim Siemens Führungsrahmen um einen dreistufig aufgebauten Dialog im EFA-Gesprächsprozess. Einem vorbereitenden Gespräch zwischen Führungskraft und Mitarbeiter folgt die EFA-Runde, in der mehrere Führungskräfte einer unternehmerischen Einheit ihre Mitarbeiter unter Moderation der Personalorganisation durchsprechen. Im 3. Schritt schließt sich das eigentliche EFA-Gespräch an.

## Einschätzung der Gütekriterien

Beim Siemens Führungsrahmen und dem Kompetenzmodell handelt es sich nicht um ein im strengen Sinne wissenschaftlich validiertes Instrumentarium, sondern um ein begründetes und intern in hohem Maße abgestimmten Modell.

## Fehler- und Problemkritik

Die vier Führungsfähigkeiten sind kein validiertes Testkonstrukt, sondern ein Resultat von Managerworkshops und Benchmarkstudien in mehr als zehn Ländern und Behavioral Event-Interviews mit erfolgreichen Führungskräften. Sie repräsentieren keine »reinen« Merkmale im Sinne einer Eignungsdiagnostik, sondern sind in sich mehrdimensional, beziehen sich bewusst auf das pragmatische Führungsverständnis des Managements in einer spezifischen Mischung aus kompetenzbezogenen und strategieorientierten Definitionsmerkmalen.

## Ablauf des Messprozesses

Der Siemens-Führungsrahmen wird in erster Linie im Rahmen der EFA-Gespräche eingesetzt und auf der Basis der Zielerreichung, vor allem im Feld Mitarbeiter, bewertet. Das Mitarbeiter-Feedback bildet dabei die Grundlage für die Bewertung der Zielerreichung. Die Fähigkeiten werden im Dialog zwischen übergeordneter Führungskraft und betroffener Führungskraft eingeschätzt. Die Dokumentation erfolgt im EFA-Bogen, der Bestandteil der Personalakte ist.

## Der Siemens Führungsrahmen – ein Instrument für Leadership Excellence

Im vorliegenden Beitrag wird ein Projekt der Siemens AG vorgestellt, in dem weltweit gültige Führungsgrundsätze verbindlich festgeschrieben und in bestehende Führungssysteme und -instrumente integriert wurden. Die Entwicklungsschritte der Konzept- und der Implementierungsphase werden beschrieben, erste Anwendungserfahrungen aus Sicht der Personalorganisation und der Führungskräfte kritisch beleuchtet. Insgesamt zeigen erste Ergebnisse die überzeugende Weiterentwicklung des Siemens Führungssystems auf, die neben personalfachlichen Kriterien konsequent Anwenderbedürfnisse in die Konzeption einbezogen hat. Ein zentraler Teil des Führungssystems ist der Siemens-Führungsrahmen, der aus den Teilen »Ergebnisse der Führung« (results) und den »Fähigkeiten zur Führung« (capabilities) besteht.

## Die Führungsinstrumente der Siemens AG

In mehreren Schritten hat Siemens das integrierte Führungssystem EFA (Entwicklung, Förderung, Anerkennung) aufgebaut. Seit der Einführung des Mitarbeitergesprächs 1977 steht der intensive Dialog zwischen Mitarbeiter und Führungskraft über Arbeitsergebnisse, Analyse positiver und negativer Einflussfaktoren auf die Leistung und  Folgerungen für die weitere Zusammenarbeit im Zentrum aller Neuentwicklungen einzelner Führungsinstrumente. Knapp 20 Jahre später wurden die heute gültigen Prinzipien des EFA-Prozesses im Unternehmen eingeführt. Neben der Schaffung eines neuen funktionalen Ordnungsrahmens und der Flexibilisierung des Einkommenssystems im übertariflichen Bereich stand die Integration der Führungs- und Förderprozesse im Vordergrund.
Die Kernanforderungen an ein modernes Führungssystem,
- Konsistenz von Führungs- und Förderprozessen,
- Kompetenzmanagement und Zielvereinbarung als Bezugssysteme der individuellen Leistungsoptimierung,
- Verzahnung von Performance- und Potenzialeinschätzungen mit Einkommens- und Fördermaßnahmen
wurden umgesetzt.

## Die Dreistufigkeit des Gesprächsprozesses

Sie sichert die optimale Einbindung der Mitarbeitervorstellungen in den Förderprozess ebenso wie den Quervergleich und die Objektivität bei Leistungseinschätzungen und Fördermaßnahmen. Neben dem intensiven Dialog auf mehreren Ebenen wird damit das zweite Prinzip unseres Führungssystems, ein hohes Commitment von allen Beteiligten zu den vereinbarten Zielen und Maßnahmen zu erreichen, gefördert.

## Führung einheitlich definieren

Bis 1996 hat Siemens seine Erwartungen an Führungskräfte des Unternehmens in Form von Leitsätzen formuliert. Die Leitsätze unter dem Motto »Wer führt, trägt Verantwortung – für sein Arbeitsgebiet und für seine Mitarbeiter« definierten in allgemeiner Form einige Standards für »gute Führung« im Geiste des kooperativen Führungsstils, aber orientiert an einem prozessorientierten Führungsmodell. Die Verantwortung der Führungskräfte wurde stark betont. Das mögliche Spannungsfeld zwischen Loyalität gegenüber dem Unternehmen und dem Vertreten der eigenen Überzeugung wurde offen angesprochen. Die Führungsrolle wurde ausdrücklich auch in ihrer sozialen und gesellschaftspolitischen Dimension beschrieben.

## Einführung des Siemens-Führungsrahmens

Mit der Einführung des Siemens-Führungsrahmens in seiner ersten Version rückte 1996 die Leistungsfähigkeit der Führungskräfte in den Mittelpunkt. Diese wurde auf drei Ebenen (»Ziele«, »Führungsaufgaben« und »Kompetenzen«) mit insgesamt 18 Merkmalen operationalisiert. Dem Erreichen von Geschäftsergebnissen und den dafür notwendigen Voraussetzungen wie Kundenorientierung, Innovationskraft, Produktivität, Wachstum und Prozessoptimierung wurde in dem neuen Instrumentarium große Bedeutung beigemessen. Mitarbeiterführung und Zusammenarbeit wurden als Führungsaufgaben neben Aufgaben- und Selbstmanagement definiert. Neu aufgenommen wurde der Bereich der Führungskompetenzen mit sechs Fähigkeiten und entsprechenden Operationalisierungen. Der Führungsrahmen richtete sich in seiner Bewertungsfunktion an die Leitenden Angestellten und hatte darüber hinaus Orientierungscharakter für alle Führungsfunktionen. Die Leistungseinschätzung erfolgte als Selbst- und Fremdeinschätzung durch den Leitenden Angestellten und dessen Führungskraft. Im EFA-Dialog wurde Selbst- und Fremdbild durchgesprochen und eine gemeinsam getragene Einschätzung erarbeitet.

Im Jahre 2001/2002 wurde der Führungsrahmen auf einer internationalen Basis neu aufgesetzt.

Ziele der Neuentwicklung waren:
- eindeutiger Bezug zum Geschäftserfolg und zu Business Excellence-Strategien;
- interkulturelle Durchgängigkeit und Akzeptanz;
- enge Anbindung an den Zielvereinbarungsprozess und bestehende Führungssysteme;
- einfache, klar verständliche Standards für exzellente Führung;
- Steigerung der Transparenz der individuellen Führungsleistung;
- konsequente Förderung und Personalentwicklung auf der Basis der Führungsleistung und
- die Integration eines inzwischen neu geschaffenen weltweit gültigen Kompetenzmodells für Siemens.

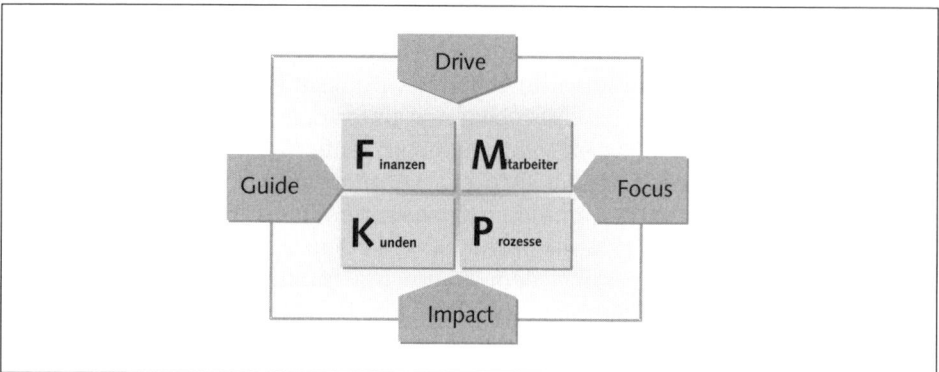

Abb.1: Die Struktur des neuen Führungsrahmens

## Ergebnisse zählen

Führungsverhalten wird in den verschiedenen Kulturen und Regionen dieser Welt unterschiedlich ge- und erlebt. Aber von allen Führungskräften erwarten wir in ihrem Verantwortungsbereich einen Beitrag zu hervorragenden Finanzergebnissen, hoch motivierte Mitarbeiter, zufriedene Kunden und effiziente Prozesse. Im Siemens Führungsrahmen sind dementsprechend diese vier Ergebnisfelder definiert. Sie bilden den Rahmen für individuelle, teilweise funktionsspezifische Zielvereinbarungen. Da diese Kategorien auch der Balanced Scorecard zugrunde liegen, wird die Ableitung individueller Ziele aus der strategischen Geschäftsplanung erleichtert. Business Modell und personalfachliches Instrumentarium ergänzen sich und ermöglichen konsistente Zielkaskadierung. Gleichzeitig erhöht der Fokus auf die individuelle Zielvereinbarung in den vier Feldern und der Verzicht auf skalierte Standardkriterien das persönliche Commitment der Führungskräfte.

## Führungsfähigkeiten aufbauen

Die Fähigkeiten, die Siemens von jeder Führungskraft erwartet (Abbildung 2), werden mit den Begriffen »Drive«, »Focus«, »Impact«, und »Guide« umschrieben. Drive steht dafür, Initiative zu ergreifen, Focus für das Entwickeln von Erfolgsstrategien, Impact dafür, Partner für das gemeinsame Umsetzen von Ideen gewinnen zu können, Guide für das Führen von Teams. Die vier Führungsfähigkeiten, entstanden als Destillat aus einer Benchmarkstudie, Managerworkshops in mehr als zehn Ländern und Behavioral Event-Interviews mit erfolgreichen Führungskräften, sind nicht als eignungsdiagnostisch »reine« Merkmale zu betrachten. Sie sind in sich mehrdimensional und bilden bewusst das pragmatische Führungsverständnis des Managements ab. Typisch ist die Mischung aus kompetenzbezogenen und strategieorientierten Definitionsmerkmalen.

Die vier Fähigkeiten leiten sich aus dem Siemens-Kompetenzmodell ab, das aus drei Teilen besteht: Kenntnisse, Erfahrungen und Fähigkeiten (Abbildung 3).

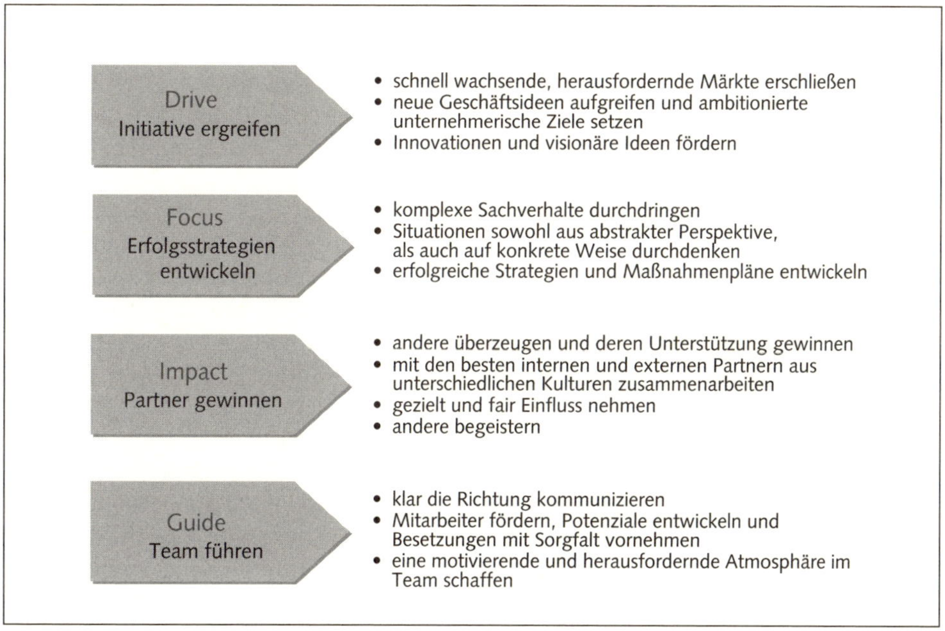

Drive
Initiative ergreifen
• schnell wachsende, herausfordernde Märkte erschließen
• neue Geschäftsideen aufgreifen und ambitionierte unternehmerische Ziele setzen
• Innovationen und visionäre Ideen fördern
Focus
Erfolgsstrategien entwickeln
• komplexe Sachverhalte durchdringen
• Situationen sowohl aus abstrakter Perspektive, als auch auf konkrete Weise durchdenken
• erfolgreiche Strategien und Maßnahmenpläne entwickeln
Impact
Partner gewinnen
• andere überzeugen und deren Unterstützung gewinnen
• mit den besten internen und externen Partnern aus unterschiedlichen Kulturen zusammenarbeiten
• gezielt und fair Einfluss nehmen
• andere begeistern
Guide
Team führen
• klar die Richtung kommunizieren
• Mitarbeiter fördern, Potenziale entwickeln und Besetzungen mit Sorgfalt vornehmen
• eine motivierende und herausfordernde Atmosphäre im Team schaffen

Abb. 2: Führungsfähigkeiten / Capabilities

Kenntnisse
Techniken
Technologien
Methoden
Fachkenntnisse
Geschäftsprozesse
Produktentstehung
Angebots-/Auftragsabwicklg.
Kundenbetreuung
Märkte
Absatzmarkt
Beschaffungsmarkt
Produkte
Erfahrungen
Berufserfahrung
Projekterfahrung
Führungserfahrung
Interkulturelle Erfahrung
17 Fähigkeiten
Initiative
Ergebnisorientierung
Kreativität
Veränderungsfähigkeit
Entscheidungsfähigkeit
Lernfähigkeit
Analysefähigkeit
Strategisches Denken
Planungs- und Organisationsgeschick
Durchsetzungsfähigkeit
Kommunikationsfähigkeit
Networking Skills
Kundenorientierung
Motivationsfähigkeit
Coaching und Mentoring
Teamfähigkeit
Einfühlungsvermögen
DRIVE
FOCUS
IMPACT
GUIDE

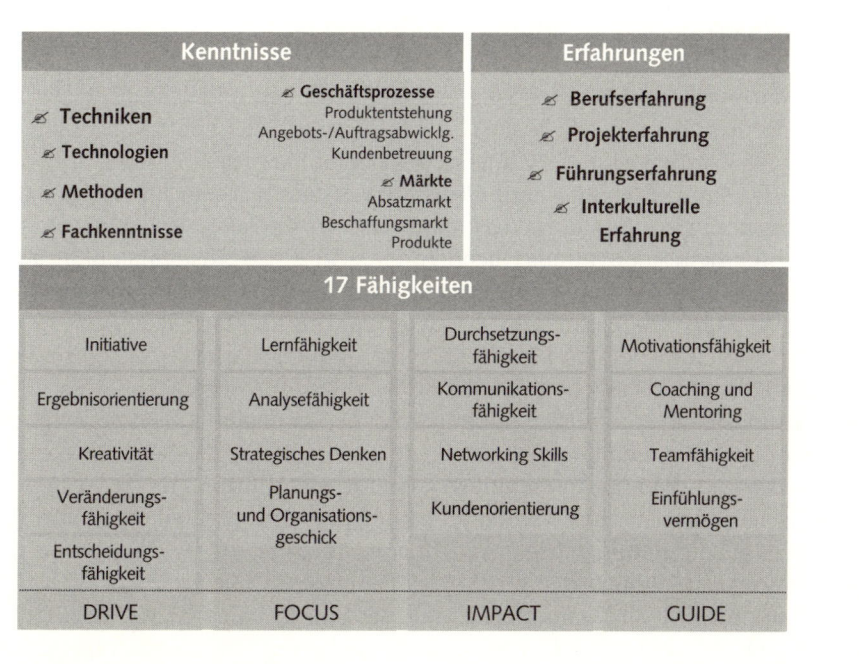

Abb. 3: Das Siemens-Kompetenzmodell

Die vier Fähigkeiten sollen ein möglichst intuitives Verstehen der personbezogenen Voraussetzungen für die Übernahme von Führungsfunktionen ermöglichen und den gemeinsamen Dialog zwischen Management und Managementnachwuchs sowie die individuelle Orientierung bei der eigenen Karriereentwicklung erleichtern. Von der Einstellung neuer Mitarbeiter bis zur Besetzung von unternehmensinternen Schlüsselfunktionen werden die Führungsfähigkeiten mit ihren Definitionsmerkmalen und Verhaltensbeschreibungen als Entscheidungs- und Förderkriterien herangezogen und Einstellungsinterviews, AC-/DC-Verfahren, Führungskräftetrainings und interne Management Audits auf diese Merkmale ausgerichtet. Drive, Focus, Impact und Guide sind nicht als stabile Persönlichkeitsdispositionen zu verstehen sondern als personbezogene Leistungsvoraussetzungen und Potenzialfaktoren für die Bewältigung von Führungsaufgaben. Sie lassen sich auf der Basis individuell unterschiedlicher Ausgangspositionen in Auseinandersetzung mit herausfordernden Aufgaben weiterentwickeln und optimieren. Sie sind auch das Ergebnis berufssozialisierender, interaktionaler und situationaler Wirkungen. Somit stellt sich nicht nur die Anforderung für das Unternehmen, auf der Basis der Führungsfähigkeiten geeignete Führungskräfte auszuwählen oder verhaltensbezogene Teilfähigkeiten in den internen Führungskräftetrainings auszubilden, sondern es ist auch gemeinsame Aufgabe von Unternehmen und Mitarbeiter, diejenigen Aufgaben und Positionen herauszufinden, in denen die Führungskräfte die individuell vorhandenen Fähigkeiten optimal zur Geltung bringen können.

## Das Feedback der Mitarbeiter und Führungskraft

Keine Führungskraft wird Ihre Ziele erreichen können ohne die Begeisterung und das Engagement des eigenen Teams. Eine hohe Mitarbeitermotivation ist ein »gesetztes Ziel« im Ergebnisfeld »Mitarbeiter« des neuen Siemens-Führungsrahmens, ähnlich wie Umsatz-, Ergebnis- und Geschäftswertbeitragsziele im Feld »Finanzen«. Dazu befragen wir die Mitarbeiter einmal im Jahr direkt zu 10 wichtigen Indikatoren der Mitarbeitermotivation. Nachdem ein sehr enger Zusammenhang zwischen Mitarbeitermotivation und Führungsverhalten besteht, messen wir Führungsleistung ergebnisorientiert dort, wo sie ankommt, bei den direkt zugeordneten Mitarbeitern. Datenquellen sind entweder eine online-Mitarbeiterbefragung oder das Siemens-Führungsgespräch als moderierter bottom-up-Feedbackprozess. Da neben der Führungsleistung natürlich auch Rahmenbedingungen, z.B. Umorganisationen, wirtschaftliche Rahmendaten etc. und statistische Effekte die Befragungsergebnisse beeinflussen, wirken die Befragungsergebnisse nicht direkt auf die Bewertung der Führungsleistung ein, sondern sind Quelle für spezifische Zielvereinbarungen und Nachweis für die jeweilige Zielerreichung.

Inwieweit eine Führungskraft die vier Fähigkeiten, die zur Führung von Mitarbeitern erforderlich sind, ausgeprägt hat, wird im EFA-Gespräch zwischen übergeordneter Führungskraft und Führungskraft diskutiert. Die durchgesprochene Einschätzung ist dann eine Grundlage für die Weiterentwicklung der Führungskraft im Sinne von Kompetenzaufbau und Karriere.

# Führungskräfteplanung und -entwicklung

Felix Gress

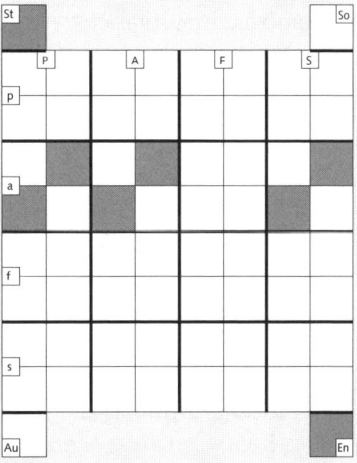

## Rasterdarstellung

### Schlagworte

Bewertungsmethode für die Führungskräfteentwicklung und Führungskräfteplanung der BASF für das Obere Management

### Entwickler

BASF Aktiengesellschaft, ZOF – Obere Führungskräfte und Führungskräfteentwicklung, Ludwigshafen; HayGroup, Frankfurt a. M.

### Kompetenzdefinition

Unter Executive Management Competencies versteht die BASF zwölf grundlegende und für das Unternehmen typische Merkmale des Führungsverhaltens eines Menschen, die gemeinsam eine nachhaltig überdurchschnittliche oder herausragende Führungsleistung ermöglichen.

### Zielstellungen

Die Führungskräfteplanung und Führungskräfteentwicklung der BASF für die Oberen Führungskräfte (Ebenen 4 und darüber) soll nach objektiven Kriterien weltweit einheitlich erfolgen. Ziel ist, die jeweils besten Kandidaten für eine Führungsposition im Oberen Management der BASF frühzeitig zu erkennen, auszuwählen und zu entwickeln, unabhängig von regionaler oder kultureller Herkunft, Geschlecht oder Ausbildung der Kandidatin oder des Kandidaten. Mit Hilfe des BASF Executive Management Competency Program sollen die Erfolgsaussichten in der beruflichen Entwicklung der Oberen Führungskräfte verbessert, ihr Leistungsniveau angehoben, ihre Motivation gesteigert und somit der künftige Gesamterfolg des Unternehmens optimal vorbereitet werden. Das grundlegende Prinzip der Chancengleichheit und Transparenz in diesem Verfahren ermöglicht es, der Vielfalt der komplexen Aufgabenstellungen für eine Obere Führungskraft in einem transnational operierenden Unternehmen eine ebensolche Vielfalt an optimal vorbereiteten Talenten gegenüber zu stellen. Die Bewertung ihrer Führungseignung erfolgt dabei auf der Basis von 12 ausgesuchten Executive Management Competencies, die gemeinsam die Voraussetzung für eine hohe Führungsqualität bilden. Sie müssen in den spezifischen Führungssituationen der BASF besonders deutlich ausgeprägt sein, weil sie für den künftigen Erfolg des Unternehmens maßgeblich sind. Sie treten neben das Fachwissen, die Berufserfahrung sowie die ethische Einstellung und das Handeln nach den BASF-Grundwerten. Sie lassen sich in drei übergeordnete Kompetenzbereiche gliedern: Unternehmertum, Soziale Interaktion und Kooperation sowie Führung.

### Theoretische Grundlagen

Das BASF Executive Management Competency Program basiert auf der von David McClelland entwickelten Methode des Job Competency Assessment (JCA), das von der von ihm gegründeten Unternehmensberatung McBer und später mit der Hay-Group weiter entwickelt und vermarktet worden ist. Die BASF verwendet dabei sowohl bekannte Instrumente wie die BEI-Technik (Behavioral Event Interview), als auch individuelle Elemente wie das FI (Fokussierte Interview), Development Center (ein- bis zweitägige Veranstaltungen zur Bewertung der Executive Competencies des Führungsnachwuchses) und ein internes Bewertungsverfahren, das die Vorgesetzten der Führungskräfte und Führungskandidaten jährlich aktuell praktizieren.

### Methodologische Einordnung

Das BASF Executive Management Competency Program ist ein systematisches Bewertungsverfahren, mit dem die BASF kontinuierlich die jeweils aktuelle Führungsleistung ihrer Führungskräfte und Führungskandidaten weltweit nach gleichen Maßstäben beobachtet, um daraus Rückschlüsse auf das künftige Führungsverhalten ihres Top-Managements zu ziehen.

### Einschätzung der Gütekriterien

Das BASF Executive Management Competency Program wurde am 1. Januar 2002 eingeführt. Zu Kriterien der Messung seiner Qualität zählen unter anderen: Vollständiges, adäquates und weltweit vergleichbares Abbild der Führungsstärke der Führungskräfte und des Führungsnachwuchses, erfolgreiche Besetzung von Oberen Führungspositionen gemäß Stellenanforderung und Executive Management Competency Profile, angepasste Nachfolge- und Entwicklungsplanung an die Executive-Management-Competency-Stärken, Ausweitung des Unternehmertums im Unternehmen, hohe Akzeptanz und Motivation unter den Führungskräften und Führungskandidaten. Eine erste quantitative Einschätzung der Güte des Programms ist frühestens nach Ablauf eines Kalenderjahres möglich, eine verlässliche Einschätzung wahrscheinlich sogar erst nach zwei bis drei Jahren. Schon in der Einführungsphase des Programms hat sich jedoch gezeigt, dass eine Veränderung des Bewusstseins in der Führungskräftebeurteilung stattfindet, wenn dafür zusätzliche Kriterien in einer  objektiven Systematik vorgegeben werden. Neben die harten Bewertungsfaktoren wie Ausbildung, Berufserfahrung, Zielerreichung und Leistungskennzahlen sind vom Start weg die weichen getreten. Dazu zählen soziale Interaktion und Kooperation, Sensibilität gegenüber dem eigenen Team, anderen Berufsgruppen oder Kulturen, Vertrauenswürdigkeit und Selbstmanagement. Allein die Durchführung der ersten Development Center mit insgesamt rund 80 weiblichen und männlichen Kandidaten hat in einigen Fällen bisher wenig erkannte Stärken sichtbar gemacht und zu konkreten Entwicklungsmaßnahmen für viele Teilnehmer geführt.

## Fehler- und Problemkritik

Die wichtigsten Kritikpunkte bei der Einführung des BASF Executive Management Competency Program betreffen den erhöhten Zeitaufwand für die Beurteilung durch Vorgesetzte, die fehlende Vertrautheit aller Beteiligten mit der Systematik in der Anfangsphase sowie im Sicherstellen eines weltweit vergleichbaren Bewertungsniveaus (Consistency) der Beurteilungsmaßstäbe. Darüber hinaus besteht die Gefahr der Subjektivität der Bewertungen, der die BASF durch das Zulassen von vier und mehr Augen bei der jährlichen Bewertung von Führungsleistung begegnet. Die Schulung und ständige Beurteilung der Beurteiler soll den Bewertungsstandard sichern. Eine weitere Gefahr besteht darin, sich zu sehr auf die sich intern etablierenden Bewertungsstandards zu konzentrieren und damit vor allem auf die intern wahrgenommenen, relativ besten Führungsleistungen. Durch das Einschalten externer Fachleute sowohl in die Konzeption des Bewertungssystems, als auch in die Bewertung von Führungskräften und Führungskandidaten selbst sowie in die Schulung der internen Anwender des BASF Executive Management Competency Program soll der Bewertungsstandard gesichert werden. Das Ernennen von Executive-Competency-Beratern (Counselors) in den betroffenen Einheiten, deren Schulung und ständiger Erfahrungsaustausch soll dazu beitragen, die Bewertungsmaßstäbe für das Führungsverhalten weltweit vergleichbar (consistent) zu machen.

## Ablauf des Messprozesses

Die Messung der BASF Executive Management Competencies erfolgt über drei Methoden:

1. jährliche Beurteilung durch den/die Vorgesetzten;
2. Beurteilung im Rahmen von Development Center, also Veranstaltungen zur Karriereentwicklung, in denen die Teilnehmer interviewt werden, Präsentationen geben, Gruppenarbeit leisten und sich nachgestellten Geschäftssituationen aussetzen, um anschließend eine Rückmeldung zu ihrer möglichen Weiterentwicklung gemäß der von Ihnen gezeigten Führungsstärken zu erhalten;
3. die individuelle Beratung auf der Basis einer Einschätzung durch externe Beurteiler.

Die jährliche Beurteilung durch den/die Vorgesetzten besteht im Ausfüllen und der Durchsprache eines Executive Management Competency Profile mit der beurteilten Führungskraft oder dem Führungskandidaten/der Führungskandidatin. Die Beurteilung soll dabei auf der Basis von tatsächlich gezeigter Führungsleistung in bestimmten, realen Geschäftssituationen erfolgen. Für jede der zwölf zu beurteilenden Executive Management Competencies sind mindestens zwei reale, möglichst konkret beschriebene Geschäftssituationen als Belege für die gezeigte Führungsleistung gefordert, wobei eine komplexe Situationen durchaus dazu dienen kann, mehrere Executive Management Competencies zu beurteilen. Die beschriebenen, tatsächlich gezeigten Führungsleistungen in konkreten Geschäftssituationen sollen beispielhaft für die dauerhaft gezeigte Führungsleistung des/der Betroffenen stehen. Die Beschreibung von Führungsleistungen in realen Situationen ersetzt die sonst so häufig übliche Zeugnislyrik wie »Er ist ein pragmatischer Macher« oder »Sie ist eine extrovertierte Querdenkerin«. Die Vorgesetzten werden bei der Beurteilung von einheitsinternen Experten unterstützt, den sogenannten Executive Management Competency Counselors, die speziell im Rahmen des Executive Management Competency Program geschult und auf ihre Aufgabe als interner Berater der einzelnen organisatorischen Einheiten vorbereitet wurden. Bei der Besetzung von offenen Positionen im Oberen Management werden neben den fachlichen und ethischen Belangen jetzt ebenfalls die 12 Executive Management Competencies zu Grunde gelegt, um das Anforderungsprofil des Kandidaten/der Kandidatin genauer als bisher zu beschreiben. Das gesuchte Profil für die Position wird mit den vorhandenen Profilen der Führungskräfte und Führungskandidaten im Pool verglichen, um die nach tatsächlich gezeigter Führungsleistung optimalen Kandidaten zu identifizieren.

Bei den Development Center geht es um Hinweise zum Erkennen und zur weiteren Entwicklung der Stärken der Teilnehmer. In unterschiedlichen Situationen sollen sie ihre Führungsleistung demonstrieren und werden dabei von geschulten Beobachtern beurteilt. Die Ergebnisse der Übungen werden in einer gemeinsamen Beobachterrunde diskutiert und validiert, anschließend in einem schriftlichen Bericht zusammengefasst und sowohl dem Teilnehmer/der Teilnehmerin als auch dem jeweiligen Vorgesetzten sowie der Einheit Führungskräfteplanung und Führungskräfteentwicklung zur Verfügung gestellt. In einem Rückmeldegespräch zwischen Teilnehmer und einem der Beobachter und einem weiteren Rückmeldegespräch zwischen Teilnehmer, ranghöchstem Vorgesetzten und der Einheit Führungskräfteplanung und Führungskräfteentwicklung werden die Führungsstärken genau analysiert sowie nächste, notwendige Schritte zur weiteren beruflichen Entwicklung vereinbart, um sie anschließend gemeinsam umzusetzen.

Der Beurteilung im Rahmen einer individuellen Beratung liegt das BEI (Behavioral Event Interview) zu Grunde. Dabei handelt es sich um ein Interview zur Messung von personenbezogenen Merkmalen, die zur Vorhersage von Führungsleistungen in bestimmten Führungssituationen dienen. Das BEI wird extern durchgeführt. Seine Ergebnisse und die nächsten Entwicklungsschritte werden anschließend sowohl in einem Rückmeldegespräch zwischen Interviewer und Interviewtem erläutert, als auch in einem separaten Entwicklungsgespräch zwischen dem ranghöchsten Vorgesetzten, dem Interviewer/Beurteiler und der Einheit Führungskräfteplanung und Führungskräfteentwicklung diskutiert und nächste Schritte vereinbart.

*Räumliche Voraussetzungen*

Räumliche Voraussetzungen bei der Beurteilung durch den/die Vorgesetzten: Besprechungszimmer mit ungestörter Atmosphäre. Im Rahmen der Development Center: Acht Besprechungsräume, möglichst außerhalb des Unternehmensstandorts in ruhigem Umfeld.

*Zeitliche, personale und technische Voraussetzungen*

Zeitbedarf, personale und technische Voraussetzungen bei der Beurteilung durch den/die Vorgesetzten:

a) Der Zeitbedarf für die Durchführung der Messung ist mindestens eine Stunde (in der Einführungsphase in Einzelfällen deutlich mehr) für das Ausfüllen der Executive-Management-Competency-Profile je Kandidat, insgesamt eine weitere Stunde für die Abstimmung mit anderen Vorgesetzten und ggf. mit der Einheit Führungskräfteplanung und Führungskräfteentwicklung.

b) Für die Auswertung benötigt man in der Regel vier weitere Stunden für das Durchsprechen aller Führungskandidaten auf Führungsebene der eigenen Einheit bzw. mit dem einheitsinternen Executive-Competency-Berater (Counselor) und je rund eine Stunde für die individuelle Durchsprache des Executive Management Competency Profils mit den Beurteilten.

c) Die personalen Voraussetzungen sind je nach Einheit: ranghöchster Vorgesetzter plus weitere/r regionale/r, lokale/r oder disziplinarische/r Vorgesetze/r.

d) Technische Voraussetzungen sind das Büro für das Ausfüllen, Besprechungszimmer für das Abstimmen und Diskutieren eines Executive-Management-Competency-Profilbogens je Kandidat/in sowie eine zentrale Datenbank zum Erfassen und Auswerten der Ergebnisse.

Zeitbedarf, personale und technische Voraussetzungen im Rahmen eines Development Center:

Der Zeitbedarf beträgt jeweils insgesamt 5,5 bis 6,5 Tage, davon zwei bis drei Tage Competency Schulung und Vorbereitung auf das Development Center für die Beobachter, 1,5 Tage Development Center und 1,5 Tage für die Auswertung und Rückmeldung.

a) 1 Tag Beobachterrunde, 1 Tag Rückmeldegespräche mit den Teilnehmern und dem jeweils ranghöchsten Vorgesetzten.

b) Je DC: 12 Teilnehmer, sechs Beobachter, vier Interviewer, zwei Rollenspieler.

c) Acht Besprechungsräume in ungestörter Atmosphäre.

d) Schriftliche Group Case Study, schriftliche Single Case Study, schriftlich vorbereitete Rollenspiele sowie Flipcharts und Overhead-Projektoren für Präsentationen, Laptops und Software für das Verfassen von Protokollen und das Erstellen von statistischen Übersichten.

Zeitbedarf im Rahmen der individuellen Beratung:

Das Behavioral Event Interview nimmt etwa drei Stunden in Anspruch. Weitere vier Stunden werden für die Auswertung des Interviewtranskripts veranschlagt. Etwa 60 bis 90 Minuten sind für das Rückmeldegespräch durch den Interviewer vorgesehen. Etwa eine weitere Stunde ist für die Diskussion der Ergebnisse und nächsten Entwicklungsschritte zwischen dem Interviewten, dem ranghöchsten Vorgesetzten, dem Interviewer und der Einheit Obere Führungskräfte einzuplanen.

**Referenzen**

Andere Forschungsgruppen mit ähnlichen Zielstellungen und/oder Verfahren. Einzelne Instrumente werden von der HayGroup angeboten, weitere von anderen Beratungsunternehmen.

## Freie Darstellung

Das BASF Executive Management Competency Program dient der Führungskräfteentwicklung in einem transnationale Unternehmen und dem Ziel, die Vielfalt der
Talente zu sichern.

Die BASF, Ludwigshafen/Rhein, hat sich auf ihre Zukunft als transnationales
Unternehmen der chemischen Industrie mit konkreten Maßnahmen eingestellt. Ihr
internes Programm zur Weiterentwicklung ihrer Matrixorganisation heißt »Fit for
the Future« und füllt sich seit seinem Start im Juli 2001 immer mehr mit Leben.
Kurz gefasst soll mit ihm die interne Organisation viele Ziele auf einmal erreichen,
darunter vor allem: vereinfachte Geschäftsabläufe, kürzere Entscheidungswege, globale Kunden global bedienen, größere Nähe zu regionalen und lokalen Kunden,
die Verantwortung der einzelnen Mitarbeiter stärken und mehr Unternehmertum
im Unternehmen. Damit einher gehen neue Anforderungen an die Mitarbeiter der
BASF und besonders an ihre Führungskräfte.

Zugleich sieht sich die BASF wie andere Unternehmen auch den aktuellen Herausforderungen in der Führungskräfteentwicklung gegenüber gestellt. Hierzu zählen besonders demographische Veränderungen und die zunehmende Internationa-
lisierung des Führungskräftepools, aber auch die Differenzierung als attraktiver
Arbeitgeber für Top-Manager und der Wunsch auf Seiten des Unternehmens und
der Mitarbeiter/innen nach flexibler Gestaltung der jeweiligen Karriere.

Transnationalität bedeutet, dass die Zentrale in erster Linie die entscheidenden
Ziele vorgibt, die weltweit erreicht werden müssen. Die Wege dahin, die Mittel und
Methoden zur Erfüllung der mit den Zielen verknüpften Aufgaben können regional
unterschiedlich sein und sind daher den jeweils Verantwortlichen vor Ort, in den
Regionen, Ländern und Standorten oder in den entsprechenden Einheiten überlassen. Diese Tendenz zur Dezentralisierung und Flexibilisierung muss die Führungskräfteplanung und -entwicklung nutzen und mitgestalten.

Dafür sind erweiterte Methoden der Führungskräfteauswahl und -entwicklung
notwendig. Aus diesem Grunde hat die BASF am 1. Januar 2002 ihr neues BASF
Executive Management Competency Program eingeführt. Es handelt sich dabei um
eine neue Methode, die berufliche Entwicklung der Oberen Führungskräfte (Hier-
archieebene 4 und aufwärts) gezielt zu fördern und das erfolgreiche Führungsverhalten in der BASF-Gruppe nachhaltig zu stärken.

Für die gruppenweite Rekrutierung und Entwicklung von Führungskräften sind
vier Erfolgsfaktoren gleichermaßen bedeutsam: Fachwissen, Fachkönnen, das vorbildliche Vorleben von Grundwerten und BASF-Leitlinien sowie das Führungsverhalten. Fachwissen und Fachkönnen bestimmen dabei den Erfolg vor allem in der
Phase des Berufseinstiegs und ersten Berufsjahre. Als Obere Führungskraft hängt
der unternehmerische Erfolg dann maßgeblich von den anderen Faktoren ab.

Für alle vier Faktoren gibt es in der BASF-Gruppe unterschiedliche Mess- und
Bewertungsinstrumente. Das neueste davon ist BASF Executive Management Competency Program. Denn es ist das Führungsverhalten (die Competencies), das eine
überdurchschnittliche Führungsleistung ermöglicht. Die BASF hat sich dabei auf 12
Executive Competencies konzentriert.

Das BASF Executive Management Competency Program ist ein auf die Bedürfnisse der BASF entwickeltes, spezielles Modell für die Einschätzung und Weiterentwicklung der Competencies von Oberen Führungskräften und Führungskandidaten.
Es ist das Ergebnis von rund 60 Interviews mit Vorstandsmitgliedern, Bereichslei-
tern und Leitern von Business Units der BASF. Das System wurde in Zusammenarbeit mit den dezentralen Personaleinheiten in den drei Regionen Europa, Ameri-
cas und Asien/Afrika/Australien erstellt. Es baut dabei auf regional differenzierte
Kompetenzmodelle für die übrigen Mitarbeiter auf. Unterstützt wurde die BASF bei
der Entwicklung von der HayGroup, Frankfurt.

Die BASF Executive Management Competencies gliedern sich in drei Kategorien:
1. Unternehmerisches Denken und Handeln (Unternehmertum),
2. soziale Interaktion (soziale Kompetenz),
3. Führung.

1. *Unternehmertum* wird bewertet nach
   - Unternehmerischem Handeln,
   - Veränderungsorientierung,
   - analytischem Denkvermögen,
   - strategischem Denkvermögen.

2. *Soziale Kompetenz* wird gemessen anhand von
   - Kommunikation und Einfühlungsvermögen,
   - Verstehen und Nutzen von Organisationen,
   - Einflussnahme und Wirkung,
   - Konfliktfähigkeit,
   - Kundenorientierung,
   - interkultureller Adaptionsfähigkeit.

3. In der Kategorie *Führung* evaluieren wir
   - die Personal- und Teamführung,
   - das persönliche Commitment.

## Perspektiven

Mit Hilfe des BASF Executive Competency Program schätzen die Vorgesetzten das
Führungsverhalten ihrer Führungskräfte konkret anhand von Aufgaben oder Projekten der jeweils zurückliegenden zwölf Monate ein. Vorteil: Die Bewertungen sind
in Zukunft objektiver nachvollziehbar und vergleichbar, denn jeder Einschätzung
liegt derselbe Kompetenzkatalog zugrunde. Darüber hinaus gewährleistet das neue
Verfahren eine größere Sicherheit bei der Auswahl von Kandidaten für vakante Führungspositionen, eine gezieltere berufliche Weiterentwicklung und eine Stärkung
der vorhandenen Führungsstärken.
    Für bestimmte Gruppen unter den Führungskandidaten gibt es darüber hinaus
einmalig ein sogenanntes Development Center, das in Form von Übungen die zwölf
Executive Competencies abfragt. Die Teilnehmerinnen und Teilnehmer erhalten im
Anschluss daran eine ausführliche Rückmeldung zu ihren Stärken samt Empfeh-

lungen zur beruflichen Weiterentwicklung. Als dritte Variante eignet sich das Competency-Modell zu individuellen Beratung für die weitere Karriereplanung.

Grundsätzlich stehen in der BASF drei Entwicklungswege offen: General Management (Geschäftsführung), Fachmanagement (funktionale Aufgaben wie Finanzen, Technik/Produktion, Personal, Logistik) und die Expertenkarriere (wissenschaftliche Direktoren, Fachexperten). Bei der Auswahl und Beratung der jeweils in Frage kommenden Kandidaten, sind nach wie vor Fachwissen, Berufserfahrung, persönliche Zielvorstellungen, das vorbildliche Beachten der Grundwerte und Leitlinien entscheidend für den Erfolg. Die Executive Competencies geben jedoch zusätzliche, konkrete Hinweise darauf, welchen Weg ein/e Führungskandidat/in oder eine Obere Führungskraft einschlagen kann. Denn mit den Executive Competencies wird das persönliche Führungsverhalten umschrieben. Die entscheidende Frage dabei lautet: Passt das persönliche Führungsverhalten zu den aktuellen Anforderungen der jeweiligen Position?

## Anwendung in der Praxis

Das BASF Executive Competency Program wird von den Vorgesetzten und den Fachleuten der Führungskräfteplanung und -entwicklung angewendet. Darüber hinaus bildet die BASF sogenannte Competency Counselor aus, das sind Fachleute in den jeweiligen Einheiten, Regionen oder Standorten, die das Competency-Modell sehr gut kennen und als Berater und Ansprechpartner für die Vorgesetzten fungieren. Es handelt sich dabei in der Regel entweder um leitende Mitarbeiter der dezentralen Personaleinheiten oder um ein reguläres Mitglied des jeweiligen Führungskreises. Zusätzlich sieht das Competency-Modell der BASF vor, die Vorgesetzten direkt zu schulen.

## Nutzenabschätzung

Anhand der zwölf Executive Competencies lässt sich ein detailliertes Profil der Führungsleistung erstellen. Sie ergänzen den klassischen Anforderungskatalog, der sich aus Fachkenntnissen sowie Führungs- und Auslandserfahrung, Sprachkenntnissen und zum Beispiel Mobilität zusammensetzt. Maßgeblich für die jährlich zu erneuernde Einschätzung von zwölf vorgegebenen Competencies und deren Ausprägungen sind dabei zum einen die individuell erbrachten Leistungen im jeweiligen Arbeitsgebiet, zum andern solche in Projektarbeiten, die über die originären Aufgabenstellungen hinaus gehen.

Durch einen verbindlichen Kriterienkatalog erlauben die Executive Competencies außerdem, Bewertungen der Führungskräfte und Führungskandidaten weltweit nachvollziehbar, objektiver und untereinander vergleichbar zu machen. Damit wird deutlicher als bisher die Vielfalt der im Unternehmen weltweit vorhandenen Talente sichtbar. Ihre Führungsstärken werden zudem vergleichbar bewertet. Dies führt zu einer größeren Sicherheit bei der Kandidatenauswahl für Führungspositionen und ermöglicht eine frühzeitige, gezieltere berufliche Weiterentwicklung.

Die Führungskräfte von morgen sollen dabei vor allem ihre eigentlichen Stärken erkennen und diese zu »best of class« weiter ausbauen.

## Qualitative und quantitative Einschätzung

Für eine differenzierte Einschätzung liegen bei der BASF noch zu geringe Erfahrungen vor. Allerdings lässt sich schon in der Einführungsphase erkennen, dass die zunehmende Transparenz und Nachvollziehbarkeit der Bewertungen eine genauere Erfassung der tatsächlich erbrachten Führungsleistungen ermöglicht.

Schon früh wurde der Wunsch laut, die jeweiligen Anforderungen an die Führungskräfte und Führungskandidaten zu definieren. Zu denken sei zum Beispiel an ein »ideales Führungsprofil« für bestimmte Positionen im Unternehmen. Die BASF hat allerdings von vornherein bewusst darauf verzichtet, für ihre derzeit im Unternehmen vorhandenen Positionen im Top-Management ein jeweils aktuelles Anforderungsprofil zu erstellen. Grund: Solche Anforderungen können sich im Laufe der Zeit ändern. Während zum Beispiel heute auf einer Führungsposition vor allem Führungsstärken hinsichtlich Change Management und Restrukturierung gefordert sein mögen, können es morgen auf der gleichen Position schon Stärken sein, mit denen der Ausbau eines Wachstumsgeschäfts oder die Durchführung einer Akquisition erfolgreich gestaltet wird.

Als Alternative dazu plant das Unternehmen künftig, die Competency-Profile für bestimmte Job Families zu dokumentieren und in die konkrete Entwicklungsplanung der Führungskräfte und Führungskandidaten mit einzubeziehen.

Die BASF will mit Hilfe der Executive Competencies ihre Führungspositionen weiterhin vorwiegend mit eigenen Kandidaten besetzen, deren individuellen Entwicklungsprogramme auf jene Aufgaben ausgerichtet sind, die aus dem Programm »Fit for the Future« der BASF-Gruppe erwachsen. Denn dies ist die Grundlage dafür, die Anforderungen der Zukunft erfolgreich zu meistern.

## Literaturverzeichnis

Kokott, D. (2000). Executive Competencies – Ein wichtiger Beitrag für die erfolgreiche Ausrichtung der BASF-Gruppe auf ›Fit for Future‹. BASF Management Information Nr. 4 (interne Publikation). Ludwigshafen
McClelland, D.C. (1976). Guide to Behavioral Event Interviewing.
Spencer, L.M. Jr.; McClelland, D.C. & Spencer, S.M.(1990). Competency Assessment Methods: History and State of the Art. Boston

# Selbstkonzept beruflicher Kompetenz

Bärbel Bergmann

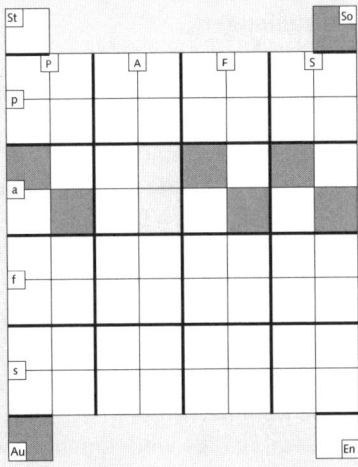

## Rasterdarstellung

### Schlagworte

Branchen- und berufsübergreifende Kompetenzabschätzung; Erfassung von Effekten arbeitsimmanenter Kompetenzentwicklung; Standardisierte subjektive Analyseinstrumente

### Entwickler

Entwickelt im Rahmen des Projekts »Individuelle Kompetenzentwicklung durch Lernen im Prozess der Arbeit« von Barbara Wardanjan, Katja Uhlemann und Falk Richler unter Leitung von Prof. Dr. Bärbel Bergmann, Institut für Allgemeine Psychologie, Biopsychologie und Methoden der Psychologie, Technische Universität Dresden

### Kompetenzdefinition

Kompetenz wird definiert als Motivation und Befähigung zur selbstständigen Weiterentwicklung beruflichen Könnens. Sie beschreibt die Kapazität einer Person zur erfolgreichen Bewältigung neuer Aufgaben. Die Messung erfolgt über eine Zerlegung in mehrere Kompetenzfacetten und deren Operationalisierung.

Die folgenden Facetten des Selbstkonzepts beruflicher Kompetenz werden erfasst: Die *Fachkompetenz* als Selbsteinschätzung des Umfangs berufsbezogenen fachlichen Wissens, die *Sozialkompetenz* als Selbstkonzept der für Gruppenarbeit wichtigen Befähigung zu Kommunikation und Kooperation, die *Methodenkompetenz* als Selbstkonzept verfügbarer kognitiver Fähigkeiten und methodischen Vorgehens und einige Aspekte der *Selbstkompetenz*, nämliche berufliche Entwicklungsziele, die Eigenaktivität beim Lernen in der Arbeit als selbstständig organisierte

Lernunterstützungen sowie Ansprüche an die Lernhaltigkeit der Arbeitsaufgaben. In empirischen Untersuchungen wurde zusätzlich die Selbstwirksamkeit mit einer Skala von Schwarzer (1994) erhoben.

## Zielstellungen

Ermittlung des Selbstkonzepts beruflicher Kompetenz durch Zerlegung in mehrere Kompetenzfacetten und deren Messung.

## Theoretische Grundlagen

Der Messansatz basiert auf der Auffassung, dass Arbeitende als Experten ihrer Tätigkeit, deren Bedingungen, Ziele und Resultate in Form von Leistungen und von Verbesserungsbedarf dieser Leistungen einschätzen können (Hacker 1992, 1995, 1998; Ulich 1998). Deshalb können Arbeitende sowohl die Funktion des Analytikers ihrer Arbeitssituation als auch die des Analytikers ihrer beruflichen Handlungskompetenz übernehmen. Empirische Studien und auch Metaanalysen setzen sich mit der Brauchbarkeit von Selbstbeurteilungen beruflicher Leistungen auseinander. Sie kommen zu dem Schluss, dass sie valide sind, wenn Anonymität der Angaben gewährleistet wird, dimensionsorientierte anstelle globaler Urteile erhoben werden, verhaltensorientierte im Unterschied zu merkmalsorientierten Dimensionen bei der Beurteilung Verwendung finden, d.h. wenn nach dem Arbeitsverhalten und nicht nach Persönlichkeitsmerkmalen gefragt wird, die Beurteiler Erfahrungen in Selbstbeurteilungen haben und eine Validierung der Urteile angekündigt wird (Mabe & West 1982; Harris & Schaubroeck 1988; Moser et al. 1994; Moser 1999).
Subjektive Methoden sind praktikabel und sie können für eine berufs- und branchenübergreifende Analyseebene entwickelt werden. Es existieren verschiedene Verfahren zur Kompetenzerfassung mittels Selbsteinschätzungen, z.B. der Kompetenzfragebogen von Stäudel (1988), die Frankfurter Selbstkonzeptskalen von Deusinger (1986), der Problemlösefragebogen von Holling, Liepmann, König, Otto und Schmidt (1980), die Skalen zur Selbsteinschätzung beruflicher Kompetenzen bei der Evaluation von Bildungsmaßnahmen (Sonntag & Schäfer-Rauser 1993).

## Methodologische Einordnung

Ein subjektiver Messzugang wird gewählt. Arbeitende werden mit Hilfe standardisierter Analyseinstrumente um eine Einschätzung verschiedener Facetten des Selbstkonzepts ihrer beruflichen Kompetenz gebeten. Die Analysemethode ist konzipiert für eine branchenübergreifende, von der Aufgabengestaltung und der Lernkultur der Organisation abhängigen arbeitsimmanenten Kompetenzentwicklung. Demzufolge dominieren beim bisherigen Einsatz der Methodik Gruppenauswertungen, bei denen sich individuelle Urteilsverzerrungen als Folge individuell variierender Urteilstendenzen ausmitteln. Interpretationen von Effekten arbeitsimmanenter Kompetenzentwicklung werden auf der Basis statistisch signifikanter Niveauunterschiede in verschiedenen Facetten des Selbstkonzepts beruflicher Kompetenz vorgenommen. Außerdem kann für Gruppen von Arbeitenden eine Berechnung von Alterskorrelationen verschiedener Facetten des Selbstkonzepts beruflicher Kompetenz erfolgen. Die arbeitsimmanente Kompetenzentwicklung ist ein längerfristiger Prozess und ihre Effekte sollten deshalb deutlicher bei älteren Arbeitenden nachweisbar sein. Nullkorrelationen von Kriterien des Selbstkonzepts beruflicher Kompetenz sind ein Indikator dafür, dass die Lernanforderungen am Arbeitsplatz von älteren Arbeitenden mit vergleichbaren Ergebnissen wie von jüngeren bewältigt werden. Negative Alterskorrelationen wären hingegen als Indikator für eine schlechtere Bewältigung der Lernanforderungen in der Arbeit durch Ältere im Vergleich zu Jüngeren zu interpretieren.

### Einschätzung der Gütekriterien

Die Methodik ist mehrfach erprobt. Die Objektivität als Unabhängigkeit der gewonnenen Daten vom Untersucher wird durch die Standardisierung der Erhebungssituation erreicht. Standardisierte Fragebögen mit einem quantifizierenden Antwortformat liegen vor. Die Reliabilität der Verfahren ist durch die internen Konsistenzen (Cronbachs $\alpha$) dokumentiert. Zusätzlich wurde die Retest-Reliabiität an einer Stichprobe von Erwerbstätigen mit stabiler Arbeitssituation durch eine Wiederholungsuntersuchung im Abstand von drei Wochen bestimmt. Die folgende Tabelle gibt die Reliabilitäten für alle Skalen an. Dabei sind zusätzlich zu den für die Skalen ermittelten Werte nach einer Formel von Lienert und Raatz (1994) standardisierte Koeffizienten für eine theoretische Skala mit jeweils 10 Items angeben. Dies erleichtert den Vergleich verschiedener Skalen. Für die Anwendung der Skalen sind jedoch die jeweils unkorrigierten Koeffizienten maßgeblich.

Bestimmungen der *Validität* nutzten als ein Außenkriterium den beruflichen Erfolg und Konstruktvalidierungen. Die Validität der Verfahren konnte bestätigt werden (Richter 2000).

| Skala (Items je Skala) | Interne Konsistenz | | Retest – Reliabilität | |
|---|---|---|---|---|
| | Cronbachs $\alpha$ | $\alpha$ stand. | R | R stand. |
| Fachkompetenz (7) | 0.73 | 0.80 | 0.79 | 0.84 |
| Sozialkompetenz (10) | 0.74 | 0.74 | 0.85 | 0.85 |
| Methodische Kompetenz (16) | 0.84 | 0.76 | 0.88 | 0.82 |
| Selbstkompetenz | | | | |
|    Berufliche Entwicklungsziele (6) | 0.78 | 0.86 | 0.62 | 0.82 |
|    Eigenaktivität (9) | 0.70 | 0.72 | 0.80 | 0.82 |
|    Ansprüche an die Lernhaltigkeit der Arbeitsaufgabe (24) | 0.93 | 0.85 | 0.79 | 0.61 |
| Selbstwirksamkeit (10) (Skala von Schwarzer, 1994) | 0.87 | 0.87 | 0.79 | 0.79 |

Tab. 1: Reliabilitäten der Fragebögen zum Selbstkonzept beruflicher Kompetenz (Richter 2000)

### Fehler- und Problemkritik

Die Methodik hat nicht das Ziel einer Individualdiagnostik, sondern ist für den Zweck der Abschätzung von Effekten arbeitsimmanenter Kompetenzentwicklung und für die Begründung von Veränderungsbedarf für diese entwickelt. Deshalb werden Gruppenauswertungen vorgenommen und die Methoden gemeinsam mit Instrumenten für die Analyse der Arbeitssituation eingesetzt.

Selbsteinschätzungen der beruflichen Kompetenz von Erwerbstätigen zeichnen sich durch eine hohe Ausprägung der Beurteilungswerte aus, die in der Regel immer über den Mittelwerten der jeweiligen Skala liegen. Ihre Interpretation wird deshalb durch eine z-Transformation der erhobenen Werte erleichtert.

Die inhaltlichen Anker für Selbstbeurteilungen beruflicher Kompetenz unterscheiden sich in verschiedenen Gruppen. Für eine Interpretation ist deshalb eine Kontrolle konfundierender Faktoren durch Konstanthaltung angebracht. So sollte, um eine Beeinflussung des Selbstkonzepts der beruflichen Kompetenz durch das Qualifikationsniveau zu kontrollieren, ein Vergleich von Niveaustufen oder von Alterskorrelationen des Selbstkonzepts beruflicher Kompetenz grundsätzlich für Erwerbstätige gleichen Qualifikationsniveaus erfolgen.

Selbstbeurteilungen beruflicher Kompetenz abstrahieren von den konkreten Kompetenzinhalten am Arbeitsplatz. Sie nehmen keine domänenspezifische Kompetenzbeschreibung vor. Wenn dies benötigt wird, z.B. für die Begründung von arbeitsgruppen- oder personenpezifischem Kompetenzentwicklungsbedarf, so sind sie durch arbeitsplatzbezogene Feinanalysen zu ergänzen. Mit Selbstbeurteilungen kann aber praktikabel begründet werden auf welche Bereiche sich Feinanalysen konzentrieren sollten.

Das Konstrukt der beruflichen Kompetenz wird durch die Skalen nicht vollständig repräsentiert.


## Ablauf des Messprozesses

Die Methoden sind für eine Bestandsaufnahme der Bedingungen für eine arbeitsimmanente Kompetenzentwicklung in Arbeitsgruppen oder Arbeitsbereichen entwickelt. Sie werden deshalb zusammen mit Instrumenten zur Analyse der Lernhaltigkeit der Arbeitsaufgabe und der Lernförderung der jeweiligen Organisation eingesetzt. Mit der Unternehmensleitung und dem Betriebs- oder Personalrat sind die konkreten Untersuchungsziele, die Arbeitsschritte und evtl. erforderliche Ergänzungen durch zusätzliche Analysen zu vereinbaren.

Die Erhebungen zum Selbstkonzept beruflicher Kompetenz können als Gruppenerhebungen in einem ruhigen Raum außerhalb des Arbeitsplatzes aber im Unternehmen durchgeführt werden und benötigen ca. 40 Minuten. Auswertungen erfolgen gruppenweise durch die Berechnung von Mittelwerten, Streuungen und Alterskorrelationen. Interpretationen setzen signifikante Unterschiede voraus.

Die Durchführung der Erhebung als Gruppenuntersuchung erfordert die Anwesenheit eines in der Arbeits- und Organisationspsychologie erfahrenen Untersuchers. Dieser sollte in das Ziel der Unterstützung der Kompetenzentwicklung durch die Gestaltung der Arbeitssituation einführen und die dafür erforderliche Prozedur der Gruppenauswertung erläutern. Das Umgehen mit den Anforderungen, die aus dem Datenschutz bei der Erhebung personenbezogener Daten resultieren, sollte ebenfalls transparent gemacht werden. Die Gruppengröße kann bei solchen Erhebungen variabel entsprechend den Bedingungen in einem Unternehmen sein.

Ein Overheadprojektor und ein Foliensatz zur Erläuterung des Ziels der Untersuchung sind günstig. Für jeden Teilnehmer wird ein Satz der standardisierten Erhebungsinstrumente sowie eine Instruktion zum Umgehen mit ihm benötigt.

## Begründung für einen Messzugang über das Selbstkonzept der beruflichen Kompetenz

Ein Verständnis von Kompetenz als Befähigung einer Person zur selbstständigen Weiterentwicklung von Wissen und Können auf einem Gebiet, so dass dabei eine hohe Niveaustufe erreicht wird, die mit Expertise charakterisiert werden kann, sieht in selbst organisiertem Lernen den wesentlichen Mechanismus der Kompetenzentwicklung (Erpenbeck 1997). Selbstorganisiertes Lernen funktioniert nur bei hoher Motivation. Persönlicher Lernbedarf muss entdeckt werden. Das gelingt, wenn im eigenen Arbeitskontext Entwicklungstrends beobachtet, analysiert und die Folgen für die eigenen Arbeitsaufgaben und Arbeitsmethoden kalkuliert werden. Das funktioniert, wenn Arbeitende sich nicht nur für die derzeitigen sondern auch für ihre zukünftigen Arbeitsaufgaben verantwortlich fühlen, wenn sie sich auch für neu entstehende, noch unscharfe Aufgaben interessieren und durch die Selbsterklärung der Zuständigkeit für diese den Aufgabenumfang für eine arbeitsimmanente Kompetenzentwicklung erweitern. Das entspricht einer Vergrößerung des Aufgabenspektrums, für das im Arbeitsprozess ein Training durch wiederholte Ausführung erfolgt (Bergmann 1999). Ein Ausprobieren von Neuem kann dabei jedoch auch zu Misserfolgen führen und damit Umwege und Nacharbeit verursachen. Somit ist die Kompetenzentwicklung durch selbst organisiertes Lernen mit Anstrengungen verbunden. Sie ist ganz entscheidend von der Steuerung persönlicher Ressourcen abhängig. Diese Qualität der Selbststeuerung kann über das Selbstkonzept der beruflichen Handlungskompetenz erfasst werden.

Mit dem selbstorganisierten Lernen als Mechanismus der Kompetenzentwicklung wird begründet, dass motivationalen Facetten des Selbstkonzepts beruflicher Kompetenz eine besondere Bedeutung zukommt. Die Selbsterklärung der Zuständigkeit für neue Aufgaben, die aus einigen Arbeiten zur Expertiseforschung als eine Bedingung für die Entwicklung von Könnerschaft verallgemeinert werden kann, ist damit gleichzeitig als Bedingung der Kompetenzentwicklung zu sehen. Eine explorierende Auseinandersetzung mit den Aufgaben am Arbeitsplatz wird so erreicht. Bei einem Verständnis von Arbeitenden als Problemanalytiker ihrer Arbeit führt die Selbsterklärung der Zuständigkeit für neue Aufgaben zu einer Vergrößerung des Problemraumes, macht Lernbedarf erlebbar und begünstigt eine Variantenentwicklung und Optimierung von Arbeitsmethoden. Ein solches Arbeitsverhalten auf der Basis intrinsischer Motivation kann als Motor der Kompetenzentwicklung interpretiert werden.

Diese Selbstorganisation ist von persönlichem Investment abhängig, d.h. vom Einsatz, mit dem Aufgaben des Lernens in der Arbeit in Angriff genommen werden. Die Entwicklung von beruflicher Kompetenz und Expertise erfordert Lernen, Üben, Eigeninitiative, das Ausprobieren von Neuem (Gruber 1994; Krems 1997; Weinert 1996).

Aus handlungstheoretischer Perspektive ist eine Mobilisierung persönlicher Ressourcen eher anzunehmen, wenn individuelle Aufwands – Nutzen – Kalkulationen einen Erfolg wahrscheinlich erscheinen lassen. Dies ist der Fall, wenn die berufliche Fach- und Methodenkompetenz als ausreichend für einen erfolgreichen Umgang mit neuen und schwierigen Aufgaben eingeschätzt werden. Von der Selbstbeurteilung ist also auch ein regulativer Effekt zu erwarten. Werden Handlungskompetenzen als gut eingeschätzt, so ist die Übernahme neuer Aufgaben wahrscheinlicher. Diese regulative Funktion wird über das Selbstkonzept zugänglich.

In dem entwickelten Messverfahren bildet die Selbstkompetenz einen Schwerpunkt. Sie wird operationalisiert über mehrere Skalen zur Beschreibung motivationaler Facetten, nämlich die Skala »Eigenaktivität beim Lernen« mit der selbst initiierte Lernunterstützungen erfasst werden, wie bspw. das Fragen von Kollegen nach fehlendem Wissen, das gezielte Beobachten der Arbeitsmethoden von Kollegen bei bestimmten Aufgaben, das Lernen für die Arbeit in der Freizeit, die Skala »Entwicklungsziele«, mit der erfasst wird, ob Arbeitende anstreben, beispielsweise mehr Verantwortung oder neue Aufgaben zu übernehmen oder mehr Anerkennung und bessere Aufstiegschancen zu erhalten und die Skala »Anspruch an die Lernhaltigkeit der Aufgabe«. Die letzte Skala ist dadurch zu begründen, dass nur vielfältige Aufgaben mit Tätigkeitsspielräumen Anregungen für einen explorierenden Umgang und damit Herausforderungen für Lernen in der Arbeit bieten. Werden wenig lernhaltige Aufgaben bevorzugt, so entspricht das einem Vermeiden von Lernanforderungen.

In empirischen Untersuchungen wurde für die Beschreibung der Selbstkompetenz zusätzlich die Skala »Selbstwirksamkeitserwartung« von Schwarzer (1994) eingesetzt. Dies erfolgt, weil das Selbstwirksamkeitserleben als Verstärker für Lernen funktioniert. Mit dem Erleben, eine schwierige Situation durch eine lernende Auseinandersetzung gemeistert zu haben, wächst über emotionale Prozesse wie Freude und Stolz Vertrauen in die eigene Kompetenz. Damit ist das Selbstwirksamkeitserleben das Resultat erfolgreichen Lernens. Es ist gleichzeitig eine Voraussetzung für selbstorganisiertes Lernen, weil Vertrauen in die eigene Kompetenz zur Übernahme neuer Aufgaben motiviert. Das Selbstwirksamkeitserleben kann somit als Ergebnis und Prädiktor selbstorganisierten Lernens und damit als eine Facette der Selbstkompetenz interpretiert werden.

Der Kompetenzbegriff als Befähigung einer Person zum erfolgreichen Umgang mit beliebigen, auch neuen Berufsaufgaben verweist zusätzlich auf die Bedeutung transferierbarer Arbeitsstrategien, die als Methodenkompetenz bezeichnet werden. Mit den Skalen »Methodisches Vorgehen« und »Kognitive Fähigkeiten« wird diese Komponente erfasst. Für die Fach- und Sozialkompetenz wurden unter Nutzung vorhandener Verfahren (Sonntag et al. 1993) zwei Skalen gebildet. Damit folgt die Struktur des entwickelten Verfahrens zur Erfassung des Selbstkonzepts beruflicher Kompetenz der üblichen Einteilung in Fach-, Sozial-, Methoden- und Selbstkompetenz.

Metaanalysen zur Validität von Selbstbeurteilungen beruflicher Leistungen (Mabe & West 1982; Harris & Schaubroeck 1988; Moser 1999) weisen aus, dass die Validität an Voraussetzungen gebunden ist. Dazu gehört die Gewährleistung von Anonymität, die Erhebung dimensionsorientierter statt globaler Urteile, die Verwendung verhaltensorientierter statt merkmalsorientierter Dimensionen und die Sicherung von Erfahrungen der Beurteiler mit Selbstbeurteilungen. In den durchgeführten Untersuchungen wurde die Anonymität strikt gewährleistet. Auswertungen für Unternehmen erfolgten grundsätzlich als Gruppenvergleiche mit dem Ziel, den Kompetenzentwicklungsbedarf für Arbeitsgruppen zu spezifizieren. Durch die Konstruktion der Verfahren wurde darauf geachtet, nicht globale Urteile abzufordern und die Items verhaltensorientiert zu formulieren.

Um die Wirkung des vierten Aspekts, nämlich der Erfahrungen mit Selbstbeurteilungen für die entwickelte Methodik zu prüfen, wurde eine spezielle Studie durchgeführt (Richter, D. 2000). Die Erhebungsinstrumente zur Erfassung der Fach-Sozial- und Methodenkompetenz wurden für zwei Personengruppen mit Fremdbeurteilungen der gleichen Facetten des Selbstkonzepts der beruflichen Kompetenz durch Vorgesetzte verglichen. Das geschah für 37 Facharbeiter der technischen Branche im Alter zwischen 40 und 60 Jahren und für 41 Auszubildenden der gleichen Branche im gleichen Betrieb.

Die erfahrenen Facharbeiter waren es gewohnt, in Mitarbeitergesprächen ihre Leistungen einzuschätzen und ihren Lern- bzw. Kompetenzentwicklungsbedarf anzugeben. Sie erfuhren in ihrem Arbeitsalltag ständig Fremdeinschätzung ihrer Leistungen durch Vorgesetzte, durch Kollegen und teilweise durch Kooperationspartner. Außerdem erlebten sie regelmäßige Rückmeldungen über ihre Leistungen in Form von Arbeitsergebnissen.

Die Auszubildenden verfügen über diese Erfahrungen und Rückmeldungen noch nicht.

Für die Fremdeinschätzung wurden Items in den Erhebungsinstrumenten entsprechend umformuliert. Sie waren aber inhaltlich mit den Items der Selbsteinschätzungen identisch. Alle Teilnehmer wurden informiert, dass eine Fremdeinschätzung stattfindet. Für die erfahrenen Facharbeiter erfolgte die Fremdeinschätzung der Kompetenzfacetten durch die unmittelbaren Vorgesetzten, für die Auszubildenden durch den Ausbilder. Die Anonymität wurde so gewährleistet, dass im Beisein der Teilnehmer die Zuordnung der Erhebungsbögen vorgenommen, dabei Namenskennzeichnungen entfernt und der Kode eingetragen wurde. Die Abbildungen 1 und 2 geben die Resultate an.

Für die Gruppe der Berufserfahrenen sind Selbst- und Fremdbeurteilungen der Kompetenzfacetten praktisch deckungsgleich. Es gibt keine signifikanten Unterschiede. In der Gruppe der Auszubildenden sind die Selbstbeurteilungen grundsätzlich günstiger ausgefallen als die Fremdbeurteilungen. Die Unterschiede sind für alle Skalen statistisch signifikant. Damit bestätigt diese Studie die Bedeutung von Erfahrungen für die Validität von Selbstbeurteilungen. Sie zeigt, dass bei fehlenden oder geringen Erfahrungen in Selbstbeurteilungen der eigenen Leistungen Überschätzungen der verschiedenen Kompetenzfacetten auftreten. Die entwickelte Methodik ist deshalb nur für die Erfassung des Selbstkonzepts beruflicher Kompetenz bei Berufserfahrenen zu empfehlen.

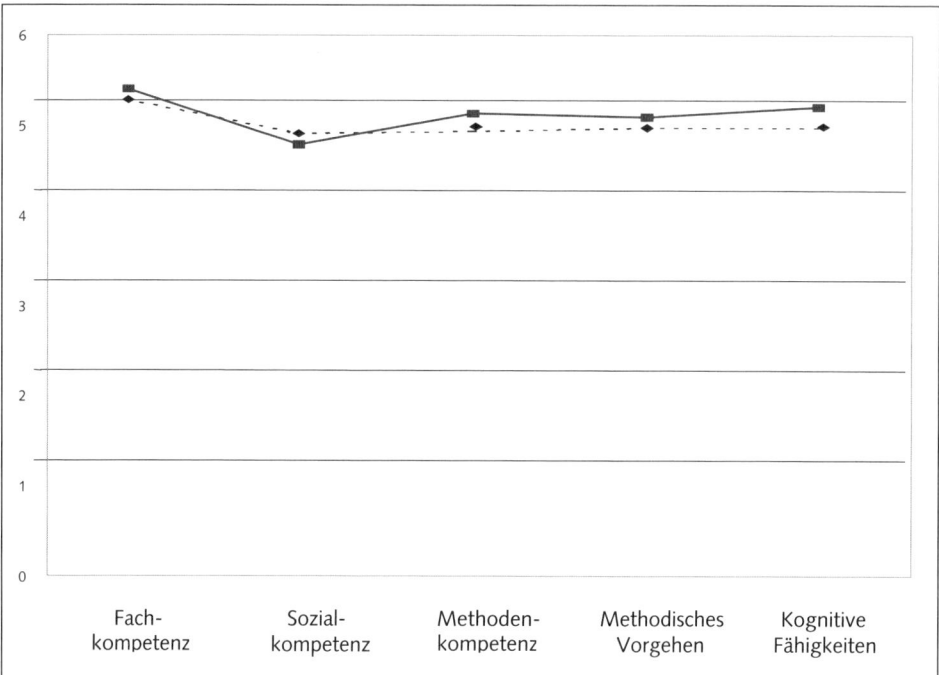

Abb. 1: Vergleich der Mittelwerte der Fremd- und Selbstbeurteilungen der Kompetenzfacetten
für Berufserfahrene

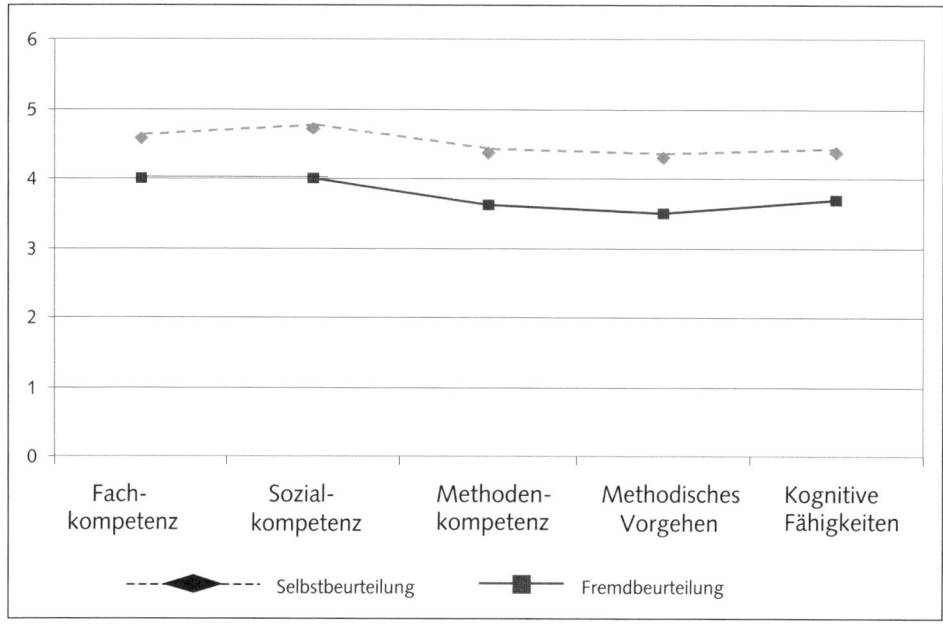

Abb. 2: Vergleich der Mittelwerte der Fremd- und Selbstbeurteilungen der Kompetenzfacetten
für eine Gruppe von Auszubildenden

# Die Arbeitssituation als ein Prädiktor der Kompetenzentwicklung

Es ist eine alte Erkenntnis, dass durch Arbeit nicht nur Produkte erzeugt, sondern auch Menschen geformt werden. Die Forderung nach gesundheits- und persönlichkeitsfördernder Arbeitsgestaltung (Hacker 1998) resultiert aus dem Wissen um Spielräume für das Erreichen dieser Ziele durch Veränderungen an den Verhältnissen. Berufsaufgaben unterscheiden sich in ihrem Lernpotenzial. Ganzheitliche Aufgaben bieten vielseitige Lern- und Trainingsmöglichkeiten und führen so zum Erhalt und zur Entwicklung von Kompetenz.

Rudinger (1987) hält berufliches Training für relevant für die intellektuelle Entwicklung im Erwachsenenalter. Empirische Belege für einen Zusammenhang zwischen der Art der Arbeit und Kompetenzgraden existieren. Arthur Kornhauser (1965) hat mit den Mitteln der empirischen Sozialforschung Wirkungen von Eigenschaften beruflicher Tätigkeit auf die Persönlichkeit von Arbeitenden untersucht. Ein wichtiger Befund seiner Studie lautet: Je mehr die Arbeit die Anwendung eigener Fähigkeiten ermöglicht, desto besser ist die geistige Gesundheit der Arbeitenden. Die Möglichkeit des Gebrauchs eigener Fähigkeiten erwies sich in dieser Studie als wichtige Tätigkeitseigenschaft.

In Lern- und Trainingsprozessen, die sich gleichzeitig mit der Bearbeitung von Aufgaben vollziehen, wird ein Mechanismus der Kompetenzentwicklung gesehen. Deshalb werden Leistungsprobleme älterer Arbeitender zum Teil auch auf das Fehlen von Lernerfahrungen infolge mangelnder arbeitsbezogener Lernanforderungen zurückgeführt (Naegele 1994; Barkhold et al. 1995; Koller & Plath 2000). So wird die Nichtgebrauchsthese als wesentliche Wurzel für Minderleistungen älterer Arbeitender bemüht.

Arbeitsaufgaben sind von Menschen gestaltet und bei Mängeln veränderbar. Durch Aufgabengestaltungen können Lernanforderungen in die Arbeitssituation implementiert werden. Forschungen von Ilmarinen (1999) und seiner Arbeitsgruppe belegen die große Bedeutung gestaltbarer Faktoren für die Erhaltung und Entwicklung der Arbeitsfähigkeit bzw. Kompetenz während des Erwerbsalters.

Diese Erkenntnisse wurden zum Anlass genommen, berufliche Handlungskompetenz nicht nur als Personeneigenschaft, sondern auch als Wirkung von Aufgaben- und Organisationsgestaltungen in Unternehmen zu sehen. Demzufolge kann mit einer Kompetenzmessung nicht nur das Ziel einer Individualdiagnose, sondern auch das Ziel der Begründung von Veränderungsbedarf bei der Aufgaben- und Organisationsgestaltung mit dem Ziel der Unterstützung der Kompetenzentwicklung von Arbeitsgruppen bzw. Unternehmen verfolgt werden.

Dieser Zweck der Kompetenzmessung stand bei der Entwicklung der vorgestellten Verfahren im Vordergrund. Das erforderte aber, die Methoden zur Erfassung des Selbstkonzepts beruflicher Kompetenz zu kombinieren mit Analysen der Lernhaltigkeit der Arbeitssituation. Im Einzelnen sollten mit den Methoden die folgenden drei Ziele realisiert werden können:

**Das Abschätzen von Effekten arbeitsimmanenter Kompetenzentwicklung**

Vorliegende Studien zu dieser Thematik, z.B. von Kornhauser (1965), von Kohn und Schooler (1969, 1978, 1982) von Benninghaus (1987) oder von Hoff et al. (1991) bestätigen Effekte einer Kompetenzentwicklung durch Lernen im Prozess der Arbeit, machen aber generelle Aussagen dazu schwierig. Das liegt daran, dass in diesen Studien sowohl die Arbeitssituation als auch Eigenschaften der Handlungskompetenz sehr unterschiedlich operationalisiert sind. Verallgemeinerungen sind deshalb erschwert. Durch die Entwicklung einer Screening-Methodik, die branchenübergreifend einsetzbar ist, weil sie nicht auf eine Erfassung der konkreten Inhalte beruflicher Handlungskompetenz, sondern auf Beurteilungen der für die Selbststeuerung des Lernens wichtigen motivationalen und methodischen Faktoren des Selbstkonzepts der Kompetenz sowie auf zusammenfassende Beurteilungen der Facetten der Fach- und Sozialkompetenz zielt, sollten Effekte arbeitsimmanenter Kompetenzentwicklung beschrieben werden. Das erfordert aber gleichzeitig eine Erfassung der Lernhaltigkeit der Arbeitssituation, die ebenfalls nicht auf konkrete Inhalte, sondern auf konzeptuell begründbare Voraussetzungen für das Entstehen intrinsischer Motivation und von Möglichkeiten für vielseitige und anspruchsvolle Lernprozesse in der Arbeit abzielt. Als solche sind in der arbeits- und organisationspsychologischen Literatur der Tätigkeitsspielraum mit Freiräumen für selbstständige Entscheidungen, Aufgabenvielfalt, transparente Informationsflüsse, so dass Rückkoppelungen über Arbeitsergebnisse während der Arbeit erlebt werden, die Implementierung von Lernen als integralen Bestandteil der Unternehmensplanung, die Anerkennung von Lernen und Selbstständigkeit, die Partizipation der Mitarbeiter an Lernprozessen beschrieben (Hackman & Lawler 1971; Hackman & Oldham 1976; Hacker 1998; Hacker et al. 1995; v. Rosenstiel 1994; Greif & Kurtz 1996; Sonntag 1996; Ulich 1998).

Auch zur Erhebung solcher Eigenschaften der Arbeitssituation wurden praktikable Instrumente zur Selbstanalyse durch die Arbeitenden mit guten bis befriedigenden Gütekriterien entwickelt (Richter & Wardanjan 2000; Wardanjan et al. 2000). Mit der Beschreibung von Zusammenhängen zwischen Eigenschaften der Arbeitssituation und dem Selbstkonzept der beruflichen Kompetenz kann angegeben werden, in welchem Umfang Varianz in Kriterien des Selbstkonzepts beruflicher Kompetenz durch Eigenschaften der Arbeitssituation aufklärbar ist. Damit wird eine Bestandsaufnahme zu der Frage geleistet, in welchem Umfang personelle Ressourcen, gemessen durch das Selbstkonzept beruflicher Kompetenz, mit der Aufgaben- und Organisationsgestaltung zusammenhängen.

**Prognosen über Bedingungen für einen Kompetenzerhalt bzw. Kompetenzentwicklung über die Spanne des Erwerbslebens ermöglichen**

Unter den Bedingungen einer Arbeitswelt, die durch eine wachsende Beschleunigung von technischen Innovationen gekennzeichnet ist, die im Zuge einer verstärkten Kundenorientierung und Trends zur Globalisierung auch Veränderungen der Arbeitsorganisation zur Folge hat, ist die Weiterentwicklung von Wissen und Kompetenz eine ständige Aufgabe. Sie wird wesentlich durch selbstorganisiertes

Lernen erfolgen. Mit institutionalisierten Weiterbildungen gelingen Lernunterstützungen als Reaktion auf die Veränderungen in den Arbeitsanforderungen nicht zeitnah. Entsprechend theoretischer Konzepte, welche Kompetenz nicht nur als Personeneigenschaft sondern arbeitsimmanente Kompetenzentwicklung als Resultat
komplexer Wechselwirkungen zwischen Arbeitssituation und Person sehen, entsteht die Frage ob die Arbeitssituation auch als Prädiktor für einen Kompetenzerhalt über die Spanne des Arbeitslebens begründet werden kann.

Als Motor der Kompetenzentwicklung durch selbstorganisiertes Lernen wurde
intrinsische Motivation begründet. Bedingungen zu ihrer Entwicklung und Pflege
können durch die Arbeitssituation hergestellt werden. Das Gewährleisten von Spielräumen für selbstständiges Lernen und die Anerkennung von dessen Ergebnissen
sind wichtig.

Über eine Berechnung von Alterskorrelationen von Kriterien des Selbstkonzepts
beruflicher Kompetenz kann eine Bestandsaufnahme zur Frage der Altersstabili-
tät vs. -variabilität durchgeführt und geprüft werden, ob diese mit der Beschaffenheit der Arbeitssituation zusammenhängt. Solche Analysen können eine Basis für
Prognosen für einen Kompetenzerhalt bzw. eine Kompetenzentwicklung über die
Spanne des Erwerbslebens sein.

## Beratung von Unternehmen bei der Gestaltung anstehender Veränderungs-prozesse

Unternehmen sind offene, in Entwicklung befindliche Systeme. Ihr Funktionieren
und ihr Fortbestehen sind daran gebunden, dass in ständigem Austausch mit ihrer
Umgebung Entwicklungsziele verändert und präzisiert werden. Das erfordert von
den Mitarbeitern die Weiterentwicklung ihrer Kompetenz.

Eine Gegenüberstellung von Ist und Soll bzw. eine Beschreibung derzeitiger und
künftig gewünschter Kompetenzprofile kann erforderliche Entwicklungsprozesse
unterstützen. Die hier beschriebene Methodik erlaubt eine praktikable Bestandsaufnahme der Kompetenzprofile von Arbeitsgruppen. Dies und die gleichzeitige Analyse
der Lernhaltigkeit der gegenwärtigen Arbeitssituation erlauben eine Beschreibung
des Ist. Eine Beschreibung des Soll ist aus Unternehmenszielen ableitbar. Diese sind
in zu fertigende Produkte und Dienstleistungen sowie in dabei zu übernehmende
Aufgaben und erforderliche Kompetenzen zu konkretisieren. Mit den Instrumenten zur Selbstanalyse können, in einem partizipativen Prozess Schwachstellen und
Stärken derzeitiger Kompetenzmuster und Zusammenhänge mit arbeitsgestalterisch
gegebenen Möglichkeiten zum Lernen im Prozess der Arbeit veranschaulicht und
kommuniziert werden. Die Spiegelung einer so vorgenommenen Ist-Darstellung an
dem aus den Unternehmenszielen ableitbaren Soll erlaubt Schlussfolgerungen darüber, für welche künftigen Arbeitsaufgaben eine Unterstützung der Kompetenzentwicklung erforderlich ist.

## Ergebnisse des Kompetenzmessverfahrens

Die Instrumente zur Erfassung verschiedener Facetten des Selbstkonzepts beruflicher Handlungskompetenz wurden im Rahmen einer branchenübergreifenden Querschnittsuntersuchung mit dem Ziel einer Bestandsaufnahme von Zusammenhängen zwischen Eigenschaften der Arbeitssituation und dem Selbstkonzept beruflicher Handlungskompetenz eingesetzt (Bergmann, Fritsch et al. 2000). Dabei wurde nicht das Ziel der Individualdiagnose des Kompetenzstatus bei Arbeitenden verfolgt, sondern es sollte geprüft werden, in welchem Maße Varianz in der Ausprägung verschiedener Facetten des Selbstkonzepts beruflicher Handlungskompetenz durch gestaltbare Merkmale der Arbeitssituation aufgeklärt werden kann. Die Messmethodik wurde also mit dem Ziel der Abschätzung von Effekten arbeitsimmanenter Kompetenzentwicklung eingesetzt.

Die Auswertung erfolgte für Berufsgruppen verschiedener Qualifikationsniveaus getrennt. Für Facharbeiter wurde eine Varianzaufklärung zwischen 27 % bei Kriterien des Selbstkonzepts der beruflichen Kompetenz und 46 % bei Kriterien für motivationale Facetten des Selbstkonzepts nachgewiesen. Zu 28,6 % wurde die Varianz beim Kriterium »Methodisches Vorgehen« durch die Lernförderung der Arbeitssituation aufgeklärt und zu 37,4 % für die Facette der Sozialkompetenz. Bei Beschäftigten mit einem Hochschul- bzw. Universitätsabschluss war die Varianzaufklärung mit Werten zwischen 21,4 % für das Kriterium der Methodenkompetenz »Kognitive Fähigkeiten« und 28,3 % für das Kriterium »Sozialkompetenz« etwas geringer (Wardanjan 2000). Arbeitsimmanente Kompetenzentwicklung kann als Sozialisationswirkung der Arbeit auf Personen interpretiert werden. Beziehungen zwischen Arbeit und Person funktionieren jedoch auch über Selektionsprozesse, und zwar sowohl über Selektionen durch die Person, indem Personen bestimmte Arbeit auswählen und andere ablehnen, als auch über Selektion durch Unternehmen, realisiert als Personalauswahl aus einem Kreis mehrerer Bewerber.

Die Lernhaltigkeit der Arbeitssituation kann als eine Bedingung, als eine Voraussetzung für arbeitsimmanente Kompetenzentwicklung begründet werden. Arbeitsaufgaben mit Spielräumen, die bei ihrer Ausführung vielfältige Kompetenzen abfordern, ermöglichen so gleichzeitig ein Kompetenztraining. Die Lernkultur des Unternehmens kann durch das Gewähren von Partizipationsmöglichkeiten, zeitlichen Spielräumen für selbst organisiertes Lernen und die Anerkennung von Lernresultaten die Kompetenzentwicklung fördern. Wird die Lernhaltigkeit der Arbeitssituation in multiplen Regressionsanalysen als Prädiktor betrachtet, und berechnet, wie viel Varianz der Kriterien des Selbstkonzept beruflicher Kompetenz durch sie aufklärbar ist, so kann damit eine Quantifizierung von Effekten arbeitsimmanenter Kompetenzentwicklung als einer Sozialisationswirkung erreicht werden. Dies ist von zwei Bedingungen abhängig, und zwar

- von der Variationsbreite in den Prädiktoren und Kriterien. Eine Varianzaufklärung gelingt, wenn die betrachteten Größen variieren;
- von der Arbeitsmarktsituation.

Schallberger (1987) hat darauf hingewiesen, dass Personen bei guter Arbeitsmarktsituation durch Selektion eine Passung zwischen ihren Ansprüchen an Berufsarbeit und dem Arbeitsplatz erreichen können. Sozialisierungen haben dann den Charakter von Stabilisierungen der Selektionseffekte. Sie sind eher gering. Bei einer Verknappung von Erwerbsarbeit entstehen jedoch eingeschränkte Möglichkeiten für die Wahl einer den Interessen und Ansprüchen entsprechenden Arbeit. Dann dürfte eine Passung zwischen Person und Arbeit durch Selektion nicht mehr ausreichend gelingen. Sozialisationseffekte müssten unter diesen Bedingungen stärker beobachtbar sein.

Die Abbildung 3 veranschaulicht die Beziehungen zwischen Arbeit und Person bei unterschiedlicher Arbeitsmarktsituation schematisch.

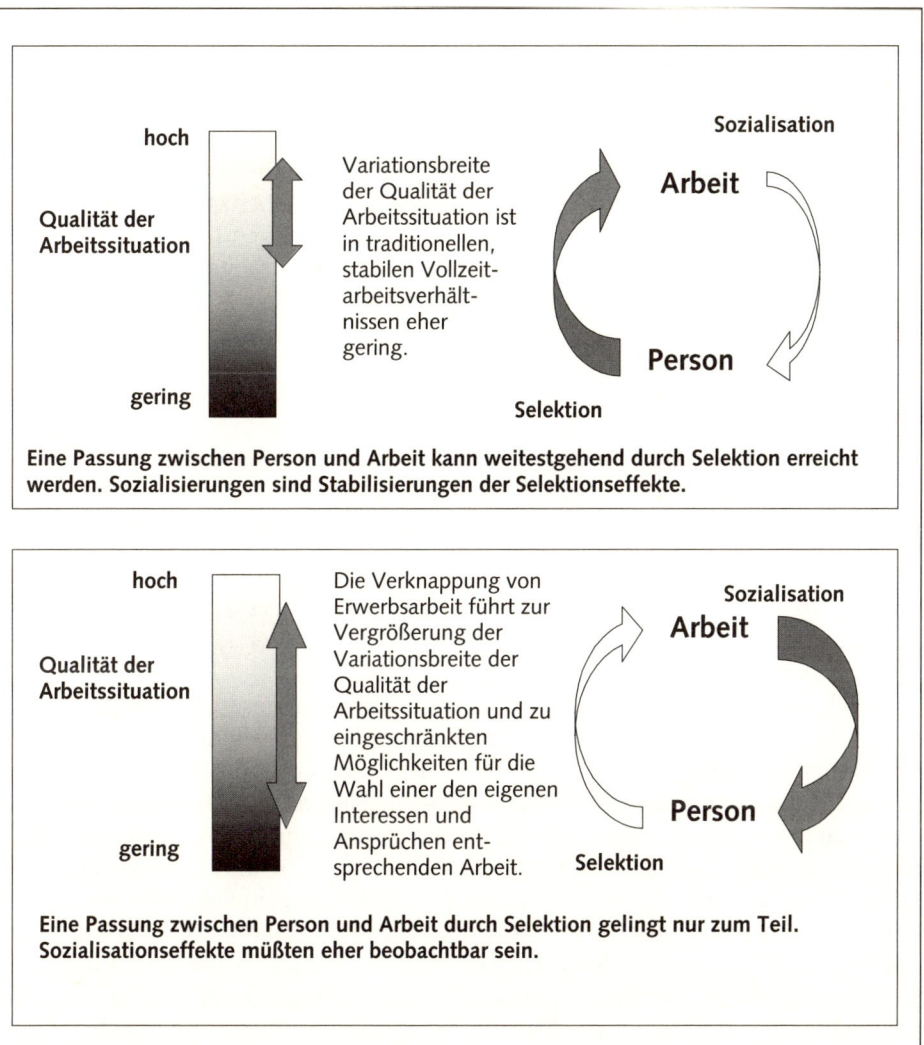

Abb. 3: Beziehung zwischen Arbeit und Person bei unterschiedlicher Arbeitsmarktsituation (modifiziert nach Bergmann 2001)

Die aus diesen Überlegungen resultierende Hypothese einer größeren Varianzaufklärung von Kriterien des Selbstkonzepts beruflicher Kompetenz durch die Beschaffenheit der Arbeitssituation bei Beschäftigten mit eingeschränkten Möglichkeiten
für die Wahl eines Arbeitsplatzes wurde überprüft. Das geschah durch einen Vergleich dreier Beschäftigungsgruppen:

- *Facharbeiter mit qualifikationsgerechtem Arbeitsplatz:* Sie stehen für Beschäftigte,
  die mehrheitlich einen ihren Interessen entsprechenden Arbeitsplatz wählen
  konnten. Es wird angenommen, dass bei dieser Gruppe eine Passung zwischen
  Person und Arbeit schwerpunktmäßig durch Selektionsprozesse erfolgt ist und
  Sozialisationsprozesse, operationalisiert über die mittels multipler Regressions-
  analyse ermittelte Varianzaufklärung von Kriterien des Selbstkonzepts beruflicher Kompetenz durch die Lernförderung der Arbeitssituation, eher gering ist.
- *Facharbeiter mit einem Arbeitsplatz unterhalb ihrer Qualifikation:* Der derzeitige Arbeitsplatz dieser Beschäftigungsgruppe entspricht nicht ihren Interessen,
  sondern ist einer schwieriger gewordenen Arbeitsmarktlage geschuldet. Nach
  einem nicht individuell verschuldeten Arbeitsplatzverlust standen diese Personen vor der Entscheidung für einen unterwertigen Arbeitsplatz oder Arbeitslosigkeit und haben die erste Variante gewählt, überwiegend mit der Motivation,
  die Zeit bis zur Suche eines qualifikationsgerechten Arbeitsplatzes zu überbrü-
  cken. Für diese Gruppe sind Möglichkeiten der Wahl eines interessengerechten
  Arbeitsplatzes eingeschränkt. Sozialisationseffekte sollten deshalb im Gegenzug
  größer sein.
- *Ungelernte:* Personen ohne einen Berufsabschluss haben weniger Möglichkeiten der Wahl eines interessengerechten Arbeitsplatzes. Das ist ablesbar an der
  hohen Erwerbslosenquote in dieser Gruppe. Für sie dürften deshalb Selektionsprozesse nur in geringem Maße zur Passung zwischen Person und Arbeit beigetragen haben. Sozialisationseffekte sollten deshalb auch in dieser Gruppe größer sein.

Die Abbildung 4 enthält die mittels multipler Regressionsanalysen ermittelte Varianzaufklärung in Kriterien des Selbstkonzepts beruflicher Kompetenz durch die
Lernhaltigkeit der Arbeitssituation.

Durch die Befunde der Abbildung 4 wird die Hypothese einer größeren Varianzaufklärung in Kriterien des Selbstkonzepts beruflicher Kompetenz bei Beschäftigtengruppen bestätigt, für die geringere Wahlmöglichkeiten bei der Suche nach
einem Arbeitsplatz begründet werden können. Sie variiert bei Facharbeitern mit
qualifikationsgerechten Arbeitsplätzen zwischen 5% und 27%, bei Facharbeitern
mit unterwertiger Beschäftigung zwischen 20% und 34% und für Ungelernte zwischen 21% und 66%. Die Befunde bestätigen damit die Annahme von Schallberger
(1987) über den Einfluss der Arbeitsmarktsituation auf die Größe von Sozialisati-
onseffekten bei der Betrachtung der Beziehung zwischen Arbeit und Person.

Die ausgeprägter werdenden Zusammenhänge zwischen der Lernhaltigkeit der
Arbeitssituation und Kriterien des Selbstkonzepts beruflicher Kompetenz entstehen dadurch, dass bei den Facharbeitern in unterwertiger Beschäftigung und auch
bei Ungelernten sowohl die Qualität der Arbeitssituation stärker variiert, d.h. auch
geringe Qualität der Arbeitssituation kommt vor, als auch die Einschätzungen der

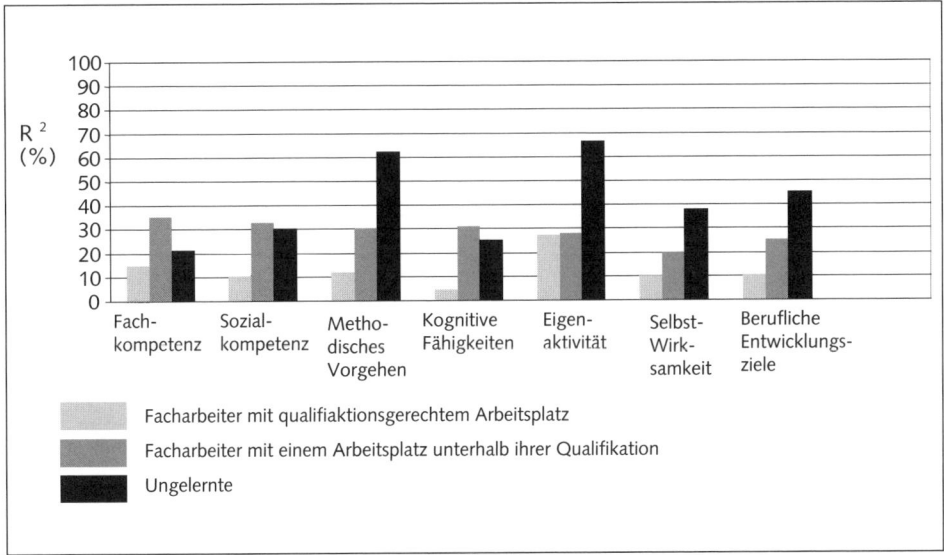

Abb. 4: Anteil der Varianzaufklärung von Kriterien des Selbstkonzepts beruflicher Kompetenz durch Eigenschaften der gegenwärtigen Arbeitssituation

beruflichen Kompetenz. Mit diesen Analysen wird nichts über die Ursachen ausgesagt. Die Bestandsaufnahme weist lediglich aus, dass geringer eingeschätzte berufliche Kompetenz mehrheitlich mit als wenig lernhaltig eingeschätzter Arbeitssituation zusammenhängt. Über eine Wirkrichtung sagen die Befunde nichts aus. Es bleibt offen, ob sich ein geringes Selbstkonzept beruflicher Kompetenz mangels Training infolge lernarmer Arbeitsaufgaben entwickelt hat oder ob die Personen Arbeitsplätze mit geringen Lernanforderungen gewählt haben, weil sie nicht lernen wollen.

Mit den entwickelten Verfahren konnte also gezeigt werden, dass Zusammenhänge zwischen der Lernhaltigkeit der Arbeitssituation und dem Selbstkonzept beruflicher Kompetenz vom Umfang abhängig sind, in dem durch Selektionsprozesse eine Passung zwischen Arbeit und Person erreicht werden kann.

Mit den entwickelten Verfahren wurde die Bestandsaufnahme zu Effekten arbeitsimmanenter Kompetenzentwicklung noch um einen Analyseschritt erweitert. Dieser betraf die Dokumentation der Zusammenhänge zwischen dem Alter der Beschäftigten und Kriterien des Selbstkonzepts beruflicher Kompetenz. Wenn berufliche Kompetenzentwicklung von der Art der Arbeitsaufgabe und von der Lernförderung im Unternehmen abhängt, dann sollten sich Effekte mit zunehmendem Alter in stärkerem Maße zeigen. Der ständigen Entwertung beruflichen Spezialwissens infolge kürzer werdender Halbwertszeit dieses Wissens muss durch selbstorganisiertes Lernen entgegengewirkt werden. Wenn dieses gelingt, so sollte sich das in Nullkorrelationen von Kriterien des Selbstkonzepts beruflicher Kompetenz äußern. Sie wären Ausdruck für die Irrelevanz des kalendarischen Alters für das Niveau bei Selbsteinschätzungen beruflicher Kompetenz. Sollten sich jedoch negative Alterskorrelationen ergeben, so wäre das Ausdruck geringer eingeschätzter beruflicher Kompetenz durch ältere Beschäftigte im Vergleich zu jüngeren. Diese Annahme wurde an einer Stichprobe von Facharbeitern überprüft (Bergmann & Wilczek, 2000).

Für die Berechnung von Alterskorrelationen der Kriterien des Selbstkonzepts beruflicher Kompetenz wurden alle untersuchten Facharbeiter hinsichtlich der Lern-förderung ihrer Arbeitssituation kontrastiert. Mittels Mediansplit wurden sie in sol-che mit lernförderlicher und solche mit wenig lernförderlicher Arbeitssituation ein-geteilt. Für beide Gruppen wurden Alterskorrelationen und Regressionsgeraden für die Beziehung zwischen verschiedenen Kriterien des Selbstkonzepts beruflicher Kompetenz berechnet. Die Abbildung 5 gibt exemplarisch die Resultate für das Selbstkonzept der Fach-, Sozial- und Methodenkompetenz wieder.

Für Facharbeiter in lernförderlicher Arbeitssituation weisen die Regressionsge-raden auf eine Unabhängigkeit des Niveaus der eingeschätzten Kompetenzfacetten vom Alter hin. Für Facharbeiter in wenig lernförderlichen Arbeitssituationen gibt es hingegen einen leicht negativen Alterstrend. Für die Kriterien des Selbstkonzepts der Methodenkompetenz ist er signifikant.

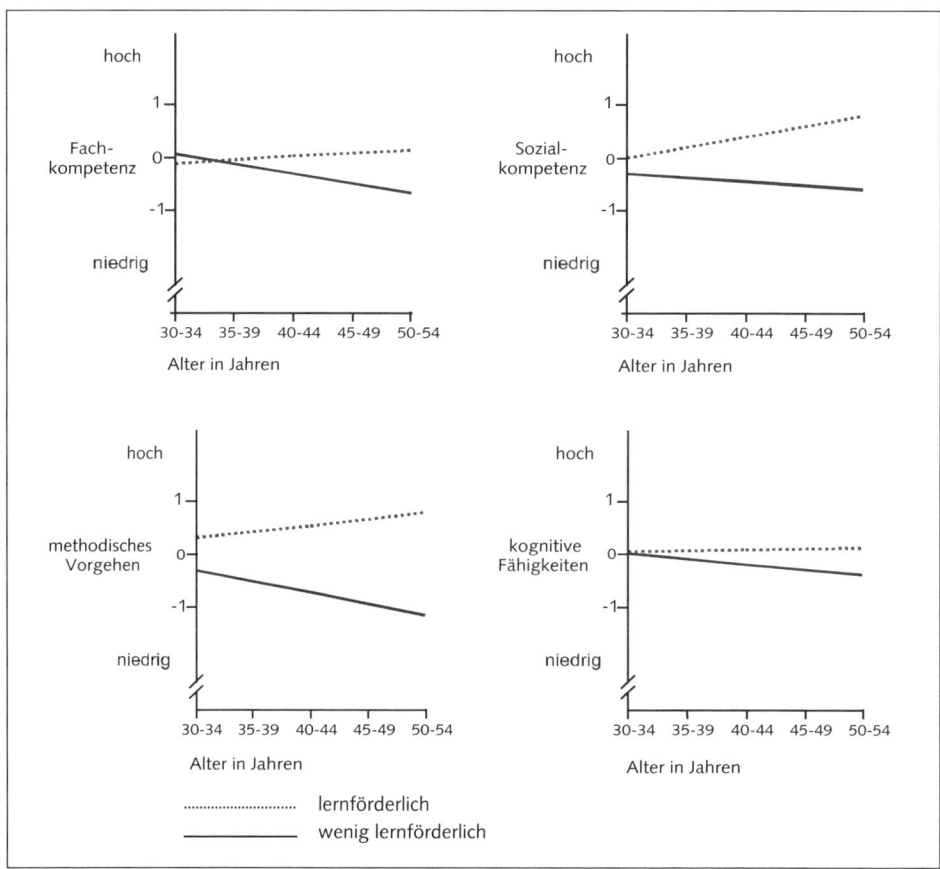

Abb. 5: Regressionsgeraden für die Beziehung zwischen Kriterien des Selbstkonzepts der Fach-, der Sozial- und zwei Kriterien der Methodenkompetenz für Facharbeiter in lernförder-lichen vs. wenig lernförderlichen Arbeitssituationen (Bergmann & Wilczek 2000).

Für eine Stichprobe von Erwerbstätigen mit Universitätsabschluss und Hochschulabschluss konnten unterschiedliche Alterskorrelationen für Arbeitende mit einem qualifikationsgerechten im Unterschied zu solchen mit einem unterwertigen Arbeitsplatz bei motivationalen Indikatoren bestätigt werden (Bergmann et al. 2001).

Damit ist gezeigt, dass die Verfahren zur mehrdimensionalen Erfassung des Selbstkonzepts beruflicher Kompetenz geeignet sind für eine berufs- und branchenübergreifende Bestandsaufnahme zum Status beruflicher Kompetenz und zur Abschätzung von Effekten arbeitsimmanenter Kompetenzentwicklung. Im Zusammenhang mit der Analyse der Lernhaltigkeit der Arbeitssituation weisen sie auf eine Korrespondenz zwischen der Höhe der Lernanforderungen und der Lernunterstützungen in der Arbeit und Niveaustufen des Selbstkonzepts beruflicher Kompetenz hin. Sie zeigen, dass ein Viertel bis knapp die Hälfte der Varianz in Kriterien des Selbstkonzepts beruflicher Kompetenz durch die Lernhaltigkeit der Arbeitssituation aufklärbar sind. Sie zeigen für Personen in wenig lernhaltigen Arbeitssituationen leicht negative Alterstrends für die Ausprägung von Kriterien des Selbstkonzepts beruflicher Kompetenz, d.h. ältere Beschäftigte schätzen ihre beruflich Kompetenz geringer ein als jüngere. Für Beschäftigte in lernhaltigen Arbeitssituationen gibt es jedoch Nullkorrelationen, d.h. eine Unabhängigkeit der Einschätzung der Kompetenzgrade vom Alter.

Entsprechend des gewählten Untersuchungsdesigns ist damit eine Beschreibung geleistet, keine Erklärung. Spiegelt man die Befunde jedoch an konzeptuellen Vorstellungen über das Funktionieren arbeitsimmanenter Kompetenzentwicklung durch selbst organisiertes Lernen, so lassen sich lernhaltige Arbeitsaufgaben und eine Lernen fördernde Unternehmenskultur als Prädiktoren für eine erfolgreiche Kompetenzentwicklung begründen. Lernhaltige Aufgaben ermöglichen ein ständiges geistiges Training und sie regen durch Tätigkeitsspielräume zum Explorieren und Optimieren von Arbeitsmethoden an. Damit wirken sie einem Veralten von Wissen entgegen. Eine Partizipation fördernde und Lernen anerkennende Unternehmenskultur schafft Bedingungen für intrinsische Motivation, die für selbstorganisiertes Lernen unerlässlich ist. Kompetenz kann nicht passiv aufbewahrt werden. Sie wird durch ihren Gebrauch erhalten. Hacker (1996) formuliert beim Reflektieren über diese Erkenntnis zu Risiken für eine Kompetenzentwicklung im Arbeitsprozess »Die größte Lernbarriere sind Tätigkeiten, in denen es nichts zu lernen gibt.« (S. 187). So können mit Beschreibungen der Zusammenhänge zwischen Eigenschaften der Arbeitssituation und Kriterien des Selbstkonzepts beruflicher Kompetenz Hypothesen begründet werden über den Anteil an Kompetenzentwicklung, der möglicherweise mittels Aufgaben- und Organisationsgestaltung beeinflusst ist.

## Weitere Einsatzmöglichkeiten der Messverfahren

Die Verfahren zur Selbsteinschätzung mehrerer Facetten beruflicher Kompetenz sind als Screeningverfahren zur Beurteilung des Kompetenzstatus in Arbeits- oder Beschäftigtengruppen entwickelt worden. Ihre psychometrischen Gütekriterien sind dokumentiert und sie weisen gute bis befriedigende Werte auf (Richter, F. 2000). Als praktikable Instrumente zur Identifizierung von Risiken und Stärken im Kompetenzstatus von Gruppen sind sie geeignet zur Evaluation der Kompetenzentwicklung in unterschiedlichen Beschäftigungsformen und Erwerbsverläufen, zur Evaluation beruflicher Veränderungen und auch zur Begründung von Kompetenzentwicklungsbedarf durch Trainings- bzw. Weiterbildungsmaßnahmen. Diese Einsatzmöglichkeiten der Messverfahren werden nun erläutert.

## Evaluation verschiedener Beschäftigungsformen und Erwerbsverläufe

Technische Innovationen, Veränderungen der Organisationsstrukturen und die Globalisierung haben auch zu einer Verknappung des Umfangs an Erwerbsarbeit geführt, in deren Folge neben traditionellen Normalarbeitsbiografien mehr Vielfalt an Beschäftigungsformen (Leiharbeit, Scheinselbstständigkeit, Teilzeitarbeit, geringfügige Beschäftigung) entstanden ist. Außerdem gibt es auch mehr Vielfalt bei Erwerbsbiografien, nämlich neben den traditionell erfolgreichen vertikalen und horizontalen Karrieren auch durch Arbeitslosigkeit mehrfach unterbrochene Erwerbsbiografien, die teilweise in unterwertige Beschäftigung münden, oder Erwerbsbiografien, die durch einen mehrfachen Berufs- und Branchenwechsel gekennzeichnet sind. Diese neue Vielfalt erhält im Hinblick auf Lernen, Kompetenzentwicklung und die Sicherung der Beschäftigungsfähigkeit (employability) sicher Chancen, z.B. in Form von Herausforderungen zu einem organisations- und branchenübergreifenden Wissenstransfer und an die Entwicklung von Sozialkompetenz. Es sind aber auch Lernhindernisse und Risiken für die Kompetenzentwicklung möglich. Diese Chancen und Risiken aufzuklären und Konzepte zur Bewältigung von Brüchen in der Erwerbsbiografie zu entwickeln, ist eine Aufgabe von großer Aktualität.

Mit den entwickelten Methoden können relativ rasch Problemgruppen von Arbeitenden bezüglich der Kompetenzentwicklung bestimmt werden, entweder durch signifikant geringere Ausprägungen von Indikatoren des Selbstkonzepts beruflicher Kompetenz oder durch negative Alterskorrelationen dieser Indikatoren. So konnte Göpfert (2000) beim Vergleich von vier Typen von Erwerbsverläufen, nämlich solchen, die einer vertikalen Karriere, solchen, die einer Fachkarriere entsprechen, solchen, die durch einen Verlust von Leitungs- bzw. Führungsfunktionen gekennzeichnet sind, und von Springerkarrieren, die sich durch eine hohe Berufsgruppenmobilität auszeichnen, zeigen, dass diese Erwerbsverläufe zu unterschiedlichen Wirkungen auf das Selbstkonzept der beruflichen Kompetenz führen. Für Springerkarrieren wurden Risiken für die Kompetenzentwicklung in Form signifikant niedrigerer Niveaustufen der Ausprägung von Indikatoren des Selbstkonzepts beruflicher Kompetenz festgestellt. Der Nachweis von Risiken weist auf Unterstützungsbedarf hin. Das ist deshalb wichtig, weil Erwerbsverläufe in Form von Springerkarrieren anteilmäßig zunehmen werden, für die Sicherung der Beschäftigungsfähigkeit aber ein Kompetenzerhalt über die Spanne des Erwerbslebens erforderlich ist.

## Evaluation beruflicher Veränderungen

Zusätzlich zur vergleichenden Evaluation verschiedener Erwerbsverläufe und Beschäftigungsformen können die Methoden zur Evaluation beruflicher Veränderungen eingesetzt werden. Auch hier sind Wirkungen auf die Kompetenzentwicklung als eine Voraussetzung für die Sicherung der Beschäftigungsfähigkeit von besonderem Interesse. Pietrzyk (2002) hat in Längsschnittuntersuchungen Teile der Verfahren bei der Begleitung von Personen mit beruflichen Aufstiegs- und Abstiegsprozessen eingesetzt. Bei Personen mit einem beruflichen Aufstieg konnte sie in einem Zeitraum von zwei Jahren hochsignifikante Verbesserungen des Selbstkonzeptes der Methodenkompetenz feststellen. (Effektstärken zwischen 0.77 und 1.4). Bei Personen mit einem beruflichen Abstieg verringerten sich Kriterien des Selbstkonzeptes der Methodenkompetenz hingegen signifikant (Effektstärken 0.41 bis 1.1).

Die arbeitsplatz- und branchenübergreifende verallgemeinerte Erfassung von Eigenschaften beruflicher Kompetenz ist für solche Evaluationsaufgaben ein Vorteil, denn für arbeitsplatzspezifische Kompetenzkriterien sind Vergleiche schwierig.

## Begründung von Kompetenzentwicklungsbedarf durch Training und Weiterbildung

Kompetenzentwicklung funktioniert über verschiedene Wege. Die arbeitsimmanente Kompetenzentwicklung ist ein wichtiger Weg, der an Voraussetzungen im Hinblick auf die Gestaltung der Arbeitsaufgaben und der Lernkultur der Unternehmen gebunden ist. Kompetenzentwicklung kann durch gezielte Trainings- und Weiterbildungsmaßnahmen unterstützt werden. Eine erfolgreiche Strategie der Kompetenzentwicklung in Unternehmen besteht in einer Kombination verschiedener Wege. Für die Meisterung von Veränderungsprozessen, die sich auf Produkte und Dienstleistungen, die Sicherung hoher Qualität und Kostengünstigkeit bei ihrer Herstellung, auf das Erschließen neuer Märkte usw. beziehen können, sollten Trainings- und Weiterbildungsmaßnahmen bedarfsgerecht sein. Mit den entwickelten Methoden kann praktikabel der Status des Selbstkonzepts der Kompetenz für verschiedene Mitarbeitergruppen bestimmt und aus geringer eingeschätzten Niveaustufen bei bestimmten Komponenten kann auf Entwicklungsbedarf geschlussfolgert werden. Ein Kompetenzentwicklungsbedarf für Mitarbeiter ist zusätzlich aus Entwicklungszielen für Unternehmen und daraus abgeleiteten Veränderungen in den Arbeitsaufgaben für Arbeitsgruppen zu begründen. Die vorgestellten Screeninginstrumente können die Funktion übernehmen, die Richtung für erforderliche Feinanalysen anzugeben, mit denen Trainings- und Weiterbildungsinhalte zu begründen sind.

Die erläuterten weiteren Einsatzmöglichkeiten kennzeichnen die Verfahren zur Erfassung mehrerer Komponenten des Selbstkonzepts beruflicher Kompetenz als praktikable Instrumente zur Evaluation der Kompetenzentwicklung von Arbeitenden in sehr unterschiedlichen Arbeitssituationen. Der relativ hohe Abstraktionsgrad erzielbarer Aussagen macht die Methoden offen für neue Anwendungen. Generelle Fragen nach dem Kompetenzstatus verschiedener Beschäftigungsgruppen lassen sich so beantworten und mit Hilfe der Berechnung von Alterskorrelationen für Kriterien des Selbstkonzepts beruflicher Kompetenz können Hypothesen über Risiken für eine Kompetenzentwicklung über die Spanne des Erwerbslebens begründet werden.

Für die Planung der Unterstützung der Kompetenzentwicklung durch Trainings- und Weiterbildungsmaßnahmen leisten diese Methoden eine grobe Bedarfsanalyse. Diese muss aber für die inhaltliche Spezifizierung des Bedarfs durch weitere Analysen ergänzt werden.

## Erlernbarkeit der Methoden durch wissenschaftsferne Anwender

Die Methoden sind als standardisierte Fragebögen gestaltet. Für alle Fragen ist ein sechsstufiges Antwortformat vorgegeben.

Ein Beispiel für ein Fragebogen-Item zur Selbsteinschätzung der Fachkompetenz lautet:

| | Trifft völlig zu | Trifft überwiegend zu | Trifft eher zu | Trifft eher nicht zu | Trifft überwiegend nicht zu | Trifft gar nicht zu |
|---|---|---|---|---|---|---|
| Meine fachlichen Kenntnisse sind so umfassend, dass ich den allermeisten Arbeitsaufgaben gewachsen bin. | ❏ | ❏ | ❏ | ❏ | ❏ | ❏ |

Die Fragebögen sind mit einer Instruktion zu versehen, die den Zweck der Erhebung gut verständlich erläutert. In den durchgeführten Untersuchungen wurde als ein solcher Zweck eine Bestandsaufnahme zum Lernen im Prozess der Arbeit angegeben und die Fragebögen zur Erfassung des Selbstkonzepts der Kompetenz wurden kombiniert mit Instrumenten zur Selbstanalyse der Arbeitssituation. Zusätzlich wurde ein Blatt zur Erhebung von Angaben zur Person (Alter, Qualifikation, jetzige Beschäftigungsart) eingesetzt.

In bisherigen Untersuchungen mit diesen Instrumenten wurde grundsätzlich zugesichert, dass die Auswertung der Daten anonym erfolgt, dass also jede Einzelerhebung in die Bestandsaufnahme eingeht, ohne dass nachträglich ein Rückschluss auf eine konkrete Person möglich wird. Beschreibungen der Zusammenhänge zwischen der Beschaffenheit der Arbeitssituation und Merkmalen des Selbstkonzepts der Kompetenz erfordern natürlich eine Zuordnung der erhobenen Daten zu der Person als Analyseeinheit. Aber aus den Ergebnissen der Bestandsaufnahme zu den Effekten arbeitsimmanenter Kompetenzentwicklung ist ein Rückschluss auf die Einzelperson nicht mehr möglich. Die Interpretation bezieht sich somit auf Gruppen von Erwerbstätigen in bestimmten Arbeitssituationen.

Damit wird der Zweck einer Individualdiagnose von Kompetenz über die Erfassung des Selbstkonzepts der Kompetenz aufgegeben und es wird auf eine Begutachtung der Arbeitssituation von Gruppen oder von Unternehmen oder von Beschäftigungsformen abgehoben. Dazu wird analysiert, in welchem Maße sich Kompetenzgrade, gemessen durch das Selbstkonzept der Kompetenz, in einer Gruppe von der einer Referenzgruppe unterscheiden. Zusätzlich werden Alterskorrelationen von Kriterien des Selbstkonzepts der beruflichen Kompetenz für diese Gruppe berechnet.

Bei solchen Auswertungen zum Status des Selbstkonzepts beruflicher Kompetenz für Gruppen von Arbeitenden besteht die Absicht, auf Bedingungen in der Arbeitssituation die eine arbeitsimmanente Kompetenzentwicklung fördern oder verhindern, zu schlussfolgern.

Ein solcher Einsatz der Verfahren kann sehr flexibel erfolgen. Die Analyseeinheit kann verschieden groß gewählt werden. Arbeitsgruppen eines Unternehmens können die Analyseeinheiten sein. So lässt sich der Status des Selbstkonzepts beruflicher Kompetenz der Mitarbeiter einer Fertigungsabteilung in einem Betriebsteil mit stark arbeitsteiliger Organisation vergleichen mit einem Betriebsteil, dessen Arbeitsorganisation Prinzipien der Gruppenarbeit nutzt. Oder das Selbstkonzept beruflicher Kompetenz kann für Arbeitende in verschiedenen Beschäftigungsformen verglichen werden.

Eine Bestandsaufnahme zum Kompetenzstatus erlaubt über signifikant geringere Ausprägungen von Kriterien des Selbstkonzepts beruflicher Kompetenz bezogen auf eine Referenzgruppe und über die Feststellung signifikant negativer Alterskorrelationen die Identifizierung von Problemgruppen. Für diese sind Unterstützungen der Kompetenzentwicklung vorzusehen. Diese können in der Gestaltung der Arbeitssituation bestehen, so dass mittel- und längerfristig Voraussetzungen für eine arbeitsimmanente Kompetenzentwicklung geschaffen werden. Sie können aber auch eine erforderliche Unterstützung der Kompetenzentwicklung durch Weiterbildungs- und Trainingsmodule begründen.

Analyseeinheiten, aber auch die Zwecke des Einsatzes der Verfahren können variieren. Eine Kombination mit weiteren Analysemethoden ist vorzusehen. So sind für Schlussfolgerungen im Hinblick auf Unterstützungen arbeitsimmanenter Kompetenzentwicklung auch Instrumente zur Analyse der Arbeitssituation einzusetzen.

Diese Flexibilität des Einsatzes der Verfahren zur Messung des Selbstkonzepts beruflicher Kompetenz, die eine Auswahl ergänzender Analysen erfordert, erschwert eine Anwendung der Verfahren durch wissenschaftsferne Anwender.

Es gibt einen weiteren Grund, der eine Anwendung durch wissenschaftsferne Anwender erschwert. Dieser rührt daher, dass es keinen Norm- Maßstab für die Interpretation des Selbstkonzeptes beruflicher Kompetenz gibt. Auswertungen stützen sich nicht nur auf die Ausprägung individueller Werte. Sie berücksichtigen auch die Streuung der Werte in der jeweiligen Bezugsgruppe. Für einen Rückschluss auf Risiken der Kompetenzentwicklung in bestimmten Analyseeinheiten ist die Berechnung von Alterskorrelationen wichtig. Dies bedeutet, die Auswertung der Daten erfordert eine in statistischen Datenanalysetechniken geschulte Person und die Interpretation der Befunde gelingt nicht nach einem einfachen Schema, wie z.B. der Art, dass ein Normprofil über- oder unterschritten wird, sondern erfordert je nach Fragestellung der Untersuchung die Berücksichtigung zusätzlicher Analysen und erfordert es, auf den konkreten Kontext der untersuchten Stichprobe einzugehen. Interpretationen sollten deshalb von einer in der Arbeits- und Organisationspsychologie geschulten Person vorgenommen werden.

Die Instrumente zur Selbstanalyse beruflicher Kompetenz können für die Bearbeitung verschiedener Aufgaben eingesetzt werden. Die Evaluation verschiedener Erwerbsverläufe oder Beschäftigungsformen unter dem Aspekt der Entwicklung beruflicher Kompetenz sind Beispiele. Diese Aufgaben gestalten sich auf Grund der Veränderungen in der Arbeitswelt aber vielfältig. Sie sind noch nicht zu Routineverfahren standardisiert. Vielmehr kommt es darauf an, auf die spezifische Fragestellung Bezug zu nehmen, indem die Selbstanalyseinstrumente mit anderen Analysemethoden kombiniert werden. Sie leisten als Screeningverfahren jedoch für die

Anwendung bei Gruppen von Erwerbstätigen praktikabel eine mehrdimensionale Kompetenzbeschreibung und damit das Ausweisen von Stärken und Schwächen.

## Beispiel für den Einsatz der Verfahren

Der Einsatz der Verfahren wird am Beispiel der vergleichenden Evaluation des Selbstkonzepts beruflicher Kompetenz und von Prädiktoren für eine arbeitsimmanente Kompetenzentwicklung aus der Arbeitssituation für Ungelernte und Facharbeiter erläutert.

### Begründung für diese Evaluationsaufgabe

Die Sicherung der Beschäftigungsfähigkeit über die Spanne des Erwerbsalters kann aus individueller Sicht als Ziel der Gestaltung des Erwerbslebens begründet werden, weil für die Mehrheit der Menschen Erwerbsarbeit materielle Lebensgrundlage ist und ein vorzeitiges Ausscheiden aus dem Erwerbsleben mit Einkommensabstrichen in der nachberuflichen Lebensphase verbunden ist. Sie ist ein Ziel auch aus der Sicht der Gemeinschaft.

Für die Sicherung der Beschäftigungsfähigkeit gilt die Kompetenzentwicklung ebenso wie die Erhaltung und Förderung der Gesundheit als Voraussetzung. Ein Kompetenzerhalt und eine Kompetenzentwicklung über die Spanne der Erwerbsarbeit sind an kontinuierliches Lernen gebunden, denn die kürzer werdende Halbwertszeit beruflichen Spezialwissens führt zu einer laufenden Wissensentwertung, der durch Lernen entgegenzuwirken ist. Im Prinzip funktioniert dieses Lernen über zwei Wege, nämlich einmal unterstützt durch institutionalisierte Weiterbildung und zum anderen durch selbst organisiertes Lernen in der Arbeit. Institutionalisierte Weiterbildungen sind kein ausreichendes Instrument zur Kompetenzentwicklung. Sie können nicht immer zeitnah angeboten werden. Außerdem sind Teilnehmer beruflicher Weiterbildung schwerpunktmäßig höher qualifizierte und jüngere Erwerbstätige (Weiß 1994; 1997; Staudt & Kriegesmann 1999; Kistler & Hilpert 2001). Für Erwerbstätige mit geringem Qualifikationsniveau oder für solche ohne eine berufliche Qualifizierung dominieren Prozesse des Lernens in der Arbeit als Weg der Kompetenzentwicklung. Diese sind aber nicht nur von der persönlichen Motivation zur Weiterentwicklung und Vermarktung beruflicher Kompetenz abhängig, sondern auch von der Arbeitssituation, davon, in welchem Umfang sie die Anwendung und damit das Training von Wissen und Fähigkeiten sowie das Ausprobieren neuer Arbeitsmethoden ermöglicht und ob Lernen anerkannt wird. Eine Bestandsaufnahme zu den Bedingungen und Resultaten für eine arbeitsimmanente Kompetenzentwicklung ist deshalb für Beschäftigtengruppen interessant, die in beruflichen Weiterbildungsmaßnahmen eher unterrepräsentiert sind.

### Vorgehen

Diese Bestandsaufnahme wurde mit Hilfe der Erfassung des Selbstkonzepts beruflicher Kompetenz und der Erfassung der Lernhaltigkeit der Arbeitssituation durchgeführt.

Eine Aquise von Unternehmen mit Interesse an einer Bestandsaufnahme zur arbeitsimmanenten Kompetenzentwicklung erfolgte. Der Geschäftsführung, dem Betriebsrat und Erwerbstätigen der Zielgruppe wurden die Ziele und das beabsichtigte Vorgehen erläutert und ihre freiwillige Mitarbeit erbeten. Nach den Erhebungen wurden für die Unternehmen Rückmeldungsseminare durchgeführt. In diesen wurden die Messergebnisse von Arbeitsgruppen vergleichend dargestellt und vorhandene Reserven für eine arbeitsimmanente Kompetenzentwicklung kommentiert. Zum Teil erfolgte ein Vergleich mit Referenzgruppen aus anderen Unternehmen bei Anonymisierung der konkreten Angaben. Das erleichterte es, Schwächen und Gestaltungsreserven bezogen auf eine Referenzgruppe auszuweisen. Die folgende Abbildung stellt das Vorgehen schematisch dar.

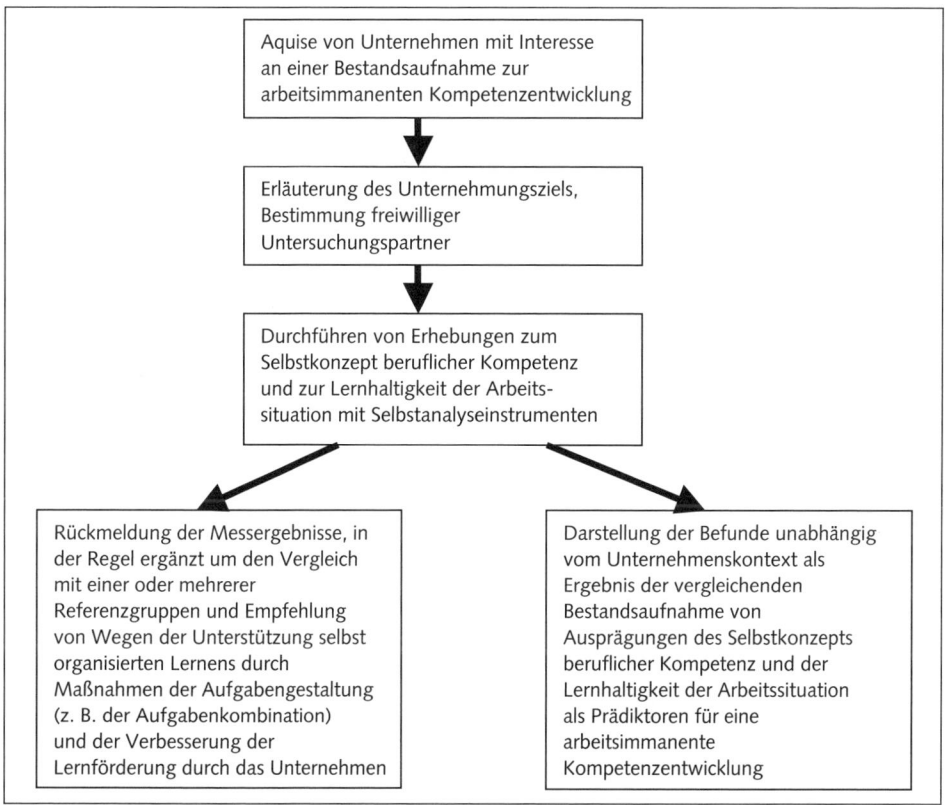

Abb. 6: Schematische Darstellung des Vorgehens bei der vergleichenden Evaluation des Selbstkonzepts beruflicher Kompetenz und der Lernhaltigkeit der Arbeitssituation bei Facharbeitern und Ungelernten

**Ergebnisse**

Die folgenden Abbildungen geben exemplarisch einige Messresultate in Form von Regressionsfunktionen der erhobenen Indikatoren mit dem Alter an. Sie geben Auskunft über Niveauunterschiede und Alterstrends.

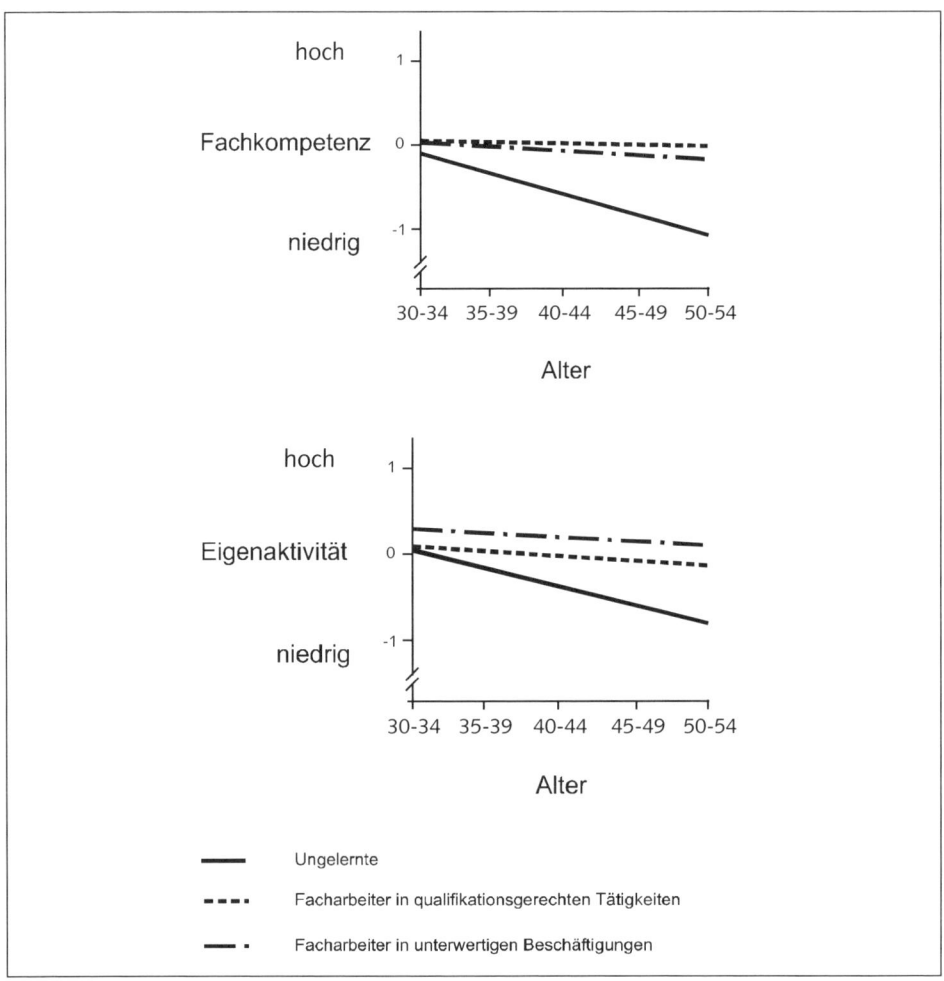

Abb. 7: Exemplarische Darstellung der Regressionsfunktionen für die Beziehung zwischen dem Selbstkonzept der Fachkompetenz und dem Lebensalter und der eingeschätzten Eigenaktivität beim Lernen in der Arbeit und dem Lebensalter für Facharbeiter in qualifikationsgerechten Tätigkeiten, für Facharbeiter in unterwertigen Beschäftigungen sowie für Ungelernte (Wilczek 2000)

Die Alterstrends für Indikatoren des Selbstkonzepts beruflicher Kompetenz korrespondieren mit denen für die Lernhaltigkeit der Arbeitsaufgabe und der Lernförderung der Organisation. Signifikante Mittelwertunterschiede zwischen den Gruppen sind belegt (Wilczek 2000). Für Facharbeiter an qualifikationsgerechten Arbeitsplätzen gibt es leicht positive, für Facharbeiter in unterwertiger Beschäftigung leicht negative und für Ungelernte mehrheitlich deutlich negative Alterstrends.

Negative Alterstrends von Indikatoren des Selbstkonzepts beruflicher Kompetenz dürften ein Risikofaktor für die Sicherung der Beschäftigungsfähigkeit über ein Arbeitsleben sein. Die Befähigung zum Erhalten und Entwickeln der berufli-

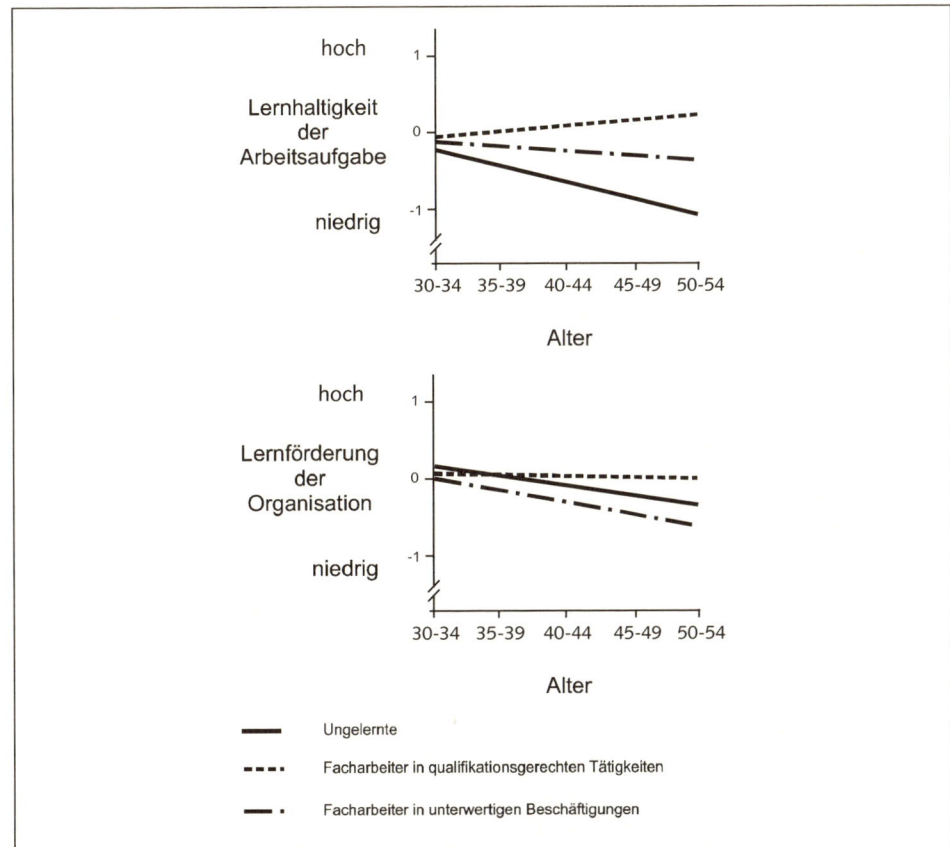

Abb. 8: Regressionsfunktionen für die Beziehung zwischen der Lernhaltigkeit der Arbeitsaufgabe und der Lernförderung der Organisation für Facharbeiter in qualifikationsgerechten Tätigkeiten, für Facharbeiter in unterwertigen Beschäftigungen sowie für Ungelernte (Wilczek 2000)

chen Kompetenz ist für den Umgang mit sich ändernden Arbeitsaufgaben wichtig. Negative Alterstrends bei motivationalen Indikatoren, z.B. der Eigenaktivität beim Lernen in der Arbeit, weisen auf ein schlechteres Funktionieren selbst organisierten Lernens bei Älteren hin. Die Befunde über den Zusammenhang zwischen der Beschaffenheit der Arbeitssituation und dem Selbstkonzept der Kompetenz begründen die Hypothese, dass die Gestaltung der Arbeitssituation eine Prävention gegen einen möglichen altersabhängigen Kompetenzverlust sein kann.

## Fragebögen zur Erfassung des Selbstkonzeptes beruflicher Kompetenz

Es ist zu empfehlen, die Erfassung des Selbstkonzepts beruflicher Kompetenz für Gruppen von Arbeitenden grundsätzlich mit anderen Erhebungen bzw. Dokumentenanalysen zu kombinieren. Die Untersuchungen werden erleichtert, wenn sie mit einem konkreten Unternehmensziel verbunden werden, z.B. der Begründung des Kompetenzentwicklungsbedarfs für anstehende Veränderungsprozesse, und dafür mit zusätzlichen Datenanalysen, z.B. einer Dokumentenanalyse über die Qualität der erzeugten Produkte im letzten halben Jahr, kombiniert werden.

Eine Einweisung in das Untersuchungsziel mit der expliziten Begründung für die Nützlichkeit eines partizipativen Analyseansatzes, der die Erfahrungen aller Mitarbeiter berücksichtigt, sollte vorangestellt werden und unternehmensspezifisch erfolgen. Für die mehrdimensionale Beschreibung des Selbstkonzepts beruflicher Kompetenz können die folgenden Fragebögen genutzt werden:

Für die arbeitsplatz- und berufsübergreifende Einschätzung von Aspekten der Fach- und Sozialkompetenz kann das von Sonntag und Schäfer-Rauser (1993) entwickelte Instrument eingesetzt werden. Die für die Querschnittsuntersuchungen bei Arbeitenden unterschiedlichen Qualifikationsniveaus zur Abschätzung von Effekten arbeitsimmanenter Kompetenzentwicklung genutzten Screening-Instrumente für die Facetten der Fach- und Sozialkompetenz orientierten sich an diesem Verfahren. Diese Erhebung sollte kombiniert werden mit der Erfassung arbeitsplatz- und berufsübergreifender Aspekte der Methoden- und der Selbstkompetenz. Auch diese lassen sich praktikabel mit Fragebögen erfassen. Sie haben die folgende Form:

### Fragebogen zur Erfassung des Selbstkonzepts arbeitsplatz- und berufsübergreifender Methodenkompetenz

Nachfolgend bitten wir Sie um die Einschätzung Ihres Vorgehens in Problemsituationen. Bitte entscheiden Sie, in welchem Maße jede Aussage auf Sie zutrifft oder nicht zutrifft. Es gibt 6 verschiedene Antwortmöglichkeiten. Kreuzen Sie bitte das für Sie entsprechende Kästchen an. Bitte lassen Sie keine Frage aus und überlegen Sie nicht zu lange – die erste Antwort, die Ihnen zum betreffenden Thema einfällt ist meist zutreffend.

|  | trifft völlig zu | trifft überwiegend zu | trifft eher zu | trifft eher nicht zu | trifft überwiegend nicht zu | trifft gar nicht zu |
|---|---|---|---|---|---|---|
| Ich weiß, wie ich am besten vorgehe, um etwas Wichtiges auf Dauer zu lernen. | ❑ | ❑ | ❑ | ❑ | ❑ | ❑ |
| Hin und wieder fällt es mir schwer, das Wesentliche einer Sache zu erkennen. | ❑ | ❑ | ❑ | ❑ | ❑ | ❑ |
| Probleme zu durchdenken und Lösungen dafür zu suchen, ist nicht meine Stärke. | ❑ | ❑ | ❑ | ❑ | ❑ | ❑ |
| Es fällt mir schwer, mich an zeitliche Pläne zu halten. | ❑ | ❑ | ❑ | ❑ | ❑ | ❑ |
| Originelle Ideen zur Verbesserung meiner Arbeit habe ich selten. | ❑ | ❑ | ❑ | ❑ | ❑ | ❑ |

| | trifft völlig zu | trifft überwiegend zu | trifft eher zu | trifft eher nicht zu | trifft überwiegend nicht zu | trifft gar nicht zu |
|---|---|---|---|---|---|---|
| Wenn ich vor einem Problem stehe oder etwas lernen muss, kann ich gut einschätzen, wie viel Zeit ich brauche, um damit fertig zu werden. | ❏ | ❏ | ❏ | ❏ | ❏ | ❏ |
| Manchmal fällt es mir schwer, neue Dinge in mein Wissen einzuordnen. | ❏ | ❏ | ❏ | ❏ | ❏ | ❏ |
| Es fällt mir schwer, Arbeitsschritte zu planen und einzuteilen. | ❏ | ❏ | ❏ | ❏ | ❏ | ❏ |

Skala 1: »Kognitive Fähigkeiten«

| | trifft völlig zu | trifft überwiegend zu | trifft eher zu | trifft eher nicht zu | trifft überwiegend nicht zu | trifft gar nicht zu |
|---|---|---|---|---|---|---|
| In Situationen mit vielen neuen Informationen, ordne ich diese nach übergeordneten Gesichtspunkten. | ❏ | ❏ | ❏ | ❏ | ❏ | ❏ |
| Wenn ich in einer Problemsituation etwas tue, prüfe ich öfter, was ich inzwischen erreicht habe. | ❏ | ❏ | ❏ | ❏ | ❏ | ❏ |
| Ich versuche, Prinzipien und Regeln auf neue Sachverhalte zu übertragen. | ❏ | ❏ | ❏ | ❏ | ❏ | ❏ |
| Wenn ich vor einem Problem stehe, denke ich in der Regel erst genau nach, bevor ich etwas tue. | ❏ | ❏ | ❏ | ❏ | ❏ | ❏ |
| Nach einer abgeschlossenen Arbeit vergleiche ich mein Ergebnis mit dem, was ich erwartet habe. | ❏ | ❏ | ❏ | ❏ | ❏ | ❏ |
| Ich prüfe im Nachhinein mein Vorgehen in einer Problemsituation, um meine Strategie zu verbessern. | ❏ | ❏ | ❏ | ❏ | ❏ | ❏ |
| Wenn ich etwas lerne, überlege ich, ob mir das auch in anderen Situationen etwas nützen kann. | ❏ | ❏ | ❏ | ❏ | ❏ | ❏ |
| Ich weiß, wie ich in einer schwierigen Situation meinen Blickwinkel ändern kann. | ❏ | ❏ | ❏ | ❏ | ❏ | ❏ |
| Meine Erfahrungen oder Überlegungen schreibe ich auf oder fasse ich in Skizzen oder Tabellen zusammen. | ❏ | ❏ | ❏ | ❏ | ❏ | ❏ |
| In schwierigen Situationen schreibe ich mir einen Plan, um eine Übersicht über anfallende Arbeiten zu haben. | ❏ | ❏ | ❏ | ❏ | ❏ | ❏ |

Skala 2: »Methodisches Vorgehen«

## Fragebogen zur Erfassung von Entwicklungszielen in der Arbeit

Nachfolgend sind Aussagen formuliert, die mehr oder weniger auf Sie zutreffen können. Bitte entscheiden Sie für jede Aussage, in welchem Maße dies für Sie zutrifft und kreuzen Sie die entsprechende Antwort an.

Es kann sein, dass trotz der vielen Fragen etwas fehlt, was Ihnen aber wichtig ist. Bitte ergänzen Sie dies an der entsprechenden Stelle.

|  | trifft völlig zu | trifft überwiegend zu | trifft eher zu | trifft eher nicht zu | trifft überwiegend nicht zu | trifft gar nicht zu |
|---|---|---|---|---|---|---|
| Ich lerne, um mehr Verantwortung übernehmen zu können. | ❏ | ❏ | ❏ | ❏ | ❏ | ❏ |
| Ich lerne, um mehr Geld verdienen zu können. | ❏ | ❏ | ❏ | ❏ | ❏ | ❏ |
| Ich lerne, um mehr Anerkennung zu erhalten. | ❏ | ❏ | ❏ | ❏ | ❏ | ❏ |
| Ich lerne, um bessere Aufstiegschancen zu haben. | ❏ | ❏ | ❏ | ❏ | ❏ | ❏ |
| Ich lerne, um mich selbständig zu machen. | ❏ | ❏ | ❏ | ❏ | ❏ | ❏ |
| Ich lerne, um neue Aufgaben übernehmen zu können. | ❏ | ❏ | ❏ | ❏ | ❏ | ❏ |
| Andere Absicht, und zwar: ................................................ | ❏ | ❏ | ❏ | ❏ | ❏ | ❏ |

## Fragebogen zur Erfassung der Eigenaktivität beim Lernen im Prozess der Arbeit

Im Folgenden möchten wir von Ihnen wissen, wie Sie unter Berücksichtigung der vorhandenen Möglichkeiten vorgehen, wenn Sie für Ihre gegenwärtige Arbeit etwas lernen.

| Um für meine Arbeit etwas zu lernen, tue ich Folgendes: | trifft völlig zu | trifft überwiegend zu | trifft eher zu | trifft eher nicht zu | trifft überwiegend nicht zu | Trifft gar nicht zu |
|---|---|---|---|---|---|---|
| Ich nutze Bücher, Anleitungen und Ähnliches. | ❏ | ❏ | ❏ | ❏ | ❏ | ❏ |
| Ich frage meine Kollegen. | ❏ | ❏ | ❏ | ❏ | ❏ | ❏ |
| Ich zeige und erkläre das, was zu lernen ist, anderen. | ❏ | ❏ | ❏ | ❏ | ❏ | ❏ |
| Ich tausche ab und zu mit anderen Kollegen die Arbeitsaufgaben. | ❏ | ❏ | ❏ | ❏ | ❏ | ❏ |
| Ich orientiere mich, überlege und probiere es aus. | ❏ | ❏ | ❏ | ❏ | ❏ | ❏ |
| Ich schaue bei anderen zu. | ❏ | ❏ | ❏ | ❏ | ❏ | ❏ |

| Um für meine Arbeit etwas zu lernen, tue ich Folgendes: | trifft völlig zu | trifft überwiegend zu | trifft eher zu | trifft eher nicht zu | trifft überwiegend nicht zu | Trifft gar nicht zu |
|---|---|---|---|---|---|---|
| Ich erstelle mir Hilfsmittel für meine Arbeit. (Aufzeichnungen, Zeichnungen, Skizzen o.ä.) | ❏ | ❏ | ❏ | ❏ | ❏ | ❏ |
| Ich tausche mich mit anderen aus. | ❏ | ❏ | ❏ | ❏ | ❏ | ❏ |
| Ich tue in meiner Freizeit etwas für meine Arbeit. | ❏ | ❏ | ❏ | ❏ | ❏ | ❏ |
| Anderes, und zwar: ............................. | ❏ | ❏ | ❏ | ❏ | ❏ | ❏ |

## Fragebogen zur Erfassung der Ansprüche an Arbeitsaufgaben

Für diesen Fragebogen existiert ein vierstufiges Antwortformat.
In den nächsten 5 Jahren strebe ich eine Arbeit an, bei der

|  | trifft völlig zu | trifft eher zu | trifft eher nicht zu | trifft gar nicht zu |
|---|---|---|---|---|
| ich die Reihenfolge der Arbeitsschritte selbst bestimmen kann. | ❏ | ❏ | ❏ | ❏ |
| ich die Möglichkeit habe, an der Erarbeitung neuer Lösungen teilzunehmen. | ❏ | ❏ | ❏ | ❏ |
| ich beeinflussen kann, welche Arbeit mir zugeteilt wird. | ❏ | ❏ | ❏ | ❏ |
| andere mir sagen, ob sie mit meiner Arbeit zufrieden oder unzufrieden sind. | ❏ | ❏ | ❏ | ❏ |
| ich planen muss, was ich tun muss und wann. | ❏ | ❏ | ❏ | ❏ |
| ich mein Arbeitstempo selbst bestimmen kann. | ❏ | ❏ | ❏ | ❏ |
| ich sehe, was mit dem Ergebnis der eigenen Arbeit nachher passiert. | ❏ | ❏ | ❏ | ❏ |
| ich nicht nur ausführe, sondern auch selbst plane, koordiniere und überprüfe. | ❏ | ❏ | ❏ | ❏ |
| ich weiß, wie die Arbeit in meiner Abteilung (Organisationseinheit) abläuft. | ❏ | ❏ | ❏ | ❏ |
| ich die Möglichkeit habe, mir selbst immer wieder neue Aufgaben zu suchen. | ❏ | ❏ | ❏ | ❏ |
| eine enge Zusammenarbeit mit meinen Kollegen erforderlich ist. | ❏ | ❏ | ❏ | ❏ |
| ich Risikoentscheidungen zu treffen habe, wobei die Folgen für mich unsicher sind. | ❏ | ❏ | ❏ | ❏ |
| ich, wenn mir bei meiner Arbeit Fehler unterlaufen, die Möglichkeit habe, diese zu beheben. | ❏ | ❏ | ❏ | ❏ |
| ich darüber Bescheid weiß, was die anderen Arbeitskollegen tun. | ❏ | ❏ | ❏ | ❏ |

| | trifft völlig zu | trifft eher zu | trifft eher nicht zu | trifft gar nicht zu |
|---|---|---|---|---|
| von mir vielfältige Fähigkeiten und Fertigkeiten gefordert werden. | ❏ | ❏ | ❏ | ❏ |
| ich insgesamt gesehen häufig wechselnde, unterschiedliche Aufgaben habe. | ❏ | ❏ | ❏ | ❏ |
| ich mir meine Arbeit selbständig einteilen kann. | ❏ | ❏ | ❏ | ❏ |
| ich selber am Ergebnis sehe, ob meine Arbeit gut war oder nicht. | ❏ | ❏ | ❏ | ❏ |
| ich auch darüber im Bild bin, was in anderen Abteilungen getan wird. | ❏ | ❏ | ❏ | ❏ |
| ich viele selbständige Entscheidungen zu treffen habe. | ❏ | ❏ | ❏ | ❏ |
| ich zur Erfüllung meiner Arbeitsaufgabe gemeinsam mit meinen Kollegen solche Probleme zu lösen habe, bei denen die Beteiligten unterschiedliche Standpunkte vertreten. | ❏ | ❏ | ❏ | ❏ |
| ich immer wieder Neues dazulernen kann. | ❏ | ❏ | ❏ | ❏ |
| ich das, was ich bei dieser Arbeit gelernt habe, immer wieder gebrauchen kann. | ❏ | ❏ | ❏ | ❏ |

Für die Begründung von Kompetenzentwicklungsbedarf für anstehende betriebliche Veränderungsprozesse ist die gleichzeitige Analyse der Lernhaltigkeit der Arbeitssituation zu empfehlen, weil sie über die Beschaffenheit von Prädiktoren für eine arbeitsimmanente Kompetenzentwicklung Auskunft gibt. Dafür können subjektive Analyseinstrumente genutzt werden (Richter & Wardanjan 2000; Wardanjan et al. 2000). In der Auswertung werden Angaben zum Ausprägungsgrad verschiedener Facetten des Selbstkonzepts beruflicher Kompetenz und der Lernhaltigkeit der Arbeitssituation verglichen sowie Alterskorrelationen bzw. Regressionsfunktionen dieser Indikatoren mit dem Alter angegeben. Signifikante Niveauunterschiede und signifikant unterschiedliche Alterstrends können interpretiert werden.

## Literaturverzeichnis

Barkhold, C.; Frerichs, F. & Naegele, G. (1995). Altersübergreifende Qualifizierung – eine Strategie zur betrieblichen Integration älterer Arbeitnehmer. Mitteilungen aus der Arbeitsmarkt- und Berufsforschung, 3, S. 425-436

Benninghaus, H. (1987). Substanzielle Komplexität der Arbeit als zentrale Dimension der Jobstruktur. In: Zeitschrift für Soziologie, 16 (5), S. 334-352

Bergmann, B. (1998). Tätigkeitsanforderungen im Verlauf der Berufsbiografie. In: Zeitschrift für Arbeits- und Organisationspsychologie. 42 (N. F.)1, S. 2-14

Bergmann, B. (1999). Training für den Arbeitsprozess. Entwicklung und Evaluation aufgaben- und zielgruppenspezifischer Trainingsprogramme. Zürich

Bergmann, B. (2001). Berufliche Kompetenzentwicklung. In: Psychologie 2000. Bericht über den 42. Kongress der Deutschen Gesellschaft für Psychologie in Jena 2000. Hrsg. von von Silbereisen, R. K. & Reitzle, M. Berlin, S. 530-540

Bergmann, B. & Wardanjan, B. (1999). Organisationsgestaltung und Mitarbeitermotivation. In: Zeitschrift für Arbeitswissenschaft, 1, S. 25-29

Bergmann, B. & Wilczek, S. (2000). Zusammenhänge zwischen Alter und dem Selbstkonzept beruflicher Kompetenz bei Facharbeitern. In: Zeitschrift für Arbeitswissenschaft, S. 3-4, 191-198

Bergmann, B. & Wilczek, S. (2001). Unterwertige Beschäftigung und berufliche Handlungskompetenz. Bericht zum 47. Kongress der Gesellschaft für Arbeitswissenschaft. Dortmund, S. 327-330

Bergmann, B.; Fritsch, A.; Göpfert, P.; Richter, F.; Wardanjan, B. & Wilczek, S. (2000). Kompetenzentwicklung und Berufsarbeit. Münster

Bergmann, B.; Hartwig, C.-J.; Uhlemann, K. & Wardanjan, B. (1997). Zum Zusammenhang von Arbeitsinhalten in der Berufsbiografie und der individuellen Kompetenzentwicklung. In: Zeitschrift für Arbeitswissenschaft, 2, S. 85-95

Bergmann, B.; Pietrzyk, U. & Richter, F. (2001). Unterwertige Beschäftigung und Handlungskompetenz (Forschungsbericht Band 84). Technische Universität Dresden

Erpenbeck, J. (1997). Selbstgesteuertes selbstorganisiertes Lernen. In: Arbeitsgemeinschaft Qualifikations-Entwicklungs-Management (Hrsg.). Kompetenzentwicklung '97. Münster, S. 310-316

Göpfert, P. (2000). Typen von Erwerbsverläufen. In: Bergmann et al. (Hrsg.). Kompetenzentwicklung und Berufsarbeit. Münster, S. 181-196

Greif, S. & Kurtz, H.-J. (Hrsg.) (1996). Handbuch selbstorganisiertes Lernen. Göttingen

Gruber, H. (1994). Expertise: Modelle und empirische Untersuchungen. Opladen

Hacker, W. (1996). Erwerbsarbeit der Zukunft- Zukunft der Erwerbsarbeit: Zusammenfassende arbeitswissenschaftliche Aspekte und weiterführende Aufgaben. In: W. Hacker (Hrsg.), Erwerbsarbeit der Zukunft auch für Ältere? Zürich, S. 175-208

Hacker, W. (1998). Allgemeine Arbeitspsychologie. Psychische Regulation von Arbeitstätigkeiten. Bern

Hacker, W.; Fritsche, B.; Richter, P. & Iwanowa, A. (1995). Tätigkeitsbewertungssystem TBS. Verfahren zur Analyse, Bewertung und Gestaltung von Arbeitstätigkeiten. Zürich

Hackman, J.R. & Lawler, E.E. (1971). Employee Reactions to Job Characteristics. In: Journal of Applied Psychology, 55, S. 259-286

Hackman, J.R. & Oldham, G.R. (1976). Motivation through the design of work: test of a theory. In: Organizational Behaviour and Human Performance, 21, S. 298-304

Harris, M.M. & Schaubroek, J. (1988). A meta analysis of self- supervisor, self- peer and peer supervisor ratings. In: Personnel Psychology, 41, S. 43-62

Hoff, H.-E., Lempert, W. & Lappe, L. (1991). Persönlichkeitsentwicklung in Facharbeiterbiographien. Bern

Ilmarinen, J. (1999). Ageing workers in the European Union – Status and promotion of work ability, employability and employment. Helsinki

Kistler, E. & Hilpert, M. (2001). Auswirkungen des demografischen Wandels auf Arbeit und Arbeitslosigkeit. Beiträge zur Wochenzeitung Das Parlament, 19. Januar, S. 5-13

Kohn, M.L. & Schooler, C. (1969). Class, occupation and orientation. In: American Sociological Review, 34, S. 658-678

Kohn, M.L. & Schooler, C. (1978). The reciprocal effect of the substantive complexity of work on intellectual flexibility: a longitudinal assessment. In: American Sociological Review, 84, S. 24-52

Kohn, M.L. & Schooler, C. (1982). Job conditions and personality: A longitudinal assessment of their reciprocal effects. In: American Sociological Review, 87, S. 1257-1286

Koller, B. & Plath, H.-E. (2000). Qualifikation und Qualifizierung älterer Arbeitnehmer. Mitteilungen aus der Arbeitsmarkt- und Berufsforschung, 1, S. 112-125

Kornhauser, A. (1965). Mental Health of the Industrial Worker. New York

Krems, J. (1997). Expertise und Flexibilität. In: H. Gruber & A. Ziegler (Hrsg.). Expertiseforschung. Theoretische und methodische Grundlagen. Opladen, S. 80-91

Mabe, P.A. & West, S.W. (1982). Validity of self-evaluation of ability: Review and metaanalysis. In: Journal of Applied Psychology, 67, S. 280-196

Moser, K. (1999). Selbstbeurteilung beruflicher Leistung: Überblick und offene Fragen. In: Psychologische Rundschau, 50 (1), S. 14-25

Naegele, G. (1994). Beschäftigungssicherung und -förderungen älterer Arbeitnehmer. In: L. Montada (Hrsg.). Arbeitslosigkeit und soziale Gerechtigkeit. Frankfurt a.M., S. 322-332

Pietrzyk, U. (2002). Brüche in der Berufsbiografie – Chancen und Risiken für die Entwicklung beruflicher Kompetenz. Hamburg

Richter, D. (2000). Vergleich von Selbst- und Fremdeinschätzungen beruflicher Kompetenzen für Personen mit unterschiedlicher Berufserfahrung. Diplomarbeit (unveröff.), TU Dresden

Richter, F. & Wardanjan, B. (2000). Die Lernhaltigkeit der Arbeitsaufgabe – Entwicklung und Erprobung eines Fragebogens zu lernrelevanten Merkmalen der Arbeitsaufgabe (FLMA). Zeitschrift für Arbeitswissenschaften, 54, S. 175-183

Richter, F. (2000). Methodik der Querschnittsuntersuchungen. In: B. Bergmann et al. Kompetenzentwicklung und Berufsarbeit. Münster, S. 55-131

Rosenstiel, L. v. (1994). Motivation durch Mitwirkung: Wege und Ziele des Lernens. In: L.M. Hofmann & E. Regnel (Hrsg.). Innovative Weiterbildungskonzepte. Göttingen. S. 53-60

Rudinger, G. (1987). Intelligenzentwicklung unter unterschiedlichen sozialen Bedingungen. In: U. Lehr & H. Thomae (Hrsg.). Formen seelischen Alterns: Ergebnisse der Bonner gerontologischen Längsschnittstudie (BOLSA). Stuttgart, S. 66-73

Schallberger, U. (1987). Berufsarbeit und Persönlichkeit – Aspekte einer komplexen ökopsychologischen Problemstellung. In: Schweizerische Zeitschrift für Psychologie, 46, 1/2, S. 91-104

Schwarzer, R. (1994). Optimistische Kompetenzerwartung: Erfassung einer personellen Bewältigungsressource. In: Diagnostica, 40 (2), S. 105-123

Sonntag, K. (1996). Lernen im Unternehmen. München

Sonntag, K. & Schäfer-Rauser, U. (1993). Selbsteinschätzung beruflicher Kompetenzen bei der Evaluation von Bildungsmaßnahmen. In: Zeitschrift für Arbeits- und Organisationspsychologie, 37 (N.F. 11), S. 4

Staudt, E. & Kriegesmann, B. (1999). Weiterbildung: Ein Mythos zerbricht. In: Arbeitsgemeinschaft Qualifikations-Entwicklungs-Management (Hrsg.). Kompetenzentwicklung ´99. Münster, S. 17-59

Ulich, E. (1998). Arbeitspsychologie, 4. Aufl. Zürich

Wardanjan, B. (2000). Berufsbiographie und Kompetenzentwicklung. In: B. Bergmann et al. (Hrsg.). Kompetenzentwicklung und Berufsarbeit. Münster, S. 133-180

Wardanjan, B.; Uhlemann, K. & Richter, F. (2000). Lernförderung durch die Organisation – Erfassung mit dem Fragebogen zum Lernen in der Arbeit (LIDA). In: Zeitschrift für Arbeitswissenschaft, 3-4, S. 184-190

Wardanjan, B.; Richter, F. & Uhlemann, K. (2000). Lernförderung durch Organisation – Erfassung mit dem Fragebogen zum Lernen in der Arbeit (LIDA) (Forschungsbericht Band 78). Dresden

Weinert, F.E. (1996). Warum, wozu und wodurch sollte zum Lernen motiviert werden? In: C. Spiel; U. Kastner-Koller & P. Reimann (Hrsg.). Motivation und Lernen aus der Perspektive lebenslanger Entwicklung. Münster, S. 5-14

Weiß, R. (1994). Betriebliche Weiterbildung. Ergebnisse der Weiterbildungserhebung der Wirtschaft. Köln

Weiß, R. (1997). Betriebliche Weiterbildung. Köln

Wilczek, S. (2000). Zusammenhänge zwischen dem Alter und dem Selbstkonzept beruflicher Kompetenz. In: B. Bergmann et al. (Hrsg.). Kompetenzentwicklung und Berufsarbeit. Münster, S. 197-228

# Das Kasseler-Kompetenz-Raster (KKR)

Simone Kauffeld/Sven Grote/
Ekkehart Frieling

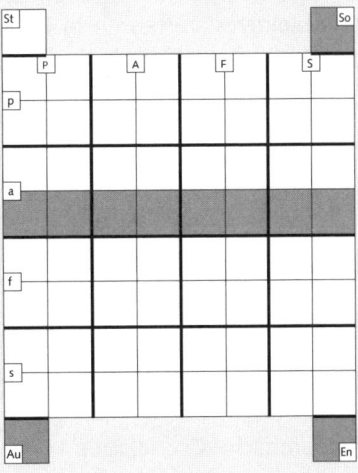

## Rasterdarstellung

### Schlagworte
Fach-, Methoden-, Sozial- und Selbstkompetenz; Gruppendiskussion; Kompetenz-Modell; Objektive Kompetenzmessung; Optimierungsaufgabe

### Entwickler
Dr. Simone Kauffeld, Institut für Arbeitswissenschaft, Universität Kassel

### Kompetenzdefinition
Unter der beruflichen Handlungskompetenz werden alle Fähigkeiten, Fertigkeiten, Denkmethoden und Wissensbestände des Menschen, die ihn bei der Bewältigung konkreter sowohl vertrauter als auch neuartiger Arbeitsaufgaben selbstorganisiert, aufgabengemäß, zielgerichtet, situationsbedingt und verantwortungsbewusst – oft in Kooperation mit anderen – handlungs- und reaktionsfähig machen und sich in der erfolgreichen Bewältigung konkreter Arbeitsanforderungen zeigen, verstanden.

### Zielstellungen
Mit dem Kasseler-Kompetenz-Raster wird eine Möglichkeit geschaffen, dem Mangel an fundierten Erkenntnissen zum Thema Kompetenz, der vor allem in den unzureichenden Erhebungsmethoden zur Messung von Kompetenz begründet liegt, zu begegnen. Ausgehend von der Kompetenzdefinition muss das Kompetenzmessverfahren (1) einen interaktiven Handlungskontext- und Anforderungsbezug aufweisen. Das Instrument sollte auf (2) verschiedenen Analyseebenen, z.B. des

Individuums, der Gruppe und der Organisation, eingesetzt werden können. Dafür muss ein Setting gewählt werden, das mitarbeiter-, gruppen-, unternehmens-, branchen- und berufsgruppenübergreifend Anwendung findet. Um auch (3) z.B. unternehmensübergreifende Vergleiche zu ermöglichen, kommt dafür nur ein (4) objektives Verfahren in Frage (vgl. Kauffeld 2000). (5) Die vier Facetten Fach-, Methoden-, Sozial- und Selbstkompetenz gilt es einer Messung zugänglich zu machen. Mit dem Verfahren sollen (6) Stärken und Schwächen von Mitarbeitern erkannt und (7) geeignete Kompetenzentwicklungsmaßnahmen abgeleitet werden können. Abweichungen von Vergleichswerten und Benchmarks sowie spezifische Kombinationen der Kriterien der Fach-, Methoden-, Sozial- und Selbstkompetenz müssen Kompetenzentwicklungsbedarf transparent machen und Hinweise auf geeignete – besonders arbeitsplatznahe – Kompetenzentwicklungsmaßnahmen geben. Das Verfahren soll neben der Diagnosefunktion differenzierte Gestaltungsperspektiven eröffnen und (8) die Evaluation der durchgeführten Maßnahmen erlauben. Nicht zuletzt muss ein Verfahren zur Kompetenzmessung (9) psychometrischen Gütekriterien genügen und (10) sich in der Praxis als anschlussfähig erweisen.

## Theoretische Grundlagen

Bezugspunkte des Kasseler-Kompetenz-Rasters können in dreifacher Hinsicht betrachtet werden. Neben (1) theoretischen Überlegungen zum Kompetenzverständnis standen als Ausgangspunkte bei der Entwicklung des KKR (2) die organisationale Bedeutung des zu wählenden Settings im Mittelpunkt. Ein dritter Bezugspunkt des KKR stellt die (3) Tradition prozessanalytischer Verfahren dar.

(1) *Zum Kompetenzverständnis:* Die Unterteilung der beruflichen Handlungskompetenz in die vier Bereiche Fach-, Methoden-, Sozial- und Selbstkompetenz findet sich in vielen Überlegungen zur Kompetenz (vgl. zusammenfassend Sonntag & Schaper 1992; Heyse & Erpenbeck 1997). Was im Einzelnen unter diesen Kompetenzfacetten verstanden wird, variiert in Abhängigkeit von theoretischen Prämissen und praktischen Erfordernissen. Mit dem KKR werden für die Bewältigung von Optimierungsaufgaben die vier Kompetenzfacetten theoretisch fundiert operationalisiert.

(2) *Zur organisationalen Bedeutung des gewählten Settings:* Probleme im Arbeitsprozess zu lösen und Optimierungen vorzunehmen, wird von den Mitarbeitern nicht nur in den meisten der aktuell diskutierten Managementkonzepte gefordert, sondern mit der Betonung möglichst flacher, teamorientierter, eher lateraler als horizontaler Organisationsstrukturen, zunehmend als Selbstverständlichkeit erwartet. Mitarbeiter stehen vor neuen, ihnen unbekannten Aufgabenstellungen, für die noch keine Lösungsrezepte bereitstehen. Sie haben die Aufgabe, sich in der Gruppe selbst zu strukturieren, die »richtigen« Fragen zu stellen, neue Lösungswege zu finden und dabei systematisch und methodisch angemessen vorzugehen (vgl. z.B. Wilsdorf 1991; Pawlek 1993; Kauffeld & Frieling 2001). Rosenstiel und Erpenbeck (in diesem Band) betonen, dass Problemlösungsprozesse heute zu den strategisch wichtigsten Prozessen in Organisationen gehören.

(3) *Zur Tradition prozessanalytischer Verfahren:* Zur Analyse des Interaktionsgeschehens in Gruppendiskussionen kann auf vorhandene prozessanalytische Diagnoseverfahren verwiesen werden (vgl. Referenzen).

## Methodologische Einordnung

Das Kasseler-Kompetenz-Raster bietet die Möglichkeit, die berufliche Handlungs-kompetenz der Mitarbeiter bei der Bewältigung aktueller, relevanter Optimierungs-aufgaben in Gruppen zu messen, die sich im Rahmen einer Besprechung, eines Workshops oder einer KVP-Sitzung in den Äußerungen der Teilnehmer zeigen. Dieses Setting weist einen interaktiven Anforderungs- und Handlungskontext auf, der unabhängig von der hierarchischen Ebene, dem Unternehmen, der Branche oder der Berufsgruppe zum Tagesgeschäft gehört.

Jede Gruppe besteht aus fünf bis sieben Teilnehmern, was in der Literatur als günstige Mitgliederzahl beschrieben wird (Argyle 1972; Lauterburg 1983; Francis & Young 1989). Die Teilnehmer sind über Arbeitszusammenhänge miteinander verbunden und stehen in regelmäßigem Kontakt. Zwischen den Gruppenmitgliedern gibt es keine hierarchischen Unterstellungsverhältnisse. Die Gruppenmitglieder diskutieren 60-90 Minuten ein für sie und das Unternehmen relevantes, aktuelles Thema, das in eineinhalb Stunden sinnvoll zu bearbeiten ist. Der Bezug zum Tagesgeschäft ist für alle deutlich, so dass auf Seiten der Teilnehmer ein Interesse besteht, an der Optimierung zu arbeiten. Ziel ist es nicht, eine eindeutige, objektiv richtige Lösung zu entdecken, sondern eine für alle Beteiligten sinnvolle Lösung zu erarbeiten, die im Vorfeld unbekannt ist und erst im Verlauf des Prozesses kreativ erzeugt wird (vgl. Rosenstiel & Erpenbeck, in diesem Band).

Die Gruppendiskussion wird auf Video aufgezeichnet. Die verbalen Äußerungen der Teilnehmer in der aufgezeichneten Gruppendiskussion werden »Akt für Akt« nach den ca. 50 Kriterien des Kasseler-Kompetenz-Rasters, die sich auf die Berei-che der Fach-, Methoden-, Sozial- und Selbstkompetenz aufteilen lassen, von geschulten Beurteilern kodiert und ausgewertet.

Bei dem Kasseler-Kompetenz-Raster handelt es sich um ein objektives Kompetenz-messverfahren, das auf der detaillierten Beobachtung und quantitativen Auswer-tung verbaler Verhaltensäußerungen in Gruppendiskussionen beruht.

## Einschätzung der Gütekriterien

Die Reliabilität des Instrumentes wird durch die für Beobachtungsverfahren hohen Inter-Rater-Übereinstimmungen von Cohens Kappa =.60 für wenig geübte Beurteiler bis Cohens Kappa=.90 für Experten in der Anwendung des KKR belegt. Die Validität des Verfahrens kann über zahlreiche Kontrastgruppenvergleiche abgesichert werden (vgl. ausführlich Abschnitt Chancen und Grenzen des Verfahrens).

## Fehler- und Problemkritik

Die im Folgenden diskutierten Kritikpunkte beziehen sich auf (1) die Generalisier-barkeit, (2) die Einsatzbereiche und (3) den Aufwand des Verfahrens.

(1) Mit dem KKR wird eine berufliche Handlungssituation, die Bewältigung von Optimierungsaufgaben in Gruppen, betrachtet. Dem in der Zielsetzung defi-nierten Anforderungsbezug wird damit Genüge getan. Aber, obgleich die fle-xible Bearbeitung neuer, komplexer Aufgaben und die Übernahme von Ver-antwortung in Gruppen zunehmend von Mitarbeitern erwartet wird und hier die Innovationspotenziale einer Organisation aufgedeckt werden, können die

mit dem KKR erzielten Ergebnisse nur vor dem Hintergrund der Bewältigung von Optimierungsaufgaben interpretiert werden. Die Ergebnisse können nicht per se auf die Bewältigung von Routineaufgaben (z.B. Bedienung von Anlagen) oder Gesprächssituationen mit Kunden übertragen werden.

(2) Um ein realistisches Abbild der Mitarbeiterkompetenzen zu bekommen, ist es wichtig, arbeitsrelevante Themen in der richtigen Gruppenzusammensetzung bearbeiten zu lassen. Die Mitarbeiter sollten keinen Anlass haben, negative Äußerungen zu unterlassen. Für Personalentwicklungszwecke ist diese Aussage unkritisch, inwieweit die Anwendung des KKR jedoch für Personalauswahlzwecke geeignet ist, bleibt noch unklar.

(3) Während die Datenerhebung in der Regel relativ problemlos und ökonomisch erfolgen kann, muss der Auswertungsaufwand zur Zeit als nicht unerheblich bezeichnet werden. Die Auswertung mit dem KKR setzt – wie noch gezeigt wird – geschulte Beurteiler voraus. Während die Kriterien der Methoden-, Sozial- und Selbstkompetenz des KKR relativ schnell und zuverlässig erlernt werden können, setzt die Anwendung des KKR im Bereich der Fachkompetenz ein Hineindenken in das zu bearbeitende Thema voraus (vgl. Chancen und Grenzen des Verfahrens).

**Ablauf des Messprozesses**

Im Vorfeld der Messung sind die Gruppen, die an einer Kompetenzmessung teilnehmen sollen, ebenso wie die zu bearbeitenden Themen mit den Ansprechpartnern im Unternehmen abzustimmen. Die Gruppen diskutieren jeweils eine aktuelle, unternehmens- und mitarbeiterrelevante Problemstellung. Bei vielen betrieblichen Problemen handelt es sich im Sinne Dörners (1979) um dialektische Probleme, bei denen zwar die Ausgangslage bekannt ist, aber nicht der Zielzustand und damit auch nicht die möglichen Mittel, diesen Zielzustand zu erreichen. Den genauen Zielzustand definieren nur wenige Betriebe; vielmehr wird er als graduelle »Verbesserung des Status Quo«, wie es im Managementkonzept des Kontinuierlichen Verbesserungsprozesses (KVP; Imai 1992) zum Ausdruck kommt, beschrieben. Diesen Gedanken aufgreifend wird stets eine Optimierungsaufgabe, die eine argumentative Auseinandersetzung erfordert, als Diskussionsgegenstand gewählt, wie z.B. die »Optimierung der Werkzeugbeschaffung«, die »Reduzierung der Stillstandzeiten« oder die »Verbesserung der Zusammenarbeit«. Der Bezug zum Tagesgeschäft muss deutlich sein, so dass auf Seiten der Teilnehmer ein Interesse besteht, an der Problemlösung mitzuwirken. Gegenstand der Diskussion können alle innerhalb einer Arbeitsgruppe anstehenden Probleme, wie z.B. Produktionsstörungen, die Koordination der Arbeit innerhalb der eigenen sowie mit anderen Abteilungen, Qualitätsprobleme, die Verringerung des Ausschusses usw. sein. Neben einer gemeinsamen Problemsicht müssen für alle tragbare Lösungsvorschläge für technische und arbeitsorganisatorische Probleme entwickelt werden, die in konkrete Maßnahmen umgesetzt werden können. Das Thema der Gruppendiskussion ist teilnehmerspezifisch zu wählen, d.h., es fordert die Mitarbeiter, überfordert sie aber nicht. In ein- bis eineinhalb Stunden können nach Einschätzung der Ansprechpartner im Unternehmen und der Teilnehmer an der Gruppendiskussion Lösungsansätze gefunden und erste Maßnahmen geplant werden.

Die verbalen Äußerungen der Teilnehmer werden mit Hilfe der Kriterien des Kasseler-Kompetenz-Rasters kodiert. Eine zu kodierende Einheit umfasst dabei einen Satz, einen geäußerten Gedanken, eine in sich geschlossene Aussage, einen thematischen Bezug, eine Sinneinheit (vgl. Bales 1950). Die Anzahl der Kodierungen eines Kriteriums, eines Aspekts bzw. einer Facette wird als Indikator für die Kompetenz in diesem Bereich gewertet. Die Ergebnisse können grafisch aufbereitet werden.

*Räumliche Voraussetzungen*
Für die Gruppendiskussion ist ein Raum zu wählen, der für die Gruppe und den Einsatz der Medien (Flip-Chart, Pinwand, Videokamera) groß genug ist. Starke Nebengeräusche (Produktionslärm, Bau- oder Straßenlärm von außen etc.), welche die Videoaufzeichnung beeinträchtigen könnten, sind zu vermeiden.

*Zeitliche Voraussetzungen*
**Zeitbedarf für die Durchführung der Messung**: Für die Durchführung der Messung sind 60 bis 90 Minuten vorgesehen. Für den Aufbau und den späteren Abbau der Kamera sowie ein paar einleitende Worte zu Beginn, ein Dank am Ende und Informationen zum weiteren Vorgehen sind weitere 20-30 Minuten einzuplanen.

**Zeitbedarf für die Auswertung**: Die Auswertung der verbalen Äußerungen in der Gruppendiskussion erfordert die Kodierung der Sinneinheiten. Um eine individuelle Auswertung zu ermöglichen, ist die Angabe wer zu wem spricht, unerlässlich. Ferner wird jede einzelne Äußerung protokolliert, wodurch die Anwendung des KKR aufwändig wird. Ein in den Kriterien geübter Anwender benötigt für die Protokollierung und Kodierung einer Gruppendiskussion ca. 30 Stunden. Ein EDV-gestütztes Auswertungsprogramm des Kasseler-Kompetenz-Rasters, bei dem durch die Kopplung von Videomaterial und Auswertung (Time-Code-Signal) auf die zeitaufwändige Protokollierung verzichtet werden kann, wird zur Zeit entwickelt. Eine Reduktion des Zeitaufwandes für den Praxiseinsatz auf ca. acht Stunden für geübte Anwender des KKR erscheint realistisch.

*Personale Voraussetzungen*
An der Kompetenzmessung können fünf bis sieben Mitarbeiter, die über Arbeitszusammenhänge miteinander verbunden sind, in regelmäßigem Kontakt stehen und ein Optimierungsthema diskutieren, teilnehmen. Wenn neben mitarbeiter- und gruppenspezifischen Aussagen zur Kompetenz Empfehlungen auf Organisationsebene getroffen werden sollen, empfiehlt es sich, mindestens zwei – besser vier – Gruppen eines Betriebes in die Datenerhebung einzubeziehen. Wichtig dabei ist, weder »Problemgruppen« noch »Vorzeigegruppen«, sondern für das Unternehmen typische und repräsentative Gruppen auszuwählen. Um die Anonymität und eine vertrauensvolle Atmosphäre zu gewährleisten, die Durchführungsbedingungen konstant zu halten und die technische Aufzeichnung sicherzustellen, empfiehlt es sich, mit einem externen, eingewiesenen Trainer bzw. Beobachter zu arbeiten.

*Technische Voraussetzungen*

Für die Videoaufzeichnung wird eine Kamera mit Stativ und ein externes Mikrofon benötigt. Moderationsmaterial, wie Flip-Chart, Stifte, Metaplan-Karten etc. sollten der Gruppe zur Visualisierung zur Verfügung stehen. Für die Auswertung werden entweder ein Videorecorder und ein PC mit der Standardsoftware Excel benötigt, oder es kann in Zukunft die zurzeit in der Entwicklung befindliche Auswertungsstation zum KKR genutzt werden.

**Referenzen**

Das Interaktionsgeschehen in Gruppendiskussionen wird in bekannten prozessanalytischen Diagnoseverfahren analysiert. Verwiesen sei auf die Interaktions-Prozess-Analyse (IPA; Bales 1950), das System zur mehrstufigen Beobachtung von Gruppen (SYMLOG; Bales & Cohen 1982) oder die Konferenzkodierung (Fisch 1994) (vgl. zusammenfassend Kauffeld 2001). Obwohl die benannten Verfahren nicht die Kompetenz der Gruppe bzw. der Gruppenmitglieder fokussieren, können sie als Hilfe zur Formulierung von Kriterien zur Messung der beruflichen Handlungskompetenz herangezogen werden: Die drei Ebenen Inhalt, Beziehung und Funktion des Gruppenprozesses wecken Assoziationen zu den Facetten Fach-, Sozial- und Methodenkompetenz.

Das KKR wurde bisher für Forschungs- und Beratungsaufgaben in über 20 Unternehmen unterschiedlicher Branchen eingesetzt.

## Freie Darstellung

### Beschreibung des Verfahrens

#### Die Kompetenzfacetten des KKR

Mit dem Kasseler-Kompetenz-Raster (KKR) werden die vier Facetten Fach-, Methoden-, Sozial- und Selbstkompetenz unterschieden. Unter der Fachkompetenz sind organisations-, prozess-, aufgaben- und arbeitsplatzspezifische berufliche Fertigkeiten und Kenntnisse zu verstehen sowie die Fähigkeit, organisationales Wissen sinnorientiert einzuordnen und zu bewerten, Probleme zu identifizieren und Lösungen zu generieren. Die Methodenkompetenz beschreibt die Fähigkeit, situationsübergreifend und flexibel kognitive Fähigkeiten zum Beispiel zur Problemstrukturierung oder Entscheidungsfindung einzusetzen. Fähigkeiten, kommunikativ und kooperativ selbstorganisiert »zum erfolgreichen Realisieren oder Entwickeln von Zielen und Plänen in sozialen Interaktionssituationen« (Sonntag & Schaper 1992: 188) zu handeln, werden der Facette Sozialkompetenz zugeordnet. Die vierte Kompetenzfacette, die Selbstkompetenz, wird im Folgenden als die Disposition verstanden, sich Bedingungen zu schaffen, um sich im Rahmen der Arbeit zu entwickeln. Es geht um die Selbstwahrnehmung, das bewusste Reflektieren der eigenen Fähigkeiten, die Bewertung der eigenen Handlungen sowie die Offenheit für Veränderungen, das Interesse aktiv, eigeninitiativ mitzuwirken und gestalten. Es verfügt derjenige über Selbstkompetenz, der bereit ist, seinen Arbeitsplatz und seine Arbeitsumgebung konstruktiv mitzugestalten, dispositiv zu organisieren und Verantwortung zu übernehmen. Die so definierte Selbstkompetenz umfasst im Verständnis der Herausgeber neben personalen besonders aktivitäts- und umsetzungsorientierte Kompetenzen.

Die Kompetenzbereiche können nicht unabhängig voneinander definiert werden, vielmehr sind Überschneidungen die Regel. Die Synthese der einzelnen Kompetenzfacetten führt zu einer umfassenden Handlungskompetenz, d.h. zu der Fähigkeit, »aufgabengemäß, zielgerichtet, situationsbedingt und verantwortungsbewusst betriebliche Aufgaben zu erfüllen«, Probleme zu lösen und Optimierungen vorzunehmen – oft in Kooperation mit anderen (Münch 1995: 11). Der Kompetenzbegriff ist so an die Bewältigung konkreter Arbeitsaufgaben gekoppelt, d.h., Kompetenzen können nicht abstrakt definiert und überprüft werden, sondern stets nur im Kontext der jeweiligen Handlungssituation (vgl. Weiß 1999). Kompetenz lässt sich ferner nur in der Interaktion nachweisen, die ohne eine kommunikative Seite schwer vorstellbar ist (vgl. Albrecht 1997). Kompetenz ist somit für das KKR das, was ein Mensch kann, weiß und zeigt.

#### Die Kompetenzaspekte und Kodierungskriterien des KKR

Basierend auf der dargestellten Unterteilung der beruflichen Handlungskompetenz in die vier Kompetenzbereiche Fach-, Methoden-, Sozial- und Selbstkompetenz wurden Kriterien zu deren Messung im Rahmen von Gruppendiskussionen abgeleitet.

Die prozessorientierten Analysekriterien des Kasseler-Kompetenz-Rasters (KKR; vgl. Kauffeld 2000) beziehen sich auf die in Sinneinheiten unterteilten verbalen Äußerungen der Gruppenteilnehmer im Verlauf der Optimierungssitzung. Die Kriterien, die im Folgenden erläutert werden, sind in Tabelle 1 den beschriebenen Kompetenzbereichen der Fach- und Methoden-, in Tabelle 2 der Sozial- und Selbstkompetenz sowie ihren jeweiligen Aspekten zugeordnet. Um die Vergleichbarkeit zwischen Mitarbeitern, Gruppen und Unternehmen zu gewährleisten, sind die Kriterien unabhängig von konkreten Themen definiert.

| Fachkompetenz | Methodenkompetenz |
|---|---|
| **Differenziertheit Probleme** | **Positiv** |
| *Problem* | *Zielorientierung* |
| (Teil-)Problem benennen | auf Thema verweisen bzw. zurückführen |
| *Problemerläuterung* | *Klärung/ Konkretisierung* |
| Problem veranschaulichen | Beitrag auf den Punkt bringen, klären |
| | *Verfahrensvorschlag* |
| **Vernetztheit Probleme** | Vorschlagen des weiteren Vorgehens |
| *Verknüpfung bei der Problemanalyse* | *Verfahrensfrage* |
| z.B. Ursachen und Folgen aufzeigen | Frage zum weiteren Vorgehen |
| | *Priorisieren* |
| **Differenziertheit Lösungen** | Schwerpunkte setzen |
| *Sollentwurf* | *Zeitmanagement* |
| Visionen, Anforderungen beschreiben | auf Zeit verweisen |
| *Lösungsvorschlag* | *Aufgabenverteilung* |
| (Teil-)Lösung benennen | Aufgaben in der Diskussion delegieren/ übernehmen |
| *Lösungserläuterung* | *Visualisierung* |
| Lösung veranschaulichen | Benutzen von Flipchart und Metaplan etc. |
| | *Kosten-Nutzen-Abwägung* |
| **Vernetztheit Lösungen** | wirtschaftliches Denken |
| *Problem zu Lösung* | *Zusammenfassung* |
| Einwände gegen Lösung | Ergebnisse zusammenfassen |
| *Verknüpfung mit Lösung* | |
| z.B. Vorteile einer Lösung benennen | |
| | **Negativ** |
| **Äußerungen zur Organisation** | |
| *Organisationales Wissen* | *Themen springen* |
| Wissen über Organisation und Abläufe | neues Thema ohne Bezug zu Vorangegangenem beginnen |
| | *Verlieren in Details und Beispielen* |
| **Äußerungen zum Wissensmanagement** | nicht zielführende Beispiele, Monologe |
| *Wissen wer* | |
| Verweis auf Spezialisten | |
| *Frage* | |
| Frage nach Meinung, Inhalt, Erfahrung | |

Tab. 1: Aspekte und Kriterien der Fach- und Methodenkompetenz des Kasseler-Kompetenz-Rasters (KKR).

| Sozialkompetenz | Selbstkompetenz |
|---|---|
| **Positiv** | **Positiv** |
| *Ermunternde Ansprache* | *Interesse an Veränderungen* |
| z.B. Stillere ansprechen | Interesse signalisieren |
| *Unterstützung* | *Eigenverantwortung* |
| Vorschlägen, Ideen etc. zustimmen | Verantwortung übernehmen |
| *Aktives Zuhören* | *Maßnahmenplanung* |
| Interesse signalisieren (»mmh«, »ja«) | Aufgaben zur Umsetzung vereinbaren |
| *Ablehnung* | |
| sachlich widersprechen | |
| *Rückmeldung* | **Negativ** |
| z.B. signalisieren, ob etwas angekommen, neu, bekannt ist | *Kein Interesse an Veränderungen* |
| *Atmosphärische Auflockerung* | z.B. Leugnen von Optimierungsmöglichkeiten |
| z.B. Späße | *Jammern* |
| *Trennung von Meinung und Tatsache* | Betonung des negativen Ist-Zustandes, Schwarzmalerei |
| eigene Meinung als solche kennzeichnen | *Allgemeinplatz* |
| *Gefühle* | inhaltsloses Gerede, Worthülse |
| Gefühle wie Ärger, Freude ansprechen | *Schuldigensuche* |
| *Lob* | Probleme personalisieren |
| z.B. positive Äußerungen über andere Personen | *Betonung autoritärer Elemente* |
| | auf Hierarchien und Zuständigkeiten verweisen |
| | *Abbruch* |
| **Negativ** | Diskussion vorzeitig beenden (wollen) |
| *Tadel / Abwertung* | |
| Abwertung von anderen, »kleine Spitzen« | |
| *Unterbrechung* | |
| Wort abschneiden | |
| *Seitengespräch* | |
| Seitengespräche beginnen oder sich darin verwickeln lassen | |
| *Reputation* | |
| Verweis auf die eigene Diensterfahrung, Betriebszugehörigkeit etc. | |

Tab. 2: Aspekte und Kriterien der Sozial- und Selbstkompetenz des Kasseler-Kompetenz-Rasters (KKR).

**Die Fachkompetenz**: Den größten Teil der Fachkompetenz stellt die Fähigkeit dar, Wissen für neue Aufgaben passfähig zu machen, zu generieren ebenso wie die Sensibilität für die Problem- oder Teilproblemfindung. Die explizite Nennung oder Identifikation eines Problems oder eines seiner Bestandteile wird mit dem Kriterium Problem gekennzeichnet. Die Veranschaulichung des bestehenden Missstands durch Beispiele oder problemrelevante Informationen sowie generelle Ausführungen zu einem Problem, die oft auf die Nennung eines Problems folgen, werden als Problemerläuterungen festgehalten. Probleme und Problemerläuterungen werden unter dem Aspekt Äußerungen zu Problemen zusammengefasst.

Äußerungen im Lösungsbereich lassen sich in den Sollentwurf, den Lösungsvorschlag und die Lösungserläuterung unterteilen. Der Sollentwurf beschreibt eine Vorwegnahme der noch nicht existierenden Realität, im weitesten Sinne eine

Vision, ohne konkrete Schritte zu benennen, wie der Ist- in den Soll-Zustand überführt werden kann. Diese Lücke schließen die Lösungsvorschläge, die sich auch
nur auf Teile eines Problems beziehen können. Die Lösungserläuterung führt den
Lösungsvorschlag näher aus. Hier werden Details formuliert oder die Anwendung
der Lösung plastisch erläutert.

Mit den bisher genannten Kriterien wird der Differenziertheit der Betrachtung
Rechnung getragen. Sowohl im Lösungs- als auch im Problembereich können
jedoch Informationen aufeinander bezogen, Folgen, Ursachen, Lösungen und Probleme verknüpft, Zuordnungen vorgenommen werden. Durch diese Vernetzung
einer Vielzahl von Facetten kann »in die Tiefe« gegangen werden. Diesen Sachverhalt spiegeln die Kriterien Verknüpfungen bei der Problemanalyse, Verknüpfungen
mit Lösungen und Probleme mit Lösungen wider, wobei letztere speziell fachlich
begründete Einwände oder Bedenken, die gegen eine Lösung hervorgebracht werden, beschreiben.

Da das Wissen über die Organisation durch die Handlungsmöglichkeiten bestimmt
wird, die jemand in einem definierten Realitätsbereich hat, werden zudem allgemeine Äußerungen zur Organisation, zu Prozessen, Abläufen, Arbeitsmitteln etc.
mit informierendem Charakter als Kriterium im Bereich der Fachkompetenz aufgenommen.

Das Ausschöpfen aller Informationsquellen, Fragen nach Inhalten, Erfahrungen
und Meinungen (Kriterium: Frage) sowie danach, wer was weiß (Kriterium: Wissen Wer) stellen weitere Kriterien der Fachkompetenz dar und beschreiben den
Aspekt »Äußerungen zum Wissensmanagement«. Die Zuordnung des Kriteriums
Frage zur Fach- und nicht zur Methodenkompetenz erfolgt vor dem Hintergrund,
dass gezielte Fragen im Allgemeinen ein hohes Wissen über die Organisation vor-
aussetzen bzw. in die Fragen oft fachliches Wissen integriert ist.

**Die Methodenkompetenz**: Ausgeprägte Methodenkompetenz bei der Bewältigung
von Optimierungsaufgaben zeigt sich in der Strukturierung des Diskussionsprozes-
ses, wie bei der Benennung der wichtigsten Ziele, der Klärung und Konkretisierung
von Beiträgen, dem Einbringen von Verfahrensvorschlägen und -fragen zum weiteren Vorgehen und der Zusammenfassung von Informationen sowie der Entscheidungsfindung oder Prioritätensetzung. Als fördernd für die Strukturierung der Diskussion werden weiterhin die Aufgabenverteilung in der Gruppendiskussion, das
Festhalten wesentlicher Ergebnisse (Visualisierung), die Kosten-Nutzen-Abwägung
z.B. bei der Betrachtung von Lösungen für das Unternehmen und die Mitarbeiter
sowie das Zeitmanagement angenommen. Negativ vermerkt werden das unsystematische Springen zwischen Themen oder das Verlieren in Details und Beispielen.

**Die Sozialkompetenz**: Äußerungen, die sich auf die Interaktion beziehen sowie
wertende Äußerungen gegenüber Personen und ihren Handlungen werden der Sozialkompetenz zugeordnet. Gemeint sind damit z.B. »überwiegend nicht sachbezo-
gene, vielleicht sogar unsachliche, intendierte und nicht intendierte Handlungen
mit ausgeprägt emotionalen Anteilen« (Fisch 1994: 151). Positiv vermerkt werden
ermunternde Direktansprachen stillerer Teilnehmer, unterstützende Beiträge, Lob
oder Verständnis für andere, atmosphärische Auflockerungen, die Trennung von
Meinungen und Tatsachen sowie die Ansprache von Gefühlen. Inhaltlicher Wider-

spruch ohne personale Abwertung oder Schuldzuweisung sowie eine Rückmeldung in die Gruppe, z.B. über den eigenen Wissensstand, werden ebenfalls als sozial kompetent eingestuft.

Negativ wertende Äußerungen stellen Sinneinheiten dar, mit denen andere Personen getadelt oder abgewertet werden. Der Verweis auf die eigenen Verdienste, um Aussagen zu unterstreichen (Reputation), Seitengespräche und das Unterbrechen anderer Gesprächsteilnehmer gehören ebenfalls zu dem Aspekt negativ wertende Äußerungen gegenüber Personen oder ihren Handlungen.

**Die Selbstkompetenz:** Der Selbstkompetenz werden Äußerungen zur Mitwirkung zugeordnet (vgl. Bunk 1994). Positive Äußerungen zur Mitwirkung betonen ein Interesse an Veränderungen. Sie sind geprägt von einer appellativen Forderung nach der Selbststeuerung der Gruppe oder der Eigenverantwortlichkeit jedes einzelnen Gruppenmitglieds. Das zur Umsetzung der Lösung bedeutsame Planen von Maßnahmen, wie zum Beispiel die Festlegung, wer in Entscheidungs- und Deutungsprozessen bei einem gegebenen Problem einbezogen werden muss und was als nächstes zu tun ist, ist zentraler Bestandteil der Selbstkompetenz.

Negative Äußerungen zur Mitwirkung, wie Killerphrasen, Rechtfertigungen und Erklärungen, warum alles so bleiben muss, wie es ist, das Ignorieren von Problemen, die Negierung von Veränderungsbedarf oder die Schwarzmalerei in Bezug auf Situationen, die nach Realisierung der Lösung eintreten könnten, werden unter das Kriterium kein Interesse an Veränderungen gefasst. Bei Jammer-Sinneinheiten wird die eigene passive Opferrolle betont und der negative Ist-Zustand beklagt. Die Gründe für die stigmatisierte Passivität bleiben beim Kriterium Jammern meist nebulös, während bei dem Kriterium autoritäre Elemente hierarchische Abhängigkeiten und oktroyierte Entscheidungswege der hierarchisch übergeordneten »Autoritäten« als Ursachen genannt werden. Wird eine Personifizierung von Problemen vorgenommen und statt nach Ursachen nach Schuldigen gesucht, greift das Kriterium Schuldigensuche. Allgemeinplätze, durch die die Diskussion nicht voran gebracht wird, werden ebenso wie die Verbalisierung des Wunsches, die Diskussion vorzeitig zu beenden, als mangelnde Mitwirkungsorientierung interpretiert.

### Chancen und Grenzen des Verfahrens

Mit dem Kasseler-Kompetenz-Raster (KKR) wird ein neuer Ansatz zur Kompetenzmessung vorgestellt. Im Gegensatz zu anderen Instrumenten, die sich an der Selbstbeschreibung der Beschäftigten orientieren (z.B. Bergmann 2000; Sonntag & Schäfer-Rauser 1993), können objektive, verhaltensbasierte Kriterien zur Kompetenzmessung herangezogen werden. Im Gegensatz zu Selbstbeschreibungsinstrumenten spielt die Frage, ob Mitarbeiter beim besten Bemühen um eine ungeschönte und realistische Bewertung der eigenen Stärken und Schwächen in der Lage sind, sich selbst einzuschätzen, keine Rolle. Soziale Vergleichsprozesse werden nicht relevant und Attributions- und Beschönigungstendenzen (Mabe & West 1982; Sonntag & Schäfer-Rauser 1993) können nur eingeschränkt wirksam werden. Die ungenierte Abwertung von Vorgesetzten und die teilweise mangelnde Besprechungsdisziplin (klingelnde Handys, Gänge zum Getränketisch, lautstarke Seitengespräche etc.) in der Diskussion bestätigen dies eindrücklich (vgl. Kauffeld 2000). Die Beobachtungen von Lamnek (1995), dass die Teilnehmer sich sehr schnell an die technischen Aufzeichnungsgeräte gewöhnen und diese spätestens nach fünf Minuten vergessen haben, entsprechen den Erfahrungen mit dem Kasseler-Kompetenz-Raster: die Teilnehmer der Gruppendiskussion beschreiben die Sitzung durchgängig als »typisch« für eine Besprechung im Unternehmen.

Der Gefahr von Korrelationen als Methodenartefakten auf Grund der ähnlichen Operationalisierung von unabhängigen und abhängigen Variablen bzw. dem »overlap in content« (Kasl 1995; Zapf 1989) in Untersuchungen, die lediglich auf subjektive Methoden zurückgreifen, kann mit dem KKR begegnet werden.

Neben der Fach-, Methoden- und Sozialkompetenz wird mit dem KKR die Selbstkompetenz, die bisher auf Grund der schwierigen Operationalisierung in vielen Verfahren unberücksichtigt geblieben ist (vgl. z.B. Sonntag & Schäfer-Rauser 1993) oder mit Persönlichkeitsanalysen abzudecken versucht wurde (Erpenbeck & Heyse 1999), einer Beobachtung zugänglich gemacht. Die Operationalisierung der Selbstkompetenz ist von besonderem Interesse, da gerade diese sich für die Güte der Lösungen und die Zufriedenheit der Teilnehmer bei der Bewältigung von Optimierungsaufgaben als sehr bedeutsam herausstellt (Kauffeld & Grote 2000a).

In anderen Kompetenzmodellen (z.B. Spencer & Spencer 1993) ebenso wie in Skalen zum Assessment-Center oder den Selbstbeschreibungsbogen zur beruflichen Handlungskompetenz (Sonntag & Schäfer-Rauser 1993; Riggio 1986; 1989) sind die Kompetenzbereiche ausschließlich positiv definiert. Im Kasseler-Kompetenz-Modell sind für die drei Facetten der Methoden-, Sozial- und Selbstkompetenz auch zu beobachtende negative Aspekte und Kriterien beschrieben. Dass die Trennung zwischen positiven und negativen Aspekten der Kompetenzfacetten durchaus sinnvoll ist, zeigt sich, wenn man die Kompetenzaspekte und -kriterien mit objektiven Indikatoren zur Güte des Diskussionsergebnisses oder der subjektiv erhobenen Zufriedenheit der Mitarbeiter mit dem Verlauf und dem Ergebnis der Diskussion in Beziehung setzt. Die durchgängig deutlicheren Zusammenhänge der negativen im Gegensatz zu den positiven Aspekten der Methoden-, Sozial- und Selbstkompetenz mit der Güte der Lösungen und der Zufriedenheit der Teilnehmer, deuten darauf hin, dass negative Aussagen besonders kritisch zu bewerten und nur schwer durch positive Äußerungen zu kompensieren sind (Kauffeld & Grote 2000a).

Die Reliabilität des Verfahrens belegen die für Beobachtungsverfahren hohen Interrater-Übereinstimmungen von Cohens Kappa = .60 für wenig geübte Beurteiler bis Cohens Kappa = .90 für Experten in der Anwendung des KKR (vgl. Kauffeld 2000). Im Gegensatz zu anderen Beobachtungsverfahren lassen die Kodierungskriterien des KKR wenig Interpretationsspielraum. Während die Zuordnung für viele Kriterien der Methoden-, Sozial- und Selbstkompetenz relativ schnell und zuverlässig gelingt, werden die Unterscheidungen im Bereich der Fachkompetenz für einen Außenstehenden nicht immer einfach zu treffen sein. Klare Abgrenzungen gelingen besser unter der Berücksichtigung der konkreten Gesprächssituation und vor allem der Hintergrundinformationen zum Unternehmen und den Arbeitsprozessen der Gruppe. Auch die Einteilung der Sinneinheiten in der Akt-für-Akt-Codierung erweist sich lediglich für die Fachkompetenz als etwas schwieriger.

Anderson und West (1996) bedauern, dass Arbeits- und Organisationspsychologen einseitig Variablen auf der individuellen Analyseebene zu messen versuchen, was die zahlreichen Instrumente zur Erfassung von Persönlichkeitsmerkmalen, Commitment, Gesundheitsbelastungen, Stress und Coping-Strategien im Gegensatz zu Instrumenten auf Gruppenebene dokumentieren. Sie sehen die Gefahr, dass Arbeits- und Organisationspsychologen »run the risk of being type-cast as only (Hervorhebung im Original) being able to offer these methodological competencies to client / host organizations« (Anderson & West 1996: 55) und den »practial demands of HR practitioners for valid measures of group and organizational phenomena« (Anderson & West 1996: 54) nicht genügen können. Das KKR kann als Instrument für die Messung von Kompetenzen z.B. auf der Analyseebene des Individuums, der Gruppe und der Organisation eingesetzt werden. Es kommt damit nicht nur der Forderung von Anderson und West (1996) nach, sondern berücksichtigt auch die Einschätzung von Knöchel (1996), dass Kompetenz nicht nur individuell, sondern auch für Leistungsgruppen oder sogar die ganze Organisation definiert und gemessen werden kann. Als Indiz dafür, dass bei einer Kompetenzdiagnose mit dem KKR z.B. zwei bis vier Gruppen für ein Unternehmen stehen können, kann gewertet werden, dass in allen Aspekten (und Kriterien) die Varianz zwischen 20 Unternehmen unterschiedlicher Branchen größer ist als die Varianz innerhalb der Unternehmen (vgl. Kauffeld 2000).

Mit dem KKR werden neben individuellen und gruppenspezifischen Auswertungen auch unternehmens-, branchen- und berufsgruppenübergreifende Vergleiche möglich, die mit einer reinen Selbstbeschreibung der Beschäftigen in der Regel nicht geleistet werden können. Ein Beispiel soll zur Veranschaulichung dienen, das gleichzeitig als Validitätshinweis genutzt werden kann: So beurteilen Mitarbeiter von schnell expandierenden Unternehmen aus Wachstumsbranchen ihre Kompetenz negativer, als sie es objektiv ist, weil sie sich durch den wenig strukturierten Arbeitsalltag und die ständig neuen Aufgabenstellungen subjektiv des Öfteren überfordert fühlen. Umgekehrt überschätzen Mitarbeiter etablierter Unternehmen einer traditionellen Branche, in der in den letzten Jahren der Markt stabil geblieben ist und für den einzelnen Mitarbeiter weder größere technische noch organisatorische Veränderungen zu bewältigen waren, ungewollt ihre Kompetenzen, da ihr Alltag sie mit wenig Unerwartetem konfrontiert und sie entsprechend routiniert und sicher ihre Arbeit abwickeln können. Mit dem Kasseler-Kompetenz-Raster zeigen sich im oben beschriebenen Fall bei der Unterscheidung zwischen Mitarbeitern aus der Automobilzulieferindustrie und kommunalen Dienstleistungsunternehmen – im Gegensatz zu dem in der Untersuchung eingesetzten Selbstbeschreibungsbogen – in allen Kompetenzfacetten bedeutsame Unterschiede zugunsten der Automobilzuliefer-Unternehmen (Kauffeld et al. 2000).

Als weitere Kontrastgruppenvergleiche, die auf die Validität des Verfahrens hinweisen, ist die Differenzierung nach dem Status der Mitarbeiter oder dem Ausbildungshintergrund zu nennen: Angestellte Mitarbeiter bzw. Mitarbeiter mit primär planenden Aufgaben schneiden bei der Kompetenzmessung besser ab als gewerbliche Mitarbeiter; Mitarbeiter mit einem Hochschulabschluss zeigen sich kompetenter als Mitarbeiter mit einer dualen Berufsausbildung (Kauffeld, in Vorbereitung). Unberücksichtigt bleiben bei diesen Angaben die zahlreichen sinnvoll zu interpretierenden Vergleiche zwischen Mitarbeitern mit und ohne Gruppenarbeit (Kauffeld & Grote 2000b), aus flexiblen oder weniger flexiblen Betrieben (Kauffeld & Grote

2000c) etc. Als weiterer Validitätshinweis kann die Möglichkeit, die Kriterien des KKR theoretisch herzuleiten, interpretiert werden (Kauffeld, in Vorbereitung).

Das Kasseler-Kompetenz-Raster als Methode zur Kompetenzdiagnose bietet eine Möglichkeit, die berufliche Handlungskompetenz von Mitarbeitern bei der Bewältigung von Optimierungsaufgaben ihres Arbeitsbereiches zu messen. Das KKR hat damit das Potenzial, der Weiß'schen Forderung nach »Methoden und Instrumenten, die die arbeitsorganisatorischen Veränderungen sowie die sozialen und kommunikativen Prozesse in Lern- und Arbeitsgruppen in den Blick nehmen« nachzukommen (Weiß 1999: 451). Der Forderung nach der Erfassung impliziten Wissens, das sich erst in konkreten Anwendungs- und Handlungssituationen artikuliert, kann mit dem konkreten Anwendungsbezug ebenfalls Genüge getan werden (Weiß 1999). Einschränkend ist jedoch festzuhalten, dass es sich nur um eine Situation der betrieblichen Realität, in der die berufliche Handlungskompetenz der Mitarbeiter gefordert ist, handelt. Dieses ist jedoch nicht irgendeine Situation, sondern eine, die in meisten der aktuell diskutierten Managementkonzepte, wie Total Quality Management (TQM), Kontinuierlicher Verbesserungsprozess (KVP), Total Productive Maintenance (TPM), Gruppen- und Projektarbeit von zentraler Bedeutung ist, von Experten als zunehmend als wichtig angesehen wird (vgl. z.B. Rosenstiel 2001), in der Mitarbeiterpotenziale abseits von den zu bewältigenden Routinetätigkeiten genutzt werden können und die berufs-, unternehmens- und branchenunabhängig anzutreffen ist.

Als Bedingung für den Einsatz des KKR muss eine vertrauensvolle Atmosphäre definiert werden, um eine typische, unverfälschte Arbeitssituation als Datenmaterial für die Auswertung zu erhalten. Eine Anwendung im Rahmen einer Auswahlsituation kann die Mitarbeiter dazu verführen, Äußerungen, die negativen Kriterien der Kompetenzfacetten zugeordnet werden und denen im Forschungskontext eine besondere Bedeutung zukommt, zu unterlassen (vgl. Kauffeld & Grote 2000a).

Die Befürchtung, dass z.B. extravertierte Mitarbeiter bei einer Kompetenzmessung, die auf einer Gruppendiskussion beruht und in der die verbalen Äußerungen zählen, besser abschneiden als Introvertierte, die sich möglicherweise weniger äußern, wird durch vorliegende Forschungsergebnisse nicht bestätigt. Das Persönlichkeitsmerkmal Extraversion, das auch als Kontaktbereitschaft beschrieben werden kann, steht mit keinem der Aspekte des KKR in bedeutsamen positiven Zusammenhang (Kauffeld & Grote 2000d). Auch das Selbstvertrauen der Mitarbeiter, das die Selbsteinschätzung beruflicher Handlungskompetenzen maßgeblich beeinflusst, steht zu der mit dem KKR gemessenen Kompetenz, Optimierungsaufgaben in Gruppen zu bewältigen, in keinem nennenswerten Zusammenhang (Kauffeld & Grote 2000d).

Richtig angewendet stellt das KKR aus Forschungsperspektive eine Möglichkeit dar, dem Mangel an fundierten Erkenntnissen zum Thema Kompetenz, der vor allem in den unzureichenden Erhebungsmethoden zur Messung von Kompetenz begründet liegt, zu begegnen.

## Entwicklungsmöglichkeiten des Verfahrens

Ein EDV-gestütztes Auswertungsprogramm des Kasseler-Kompetenz-Rasters, bei der auf die zeitaufwändige Protokollierung durch die Kopplung von Videomaterial und Auswertung (Time-Code-Signal) verzichtet werden kann, wird zur Zeit entwickelt. Eine Reduktion des Zeitaufwandes für den Praxiseinsatz auf ca. acht Stunden für geübte Anwender des KKR erscheint realistisch. In der Entwicklung befinden sich zudem Verfahrensvarianten für Gruppendiskussionen mit Vorgesetzten, Verkaufs- bzw. Beratungs- und Führungssituationen. Ferner wird ein auf dem KKR aufbauendes Kompetenz-Reflexions-Instrument (KRI) entwickelt, das anregen soll, vorhandene Stärken und Schwächen zu überdenken, und individuelle Entwicklungen aufzeigt.

## Nutzensabschätzungen

Aus Forschungssicht handelt sich bei dem KKR um ein Instrument zur Kompetenzmessung, das zentralen psychometrischen Gütekriterien genügt (vgl. Abschnitt Chancen und Grenzen des Verfahrens) und – wie gezeigt wurde – neue Forschungsergebnisse verspricht (vgl. Kauffeld 2000; Frieling et al. 2000). Neben Diagnose- und Evaluationsmöglichkeiten eröffnet das KKR besonders für den Praxiseinsatz interessante und differenzierte Gestaltungsperspektiven (vgl. Kauffeld & Grote 2000e). Aus den Ergebnissen des KKR lassen sich z.B. mitarbeiter-, gruppen-, organisationsspezifische Ansatzpunkte besonders für arbeitsnahe Formen der Kompetenzentwicklung ableiten. Abweichungen von Vergleichswerten und Benchmarks sowie spezifische Kombinationen der Kriterien der Fach-, Methoden-, Sozial- und Selbstkompetenz machen Kompetenzentwicklungsbedarf transparent und geben Hinweise auf geeignete Maßnahmen. Hierbei gilt es nicht nur herkömmliche, seminaristisch angelegte Formen der Kompetenzentwicklung zu nutzen, sondern insbesondere Möglichkeiten innerhalb des Arbeitsvollzuges sowie arbeitsnahe Formen der Kompetenzentwicklung auszuschöpfen. Grundgedanke des Ansatzes ist es weniger, die Schwächen im Problemlöseverhalten den Mitarbeitern anzulasten, sondern vielmehr herauszuarbeiten, welche organisationalen Gegebenheiten zu ändern sind, damit sich die Kompetenzen der Mitarbeiter entfalten und aufbauen können. Primär aus den von den Mitarbeitern bei der Bewältigung einer Optimierungsaufgabe gezeigten Schwächen sind in Tabelle 3 exemplarisch für ein Unternehmen der chemischen Industrie, in dem Gruppenarbeit eingeführt wurde, Kompetenzentwicklungsmaßnahmen definiert worden. Die Maßnahmen beschränken sich nicht auf die in die Fallstudie einbezogenen drei Gruppen, sondern beleuchten auch das Umfeld der Gruppen.

Für das Unternehmensbeispiel kann als eine Schwäche im Bereich der Fachkompetenz die mangelnde Suche nach Ursachen für Probleme konstatiert werden. Die Mitarbeiter denken im Vergleich zu anderen wenig vernetzt und lassen eine Prozessorientierung vermissen. Um jedoch in zusammenhängenden Prozessen denken zu können, müssen diese den Mitarbeitern zunächst einmal bekannt sein. Die gemeinsame, geteilte Wissensbasis der Mitarbeiter hinsichtlich der Prozesse wird jedoch häufig in Unternehmen überschätzt (vgl. Kauffeld & Frieling 2001).

(1.) Als einfache und effektive Maßnahme der Kompetenzentwicklung ergibt sich hier die Möglichkeit, bestehende Prozesse und Arbeitsabläufe gemeinsam mit

| Kompetenz-facette | Schwäche | Kompetenzentwicklungsmaßnahme |
|---|---|---|
| Fachkompetenz | Verknüpfung bei der Problemanalyse z.B. Ursachen und Folgen aufzeigen | 1. Gemeinsame Abbildung der Prozesskette (z.B. mit Meta-Plan)<br>2. Job-Rotation bzw. Mitarbeit in anderen Gruppen entlang der Prozesskette<br>3. Regelmäßiger Austausch der Gruppensprecher vor- und nachgelagerter Bereiche<br>4. Regelmäßiger Austausch mit vor- und nachgelagerten Bereichen |
| Methoden-kompetenz | Zusammenfassung Ergebnisse zusammenfassen | 5. Reflexionsphasen<br>6. Feedback für den Gruppensprecher (Moderator) |
| Sozial-kompetenz | Tadel/ Abwertung Andere abwerten, „kleine Spitzen" | 7. Gemeinsame Aufstellung von Team- und Besprechungsregeln (miteinander statt übereinander reden)<br>8. Feedbackrunden im Rahmen von Coachings<br>9. Rotation Meister / Gruppensprecher<br>10. Hospitationen in anderen Gruppen<br>11. Keine Rangreihe der Gruppen bilden (von Vorgesetzten!) |
| Selbst-kompetenz | Jammern den negativen Ist-Zustandes betonen, Schwarzmalerei | 12. Regelmäßige Gruppengespräche<br>13. Coaching der Gruppen (vierteljährlich)<br>14. Appell: Latte nicht zu hoch setzen |
| | Autoritäre Elemente auf Hierarchien und Zuständigkeiten verweisen | 15. Coaching und Training der Vorgesetzten (Ideen nicht als Kritik begreifen, sondern aktiv einfordern)<br>16. Keine Teilnahme der Meister an Gruppengesprächen (außer auf Wunsch der Mitarbeiter); Erfahrungen zulassen |

Tab. 3: Ableitung von Kompetenzentwicklungsmaßnahmen aus einer Analyse mit dem Kasseler-Kompetenz-Rasters (KKR).

den Mitarbeitern in Workshops zu erheben. Häufig zeigt sich, dass sich für alle Teilnehmer – auch unabhängig von der Dauer der Betriebszugehörigkeit – neue Aspekte ergeben. Als »Nebeneffekt« finden sich Ansatzpunkte für Verbesserungen und Vereinfachungen. Die erarbeiteten Ergebnisse können anderen Kollegen vorgestellt und im Arbeitsbereich dargestellt und visualisiert werden. (2.) Eine andere Möglichkeit stellt der systematische Einsatz von Job-Rotation-Programmen dar. Der gezielte Wechsel von Mitarbeitern entlang der Prozesskette – innerhalb, aber v.a. auch außerhalb der eigenen Arbeitsgruppe – kann nicht nur wesentliche Beiträge zum Informationsfluss leisten, sondern auch die »mentalen Abbilder« der Mitarbeiter des eigenen und des fremden Bereichs korrigieren und ergänzen. (3.) Im Beispiel-Unternehmen wurde zudem ein regelmäßiger Austausch der Gruppensprecher in Form vierteljährlicher Coaching-Termine und wöchentlicher Kurzbesprechungen ins Auge gefasst. Die Gruppensprecher sollten dabei als Multiplikatoren wirken. (4.) Bei der Identifikation von Problemen mit vor- und nachgelagerten Bereichen wurde ein regelmäßiger Austausch über Workshops mit den betroffenen Bereichen angeregt. Im Bereich der Methodenkompetenz zeigte sich für das Beispielunternehmen, dass die Mitarbeiter wichtige Ergebnisse selten zusammenfassen. (5.) Bewusst geplante Reflexionsphasen können hier ebenso hilfreich sein wie ein (6.) konstruktives Feedback für den Moderator, in dem er auf den Mangel hingewiesen wird und Möglichkeiten zur Verbesserung aufgezeigt bekommt. Obwohl viele Teilnehmer direkt befragt angeben, bereits Moderationstrainings besucht zu haben und die erlernten Methoden für grundsätzlich sinnvoll halten, werden Methoden zur Strukturierung von Besprechungen kaum genutzt (Kauffeld & Frieling 2001). Offensichtlich besteht eine große »Hemmschwelle«, diese im eigenen Unternehmen einzusetzen. Für die Anwendung von Moderations- und Problemlösetechniken scheinen zwei Elemente von großer Bedeutung: die Wahrscheinlichkeit, dass das im Rahmen von Seminaren Gelernte angewendet wird, steigt, wenn »echte« Gruppen, Abteilungen etc. die Problemlösemethoden gemeinsam erlernen, und zwar wiederum an echten Problemstellungen. Zu oft werden die Techniken von Trainern an »künstlichen« Problemstellungen demonstriert. Die Überprüfung, ob die Methoden der späteren Arbeit am echten Problem »standhalten«, bleibt den Teilnehmern überlassen. Werden diese beiden Prinzipien berücksichtigt, verschieben sich die Grenzen von einem »klassischen Seminar« hin zu einer arbeitsintegrierten Form der Kompetenzentwicklung, einem Problemlösungsworkshop, an dessen Ende konkrete Lösungen und Maßnahmen stehen können und sollten. Der mangelnde Einsatz von Problemlösetechniken kann ebenfalls eine Ursache dafür sein, dass die Gruppen in der Problembeschreibung verharren und nicht nach Ursachen und Lösungen suchen. Das Nutzen von Reflexionsschleifen »Was ist unser Ziel?« bzw. »Welche Erwartungen werden an uns gestellt?« und »Wo stehen wir jetzt?« muss geübt werden.

Das Tadeln und Abwerten in der Regel nicht Anwesender im Bereich der Sozialkompetenz kann über (7.) die gemeinsame Aufstellung von Team- und Besprechungsregeln (»Miteinander statt übereinander reden«), auf die bei Bedarf verwiesen wird, begegnet werden. (8.) Für die Gruppen im Beispiel wurden zudem Feedbackrunden im Rahmen der vierteljährlich stattfindenden Coachings eingerichtet. Die Mitarbeiter haben hier die Gelegenheit, Kollegen eine direkte Rückmeldung über ihr Arbeitsverhalten zu geben und Wünsche an die Kollegen für die Zukunft zu formulieren. (9.) Um das Abwerten der Meister in den Griff zu bekommen, den Blickwinkel zur erweitern und für die Schwierigkeiten der jeweils anderen Rolle zu sensibilisieren, wurde die Rotation zwischen Meister und Gruppensprecher im Unternehmen angeregt und nach entsprechender Vorbereitung umgesetzt. Als positiver Nebeneffekt wurde im Beispiel eine günstige Lösung für die Urlaubsvertretung des Meisters gefunden. (10.) Um Verständnis für andere Gruppen zu erzeugen und dem Befund »Nähe schafft Sympathie« entgegenzukommen, hatten einzelne Mitarbeiter die Gelegenheit, in anderen Gruppen zu hospitieren. Damit die Gruppen nicht von außen in eine Konkurrenzsituation gepresst werden, wurden (11.) die Vorgesetzten ausdrücklich aufgefordert, für die Gruppen keine Rangreihen zu bilden. Die Konsequenzen ihres Verhaltens wurden in einem Coaching der Vorgesetzten erarbeitet. Häufige Gruppengespräche, in denen auch soziale Inhalte angesprochen werden können, gehen einher mit weniger Jammeräußerungen im Bereich der Selbstkompetenz (Kauffeld & Grote 2000b). Diesem Forschungsergebnis folgend wurden (12.) regelmäßige, wöchentliche Gruppengespräche angesetzt und (13.) vierteljährliche Coaching-Termine mit externer Begleitung angesetzt. Ferner wurde (14.) an alle Prozessbeteiligten appelliert, die »Latte nicht zu hoch zu hängen«, keine Wunder zu erwarten, sondern auch kleine Erfolge zu honorieren, diese zu dokumentieren und sich zu vergegenwärtigen. Über regelmäßige Bilanzworkshops im Steuerkreis, an denen auch Gruppenmitglieder teilnehmen konnten, wurde versucht, dies in die

Praxis umzusetzen. (15.) Der übermäßige Verweis auf Hierarchien und Zuständig-
keiten in den Diskussionen wurde aufgegriffen, in dem in den Trainings der Vor-
gesetzen der Umgang mit Ideen und Kritik thematisiert wurde: Verhaltensweisen,
in denen Ideen aktiv von Mitarbeitern eingefordert werden, wurden jenen gegenübergestellt, die signalisieren, dass Ideen als Kritik zu verstehen sind. (16.) Um
Erfahrungen der Mitarbeiter zuzulassen, wurde darauf gedrängt, dass der Meister
nicht wie bisher an den Gruppengesprächen teilnimmt, sondern nur auf Wunsch
der Gruppe als Gast anwesend ist.

Werden die geplanten Maßnahmen umgesetzt, kann der Erfolg der Interventionen wiederum mit dem KKR geprüft werden. Als ausdrückliches Ziel der Einführung der Gruppenarbeit war im vorliegenden Beispiel die Erhöhung der Kompetenzen der Mitarbeiter formuliert worden, die mit dem KKR eindrücklich dokumentiert
werden konnten. Die Ergebnisse wurden als Steuerungsinstrument für den Prozess
und für die Bilanzierung des Projektes »Einführung von Gruppenarbeit« genutzt.

## Erlernbarkeit

Obwohl die Kriterien des Kasseler-Kompetenz-Rasters wenig Interpretationsspielraum lassen, muss die Funktion einer Äußerung bzw. Sinneinheit oft aus dem Kontext ableitet werden. Während dies für viele Kriterien der Methoden-, Sozial- und
Selbstkompetenz relativ schnell und zuverlässig gelingt, werden die Unterscheidungen im Bereich der Fachkompetenz für einen Außenstehenden nicht immer einfach
zu treffen sein. Klare Abgrenzungen gelingen besser unter der Berücksichtigung
der konkreten Gesprächssituation, der Betonungsmuster und vor allem der Hintergrundinformationen zum Unternehmen und der Arbeitsprozesse der Gruppe. In
der Regel kann nach einer ca. halbtägigen Einweisung in das KKR und der Kontrolle mit Diskussion von zwei bis drei Auswertungen von einer akzeptablen Inter-
raterübereinstimmung ausgegangen werden. Soll die KKR-Software genutzt werden,
die die Auswertung erheblich erleichtern wird, müssen weitere drei Stunden Schulungsaufwand veranschlagt werden. Für die Anwendung in der Praxis erscheint es
zudem sinnvoll, die Interpretation der Ergebnisse und das Generieren von Kompetenzentwicklungsmaßnahmen aus der Betrachtung der absoluten und relativen
Ausprägung der Kriterien zu üben.

Um das KKR einem größeren Anwenderkreis zugänglich zu machen, aber gleichzeitig die Güte des Verfahrens zu gewährleisten, die primär von einer exakten, einheitlichen Anwendung der Kriterien abhängt, ist an ca. zweitägige Trainingskurse
incl. Lizensierung für das KKR gedacht. Da der Einsatz des KKR bislang an das
Know How einzelner Mitarbeitern des Instituts für Arbeitswissenschaft der Universität Kassel gebunden ist, kann die Auswertung zur Zeit nur im Rahmen von For-
schungsprojekten oder von Beratungsdienstleistungen abgerufen werden.

## Einfachheit und Vereinfachbarkeit des Verfahrens für die Praxis

Eine in den Kriterien geübte studentische Hilfskraft benötigt für die Protokollierung und Kodierung einer Gruppendiskussion ca. 30 Stunden. Besonders durch die Protokollierung der verbalen Äußerungen in der Gruppendiskussion wird die Anwendung des KKR aufwändig. Je nach Länge des Videos, die zwischen 60 und 90 Minuten variiert, Verständlichkeit von Dialekten, Tonqualität, inhaltlicher Komplexität bzw. Anspruchsniveau des Sachverhalts und Sprechgeschwindigkeit der Teilnehmer kann die benötigte Zeit variieren. Der Zeitaufwand für die Protokollierung und Kodierung beläuft sich so für eine »Videominute« auf 20 Auswertungsminuten. Auch wenn der Zeitaufwand im ersten Moment hoch scheint, liegt er deutlich unter dem für andere prozessanalytische Verfahren, die den Verlauf eines Gruppenprozesses beleuchten. Brauner (1998) resümiert, dass ein geübter Kodierer in Abhängigkeit von den Charakteristika des verwendeten Kodierverfahrens für eine Minute verbaler Äußerungen ca. 30-40 Minuten Kodierzeit benötigt. Falls die Transkription der verbalen Daten erforderlich ist, wie sie im vorliegenden Fall zu leisten ist, kommen Brauners (1998) Berechnung nach weitere 20-30 Minuten hinzu. Die vergleichsweise schnelle Anwendung des KKR hängt möglicherweise mit dem geringen Interpretationsspielraum der Kriterien zusammen. Im Gegensatz zu anderen prozessanalytischen Verfahren muss nicht lange überlegt werden, welcher Kategorie bzw. welchem Kriterium die Sinneinheit zuzuordnen ist. Mit der Entwicklung der videogestützten Auswertungsstation wird die Hoffnung geschürt, dass die Auswertung für eine 60-minütige Gruppendiskussion auf ca. acht Stunden reduziert werden kann. Ein Aufwand, der für die detaillierten und aussagekräftigen Ergebnisse durchaus im Rahmen liegt.

Natürlich können die Kriterien des KKR auch für Berater, Weiterbildner und Führungskräfte als Orientierungshilfe für die Beobachtung von Gruppendiskussionen und eine Reflexion der Stärken und Schwächen in einer Diskussion dienen, ohne dass eine Videoaufzeichnung und detaillierte Auswertung erfolgt. Die Beobachtungen und Wahrnehmungen können in Anlehnung an die Kriterien des KKR qualitativ beschrieben werden. Die Erfahrungen zeigen jedoch, dass die quantitative Auswertung für die Gruppe z.B. in Form von Balkendiagrammen mit Vergleichswerten eine andere Wirkung hat. Der Gruppe werden von »neutraler« Stelle die Ergebnisse vorgelegt, und sie kann selbst entscheiden, was sie damit macht. Viele Jammer-Äußerungen und wenige Äußerungen zur Maßnahmenplanung werden schwarz auf weiß viel eher Betroffenheit und ein Veränderungsinteresse erzeugen als ein Beobachter von außen, der seine Eindrücke widerspiegelt und dabei selten die Ergebnisse so treffsicher und für die Gruppe akzeptabel und handlungswirksam formulieren kann.

## Erfahrungshinweise

Erfahrungen liegen bislang im Forschungs- und Beratungskontext aus über 20 Unternehmen unterschiedlicher Branchen vor. In den Studien hat sich die Integration der Bewältigung einer Optimierungsaufgabe zu Beginn eines Trainings, eines

Workshops oder eines Coachings, an dem Mitarbeiter aus einem Arbeitsbereich teilnehmen, bewährt. Hier kann besonders gut eine vertrauensvolle Atmosphäre, die notwendig erscheint, um ein realistisches Abbild einer Diskussion, in der auch als negativ definierte Kompetenzkriterien beobachtet werden können, hergestellt werden. Die Ziele der Kompetenzmessung sowie das weitere Vorgehen (was passiert mit der Videoaufzeichnung), sollten im Vorfeld mit den Unternehmensansprechpartnern abgesprochen werden und den Mitarbeitern transparent gemacht werden. Von der Anwesenheit interner Mitarbeiter, z.B. aus der Personlabteilung oder Vorgesetzter während der Diskussion, sollte abgesehen werden, um den Mitarbeitern Anonymität zu gewährleisten. Jede Gruppe bzw. jeder Mitarbeiter sollte selbst entscheiden können, wer die Auswertungen sehen darf. Der Unternehmens- oder Personalleitung wurden nur aggregierte Daten – wie im dargestellten Unternehmensbeispiel über die drei Gruppen in Gruppenarbeit (vgl. Abschnitt Nutzensabschätzung) – zugesagt. Nachdem die Gruppe sich selbst mit ihren Auswertungen vertraut gemacht hat, war die Einbeziehung Vorgesetzter oder der Personalentwicklung bislang unproblematisch.

## Materialien zur freien Weitergabe

Informationsmaterial zum KKR kann über die im Autorenverzeichnis angegebene Adresse bezogen werden.

## Literaturverzeichnis

Albrecht, G. (1997). Neue Anforderungen an Ermittlung und Bewertung von beruflicher Kompetenz. In: Arbeitsgemeinschaft Qualifikations-Entwicklungs-Management (Hrsg.), Kompetenzentwicklung '97: Berufliche Weiterbildung in der Transformation – Fakten und Visionen. Münster, S. 85-140

Anderson, N.R. & West, M.A. (1996). The Team Climate Inventory: Development of the TCI and its applications in teambuilding for innovativeness. In: European Journal of Work and Organizational Psychology, 5 (1), pp. 53-66

Argyle, M. (1972). Soziale Interaktion. Köln

Bales, R. & Cohen, S. (1982). SYMLOG. Ein System für die mehrstufige Beobachtung von Gruppen (Übersetzung durch Schneider und Orlik). Stuttgart

Bales, R. (1950). Interaction process analysis: A method for the study of small groups. Chicago

Bergmann, B. (2000). Konzept zur Untersuchung arbeitsimmanenter Kompetenzentwicklung – Ansatz und Projektziele. In: Arbeitsgemeinschaft Qualifikations-Entwicklungs-Management (Hrsg.), Kompetenzentwicklung und Berufsarbeit. Münster, S. 41-54

Brauner, E. (1998). Die Qual der Wahl am Methodenbuffet – oder wie der Gegenstand nach der passenden Methode sucht. In: E. Ardelt-Gattinger; H. Lechner & W. Schlögl (Hrsg.), Gruppendynamik: Anspruch und Wirklichkeit der Arbeit in Gruppen. Göttingen, S. 176-193

Bunk, G.P. (1994). Kompetenzvermittlung in der beruflichen Aus- und Weiterbildung in Deutschland. In: Kompetenz: Begriff und Fakten. Europäische Zeitschrift Berufsbildung, 1, S. 9-15

Dörner, D. (1979). Problemlösen als Informationsverarbeitung. 2. Aufl. Stuttgart

Erpenbeck, J. & Heyse, V. (1999). Die Kompetenzbiographie. Strategien der Kompetenzentwicklung durch selbstorganisiertes Lernen und multimediale Kommunikation (Edition QUEM, Bd. 10). Münster

Fisch, R. (1994). Eine Methode zur Analyse von Interaktionsprozessen beim Problemlösen in Gruppen. In: Gruppendynamik, 25 (2), S. 149-168

Francis, D. & Young, D. (1989). Mehr Erfolg im Team. Hamburg

Frieling, E.; Kauffeld, S. & Grote, S. (2000). Zehn Thesen zur Kompetenz(entwicklung). In: Arbeitsgemeinschaft Qualifikations-Entwicklungs-Management (Hrsg.), Flexibilität und Kompetenz: Schaffen flexible Unternehmen kompetente und flexible Mitarbeiter? Münster, S. 277-284

Heyse, V. & Erpenbeck, J. (1997). Der Sprung über die Kompetenzbarriere: Kommunikation, selbstorganisiertes Lernen und Kompetenzentwicklung von und in Unternehmen. Bielefeld

Imai, M. (1992). Kaizen. Der Schlüssel zum Erfolg der Japaner im Wettbewerb. München

Kasl, S.V. (1995). Methodologies in stress and health: Past difficulties, present dilemmas, future directions. In: S. Kasl & C.L. Cooper (Eds.), Research methods in stress and health psychology. Chichester

Kauffeld, S. (2000). Das Kasseler-Kompetenz-Raster (KKR) zur Messung der beruflichen Handlungskompetenz. In: Arbeitsgemeinschaft Qualifikations-Entwicklungs-Management (Hrsg.), Flexibilität und Kompetenz: Schaffen flexible Unternehmen kompetente und flexible Mitarbeiter? Münster, S. 33-48

Kauffeld, S. (2001). Teamdiagnose. Göttingen

Kauffeld, S. (in Vorb.). Kompetenz: Messung, Bewertung, Förderung. Habilitationsschrift am Institut für Arbeitswissenschaft der Universität Kassel

Kauffeld, S.; Frieling, E. & Grote, S. (2001). Zehn Thesen zur Beruflichen Handlungskompetenz. In: Soziale Arbeit, 6, 2001, S. 202-208

Kauffeld, S. & Frieling, E. (2001). Die berufliche Handlungskompetenz bei der Bewältigung von Optimierungsaufgaben in betrieblichen Gruppen. In: R. Fisch; D. Beck & B. Englich (Hrsg.). Projektgruppen in Organisationen. Göttingen, S. 74-89

Kauffeld, S. & Grote, S. (2000). Kompetenzdiagnose mit dem Kasseler-Kompetenz-Raster. In: Personalführung, 1, S. 30-37

Kauffeld, S. & Grote, S. (2000). Arbeitsgestaltung und Kompetenz. In: Arbeitsgemeinschaft Qualifikations-Entwicklungs-Management (Hrsg.), Flexibilität und Kompetenz: Schaffen flexible Unternehmen kompetente und flexible Mitarbeiter? Münster, S. 141-161

Kauffeld, S. & Grote, S. (2000). Weiterbildung – ein zerbrechender Mythos? In: Arbeitsgemeinschaft Qualifikations-Entwicklungs-Management (Hrsg.). Flexibilität und Kompetenz: Schaffen flexible Unternehmen kompetente und flexible Mitarbeiter? Münster, S. 163-186

Kauffeld, S. & Grote, S. (2000a). Sozialkompetenz als der Schlüssel zur erfolgreichen Bewältigung von Optimierungsaufgaben? – Zur Bedeutung der Kompetenzfacetten. In: Arbeitsgemeinschaft Qualifikations-Entwicklungs-Management (Hrsg.). Flexibilität und Kompetenz: Schaffen flexible Unternehmen kompetente und flexible Mitarbeiter? Münster, S. 49-73

Kauffeld, S. & Grote, S. (2000b). Gruppenarbeit macht kompetent – oder? In: Arbeitsgemeinschaft Qualifikations-Entwicklungs-Management (Hrsg.). Flexibilität und Kompetenz: Schaffen flexible Unternehmen kompetente und flexible Mitarbeiter? Münster, S. 115-139

Kauffeld, S. & Grote, S. (2000c). Haben flexiblere Unternehmen kompetentere Mitarbeiter? In: Arbeitsgemeinschaft Qualifikations-Entwicklungs-Management (Hrsg.). Flexibilität und Kompetenz: Schaffen flexible Unternehmen kompetente und flexible Mitarbeiter? Münster, S. 95-114

Kauffeld, S. & Grote, S. (2000d). Persönlichkeit und Kompetenz. In: Arbeitsgemeinschaft Qualifikations-Entwicklungs-Management (Hrsg.). Flexibilität und Kompetenz: Schaffen flexible Unternehmen kompetente und flexible Mitarbeiter? Münster, S. 187-196

Kauffeld, S. & Grote, S. (2000e). Das Kasseler-Kompetenz-Raster (KKR) als Instrument zur Ableitung von Kompetenzentwicklungsmaßnahmen. In: Arbeitsgemeinschaft Qualifikations-Entwicklungs-Management (Hrsg.). Flexibilität und Kompetenz: Schaffen flexible Unternehmen kompetente und flexible Mitarbeiter? Münster, S. 197-214

Kauffeld, S. & Grote, S. (2001) Macht Gruppenarbeit kompetent? In: Gesellschaft für Arbeitswissenschaft e. V. (Hrsg.). Arbeitsgestaltung Flexibilisierung Kompetenzentwicklung. Bericht zum 4. Kongress der Gesellschaft für Arbeitswissenschaft vom 14.-16. März 2000. Dortmund, S. 319-322

Kauffeld, S., Grote, S. & Frieling, E. (2000). Die Diagnose beruflicher Handlungskompetenz: Das Kasseler-Kompetenz-Raster. In: K.A. Geißler & W. Loos (Hrsg.). Handbuch Personalentwicklung. Köln, S. 1-22

Kauffeld, S.; Grote, S. & Frieling, E. (2000). Diagnose beruflicher Handlungskompetenz bei der Bewältigung von Optimierungsaufgaben in Gruppen. In: Zeitschrift für Arbeitswissenschaft, 54 (3), S. 211-219

Knöchel, W. (1996). Qualifikation, Kompetenz, Weiterbildung. Schriften zur beruflichen Aus- und Weiterbildung (Bd. 21). Schwerin: Innovationstransfer- und Forschungsstelle für Beruflich-Betriebliche Weiterbildung

Lamnek, S. (1995). Qualitative Sozialforschung. Methoden und Techniken. Weinheim

Lauterburg, C.H. (1983). Kommunikation – das Nervensystem des Betriebes. In: Institut für Management-Entwicklung (Hrsg.). Leistungsreserven aktivieren. Essen

Mabe, P.A. & West, S.W. (1982). Validity of self-evaluation of ability: Review and meta-analysis. In: Journal of Applied Psychology, 67, pp. 280-296

Münch, W. (1995). Individuum und Gruppe in der Weiterbildung. Weinheim

Pawlek, K. (1993). Lehren und Lernen als Einheit. In: C. Heidack (Hrsg.). Lernen der Zukunft. Kooperative Selbstqualifikation – die effektivste Form der Aus- und Weiterbildung im Betrieb. 2 Aufl. München, S. 76-99

Riggio, R.E. (1986). Assessment of basic social skills. In: Journal of Personnel Social Psychology, 51 (3), pp. 649-660

Riggio, R.E. (1989). Social skills inventory manual. Palo Alto, CA.

Rosenstiel, L. v. (2001): Die Bedeutung von Arbeit. In: H. Schuler (Hrsg.), Lehrbuch der Personalpsychologie. Göttingen, S. 15-42

Sonntag, K. & Schäfer-Rauser, U. (1993). Selbsteinschätzung beruflicher Kompetenzen bei der Evaluation von Bildungsmaßnahmen. In: Zeitschrift für Arbeits- und Organisationspsychologie, 37 (4), S. 163-171

Sonntag, K. & Schaper, N. (1992). Förderung beruflicher Handlungskompetenz. In: K. Sonntag (Hrsg.). Personalentwicklung in Organisationen. Göttingen, S. 187-210

Spencer, L.M. & Spencer, S. (1993). Competence at work: Models for superior performance. New York

Weiß, R. (1999). Erfassung und Bewertung von Kompetenzen – empirische und konzeptionelle Probleme. In: Arbeitsgemeinschaft Qualifikations-Entwicklungs-Management (Hrsg.). Kompetenzentwicklung ´99: Aspekte einer neuen Lernkultur. Münster, S. 433-493

Wilsdorf, D. (1991). Schlüsselqualifikationen: die Entwicklung selbstständigen Lernens und Handelns in der industriellen gewerblichen Berufsausbildung. München

Zapf, D. (1989). Selbst- und Fremdbeobachtung in der psychologischen Arbeitsanalyse. Göttingen

# Kompetenzmessung in multimedialen Szenarien: pro facts – »Ein Assessment Center am PC«

Stefan Etzel/Anja Küppers

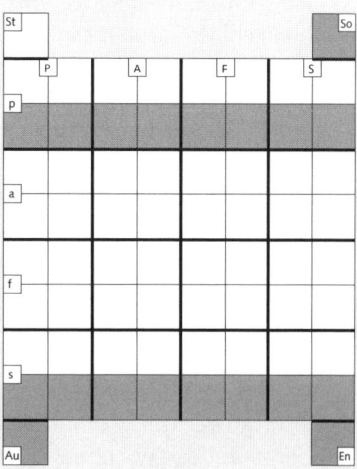

## Rasterdarstellung

### Schlagworte
Assessment Center; Computergestützte Diagnostik; e-assessment; Management-diagnostik; Multimedia; Personalauswahl und -entwicklung;

### Entwickler
Dr. Stefan Etzel, Gummersbach, Kienbaum Management Consultants GmbH; Dipl.-Psych. Anja Küppers, Herzogenrath, pro facts assessment and training

### Kompetenzdefinition
Sowohl bei der Formulierung als auch der Operationalisierung aller betrachteten Kompetenzen folgt pro facts der Idee einer verhaltensorientierten Erfassung von Kompetenzen – ähnlich wie in einem Assessment Center. Jede Realisierung oder auch Beschreibung von Kompetenzen beinhaltet folglich ganz allgemein die Beschreibung eines bestimmten Verhaltens. Auf Grund dieser beobachtbaren Verhaltensweisen werden Personen bestimmte Dispositionen als Kompetenzen bzw. deren Ausprägungen zugeordnet. Im Fokus der Betrachtung stehen also die Ursachen für ein bestimmtes Verhalten. Entsprechend können prinzipiell sowohl Persönlichkeitsmerkmale, Motive, Werte, Einstellungen und natürlich auch Leistungsvariablen Teile eines Kompetenzmodells darstellen.

Mit einer eher ordnenden Absicht erfolgt eine Unterteilung der betrachteten Kompetenzen in persönliche, soziale und berufliche bzw. kognitive Kompetenzen. Sicherlich nicht ganz trennscharf ermöglicht dies aber eine Einteilung nach dem jeweiligen Fokus des betrachteten Kompetenzbereichs: Nämlich dem Umgang mit der eigenen Person (persönliche Kompetenzen), dem Umgang mit anderen Personen (soziale Kompetenzen) und auch dem Umgang mit Inhalten (berufliche bzw. kognitive Kompetenzen). Insgesamt befinden sich derzeit über 40 Bausteine im pro facts-Anforderungspool, die zur Erfassung persönlicher (z.B. Belastbarkeit, Lernbereitschaft, Eigenverantwortlichkeit), sozialer (z.B. Soziale Intelligenz, Kooperative und Strategische Führung) und beruflicher Kompetenzen (z.B. Planungs- und Problemlösekompetenz) herangezogen werden und je nach betrachteter Position spezifisch und flexibel zu einer spezifischen Testversion zusammengefasst werden können.

Auf Grund der Praxisorientierung des vorgestellten Testsystems sollen als weitere Charakteristika des hier verwendeten Kompetenzverständnisses noch folgende Aspekte betont werden: Neben der dispositionsorientierten Fundierung im Sinne von Anforderungen können und sollen »competencies« auch mit einer größeren Nähe zur Alltagssprache formuliert sein. Schließlich stellen diese im Unternehmenskontext dann die Grundlage für Einschätzung und mitunter auch für die Beurteilung des beruflichen Verhaltens des Management und der Mitarbeiter dar. Eng mit dieser anwendungsorientierten Perspektive verknüpft ist als entscheidendes und übergreifendes Merkmal von »competencies« herauszustellen, dass es sich dabei um »final orientierte Konstrukte« – also um zukunftsorientierte Betrachtung handelt, die durch ihre Orientierung an Dispositionen und gegebenen Anforderungen gleichzeitig das Subjekt als auch die strategische Positionierung des Unternehmens in die Betrachtung einbezieht. Deshalb kann die Einführung und die Verwendung von definierten »competencies«, die in Ihren Soll-Ausprägungen positionsspezifisch definiert und deren individuelle Ausprägungen regelmäßig professionell erhoben werden, ein strategisch orientiertes Personalmanagement entscheidend unterstützen und so auch zu einer deutlichen Anhebung des Leistungsniveaus im Unternehmen beitragen.

### Zielstellungen

Bei pro facts handelt es sich um ein Multimedia Assessment zur Personalauswahl und -entwicklung für den gesamten beruflichen Bereich. Der modulare Aufbau des Systems ermöglicht eine flexible Zusammenstellung der relevanten Dimensionen zu spezifischen Testversionen. Durch die umfangreiche Aufbereitung der Ergebnisse und die Möglichkeiten zur automatischen Erstellung zusätzlicher ergebnisbezogener Materialien, wie »Ergebnisgutachten«, »Interviewleitfaden« oder »Coachingleitfaden« kann das Instrument sehr vielfältig in Assessment- und Entwicklungsprozessen verwendet werden. So ist der Einsatz des pro facts-Testsystems in folgenden Bereichen möglich und sinnvoll: Im Personalmarketing bzw. bei der Vorauswahl, in der Personalauswahl für bestimmte Positionen, als zusätzliches Instrument im AC, bei Potenzialanalysen, zur Trainingsbedarfsermittlung, in der Karriereberatung sowie als strategisches Instrument bei der systematischen Personal- und Organisationsentwicklung.

## Theoretische Grundlagen

Wie bereits ausgeführt, beinhaltet pro facts derzeit einen Pool mit über 40 Kompetenzen. Jede Messung hinsichtlich dieser verschiedenen Kompetenzbereiche basiert auf einer »rational« konstruierten psychometrischen Skala. Im vorliegenden Kontext bedeutet »rational(-e)« (Itemkonstruktion) die Forderung danach, dass man bei der Testentwicklung von einem gründlichen Wissen bezüglich des untersuchten Merkmalsbereichs ausgehen möge. Noch deutlicher kommt diese Zielsetzung bei Michel (1964) zum Ausdruck, der Tests als »spezifische diagnostische Experimente« charakterisierte. Items stellen demnach die vom Experimentator manipulierten Reize dar, deren unterschiedliche Effekte auf das Verhalten der Probanden Ziel der Diagnose sind. Wesentliches Charakteristikum eines Experiments ist die systematische Variation einer oder mehrerer unabhängiger Variable(n). Sie beruhen auf empirischen Hypothesen, die ihrerseits aus der zugrunde liegenden Merkmalstheorie abgeleitet wurden. Analog sollte daher die Itemkonstruktion auf Merkmalstheorien über die zu erfassende Fähigkeit basieren. Das sollte die Konstruktion von Items ermöglichen, deren psychologische und psychometrische Struktur (partiell oder in toto) a priori bestimmbar ist.

## Methodologische Einordnung

Das Besondere am pro facts-Testsystem ist, dass es einige wesentliche Vorteile von Assessment Centern (AC) und psychologischen Testverfahren in einem Instrument vereint: Einerseits setzen sich die Teilnehmer – wie im AC – mit realistischen Situationen aus dem Berufsalltag auseinander; andererseits ist pro facts auch – wie psychometrische Testverfahren generell – ökonomisch durchzuführen und objektiv auszuwerten.

Abb. 1: Screenshot

**Einschätzung der Gütekriterien**

Die nachfolgend zu verschiedenen Gütekriterien berichteten Ergebnisse beziehen sich auf eine Untersuchung mit dem Verfahren pro facts im Anwendungsfeld, die 1997 in der Schweiz durchgeführt wurde (vgl. Etzel 1998).

*Objektivität:* Auf Grund der standardisierten, computergestützten Instruktions- und Testdarbietung sowie der rechnergestützten Auswertung der Teilnehmerdaten können sowohl die Durchführungs- als auch die Auswertungs- und Interpretationsobjektivität als gegeben betrachtet werden.

Bezüglich der Reliabilität liegen hauptsächlich Kennwerte zur internen Konsistenz des Verfahren vor. Die Koeffizienten bewegen sich zwischen r=.46- r=.91. Betrachtungen der Retestreliabilitäten für einzelne der Kompetenzmessverfahren zeigen aber gleichzeitig auch die Stabilität der Merkmalsmessungen r=.99 (bei Verwendung von Paralleltests und einem Zeitintervall von mindestens einer Woche). Die Batteriereliabilität beträgt je nach Zusammenstellung zwischen r=.70 und 0.80. Entscheidend für den Nutzen jedes Verfahrens, das zur Personalauswahl oder -beurteilung verwendet wird, ist letztlich der Zusammenhang der erhobenen Messwerte zu Kennzahlen des beruflichen Erfolgs.

Ergebnisse zur (externen) Validität des hier vorgestellten Verfahrens werden ergänzend in der freien Darstellung gegeben.

**Fehler- und Problemkritik**

Auf Grund der ausschließlich computergestützten Verfahrensdurchführung drängen sich hinsichtlich des EDV-Einsatzes verschiedene u.U. problematische Aspekte auf:

- Was ist mit Teilnehmern, die noch nicht so häufig an einem Computer gearbeitet haben? Sind diese nicht benachteiligt? Die Bearbeitung von pro facts ist äußerst einfach gehalten. Jegliche schwierige Bedienoperation wurde vermieden. In mehreren Befragungen von Teilnehmern einer pro facts-Untersuchung zeigte sich, dass Computervorerfahrung keinerlei Einfluss auf die Bearbeitung der verschiedenen Verfahren hat.
- Bei einem Verfahren wie pro facts, das von einem Teilnehmer allein am Rechner bearbeitet wird, fehlt doch der »persönliche Eindruck« und der »persönliche Austausch«. Kann man das denn überhaupt durch ein computergestütztes Instrument ersetzen? Andere Menschen (seien es Mitarbeiter oder Bewerber) wirklich umfassend und richtig einzuschätzen bzw. zu bewerten, ist sicherlich eine nicht ganz einfache Aufgabe. Wir sind deshalb der Überzeugung, dass man so viele Informationsquellen als möglich für eine Entscheidung heranziehen sollte. Am besten sollten natürlich Informationen aus unterschiedlichen Datenquellen herangezogen werden. Das Programm pro facts soll insofern andere Verfahren wie Interview oder AC nicht ersetzen, sondern ergänzen. Es kann und soll niemandem die Entscheidung abnehmen, sondern unterstützt wirkungsvoll bei der Entscheidungsfindung. Die Daten, die pro facts über einen Teilnehmer liefert, haben den Vorteil, dass sie objektiv und ökonomisch gewonnen wurden.
- Würde man nicht oft in der tatsächlichen Situation anders reagieren als man dies am Computer angibt? Dies ist ein grundsätzliches Problem aller diagnostischen Verfahren, da dort immer nur Reaktionen auf (proto-)typische, eben

nicht sich wirklich vollziehende reale Situationen verlangt werden. Das Gleiche gilt aber auch für AC, Fragebögen und Interview. Auch hier sind Untersuchungen anzuführen, die gezeigt haben, dass Bewerber offener gegenüber einem Computer als gegenüber einem Interviewer antworten.

- Ist es am Rechner nicht leichter als im persönlichen Kontakt, falsche oder sozial erwünschte Antworten zu geben? Die Aufgaben sind so formuliert, dass die Teilnehmer eigentlich nicht eindeutig erkennen können, welches die erwünschte oder »richtige« Antwort ist. Es gibt außerdem Untersuchungen, die darauf hinweisen, dass Bewerber Computern gegenüber offener und ehrlicher antworten als im persönlichen Gespräch mit einem Interviewer, weil sie sich nicht so kontrolliert erleben. Darüber hinaus ist es auch im AC und in jedem Interview möglich, »zu schauspielern« bzw. unzutreffende Antworten zu geben.

## Ablauf des Messprozesses

### Einsatz des pro facts-Testsystems
Bei der Anwendung des pro facts-Testsystems wird wie folgt vorgegangen. Zunächst erfolgt die Zusammenstellung oder Auswahl einer für die aktuelle Fragestellung geeigneten Testvariante. Diese kann auf Grund des modularen Aufbaus von pro facts völlig flexibel aus dem pro facts-Anforderungspool zusammengestellt werden. Die anschließende Testdurchführung erfolgt ebenso wie die Auswertung der Ergebnisse vollkommen computergestützt, so dass die Auswertungen quasi automatisch zur Verfügung gestellt werden und sofort in der Personalauswahl- und -entwicklung genutzt werden können. Nach der Zusammenstellung einer Testvariante kann für jede der ausgewählten Dimensionen festgelegt werden, wie hoch die jeweilige Eigenschaft oder Fähigkeit bei den Teilnehmern ausgeprägt sein sollte, um den Anforderungen einer bestimmten Position oder Aufgabe gerecht zu werden. Neben der Angabe von Soll-Ausprägungen kann der Anwender im Programmteil »Profilerstellung« die Wichtigkeit der einzelnen Dimensionen für das Unternehmen bzw. für eine spezifische Position angeben.

### Bearbeitungsbedingungen und -dauer
pro facts bietet alle Vorteile einer computergestützten Diagnostik: Der Teilnehmer bearbeitet das gesamte Verfahren vollkommen selbstständig. Auch die Auswertung ist computergestützt und kann unmittelbar im Anschluss an die Testdurchführung vorgenommen werden. Das Testsystem kann auf handelsüblichen Standardrechnern installiert werden (für die Multimedia-Darbietungen ist allerdings eine Soundkarte notwendig). Die von pro facts unterstützten Betriebssysteme sind derzeit WIN98, WINNT 4.0 (mind. SP4) und WIN 2000. Zusätzlich ist eine internetgestützte Variante verfügbar (pro facts-online) Die Bearbeitungsdauer bestimmt sich in Abhängigkeit von Anzahl und Umfang der ausgewählten Dimensionen. Im Durchschnitt sollte man mit einer Bearbeitungsdauer von ca. 90-100 Minuten bei zwölf Bausteinen rechnen.

### Testmaterial
Das pro facts-Installationspaket umfasst neben einer Programm-CD (inklusive ausführlichem Handbuch) eine Systemdiskette und einen Hardwareschlüssel zum

Schutz der Software und der personenbezogenen Daten. Für die Testdurchführung werden keine zusätzlichen Materialien benötigt.

**Referenzen**

*Alfred-Binet-Preis*
pro facts ist 1999 von der Fachgruppe für Differentielle Psychologie und Psychologische Diagnostik der Deutschen Gesellschaft für Psychologie mit dem Alfred-Binet-Preis als beste Neuentwicklung in der computergestützten Diagnostik ausgezeichnet worden.

*Erfahrungen in der Wirtschaftspraxis*
Vielfältige Erfahrungen in der Wirtschaftspraxis belegen die hohe Akzeptanz des pro facts Testsystems. Die Bearbeitung von Testverfahren am Computer ist nicht nur ökonomischer, sondern wird gleichzeitig als moderner und attraktiver erlebt. Der rollen- bzw. planspiel-ähnliche Aufbau von pro facts und seine multimediale Gestaltung tragen dazu bei, dass der Einsatz auch in höheren Managementebenen nicht nur akzeptiert, sondern auch angenommen und begrüßt wird.

## Freie Darstellung

### Darstellung der wichtigsten Ergebnisse des Kompetenzmessverfahrens

Die Auswertung der Teilnehmerdaten ist wie bereits die Testvorgabe computergestützt und kann bequem unmittelbar im Anschluss an die Testdurchführung vorgenommen werden. Sie liefert Informationen und Materialien, die Personalverantwortliche sinnvoll bei vielen Personalentscheidungen – wie beispielsweise der
Bewerberauswahl oder dem Coaching von Mitarbeitern – unterstützen sollen. Wenn
beispielsweise eine Profil-Darstellung gewählt wird, erscheint ein Überblick über die
Leistungen des Kandidaten in den erfassten Dimensionen. Jeder Teilnehmer wird
basierend auf seiner erzielten Punktzahl einer von fünf Gruppen zugeordnet und
die Ergebnisse in Form eines Profils dargestellt. Das zu erreichende Ziel- bzw. Soll-
Profil wird zusätzlich farblich hervorgehoben. Eine weitere Möglichkeit der Ergeb-
nisauswertung stellt die ausführliche schriftliche Darstellung der Ergebnisse des
gewählten Kandidaten für alle untersuchten Dimensionen dar. In diesem Ergebnisgutachten werden die Dimensionen jeweils definiert, die Testaufgaben beschrieben
und das Ergebnis des Teilnehmers mit der gewählten Stichprobe und dem festgelegten Soll-Wert verglichen.

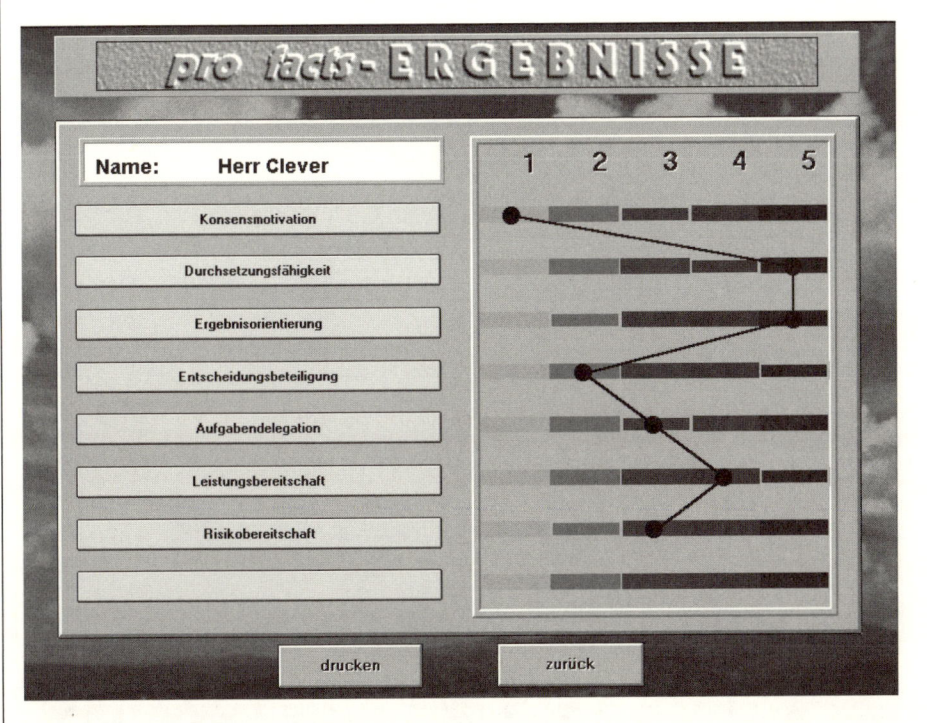

Abb. 2a: Ergebnisprofil und schriftliches Ergebnisgutachten

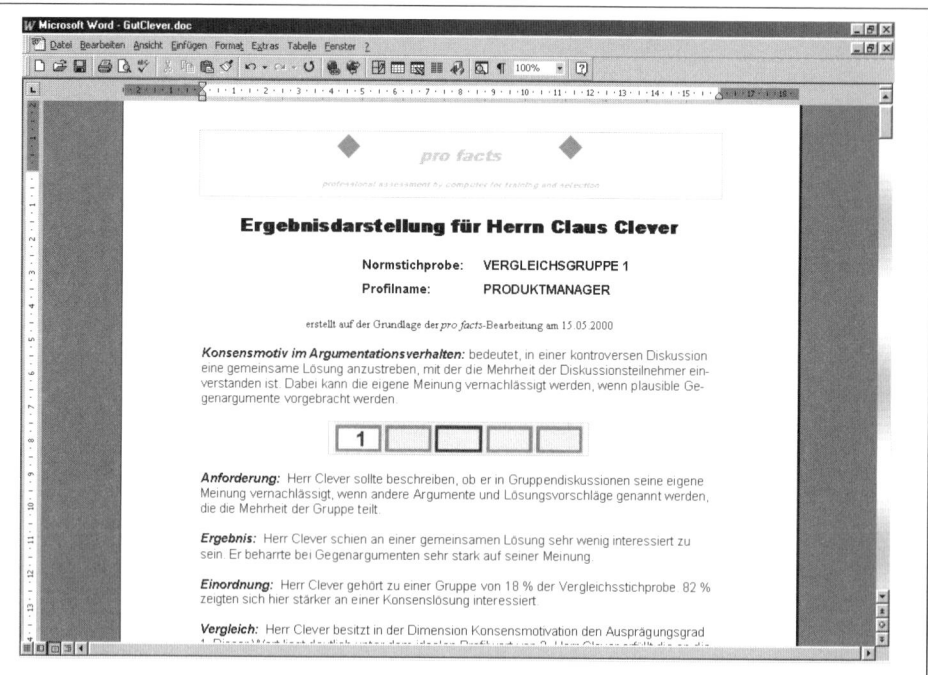

Abb. 2b: Ergebnisprofil und schriftliches Ergebnisgutachten

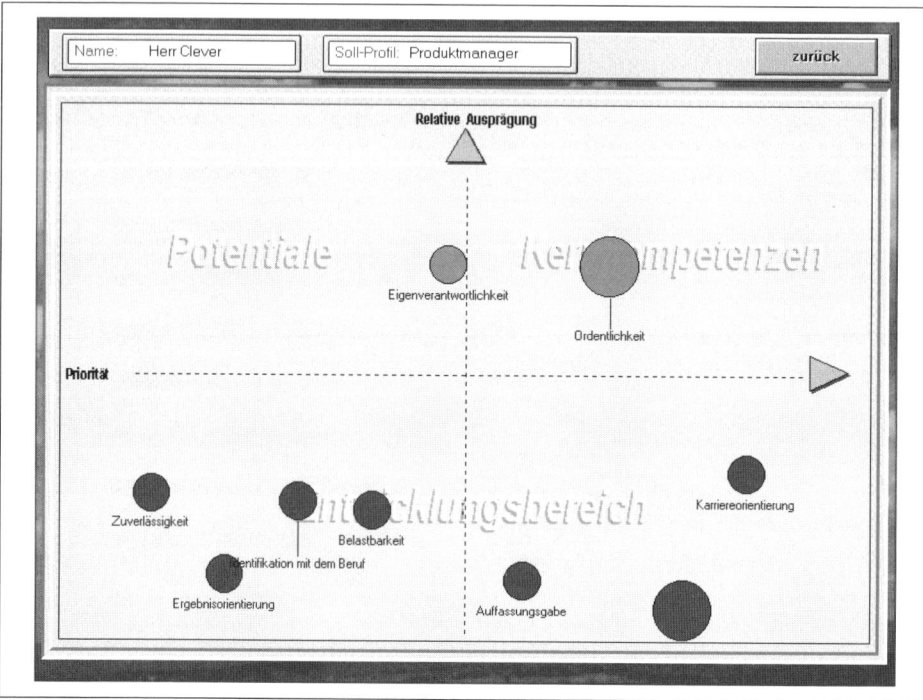

Abb. 3: Das Personen-Positions-Portfolio

Um den Anwender insbesondere bei der Personalentwicklung zu unterstützen, steht im Programmteil »pro facts Coaching« zum einen eine Portfolio-Darstellung zur Verfügung, die über die Stärken und Schwächen eines Kandidaten in Bezug auf die jeweiligen Anforderungen einer spezifischen Position informiert. Das sogenannte Person-Positions-Portfolio stellt ein Vierfelderschema dar, in dem alle untersuchten Dimensionen abgebildet sind. Auf der senkrechten Achse ist die relative Ausprägung des Kandidaten auf einer Dimension im Vergleich zum Soll-Profil abgetragen, auf der waagrechten Achse die Bedeutung, die diese Dimension für die jeweilige Position im Unternehmen hat. Somit ergeben sich die Felder Kernkompetenzen und Potenziale sowie der Entwicklungsbereich. Zum anderen liefert »pro facts Coaching« verschiedene Unterlagen, die als Materialien für ein Coachinggespräch genutzt werden können. Um mehrere Teilnehmer miteinander zu vergleichen und die jeweils Besten einer Gruppe ermitteln zu können – beispielsweise im Rahmen einer Vorauswahl von Bewerbern (Stichwort: Online-Bewerbungen) –, steht das Modul »Benchmarking« zur Verfügung. Hier werden die Ergebnisse der Kandidaten anhand verschiedener Kriterien in eine Rangreihe der Teilnehmer transformiert, wobei zwischen dem kennzahlenbasierten, dem hierarchischen und dem gewichteten Benchmarking unterschieden wird. Neben den aufgeführten Ergebnisdarstellungen und Unterlagen stehen dem Anwender weitere anschauliche Materialien für unterschiedlichste Anwendungsbereiche zur Verfügung. So lassen sich beispielsweise verschiedene Checklisten, Coaching- und Interviewleitfäden sowie ein Transferplaner erstellen.

## Differenzierte Einschätzung der qualitativen und quantitativen Gütekriterien des Kompetenzmessverfahrens und Fehlerkritik

Neben der Betrachtung der klassischen psychometrischen Gütekriterien (vgl. die Rasterdarstellung in diesem Band) sind aber insbesondere auch ergänzende Betrachtungen hinsichtlich der sozialen und externen Validität zur Beurteilung eines Verfahrens von Interesse.

Wie die Beziehung zu Vorgesetztenurteilen und die Vorhersage monetärer Erfolgskennwerte durch pro facts zeigen, ist der Zusammenhang zwischen Kriterien des Berufserfolgs und pro facts – Testergebnissen ausgesprochen hoch. Die in verschiedenen Untersuchungen beobachteten Validitätskoeffizienten liegen zwischen 0.42 und 0.76. (konkurrente und prädiktive Validität).

## Perspektivische Entwicklungsmöglichkeiten des Messverfahrens (methodische Innovationen, Einsatz für neue Nutzergruppen, Verfahrensvarianten)

Ein in den letzten Jahren häufig diskutiertes Thema ist der Einsatz von Computern in der psychologischen Diagnostik. Neben der Möglichkeit einer adaptiven Vorgabe von Testverfahren gehörte insbesondere auch die Frage der Vergleichbarkeit von Paper-Pencil-Tests mit auf den Computer übertragenen Versionen zu den aktuellen Themen. Mit der Untersuchung dieses Gegenstandsbereichs verknüpft ist die Frage nach der Zulässigkeit der Übernahme vorhandener Normen einer Paper-Pencil-Version auf eine zwar neugestaltete computerisierte, aber an der Papierversion orientierte Variante. Aus diesem Grund wurde in der Vergangenheit häufig die Äquivalenz von Verfahren bei der Verwendung verschiedener Vorgabemedien untersucht. Weniger im Fokus der Betrachtung standen Fragestellungen, die die vielfältigen neuen Möglichkeiten zur Konstruktion von Verfahren mit innovativen Item- und Reaktionsformaten thematisierten. Zu selten wurde auf Grund der möglichst exakten Übernahme der Verfahren aus der Papierform in das neue Medium »Computer« bis dato der Frage nachgegangen, ob nicht die Chance, im Umfeld moderner Computersysteme Verfahren zu entwickeln, die die interessierenden Konstrukte potenziell angemessener zu erfassen vermögen als herkömmliche Verfahren, den Aufwand einer Neukonstruktion und die Mühen einer neuen Normierung gänzlich aufwiegt. Mögliche Validitätserhöhungen sollten aus Sicht der Autoren das eigentliche Ziel aller Anstrengungen bei der Konstruktion neuer Assessmentverfahren darstellen. Ebenfalls bislang noch nahezu überhaupt nicht untersucht wurden die spezifischen Effekte, welche die multimediale Gestaltung von Testaufgaben auf psychologische Zustands- und Erlebnisgrößen hat. Nicht unberechtigt erscheint hierbei die Hypothese zu sein, dass die Art der Gestaltung der verwendeten diagnostischen Verfahren dazu beitragen kann, konstruktangemessenere und damit auch validere Messungen vorzunehmen. Eben diese Frage nach den Auswirkungen multimedialer Gestaltungselemente auf das Erleben und Verhalten der Teilnehmer einer eignungsdiagnostischen Untersuchung war der Gegenstand verschiedener Untersuchungen durch die Autoren. Diese zeigen, dass sich die Probanden bei multimedial gestalteten Testverfahren die dargestellten Situationen besser vorstellen und sich auch besser in diese und in die handelnden Personen hineinversetzen können. Das Verfahren wurde auch motivierender wahrgenommen und insgesamt als geeigneter für diagnostische Zwecke eingestuft.

Getreu der Devise »pro facts – ein AC am PC« und gemäß der Überzeugung, dass ein zielgruppen- oder sogar unternehmensspezifisches Verfahren eine zutreffendere und genauere Abbildung und Erfassung der dort notwendigen Kompetenzen erlaubt (so wie eben ein Maßanzug auch besser passt als das berühmte Stück »von der Stange«), sind in den letzten Jahren eine ganze Reihe von Verfahrensvarianten für den Einsatz für neue Nutzergruppen entstanden. Beispiele sind »Bits & Bytes« für den IT-Bereich; »Cash & Service« für den Bankensektor; »Administration & organisation« für die öffentliche Verwaltung und »fit for job« für die Karriereberatung entstanden. Beispiele für Testaufgaben, wie sie in Bits & Bytes verwendet werden, zeigen die nachfolgenden Abbildungen 4 und 5.

Aber auch die im IT-Umfeld wichtige Fähigkeit, neue Wege zu gehen und kreative Lösungen zu finden, wurde im vorliegenden Testkonzept berücksichtigt. Als weiteres wichtiges Anforderungskriterium an zukünftige Mitarbeiter im IT-Bereich wird deshalb ebenfalls deren kreatives Potenzial erfasst.

Angesichts der fortschreitenden Globalisierung und der damit einhergehenden Notwendigkeit einer internationalen Personalauswahl ist es ein großer Vorteil, wenn die verwendeten eignungsdiagnostischen Verfahren in verschiedenen Sprachen vorliegen. Darüber hinaus sollten psychologische Konstrukte in der Regel nicht auf

Abb. 4: Itembeispiel aus »Bits & Bytes« zum Thema »Eigenverantwortlichkeit«.

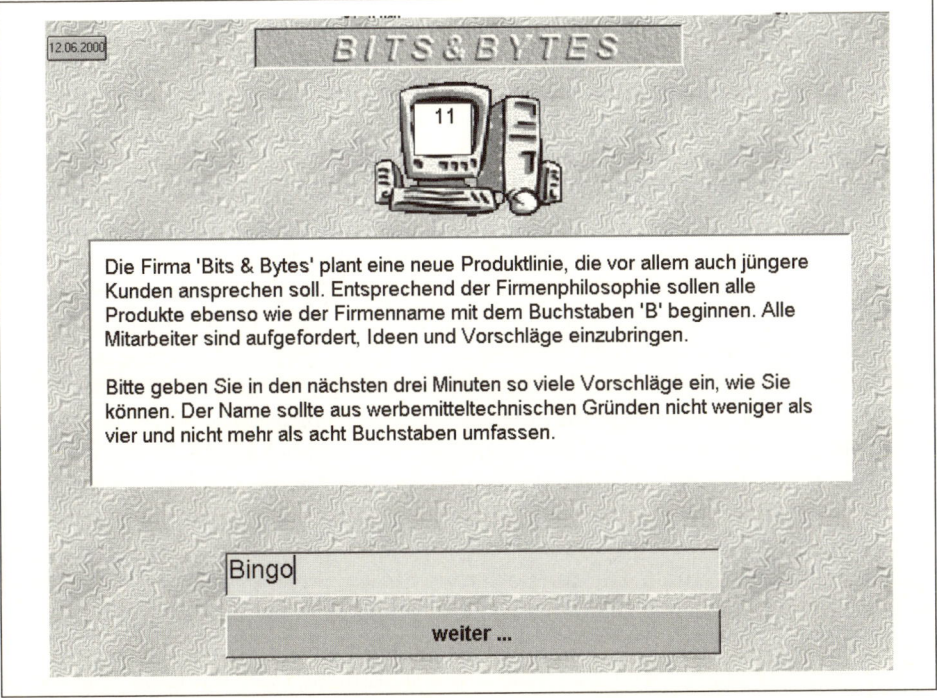

Abb. 5: Itembeispiel aus »Bits & Bytes« zum Thema »Kreativität«

eine (landes-) spezifische Subgruppe von Personen beschränkt, sondern generell dazu geeignet sein, Individuen zu beschreiben und im Sinne einer differenzialpsychologischen Betrachtung zu unterscheiden. Insofern stellt der Übertrag eines psychodiagnostischen Verfahrens in eine andere Sprache bzw. in einen anderen Kulturkreis eine weitere Prüfung der Validität der konstruierten Skalen dar. Vor dem Hintergrund dieser Überlegungen erfolgte bereits die Konstruktion und Überprüfung einer englischen und einer spanischen Version. Einzelne Bausteine sind auch als tschechische und als kroatische Version verfügbar. Eine französische, ungarische und chinesische Version befinden sich in Vorbereitung.

## Einsatz des Verfahrens in der Praxis

Bereits mehrfach wurde herausgestellt, dass die »Zauberformel« für valide Selektions- und Platzierungsentscheidungen letztlich nur lauten kann, »so viele und vor allem auch so unterschiedliche Informationen über eine Person zu erheben und zusammenzutragen«. Nur so kann gewährleistet werden, dass ein treffendes und differenziertes Bild abgeleitet werden kann. Aus diesem Grund thematisiert der nachfolgende Abschnitt die Verknüpfung von moderner computergestützter Diagnostik und Interviewtechnik als Grundlage für effektive und erfolgreiche Einzel-Assessments.

Nach der Durchführung einer Testung können die Ergebnisse eines Kandidaten sofort computergestützt ausgewertet werden. Nachdem eine für den Kandidaten passende Normgruppe als Vergleichsstichprobe auswählt wurde, kann zusätzlich ein gegebenenfalls vorab für die betreffende Position erstelltes Soll-Profil für die weitere Analyse herangezogen werden. Je nach Anwendungssituation können die Ergebnisse dann situationsadäquat aufbereitet und zusammengestellt werden: Beispielsweise für die Verwendung im Rahmen eines Standort- und Entwicklungsgesprächs (pro facts-Coaching) oder als Grundlage für eine Auswahlentscheidung (Diagnostisches Interview).

Als Gesprächsgrundlage für das hier beschriebene »Diagnostische Interview« können durch das System ein Ergebnisprofil sowie ein resultatbezogener Interviewbogen zur Verfügung gestellt werden. In der überblicksartigen Profildarstellung werden die Dimensionen jeweils kurz definiert und das Ergebnis des Teilnehmers mit der gewählten Stichprobe und dem festgelegten Soll-Wert verglichen und grafisch veranschaulicht. Jeder Teilnehmer wird basierend auf seiner erzielten Punktzahl einer von fünf Gruppen zugeordnet und die Ergebnisse in Form eines Profils dargestellt. Die Klassenzugehörigkeit informiert dann darüber, wie hoch die betrachtete Dimension ausgeprägt ist. Das Ergebnis-Profil gibt erste Hinweise, ob der Bewerber für die zu besetzende Stelle prinzipiell geeignet ist. Der Vergleich mit dem Soll-Profil verdeutlicht darüber hinaus, wie sich sein Profil im Vergleich zu den formulierten Soll-Bedingungen verhält. Ob der Bewerber für die Stelle grundsätzlich geeignet ist bzw. welche speziellen Stärken und Schwächen er hat, sollte jedoch nicht ausschließlich auf der Basis des Vergleichs von Ist- und Soll-Profil entschieden werden.

Der Interviewbogen stellt eine ausführliche schriftliche Darstellung der Ergebnisse des gewählten Kandidaten getrennt für alle untersuchten Dimensionen dar. Die

Dimensionen werden jeweils definiert und die notwendigen Anforderungen an den Teilnehmer werden beschrieben. Anschließend wird das Untersuchungsergebnis des Kandidaten in eine von fünf Klassen eingeordnet und zusätzlich grafisch dargestellt. Auch hier bedeutet eine Einordnung in Klasse 1, dass die betreffende Eigenschaft oder Fähigkeit bei dem betrachteten Kandidaten nur gering ausgeprägt ist. Entsprechend deutet die Zugehörigkeit zu Klasse 5 darauf hin, dass die Ausprägung sehr hoch ist. Unter der Rubrik »Vergleich« wird das Ergebnis des Teilnehmers mit der gewählten Stichprobe verglichen. Insgesamt umfasst der Gesprächsbogen für jede getestete Dimension eine auf einer Seite zusammengefasste Ergebnisdarstellung, Hinweise auf die Durchführung eines diagnostischen Interviews sowie Platz für Notizen des Interviewers. Der pro facts-Interviewbogen kann folglich genutzt werden, um die pro facts-Testergebnisse und die im Gespräch ermittelten weiteren Informationen zu integrieren. Wenn das Interview geführt wurde, stellen die ausgefüllten Bögen die Entscheidungsgrundlage für Annahme oder Ablehnung des Bewerbers dar.

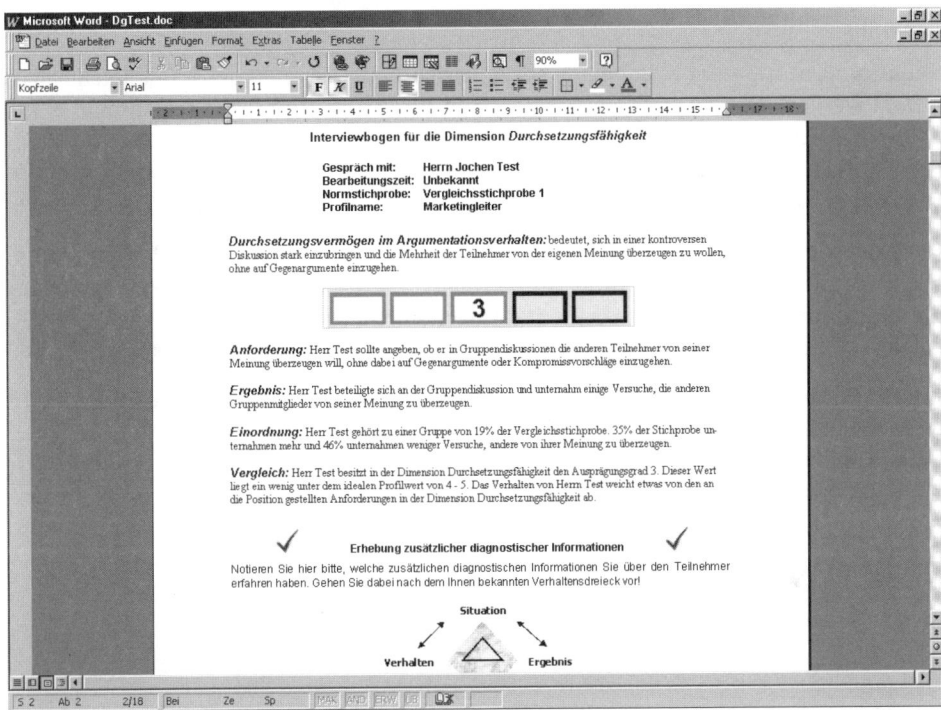

Abb. 6: pro facts Gesprächsbogen

Um während der Explorationsphase Verhaltensweisen wirklich adäquat bewerten zu können, ist es notwendig, drei verschiedene Komponenten zu beachten: Das konkrete Verhalten selbst, die Situation, in der es gezeigt wird, und die mit dem Verhalten verbundenen Konsequenzen. Das Verhaltensdreieck (in Anlehnung an Ghiselli 1966) symbolisiert diese drei wichtigen Komponenten.

Der Interviewer sollte unbedingt darauf achten, dass sein Gesprächspartner sämtliche Komponenten des Verhaltensdreiecks anspricht. Meist fokussiert der

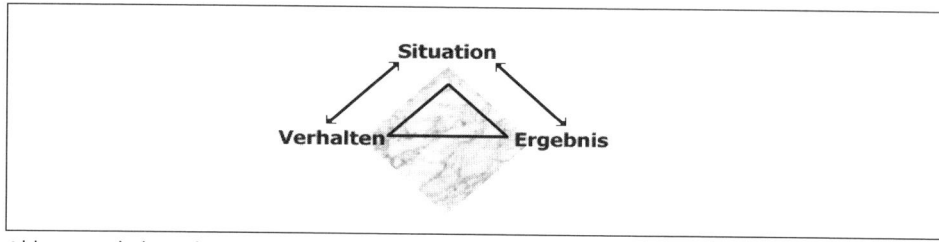

Abb. 7: Verhaltensdreieck

Interviewte nur auf ein oder zwei Komponenten. Sollte dies der Fall sein, muss der Interviewer durch gezieltes Nachfragen, die ausgelassenen Informationen einholen. Sarges (1990: 151) weist darauf hin: »Werden nicht alle drei Elemente hinreichend expliziert, muss der Frager sie durch gezielte Anschlussfragen ergänzen [...], denn wirklich erst beurteilbar wird ein Sachverhalt erst, wenn keines der drei Elemente fehlt«.

**Situation**: Die Rahmenbedingungen spezieller Verhaltensweisen des Kandidaten sollen erfragt werden. Der Interviewer sollte sich in hier ganz konkrete Begebenheiten aus dem Alltag des Bewerbers schildern lassen, um sich dann auch auf tatsächliche Verhaltensweisen beziehen zu können. Beispiel: »Erzählen Sie mir bitte einmal von einer Situation, in der etwas passierte, das ganz und gar nicht Ihren Vorstellungen entsprach!«

**Verhalten**: Anschließend wird der Teilnehmer aufgefordert, die gezeigte Verhaltensweise an sich zu beschreiben. Der Interviewer sollte den Bewerber dazu bewegen, die Begebenheit so verhaltensnah und anschaulich wie möglich zu erzählen. Beispiel: » ... und wie haben Sie dann in dieser Situation genau reagiert?«

**Ergebnis**: Den Interviewer interessieren hier die aus dem Verhalten resultierenden Konsequenzen bzw. die Reaktionen anderer Personen auf das Verhalten. Beispiel: »Was geschah auf Ihr Verhalten hin tatsächlich? – Wie reagierten die anderen?«

Als besonders wichtig ist herauszustellen, dass die Inhalte der eingesetzten Verfahren genau aufeinander abgestimmt sein sollten. Erst dadurch wird es möglich, die Resultate jedes einzelnen Instruments zu hinter fragen und bessere Vorhersagen über die berufliche Eignung eines Kandidaten zu treffen.

## Nutzen

Abschließend bleibt festzustellen, dass mit dem pro facts-Testsystem dem Anwender nicht nur ein auf praktische Fragestellungen zugeschnittenes und vielseitig einsetzbares Instrument für die Personalarbeit an die Hand gegeben wird, sondern auch aussagekräftige und verlässliche Ergebnisse zur Verfügung stehen. Die gute Vorhersagekraft des Testsystems in Bezug auf den beruflichen Erfolg bzw. die Eignung von Bewerbern und Mitarbeitern unterstreicht, dass geeignete psychologische Verfahren als fester Bestandteil der Personalbeurteilung einen erhebliche Nutzen im Sinne einer inkrementellen Validität für ein modernes Personalmanagement bieten können. Wesentliche Voraussetzung für die tatsächliche Nützlichkeit solcher

Instrumente ist dabei aber unbedingt ihre stringente Verankerung in theoretischen Grundlagen, ihre konsequente Orientierung an der jeweiligen Fragestellung und an den Anforderungen der Nutzer und vor allem eine ständige Qualitätskontrolle durch permanente Überprüfung der verwendeten Skalen und Aufgaben.

## Materialien

Übersicht über den pro facts-Kompetenzpool: Eigenverantwortlichkeit, Belastbarkeit / Stressresistenz, Selbstbewusstsein, Leistungsbereitschaft, Lernbereitschaft / Aufgeschlossenheit, Zielorientierung / Ergebnisorientierung, Risikobereitschaft, Führungsmotivation, Zuverlässigkeit/ Verlässlichkeit, Bindungsmotivation, Leistungsmotivation, Machtmotivation, Soziale Intelligenz, Überzeugungsfähigkeit, Soziale Flexibilität / Interaktionskompetenz, Konsensmotivation, Durchsetzungsverhalten, Teamorientierung, Entscheidungsbeteiligung, (Kooperative Führung I), Aufgabendelegation (Kooperative Führung II), Kooperative Konfliktregelung (Kooperative Führung III), Leitbilder und Visionen vermitteln (Strategische Führung I), Ziele entwickeln und festlegen (Strategische Führung II), Eigeninitiative fördern (Strategische Führung III), Integrationskompetenz, (Strategische Führung IV), Kontaktstärke, Kontaktorientierung, Situationseinschätzung, Einfühlungsvermögen, Kundenorientierung, Verkaufsorientierung, Kundenbeziehungen pflegen, Identifikation mit dem Beruf, Identifikation mit dem Unternehmen, Gewissenhaftigkeit , Anspruchsniveau, Allgemeine Intelligenz, Verbale Intelligenz, Numerische Intelligenz, Gedächtnis, Kreativität, Planungskompetenz, Problemlösen, Umgang mit Zahlen, Algorithmen verstehen und beurteilen.

## Literaturverzeichnis

Booth, J.F. (1991). Die Anwenderschnittstelle – Schlüssel zum anwenderfreundlichen und validen computergestützten Testen. In: H. Schuler & U. Funke (Hrsg.). Beiträge zur Organisationspsychologie: Eignungsdiagnostik in Forschung und Praxis. Stuttgart
Cronbach, L.J. & Gleser, G.C. (1965). Psychological tests and personnel decisions (2nd ed.). Urbana
Etzel, S. (1998). Multimediale, computergestützte diagnostische Verfahren: Neue Perspektiven für die Managementdiagnostik. Aachen
Etzel, S. & Küppers, A. (2001). Das pro facts-Testsystem. In: W. Sarges & H. Wottawa (Hrsg.), Handbuch wirtschaftspsychologischer Testverfahren. Lengerich, S. 591-599
Etzel, S. & Küppers, A. (2002). Innovative Managementdiagnostik. Göttingen
Etzel, S. & Küppers A. in Bäcker & Etzel (2002). »Einzelassessment – Neue Verfahren zur Auswahl und Entwicklung von Führungskräften«. »Mit Methodenvielfalt zum Ziel – Computergestützte und klassische Assessmenttechniken«. Düsseldorf
Fröbisch, D.; Lindner, H. & Steffen, T. (1997). Multi Media Design (Das Handbuch zur Gestaltung interaktiver Medien). München
Lienert, G.A. & Raatz, U. (1994). Testaufbau und Testanalyse. 5. Aufl. Weinheim
Sarges, W. (2000). Interviews. In: W. Sarges (Hrsg.). Management-Diagnostik. 3. Aufl. Göttingen, S. 475-489
Sarges, W. (1990). Management-Diagnostik. Göttingen
Taylor, H.C. & Russell, J.T. (1939). The relationship of validity coefficients to the practical effectiveness of tests in selection: Discussion and tables. In: Journal of Applied Psychology, 23, pp. 565-578

# SYNPRO-FAI
# (Führungs-Analyse-Instrument)

## Patricia Simon/
## Andreas Donaubauer

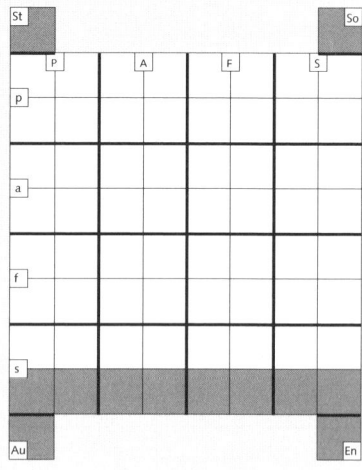

## Rasterdarstellung

### Schlagworte
Anforderungsanalyse; Führungserfolg; Führungskompetenz; Identifikation von Führungspersonen

### Entwickler
Dr. Patricia Simon und Dipl.-Psych. Andreas Donaubauer, Abteilung für Sozial- und Organisationspsychologie, Universität Regensburg

### Kompetenzdefinition
Führungskompetenz wird in diesem Beitrag als Selbstorganisationsdisposition zum Führungshandeln verstanden; als subjektzentrierte Fähigkeit, die effektivitätsbestimmenden Anforderungen als Führungsperson einer Arbeitsgruppe erfüllen zu können.

### Zielstellungen
Das Analyse-Instrument SYNPRO-FAI dient der Identifikation der Führungsperson(en) einer Arbeitsgruppe, die nicht notwendigerweise mit der von formeller Seite designierten Führungsperson übereinstimmen muss, und erlaubt somit eine Analyse der internen Machtstruktur einer Gruppe. Ferner gibt SYNPRO-FAI Auskunft darüber, inwieweit eine Führungsperson die effektivitätsbestimmenden Anforderungen erfüllt. Auf dieser Grundlage ist es möglich, die Führungskompetenzen einer Person zu diagnostizieren.

## Theoretische Grundlagen

SYNPRO-FAI basiert auf einer situativen Analyse der Verhaltensanforderungen an die Führungsperson einer Arbeitsgruppe, die mit einer komplexen Problemstellung betraut ist. Grundlage der Analyse bildete der funktionale Ansatz der Führungsforschung (vgl. Hackman & Walton 1986; Neuberger 1994; Gibb 1969). Dieser Ansatz geht davon aus, dass eine Person in der Rolle des Führers spezifische Funktionen ausüben muss. Führungsfunktionen entsprechen spezifischen Verhaltensweisen im Rahmen des Interaktionsprozesses, welche dazu dienen, die Gruppe auf die Erreichung ihrer Ziele hin zu lenken. Führungskompetenz besitzt somit diejenige Person, welche über die Dispositionen zur Ausübung der erforderlichen Führungsverhaltensweisen bzw. -funktionen verfügt.

Die Identifikation der Führungsperson einer Arbeitsgruppe setzt konkrete Kenntnisse über die zielführenden Führungsfunktionen voraus. Von daher wurde eine theoriegeleitete Analyse der Anforderungen im Sinne der von einer Führungsperson zu erfüllenden Funktionen angestellt. Welche Funktionen zielführend sind, ist von der jeweiligen Situation abhängig. Aus der gemeinsamen Bewältigung einer komplexen Problemstellung in einer Gruppe ergeben sich drei zentrale Anforderungsdimensionen, auf denen eine Führungsperson Führungsfunktionen ausüben muss: der aufgabenbezogenen Anforderungsdimension, der Steuerungsdimension und der sozial-emotionalen Anforderungsdimension (vgl. Donaubauer 1999).

In die Rolle des Führers einer Gruppe kann diejenige Person gelangen, welche den Anforderungen auf diesen drei Dimensionen in einem größeren Ausmaß gerecht wird als die anderen Gruppenmitglieder. Dahinter verbirgt sich die in der Kleingruppenforschung empirisch gut abgesicherte Erkenntnis, dass die Wahrscheinlichkeit in die Führungsrolle zu gelangen, für diejenige Person am höchsten ist, welche das größte Ausmaß an Aktivität in den relevanten Führungsverhaltensweisen aufweist (vgl. Sorrentino & Boutellier 1975).

Die Aktivität einer Person ist zwar für das Hervortreten als Führer einer Gruppe bedeutsam, aber nicht notwendigerweise für das erfolgreiche Führen einer Gruppe (vgl. Megargee et al. 1966). Denn mit Weinert (1998) und Hogan & Hogan (1992) ist zwischen den Verhaltenscharakteristika einer Person, die ihr ermöglichen in die Rolle des Führers zu gelangen und dem Erfolg in der Ausübung von Führungsfunktionen zu unterscheiden. Die Analyse der effektivitätsbestimmenden Anforderungen an eine Führungsperson baute auf einer theoriegeleiteten Synthese des funktionalen, aktivitätenorientierten und systemtheoretischen Ansatzes der Führungsforschung auf und mündete in einem konkreten Anforderungsprofil an eine erfolgreiche Führungsperson einer Arbeitsgruppe (vgl. Vierling, in Vorbereitung).

## Methodologische Einordnung

Bei SYNPRO-FAI handelt es sich um ein objektives und standardisiertes Diagnoseinstrument, mit dem subjektive Verzerrungen in der Beurteilung der Qualifikationen einer Führungsperson vermieden werden. Die Objektivität des Instrumentes wird durch das Interaktions-Beobachtungssystem SYNPRO gewährleistet (Simon 1997), auf dem die mit SYNPRO-FAI erzielten Diagnosen aufbauen. SYNPRO weist mit kappa-Werten der Beobachterübereinstimmung zwischen .80 und .86 eine hohe Reliabilität auf und gewährleistet dadurch die Objektivität der Diagnosen (Simon

2002). Subjektive Verzerrungen in der Beurteilung der Führungskompetenzen einer Person werden vermieden, da bei der Anwendung des Analyse-Instrumentes SYNPRO-FAI auf den mit SYNPRO erzielten Beobachtungsdaten der Beobachtungs- und Bewertungsprozess strikt voneinander getrennt sind. Die Beobachtung des Verhaltens einer Führungsperson erfolgt mit SYNPRO durch einen geschulten Beobachter, während die Bewertung des Verhaltens nicht wie bisher von einem Assessor geleistet wird, sondern ausschließlich durch SYNPRO-FAI.

Die Entwicklung von SYNPRO-FAI folgte dem klassischen Ansatz der Diagnostik, indem eine Diskriminanzanalyse zur Unterscheidung zwischen dem Verhalten des Führers und der Geführten durchgeführt wurde. Die daraus resultierende Diskriminanzfunktion liefert zum einen für jedes Gruppenmitglied einen Diskriminanzwert, der konkrete Aussagen über dessen Aktivität in der Ausübung von Führungsfunktionen erlaubt, und zum anderen einen kritischen Wert, der Auskunft darüber gibt, ob eine Person als Führer oder Geführter zu klassifizieren ist (vgl. Donaubauer 1999). Da der kritische Diskrimanzwert eine eindeutige Entscheidungsregel darstellt, weist das Instrument somit eine vollkommene Interpretationsobjektivität auf.

Das von SYNPRO-FAI ausgegebene weitere Diagnoseergebnis, inwieweit eine Führungsperson die effektivitätsbestimmenden Anforderungen erfüllt, ist durch eine Regressionsgleichung abgesichert. Dieser Regressionsgleichung lag als Kriteriumsvariable die Effektivität einer Gruppe im Sinne des Führungserfolgs zugrunde, während die effektivitätsbestimmenden Anforderungen die Prädiktorvariablen bildeten. Da der Führungserfolg in einem kurvenlinearen Zusammenhang mit der Ausübung der entscheidenden Führungsfunktionen steht, ließen sich über die erste Ableitung der Regressionsfunktion Optimalwerte in der Ausübung der effektivitätsbestimmenden Führungsfunktionen schätzen, welche die Grundlage für ein standardisiertes Anforderungsprofil an eine erfolgreiche Führungsperson bilden.

**Einschätzung der Gütekriterien**

Die Objektivität der mit SYNPRO-FAI erzielten Diagnosen wird, wie bereits ausgeführt, durch das dem Instrument zugrunde liegenden Beobachtungssystem SYNPRO gewährleistet.

Die Reliabilität der mit SYNPRO-FAI angestellten Klassifikation einer Person als Führer oder Geführter ergibt sich aus der Fehlklassifikationswahrscheinlichkeit der zugrunde liegenden Diskriminanzfunktion. Diese beträgt nach den bisherigen Untersuchungsergebnissen zwischen 9 und 23% (vgl. Donaubauer 1999).

Die Fehlklassifikationswahrscheinlichkeit gibt zugleich Auskunft über die Validität des Instrumentes, da diese durch die übereinstimmende Klassifikation eines Gruppenmitglieds durch das Instrument und einem eignungsdiagnostisch geschulten Assessor geschätzt wurde, und somit eine Information über die Übereinstimmungsvalidität liefert. Hierbei zeigte sich, dass insbesondere das subjektive Urteil des Assessors geschlechtsspezifischen Einflüssen unterliegt. Dieser neigte nämlich dazu, weibliche Gruppenmitglieder eher nicht als Führungsperson zu klassifizieren, während die Diskriminanzfunktion, die sich ausschließlich am Verhalten einer Person orientiert, eindeutig darauf hinwies, dass diese Frauen in stärkerem Maße Führungsfunktionen ausübten als die männlichen Gruppenmitglieder. Dieses Beispiel macht deutlich, wie leicht Sozialisationseffekte in das Urteil über eine Person einfließen können; Effekte, die bei der objektivierten und standardisierten Erfassung des Verhaltens mittels SYNPRO-FAI nicht auftreten können.

Die in SYNPRO-FAI implementierte kurvenlineare Regressionsgleichung, welche Auskunft über die effektivitätsbestimmenden Anforderungen an eine Führungsperson gibt, weist mit einem hoch signifikanten Bestimmtheitsmaß $R^2$ von .72 eine hohe Güte auf, so dass ebenfalls eine sichere Einschätzung der Führungskompetenz einer Person mit SYNPRO-FAI erfolgen kann.

## Fehler- und Problemkritik

Das Analyse-Instrument SYNPRO-FAI wurde in Laboratoriumsstudien anhand studentischer Versuchsgruppen entwickelt, welche die komplexe Problemstellung des computersimulierten Unternehmensplanspiels SYNTEX (siehe Ablauf des Messprozesses) bearbeiteten. Da es sich bei der Eichstichprobe um Laboratoriumsgruppen handelte, muss somit noch geklärt werden, ob mit dem Instrument in der betrieblichen Praxis die gleichen sicheren Diagnoseergebnisse erzielt werden können wie im Labor. In einer Validierungsstudie ist zu prüfen, inwieweit in realen Arbeitsgruppen die gleichen Führungsfunktionen für die Übernahme der Führungsrolle bedeutsam sind wie bei der Bearbeitung des Unternehmensplanspiels SYNTEX. Ferner ist zu prüfen, ob bei der Bearbeitung einer computersimulierten komplexen Problemstellung die gleichen Führungsfunktionen effektivitätsbestimmend sind wie in realen komplexen Problemstellungen. In diesem Zusammenhang muss ebenfalls geklärt werden, inwieweit die Steuerungsleistung – als Maß für die Effektivität, die eine Arbeitsgruppe bei der Bearbeitung von SYNTEX erzielt – mit deren Leistungsfähigkeit in der betrieblichen Praxis übereinstimmt.

Die Validierung des Analyse-Instrumentes SYNPRO-FAI wird gegenwärtig im Rahmen des auf drei Jahre angelegten Kooperationsprojektes zwischen Wirtschaft und Wissenschaft am Institut für Kooperationsmanagement IKO an der Universität Regensburg in Zusammenarbeit mit der Unternehmensberatungsfirma tpm – Team für Psychologisches Management, in Schwalmtal durchgeführt. Die bisher im Rahmen dieses Kooperationsprojektes erzielten Ergebnisse in realen Arbeitsgruppen, weisen darauf hin, dass SYNPRO-FAI auch in der betrieblichen Praxis ein adäquates Diagnoseinstrument zur Identifikation der Führungsperson und deren Kompetenzen darstellt. Über die laufenden Validierungsergebnisse kann sich der Leser beim Institut für Kooperationsmanagement (IKO) an der Universität Regensburg oder bei der Beratungsgesellschaft mbH – tpm – Team für Psychologisches Management in Schwalmtal informieren.

## Ablauf des Messprozesses

Die Anwendung des Analyse-Instrumentes SYNPRO-FAI ist an das computersimulierte Unternehmensplanspiel SYNTEX gekoppelt. SYNTEX stellt die Simulation einer kleinen Textilfabrik in Zeucap der Hauptstadt des fiktiven Landes Tisiland dar und ist gemeinsam von einer Arbeitsgruppe zu leiten. Die Aufgabe der Arbeitsgruppe besteht darin, die Firma über sechs simulierte Monate hinweg in einer Bearbeitungszeit von einer Stunde zu führen, mit den vorgegebenen Zielen, das Vermögen der Firma zu erhöhen, neue Arbeitsplätze zu schaffen und die Zufriedenheit der Mitarbeiter zu steigern.

Die einstündige Planspielsitzung einer Arbeitsgruppe wird auf Video aufgezeichnet und anschließend von einem geschulten Beobachter mit dem Interaktionsbeobachtungssystem SYNPRO ausgewertet. Die Auswertung mit SYNPRO erfolgt über das Computerprogramm CLA (Computerprogramm zur Leistungsdiagnose in Arbeitsgruppen), in dem das Analyse-Instrument SYNPRO-FAI und die ihm zugrunde liegenden Diskriminanz- und Regressionsfunktionen implementiert sind.

Nachdem der Beobachter die Kodierarbeiten der einstündigen Planspielsitzung beendet hat, braucht er nur noch auf den Auswertungsbutton zu drücken, und der Computer gibt ihm die auf SYNPRO-FAI basierenden Diagnoseergebnisse aus. Der Anwender erhält für jede Person eine Angabe darüber, ob sie als Führer oder Geführter zu klassifizieren ist, mit dem entsprechenden Diskriminanzwert, der Auskunft über das Ausmaß in der Ausübung von Führungsfunktionen durch eine Person gibt.

Hinsichtlich der Führungskompetenzen einer Person druckt CLA ein Anforderungsprofil aus, aus dem ersichtlich wird, inwieweit eine Führungsperson die effektivitätsbestimmenden Anforderungen erfüllt. In diesem Anforderungsprofil sind die Optimalwerte in der Ausübung der effektivitätsbestimmenden Führungsfunktionen abgetragen, sowie die von einer Person erzielten Werte auf den einzelnen Führungsfunktionen, wodurch graphisch unmittelbar ersichtlich wird, in welchen Funktionen eine Person Stärken bzw. Schwächen aufweist.

*Räumliche Voraussetzungen*

Für die Durchführung der einstündigen Planspielsitzung mit einer Arbeitsgruppe wird ein lärmgeschützter Raum benötigt, so dass eine gute Tonqualität der Videoaufnahme erzielt werden kann.

*Zeitliche Voraussetzungen*

**Zeitbedarf für die Durchführung der Messung**: Eine Planspielsitzung dauert eine Stunde, es ist jedoch noch eine halbe Stunde für das Lesen der SYNTEX-Instruktion durch die Teilnehmer einzukalkulieren sowie eine weitere halbe Stunde für die Einweisung der Planspielteilnehmer, so dass insgesamt mit einem Zeitbedarf von etwa zwei Stunden zu rechnen ist.

**Zeitbedarf für die Auswertung**: Da das Analyse-Instrument SYNPRO-FAI in das Computerprogramm CLA implementiert ist und die Diagnoseergebnisse nach Beendigung der Kodierungen mit SYNPRO automatisch ausgegeben werden, errechnet sich der Zeitbedarf für die Auswertung nur aus der notwendigen Kodierzeit einer einstündigen Planspielsitzung mit SYNPRO. Die hierfür erforderliche Kodierzeit variiert mit der Gruppengröße, der Anzahl der in einer Gruppe registrierten Interakte und der Sprechweise einer Gruppe. Für die Auswertung einer Dreier- bis Vierergruppe werden im Durchschnitt drei bis fünf Stunden Kodierzeit benötigt. Für jedes weitere Gruppenmitglied erhöht sich die Kodierzeit im Durchschnitt um etwa eine halbe Stunde.

*Personale Voraussetzungen*
Für die Erstellung einer Diagnose mit SYNPRO-FAI wird ein Versuchsleiter für die Durchführung des Planspiels SYNTEX sowie ein geschulter SYNPRO-Kodierer benötigt.

*Technische Voraussetzungen*
Technische Voraussetzungen für die Durchführung einer Diagnose mit SYNPRO-FAI sind ein PC, der mindestens mit dem Betriebssystem Windows 95 ausgestattet ist, um das computersimulierte Unternehmensplanspiel SYNTEX und das Computerprogramm CLA installieren zu können.

## Referenzen

Nach Arnold (1987) gibt es zwei entscheidende Gründe, die für die Methode der Beobachtung anstelle von Fragebögen zur Erfassung von Führungsverhaltensweisen sprechen. An erster Stelle sieht der Autor die psychometrischen Probleme der bisher existierenden Fragebogenmethoden. So lassen selbst Standardinstrumente der empirischen Führungsforschung gravierende Fragen in Bezug auf Reliabilität und Validität offen. Zum zweiten stellt er infrage, ob es überhaupt möglich ist, das Phänomen Führung auf der Basis selbstberichteter Maße in Fragebögen verstehen und erklären zu können. So merkt auch Weinert (1995) kritisch an, dass die in der Praxis verwendeten Fragebögen zur Erfassung von Führungsverhalten eher die Wahrnehmung der Geführten über das Führungsverhalten messen als das tatsächliche Verhalten einer Führungsperson. Arnold (1987) fordert deshalb, dass bei der Untersuchung von Führungsverhalten Führungsmaße notwendigerweise auf der Beobachtung von tatsächlichem Führungsverhalten zu gründen sind.

Diesem Ansatz folgend entwickelten beispielsweise Luthans und Lockwood (1984) ein Beobachtungssystem zur Erfassung von Managertätigkeiten (Leader Observation System – LOS), welches zur Ermittlung der konkreten Anforderungen einer Managerposition eingesetzt werden kann. Bei der Analyse der Anforderungen stützen sie sich ebenfalls auf videographiertes Datenmaterial. Darüber hinaus existieren ebenfalls Systeme zur unmittelbaren Beobachtung eines Vorgesetzten während des gesamten Arbeitstages durch einen externen Beobachter (vgl. bspw. Neuberger 1984).

Unabhängig davon, dass verlässliche Beobachtungen des Verhaltens eines Vorgesetzten in der Praxis aus zeitlichen und organisatorischen Gründen kaum leistbar sind, ist gegenüber diesen Methoden kritisch anzumerken, dass mit ihnen letztlich nicht der Grad an Standardisierung und Objektivität erzielt werden kann, wie er dem Analyse-Instrument SYNPRO-FAI zugrunde liegt. SYNPRO-FAI stellt somit eine Weiterentwicklung der bisherigen Beobachtungstechniken zur Erfassung von Führungsverhaltensweisen dar.

## Bisherige Ergebnisse

Nach SYNPRO-FAI muss eine Person auf drei unterschiedlichen Anforderungsdimensionen Führungsfunktionen ausüben, um in die Rolle des Führers einer Planspielgruppe zu gelangen. Auf der aufgabenbezogenen Anforderungsdimension sind die entscheidenden Führungsfunktionen die Nutzung des Potenzials der Gruppenmitglieder, die Bilanzierung des bisherigen Erkenntnisstandes und die Sicherstellung der Umsetzung der vereinbarten Maßnahmen. Auf der Anforderungsdimension Steuerung besteht die Hauptfunktion der Führungsperson in der Kontrolle des Problemlöseverlaufs und auf der sozial-emotionalen Anforderungsdimension in der Bewältigung von Konflikten.

Nach SYNPRO-FAI sind für die Übernahme der Führungsrolle in einer Planspielgruppe also weniger spezifische Arbeitsschritte zur inhaltlichen Problembewältigung erforderlich, wie etwa die Generierung von konkreten Lösungsvorschlägen oder die Analyse von Problemaspekten, als vielmehr Funktionen die der Anleitung der gemeinsamen Problembewältigung durch eine Person dienen. Diese lassen sich im Sinne von Moderatorfunktionen bei der gemeinsamen Bewältigung komplexer Problemstellungen interpretieren. Auch in der betrieblichen Praxis gilt es für eine Führungsperson in erster Linie die Arbeitsgruppe moderierend anzuleiten. Dies geschieht dadurch, dass sie 1. die Fähigkeiten der einzelnen Mitarbeiter und damit die unterschiedlichen zur Verfügung stehenden Ressourcen erkennt, und dieses Potenzial für die Aufgabenbewältigung gewinnbringend einsetzt, 2. durch die Zusammenfassung des bisherigen Erkenntnisstandes eine adäquate Problemanalyse ermöglicht, 3. durch die Kontaktaufnahme mit den in den Arbeitsprozess involvierten Abteilungen die Umsetzung der vereinbarten Maßnahmen sicherstellt, 4. durch die Kontrolle des Arbeitsprozesses einen zielgerichteten Ablauf gewährleistet und 5. zur Konfliktbewältigung innerhalb der Arbeitsgruppe beiträgt und somit die gemeinsame Zielerreichung sicherstellt.

Die Funktionen, die einer Person ermöglichen, in die Rolle des Führers zu gelangen, müssen jedoch nicht zwangsläufig gleichbedeutend mit Führungserfolg sein. Denn eine Person mit einer hohen Aktivität in diesen Funktionen muss nicht notwendigerweise auch ein sehr erfolgreicher Führer sein. Als effektivitätsbestimmend erweist sich nach SYNPRO-FAI zwar auch die Nutzung des Potenzials der Gruppenmitglieder und die Kontrolle des Problemlöseverlaufs durch die Führungsperson, die weiteren effektivitätsbestimmenden Anforderungen unterscheiden sich jedoch von denen, die eine Person erfüllen muss, um in die Führungsrolle zu gelangen.

Neben der Nutzung des Potenzials der Gruppenmitglieder, indem sie diese explizit zur Generierung von Lösungsvorschlägen auffordert, muss sie ebenfalls, um die Gruppe erfolgreich zum Ziel führen zu können, die notwendigen Informationen zur Problembewältigung sammeln. Auch trägt nicht nur die Kontrolle und Lenkung des Arbeitsprozesses zu einer erfolgreichen Problembewältigung bei, sondern durch die Führungsperson muss ebenfalls die Vorgehensweise geplant werden. Darüber hinaus ist die Führungsperson für die Konsensbildung innerhalb der Gruppe verantwortlich, so dass die gefällten Entscheidungen gemeinsam getragen werden.

Während eine Person um so eher in die Führungsrolle gelangt, wenn sie die hierfür erforderlichen Funktionen in starkem Maße ausübt, benötigt sie für die erfolgreiche Führung einer Gruppe jedoch viel mehr Feingefühl, da die effektivitätsbestimmenden Anforderungen in einem kurvenlinearen Zusammenhang mit der Gruppeneffektivität stehen.

Verlässt sich eine Führungsperson zu sehr auf das Potenzial ihrer Mitarbeiter, wird sie von diesen als inkompetent wahrgenommen, wodurch Unzufriedenheiten in der Gruppe entstehen und die Leistung sinkt. Eine geringe Leistungsfähigkeit einer Gruppe zeigt sich aber auch, wenn die Führungsperson kaum das Potenzial ihrer Mitarbeiter nutzt. Auf der Steuerungsdimension wirkt sich eine zu starke Kontrolle und Planung der Vorgehensweise im Sinne eines direktiven Führungsverhaltens, aber auch eine zu schwache Kontrolle und Planung negativ auf die Leistung aus. Versucht die Führungsperson zu oft, einen Konsens innerhalb der Gruppe herbeizuführen, erweckt sie leicht den Eindruck eines mangelnden Durchsetzungsvermögens, trägt sie jedoch zu wenig zur Konsensfindung bei, wirken sich wiederum die nicht gemeinsam getragenen Entscheidungen negativ auf die Leistung aus. Es gibt also bestimmte Optimalwerte in der Ausübung der einzelnen Führungsfunktionen, die von SYNPRO-FAI in einem Anforderungsprofil ausgegeben werden.

## Entwicklungsmöglichkeiten des Messverfahrens

Gegenwärtig wird eine Analyse des Prozesses der Ausdifferenzierung der Führungsrolle in Arbeitsgruppen vorgenommen. Diese Analyse geht von der Hypothese aus, dass die Akzeptanz einer Führungsperson innerhalb der Gruppe einen Einfluss auf ihre zukünftige Aktivität in der Ausübung von Führungsfunktionen nimmt. Sollte sich diese Hypothese bestätigen, dann wäre es möglich, auf der Grundlage der Akzeptanzwerte einer Führungsperson eine Vorhersage darüber zu treffen, ob sie sich auch in Zukunft in der Rolle des Führers der Gruppe halten kann. Eine Ergänzung von SYNPRO-FAI um diese Vorhersagekomponente wäre für die betriebliche Praxis sehr bedeutsam, da somit von vornherein unerwünschten Entwicklungen in Gruppen vorgebeugt werden könnte.

## Nutzenabschätzungen

SYNPRO-FAI stellt eine ganz neue Art eines eignungsdiagnostischen Instrumentes dar, das im Unterschied zu den bisherigen Verfahren eine objektive und standardisierte Diagnose über die Kompetenzen einer Führungsperson erlaubt. Die bisher verwendeten Verfahren zur Einschätzung der Kompetenzen eines Bewerbers unterliegen erheblichen subjektiven Verzerrungen. Die Assessoren in einem Assessment Center erhalten zwar einen Beobachtungsbogen, in dem die zu erfassenden Anforderungen vorgegeben sind, es bleibt ihnen jedoch größtenteils selbst überlassen, an welchen Verhaltensweisen, sie es festmachen, ob eine Führungsperson die entsprechenden Anforderungen erfüllt oder nicht. Ob diese Verhaltensweisen tatsächlich Auskunft über die Anforderungen geben, ist eine Frage der Konstruktvalidität, der in einem AC bisher kaum nachgegangen wurde. Hinzu kommt, dass ein Assessor in der anschließenden Beobachterkonferenz dem Zwang untersteht, ein konsistentes, in sich geschlossenes Bild von einem Bewerber zu vermitteln, um Überzeugungskraft für das von ihm gefällte Urteil zu gewinnen, was leicht dazu führt, dass der Assessor nach den ersten Beobachtungen nur noch solche Verhaltensweisen registriert, die seinem vorgefertigten Bild entsprechen. Es entsteht also zwangsläufig das Problem der Vermengung des Beobachtungs- und Bewertungsprozesses und damit das Problem subjektiver Verzerrungen. Auch durch den Einsatz mehrerer Beobachter und der Forderung an die Beobachter zu einem übereinstimmenden Urteil zu gelangen, können diese Probleme nicht eliminiert werden, sondern werden zum Teil noch verstärkt.

Demgegenüber ist bei einer Diagnose der Qualifikationen einer Führungsperson mit SYNPRO-FAI der Beobachtungs- und Bewertungsprozess strikt voneinander getrennt. Die Beobachtung des Verhaltens einer Führungsperson wird von einem geschulten SYNPRO-Kodierer vorgenommen, während die Bewertung des Verhaltens über den Rechenalgorithmus von SYNPRO-FAI mit dem Computerprogramm CLA erfolgt. Um zu einem objektiven Urteil über die Kompetenzen eines Kandidaten zu gelangen, werden somit nicht mehr mehrere Beobachter benötigt, sondern nur noch ein einziger.

Da nur noch ein Beobachter benötigt wird, erweist sich eine Diagnose mit SYNPRO-FAI als äußerst kostengünstig. Die Kodierung einer einstündigen Planspielsitzung mit SYNPRO ist zwar zeitaufwendig. CLA gibt aber nicht nur das Diagnoseergebnis über die Qualifikationen der Führungsperson aus, sondern in das Programm ist ebenfalls das Analyse-Instrument SYNPRO-EAI (Effektivitäts-Analyse-Instrument) implementiert, das Auskunft über das Leistungspotenzial einer Arbeitsgruppe gibt. Neben einem Führungsprofil wird somit ebenfalls ein Gruppeneffektivitätsprofil ausgegeben, aus dem ersichtlich wird, inwieweit eine Arbeitsgruppe die effektivitätsbestimmenden Anforderungen erfüllt. Darüber hinaus wird zugleich ein Profil über die Teamfähigkeit der einzelnen Gruppenmitglieder ausgegeben, das auf dem Analyse-Instrument SYNPRO-TAI (Teamfähigkeits-Analyse-Instument) basiert. Die vielfältig erzielbaren Diagnoseergebnisse mit CLA rechtfertigen den Kodieraufwand und machen CLA bzw. SYNPRO-FAI zu einem praktikablen Diagnoseinstrument.

## Erlernbarkeit

Die Anwendung von SYNPRO-FAI setzt eine intensive Schulung in der Kodierung mit dem Interaktions-Beobachtungssystem SYNPRO voraus. Ein Training in der Anwendung von SYNPRO dauert ca. 12 Wochen bei einer täglichen Schulungszeit von etwa zwei Stunden. Die Kodierung mit SYNPRO ist nach den bisherigen Erfahrungen für beobachtungsbegabte Personen leicht erlernbar und setzt keine besonderen Qualifikationen voraus.

## Vereinfachbarkeit des Verfahrens

Da nicht alle praktisch tätigen Psychologen, Eignungsdiagnostiker, Personalleiter, Führungskräfte usw. nach den bisherigen Erfahrungen aus zeitlichen Gründen die Bereitschaft mitbringen, mit dem Interaktions-Beobachtungssystem SYNPRO eine solche Feinanalyse des Interaktionsverhaltens in Arbeitsgruppen durchzuführen, wie sie bisher für die wissenschaftliche Entwicklung der SYNPRO Analyse-Instrumente FAI, EAI und TAI durchgeführt wurde, ist geplant, die Kodierung des Interaktionsverhaltens mit SYNPRO zu vereinfachen. Bei dieser Vereinfachung von SYNPRO werden jene Interaktionskategorien, die für die Diagnoseergebnisse irrelevant sind, zu Restkategorien zusammengefasst, so dass SYNPRO noch leichter erlernbar und einsetzbar ist, und in einer kürzen Kodierzeit die gewünschten Diagnoseergebnisse erzielt werden können.

## Beispiele für den Einsatz des Messverfahrens

SYNPRO-FAI lässt sich nicht nur in der Eignungsdiagnostik einsetzen, sondern ebenfalls für Trainingszwecke. Mit SYNPRO-FAI werden die Stärken und Schwächen der Führungskompetenzen einer Person deutlich, so dass sie ein gezieltes Training zur Optimierung ihrer Führungsqualifikationen erhalten kann. Einer Führungsperson werden damit nicht einfach gängige Trainingsmaßnahmen zur Förderung von Führungskompetenzen übergestülpt, sondern mit einem auf SYNPRO-FAI aufbauenden Training kann genau auf dem Kompetenzniveau angesetzt werden, auf dem sich die jeweilige Führungsperson befindet, was zu einer beträchtlichen Akzeptanzsteigerung eines Führungstrainings beiträgt. Auch können sich die Führungspersonen stärker mit dem auf SYNPRO-FAI basierenden Feedback über ihre Kompetenzen identifizieren, wie die bisherigen Erfahrungen beim Einsatz dieses Instrumentes im Rahmen des Kooperationsprojektes zwischen Wirtschaft und Wissenschaft zeigen.

## Materialien

Materialien können über die im Autorenverzeichnis angegebene Adresse bezogen werden.

Auch führt das Institut für Kooperationsmanagement IKO an der Universität Regensburg Schulungen in der Kodierung mit dem Interaktions-Beobachtungssystem SYNPRO durch.

## Literaturverzeichnis

Arnold, H.J. (1987). Methoden der empirischen Führungsforschung. In: A. Kieser et al. (Hrsg.). Handwörterbuch der Führung. Stuttgart, S. 183-200

Donaubauer, A. (1999). Zur Analyse von Führungsfunktionen in computersimulierten Planspielgruppen. Unveröffentl. Diplomarbeit. Regensburg

Gibb, C.A. (1969). Leadership. Hardmonsworth, Middlesex

Hackman, J.R. & Walton, R.E. (1986). Leading groups in organizations. In: P.S. Goodman & Associates (Eds.). Designing effective work groups. San Francisco

Hogan, R. & Hogan, J. (1992). The necessary and sufficient conditions for emergent and effective leadership. Montreal

Luthans, F. & Lockwood, D.L. (1984). Toward an observation system for measuring leader behavior in natural settings. In: J.G. Hunt et al. (Eds.). Leaders and managers. International perspektives on managerial behavior and leadership. New York

Megargee et. al. (1966). Research in clinical assessment. New York

Neuberger, O. (1984). Führung (Ideologie – Struktur – Verhalten). Stuttgart

Neuberger, O. (1994). Führen und geführt werden. Stuttgart

Simon, P. (1997). Zur Entwicklung eines Beobachtungssystems zur Erfassung von Interaktionsmustern und Leistungsdeterminanten in plurinationalen Arbeitsgruppen. Unveröffentl. Diplomarbeit. Regensburg

Simon, P. (2002). Die Entwicklung eines Modells der Gruppeneffektivität und eines Analyse-Instrumentes zur Erfassung des Leistungspotenzials von Arbeitsgruppen. Landau

Simon, P. (in Druck). Wie sich Gruppen entwickeln: Modellvorstellungen der Gruppenentwicklung. In: A. Thomas et al. (Hrsg.). Teambuilding. Göttingen

Simon, P. & Donaubauer, A. (in Vorbereitung). Die Entwicklung eines Analyse-Instrumentes zur Identifikation der Führungsperson(en) einer Arbeitsgruppe

Sorrentino, R.M. & Boutillier, R.G. (1975). The effect of quantity and quality of verbal interaction on ratings of leadership ability. In: Journal of Experimental Social Psychology, 11, pp. 403-411

Weinert, A. (1995). Führung und soziale Steuerung. In: L. v. Rosenstiel et al. (Hrsg.). Führung von Mitarbeitern. Stuttgart

Weinert, A. (1998). Organisationspsychologie. Ein Lehrbuch. Weinheim

Vierling, M. (in Vorbereitung). Die Entwicklung eines Anforderungsprofils an eine erfolgreiche Führungsperson einer computersimulierten Planspielgruppen. Unveröffentl. Diplomarbeit. Regensburg

# !Response 360°-Feedback

## Martin Scherm

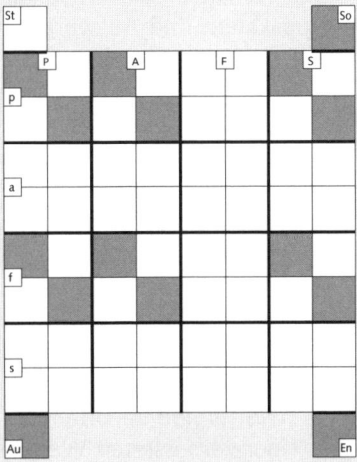

## Rasterdarstellung

### Schlagworte

360°-Feedback; 360°-Online; berufs- und funktionsbezogene Kompetenzen und Führungsstile; multiperspektivische Beurteilung; Multisource Feedback; Rundum-Beurteilung

### Entwickler

Dr. Martin Scherm, Fachbereich Pädagogik, Professur für Quantitative Methoden, Universität der Bundeswehr Hamburg

### Kompetenzdefinition

Das dem Verfahren zugrunde liegende Modell fasst Kompetenzen als Merkmalskomplexe eines Individuums auf, die ursächlich sind für kriterienbezogenes und effektives Leistungsverhalten im Beruf bzw. einer beruflichen Funktion (vgl. Spencer & Spencer 1993: 9). Die Merkmalskomplexe sind multidimensional in dem Sinne, dass sie individuelle Dispositionen und Fähigkeiten bzw. Fertigkeiten mit Verhalten verknüpfen (Sarges 2001). Die Aneignung und Fortentwicklung von Kompetenzen wird durch eine Interaktion von relativ stabilen, persönlichen Motiven und Eigenschaften einerseits sowie dem Erleben und Verarbeiten von (auch kritischen) beruflichen Situationen andererseits gesteuert. Insofern ist der verwendete Kompetenzbegriff persönlichkeits- und lernorientiert.

## Zielstellungen

!Response 360°-Feedback ist ein fragebogengestütztes Verfahren zur Diagnose und Entwicklung individueller berufs- und/oder funktionsbezogener Kompetenzen und Verhaltensstile von Fokuspersonen (v.a. Führungs- oder Nachwuchskräfte). Die Applikation und Auswertung des Verfahrens dient folgenden Zielen:

- Den Fokuspersonen soll ein vertiefter und möglichst anforderungsnaher Einblick in ihre Kompetenzen vermittelt werden. Auf diesem Wege sollen sie in den Stand versetzt werden, ihr Potenzial im Sinne ihrer genuinen Talente und der an sie gestellten Leistungsanforderungen zu entfalten.
- Es ist weiterhin das Bestreben, die Beziehungen zwischen den am Feedback-Prozess Beteiligten zu synchronisieren, indem die gegenseitigen Rollen- und Verhaltenserwartungen thematisiert und gegebenenfalls Klärungen angebahnt werden können.
- Das Unternehmen oder die Organisation soll bei der Entwicklung oder funktionsgerechten Platzierung (»Passung«) der Führungskräfte unterstützt werden.
- Zudem soll eine intensivere Kommunikation über Kompetenz- und Leistungserwartungen im Unternehmen ermöglicht werden, um schließlich insgesamt zu einer verbesserten Wettbewerbsfähigkeit zu gelangen.

## Theoretische Grundlagen

Den konzeptionellen Rahmen für die Kompetenzmessung durch !Response stellt das sogenannte 360°-Feedback (auch Multisource Feedback oder »Rundum-Beurteilung« genannt) dar, das die gängigen Beurteilungsansätze der Einschätzung einer Führungskraft durch ihren Vorgesetzten (»Top-down-Ansatz«) und die mitunter auch praktizierte Beurteilung einer Führungskraft durch ihre Mitarbeiter/-innen (»Bottom-up-Ansatz«) um einen multi-perspektivischen Zugang erweitert. Während der »Top-down-Ansatz« gewöhnlich im Dienst der Leistungsbeurteilung steht, folgt der Bottom-up-Ansatz der Tradition partizipativer Führungskonzepte, bei der die Mitarbeiter/-innen mit ihren Einschätzungen den Führungsstil ihrer Vorgesetzten entwickeln helfen sollen (vgl. Scherm, in Druck; Scherm & Sarges 2002). Der multi-perspektivische Ansatz schöpft die anvisierte, entwicklungsstiftende Wirkung für eine Fokusperson daraus, dass möglichst viele für sie relevante Personen aus hierarchisch verschiedenen Feedback-Quellen Kompetenzeinschätzungen beisteuern. Zusätzlich zur Einschätzung durch Vorgesetzte und Mitarbeiter/-innen werden dabei auch Kollegen/-innen einbezogen sowie eventuell andere relevante Dritte (vor allem interne und externe Kunden, zeitlich begrenzte Projektpartner etc.).

Die Funktion von Feedback für die berufliche Entwicklung wurde vor allem in Arbeiten des Center for Creative Leadership (CCL) theoretisch fundiert und in einer Reihe von empirischen Studien untersucht (Dalton 1998; McCall 1997; McCall et al. 1988). Im Zuge dieser Studien wurde das weltweit wohl erste 360°-Verfahren »Benchmarks« entwickelt (Dalton et al. 1996; siehe auch Scherm 1999: 102-106). Die auch für !Response zentrale Annahme der CCL-Studien besagt, dass Feedback, welches von relevanten Bezugspersonen gegeben wird, eine katalytische Wirkung besitzt. Diese besteht darin, das Potenzial einer Person und ihre einschlägigen beruflichen Erfahrungen durch vertiefte Reflexion zu nachhaltigen Lerneinsichten zu verbinden.

Im Laufe des Feedback-Prozesses erhält die Fokusperson Rückmeldungen von Feedbackgebern, die zu ihr unterschiedliche Funktionen, Rollen und Beziehungspunkte einnehmen. Dabei wird sie mit Informationen darüber versorgt, wie ihr Führungsstil und ihre Kompetenzen wahrgenommen werden. Der Entwicklungsanreiz stammt somit aus dem unmittelbaren Tätigkeitsumfeld der Fokusperson selbst und erreicht diese in der Regel auch »on the job«. Indem also der Ort der beruflichen Tätigkeit mit dem Ort der Weiterentwicklung identisch gehalten wird, soll das sowohl für die berufliche Weiterbildung im Allgemeinen als auch die Führungskräfteentwicklung im Speziellen so virulente Transferproblem entschieden gemildert werden.

Die Intervention soll dazu beitragen, über die Vermittlung von Lerneinsichten eventuell notwendige Verhaltensänderungen einzuleiten und Kompetenzen im Sinne von Erfordernissen des Unternehmens oder der Organisation zu verbessern. Da sie damit die Verhaltenssteuerung der Fokusperson, aber auch des organisationalen »Systems« nicht unerheblich beeinflusst, kommt ihr eine regulative Funktion zu. Diese bezieht sich nicht allein auf die Fokusperson selbst, sondern vor allem auch auf leistungsbezogene Outputvariablen wie etwa Produkte, Dienstleistungen, Erfindungen etc. Und sie beeinflusst und gestaltet gerade auch die Voraussetzungen des Outputs. Als Beispiele für wichtige Voraussetzungen des Outputs, die von Feedback-Interventionen zielgerecht beeinflusst werden können, lassen sich Machtressourcen, Aufstiegsmöglichkeiten, die Qualität von Beziehungen über Hierarchieebenen hinweg und schließlich das Unternehmensklima insgesamt anführen.

Grundlage für die Entwicklung der !Response-Skalen ist ein generisches Kompetenzmodell, das aus umfangreichen Anforderungsanalysen gewonnen wurde. In Anknüpfung an die klassischen Ohio-Studien (zusammenfassend Yukl 1998) nimmt das Modell für den Erfolg höherer beruflicher Funktionen (mit Führungs- und Managementaufgaben) eine im faktorenanalytischen Sinne zweidimensionale Struktur von Kompetenzen an: Die erste Dimension wird aus einem Satz von Kompetenzen gebildet, die aufgabenorientiertes, initiierendes und steuerndes Verhalten umfassen (»Managementfaktor«). Die zweite Dimension wird aus einem Satz von Kompetenzen gebildet, die die Interaktion mit anderen sowie das Verhältnis zur eigenen Person erfassen (»Interaktionsfaktor«). In ihrer Gesamtheit stellen die Kompetenzen ein notwendiges, aber nicht hinreichendes Bedingungsgefüge für eine produktive und nachhaltige Aufgabenbewältigung dar.

## Methodologische Einordnung

Die Feedback-Prozessen zugrunde liegende zentrale Annahme besagt, dass ein Vergleich des Selbstbildes mit den übermittelten Fremdbildern zu erhöhter Selbstreflexion und damit zu einer möglichen Veränderung des eigenen Verhaltens führt. Breit angelegte Analysen von Feedback-Interventionen haben gezeigt, dass Feedbacks umso wahrscheinlicher zu individuellen Veränderungen führen, je näher sie an konkreten Zielen, Aufgaben und vor allem dem Verhalten einer Fokusperson ausgerichtet sind (Kluger & DeNisi 1996: 254-284). Je stärker dagegen die grundlegenden Eigenschaften einer Fokusperson im Sinne psychologischer Persönlichkeitskonzepte (vergleiche z.B. die Dimensionen der »Extraversion«, »Verträglichkeit« und »Gewissenhaftigkeit« aus dem Konzept von Costa & McCrae 1992) thematisiert werden, desto wahrscheinlicher wird die Intention der Verhaltensänderung und Kompetenzentwicklung verfehlt.

!Response liegt in einer konventionellen Papier-Bleistift gestützten Fragebogenform sowie in einer internetbasierten Online-Version vor. Beide Darbietungsformen stützen sich auf den gleichen Satz überwiegend verhaltensnah formulierter Items (Aussagen), die in der Form der »Behaviorally Anchored Rating Scales (BARS)« vorgegeben werden. In der Standardversion wird jede der insgesamt 13 Kompetenzen (Likert-Skalen) durch jeweils 6 Items erfasst (in der Kurzfassung !Quick-Response wird jede Dimension durch 2 Items abgebildet). Neben der höheren Entwicklungschance für die Fokusperson weist die Verhaltensnähe der Items den Vorteil auf, dass die Feedbackgeber den jeweils fraglichen Sachverhalt zumeist direkt beobachten können und folglich der zwischen ihnen gemeinsam geteilte »Beurteilungsraum« in Bezug auf die Fokusperson relativ hoch ist. Aus der an Gütekriterien interessierten »klassischen« Methodenperspektive wird der Einfluss individueller, verzerrender Wahrnehmungsstile und Erwartungshaltungen (»Idiosynkrasien«) minimiert und damit der Anteil der »wahren Varianz« am gefundenen Messwert erhöht. Jedoch ist !Response nicht ausschließlich »behavioral« ausgerichtet: Ein zahlenmäßig durchaus relevanter Anteil der Items bezieht sich auf nicht direkt beobachtbare Aspekte der »black box«, z.B. auf die Motive oder die gefühlsbezogene Ausrichtung der Fokusperson.

**Einschätzung der Gütekriterien**

*Objektivität*
!Response bietet sowohl in der Papier-Bleistift gestützten als auch in der internetbasierten Online-Variante einen größtmöglichen Grad an Durchführungsobjektivität. Die Auswertungsobjektivität wird durch die rechnergestützte (bei der Papier-Bleistift-Variante) bzw. automatisierte Auswertung und Ergebnisaufbereitung (bei der Online-Variante) der Daten sichergestellt. Die Interpretationsobjektivität im Sinne der Eindeutigkeit von Relationen zwischen jeweils gleichen Testscores und entsprechenden Merkmalsausprägungen ist gleichfalls gegeben.

*Reliabilität*
Die internen Konsistenzen (nach Cronbachs Alpha) der applizierten Skalen reichen von .67 bis .89 (auf Basis der Fremdurteile). Zusätzlich liegen erste Daten zur Interrater-Reliabilität vor (einem im deutschsprachigen Raum zu Unrecht vernachlässigten Aspekt). So zeigt sich u.a. bei einer Untersuchung an verantwortlichen Außendienstmitarbeitern eines großen Versicherungsunternehmens für die Fremdurteile eine Interrater-Reliabilität über fünf der wichtigsten Kompetenzen von .60 (Intraclass-Korrelation via Cronbachs Alpha), was über dem Niveau internationaler Vergleichsstichproben liegt (vgl. Rothstein 1990: 322-327).

*Validität*
Die inhaltliche Validität des Verfahrens kann insofern als gegeben betrachtet werden, als die verschiedenen Skalen das jeweilige Kompetenzkonstrukt differenziert und in hinreichender Breite abbilden.

Die Konstruktvalidität konnte in mehreren Teilstudien belegt werden. Im Sinne der konvergenten Validität korrelieren z.B. auf der Basis einer Studie mit Führungskräften unterschiedlicher Branchen die Selbsturteile mit Dimensionen der »big five« des NEO-FFI (Borkenau & Ostendorf 1993) in der erwarteten Richtung.

Auch die Fremdurteile korrelieren mit feedbackrelevanten Merkmalen der Persönlichkeit. Als eine interessante Variable gilt in diesem Zusammenhang das »Self-Monitoring«, d.h. die Fähigkeit einer Person, verbale und nonverbale Reize von Menschen aus der Umgebung valide zu deuten und ihr Verhalten daran auszurichten (Warech et al. 1998: 449-473). In einer Studie mit Außendienstmitarbeitern eines Versicherungsunternehmens (Hanisch 2002) wies die Teilfacette des Self-Monitoring »Aufmerksamkeit für soziale Vergleiche« einen positiven Zusammenhang mit den über alle Feedbackgeber und Kompetenzskalen gemittelten Urteilen auf (r=.42). Zudem zeigen Personen, die ihre Kompetenzen (gemessen an den Urteilen ihrer Feedbackgeber) deutlich überschätzen, signifikant niedrigere Werte auf der Skala »Aufmerksamkeit für soziale Vergleiche« als solche Personen, die ihre Kompetenzen in Übereinstimmung mit ihren Feedbackgebern einschätzen.

Für die kriteriumsbezogene Validität konnten in einer ersten Studie ebenfalls Nachweise erbracht werden. Demzufolge steht das harte Kriterium der »Umsatzverantwortung« in positivem Zusammenhang mit den !Response-Skalen »Entschlusskraft« (r=.32), »Umgang mit Misserfolg« (r=.33) sowie »effektive Steuerung von Prozessen« (r=.28).

| !Response-Dimension vs. Skala des NEO-FFI | Produkt-Moment-Korrelation (r) |
|---|---|
| »Freundlichkeit« – Neurotizismus | -.59 |
| »Umgang mit Misserfolg« – Neurotizismus | -.37 |
| »Kooperation« – Extraversion | .26 |
| »Kooperation« – Verträglichkeit | .36 |
| »Lernfähigkeit« – Offenheit für Erfahrung | .43 |
| »Effektive Steuerung von Prozessen« – Gewissenhaftigkeit | .39 |

Tab. 1: Korrelationen der Selbsturteile von Führungskräften auf ausgewählten !Response-Dimensionen mit Skalen des NEO-FFI

Bezüglich des zentralen Feedback-Anliegens der Kompetenz-Entwicklung ist die Frage der individuellen Akzeptanz der Feedback-Ergebnisse (»soziale Validität«) bedeutsam. Auf der Basis von Erfahrungen mit zahlreichen Feedbackgesprächen v.a. mit Führungskräften kann berichtet werden, dass die Ergebnisse des Verfahrens bei fast allen Fokuspersonen auf große Akzeptanz stießen.

*Normen*
Es liegen vorläufige Normen für die Gruppe deutscher Führungskräfte vor. Bei Bedarf können auch unternehmensspezifische Normen erstellt werden.

## Fehler- und Problemkritik

Die Analyse von Feedback-Prozessen zeigt in verschiedener Hinsicht die Probleme und Grenzen der klassischen Testtheorie und der mit ihr verbundenen Gütekriterien auf. Solche Probleme sind nicht instrumentenspezifisch, sondern betreffen die Verfahrenslogik aller Feedback-Interventionen. Beispielhaft soll hier die Frage der Objektivität behandelt werden. In diesem Zusammenhang ist es besonders die Forderung nach der Interpretationsobjektivität, die Schwierigkeiten bereitet. Zwar lassen sich wie bei anderen psychologischen Messvorgängen, die auf Q- oder L-Daten basieren, auf dem Verrechnungswege eindeutige Relationen zwischen gleichen Testscores und entsprechenden Merkmalsausprägungen herstellen (»Relationspostulat«). Allerdings erschöpft sich der Sinn der Interpretationsobjektivität nicht allein im Relationspostulat. Vielmehr ist damit auch die (eher implizite) Forderung verbunden, dass verschiedene mit der Interpretation der Feedbacks betraute Personen (Personalentwickler, Mentoren, Berater in der Rolle von »Feedback-Coaches« etc.) zu übereinstimmenden Deutungen gelangen. An dieser Stelle verlässt man strenggenommen das Feld der Objektivitätsdiskussion und nähert sich dem Konzept der Validität. Die möglichen Deutungen betreffen zum einen das Verhältnis der Ergebnisse der Kompetenzskalen untereinander, etwa das Verhältnis von Skalen zur Kognition und Motivation: Was bedeutet eine ausgeprägte Lernfähigkeit im Verhältnis zu einer unterdurchschnittlichen Leistungsbereitschaft? Sie betreffen zum anderen und vor allem das Verhältnis der verschiedenen Urteilsperspektiven zueinander: Wie ist ein Ergebnis zu deuten, demzufolge die Vorgesetzten der Fokusperson eine hohe, die Kollegen/-innen und Mitarbeiter/-innen dagegen eine mäßige Leistungsbereitschaft attestieren? Mit keiner noch so verbindlich formulierten Handanweisung dürfte zu verhindern sein, dass verschiedene Feedback-Akteure das gleiche Kompetenz-Profil in unterschiedlicher Weise ausdeuten. Mehr noch: Eine solche, genormte Auslegung dürfte auch nicht zielführend sein, da sie die Rolle der Fokusperson als aktive Interpretin des eigenen Selbstkonzepts weitgehend ignoriert. Schließlich ist es nicht das Ziel des Feedback-Prozesses, fixe Deutungsmuster zu produzieren, sondern selbstreflexive Prozesse zu initiieren.

## Ablauf des Messprozesses

### *Ziele des Einsatzes klären*

Die Einführung eines Feedback-Systems wird in der Regel von der Geschäftsleitung eines Unternehmens oder einer Organisation in Abstimmung mit den personalverantwortlichen Stellen (Personalabteilung, Personalentwicklung) initiiert und beschlossen. Schon in der Frühphase eines Feedback-Prozesses ist die Klärung möglicher Zielsetzungen wichtig: Soll die Einführung eines Feedback-Systems administrativen und entscheidungsnahen Zielen dienen, d.h. die Frage von möglichen Beförderungen klären helfen oder die Entgeltfindung unterstützen? Oder soll der Aspekt der Kompetenzentwicklung im Vordergrund stehen? Der Einsatz von !Response ist in erster Linie für Ziele der Kompetenzentwicklung vorgesehen.

*Randbedingungen prüfen*

Zur Einführung des Feedback-Verfahrens sind weitere Fragen zu klären. Die wichtigsten sind:

- Welche Personen bilden den Kreis der Fokuspersonen, d.h. der Feedbacknehmer? Handelt es sich bei dem anvisierten Personenkreis um Führungskräfte der Linie oder um Fachkräfte? Wer sind die Feedbackgeber? Das für !Response ideale Arrangement ist ein Multisource-Feedback, bei dem Einschätzungen aus unterschiedlichen Quellen eingeholt werden: von der Fokusperson selbst, aus der Gruppe der Vorgesetzten, der Kollegen/-innen und der Mitarbeiter/-innen. In diesem Zusammenhang gilt es, die erforderliche Zustimmung nicht nur der betroffenen, sondern auch anderer wichtiger Gruppen (v.a. Betriebsrat, Personalrat) einzuholen. Die Feedbackgeber sollten die Fokusperson hinreichend gut kennen, um ein verlässliches Eindrucksurteil von ihr aufgebaut zu haben.
- Wie wird die Anonymität der Feedbackgeber und ihrer Urteile sichergestellt? Die Einhaltung von Anonymität und Vertraulichkeit der abgegebenen Einschätzungen stellt eine entscheidende Bedingung für den erfolgreichen Einsatz eines Feedbackverfahrens dar. Diesbezügliche Zweifel gefährden ein 360°-Projekt schon in der Frühphase. Auch die Person des Feedbacknehmers selbst hat ein Vertraulichkeitsbedürfnis: Sie muss prinzipiell sicher sein, dass ihre Feedbackergebnisse nur ihr selbst bekannt gegeben werden.

*Feedback-Daten erheben und auswerten*

Werden gedruckte Fragebogenformate von !Response eingesetzt, so sind diese an die Fokusperson und die Gruppe der Feedbackgeber zu versenden. Dazu sollten alle Beteiligten Kenntnis darüber erhalten, wer die Anlaufstelle für den Rücklauf der Feedback-Fragebögen ist (z.B. die Personalabteilung oder ein externes Beratungsunternehmen), und die ausgefüllten Fragebögen so zeitnah wie möglich an diese übersenden.

Eine willkommene, weil äußerst komfortable Alternative, bietet in diesem Zusammenhang die online-gestützte Applikation und Ergebnisermittlung des Verfahrens per Internet. Diese Leistung, besonders aber deren aufwendige technische Umsetzung, wird in Zusammenarbeit mit einem erfahrenen Online-Dienstleister, der cubia AG (www.cubia.com) erbracht. Dabei wird die gesamte Administration des Verfahrens über das Internet abgewickelt (siehe Abbildung 1):

- Die Einladung zur Teilnahme am Feedback wird per e-mail versandt,
- der Fragebogen selbst wird online bereitgestellt und bearbeitet,
- das Versenden der Ergebnisse (als PDF-Files) erfolgt per email.

Die erhobenen Daten werden nach einem Sicherheitsstandard (SSL) verschlüsselt, wie er z.B. auch im Bereich des Online-Banking eingesetzt wird.

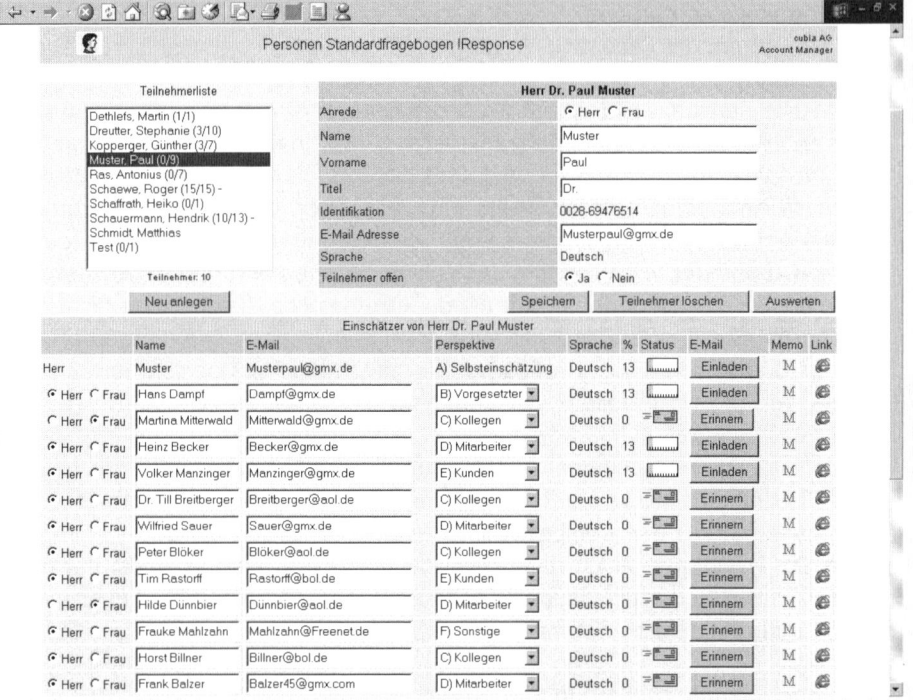

Abb. 1: Steuerungsmaske der Online-Version von !Response (in Kooperation mit der cubia AG)

Auf der Basis der Auswertung können für die Fokuspersonen verschiedene Ergeb-
nismodule bereitgestellt werden. U.a. sind dies:

- grafisch gestützte Profilübersichten hinsichtlich der abgefragten Kompetenzen,
  die v.a. einen Vergleich der Selbst- mit den verschiedenen Fremdperspektiven
  gestatten;
- eine Übersicht, die die aus Sicht der Fremdeinschätzer stärksten bzw. schwächs-
  ten Kompetenzskalen ausweist;
- eine Übersicht mit denjenigen Kompetenzskalen, welche die größten Abweichungen zwischen Selbst- und Fremdeinschätzung aufweisen (»versteckte Stärken«: Selbsteinschätzung niedriger als Fremdeinschätzung, siehe Abbildung 2;
  »blinde Flecken«: Selbsteinschätzung höher als Fremdeinschätzung);
- eine grafisch gestützte Auswertung, die den Grad der Übereinstimmung insgesamt zwischen Selbst- und Fremdeinschätzung über alle Kompetenzskalen hinweg ausweist (»Typusdiagnose«);
- eine Darstellung, die die auf die Fokusperson bezogenen Anforderungen ins
  Verhältnis zu den Kompetenzeinschätzungen setzt (SOLL-IST-Vergleich); auf
  diesem Wege lassen sich sowohl die größten »Erfolgstreiber« als auch die aus
  Sicht der Feedbackgeber dringlichsten »Entwicklungsbedarfe« identifizieren.

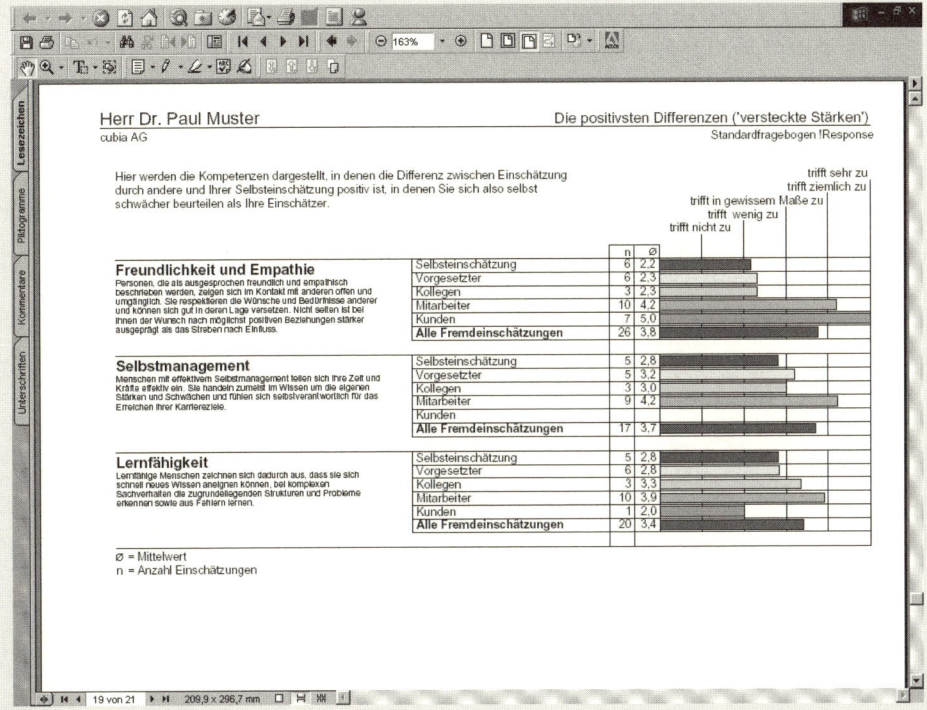

Abb. 2: Auswertebeispiel der Online-Version für die Option »versteckte Stärken«

*Räumliche Voraussetzungen*
keine besonderen

*Zeitliche Voraussetzungen*
- Zeitbedarf für die Messung, d.h. das Bearbeiten des Feedback-Inventars: ca. 15 Minuten sowohl für die gedruckte wie die Online-Version bei der Standardform; ca. 5 Minuten für die Kurzform !QuickResponse;
- Zeitspanne (Richtwert) für den Rücklauf der ausgefüllten Feedback-Inventare: innerhalb von 14 Tagen nach Zugang an die beteiligten Personen;
- Zeitbedarf für die Auswertung: 1-2 Tage für die Online-Version für z.B. 50 Fokuspersonen und bei Vorliegen aller Datensätze insbesondere der Feedback-geber; ansonsten in Abhängigkeit von den gewünschten Auswertungsoptionen.

*Personale Voraussetzungen*
Als untere Teilnehmeranzahl für einen 360°-Prozess sind 10 Fokuspersonen ange-setzt, bei der Online-Version besteht keine Obergrenze; für jede Fokusperson 3 (minimal) bis 10 (maximal) Feedbackgeber je Perspektive. Bei Bedarf sind auch individuelle Feedback-Arrangements (z.B. als Basis für ein Coaching) möglich.
Für den Feedback-Prozess ist es günstig, wenn die unternehmensseitig Betrau-ten kontinuierlich ansprechbar und steuernd tätig sein können. Nachhaltige Feed-

back-Prozesse zeichnen sich zudem dadurch aus, dass sie in eine funktionierende Personalentwicklungs-Architektur mit den entsprechenden Kapazitäten eingebettet sind.

*Technische Voraussetzungen*
Beim Einsatz der Online-Version werden Internetanschlüsse für die Teilnehmer in ausreichender Zahl benötigt; die Zugangsberechtigung wird jeweils über projektbezogene Codes komfortabel gesteuert.

## Freie Darstellung

Im Zusammenhang mit den Ergebnissen von 360°-Feedbacks stellt sich auch weiterhin die dringliche Frage, welche psychologischen und organisationalen Merkmale oder Vorgänge in den Kompetenzurteilen abgebildet werden. Etwas vereinfacht ließe sich auch fragen: Was genau erfassen eigentlich 360°-Feedbacks (außer kompetenznahes Verhalten)? Die oben berichteten Ergebnisse zu den Gütekriterien von !Response liefern bereits deutliche Hinweise zum Zusammenhang von Kompetenzeinschätzungen und Persönlichkeitseigenschaften im Sinne der »big five« sowie der für die soziale Interaktion bedeutsamen Fähigkeit des »Self-Monitoring«.

Eine in diesem Zusammenhang gleichfalls attraktive und bislang weitgehend vernachlässigte Untersuchungsperspektive eröffnet die Frage, welchen Beitrag die individuellen Motive einer Person zur Entwicklung und Ausprägung von Kompetenzen liefern: Welche Art des motivatorischen Antriebs zeigen Personen, denen günstige Kompetenzeinschätzungen zugewiesen werden? In welchem Zusammenhang stehen diese unterschiedlichen Motive, also das Bindungs-, das Leistungs- oder auch das Machtmotiv einer Fokusperson zu den Kompetenzurteilen, die sie von ihrer Umgebung erhält? Ist es z.B. das Leistungsmotiv einer Person, d.h. ihr genuiner Antrieb, sich herausfordernde Aufgaben zu stellen und hohe inhaltliche Ziele zu stecken, die in der Wahrnehmung der anderen einen positiven Kompetenzeindruck hinterlassen? Oder sind es doch eher die machtbestrebten Personen, die in ihrem Drang nach Einfluss auf andere und nach Aufstieg in der Hierarchie auch besondere Fähigkeiten und Fertigkeiten ausbilden? In diesem Zusammenhang geht es um implizite Motive, d.h. solche, die in einer Person selbst (»intrinsisch«) begründet sind und methodisch über vergleichsweise offene Reaktionsformate (Bildvorlagen) evoziert werden (Scheffer 2001).

Hierzu liegen erste Ergebnisse einer Studie mit Trainees vor, die parallel zu ihrer Ausbildung in einem Unternehmen ein Fachhochschulstudium absolvieren (»duale Ausbildung«). Wenn auch die Daten nicht mit !Response, sondern mit dem gleichfalls erprobten Feedback-Instrument »Benchmarks« (Dalton et al. 1996) gewonnen wurden, so dürften die Ergebnisse doch instrumenten-unabhängige Relevanz besitzen. Der Zeitpunkt der Untersuchung lag am Ende der Ausbildung, d.h. im Mittel nach über drei Jahren Zugehörigkeit zum Unternehmen. Es zeigt sich, dass es gerade die Unternehmenskultur ist, die die motivationale Steuerung von Kompetenzen und deren Entwicklung maßgeblich beeinflusst (Scheffer & Scherm in Vorbereitung). In einem Unternehmensmilieu beispielsweise, in dem das Einhalten von Zielvereinbarungen nicht streng kontrolliert und diese somit eine allenfalls mittlere Verbindlichkeit besitzen, erhalten in der Tat diejenigen Trainees hohe Kompetenzeinschätzungen, die

- über ein ausgeprägtes implizites Leistungsmotiv verfügen und
- sich selbst anspruchsvolle Ziele und Aufgaben stellen.

Eher machtmotivierte Personen erhielten dagegen tendenziell weniger günstige Kompetenzurteile. Ein Erklärungsansatz hierfür besteht darin, anzunehmen, dass unter diesen Bedingungen einer »weichen« Beurteilungskultur eher das Leistungs-

denn das Machtmotiv angesprochen (oder auch benötigt?) wird und die primär leistungsmotivierten Personen ihr Fähigkeitspotenzial dementsprechend besser entfalten können. Diese Resultate führen unmittelbar zu neuen Fragen. So scheint es lohnend zu überprüfen, welche Kombination von individueller Motivstruktur und Ziel-/ Anreizsystem (»Motiv-Anreiz-Passung«) jeweils die beste Kompetenzentfaltung ermöglicht.

Die Perspektive möglicher Fortentwicklungen des Verfahrens bezieht sich vor allem auf ein erweitertes Anwendungs- und Einsatzspektrum. Mag man entgegen der hierzulande vielerorts gepflegten Skepsis gegenüber 360°-Feedbacks vorhersagen, dass ihr Einsatz v.a. zur Kompetenzentwicklung nachweislich zunehmen wird, so dürfte über folgende Optionen verstärkt nachgedacht werden, nämlich Feedback-Prozesse

- *in die Potenzialentwicklung und -analyse zu integrieren:* Varianten von !Response werden verstärkt dort zur Anwendung kommen, wo es um die Entwicklung aber auch um die Selektion und Platzierung von Führungskräften oder »Young Potentials« geht. Die Feedbackergebnisse lassen sich z.B. in Assessment Centern (ACn) nutzen, um den Kandidaten eine gründliche Standortbestimmung zu ermöglichen. Indem man hierbei die Ergebnisse des Feedbacks mit den Beobachtungen im AC abgleicht, erhält man vermutlich einen valideren Eindruck von den Fertigkeiten der Kandidaten.
- *in Leistungsbeurteilungssysteme einzubetten:* Parallel zu Konzepten für die Personalentwicklung könnten Feedback-Urteile auch im Rahmen der Leistungsbeurteilung genutzt werden. Dies kann in der Absicht geschehen, die Überprüfung der Zielerreichung durch eine weiche Form der Leistungsbeurteilung zu ergänzen. Allerdings sehen sich die in diesem Zusammenhang möglichen Optionen einer Reihe von Schwierigkeiten gegenüber. Die größten Probleme gerade in europäisch geführten Unternehmen dürften darin liegen, die vorhandenen emotionalen Widerstände konstruktiv aufzugreifen und auch den Anteil des Feedbacks an der Gesamtbeurteilung ausgewogen zu halten.

Beide Perspektiven einer Weiterentwicklung von !Response sind demnach eng mit der Idee verknüpft, die methodischen Zugänge bewährter Verfahrensansätze und Praktiken (wie eben das AC und die Leistungsbeurteilung) um Daten aus einer relevanten zusätzlichen Quelle (Feedbackurteile zum Verhalten »on the job«) zu erweitern.

Hinsichtlich der Erlernbarkeit von Anwendungskompetenzen nicht nur für !Response, sondern auch alternativer Feedback-Verfahren wird dringend empfohlen, dass diese durch psychologisch geschulte und zugleich beratungsgeeignete Personen erfolgen sollte. Dies schließt ausdrücklich einen Personenkreis mit ein, der zwar nicht über eine ausgesprochen psychologisch-wissenschaftsnahe Ausbildung verfügt, aber eben über ein adäquates Kompetenzprofil (z.B. Weiterbildner, Personalfachleute). Neben anderen sind es drei Anforderungsmerkmale, die an einen »Feedback-Professional« gestellt werden: Sie bzw. er sollte

- wesentliche Grundkenntnisse der psychologischen Diagnostik besitzen und diese in Gesprächssituationen auch aktivieren können. So kann es beispielsweise im

Zuge der Rückmeldung von Feedback-Ergebnissen wichtig sein, auch die persönlichen Grenzen von Entwicklungsmöglichkeiten mit der Fokusperson zu thematisieren. Eine Fokusperson etwa, die in Bezug auf die Persönlichkeitseigenschaft der »Verträglichkeit« eine hohe Ausprägung erkennen lässt, d.h. sich in besonderem Maße umgänglich zeigt und anderen gerne entgegenkommt, wird es unter Umständen schwer haben (v.a. im Vergleich zu anderen), sich hinsichtlich einer Kompetenz wie »ergebnisorientiertes Führen und Durchsetzen« stark zu entwickeln;

- eine profunde Kenntnis bezüglich der Konstruktion eines Feedback-Inventars besitzen und über eine entsprechende Erfahrung bei der Erhebung von Feedback-Daten verfügen. Insbesondere ist es sehr nützlich, um die möglichen Fehler- und Verzerrungseffekte im Zuge von Feedback-Erhebungen zu wissen (z.B. Tendenzen zur Selbstüberschätzung bei Fokuspersonen, zur unangemessenen Milde bei Feedbackgebern), um gegebenenfalls rechtzeitig gegensteuern zu können;

- in hohem Maße zur Gesprächs- und Interaktionsführung befähigt sein. Gerade das Feedbackgespräch, in dessen Verlauf die Bedeutung der Fremdurteile herausgearbeitet werden sollte, lebt entscheidend vom Geschick des Feedback-Coachs: Die berufliche Situation der Fokusperson durch offene Fragen herausarbeiten, eine Balance finden zwischen Feedback-Ergebnissen mit positivem und negativem Vorzeichen, in der Rückkopplung mit der Fokusperson diejenigen Konstellationen identifizieren, die für eine anschließende Klärung mit Feedbackgeber-Gruppen (Mitarbeiter, Kollegen) relevant sind usw.

Die genannten Kompetenzen erweisen sich erfahrungsgemäß besonders dann als nützlich, wenn die Resultate einer Feedback-Runde auch deutlich kritische Botschaften enthalten. Hier hängt es dann vom Geschick derjenigen Personen ab, die die Ergebnisse übermitteln, ob die betroffene Fokusperson sich eher zur Entwicklung motiviert fühlt oder sich verletzt zurückzieht.

Zukünftig wird sich erweisen müssen, inwieweit hierzulande die Idee des 360°-Feedback und entsprechende Verfahren eine langfristige Akzeptanz finden. Mit Blick auf den nicht unerheblichen Aufwand von Feedback-Systemen sind dringend Untersuchungen vonnöten, die deren konkreten Nutzen empirisch entweder in Frage stellen oder belegen (erste positive Hinweise aus Erfahrungen in US-amerikanischen Unternehmen gibt es hierzu bereits; vgl. u.a. Walker & Smither 1999: 393-423). Dann wird man wohl zuverlässiger abschätzen können, ob auf die initiierten Kompetenzmessungen auch entsprechende individuelle Entwicklungsprozesse folgen.

## Literaturverzeichnis

Borkenau, P. & Ostendorf, F. (1993). NEO-Fünf-Faktoren Inventar (NEO-FFI) nach Costa und McCrae. Göttingen
Costa, P.T. Jr. & McCrae, R.R. (1992). Revised NEO Personality Inventory (NEO PI-R) and NEO Five-Factor Inventory (NEO-FFI) professional manual. Odessa, FL

Dalton, M. (1998). Five rationales for using 360-degree feedback in organizations. In: W. Tornow; M. London & CCL Associates, Maximizing the value of 360-degree feedback. San Francisco, pp. 59-77

Dalton, M.; Lombardo, M.; McCauley, C.; Moxley, R. & Wachholz, J. (1996). BENCHMARKS: A manual and trainer's guide. Greensboro, NC

Hanisch, M. (2002). Kompetenzbeurteilung durch Multirater-Feedback. Psychologische Aspekte des Selbstbild-Fremdbild-Abgleiches. Unveröff. Diplomarbeit. Hamburg

Kluger, A.N. & DeNisi, A. (1996). The effects of feedback interventions on performance: A historical review, a metaanalysis, and a preliminary feedback intervention theory. In: Psychological Bulletin, 119

McCall, M.W. (1997). High flyers. Developing the next generation of leaders. Boston, MA

McCall, M.W.; Lombardo, M.M. & Morrison, A.M. (1988). The lessons of experience: How successful executives develop on the job. Lexington, MA

Rothstein, H.R. (1990). Interrater reliability of job performance ratings: Growth to asymptote level with increasing opportunity to observe. In: Journal of Applied Psychology, 75 (3)

Sarges, W. (2001). Competencies statt Anforderungen - nur alter Wein in neuen Schläuchen? In: H.-C. Riekhof (Hrsg.), Strategien der Personalentwicklung. 5. Aufl. Wiesbaden, S. 285-300

Scheffer, D. (2001). Entwicklungsbedingungen impliziter Motive: Bindung, Leistung und Macht. Dissertation veröff. unter http://elib.ub.uni-osnabrueck.de/publications/diss/E-DISS150_thesis.pdf

Scheffer, D. & Scherm, M. (in Vorbereitung). Driving for excellence: Need for achievement and internal goal setting as predictors of trainees' 360°-feedbacks

Scherm, M. (1999). 360-Grad-Feedback: Das Multiratersystem »Benchmarks« von Lombardo und McCauley (1996). In: Zeitschrift für Arbeits- und Organisationspsychologie, 43 (N.F.17)

Scherm, M. (Hrsg.). (in Druck). 360-Grad-Beurteilungen: Diagnose und Entwicklung von Führungskompetenzen. Göttingen

Scherm, M. & Sarges, W. (2002). 360°-Feedback. Göttingen

Spencer, L.M. & Spencer, S.M. (1993). Competence at work. New York

Walker, A.G. & Smither, J.W. (1999). A five-year study of upward feedback: What managers do with their results matters. In: Personnel Psychology, 52

Warech, M.A.; Smither, J.W.; Reilly, R.R.; Millsap, R.E. & Reilly, S.P. (1998). Self-monitoring and 360-degree ratings. In: Leadership Quarterly, 9

Yukl, G. (1998). Leadership in organizations. Upper Saddle River, NJ

# Beurteilungsbogen zu sozialen und methodischen Kompetenzen – smk99

## Andreas Frey/Lars Balzer

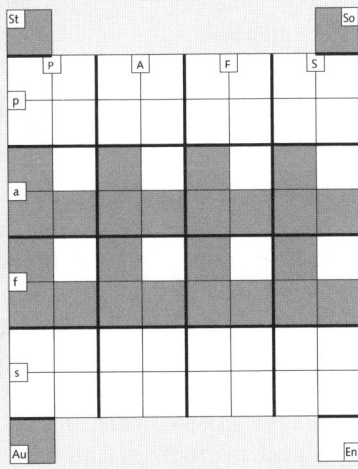

## Rasterdarstellung

### Schlagworte
Ist-, Soll-, Entwicklungsprofil; Selbstbeurteilung; Sozial- und Methodenkompetenzen

### Entwickler
Dr. Andreas Frey, Dipl.-Psych. Lars Balzer, Zentrum für empirische pädagogische Forschung, Universität Koblenz-Landau

### Kompetenzdefinition
Kompetenzen sind körperliche und geistige Dispositionen im Sinne von Potenzialen, die eine Person als Voraussetzung benötigt, um anstehende Aufgaben oder Probleme zielorientiert zu lösen, die gefundenen Lösungen zu bewerten und das eigene Repertoire an Handlungsmustern weiterzuentwickeln.

### Zielstellungen
Der Beurteilungsbogen smk99 wurde zur Diagnose von sozialen und methodischen Kompetenzen für den Aus- und Weiterbildungssektor und für die Personalentwicklung angefertigt. Primäres Ziel ist es, Lehrkräften, Ausbildern, Dozenten, Führungskräften und Personalentwicklern einen einfach handhabbaren Diagnosebogen zur Selbstbeurteilung von Personen zu liefern, mit dessen Hilfe effektiv und effizient Aus- und Weiterbildungseinheiten evaluiert, Ist-, Soll- und Entwicklungsprofile von Personen innerhalb von Personalentwicklungsprozessen hergestellt sowie

Kompetenzmuster über potenzielle Mitarbeiterinnen und Mitarbeiter im Rahmen von Personalauswahlverfahren hervorgebracht werden können. Der smk99 dient als valides und reliables Diagnoseinstrument zur Beurteilung von unterschiedlichen Kompetenzdimensionen bei Personen aus unterschiedlichen Arbeitsfeldern oder Hierarchieebenen sowie als Hilfsmittel zur Bestimmung eines Kompetenzentwicklungsbedarfs und zur gezielten Ableitung von Kompetenzfördermaßnahmen auf der Individual- und Gruppenebene. Zudem können mittels der Kompetenzdimensionen des smk99 Aus- und Weiterbildungseinheiten auf ihren versprochenen kurz-, mittel- und langfristigen Erfolg bezüglich einzelner Kompetenzdimensionen oder auf der ganzen Dimensionsbreite überprüft werden.

## Theoretische Grundlagen

Im berufs- oder wirtschaftspädagogischen Bereich wird der methodischen und der sozialen Kompetenz ein hoher beruflicher Stellenwert zugeschrieben.

Unter Sozialkompetenz ist je nach Situationslage und Aufgabe die Befähigung einer Person zu verstehen, selbstständig oder in Kooperation mit anderen eine gestellte Aufgabe verantwortungsvoll zu lösen. Sind an einem Lösungsprozess – auch nur zeitweise – mehr als eine Person beteiligt, so kommen auf den oder die Handelnden weitere Verhaltensdispositionen zu, die der Konflikt- und Kommunikationsfähigkeit zuzuordnen sind und gewährleisten sollen, dass das konstruktive und zielorientierte Arbeiten effektiv und effizient verläuft.

Als Methodenkompetenz wird die Fähigkeit einer Person bezeichnet, innerhalb eines definierten Sachbereichs denk- und handlungsfähig zu sein. Hierunter fällt die Fähigkeit, fachgerecht und reflektiert mit Arbeitsgegenständen umzugehen, Arbeitsprozesse zu strukturieren, Wissen und Sachverstand über die Arbeitsgegenstände, Arbeitsbedingungen und Interaktionspartner sowie über individuell und sozial wirksame Arbeitszusammenhänge zu besitzen, diese auch einzusetzen und gegebenenfalls zu erweitern.

## Methodologische Einordnung

Im Beurteilungsverfahren smk99, der auf Basis der klassischen Testtheorie erstellt wurde, werden soziale und methodische Kompetenzen über Selbstbeurteilungen mehrdimensional erfasst.

Die Sozialkompetenz wird durch die sechs Dimensionen Selbstständigkeit, Kooperation, Verantwortungsbereitschaft, Konfliktfähigkeit, Kommunikationsfähigkeit und situationsgerechtes Auftreten abgebildet. Insgesamt decken 42 Aussagen die Dimensionen der Sozialkompetenz ab.

Die Methodenkompetenz wird durch die acht Dimensionen Arbeitstechniken, Zielorientierung, Objektivität, Flexibilität, Reflexivität, Analysefähigkeit, Transfervermögen und Problemlösefähigkeit dargestellt. Insgesamt bilden 57 Aussagen die Dimensionen der Methodenkompetenz ab.

Alle Aussagen werden auf einer sechsstufigen Likertskala (von »1 = trifft gar nicht zu« bis »6 = trifft völlig zu«) beurteilt. Der Fokus der Selbstbeurteilung liegt in der Anwendung des in den einzelnen Aussagen beschriebenen Verhaltens in spezifischen Situationen, beispielsweise in der Berufsausbildung, in der Weiterbildung oder im Berufsalltag.

## Einschätzung der Gütekriterien

### Objektivität

Unter Berücksichtigung der den Probanden schriftlich vorliegenden Anweisungen und Schablonen für Durchführung, Auswertung und Interpretation ist Objektivität gegeben.

### Reliabilität und interne Konsistenz

Die Konsistenzkoeffizienten (standardisiertes Cronbachs $\alpha$ der einzelnen Skalen sozialer und methodischer Kompetenz liegen in der aktuellen Gesamtstichprobe (n=3033), die sich momentan in fünf Teilstudien (Studie 1 beinhaltet 948 kaufmännische Lehrlinge, Studie 2 beinhaltet 249 Studierende unterschiedlicher Studienrichtungen, Studie 3 beinhaltet 200 technische Lehrlinge, Studie 4 beinhaltet 900 kaufmännische Lehrlinge und Studie 5 beinhaltet 736 kaufmännische Lehrlinge) aufteilt, bei:

Methodenkompetenz:
- Arbeitstechniken: $\alpha$=.85 (aufgeklärte Varianz der 1-Faktorenlösung: 52%)
- Zielorientierung: $\alpha$=.86 (aufgeklärte Varianz der 1-Faktorenlösung: 42%)
- Objektivität: $\alpha$=.75 (aufgeklärte Varianz der 1-Faktorenlösung: 40%)
- Reflexivität: $\alpha$=.76 (aufgeklärte Varianz der 1-Faktorenlösung: 46%)
- Analysefähigkeit: $\alpha$=.74 (aufgeklärte Varianz der 1-Faktorenlösung: 50%)
- Transfervermögen: $\alpha$=.71 (aufgeklärte Varianz der 1-Faktorenlösung: 46%)
- Flexibilität: $\alpha$=.82 (aufgeklärte Varianz der 1-Faktorenlösung: 49%)
- Problemlösefähigkeit: $\alpha$=.84 (aufgeklärte Varianz der 1-Faktorenlösung: 44%)

Sozialkompetenz:
- Selbstständigkeit: $\alpha$=.81 (aufgeklärte Varianz der 1-Faktorenlösung: 40%)
- Kooperation: $\alpha$=.84 (aufgeklärte Varianz der 1-Faktorenlösung: 44%)
- Verantwortungsbereitschaft: $\alpha$=.72 (aufgeklärte Varianz der 1-Faktorenlösung: 42%)
- Konfliktfähigkeit: $\alpha$=.74 (aufgeklärte Varianz der 1-Faktorenlösung: 50%)
- Kommunikationsfähigkeit: $\alpha$=.78 (aufgeklärte Varianz der 1-Faktorenlösung: 47%)
- Situationsgerechtes Auftreten: $\alpha$=.81 (aufgeklärte Varianz der 1-Faktorenlösung: 48%)

Die berichteten Koeffizienten indizieren ein befriedigendes bis gutes Maß an Stabilität der einzelnen Skalen.

### Validität

Die Dimensionsstruktur des smk99 wurden sowohl statistisch wie auch über Expertenurteile definiert. Darüber hinaus laufen zur Zeit Studien zur Kriteriumsvalidierung mit dem Fragebogen zu Kompetenz- und Kontrollüberzeugungen von Krampen in der Kurzversion von Bornmann und Daniel (2000) und mit dem Fragebogen zu generalisierten Kompetenzerwartungen von Schwarzer (1993).

**Fehler- und Problemkritik**

Selbstbeurteilungen mittels Fragebögen beinhalten aus methodischer Perspektive den Vorteil, dass sie binnen kürzester Zeit von vielen Personen ausgefüllt und ausgewertet werden können. Des weiteren wird bei quantitativen Selbstbeurteilungsverfahren die Ansicht vertreten (Mummendey 1995), dass bezüglich einzuschätzender beruflicher Kompetenzen oder beruflicher Verhaltensdispositionen die betreffende Person selbst am besten Auskunft über sich geben kann. Da eine Person hinsichtlich ihrer Kompetenzen oder Verhaltensweisen selbst befragt wird, kann diese methodische Vorgehensweise der Subjektivität von komplexem Handeln am ehesten gerecht werden.

Das Bewerten von weichen Kompetenzen (Softskills) setzt allerdings voraus, dass die jeweilige Person sich selbst gut kennt, sich retrospektiv realistisch beobachten kann, sich nicht bewusst besser oder schlechter beurteilen möchte als sie ist und sie auch nicht unbewusst im Sinne von sozialer Erwünschtheit oder Akquieszenz urteilt. Zudem muss durch Lehrkräfte, Ausbilder, Dozenten, Führungskräfte, Personalentwickler oder andere Personalverantwortliche, die sich Erkenntnisse über die Kompetenzlage von Individuen und Gruppen wünschen, gewährleistet werden, dass die Auswertungen solcher Selbstbeurteilungen keine negativen Konsequenzen auf der Individual- oder Gruppenebene nach sich ziehen, sondern vielmehr im Sinne einer pädagogischen Diagnostik (Jäger et al. 2001) helfen, Kompetenzdefizite zu lokalisieren und Fördermaßnahmen zu initiieren.

**Ablauf des Messprozesses**

Je nach Erhebungsmöglichkeit, in welchem Format (Papierbogen oder Internetseite) und an welchem Ort (Großraum im Betrieb oder zu Hause am Computer) der Selbstbeurteilungsbogen smk99 ausgefüllt werden soll, wird der Messprozess unterschiedlich ablaufen. Für den Bereich der Feststellung eines Förderbedarfs im Rahmen der beruflichen Aus- und Weiterbildung soll der Prozess exemplarisch für das Papiererhebungsformat in den Schulungsräumen des Betriebs mit anschließender Selbstauswertung und Selbstdiagnose von Lehrlingen skizziert werden:

Der smk99 soll als Papierfragebogen von allen kaufmännischen Lehrlingen im ersten Lehrjahr im Betrieb ausgefüllt werden.

- Die Lehrlinge sollen sich an einem Tag zu einer bestimmten Uhrzeit in den Schulungsräumen des Betriebs einfinden.
- Der Testleiter teilt die Beurteilungsbögen aus.
- Die Lehrlinge lesen die Testanleitung.
- Die Lehrlinge füllen den Beurteilungsbogen aus.
- Die Lehrlinge werten ihren Beurteilungsbogen anhand von Schablonen bzw. Rastern selbst aus.
- Der Testleiter erklärt, wie einzelne Ergebnisse zu werten sind.
- Die Lehrlinge vergleichen sich mit den beiliegenden Normierungstabellen und stellen ihren eigenen Förderbedarf fest.
- Die Lehrlinge geben ihre Bögen mit ihren Ergebnissen ab.
- Der Testleiter lässt die Beurteilungsbögen der Lehrlinge über den PC oder Scanner einlesen.
- Der Statistiker erstellt für jeden Lehrling ein Eingangsentwicklungsprofil.

- Sämtliche Entwicklungsprofile werden diskutiert und Fördermaßnahmen besprochen.
- Mit den Lehrlingen werden Mitarbeitergespräche geführt.

*Räumliche Voraussetzungen*

Je nach Anzahl der Personen sollte ein großer, heller und freundlicher Raum mit einer genügenden Anzahl an Tischen und Stühlen zur Verfügung stehen. Genügend Platz für jede einzelne Person zum Nachbarn oder Vordermann sollte gewährleistet sein.

*Zeitliche Voraussetzungen*

Die Bearbeitungszeit (inkl. Instruktion) beträgt zwischen 25 und 30 Minuten. Es besteht keine Zeitbegrenzung. Die Zeit für die Selbstauswertung beträgt zwischen 10 und 15 Minuten.

*Personale Voraussetzungen*

Bei der Teilnehmeranzahl besteht keine Begrenzung. Dieses Verfahren kann einzeln oder in der Gruppe durchgeführt werden. Die Testleiter müssen geübte Personen im Umgang mit Tests und in der Interpretation von statistischen Werten sein.

*Technische Voraussetzungen*

Bei Testungen, in denen die Testpersonen ihren Beurteilungsbogen selbst auswerten und mit Normierungsgruppen vergleichen können, empfiehlt es sich, einen ausgefüllten und ausgewerteten Beurteilungsbogen und die Normierungen auf Folien zu bringen, damit die Auswertungsrituale und die Vergleiche mit der Normierungsgruppe effizient durchgeführt werden können.

## Wichtige Ergebnisse

Wie beschrieben liegen aktuell 5 Studien vor, bei denen der smk99 eingesetzt wurde. In Studie 1, 3, 4 und 5 wurden Vergleiche zwischen sozialen und methodischen Kompetenzen des smk99 auf der einen Seite und Skalen zum selbstgesteuerten Lernen (Frey 1999; Wosnitza 2000) sowie zur schulischen bzw. betrieblichen Lernumgebung (Wosnitza & Hahl 1998) und Leistungsangst (Rost & Schermer 1997) auf der anderen Seite angestellt. Die Korrelationen zwischen den Kompetenzdimensionen und Lernverhalten-Dimensionen liegen zwischen .58 und .25. Die Korrelationen zwischen den Kompetenzdimensionen und Dimensionen der schulischen bzw. betrieblichen Lernumgebung liegen zwischen .37 und .03. Die Korrelationen zwischen Kompetenzdimensionen und Dimensionen der Leistungsangst liegen zwischen -.20 und -.02.

In Studie 2 wurden Vergleiche zwischen den Kompetenzdimensionen des smk99 auf der einen Seite und der Skala zu Kompetenzerwartungen von Schwarzer (1993) auf der anderen Seite durchgeführt. Die Korrelationen liegen zwischen .55 und .30.

In Studie 3, bei der der smk99 für die Selbst- und Fremdbeurteilung von sozialen und methodischen Kompetenzen eingesetzt wurde, zeigt sich, dass die Fremdbeurteilungen der Ausbilder und die Selbstbeurteilungen der Lehrlinge hoch miteinander korrelieren. Sie liegen zwischen .51 und .75.

## Gütekriterien

Über die schon berichteten Sachverhalte hinaus liegen die Konsistenzkoeffizienten (standardisiertes Cronbachs $\alpha$ der einzelnen Skalen sozialer und methodischer Kompetenz für alle fünf Studien (und damit auch verschiedene Personengruppen) vor:

Methodenkompetenz (von Studie 1 bis Studie 5):
- Arbeitstechniken: $\alpha = .84$; $\alpha = .79$; $\alpha = .81$; $\alpha = .85$; $\alpha = .86$
- Zielorientierung: $\alpha = .85$; $\alpha = .79$; $\alpha = .85$; $\alpha = .86$; $\alpha = .88$
- Objektivität: $\alpha = .74$; $\alpha = .74$; $\alpha = .73$; $\alpha = .70$; $\alpha = .77$
- Reflexivität: $\alpha = .77$; $\alpha = .71$; $\alpha = .74$; $\alpha = .74$; $\alpha = .78$
- Analysefähigkeit: $\alpha = .75$; $\alpha = .71$; $\alpha = .69$; $\alpha = .71$; $\alpha = .78$
- Transfervermögen: $\alpha = .72$; $\alpha = .64$; $\alpha = .67$; $\alpha = .69$; $\alpha = .71$
- Flexibilität: $\alpha = .80$; $\alpha = .78$; $\alpha = .79$; $\alpha = .82$; $\alpha = .84$
- Problemlösefähigkeit: $\alpha = .83$; $\alpha = .76$; $\alpha = .81$; $\alpha = .83$; $\alpha = .86$

Sozialkompetenz (von Studie 1 bis Studie 5):
- Selbstständigkeit: $\alpha = .80$; $\alpha = .76$; $\alpha = .84$; $\alpha = .79$; $\alpha = .82$
- Kooperation: $\alpha = .83$; $\alpha = .79$; $\alpha = .77$; $\alpha = .82$; $\alpha = .85$
- Verantwortungsbereitschaft: $\alpha = .74$; $\alpha = .68$; $\alpha = .71$; $\alpha = .66$; $\alpha = .75$

- Konfliktfähigkeit: $\alpha = .74$; $\alpha = .73$; $\alpha = .76$; $\alpha = .72$; $\alpha = .75$
- Kommunikationsfähigkeit: $\alpha = .77$; $\alpha = .75$; $\alpha = .78$; $\alpha = .77$; $\alpha = .77$
- Situationsgerechtes Auftreten: $\alpha = .79$; $\alpha = .80$; $\alpha = .80$; $\alpha = .80$; $\alpha = .83$

Die berichteten Koeffizienten indizieren ein befriedigendes bis gutes Maß an Stabilität der einzelnen Skalen.

## Entwicklungsmöglichkeiten

Der smk99 befindet sich zum Zeitpunkt der Drucklegung des vorliegenden Buches in der Endphase der Entwicklung. Das bedeutet, dass die Item- und Dimensionsstruktur noch verfeinert wird und zum Zeitpunkt der Drucklegung noch nicht in der endgültigen Fassung vorliegt.

Des weiteren läuft zur Zeit die Planung einer weiteren Studie, die in acht europäischen Ländern durchgeführt wird. Der smk99 wird hierzu in die Sprachen Englisch, Französisch, Italienisch, Portugiesisch und Polnisch übersetzt. Die Sprachversionen für Deutschland, Österreich und der Schweiz sind identisch. Die involvierten Berufsgruppen sind Studierende und Referendare aller Lehramtsstudiengänge, Studierende der Psychologie und Pädagogik, Studierende der Medizin und BWL, kaufmännische Lehrlinge sowie Führungskräfte aus der Betriebswirtschaft und Informationstechnologie sowie aus der Pharmazie. Mit Hilfe dieser Daten sollen Normierungen für alle genannten Sprachen und Berufsgruppen abschließend vorgenommen sowie die Anzahl der Aussagen weiter reduziert werden.

Weiterhin soll das als Selbstbeurteilungsinstrument vorliegende validierte Messverfahren für die Fremdbeurteilung von Vorgesetzten, Kolleginnen und Kollegen, Untergebene, Lehrkräfte und Ausbilder des Ausbildungssektors und Dozenten aus der Weiterbildung methodisch weiter verfeinert werden.

## Nutzenabschätzungen

Die Nutzenabschätzung des smk99 wird als hoch eingestuft, da effektiv und effizient soziale und methodische Kompetenzen – im Sinne der Pädagogischen Diagnostik – bei Personen erfasst und bewertet (norm- und/oder kriteriumsorientiert) sowie Folgerungen daraus für den Erfolg von Aus- und Weiterbildungssettings abgeleitet werden können.

## Erlernbarkeit

Das Auswertungsverfahren des smk99 und die Erstellung von Kompetenzprofilen ist für wissenschaftsferne Anwender leicht erlernbar. Vorausgesetzt werden lediglich Grundkenntnisse in der Anwendung von einfachen statistischen Verfahren sowie Textverarbeitungskenntnisse und gegebenenfalls Kenntnisse in Präsentationsprogrammen.

## Einfachheit

Der smk99 mit seinen 14 Dimensionen (Sozialkompetenz: Selbstständigkeit, Kooperation, Verantwortungsbereitschaft, Konfliktfähigkeit, Kommunikationsfähigkeit und situationsgerechtes Auftreten; Methodenkompetenz: Arbeitstechniken, Zielorientierung, Objektivität, Flexibilität, Reflexivität, Analysefähigkeit, Transfervermögen und Problemlösefähigkeit) kann in der Praxis dadurch vereinfacht werden, dass nicht alle Dimensionen erhoben werden, sondern nur diejenigen, die je nach Blickwinkel interessieren bzw. von Bedeutung sind. Das heißt, dass ein modularer Einsatz des smk99 möglich ist, denn die Dimensionen sind unabhängig voneinander auswertbar.

## Einsatzbeispiele und Erfahrungshinweise

Als Beispiel einer sinnvollen Kompetenzdiagnostik bietet sich ein Ansatz des smk99 zur Erstellung von Kompetenzprofilen auf der Gruppen- und Individualebene an, indem soziale und methodische Kompetenzen über Selbst-, Fremd- und/oder Gruppenbeurteilungen erhoben, Kompetenzprofile erstellt und Fördermaßnahmen initiiert bzw. evaluiert werden (Abbildung 1).

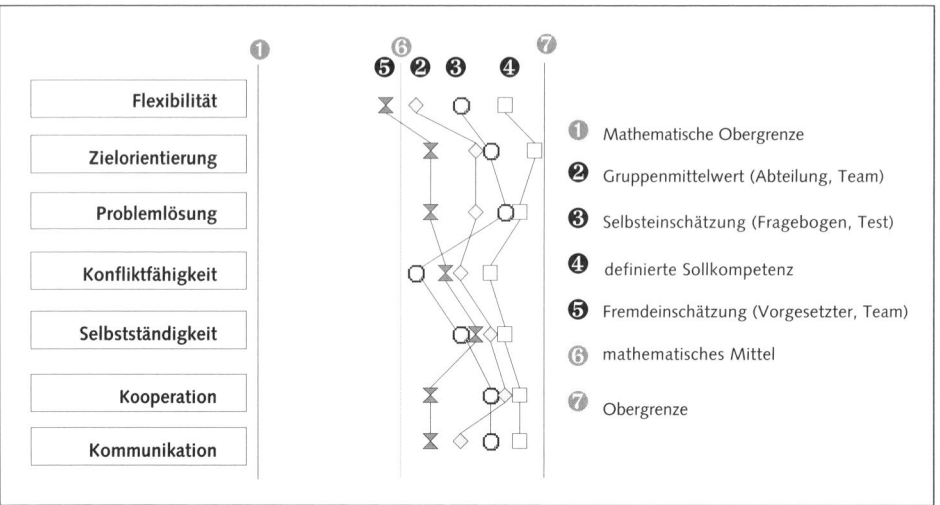

Abb. 1: Erstellung von Kompetenzprofilen anhand ausgewählter Kompetenzdimensionen

Abbildung 1 zeigt, dass es unterschiedliche Wege gibt, Kompetenzen diagnostisch zu erfassen und zu beurteilen. In der Sozialwissenschaft werden häufig zwei Wege vorgeschlagen, wie Kompetenzen erfasst werden können: Eine Vorgehensweise wäre die Methode der Fremdbeobachtung. In einer vorgegebenen Situation (z.B. Gruppenarbeit im Betrieb, Projektarbeit in der Weiterbildung) wird eine Person und deren Handlungen durch einen Fremdbeurteiler über einen bestimmten Zeitraum hinweg mit Hilfe des Beurteilungsrasters beobachtet und eingeschätzt. Nach der Beobachtungsphase werden die eingeschätzten Einzelinformationen erfasst und ausgewertet. Eine andere Methode wäre die Erfassung von Kompetenzen über Selbstbeurteilungen zu vorgegebenen Aussagen durch die Person selbst. Hierzu füllt die Person den Selbstbeurteilungsbogen aus und gibt den Bogen zum Daten erfassen und auswerten ab. Liegen die Fremd- und Selbstbeurteilungsdaten vor, so führt die Lehrkraft, der Dozent oder der Aus- bzw. Weiterbildungsleiter anschließend mit der jeweiligen Person über die beobachteten oder selbstbeurteilten Kompetenzen Einzelgespräche, und legt mit der Person oder der ganzen Gruppe ein sogenanntes Entwicklungsprofil auf der Grundlage des Sollprofils (siehe Abbildung 1, Punkt 4) fest. In diesem Entwicklungsprofil wird vereinbart, über welchen Zeitraum mittels welchen Fördermaßnahmen welche Einzelkompetenzen trainiert oder gefördert und welche Niveaus erreicht werden sollen. Die beteiligten Personen können des Weiteren über Verlaufsprofile die Entwicklung von Kompetenzen auf der Individual- oder Gruppenebene sehr gut aufzeigen bzw. nachvollziehen, auf welchem Stand der Einzelne oder die Gruppe sich befindet. Idealer Startpunkt für die erste Erhebung von Daten in Gruppen an Berufsschulen oder in der Weiterbildung über den standardisierten Beurteilungsbogen für die Erstellung eines Eingangsentwicklungsprofils wäre der Beginn der Interventionsmaßnahme. Die daraus gewonnenen Ergebnisse können rechtzeitig dazu herangezogen werden, um auf defizitäre Einzelkompetenzen in den Settings in den nächsten Monaten besonders einzugehen, wenn diese für die Professionalität von Bedeutung sind. Die 2. Datenerhebung könnte am Ende der ersten Interventionsmaßnahme liegen. Über sie kann erhoben werden, ob bestimmte Fördermaßnahmen zum Erfolg geführt haben, oder noch entwicklungsbedürftig sind, bzw. ob neue defizitäre Kompetenzen aufgetreten sind etc. Die nächste Erhebung könnte ein halbes oder ein Jahr später wiederholt werden. Die folgenden Abbildungen zeigen auf, wie solche Entwicklungsprofile dargestellt und interpretiert werden können.

Die Abbildungen 2 bis 5 zeigen Entwicklungsprofile eines Lehrlings am Beispiel von Arbeitstechniken, Reflexivität, Konfliktfähigkeit, Kooperationsfähigkeit und Selbstständigkeit. Das Ergebnis des 1. Profils (4) in Abbildung 2 belegt, dass die Einschätzungen durch oder über den Lehrling, eine Ausnahme liegt in den Arbeitstechniken, über dem jahrgangsbezogenen Gruppenprofil (5) liegt. Zudem zeigt das Ergebnis für den Bereich Kooperationsfähigkeit und Selbstständigkeit, dass es sich schon früh um eine Persönlichkeit handelt, die hohe Kompetenzen in beiden Bereichen aufgebaut hat. Des Weiteren ist festzustellen, dass die Gruppe insgesamt in allen Bereichen Fördermaßnahmen benötigt.

Abbildung 3 zeigt das Entwicklungsprofil des Lehrlings zu Beginn der Beobachtung oder Einschätzung (4) und ca. 12 Monate später (5). Das Ergebnis (5) belegt, dass Entwicklungsfortschritte in den Bereichen Arbeitstechniken, Reflexivität und Konfliktfähigkeit vorliegen. Die Kooperationsfähigkeit und die Selbstständigkeit sind weiter stabil auf hohem Niveau. Das Ausbildungssetting scheint in diesen Bereichen seine Ziele zu erreichen, wobei allerdings innerhalb der ersten drei Kompetenzbereiche das Niveau noch nicht ausreichend entwickelt ist.

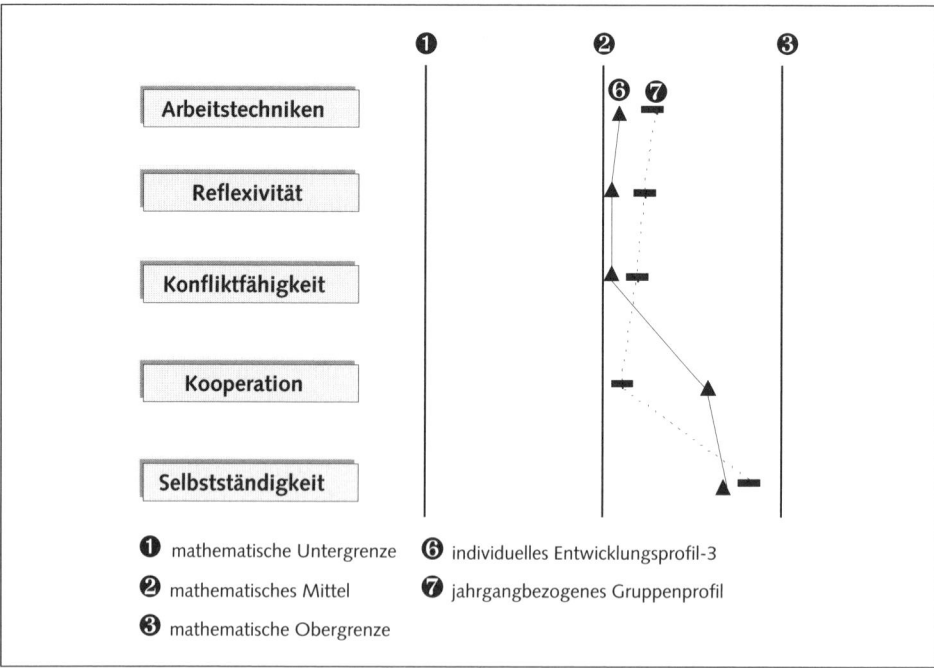

Abb. 2: Entwicklungsprofil eines Lehrlings und das jahrgangsbezogene Gruppenprofil

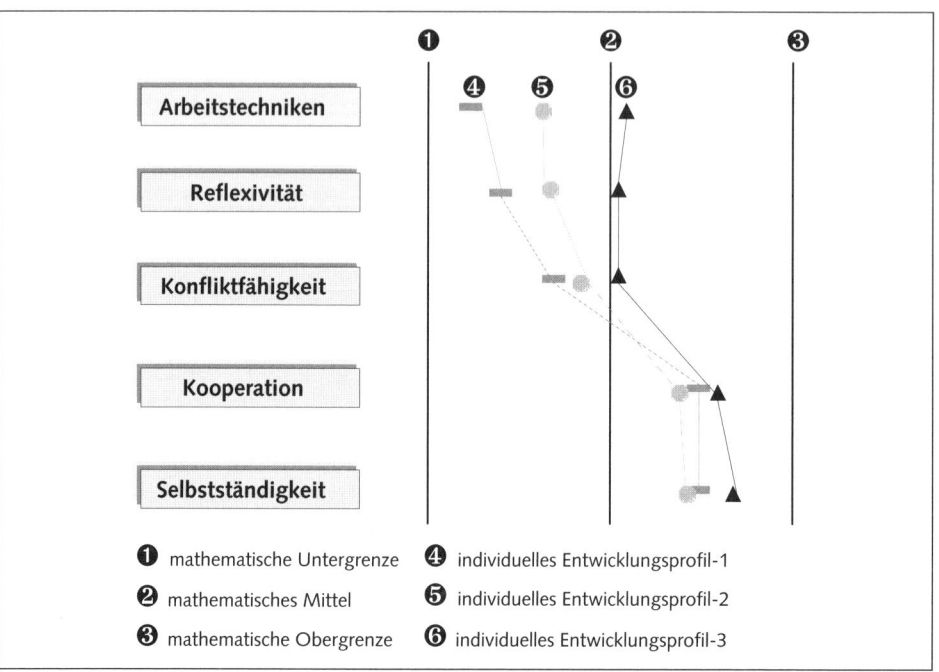

Abb. 3: Entwicklungsprofil eines Lehrlings zu Beginn und ein Jahr später

Abbildung 4 zeigt das Entwicklungsprofil des Lehrlings zu Beginn der Beobachtung oder Einschätzung (4), ca. 12 Monate (5) und weitere 6 Monate (6) später. Das Ergebnis (6) belegt, dass weitere Entwicklungsfortschritte in den Bereichen Arbeitstechniken, Reflexivität und Konfliktfähigkeit gemacht wurden. Die Kooperationsfähigkeit und die Selbstständigkeit sind weiter stabil auf hohem Niveau. Das Ausbildungssetting scheint weiterhin ihre Ziele zu erreichen. Die Kompetenzbereiche liegen insgesamt schon auf befriedigendem bis gutem Niveau.

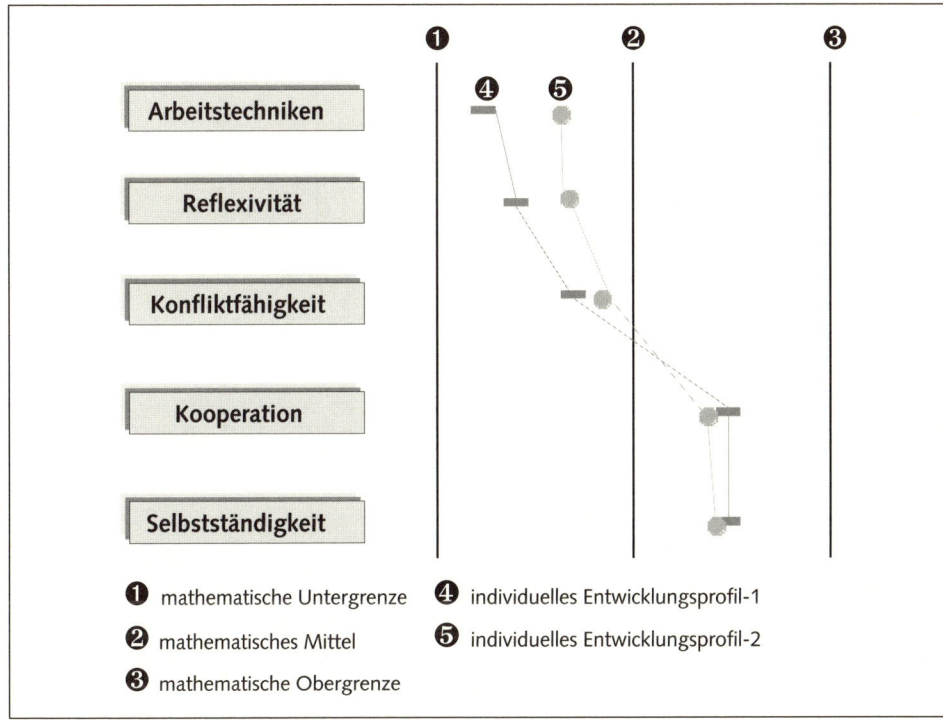

Abb. 4: Entwicklungsprofil eines Lehrlings zu Beginn der Ausbildung, ein Jahr und eineinhalb Jahre später

Abbildung 5 zeigt das 3. Entwicklungsprofil des Lehrlings im Vergleich zum jahrgangsbezogenen Gruppenprofil. Das Individualergebnis (6) zeigt, dass der Lehrling für sich genommen große Entwicklungsfortschritte in den Bereichen Arbeitstechniken, Reflexivität und Konfliktfähigkeit gemacht hat, im Kontrast zur Gruppe (7) allerdings einen unteren Platz einnimmt. Bezüglich der Kooperationsfähigkeit ist festzuhalten, dass diese bei der Gruppe am schlechtesten entwickelt ist. In diesem Bereich liegt die Kompetenz des Lehrlings weit über dem Durchschnitt auf hohem Niveau. Die Selbstständigkeit ist der bestentwickelte Kompetenzbereich sowohl bei der Gruppe als auch bei dem Lehrling selbst. Das Ausbildungssetting scheint die gesetzten Ziele innerhalb der ganzen Gruppe zu erreichen. Insgesamt liegen die Kompetenzbereiche auf befriedigendem bis gutem Entwicklungsniveau.

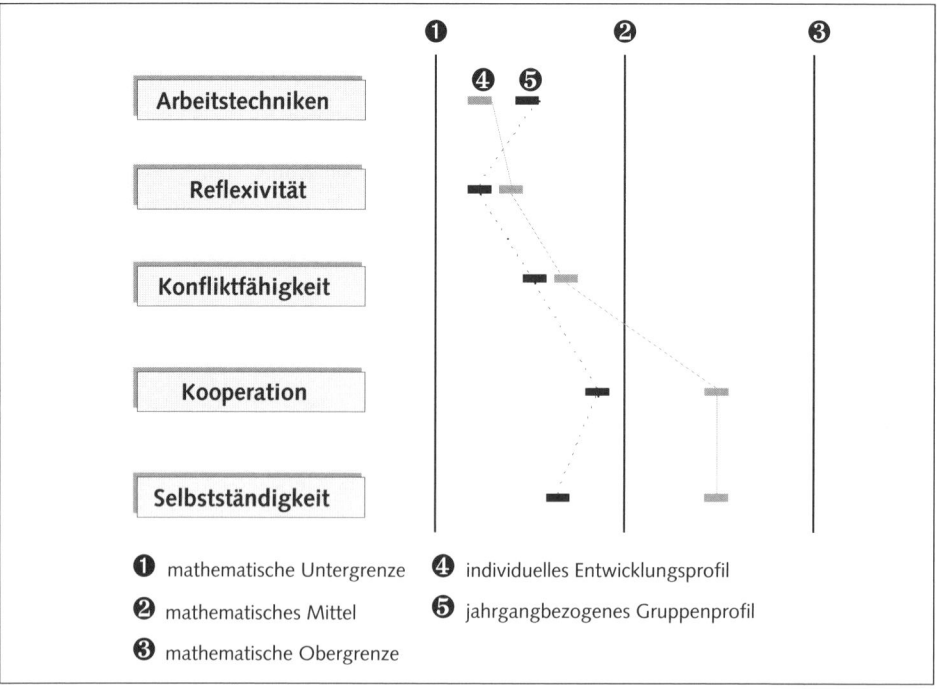

Abb. 5: 3. Entwicklungsprofil eines Lehrlings und das jahrgangsbezogene Gruppenprofil

Die Darlegungen zeigen auf, dass insgesamt vier Schritte zur Qualitätsbestimmung von Aus- und Weiterbildungsmaßnahmen vorliegen müssen: Erstens müssen die Einzelkompetenzen für die Methoden- und Sozialkompetenzen eindeutig definiert und festgelegt werden (Zielbestimmung). Zweitens müssen die Lehr-Lernarrangements didaktisch und methodisch so angelegt sein, dass überprüft werden kann, welche Einzelkompetenzen wie und wann gefördert und zu welchem Zeitpunkt die Kompetenzen von den Lernenden in Handlungen gezeigt werden können (Lehr-Lern-Situationen mit Zieldiagnose). Drittens muss dargelegt werden, wenn bestimmte Settings nicht bei allen Lernenden zum gewünschten Erfolg geführt haben, welche Fördermaßnahmen zu welchem Zeitpunkt für einen bestimmten Personenkreis initiiert werden (Wiederholung oder Neukonzeption von Maßnahmen mit anschließender Zieldiagnose). Viertens muss überprüft werden, wenn bestimmte Einzelkompetenzen über Ausbildungs- oder Weiterbildungsmaßnahmen nicht oder nur unzureichend entwickelt oder gefördert werden können, ob die eingangs formulierte Zielbestimmung beibehalten oder neu ausgehandelt wird. Prinzipiell dürfen nur solche Kompetenzen aufgeführt werden, die auch über den Aus- und Weiterbildungskontext realistischer Weise aus- oder weitergebildet werden können (Zieldiagnose und Zielbestimmung).

## Materialien

Informationsmaterial kann über die im Autorenverzeichnis angegebene Adresse bezogen werden.

## Literaturverzeichnis

Balzer, L. & Frey, A. (2001). Evaluation. In: P. Nenniger & H. Summermatter (Hrsg.), Reform der kaufmännischen Grundausbildung. Band 1: Innovationen, Implementation und Evaluation (Berufspädagogische Reihe). Landau, S. 139-155

Balzer, L.; Frey, A. & Nenniger, P. (1999). Was ist und wie funktioniert Evaluation? In: Empirische Pädagogik, 13(4), S. 393-413

Bornmann, L. & Daniel, H.G. (2000). Reliabilität und Konstruktvalidierung des Kurzfragebogens zu Kompetenz- und Kontrollüberzeugungen (FKK). In: Empirische Pädagogik, 14(4), S. 391-407

Frey, A. (1999). Aufbau beruflicher Handlungskompetenz – Theoretische Vorstellungen und diagnostisches Instrumentarium. In: Empirische Pädagogik, 13(1), S. 29-56

Frey, A. (1999). Berufliche Handlungskompetenz. Angehende Erzieherinnen am Ende der schulischen Ausbildung. In: Die Berufsbildende Schule, 2, S. 53-58

Frey, A. (1999). Erzieherinnenausbildung gestern – heute – morgen. Konzepte und Modelle zur Ausbildungsevaluation. Landau

Frey, A. (2000). Wissensmanagement – Handlungskompetenz und Lernkompetenz als Voraussetzung für praktisches Wissensmanagement. In: U. Beck & W. Sommer (Hrsg.), Learntec 2000. 8. Europäischer Kongress und Fachmesse für Bildungs- und Informationstechnologie. Tagungsband 1. Karlsruhe, S. 419-425

Frey, A. (2001). Lernstrategien und Kompetenzen von Schülerinnen in der Fachschulausbildung. In: M.S. Wosnitza & P. Nenniger (Hrsg.), Selbstgesteuertes Lernen [Empirische Pädagogik, 15(2), Themenheft]. Landau, S. 323-341

Frey, A.; Balzer, L. & Renold, U. (2001). Die Reform der kaufmännischen Grundausbildung in der Schweiz – Ausgewählte Innovationen und erste Ergebnisse. In: Wirtschaft und Erziehung, 7/8, S. 248-256

Frey, A.; Balzer, L. & Renold, U. (2001). Reform der kaufmännischen Grundausbildung – Band 2: Instrumente der Evaluation (P. Nenniger & H. Summermatter (Hrsg.)) (Berufspädagogik 2). Landau

Jäger, R.; Frey, A.; Wosnitza, M. & Flor, D. (2001). Pädagogische Diagnostik. In: L. Roth (Hrsg.), Pädagogik. Handbuch für Studium und Praxis. München, S. 848-872

Mummendey, H.D. (1995). Die Fragebogen-Methode: Grundlagen und Anwendung in Persönlichkeits-, Einstellungs- und Selbstkonzeptforschung. Göttingen

Rost, D.H. & Schermer, F.J. (1997). Differentielles Leistungsangstinventar (DAI). Frankfurt

Schwarzer, R. (1993). Stress, Angst und Handlungsregulation. Stuttgart

Wosnitza, M. & Hahl, A. (1998). Die Mehrdimensionalität von selbststeuerungsfördernden Lernumgebungen in der kaufmännischen Erstausbildung. Theoretischer Rahmen und diagnostisches Instrumentarium. In: Empirische Pädagogik, 12(1), S. 1-26

Wosnitza, M. (2000). Selbstgesteuertes Lernen im Studium. Landau

# Kompetenzbilanzen

# Die Kompetenzbilanz –
# Ein Instrument zur Selbsteinschätzung
# und beruflichen Entwicklung

**Wolfgang Erler/**
**Annemarie Gerzer-Saß/**
**Christine Nußhart/**
**Jürgen Saß**

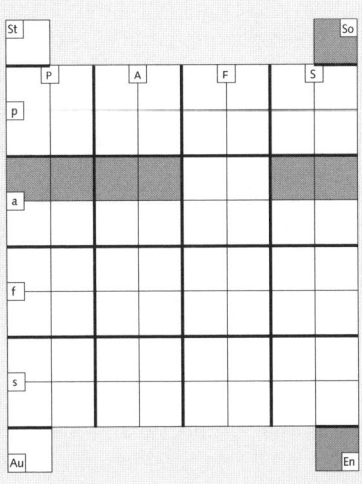

## Rasterdarstellung

### Schlagworte

Familienkompetenzen; informelles Lernen; Kompetenzentwicklung; methodische Kompetenz; Selbsteinschätzung; Selbstkompetenz; sozial-kommunikative Kompetenz

### Entwickler

Dipl.-Soz. Christine Nußhart, Katholische Arbeitnehmerbewegung Süddeutschlands, München; Wolfgang Erler, Annemarie Gerzer-Saß (M.A.), Dipl.-Soz. Jürgen Saß, Deutsches Jugendinstitut, München

### Kompetenzdefinition

Die Kompetenzbilanz konzentriert sich auf sozial-kommunikative, methodische und Selbstkompetenzen, die im sozialen Feld »Familie« erworben oder weiterentwickelt werden und in denen – häufig übersehene – Potenziale zur Lösung komplexer Aufgaben in modernen Arbeitssituationen stecken. Diese Potenziale beziehen sich vor allem auf Fähigkeiten zum angemessenen selbstorganisierten Handeln, abgestimmt auf wechselnde Arbeitsanforderungen.

## Zielstellungen

Die Kompetenzbilanz ist als Instrument zur Selbsteinschätzung und beruflichen Entwicklung für berufstätige Eltern, für an Weiterbildung Interessierte und für Berufsrückkehrer/innen entwickelt worden, um die eigene Lebenssituation im Spannungsfeld zwischen beruflicher und persönlicher Entwicklung zu reflektieren und zukünftige Entwicklungsmöglichkeiten und -wünsche abzuschätzen. Für Unternehmen und öffentliche Arbeitgeber sowie Institutionen bietet die Kompetenzbilanz ein dialogisches Verfahren, um in Arbeitsteams oder im Gespräch zwischen Vorgesetzten und Mitarbeiter/innen für Bereiche, wo sozial-kommunikative Kompetenzen wesentlich sind, Aufgabenzuschnitte neu festzulegen, Aufgaben und Entwicklungsschritte in Zielvereinbarungen festzuhalten. Damit kann der Einsatz der Kompetenzbilanz auch Reorganisationsprozesse in Unternehmen/Verwaltungen/ Organisationen flankieren. Durch die systematische Einbeziehung der Kompetenzbilanz in die Personalarbeit wird den Beschäftigten ein Signal gegeben, dass sie als Person mit dem ganzen Spektrum ihrer Fähigkeiten vom Unternehmen ernst genommen, aber auch gefordert werden.

## Theoretische Grundlagen

Bei der Entwicklung der Kompetenzbilanz wurden mehrere theoretisch-konzeptionelle Entwicklungslinien aufgenommen und aufeinander bezogen.

Einmal knüpft sie an arbeitswissenschaftliche Verfahren zur Analyse der Hausarbeit und Überlegungen zum Transfer von Kompetenzen aus der Hausarbeit in hausarbeitsnahe Berufe an, die z.T. in die Konstruktion neuer Berufsbilder (»Sozialwirtschafterin«), z.T. in die ausbildungsverkürzende Anerkennung von Hausarbeits-Kompetenzen als beruflicher Kompetenz z.B. bei Erzieherinnen mündete. Mit ganz ähnlichen arbeitswissenschaftlichen Kategorien, aber von einem ganz anderen Ausgangspunkt her wird in dem Konflikt-Diskurs gearbeitet, der die – trotz maßvoller Entwicklungen zur Abschwächung des »gender wage gap« – fortbestehende Entgeltungleichheit zwischen den Geschlechtern zum Thema macht. Er führt sie z.T. auf die systematische Ausblendung von überwiegend sozial-kommunikativen Handlungsanforderungen – wie sie in der Regel eher frauendominierten Berufsfeldern zugeschrieben werden -in Arbeitsbewertungssystemen zurück. Dieser Diskurs mündete z.T. in Konzepte zur Entwicklung diskriminierungsfreier Arbeitsbewertungssysteme, deren Übernahme in tarifliche Bewertungssysteme bisher allerdings noch aussteht. Gesetzlich ist die Berücksichtigung solcher Handlungsanforderungen in Entgeltsystemen in einer EU-Richtlinie zur gleichen Entlohnung gleichwertiger Arbeit längst verankert.

In Deutschland schreiben die Gleichstellungsgesetze aller Bundesländer mittlerweile die Berücksichtigung sozial-kommunikativer Kompetenzen aus der Familienarbeit (ebenso aus ehrenamtlichem/freiwilligem/bürgerschaftlichem Engagement) bei Personalentscheidungen im öffentlichen Dienst zwingend vor, soweit sie für die berufliche Arbeit von Bedeutung sind. Für diese bisher weitgehend uneingelöste gesetzliche Anforderung bietet die Kompetenzbilanz eine Umsetzungshilfe.

Ein weiterer theoretisch-konzeptioneller Hintergrund für die Entwicklung der Kompetenzbilanz ist die sozialwissenschaftliche und gesellschaftlich-politische Debatte über die Veränderung von Arbeitsstrukturen und geforderten Qualifikationen »nach dem Taylorismus«. Die reale Arbeitsmarktentwicklung mit dem dramatischen Einbruch gerade auf den Feldern niedrigqualifizierter Beschäftigung in Deutschland zeigt, dass auch und gerade »einfache« Produktions- und Dienstleistungstätigkeiten die Bewältigung komplexer Kooperationsanforderungen verlangen. Die Anforderungen moderner Arbeitsplätze werden – das über zwanzig Jahre alte Konzept der »Schlüsselqualifikationen« von Mertens weiter entwickelnd – immer häufiger als »Kompetenzen« mit Querschnittscharakter oder auch als extrafunktionale Qualifikationen/Kompetenzen aufgefasst.

Parallel zur Veränderung der Arbeitsstrukturen haben sich auch die Bedingungen für den Erwerb beruflicher Handlungskompetenzen verändert. Im Zusammenhang damit sind auch die Prozesse des arbeitsintegrierten Lernens – mit sowohl formellen als auch informellen Anteilen – Gegenstand von Forschung, Konzeptentwicklungen und Praxis geworden. Namentlich das von Clemens Heidack ausgearbeitete Analyse- und Handlungskonzept der »kooperativen Selbstqualifikation« bildete einen weiteren Bezugspunkt für das der Kompetenzbilanz zugrunde liegende Modell des Erwerbs von berufsrelevanter Handlungskompetenz im »sozialen Aktionsraum« Familie; denn dieser Typ von Handlungskompetenz entsteht und entwickelt sich nicht durch individuelle Wissensaneignung und kognitives Training, sondern als Nebenprodukt (notwendigen) sozial-kooperativen Handelns.

Forschungen aus dem Zusammenhang des Forschungs- und Entwicklungsprogramms »Lernkultur Kompetenzentwicklung«, namentlich der Teilbereich »Lernen im sozialen Umfeld« sind das theoretische Scharnier zu konzeptionellen Debatten auf internationaler Ebene. Denn nicht zuletzt Impulse aus der (berufs)bildungspolitischen Entwicklung und Forschung außerhalb Deutschlands und vor allem auf EU-Ebene haben das Konzept der Kompetenzbilanz beeinflusst. Das Thema »informelles Lernen« und die Frage der Anerkennung und Nutzung informeller Lernerträge im Arbeitskontext werden in den angelsächsischen Ländern mit ihrem sehr viel weniger ausgeprägten berufsbezogenen Bildungssystem mit Konzepten wie PLAR – Prior Learning Assessment and Recognition – in der betrieblichen Praxis sehr viel selbstverständlicher diskutiert und alltäglich umgesetzt. Die Kompetenzbilanz ist außerdem von der in Frankreich seit 1991 als individueller Rechtsanspruch verankerten und per Umlagefinanzierung abgesicherten »bilan de compétences« inspiriert. Dort geht es um eine breit angelegte biografische Bilanzierung vor allem in Situationen beruflichen Umbruchs, angesichts drohender Arbeitslosigkeit etc. In der Realität spielen, soweit das empirische Untersuchungen zeigen, allerdings »traditionell« formell erworbene allgemeine und berufsfachliche Qualifikationen in der französischen Kompetenzbilanz nach wie vor die Hauptrolle. Die Kompetenzbilanz, die im Projekt außer auf Deutsch auch in einer nicht nur sprachlich, sondern auch »kulturell adaptierten« englischen und niederländischen Version erstellt wurde (eine französische und russische Version liegen mittlerweile ebenfalls vor) stellt damit eine genuine Neuentwicklung dar, die auf unterschiedliche, aber miteinander verbundene Trends im System der Erwerbsarbeit an der Schnittstelle zur »privat-familialen« Lebenswelt antwortet, auf deren qualifikatorische und sozialisatorische »Zulieferung« die betriebliche Praxis mehr denn je angewiesen bleibt.

## Methodologische Einordnung

Die Kompetenzbilanz bezieht sich auf sozial-kommunikative, methodische und Selbstkompetenzen, die biografisch mit informellen Lernfeldern und insbesondere der eigenen Familienarbeit und -verantwortung zusammenhängen. Derart biografie- und subjektzentriert ist das Verfahren zunächst als Selbsteinschätzung angelegt. Die Kompetenzbilanz bietet dazu eine Reihe von aufeinander aufbauenden Bearbeitungsmöglichkeiten und Beispielen. Verdichtet werden diese Arbeitsschritte in einem »Kompetenzprofil«, einer Liste von insgesamt 38 Teilkompetenzen »diesseits« technisch-fachlicher Qualifikationen. Die Liste ist in einem empirisch gestützten Suchverfahren (auf der Basis von qualitativen Befragungsergebnissen bei Personalverantwortlichen) aus einer Synthese unterschiedlicher Listen von Anforderungsprofilen im Spektrum sozial-kommunikativer, sozialer und von Selbstkompetenzen entwickelt worden.

Zur Validierung wird von den Nutzer/innen in einem zweiten Schritt eine Fremdeinschätzung verlangt. Im Fall eines darin weit abweichenden Urteils führt dies zu einer erneuten Reflexion und zur Überprüfung des eigenen Urteils. Mit der so angelegten Durchführung eines kontrollierten Self-Assessment fördert das Instrument der Kompetenzbilanz die Fähigkeit der – neuerdings oft als »Arbeitskraftunternehmer« konzipierten – Mitarbeiter/innen zur Selbstorganisation und Selbststeuerung am Arbeitsplatz und im Spannungsfeld zwischen Erwerbsarbeit und familialer Lebenswelt. Die Kompetenzbilanz kann auch exemplarisch zur Beschreibung und Bewertung von Kompetenzen genutzt werden, die an anderen außerbetrieblichen Lernorten (als in der Familienarbeit) gewonnen wurden (z.B. in ehrenamtlichem/freiwilligem/bürgerschaftlichem Engagement, bei Auslandsaufenthalten etc.) oder die aus dem informellen arbeitsintegrierten Lernen stammen. Die Kompetenzbilanz kann um weitere Module bzw. Bausteine mit dieser Blickrichtung erweitert werden.

## Einschätzung der Gütekriterien

Der entscheidende Wert des Verfahrens liegt in seiner Funktion Türöffner für einen qualifizierten Dialog von Mitarbeiter/innen mit Kolleg/innen und Personalverantwortlichen über ihre Fähigkeiten und Entwicklungspotenziale. Außerdem steckt In der Ablösung dieses Dialogs vom unmittelbar gegebenen Arbeitskontext die Chance, mit einer Strategie der »mitarbeiter- und potenzialorientierten« Personalarbeit Ernst zu machen und bestehende Formen der Arbeits- und Aufgabenteilung unter Berücksichtigung von Entwicklungspotenzialen der Mitarbeiter/innen unter einem anderen Blickwinkel zu betrachten

Die Kompetenzbilanz kann ihre Leistungsfähigkeit am besten in einer als lernende Organisation angelegten Unternehmenskultur entfalten, und in einem solchen Prozess kann sie ein Bestandteil von proaktivem Wissens-Management sein, ohne das Unternehmen und Organisationen heute schon Markt- bzw. Leistungschancen verschenken. Ihre Funktion besteht weniger darin, individualisierte Leistungsprognosen zu liefern als vielmehr darin, Katalysator für Optimierungsprozesse zu sein.

## Fehler- und Problemkritik

Zweifel an der Nützlichkeit und Leistungsfähigkeit der Kompetenzbilanz beziehen sich einmal auf die in der betrieblichen Praxis häufig noch skeptisch betrachtete

Methode der Selbsteinschätzung. Das Verfahren versucht, durch den »Korrektur-faktor« einer Fremdeinschätzung dem Rechnung zu tragen. Als Selbsteinschätzungsverfahren hat die Kompetenzbilanz keinerlei Nutzen für die Bearbeiter/innen, wenn sie »unehrlich« bearbeitet wird und systematisch zu positive oder zu negative Urteile über eigene Verhaltensdispositionen und -potenziale abgegeben werden. Insofern haben die Bearbeiter/innen ein ausgeprägtes Eigeninteresse an einer treffenden Charakterisierung ihres je individuellen Kompetenzprofils.

Darüber hinaus verweist die Kompetenzbilanz auf die Notwendigkeit, Leistungs- und Potenzialbeurteilungen als Daueraufgabe zu betrachten und mit einer Bewertung der Aufgabenteilung in Arbeitsteams bis hin zur Aufgabenkritik zu verknüpfen. Die Rückkoppelung der Personalbeurteilung mit der (Selbst-)Beurteilung der Arbeitsorganisation in Arbeitseinheiten ist bisher alles andere als selbstverständlich: Das alte Paradigma der »Anpassung des Menschen an die Maschine« überlebt in den komplexen Organisationsstrukturen heute als Norm und Praxis der »Einpassung der Menschen in die Organisation«. Dagegen entfaltet das Verfahren der Kompetenzbilanz seine Wirksamkeit nur dann, wenn Mitarbeiter/innen und Organisation reflektiert aufeinander Bezug nehmen.

Ein weiteres Gültigkeits- bzw. Fehlerproblem in Bezug auf die Kompetenzbilanz, das zugleich ihre Akzeptanz in der betrieblichen Praxis berührt, ist die in ihr vorgenommene separate Bewertung vor allem sozial-kommunikativer Kompetenzen und eines Teilbereichs methodischer sowie von Selbst-Kompetenzen. Aus der Sicht effizienter Prozessgestaltung und der »Ganzheitlichkeit« von Personalbeurteilungen besteht die Notwendigkeit, diese Dimensionen von Kompetenzen gemeinsam mit dem Profil berufsfachlich-technischer Qualifikationen zu bewerten und so ein Gesamturteil in einem Zug möglich zu machen.

Die Kompetenzbilanz kann und soll etablierte andere Verfahren zur Potenzialbeurteilung nicht ersetzen; aber sie eignet sich als Brücke, um etablierte Verfahren der Personalentwicklungsarbeit stärker in Richtung auf Lern- und Entwicklungspotenziale der Individuen zu öffnen und damit Dimensionen in Personalentscheidungen und individuelle Biografie-Planungen einzuführen, die in den als valide anerkannten Prozeduren bisher unterbelichtet geblieben sind.

## Ablauf des Messprozesses

### Räumliche, zeitliche und personale Voraussetzungen
Die Kompetenzbilanz kann auf ganz unterschiedliche Weise mit der bestehenden Praxis betrieblicher Personalarbeit verknüpft bzw. von Weiterbildungsträgern als Orientierungs- und Entwicklungs-Assessment genutzt werden. Im Zentrum steht zunächst immer die Bearbeitung der Kompetenzbilanz in Eigenarbeit. Der Zeitaufwand für die Bearbeitung beträgt je nach Motivation und individuellem Zugang zur Fragestellung des Verfahrens zwischen zwei und fünf Stunden. Wegen ihrer Orientierung an der individuell-biografischen Selbsteinschätzung ist die Kompetenzbilanz als Verfahren auch für Einzelpersonen unabhängig von ihrer Zugehörigkeit zu Unternehmen oder ihrer Teilnahme an Weiterbildungsmaßnahmen zugänglich und verfügbar. Voraussetzung für die Bearbeitung ist aber in jedem Fall eine ausführliche Information – in der Regel durch Vertreter/innen des Projektteams oder

durch Multiplikator/innen – zur Einführung, in der auch die betriebliche bzw. cur-
riculare Einbettung des Verfahrens deutlich gemacht wird. Diese Information kann
auch schriftlich (mit der Gelegenheit für Rückfragen bei Vorgesetzten bzw. verantwortlichen Ansprechpartnern) erfolgen. Häufig werden aber ohnehin stattfindende
Arbeitsgruppen – oder Abteilungstreffen, in kleineren Unternehmen auch Betriebs-
versammlungen für eine mündliche Präsentation genutzt werden können.
Die Einholung der Fremdeinschätzung liegt wie die individuelle Bearbeitung der
Kompetenzbilanz selbst in der Verantwortung der einzelnen Bearbeiter/innen. Unter-
nehmen bzw. Organisationen müssen vor allem dafür Sorge tragen, dass bei der
Bearbeitung auftretende Fragen beantwortet werden können: Bei ihnen liegt die
Verantwortung dafür, dass die Ergebnisse der Arbeit mit der Kompetenzbilanz –
z.B. bei Mitarbeitergesprächen, in Zielvereinbarungen usw. – im Dialog mit den
Bearbeiter/innen in die Gestaltung betrieblicher Abläufe einfließen können.

*Technische Voraussetzungen*
Die Kompetenzbilanz liegt als gebundenes Arbeitsheft vor; dazu gibt es ein erläu-
terndes Begleitheft als Grundinformation für Personalverantwortliche, das die Nutzungsmöglichkeiten des Verfahrens in der Personalarbeit aufzeigt. Dem didaktisch
aufbereiteten Arbeitsmaterial liegen zur verdichteten Darstellung des Arbeitsergebnisses zwei Arbeitsblätter zum Kompetenzprofil bei – für die Selbst- bzw. Fremdeinschätzung in Bezug auf 38 aufgelistete Teilkompetenzen. Jede/r Bearbeiter/in benötigt ein Exemplar. Zur Präsentation des Verfahrens liegt ein Foliensatz vor; ebenso
ist eine Power-Point-Präsentation verfügbar.
Der organisatorische und inhaltliche Rahmen für die Arbeit mit der und die Nutzung der Kompetenzbilanz wird für institutionelle Nutzer in einer Vereinbarung
über Standards mit dem Projektteam festgelegt. Darin geht es vor allem um die
Mindestanforderungen an die Informationen für die Bearbeiter/innen und um die
Organisation begleitender Feedbacks, wofür Fragebögen für individuelle Nutzer/
innen und für nutzende Institutionen vorliegen. Das Projektteam bietet Workshops
zum Erfahrungsaustausch und zur weiteren Entwicklung von Begleitmaterialien für
besondere Zielgruppen an (z.B. Migrant/innen, Arbeitslose).
Individuelle und institutionelle Nutzer/innen der Kompetenzbilanz sind eingeladen,
eigene Beiträge zur kontext- und zielgruppenspezifischen Anwendung des Verfahrens im Sinn eines nach dem Open-source-Prinzip angelegten lernenden Systems
zu leisten und sie mit dem Projektteam abzustimmen.

**Referenzen**

Der Grundansatz, Kompetenzen aus Familienarbeit zu identifizieren und als »Rüstzeug für die Arbeitswelt« aufzubereiten, ist vor allem im deutschsprachigen Raum
durchdacht und in Forschungen bearbeitet worden. Wichtige Beiträge stammen
vom am Thema weiter arbeitenden Projekt Sonnhalde in Worb (Schweiz), vgl. vor
allem (Költzsch & Ruch 1997). Diese Studie ist in enger Kooperation mit Christoph Baitsch, einem der Autoren des als diskriminierungsfrei entwickelten Arbeits-
bewertungssystems »Arbeitsbewertung nach Katz und Baitsch – ABAKABA« und
der Philosophie dieses Bewertungsraster entstanden. In der Schweiz wird nicht nur
in einer ganzen Reihe von öffentlichen Institutionen – z.B. in Schulbezirken – sys-

tematisch der Blick auf Familienkompetenzen in die Personalbeurteilungen einbezogen, sondern dort wird auch mit einem landesweit von zahlreichen namhaften
Unternehmen mit getragenen Konzept in einer Art einheitlichem Qualifikations-
pass – dem Schweizerischen Qualifikationshandbuch CH-Q – auch dem biogra-
fisch-informellen Lernen erhebliche Aufmerksamkeit zugewandt. Ähnliches gilt für
ein Konzept, das in Vorarlberg von der dortigen Berufs- und Bildungsinformation
– bifo – unter dem Titel »Ich weiß was ich kann!« vorgelegt wurde.
In Deutschland hat bisher Marianne Vollmer den Ansatz des Transfers von
Familienkompetenzen in die Arbeitswelt in einem Potenzialinterview-Leitfaden für
Bewerbungen und Personalentscheidungen als Abschluss des Projekts »Messung der
Familienkompetenz in der betrieblichen Praxis« des Bayerischen Staatsministeriums
für Arbeit und Sozialordnung, Familie und Frauen konkretisiert. Im Vorwort der
Veröffentlichung dazu wird die Idee einer Validierung bzw. Zertifizierung von
Familienkompetenzen zurückgewiesen, denn »zertifiziert wird lediglich schulisches
oder berufliches Wissen«. Über diese Position hat die intensive europäische und auch
in Deutschland geführte Debatte über informelles Lernen mittlerweile hinausgeführt;
stellt doch die Kompetenzbilanz stellt ein »weiches« Verfahren zur Validierung und
Zertifizierung informell erworbener Kompetenzen dar.
Im Forschungs- und Entwicklungsprogramm »Lernkultur Kompetenzentwicklung«
und dessen Teilbereich »Lernen im sozialen Umfeld« bzw. dem QUEM-Forschungs-
verbund zur beruflichen Weiterbildung sind sowohl empirische als auch theoretische
Grundlagen zur Frage der Identifizierung, Validierung und des Transfers informell-
biografisch erworbener Kompetenzen an den Arbeitsplatz erarbeitet worden (vgl.
z.B. Kirchhöfer 2000; Heyse/Erpenbeck 1999 sowie Trier 1998). Diese Forschungen werden weiter geführt und in den QUEM-reports regelmäßig veröffentlicht.
Mit dem Fokus »Erfahrungswissen und Erfahrungslernen« arbeiten u.a. beim Bun-
desinstitut für Berufsbildung verschiedene Forschungsgruppen an Methoden, um
vor allem arbeitsbegleitend bzw. arbeitsintegriert erworbenes Erfahrungswissen als
Grundlage für berufliche Handlungskompetenz sichtbar und nutzbar zu machen.
Sie knüpfen dabei an frühere Forschungen zu diesem Problemfeld an, das aber
in Deutschland insgesamt lange Zeit eher stiefmütterlich behandelt worden ist.
Arbeitsintegriertes Lernen steht auch im Blickpunkt des schon erwähnten Ana-
lyse- und Handlungskonzepts der »kooperativen Selbstqualifikation«, mit dem
Clemens Heidack die breite Übergangszone zwischen dem individuellen Selbst-
lernen und organisierten Formen arbeitsintegrierten Lernens (z.B. Qualitätszirkel,
Lernstatt u.ä.) gefasst hat.
Zahlreiche Handreichungen für betriebliche Assessment Center enthalten ausführliche Kriterienkataloge zur Beurteilung sozial-kommunikativer, methodischer und
von Selbstkompetenzen. Aber uns sind darunter keine Konzepte bekannt, die systematisch mit dem biografischen Rückblick arbeiten und zugleich den Bereich des
Lernens in der eigenen Familiensituation als Basis für berufsrelevanten Kompetenzerwerb in den Blick nehmen. Insoweit stellt die hier vorgestellte Kompetenzbilanz,
wie oben geschildert, eine genuine Neuentwicklung dar.

Zunächst sollen die Kompetenzbilanz und die Rahmenbedingungen für ihren Einsatz in einem kurzen Überblick vorgestellt werden (vgl. Abbildung 1)

Sie beginnt mit einem didaktisch hinführenden Teil unter der Überschrift »Lebensgeschichte als Lerngeschichte«. Darin wird im Überblick dargestellt, wie jenseits formeller Bildungsprozesse in Kindergarten, Schule und Berufsausbildung nicht nur vielfältige Erfahrungen gesammelt werden, sondern wie diese Erfahrungen wesentlich zum arbeitsrelevanten Kompetenzprofil der Einzelnen beitragen. In einem nächsten Schritt konzentriert sich der Blick auf die »Familie als Lernort«. Anhand einer Überblicksdarstellung, eines nachgezeichneten Tagesablaufs bzw. an einem illustrativen Beispiel (für die multiplen Rollenanforderungen im sozialen Feld Familie) wird der spezifische Lernertrag von Handeln im Kontext Familie herauspräpariert. In einem dritten Schritt wird dieses Kapital an in der Familie erworbener oder vertiefter Handlungskompetenz in einem tabellarischen Profil verdichtet, wobei die verschiedenen Teilkompetenzen auf einer fünfstufigen Skala bewertet werden. In der Handlungsanleitung folgt darauf die Einholung einer Fremdeinschätzung, die im Fall deutlicher Abweichungen von der Selbsteinschätzung zu einer erneuten Reflexion und Neubewertung im selbst erarbeiteten Kompetenzprofil führen soll.

Die Arbeit mit der Kompetenzbilanz bildet die Grundlage für einen Reflexions- und Dialogprozess zu der Frage des Transfers von Kompetenzen aus unterschiedlichen Kontexten in die Arbeitswelt. So wird im vierten Schritt z.B. geprüft, ob die eigenen Stärken am Arbeitsplatz ausreichend Anwendung finden, ob an den Schwächen gearbeitet werden soll und welche beruflichen Aufgaben auf der Grundlage des erarbeiteten Kompetenzprofils (das auch Hinweise auf Interessenschwerpunkte und Motivationslagen gibt) in Zukunft angestrebt werden können und sollen. Die Wirksamkeit dieses Reflexions- und Dialogprozesses für eine Verbesserung von Arbeitsprozessen und ihres Organisationsrahmens hängt aber nicht nur von der Ernsthaftigkeit und Intensität der individuellen Bearbeitung der Kompetenzbilanz ab, sondern vor allem von der Verbindlichkeit der Einbindung dieses Dialogs in betriebliche/organisationale Entscheidungsprozesse und -abläufe.

## Ergebnisse des Kompetenzmessverfahrens

Von individuellen Bearbeiter/innen der Kompetenzbilanz liegen bisher knapp 200 ausgewertete Fragebögen aus Deutschland, den Niederlanden und Großbritannien vor. In einer Reihe von Unternehmen, Verwaltungen und Organisationen (einschließlich des Einsatzes bei Weiterbildungsträgern) wird ein probeweiser, in einigen Fällen auch ein regelhafter Einsatz der Kompetenzbilanz als Baustein innovativer Personalentwicklung derzeit vorbereitet. Auch dort werden die individuellen Bearbeiter/innen wieder schriftlich nach Erkenntnissen und »Lerneffekten« durch die Arbeit mit der Kompetenzbilanz befragt, und diese Fragebögen werden laufend ausgewertet. Diese individuellen Nutzerfragebögen werden

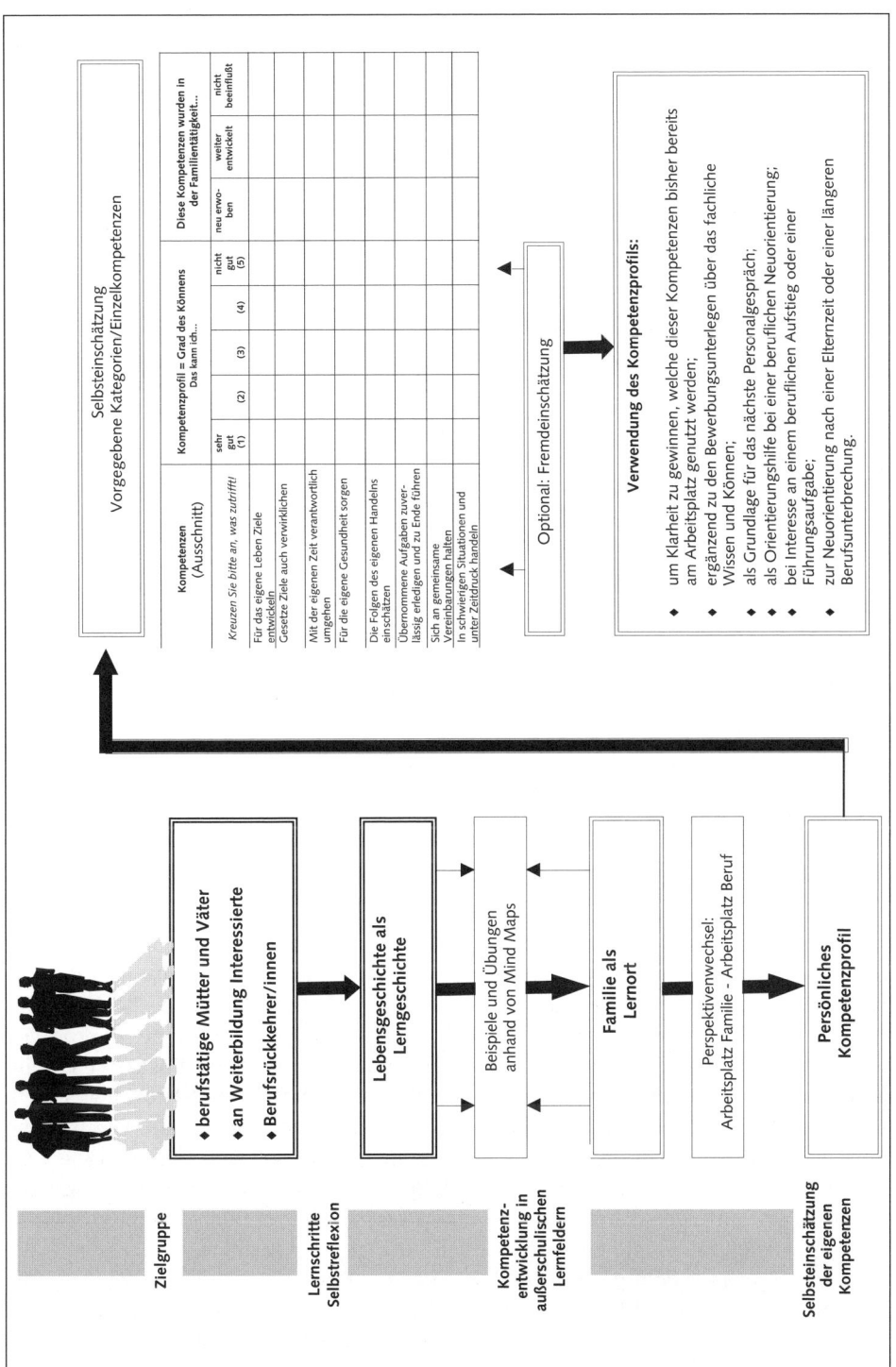

Abb. 1: Aufbau der Kompetenzbilanz

durch Berichtsbögen ergänzt, in denen institutionelle Nutzer Kerninformationen über die Zahl der Bearbeiter/innen, Zielgruppen und Einsatzfelder berichten. In den Nutzerfragebögen wird nach den Motiven bzw. dem Anlass für die Arbeit mit der Kompetenzbilanz gefragt, nach den daraus gewonnenen Erkenntnissen und dadurch ausgelösten Lernprozessen sowie nach Absichten zur Anwendung dieser Erkenntnisse am Arbeitsplatz.

Diese ersten Auswertungen ergeben, bezogen auf Deutschland, das folgende Bild: Neben einem allgemeinen Interesse am Thema lieferte das Motiv, eine berufliche (44 % der in Deutschland Befragten) oder persönliche (42 %) Zwischenbilanz zu ziehen, den Anstoß für die in die Arbeit mit der Kompetenzbilanz investierte Zeit. Das Thema berufliche Neuorientierung oder Wiedereinstieg nach einer Familienphase war für je 20 % der Befragten Motiv für die Beschäftigung mit dem Arbeitsmaterial (Mehrfachnennungen). Durch die Arbeit mit der Kompetenzbilanz ist einer überwältigenden Mehrheit der Befragten deutlich geworden, welche Fähigkeit sie im »Verlauf ihres Lebens außerhalb von Schule und Beruf« erworben haben (Männer: 87 %; Frauen: 75 %); und bei 69 % der Männer und 78 % der Frauen gilt das für den Gewinn an Fähigkeiten durch die eigene Familientätigkeit. Jeweils mehr als 40 % der berufstätigen Befragten wollen die Ergebnisse der Kompetenzbilanz in nächster Zeit bei ihrer Karriereplanung einsetzen, bei ihrer Weiterbildungsplanung oder zur Vorbereitung eines Mitarbeiter- (Personal-)Gesprächs. Immerhin mehr als 20 % der berufstätigen Befragten wollen die Erkenntnisse aus der Kompetenzbilanz bei einem Bewerbungsgespräch nutzen; sie tragen sich offenbar mit dem Gedanken an eine Neuorientierung in Bezug auf ihre Berufstätigkeit. Organisationsfähigkeit (38 %), Verantwortungsbewusstsein (21 %), Flexibilität (15 %), Belastbarkeit und Stressbewältigung (15 %) sowie die Fähigkeit zur Zeiteinteilung und zu einem verantwortlichen Umgang mit Zeit (11 %) werden von den Befragten in offenen Antworten als die wichtigsten Kompetenzen bezeichnet, die sie durch Familienarbeit erworben haben.

Die Auswertung der Befragungen in den Niederlanden und in Großbritannien – ebenfalls in Unternehmen, Verwaltungen und bei Organisationen, z.T. im Weiterbildungsbereich durchgeführt – zeigt mit diesem Bild eine hohe Übereinstimmung. Im zusammenfassenden Auswertungsbericht für die Niederlande heißt es z.B.: »Die Ergebnisse der persönlichen Kompetenzanalyse enthüllen Fähigkeiten, die man zwar erkennt, aber deren Wichtigkeit – für den beruflichen Kontext – einem verborgen war. Das Erkennen dieser »versteckten« Fähigkeiten erhöht das Selbstbewusstsein. Eine Anzahl der Befragten weist darauf hin, dass ein stärkeres Selbstbewusstsein noch wichtiger ist, wenn man keine Arbeit hat, sondern eine sucht«. Die meisten Befragten würden das Werkzeug der Kompetenzanalyse Kollegen und Freunden zur Bearbeitung empfehlen. Die Arbeitsmarktsituation in den Niederlanden ist derzeit – und es scheint: strukturell – durch einen rasch wachsenden Mangel von Fachkräften gezeichnet. Zugleich gibt es noch eine große Anzahl von Menschen, die erwerbstätig sein möchten und können, aber trotzdem nicht erwerbstätig sind. Es handelt sich um die »stille Reserve«, zu der vor allem viele Frauen gehören und ein nennenswerter Anteil der Migrationsbevölkerung. Diese Gruppen werden dringend benötigt, um Lücken am Arbeitsmarkt zu schließen. Der Einsatz der Kompetenzbilanz kann dazu beitragen, das Selbstvertrauen von Angehörigen dieser Gruppen aufzubauen, und er wird ihre Chancen verbessern, einen beruflichen Weg mit Zukunft einzuschlagen.

Für Großbritannien stellt der Auswertungsbericht einen engen Zusammenhang zwischen den Ergebnissen der Kompetenzbilanz und dem Konzept der »employability« her, mit dem das Bündel an Kompetenzen bezeichnet wird, das Voraussetzung für eine erfolgreiche und nachhaltige Integration in den Arbeitsmarkt ist. Es wird die Perspektive formuliert, dass »Ausbildungseinrichtungen der Katalysator zur Förderung von Familienkompetenzen als akzeptierten und beruflich relevanten Qualifikationen werden … Ausbildung, besonders auf lokaler Ebene, hat einen festen gesellschaftlichen Stellenwert, um Familienkompetenzen zu anerkannten Qualifikationen zu machen«.

## Nutzenabschätzungen, Nutzungsmöglichkeiten für die Kompetenzbilanz

Über den Einsatz der Kompetenzbilanz in der Personalentwicklung liegen bisher noch keine aussagekräftigen empirischen Ergebnisse vor. Eine Reihe von Unternehmen und Verwaltungen hat begonnen, die Arbeit mit der Kompetenzbilanz bis hin zur regelmäßigen Bearbeitung bei einem bestimmten Entwicklungs- bzw. Aus- und Weiterbildungsschritt in Routinen und Curricula vor allem der Führungskräfteweiterbildung zu verankern. Offensichtlich ist die Förderung der sozial-kommunikativen Kompetenzen von Führungskräften wichtiger Arbeitsschwerpunkt in der Personalentwicklung von Unternehmen, Verwaltungen und Organisationen. Einige der Perspektiven für den Einsatz der Kompetenzbilanz im Rahmen der Personalentwicklung seien hier zitiert:

»Während der Zertifizierung für das Audit Beruf und Familie hat die Bundesversicherungsanstalt für Angestellte – BfA – mehrere Ziele zum Ausbau der vorhandenen familienbewussten Maßnahmen festgelegt. Ein Ziel ist die Erhöhung der Sozialkompetenz der Führungskräfte. Bei der Betrachtung von Lösungsansätzen zur Umsetzung dieses Ziels hat die BfA aber auch erkannt, dass der ›Lernort Familie‹ ebenso wie andere schulische bzw. außerschulische Lernorte durchaus arbeitsplatzrelevante Kompetenzen vermitteln können. Die Nutzung dieser Kompetenzen kann zu einem wichtigen Bestandteil der praktischen und strategischen Personal- und Organisationsplanung der BfA werden«.

Beim Caritasverband München und Freising werden mit der folgenden Perspektive der erwartete Nutzen der Kompetenzbilanz für Mitarbeiter/innen in der Pflege festgehalten: »Überprüfung der eigenen Fähigkeiten, Stärkung des Selbstvertrauens, Stärkung der vorhandenen Kompetenzen, Grundlage für individuelle Karriereplanung.« Und ganz praktisch werden hier die folgenden Einsatzfelder für die Kompetenzbilanz festgelegt:

»Verwendung beim Gespräch zum beruflichen Wiedereinstieg durch die Gleichstellungsstelle;

Verwendung in der Ausbildung zur Altenpflege – im letzten Ausbildungsjahr; Verwendung im Kurs zur Ausbildung als Stationsleitung für die Pflege; Überlegungen in Kooperation mit der Personalabteilung zur weiteren Anwendung in anderen Arbeitsbereichen.«

Zu den Organisationen, bei denen solche Planungsüberlegungen zum Einsatz der Kompetenzbilanz Schritt für Schritt umgesetzt werden, gehört z.B. der Labour Market Service im Distrikt Leeds (Northumberland, GB). Ebenso gehört die Abteilung Krisenmanagement und Feuerwehr im niederländischen Innenministerium dazu, wo ein Kulturwandel weg von einer durch körperliche Kraft und technische Fähigkeiten bestimmten Praxis hin zu einem Arbeitsmilieu auf der Tagesordnung steht, in dem die Alltagsfähigkeiten und das Alltagswissen von Frauen einschließlich ihrer sozialen Kompetenzen stärker für die Prävention von Unfällen und Bränden genutzt werden sollen. Ähnliche Überlegungen sind für Polizeigliederungen in einzelnen deutschen Bundesländern schon angestellt und worden. Das Ziel, eine »männerdominierte und -orientierte« Unternehmenskultur mit einer einseitigen Betonung von technischem Wissen und technischen Abläufen sowie dem Anspruch auf weitreichende zeitliche Verfügbarkeit durch die betonte Förderung von sozial-kommunikativen Kompetenzen nicht nur auf Führungsebene qualitativ leistungsfähiger zu machen, ist heute schon häufig in Unternehmensleitbildern verankert. Es gewinnt im Zeichen von »managing diversity« und »gender mainstreaming« auch in bisher sehr »hart« geführten Großunternehmen z.B. der Automobilindustrie immer mehr an Boden und wird in konkrete Handlungsschritte operativ übersetzt. Z.T. wird die Notwendigkeit eines solchen Kulturwandels hin zur Betonung von Werten der Kooperation und der Anerkennung unterschiedlicher individueller Fähigkeiten – anstelle einer Kultur von Weisung und Ausführung – auch damit begründet, dass der geringe Frauenanteil gerade in bestimmten Teilbereichen der industriellen Produktion der Erschließung bisher zu wenig erschlossener Märkte bei den Frauen als Zielgruppen behindere. »The workforce must reflect the market« ist die Leitvorgabe für die aus diesem Grund betriebene kulturelle Veränderung, in der der Blick auf sozial-kommunikative Kompetenzen eine wichtige Antriebskraft ist.

## Entwicklungsmöglichkeiten des Messverfahrens

Neben dem Einsatz in der Personalentwicklung, z.B. im Rahmen von Einstellungs- und Stellenbesetzungsverfahren, bei Personalgesprächen und beim Abschluss von Zielvereinbarungen, bei der Weiterbildungsplanung und in der Führungskräftefortbildung kann das Verfahren der Kompetenzbilanz als biografische Bestandsaufnahme vor allem im Rahmen von individualisierten und modularisierten Weiterbildungsangeboten dienen. Solche Bestandsaufnahmen können beim Eintritt in bestimmte, auf berufliche Abschlüsse orientierte Maßnahmen, regelrecht als »Feststellungsverfahren« formalisiert sein; in ihnen wird dann nach früher erworbenen Qualifikationen gefragt – die Kompetenzbilanz erweitert den in der Regel eng fachlich-technisch begrenzten Blickwinkel solcher Feststellungsverfahren nicht nur in Richtung auf informell erworbene Kompetenzen, sondern vor allem in Richtung auf die sozial-kommunikativen, methodischen und Selbstkompetenzen. Damit wird in etwa die Richtung eingeschlagen, die in den angelsächsischen Ländern mit dem Begriff des Kompetenz-Portfolios gemeint ist: Die Kompetenzbilanz ist ein – wichtiger – Mosaikstein im persönlichen Gesamt-Kompetenzprofil; sie kann dazu noch um einen Arbeitsschritt ergänzt werden, der sich mit dem Kompetenzgewinn aus ehrenamtlichem/freiwilligem/bürgerschaftlichem Engagement beschäftigt.

Für die berufliche Orientierung, Motivierung und die Befähigung zum Formulieren von beruflichen Entwicklungsplänen bzw. -pfaden kann die Kompetenzbilanz auch bei Nutzer/innengruppen eingesetzt werden, die in der Pilotphase bisher kaum beteiligt waren. Das gilt z.B. für Migrant/innen, die bisher in den Sprach- und Integrationskursen noch häufig wesentlich unter einer Defizit-Perspektive wahrgenommen werden. Die Arbeit mit der Kompetenzbilanz stellt demgegenüber biografisch erworbene Kompetenzen als Stärken in den Mittelpunkt und dürfte sich insofern auch in diesem Feld als methodischer Innovationsanstoß nutzen lassen.

## Erlernbarkeit durch wissenschaftsferne Anwender

Der individuelle und der institutionelle Einsatz der Kompetenzbilanz ist im Grundsatz auf der Basis des Arbeitsmaterials bzw. des Begleithefts für Personalverantwortliche möglich. Eine ausführliche Information von individuellen Bearbeiter/innen oder institutionellen Nutzern in Form einer Teilnahme an einem Einführungsseminar (Halbtagsveranstaltung) ist aber zu empfehlen. Die Teilnahme an diesem Seminar wird zertifiziert und kann Grundlage für eine Tätigkeit als Multiplikator/in für die Kompetenzbilanz sein.

## Erfahrungshinweise

Der Einsatz der Kompetenzbilanz wird auch über die Pilotphase hinaus wissenschaftlich begleitet (vom Deutschen Jugendinstitut). Beim Projektteam sind jeweils aktualisierte Ergebnisse und Erfahrungen, die über die Erkenntnisse aus der Pilotphase hinausführen, abzurufen.

## Literaturverzeichnis

Baitsch, Ch. (1998). Lernen im Prozess der Arbeit. In: Kompetenzentwicklung '98. Forschungsstand und Forschungsperspektiven. Münster u.a., S. 269ff.

Bjarnøvold, J. (2001). Lernen sichtbar machen. Ermittlung, Bewertung und Anerkennung nicht formal erworbener Kompetenzen in Europa. Luxemburg, Europäische Gemeinschaften:(CEDEFOP Europäisches Zentrum für die Förderung der Berufsbildung)

Erler, W. & Nußhart, Ch. (2000). Familienkompetenzen als Potenzial einer innovativen Personalentwicklung. Trends in Deutschland und Europa. Hrsg. v. Bundesministerium für Familie, Senioren, Frauen und Jugend, Berlin

Drexel, I. (1998). Die Bilans de Compétences – eine neues Instrument der Arbeits- und Bildungspolitik in Frankreich. In: Kompetenzentwicklung ,97. Berufliche Weiterbildung in der Transformation – Fakten und Visionen. Münster u.a.

Erpenbeck, J. & Heyse, V. (1999). Kompetenzbiographie-Kompetenzmilieu-Kompetenztransfer. Berlin ( = QUEM-report Heft 62)

Europäische Kommission, Generaldirektion XXII – allgemeine und berufliche Bildung und Jugend/Generaldirektion V – Beschäftigung, Arbeitsbeziehungen und soziale Angelegenheiten, (1995). Lehren und Lernen. Auf dem Weg zur kognitiven Gesellschaft. Weißbuch zur allgemeinen und beruflichen Bildung

Glade, A. (1997). Abschlußbericht der wissenschaftlichen Begleitung zum Modellprojekt »Qualifizierung von Familienfrauen auf der Grundlage von Familienarbeitsqualifikationen« (Institut für Entwicklungsplanung und Strukturforschung Hannover, Bericht 110.97, i.A. des Ministeriums für Kultur, Jugend, Familie und Frauen des Landes Rheinland-Pfalz). Mainz

Heidack, C. (Hrsg.) (1989/1993). Lernen der Zukunft – Kooperative Selbstqualifikation, die effektivste Form der Aus und Weiterbildung im Betrieb. München

Heidack, C. (1995). Qualifikation und Qualität – Effektivität der Kooperativen Selbstqualifikation als geistig-soziale Wertschöpfung. In: ders. (Hrsg.). Arbeitsstrukturen im Umbruch. FS für Friedrich Fürstenberg. München/Mering

Kettschau, I. (1995). Die Familie, ihre Leistung und die fehlende Anerkennung – Familie als qualifikations- und wertevermittelnde Institution – Erfahrungswissen aus Familienarbeit – vergeudeter Reichtum. In: Anerkennung von Familienqualifikation in Ausbildung und Erwerbsarbeit. Ein Diskussionsprozess. München

Kirchhöfer, D. (2000). Informelles Lernen in alltäglichen Lebensführungen. Chance für berufliche Kompetenzentwicklung. Berlin (= QUEM-report Heft 66)

Költzsch Ruch, K.(1997). Familienkompetenzen – Rüstzeug für den Arbeitsmarkt. Eine Arbeitspsychologische Untersuchung zum Qualifizierungspotenzial der Familien- und Hausarbeit für die Berufswelt. Köniz

Straka, G. A. ( 2000). Lernen unter informellen Bedingungen (informelles Lernen) – Begriffsbestimmung, Diskussion in Deutschland, Evaluation und Desiderate. In: Arbeitsgemeinschaft Qualifikations-Entwicklungs-Management-QUEM (Hrsg.): Kompetenzentwicklung 2000. Lernen im Wandel – Wandel durch Lernen. Münster u.a., S. 15ff.

Thömmes, J. & Kop H.-L. (2000). Der bilan de compétences in Frankreich: ein eigenständiges eignungsdiagnostisches Instrument der Potentialbeurteilung. In: L. von Rosenstiel & T. Lang-von Wins (Hrsg.) 2000: Perspektiven der Potenzialbeurteilung. Göttingen

Trier, M. (1998). Erhalt und Entwicklung von Kompetenz in einer sich wandelnden Gesellschaft durch Tätigkeit und Lernen im sozialen Umfeld. In: Arbeitsgemeinschaft Qualifikations-Entwicklungs-Management-QUEM (Hrsg.): Kompetenzentwicklung '98 – Forschungsstand und Forschungsperspektiven. Münster u.a.

Vollmer, M. (1997). Familienkompetenzen in der betrieblichen Praxis. 1: Bei Bewerbungen. 2: Bei Personalentscheidungen, hrsg. vom Bayerischen Staatsministerium für Arbeit und Sozialordnung, Familie, Frauen und Gesundheit. München

Winter, R. & Krell, G. (1997). Aufwertung von Frauentätigkeiten. Ein Gutachten der Gewerkschaft Öffentliche Dienste, Transport und Verkehr. Stuttgart

Zierau, J.; Völkening, G.; Glade, A. & Gnahs, D. (1991). Möglichkeiten zur aus- und fortbildungsverkürzenden Anerkennung von Familientätigkeit. (Schriftenreihe des Bundesministers für Frauen und Jugend, Band 2) Hannover

# Qualipass – Dokumentation der persönlichen und fachlichen Kompetenzen

## Pia Gerber

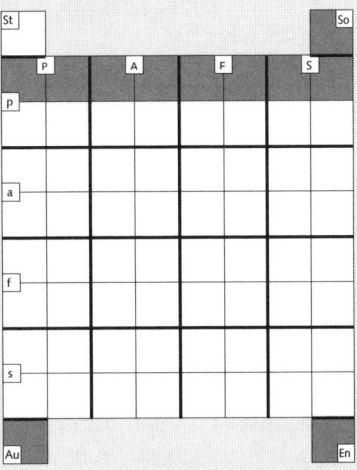

## Rasterdarstellung

### Schlagworte

Beschreibung praktischer Tätigkeiten; Bewertung praktischer Tätigkeiten; Engagement; Kompetenzgewinn; Praxiserfahrungen; Stärken Jugendlicher (12-18 Jahre); Stärken junger Erwachsener (18- 25 Jahre); Vermittlungschancen

### Entwickler

Freudenberg Stiftung Weinheim in Zusammenarbeit mit dem Ministerium für Kultus, Jugend und Sport Baden-Württemberg

### Kompetenzbegriff

Unabhängig vom spezifischen Kontext und der konkreten Aufgabenstellung vorhandene Einheit von Haltung, Wissen und Können

### Zielstellungen

- Dokumentation der Praxiserfahrungen und des Kompetenzgewinns
- Anerkennung der Leistungs- und Kompetenzvielfalt Jugendlicher
- Verbesserung der (Berufs-)Wegeplanung und Profilbildung
- Förderung der Engagementbereitschaft und Selbstorganisation junger Menschen

- Reflexion und Auswertung der Praxiserfahrung mit Unterstützung selbst gewählter Coaches
- Verbesserung der Vermittlungschancen in geeignete Ausbildung, Qualifizierung und Arbeit

**Theoretische Grundlagen**
- Memorandum des Forums Jugend-Bildung-Arbeit
- Europaweite Diskussion um Anerkennung informell erworbener Kompetenzen (CEDEFOP)
- Konzept einer Kultur der Anerkennung
- Coaching/Mentoring-Ansätze

**Methodologische Einordnung**
Beim Qualipass handelt es sich nicht um ein wissenschaftlich entwickeltes Messverfahren im engeren Sinne, sondern um eine breit anwendbare, sehr einfach gestaltete Dokumentation von Praxiserfahrungen und Kompetenzgewinn Jugendlicher in Verbindung mit dem Aufbau von Feedbackbeziehungen zu freiwilligen Coaches.

**Einschätzung der Gütekriterien**
Da bei der Entwicklung des Instruments auf objektive Qualitätsstandards und valide Messskalen für den Dokumentationsprozess verzichtet wurde, ist der Qualipass eine subjektive Beschreibung und Wahrnehmung von Tätigkeiten und Kompetenzgewinnen aus der Sicht von Praxisstellen und muss seine Verwertbarkeit auf Grund der erst gestarteten landesweiten Einführung (November 2001) des nach der Auswertung der Pilotphase veränderten Passes am Markt beweisen. Ergebnisse der nächsten Evaluationsrunde werden Ende 2002 vorliegen. Ein leicht sichtbares Erfolgskriterium wäre, wenn mindestens die Hälfte aller beteiligten Jugendlichen unter der Rubrik »Meine persönliche Beraterin/ Mein persönlicher Berater« einen Eintrag hätte.

**Fehler- und Problemkritik**
Als nicht praktikabel haben sich in der Pilotphase Skalen zur Selbsteinschätzung für Jugendliche erwiesen; sie waren damit größtenteils überfordert. Problematisch ist auch die Sicherstellung einer guten Begleitung bei der Einführung des Passes in der Breite, wenn er nicht auf ein bürokratisches Dokumentationsinstrument reduziert werden soll, sondern das Konzept einer Kultur der Anerkennung, die Stärkung der Selbstorganisation von Jugendlichen und die Partnerschaft zu Coaches einbezogen werden.

**Ablauf des Messprozesses**

*Räumliche Voraussetzungen*
In Baden-Württemberg koordinieren Regionale Jugendagenturen die örtliche Einführung und organisieren die Ausgabe und Begleitung des Passes in Zusammenarbeit mit der Berufsberatung an Schulen, in Vereinen und Projekten. Der Pass wird bislang kostenlos an Jugendliche ab Klassenstufe 7 ausgegeben, die selbst-

verantwortlich für die Dokumentation ihrer Tätigkeitsvielfalt in Form von Praktika, Vereinsmitarbeit, Schülerinitiativen, Auslandsaufenthalten, Nachbarschaftshilfe, eigene Erfindungen etc. sind. Eine landesweit arbeitende Servicestelle bietet didaktische Materialien zur Anwendung, Beratung vor Ort, Unterstützung bei der Öffentlichkeitsarbeit und Vernetzung der Jugendagenturen zum Thema Qualipass. Über Internet können Tätigkeitsnachweise und Hintergrundinformationen heruntergeladen und per PC bearbeitet werden.

*Personale Voraussetzungen*
Beschrieben und bewertet werden die Praxistätigkeiten von Funktionsträgern in Betrieben, Vereinen, Institutionen, die Verantwortung für die Anleitung von Jugendlichen und jungen Erwachsenen tragen. Die Dokumentation einer praktischen Tätigkeit im Qualipass erfordert lediglich die Fähigkeit zur genauen Beobachtung, Beschreibung und wertschätzenden Wahrnehmung.

*Technische Voraussetzungen*
Schriftliche Dokumentation des Fähigkeitsprofils bei der Übernahme einer praktischen Tätigkeit durch Jugendliche.

**Referenzen**
Konzeptionell und finanziell mitgetragen wird der Pass vom Landesarbeitsamt Baden-Württemberg; unterstützt wird er von den regionalen Kammern, Wohlfahrts- und Sportverbänden sowie der Initiative für Beschäftigung. Der Qualipass wurde noch während der laufenden Pilotphase vom Land Mecklenburg-Vorpommern in leicht abgewandelter Form übernommen. Eingeflossen ist er ebenfalls in Teil 3 des Berufswahlpasses des bmb+f Programms Schule-Wirtschaft-Arbeitsleben. Derzeit gibt es Übertragungsanfragen nach Nordrhein-Westfalen und Schleswig-Holstein.

## Das Projekt Qualipass

Auf dem Weg von der Erfahrung zur Kompetenz ist der Qualipass als Anerken-
nungs- und Coachinginstrument für Jugendliche konzipiert. Das Projekt Qualipass
wird im Folgenden etwas umfassender dargestellt und die Funktionen des Passes
in Anerkennungs- und Coachingprozessen diskutiert.

### Ergebnisse der Pilotphase

Der Qualipass ist eine Dokumentenmappe für Jugendliche und junge Erwachsene
von 12 bis 25 Jahren, in der praktische Erfahrungen und der damit verbundene
Kompetenzgewinn gesammelt werden (www.qualipass.info). Neben den unterschiedlichen Lernstationen und Stärken, die Jugendliche durch Praktika, Vereinsmitarbeit, Schülerinitiativen, Auslandsaufenthalte, Nachbarschaftshilfe, eigene Erfindungen oder vergleichbare Tätigkeiten erworben haben, wird auch der Begleitprozess
durch persönliche Beraterinnen und Berater festgehalten. Entwickelt wurde das
Instrument von der Freudenberg Stiftung in Zusammenarbeit mit dem Ministerium
für Kultus, Jugend und Sport Baden-Württemberg. Unterstützt wird das Projekt seit
Herbst 2001 vom Landesarbeitsamt Baden-Württemberg sowie von den regionalen
Kammern, Wohlfahrts-, Sport- und Jugendverbänden. Im April 2000 haben die Initiatoren das Pilotprojekt Qualipass gestartet. Ziel der Ende Mai 2001 abgeschlos-
senen Pilotphase war, am Beispiel von drei Testregionen in Baden-Württemberg
herauszufinden, ob und wie sich der Qualipass als Mittel zur Anerkennung des
vielfältigen Engagements sowie zur Erweiterung der Vermittlungschancen in eine
geeignete Ausbildung, Arbeit, Existenzgründung oder Weiterbildung für Jugendliche und junge Erwachsene eignet. Beteiligt an der Erprobung waren insgesamt
etwa 150 Jugendliche aus einer Hauptschule, einem Gymnasium, zwei Berufsschulen, einem Sportverein, einer Flüchtlingshilfeinitiative, zwei Beschäftigungsprojek-
ten und einer öffentlichen Jugendhilfemaßnahme. Die eingesetzten Qualipässe enthalten Eintragungen über betriebliche Praktika, die Mitwirkung als Betreuende bei
Ferienfreizeiten oder Hausaufgabenhilfe, Mitwirkung in einem Judoclub, ehren-
amtliche Einzelbegleitung Behinderter, unbezahlte Mehrarbeit in einer Computer-
firma und vieles mehr.

Die Gesamtauswertung aller systematisch erhobenen Rückmeldungen sowie der
Einzel- und Fokusgruppengespräche kann in folgenden Aussagen zusammengefasst werden:
- Der Qualipass trifft nach umfassender Information über die Einsatzmöglichkeiten
  auf breite Zustimmung bei Jugendlichen, Betrieben und bei Wegbegleiter/innen
  der Jugendlichen in Schule, Jugendhilfe und Vereinen. Die positive Resonanz
  hat gezeigt, dass der Qualipass mehrfache Funktionslücken füllen kann: Eine
  Hilfe für das berufsbezogene Coaching durch fortlaufende Dokumentation und
  Auswertung der Praxiserfahrungen, Begleitinstrument zum Aufbau systematisch

abgestimmter Lernstationen für Jugendliche, Motivationsquelle für Jugendliche, sich frühzeitig mit Berufswegen auseinander zu setzen und Praxiserfahrungen zu sammeln sowie Instrument einer Kultur der Anerkennung und Rückmeldung vorhandener Stärken von Jugendlichen. Betriebe und Institutionen profitieren vom Qualipass, indem sie einerseits Praxiserfahrungen von Jugendlichen selbst besser dokumentieren können und zugleich bei der Suche nach geeigneten Auszubildenden Einblicke in das breite Erfahrungsspektrum von Bewerber/innen erhalten. Letzteres erwies sich besonders für klein- und mittelständische Betriebe als hilfreich.

- Der Qualipass bedarf einer intensiven und möglichst frühzeitigen Begleitung durch persönliche, von den Jugendlichen selbst gewählten Beraterinnen und Berater. Erst die gemeinsame Reflexion mit Jugendlichen macht ihre Praxiserfahrungen bedeutsam und verwertbar. Coaches können Freunde des Elternhauses, Lehrer, Vertrauenspersonen aus Vereinen, Betrieben, Arbeitsverwaltung oder Jugendhilfe sein. Je ernster die Coaches selbst die unterschiedlichen Lernerfahrungen nehmen und mit den Jugendlichen auf ihre Bedeutsamkeit für das eigene Interessensprofil und eine darauf bezogene Berufswahl sprechen, desto mehr sind Jugendliche motiviert, den Pass als Instrument der Selbstorganisation und Wegeplanung zu nutzen.

- Der Qualipass wirkt als Lackmustest für die Qualität der Zusammenarbeit von Schule, Jugendhilfe, Arbeitsverwaltung und außerschulischen Praxisorten: Je intensiver die Zusammenarbeit zwischen den Beteiligten ist, desto besser ist es gelungen, den Qualipass einzuführen und einzusetzen. Ein intensiver Dialog zwischen den Partnern ist nötig, um zu einer Neubewertung der Leistungen und Stärken, aber auch der betrieblichen Anforderungen zu gelangen.

- Der Qualipass bedarf einer einheitlichen Ausgestaltung, einfachen Handhabbarkeit und einer Unterstützungsstruktur für die Einführung. Seine volle Wirkung kann dieses Instrument erst entfalten, wenn es eine allgemeingültige Verbindlichkeit erreicht und über regionale Grenzen hinweg von Praxisstellen und Betrieben gekannt, genutzt und weiterentwickelt wird.

## Kontext und Hintergrund des Qualipassprojekts

Die Diskussion um einen Bildungspass ist in der Bundesrepublik mehr als 25 Jahre alt. Bereits 1974 wurde zu einer Zeit über die Einführung eines Portfolios nachgedacht, als die Externenprüfung sowie die Sonderbegabtenprüfung in das westdeutsche Berufsbildungssystem eingeführt wurden. Seit einigen Jahren wird in unterschiedlichen Formen eine breite Dokumentation erworbener Kompetenzen diskutiert. Auf europäischer Ebene wurde mit dem EU-Ministerratsbeschluss vom Dezember 1998 die Einführung des EuroPasses ab 1. Januar 2000 beschlossen, der die Ableistung von Auslandsaufenthalten in anerkannten Ausbildungsbetrieben sowie deren wechselseitige Anerkennung dokumentieren soll. Für Auszubildende wurde damit die Möglichkeit geschaffen, ausgewählte Teile der Lehre in einem europäischen Nachbarland zu machen. Demgegenüber wurde mit der Entwicklung der Personal Skills Card (PSC) ein europäisches System zur Anerkennung von Fähigkeiten anvisiert, unabhängig davon, an welchem Lernort diese Fähigkeiten erworben wurden. Beabsichtigt war dabei eine standardisierbare Vorlage, in die Kernwissensbereiche, berufliche und fachspezifische Kenntnisse sowie Schlüsselfähigkeiten eingetragen werden können. Die Einführung einer PSC ist in über 30 transnationalen Projekten der EU-Kommission bearbeitet worden (CEDEFOP 1997; Der Qualifizierungspaß 1997). Diese Spannweite ist symptomatisch für die Ausprägung unterschiedlicher Kenntnis- bzw. Fähigkeitsnachweissysteme: von der Dokumentation und Anerkennung berufslaufbahnrelevanter Bausteine bis hin zur Sammlung und Bewertung informell erworbener Kompetenzbereiche. Beiden Polen zugrunde liegt jedoch eine Aufweichung und Neubewertung eingleisiger Wege in und durch das Arbeits-/Berufsleben, die positiv betrachtet mit der Devise »Umwege erweitern die Berufskenntnisse« und negativ mit »Krise der Arbeitsgesellschaft« sowie traditioneller Berufsbildung zusammenhängen. Weichere Instrumente, die stärker der Sichtbarmachung informell erworbener Kompetenzen von Jugendlichen und Erwachsenen dienen, verzichten auf objektivierbare Messskalen und basieren auf einer subjektiv gehaltenen Beschreibung von Praxistätigkeiten und Kompetenzen, die dabei wahrgenommen oder entwickelt wurden. Hierzu gehören auch Nachweishefte für ehrenamtliches Engagement, wie sie z.B. der BDKJ Mainz nach einer Befragung von 70 Unternehmen hinsichtlich relevanter Schlüsselqualifikationen entwickelt hat. Aber auch der Berufseintrittspass – kurz Beipass – des Landkreises Osnabrück, das Tu Was-Tagebuch der Stadt Nürtingen, die Qualibox der Berufs- und Bildungsinformation Voralberg, das dänische Logbuch als Instrument zur Dokumentation von Lernstationen Jugendlicher sowie das sehr ausgefeilte Verfahren des Schweizerischen Qualifikationshandbuches lassen sich darunter verorten. Ziel dieses Qualifikationshandbuches (CH-Q) ist es, das häufig verborgene persönliche und berufliche Potenzial, über das Jugendliche und Erwachsene verfügen, darstellbar zu machen und so Anerkennung in Ausbildung und Beruf zu erreichen.

Für das Kultusministerium Baden-Württemberg und die Freudenberg Stiftung war es wichtig, ein Instrument zu entwickeln und zu testen, das beide Funktionen erfüllen kann: Unterstützung der Persönlichkeitsentwicklung und zugleich der Berufseinmündung von Jugendlichen. So dokumentiert der Qualipass Praxiserfahrungen in der Jugendarbeit, in der Freiwilligenarbeit in den Bereichen Kultur, Soziales und Sport, aber auch berufsnahe Tätigkeiten wie Praktika, Aushilfsjobs, Schülerfirma, Sprachkurse oder Seminare. Jugendliche engagieren sich in vielen Feldern, das hat auch die Shell-Studie 1998 deutlich gemacht. Konzeptionelle Grundlage für die Freudenberg Stiftung war das Memorandum »Wege aus der Ausbildungskrise« des Forums Jugend-Bildung-Arbeit. Das von der Stiftung unterstützte Gremium sachverständiger Wissenschaftler/innen, Praktiker/innen, Wirtschafts- und Verwaltungsexperten erarbeitete zwanzig Empfehlungen zur Bewältigung der Ausbildungskrise, die als Handlungskatalog 1998 an den damaligen Bundespräsidenten Herzog überreicht wurden. Die Anerkennung von Teilqualifikationen wird darin als notwendige Veränderung gefordert. Dahinter stand die Absicht, die Summe erworbener Teilqualifikationen innerhalb des Ausbildungssystems verwertbar zu machen (Flitner et al. 1999).

# Der Qualipass als Anerkennungs- und Coachinginstrument

## Anerkennung als Voraussetzung der Kompetenzentwicklung

Jugendliche – und nicht nur sie – brauchen ein Klima des Wahrgenommen-, Gewollt-, Geschätzt- und Gefordertsein, um ihre Fähigkeiten zu entwickeln, neue Erfahrungen zu wagen, die Vielfalt ihres Erfahrungsspektrums zu zeigen und an Herausforderungen sowie Misserfolgen zu wachsen. Die hier vertretene These ist, dass der Qualipass als Instrument einer Anerkennungskultur wirken kann, indem er das Fähigkeitsspektrum und das Engagement von Jugendlichen in seiner ganzen Breite und Unterschiedlichkeit sichtbar würdigt. Voraussetzung hierfür ist eine Haltung der Wertschätzung auf Seiten derer, die die Praxisleistungen von Jugendlichen ermöglichen, beschreiben und bewerten. Als Basis und Maßstab einer Kultur der Anerkennung dient Axel Honneths Anerkennungskonzept. Honneth (1992) hat gezeigt, dass Individuen eine gelingende Identitätsentwicklung – und damit auch eine erfolgreiche Kompetenzentwicklung – nur möglich ist, wenn sie drei aufeinander aufbauende Formen wechselseitiger Anerkennung erfahren: emotionale Anerkennung, moralische Anerkennung als rechtlich Gleiche und individuelle Anerkennung der eigenen Leistungen und Fähigkeiten. Honneth nennt diese Anerkennungsebenen schlicht Liebe, Recht und Wertschätzung. Wenngleich das Bedürfnis nach Liebe als grundlegende Anerkennungsform in professionellen oder semiprofessionellen Beziehungen zu Recht nur einen untergeordneten Stellenwert hat, so hat doch Vertrauen zu den Lehrenden eine zentrale Bedeutung für den Lernerfolg und die Entfaltung von Jugendlichen. Um so entscheidender ist die Rolle des Coaches als persönlicher Vertrauensperson, mit der Jugendliche Erfahrungen und Selbsteinschätzungen in einem ermutigenden Klima besprechen können. Der Qualipass ist hier Vehikel und Hilfsmittel für das persönliche Gespräch über Eignung, Neigung und Entwicklungschancen von jungen Menschen.

Auf der zweiten Ebene der Anerkennung steht die Zubilligung gleicher Rechte und Zugangschancen im Mittelpunkt. Deswegen haben die Projektinitiatoren von Anfang an Wert darauf gelegt, dass der Qualipass weder zum Auszeichnungs- noch zum Stigmatisierungsinstrument wird. Gewollt und initiiert ist eine möglichst optimale Verwendung des Passes durch Jugendliche aller Schultypen ab Klassenstufe sieben. Um sicherzustellen, dass Eltern aus verschiedenen Herkunftsländern die Nutzung des Passes durch ihr Kind gut begleiten können, gibt es Elterninformationen in sieben Sprachen. Eine landesweite Servicestelle ermöglicht, dass Jugendliche bei der Einführung und Verwendung des Instruments Unterstützung erfahren.

Auf der dritten Ebene der Anerkennung, der Wertschätzung, geht es um die positive Wahrnehmung des individuell besonderen Beitrags durch lebensgeschichtlich erworbene Eigenschaften und Fähigkeiten der Einzelnen, die sich in modernen Arbeitsgesellschaften meist über die Qualität der eigenen Erwerbsbeteiligung oder bei Jugendlichen über die Schulleistung definiert. Jugendliche können durch einen gut vermittelten Qualipass Wertschätzung für unterschiedlichste Tätigkeiten und Kompetenzen erfahren und werden bei ihrer Kompetenzwahrnehmung nicht auf Schulnoten reduziert. Von der Tätigkeit im Moscheeverein, Mitwirkung in einer Schülerfirma, Übernahme einer Funktion als Streitschlichter bishin zur eigenen Erfindung im Hobbykeller oder erlaubtem Sprayen kann auf Wunsch der Jugendlichen dokumentiert werden, was für die individuelle Kompetenzentwicklung von Bedeutung ist.

## Der Qualipass als Coachinginstrument

Die zweite These ist, dass Erfahrung erst durch Reflexion zur kommunizierbaren Kompetenz wird. Für diesen Reflexionsprozess brauchen Jugendliche erwachsene Partnerinnen und Partner, selbst gewählte Coaches mit Kenntnissen beruflicher Realität und der Fähigkeit zum Zuhören und Spiegeln. Dieses Coaching versteht sich als persönlicher Dialog zwischen Jugendlichem und einem bewusstseinsfördernden Feedback-Partner, der Entwicklungsprozesse durch verbesserte Selbstwahrnehmung auslöst (Fallner & Pohl 2001). Ein wertschätzend geführter Dialog ermöglicht auch die Spurensuche nach bislang verborgenen Talenten und Erfahrungen und erleichtert jungen Menschen, den zu ihnen und den beruflichen Anforderungen passenden Weg zu finden. Das Besprechen von Eintragungen im Qualipass hilft Jugendlichen, ihr Stärkenprofil besser zu erkennen, notwendige Praxisstationen gezielter zu planen und sich realistischer zu bewerben. Ziel des Qualipassprojektes ist, für dieses nicht berufsgebundene Coachingkonzept zu werben und regional freiwillige Coaches mit möglichst unterschiedlichem (berufs-)biographischem Hintergrund zu qualifizieren. Ein erster Schritt ist ein Fachgespräch, ein darauf aufbauender Leitfaden sowie ein Fortbildungskonzept zum Thema »Was ist gutes Coaching und Mentoring mit Jugendlichen?«. Nur in Verbindung mit einem Coachingkonzept wird der Qualipass zu einem innovativen Instrument.

## Praxisnutzen und -grenzen des Qualipasses

Der Qualipass mit bislang landesweiter Reichweite ist bewusst ein weiches und vielseitig einsetzbares Instrument zur Dokumentation der Erfahrungsbereiche und Kompetenzentwicklung junger Menschen. Im Pilotprojekt noch enthalten war eine qualitative Skala zur Selbsteinschätzung der Jugendlichen über ihren eigenen Kompetenzgewinn durch die jeweilige Praxiserfahrung sowie die Aussicht auf eine strukturelle Ergänzung des Passes durch Kompetenzbilanzzentren, die zur formalen Anerkennung von Teilqualifikationen führen sollten. Diskutiert wurden ebenfalls operationalisierte Kompetenzfelder mit angebbaren Abstufungen zur verlässlichen, übertragbaren Aussagekraft der Bewertung. Diese Optionen erwiesen sich als nicht konsensfähig bzw. nicht umsetzbar. Die Entscheidung fiel zugunsten eines breitenwirksamen, leicht einsetzbaren Instrument unter Akzeptanz subjektiver Einschätzungen. Die derzeit vorliegende Dokumentenmappe, von der inzwischen ca. 70.000 an Jugendliche in Baden-Württemberg ausgegeben wurden, enthält dementsprechend neben Kerndaten lediglich die Beschreibung der Tätigkeitsschwerpunkte und der Stärken, die sich bei der Wahrnehmung der Aufgaben aus Sicht der Praxisstelle gezeigt haben. D.h. beschrieben und bewertet wird durch die Verantwortlichen für das Projekt, in dem Jugendliche eine praktische Tätigkeit verrichten. Nachfolgende Beispiele verdeutlichen die Aussagefähigkeit und -grenzen des Qualipasses.

Katharina, 16jährige Mitarbeitern in einer Flüchtlingshilfegruppe, hat z.B. folgende Eintragung: »Katharina half ein Jahr lang bei zwei Grundschulkindern libanesischer Herkunft einmal pro Woche bei den Hausaufgaben. Der Unterricht fand zu Hause bei der Familie statt. Sie hat gelernt sich auf die sprachlichen Voraussetzungen der Kinder einzustellen und auch komplizierte Sachverhalte entsprechend zu vermitteln«. Als besondere Fähigkeiten stehen in Katharinas Qualipass: »Interkulturelle Sensibilität, Zuverlässigkeit, Ausdauer und Verantwortungsbewusstsein«.

Angelique, 17 Jahre, arbeitete während ihres schulischen Praktikums eine Woche lang bei einem Kinder- und Jugendtheater. Schwerpunkte während des Praktikums waren »Arbeiten mit Farben: Anwendung von Stoffmalfarbe, Ausarbeitung eines Musters und dessen Auftragung sowie das Mischen von Farben, Bemalung von Holz mit Acrylfarbe, Holzarbeiten, Arbeiten mit Nadel und Faden, Ansehen der Inszenierungen, Auseinandersetzung und Nachbereitung der Beobachtungen«. Unter erworbenen Kenntnissen wird Angelique bescheinigt: »Einblick in den Tagesablauf eines Kinder- und Jugendtheaters in verschiedenen Bereichen: Requisite, Theaterpädagogik, Maske, Vorstellungsdienste«. Besonders aufgefallen ist der Praktikumsbetreuerin das kreative, ordentliche und genaue Ausführen der aufgetragenen Arbeiten, Pünktlichkeit, Sorgfalt im Umgang mit Werkzeugen und Materialien«.

Gezeigt hat sich in der bisherigen Erprobung, dass es bestimmter Voraussetzungen für die Begleitung bedarf, um den optimalen Nutzen für Jugendliche und junge Erwachsene sicher zu stellen. Dazu gehört eine verzahnte Infrastruktur aller Institutionen, die sich um die Persönlichkeitsentwicklung und berufliche Integration von Jugendlichen bemühen. Notwendig ist eine Koordination aller Bemühungen durch eine zentrale Servicestelle mit den Aufgaben der Materialentwicklung, Öffentlichkeitsarbeit, örtlicher Beratung und Austausch. Dadurch werden Erfahrungen gebündelt und Verbesserungsvorschläge zur Weiterentwicklung in veränderte Praxis umgesetzt. Hilfreich ist eine kontinuierliche Evaluation, insbesondere in Form von Gruppengesprächen mit den Zielgruppen des Passes. Die Vorbereitung und Qualifizierung freiwilliger Coaches ist die derzeit anspruchsvollste Aufgabe, an der noch gearbeitet wird, da Mentoring und Coaching durch Freiwillige kein selbstverständlicher Bestandteil der bundesdeutschen Berufsbildungskultur sind.

Der Qualipass ist in die Konzeption des Berufswahlpasses des bmb + f Programms Schule-Wirtschaft-Arbeitsleben eingeflossen. Bundesweit ist das Instrument auf breites Interesse gestoßen, sei es aus dem Bereich der Freiwilligenarbeit oder im Kontext der berufsbezogenen Anerkennung informell erworbener Kompetenzen. Gegenwärtig bemühen sich Institutionen aus verschiedenen Bundesländern um die Übertragung. Dazu gehört z.B. die Schülervertretung des Landes Schleswig-Holstein. Bereits jetzt können alle Dokumente, Faltblätter sowie eine CD-ROM mit zusätzlichen didaktischen Hinweisen über Internet oder direkt von der Servicestelle in Anspruch genommen. Für den Transfer des titelgeschützten Gesamtprojektes unter veränderter Herausgeberschaft sind bereits technische Lösungen entwickelt worden.

## Literaturverzeichnis

BBJ SERVIS GmbH, (Hrsg.) (1997). Der Qualifizierungspass, Zertifizierungsinstrument für modulare Nachqualifizierungssysteme. Berlin

Bund der Katholischen Jugend im Bistum Mainz, Referat Jugendverbandsinitiative (1998). Nachweis für ehrenamtliches Engagement. Mainz

Bayerisches Staatsministerium für Arbeit und Sozialordnung, Familie, Frauen und Gesundheit (1997). Familienkompetenzen in der betrieblichen Praxis. München

CEDEFOP (1997). Ermittlung und Validierung von früher bzw. nicht formell erworbenen Kenntnissen, Diskussionspapier. Thessaloniki

CEDEFOP (1999). Ausbildung im gesellschaftlichen Wandel, Ein Bericht zum aktuellen Stand der Berufsbildungsforschung in Europa. Thessaloniki

CEDEFOP (2000). Ermittlung, Bewertung und Anerkennung nicht formal erworbener Kompetenzen in Europa, Lernen sichtbar machen. Thessaloniki

Dede, I. (1999). Qualifizierungspass: Eine Chance für Un- und Angelernte. In: Durchblick 2/99. Zeitschrift für Ausbildung, Weiterbildung und berufliche Integration der Heidelberger Instituts Beruf und Arbeit. Heidelberg

Egle, F. & Bens, W. (2001). Talentmarketing. Strategien für Job-Search und Selbstvermarktung. Wiesbaden

Fallner, H. & Pohl, M. (2001). Coaching mit System, Die Kunst nachhaltiger Beratung. Opladen

Flitner, A.; Petry, C. & Richter, I., (Hrsg.) (1998). Wege aus der Ausbildungskrise. Opladen

Gerber, P. (2001). Ergebnisbericht der Pilotphase zur Einführung des Qualipasses in Baden-Württemberg. Weinheim: Freudenberg Stiftung

Heidelberger Institut Beruf und Arbeit GmbH, Transfer Ausgabe I/II 2000. Assessment-Center in der Praxis

Honneth, A. (1992). Kampf um Anerkennung. Zur moralischen Grammatik sozialer Konflikte. Frankfurt am Main

Richter, I. & Sardei-Biermann, S., (Hrsg.) (2000). Jugendarbeitslosigkeit, Ausbildungs- und Beschäftigungsprogramme in Europa. Opladen

# Übergreifende Kompetenzgitter

# KODE® – Kompetenz-Diagnostik und -Entwicklung

## John Erpenbeck

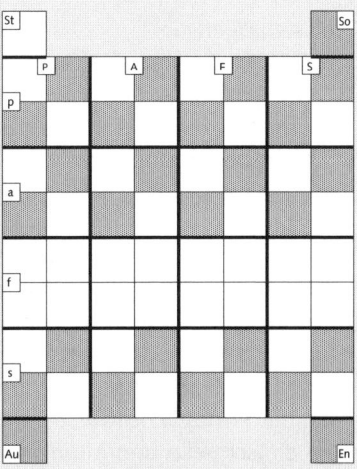

## Rasterdarstellung

### Schlagworte

Assessment; Fremdbeurteilung; Grundkompetenzen; Ideale; Kompetenzentwicklung; Kontrollparameter; Normen; Ordnungsparameter (Ordner); Personalwirtschaft; Regeln; Selbstbeurteilung; Selbstorganisation; Selbstorganisationsdispositionen; Werte

### Entwickler

Prof. Dr. John Erpenbeck, Prof. Dr. Volker Heyse, Horst Max, A·C·T Audit Coaching Training, Regensburg

### Kompetenzdefinition

Kompetenzen sind Dispositionen zur Selbstorganisation menschlichen Handelns, das kreative Denkhandeln eingeschlossen; sie sind Selbstorganisationsdispositionen. Kompetenzbestimmungen bringen, im Unterschied zu anderen Konstrukten wie Fertigkeiten (skills), Wissen, Qualifikationen usw. die als Dispositionen vorhandenen Selbstorganisationsfähigkeiten des konkreten Individuums auf den Begriff. Während jene jedoch direkt prüfbar sind, lassen sich Kompetenzen nur aus der Realisierung der Dispositionen, aus dem aktuellen Handeln, aus der Performanz rückblickend erschließen - insbesondere bei der schöpferischen Bewältigung neuer, nicht routinemäßiger Anforderungen. Kompetenzen können Erfahrungen, Fähigkeiten, Willenskomponenten, Wissen und Werte beinhalten – aber sie lassen sich nicht darauf reduzieren, sondern schließen sie in verfügungs- und handlungsrelevante Beziehungen ein. Kompetenzen werden von Wissen fundiert, durch Werte konstituiert, als Fähigkeiten disponiert, durch Erfahrungen konsolidiert, auf Grund von Willen realisiert. Selbstorganisierte Handlungsfähigkeit ist der Zielpunkt jeder Kompetenzentwicklung.

## Zielstellungen

KODE® ermittelt das Ausprägungsverhältnis der Grundkompetenzen einer Person (personale, aktivitätsbezogene, fachlich-methodische, sozial-kommunikative Kompetenzen) – einmal unter »normalen«, unproblematischen Arbeits- und/oder Lebensbedingungen, einmal unter besonders fordernden, auch belastenden Bedingungen wie Stress, Problemdruck, Konflikt. Beides kann in Form von Selbst- oder Fremdbeurteilungen geschehen. Kompetenzen werden dabei immer als etwas Positives betrachtet: Es gibt keine negativen Kompetenzen, sondern nur unterschiedlich positive Ausprägungsgrade.

Zusätzlich werden die Ausprägungen der Grundkompetenzen in Bezug auf – entweder selbst- oder fremdbeurteilte – ideale Ansprüche, reale Handlungsabsichten, konkrete Handlungsweisen und verwirklichte Handlungsresultate verglichen.

Damit ermöglicht KODE®

- die schnelle und intensive Verortung eines individuellen Kompetenzspektrums;
- die Bestimmung von zu fördernden, aber auch übertrieben starken Kompetenzbereichen;
- die Überprüfung der Belastungsfähigkeit des individuellen Kompetenzgefüges unter Problembedingungen;
- die Ermittlung von Umsetzungsproblemen der Selbstorganisationsdispositionen in geistige oder gegenständliche Handlungsergebnisse, insbesondere bei Differenzen zwischen Handlungsidealen und -absichten einerseits und den Prozessen und Resultaten ihrer Verwirklichung andererseits;
- die Weiterentwicklung vorhandener, die Entwicklung neuer, den Ausgleich stark differierender und die Dämpfung »überzogener« Kompetenzen.

## Theoretische Grundlagen

Dem KODE® - System (es umfasst neben den Selbst- und Fremdeinschätzungsmöglichkeiten auf individueller Ebene auch Kompetenzbeurteilungen von Teams und Unternehmen) liegt ein konsequent selbstorganisationstheoretisches Modell, abgeleitet aus Auffassungen der Synergetik (H. Haken 1990) zugrunde. Damit meint Selbstorganisation nicht bloß ein »selbst etwas tun«, sondern einen klar zu umreißenden und zu modellierenden Prozesszusammenhang. Die Kompetenzbegriffe werden so einer aufzählenden Beliebigkeit entrissen und systematisch begründet. Die »Eingriffsmöglichkeiten« in die Kompetenzentwicklung werden ebenso deutlich wie deren Grenzen. Das zu Grunde liegende Modell lässt sich in sehr vereinfachter Form gemäß folgender Abbildung verstehen:

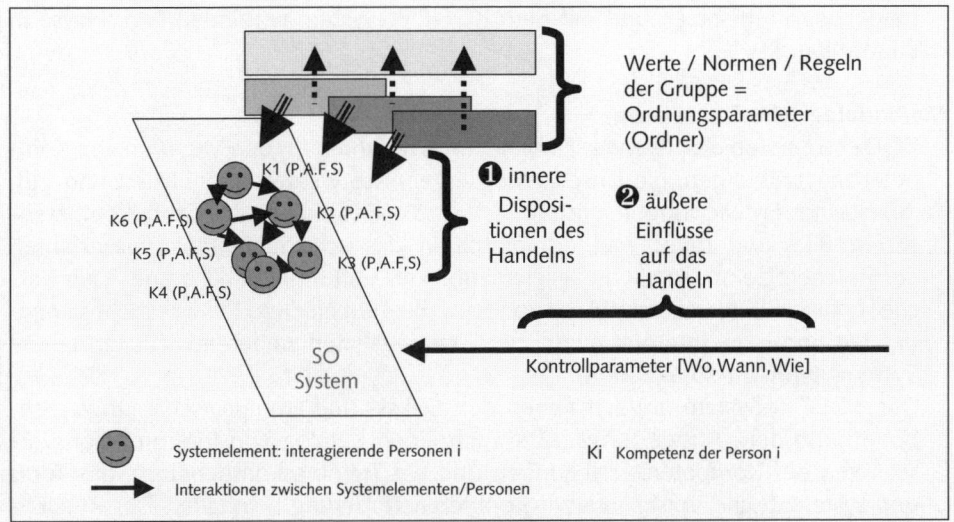

Abb. 1: Kompetenzen (K$_i$) im Selbstorganisationsbild und Einflussmöglichkeiten (1, 2, 3) auf den Selbstorganisationsprozess und die Kompetenzentwicklung

Die Personen K$_1$, K$_2$, ...K$_i$ einer Gruppe oder eines Teams arbeiten in kreativer Weise, selbstorganisiert zusammen an einem zieloffenen Problem. Sie bilden das selbstorganisierte (SO) System. Dessen Erfolg wird 1. durch die Selbstorganisationsdispositionen, die Kompetenzen der Personen (P, A, F, S), 2. durch die äußeren Umstände (Kontrollparameter), 3. durch die Personen vereinende Werte, Normen und Regeln (Ordnungsparameter) beeinflusst. Da sich die Kompetenzen im Handeln (weiter)entwickeln, kann man dieses bewusst zur Kompetenzentwicklung einsetzen. Auch lassen sich die Kontrollparameter variieren, die Kompetenzen trainieren und die Werte und Normen interiorisieren.

Der Einzelne kann – mehr oder weniger aktiv – selbstorganisiert handeln in Bezug auf sich selbst, in Bezug auf seine gegenständliche Umwelt und in Bezug auf andere Menschen. Dem entsprechend findet man die grundlegenden Selbstorganisationsdispositionen:

- sich selbst gegenüber reflektierend und kritisch zu sein, produktive Einstellungen, Werthaltungen und Ideale zu entwickeln (*personale Kompetenzen* P);
- die eigenen Werte und Ideale, Absichten und Ziele aktiv und willensstark umzusetzen (*aktivitäts- und handlungsbezogene Kompetenzen* A);
- mit fachlichem und methodischem Wissen ausgerüstet, offene und unscharfe Sachprobleme schöpferisch zu bewältigen (*Fach- und Methodenkompetenzen* F);
- mit anderen kreativ zu kooperieren und zu kommunizieren (*sozial-kommunikative Kompetenzen* S).

Diese Grundkompetenzen sind die Basis aller anderen, differenzierteren, spezialisierteren Kompetenzen. Sie lassen sich gut in Beziehung zu den gängigen, in Assessments, im Recruitment, generell in der Personalwirtschaft verwendeten Kompetenzbegriffen setzen und mit dem KODE®X-System verbinden (vgl. Heyse in diesem Band).

**Methodologische Einordnung**

KODE® ist ein objektivierendes Einschätzungsverfahren für den Vergleich von Kompetenzausprägungen; die Einschätzungsergebnisse werden quantifiziert und ggf. in zeitlicher Entwicklung verglichen. Es hat die Gesamtheit der Grundkompetenzen im Blick und knüpft methodologisch an klassische Satzergänzungsverfahren der Psychologie an, sowie an Teileelemente  des von Stuart Atkins und Allen Katcher entwickelten, in Deutschland von René Bergermaier und Reiner Czichos angepassten und bzgl. Interpretations- und Trainingshilfen weiterentwickelten LIFO® Systems (von Life Orientation).

Das KODE®- System umfasst neben den Selbst- und Fremdeinschätzungsfragebögen und dem Auswertungsraster auch einen Katalog von Interpretationsvorschlägen der Kompetenzverteilungen und ein Trainingskompendium, das Tools und systematische Vorschläge zur Kompetenzförderung beinhaltet. Das KODE®-System liegt auch in einer PC-Version vor, die eine automatisierte, online betriebene Auswertung gestattet.

Das KODE®-System kann methodisch eingesetzt werden
- für Anforderungsanalysen, Potentialanalysen und Qualifizierungsbedarfsanalysen,
- im Rahmen des Personalrecruitments, bei Personalauswahl- und -einstellungsvorhaben,
- zur Erkennung von High Potentials,
- zur Begleitung von Personalförderung und -entwicklung und zur Ableitung von differenzierten PE-Maßnahmen,
- als Eingangsstufe (»opener«) von Assessments bzw. als Prä- und Posteinschätzung im Rahmen von Lernpotenzial-AC's,
- beim Aufbau bzw. bei der Präzisierung von Beurteilungssystemen,
- als Teil von Kompetenzbilanzierungen und Kompetenzprofilings,
- zur Begleitung von Verhaltens- und Teamtrainings,
- für Anregungen im selbstorganisierten Lernen,
- als Teil von Organisationsentwicklung über die Individualdiagnose hinaus.

Bei der betrieblichen Suche nach High Potentials sowie nach vielseitig und selbstorganisiert handlungsfähigen Mitarbeitern, aber auch bei der Sicherung der Chancengleichheit von Arbeitnehmern, die  ihre Kompetenzen entweder in traditionellen Aus- und Weiterbildungseinrichtigen, oder aber in der betrieblichen und sozialen Praxis erwarben,  hat die Kompetenzmessung eine schnell zunehmende Bedeutung.

**Einschätzung der Gütekriterien**

Das KODE®- System ist im Rahmen von vielfältigen Untersuchungen – vor allem im Rahmen der qualitativen Sozialforschung – entstanden und *nicht* als psychometrischer Test konzipiert. Es baut auf einem differenzierten Kompetenzmodell auf, das sich in der Praxis vielfach als tragend erwiesen hat. Da es einerseits keine vergleichbaren Kompetenzermittlungsverfahren gibt und Kompetenzen mit den *impliziten Erfahrungen* messmethodisch schwer zugängliche Persönlichkeitsaspekte integrieren, können zum Beispiel keine herkömmlichen Tests zum 1:1-Validitätsnachweis einbezogen werden. KODE regt die Befragten zu Entwicklungsschritten an. Das ist der wesentliche Zweck und Wert von KODE. Insofern hat das Konzept »Validität« eine falsche epistemologische Konnation, wenn damit eine »wahre« äußere Abbildung innerer Zustände gemeint wäre.

Dennoch sind Teilaussagen möglich:

*Reliabilität*
Half-split- und Wiederholungs-Reliabilitäten liegen zwischen 0.65 und 0.87. Je mehr allerdings KODE® zur Anregung des bewussten Selbstlernens/Selbsttrainings eingesetzt wird, desto niedriger wird bei Zweitmessungen die Wiederholungsreliabilität in der beeinflussten Kompetenzrichtung. Werden andererseits die 4 Reliabilitätskoeffizienten gemittelt und in einer Wiederholungsreihe die mittleren Koeffizienten verglichen, kann die Reliabilität als »hoch« und testgerecht eingeschätzt werden.

*Objektivität*
Durch eine Vielzahl von Auswertungsanleitungen, Auswertungshilfen, durch ein mehrtägiges Intensivtraining unter Anleitung (als Voraussetzung für den Erwerb der KODE®-Trainer-/Beraterlizenz sowie durch eine zusätzlich bereitgestellte digitale Auswertung (CD) ist die Objektivität hoch.

*Validität*
Einerseits ist die Akzeptanz (soziale Validität) (Schuler 2000: 181-188) bei der Gruppe »anspruchsvolle Personalleiter« und »Top-Berater/-Trainer« sowie bei den Diagnostizierten sehr hoch. Diese hohe Akzeptanz lässt sich auf das zugrunde liegende Stärken-Management zurückführen: Grundsatz ist, dass es keine negativen Kompetenzen gibt; das Verfahren vergleicht »nur« die positiven Ausprägungsgrade der Grundkompetenzen. Als problematisch gilt lediglich ein »Überziehen«, der überstarke Einsatz einer Kompetenz, wobei eine Stärke zur Schwäche wird. Andererseits gibt es in verschiedenen Untersuchungen zu Einzelaspekten der Konstruktvalidität mittlere bis hohe Korrelationen mit den Verfahren Myer-Briggs Type Indicator (MBTI), Eysenck-Skalen Extraversion/Introversion, NEO-FFI, LIFO®. Gegenwärtig (2001-2003) laufen größere Vergleichsuntersuchungen im deutschsprachigen Raum.

## Fehler- und Problemkritik

Die Fehlerabschätzung ergibt sich gemäß den aufgeführten Gütekriterien. Spezifische Probleme ergeben sich, wenn KODE® als Persönlichkeitstest missdeutet und nicht die Einheit von Diagnose *und* Entwicklungsfunktion beachtet wird.

## Ablauf des Messprozesses

KODE® hat einen außerordentlich geringen Zeitbedarf, der im Durchschnitt 25 Minuten kaum übersteigt.

Eingangs wird die Verfahrensinstruktion in standardisierter (dem Fragebogen auch schriftlich vorangestellter) Form in maximal 5 Minuten vorgetragen.

Das – gefordert zügige – Ausfüllen der 120 Items benötigt dann ca. 20 Minuten. Die quantitative Auswertung im dafür vorgesehenen Formblatt braucht kaum mehr als 5 Minuten.

Bei der Laptop-gestützten Auswertung entfällt die Handauswertung, und alle Daten – einschließlich umfassender Interpretations- und Übungsangebote – werden in Echtzeit angeboten und sind ausdruckbereit.

Anschließend können die Ergebnisse in unterschiedlicher Form ausgewertet werden: Entweder werden den Diagnostizierten nur wenige typisierende Hinweise zu ihrer Kompetenzverteilung gegeben (dafür liegt ein entsprechend einsehbares, auch softwaremäßig umgesetztes Interpretationskompendium vor). Oder es werden in Einzel- oder Paargesprächen markante Besonderheiten des jeweils individuellen KODE®-Bildes herausgearbeitet. Oder es wird zu jeder individuellen Kompetenzverteilung mit den Diagnostizierten ein ausführliches 30- bis 60-minütiges Auswertungsgespräch geführt, das auf seine Besonderheiten wie auch auf Verbesserungs- und Trainingsmöglichkeiten hinweist (dafür liegt eine gewichtete Auswahl von Übungsempfehlungen vor). Der Auswertende (Trainer) muss in jedem Fall alle drei Auswertungsformen beherrschen. Auch deshalb wird der Erwerb einer Trainerlizenz vorausgesetzt, um KODE® einsetzen zu dürfen.

*Räumliche Voraussetzungen*
Benötigt wird ein Workshop-Raum für das Ausfüllen der Fragebögen und evtl. für die Durchführung der Auswertungsgespräche. Eine Pinnwand sollte zur Verständigung und zum Vergleich von Ergebnissen bereitgestellt werden. Falls die Softwareversion eingesetzt wird, müssen ein Rechner, ein Monitor oder Projektor und Drucker vorhanden sein. In jedem Fall sollte den Diagnostizierten die Möglichkeit eines Einzelgesprächs angeboten werden.

*Personale Voraussetzungen*
KODE® darf nur von lizenzierten KODE®-Trainern eingesetzt werden. Die Diagnostizierten müssen der deutschen Sprache so weit mächtig sein, dass sie die Satzergänzungen klar verstehen und in Bezug auf sich selbst zuordnen können. Teile des umfassenden KODE®-Systems liegen auch in Englisch, Französisch und Russisch vor.

*Technische Voraussetzungen*
KODE®-Fragebögen, im Fall der Nutzung der Softwareversion die entsprechend freigeschaltete Kompetenz-Kompass®-CD, die KODE® als gesondertes Verfahren enthält (siehe Hänggi, in diesem Band) und eine Darstellungsmöglichkeit via Monitor oder Datenprojektor.

## Referenzen
Diverse erfolgreiche betriebliche Einsätze in Deutschland, Schweiz, Österreich. Es besteht ein Netzwerk von ca. 150 lizenzierten KODE®-Trainern.

## Ergebnisse

Die Nachfrage nach interner und externer beruflicher Weiterbildung nimmt ab. Auch die Nachfrage nach spezialisiertem, eindimensionalem Training verringert sich. Im Gegensatz dazu werden Formen komplexen, multidimensionalen Trainings (Outdoortraining, Kommunikationstraining, Projektmanagementtraining etc.) zunehmend nachgefragt.

Das Gemeinsame Vielfache dieser Trainingsformen ist die Vermittlung von Kompetenzen. Vor allem personale, sozial-kommunikative sowie aktivitäts- und handlungsbezogene Kompetenzen werden heute in einer großen Vielfalt von Formen benötigt und trainiert. Dafür ist ein schneller und zuverlässiger Check der Grundkompetenzen nötig. Das leistet das KODE®-System. Es hat sich in umfangreichen Einsätzen vor allem im betrieblichen Bereich als ein gut einsetzbares und sehr zuverlässiges Verfahren erwiesen.

Abb. 2: Titelblatt des KODE®-Fragebogens zur Selbsteinschätzung

## Gütekriterien

KODE® ist kein psychologischer Test. Es werden keine wie immer konstruierten psychischen Eigenschaften gemessen sondern Dispositionen, welche die Güte von kreativem Handeln charakterisieren. Insofern haben die angegebenen Aussagen zu Re-Test Reliabilität und Validität eine eingeschränkte Gültigkeit. Sie sind, obwohl überzeugend, doch nur zu treffen, wenn das Verfahren, entgegen seinen Intentionen, gerade nicht in Kompetenzentwicklungsprozessen benutzt wird. Viel wichtiger allerdings ist, ob KODE® wirklich sinnvoll als Instrument der Unterstützung und Entwicklung von Kompetenzen eingesetzt werden kann, dabei akzeptiert wird und sich bewährt. Diese Akzeptanz wird im Sinne einer sozialen Validierung fast ausnahmslos bestätigt. Sie ist bei Kompetenzen vor allem in Anpassungsleistungen und Bewährungen in neuen oder besonders komplizierten Handlungssituationen zu prüfen.

## Entwicklungsmöglichkeiten

KODE® kann in Richtung der Verbesserung von individuellen Kompetenzen und Leistungen weiterentwickelt werden. Dabei können umfangreiche Trainingsmodule herangezogen werden. Besonders wichtig sind solche Verbesserungen in Bezug auf die Innovationsfähigkeit von Einzelnen in Teams, Unternehmen und Organisationen. Hier kann das KODE®-Verfahren seine spezifischen Vorzüge entfalten. Es ist ein Analyseinstrument, das, gegründet auf moderne Selbstorganisationstheorien, die vier Grundkompetenzen direkt und zuverlässig bewertet, das unmittelbar auf Kompetenzentwicklung und nicht nur auf Kompetenzfeststellung ausgerichtet ist und das Individuen, Teams und Organisationen unter einem gemeinsamen Blickwinkel zu analysieren gestattet.

Ein wichtiger, künftig weiter zu entwickelnder Wesenszug ist, dass KODE® direkt mit Idealen und Werthaltungen korreliert ist. In seiner neuen Form erfasst das KODE®-System Differenzen von Ideal und Wirklichkeit in Bezug auf Kompetenzen, indem es zu hinterfragen gestattet, ob und inwieweit Kompetenzideal und -wirklichkeit übereinstimmen. Damit bietet es zwei grundsätzlich neue Möglichkeiten für Personalentwicklung und Training.

Es gestattet zum einen, Diskrepanzen zwischen Wollen und Können zu messen und zu erklären, und es ermöglicht, zum anderen, die Ideale und die realen Absichten besser in Übereinstimmung zu bringen, entweder, indem neue Ideale gewonnen, oder indem die realen Absichten den Idealen genähert werden.

Es gestattet außerdem, Werthaltungen zu erkennen, zu verstehen und weiter zu entwickeln. In Bezug auf die grundlegenden Kompetenzen lassen sich, in Abwandlungen H. Klages folgend, je nach Bevorzugung, vier grundlegende *individuelle Werttypen* unterscheiden: *Selbstentfaltungsorientierte Idealisten*, bei denen personale Kompetenzen im Vordergrund stehen (Kreativität, Spontaneität, Selbstverwirklichung, Eigenständigkeit; Emanzipation von Autoritäten, Autonomie als Wertvoraussetzungen; oft weitreichende ethische, religiöse, kulturelle Ideale), *aktivitätsorientierte Realisten*, bei denen aktivitätsbezogene Kompetenzen betont sind

(Handlungsziele als zentraler Wert; Emanzipation von Autoritäten und Autonomie; wertbetonte Ideale), *wissensorientierte Legalisten* bei denen fachlich-methodische Kompetenzen vornan stehen (Handlungsziele vor allem durch fachliche und methodische Gesetzmäßigkeiten (lat. leges) gesetzt; Disziplin, Pflichterfüllung, Treue und Fleiß; oft auch Bescheidenheit, Selbstbeherrschung) und *kommunikationsorientierte Relativisten* deren sozial-kommunikative Kompetenzen besonders ausgeprägt sind (Relativität vieler Wertmaßstäbe; folglich Gewinn gemeinsamer Wertmaßstäbe erst im Gespräch mit Freunden, im Team, in der Organisation; oft auch Genuss, Abwechslung, Ausleben emotionaler Bedürfnisse als wichtige Werte).

Analog lassen sich auch Teams und Organisationen je nach vorherrschenden Werttypen (selbstentfaltungsorientierter Idealismus, aktivitätsorientierter Realismus, wissensorientierter Legalismus, kommunikationsorientierter Relativismus) klassifizieren. Hier kommt der Vorzug des KODE®-Systems zum Ausdruck, auf moderne Selbstorganisationstheorien (Synergetik) gegründet zu sein und deshalb die Kompetenzen der »Systeme« Individuum, Team und Unternehmen/Organisation analog behandeln und messen zu können.


## Nutzensabschätzungen

KODE® wurde seit seiner Entwicklung von rund  150 ausgebildeten Lizenzträgern vielfältig, wenn auch in unterschiedlichem Umfang eingesetzt. So wurde es nicht nur im Hochschulbereich breit getestet, sondern auch in Unternehmen verschiedener Größe. Dabei hat sich das Verfahren vor allem als Kurzcheck von Kompetenzen und als Assessmenteinleitung gut bewährt. Zusätzlich wurde es als Kerntool in den Kompetenz-Kompass® von Hänggi integriert.

Große und mittlere Unternehmen haben ihre Trainer, Berater, oberen Führungskräfte, Personalentwickler eine KODE®- Lizenz erwerben lassen und wenden das Verfahren großenteils an, zum Beispiel: Siemens AG, BSH Bosch Siemens Hausgeräte GmbH, Lufthansa AG, F. Hoffmann-La Roche AG Basel, Novartis Pharma GmbH, Ciba Spezialitätenchemie AG, Basel, Hoechst AG, McKinsey & Company, Inc. Deutschland, DMC GmbH (Dresdner Bank), LAUBAG, Sachsenring AG, Sparkassenorganisation, Bank für Gemeinwirtschaft, Deutsche Gesellschaft für Personalführung, Akademie Bayerischer Genossenschaften, Klinikverbund für Psychotherapie/ Psychosomatik Bad Wildungen, Universität der Bundeswehr Hamburg, verschiedene Universitäten: Bielefeld, Chemnitz, Hannover, Klagenfurt und St. Gallen.


## Erlernbarkeit

Es ist eine Fülle von gut aufbereitetem Material gegeben, um sich das Verfahren leicht und gründlich anzueignen. Voraussetzung ist immer, dass dies in einem – lizenzierten – Training geschieht, einmal um die Fülle bereits gemachter Erfahrungen weiterzugeben, zum anderen, um Missbrauch des oft sehr tief die Persönlichkeit berührenden Verfahrens auszuschließen.

## Einfachheit

Ist man am *Kompetenzbild* einer Führungskraft, eines, Mitarbeiters, Teammitglieds, Lernenden, – eventuell im Verbund mit anderen Kompetenzmessmethoden – interessiert, oder an der *Entwicklung* ihrer Kompetenzen im Sinne eines Kompetenzmanagements, ist das KODE®-System vorteilhaft einzusetzen. Es erlaubt in einfacher Weise den unmittelbaren Anschluss an die Theorie und Praxis der Kompetenzmessung von Individuen. Seine Grundbegrifflichkeit ist intuitiv verständlich und deshalb beispielsweise durch externe Berater, Trainer, Coaches, Weiterbildner usw. den Kunden in Unternehmen und Organisationen oder den Teilnehmern der Weiterbildung schnell zu vermitteln. Flankierend können die KODE®-Fragebogen zur Teamentwicklung und zur Organisationsentwicklung sowie detaillierende Einstiegsfragebögen zu den Grundkompetenzen eingesetzt werden.

Ist man an den *Kompetenzen* von *Teams* (Gruppenkompetenzen) und *Organisationen/Unternehmen* (Kernkompetenzen) interessiert, sind die KODE®-Fragebögen zur Team- und zur Organisationseinschätzung einzusetzen. Da das KODE®-System davon ausgeht, dass die vier Grundkompetenzen die vier fundamentalen Selbstorganisationsdispositionen des sich selbst organisierenden Systems Mensch kennzeichnen, lassen sie sich sinngemäß sehr schlüssig auf die Systeme Team und Organisation/Unternehmen übertragen.

## Beispiele

KODE® ist in der Regel auf die *just-in-time*-Erfassung und *Entwicklung* von Kompetenzen gerichtet. Diese Potenz hat sich in den bereits genannten Einsatzbereichen erwiesen. Seitdem das Verfahren in die betriebliche Praxis überführt wurde (1998), hat sich das System vor allem im Rahmen einer vorausschauenden Personalarbeit von Unternehmen im Change Management bewährt. Es unterstützt beispielsweise differenzierte Personalplanungen und -entwicklungen und die umfassenden Kompetenzentwicklung der Mitarbeiter und der Führungskräfte, es hilft bei der Entwicklung längerfristiger Perspektiven für High Potentials und andere Leistungsträger, beim Management-Audit und in Lernpotenzial-Assessments.

Es hilft, eine selbstgesteuerte, selbstorganisierte, bedarfsgerechte und vorausschauende Weiterbildung zu unterstützen und implizites Wissen zu erweitern. Zahlreiche Beispiele dafür enthält das Buch »Kompetenzbiographie«.

## Materialien

Zum KODE®-System gehören 4 Fragebögen (Fragebogen Selbsteinschätzung, Fragebogen Fremdeinschätzung, Fragebogen Teameinschätzung, Fragebogen Unternehmens-/Organisationseinschätzung), die entsprechende Verwendungsmanuale, ein Manual Übungen zum Kennenlernen der Fragebögen, ein Manual zu Trainingsmodulen zum bewussten Umgang mit dem personalen, aktivitätsbezogenen und sozial-kommunikativen Kompetenzen, ein Manual zu Interpretationsangeboten zur Selbstentwicklung, Teamentwicklung und Unternehmens-/Organisationsentwicklung, ein Manual Anwendungsbeispiele mit Beispielangeboten des Einsatzes der Fragebögen, ein Manual für weiterführende Kompetenzanalysen, für kompetenzbasierte Anforderungsprofile und kompetenzbasierte Management-Audits. Hinzu kommt das in den Kompetenz-Kompass® integrierte PC-Auswertungsprogramm und eine Folien-CD für Präsentationen des Systems.

## Literaturverzeichnis

Atkins, S. & Katcher, A. (1989): LIFO® - Handbuch Stärkenmanagement, Stärkenentwicklung. München. HRC (dt. Bearbeitung)

Czichos, R. (1999). Entertrainment für Knowbodies. Train-the-Trainer einmal anders. München, Basel

Dörner, D. (1999). Bauplan für eine Seele. Hamburg

Drucker, P.E. (1999). Management Challanges for the 21st Century. Claremont

Erpenbeck, J. & Heyse, V. (1999). Die Kompetenzbiographie. Strategien der Kompetenzentwicklung durch selbstorganisiertes Lernen und multimediale Kommunikation. Münster et al.

Erpenbeck, J. & Heyse, V. (1999). Kompetenzbiographie – Kompetenzmilieu – Kompetenztransfer. QUEM-report/Heft 62. Berlin

Erpenbeck, J.; Heyse, V. & Max, H.G. (2000). Das KODE®-System. Regensburg/Lakeland

Haken, H. (1996). Synergetik und Sozialwissenschaften. In: Ethik und Sozialwissenschaften Bd. 7, Heft 4

Haken, H.(1990). Synergetik. Eine Einführung. Nichtgleichgewichts - Phasenübergänge und Selbstorganisation in Physik, Chemie und Biologie, 3. Aufl. Berlin et al.

Heyse, V. (1999). Selbstorganisiertes Lernen. In: Rosenstiel, L.v.; Regnet, E.; Domsch, M.E. (Hrsg.). Führung von Mitarbeitern. Handbuch für erfolgreiches Personalmangement. Stuttgart

Heyse, V. & Erpenbeck, J. (1997). Der Sprung über die Kompetenzbarriere. Kommunikation, selbstorganisiertes Lernen und Kompetenzentwicklung von und in Unternehmen. Bielefeld

Heyse, V.; Erpenbeck, J. & Michel, L. P. (2002). Kompetenzprofiling. Lernkulturen der Zukunft. Münster et al.

Heyse, V.; Erpenbeck, J. & Michel, L. P. (2002). Lernkulturen der Zukunft. Kompetenzbedarf und Kompetenzentwicklung in Zukunftsbranchen. QUEM-report. Berlin

Rosenstiel, L. von; Regnet, E. & Domsch, M.E. (Hrsg.) (1999). Führung von Mitarbeitern. Handbuch für erfolgreiches Personalmanagement. Stuttgart

# KODE®X-Kompetenz-Explorer

## Volker Heyse

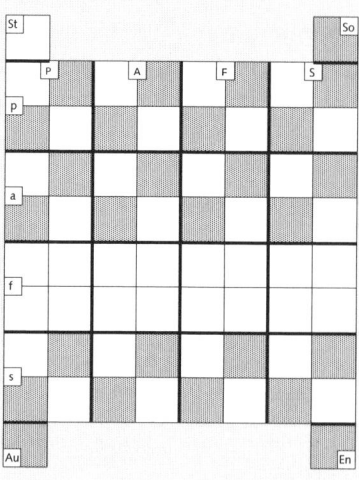

## Rasterdarstellung

### Schlagworte
Grund- und Teilkompetenzen; Kompetenzanforderungen; Kompetenzerweiterung; Kompetenzprofile

### Entwickler
Prof. Dr. John Erpenbeck; Prof. Dr. Volker Heyse; Horst Max, A·C·T Audit Coaching Training, Regensburg

### Kompetenzdefinition
Kompetenzen sind Dispositionen (persönliche Voraussetzungen) zur Selbstorganisation bei der Bewältigung insbesondere neuer, nicht routinemäßiger Anforderungen. Kompetenzen schließen die individuell bisher nicht genutzten, quasi versteckten, Potentiale ein. Bei der betrieblichen Suche nach High Potentials sowie nach mehrseitig kompetenten Mitarbeitern hat die Kompetenzmessung eine zunehmend größere Bedeutung.

### Zielstellungen
KODE®X verfolgt vor allem folgende Ziele:
1. Ermittlung organisationsspezifischer Kompetenzanforderungen von strategischer Bedeutung und deren Übersetzung in personenspezifische Kompetenzanforderungen;
2. Ableitung von tätigkeits- bzw. aufgabenspezifischen Kompetenzanforderungen;

3. Diagnose personenspezifischer Kompetenzpotentiale und Kompetenzausprägungen und perspektivische Nutzung dieser;
4. differenzierte Anregungen zur selbstorganisierten Kompetenzentwicklung.

Um Kompetenzen weiterzuentwickeln, zu variieren und zu kombinieren, ist die Fähigkeit zum kontinuierlichen Lernen bedeutsam. KODE®X will das unterstützen. Das KODE®X-System stellt dazu ContextModule, Kern- sowie AktionsModule für betrieblich organisierte als auch selbstorganisierte Weiterbildungsmaßnahmen auf den Ebenen Mitarbeiter sowie Führungskräfte zur Verfügung.

## Theoretische Grundlagen

Das KODE®X-System wurde parallel zu KODE® (Kompetenz-Diagnose und -Entwicklung) erarbeitet. Es baut auf dem gleichen theoretischen Kompetenzmodell auf und verfeinert es durch weiterführende instrumentelle Entwicklungen und Bestätigung. KODE®X enthält neben Messmethoden neue Instrumente und Verfahren des Personalmanagements.

Im Mittelpunkt stehen Kompetenzprofile (Soll/Ist) und die Ermittlung zukunftsträchtiger Kompetenzpotentiale. In der Praxis gibt es drei unterschiedliche Ansätze zur Entwicklung von Kompetenzprofilen:

* den forschungsbasierten Ansatz (research-based competency approach), zum Beispiel mittels kompetenzbiografischer und vergleichender Untersuchungen;
* den strategiebasierten (strategy-based...), zum Beispiel über konsequente Ableitungen aus der Unternehmensstrategie und Konzentration auf besonders wichtige Zielgruppen;
* den (kultur-) wertbasierten Ansatz (value-based competency approach), zum Beispiel über Visions-, Missions-, Wertediskussionen.

KODE®X ist eine bewusst gewählte Kombinationslösung, ein hybrid approach. Das Verfahrenssystem ermöglicht es auf verblüffend einfache Art und Weise, alle wichtigen Seiten der Kompetenzermittlung sowie der Erarbeitung von Kompetenzprofilen zu beherrschen.

KODE®X kann jederzeit mit KODE® verbunden werden und damit weitere Synergien für den Nutzer erschließen.

## Methodologische Einordnung

KODE®X ist ein Ordnungsverfahren für notwendige Kompetenzen im Unternehmen und für die Ableitung pragmatisch einsetzbarer Kompetenzsets. KODE®X als System enthält neben objektivierten Messverfahren Tools zur Kompetenzförderung sowie Instrumente fortgeschrittenen Personalmanagements mit Scharnierfunktionen zu folgenden betrieblichen Anforderungen:

* Anforderungsanalysen
* Potentialanalysen
* Qualifizierungsbedarfsanalysen      .
* Erkennen der High Potentials
* Aufbau bzw. Präzisierung von Beurteilungssystemen
* Ableitung von differenzierten PE-Maßnahmen

- Erkennen von Stärken und Schwächen (Individuum, Team, Unternehmen gesamt)
- Anregungen zum selbstorganisierten Lernen.

**Einschätzung der Gütekriterien**

vgl. Fehler- und Problemkritik sowie die Ausführungen zu den Gütekritierien in der Freien Darstellung

**Fehler- und Problemkritik**

KODE®X ist kein völlig objektives Verfahren zur Kompetenzanalyse und -Entwicklung. Das liegt zum einen an der unmittelbaren Verknüpfung zu den ebenfalls nicht völlig objektiv ableitbaren Unternehmensstrategien, zum anderen an der Vielfalt der im KODE®X-System integrierten Verfahren und Instrumente. Jedoch führen Expertenratings, gelenkte Problembearbeitungsprozesse in Entscheiderteams, Kompetenzeinschätzungen auf verschiedenen Einschätzungsebenen (Selbst-/Fremdeinschätzungsvergleiche oder – je nach Bedarf 270°-Einschätzungen) zu objektivierten Aussagen, Empfehlungen, betrieblichen HR-Entscheidungsvorschlägen.

Vielfältige Vergleichsprofile zu unterschiedlichen Tätigkeiten/Jobs aus der Praxis unterstützen die Objektivierung der erarbeiteten Kompetenzprofile – ohne Normwerte statisch vorzugeben.

**Ablauf des Messprozesses**

*Räumliche Voraussetzungen*

Workshop-Raum für die Strategie- und Kompetenzanalysen. Sonst kein besonderer Bedarf.

*Zeitliche Voraussetzungen*

KODE®X kann in Variationen und mit unterschiedlichem Zeitbedarf eingesetzt werden. Die Variante mit dem geringsten Zeitbedarf ist folgende:

- Strategieworkshop im Kreis des erweiterten Vorstandes bzw. der Geschäftsleitung: 2-3 Stunden;
- Ableitung von strategiebezogenen Kompetenzanforderungen für das Personal: gleiche Gruppe, 1 Stunde;
- Definition/Präzisierung der (12 – 16) wichtigsten Kompetenzanforderungen und deren Identifikationsmerkmale – gemäß der Strategien und dem augenblicklichen Entwicklungsstand des Unternehmens auf der Grundlage des KODE®X-Kompetenzatlas: ca. 6 Stunden. Hiermit wird »automatisch« und ohne zusätzliche Aufwände der Kern eines Beurteilungssystems geschaffen bzw. präzisiert;
- Erarbeitung tätigkeitsspezifischer Kompetenzanforderungs-Profile in der o.g. oder einer anderen Gruppe mit Führungskräften: pro Profil ca. 0,5 Stunden;
- Kompetenz-Ist-Einschätzungen bei vorher instruierten Bewertern (Mitarbeiter selbst, Führungskraft, Dritte): ca. 10 Minuten;
- Ausdruck von Empfehlungen, Selbsttrainingsprogrammen, Maßnahmeprotokollen: via PC umgehend.

*Personale Voraussetzungen*
Seitens der Erhebenden/Moderatoren für den Gesamtprozess: lizensierte KODE®X-Berater bzw. KODE®X-Instructors (zweitägiges Intensivtraining).

*Technische Voraussetzungen*
KODE®X-Arbeitsmappe, 1 Laptop oder PC für die Auswertungen (Letztere sind auch ohne PC möglich), 1 Overhead oder Beamer.

**Referenzen**

Diverse erfolgreiche betriebliche Einsätze in Deutschland. KODE®X- und KODE®-Netzwerk in Deutschland, Schweiz, Österreich.

## Ergebnisse

KODE®X orientiert nicht auf irgendwelche starren skills, Bedingungen und Maßnahmen, sondern auf die just-in-time-Erfassung und Entwicklung von Kompetenzen. Das KODE®X-System ist Kompass und Instrumentenkasten für die Praxisim-
plementierung und modellierbar im Rahmen der Anpassung an die spezifischen
Unternehmensziele, Strategien, kulturellen Werte und Akteure. Es führt zu differenzierten und handelbaren Kompetenzprofilen und hilft beim Aufspüren »versteck-
ter« Potentialreserven bei den eigenen Mitarbeitern.

Seitdem KODE®X in die betriebliche Praxis überführt wurde (2001), hat sich das
System vor allem im Rahmen eines antizipativen Personalmanagements von Unternehmen im Wandel bewährt und der Personalarbeit in den Unternehmen insbeson-
dere Impulse in folgenden Richtungen gegeben:
- Unterstützung einer differenzierten Personalplanung und -Entwicklung, Forcie-
  rung einer umfassenden Kompetenzentwicklung der Mitarbeiter und der Füh-
  rungskräfte;
- Erarbeitung längerfristiger Perspektiven für High Potentials und andere Leis-
  tungsträger;
- Stärkung der Teameffizienz;
- Förderung der selbstgesteuerten und selbstorganisierten Weiterbildung, gezielte
  Unterstützung beim Erweitern des impliziten Wissens. Bedarfsgerechte und vor-
  ausschauende Weiterbildungsplanung, Unterlaufen der »Weiterbildung auf Vor-
  rat und per Masse«;
- Übernahme erweiterter Verantwortung durch die Mitarbeiter und Mitarbeiter-
  Einbeziehungs-Management;
- Unterstützung einer bewussteren und qualitativ verbesserten Führungsarbeit,
  Förderung der Führungssicherheit.

## Gütekriterien

Die Objektivität ist hoch, wenn die Anwender zuvor das Lizenzberater-Training
besucht haben und sich an die vorliegenden Auswertungsunterlagen und -Proze-
duren halten.

Es liegen zur Zeit noch keine Wiederholungsuntersuchungen vor. Es ist aber
davon auszugehen, dass mit Zunahme der (Fremd-) Einschätzungen, z.B. im Rahmen von 270°-Einschätzungen willkürliche Bewertungsverschiebungen abnehmen
und zumindest innerhalb eines halben Jahres keine großen Einschätzungsabwei-
chungen auftreten.

Andererseits müssen sowohl auf der Strategienseite als auch auf der Seite individueller Kompetenzausprägungen Veränderungen auftreten, wenn einerseits von
Markt- und Unternehmensentwicklungen und andererseits von angeregten Selbst-

lernprozessen und erfolgreicher betrieblicher PE-Arbeit ausgegangen werden kann. KODE®X ist ein Entwicklungs-anregendes und -verstärkendes Toolsystem.

Die Validität ist bei Kompetenzen (als Selbstorganisationsdispositionen) ebenfalls nicht nach herkömmlichen Kriterien nachzuweisen, sondern in Anpassungsleistungen und Bewährungen in neuen, stark veränderten oder besonders komplizierten Handlungssituationen. Langzeituntersuchungen sind geplant.

Andererseits stimmen die Messdaten beider Systeme (KODE®X und KODE®) in den vier Kompetenzrichtungen in hohem Maße überein, KODE®X jedoch differenziert auf der Grundlage des KODE®-Atlas' noch stärker in 64 Teilkompetenzen.

## Perspektivische Entwicklungsmöglichkeiten

Neben dem bisher üblichen Einsatz im Rahmen von Anforderungs- und Potentialanalysen, von Managementaudits und Nachwuchserkennungsmaßnahmen sowie von differenzierten PE-Planungen kann KODE®X zukünftig auch bei der Personalsuche und -auswahl, bei der Content-Integration in betrieblichen Lernplattformen und beim Coaching der Mitarbeiter durch ihre Führungskräfte sowie andere Personalentwickler umfassend genutzt werden.

Gegenwärtige Weiterentwicklungen orientieren speziell auf diese Anwendungsbereiche.

Darüber hinaus kann KODE®X mit allen gängigen EDV-gestützten Personalverwaltungssystemen verbunden werden und wird auch zusammen mit dem KompetenzKompass® als umfassende HR-Software angeboten.

## Nutzensabschätzung

Für die berufliche und betriebliche Weiterbildung gibt KODE®X grundsätzliche Impulse und eröffnet neue Sichtweisen, Wege und didaktische Vorgehensweisen, insbesondere durch die
- konsequente Orientierung auf Kompetenzentwicklung und Stärkenförderung;
- Differenzierung in 64 empirisch abgesicherte Teilkompetenzen und somit auch 64 »Wirkungsfenster« für eine handlungsorientierte, praxisbezogenen Weiterbildung;
- 64 Selbsttrainingsprogramme für Mitarbeiter, die auf Grund ihrer Kürze und Prägnanz (á 3-8 Seiten Text) sowie ihrer klaren Handlungsorientierung (abgestimmte Übungsempfehlungen; Erfahrungstransfer; Selbstverträge; Empfehlung weiterführender Literatur, Videos, unternehmensinterner und -externer Seminare etc.) stark nachgefragt werden und für Führungskräfte sehr gute Coachinginstrumente sind;
- Ergänzung der organisierten Weiterbildung und der Vermittlung formellen Wissens durch neue Formen und des selbstgesteuerten und selbstorganisierten, informellen Lernens.

## Erlernbarkeit

Zweitägige KODE®X-Lizenzseminare stehen in erster Linie Praxisanwendern offen: Personalfachleuten, Führungskräften, Personalentwicklern, OE-/PE-Beratern.

Nach dem Intensivtraining erhalten die Teilnehmer Betreuung über eine Hotline und können im Rahmen des Netzwerkes weitere Erfahrungen austauschen.

## Einfachheit

Ein Kompetenz-Grundverständnis, das im Lizenztraining vermittelt wird, vorausgesetzt, ist das Gesamtverfahren sehr einfach erlernbar, überschaubar und an Dritte vermittelbar. KODE®X wird in der Praxis sehr gut aufgenommen und integriert.

## Beispiele

Im Folgenden seien vier Aspekte des umfassenden KODE®X-Systems illustriert. Abbildung 1 zeigt die Titelgestaltung des KODE®X-Systems.

Abb. 1: Kode®X-System. Titelgestaltung

Abbildung 2 gibt die Übersichtstafel der 64 Grund- und abgeleiteten Kompetenzen wieder, die allen Eingangsbefragungen zugrunde liegen und durch den verbalen Kompetenzatlas hinterlegt sind.

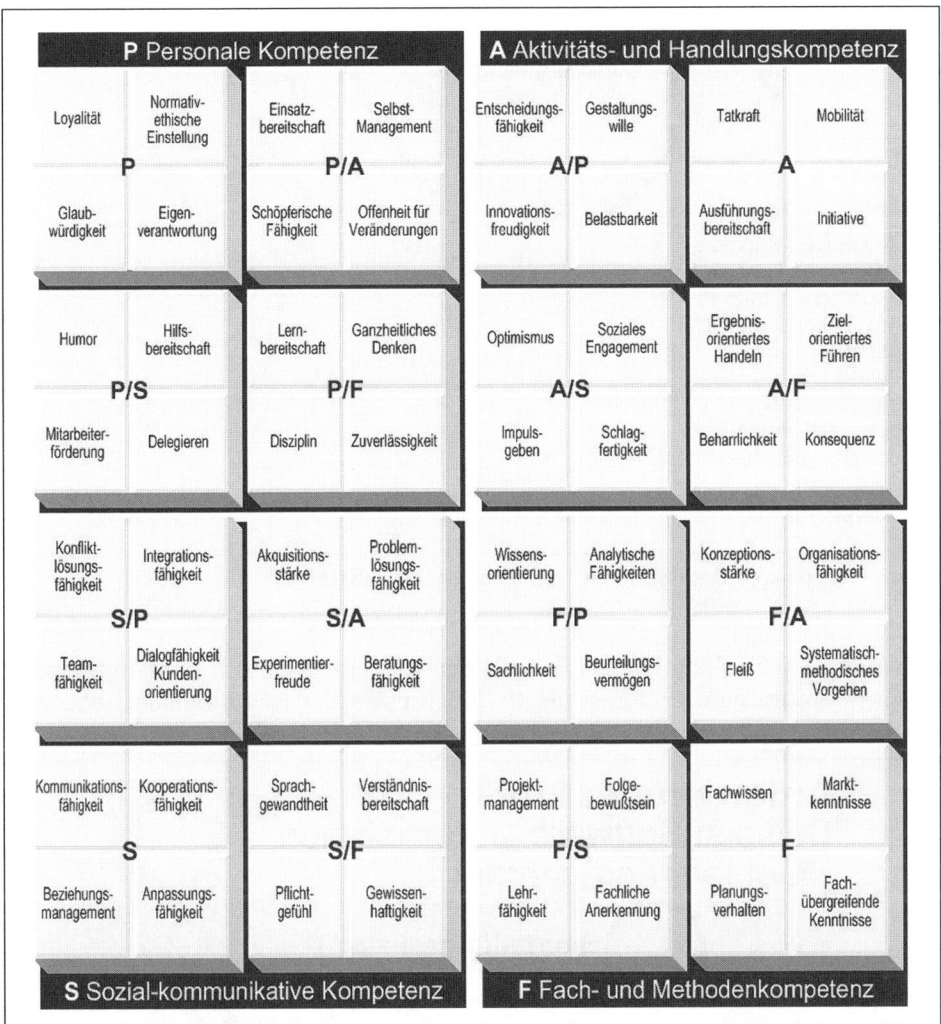

Abb. 2.: Kompetenzatlas

Abbildung 3 zeigt einen Ausschnitt des Fragebogens, mit dem die für ein Unternehmen maßgeblichen ca. 16 Leitkompetenzen ermittelt werden.

## Kompetenzanforderungen und Bedeutsamkeit

**Bedeutsamkeit** heute und in den nächsten Jahren:

weniger wichtig · teilweise wichtig · ziemlich wichtig · deutlich wichtig · sehr wichtig · äußerst wichtig

**Anforderungen:**

**Auswahl** max. 16

| Anforderungen: | weniger wichtig | teilweise wichtig | ziemlich wichtig | deutlich wichtig | sehr wichtig | äußerst wichtig | Auswahl max. 16 |
|---|---|---|---|---|---|---|---|
| Akquisitionsstärke | ☐ | ☐ | ☐ | ☐ | ☐ | ☐ | ☐ |
| Analytische Fähigkeiten | ☐ | ☐ | ☐ | ☐ | ☐ | ☐ | ☐ |
| Anpassungsfähigkeit | ☐ | ☐ | ☐ | ☐ | ☐ | ☐ | ☐ |
| Ausführungsbereitschaft | ☐ | ☐ | ☐ | ☐ | ☐ | ☐ | ☐ |
| Beharrlichkeit | ☐ | ☐ | ☐ | ☐ | ☐ | ☐ | ☐ |
| Belastbarkeit | ☐ | ☐ | ☐ | ☐ | ☐ | ☐ | ☐ |
| Beratungsfähigkeit | ☐ | ☐ | ☐ | ☐ | ☐ | ☐ | ☐ |
| Beurteilungsvermögen | ☐ | ☐ | ☐ | ☐ | ☐ | ☐ | ☐ |
| Beziehungsmanagement | ☐ | ☐ | ☐ | ☐ | ☐ | ☐ | ☐ |
| Delegieren | ☐ | ☐ | ☐ | ☐ | ☐ | ☐ | ☐ |
| Dialogfähigkeit/Kundenorientierung | ☐ | ☐ | ☐ | ☐ | ☐ | ☐ | ☐ |

Abb. 3.: Fragebogen Unternehmens-Leitkompetenzen (Ausschnitt)

Abbildung 4 schließlich gibt als Beispiel den Ausschnitt eines Anforderungsprofils in einem Softwareunternehmen für die Jobgruppe »Gebietsrepräsentant« wieder.

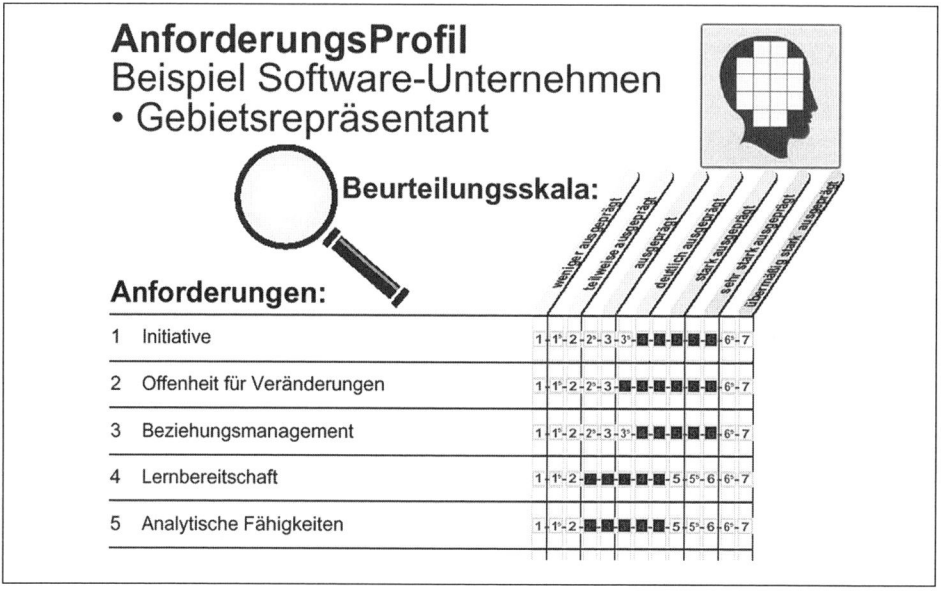

Abb. 4.: Anforderungsprofil »Gebietsrepräsentant« (Softwareunternehmen)

# Literaturverzeichnis

Erpenbeck, J.; Heyse, V. & Max, H.G. (2000). Das KODE®X-System. Regensburg/Lakeland
Heyse, V.; Erpenbeck, J. & Michel, L. P. (2002). Lernkulturen der Zukunft. Münster

*Zum KODE®-Modell insbesondere:*
Heyse, V. & Erpenbeck, J. (1997). Der Sprung über die Kompetenzbarriere. Kommunikation, selbstorganisiertes Lernen und Kompetenzentwicklung von und in Unternehmen. Bielefeld
Erpenbeck, J. & Heyse, V. (1999). Die Kompetenzbiographie. Strategien der Kompetenzentwicklung durch selbstorganisiertes Lernen und multimediale Kommunikation. Münster
Erpenbeck, J. & Heyse, V. (1999). Kompetenzbiographie – Kompetenzmilieu – Kompetenztransfer. QUEM-report/Heft 62, Berlin

# Kompetenz-Kompass®

## Gerhard Hänggi

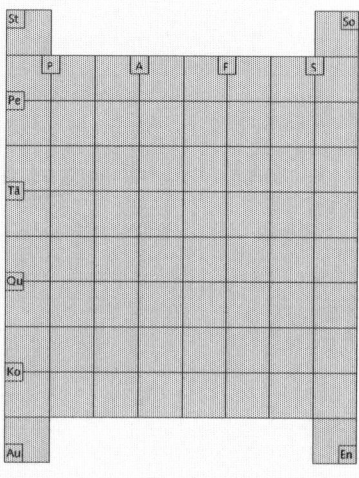

## Rasterdarstellung

### Schlagworte

Systematische Personalentwicklung auf der Grundlage der Defizitmessung gemäß Anforderungsprofilen

### Entwickler

Gerhard Hänggi, Global Soft AG, Allschwil, Schweiz

### Kompetenzdefinition

Kompetenz wird verstanden als Gewichtung der Fach-, Methoden- und Sozialkompetenzen in den Denk-, Kommunikations-, Grund-, Fach- und Spezialwissenspotenzialen, die zusammen die aktive Handlungskompetenz bilden. Die Ausprägung der Handlungskompetenz befähigt Mitarbeiter die prozess- und führungsorientierten Aufgaben effektiv und effizient auszuführen.

### Zielstellungen

Mit der HR-Software Kompetenz-Kompass® können Mitarbeiter in verschiedensten Positionen in ihrer Performance nachhaltig geprüft und durch geeignete Fördermaßnahmen rasch und effizient unterstützt werden.

*Bewerber* können gemäß ihrem Personenprofil im Abgleich zum Anforderungsprofil über die Bewerbung via Internet oder Post auf ihre Eignung beurteilt werden.

*Azubis* können über ihre 2-, 3- oder 4-jährige Lehrzeit periodisch auf ihre Fortschritte in Fach-, Methoden- und Sozialkompetenz geprüft und bei Defiziten gezielt gefördert werden.

*Trainees* werden nach deren Anforderungsprofil maßgerecht durch On the job trainings, Job enrichments oder Job enlargements in allen Kompetenzbereichen gefördert.

*Mitarbeiter* werden gemäß ihrem Anforderungsprofil systematisch gefördert und durch den Periodenvergleich in ihrer Leistungsperformance eingeschätzt und nachhaltig gefördert.

*Karriereplanung* kann über 12 Stufen maßgeschneidert geplant und überwacht werden.

*Führungskräfte* können gezielt in ihren Defiziten geschult werden. Überdies kann durch die Potenzial-Analyse die Befähigung für Führungsaufgaben gemessen und mit anderen Anwärtern verglichen werden.

## Theoretische Grundlagen

Der Kompetenz-Kompass® basiert auf der dualen und multiplen Einschätzung von skalierbaren Kriterien aus den Bereichen Fach-, Methoden- und Sozialkompetenz und den Kategorien Denkpotenziale, Kommunikationspotenziale, Grund-, Fach- und Spezialwissen und -fertigkeiten, die in einem Kriterienkatalog zusammengefasst sind. Dieser Katalog kann von den Unternehmungen selbst an ihre eigenen Bedürfnisse angepasst und in verschiedenen Mandanten ganz anders angelegt werden.

Die Skalierung basiert auf der 5er Skala, die den wünschbaren bzw. notwendigen Erfüllungsgrad als Soll-Werte im Raster von 20%, 40%, 60%, 80% und 100% mit den Ist-Werten misst und die Differenz jeweils in Prozenten ausweist.

Die Kriterien zur Potenzial-Analyse sind ebenfalls frei wählbar. Die Skalierbarkeit ist gleich wie bei den Anforderungsprofilen.

Es können die Soll-Ist-Vergleiche für Teams oder Projektgruppen kumulativ zusammengestellt werden. Die Defizite im Team dienen dann als Grundlage für die Bestimmung der Fördermaßnahmen, bzw. als Vorgabe des Anforderungsprofils für neue Mitarbeiter, die das Team nachhaltig verstärken sollen.

## Methodologische Einordnung

Im Kompetenz-Kompass® können auch die Verfahren KODE® und KODE®X als integrierte Diagnoseverfahren direkt genutzt werden. Mit diesen Verfahren wird es möglich, die Kriterien zu den Bereichen personale Kompetenzen, Aktivitäts- und Handlungskompetenzen, Fach- und Methodenkompetenzen sowie sozial- kommunikative Kompetenzen nach situativ zusammen gestellter Kriterienauswahl zu nutzen und die Auswertungen im Kompetenz-Kompass® in den jeweiligen Mitarbeiterdaten zu speichern.

Die Fördermaßnahmen werden kriterienspezifisch vorgeschlagen, so dass jeder Vorgesetzte mit der Auswahl der zur Verfügung stehenden Förderprogramme umgehen kann. Durch die Fördermaßnahmen sollen festgestellte Defizite sehr rasch und effizient überwunden werden.

Die Einschätzung durch einen Supervisor, Vorgesetzten oder Personalberater und die Selbsteinschätzung wird erfahrungsgemäß eine eher objektive Beurteilung erstellt. Die Erfahrung zeigt, dass sich Mitarbeiter eher strenger beurteilen als ihre Vorgesetzten.

Bei Bewerbern werden auch Beurteilungen aus Arbeitszeugnissen und Referenzauskünften einbezogen.

## Einschätzung der Gütekriterien

Das Kompetenzmessverfahren lässt die Nutzung eines flexiblen Kriterienkataloges zu, dessen Kriterien durch die Analyse von über 12.000 Assessments für Berufe in den verschiedensten Branchen verifiziert wurden und laufend an die neuen Erkenntnisse aus der Praxis angepasst werden.

Es stehen in der Standardversion über 500 Anforderungsprofile mit qualitativen und quantitativen Kriterien zur Verfügung für die Bereiche Industrie, Handel, Dienstleistungen, Banken, Versicherungen, Gewerbe, Hotel/Tourismus, Gesundheitswesen, Informatik/Multimedia, Schulwesen und Öffentliche Dienste.

Das Monitoring neuer Anforderungsprofile wird durch die Mitglieder des Beirates aus Wissenschaft und Praxis laufend durchgeführt. Neue Anforderungsprofile werden zweimal jährlich nachgeliefert.

Die Standard Anforderungsprofile entsprechen nach Prüfung durch Personalchefs aus allen Wirtschaftsbereichen zu mindestens 85% den Inhalten ihrer in Stellenbeschreibungen festgehaltener Anforderungen.

## Fehler- und Problemkritik

Die duale oder multiple Messmethodik schließt Fehleinschätzungen nicht aus, reduziert diese aber auf ein realistisches Minimum von +/-20% bei einzelnen Kriterien und +/-5% bei den Kriteriengruppen.

Die Auswertung nach Kategorien (Denkpotenziale, Kommunikationspotenziale, Grund-, Fach- und Spezialkenntnisse und -fertigkeiten) weist eine Fehlertoleranz von +/-3% auf.

Bei der Potenzialanalyse liegt die Fehlertoleranz naturgemäß etwas höher, denn es ist bedeutend schwieriger, jemandes Fähigkeiten (Wissen + Können) auf die kurz-, mittel- oder langfristige Zukunft einzuschätzen. Die Fehlertoleranz liegt bei kurzfristigem Zeitrahmen bei +/- 10 – 15%, bei mittelfristigem Zeitrahmen bei +/-10 – 20% und bei langfristigem Zeitrahmen (später als 3 Jahre) bei +/-15 – 35%. Ohne die historischen Vergleichsmöglichkeiten im Kompetenz-Kompass® wäre allerdings die Fehlerquote mindestens 35 – 55%.

## Ablauf des Messprozesses

### Räumliche Voraussetzungen

Für das Einzelassessment wird ein kleiner Raum benötigt, wenn möglich mit PC-Anschluss. Für ein Gruppenassessment ist ein Sitzungszimmer oder ein Schulungsraum geeignet.

### Zeitliche Voraussetzungen

Die Durchführung der Selbsteinschätzung kann in durchschnittlich 45 Minuten abgewickelt werden. Die Fremdeinschätzung (Referenzauskünfte, Zeugnis- und Gesprächsanalysen) benötigen einen durchschnittlichen Zeitbedarf pro Kandidaten von 60 Minuten.

Für die Auswertung mit Eingabe der Resultate benötigt man etwa 25 Minuten.

Die vergleichende Analyse von bis zu 12 Kandidaten erfolgt automatisch im System.

*Personale Voraussetzungen*
Die Teilnehmerzahl sollte zwischen 1 und 12 Teilnehmern pro Supervisor liegen.

*Technische Voraussetzungen*
Als Unterlagen dienen pro Kandidat das jeweilige Anforderungsprofil in DIN A4, der Ausdruck der Beschreibungen zu den einzelnen Kriterien, der Erfassungsbogen für die Selbsteinschätzung mit den aufgeführten Soll-Werten.
Als Moderationsmaterial stehen ein Satz Overheadfolien oder eine Power Point-Präsentation zur Verfügung.

Als Visualisierungstechniken können genutzt werden: Overhead-Projektion, Short Manual, Beamer-Projektion oder PC mit installierten Präsentationen.

## Referenzen

Eine enge Zusammenarbeit besteht mit ACT GbR Audit – Coaching – Training, Regensburg. ACT ist der Erfinder der Diagnoseinstrumente KODE® und KODE®X, die in Kompetenz-Kompass® integriert sind.
Eine weitere Zusammenarbeit besteht mit folgenden Institutionen:
- Fachhochschule Bielefeld (Prof. Dr. Volker Heyse),
- Fachhochschule Nürnberg ( Prof. Dr. H. Krüger),
- Swiss Business School, Zürich, ( Prof. Dr. Bert Wolfs),
- University of South Australia, Adelaide, (Prof. Dr. P. Arnold),
- QUEM (Prof. Dr. John Erpenbeck)

## Darstellung der wichtigsten Ergebnisse des Kompetenzmessverfahrens

Der Kompetenz-Kompass® bietet die Möglichkeit, folgende Kompetenzmessverfahren systemunterstützt durchzuführen:

### Bewerberauswahl

Zwei Varianten stehen zur Verfügung

**(a) Soll-/Ist-Abgleich auf der Grundlage eines Anforderungsprofils**, in dem die für eine Stelle (Funktion) benötigten Kriterien aus den Bereichen Fach-, Methoden- und Sozialkompetenz mit den entsprechenden Sollwerten und allenfalls KO-Kriterien mit einem Faktorwert aufgeführt sind. Das Anforderungsprofil dient zur Selbsteinschätzung der Kandidaten als auch zur Einschätzung durch Extraktion der Werte aus der Bewerberdokumentation (Arbeitszeugnisse etc.) und Referenzauskünften.

Der Soll-/Ist-Vergleich zeigt die Defizite in einzelnen Kriterien und weist diese als Prozentsätze in den Potenzialgruppen Denkpotenziale, Kommunikationspotenziale, Grund-, Fach- und Spezialfähigkeiten und -erfahrungen aus.

Die im Kompetenz-Kompass® enthaltenen Fördermaßnahmen zeigen interne und externe Aus- und Weiterbildungsvorschläge und deren Kosten auf. Dies ermöglicht bei der Kandidaten-Analyse auch festzustellen, wer wie viel an Förderkosten verursacht, um seine Defizite weitgehend eliminieren zu können.

Die Auswertung auf einer DIN A4-Seite ist sehr übersichtlich gestaltet und bietet einen ausgezeichneten Kandidatenüberblick.

**(b) Soll-/Ist-Abgleich auf der Grundlage eines Sollprofils**, das auf Grund der Teamperformance modifiziert wurde. Mit dieser Variante lässt sich also ein exakt auf die Ergänzungsbedürfnisse eines Teams zugeschnittenes Anforderungsprofil definieren. Bewerber, die diesem Profil nahe kommen, erfüllen das Ziel, die derzeitigen Defizite im Team durch entsprechende Fähigkeiten eines neuen Mitarbeiters zu reduzieren und damit die Teamperformance rasch und nachhaltig zu verbessern.

**(c) Potenzialanalyse als Entscheidungsgrundlage für interne Beförderungen.** Die Potenzial-Analyse stellt im Gegensatz zum Anforderungsprofil die Erwartungsfähigkeiten dar, die an jemanden im Blick auf eine neue Herausforderung im Unternehmen definiert werden. Die Kriterien sind frei wählbar. Ein Kriterienraster wird in der Standardversion mitgeliefert.

**(d) Profil-Analyse als Grundlage für die Bewerber-Vorselektion.** Die Profilanalyse ermöglicht den Abgleich eines Stellenprofils mit einem Personenprofil. Verglichen werden die erwartete Grundausbildung, die höhere Fachausbildung, die Anzahl Semester bei Studienabschlüssen, die Berufserfahrung nach Jahren bzw. Kompetenzlevel sowie die Sprachkenntnisse.

Der Profilabgleich dient als Filter bei Bewerbern, die sich über das Programm GlobalWeb 1.0 über das Internet bewerben. Der Filter verhindert, dass Bewerbungen von Kandidaten über das Internet eintreffen, deren bisheriges Bildungs- und Berufsprofil nicht mit den erwarteten Eigenschaften einer Stelle kongruent sind.

Die Vorselektion bringt eine enorme Zeitersparnis, da alle die Kandidaten mit stark abweichendem Profil direkt elektronisch eine frei formulierbare Absage erhalten und damit ihre Bewerbung gar nicht elektronisch übermitteln können.

Die Profil-Analyse ist aber auch ein ausgezeichnetes Instrument für die interne Selektion von Mitarbeitern, die auf Grund ihres Personenprofils die erwarteten Ziele erfüllen. Die Besetzung einer Stelle durch interne Fach- oder Führungskräfte erhält mit der Profil-Analyse eine neue Dimension.

## Mitarbeiter-Kompetenz-Analysen

Im Kompetenz-Kompass® stehen folgende Analysen zur Verfügung.

**(a) Zielvergleich pro Funktion bzw. Periode.** Die Zielvergleichsanalyse ermöglicht den Soll-/Ist-Vergleich auf der Grundlage eines Anforderungsprofils einer Funktion oder den Vergleich von einzelnen Anforderungskriterien nach einer bestimmten Periode. Letzteres ist vor allem für die Leistungsbeurteilung von AZUBIs und Trainees interessant, denn man kann mehrere Mitarbeiter derselben Funktion miteinander vergleichen und die Defizite einer solchen Gruppe ganz gezielt durch die im Förderkatalog enthaltenen Maßnahmen behandeln.

**(b) Potenzial-Analyse interner Fach- und Führungskräfte.** Bei Neubesetzungen von wichtigen Stellen im Fach- und Führungskräftebereich spielt die Analyse der Fähigkeitspotenziale von Stellen-Anwärtern eine immer bedeutendere Rolle. Das System ermöglicht die Wahl der Kriterien für die Selbst- und Fremdeinschätzung. Bei der Fremdeinschätzung von Mitarbeitern kann auch eine Einschätzung eines Teams auf der Grundlage einer Funktion zu Hilfe gezogen werden. Mit dieser Methode ermöglicht man die Erstellung einer Sollvorgabe auf sehr nahe an der situativen Wirklichkeit orientierten Potenzialerwartungen.

**(c) Teamperformance als Grundlage performanter Projektteams.** Im Kompetenz-Kompass® können Mitarbeiter mehrere Funktionsprofile gemäß ihren verschiedenen funktionalen Einsätzen erhalten. Diese Möglichkeit lässt einen kumulativen Vergleich aller in einem Team beschäftigten Mitarbeiter zu. Die Teamperformance wird in den Potenzialgruppen Denkpotenziale, Kommunikationspotenziale, Grund-, Fach- und Spezialkenntnisse und -fertigkeiten ausgewiesen.

Die kumulativen Defizite werden separat ermittelt und mit dem Förderkatalog verbunden, aus dem alle die Aus- und Weiterbildungsaktivitäten eruiert werden, die ein defizitäres Kriterium nachhaltig unterstützen.

## Differenzierte Einschätzung der qualitativen und quantitativen Gütekriterien des Kompetenz-Kompass® und Fehlerkritik

Der Kompetenz-Kompass® besteht aus 15 qualitativen Kriteriengruppen, die in die Kategorien Fach-, Methoden- und Sozialkompetenzen gegliedert sind. Die Matrixstruktur misst in vertikaler Richtung die einzelnen Erwartungskriterien und in horizontaler Richtung die 5 Potenzialstärken Denkpotenzial, Kommunikationspotenzial und die Potenziale der Grund-, Fach- und Spezialkenntnisse.

Im quantitativen Bereich stehen 6 Zielvereinbarungs-Kategorien zur Verfügung, die über Interfaces den Zahlenvergleich aus der Betriebs- oder Finanzbuchhaltung ermöglichen und Incentives automatisch berechnen.

Die Methode lässt pro Kategorie die Messung in max. 20 Kriterien zu, so dass das max. Feintuning auf der Grundlage von 60 Kriterien erfolgen kann. Im Normalfall werden die Anforderungsprofile mit 24-40 Kriterien bestückt. Die Beurteilungsgüte richtet sich nicht nach der Anzahl Kriterien, sondern nach den praktischen Bedürfnissen, die an eine Funktion oder Stelle gerichtet werden.

Die Skalierung der Kriterienwerte kann pro Funktion durch eine jeweilige Erhöhung der Werte bei gleichen Kriterien erfolgen. So erhält z.B. ein Junior-Consultant insgesamt 140 Wertpunkte bei 40 Kriterien, auf Stufe Consultant werden 160 Wertpunkte und auf Stufe Senior-Consultant 200 Wertpunkte als normativer Sollwert gesetzt. Dieses Feintuning ermöglicht über einen gewissen Zeitraum eine kontinuierliche Weiterbildung durch verschiedene Maßnahmen wie On the Job Training, Job enlargement, Job enrichment, Kurse, Seminare oder Zusatzstudien.

Selbstverständlich können die einzelnen Anforderungsprofile branchenspezifisch angeglichen werden. Der Kriterienkatalog ist frei gestaltbar und kann sehr detailliert abgestuft werden.

Die parametrisierten Erwartungswerte aller Kriterien sind in über 8-jähriger Forschungsarbeit unter Einbezug von Erfahrungsergebnissen und der Mithilfe zahlreicher Universitätsinstitute entstanden und werden laufend an die neuen Gegebenheiten angepasst. Derzeit sind Anforderungsprofile zu über 500 Berufseinsätzen in den Branchen Industrie, Handel, Dienstleistung, Informatik/Multimedia, Verkehr, Hotel/Tourismus, Gesundheitswesen, Banken, Versicherungen, Gewerbe, Schulwesen und Öffentliche Dienste erhältlich.

Grundsätzlich können Fehler bei Einschätzungen generell nicht ausgeschlossen werden. Alle Einschätzungen bergen eine gewisse Fehlerquote allein schon durch die Wertigkeitsskalierung in sich. Bei einer 3er-Skalierung ist die Einschätzung relativ grob und wird vom Mittelwert dominiert. Die 5er-Skalierung ist bereits etwas präziser, die Einschätzungen variieren jedoch ebenfalls um den Mittelwert, wenn als Mittelwert 50% gesetzt sind.

Beim Kompetenz-Kompass® wurde bewusst die 5er-Skalierung gewählt, aber der Mittelwert insofern eliminiert, als die Skalierung über 20%, 40%, 60%, 80% bis 100% führt. Grundsätzlich erfolgen alle Messungen im dualen System als Selbst- und Fremdeinschätzung mit entsprechender Durchschnittsberechnung. Dadurch relativieren sich allfällige Fehleinschätzungen insbesondere in den Summenwerten der Fach-, Methoden- und Sozialkompetenzen. Auch bei den Potenzialwerten sind die Summenwerte relativ fehlergering.

Die Fehlerquote kann natürlich auch durch die richtige Auswahl der Kriterien auf einem Minimum gehalten werden.

Erfahrungsgemäß weisen die kumulativen Auswertungen in den Kompetenzsummen eine Fehlerquote von weniger als 1 Punktwert oder 20% auf. Dies bedeutet, dass mit dem Messverfahren des Kompetenz-Kompass® relativ verlässliche Messwerte erreicht werden, die sich bei Messvergleichen über mehrere Perioden weit unter 5% bewegen.

## Perspektivische Entwicklungsmöglichkeiten des Messverfahrens

### Methodische Innovationen

Eine bedeutende methodische Innovation ist die Verknüpfung mit dem Testverfahren KODE und KODEX zur Selbst-, Fremd- und Teameinschätzung. Wer beide Verfahren zusammen benützt, schafft die Möglichkeit, die Potenzialstärken und -schwächen über KODE, die Defizite in Fach- und Methodenkompetenzen über den Kompetenz-Kompass® zu ermitteln.

Da die Kriterien in beiden Systemen vorhanden sind, werden die Auswertungen kongruent, die Maßnahmen jedoch spezifisch bei KODE/KODEX als Training für die Potenzialerweiterung und beim Kompetenz-Kompass® spezifisch als Training für die prozessorientierten Verbesserungen von Defiziten.

### Einsatz für neue Nutzergruppen

Die verschiedenen Messverfahren lassen sich auch auf Nutzergruppen ausdehnen, die die Messverfahren z.B. für die Performanceverbesserung in bestimmten prozessorientierten Aufgaben einsetzen wollen.

So können etwa angehende Ärzte im Klinikum auf bestimmte Methodenkompetenzen in der Diagnostik oder bei chirurgischen Eingriffen trainiert werden. Auf Stufe Oberarzt und später Chefarzt können bestimmte Sozialkompetenzen aus dem Bereich der Führungskompetenz zusätzlich trainiert werden.

Einen weiteren Einsatzbereich bietet das Verfahren bei der Bildung von Task Force Teams. Hier können innerhalb kürzester Frist auf der Grundlage von spezifischen Anforderungsprofilen Trainingsinhalte definiert und systematisch kontrolliert werden.

### Verfahrensvarianten

Eine weitere Perspektive bietet der Einsatz des Kompetenz-Kompass® in der Betreuung von Spitzensport-Mannschaften.

Im privaten Bereich kann das Verfahren für die Vorbereitung eigener beruflicher Ziele eingesetzt werden.

Natürlich könnte man den Kompetenz-Kompass® auch bei der Partnervermittlung einsetzen. Die Möglichkeit von einem Wunschpartner ein Anforderungsprofil zu erstellen und aus einer Datenbank entsprechende Partner vorgestellt zu erhalten, wäre sicher für viele eine interessante Vorgehensweise bei der Partnersuche.

## Nutzenabschätzung für die berufliche und betriebliche Weiterbildung

Der Kompetenz-Kompass® ist derzeit das leistungsfähigste HR-Softwareprogramm auf dem Weltmarkt. Der Nutzen des in 5 Sprachen (Deutsch, Englisch, Französisch, Italienisch und Spanisch) einsetzbaren HR-Tools liegt nicht nur in der Messbarkeit der für eine Funktion relevanten Kriterien, sondern auch in der direkten Verknüpfung der defizitären Kriterien mit entsprechenden Aus- und Weiterbildungsvorschlägen.

So können z.B. *Lehrlingsprogramme, Programme für Trainees, Updates für das Management* auf verschiedenen Ebenen sowie klassische Weiterbildungsangebote externer Bildungsträger im Know-how Katalog aufgeführt und als Programmbausteine den einzelnen Kriterien zugeordnet werden.

Darüber hinaus ermöglicht der Kompetenz-Kompass® jeder Funktion einen *Pflichtkatalog* an relevanten Kursen, Seminaren, On the Job Trainings und internen Einsätzen zuzuordnen und bei jedem Mitarbeiter laufend zu prüfen, welche Programme bereits besucht bzw. noch offen sind. Die in einen Mitarbeiter investierten Aus- und Weiterbildungskosten werden zudem ebenfalls pro Mitarbeiter und kumulativ pro Abteilung, Bereich oder Unternehmung ausgewiesen.

*Die berufliche oder die betriebliche Weiterbildung* kann in eigenen Ausbildungsprogrammen nach Periode, Lehrzielen, Lehrstoffen, verantwortliche Betreuer und Kontrolle mit Visum und den betreffenden Personen festgehalten werden. Die selbsterfassten Ausbildungsprogramme können in Exceltabellen transferiert und ausgedruckt oder unter einem bestimmten Pfad abgespeichert werden.

*Die absolvierten Programme* müssen vom Absolventen beurteilt werden. Durch die Eingabe der Beurteilung wird der Kurs oder das Seminar mit Datumsangabe in das Wissens- und Erfahrungspotenzial des betreffenden Mitarbeiters eingetragen.

*Die Kursbeurteilung* dient der Ausbildungsabteilung als Grundlage für die qualitative Verbesserung, sei es durch Wechsel einzelner Programmteile oder Referenten.

*Die Referentendatei* mit Angabe der Fachgebiete wird im Kompetenz-Kompass® ebenso geführt wie die Veranstalter von Bildungsprogrammen, die über e-mail oder Internetadresse direkt aus dem Programm angewählt werden können.

Über eine Ikone kann auf *die e-Learning Programme* zugegriffen werden, die das Unternehmen auf den verschiedensten e-Plattformen zur Verfügung stellt.

*Eigene oder fremde CBT-Programme* lassen sich ebenfalls ohne Probleme direkt ansteuern.

Das *kombinierte Aus- und Weiterbildungsprogramm* trägt nachhaltig dazu bei, dass sich die Entropie der Werthaltigkeit der Mitarbeiter nicht in einem unverantwortlichen Ausmaß breit macht.

*Zahlreiche Untersuchungen* in den vergangenen 5 Jahren haben gezeigt, dass Unternehmen jeder Größe ohne systematisches Weiterbildungskonzept von ihren Lohn- und Gehaltssummen den größeren Teil bereits für partielle Unfähigkeiten ihrer Mitarbeiter, die nicht systematisch auf den neuesten Wissens- und Methodenstand gebracht wurden, ausgeben.

## Erlernbarkeit durch wissenschaftsferne Anwender

Das in 7 Module unterteilte HR-Softwareprogramm Kompetenz-Kompass® ist über weite Funktionsbereiche durch einen praxisnahen Aufbau der Erfassungsmasken selbsterklärend. Darüber hinaus bietet die zu jedem Programm mitgelieferte Demo-Datenbank eine willkommene Übersicht über die einzelnen Funktionalitäten.

Die Masken sensitive Help führen im Ausnahmefall gleich zu den Beschreibungen der relevanten Felder, die man gerade bearbeitet.

Praxisorientierte Anwender wie Human Ressource Manager, Personalchefs, Ausbilder, Pädagogen, Andragogen und Führungskräfte finden sich nach dem Einführungsseminar von 2 x 3 Stunden absolut selbstständig zurecht und können das System fehlerlos nutzen.

Im Notfall steht eine effiziente Hotline telefonisch oder über Aufschaltung durch Remote-control zur Verfügung.

Zahlreiche Bildungsträger, die im Kompetenz-Kompass® als Veranstalter aufgeführt sind, führen periodisch Einführungs- und Fortbildungsseminare durch. In diesen Seminaren werden auch neue Methoden der Nutzung erörtert.

## Einfachheit und Vereinfachbarkeit des Verfahrens

Alle Verfahren im Kompetenz-Kompass® lassen sich durch eine ausgeklügelte Kopiertechnik sehr stark vereinfachen.
*   Z.B. können Anforderungsprofile einem Mitarbeiter oder einer ganzen Gruppe per Mausklick zugeteilt werden.
*   Inhalte der Combo-Boxen und Personalstammdaten lassen sich von einem Mandanten in einen anderen kopieren.
*   Alle Stammtabellen können über eine Auswahlmaske ebenfalls von einem Mandanten in einen anderen kopiert werden.
*   Die Spracheinstellung kann für jeden Mandanten gesondert eingegeben werden. So arbeitet eine Geschäftsstelle mit den deutschen Inhalten, eine andere Geschäftsstelle z.B. mit den englischen Inhalten.
*   Aus den erweiterten Stammdaten lassen sich individuelle Listen aus über 60 Feldinhalten zusammenstellen und über Excel senden oder direkt drucken.
*   Alle Funktionalitäten benötigen keine Programmierkenntnisse. Mit dem Kompetenz-Kompass® verbunden sind die MS Officeprogramme Word, Excel, PowerPoint und Acrobat von Adobe.
*   Eigene Dateien wie Betriebsreglemente, Arbeitsabläufe, Formulare etc. können problemlos durch Pfaddefinition über den Kompetenz-Kompass® aufgerufen und angesehen werden. Damit unterstützt das System auch das Wissensmanagement auf einfache und praktikable Art.

## Beispiele für den Einsatz des Messverfahrens und Erfahrungshinweise

Der Kompetenz-Kompass® leistet in folgenden Fällen vorzügliche Unterstützung:

## Anforderungsprofil für eine neue Stelle

Erfahrungshinweis: Das Profil wird aus den Kriterien zusammengestellt, die in der entsprechenden Gruppe höhere Defizite aufweisen. Damit wird der neue Mitarbeiter als Ergänzung gesucht, um die Teamperformance zu steigern. Die Erfahrung zeigt, dass die Stellenbesetzungen nach diesem Prinzip optimaler erfolgen.

## Anforderungsprofil mit Zielvergleich

Erfahrungshinweis: Die Ist-Werte sind im dualen System (Mitarbeiter/Vorgesetzter) ermittelt worden. Die ausgemachten Defizite werden rasch erkannt, das Qualifikationsgespräch wird inhaltlich auf das wesentliche konzentriert und die Maßnahmen greifen schnell und effizient. Die Mitarbeiter sind an diesem Zielvergleichsdialog sehr interessiert und beurteilen sich selbst oft strenger als der Vorgesetzte.

## Periodenvergleich zur Fortschrittsbeurteilung

Erfahrungshinweis: Der Vergleich der Soll-/Ist-Werte über mehrere Perioden zeigt die Entwicklung der Mitarbeiter auf und lässt auch Rückschlüsse über die Effizienz der besuchten Trainings zu. Von den markierten 2 – 5 miteinander vergleichbaren Perioden werden auch die Durchschnittswerte berechnet.

## Potenzialvergleich für Neubesetzung einer Führungsposition

Erfahrungshinweis: Die Potenzialkriterien entsprechen nicht den Anforderungskriterien an eine Funktion, sondern sind Kriterien, die für die Ausübung einer zukünftigen Funktion wichtig sind. Der Einsatz der Potenzialanalyse zeigt sehr deutlich, dass nicht der beste Verkäufer auch das Potenzial zum Vertriebsleiter haben muss. Ein anderes Einsatzgebiet ist der Einsatz der Potenzialanalyse bei interner Neubesetzung von Führungspositionen, denn es können 5 Kandidaten miteinander über dieselben Kriterien verglichen und ausgewertet werden.

## Profilvergleich mehrerer Mitarbeiter mit gleichem A-Profil

Erfahrungshinweis: Für Abteilungsleiter oder Leiter von Projektteams ist der Potenzialvergleich der Mitarbeiter mit gleichem Anforderungsprofil für die Performancesteigerung des Teams von eminenter Bedeutung. Über den Vergleich lassen sich auch die Defizite bestimmen, die bei allen Mitarbeitern vorhanden sind, so dass entsprechende Weiterbildungsprogramme konzipiert und angeboten werden können.

## Stellenprofil als Filter für die Vorselektion von Bewerbern

Erfahrungshinweis: Ein wichtiges Selektionsmodul ist die Definition der wichtigsten Grundvoraussetzungen, die an eine Stelle gestellt werden. Das Stellenprofil definiert die erforderliche Grundausbildung, die höhere Weiterbildung, die absolvierten Studiensemester, die Berufserfahrung in einem oder mehreren bestimmten Bereichen und die Sprachkenntnisse. Dieses Profil kann über GlobalWeb 1.0 auch als Filter im Internet genutzt werden. Die Vorselektion scheidet a priori Bewerber aus, die den Erfordernissen nicht entsprechen, was eine Reduktion der Bewerbungsrücksendungen von bis zu 60 % entspricht.

### Personenprofil als Filter für die Vorselektion von Stellen

Erfahrungshinweis: Das Personenprofil können alle Mitarbeiter eingeben und müssen alle Bewerber eingeben, die sich über Internet bewerben wollen. Die Erfahrung zeigt, dass der Abgleich von Stellen- und Personenprofilen häufig auch Mitarbeitern eine Chance einräumt, eine andere Stelle einzunehmen. Dadurch werden auch die Human Resources intern optimal ausgeschöpft und eine Stellenbesetzung vielfach schneller und effizienter intern abgewickelt.

### Einführungsprogramm für neue Mitarbeiter

Erfahrungshinweis: Neue Mitarbeiter erhalten für die Probezeit ein Anforderungsprofil, in dem vor allem die Kriterien der Methodenkompetenz, die im prozessualen Aufgabenbereich liegen, definiert und mit einem Trainingsprogramm ergänzt. Die Nutzung zeigt, dass neue Mitarbeiter viel rascher mit den Arbeitsmitteln vertraut werden, als über eine unkoordinierte Einführung, die meistens nicht überprüfbar ist.

Im Folgenden seien einige wenige Beispiele für die Veranschaulichung der Arbeitsweise und der Arbeitsmöglichkeiten mit dem Kompetenz-Kompass® gegeben. Dafür werden ausgewählt: das Beispiel eines Kompetenzprofils (Abbildung 1), das Beispiel eines prototypischen Kriterienkatalogs (Abbildung 2), das Beispiel eines Stellenprofils (Abbildung 3), das Beispiel eines charakteristischen Potenzialvergleichs (Abbildung 4), das Beispiel eines Soll-Ist-Vergleichs in Hinsicht auf einen betrieblichen Stellenplan (Abbildung 5) und schließlich das Beispiel eines Zielvergleichs im Rahmen der betrieblichen Personalentwicklung (Abbildung 6).

## Materialien zum Kompetenz-Kompass®

Die *Funktionalitäten* des Kompetenz-Kompass® sind in Hänggi (2000b) beschrieben. Informationsmaterial kann über die im Autorenverzeichnis angegebene Adresse bezogen werden.

Marketingleiter

Name
Arbeitsort
Abteilung
Beschäftigungsgrad
Funktionsstufe   Oberes Management
Bereich    Handel
Salärstufe

| Kompetenzprofil/Längsschnitt(in Prozent) | Soll | Ist |
|---|---|---|
| FK | 71 | |
| MK | 69 | |
| SK | 85 | |

Kompetenzprofil/Längsschnitt Punktwert

| | Soll | Ist |
|---|---|---|
| Denkstile und Allgemeinbildung | 50 | |
| Kommunikations- fähigkeiten | 47 | |
| Grundkenntnisse/ -fertigkeiten | 19 | |
| Fachkenntnisse und -fertigkeiten | 48 | |
| Spezialkenntnisse & -fertigkeiten | 43 | |
| Quantitative Ziele | 24 | |

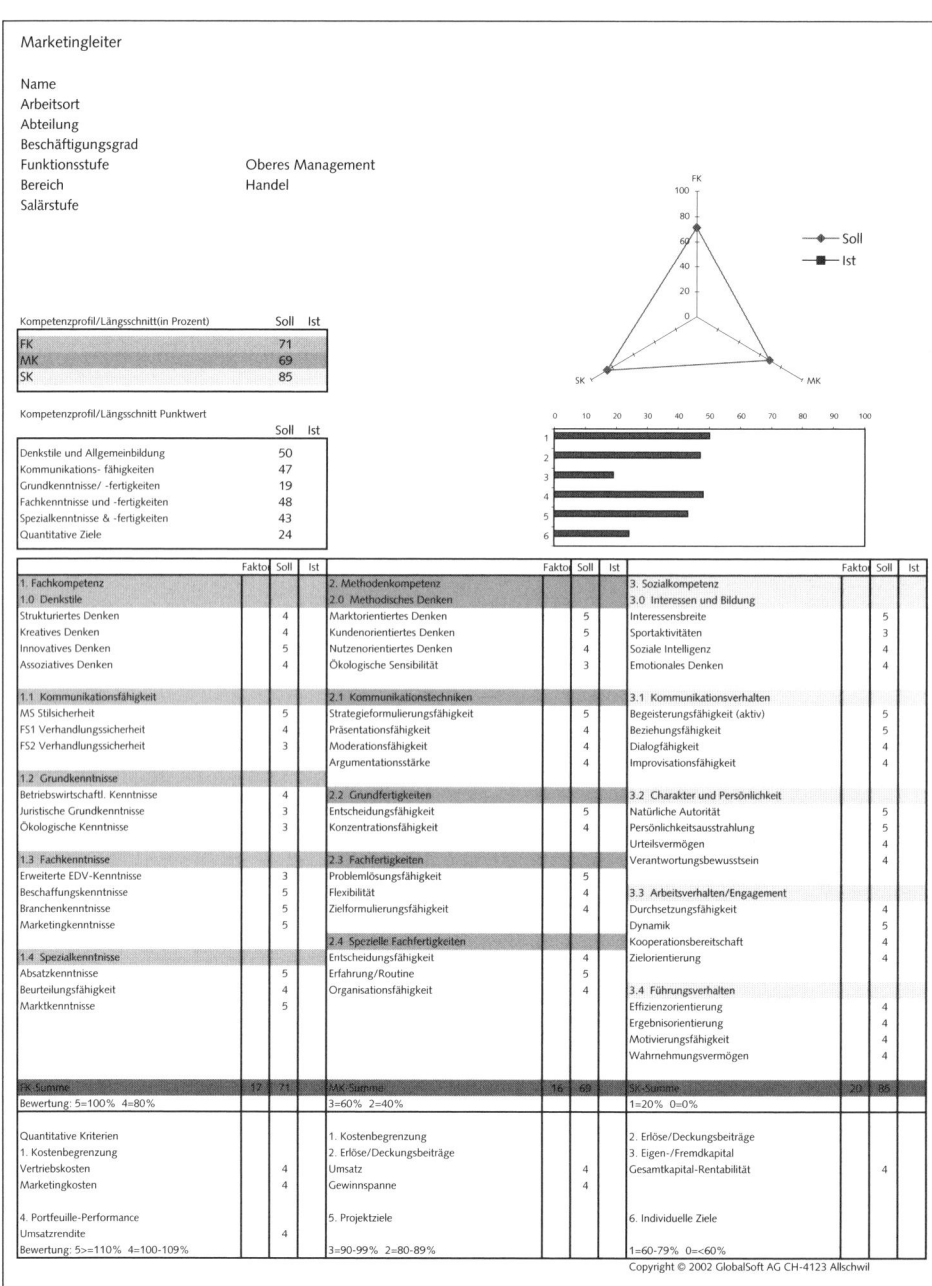

| 1. Fachkompetenz | Faktor | Soll | Ist | 2. Methodenkompetenz | Faktor | Soll | Ist | 3. Sozialkompetenz | Faktor | Soll | Ist |
|---|---|---|---|---|---|---|---|---|---|---|---|
| 1.0 Denkstile | | | | 2.0 Methodisches Denken | | | | 3.0 Interessen und Bildung | | | |
| Strukturiertes Denken | | 4 | | Marktorientiertes Denken | | 5 | | Interessensbreite | | 5 | |
| Kreatives Denken | | 4 | | Kundenorientiertes Denken | | 5 | | Sportaktivitäten | | 3 | |
| Innovatives Denken | | 5 | | Nutzenorientiertes Denken | | 4 | | Soziale Intelligenz | | 4 | |
| Assoziatives Denken | | 4 | | Ökologische Sensibilität | | 3 | | Emotionales Denken | | 4 | |
| 1.1 Kommunikationsfähigkeit | | | | 2.1 Kommunikationstechniken | | | | 3.1 Kommunikationsverhalten | | | |
| MS Stilsicherheit | | 5 | | Strategieformulierungsfähigkeit | | 5 | | Begeisterungsfähigkeit (aktiv) | | 5 | |
| FS1 Verhandlungssicherheit | | 4 | | Präsentationsfähigkeit | | 4 | | Beziehungsfähigkeit | | 5 | |
| FS2 Verhandlungssicherheit | | 3 | | Moderationsfähigkeit | | 4 | | Dialogfähigkeit | | 4 | |
| | | | | Argumentationsstärke | | 4 | | Improvisationsfähigkeit | | 4 | |
| 1.2 Grundkenntnisse | | | | | | | | | | | |
| Betriebswirtschaftl. Kenntnisse | | 4 | | 2.2 Grundfertigkeiten | | | | 3.2 Charakter und Persönlichkeit | | | |
| Juristische Grundkenntnisse | | 3 | | Entscheidungsfähigkeit | | 5 | | Natürliche Autorität | | 5 | |
| Ökologische Kenntnisse | | 3 | | Konzentrationsfähigkeit | | 4 | | Persönlichkeitsausstrahlung | | 5 | |
| | | | | | | | | Urteilsvermögen | | 4 | |
| 1.3 Fachkenntnisse | | | | 2.3 Fachfertigkeiten | | | | Verantwortungsbewusstsein | | 4 | |
| Erweiterte EDV-Kenntnisse | | 3 | | Problemlösungsfähigkeit | | 5 | | | | | |
| Beschaffungskenntnisse | | 5 | | Flexibilität | | 4 | | 3.3 Arbeitsverhalten/Engagement | | | |
| Branchenkenntnisse | | 5 | | Zielformulierungsfähigkeit | | 4 | | Durchsetzungsfähigkeit | | 4 | |
| Marketingkenntnisse | | 5 | | | | | | Dynamik | | 5 | |
| | | | | 2.4 Spezielle Fachfertigkeiten | | | | Kooperationsbereitschaft | | 4 | |
| 1.4 Spezialkenntnisse | | | | Entscheidungsfähigkeit | | 4 | | Zielorientierung | | 4 | |
| Absatzkenntnisse | | 5 | | Erfahrung/Routine | | 5 | | | | | |
| Beurteilungsfähigkeit | | 4 | | Organisationsfähigkeit | | 4 | | 3.4 Führungsverhalten | | | |
| Marktkenntnisse | | 5 | | | | | | Effizienzorientierung | | 4 | |
| | | | | | | | | Ergebnisorientierung | | 4 | |
| | | | | | | | | Motivierungsfähigkeit | | 4 | |
| | | | | | | | | Wahrnehmungsvermögen | | 4 | |
| FK-Summe | 17 | 71 | | MK-Summe | 16 | 69 | | SK-Summe | 20 | 85 | |
| Bewertung: 5=100%  4=80% | | | | 3=60%  2=40% | | | | 1=20%  0=0% | | | |

| Quantitative Kriterien | | | | 1. Kostenbegrenzung | | | | 2. Erlöse/Deckungsbeiträge | | | |
|---|---|---|---|---|---|---|---|---|---|---|---|
| 1. Kostenbegrenzung | | | | 2. Erlöse/Deckungsbeiträge | | | | 3. Eigen-/Fremdkapital | | | |
| Vertriebskosten | | 4 | | Umsatz | | 4 | | Gesamtkapital-Rentabilität | | 4 | |
| Marketingkosten | | 4 | | Gewinnspanne | | 4 | | | | | |
| 4. Portfeuille-Performance | | | | 5. Projektziele | | | | 6. Individuelle Ziele | | | |
| Umsatzrendite | | 4 | | | | | | | | | |
| Bewertung: 5>=110%  4=100-109% | | | | 3=90-99%  2=80-89% | | | | 1=60-79%  0=<60% | | | |

Abb. 1: Beispiel eines Kompetenzprofils

## Kriterienkatalog                                                                  Seite 1

| Komp./Kennt./Kat. | Bezeichnung Deutsch |
|---|---|
| 10.10.01 | Logisches Denken |
| 10.10.02 | Analytisches Denken |
| 10.10.03 | Kritisches Denken |
| 10.10.04 | Strukturiertes Denken |
| 10.10.05 | Mathematisch-exaktes Denken |
| 10.10.06 | Wissenschaftliches Denken |
| 10.10.07 | Sequentielles Denken |
| 10.10.08 | Kreatives Denken |
| 10.10.09 | Synthetisches Denken |
| 10.10.10 | Konzeptionelles Denken |
| 10.10.11 | Innovatives Denken |
| 10.10.12 | Künstlerisches Denken |
| 10.10.13 | Assoziatives Denken |
| 10.10.14 | Selbständiges Denken |
| 10.10.15 | Kontextuelles Denken |
| 10.20.01 | Muttersprache Deutsch |
| 10.20.02 | MS Sprachl. Ausdrucksfähigkeit |
| 10.20.03 | MS Sprachgewandtheit |
| 10.20.04 | MS Verhandlungssicherheit |
| 10.20.05 | MS Schriftliche Ausdrucksfähigkeit |
| 10.20.06 | MS Stilsicherheit |
| 10.20.07 | MS Kenntnis der Fachsprache |
| 10.20.10 | 1. Fremdsprache F |
| 10.20.11 | FS1 Verständnis der 1. Fremdsprache |
| 10.20.12 | FS1 Sprachliche Ausdrucksfähigkeit |
| 10.20.13 | FS1 Sprachgewandtheit |
| 10.20.14 | FS1 Verhandlungssicherheit |
| 10.20.15 | FS1 Schriftliche Ausdrucksfähigkeit |
| 10.20.16 | FS1 Stilsicherheit |
| 10.20.17 | FS1 Kenntnis der Fachsprache |
| 10.20.20 | 2. Fremdsprache E |
| 10.20.21 | FS2 Verständnis der 2. Fremdsprache |
| 10.20.22 | FS2 Sprachliche Ausdrucksfähigkeit |
| 10.20.23 | FS2 Sprachgewandtheit |
| 10.20.24 | FS2 Verhandlungssicherheit |
| 10.20.25 | FS2 Schriftliche Ausdrucksfähigkeit |
| 10.20.26 | FS2 Stilsicherheit |
| 10.20.27 | FS2 Kenntnis der Fachsprache |
| 10.20.30 | 3. Fremdsprache I |
| 10.20.31 | FS3 Verständnis der 3. Fremdsprache |
| 10.20.32 | FS3 Sprachliche Ausdrucksfähigkeit |
| 10.20.33 | FS3 Sprachgewandtheit |
| 10.20.34 | FS3 Verhandlungssicherheit |
| 10.20.35 | FS3 Schriftliche Ausdrucksfähigkeit |
| 10.20.36 | FS3 Stilsicherheit |
| 10.20.37 | FS3 Kenntnis der Fachsprache |
| 10.20.40 | 4. Fremdsprache SP |
| 10.20.41 | FS4 Verständnis der 4. Fremdsprache |
| 10.20.42 | FS4 Sprachliche Ausdrucksfähigkeit |
| 10.20.43 | FS4 Sprachgewandtheit |
| 10.20.44 | FS4 Verhandlungssicherheit |
| 10.20.45 | FS4 Schriftliche Ausdrucksfähigkeit |
| 10.20.46 | FS4 Stilsicherheit |
| 10.20.47 | FS4 Kenntnis der Fachsprache |
| 10.20.50 | Weitere Fremdsprachen - |

DEMO: DEMODATA (Schweiz) AG  CH - 4123 Allschwil                           2. November 2001

Abb. 2: Beispiel eines prototypischen Kriterienkatalogs

Seite 1/1

# **P**rofil - **A**nalyse - **V**ergleich **PAV**
## Stellenprofil

| | |
|---|---|
| **Stellennummer :** | 1020 |
| **Stellenbezeichnung :** | Verkaufsleiter |
| **Kontaktperson :** | Denise Oppenheimer |
| **Telefon :** | e-Mail : |

**1. Hauptaufgaben**

Weiterbildung/Erfahrung            Funktionslevel

Marketing / Werbung / PR            Führend

**2. Anforderungen**

**2.1 Erforderliche Grundausbildung**

| Grundausbildungen | Ausbildungsdauer |
|---|---|
| 1. Kaufmännischer Beruf | 3 Jahre |
| 2. | |
| 3. | |

**2.2 Erforderliche Fachkenntnisse**

Fachkenntnisse können durch höhere Weiterbildung und/oder mehrjährige Berufserfahrung erworben werden.

**A. Erforderliche Fachkenntnisse und/oder Berufserfahrung**

| Weiterbildungen/Erfahrungen | Funktionslevel | Kompetenzlevel |
|---|---|---|
| 1. Marketing / Werbung / PR | Ausführend | sehr gute Kenntnisse |
| 2. | | |
| 3. | | |
| 4. | | |

**B. Erforderliche Weiterbildung mit Diplomabschluss**

Weiterbildungsdauer     ~1200-2000 Lektionen (> ~6 Semester)

**2.3 Erforderliche Sprachkenntnisse**

| | Deutsch | Französich | Englisch | |
|---|---|---|---|---|
| Mündlich: | | | sehr gute Kenntnisse | |
| Schriftlich: | | | sehr gute Kenntnisse | |

**2.4 Bemerkungen**

Abb. 3: Beispiel eines Stellenprofils

## Potenzialvergleich

**Funktion: D05-01 - Unternehmensleiter**

Seite 1

Person(en): 1. Althaus Werner / 2. Grollmund Franz / 3. Aregger Philip / 4. Berger Christian

| Bezeichnung | F | S | F1 | S1 | I1 | F2 | S2 | I2 | F3 | S3 | I3 | F4 | S4 | I4 |
|---|---|---|---|---|---|---|---|---|---|---|---|---|---|---|
| 1.0.01 Visionäres Denkvermögen | 0 | 5 | 0 | 5 | 4 | 0 | 5 | 4 | 0 | 5 | 4 | 0 | 5 | 4 |
| 1.0.05 Konzeptuelles Denkvermögen | 0 | 4 | 0 | 5 | 3 | 0 | 4 | 3 | 0 | 4 | 4 | 0 | 4 | 5 |
| 1.1.03 Überzeugungskraft | 0 | 5 | 0 | 5 | 4 | 0 | 5 | 3 | 0 | 5 | 4 | 0 | 5 | 5 |
| 1.1.04 Vermittlungsfähigkeit | 0 | 5 | 0 | 5 | 3 | 0 | 5 | 5 | 0 | 5 | 5 | 0 | 5 | 4 |
| 1.2.01 Wissensbeherrschung | 0 | 5 | 0 | 5 | 3 | 0 | 5 | 5 | 0 | 5 | 5 | 0 | 5 | 4 |
| 1.2.05 Know-how Transfer | 0 | 5 | 0 | 5 | 3 | 0 | 5 | 5 | 0 | 5 | 4 | 0 | 5 | 4 |
| 2.0.01 Markt- und Wettbewerbsorientierung | 0 | 5 | 0 | 5 | 5 | 0 | 5 | 5 | 0 | 5 | 5 | 0 | 5 | 4 |
| 2.0.02 Ergebnisorientierung | 0 | 5 | 0 | 5 | 4 | 0 | 5 | 4 | 0 | 5 | 5 | 0 | 5 | 4 |
| 2.0.11 Prozessorientierung | 0 | 5 | 0 | 5 | 4 | 0 | 5 | 4 | 0 | 5 | 4 | 0 | 5 | 4 |
| 2.1.01 Qualitative Leistungskonstanz | 0 | 4 | 0 | 4 | 3 | 0 | 4 | 4 | 0 | 4 | 3 | 0 | 4 | 3 |
| 2.1.02 Quantitative Leistungskonstanz | 0 | 4 | 0 | 4 | 2 | 0 | 4 | 5 | 0 | 4 | 3 | 0 | 4 | 4 |
| 2.2.02 Prozessorientierter Personaleinsatz | 0 | 5 | 0 | 5 | 4 | 0 | 5 | 4 | 0 | 5 | 0 | 0 | 5 | 4 |
| 2.3.01 Situative Beurteilungsfähigkeit | 0 | 5 | 0 | 5 | 3 | 0 | 5 | 4 | 0 | 5 | 4 | 0 | 5 | 4 |
| 2.3.03 Umsetzungsfähigkeit | 0 | 4 | 0 | 4 | 3 | 0 | 4 | 4 | 0 | 5 | 4 | 0 | 4 | 5 |
| 3.0.01 Informationskonstanz | 0 | 5 | 0 | 5 | 3 | 0 | 5 | 4 | 0 | 4 | 5 | 0 | 5 | 4 |
| 3.1.04 Zusammenarbeit | 0 | 5 | 0 | 5 | 2 | 0 | 5 | 5 | 0 | 5 | 4 | 0 | 5 | 4 |
| 3.2.02 Emotionale Stabilität | 0 | 5 | 0 | 5 | 2 | 0 | 5 | 4 | 0 | 5 | 4 | 0 | 5 | 4 |
| 3.2.04 Mut zu anderer Meinung | 0 | 4 | 0 | 4 | 2 | 0 | 4 | 4 | 0 | 4 | 5 | 0 | 4 | 4 |
| 3.2.05 Umgang mit Unsicherheitsfaktoren | 0 | 5 | 0 | 5 | 2 | 0 | 5 | 4 | 0 | 5 | 4 | 0 | 5 | 4 |
| 3.3.03 Zielsetzungsfähigkeit | 0 | 5 | 0 | 5 | 4 | 0 | 5 | 4 | 0 | 5 | 4 | 0 | 5 | 3 |
| 3.3.04 Teamentwicklungsfähigkeit | 0 | 5 | 0 | 5 | 3 | 0 | 4 | 4 | 0 | 5 | 4 | 0 | 5 | 4 |
| DIFFERENZ | | 100 | | | -33 | | | -12 | | | -15 | | | -16 |

LEGENDE:
1. Fachkompetenz
2. Methodenkompetenz
3. Sozialkompetenz

Abb. 4: Beispiel eines charakteristischen Potenzialvergleichs

## Soll / Ist - Stellenplan - nach Abteilung

Seite 1

| Abteilung | Org.Einheit/Arbeitsort | Funktion | Soll Ps | % | Gehalt | Pers.-Nr. | Name | Vorname | Ist Ps | % | Gehalt | diff.Ps | diff.% | diff.Gehalt |
|---|---|---|---|---|---|---|---|---|---|---|---|---|---|---|
| Fabrikation | | | | | | | | | | | | | | |
| | Allschwil | Leiter PPS | 1.0 | 100 | 80000.00 | | | | | | | | | |
| | | | | | | 45 | Aregger | Philip | 1.0 | 100 | 85000.00 | | | |
| | Allschwil | Betriebsassistent | 3.0 | 300 | 150000.00 | | | | | | | | | |
| | | | | | | 43 | Huber | Sandra | 1.0 | 100 | 50000.00 | | | |
| | | | | | | 44 | Ortler | Julia | 1.0 | 100 | 52000.00 | | | |
| | | | | | | 47 | Liechti | Mathilde | 0.5 | 50 | 24000.00 | | | |
| | Allschwil | Leiter Spedition | 1.0 | 100 | 60000.00 | | | | | | | | | |
| | | | | | | 48 | Peterhans | Sybille | 1.0 | 100 | 65000.00 | | | |
| | Allschwil | Leiter Forschung u/o Entwickl./Konstr. | 1.0 | 100 | 70000.00 | | | | | | | | | |
| | | | | | | 46 | Berger | Christian | 1.0 | 100 | 64000.00 | | | |
| | Basel | Leiter eines Bereiches F & E | 0.5 | 50 | 25000.00 | | | | | | | | | |
| | | | | | | 39 | Gerber | Stefan | 0.6 | 60 | 27000.00 | | | |
| | Zürich | Verkaufsleiter | 1.0 | 100 | 70000.00 | | | | | | | | | |
| | | | | | | 30 | Antognioni | Luigi | 1.0 | 100 | 73000.00 | | | |
| | Zürich | Betriebsassistent | 1.0 | 100 | 50000.00 | | | | | | | | | |
| | | | | | | 33 | Ortlieb | Hans-Rudolf | 1.0 | 100 | 53000.00 | | | |
| | | | 8.5 | 850 | 505000.00 | | | | 8.1 | 810 | 493000.00 | -0.4 | -40 | -12000.00 |
| | | Gesamttotal | 8.5 | 850 | 505000.00 | | | | 8.1 | 810 | 493000.00 | -0.4 | -40 | -12000.00 |

DEMO: DEMODATA (Schweiz) AG CH - 4123 Allschwil

2. November 2001

Abb. 5: Beispiel eines Soll-Ist-Vergleichs in Hinsicht auf einen betrieblichen Stellenplan

## Zielvergleichsanalyse

**Berufsbild: 0004 / Funktionsstufe: MM / Bereich: IN / Team: T1**
1)Althaus Werner 2)Berger Christian 3)Christen Rudolf 4)Grolimund Franz

Seite 1

| Kriterium | Kriteriengruppe | F1 | S1 | I1 | S2 | I2 | F3 | S3 | I3 | F4 | S4 | I4 | Ø F | Ø S | Ø I |
|---|---|---|---|---|---|---|---|---|---|---|---|---|---|---|---|
| Logisches Denken | 1.0 Denkstile | | 4 | 4 | 4 | 4 | | 4 | 4 | | 4 | 4 | | 4.0 | 4.0 |
| Kritisches Denken | 1.0 Denkstile | | 4 | 4 | 4 | 4 | | 4 | 4 | | 4 | 4 | | 4.0 | 4.0 |
| Strukturiertes Denken | 1.0 Denkstile | | 4 | 4 | 4 | 4 | | 4 | 4 | | 4 | 4 | | 4.0 | 3.8 |
| Innovatives Denken | 1.0 Denkstile | | 4 | 4 | 4 | 4 | | 4 | 4 | | 4 | 4 | | 4.0 | 4.0 |
| MS Stilsicherheit | 1.1 Kommunikationsfähigkeit | | 4 | 4 | 4 | 4 | | 4 | 5 | | 4 | 4 | | 4.0 | 4.0 |
| FS1 Verhandlungssicherheit | 1.1 Kommunikationsfähigkeit | | 4 | 4 | 4 | 4 | | 4 | 3 | | 4 | 3 | | 4.0 | 3.5 |
| FS2 Sprachliche Ausdrucksfähigkeit | 1.1 Kommunikationsfähigkeit | | 3 | 4 | 3 | 4 | | 3 | 3 | | 3 | 3 | | 3.0 | 3.5 |
| Betriebswirtschaftl. Kenntnisse | 1.2 Grundkenntnisse | | 4 | 4 | 4 | 3 | | 4 | 3 | | 4 | 4 | | 4.0 | 3.8 |
| Juristische Grundkenntnisse | 1.2 Grundkenntnisse | | 4 | 4 | 4 | 4 | | 4 | 3 | | 4 | 4 | | 4.0 | 3.8 |
| Ökologische Kenntnisse | 1.2 Grundkenntnisse | | 4 | 3 | 4 | 4 | | 4 | 3 | | 4 | 3 | | 4.0 | 3.5 |
| Erweiterte Fachkenntnisse | 1.3 Fachkenntnisse | | 5 | 3 | 5 | 3 | | | 4 | | 5 | 5 | | 3.8 | 3.3 |
| Erweiterte EDV-Kenntnisse | 1.3 Fachkenntnisse | | 5 | 3 | 5 | 4 | | 5 | 3 | | 5 | 4 | | 5.0 | 3.5 |
| Marketingkenntnisse | 1.3 Fachkenntnisse | | 5 | 4 | 5 | 4 | | 5 | 3 | | 5 | 4 | | 5.0 | 3.8 |
| Planungskenntnisse | 1.3 Fachkenntnisse | | 4 | 4 | 4 | 5 | | 5 | 3 | | 4 | 4 | | 4.3 | 3.8 |
| Beurteilungsfähigkeit | 1.4 Spezialkenntnisse | | 4 | 4 | 4 | 4 | | 4 | 3 | | 4 | 4 | | 4.0 | 3.8 |
| Marktkenntnisse | 1.4 Spezialkenntnisse | | 4 | 4 | 4 | 4 | | 4 | 3 | | 4 | 4 | | 4.0 | 3.8 |
| Rechtskenntnisse | 1.4 Spezialkenntnisse | | 4 | 4 | 4 | 4 | | 4 | 3 | | 4 | 3 | | 4.0 | 3.5 |
| **FK-Summe** | | | 70 | 63 | 70 | 67 | | 66 | 60 | | 70 | 62 | | 69.1 | 63.4 |
| Marktorientiertes Denken | 2.0 Methodisches Denken | | 4 | 5 | 4 | 4 | | 4 | 3 | | 4 | 3 | | 4.0 | 3.8 |
| Kundenorientiertes Denken | 2.0 Methodisches Denken | | 4 | 4 | 4 | 4 | | 4 | 4 | | 4 | 3 | | 4.0 | 3.3 |
| Nutzenorientiertes Denken | 2.0 Methodisches Denken | | 4 | 4 | 4 | 4 | | 4 | 4 | | 4 | 4 | | 4.0 | 4.0 |
| Vernetztes Denken | 2.0 Methodisches Denken | | 4 | 4 | 4 | 3 | | 4 | 4 | | 4 | 4 | | 4.0 | 3.5 |
| Verständliche Berichterstattung | 2.1 Kommunikationstechniken | | 4 | 3 | 4 | | | 4 | 4 | | 4 | 4 | | 4.0 | 2.8 |
| Diplomatie | 2.1 Kommunikationstechniken | | 4 | 3 | 4 | 3 | | 4 | 4 | | 4 | 3 | | 4.0 | 3.3 |
| Präsentationsfähigkeit | 2.1 Kommunikationstechniken | | 4 | 3 | 4 | 3 | | 4 | 4 | | 4 | 3 | | 4.0 | 3.5 |
| Moderationsfähigkeit | 2.1 Kommunikationstechniken | | 4 | 4 | 4 | 3 | | 4 | 4 | | 4 | 3 | | 4.0 | 3.5 |
| Entscheidungsfähigkeit | 2.2 Grundfertigkeiten | | 4 | 4 | 4 | 4 | | 4 | 4 | | 4 | 3 | | 4.0 | 3.5 |
| Konzentrationsfähigkeit | 2.2 Grundfertigkeiten | | 4 | 4 | 4 | | | 4 | 4 | | 4 | 3 | | 4.0 | 3.8 |
| Systematik | 2.2 Grundfertigkeiten | | 4 | 4 | 4 | | | 4 | 4 | | 4 | 3 | | 4.0 | 2.8 |
| Zeitmanagement | 2.2 Grundfertigkeiten | | 4 | 4 | 4 | 4 | | 4 | 4 | | 4 | 4 | | 4.0 | 4.0 |
| Problemlösungsfähigkeit | 2.3 Fachfertigkeiten | | 4 | 4 | 4 | 4 | | 4 | 4 | | 4 | 4 | | 4.0 | 4.0 |
| Selbständiges Arbeiten | 2.3 Fachfertigkeiten | | 4 | 4 | 4 | 4 | | 4 | 4 | | 4 | 3 | | 4.0 | 3.8 |
| Zielformulierungsfähigkeit | 2.3 Fachfertigkeiten | | 4 | 4 | 4 | 4 | | 4 | 4 | | 4 | 3 | | 4.0 | 3.8 |
| EDV-Anwendungskenntnisse | 2.3 Fachfertigkeiten | | 4 | 4 | 4 | 4 | | 4 | 4 | | 4 | 4 | | 4.0 | 3.8 |
| Beurteilungsvermögen | 2.4 Spezielle Fachfertigkeiten | | 4 | 4 | 4 | 4 | | 4 | 4 | | 4 | 4 | | 4.0 | 4.0 |
| Entscheidungsfähigkeit | 2.4 Spezielle Fachfertigkeiten | | 4 | 4 | 4 | 4 | | 4 | 3 | | 4 | 3 | | 4.0 | 3.5 |

Abb. 6: Beispiel eines Zielvergleichs im Rahmen der betrieblichen Personalentwicklung

## Literaturverzeichnis

Fröhlich, W. (Hrsg.) (1998). Value-Development. Frechen

Hänggi, G. (2000a). Wege zur neuen Fachlichkeit. In: J. König; C. Oerthel & H.-J. Puch (Hrsg.). consozial 2001. Starnberg

Hänggi, G. (2000b). Macht der Kompetenz. 3. Aufl. Frechen

Hänggi, G. (2001). Qualitätsmanagement für Träger, Leitung und Team. Zukunftshandbuch, 5. Aufl. Regensburg

Heyse, V. & Erpenbeck, J.(1997). Der Sprung über die Kompetenzbarriere. Bielefeld

# nextexpertizer und nextcoach: Kompetenzmessung aus der Sicht der Theorie kognitiver Selbstorganisation[1]

Peter Kruse/Andreas Dittler/
Frank Schomburg

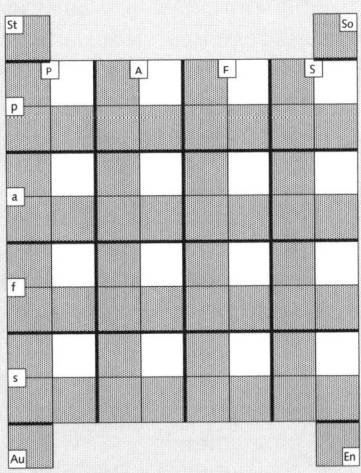

**Rasterdarstellung**

### Schlagworte

Konsensuelle Konzeptbildung; konstruktivistisch; Selbstreferenzialität; Selbstreflexion; Selbstorganisation; subjektive Theorien; systemisch; Viabilität; Veränderungsprozesse; Zeitverläufe.

### Entwickler

Prof. Dr. Peter Kruse, PD Dr. Arne Raeithel†, Dipl.-Inform. Frank Schomburg, nextpractice GmbH, Bremen

### Kompetenzdefinition

Kompetenz ist die Fähigkeit einer Person oder einer Gruppe, in komplexen und dynamischen Umfeldgegebenheiten ihr Handeln viabel, d.h. bezogen auf die gegebenen Rahmenbedingungen hinreichend und bezogen auf systemeigene Kriterien erfolgreich zu organisieren.

---

1 Die spezialisierten Software-Tools nextexpertizer® und nextcoach® sind unabhängige programmtechnische Umsetzungen des gleichen methodischen Basisprinzipes.

## Zielstellungen

Das nextexpertizer und nextcoach zugrunde liegende methodische Vorgehen verbindet die inhaltliche Aussagekraft frei geführter Interviews mit der Vergleichbarkeit standardisierter Fragebögen. Mit dem Software-Tool nextexpertizer können
die Gemeinsamkeiten und Unterschiede im Kompetenzverständnis von Gruppen
(bis zu ca. 300 Auskunftspersonen) punktuell und im Zeitverlauf sichtbar gemacht
werden. Das Software-Tool nextcoach dient dagegen ausschließlich der Reflexion
einer einzelnen Auskunftsperson. Für das Anwendungsfeld der Kompetenzmessung liegen auf dem Hintergrund der eigenen Beratungstätigkeit von nextpractice
für nextexpertizer und nextcoach Erfahrungswerte für folgende Fragestellungen
im Rahmen von Human Resource Development, Organisationsentwicklung und
Qualitätssicherung vor:

1. Definition und Überprüfung von Schlüsselkompetenzen im Rahmen von internen Potenzialerkennungs- und Personalentwicklungsprozessen;
2. Vergleich und Auswahl von Kandidaten durch Entscheidungsgremien im Rahmen von Einstellungsverfahren und strukturierten Personal-Assessments;
3. Erfassung und Rückmeldung von Selbst- und Fremdbild im Rahmen von systematischen Führungskräftebewertungen und Teamentwicklungsprozessen;
4. Dokumentation und Bewertung der persönlichen Kompetenzentwicklung im
   Rahmen von Einzel- und Teamcoachings sowie von Fort- und Weiterbildungs-
   programmen;
5. Evaluation und Vergleich von methodischen Ansätzen und konkreten Werkzeu-
   gen im Rahmen von Trainingsprogrammen und strukturierten Kompetenzentwicklungsmaßnahmen.

## Theoretische Grundlagen

Die softwaregestützten Interview- und Analyse-Werkzeuge nextexpertizer und
nextcoach haben ihren Ursprung in den theoretischen und methodischen Grundideen der »Psychologie der persönlichen Konstrukte« des Amerikaners George
A. Kelly. Als klinischer Psychologe skizzierte Kelly bereits 1955 einen eigenständigen, gemäßigt konstruktivistischen Ansatz mit durchaus allgemeinpsychologischem
Geltungsanspruch, der auch heute noch eine sehr anregende Aktualität besitzt.
Die »Psychologie der persönlichen Konstrukte« betrachtet den Menschen als Forscher, der aus seiner Erfahrung Hypothesen für zukünftige Situationen entwickelt,
diese überprüft, bestätigt und gegebenenfalls anpasst. Um einen ersten messenden
Zugang zur subjektiven Wirklichkeit eines Menschen zu bekommen, entwickelte
Kelly in konsequenter Übereinstimmung mit seinen theoretischen Grundannah-
men die Methode des »Repertory (REP) Grid«. Im REP-Grid bringen Auskunftspersonen über ein im Prinzip sehr einfaches Befragungsritual (s.u.) Ereignisse oder
Objekte (Elemente) ihrer Erfahrungswelt auf der Grundlage von versprachlichten
Unterschieden oder Gemeinsamkeiten (Konstrukte) in eine Abhängigkeitsbeziehung (Matrize). Während sich das Erhebungsverfahren auch heute noch eng am
Vorgehensvorschlag von G.A. Kelly orientiert, haben sich Auswertung und Darstellung der in den Kelly-Matrizen (REP-Grids) enthaltenen Ordnung deutlich weiterentwickelt (s. z.B. Scheer und Catina 1993a und b). Ein erster experimenteller

Vorläufer der softwaregestützten Interview- und Auswertungswerkzeuge nextexpertizer und nextcoach war die von Arne Raeithel konfigurierte, auf Macintosh-Anwenderprogrammen basierende Software »Gridstack«. Die konkrete Gestaltung von nextexpertizer und nextcoach wurde von Peter Kruse in Zusammenarbeit mit Frank Schomburg konzipiert und entstand auf der Grundlage der gemeinsamen Forschungsarbeit von Kruse und Raeithel (s. Kruse et al. 1992, 1994a,b).

## Methodologische Einordnung

Die Methodik von nextexpertizer und nextcoach ist weder eindeutig als qualitatives noch eindeutig als quantitatives Messverfahren einzuordnen. Mit nextexpertizer und nextcoach wird es möglich, die Vorteile qualitativer Interviews mit den Vorteilen standardisierter Fragebögen zu verbinden. Die Befragungstechnik gestattet es den Auskunftspersonen, wie bei einem qualitativen Interview frei und nahezu uneingeschränkt eigene Beschreibungen zur Bewertung zu benutzen. Die Ergebnisse spiegeln damit weitgehend vorgabefrei die Sichtweise eines Individuums wider. Die Befragten konstruieren gewissermaßen während der Befragung ihren eigenen, ganz persönlichen Fragebogen. In diesem Sinne ist das Verfahren idiografisch. Die über die Verwendung frei gewählter Konstrukte (Beschreibungsdimensionen) entstehende relationale Zuordnung von Elementen der individuellen Erfahrungswelt (Ereignissen oder Objekten) in einer Matrize (REP-Grid) erlaubt aber dennoch über spezielle mathematische Analysen (s. Raeithel 1990, 1993) eine interindividuelle Vergleichbarkeit. Wenn bei der Befragung verschiedener Auskunftspersonen eine hinreichende Zahl von Elementen konstant gehalten wird und eine gemeinsame Erfahrungsgrundlage mit diesen Elementen besteht, können individuelle Muster direkt quantitativ miteinander in Beziehung gesetzt werden. Dabei ist prinzipiell das Inventar statistischer Methoden anwendbar. In diesem Sinne ist das Verfahren nomothetisch.

## Einschätzung der Gütekriterien

Auf Grund der besonderen Zwitterstellung des Verfahrens zwischen qualitativer und quantitativer Methodik ist eine Anwendung der klassischen Testgütekriterien nur bedingt sinnvoll. Für eine tiefer gehenden Diskussion der Gütekriterien kann auf eine Überblicksarbeit von Lohaus (1993) verwiesen werden. Lohaus fasst in seiner Arbeit zusammen, dass eine Abwertung von Verfahren, die auf der REP-Grid-Technik beruhen, aus der entsprechenden Forschungsliteratur nicht begründbar ist. Bezogen auf Reliabilität und Validität bestehen keine Mängel, aus denen eine Bevorzugung klassischer Erhebungsmethoden gegenüber der REP-Grid-Technik abgeleitet werden kann. Bannister und Mair (1968) geben in ihrem Sammelreferat über REP-Grids z.B. eine Retest-Reliabilität von 0.6 bis 0.8 bezogen auf die Konstruktbeziehungen an. Diese tendenziell geringe Reliabilität auf der Ebene der Konstruktbeziehungen ist auf Grund der qualitativen Orientierung eher als Kriterium für die Verfahrenssensibilität denn als methodisches Problem anzusehen. Bezogen auf die Musterbildung von Vergleichselementen wies Sperlinger (1976) eine Retest-Reliabilität von 0.95 nach. Da bei der Kompetenzmessung besonders die Auswertung von Elementabständen (z.B. Aufgabenanforderung zu konkretem Bewerber) von Interesse ist, lassen sich aus den klassischen Gütekriterien keine kritischen Verwendungsdefizite für nextexpertizer und nextcoach ableiten. Die bisherigen Erfahrungswerte in der Beratungspraxis von nextpractice legen zudem eine hervorragende inhaltliche Aussagekraft des Basisverfahrens nahe. Relevante Ergebnisabweichungen oder gravierende Widersprüche zu parallel durchgeführten Vergleichsmessungen mit standardisierten Fragebögen wurden nicht festgestellt.

### Fehler- und Problemkritik

Die Software-Tools nextexpertizer und nextcoach erlauben eine Kompetenzmessung weitgehend ohne Vorgabe eines detailliert vorformulierten Kompetenzverständnisses. Die inhaltliche Hoheit liegt uneingeschränkt beim befragten Experten. Die inhaltliche Tiefe und Aussagekraft der Ergebnisse ist aber dennoch stark abhängig von der Professionalität des Befragers. Wie bei einem frei geführten Interview bestimmt der Befrager den Suchraum und nimmt Einfluss auf die Differenziertheit der Antworten. Besondere Bedeutung kommt bei nextexpertizer und nextcoach der Auswahl der Vergleichselemente zu. Die Vergleichselemente spannen den Suchraum auf, in dem der Befragte seine subjektive Weltsicht entfaltet. Nur Vergleichselemente, die beim Befragten konkrete Assoziationen anregen, führen zu aussagefähigen Ergebnissen. Das Einsatzgebiet ist eher im Bereich qualitativer Exploration oder im Sinne hochklassiger Entscheidungshilfen zu sehen. Eine weitere Problematik des Verfahrens liegt in der hohen persönlichen Plausibilität der Ergebnisse. Die von nextexpertizer und nextcoach zur direkten Rückmeldung für die Auskunftsperson zur Verfügung gestellten dreidimensionalen und dynamischen Darstellungen der persönlichen Wirklichkeitskonstruktionen haben einen hohen Erkenntniswert für den Befragten. Die Ergebnisse sind subjektiv zumeist sehr nahe liegend, da sie auf der Basis der persönlichen Konstrukte zustande gekommen sind, und gleichzeitig durchaus verblüffend, da die Gesamtordnung der Matrize im Befragungsprozess weitgehend intuitiv erzeugt wird und die zugrunde liegenden Bewertungsmuster selten in ihrer Komplexität bewusst sind. Auf Grund der Tatsache, dass die unmittelbare Ergebnisrückmeldung ein integraler Bestandteil des Erhebungsverfahrens ist (konsensuelle Validierung), ist jede Befragung mit nextexpertizer und nextcoach mehr als bei anderen Verfahren immer auch eine verändernde Intervention.

### Ablauf des Messprozesses

Eine Messung mit nextexpertizer oder nextcoach beginnt mit der Bestimmung der Vergleichselemente, die den Suchraum der Erhebung definieren und das assoziative Gerüst der einzelnen Befragung bilden (Schritt 1: Festlegung des Elemente-Sets). Die Elemententwicklung legt die Befragungsrichtung fest und muss daher im engen Diskurs mit den Auftraggebern stattfinden (Beispiele s.u.). Bei einer Untersuchung mit nextexpertizer werden dann die für die Befragung geeigneten Auskunftspersonen bestimmt (Schritt 2: Bestimmung der Auskunftspersonen). Die Auskunftspersonen müssen für die Vergleichselemente einen ausreichenden Kenntnisstand mitbringen, d.h., sie sollten für die Fragestellung »Erfahrungsexperten« sein. Ein Interview mit nextexpertizer oder nextcoach läuft in dem von Kruse und Raeithel entwickelten Bremer Verfahren (s. Kruse et al. 1992, 1994a,b) nach einem festen, auf dem robusten Prinzip des assoziativen Paarvergleiches basierenden Erhebungsritual ab (Schritt 3: Durchführung der Interviews). Per Zufallsauswahl oder über Vordefinition werden zu Beginn des Erhebungsrituals vom Interviewmodul des Programmsystems zwei der speziell für die Befragung entwickelten Elemente ausgewählt (z.B. »Bewerber A« und »Ideales Kompetenzprofil«). Die Auskunftsperson wird aufgefordert, die beiden Elemente als ähnlich oder unterschiedlich einzustufen (vergleichen). Hat sich die Person für eine Alternative entschieden, bekommt sie die Aufgabe, den Unterschied bzw. die Gemeinsamkeit mit einer für sie persönlich bedeutsamen Beschreibungsdimension zu qualifizieren (benennen: z.B. »kalt wie eine Hundeschnauze« vs. »sozial einfühlsam«). Der initiale Vergleich und die Benennung der polaren Konstruktdimension werden als »Evokationsphase« bezeichnet. Im Anschluss an die Konstrukt-Evokation werden nun alle übrigen Elemente des Sets schnell und ohne langes Nachdenken den selbst definierten Konstruktpolen zugeordnet (bewerten). Den Auskunftspersonen stehen dabei als Antwortalternativen die beiden Konstruktpole, die Bewertung »beides«, »keins von beidem« und »keine Aussage« zur Verfügung. Das gesamte Vorgehen wird solange wiederholt, bis die Auskunftsperson alle ihr zur Beschreibung des interessierenden Untersuchungsbereiches wichtig erscheinenden Konstruktdimensionen hervorgebracht hat. Das in der so entstandenen Matrize enthaltene relationale Muster von Elementen und Konstrukten wird über eine Eigenstrukturanalyse (ESA) nach Slater (1977) in einen leicht interpretierbaren mehrdimensionalen Bedeutungsraum umgerechnet und der Auskunftsperson rückgemeldet (Schritt 4: Konsensuelle Validierung). Für Gruppenvergleiche oder Zeitverlaufsanalysen werden mehrere dieser Bedeutungsräume zusammengefasst (Multi-ESA) und nach Inhaltskategorien oder Kenngrößen (z.B. Elementdistanzen) ausgewertet (Schritt 5: Analyse der Musterbildungen).

*Räumliche Voraussetzungen*
Die Befragung mit nextexpertizer und nextcoach wird normalerweise durch einen Interviewer direkt am PC durchgeführt. Allerdings erlaubt die unkomplizierte Benutzeroberfläche des Interviews auch moderierte Erhebungen mit größeren Gruppen, bei denen die Auskunftspersonen ihre Aussagen und Bewertungen selbst direkt in einen Laptop eingeben. Zusätzlich besteht auf der Basis eines modifizierten Interviews die Möglichkeit einer Befragung über das Internet (www.nextpractice.de).

*Zeitliche Voraussetzungen*
Ein einzelnes Interview mit nextexpertizer oder nextcoach dauert bei einer hinreichenden Zahl von Vergleichselementen und erzeugten Konstruktdimensionen zwischen einer und zwei Stunden. Erfahrungsgemäß sollten nicht weniger als 10 und nicht mehr als 30 Vergleichselemente vereinbart werden. Die Auskunftspersonen werden aufgefordert, bei der Befragung möglichst viele unterschiedliche Konstruktdimensionen zu generieren (mindestens ca. 10). Die persönliche Motivation und die Differenziertheit der eigenen Erfahrungen mit den Vergleichselementen stellt bei der Befragung ein natürliches Abbruchkriterium da. Generell ist die Bereitschaft der Auskunftspersonen zur Interviewdurchführung auf Grund des eher ungewöhnlichen Befragungsrituals und der Möglichkeit der direkten Ergebnisrückmeldung ähnlich hoch wie bei frei geführten Interviews. Die Befragten emp-

finden bereits den Erhebungsschritt als eine sinnvolle Intervention. Die Dauer der Interviewauswertung ist stark abhängig von dem gewünschten Detaillierungsgrad. Die erzeugten Bedeutungsräume und die in den Programmsystemen vordefinierten Kennwerte stehen allerdings ohne jede Zeitverzögerung zur Verfügung. Die quantitative und qualitative Analyse von Musterbildungen in Gruppen oder bei Zeitverläufen ist deutlich aufwändiger. Auf Grund der Software-technischen Unterstützung ist es allerdings selbst bei der Befragung von mehreren hundert Auskunftspersonen möglich, mit nextexpertizer in wenigen Tagen von der Planung (Schritt 1: Festlegung des Elemente-Sets) bis zur vollständigen Auswertung der inhaltlich-qualitativen Aspekte (Schritt 5: Analyse der Musterbildungen) zu kommen. Die Geschwindigkeit der Durchführung und Auswertung einer Erhebung ist durchaus vergleichbar mit dem Aufwand bei standardisierten Fragebögen und besitzt dabei dennoch eine inhaltliche Aussagekraft, die ansonsten nur über qualitative Interviews möglich wird.

*Personale Voraussetzungen*
Auf Seiten der Auskunftspersonen ist mehr als bei Fragebogenverfahren der Grad der Erfahrung mit dem jeweiligen Untersuchungsgegenstand entscheidend für die Qualität der Ergebnisse. Das Erhebungsritual schließt eine absichtvolle Ergebnisverzerrung nahezu aus. Komplexe Musterbildungen entstehen nur auf der Basis tatsächlich ausgebildeter Bewertungen und können sogar unbewusste emotionale Aspekte einbeziehen. Für die Durchführung von Interviews sind ausgebildete Interviewer wünschenswert, da mit diesen bei direkter Befragung im Allgemeinen aussagefähigere Ergebnisse erzielt werden. Bei Erhebungen mit nextexpertizer sind neben der Beherrschung der Software spezielle Kenntnisse notwendig, die einen umfangreicheren Schulungsaufwand erfordern. Bei Erhebungen mit nextcoach reicht dagegen auf Grund der geringeren Komplexität der Analysemöglichkeiten (Einzelfallverläufe) bereits die Beherrschung der Software aus.

*Technische Voraussetzungen*
Die eigentliche Befragung und Auswertung findet vollständig softwaregestützt statt. Es handelt sich bei nextexpertizer und nextcoach um professionelle, benutzerfreundliche Programmsysteme, die sowohl die Interviewdurchführung als auch die Auswertung und Ergebnisdarstellung mit vielen elaborierten Hilfswerkzeugen unterstützen. Beide Programmsysteme sind bei Intel-Prozessoren unter Verwendung von Windows® 95/98 an aufwärts lauffähig und können beim Einsatz eines PC-Emulators auch auf Macintosh-Rechnern ab OS 8.0 benutzt werden. Zusätzliche Materialien für die Interviewdurchführung fallen nicht an. Am Ende jedes Erhebungsschrittes und bei der Analyse der Gesamtdaten werden die Musterbildungen als dreidimensionale Datenräume visualisiert. Die Datenräume enthalten prinzipiell die unverdichteten Ergebnisse aller Einzelinterviews. Teilmengen und Zusammenhänge können unkompliziert und interaktiv veranschaulicht werden. Zeitverläufe sind als Animation über die Erhebungszeitpunkte hinweg darstellbar. Für die Gestaltung von programmunabhängigen Präsentationen stehen die dreidimensionalen Datenräume über einen extra entwickelten Powerpoint-kompatiblen Viewer (Java-applet) zur Verfügung. In allen Schritten einer Untersuchung

haben damit alle beteiligten Personen direkten Zugriff zur gesamten Datenbasis. Die Dokumentation der Erhebungen ist in die Programmsysteme integriert. Vielfältige Export- und Importformate garantieren die Kompatibilität mit externen Software-Anwendungen.

## Referenzen

Die Analyse-Tools nextexpertizer und nextcoach sind gegenwärtig die wohl am weitesten entwickelten Anwendungsprogramme auf der Grundlage der REP-Grid-Technik. Die erreichte Durchgängigkeit von Datenerhebung, Datenanalyse, Datentransfer und Datenverwaltung sowie die Möglichkeiten der Darstellung von Gruppen- und Zeitreihenvergleichen stellen bislang ein Alleinstellungskriterium dar. In anderen Umsetzungen der REP-Grid-Technik ist die Vergleichbarkeit zwischen Personen und verschiedenen Erhebungszeitpunkten nur über eine Festlegung der Bewertungsdimensionen (Konstruktfestlegung) oder über eine Ableitung von Kennwerten aus den individuell erzeugten Konfigurationen der Bewertungsobjekte (Elementdistanzen) möglich (s. zusammenfassende Darstellung bei www.pcp-net.de/info/compprog.htm). Bei der Festlegung von Konstrukten geht die der REP-Grid-Technik eigene qualitative Aussagekraft verloren. Das Vorgehen nähert sich einer standardisierten Fragebogenerhebung an. Bei der Ableitung von Kennwerten aus den individuell erzeugten Elementdistanzen fehlt die Normierung am gemeinsamen Bezugsraum. Die Auswertung ist damit nur eingeschänkt aussagefähig. Erst das nextexpertizer und nextcoach zugrunde liegende Verfahren (s. Raeithel 1990) ermöglicht die direkte Vergleichbarkeit verschiedener REP-Grids in einem integrierten Bedeutungsraum (Multi-ESA). Die in nextexpertizer und nextcoach realisierte Form der dreidimensionalen, interaktiv animierten Datenpräsentation erlaubt dem Betrachter zudem auch ohne die weitere Verwendung statistischer Analysen eine unmittelbare Einsicht in die Komplexität von Gruppenwirklichkeiten und Zeitverläufen.

**Freie Darstellung**

Im Kontext praktischer Unternehmensführung spielt die Messung psychologischer Konstrukte wie z.B. der Kompetenz eine grundlegend andere Rolle als im Kontext wissenschaftlicher Analysen. Während es dem Wissenschaftler um die Überprüfung differenzierter theoretischer Annahmen geht, steht der Praktiker vor der Notwendigkeit, konkrete Aufgaben schnell und effizient zu lösen. Bei der Personalentwicklung geht es z.B. darum, die richtige Person für eine bestimmte Position zu finden, oder die Qualität einer Fortbildungsmaßnahme zu sichern. Bei der Organisationsentwicklung geht es z.B. darum, die Kernkompetenzen zu definieren, die das eigene Unternehmen erfolgreich machen oder ein konsensfähiges Sollprofil für Führungskräfte zu bestimmen. Nicht die Wahrheit, die intersubjektive Gültigkeit einer Messung steht im Vordergrund, sondern ihre »Wirk«-lichkeit. Ziel des Managements ist primär der Einsatz von Messmethoden, die dem Erfolg des unternehmerischen Handelns dienen. In diesem Spannungsfeld entsteht das Dilemma des Experten. Nur die Menschen im Unternehmen kennen die speziellen Gegebenheiten, die bei der Gestaltung geeigneter Messmethoden zu berücksichtigen sind, aber sie sind selbst eher selten in der Lage, für alle anstehenden Fragestellungen die notwendige Entwicklungsarbeit zu leisten. Der externe Dienstleister hat möglicherweise die Zeit und die Expertise zur Entwicklung allgemein anwendbarer elaborierter Methoden, aber es fehlen ihm die dringend erforderlichen Kenntnisse über die speziellen Gegebenheiten im jeweiligen Unternehmen. Eine mögliche Lösung dieses Dilemmas entsteht, wenn man sich bei der Entwicklung von Messmethoden konsequent auf den Standpunkt der Theorie kognitiver Selbstorganisation stellt. Aus der Perspektive der kognitiven Selbstorganisation ist jede Aktivität, die sich auf einen einzelnen Menschen oder eine Gruppe richtet, ausschließlich eine Anregung der innersystemischen Ordnungsbildung (z.B. Kruse und Stadler 1995). Die Theorie der kognitiven Selbstorganisation verlagert die Bedeutungsgenerierung und die Bewertung von Ereignissen prinzipiell in die Eigendynamik des Systems. Dabei tritt die soziale Vermittelbarkeit in den Hintergrund. Emotionale, intuitive und rationale Aspekte sind gleichberechtigt.

Für einen an der Theorie kognitiver Selbstorganisation orientierten Methodenentwickler ist es eine zentrale Aufgabe, Messverfahren zur Verfügung zu stellen, die erstens mit minimalen theoretischen Vorgaben arbeiten, d.h. maximale inhaltliche Ausdrucksfreiheit geben, die zweitens in der Lage sind, nicht nur rationale, sondern auch emotionale und intuitive Bewertungskriterien zu erfassen, und die drittens eine optimale Grundlage für Reflexionsprozesse bieten, d.h. komplexe Zusammenhänge dem unmittelbaren Feedback zugänglich machen. Für einen solchen Methodenentwickler ist bei einer Erhebung nicht der Fragende der Experte, sondern der Befragte. Bei einer Messung geht es ihm nicht primär um Objektivität, sondern um die optimale Erfassung und Rückmeldung des Subjektiven.

Bei konkreten Messverfahren unterliegt dann allerdings konsequenterweise nicht nur die Methodik den theoretischen Annahmen, sondern auch das zu messende Konstrukt. Im Folgenden wird entsprechend auf einer Kompetenzdefinition aufgebaut, die sich ebenfalls aus der Theorie kognitiver Selbstorganisation ableitet. Kompetenz wird als ein Konzept verstanden, das die Fähigkeit einer Person oder einer Gruppe beschreibt, in komplexen und dynamischen Umfeldgegebenheiten ihr Handeln viabel, d.h. bezogen auf die gegebenen Rahmenbedingungen hinreichend und bezogen auf systemeigene Kriterien erfolgreich zu organisieren. Jede Messung einer Differenz von Soll und Ist, von angestrebtem Idealzustand und wahrgenommener Wirklichkeit kann auf der Grundlage dieses Kompetenzbegriffes nur als ein Akt selbstreferenzieller bzw. konsensueller Konzeptbildung stattfinden. Die Vorgabe theoretisch begründeter inhaltlicher Dimensionen bei der Messung von Kompetenz ist nicht sinnvoll. Menschen werden als »Experten« ihrer Lebens- und Erlebenswelt (Erfahrungsexperten) verstanden, die ihr Handeln auf der Basis subjektiver Bewertungen und Sichtweisen aktiv gestalten.

## nextexpertizer und nextcoach als Verfahren der Kompetenzmessung

Die vorzustellenden Erhebungsinstrumente nextexpertizer und nextcoach wurden als Werkzeuge zur systemischen Intervention in Therapie- und Beratungsprozessen entwickelt. Ihre Grundfunktionalität ist nicht auf einen bestimmten Anwendungsbereich wie z.B. die Kompetenzmessung beschränkt. Gemäß den skizzierten Anforderungen an eine Verfahrensentwicklung auf der Basis der Theorie der kognitiven Selbstorganisation handelt es sich bei beiden Erhebungsinstrumenten um Werkzeuge, deren spezielle Ausgestaltung erst im Diskurs zwischen Auftraggeber, Erheber und Erfahrungsexperten festgelegt wird. Insbesondere nextexpertizer ist als Software-Tool so gestaltet, dass eine maximale Breite von Einsatzmöglichkeiten besteht. Die spezielle Verwendung im Kontext der Kompetenzmessung setzt eine aktive Anpassung auf die jeweilige konkrete Fragestellung voraus (Elemententwicklung s.u.). Die folgende Darstellung legt ihren Schwerpunkt auf das methodische Vorgehen und nicht auf die programmtechnische Umsetzung. Eine Erläuterung der in die Software-Tools eingebauten Funktionalitäten (Interview- und Analyse-Features) ist über Benutzerhandbücher zugänglich. Die Darstellung ist als Erweiterung und Vertiefung der Kurzdarstellung (s.o) zu verstehen.

Das nextexpertizer und nextcoach zugrunde liegende methodische Vorgehen verbindet die inhaltliche Aussagekraft frei geführter Interviews mit der Vergleichbarkeit standardisierter Fragebögen. Mit dem Software-Tool nextexpertizer können die Gemeinsamkeiten und Unterschiede im Kompetenzverständnis von Gruppen (bis zu ca. 300 Auskunftspersonen) punktuell und im Zeitverlauf sichtbar gemacht werden. Mit nextexpertizer ist es möglich, konkrete Bewertungsobjekte (Real-Elemente), z.B. Teammitglieder oder Bewerber, auf der Basis individueller Bewertungskriterien (Konstrukte) zu konsensfähigen Wunschvorstellungen (Soll-Elemente), z.B. idealisierten Rollenprofilen oder den Anforderungen vakanter Positionen, in Beziehung zu setzen. Ohne den dazwischen geschalteten Filter einer externen Fachkompetenz wird die Erfahrung der Auskunftspersonen direkt sicht- und nutzbar. Auf diesem Wege kann z.B. in kompetenzbezogenen Bewertungs- oder Auswahlprozessen innerhalb einer Organisation die systemeigene Intelligenz zur entscheidenden Expertise gemacht werden. Die Akzeptanz von Ergebnissen steigt mit der Transparenz des

Vorgehens und der umfassenden Involvierung aller beteiligten Personen. Das Soft-ware-Tool nextcoach dient dagegen ausschließlich der Reflexion einer einzelnen Auskunftsperson. Mit nextcoach ist es möglich, persönliche Situationseinschätzun-gen und Entwicklungsziele intuitiv und weitgehend ohne rationale Verzerrung zu erfassen. In der Anwendung entstehen leicht verständliche grafische Repräsentati-onen der individuellen Wirklichkeit und ihrer Veränderungen im Zeitverlauf. Diese Darstellungen bilden die Grundlage für eine differenzierte Selbstbetrachtung oder für einen offenen Diskurs z.B. mit einem persönlichen Coach.

Der maßgeschneiderte Einsatz des Basisverfahrens wurde bereits umfangreich in Forschung und Praxis überprüft. An verschiedenen wissenschaftlichen Instituten wurde nextexpertizer sehr erfolgreich z.B. bei der Evaluation von Therapieprozes-sen und zur experimentellen Erfassung kognitiver Muster eingesetzt. In der Unter-nehmensberatung hat sich nextexpertizer besonders bei der Teamentwicklung, bei Kulturanalysen, zur Projektbewertung und in der Markenführung bewährt. Für das Anwendungsfeld der Kompetenzmessung liegen auf dem Hintergrund der eigenen Beratungstätigkeit von nextpractice für nextexpertizer und nextcoach Erfahrungs-werte für folgende Fragestellungen im Rahmen von Human Resource Development, Organisationsentwicklung und Qualitätssicherung vor:

1. Definition und Überprüfung von Schlüsselkompetenzen im Rahmen von inter-nen Potenzialerkennungs- und Personalentwicklungsprozessen;
2. Vergleich und Auswahl von Kandidaten durch Entscheidungsgremien im Rah-men von Einstellungsverfahren und strukturierten Personal-Assessments;
3. Erfassung und Rückmeldung von Selbst- und Fremdbild im Rahmen von syste-matischen Führungskräftebewertungen und Teamentwicklungsprozessen;
4. Dokumentation und Bewertung der persönlichen Kompetenzentwicklung im Rah-men von Einzel- und Teamcoachings sowie von Fort- und Weiterbildungspro-grammen;
5. Evaluation und Vergleich von methodischen Ansätzen und konkreten Werkzeu-gen im Rahmen von Trainingsprogrammen und strukturierten Kompetenzent-wicklungsmaßnahmen.

Die softwaregestützten Interview- und Analyse-Werkzeuge nextexpertizer und next-coach haben ihren Ursprung in den theoretischen und methodischen Grundideen der »Psychologie der persönlichen Konstrukte« des Amerikaners George A. Kelly. Als klinischer Psychologe skizzierte Kelly bereits 1955 einen eigenständigen, gemä-ßigt konstruktivistischen Ansatz mit durchaus allgemeinpsychologischem Geltungs-anspruch, der auch heute noch eine sehr anregende Aktualität besitzt. Die »Psy-chologie der persönlichen Konstrukte« betrachtet den Menschen als Forscher, der aus seiner Erfahrung Hypothesen für zukünftige Situationen entwickelt, diese über-prüft, bestätigt und gegebenenfalls anpasst. Für Kelly wie auch für viele der heuti-gen Theoretiker der kognitiven Selbstorganisation ist die Ordnung nach Unterschied und Ähnlichkeit das Basisprinzip der Wirklichkeitskonstruktion des Menschen. Kelly geht davon aus, dass sich die subjektive Wirklichkeit eines Menschen über polare Konstrukte aufbaut, mit deren Hilfe er die Ereignisse und Objekte seiner individu-ellen Erlebniswelt zueinander in Relation setzt und bedeutsam werden lässt. Ereig-nis bzw. Objekt A der Erlebniswelt ist ähnlich wie Ereignis bzw. Objekt B, aber ganz anders als Ereignis bzw. Objekt C. Die mögliche Charakterisierung des Unterschieds (Konstruktbildung) läuft dabei allerdings im Gegensatz zum klassischen Verständnis des Forschers auf allen organismischen Ebenen ab, die für die individuelle Erlebniswelt konstituierend sind. Die polaren Konstrukte können bewusst oder unbewusst, rational oder emotional, sprachlich fassbar oder sogar rein physiologisch sein. Um einen ersten messenden Zugang zur subjektiven Wirklichkeit eines Menschen zu bekommen, entwickelte Kelly in konsequenter Übereinstimmung mit seinen theoretischen Grundannahmen die Methode des »Repertory (REP) Grid«. Im REP-Grid bringen Auskunftspersonen über ein im Prinzip sehr einfaches Befragungsritual (s.u.) Ereignisse oder Objekte (Elemente) ihrer Erfahrungswelt auf der Grundlage von versprachlichten Unterschieden oder Gemeinsamkeiten (Konstrukte) in eine Abhängigkeitsbeziehung (Matrize). Die in der Matrize enthaltene Ordnung ist auf Grund des Ablaufs der Befragung nur bezogen auf die Generierung der Konstrukte vollständig rational kontrollierbar. Während sich das Erhebungsverfahren auch heute noch eng am Vorgehensvorschlag von G.A. Kelly orientiert, haben sich Auswertung und Darstellung der in den Kelly-Matrizen (REP-Grids) enthaltenen Ordnung deutlich weiterentwickelt (z.B. Scheer & Catina 1993 a und b). Ein erster experimenteller Vorläufer der softwaregestützten Interview- und Auswertungswerkzeuge nextexpertizer und nextcoach war die von Arne Raeithel konfigurierte, auf Macintosh-Anwenderprogrammen basierende Software »Gridstack«. Die konkrete Gestaltung von nextexpertizer und nextcoach wurde von Peter Kruse konzipiert und entstand auf der Grundlage der gemeinsamen Forschungsarbeit von Kruse und Raeithel (Kruse et al. 1992, 1993, 1994a,b).

Die Methodik von nextexpertizer und nextcoach ist weder eindeutig als qualitatives noch eindeutig als quantitatives Messverfahren einzuordnen. Mit nextexpertizer und nextcoach wird es möglich, die Vorteile qualitativer Interviews mit den Vorteilen standardisierter Fragebögen zu verbinden. Die Befragungstechnik gestattet es den Auskunftspersonen, wie bei einem qualitativen Interview frei und nahezu uneingeschränkt eigene Beschreibungen zur Bewertung zu benutzen. Die Ergebnisse spiegeln damit weitgehend vorgabefrei die Sichtweise eines Individuums wider. Die Befragten konstruieren gewissermaßen während der Befragung ihren eigenen, ganz persönlichen Fragebogen. In diesem Sinne ist das Verfahren idiografisch. Die über die Verwendung frei gewählter Konstrukte (Beschreibungsdimensionen) entstehende relationale Zuordnung von Elementen der individuellen Erfahrungswelt (Ereignissen oder Objekten) in einer Matrize (REP-Grid) erlaubt aber dennoch über spezielle mathematische Analysen (Raeithel 1990) eine interindividuelle Vergleichbarkeit. Wenn bei der Befragung verschiedener Auskunftspersonen eine hinreichende Zahl von Elementen konstant gehalten wird und eine gemeinsame Erfahrungsgrundlage mit diesen Elementen besteht, können individuelle Muster direkt quantitativ miteinander in Beziehung gesetzt werden. Dabei ist prinzipiell das Inventar statistischer Methoden anwendbar. In diesem Sinne ist das Verfahren nomothetisch.

Die Verwendung von nextexpertizer und nextcoach ist von der Methodik her nicht begrenzt auf Fragestellungen der Kompetenzmessung. Zu Instrumenten der Kompetenzmessung werden die Software-Tools erst über die Vorgabe von für die Fragestellung spezifischen Elemente-Sets, d.h. von zu vergleichenden, realen oder virtuellen Ereignissen oder Objekten, die sich auf entsprechende Erfahrungsbereiche der Auskunftspersonen beziehen. Die besondere Eignung der Methodik für die Kompetenzmessung ergibt sich aber gerade aus der hohen Flexibilität und Anpassbarkeit an spezielle Fragestellungen. Als selbstorganisationstheoretisch begründete Messinstrumente ermöglichen nextexpertizer und nextcoach eine Bewertung von Kompetenz weitgehend ohne Vorgabe einer das Antwortverhalten einschränkenden, bereits fertig ausgearbeiteten Kompetenzdefinition. Bei dem in nextexpertizer und nextcoach verwandten Erhebungs- und Analyseverfahren sind die befragten Auskunftspersonen und nicht die Fragesteller die Experten. Im Prozess der Befragung liefern die Auskunftspersonen mit ihren Bewertungen der zu vergleichenden Elemente (z.B. realen Personen, sozialen Rollen oder Stellenprofilen) gleichzeitig eine Definition des speziellen Kompetenzkonzeptes (Bezugssystems), das die Grundlage ihrer Bewertungen bildet. In diesem Sinne ist das Verfahren konstruktivistisch bzw. selbstreferenziell.

Auf Grund der besonderen Zwitterstellung des Verfahrens zwischen qualitativer und quantitativer Methodik ist eine Anwendung der klassischen Testgütekriterien nur bedingt sinnvoll. Für eine tiefer gehende Diskussion der Gütekriterien kann auf eine Überblicksarbeit von Lohaus (1993) verwiesen werden. Lohaus fasst in seiner Arbeit zusammen, dass eine Abwertung von Verfahren, die auf der REP-Grid-Technik beruhen, aus der entsprechenden Forschungsliteratur nicht begründbar ist. Bezogen auf Reliabilität und Validität bestehen keine Mängel, aus denen eine Bevorzugung klassischer Erhebungsmethoden gegenüber der REP-Grid-Technik abgeleitet werden kann. Bannister und Mair (1968) geben in ihrem Sammelreferat über REP-Grids z.B. eine Retest-Reliabilität von 0.6 bis 0.8 bezogen auf die Konstruktbeziehungen an. Diese tendenziell geringe Reliabilität auf der Ebene der Konstruktbeziehungen ist auf Grund der qualitativen Orientierung eher als Kriterium für die Verfahrenssensibilität denn als methodisches Problem anzusehen. Bezogen auf die Musterbildung von Vergleichselementen wies Sperlinger (1976) eine Retest-Reliabilität von 0.95 nach. Da bei der Kompetenzmessung besonders die Auswertung von Elementabständen (z.B. Aufgabenanforderung zu konkretem Bewerber) von Interesse ist, lassen sich aus den klassischen Gütekriterien keine kritischen Verwendungsdefizite für nextexpertizer und nextcoach ableiten. Die bisherigen Erfahrungswerte in der Beratungspraxis von nextpractice legen zudem eine hervorragende inhaltliche Aussagekraft des Basisverfahrens nahe. Relevante Ergebnisabweichungen oder gravierende Widersprüche zu parallel durchgeführten Vergleichsmessungen mit standardisierten Fragebögen wurden nicht festgestellt.

Die Software-Tools nextexpertizer und nextcoach erlauben eine Kompetenzmessung weitgehend ohne Vorgabe einer ausgearbeiteten Kompetenzdefinition. Die inhaltliche Hoheit liegt uneingeschränkt beim befragten Experten. Die inhaltliche Tiefe und Aussagekraft der Ergebnisse ist aber dennoch stark abhängig von der Professionalität des Befragers. Wie bei einem frei geführten Interview bestimmt der Befrager den Suchraum und nimmt Einfluss auf die Differenziertheit der Antworten. Besondere Bedeutung kommt bei nextexpertizer und nextcoach der Auswahl der Vergleichselemente zu. Die Vergleichselemente spannen den Suchraum auf, in dem der Befragte seine subjektive Weltsicht entfaltet. Nur Vergleichselemente, die beim Befragten konkrete Assoziationen anregen, führen zu aussagefähigen Ergeb nissen. Nur Vergleichselemente, mit denen alle Befragten hinreichende Erfahrungen verbinden, erlauben eine gültige Gruppenauswertung. Die automatisierte Durchführung von nextexpertizer- und nextcoach-Interviews am Computer oder via Internet hat darüber hinaus gezeigt, dass die direkte Befragung über einen geschulten Interviewer trotz der relativen Einfachheit des Befragungsrituals (s.u.) einen wesentlichen Einfluss auf die Qualität der Ergebnisse nimmt. Letztendlich sind nextexpertizer und nextcoach Experten-Tools, deren qualitätsgesicherter Einsatz an geschulte Verwender gebunden bleibt. Auf Grund programmtechnischer Begrenzungen ist eine Gruppenauswertung mit nextexpertizer bislang nur bis ca. 300 Auskunftspersonen möglich. Außerdem liegt der Zeitbedarf der Einzelinterviews mit einer angemessenen Zahl von Vergleichselementen (ca. 15-30) schnell bei über einer Stunde. Sowohl nextexpertizer als auch nextcoach sind damit Instrumente, die nicht mit der massenhaften Verwendung von standardisierten Fragebögen konkurrieren können und wollen. Das Einsatzgebiet ist eher im Bereich qualitativer Exploration oder im Sinne hochklassiger Entscheidungshilfen zu sehen.

Eine weitere Problematik des Verfahrens liegt in der hohen persönlichen Plausibilität der Ergebnisse. Die von nextexpertizer und nextcoach zur direkten Rückmeldung für die Auskunftsperson zur Verfügung gestellten dreidimensionalen und dynamischen Darstellungen der persönlichen Wirklichkeitskonstruktionen haben einen hohen Erkenntniswert für den Befragten. Die Ergebnisse sind subjektiv zumeist sehr nahe liegend, da sie auf der Basis der persönlichen Konstrukte zustande gekommen sind, und gleichzeitig durchaus verblüffend, da die Gesamtordnung der Matrize im Befragungsprozess weitgehend intuitiv erzeugt wird und die zugrunde liegenden Bewertungsmuster selten in ihrer Komplexität bewusst sind. Auf Grund der Tatsache, dass die unmittelbare Ergebnisrückmeldung ein integraler Bestandteil des Erhebungsverfahrens ist (konsensuelle Validierung), ist jede Befragung mit nextexpertizer und nextcoach mehr als bei anderen Verfahren immer auch eine verändernde Intervention.

## Durchführung einer Erhebung mit nextexpertizer und nextcoach

Eine Messung mit nextexpertizer oder nextcoach beginnt mit der Bestimmung der Vergleichselemente, die den Suchraum der Erhebung definieren und das assoziative Gerüst der einzelnen Befragung bilden (Schritt 1: Festlegung des Elemente-Sets). Die Elemententwicklung legt die Befragungsrichtung fest und muss daher im engen Diskurs mit den Auftraggebern stattfinden. Nur so wird sichergestellt, dass aussagefähige Ergebnisse entstehen. Bei einer Kompetenzmessung kann ein Elemente-Set z.B. neben konkret einzuschätzenden Personen (»Bewerber A«, »Bewerber B« etc.), zu bewertende Soll-Vorstellungen (»Ideales Kompetenzprofil«, »Ideale Führungskraft«, etc.), relevante Perspektivenunterschiede (»Positionsanforderungen aus Vorstandssicht«, »Positionsanforderungen aus Abteilungssicht« etc.) und auf die Konstruktgenerierung anregend wirkende Archetypen (»Fachexperte«, »Projektleiter«, etc.) enthalten. Wenn das Elemente-Set bestimmt ist, wird in einem Pre-Test abschließend die Eignung des Sets überprüft. Bei einer Untersuchung mit nextexpertizer werden dann die für die Befragung geeigneten Auskunftspersonen bestimmt

(Schritt 2: Bestimmung der Auskunftspersonen). Die Auskunftspersonen müssen für die Vergleichselemente einen ausreichenden Kenntnisstand mitbringen, d.h., sie sollten für die Fragestellung »Erfahrungsexperten« sein. Generell gilt, dass die Qualität der Ergebnisse eher von der assoziativen Nähe der Befragten zum Befragungsgegenstand und dem Grad der persönlichen Involvierung abhängt als von der Repräsentativität der Stichprobe. Bei der Verwendung innerhalb von Entscheidungsprozessen sollten alle beteiligten Gruppen hinreichend vertreten sein, um die Akzeptanz der Ergebnisse bestmöglich zu gewährleisten.

Die eigentliche Befragung und Auswertung findet vollständig softwaregestützt statt. Es handelt sich bei nextexpertizer und nextcoach um professionelle, benutzerfreundliche Programmsysteme, die sowohl die Interviewdurchführung als auch die Auswertung und Ergebnisdarstellung mit vielen elaborierten Hilfswerkzeugen unterstützen. Beide Programmsysteme sind bei Intel-Prozessoren unter Verwendung von Windows® 95/98 an aufwärts lauffähig und können beim Einsatz eines PC-Emulators auch auf Macintosh-Rechnern ab OS 8.0 benutzt werden. Die Interviewdurchführung ist so selbsterklärend, dass auch eine Befragung ohne Begleitung direkt am PC möglich ist. Es liegen zusätzlich auch erprobte internetfähige Versionen vor. Die besten Ergebnisse liefert allerdings immer noch das persönliche Interview. Hierbei sitzen sich die Auskunftperson als inhaltlicher Experte und der Interviewer als Erhebungsspezialist gegenüber. Die Ergebnisse werden vom Interviewer direkt in einem Laptop eingegeben. Für die Parallel-Befragung größerer Gruppen hat sich aber darüber hinaus ein Setting bewährt, in dem Moderatoren den Befragungsprozess begleiten und die Auskunftspersonen die Ergebnisse selbst in Computer einspeisen. Mit diesem Setting können auch größere Gruppen problemlos in ein bis zwei Stunden befragt werden. So wird es möglich, selbst Befragungen von 100 und mehr Personen vom Start bis zur ersten Darstellung von zusammenfassenden Gruppenergebnissen (nextexpertizer) an wenigen Tagen (im Extremfall sogar an einem Tag) durchzuführen.

Ein Interview mit nextexpertizer oder nextcoach läuft in dem von Kruse und Raeithel entwickelten Bremer Verfahren (Kruse et al. 1992, 1993, 1994a,b) nach einem festen, auf dem robusten Prinzip des assoziativen Paarvergleiches basierenden Erhebungsritual ab (Schritt 3: Durchführung der Interviews). Per Zufallsauswahl oder über Vordefinition werden zu Beginn des Erhebungsrituals vom Interviewmodul des Programmsystems zwei der speziell für die Befragung entwickelten Elemente ausgewählt (z.B. »Bewerber A« und »Ideales Kompetenzprofil«). Die Auskunftperson wird aufgefordert, die beiden Elemente als ähnlich oder unterschiedlich einzustufen (vergleichen). Hat sich die Person für eine Alternative entschieden, bekommt sie die Aufgabe, den Unterschied bzw. die Gemeinsamkeit mit einer für sie persönlich bedeutsamen Beschreibungsdimension zu qualifizieren (benennen: z.B. »kalt wie eine Hundeschnauze« vs. »sozial einfühlsam«). Der initiale Vergleich und die Benennung der polaren Konstruktdimension werden als »Evokationsphase« bezeichnet. Im Anschluss an die Konstrukt-Evokation werden nun alle übrigen Elemente des Sets schnell und ohne langes Nachdenken den selbstdefinierten Konstruktpolen zugeordnet (bewerten). Den Auskunftspersonen stehen dabei als Antwortalternativen die beiden Konstruktpole, die Bewertung »beides«, »keins von beidem« und »keine Aussage« zur Verfügung. Das gesamte Vorgehen (s. Abbildung 1) wird solange wiederholt, bis die Auskunftsperson alle ihr zur Beschreibung des interessierenden Untersuchungsbereiches wichtig erscheinenden Konstruktdimensionen hervorgebracht hat. Auf diesem Wege entsteht eine Matrize (Bertin-Display), die das Rohmaterial der Analyse von nextexpertizer und nextcoach bildet und wesentliche Aspekte der Wirklichkeitskonstruktion der Auskunftsperson repräsentiert (s. Abbildung 2). Bei der der Interviewdurchführung folgenden Analysephase unterscheiden sich nextexpertizer und nextcoach weitreichend. Während nextexpertizer ausgefeilte Funktionen zur Gruppenanalyse anbietet, fokussiert nextcoach die Darstellung und Verwaltung von Einzelfallverläufen. Nur die unmittelbar auf die Interviewdurchführung folgende Ergebnisdarstellung der Interviews zur Rückmeldung an die Auskunftsperson ist noch im Prinzip identisch (Schritt 4: Konsensuelle Validierung). Um die Interpretation der erhobenen Sichtweise so einfach wie möglich zu machen, wird das in der Matrize enthaltene relationale Muster von Elementen und Konstrukten über eine Eigenstrukturanalyse (ESA) nach Slater (1977) in einen leicht interpretierbaren mehrdimensionalen Bedeutungsraum umgerechnet (s. Abbildung 3). Die Programmsysteme stellen jeweils drei Dimensionen dieses individuellen Bedeutungsraumes (sinnvollerweise die drei ersten Hauptkomponenten) als eine direkt durch den Betrachter manipulierbare Wolke von Elementen und Konstrukten dar. In diesem individuellen Bedeutungsraum sind die Ähnlichkeitsbeziehungen zwischen Elementen und die Zuordnung der Konstruktdimensionen über einfache räumliche Distanzen abgebildet. Die Position der Elemente ergibt sich dabei als Vektoraddition der Konstruktausprägungen und die Position der Konstruktpole ergibt sich als Vektoraddition der Elementbewertungen. Die dreidimensionale dynamische Darstellung erlaubt der Auskunftsperson eine unkomplizierte Wahrnehmung des entstandenen Musters und einfache Fanginstrumente unterstützen das Verständnis der im Muster enthaltenen Relationen.

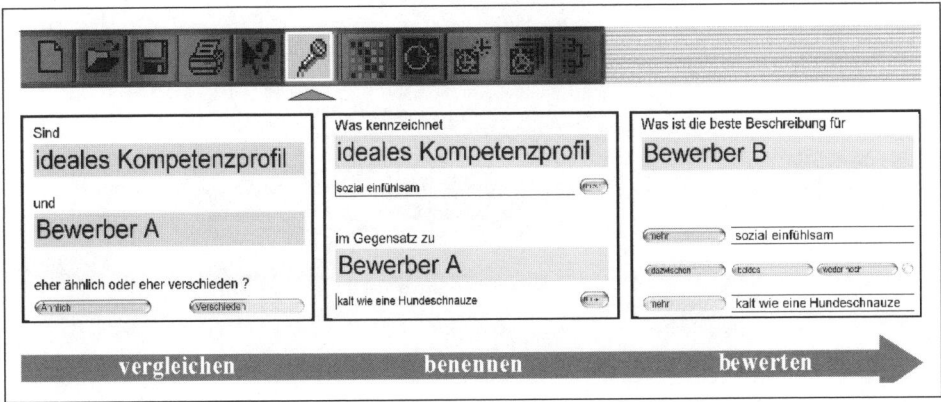

Abb. 1: Interviewablauf (Bremer Verfahren)

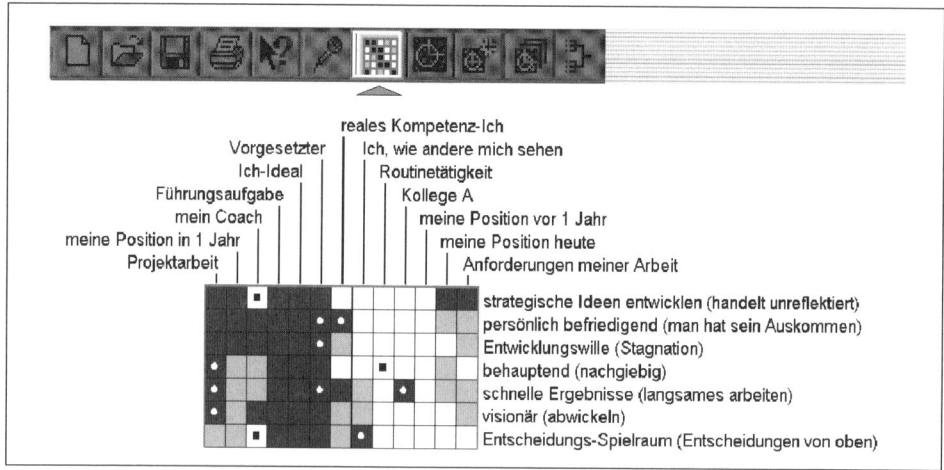

Abb. 2: Ergebnismatrize (Bertin-Display)

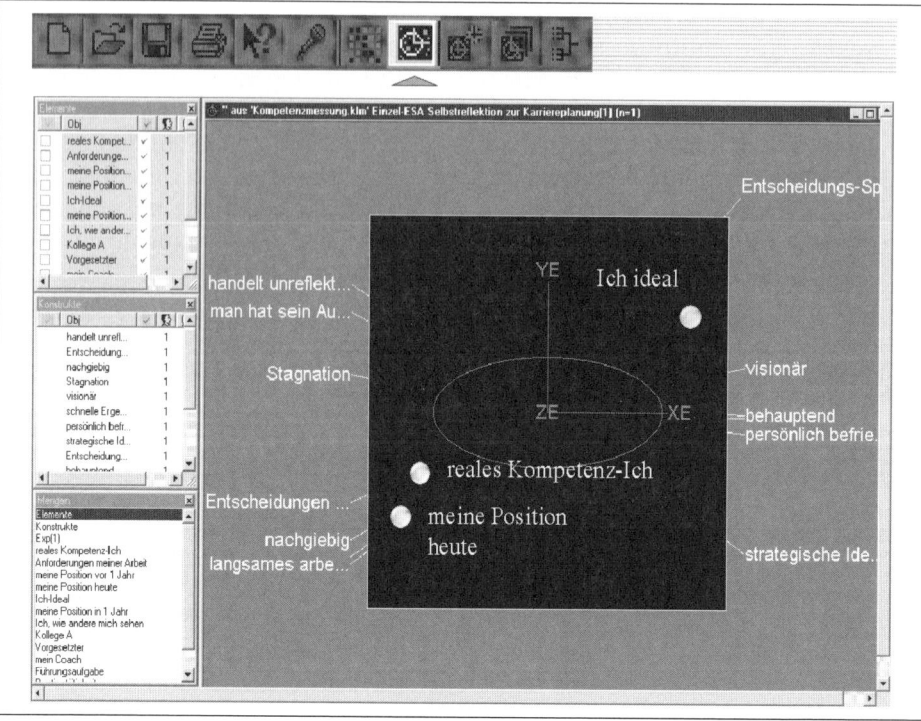

Abb. 3: Bedeutungsraum (Eigenstruktur-Analyse, ESA)

Das Programmsystem nextcoach ist in der weiterführenden Analyse (Schritt 5: Analyse der Musterbildungen) primär als Werkzeug der Reflexion der eigenen Kompetenzentwicklung ausgelegt. Bei der Verwendung z.B. in einem Coaching-Prozess kann über eine wiederholte Interviewdurchführung die Veränderung der Selbstwahrnehmung und der persönlichen Situationseinschätzung sichtbar gemacht werden. Denkbare Vergleichselemente sind dabei z.B. Aspekte der Selbstwahrnehmung (»Reales Kompetenz-Ich«, »Ich, wie andere mich sehen«, »Ich-Ideal« etc.), relevante Bezugspersonen (»Kollege A«, »Vorgesetzter«, »Coach« etc.), Aspekte der Karriereplanung (»Position früher«, »Position heute«, »Ideale Position« etc.) oder typische Anforderungssituationen (»Führungsaufgabe«, »Routinetätigkeit«, »Projektarbeit« etc.). Mit nextcoach können verschiedene Messzeitpunkte als animierte Sequenz dargestellt werden. Dazu werden die zu den einzelnen Zeitpunkten erzeugten Bedeutungsräume (ESA) aneinander normiert (Multi-ESA). Die Gestaltwahrnehmung des Betrachters selektiert auf dieser Grundlage aus der Komplexität der relationalen Veränderungen unmittelbar und mit verblüffender Leichtigkeit die zentralen Entwicklungen (Gestaltfaktor des gemeinsamen Schicksals). Interessierende Einzeldistanzen oder aggregierte Abstandsmaße (z.B. »Reales Kompetenz-Ich« zu »Ich-Ideal« zu »Position heute«) sind als Kennwerte höherer Ordnung (z.B. »Zufriedenheit«) in ihrem Zeitverlauf auswertbar. Darüber hinaus ist nextcoach in der Lage, über zusätzliche Interviews eine externe Perspektive (z.B. die des Coaches) in den Vergleich zu bringen. Auf diesem Wege ist eine Überprüfung des Rapports ebenso möglich wie ein datengestützter Diskurs über Abweichungen von Selbst- und Fremdwahrnehmung.

Abb. 4: Zeitverlaufsdarstellung mit nextcoach

Das Programmsystem nextexpertizer ist in der weiterführenden Analyse (Schritt 5: Analyse der Musterbildungen) primär als Werkzeug des interpersonalen Vergleiches von Kompetenzeinschätzungen ausgelegt. Bei der Verwendung z.B. in einem Personalauswahlverfahren kann über die Befragung der Personen eines Entscheidergremiums die Konsensfindung bei der Bestimmung des anzuwendenden Kompetenzkonzeptes und bei der Kandidatenauswahl extrem vereinfacht und beschleunigt werden. Denkbare Vergleichselemente sind dabei z.B. die real zur Wahl stehenden Kandidaten (»Kandidat A«, »Kandidat B«, »Kandidat C« etc.), die ausgeschriebenen Positionen (»Kompetenzprofil Position X«, »Kompetenzprofil Position Y«, »Kompetenzprofil Position Z« etc.), kulturelle Akzeptanzgrößen (»Gelebte Unternehmensidentität«, »Unternehmensvision«, »Ideale Teamergänzung« etc.) oder typische

Aufgabenstellungen (»Fachaufgabe«, »Linienaufgabe«, »Projektaufgabe« etc.). Mit nextexpertizer können die Ergebnisse der Einzelinterviews (ESA) in einem gemeinsamen Bedeutungsraum der Gruppe (Multi-ESA) zusammengefasst werden. Über die mittleren Positionierungen der Vergleichselemente und über die relative Streuung der Einzeleinschätzungen werden in diesem Gemeinraum sofort die Übereinstimmungen und Unterschiede in der aggregierten Gruppenwirklichkeit sichtbar (s. Abbildung 5). Dissens und Unklarheiten bei den Sollvorstellungen (gewünschte Kompetenzprofile) fallen direkt ins Auge (Streusterne) und können unter Hinzuziehung der definierenden persönlichen Konstrukte auch inhaltlich diskutiert werden. Die Distanz zwischen den Kandidaten und den positionsspezifischen Kompetenzprofilen liefert eine einfache erste Entscheidungshilfe. Über mengentheoretische Analysen lassen sich zudem recht unkompliziert differenzierte Übereinstimmungsmaße (z.B. Kandidat zu Kultur und Team) und Stärken/Schwächenprofile (z.B. Kandidat zu Kompetenzprofil und Aufgabenstellung) errechnen (s. Abbildung 6). Da die Interviews einzeln und unabhängig voneinander durchgeführt werden und eine bewusste Ergebnisverzerrung durch die Art der Matrizengenerierung (mehrere hundert Einzelentscheidungen pro Interview) so gut wie ausgeschlossen ist, kann die entstehende Rangreihe der Kandidaten als weitgehend unbeeinflusst von gruppendynamischen und taktischen Einflüssen gelten. Alle Auswertungsschritte bei Zusammenfassung von Einzelergebnissen bleiben jederzeit transparent. Eine hohe Akzeptanz der gebildeten Rangreihe bei den interviewten Entscheidern ist durch das Verfahren sehr wahrscheinlich. Über die Zusatzfunktion einer Clusteranalyse

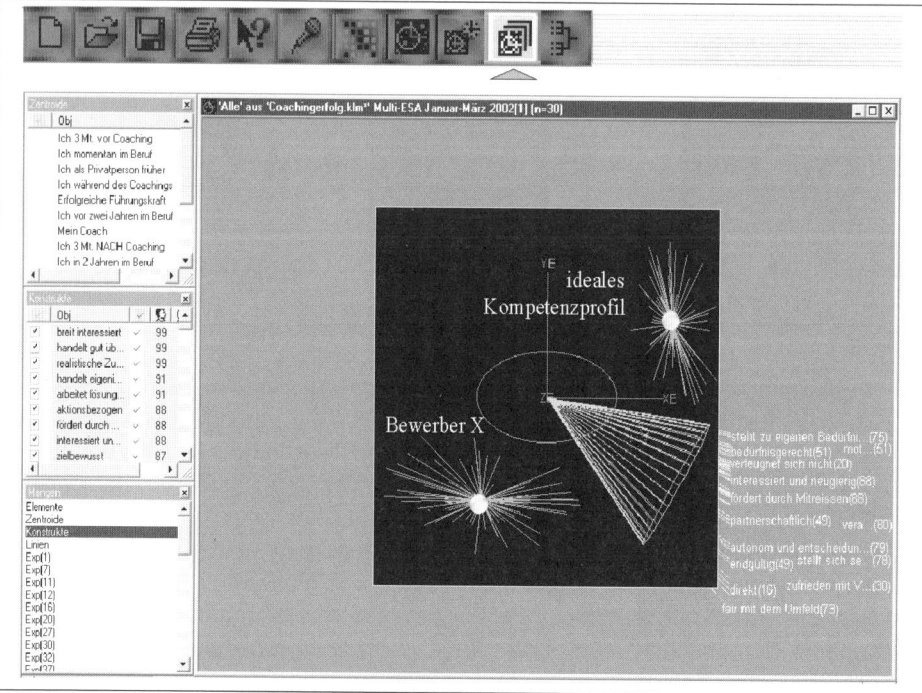

Abb. 5: Gemeinraum mit nextexpertizer (Multi-ESA)

ist es möglich, in der Gruppe der befragten Auskunftspersonen unterscheidbare Teilperspektiven empirisch zu bestimmen (s. Abbildung 7) und anschließend über die Berechnung von Teilbedeutungsräumen (gruppenspezifische Multi-ESA) inhaltlich nachzuvollziehen. Zusätzlich erlaubt das Programmsystem nextexpertizer auch für Gruppen (wie nextcoach für Einzelinterviews) die Analyse von Zeitreihen. Die Erfassung von Veränderungen in einer zeitlichen Abfolge von erzeugten Gemeinräumen ist z.B. ein wertvolles Instrument bei der Wirkungsüberprüfung von Interventionen (Schulungen, Trainingsprogramme, Potenzialentwicklungsmaßnahmen etc.). Im Vergleich der Erhebungszeitpunkte können aussagefähige Kennwerte für die Qualitätssicherung abgeleitet werden (z.B. mittlere Distanz zu Sollprofilen vor und nach einer Intervention).

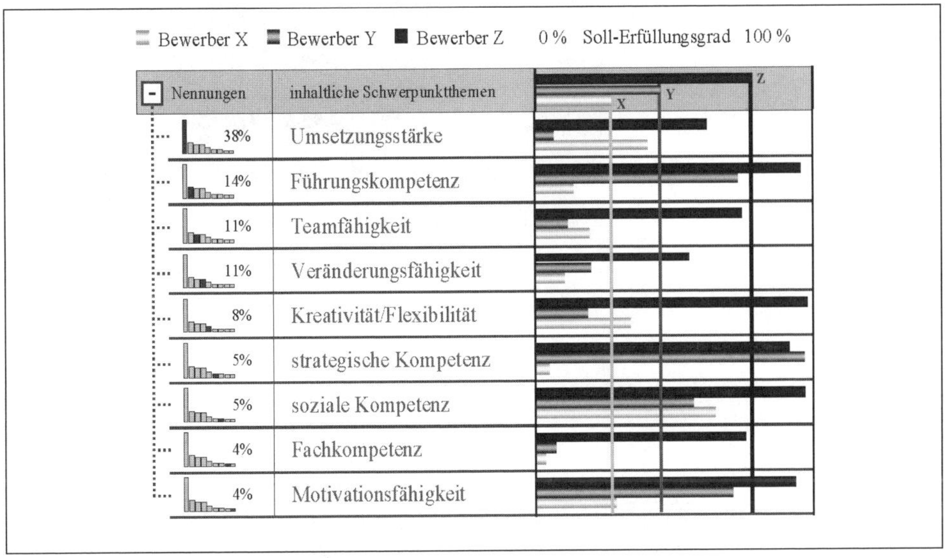

Abb. 6: Stärken/Schwächen-Profil

Die gesamte Datenanalyse (Schritt 5) erfolgt sowohl bei nextcoach als auch bei nextexpertizer anhand integrierter Auswertungsinstrumente direkt und online am Computer. Die Dokumentation der Erhebungen ist in die Programmsysteme integriert. Vielfältige Export- und Importformate garantieren die Kompatibilität mit externen Software-Anwendungen (z.B. Datenbanken, Grafikprogrammen etc.). Ergebnisse von Befragungen mit nextcoach können dabei vom Anwender eigenständig analysiert werden und erfordern lediglich technische Übung im Umgang mit dem Programmsystem. Für die Auswertung der Interviews großer Gruppen mit nextexpertizer bietet nextpractice neben umfangreichen Schulungen eine entsprechende Dienstleistung an, in der Untersuchungen von der Entwicklung des Elemente-Sets bis zur Ableitung von Kennwerten begleitet werden. Optional kann die Dienstleistung darüber hinaus sowohl eine inhaltsanalytische Verdichtung der von den Auskunftspersonen generierten Konstruktdimensionen als auch die Gestaltung von präsentationsfähigen Ergebnisfolien umfassen. Die für nextexpertizer und nextcoach typischen

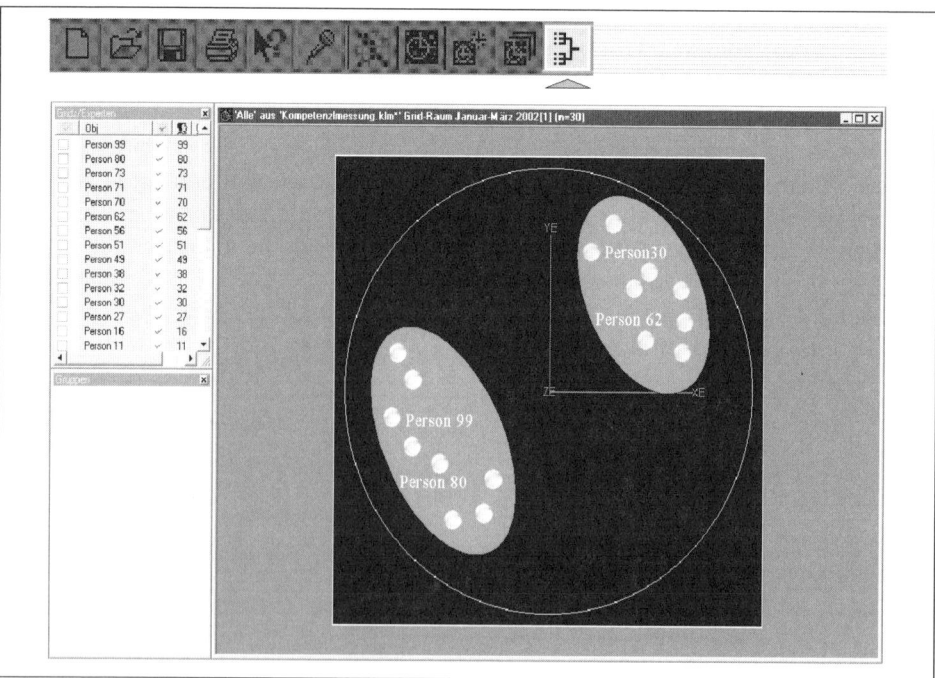

Abb. 7: Clusterbildung mit nextexpertizer

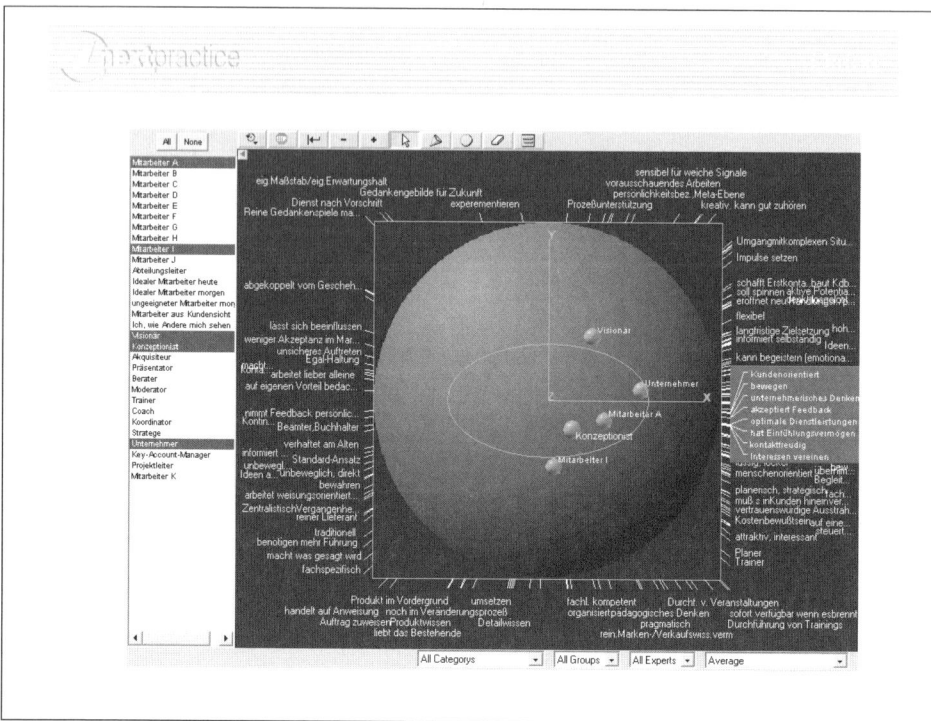

Abb. 8: Powerpoint-Präsentation von Datenräumen (Java-applet)

dreidimensionalen Datenräume stehen über einen extra entwickelten Viewer (Java-applet) für die Verwendung auf Powerpoint-Folien zur Verfügung (s. Abbildung 8). In allen Schritten einer Untersuchung haben damit alle beteiligten Personen direkten Zugriff zur gesamten Datenbasis. Auf diesem Wege ist sogar bei vollständiger Delegation der Erhebungsdurchführung an einen externen Dienstleister garantiert, dass (wie aus der Sicht der Theorie kognitiver Selbstorganisation zu fordern) auch den befragten Erfahrungsexperten und den Auftraggebern jederzeit eine uneingeschränkte heuristisch-explorative Bearbeitung der Daten möglich ist.

## Einsatzmöglichkeiten und Entwicklungsperspektiven

Die Analyse-Tools nextexpertizer und nextcoach sind gegenwärtig die wohl am weitesten entwickelten Anwendungsprogramme auf der Grundlage der REP-Grid-Technik. Die erreichte Durchgängigkeit von Datenerhebung, Datenanalyse, Datentransfer und Datenverwaltung sowie die Möglichkeiten der Darstellung von Gruppen- und Zeitreihenvergleichen stellen bislang ein Alleinstellungskriterium dar. In anderen Umsetzungen der REP-Grid-Technik ist die Vergleichbarkeit zwischen Personen und verschiedenen Erhebungszeitpunkten nur über eine Festlegung der Bewertungsdimensionen (Konstruktfestlegung) oder über eine Ableitung von Kennwerten aus den individuell erzeugten Konfigurationen der Bewertungsobjekte (Elementdistanzen) möglich (s. zusammenfassende Darstellung bei www.pcp-net.de/info/compprog.htm). Bei der Festlegung von Konstrukten geht die der REP-Grid-Technik eigene qualitative Aussagekraft verloren. Das Vorgehen nähert sich einer standardisierten Fragebogenerhebung an. Bei der Ableitung von Kennwerten aus den individuell erzeugten Elementdistanzen fehlt die Normierung am gemeinsamen Bezugsraum. Die Auswertung ist damit nur eingeschränkt aussagefähig. Erst das nextexpertizer und nextcoach zugrunde liegende Verfahren (s. Raeithel 1990) ermöglicht die direkte Vergleichbarkeit verschiedener REP-Grids in einem integrierten Bedeutungsraum (Multi-ESA). Die in nextexpertizer und nextcoach realisierte Form der dreidimensionalen, interaktiv animierten Datenpräsentation erlaubt dem Betrachter zudem auch ohne die weitere Verwendung statistischer Analysen eine unmittelbare Einsicht in die Komplexität von Gruppenwirklichkeiten und Zeitverläufen.

Wie bereits erwähnt liegen insbesondere für nextexpertizer im Bereich der Unternehmensberatung bereits sehr umfangreiche Erfahrungen vor. Kompetenzmessungen im Sinne der eingangs skizzierten fünf Anwendungsfelder wurden z.B. für den Automobilhersteller DaimlerChrysler AG, den Automobilzulieferer Bertrand Faure, für das Chemie- und Pharmaunternehmen Bayer AG, für die Handelskonzerne Metro AG und Otto und für die HypoVereinsbank durchgeführt. Eine spezielle Adaptation von nextexpertizer wird unter der Bezeichnung »Soft Fact Controlling« von nextpractice zur Evaluation von Veränderungsprozessen und bei Mitarbeiterbefragungen eingesetzt (z.B. bei ABB Schweiz, Altana, BASF, Bayer, Citibank, Commerzbank, Creditanstalt Bank Austria, DaimlerChrysler, Deutsche Bank, Deutsche Telekom). Im Bereich des Marketing wird eine weitere Adaptation des Basisverfahrens von nextpractice unter der Bezeichnung »Emotional Brand Loading« (ebl) zur Markenführung und bei Kundenbefragungen verwandt (z.B. bei Altana, Bayer, Creditanstalt Bank Austria, BMZ! FCA, Deutscher Ring, Gottlieb Duttweiler Institut, Gruner und Jahr, Kaufland, Saurer Group, Siemens). In Lizenz wird nextexpertizer z.B. vom Bereich Forschung und Technik der DaimlerChrysler AG bei der Produktentwicklung, von der Gesellschaft für technische Zusammenarbeit (GTZ) unter der Bezeichnung e-VAL zur Bewertung weltweit laufender Entwicklungshilfeprojekte, vom Institut für Betriebswirtschaft (IfB) der Universität St. Gallen in der Forschung und von der ABB Consulting AG in Beratungsprojekten genutzt. Prof. Dr. Siegfried Greif von der Universität Osnabrück fasst seinen Eindruck vom Verfahren im Rahmen eines Forschungsberichtes zusammen: »Eine der interessantesten wissenschaftlich und praktisch anwendbaren psychometrischen Methoden zur Beschreibung und Evaluation der Ähnlichkeiten und Unterschiede von Begriffsnetzen in Gruppen hat der Bremer Psychologe Peter Kruse mit Mitarbeiter/innen seiner Unternehmensberatung unter der Bezeichnung nextexpertizer entwickelt.« Die ABB Consulting AG bewertet die Anwendungsmöglichkeiten des Verfahrens in ihrer Kundenzeitschrift: »Wir waren von der Aussagekraft der Resultate, der Flexibilität der Methode und der Dynamik des Befragungs- und Analyseprogramms so begeistert, dass wir uns entschlossen haben, dieses Werkzeug auch bei unserer täglichen Arbeit im Rahmen eines Kooperationsvertrages zu verwenden.«

Die prinzipielle Vielfältigkeit der Anwendungsmöglichkeiten von nextexpertizer sind eine Stärke und gleichzeitig bezogen auf den breiten Einsatz auch ein Problempunkt des Verfahrens. Wenn der Einsatz durch einen geübten Dienstleister vorbereitet und ausgeführt wird (Bestimmung des Elemente-Sets, Entwicklung relevanter Kennwerte, inhaltsanalytische Ergebnisverdichtung etc.), ist die Komplexität der Endergebnisse gering und der Aussagewert auch für den methodisch nicht geschulten Praktiker hoch. Die Ausbildung der für diese Dienstleistung notwendigen Expertise ist jedoch stark erfahrungsabhängig und bedarf kontinuierlicher Aktualisierung. Erst über eine gezielte Erstellung vorgefertigter Spezialanwendungen, wie z.B. mit nextcoach für den Bereich der Einzelfallbegleitung realisiert, kann der Einsatz grundlegend vereinfacht und das Erlernen deutlich beschleunigt werden. Perspektivische Entwicklungsmöglichkeiten des Verfahrens liegen daher in erster Linie in der weiteren Ausdifferenzierung. Die bislang mit Spezialanwendungen gemachten Erfahrungen sind sehr positiv (ebl für die Markenführung, e-VAL für Projektbewertung etc.). So ist generell ein Vorgehen denkbar, in dem zusammen mit einem Auftraggeber Vergleichselemente und Kennwerte festgelegt werden, um dann über eine eigenständige Benutzeroberfläche die Funktionalität von nextexpertizer auf interessierende Aspekte zu fokussieren (Customizing). Leicht nachzuvollziehende und vollautomatisch generierte Ergebnisdarstellungen und Kennwerte garantieren dann die Alltagstauglichkeit des Verfahrens auch für die Anwendung durch relative Laien. Im Bereich der Kompetenzmessung sind in diesem Zusammenhang verschiedene Spezialanwendungen z.B. zur Bestimmung und Überprüfung von Kernkompetenzen, zur Unterstützung von Personalauswahlprozessen, zur individuellen Karriereplanung oder zur Qualitätssicherung von Weiterbildungsangeboten denkbar. Insbesondere in Verbindung mit der bereits programmtechnisch realisierten Möglichkeit von Internet-Interviews ergeben sich faszinierende und im Kosten-Nutzen-Verhältnis attraktive Perspektiven.

## Literaturverzeichnis

Bannister, D. & Mair, J.M.M. (1968). The evaluation of personal constructs. London

Kelly, G.A. (1955). The psychology of personal constructs. Vol. 1 und 2. New York

Kruse, P.; Zenker, C.; Lang, P.; Meyer, G.; Pavlekovic, B.; Greiser, E.; Maschewski-Schneider, U.; Raeithel, A.; Stadler, M. & Vetter, G. (1992). Zwischenbericht der Begleitforschung zur Methadonsubstitution im Land Bremen. In: Bremer Beiträge zur Psychologie, 105 D, S. 1-91

Kruse, P.; Holzhüter, H.; Klingenberg, S.; Meyer zu Altenschildesche, M.; Raeithel, A. & Stadler, M. (1993). Ambulante medizinisch-psychotherapeutische Betreuung von HIV-Positiven und AIDS-Patienten. In: C. Lange (Hrsg.). AIDS – Eine Forschungsbilanz. Berlin, S. 323-341

Kruse, P.; Holzhüter, H.; Klingenberg, S.; Meyer zu Altenschildesche, M.; Raeithel A. & Stadler, M. (1994a). Medizinische und psychologische Aspekte bei der Betreuung von HIV-Positiven und AIDS-Patienten. In: A. Kurme; H.J. Klose & H.-J. Beer (Hrsg.). Psychosoziale Aspekte bei Hämophilie und HIV. Stuttgart, S. 88-112

Kruse, P.; Holzhüter, H.; Meyer zu Altenschildesche, M.; Eberling, W.; Vogt-Hillmann, M.; Raeithel, A. & Stadler, M. (1994b). Psychosomatische Wechselwirkungen bei Aids: Ein Projektbericht. In: P. Buchheim; M. Cierpka & Th. Seifert (Hrsg.). Neue Lebensformen, Zeitkrankheiten und Psychotherapie. Berlin, S. 197-226

Kruse, P. & Stadler, M. (Eds.) (1995). Ambiguity in Nature and Mind. Multistability in Cognition. Berlin

Lohaus, A. (1993). Testtheoretische Aspekte der Repertory Grid-Technik. In: J.W. Scheer & A. Catina (Hrsg.). Einführung in die Repertory-Grid-Technik, Band 1. S. 80-91

Raeithel, A. (1990). Arbeiten zur Methodologie der Psychologie und zur Kelly-Matrizen-Methodik. Unveröff. Habilitationsschrift. Universität Hamburg

Raeithel, A. (1993). Auswertungsmethoden für Repertory Grids. In: J.W. Scheer & A. Catina (Hrsg.). Einführung in die Repertory Grid-Technik, Band 1. S. 41-67

Scheer, J.W. & Catina, A. (1993a). Einführung in die Repertory Grid-Technik, Band 1. Grundlagen und Methoden. Bern

Scheer, J.W. & Catina, A. (1993b). Einführung in die Repertory Grid-Technik, Band 2. Klinische Forschungen und Praxis. Bern

Slater, P. (1977). The measurement of intrapersonal space by grid techniques, Band 2. Dimensions of intrapersonal space. London

Sperlinger, D.J. (1976). Aspects of stability in the repertory grid. In: British Journal of Medical Psychology, 49. pp. 341-347

# Entwicklungsorientiertes Scanning (EOS)

## Julius Kuhl/Wilfried Henseler

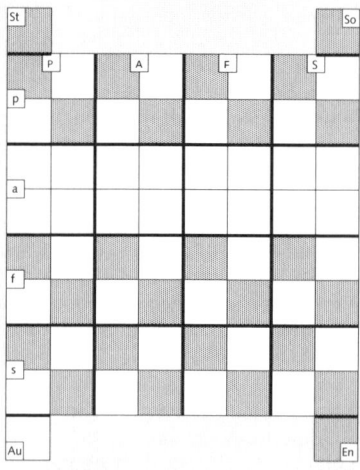

## Rasterdarstellung

### Schlagworte

affektive Dispositionen; Evaluation von Trainingserfolgen; Funktionsanalyse; kognitive Stile; Motivation; objektive Validierung; persönliche Entwicklung; persönliche Intelligenz; schlankes indikationsbasiertes Training; Selbststeuerung; Systeminteraktionen

### Entwickler

Prof. Dr. Julius Kuhl, Universität Osnabrück

### Kompetenzdefinition

Es wird ein Gesamtbild des Interaktionsgeflechts persönlicher Kompetenzen gezeichnet, die durch das Zusammenwirken kognitiv-emotionaler Systeme definiert sind und die es ermöglichen, die Entwicklung persönlicher Erfahrungen zu optimieren und die daraus resultierenden persönlichen Kompetenzen in den Bereichen Motivation und Selbststeuerung auch unter Belastung einzusetzen.

### Zielstellungen

Ziel des entwicklungsorientierten Scannings ist es, für jeden Probanden ein Gesamtbild der Interaktionen psychischer Systeme und derjenigen Funktionen zu ermitteln, die innerhalb des Gesamtsystems eine Schlüsselstellung einnehmen. Es gilt, die persönlichen Kompetenzen oder Funktionen zu identifizieren, die für die Effizienz vieler anderer Funktionen von entscheidender Bedeutung sind und bei denen die größten Chancen für die persönliche Entwicklung liegen (Tabelle 2). Gemessen werden

- der Einsatz elementarer Systeme zur Umsetzung von Motiven und entsprechenden Zielen (intuitive Verhaltenssteuerung und unstimmigkeitssensible Objekterkennung: MUT-Skalen),
- Temperamentsunterschiede (Aktivierbarkeit und Erregbarkeit: BEF-Skalen),
- affektive Dispositionen (z.B. Fröhlichkeit, Gelassenheit, Sensibilität: BEF-Skalen),
- Bewältigungsformen (Handlungs- und Lageorientierung, kognitive Bewältigungsstile: HAKEMP, SEKS oder PSSI),
- Bedürfnisse und Motive (OMT und MUT, EMOSCAN),
- der Einsatz hochinferenter Systeme zur Umsetzung von Motiven und Zielen (Intentions- und Extensionsgedächtnis: MUT-Skalen) und
- bis zu 40 Funktionskomponenten der Selbststeuerung (SSI, EMOSCAN).

Der Einsatz des neuen, entwicklungsorientierten Assessment-Systems ist auch für Selektions- und Platzierungsentscheidungen sinnvoll. Sein psychologischer und wirtschaftlicher Nutzen wird aber erst durch eine Verbindung mit dem Trainingsmanual und mit den audiovisuellen Trainingseinheiten (CD-ROMs, Internet-Übungen) zur Förderung der im Scanning ermittelten Entwicklungsschwerpunkte optimiert. Durch die Validierung zentraler, veränderungssensitiver Funktionsbereiche mit objektiven Methoden (z.B. Messung der Absichts- und Zielbildung, der Selbstmotivierungskompetenz zur Optimierung der Umsetzungsbilanz, Identifikation und kreativer Umgang mit Zielen) sollen Diskrepanzen zwischen Selbstbild, Selbstdarstellung und objektiven Funktionsgrundlagen dargestellt und für Coaching oder Training genutzt werden.

## Theoretische Grundlagen

Das Scan-Verfahren basiert auf der Theorie der Persönlichkeits-System-Interaktionen (PSI), die ihrerseits verschiedene Persönlichkeitstheorien, vor allem aber Ergebnisse und Fortschritte der modernen experimentellen Persönlichkeitspsychologie und ihrer neurobiologischen Grundlagen integriert (Kuhl 2000, 2001a). Den Kern der PSI-Theorie bilden die ersten beiden von insgesamt 7 Modulationsannahmen:

1. Das selbstgesteuerte Heraufregulieren des durch die Bildung von bewussten, nicht sofort umsetzbaren (»schwierigen«) Absichten gedämpften positiven Affekts (durch Selbstmotivierung) verknüpft das Absichtsgedächtnis mit dem intuitiven Ausführungssystem, so dass gerade schwierige und bewusst gefasste Intentionen umgesetzt werden können (Kuhl & Kazén 1999).
2. Die selbstgesteuerte Bewältigung von negativem Affekt aktiviert die höchste Stufe der »persönlichen Intelligenz«, die durch ein System beschrieben wird, das ganzheitlich (d.h. simultan und in einer immensen Ausdehnung) verfügbares Wissen aus persönlichen Erfahrungen (aus dem autobiografischen Gedächtnis) verfügbar macht und für die jeweilige Situation zahlreiche Handlungsoptionen, Bedeutungsalternativen und sinnvermittelnde Bezüge zu Bedürfnissen, Zielen und persönlichen Werten anbietet (Extensionsgedächtnis und integriertes Selbst). Persönliches Wachstum wird ermöglicht durch den selbstgesteuerten Wechsel (emotionale Dialektik) zwischen dem Aushalten negativer Emoti-

onen auf der Ebene der isolierten Wahrnehmung von Einzelobjekten (um aus ihnen lernen zu können statt sie rasch zu verdrängen) und ihrer selbstgesteuerten Bewältigung, die auf dem Kontakt mit der bisherigen Erfahrungsbasis beruht (d.h. dem Extensionsgedächtnis und seinen zentralen Teilbereichen wie Motiven und dem Selbst). Die aus diesem Wachstum resultierende integrative Kompetenz ist z.B. an der Fähigkeit ablesbar, eigene, selbstkongruente Ziele und Erwartungen anderer zu unterscheiden, was wiederum eine Voraussetzung für selbstbestimmtes Handeln ist (Kuhl & Kazén 1994; Baumann 1998). Die Fähigkeit, schmerzhafte Erfahrungen selbstgesteuert, d.h. durch persönliche Auseinandersetzung zu bewältigen, fördert nicht nur die Selbstbestimmung, sondern auch die Kreativität (Biebrich & Kuhl 2002a). Damit kommt der Selbststeuerung bzw. Selbstorganisation von Affekten und der Verankerung von positiven und negativen Affekten in der Befriedigungsbilanz zentraler Bedürfnisse nach sozialen Beziehungen (Affiliation), Leistung und Selbstbehauptung (Macht) eine zentrale Bedeutung zu, sowohl für die Diagnostik persönlicher Kompetenzen als auch für entsprechende Ansatzpunkte zur Entwicklung solcher Kompetenzen.

## Methodologische Einordnung

Abweichend von klassischen Methoden der Messung von Persönlichkeitsmerkmalen beruht das EOS-System nicht auf der Aggregation ähnlicher oder statistisch korrelierender Merkmale zu globalen Persönlichkeitsfaktoren, sondern auf einem funktionsanalytischen Ansatz, bei dem die experimentelle Dissoziation unterschiedlicher funktionaler Komponenten auf sieben verschiedenen Ebenen der Persönlichkeit angestrebt wird, unabhängig davon, wie stark die einzelnen Funktionen in verschiedenen Populationen korrelieren. Auf die separate Messung eines Funktionsmerkmals wird nicht voreilig verzichtet, etwa weil es mit einem anderen, bereits erfassten Funktionsmerkmal korreliert (wie wenn ein Airbus-Pilot den Höhenmesser abschalten würde, weil seine Anzeige hoch mit der des Geschwindigkeitsmessers korreliert). Potenziell unterschiedliche Funktionsmerkmale werden – auch wenn sie korrelieren – solange separat erfasst, wie es Chancen gibt, sie experimentell oder neurobiologisch zu separieren (ein Beispiel für eine solche Dissoziationsleistung zweier hoch korrelierender psychischer Funktionen ist die Trennung von implizitem und explizitem Gedächtnis, die der kognitions- und neurowissenschaftlichen Forschung im vergangenen Jahrzehnt enorme Fortschritte ermöglicht hat). Zentrale Funktionsmerkmale des EOS wurden zunächst mit Hilfe experimenteller oder neurophysiologischer Methoden separiert, so dass eine im Vergleich zur üblichen Fragebogenentwicklung erheblich stärkere Orientierung an objektiven Validierungskriterien bereits bei der Fragebogenkonstruktion realisiert werden konnte.

## Einschätzung der Gütekriterien

Es gibt Scan-Verfahren mit unterschiedlichen Testlängen, die entsprechend unterschiedliche Anforderungen an Reliabilität und Ökonomie bedienen können. Fast alle der annähernd 100 Fragebogenskalen (Tabelle 2) haben eine zwischen 0,8 und 0,95 liegende interne Konsistenz (Cronbach's $\alpha$). Selbst die Kurzskalen, die bis auf eine Testlänge von vier Items reduziert werden konnten, haben eine – gemessen an der Testlänge – beachtliche innere Konsistenz (Cronbach's $\alpha$ um

0,70 für fast alle Skalen). Auch die Wiederholungsreliabilität der meisten Skalen liegt in dem Bereich, der für relativ stabile, aber durch Erfahrung bzw. verschiedene Anregungsbedingungen modifizierbare Persönlichkeitsmerkmale angenommen wird ($r_{tt} > 0,50$). Die Validität der Skalen ist durch zahlreiche international publizierte Untersuchungen dokumentiert. Neben dem Nachweis der Konstruktvalidität, der in theoretisch plausiblen Beziehungen zwischen EOS-Skalen und verschiedenen Leistungs- und Verhaltensvariablen dokumentiert ist (zusammenfassend Kuhl 2000, 2001a), gibt es auch direkte Validierungen an objektiven Maßen für Funktionskomponenten der persönlichen Kompetenz. Beispiele sind hohe Korrelationen (um 0,60) zwischen der zielorientierten Aufmerksamkeitssteuerung, der Impulskontrolle und der Selbstbestimmung (SSI-Skalen) und der objektiv gemessenen Ablenkungsresistenz (Kuhl & Fuhrmann 1998), signifikante Korrelationen zwischen dem Fragebogenmaß für Selbstmotivierungskompetenz (SSI) und objektiven Maßen für Verhaltensbahnung nach Konfrontation mit schwierigen Vorsätzen (Kuhl 2001a) und z. T. verblüffend hohe Korrelationen (um 0,60) zwischen dem Maß für das nichtbewusste (»implizite«) intrinsische Machtmotiv (OMT) und einem standardisierten Instrument zur Beurteilung verschiedener Aspekte der Führungsstärke im Rahmen eines Assessment-Centers (Scheffer 2000).

## Fehler- und Problemkritik

Das Scan-Verfahren hat wie alle Fragebögen selbstverständlich seine Begrenzungen, und zwar gerade dort, wo mit Verfälschungs- und Selbstdarstellungstendenzen der Probanden gerechnet werden muss (z.B. bei Bewerbungen). Dieses Problem kann durch verschiedene »Lügen-Kennwerte«, die aus den SCAN-Kennwerten errechnet werden, reduziert werden, ist aber auf keinen Fall durch eine Fragebogentechnik vollständig zu bewältigen. Durch die enge Anbindung der Entwicklung der Scan-Verfahren an objektive Methoden zur Erfassung zentraler psychischer Funktionen besteht die einzigartige Möglichkeit, Verzerrungstendenzen in der Fragenbeantwortung durch Einsatz objektiver Verfahren zu kontrollieren. Es wurde eigens ein standardisiertes Verfahren entwickelt (EMOSCAN©), das wichtige Selbststeuerungsfunktionen und ihre Einbindung in die Umsetzung zentraler Motive (Beziehung, Leistung, Macht) quantifiziert. Ein weiterer Problempunkt betrifft die Komplexität, die sich ergibt, wenn man an die hundert verschiedene Komponenten der persönlichen Kompetenz erfasst und diese auch noch im Hinblick auf ihre Interaktionen und auf Implikationen für Trainingsschwerpunkte evaluieren möchte. Auch hier bietet EOS eine im Vergleich zu klassischen Persönlichkeitstests einzigartige Lösung an: Da die gesamte Methodik aus einer klar umrissenen, empirisch validierten und inzwischen auch mathematisch formalisierten Persönlichkeitstheorie abgeleitet ist, ist es ausgebildeten Psychologen nach einer 3-6-tägigen Zusatzausbildung möglich, die Komplexität eines individuellen SCAN-Profils auf eine oder einige wenige Schlüsselfunktionen (»Angelpunkte«) zu reduzieren, so dass dem Klienten eine sehr einfach strukturierte Empfehlung für die persönliche Entwicklung mitgeteilt werden kann (entsprechende Trainingsseminare wurden inzwischen durchgeführt, z.B. mit Psycholog(innen), die nun als »Teleworker« von ihrem Wohnort aus coachingunterstützende, per Internet verschickte Beratungsbriefe schreiben).

**Ablauf des Messprozesses**

Das SCAN-Verfahren ist als CD-ROM-Version (für Spezialaufträge inzwischen auch als Internet-Version) verfügbar. Die Fragen können auf jedem kompatiblen PC beantwortet werden. Die Bearbeitung kann an beliebigen Stellen unterbrochen und zu einem späteren Zeitpunkt fortgeführt werden. Der Zeitbedarf beträgt bei der Kurzversion des kompletten Scannings (»360°-SCAN« auf allen sieben Funktionsebenen) etwa 60 – 90 Minuten. Wird auf Grund der Ergebnisse des 360°-SCANs oder auf Grund spezifischer angewandter Fragestellungen eine Mikroanalyse einer einzelnen Funktionsebene gewünscht, so liegt die zusätzliche Bearbeitungszeit im Schnitt bei 20 – 30 Minuten. Die Durchführung des objektiven Scans (EMOSCAN©) dauert 40 – 60 Minuten. Die Auswertung erfolgt nach Zusendung der Daten per Diskette oder per Internet innerhalb einiger Werktage durch lizensierte und laufend supervidierte Auswertungsstationen, die durch diplomierte Psychologen und Psychologinnen besetzt sind (bei Bedarf kann die Auswertung auch innerhalb eines Werktages erfolgen). Der Zeitaufwand für eine individuelle Auswertung hängt maßgeblich von der gewünschten Beanspruchung psychologischer Experten ab. Zur Zeit werden die folgenden Versionen angeboten:

- eine Kurzversion ohne individuelle Beratung (z.B. für Unternehmen mit ausgebildeten, SCAN-lizensierten Experten),
- individueller Beratungsbrief (z.B. bei Einzelpersonen, die nicht willens oder nicht in der Lage sind, das Scanning im Rahmen einer persönlichen Beratung durchzuführen),
- die Standardversion, in der das Scanning in einen persönlichen Beratungskontext eingebunden und mit konkreten Hinweisen für den Klienten verknüpft ist,
- eine Version für den therapiebegleitenden Einsatz zur Unterstützung der Formulierung von Therapiezielen auf der Ebene symptomverursachender Prozesse und zur Evaluation von Therapieeffekten auf dieser Ebene (Kuhl 2001b).

Eine katamnestische Studie hat inzwischen gezeigt, dass die Nachhaltigkeit von Therapieeffekten signifikant höher ist (d.h. mindestens 4 Jahre anhält), wenn während einer 3-monatigen Therapie auf den durch das Scanning ermittelten Verursachungsebenen Fortschritte erzielt wurden, d.h. wenn die Fortschritte nicht auf den Rückgang der Verhaltenssymptome beschränkt waren. Die erwähnten Produkte werden durch die Firma scan.up AG angeboten (www.scan-up.de). Für Psychologinnen und Psychologen, die mit den Verfahren arbeiten, werden Supervisionsübungen an Hand von aktuellen Fallbeispielen per Internet angeboten (Näheres unter www.impart-gmbh.de).

*Vergleich mit anderen Testverfahren*

Forschungsgruppen mit einem ähnlich umfassenden, theoretisch fundierten und entwicklungsorientiert konzipierten diagnostischen Ansatz sind uns nicht bekannt. Trotzdem gibt es natürlich viele Berührungspunkte zwischen EOS und konventionellen psychologischen Tests. Der Begriff Scanning bezeichnet eine Untersuchung persönlicher Kompetenzen, die im Unterschied zum Testen nicht auf einen groben Überblick oder auf einzelne Merkmale beschränkt ist. Die klassischen faktorenanalytisch entwickelten Testverfahren (z.B. Freiburger-Persönlichkeits-Inventar;

Eysenck-Personality-Questionnaire; 16-PF von Cattell; MPQ von Tellegen et al.; NEOFFI-»Big Five«) legen Wert auf einen globalen Überblick und können dann, wenn die Beurteilung globaler Persönlichkeitsfaktoren als ausreichend betrachtet wird, weiterhin sinnvoll sein. Allerdings darf die globale Charakteristik dieser Verfahren nicht zu dem Fehlschluss führen, dass sie alle wichtigen Ebenen der Persönlichkeit gleichermaßen berücksichtigen. Besonders die Messung motivationaler und selbstregulatorischer Prozesse kommt in diesen Verfahren zu kurz und damit natürlich auch die Beurteilung dynamischer Wechselwirkungen zwischen solchen Prozessen und affektiven sowie kognitiven Prozessen. Alternativ zu den globalen Tests gibt es eine große Zahl konventioneller Tests, die zwar auch nach der Aggregationslogik der Faktorenanalyse entwickelt wurden, sich aber auf einzelne Merkmale beschränken statt einen Überblick vermitteln zu wollen (z.B. Tests zur Messung von Merkmalen wie: Ängstlichkeit, Selbstvertrauen, Selbstwirksamkeit, Depressionsneigung). Viele dieser Merkmale werden im Rahmen des Scannings erfasst und oft sogar in spezifischere Funktionen dekomponiert. Dort wo einzelne Merkmale, die nicht im Scanning erfasst werden, für konkrete Anwendungsfragen relevant sind, ist es natürlich sinnvoll, sie zusätzlich zu messen. Oft ermöglicht die PSI-Theorie sogar eine Einbindung der zusätzlichen Tests in das Interaktionsgefüge der mit dem Scanning erfassten Funktionsmerkmale (z.B. beim Familien-Struktur-Test, der die in der Ursprungsfamilie erlebte Nähe und Hierarchie über ein implizites Gedächtnismaß operationalisiert oder Tests zur Erfassung verschiedener Aspekte des impliziten Selbstsystems: Showers & Kling 1996).

## Anwendung des Scannings – Validierung, Beratung, Training, Fallbeispiele

Waren es noch bis vor kurzem die berufliche Qualifikation, das fachliche Können und Know-how, quasi die »hard skills« eines Menschen, die im Zentrum des Interesses von Arbeitgebern und Arbeitsmärkten standen, so sind es zunehmend die »soft skills« bzw. »Schlüsselqualifikationen« oder »Kompetenzen«. Ein Blick in den Stellenmarkt einer Tageszeitung belegt dies: Der gesuchte Mitarbeiter zeichnet sich z.B. durch »Flexibilität«, »Teamfähigkeit«, »selbstständiges Arbeiten«, »Kreativität« oder »Lernfähigkeit« aus, um nur einige Beispiele für die gesuchten und gefragten persönlichen Kompetenzen zu nennen. Unternehmen, Arbeitgeber und Selbstständige haben in der Vergangenheit nämlich lernen müssen, dass beruflicher und unternehmerischer Erfolg weitgehend von den Kompetenzen ihrer Mitarbeiter und Führungskräfte abhängen, besonders deshalb, weil sich das jeweils notwendige Fachwissen (hard skills) vor dem Hintergrund sich immer schneller wandelnder Märkte und Arbeitsfelder ständig verändert. Flexibilität, Kreativität, Lernfähigkeit und andere persönliche Kompetenzen der Menschen in den Unternehmen zählen daher zu den wichtigsten Prädiktoren der Fähigkeit, immer wieder neue hard skills zu erwerben, wo sich die Anforderungen verändern.

Dass solche Merkmale persönlicher Kompetenz für den beruflichen Erfolg oft wichtiger sind als intellektuelle Kompetenzen ist immer wieder aufgezeigt worden. Wissenschaftliche Längsschnittstudien – z.B. von dem renommierten amerikanischen Motivationsforscher der Harvard Universität, David McClelland – und interkulturelle Vergleichsforschung (z.B. Prof. Kornadt, Saarbrücken), aber auch die Erfahrungen unzähliger Unternehmen in der Praxis, haben die Bedeutung motivationaler und persönlichkeitsrelevanter Qualifikationen nachgewiesen (z.B. McClelland et al. 1989). Zudem weist die aktuelle, von der Weltgesundheitsorganisation WHO unterstützte Initiative zum Aufbau eines »Gesunde-Betriebe-Netzwerkes« (HeCo-Net) dahin, wie wichtig mittlerweile ganzheitliche Methoden der Organisations- und Personalentwicklung sind, die die soziale, medizinische, psychologische und soziologische Perspektive der Arbeitnehmer für die Förderung der Lebensqualität in der Arbeitswelt und letztlich für die Krankheitsprävention sowie die betriebliche Gesundheitsvorsorge einbeziehen.

Wie aber lernt man »Schlüsselqualifikationen«? Wie entstehen persönliche Kompetenzen und welche einzelnen Funktionen liegen ihnen zugrunde? Der Schlüssel zur Beantwortung dieser Fragen liegt in der Messung der für den beruflichen und privaten Erfolg relevanten *Persönlichkeitsfunktionen*. Die moderne Persönlichkeits- und Motivationsforschung hat – gerade in den letzten Jahren  – bedeutende Fortschritte in der Entwicklung neuer Methoden gemacht, mit denen sich das Zusammenspiel der verschiedenen psychischen Funktionssysteme erfassen lässt (Brunstein & Meier 1996; McClelland 1985; Kuhl & Kazén 1997, 1999; Winter 1996). Dazu gehören z.B. die Aufnahme und Verarbeitung sozialer Informationen, das Stimmungs- und Gefühlsmanagement, die Motivationsfähigkeiten und  verschiedene

Selbststeuerungskompetenzen eines Menschen (Tabelle 1). Selbststeuerung ist dabei als die Fähigkeit definiert, Entscheidungen zu treffen, eigene Ziele zu bilden und sie gegen innere und äußere Widerstände umzusetzen.

## Persönliche Kompetenz- Funktionsanalyse auf sieben Systemebenen

Dass viele dieser Funktionen bislang kaum Gegenstand gezielter Trainingsmaßnahmen waren, liegt u.a. daran, dass sie bis jetzt nicht hinreichend spezifisch und objektiv gemessen werden konnten. Die zahlreichen Verfahren des entwicklungsorientierten Scannings wurden mit der Intention entwickelt, diese Situation zu ändern. Bei diesen Verfahren handelt es sich um spezifische Fragebogeninstrumente, die eine Selbstexploration ermöglichen, sowie um einen operanten Bildertest, der auch unbewusste Inhalte der Motivations- und Selbststeuerungsfähigkeiten erfassen hilft. Es besteht allerdings keine 1:1-Zuordnung zwischen den sieben Systemebenen der PSI-Theorie und den EOS-Messverfahren. Das liegt daran, dass nicht für jede Systemebene ein separates Verfahren entwickelt wurde (dann würden die Interaktionen zwischen den Systemebenen wie bisher vernachlässigt). In Tabelle 1 werden die Verfahren des EOS aufgelistet und den sieben Systemebenen der PSI-Theorie zugeordnet.

(1) Intuitive Verhaltenssteuerung und unstimmigkeitssensible Objekterkennung (z.B. soziale Kompetenzen, Risikowahrnehmung, Problembewusstsein): MUT
(2) Temperament (z.B. Tatkraft und Aktivierbarkeit sowie Erregbarkeit): BEF
(3) Affektive Dispositionen (z.B. fröhliche oder nüchterne Grundstimmung): BEF
(4) Bewältigungsformen (z.B. Beschönigen von Misserfolgen oder Risiken; misstrauisch, zurückhaltend, selbstkritisch, rücksichtslos): SEKS oder PSSI
(5) Bedürfnisse/Motive (z.B. Beziehungs-, Leistungs- und Machtmotivation): MUT / OMT
(6) Hochinferente Informationsverarbeitung (analytisches Denken und ganzheitliches Fühlen: »persönliche Intelligenz«): MUT
(7) Selbststeuerung (Selbstregulation, Selbstkontrolle, Willensbahnung, Stressresistenz): SSI

Tab. 1: Zuordnung der EOS-Verfahren zu den sieben Systemebenen der Persönlichkeit

Der Operante Motiv-Test unterscheidet sich in seinem Format und in der zugrunde liegenden Methodik stark von allen anderen Scan-Verfahren. Das hat den folgenden Grund: Der operante Motivtest (OMT) beruht auf der Grundidee des TAT (Murray 1943), Motive indirekt zu erfassen, weil sie nicht immer bewusst repräsentiert sind. Der OMT vermeidet jedoch einige mit dem TAT verbundene Probleme: Das narrative Format, das notwendig ist, um die für Motive charakteristische hohe Stufe der persönlichen Intelligenz (im Umsetzen von Bedürfnissen) zu messen, wird beibehalten. Die Geschichten, die Probanden zu verschiedenen Bildern erfinden sollen, brauchen aber nicht mehr aufgeschrieben zu werden, so dass alle beim Niederschreiben auftretenden Verzerrungen, die die Übersetzung von einem intuitiven, ganzheitlich-parallelen Code in einen sprachlichen, sequentiell-analytischen Code mit sich bringt, vermieden werden. Die Probanden schreiben nur noch freie Assoziationen zu Stichwörtern auf, die sich auf die erdachte Geschichte beziehen. Dieses Format des impliziten Assoziierens hat sich als Methode zur Erfassung nicht bewusster (»impliziter«) Gedächtnisinhalte bewährt (Greenwald & Banaji 1995; Schacter 1987).

Die hohen Anforderungen, die mit der Auswertung des OMT verbunden sind, liegen in der Natur der Sache: Wenn man hochinferente Kompetenzen messen will, muss man entsprechend hochinferente Kompetenzen auf Seiten der Auswerter in Anspruch nehmen. Motive beruhen ja – im Unterschied zu Bedürfnissen – auf komplexen impliziten Wissensstrukturen, die aus zahllosen autobiographischen Erfahrungen abstrahiert sind, die man in der Vergangenheit mit vielen in verschiedenen Situationen ausprobierten Handlungsvarianten zur Befriedigung von Bedürfnissen und zur Erreichung entsprechender Ziele gemacht hat. Motive repräsentieren die aus vielen solchen persönlichen Erfahrungen gebildeten impliziten Wissensnetzwerke über Handlungsoptionen zur Zielerreichung, über mögliche Risiken, zu berücksichtigende Folgen und über »Nebenwirkungen« verschiedener Handlungen, aber auch über tangierte eigene und fremde Bedürfnisse, Werte und Ziele und andere selbstrelevante Implikationen. Damit speichern Motive einen großen Teil der persönlichen Kompetenzen, die erfolgreiches Handeln in komplexen Situationen ermöglichen.

In dem in Abbildung 1 dargestellten Modell spielen Motive eine zentrale Rolle. Das Modell umreißt, wie die wichtigsten Systemebenen der Persönlichkeit zusammenwirken, um die Ressourcen zu optimieren, die wir im Alltag mit Begriffen wie persönlicher Erfahrung (»Reife«) oder Kompetenzen (soft skills) bezeichnen. Die erste Voraussetzung für die optimale Entwicklung und Nutzung dieser Kompetenzen ist die Übereinstimmung zwischen den impliziten Motiven und den expliziten Repräsentationen der eigenen Motive (Kästchen 2): Diskrepanzen zwischen dem, was Menschen unbewusst brauchen und anstreben (z.B. Macht im Sinne eines Motivs, Einfluss auf andere auszuüben) und dem, was sie für ihre wichtigsten Bedürfnisse halten und als bewusste Ziele formulieren, führen früher oder später zu Stress und negativem Affekt. Wer ständig Ziele verfolgt, die gar nicht zu seinen unbewussten Bedürfnissen und Gefühlen passen, setzt sich unter permanenten Stress (»negativer Affekt«), auch wenn die Ursachen dieser verborgenen Stressquelle gar nicht bewusst werden. Gemäß der 2. Modulationsannahme der PSI-Theorie (s.o.: Theoretische Grundlagen) hat erhöhter negativer Affekt zur Folge, dass das neuro-psychische System gehemmt wird, das den integrierten Überblick über alle relevanten persönlichen Erfahrungen bereit stellt (d.h. das Extensionsgedächtnis mit dem integrierten Selbst).

Das Modell in Abbildung 1 zeigt weiter, von welchen Funktionsebenen der Persönlichkeit es abhängt, ob unbewusste Motive und bewusste Ziele übereinstimmen. Einseitige Denkmuster und kognitive Stile können die Diskrepanzen zwischen bewussten Zielen und unbewussten Motiven erhöhen (Kästchen 3): Wenn jemand z.B. zu einseitig auf analytisches Denken festgelegt ist, kann er mit der Zeit den Zugang zu seinen Gefühlen und Bedürfnissen verlieren, weil die linke Hemisphäre des Gehirns, die das analytische Denken unterstützt, viel weniger als die rechte Hemisphäre mit Gefühlen und dem autonomen Nervensystem vernetzt ist (Kuhl 2001a). Gemäß den Modulationsannahmen der PSI-Theorie sind kognitive Einseitigkeiten durch affektive Einseitigkeiten mitverursacht (Kästchen 4), die in der frühen Kindheit geprägt werden (z.B. optimistische Denkmuster durch erfahrene Wärme und Akzeptanz; einseitig analytisches Denken durch Kälte oder Ablehnung): Einseitiger Optimismus begünstigt die Entwicklung von intuitiven Kompetenzen, während eine nüchterne Grundstimmung (Vermeiden von positiven Affekten) die Entwicklung des analytischen Denkens fördert.

Die wichtigsten Determinanten in diesem Bedingungsgefüge sind allerdings die Selbststeuerungsfunktionen. Das liegt daran, dass einseitige kognitive und affektive Neigungen lediglich die Erstreaktion einer Person auf eine neue Situation bestimmen. Von den Selbststeuerungskompetenzen hängt es dann ab, ob es bei dieser Erstreaktion bleibt, ob es also bei einer sensiblen, vielleicht sogar verletzten Reaktion bleibt, die dann z.B. in lähmendes Grübeln münden kann (Lageorientierung), oder ob die erste emotionale Reaktion eigenständig (»selbstgesteuert«) überwunden werden kann. Hier liegt der wesentliche Unterschied der SCAN-Kompetenzanalyse zu den klassischen Persönlichkeitstests, die motivationale und selbstregulatorische Kompetenzen nicht berücksichtigen. So reagiert ein nach klassischer Diagnostik Extravertierter zwar mit erhöhter Wahrscheinlichkeit auf eine neue Situation mit Tatkraft, Neugier und positiven Gefühlen und eine Person mit einem niedrigen Neurotizismuswert ist entsprechend selten aus der Ruhe zu bringen. Von der Selbststeuerung hängt aber der weitere Stimmungsverlauf ab: Was passiert, wenn die Stimmung doch einmal ins Negative umschlägt (was ja bei entsprechend schlimmen Ereignissen auch Extravertierten oder wenig Ängstlichen passieren kann)? Bleibt die Person dann in dem aktuellen Gefühlszustand gefangen oder kann sie ihn gegenregulieren, wenn dies für die Bewältigung der anstehenden Aufgaben sinnvoll erscheint? Für die Entwicklung persönlicher Kompetenzen ist die handlungsorientierte Bewältigungskompetenz wichtiger als die emotionale Erstreaktion wie sie durch klassische Persönlichkeitstests gemessen wird, weil z.B. eine kurze Angstreaktion meist kein Problem verursacht, wenn sie bei Bedarf rasch heruntergeregelt werden kann (Kuhl 2001a: Kapitel 11).

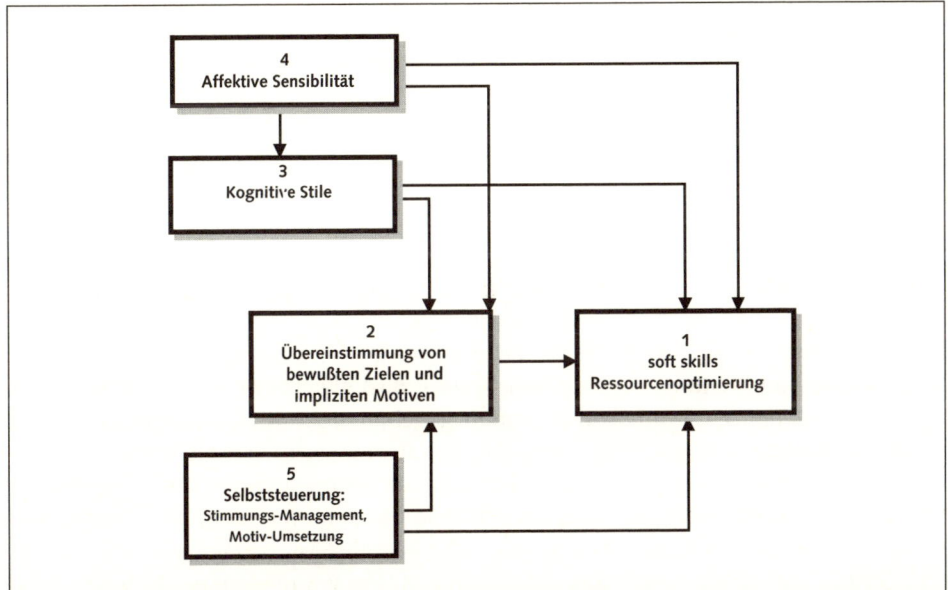

Abb. 1: Überblick über die persönlichkeitsspezifischen Determinanten der persönlichen Kompetenzen, die mit den SCAN-Methoden evaluierbar sind (zu jedem Kasten liefert das EOS-System wissenschaftlich fundierte Instrumente, die den betreffenden Funktionsbereich in 3 – 4 Makrobereiche und in bis zu 40 Einzelfunktionen aufgliedern)

Das in Abbildung 1 skizzierte Modell erklärt, warum auch eine Person mit hoher Sensibilität oder hoher Introversion eine hohe persönliche Kompetenz entwickeln kann: Die erhöhte Sensibilität bzw. gedämpfte Handlungsbereitschaft kann sogar zu einer Ressource werden, wenn sie ihre sensible bzw. gedämpfte Erstreaktion auf Grund gut entwickelter selbstregulatorischer Kompetenzen gegenregulieren kann, sobald sie dies für sinnvoll hält. Gelingt dies, d.h. ist z.B. eine relativ hohe Sensibilität mit einer hohen selbstregulatorischen Kompetenz verbunden, so ist dies sogar nach den vorliegenden Befunden die beste Voraussetzung für eine optimale Entwicklung persönlicher Kompetenzen: Die Sensibilität trägt dann dazu bei, dass man auf Unstimmigkeiten, auf Unerwünschtes und auf Risiken aufmerksam wird, und die Fähigkeit, den mit solchen Erfahrungen verbundenen negativen Affekt in Grenzen zu halten (»herabzuregulieren«), ermöglicht es, diese Empfindungen mit den persönlichen Erfahrungen (d.h. mit dem Selbstsystem) in Kontakt zu bringen, so dass dieses System kontinuierlich dazu lernt, indem es immer neue, zunächst nicht passende Empfindungen integriert: Die Integration unangenehmer Erfahrungen in das Selbst (d.h. in die Wissensbasis der persönlichen Kompetenzen) setzt ja gemäß der 2. Modulationsannahme der PSI-Theorie die Fähigkeit voraus, negativen Affekt herabzuregulieren. Der selbstgesteuerte, inhaltlich begründete Wechsel zwischen gegensätzlichen Gefühlen ist damit der Motor für die Entwicklung persönlicher Kompetenzen (emotionale Dialektik). In der Praxis bedeutet das, dass es keine optimale Stimmung gibt: Auch einseitige positive Stimmungen können fehl am Platze sein (z.B. wenn es auf Risikoabwägung und analytisches Problemlösen ankommt und eine sachlich-nüchterne Stimmung dienlicher ist). Um immer das psychische System einsetzen zu können, das momentan gebraucht wird, ist die Fähigkeit, Stimmungen und Affekte eigenständig zu regulieren, also die selbstregulatorische Kompetenz von ausschlaggebender Bedeutung (weil man durch Affekte den Wechsel in das jeweils gewünschte kognitive System steuern kann).

### Gütekriterien

In Ergänzung zu der eingangs erwähnten Zusammenfassung der Gütekriterien wollen wir hier das heute am weitesten verbreitete Maß für die Zuverlässigkeit der verschiedenen Verfahren, nämlich Cronbach's $\alpha$ für alle Makro- und Mikrokomponenten der Kurzversion des EOS-Systems auflisten (die entsprechenden Werte für die Langversionen der einzelnen Tests sind durchweg höher als die Konsistenzen der hier aufgelisteten Makrokomponenten). Damit wird gleichzeitig ein Überblick über die verschiedenen Funktionskomponenten gegeben. Jede Makrokomponente wird weiter in Mikrofunktionen aufgeschlüsselt, die aus Platzgründen hier nicht vollständig, sondern lediglich in dem für die Kurzversion gültigen Umfang wiedergegeben werden. Die Konsistenzkennwerte der Mikrokomponenten sind in den Langversionen hoch bis sehr hoch (über 0,80) und zeigen bei der Kurzversion des 360°-Scans naturgemäß geringere, aber immer noch akzeptable Werte (größer als 0,60, meist auch über 0,70). Auf einige in der Einleitung noch nicht erwähnte Ergebnisse zur Validierung wird in einem späteren Abschnitt eingegangen.

| gemessene Makrofunktionsbereiche | gemessene Mikrofunktionsbereiche | Cron- bachs $\alpha$ |
|---|---|---|
| Selbststeuerungskompetenzen (Selbststeuerungs-Inventar: SSI-K) | | |
| A. Selbstregulation (Zielbildungskompetenz): | 1. Selbstmotivierung | 0,82 |
| | 2. Aktivierungskontrolle | 0,81 |
| | 3. Selbstbestimmung | 0,81 |
| B. Zielumsetzungskompetenz Aus- führungs-(Handlungssteuerungs-) kompetenz (»Willensbahnung«) | 4. Handlungsstärke unter Belastungen | 0,85 |
| | 5. Abwägen (Volitionale Passivität) | 0,83 |
| | 6. Konzentrationsfähigkeit | 0,90 |
| C. Selbstkontrolle (Handlungskontrollkompetenz) | 7. Kognitive Selbstkontrolle | 0,79 |
| | 8. Affektive Selbstkontrolle | 0,72 |
| D. Selbstzugang unter Stress (»Stressresistenz«) | 9. Abgrenzungsfähigkeit | 0,85 |
| | 10. Misserfolgsbewältigung | 0,84 |
| E. Belastung/Bedrohung | 11. Belastung | 0,82 |
| | 12. Bedrohung | 0,85 |
| Handlungs- /Lageorientierung　(HAKEMP) | | |
| F. Handlungskontrolle | 1. Handlungsorientierung in komplexen oder schwierigen Situationen (HOP = Handlungsorien- tierung prospektiv) | 0,78 |
| | 2. Handlungsorientierung nach Misserfolg (HOM = Handlungsorientierung nach Misserfolg) | 0,70 |
| Informationsverarbeitungs- und Stimmungsmanagement-Kompetenzen Befindlichkeitsfragebogen (BEF-K) | | |
| A) Gemütsneigungen | 1. Positive Stimmung | 0,91 |
| | 2. Negative Stimmung | 0,80 |
| | 3. Aktivierung | 0,74 |
| | 4. Anspannung | 0,86 |
| | 5. Lustlosigkeit | 0,73 |
| | 6. Gelassenheit | 0,87 |
| | 7. Ärger | 0,82 |
| Beschwerdefragebogen (BES-K) | | |
| B) Analyse der aktuellen Befindlichkeit | 1. Wohlbefinden | 0,89 |
| | 2. Unbehagen | 0,89 |
| | 3. Tatkraft | 0,91 |
| | 4. Beziehungszufriedenheit | 0,85 |
| | 5. körperliche Beschwerden | 0,80 |
| Persönlichkeits-Stil-und-Störungs-Inventar (PSSI) bzw. Affektiv-Kognitive Stile (SEKS) | | |
| C) Analyse der individuellen Persönlichkeitspräferenzen | 1. selbstsicher | 0,86 |
| | 2. eigenwillig | 0,79 |
| | 3. nüchtern | 0,81 |
| | 4. selbstkritisch | 0,79 |
| | 5. sorgfältig | 0,84 |
| | 6. ahnungsvoll | 0,85 |
| | 7. ehrgeizig | 0,76 |
| | 8. kritisch | 0,78 |
| | 9. loyal | 0,83 |
| | 10. spontan | 0,85 |
| | 11. emotional | 0,79 |

Tab. 2a: Reliabilität der Mikrokomponenten des Entwicklungsorientierten Scannings (EOS): »360°-SCAN« (die Werte sind bei kürzeren Testversionen naturgemäß etwas geringer)[1]

1) In Anwendungsfällen, die höhere als die in Tab. 1a und 1b berichteten Reliabilitätswerte erfordern, kann die Reliabilität durch partiellen Verzicht auf Differenzierung noch weiter gesteigert werden: Durch Zusammenlegung dimensional homogener Skalen sind noch höhere Reliabilitätswerte zu erzielen.

| Gemessene Makro-funktionsbereiche | Gemessene Mikrofunktionsbereiche | Cron-Bachs α |
|---|---|---|
| *Motivationskompetenzen: A) Bewusste Motivationsquellen (Motiv-Umsetzungs-Test: MUT)* | | |
| **Bereich I: Aufbau und Gestalten von Beziehungen** | 1. Stärke des Beziehungsmotivs (Anschlussdominanz) | **0,86** |
| | 2. integrative Beziehungsgestaltung (Anschluss-Fühlen) | 0,79 |
| | 3. intuitive Beziehungsgestaltung (Anschluss-Intuieren) | 0,86 |
| | 4. sachliche Beziehungsgestaltung (Anschluss-Denken) | 0,80 |
| | 5. ängstliche Beziehungsgestaltung (Anschluss-Empfinden) | **0,84**[2] |
| | 6. gesellige Beziehungsgestaltung (Anschluss-I: extrinsisch) | 0,70 |
| **Bereich II: Durchsetzen und Behaupten eigener Interessen** | 1. Stärke des Macht-/Durchsetzungsmotivs (Machtdominanz) | **0,72** |
| | 2. umsichtiges Durchsetzen (Macht-Fühlen) | 0,80 |
| | 3. intuitives Durchsetzen (Macht-Intuieren) | 0,82 |
| | 4. strategisches Durchsetzen (Macht-Denken) | 0,80 |
| | 5. ängstlich-passives Machterleben (Macht-Empfinden) | **0,88**[2] |
| | 6. uneigennütziges Durchsetzen (Macht-Intuieren: positiv) | 0,75 |
| **Bereich III: Leistungs-motivation** | 1. Stärke des Leistungsmotivs (Leistungsdominanz) | **0,79** |
| | 2. kreativ-lernbereite Leistungsmotivation (Leistung-Fühlen) | 0,83 |
| | 3. schwierigkeitsmeidende Leistungsmotivation (Leistung-Intuieren) | 0,74 |
| | 4. ehrgeizige Leistungsmotivation (Leistung-Denken) | 0,86 |
| | 5. misserfolgsängstliche Leistungsmotivation (Leistung-Empfinden) | **0,92**[2] |
| | 6. wetteifernde Leistungsmotivation (Leistung-Empfinden: sozialer Vergleich) | 0,86 |
| *Motivationskompetenzen: B) Unbewusste Motivationsquellen (Operanter Motivtest: OMT)* | | $r_{tt}$[1] |
| **Bereich I: Aufbau und Gestalten von Beziehungen** | A. Stärke des impliziten Beziehungsmotivs (Summe 1 – 4) | **0,63** |
| | 1. Vertrauensvolle Beziehungsgestaltung (persönliche Begegnung) | 0,68 |
| | 2. Auf Geselligkeit zielende Beziehungsgestaltung | 0,68 |
| | 3. Beziehungsgestaltung auch bei Schwierigkeiten (Networking) | 0,56 |
| | 4. Auf Geborgenheit oder Schutz zielende Beziehungsgestaltung (Hoffnung auf Bindung, Anschluss) | 0,54 |
| | 5. Ängstlich motivierte Beziehungsgestaltung (Verbindlichkeit und Verlässlichkeit bzw. Abhängigkeit und Zurückweisungsfurcht) | 0,22[2] |
| **Bereich II: Durchsetzen und Behaupten eigener Interessen** | B. Stärke des impliziten Machtmotivs (Summe 1 – 4) | **0,68** |
| | 1. Auf Führung zielende Machtmotivation (prosoziale Macht) | 0,76 |
| | 2. Auf Status und Anerkennung zielende Machtmotivation | 0,47 |
| | 3. Auf Selbstbehauptung zielende Machtmotivation | 0,50 |
| | 4. Dominante Machtmotivation (inhibierte Macht) | 0,39 |
| | 5. Auf Unterordnung zielende Machtmotivation (Ohnmacht) | 0,27[2] |
| **Bereich III: Leistungs-motivation** | C. Stärke des impliziten Leistungsmotivs (Summe 1 – 4) | **0,66** |
| | 1. spielerische Leistungsmotivation (intrinsisch; flow) | 0,42 |
| | 2. Auf Qualität zielende Leistungsmotivation (Teamworking) | 0,50 |
| | 3. Misserfolgsbewältigende Leistungsmotivation (Lernen aus Fehlern) | 0,34 |
| | 4. Wetteifernde Leistungsmotivation (Leistungsdruck) | 0,52 |
| | 5. Ängstliche Leistungsmotivation (Selbstkritik, Hilflosigkeit) | 0,58[2] |

1) Da bei operanten Motivationstests die Voraussetzungen zur Abschätzung der Reliabilität über Cronbachs α aus theoretischen und methodischen Gründen nicht erfüllt sind (Atkinson, 1981), wurde die Wiederholungsreliabilität ($r_{tt}$) gewählt (bei 2-wöchigem Abstand zwischen beiden Messungen: Scheffer & Kuhl, in Vorb.): Da dieser Index auch durch Faktoren gesenkt wird, die nicht die Validität betreffen (unterschiedliche Anregungsbedingungen oder – bei längeren Abständen -Veränderungen des Motivs), deuten bereits Werte über 0,50 auf eine zufriedenstellende Reliabilität hin.

2) Die Angstkomponente von Motiven wird aus theoretischen Gründen reliabler und valider per Fragebogen gemessen (s.o.: die jeweils 5. der MUT-Skalen); der Vergleich mit den entsprechenden Kennwerte aus dem OMT ist aber oft heuristisch interessant.

Tab. 2b: (Motivations-Scan): Reliabilität der Mikrokomponenten des Entwicklungsorientierten Scannings (EOS): »360°-SCAN« (die Werte sind bei kürzeren Testversionen naturgemäß etwas geringer)

## Vereinfachung

Auch wenn wir heute immer mehr einsehen, dass wunschgetönte, aber unrealistische Vereinfachungen sich auf Dauer in der Praxis nicht bewähren, auch wenn wir davon ausgehen, dass ein so komplexes System wie die Persönlichkeit eines Menschen eine entsprechend komplexe Theorie erfordert (bestimmt komplexer als der Schaltplan eines Stereoverstärkers), so stellt sich doch die Frage, wie man ein derart umfassendes System wie das in Abbildung 1 skizzierte in der Praxis handhaben kann.

Die Theorie der Persönlichkeits-System-Interaktionen (PSI-Theorie) ermöglicht die für die Praxanwendung so wichtige Vereinfachung des Umgangs mit den vielen Informationen über Determinanten der Ressourcenoptimierung: Da das Verursachungsgeflecht sämtlicher Funktionen gut erforscht und theoretisch präzise beschrieben ist (bis hin zur Computer-Simulation durch nicht-lineare mathematische Modelle) ist es möglich, im individuellen Fall rasch eine oder wenige Funktionen zu identifizieren, die für die persönliche Entwicklung besonders relevant sind. Durch die zentrale Auswertung der Ergebnisse wird der anwendende Psychologe oder Trainer entlastet: Er kann selbst entscheiden, ob er sich ausschließlich auf den Angelpunkt für die Beratung konzentriert, oder ob er sich weitere Anregungen aus dem vollständigen SCAN-Profil holt. Auch Trainingsteilnehmer bzw. Ratsuchende im Coaching können dadurch von der Komplexität der evaluierten Prozesse entlastet werden. Sie haben es nur mit den Ergebnissen und Übungen zu tun, die für die weitere Entwicklung bzw. Entfaltung ihrer persönlichen Kompetenzen von Bedeutung sind. Die Erfahrungen der mit dem neuen System arbeitenden Trainer, Coaches und Therapeuten bestätigen einen Satz, mit dem der große Motivationsforscher Kurt Lewin nach seiner Emigration in die USA in der Nazizeit auf Fragen allzu pragmatisch orientierter Theoriekritiker antwortete: »Es gibt nichts Praktischeres als eine gute Theorie«. Dieser Satz lässt sich sogar als Legitimation für Theoriefeindlichkeit in der Praxis interpretieren: Theorien, die letztlich ihren Aufwand nicht durch entsprechenden Nutzen rechtfertigen, sind einfach »schlechte« Theorien. Die Rückmeldungen von Psychologen und nichtpsychologischen Trainern und Führungskräften aus den Unternehmen haben uns immer wieder darin bestärkt, dass die PSI-Theorie – gemessen an Lewins Praktikabilitätskriterium – eine »gute« Theorie ist.

## Nutzen

Der Nutzen der entwicklungsorientierten Systemdiagnostik liegt kurzfristig in der Sparsamkeit der einzusetzenden Mittel und langfristig in der Nachhaltigkeit der erzielten Effekte. Die Sparsamkeit beruht auf der Tatsache, dass der gezielte Einsatz einer wissenschaftlich umfassend validierten Systemdiagnostik überflüssigen Trainingsballast erübrigt: Das Scanning ermöglicht es in einer Test- und Auswertungszeit, die den Rahmen klassischer, sehr viel eingegrenzterer diagnostischer Untersuchungen kaum übersteigt, eine enorme Zahl von Funktionskomponenten der persönlichen Kompetenz zu messen. Mit Hilfe der Theorie kann dann fast immer sehr rasch der individuell relevante Angelpunkt ermittelt werden, an dem die entwicklungsfähigen und entwicklungsbedürftigen Funktionen der betreffenden Person konvergieren. Auf diese Weise kann ein indikationsbasiertes schlankes Training für den individuellen Fall maßgeschneidert werden, das gerade an der Stelle ansetzt, wo die individuellen Entwicklungschancen liegen. Trainingserfolge sind auf diese Weise rascher zu erzielen und können mit den SCAN-Methoden sogar auch in ihrer Nachhaltigkeit evaluiert werden.

Ein weiterer Nutzenaspekt beruht auf der Verursachungsdiagnostik, die das SCAN-System ermöglicht. Ähnlich den Messverfahren in der Medizin sind die SCAN-Verfahren erstmals imstande, auf einer verursachungsorientierten Ebene die Funktionsfähigkeit der verschiedenen psychischen Teilfunktionen zu messen, die den in dem jeweiligen Praxiskontext relevanten Leistungskriterien zugrunde liegen. In der Persönlichkeitspsychologie ist eine der Medizin vergleichbare Ursachendiagnostik und ein darauf aufbauendes Training bislang noch nicht realisiert worden. Durch die SCAN-Verfahren werden spezifische Ursachen individueller Stärken, aber auch Schwächen und noch ungenutzte Ressourcen auf dem Gebiet der persönlichen Kompetenzen aufgedeckt. Die Verursachungsdiagnostik ist eine zentrale Voraussetzung zur Messung und Förderung der Anpassungsfähigkeit von Mitarbeitern und Führungskräften an die sich ständig verändernden Anforderungen der modernen Arbeitswelt. Dies konnte z.B. in einem Projekt bestätigt werden, das mit einer großen deutschen Bank durchgeführt wurde: Die Messung der bislang zur Beurteilung von Bewerbern definierten Leistungskriterien wie z.B. Teamfähigkeit, Flexibilität, Kundenorientierung und Durchsetzungsfähigkeit, stieß in diesem Unternehmen immer mehr an ihre Grenzen, weil solche Kriterien in starkem Maße von den aktuellen Arbeitsbedingungen abhängig sind. Sobald sich die Anforderungen verändern, werden auch viele Leistungsmerkmale obsolet (z.B. erweist sich ein bislang als »teamfähig« eingestufter Mitarbeiter unter erhöhtem Termindruck oder in einem neuen Team plötzlich als wenig teamfähig). Da in diesem Unternehmen zu jedem der als wichtig angesehenen Leistungskriterien eine Ursachenanalyse gemacht wurde, konnten jedem Kriterium die jeweils relevanten Funktionskomponenten des SCANS zugeordnet werden. Sobald sich die Selektion und Förderung an diesen Funktionen orientierte, von denen die beobachtbaren Leistungskriterien verursacht werden, ließen sich bessere Prognosen über die Anpassungsfähigkeit der Kandidaten an wechselnde Arbeitsbedingungen ableiten.

Ein weiterer Nutzen des EOS-Systems ist die Beurteilung von Trainingseffekten. Durch den wiederholten Einsatz der Testverfahren kann der Trainingserfolg und damit die Entwicklung der persönlichen Kompetenzen gezielt evaluiert werden. Diese Möglichkeit ist im Bereich der Entwicklung von Selbst- und Personalmanagement eine entscheidende Neuerung, da man bislang bei der Beurteilung der Wirksamkeit von Trainings- und Seminarangeboten in diesem Bereich fast vollständig auf Treu und Glauben angewiesen war. Mit den SCAN-Verfahren ist es nunmehr möglich, den individuellen Erfolg eines Trainings auch auf der Verursachungsebene (d.h. auf der Ebene latenter Persönlichkeitsprozesse) quantitativ zu evaluieren.

## Erlernen des Arbeitens mit EOS

**Psychologen-Lizenz.** Selbstverständlich erfordert die Arbeit mit einem derart umfangreichen Verfahren eine intensive Einführung. Diplomierte Psychologinnen und Psychologen können in Wochenendseminaren von insgesamt 6 Tagen eine Zusatzausbildung absolvieren, die in die theoretischen Grundlagen einführt und die Arbeit mit dem SCAN-System anhand von Fallbeispielen einübt. Der erfolgreiche Abschluss dieser Ausbildung wird mit einer Lizenz zertifiziert, die zur selbstständigen Anwendung des Verfahrens für individualisierte Trainings- bzw. Therapiemaßnahmen berechtigt und mit einem zweitägigen Fortbildungsseminar pro Jahr verbunden ist. Die Kosten der Lizenz liegen etwa in der Höhe eines vergleichbaren Testsystems, wie es durch Testverlage angeboten wird. Darüber hinaus wird die Teilnahme an einer Supervision per Internet angeboten, bei der die Teilnehmer ihre Fälle aus der Praxis vorstellen und gemeinsam diskutieren. Da führende Testverlage nicht bereit waren, ein derart umfassendes Ausbildungsangebot zu garantieren, wurden zwei neu gegründete Unternehmen mit diesen Aufgaben betraut (Näheres über Seminarangebote für Berater, Trainer und Therapeuten unter www.impart-gmbH.de und über die SCAN-Anwendung im Unternehmensbereich oder in der individuellen Entwicklungsberatung unter www.scan-up.de). Gemessen an dem enormen Zuwachs an Aussagemöglichkeiten des SCAN-Verfahrens ist der zur Einarbeitung notwendige Aufwand gering und wird von den bisherigen Teilnehmern einhellig positiv beurteilt.

**Personalberater-Lizenz.** Zusätzlich zu der Fachlizenz für diplomierte Psychologinnen und Psychologen gibt es Seminare für Trainer und Führungskräfte im Personalwesen. Die Personalberater-Lizenz ermöglicht es, die von diplomierten Psychologen ausgewerteten und interpretierten Ergebnisse im Rahmen von Personalentscheidungen einzusetzen (z.B. bei Selektions-, Platzierungs- und Fortbildungsentscheidungen). Diese Lizenz berechtigt auch zur Evaluation von Seminaren, d.h. zur Prüfung, in welchem Ausmaß im Rahmen der betrieblichen Weiterbildung durchgeführte Seminare über das unmittelbare Spezialwissen hinausgehende nachhaltige Effekte auf die persönlichen Kompetenzen der Teilnehmer gehabt haben.

**Trainer-Lizenz.** Die Trainer-Lizenz ermöglicht auch Nichtpsychologen mit den Verfahren zu arbeiten, da die Auswertung durch diplomierte Psychologen auf Grund der eingangs beschriebenen Auswertungsprozedur gesichert ist (was zentral durch die Auswertungsstelle bei der IMPART-GmbH nach Zusendung der Ergebnisdatei per Internet oder Diskette geschieht). Die Trainerlizenz ist mit der Einarbeitung in ein umfangreiches Trainermanual verbunden, das zahlreiche Übungen und Materialien auflistet, aus denen die für den individuellen Fall empfohlenen Bausteine ausgewählt werden können. Für jeden Teilnehmer an einem SCAN-Seminar wird vor Beginn des Seminars auf Grund seiner SCAN-Ergebnisse eine konkrete Trainingsempfehlung für die persönliche Entwicklung gegeben. Wird das SCAN-Verfahren in einer großen Gruppe von Klienten eingesetzt (z.B. 350 Außendienstmitarbeiter eines großen Unternehmens), so können verschiedene Seminare organisiert werden, von denen jedes auf die speziellen Trainingsschwerpunkte von Teilnehmern mit ähnlichen Trainingsempfehlungen zugeschnitten wird. Alternativ können innerhalb eines Seminars mit Teilnehmern, die z. T. unterschiedliche Trainingsempfehlungen haben, gemeinsame Trainingskomponenten gemeinsam und individuelle Empfehlungen in Einzelarbeit angeboten werden.

## Ergebnisse und Validierung

Die im EOS-System enthaltenen Verfahren wurden in zahlreichen wissenschaftlichen Untersuchungen validiert (zusammenfassend Kuhl 2001a). Aus Platzgründen können im Folgenden nur einige exemplarische Untersuchungsergebnisse zusammengefasst werden.

## Assessment und Training der Selbststeuerung

Mit Hilfe der Selbststeuerungstests HAKEMP und SSI ließen sich Selbst- und Handlungsregulationsmechanismen von Studenten in Abhängigkeit von Persönlichkeitseigenschaften unterscheiden. In einer eingehenden Untersuchung von gut 120 Studenten der Universität Osnabrück (Biebrich & Kuhl 2002a) zeigte sich, dass die Selbststeuerungsfähigkeiten bei einer übermäßig hohen Ausprägung ängstlicher Reaktionsbereitschaft und Empfindlichkeit gegenüber negativen Gefühlen (z.B. Empfinden von Leistungsdruck, Prüfungsangst) beeinträchtigt werden und objektive Leistungsmaße wie z.B. die individuelle Flexibilität zur Änderung von Zielsetzungen und die Anstrengungsbereitschaft sowie Bewältigung von Misserfolgen oder Prüfungsstress durch einzelne Funktionen der Selbststeuerung, z.B. Selbstbestimmung, Selbstmotivierung oder Lageorientierung beeinflusst werden.

Ebenso konnte in dieser Untersuchung nachgewiesen werden, dass bereits eine gezielte Kurzintervention zur Steigerung der Selbstwahrnehmung und -aufmerksamkeit imstande ist, einzelne Selbststeuerungsprozesse zu verbessern. Im Einzelnen zeigte sich, dass bereits ein einmaliges Kurztraining, das auf relevante Funktionskomponenten der SCAN-Diagnostik zugeschnitten war, statistisch signifikante Verbesserungen in mehreren, für den Arbeitsalltag wichtigen Selbststeuerungsfunktionen bewirkte (z.B. in der Initiative, der Handlungsenergie, dem Umsetzen von Vorsätzen und dem Umschalten von einer kreativitätshemmenden ängstlichen Motivation auf eine positive, kreativitätsfördernde Selbstmotivierung).

## Sensibilität, Selbststeuerung und Kreativität

In der genannten Untersuchung mit Studenten ließ sich zeigen, dass sich kreative und problemlösende Fähigkeiten und Leistungen verbessern lassen, wenn spezifisch einzelne Funktionen der Selbststeuerung (z.B. die Selbstwahrnehmung und die Selbstmotivierung) aktiviert und unterstützt werden (Biebrich & Kuhl 2002a). Ein kontraintuitives, theoretisch aber erwartetes Ergebnis dieser Untersuchung war, dass das angebliche Handicap emotional sensibler Menschen (das z.B. in der abwertenden Bezeichnung »Neurotizismus« zum Ausdruck kommt) sich in eine Überlegenheit sensibler gegenüber robusteren Naturen umkehrt, wenn ein auf der SCAN-Diagnostik aufbauendes gezieltes Training relevanter Selbststeuerungsfunktionen durchgeführt wird (z.B. Emotionsregulation und Selbstmotivierung). Hoch sensible Personen mit gesteigerter Selbststeuerungskompetenz waren den emoti-

onal robusteren Personen besonders in Leistungstests überlegen, in denen es auf
Flexibilität und Kreativität ankam. Diese Ergebnisse ermöglichen es, Einseitigkeiten in der Bewerberauswahl zu vermeiden (z.B. die Bevorzugung aktionistischer
Extravertierter) und je nach Arbeitsanforderungen auch auf Bewerber mit »untypi-
schen« Profilen aufmerksam zu werden, die sich für bestimmte Arbeitsplätze u.U.
sogar besser eignen als Bewerber vom aktionistischen Typus.

## Selbststeuerung und Gesundheit

In einer anderen Untersuchung wurde die gesundheitspräventive Wirkung von Selbst-
steuerungsprozessen evaluiert. Es konnte gezeigt werden, dass bestimmte Selbststeuerungsfähigkeiten (z.B. Handlungsorientierung nach Misserfolg, Selbstbestimmung, Initiative) der Entstehung depressiver Verstimmungen bzw. Krankheitsbilder
entgegenwirken, deren Auftretenswahrscheinlichkeit ohne intakte Selbststeuerungskompetenzen stark ansteigt, sobald sich berufliche bzw. schulische Belastungen
häufen (Biebrich & Kuhl 2002b). Besonders bemerkenswert ist der Befund, dass
die Immunisierung gegenüber psychischen Belastungen bei verschiedenen Personen durch unterschiedliche Mechanismen vermittelt wird. Das bedeutet, dass der
Stress-Schutz für manche Menschen durch die Selbstwahrnehmung einschließlich des intensiven »Durchlebens« von Problemen vermittelt wird, während er für
andere Menschen von der Fähigkeit abhängt, Initiative zu zeigen und Probleme
praktisch anzupacken. Übt man mit dem »praktischen Typus« die Selbstwahrnehmung oder mit dem Sensiblen Initiative und praktisches Zupacken, so kann die
Stressanfälligkeit paradoxerweise sogar rapide zunehmen. Eine individuelle Funk-
tionsdiagnostik, wie sie die SCAN-Methodik anbietet, kann dieses Risiko minimieren, indem zunächst ermittelt wird, welche Stressbewältigungstechnik zu der
betreffenden Person passt.

## Evaluation von Therapieerfolgen

Die hohe Veränderungssensitivität des SCAN-Systems ist nicht auf den Nachweis
von Trainings- und Beratungserfolgen bei psychisch gesunden Menschen beschränkt.
Sogar bei psychisch erkrankten Patienten, die sich einer mehr als 3-monatigen ver-
haltenstherapeutischen Behandlung in einer psychosomatischen Klinik unterziehen
mussten, ließen sich die Erfolge der Therapie nicht nur – wie in der Verhaltenstherapie üblich – in einer Reduktion der Symptome nachweisen, sondern – zumindest
bei einem Teil der Patienten – auch auf der mit dem SCAN-System gemessenen
Ebene verursachender Prozesse (Kuhl 2001b). Das galt besonders für die Veränderung einseitiger Denkmuster (z.B. überoptimistisch oder überkritisch) und kognitiver Stile (z.B. einseitig analytisch oder einseitig intuitiv) und für die Veränderung zahlreicher Komponenten der Selbststeuerung (z.B. die Fähigkeit, sich selbst
zu motivieren, die Aufmerksamkeit auf momentan Relevantes zu konzentrieren,
sich mit seinen Zielen zu identifizieren, sich bei Stress selbstständig zu beruhi-
gen u.v.m.). Eine analoge Verlaufsstudie bei einem niedergelassenen Nervenarzt
und Psychotherapeuten (Kuhl 2002) zeigte, dass die Patienten, bei denen im Verlauf der ca. 3-monatigen Behandlung Therapieerfolge nicht auf die Symptomebene

beschränkt waren, sondern auch auf der Verursachungsebene mit Hilfe des SCAN-Systems nachweisbar waren, nach 4 Jahren eine signifikant geringere Symptombelastung zeigten (vorausgesetzt ihre Genesung war nicht durch neue Stressbelastungen wieder zunichte gemacht). Gerade dieses Ergebnis zeigt, wie wichtig es ist, entwicklungsorientierte Maßnahmen (Beratung, Training oder Therapie) nicht auf die Verhaltensebene zu beschränken (wie es etwa in der Verhaltenstherapie oder auch in Assessment-Centern geschieht), sondern die zugrunde liegenden Funktionen zu verändern.

## Entwicklung und Training von Selbststeuerungskompetenzen

Die Entwicklung von Selbststeuerungsfähigkeiten und Kompetenzen zur Gefühls- und Stimmungsregulation wird bereits in der Kindheit gebahnt. Dies konnte durch eine Fülle von empirischen Befunden aus der Entwicklungspsychologie belegt werden (Keller 1997; Kuhl & Völker 1998). Da die Entwicklungsbedingungen für die Ausbildung gesunder Selbststeuerungsfähigkeiten aus retrospektiven Untersuchungen abgeleitet werden können, lassen sich auch die Trainingsbedingungen definieren, unter denen Selbststeuerungsdefizite am besten abgebaut und die Energiebasis der Bedürfnissysteme eines Menschen am geeignetsten aktiviert und entwickelt werden kann (Scheffer 2000; Kuhl 2001a). Auf dieser Grundlage wurde ein umfangreicher Katalog von Übungen und Trainingbausteinen entwickelt, der je nach den individuell ermittelten Funktionsprofilen spezifische Anregungen für Coaching-, Trainings- und Therapieschwerpunkte gibt.

Dies ließ sich an zahlreichen Einzelfällen in der Beratungspraxis von Schülern und Studenten zeigen (persönliche Kommunikation aus dem Osnabrücker Coaching- und Trainings-Team: Kaschel, Gunsch, Ciupka, Baumann, Kuhl). Psychologen, die die Testverfahren im Beratungs- bzw. im therapeutischen Alltag einsetzen (z.B. beim Coaching von Führungskräften oder bei der Beratung von Prüfungs- und Schulversagern), berichten von einer beschleunigten und effizienteren Beratung der Klienten bzw. einer Erleichterung und Optimierung in der Auswahl und Anwendung therapeutischer Interventionen durch den funktionsanalytischen Ansatz.

In einer Arbeit von Kraska (1993) konnte zudem gezeigt werden, dass sich Selbststeuerungsfunktionen durch spezifische, auf das Kindesalter adaptierte Interventionen gezielt entwickeln lassen. Diese Untersuchung wurde an über 1000 Schülern und Schülerinnen in Schulen des Regierungsbezirks Weser/Ems durchgeführt. Hier konnte gezeigt werden, dass bereits ein objektiver 15-Minuten Test der Selbststeuerung eine differenzierte Beurteilung der Stärken und Schwächen der Selbststeuerung ermöglichte. Diese Beurteilung stimmte signifikant mit den Urteilen der Lehrer überein, die auf Beobachtungen beruhten, die sie mit den einzelnen Schülern über mehrere Monate im Unterricht machen konnten. Das Verfahren zur objektiven Messung einiger Komponenten der Selbststeuerung wurde inzwischen in verschiedenen Untersuchungen validiert (Baumann et al. 2001; Kuhl & Kraska 1993).

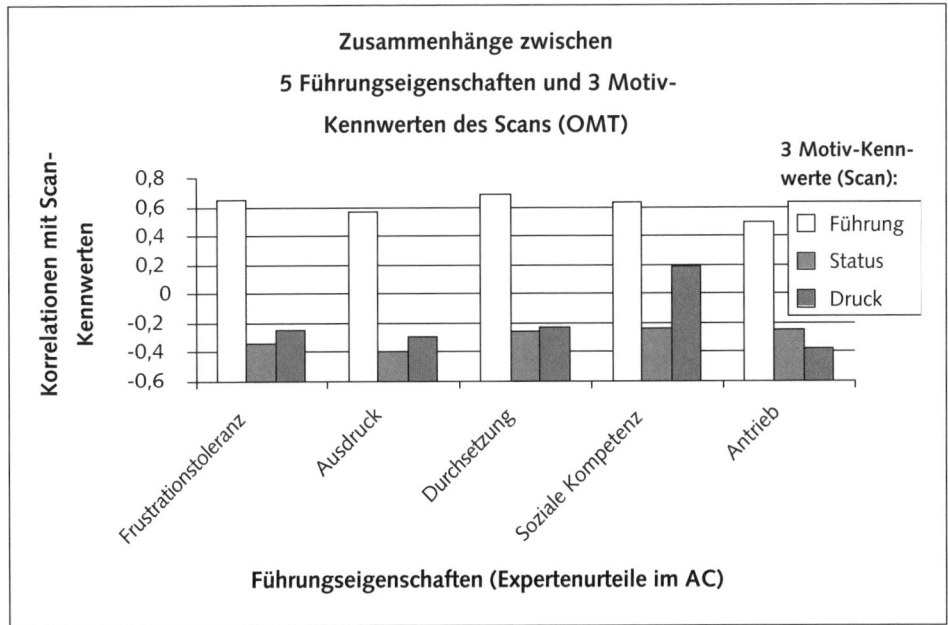

Abb. 2: Zusammenhänge (Produkt-Moment-Korrelationen) zwischen fünf Aspekten der in einem Assessment-Center (AC) beurteilten Führungseigenschaften und drei Komponenten des mit dem OMT gemessenen Machtmotivs (Scheffer, Kuhl & Eichstaedt, 2003).

## Prognose von Führungskompetenz, Leistung und unternehmerischem Erfolg

Die prognostische Validität der Motivmessung mittels des OMT konnte in verschiedenen Untersuchungen aufgezeigt werden. In der Dissertation von David Scheffer (2000) wurden hochsignifikante Korrelationen ( > 0,60) zwischen dem positiven, mit der persönlichen Kompetenz (d.h. mit dem Selbstsystem) vernetzten Machtmotiv und verschiedenen Kriterien für effizientes Führungsverhalten in einem Assessment-Center dokumentiert. Die OMT-Kennwerte für handlungsorientierte Formen der Umsetzung des Leistungsmotivs (d.h. Ebenen 3 und 4 des OMT) zeigten ähnlich hohe Korrelationen mit der erzielten Studienleistung (Klausurnoten) in einem Lernkontext, der durch stark strukturierte Anforderungen charakterisiert war. In diesem Ausbildungskontext ging die intrinsische Komponente der Leistungsmotivation (»Spaß an der Leistung«) sogar mit vermindertem subjektiven Wohlbefinden einher. Diese Ergebnisse zeigen, wie wichtig es ist, eine umfassende Diagnostik persönlicher Kompetenzen durchzuführen, damit die für verschiedene Arbeitsbedingungen relevanten Funktionen betrachtet werden können (unter weniger strukturierten Leistungskontexten, in denen es z.B. mehr auf Kreativität als auf Erfüllung eines strukturierten Leistungskanons ankommt, ist das intrinsische Leistungsmotiv wichtig, während handlungsorientierte Formen der Erfüllung von Leistungsnormen weniger relevant sind).

- Mit Hilfe des Selbststeuerungsinventars (SSI-K) konnten außerordentlich starke Zusammenhänge zwischen den volitionalen Funktionen und dem Unternehmenserfolg von Existenzgründern gefunden werden. Je nach Stichprobe konnten zwischen 20% und 50% des Unternehmenserfolges mit volitionalen Persönlichkeitsfaktoren erklärt werden. Insbesondere die Fähigkeiten des Einzelnen zur Selbstkontrolle und Selbstregulation korrelieren ganz wesentlich mit dem Unternehmenserfolg (Klose 2000).
- Mit Hilfe des 360° Scans konnten in einer kreuzvalidierten Untersuchungsserie 72% – 91% der umsatzstarken Filialleiter eines großen Versicherungsunternehmens identifiziert werden. Selbst mit einer auf 30 Minuten Durchführungszeit gekürzten Version lag die Trefferrate stabil (d.h. auch in der Kreuzvalidierung) bei über 70%. Vergleichbare Trefferraten konnten mit einem fragebogenunabhängigen objektiven Verfahren (EMOSCAN) erzielt werden.

## Evaluation der SCAN-Methoden: Fallbeispiele

### Rückmeldungswirkungen

Bereits die erste Anwendung des 360° SCANs, der alle SCAN-Testverfahren in einer Kurzversion im Sinne eines ganzheitlichen Persönlichkeitstests bündelt, an rund 70 Schülern zwischen dem 14. und 18. Lebensjahr und an zahlreichen Führungskräften aus verschiedenen Unternehmen durch die IMPART-GmbH konnten zeigen, dass allein die persönliche Rückmeldung der Testergebnisse aus den Persönlichkeitstests mit einmaliger Beratung und Übungsempfehlungen imstande ist, positive Anstöße im Sinne der individuellen Ressourcenaktivierung und -entwicklung zu geben. Dieses Ergebnis konnte durch ein strukturiertes Kundeninterview mit standardisierten Evaluationsmethoden gesichert werden (IMPART 2000).

So berichtet z.B. ein 52-jähriger Geschäftsführer eines mittelständischen Unternehmens, dass allein durch die detaillierte Rückmeldung seiner Stärken und Schwächen im Bereich verhaltensverursachender Persönlichkeitsfunktionen deutliche Veränderungen in einigen seiner Kompetenzen zu verzeichnen waren: 2 Monate nach der Rückmeldung seiner Testergebnisse aus der SCAN-Diagnostik fühlte er sich deutlich tatkräftiger, erlebte mehr Sinn und Motivation in Bezug auf seine verschiedenen Führungsaufgaben und gab sogar Verbesserungen in der privaten Partnerschaft an. Diese Auswirkungen der Persönlichkeitsdiagnostik konnten auf eine gesteigerte Bereitschaft zurückgeführt werden, auf eigene Gefühle stärker zu achten und sie Mitarbeitern gegenüber auch häufiger zu äußern.

### »Warum sinkt die Leistung bei Stress und Belastung?«

Ein anderes Fallbeispiel unterstreicht die Möglichkeiten des Scannings zur Beurteilung personaler Kompetenzen in der Personalberatung: In einem stark expandierenden Unternehmen der new economy sollten 4 Nachwuchskräfte auf ihre Führungskompetenzen hin beurteilt und die geeignetsten Kandidaten ausgewählt werden. Da in dem Unternehmen hohe Herausforderungen und ein »stressiges Umfeld«

gemeistert werden müssen, wurde neben dem 360° Scanning ein Tiefen-Scanning der Selbststeuerungskompetenzen (SSI-L) mit den einzelnen Kandidaten durchgeführt. In der Kompetenzanalyse mit SCAN zeigten sich bei zwei Bewerber deutliche Einbußen in den Selbststeuerungsfähigkeiten zum Umgang mit Druck und Belastungen, allerdings auf unterschiedlichen Verarbeitungsebenen: Während ein Kandidat Schwierigkeiten in der Handlungsbahnung offenbarte (volitionale Passivität und Konzentrationsfähigkeit), zeigte sich bei einem anderen eine äußerst geringe Neigung zur Abwehr von Fremdanforderungen (»Nein«- sagen können, SSI-L). Die mit Hilfe von SCAN ermittelten Kompetenzprofile wurden als Gesprächsgrundlage für die Auswahl der Führungskräfte genutzt. In den Einzelgesprächen auf Basis der SCAN-Ergebnisse ergab sich, dass die zuvor genannten Kandidaten selbst Bedenken hatten, Führungsverantwortung zu übernehmen und den Anforderungen standzuhalten – einer erlebte es sogar als erleichternd, zu erfahren, woran es liegt, dass er zur Überforderung der eignen Person neigte. Für die beiden ausgewählten Führungsnachwuchskräfte wurden auf Basis ihrer SCAN-Kompetenzprofile individuelle Entwicklungsziele definiert und ein konkreter Förderplan zur Hebung noch brachliegender Führungskompetenzen erstellt (z.B. Optimierung von Durchsetzungsvermögen und Ausdruck, flexible Mitarbeiterführung), der in einem mehrstufigen Coaching- und Trainingsprogramm erfolgreich umgesetzt wurde.

### Selbstmotivierungsprobleme eines hochbegabten Schülers

Ein 13-jähriger Schüler, der auf Grund einer Hochbegabung bereits 2 Klassen übersprungen hatte, unterzog sich auf eigenen Wunsch der SCAN-Diagnostik. Er berichtete, dass er seit der Trennung vom Vater (»den brauch' ich gar nicht«) fast täglich Konflikte mit der Mutter und den Geschwistern habe. Sein Notendurchschnitt war von 1 auf 5 gefallen. Dazu meinte er, dass er wüsste, dass er den Stoff wie seit Jahren auch heute ohne Anstrengung bewältigen könnte, wenn er im Unterricht aufpassen würde. Das gelänge ihm aber nicht und auch nicht die Erledigung der Hausaufgaben. Wenn er nicht die Bestnote erreichen könne (d.h. eine 1), dann hätte er gar keine Lust, dann wäre ihm auch die 5 egal. Als Schlüsselfunktionen des SCAN-Profils fielen auf: hohe Werte für einen analytischen Denkstil (MUT), ein durchschnittlicher Wert für Selbstmotivierungskompetenz (SSI) gekoppelt mit einem extrem niedrigen Wert für Selbstmotivierungseffizienz (vgl. SSI in Tabelle 2: Willensbahnung und Selbstzugang bei Stress) und eine geringe Ankopplung der Beziehungsmotivation an die intuitive Handlungssteuerung (MUT, OMT, EMOSCAN), die ja besonders im Bereich sozialer Kompetenzen wichtig ist. Der letztgenannte Befund erklärt einen Teil seiner Schwierigkeiten im Umgang mit den Familienangehörigen: Kleine belanglose Kontaktaufnahmen finden gar nicht statt (sie würden intuitive Verhaltensprogramme erfordern), die Beziehungen werden ganz auf das analytisch Nützliche reduziert, so dass die Geschwister und die Mutter überwiegend als »nervend« erlebt werden.

In der subtilen Unterscheidung zwischen intakter Kompetenz und blockierter Effizienz der Selbstmotivierung lag der Schlüssel zur erfolgreichen Beratung dieses Schülers. Selbstmotivierungskompetenz ist die Fähigkeit, leicht in eine positive, handlungsbahnende Stimmung hineinzukommen (vgl. das oben über die emotionale

Erstreaktion Gesagte). Die stark reduzierte Selbstmotivierungseffizienz beschreibt die Unfähigkeit, den Motivationsverlust gegenzuregulieren, der dann auftritt, wenn konkrete Schwierigkeiten zu überwinden sind oder unangenehme Tätigkeiten anstehen. Diese Funktion betrifft das, was oben mit der selbstgesteuerten Zweitreaktion angesprochen wurde (vgl. das Konstrukt der Handlungs- versus Lageorientierung). Über viele Personen hinweg betrachtet gibt es durchaus signifikante Korrelationen zwischen emotionalen Erst- und Zweitreaktionen: Wer z.B. in vielen Situationen eine optimistische Erstreaktion zeigt wie dieser Schüler, zeigt im Vergleich zu Personen mit pessimistischen Erstreaktionen etwas häufiger auch eine positive Zweitreaktion (d.h. kann auch aus einer gedämpften Stimmung rasch wieder herauskommen). Trotzdem können Erst- und Zweitreaktion, können Sensibilität und Regulationsfähigkeit wie in diesem Fall dissoziieren. Die Beratung konzentrierte sich deshalb intensiv auf die Selbstmotivierungseffizienz unter Belastung.

### »Kann einer tatkräftigen Führungspersönlichkeit die Handlungsenergie fehlen?«

Ein sehr erfolgreicher Personalberater, der bereits mit 32 Jahren eine verantwortungsvolle Führungsposition inne hat, entscheidet sich für das Scanning, weil er »jetzt endlich Zeit für die eigene Entwicklung« investieren möchte und überhaupt ein »schlechtes Gewissen« habe, da seine Mitarbeiter bereits ein SCAN-basiertes Coaching durchlaufen hätten. Er erhofft sich konkrete Hinweise für seine Entwicklungsziele, die er so beschreibt: »Überblick und Kontrolle über komplexe Anforderungen im Arbeitsumfeld gewinnen und den Phlegmatismus und die Inkonsequenz überwinden«. Zu seinen Stärken zählt er Ausdauer, Klarheit, Intuition, Offenheit und Bescheidenheit. Als seine erfolgreichste Taktik zum »Ausblenden von Stressoren« nennt er das »Leben in der Gegenwart«. Da der 360° SCAN Auffälligkeiten im Bereich der Selbststeuerung aufzeigt, stimmt er dem Vorschlag zu, zusätzlich noch einen »Tiefen-SCAN« im Bereich der Selbststeuerung durchzuführen. Dieses Verfahren analysiert die Mikrofunktionen des 360° SCANS in 40 noch feinkörnigere Einzelfunktionen.

Auffällig ist seine gegenüber der Selbstregulation deutlich verringerte Selbstkontrolle (vgl. Tabelle 2), d.h. dass er Ziele besser umsetzen kann, wenn er sich positiv mit ihnen identifizieren kann (»Selbstregulation«). Es fällt ihm dagegen schwer, Energien für Projekte zu mobilisieren, die unangenehm oder schwierig sind (das würde »Selbstkontrolle« im Sinne von Selbstdisziplin erfordern). Relativ niedrig sind die Kennwerte für Planungsfähigkeit und Planungsbereitschaft, hoch dagegen die Neigung, an unerledigte Ziele zu denken (d.h. das »Absichtsgedächtnis« zu belasten). Besonders auffällig ist eine Dissoziation zwischen zwei Mikrokomponenten der Willensbahnung (s. Tabelle 2), die bei den meisten Menschen hoch korrelieren: Er hat einen sehr hohen Kennwert für »Initiative« und einen deutlich niedrigeren Kennwert für Handlungsenergie als Reaktion auf Belastung (prospektive Handlungsorientierung: HOP). Diese Dissoziation, die im klassischen faktorenanalytischen Ansatz wegen der hohen Korrelation zwischen Initiative und Handlungsorientierung gar keine Beachtung fände, enthält den Schlüssel für die persönliche Entwicklung dieser Führungspersönlichkeit. Wie ist das Paradox zu erklären, dass dieser Mann wenig Handlungsenergie bei Belastungen angibt, aber über eine weit überdurchschnittliche Initiative verfügt? Die Antwort liegt in der wichtigen Unterscheidung zwischen Erst- und Zweitreaktion auf neue Situationen: Die »Initiative« beschreibt – ähnlich wie der klassische Begriff der Extraversion – eine hohe Handlungsbereitschaft als Erstreaktion auf neue Situationen. Handlungsorientierung (HOP) betrifft die »Zweitreaktion«, d.h. die Fähigkeit, die Handlungsbereitschaft im Anschluss an die Erstreaktion aufrechtzuerhalten oder – wenn sie auf Grund auftretender Schwierigkeiten geschwächt wurde – wiederherzustellen.

Für diesen Klienten ist es normalerweise leicht zu handeln, Dinge anzupacken und zu bewegen, extravertiert auf andere zuzugehen und sie für die anstehenden Aufgaben zu begeistern. Sobald aber Schwierigkeiten auftauchen, droht ihm die hohe Handlungsenergie verloren zu gehen. Die niedrige Planungsbereitschaft lässt sich demnach als eine durchaus sinnvolle Strategie verstehen, eine Reduktion der Handlungsenergie zu verhindern, die bei starker Beschäftigung mit unerledigten Absichten und mühsamen Planungen immer dann zu erwarten ist, wenn die Selbstmotivierungskompetenz gering ist. Durch diese Analyse bekommen seine Selbstbeschreibungen erst eine klare Bedeutung: Im Coaching-Gespräch bestätigte der Klient, dass seine Taktik »Leben in der Gegenwart zum Ausblenden von Stress« tatsächlich mit der Tendenz zusammenhängt, schwierigen Aktivitäten aus dem Weg zu gehen und lieber auf gegenwärtig Machbares auszuweichen, um die Handlungsenergie aufrechtzuerhalten. Der selbstattribuierte »Phlegmatismus«, den keiner seiner Mitarbeiter oder Vorgesetzten nachvollziehen könnte (da sie nur seine enorme Tatkraft sehen), beruht demnach auf der Selbstmotivierungsschwäche.

Von den weit über hundert ausgearbeiteten Trainingsmodulen wurden für diesen Klienten einige Übungen zur Entwicklung der Selbstmotivierung ausgewählt, die im Coaching besprochen und durch eine dazu passende CD-ROM zu Hause vertieft werden konnten. Obwohl von den über hundert untersuchten Funktionskomponenten mehr als zehn Auffälligkeiten zeigten, konnte das Training auf diesen Punkt hin fokussiert (»verschlankt«) werden: Da die Selbstmotivierungsschwäche als Ursache für die geringe Planungsbereitschaft (und Planungsfähigkeit), für das zu häufige, energieraubende Denken an Unerledigtes (Belastung des Absichtsgedächtnisses) und für einige weitere Auffälligkeiten erkannt war, konnte man eine Verbesserung all dieser Punkte erwarten, sobald die Selbstmotivierungskompetenz verbessert werden konnte. Die weitere Entwicklung bestätigte die Prognose: Nach einer Trainings- und Coachingperiode von sechs Wochen begann der Klient, erfolgreich seine ersten »schwierigen« Projekte, die er vorher vermieden hatte.

## SCAN-gestütztes Training von arbeitslosen Akademikern

In einer mehrmonatigen Mediatorenfortbildung für arbeitslose Akademiker konnten die SCAN-Verfahren zusammen mit objektiven experimentellen Evaluationsmethoden erfolgreich eingesetzt werden (Baumann, Gunsch, Chasiotis), sowohl in der Diagnostik, für die Trainingsgestaltung als auch zur Evaluation der Trainingsmaßnahmen. Dabei wurden die individuellen Ergebnisse aus den Persönlichkeitstests nicht nur für spezifische Einzelberatungen eingesetzt, sondern auch für die Gestaltung von gruppendynamischen Prozessen und Übungen, z.B. zur Optimierung zwischenmenschlicher Interaktionen, von Problembewältigungsstrategien und Führungsverhalten.

## Ausblick

Unsere Erfahrungen mit diesen und vielen anderen Einzelfällen zeigen immer wieder: Die meisten Menschen spüren sehr gut, ob Informationen über ihre Persönlichkeit den Kern treffen und ob sie detailliert genug sind, um aus ihnen konkrete Folgerungen für Veränderungen ihres Alltagshandeln abzuleiten. Die pauschalen Begriffe traditioneller Persönlichkeitstest (z.B. »extravertiert«; »Denktyp« o.ä.) haben wenig praktische Relevanz, wenn nicht die Einzelfunktionen benannt werden, durch die die eigenen Stärken und Schwächen verursacht werden. Nur durch eine mikroanalytische Verursachungsdiagnostik kann man rasche Erfolge in der persönlichen Entwicklung erwarten (bei gesunden, entwicklungsfreudigen Menschen sogar oft schon durch die bloße Rückmeldung der Testergebnisse).

## Literaturverzeichnis

Atkinson, J.W. (1981). Studying personality in the context of an advanced motivational psychology. In: American Psychologist, 36, pp. 171-128

Baumann, N. (1998). Selbst- versus Fremdbestimmung: Zum Einfluss von Stimmung, Bewusstheit und Persönlichkeit. Unveröff. Dissertation. Universität Osnabrück

Baumann, N.; Kuhl, J.; Deci, E. & Ryan, R. (2001). How to resist temptation: The effects of external control versus autonomy support on the self-regulation dynamics. Eingereichtes Manuskript. Universität Osnabrück

Biebrich, R. & Kuhl, J. (2002a). Neurotizismus und Kreativität: Wie kann Selbststeuerung bei der Problembewältigung helfen? In: Zeitschrift für Differentielle und Diagnostische Psychologie, 23, S. 171-190

Biebrich, R. & Kuhl, J. (2002b). Selbststeuerung und affektive Sensibilität: Persönlichkeitsspezifische Antezedentien der Depressivität. In: Zeitschrift für Psychologie, 210, S. 74-86.

Brunstein, J.C. & Maier, G.W. (1996). Persönliche Ziele: Ein Überblick zum Stand der Forschung. In: Psychologische Rundschau, 47, S. 1-15

Greenwald, A.G. & Banaji, M.R. (1995). Implicit social cognition: Attitudes, self-esteem, and stereotypes. In: Psychological Review, 102, pp. 4-27

IMPART (2000). Unveröffentlichte Dokumentation von Beratungsfällen. Osnabrück

Keller, H. (1997). Entwicklungspsychopathologie: Das Entstehen von Verhaltensproblemen in der frühesten Kindheit. In: H. Keller (Hrsg.). Handbuch der Kleinkindforschung. 2. Aufl. Bern, S. 625-642

Klose, H.-E. (2000). Konstruktion und Evaluation eines Fragebogenverfahrens zur Messung der Persönlichkeitsmerkmale erfolgreicher Existenzgründer. Unveröff. Diplomarbeit. Technische Universität Dresden

Kraska, K. (1993). Effizienz und Flexibilität: Entwicklung und Evaluation differentieller Interventionsprogramme zur Förderung der Selbstregulation im Grundschulalter. Unveröff. Dissertation. Universität Osnabrück

Kuhl, J. (2000). A functional-design approach to motivation and volition: The dynamics of personality systems interactions. In: M. Boekaerts; P.R. Pintrich & M. Zeidner (eds.). Self-regulation: Directions and challenges for future research. New York, pp. 111-169

Kuhl, J. (2001a). Motivation und Persönlichkeit: Interaktionen psychischer Systeme. Göttingen

Kuhl, J. (2001b). Testgestützte Therapiegestaltung und Evaluation: Soziale Motive, affektiv-kognitive Stile und Selbststeuerungsfunktionen. In: J.-H. Mauthe (Hrsg.). Affekt und Kognition. Sternenfels, S. 72-95

Kuhl, J. (2002). Entfremdung als Krankheitsursache: Von der Funktionsanalyse zum Langzeiterfolg prozessdiagnostisch unterstützter Intervention. Eingereichtes Manuskript. Universität Osnabrück

Kuhl, J. & Fuhrmann, A. (1998). Decomposing self-regulation and self-control: The volitional components checklist. In: J. Heckhausen & C. Dweck (eds.). Life span perspectives on motivation and control. Mahwah, NJ, pp. 15-49

Kuhl, J. & Kazén, M. (1994). Self-discrimination and memory: State orientation and false self-ascription of assigned activities. In: Journal of Personality and Social Psychology, 66, pp. 1103-1115

Kuhl, J. & Kazén, M. (1997). Das Persönlichkeits-Stil-und-Störungs-Inventar (PSSI): Manual. Göttingen

Kuhl, J. & Kazén, M. (1999). Volitional facilitation of difficult intentions: Joint activation of intention memory and positive affect removes Stroop interference. In: Journal of Experimental Psychology: General, 128, pp. 382-399

Kuhl, J. & Kraska, K. (1993). Self-Regulation: Psychometric properties of a computer-aided instrument. In: The German Journal of Psychology, 17, pp. 11-24

Kuhl, J. & Völker, S. (1998). Entwicklung und Persönlichkeit. In: H. Keller (Hrsg.). Lehrbuch der Entwicklungspsychologie. Bern, S. 207-240

McClelland, D.C. (1985). Human motivation. Glenview, IL

McClelland, D.C.; Koestner, R. & Weinberger, J. (1989). How do self-attributed and implicit motives differ? In: Psychological Review, 96, pp. 690-702

Murray, H.A. (1943). Thematic Apperceptive Test Manual. Cambridge

Schacter, D.L. (1987). Implicit memory: History and current status. In: Journal of Experimental Psychology: Learning, Memory, and Cognition, 13, pp. 501-518

Scheffer, D. (2000). Implizite Motive: Entwicklungskontexte und modulierende Mechanismen. Unveröff. Dissertation. Universität Osnabrück

Scheffer, D. & Kuhl, J. (in Vorb.). Stability of motivational performance measures. Universität der Bundeswehr Hamburg

Scheffer, D.; Kuhl, J. & Eichstaedt, J. (2003). Der Operante Motivtest (OMT): Ein neues Verfahren zur Messung impliziter Motive. In: J. Stiensmeier-Pelster und F. Rheinberg (Hrsg.). Tests und Trends: Motivation. Göttingen, S. 151-167

Showers, C.J. & Kling, K.C. (1996). Organization of self-knowledge: Implications for recovery from sad mood. In: Journal of Personality and Social Psychology, 70, pp. 578-590

Winter, D.G. (1996). Personality: Analysis and interpretation of lives. New York

# Das Eligo-System

## Stefan Oenning

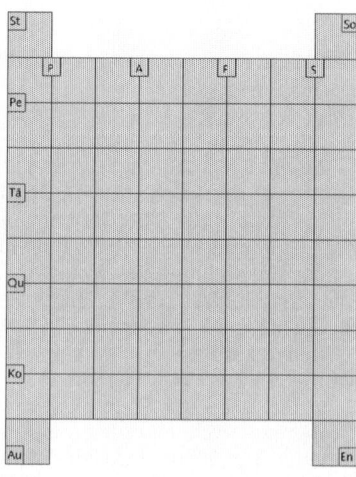

## Rasterdarstellung

### Schlagworte

Einzelarbeitsplätze; Entscheidungsfindung; Gruppenentscheidungen; Messung auf Einzel-PCs; Recruiting; Rückmeldegespräche; Testskalen; vernetzte Schulungsräume; weiterführende statistische Analysen; wünschenswerte Bereiche; zu testende Dimensionen; zulässige Bereiche

### Entwickler

Prof. Dr. Heinrich Wottawa

### Kompetenzdefinition

Eligo stellt die PC-Software für die Auswahl, Vorgabe, Auswertung und Interpretation von Testverfahren, insbesondere auch Kompetenzmessverfahren auf Einzel-PCs und in vernetzten Schulungsräumen außerhalb des Internet zur Verfügung. Die jeweils zugrunde liegende Kompetenzdefinition ist vom entsprechenden Messverfahren her bestimmt.

### Zielstellungen

Ziel des Eligo-Systems ist es, die Personalarbeit in Unternehmen wirkungsvoll zu unterstützen. Diese Personalarbeit benötigt eine Vielzahl von Verfahren zur Kompetenzmessung, die je nach Fragestellung einfach ausgewählt, an die Probanden vorgegeben, ausgewertet und in eine Entscheidungshilfe übertragen werden müssen. Das Eligo-System bietet für jene Fragestellungen, bei denen die Messung auf

Einzel-PCs oder in vernetzten Schulungsräumen erfolgt (nicht im Internet), eine flexible Lösung an.

## Theoretische Grundlagen

Um diese Ziele zu erreichen, wurde eine Vielzahl von Testskalen in Eligo aufgenommen (s.u.). Deren jeweilige theoretische Implikationen sind damit organisch in Eligo integriert.

## Methodologische Einordnung

Methodologisch wird ebenfalls an die jeweiligen Testskalen angeknüpft.

## Einschätzung der Gütekriterien

Gleiches gilt für die jeweiligen Gütekriterien.

## Fehler- und Problemkritik

Auch die Fehler- und Problemkritik muss ausgehend von den jeweils in Eligo integrierten Testverfahren geführt werden.

## Ablauf des Messprozesses

Eligo stellt eine große Anzahl (derzeit 96) von Testskalen zur Verfügung, die auf Basis der für die jeweilige Position zu testenden Anforderungen vom Benutzer frei zusammengestellt werden können. Eine Auflistung der derzeit verfügbaren Testskalen ist in folgendem Katalog der ELIGO-Skalen enthalten:

| Katalog | ELIGO-Skalen |
|---|---|
| *Intelligenz* | |
| *Verbale Denkfähigkeit* | Abstraktionsfähigkeit (sprachlich) |
| | Sprachverständnis |
| | Kombinationsfähigkeit |
| | Sprachgefühl |
| *Numerische Denkfähigkeit* | Rechenfertigkeit, |
| | Regeln erkennen (Erkennen numerischer Beziehungen), |
| *Allgemeine Denkfähigkeit* | Logisches Denken |
| | Problemlösefähigkeit Standard |
| | Problemlösefähigkeit Advanced |
| | Schlussfolgerndes Denken |
| | Prozessdenken |
| *Gedächtnis* | Gedächtnis – mittelfristige Merkfähigkeit |
| | Verbales Gedächtnis |
| *Räumlich-figurales Gedächtnis* | Räumliches Denken (3-dimensional), |
| | Vorstellungsvermögen (2-dimensional) |
| *Mechanisch-technisches Denken* | Mechanisch-technisches Verständnis |

| Katalog | ELIGO-Skalen |
|---|---|
| *Konzentration* | Aufmerksamkeit |
| | Daueraufmerksamkeit (Sorgfältigkeit) |
| | Daueraufmerksamkeit (Schnelligkeit) |
| | Monotonie-Belastung (Quantität) |
| | Monotonie-Belastung (Qualität) |
| | Mit Kurzzeitgedächtnis(Quantität) |
| | Mit Kurzzeitgedächtnis(Qualität) |
| | Konzentrationsleistung (kurz) |
| *Arbeitsverhalten* | Anspruchsniveau |
| | Bereitschaft zur monotonen Tätigkeit |
| | Frustrationstoleranz |
| | Spontanes Handeln/ überlegtes Handeln |
| | Exaktheit |
| | Entschlussfähigkeit |
| *Kundenorientierung* | Aufgeschlossenheit |
| | Einfühlungsvermögen |
| | Selbstbeobachtung |
| | Leistungsmotiv (im Umgang mit Kunden) |
| | Dienstleistungsbereitschaft (Problemlösungen) |
| | Dominanzstreben (Abschlußsicherheit) |
| | Frustrationstoleranz (im Umgang mit Kunden) |
| | Streben nach sozialer Anerkennung |
| *Führung* | Kritikreaktion (offen vs. abwehrend) |
| | Motivation (dominant vs. zurückhaltend) |
| | Perspektive (generalistisch vs. detailbezogen) |
| | Kontaktstreben (aktiv vs. zurückhaltend) |
| | Bevorzugtes Führungsverhalten (bewährt vs. innovativ) |
| | Aufgabenbearbeitung (geplant vs. spontan) |
| | Umgang mit Aufgaben (explorativ vs. pragmatisch) |
| | Belastungsbereitschaft (ehrgeizig vs. ausgewogen) |
| | Umgang mit anderen (einfühlsam vs. sachorientiert) |
| | Führungsverständnis (fachl. vs. überfachl. Kompetenz) |
| | Bevorzugter Kooperationsstil (unabhängig vs. kollegial) |
| | Misserfolgsreaktion (sensibel vs. gelassen) |
| *Belastungsfaktoren (Nur für PE und Coaching)* | Mangelnde Erholungsfähigkeit |
| | Übermäßige Planungsambitionen |
| | Ungeduld |
| | Dominanzstreben (belastende Anspruchshaltung) |
| *Sales- u. Managementdiagnostik* | Kundenorientierung |
| | Belastbarkeit |
| | Soziale Flexibilität |
| | Gewissenhaftigkeit |
| | Karriereorientierung |
| | Entscheidungsbeteiligung |
| | Aufgabendelegation |
| | Aufgeschlossenheit gegenüber Anregungen anderer |

| Katalog | ELIGO-Skalen |
|---|---|
| *Motivation* | Motiv, Kontakt zu suchen |
| | Motiv, Erfolg zu suchen |
| | Motiv, Misserfolg zu meiden |
| | Motiv, selbst zu gestalten |
| | Motiv, soziale Ablehnung zu meiden |
| | Motiv, unerwünschte Gestaltung anderer zu meiden |
| *Arbeitshaltung* | Tatendrang |
| | Kontaktfreude |
| | Selbstbewusstsein |
| | Ehrgeiz |
| | Sicherheit |
| | Gelassenheit |
| | Spontaneität |
| | Zuverlässigkeit |
| | Risikoneigung |
| | Handlungsorientierung |
| *Arbeitsprobe Call Center Agent* | Windows-Kenntnisse (Qualität) |
| | Windows-Kenntnisse (Lerntempo) |
| | Erlernen von Shortcuts (Qualität) |
| | Erlernen von Shortcuts (Qualität) |
| | Anrufbearbeitung (Qualität) |
| | Anrufbearbeitung (Arbeitstempo) |
| | Anrufbearbeitung (Verbesserung durch Nachbereitung) |
| | Informationssuche (Qualität) |
| | Informationssuche (Arbeitstempo) |
| | Systematik bei der Informationssuche |
| *Emotionale und soziale Kompetenzen* | Richtiges Wahrnehmen von Gesprächssituationen |
| | Aktives Durchsetzen in sozialen Situationen |
| | Angemessener Umgang mit Kritik und Konflikten |
| | Ergebnisorientierte Kontaktgestaltung |
| | Zielorientierte Kooperation |
| | Produktive Teamleitung |
| *Kenntnis der Schriftsprache* | Sichere Beherrschung der Schriftsprache |
| | Ausdrucksvermögen |

Nach Festlegung der zu testenden Dimensionen werden die »zulässigen Bereiche« bestimmt. Hierzu steht am Bildschirm jeweils eine Prozentrangskala zur Verfügung, auf der durch einfaches Anklicken der Bereich der gewünschten Ausprägungsgrade gewählt wird. Die Begrenzung kann dabei einseitig erfolgen (z.B. ein gewünschter Bereich der Struktur »alle Personen, die eine bessere Konzentrationsleistung haben als 50% der Normgruppe«), in diesem Fall wäre der zulässige Bereich von 50 bis 100 einzustellen. Es ist aber auch möglich, den Bereich auf beiden Seiten zu begrenzen (also z.B. »Personen, die eine höhere Kundenorientierung haben, als 40% der Vergleichsgruppe, aber nicht zu den 10% der Personen mit den extremsten Werten in Kundenorientierung gehören«), in diesem Fall wären die Grenzen 40 und 90. Eine nähere Beschreibung dieses Vorgehens findet sich in dem Beitrag zum Internetrecruiting-System PERLS im gleichen Band.

Die Testdurchführung erfolgt entweder am Einzelarbeitsplatz oder an vernetzten PCs, z. B. in Schulungsräumen. Dabei ist sicherzustellen, dass eine ungestörte Arbeitsatmosphäre gegeben ist. Die Auswertung erfolgt unmittelbar nach der Testung (der Zeitaufwand pro Testfall beträgt je nach Anzahl der ausgewählten Dimensionen ca. 10 Sekunden), es können daher unmittelbar an die Testung Rückmeldegespräche geführt werden, wenn dieses vom Ablauf her gewünscht ist.

Als Entscheidungshilfe für den Recruiter steht einerseits eine Reihung der getesteten Personen hinsichtlich der Zahl der Abweichungen von den eingestellten »wünschenswerten Bereichen« zur Verfügung. Dies können erste Vororientierungen sein, sollte aber unbedingt durch eine optische Betrachtung der einzelnen Profile, die durch einfaches Anklicken der Personen sichtbar gemacht werden, ergänzt werden (für die genaue Begründung dazu siehe ebenfalls den Beitrag zum Internetrecruiting-tool PERLS).

In Ergänzung zu den Testdurchführungen bietet Eligo auch die Möglichkeit, Ergebnisse anderer Kompetenzmessungen (z.B. aus dem Interview oder aus dem Assessmentcenter) in das Ergebnisprofil mit aufzunehmen. Dies geschieht in der Weise, dass im Anschluss an die Testverfahren die Möglichkeit besteht, frei definierte Variablennamen einzugeben, und die von der einzelnen Person erzielten Ergebnisse (z.B. skalierte Intervieweindrücke oder Zusammenfassung der Beobachterkonferenz im Assessment) in das Eligo-Programm einzugeben. Damit besteht zum einen die Möglichkeit, alle Daten von einer Person im Rahmen der Entscheidungsfindung in einem Profil zusammengefasst auszudrucken, bzw. bei der Diskussion von Gruppenentscheidungen zu projizieren, zum anderen ist eine solche Datenzusammenstellung auch eine hervorragende Grundlage, um weiterführende statistische Analysen (z.B. Zusammenhänge verschiedener Informationsquellen der Kompetenzmessung, der Eingabe von Erfolgsdaten der späteren beruflichen Tätigkeit auch kriteriumsorientierte konfigurale Auswertungen oder klassische Validitätsstudien) zu errechnen. In dieser Weise bietet Eligo auch eine gute Möglichkeit, die Daten für ein systematisches »Lernen« der Recruiter insbesondere für die Auswahl der Skalen das Einstellen der zulässigen Bereiche zu unterstützen.

Eine ausführliche Darstellung des Eligo-Systems findet sich z.B. bei Miesen et al. (1999) und in Sarges & Wottawa (2001).

## Referenzen

Eligo ist in seiner Art am Markt konkurrenzlos. Statt Fremdreferenzen sind deshalb die *Nutzungsmöglichkeiten* von Eligo kurz darzulegen: Eligo kann unter den Betriebssystemen Windows 95/98, NT und Windows 2000 angewandt werden. Die Einrichtung erfolgt mittels einer Installations-CD. Das Programm ist derzeit in deutsch, englisch, slowakisch, tschechisch und ungarisch verfügbar.

Die Kosten gliedern sich wie folgt:
* Einmalige Kosten für die Anschaffung der Installations-CD und des darauf verfügbaren Handbuches zur Beschreibung der Bedienung des Programmes und der darin enthaltenen Skalen pro Auswertungsplatz (damit ist der Arbeitsplatz des Recruiters gemeint, der Testläufe zusammenstellt, auswertet und interpretiert). Es können mit einer Installations-CD beliebig viele Testplätze (an denen die Probanden getestet werden) ausgestattet werden.
* Nutzungsabhängige Kosten pro Testskala; die Abrechnung dieser Kosten erfolgt über ein mitgeliefertes »Punktekonto«, das nach Verbrauch durch Nachbestellung aufgeladen werden kann (Eingabe eines Codes entsprechend der gewünschten Punktzahl).

Hinzu kommen die Kosten für eine Einschulung, die je nach Vorkenntnissen zwischen einem und zwei Schulungstagen liegt.

## Literaturverzeichnis

Miesen, J.; Schuhfried, G; Wottawa, H. (1999). ELIGO: Eine vorläufige Antwort auf Grundprobleme der testgestützten Eignungsdiagnostik. Wirtschaftspsychologie
Sarges, W. & Wottawa, H. (2001). Handbuch wirtschaftspsychologischer Testverfahren. Lengerich

# Das Internetrecruitingtool PERLS

## Christine Kirbach/Christian Montel

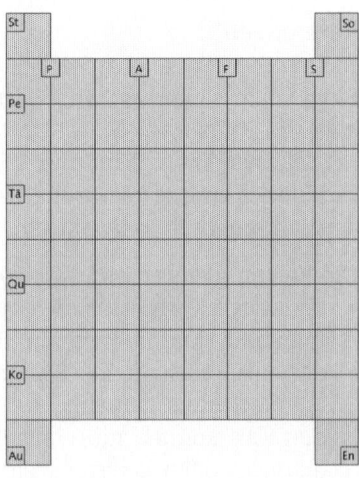

## Rasterdarstellung

### Schlagworte
Beratungsgespräch; Bewerberscreening; EDV-Technik; Interessenten-Datenbank; Internetrecruiting; Online-Bewerbung; Personalarbeit; Personalauswahl; »Rahmensystem« für Testauswahl, -vorgabe, -auswertung, -interpretation; Self-Assessment; Testskalen

### Entwickler
Prof. Dr. Heinrich Wottawa

### Kompetenzdefinition
Das Internetrecruitingtool PERLS stellt ein »Rahmensystem« dar, das die EDV-Technik für die Auswahl, Vorgabe, Auswertung und Interpretation von Testverfahren, insbesondere auch Kompetenzmessverfahren im Internet bereitstellt. Die jeweils zugrunde liegende Kompetenzdefinition ist vom entsprechenden Testverfahren her bestimmt.

### Zielstellungen
Die Personalarbeit in Unternehmen benötigt Verfahren zur Kompetenzmessung für unterschiedliche Fragestellungen. Die wichtigsten mit PERLS abzudeckenden Zielgebiete sind:
- Das Self-Assessment potenzieller Bewerber, um diesen die Möglichkeit zu geben, vor einer Stellenbewerbung etwas über ihre persönlichen Schwachpunkte, Stärken und Schwächen auf der Basis von Verfahren zur Kompetenzmessung zu erfahren und danach informiert über eine Bewerbung entscheiden zu können;

- Self-Assessment für interne Mitarbeiter des Unternehmens, z.B. als Vorbereitung der Entscheidung über eine mögliche interne Stellenbewerbung, mit Teilnahme an anspruchsvollen Weiterbildungsmaßnahmen oder als Grundlage eines Beratungsgespräches über die persönlichen Entwicklungsmöglichkeiten;
- das Screening von Bewerbern, um auf Basis einer zu Hause unter unkontrollierten Bedingungen durchgeführten Kompetenzmessung eine Negativ-Entscheidung (keine weitere Berücksichtigung des Bewerbers im Rahmen der teuren Assessment-Verfahren) zu begründen;
- im Zusammenhang mit der endgültigen Entscheidung über die Bewerbung eine Kompetenzmessung unter Nutzung des Internets, aber unter kontrollierten Bedingungen (z.B. in geschützten Testräumen, Niederlassungen oder Filialen, jeweils mit kontrollierten Arbeitsbedingungen und Personenidentifikation).

## Theoretische Grundlagen

Um diese Ziele zu erreichen, wurde mit PERLS zum einen ein technisches »Rahmensystem« geschaffen, das die EDV-Technik für die Auswahl, Vorgabe, Auswertung und Interpretation von Testverfahren im Internet ermöglicht. Außerdem wurden aktuell knapp hundert Testskalen in PERLS aufgenommen, die z.T. speziell dafür neu erstellt wurden, z.T. in der Übernahme bewährter PC-gestützter Testskalen bestehen. Deren jeweiligen theoretischen Implikationen sind damit organisch in PERLS integriert. Einen Überblick über die Kompetenzbereiche, also die »Oberbegegriffe«, die mit Hilfe der verfügbaren Skalen abgedeckt werden können, gibt Abbildung 1.

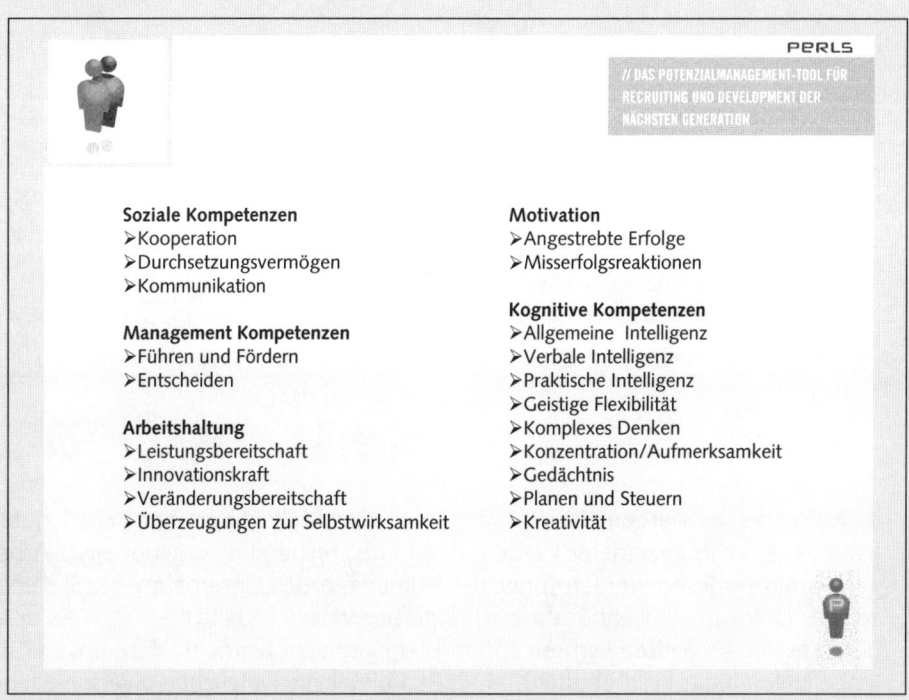

Abb. 1: Überblick über die PERLS – Kompetenzdimensionen

**Methodologische Einordnung**
Methodologisch knüpft das »Rahmensystem« PERLS an die jeweils integrierten Testverfahren an.

**Einschätzung der Gütekriterien**
Gleiches gilt für die jeweiligen Gütekriterien.

**Fehler- und Problemkritik**
Auch die Fehler- und Problemkritik muss ausgehend von den jeweils in das »Rahmensystem« integrierten Testverfahren geführt werden.

**Ablauf des Messprozesses**
*Das Arbeiten mit PERLS – die Perspektive eines Stellenbewerbers*
Eine Darstellung des Prozessablaufes des Recruitings bei der Arbeit mit PERLS gibt Abbildung 2.

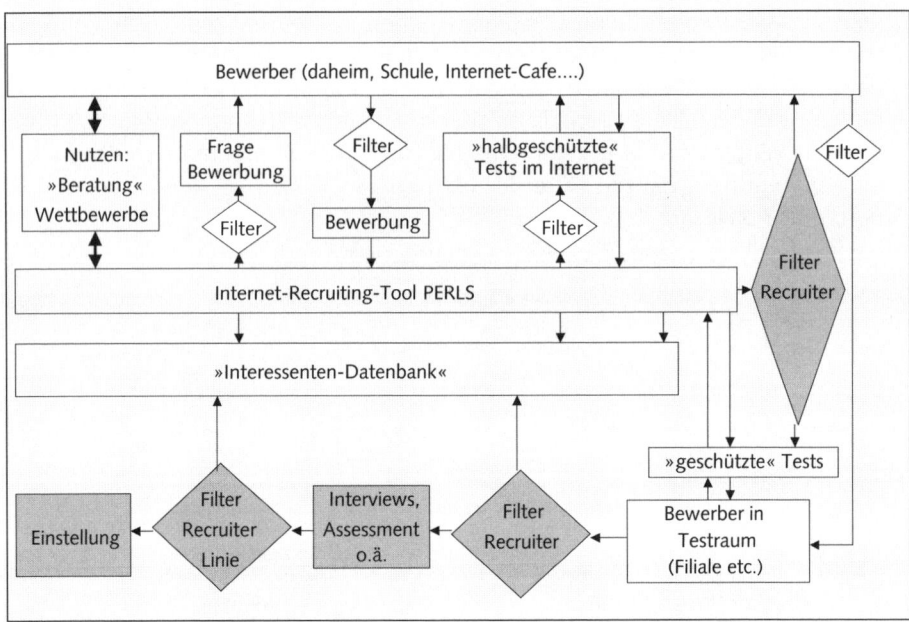

Abb. 2: Prozessablauf des Recruitings bei der Arbeit mit PERLS

**1. Aufmerksam werden.** Damit ein potenzieller Stellenbewerber PERLS nutzen kann, muss er in geeigneter Weise auf ein entsprechendes Angebot eines Arbeitgebers hingewiesen werden (über die Homepage des Unternehmens, Stellenanzeigen, Links aus Stellenbörsen etc.). Eine besondere Möglichkeit ist, dass er auf der Basis eines »Wettbewerbes« aufmerksam gemacht wurde (s. dazu etwa »Challenge Unlimited«, Wild et al. 2001). PERLS bietet die Möglichkeit, verschiedenste »Wettbewerbe« mit dem System vorzugeben, z.B. »Der EDV-Fünfkampf, »Helfen Sie dem Handwerksmeister Sebastian an 10 schwierigen Arbeitstagen«, oder »Wer hat die besten Ideen für die Neugestaltung unserer Marketingstrategie?«. Die Ausarbeitung entsprechender Inhalte und die technische Realisierung muss natürlich spezifisch für jedes Unternehmen erfolgen, das einen solchen »Wettbewerb« als Bestandteil seiner Personalmarketingmaßnahme wünscht.

**2. Self-Assessment.** Im nächsten Schritt bietet PERLS dem Interessenten die Möglichkeit, Verfahren zur Kompetenzmessung (dieses können Testverfahren im Sinne psychologischer Tests sein, aber auch Wissenstests oder Angaben zu den bisherigen Erfahrung und zum Lebenslauf) an einem beliebigen Arbeitsplatz mit Internet-Zugang zu bearbeiten. Als Ergebnis erhält der potenzielle Bewerber sein Ergebnisprofil mit einer (automatisch erstellten) verbalen Interpretation rückgemeldet, um darauf seine weiteren Entscheidungen aufzubauen. Sowohl die Auswahl der vorzugebenden Testverfahren als auch die Art der verbalen Rückmeldung muss gemäß den Wünschen des auftraggebenden Unternehmens gestaltet werden.

Die Bearbeitung eines solchen Self-Assessments kann in PERLS vollkommen anonym geschehen, in den meisten Anwendungsfällen ist eine Rückmeldung der Ergebnisse unmittelbar nach der Bearbeitung möglich, so dass auch keine Speicherung einer E-Mail-Adresse erforderlich ist.

**3. Abgabe der Bewerbung**. Wenn der Interessent nach Rückmeldung seiner Testergebnisse weiterhin an einer Bewerbung interessiert ist, wird er aufgefordert, die Bewerbung in der Art »abzugeben«, dass er eine Menge von Faktenfragen zu seinem Lebenslauf beantwortet. Die Auswahl dieser Fragen erfolgt wieder durch das auftraggebende Unternehmen und ist natürlich abhängig von der zu besetzenden Position (z.B. sind für Azubi-Bewerber andere Lebenslauf-Informationen von Relevanz als für mittlere Führungskräfte). Zusätzlich besteht in PERLS die Möglichkeit, weitere Testverfahren für ein erstes Screening im Anschluss an die Angaben zum Lebenslauf vorzugeben, oder den Bewerber aufzufordern, die von ihm bereits erreichten Ergebnisse für das Unternehmen freizugeben und die Anonymität aufzuheben.

**4. Screening.** Anhand der zunächst vorliegenden Lebenslauf- und Testdaten entscheidet der Recruiter des Unternehmens (persönlich oder durch das Erstellen einer entsprechenden automatischen Entscheidungsvorschrift), ob der Bewerber im Prinzip interessant ist (typische Ausschließungsgründe wären z.B. das Fehlen einer Aufenthaltserlaubnis, falsche Ausbildung oder fehlende Berufserfahrung, extrem unpassende Testergebnisse etc.).
Im positiven Fall erhält der Stellenbewerber per E-Mail die Aufforderung, sich mit einem bestimmten Code neuerlich in PERLS einzuloggen und sogenannte »halbgeschütze« Testverfahren durchzuführen. Die Durchführung erfolgt noch immer an jedem beliebigen Arbeitsplatz, so dass keine Personenkontrolle erfolgt und sich der Bewerber vertreten oder durch andere Personen helfen lassen kann. Der Zugang ist aber nur noch einmal für einen Bewerber möglich (im Gegensatz zu den völlig freien Zugängen im Schritt 2), und der Testteilnehmer weiß vorher, dass er für eine ruhige Testumgebung, keine Störungen, zum persönlichen Arbeitsrhythmus passende Uhrzeit etc. sorgen soll.

Nach Auswertung der Ergebnisse dieses Screeningtests durch PERLS ohne die Entscheidung des Recruiter kann der Proband folgende Rückmeldungen erhalten:

- Hinweis, dass er für die aktuell zu besetzende Position nicht in Frage kommt, verbunden mit einer entsprechenden Begründung;
- Hinweis, dass er zwar für die konkrete Position nicht (mehr) in Frage kommt, aber aktuell andere Positionen im Unternehmen frei werden, zu denen er gemäß seinen Testergebnissen eventuell passen würde; verbunden mit der Aufforderung, im Falle des Interesses an einer solchen Position sich mit einem neuen Code einzuloggen und die Screeningverfahren für diese andere Position zu bearbeiten;
- Hinweis, dass er zwar interessante Ergebnisse erbracht hat, aber derzeit keine passende Position (mehr) zur Verfügung steht, verbunden mit der Anfrage , ob er Interesse hätte, in eine »Interessentendatei« aufgenommen zu werden (falls ja, werden die Daten des Bewerbers in einer solchen Datei gespeichert und der Bewerber für den Fall, dass zu einem späteren Zeitpunkt im Unternehmen eine für ihn passende Stelle besetzt werden soll, vom Recruiter aktiv per E-Mail angesprochen);
- die Aufforderung, eine Terminvereinbarung für die Fortsetzung des Verfahrens (Kompetenzmessung face-to-face oder geschützte Testung) zu vereinbaren.

Selbstverständlich sind auch weitere Formen der Ergebnisrückmeldungen oder Kombinationen daraus möglich.

**5. Endgültige Auswahl.** Im letzten Schritt der Arbeit mit PERLS kann der Bewerber unter geschützten Bedingungen getestet werden, entweder (z.B. zur Ersparnis von Reisekosten) im Sinne eines zweiten, von der Kompetenzmessung her fundierteren Screenings mit der Testdurchführung z.B. in der Niederlassung oder einer Zweigstelle des Unternehmens, oder im Rahmen der üblichen persönlichen Verfahren (z.B. als Teil eines Assessmentcenters oder zusammen mit einem strukturierten Bewerberinterview).

*Das Arbeiten mit PERLS – Die Perspektive des Recruiters*
Um die im vorhergehenden Abschnitt aus der Bewerbersicht dargestellten Zwischenschritte bei der Personalauswahl durchführen zu können, sind vom Recruiter bei der Arbeit mit Perls verschiedene Schritte erforderlich. Da sich diese bei den einzelnen Abschnitten des Bewerbungsprozesses wiederholen, werden sie hier zusammengefasst dargestellt:

**1. Auswahl der Verfahren zur Kompetenzmessung.** Hier stehen dem Recruiter verschiedene Möglichkeiten zur Verfügung:

- Auswahl aus einem Pool vorhandener Testskalen; diese sind nach einem allgemeinen Kompetenzmodell strukturiert, eine Übersicht über dieses Modell gibt Abbildung 3. Zu jedem der dort genannten Unterpunkte gibt es jeweils 1 – 6 spezifische Testskalen, die zur Vorgabe ausgewählt werden können.
- Auswahl aus dem Pool der vorhandenen Fragen zur Biografie, Arbeitsschwerpunkten etc.; dieser Fragenpool kann vom Nutzer bei Bedarf ergänzt werden.
- Die Möglichkeit, als Recruiter selbst in technisch einfacher Weise Wissensfragen nach dem Multiple-Choice-Prinzip in das System einzubauen und wie die Test-

skalen vorzugeben und auszuwerten (die Auswertung erfolgt in diesem Fall, da entsprechende Normgruppen zwangsläufig fehlen, auf der Basis des Prozentsatzes der richtigen Lösungen).

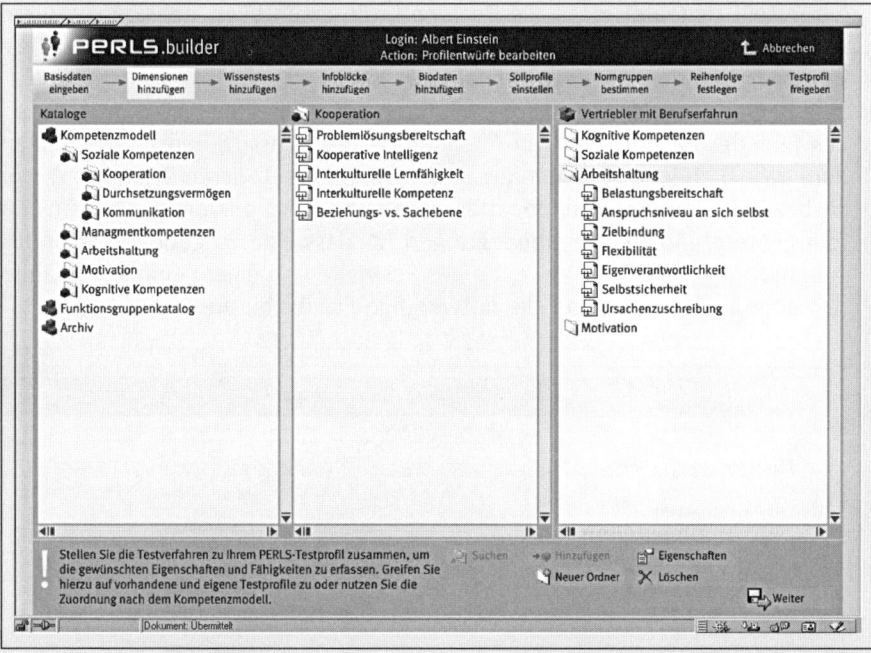

Abb. 3: Testauswahl auf der Basis eines allgemeinen Kompetenzmodells in PERLS

Für die einzelnen Teilschritte der Bewerbung stehen jeweils unterschiedliche Verfahrensgruppen zur Verfügung. Die »geschützten« Testverfahren dürfen nur unter geschützten Bedingungen vorgegeben werden, um die Verbreitung der Testfragen in der interessierenden Bewerbergruppe und damit den »Testverbrauch« sowie die Übungsmöglichkeiten einzuschränken. Sinngemäß ist der abgeschwächte Schutz für die »halbgeschützten« Verfahren definiert.

Selbstverständlich ist, dass jeder für die Bewerberauswahl oder für die Platzierung von internen Mitarbeitern zusammengestellte Testbatterie auf einer vernünftigen Anforderungsanalyse der jeweiligen Position aufbauen muss.

**2. Festlegen der Entscheidungsregeln**. Für die Vorauswahl auf Basis der Online-Bewerbung können einfache Filter eingestellt werden. Diese Filter können flexibel definiert werden und umfassen alle Fragen, die im Rahmen der Online-Bewerbung vorgegeben werden. Für ein Vor-Screening besonders wichtige Auffälligkeiten auf einzelnen Testdimensionen können ebenfalls mit einem Filter versehen werden (z.B. der Teilnehmer muss auf der Dimension »Frustrationstoleranz« einen Wert von mindestens 28 haben).

Für die eigentliche Auswahlarbeit empfiehlt es sich, nach dem bewährten Eligo-Prinzip (Miesen et al. 1999) vorzugehen:

Für die einzelnen in das Testprofil aufgenommenen Testdimensionen werden »zulässige Bereiche« gesetzt, das so genannte »Soll-Profil« (s. die Balken in Abbildung
4). Die zugrunde liegende Skala ist die Prozentrangskala, was am Beispiel der ersten Dimension in Abbildung 4 »Geschwindigkeit der Informationsverarbeitung«
dargestellt bedeutet, dass alle Personen, die einen Wert über 33 aufweisen, als
zulässig eingeschätzt werden, also alle Personen, die schneller sind als das lang-
samste Drittel der Vergleichsstichprobe.
Eine Begrenzung der »zulässigen Bereiche« ist auf beiden Seiten möglich; so kann
etwa bei der »Zielbindung« in Abbildung 4 der zulässige Bereich so definiert werden, dass man jene Personen als passend betrachtet, deren Zielbindung höher ist
als bei 40% der Normgruppe, aber nicht so hoch ist, wie die der extremsten 10%
(der Hintergrund solcher Überlegungen ist, dass eine zu geringe Zielbindung die
Arbeitseffektivität senkt, ein extremes Festhalten an einem einmal gewählten Ziel
sich aber auch störend auf die notwendige Flexibilität auswirken kann).

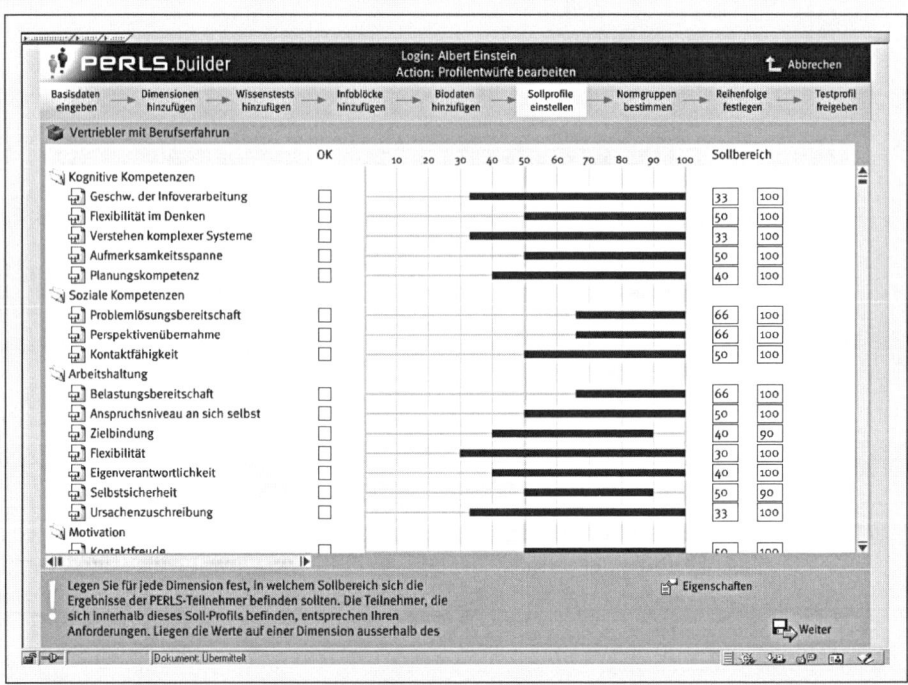

Abb. 4: Festlegen der »zulässigen Bereiche« in PERLS

Die Festlegung dieser »zulässigen Bereiche« kann in Workshops erfolgen, denen
idealer Weise Personalfachleute, Vorgesetzte der auszuwählenden Personen, Stelleninhaber und ggf. auch Vertreter der Mitarbeitervertretungen angehören. Die
Erfahrung zeigt aber, dass hier oft eine gewisse Tendenz besteht, sehr anspruchsvolle Profile zusammenzustellen, da viele Unternehmen von sich das Bild haben,
nur »gute« (und damit nach Möglichkeit in allen Dimensionen überdurchschnittliche) Mitarbeiter zu beschäftigen. Es empfiehlt sich daher dringend, vor der Fest-

legung dieser Grenzwerte als Entscheidungshilfe an vorhandenen Mitarbeitern zu überprüfen, ob die gesetzten Anforderungen auch realistisch sind.

Ein wesentlich besserer Weg ist es, diese Grenzwerte auf der Basis empirischer Datenanalysen durchzuführen, in der man mit geeigneten statistischen Methoden (empfehlenswert sind hier besonders konfigurale Techniken) statistisch herausarbeitet, welche Profileinstellung in besonders gutem Maße geeignet ist, zwischen erfolgreichen und weniger erfolgreichen Mitarbeitern zu unterscheiden.

**3. Entscheidungsfindung.** Die Anwendung der Filter, die für eine erste grobe Vorselektion eingesetzt werden (z.B. Anzahl Praktika, Auslandsaufenthalt u.a.), erfolgt automatisch, ein händisches Eingreifen des verantwortlichen Recruiters ist nicht erforderlich (abgesehen von der Notwendigkeit, diese Filter regelmäßig auf ihre tatsächliche Leistungsfähigkeit zu überprüfen).

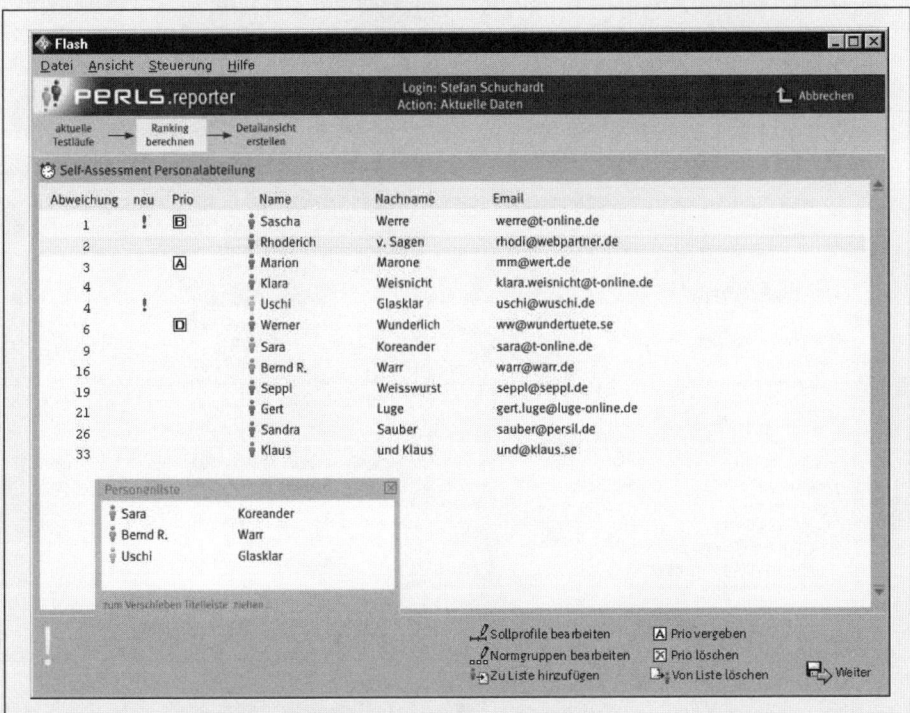

Abb. 5: Reihung der Bewerber nach Profilpassung in PERLS

Wenn wie im vorhergehenden Abschnitt aber für die Endauswahl die »zulässigen Bereiche« gesetzt worden sind, empfiehlt es sich, unter der Verwendung der in PERLS gebotenen Recruitinghilfen auch eine vom Recruiter selbst durchzuführende »optische« Kontrolle vorzunehmen. Hierzu bietet PERLS folgende Möglichkeiten:

• Die getesteten Bewerber werden nach ihrer Passung zu dem festgelegten »Soll-Profil« in eine Reihenfolge gebracht; dies ermöglicht eine erste Vorselektion, da vermutlich jene Bewerber mit einer geringen Zahl von Abweichungen besonders den Erwartungen des Recruiters entsprechen werden (s. dazu Abbildung 5). Allerdings zeigt die Erfahrung, dass auch Personen mit einer geringen Zahl von Abweichungen schon in diesem Schritt der Auswahl ausscheiden, z.B. dann, wenn extreme Defizite sichtbar werden. Umgekehrt kann es sein, dass Personen mit relativ vielen Abweichungen, die alle nur knapp außerhalb der gewünschten Bereiche liegen, letztlich doch besser einzuschätzen sind, als Personen mit weniger großen Defiziten.

- PERLS bietet daher im nächsten Schritt die Möglichkeit, sich die einzelnen Profile der Bewerber anzusehen. Dies geschieht durch einfaches Zusammenstellen jener Personen, die man sich »optisch« ansehen möchte, wobei bis zu vier Profile gleichzeitig übereinandergelegt werden können, um den Vergleich zwischen z.B. sehr ähnlich gereihten Personen damit zu unterstützen (s. Abbildung 6).

Zusätzlich bietet PERLS die Möglichkeit, sich die übrigen über diese Person vorhandenen Informationen (z.B. aus der Online-Bewerbung) durch Anklicken zusätzlich einblenden zu lassen, um die Entscheidung des Recruiters weiter zu fundieren.

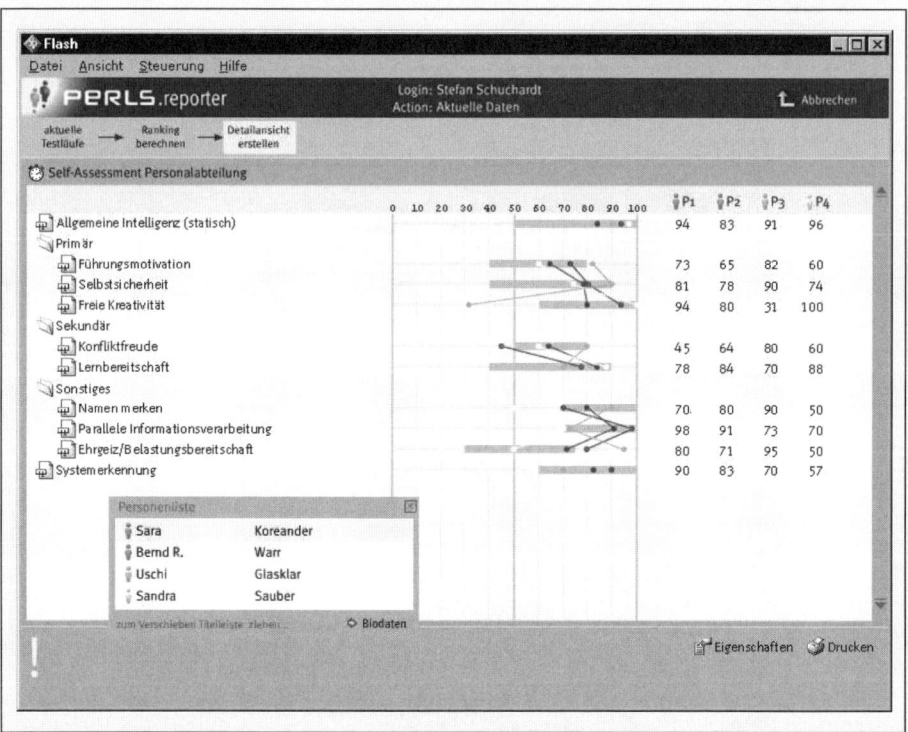

Abb. 6: Vergleich von Testprofilen von Bewerben in PERLS

Die Kontaktaufnahme mit den Personen, die zu dem weiteren persönlichen Auswahlverfahren eingeladen werden bzw. eine Absage erhalten, wird technisch von PERLS unterstützt (z.B. Versand von E-Mails).

## Referenzen

PERLS ist in seiner Art am Markt konkurrenzlos. Statt Fremdreferenzen sind deshalb die *Nutzungsbedingungen* von PERLS kurz darzulegen: PERLS wird prinzipiell zentral gehostet, für jeden Nutzer werden für ihn allein verfügbare Bereiche freigeschaltet. Jeder Nutzer kann auch angeben, welche Personen (Recruiter, Linienvorgesetzte etc.) mit welchen Passwörtern welchen Zugang und welche Berechtigungen bei der Nutzung von PERLS haben sollen.

Der Datentransfer von Personendaten erfolgt prinzipiell verschlüsselt, die Datensicherheit entspricht Bankenstandard.

Die Preise für die PERLS-Nutzung gliedern sich wie folgt:

- Eine zeitabhängige Lizenz für die Nutzung des Rahmensystems, je nachdem welche »Module« erforderlich sind (von »nur Internet-Bewerbung ohne Testverfahren« bis zur vollen, alle Möglichkeiten bietenden Systemnutzung); je nach Paketumfang beinhaltet die Lizenzgebühr auch die unbegrenzte Nutzung der »freien« Testverfahren;
- fallabhängige Kosten für die Nutzung der »halbgeschützten« und »geschützten« Verfahren, je Testskala und Testdurchführung;
- einmalige Kosten für die Einrichtung der Zugangsberechtigungen sowie Hostingkosten;
- Kosten für die erforderliche Schulung (in Abhängigkeit von den Vorkenntnissen der vorgesehenen Recruiter).

Falls vom Unternehmen spezielle »Wettbewerbe« zur Imagebildung, oder zum Zweck des Personalmarketing gewünscht werden, sind diese für das Unternehmen spezifisch zu erstellen.

Für Unternehmen, die nur die Testdurchführung wollen, die Vorteile des Rahmensystems von PERLS (eigenständiges Arbeiten mit der Datenbank, Zusammenstellen der Testprofile ohne Einschaltung von Beratung) aber nicht benötigen (etwa wegen seltener Benutzung des Systems oder nur geringen Fallzahlen von Probanden) besteht die Möglichkeit, statt dem Erwerb der PERLS-Rahmenlizenz nur die Testdurchführung zu kaufen und dafür zusätzlich Beratungsleistungen in Anspruch zu nehmen.

## Literaturverzeichnis

De la Fontaine, A.; Glas, P.; Schafsteller, C.; Wottawa, H. (2001). E-Recruiting- Hintergründe und Trends. Beispiele für erste Erfahrungen bei Siemens AG. In: H. C. Riekhof (Hrsg.). Strategien der Personalentwicklung. 5. Aufl. Wiesbaden

Miesen, J.; Schuhfried, G. & Wottawa, H. (1999). ELIGO: Eine vorläufige Antwort auf Grundprobleme der testgestützten Eignungsdiagnostik. Wirtschaftspsychologie. 1, S. 16-24

Wild, B.; de la Fontaine, A. & Schafsteller, C. (2001). Fishing for Talents: Internet-Recruiting auf neuen Wegen. Personalführung. 1, S. 66-70

# Kommerzielle Anbieter

# Opus® Organisations- und Potenzial-Untersuchungs-System

## Stephan Fischer

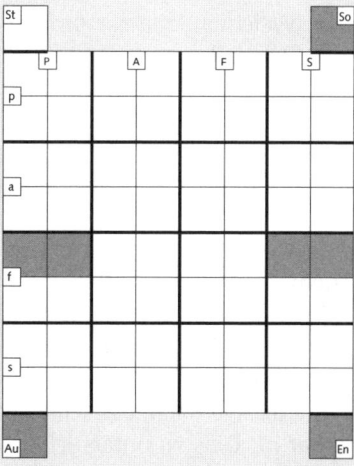

## Rasterdarstellung

### Schlagworte

Fallstudien; Kompetenz; Komplexität; Komplexitätsstufen; Potenzial; Personalentwicklung; Positionsanalyse; strukturiertes Interview

### Entwickler

Mitarbeiter der O&P Consult AG auf Basis der Arbeiten zur Entwicklungspsychologie von Elliott Jaques, einem der Mitbegründer des Tavistock Instituts in London.

### Kompetenzdefinition

Opus® ist ein strukturiertes Interview, das qualitativ nach Komplexitätsstufen differenzierte Kriterien hinsichtlich zweier Perspektiven betrachtet: mit der Biographie wird durch Komplexitätseinschätzung der Arbeitserfahrungen die Kompetenz erfasst, mit definierten Fallstudien durch stufenweise Komplexitätssteigerung das Potenzial.

### Zielstellungen

Kompetenz im Verständnis von Opus® bedeutet Wissen, Fachkenntnis und Erfahrung einer Person, eine Aufgabe (oder eine Reihe von Aufgaben) zu erfüllen. Kompetenz hat ihre Wurzeln in der Gegenwart und Vergangenheit, denn sie wurde durch früheres Lernen und durch Erfahrung erworben. Opus® beschäftigt sich zudem mit der Zukunft und somit mit dem Potenzial eines Menschen, erhöhte

Komplexität zu bewältigen. Es beantwortet die Frage: »Was kann dieser Mensch auf einer nächsten Position lernen, was er bisher noch nie getan hat und was nie von ihm verlangt wurde?«

Zielsetzung des Verfahrens ist somit eine genauere Vorhersage, um die »richtigen« Mitarbeiter gezielt auf die »passenden« Positionen zu entwickeln. Dazu werden die folgenden Fragen beantwortet:

- Welche heutigen Kompetenzen und welches Entwicklungspotenzial besitzt eine Person?
- Welche Anforderungen stellt eine Position an den Positionsinhaber, wenn er/sie auf der Position beginnt und wenn er/sie als Profi alles beherrscht?

Das Opus®-Interview befasst sich mit der Beantwortung der ersten Frage, die Opus®-Positionsuntersuchung widmet sich der zweiten Frage.

## Theoretische Grundlagen

Theoretische Grundlage von Opus® ist der entwicklungspsychologische Ansatz von Jaques (1991; 1994), dem es in seiner Arbeit um die Entmystifizierung von Führung geht. Er will beweisen, dass gute Führung weder zufällig noch angeboren ist, sondern je nach menschlichen Dispositionen bis zu einer bestimmten Stufe erlernbar ist. Dies zu untersuchen, beginnt er mit einer grundlegenden Unterscheidung von Kompetenz und Potenzial.

|  | heute | Zukunft |
|---|---|---|
| Kompetenz | CAC<br>= current actual capacity | FAC<br>= future actual capacity |
| Potenzial | CPC<br>= current potencial capacity | FPC<br>= future potencial capacity |

Tab. 1: Kompetenz und Potenzial bei Jaques

Die aktuelle Kompetenz einer Person (CAC) sieht Jaques als Kombination aus den kognitiven Fähigkeiten, dem Wissen, der Erfahrung im Umgang mit Menschen sowie der ausgeglichenen Persönlichkeit. Das aktuelle Potenzial (CPC) ist dagegen für ihn die maximale Komplexitätsstufe, auf der eine Person heute arbeiten kann, vorausgesetzt man gibt ihr alle nötigen Rahmenbedingungen. Das zukünftige Potenzial (FPC) ist die maximale Komplexitätsstufe, auf der eine Person in 10 bis 15 Jahren arbeiten kann, vorausgesetzt sie lernt alle nötigen Kompetenzen, die sie dazu braucht und ihr werden die nötigen Rahmenbedingungen zur Verfügung gestellt. Und die zukünftige Kompetenz (FAC) beschreibt, was eine Person zukünftig gelernt hat.

*Jaques' Definition von kognitiver Komplexität*
Komplexität ist für Jaques die Anzahl, Ambiguität, Veränderungsrate und wechselseitige Beeinflussung von beteiligten Variablen eines Problems. Damit unterscheidet er zwei Arten von Komplexität: die Rollenkomplexität und die kognitive Komplexität. Beide Arten von Komplexität besitzen eine gemeinsame Grundlogik, indem sie auf die vier Stufen der Informationskomplexität aufbauen:

**Komplexität 1. Ordnung:** Konkrete Sachen
Diese können benannt werden, wie z.B. »das da«. Man trifft diese Stufe der Informationskomplexität zumeist in der Kindheit an.

**Komplexität 2. Ordnung:** Erste Abstraktionsstufe verbaler Variablen
Konkrete Sachen sind übersetzt in verbale Informationen, die wir in unserer Alltagssprache benutzen. Diese verbalen Informationen können in Myriaden konkreter Sachen und Handlungen heruntergebrochen werden.

**Komplexität 3. Ordnung:** Zweite Abstraktionsstufe konzeptioneller Variablen
Die gewöhnliche Alltagssprache wird in Konzepte eingebunden. Diese Konzepte lassen sich nicht mehr direkt in konkrete Sachen und Handlungen herunterbrechen.

**Komplexität 4. Ordnung:** Dritte Abstraktionsstufe universeller Variablen
Hier bewegen wir uns bei Variablen, die gebraucht werden, um universelle Ideen und Meinungen zu äußern, mit denen man die Probleme ganzer Gesellschaften beschreiben kann.

Um nun die *kognitive Komplexität* zu erarbeiten, bedient sich Jaques ebenfalls der Unterscheidung von vier Typen kognitiver Prozesse:

* Assertive processing: Organisation von Informationen, durch direkte Assoziationen der relevanten Informationen in Bezug auf die unmittelbare Situation.
* Cumulative processing: Verarbeitung von Informationen durch Kumulation signifikanter Teile, um sie so in Relation zu einander sowie zu anderen abzuwägen und zu einer Empfehlung oder Entscheidung zu kombinieren.
* Serial processing: Verarbeitung von Informationen durch Setzung in eine lineare Folge logischer Sequenzen, wobei Ursache – Elemente – Folgen gegenseitig abgegrenzt werden können.
* Parallel processing: Verarbeitung von Informationen durch Unterscheidung in unabhängige serielle Prozesse, um dann parallel mit mehreren seriellen Prozessen zu hantieren, um so Zusammenhänge, Konsequenzen etc. daraus abzuleiten.

Nach dieser Grundunterscheidung verbindet Jaques nun die vier Komplexitätsstufen der Informationskomplexität (A-D) mit den vier Komplexitätsstufen der kognitiven Prozesse (1-4) und erhält so insgesamt 16 Komplexitätsstufen der kognitiver Komplexität:

KOGNITIVE PROZESSE

| | Assertive processing | Cumulative processing | Serial processing | Parallel Processing |
|---|---|---|---|---|
| Komplexität 1.Ordnung | A1 | A2 | A3 | A4 |
| Komplexität 2.Ordnung | B1 | B2 | B3 | B4 |
| Komplexität 3.Ordnung | C1 | C2 | C3 | C4 |
| Komplexität 4.Ordnung | D1 | D2 | D3 | D4 |

INFORMATIONS-KOMPLEXITÄT

Tab. 2: Die 16 Komplexitätsstufen kognitiver Komplexität

Nach Jaques beginnen alle Menschen als Kind mit der kognitiven Komplexitätsstufe A1, entwickeln sich dann zu A2, A3, etc. Nicht alle Menschen entwickeln sich gleich weit. Jaques hat dies mittels qualitativer Forschung über vier Jahrzehnte hinweg überprüft. Dabei hat er Kandidaten einen Sachinhalt zur Diskussion gegeben und beobachtet, auf welcher Ebene der kognitiven Komplexität sie argumentieren. Theoretisch gibt es also beim Menschen 16 verschiedene Stufen der kognitiven Komplexität, wobei der normal entwickelte Mensch bei Beginn der Adoleszenz mindestens die Stufe A3 erreicht und nur ganz wenige Menschen sich weiter als Stufe D1 entwickeln.

Jaques sieht auf der Basis empirischer Erkenntnisse typische Entwicklungskurven, die eine Person durchläuft. Er trägt auf der einen Dimension die Komplexitätsstufen der kognitiven Komplexität ab und nimmt auf der anderen Dimension das Lebensalter. Daraus ergeben sich die folgenden Entwicklungsrahmen von Kompetenz und Potenzial, die ein Mensch im Prozess seiner persönlichen Reifung durchläuft:

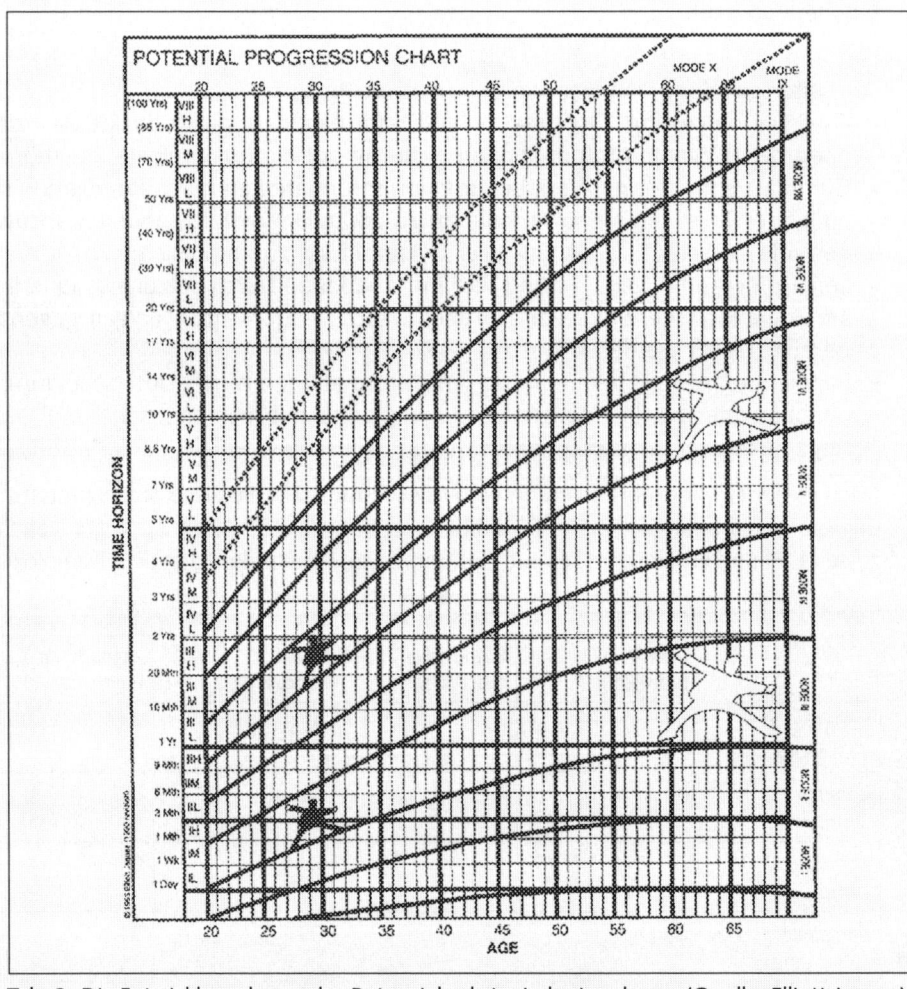

Tab. 3: Die Entwicklungskurve des Potenzials als typische Lernkurve (Quelle: Elliott Jaques)

Man kann so bei der Feststellung des heutigen Potenzials (CPC) und der Bestimmung des Alters auf das zukünftige Potenzial (FPC) schließen, vorausgesetzt die Gelegenheiten und Chancen für eine gezielte Entwicklung der Person sind gegeben und die Werthaltungen der Person unterstützen diese Entwicklung. Ganz allgemein kann gesagt werden, dass eine Person, die in jungen Jahren bereits über ein hohes Potenzial verfügt, ein deutlich höheres maximales zukünftiges Potenzial besitzt als eine Person, die diese Komplexität in späteren Jahren erst erreicht.

Jaques hat uns mit seiner differenzierten Analyse folgende entscheidende Erkenntnis ermöglicht: Potenzial und Kompetenz müssen klar unterschieden werden, denn es sind zwei Seiten einer Medaille. Um aber individuelle Entwicklung einzuschätzen bedarf es einer gemeinsamen Grundsystematik zur Erfassung von Potenzial und Kompetenz, der Komplexitätsstufen. Die Komplexitätsstufen wiederum sind universell und lassen sich sowohl bei Menschen als auch bei Positionen (Rollenkomplexität) in gleicher Weise finden. Und schließlich gibt es typische Entwicklungskurven bei Personen, die eine Voraussage in die Zukunft ermöglichen.

## Methodologische Einordnung

Opus® verbindet die Flexibilität des Interviews mit der Systematik eines Assessment Centers, indem zuvor genau definierte Kriterien anhand abgestimmter Fragen mittels eigens entwickelter Fallstudien abgeprüft werden. Opus® geht dabei sogar noch einen Schritt über das normale AC hinaus, indem es durch die Komplexitätsstufen einen exakt spezifizierten Bewertungsmaßstab für die Kriterien mitliefert. So erzielt das Verfahren weitaus qualifiziertere Ergebnisse als etwa relative Rangreihen der Kandidaten zueinander oder rein subjektive Einschätzungen der Beobachter auf einer Likert Skala. Durch die Verwendung der Komplexitätsstufen als Maßstab dient die Biographie auf besondere Weise als Basis für die Erhebung der Kompetenzen.

Durch die Verbindung zur Positionsanalyse ist zudem ein Soll-Profil erarbeitet, das als klare Grundlage für die weitere Entwicklungsplanung der Mitarbeiter dient. So wird also nicht nur der nächste individuelle Entwicklungsschritt einer Person eingeschätzt. Es sind zudem auch Aussagen möglich, auf welcher nächsten Position dieser Entwicklungsschritt gemacht werden kann.

## Einschätzung der Gütekriterien

Hinsichtlich der Einschätzung von Gütekriterien können wir auf die Ergebnisse eigener Untersuchungen zurückgreifen, die eher praktisch-empirischen Belangen denn wissenschaftlichen Kriterien entsprechen. So wurden in diesem Kontext Studien zur externen Validität durchgeführt.

Aus unseren Kenntnissen von Opus® sowie den praktischen Erfahrungen können wir darauf verweisen, dass auf Grund eines hohen Standardisierungsgrades bei der Durchführung und Auswertung der Opus® Potenzialanalyse eine hohe Objektivität erreicht wird: Neben der starken Strukturierung der Interviewführung sind auch die vom Interviewer zu beobachtenden Verhaltensweisen genau definiert. Ziel dieser Standardisierung ist die Minimierung des Einflusses von Störvariablen sowie die Gewährleistung einer objektiven Beobachtung, um damit die Voraussetzung

| Hochschulabsolventen großer multinationaler Unternehmen | | | | |
|---|---|---|---|---|
| Jahr / Zahl der Rekrutierungen | Jahr/Anzahl/ Prozent der folgenden Ein- schätzungen | Anzahl / Prozent der richtigen Ein- schätzungen | Zu niedrige Ein- schätzungen (Anzahl / Prozent) | Zu hohe Ein- schätzungen (Anzahl/ Prozent) |
| 1981 (n=429) | 1989 76.92 % (n=330) | 76.06% (n=251) | 6.06 % (n = 20) | 17,88% (n=59) |
| 1982 (n=486) | 1992 75.72 % (n=368) | 69.29% (n=255) | 8.15% (n= 30) | 22,55% (n=83) |
| 1983 (n=381) | 1992 72.97 % (n=278) | 72.66% (n=202) | 9.35% (n = 26) | 17.99% (n=50) |
| Gesamt (n=1296) | 75.31% (n=976) | 72.54% (n=708) | 7,79% (n=76) | 19,67% (n=192) |

*Acht bis zehn Jahre nach der Rekrutierung wurden aktuelle Einschätzungen der im Unternehmen verbliebenen Personen vorgenommen. Diese basieren auf gesammelten Leistungseinschätzungen und der Betrachtung des Potenzials durch Linienvorgesetzte. Während dieser Arbeitsphase wurde jede Person bei verschiedenen Aufgaben von mehreren erfahrenen Managern eingeschätzt.*

Tab. 4: Untersuchung zur Validität von Opus®

| Jahr | Probanden (n) | Tatsächliche Daten | | Zufallsdaten | |
|---|---|---|---|---|---|
| | | Treffer | Fehler | Treffer | Fehler |
| 1981-1989 | n=330 | 251 | 79 | 165 | 165 |
| 1982-1992 | n=368 | 255 | 113 | 184 | 184 |
| 1983-1992 | n=278 | 202 | 76 | 139 | 139 |

*Diese statistische Tafel zeigt den Vergleich zwischen tatsächlichen Ergebnissen und jenen, die erwartet würden, wenn die Ereignisse zufällig auftreten würden. Die Wahrscheinlichkeit, dass die tatsächlich erhobenen Daten zufällig entstanden sind, ist geringer als 1 zu 10000 (Chi$^2$ = 33,62, p < .001).*

Tab. 5: Treffer- und Fehleranzahl der Einschätzung der obigen Untersuchung

für eine reliable Messung des Potenzials zu schaffen. Hier soll auch erwähnt wer-den, dass die Durchführung von Opus®-Interviews nur akkreditierten Interviewern erlaubt ist, deren Interviewführung unseren Qualitätsstandards entspricht.

Zur Reliabilität von Opus® liegen uns keine Daten aus wissenschaftlichen Unter-suchungen vor. Auf Basis der praktischen Erfahrungen ist die Abweichung der Ergebnisse über verschiedene Interviewer hinweg jedoch äußerst gering und wird durch die Tatsache, dass oftmals zwei Interviewer gemeinsam interviewen (Vier-Augen-Prinzip) nahezu marginalisiert. Da es sich bei Opus® um ein Verfahren handelt, das mittels momentaner Verhaltensbeobachtungen Aussagen über die höchste Ebene des zukünftigen Potenzials einer Person anstellt, ist eine konkurrente Validierung obsolet.[1]

## Fehler- und Problemkritik

Kritik an Opus® kann in zweifacher Hinsicht geübt werden: Zum einen beinhaltet es mögliche Probleme in der Ausführung, die durch eine unsachgemäße Führung der Interviews hervorgerufen werden. Zum anderen kann es als Interview den Gruppenprozess eines Assessment Centers nur teilweise simulieren.

Bei der Interviewführung besteht die Gefahr der Abweichung des Interviewers von der Systematik in folgenden Punkten: beim Interviewprozess, bei der Fragetechnik sowie bei der Einschätzung der Antworten. *Sowohl durch den Gesamtprozess (z.B. unsachgemäße Verwendung der Fallstudien), als auch durch die unsystematische Verwendung von Fragen und der darauf gegebenen Antworten zu einzelnen Komplexitätsstufen kann ein Ergebnis verzerrt werden. Diese Fehler verhindern die genaue Empfehlung der nächsten Entwicklungsschritte sowie die Vergleichbarkeit verschiedener Kandidaten untereinander.*

Auf Grund der Interviews, das eine Vier-, maximal Sechs-Augen-Situation darstellt, können Gruppensituationen nur durch den Interviewer mit Unterstützung der vorgegebenen Fallstudie simuliert werden. Das Verhalten des Kandidaten in einer tatsächlichen Gruppe lässt sich nicht in der realen Situation abprüfen.

## Ablauf des Messprozesses

Jeder Erwachsene besitzt die Kriterien des Potenzials sowie der Kompetenz bis zu einer gewissen Entwicklungsstufe. Der Interviewer konfrontiert den Kandidaten mittels Opus® in allen klar definierten Kriterien mit bis zu sieben Stufen der Komplexität. Diese sieben Komplexitätsstufen repräsentieren Herausforderungen im Denken und Handeln, die mit Herausforderungen von Positionen im Unternehmen korrespondieren, die vom Einsteiger bis zum Vorstandsvorsitzenden reichen.

Zur Messung des Potenzials bedient sich Opus® speziell entwickelter Fallstudien: Dem Kandidaten werden eine Reihe herausfordernder Aufgaben gestellt, die kontinuierlich in ihrer Komplexität zunehmen. Einige Aufgaben beziehen sich auf Denkstrukturen, während sich andere mit tatsächlichen Handlungen des Kandidaten befassen. Die Kompetenz wird in einem weiteren Interviewteil mittels der Einschätzung von Komplexitätsstufen bei tatsächlich geleisteten Arbeitstätigkeiten anhand der Biographie abgeprüft.

Der Kandidat wird in einer vorgegebenen Reihenfolge durch eine Serie von Fragen und Herausforderungen geführt. Der Interviewer sucht dabei nach bestimmten Denk- und Handlungsmustern, die als Indikatoren für das Potenzial und in der Biographie für die Kompetenz stehen. Jedes Muster repräsentiert eine bestimmte Komplexitätsstufe der Herausforderung. Der Prozess wird so lange fortgeführt, bis der Kandidat nicht mehr in der Lage ist, die gesuchten Denk- und Handlungsmus-

---

1 Auf Opus® bezogene Ergebnisse zur prognostischen Validität, wenn auch nicht in Form von Validitätskoeffizienten, wurden bereits oben dargestellt.

ter zu zeigen, obwohl er mehrmals die Möglichkeit dazu hatte. Die letzte (und somit auch höchste) Komplexitätsstufe der Herausforderung, auf der die gesuchten Denk- und Handlungsmuster noch gezeigt wurden, repräsentiert die höchste Ebene des heutigen Potenzials eines Mitarbeiters und somit die aktuelle Grenze seiner persönlichen Entwicklungsmöglichkeiten. Mit Hilfe dieses interaktiven Prozesses erreicht jeder Mitarbeiter im Interview die maximale Komplexitätsstufe seines Potenzials und bewältigt so Herausforderungen, die in seinem normalen Berufsleben bisher noch nicht gefordert wurden.

*Räumliche Voraussetzungen*
Für die Durchführung des Interviews bedarf es lediglich eines ruhigen Raums, der eine abgeschlossene und ungestörte Atmosphäre bietet.

*Zeitliche Vorraussetzung*
Messung und Auswertung: Das komplette Interview dauert ca. 3,5 Stunden, wobei es jeweils ca. eine Stunde für die Fallstudie zu den kognitiven Prozessen, für die Fallstudie zu den Handlungsstrukturen sowie für die systematischen Analyse des Lebenslaufes bedarf. Danach erfolgt ein unmittelbares Kurzfeedback an den Interviewten.
Nach dem Interview wird noch ein Gutachten angefertigt, was je nach Länge und Ausführlichkeit nochmals zwischen einer und zwei Stunden dauert. Idealerweise beinhaltet das Gutachten nicht nur ein Feedback zum Opus® Interview, sondern spricht bereits Bereiche zur individuellen Entwicklung an. So leitet das Opus® Ergebnis direkt zur individuellen Entwicklungsplanung des Mitarbeiters über. Abgerundet wird der gesamte Prozess durch ein Entwicklungsgespräch des Mitarbeiters mit dem Vorgesetzten, das die Opus® Ergebnisse sowie die konkrete Planung der Personalentwicklung des Mitarbeiters beinhaltet.

*Personale Vorraussetzung*
Es bedarf eines ausgebildeten und akkreditierten Interviewers. Die Schulung ist in zwei Blöcke aufgeteilt und dauert insgesamt fünf Tage. Danach erfolgt eine Akkreditierung anhand zuvor bekannter Qualitätsmaßstäbe. Diese beziehen sich auf die Güte der Interviewführung sowie die Fragen und Antworteneinschätzung beim Interview.

*Technische Vorraussetzung*
Es müssen lediglich die Fallstudien und die Opus® Unterlagen vorhanden sein.

*Andere Forschergruppen*
Neben Jaques hat sich am Brunel Institute of Organisation and Social Studies (BIOSS) um Gilian Stamp (1991) eine Forschergruppe etabliert, die ebenfalls der Frage nach unterschiedlichen Komplexitätsstufen und deren Auswirkung auf das Wohlbefinden von Mitarbeitern nachgeht.

## Freie Darstellung

## Definition und Ziele von Opus®

### Kompetenz und Potenzial

Opus® misst sowohl die augenblickliche Kompetenz eines Kandidaten oder einer Kandidatin als auch das zukünftige Potenzial. Kompetenz bedeutet, dass jemand eine Aufgabe (oder eine Reihe von Aufgaben) kompetent erfüllen kann. Sie bedeutet Geschick und Wissen, verbunden mit Fachkenntnis und Erfahrung. Kompetenz hat ihre Wurzeln in der Gegenwart und Vergangenheit, denn sie wurde erworben durch früheres Lernen oder durch Erfahrung. Aber je weiter wir in die Zukunft schauen, desto weniger können wir sicher sein, welche genauen Kompetenzen in den Unternehmen und auf den Arbeitsplätzen der Zukunft verlangt werden. Alles, was wir mit einiger Sicherheit sagen können, ist, dass die Arbeitsanforderungen komplexer und anspruchsvoller werden.

Die Kriterien, mit denen Opus® arbeitet, sind zugrunde liegende Fähigkeiten, auf Grund derer komplexe Herausforderungen bewältigt werden können. Je größer das Potenzial eines Menschen ist, desto flexibler wird er auf unbekannte Anforderungen der Zukunft reagieren. Potenzial ist der wichtigste Indikator für Lernfähigkeit. Durch Beobachtung der Kompetenz alleine kann man nicht erkennen, wie Menschen auf das reagieren, was vor ihnen liegt.

Potenzial ersetzt also Kompetenz nicht, genauso wenig, wie es umgekehrt der Fall ist. Potenzial und Kompetenz stehen vielmehr in einem direkten Zusammenhang. Die unterschiedlichen Perspektiven in die Zukunft einerseits (Potenzial) sowie in die Vergangenheit und Gegenwart andererseits (Kompetenz) erfordern eine separate Messung der jeweiligen Opus®-Kriterien für die Kompetenz und das Potenzial. Innerhalb von Kompetenz und Potenzial sind die Kriterien gleichermaßen in Denk- und Handlungsstrukturen unterteilt, die jeweils weiter differenziert sind: Auf der Ebene der einzelnen Kriterien lässt sich eine klare inhaltliche Zuordnung jeweils eines Kriterium des Potenzials zu zwei Kriterien der Kompetenz herstellen. Das ermöglicht differenzierte Aussagen zu den individuellen Lernfeldern des Interviewten.

### Können und Wollen

Wunderer/Bruch definieren Umsetzungskompetenz als eine spezifische Form der Handlungskompetenz. Die Umsetzungskompetenz beinhaltet als mitunternehmerische Schlüsselqualifikation »das spezifische Fähigkeits- und Motivationspotential – die Gesamtheit der zugrundeliegenden Personencharakteristika – zur wertschöpfenden Implementierung einer bestimmten innovativen Idee in einem spezifischen sozial-strukturellen Kontext.« (Wunderer/Bruch 2000: 68f.).

»Sozialkompetenz lässt sich verstehen als eine – auch situativ – geglückte Kombination aus der Fähigkeit zu selbstständig-autonomem Handeln einerseits und kooperativ-integrivem Verhalten andererseits. Sie kann daher auch als kooperative Selbstorganisation charakterisiert werden.« (Wunderer/Bruch 2000: 29). Opus® ist primär ein Diagnoseinstrument – jedoch ein Instrument, wie es Wunderer/Bruch (2000: 174) noch vermissen und deshalb noch als wesentliche Grenze der Einsetzbarkeit ihres Konzepts ansehen.

Opus® misst diese beiden Kompetenzen und darüber hinaus das entwicklungsfähige Potenzial, das bei Wunderer/Bruch nur erwähnt aber nicht konzeptionell eingeführt wird (Wunderer/Bruch 2000: 29).

Dabei liegt die Praktikabilität des Verfahrens darin, dass sowohl in der Positionsanalyse wie im Personen-Assessment die Umweltkomplexität (Wunderer/Bruch 2000: 110 ff.) explizit und im Personen-Assessment durch die Art der Methodik die motivationalen Faktoren mit erfasst werden (Persönliche Leiter). Die Persönliche Leiter misst also die Handlungs- und die Sozialkompetenz von Wunderer. Für das dritte Kompetenzelement »Gestaltungskompetenz« kann die Intellektuelle Leiter von Opus® sicherlich nur einen Beitrag leisten (Wunderer/Bruch 2000: 28). Die mitunternehmerischen Anforderungen sind jedoch von der Organisation vorher zu entwickeln und als Anforderung zu definieren (Wunderer 1999: 22 ff.).

Kompetenz wird im Allgemeinen breiter definiert als Qualifikation, es geht nicht nur um Befähigung, sondern um die Problemlösung und ihre tatsächliche Bewältigung in einer konkreten Situation. Damit steht die Person stärker im Mittelpunkt (Wunderer/Bruch 2000: 81) und zwar auch mit ihren Motiven und in einem bestimmten Kontext. Diese Betrachtung reicht jedoch nicht aus, um die in die Zukunft gerichtete Strategie einer Organisation personell zu bewerten, m.a.W. welches Potenzial der Personen im Hinblick auf zukünftige Anforderungen zu entwickeln ist. Dies geschieht in doppelter Weise:

1. Opus® misst deshalb sowohl die augenblickliche Kompetenz und die noch zu entwickelnde Kompetenz, das Potenzial. Davon nur zu sprechen, es aber nicht systematisch in die Messung mit einzubeziehen (Wunderer/Bruch 2000: 72), bedeutet auch mit Personalentwicklung in der Gegenwartsdimension zu beharren.

2. Die Motive einer Person erfasst Opus® indirekt und pauschal, da die Erfassung der »Persönlichkeit«, das aktive Umsetzen, also das Wollen (Wunderer/Bruch 2000: 99ff.) vorausgesetzt ist. Eine differenzierte Erfassung dieser Komponente der Handlungskompetenz/Umsetzungskompetenz i.S. von Wunderer/Bruch kann ergänzend mit MiWay® analysiert werden.[2] Durch MiWay® werden die arbeitsrelevanten Werthaltungen und Motivationen einzelner Personen gemessen. Dadurch lassen sich in Kombination mit Opus® Aussagen darüber treffen, ob das heutige und zukünftige Können auch zum Wollen einer bestimmten Person (z.B. ein häufig genanntes Karriereziel in einer bestimmten Organisation) passt. Dies ist für den Bereich der Laufbahn- und Karriereberatung entscheidend.

---

2  MiWay® steht für Motivation und individuelles Werteanalysesystem. Es ist neben Opus® und Okay® (s.u.) Eigentum der O & P Consult AG.

## Kompetenz und Aufgabenkontext (Anforderungen)

König (1992: 2047) macht deutlich, dass Kompetenz nur als »Relationsbegriff« definierbar ist: Kompetenz ist bestimmt auf der einen Seite durch die an eine Person herangetragenen Anforderungen, auf der anderen Seite durch die Fähigkeiten bzw. Potenziale der Person. Diesem Verständnis schließen sich auch Wunderer/Bruch an. Die beiden Enden der Relation sind jedoch sehr selten systematisch verknüpft und aufeinander bezogen. Damit wird jede Messung der Passung von Person und Aufgabe fragwürdig.

Opus® hat es sich zum Ziel gesetzt, diese Relation systematisch zu entwickeln, d.h., sowohl die Kriterien der Kompetenz/Potenzial-Messung wie auch die Stufen der Komplexität im personenorientierten Assessment wie in der Anforderungsdefinition der Position gleich zu gestalten. Die Vergleichbarkeit der Ergebnisse ist in der Praxis unmittelbar überzeugend, da sich daraus ohne Übersetzung Schlussfolgerungen ableiten lassen.

## Entwicklungsmöglichkeiten des Opus®-Verfahrens

Die Grundlogik von Opus® und ihr wesentlich innovativer Ansatz liegt in der zuverlässigen Erfassung der Komplexitätsstufen. Während das Potenzial einer Person zur Bewältigung unabhängig ist von dem jeweiligen organisationalen Kontext und deshalb nicht in verschiedenen Organisationen unterschiedlich gemessen werden kann, kann es sein, dass in unterschiedlichen Kontexten spezifische Kompetenzen erworben werden bzw. gefordert sind. Es ist deshalb prinzipiell möglich, Kompetenzen organisationsspezifisch zu definieren. So kann in einer Organisation eine spezifische Kommunikationskompetenz, z.B. Interviews geben, erforderlich sein, die dann angepasst an die Komplexitätsstufen, besonders erfasst werden kann. Im Extremfall ist Opus® damit in der Lage bei der Kompetenzmessung bereits vorhandene kundenspezifische Kompetenzkriterien zu adaptieren, wenn auch die Erfahrung zeigt, dass es sich dabei häufig nur um verbale Unterschiede handelt, die aus dem Entwicklungsprozess entstanden sind.

Viel interessanter ist die Erweiterungsmöglichkeit von Opus® über den Instrumentalcharakter hinaus in die Organisationsentwicklung als Kontext der Kompetenzentwicklung.

**Kontext der Kompetenzentwicklung (Kulturgestaltung).** Die Umsetzung von Potenzial in Kompetenz verlangt eine Lernkultur, die außerdem orientiert sein sollte an der strategischen Ausrichtung des Unternehmens. Mit Okay® lässt sich diese Kulturanalyse durchführen und ein Prozess der Kulturgestaltung initiieren.[3]

**Kontext der Kompetenzentwicklung (Strukturgestaltung).** Da ein wesentlicher Teil der Entwicklung einer Person on the job stattfindet, ist die Abfolge der Positionen von großer Bedeutung. Außerdem ist es von Bedeutung, ob die Abfolge der

---

3  Okay® steht für Organisationskulturanalysesystem.

Positionen jeweils die richtige Kompetenz vermittelt, ob ein Mitarbeiter also auf eine vorhergehenden Position die Mindestkompetenz für die nächste Position erwirbt. Die Opus®-Positionsanalyse kann hier Erkenntnisse vermitteln, die im Rahmen von Organisationsentwicklung zur Gestaltung von Positionen beiträgt.

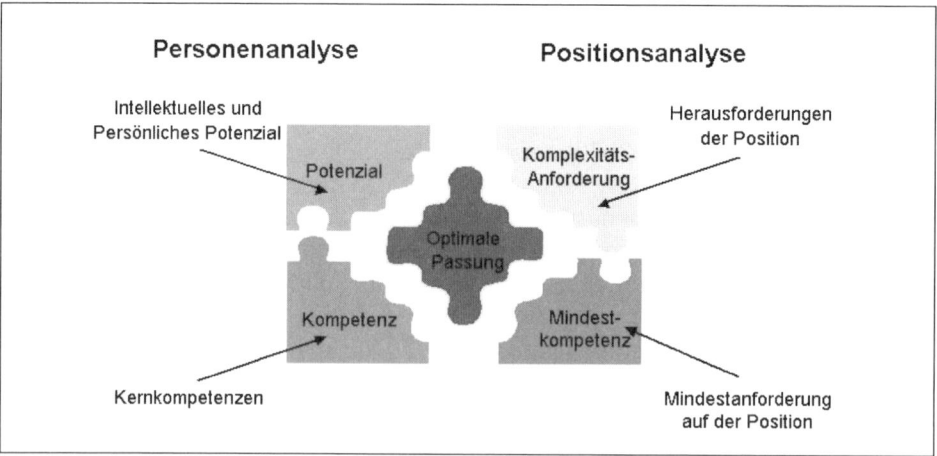

Abb. 1: Personen-/Positionsanalyse

Opus® unterstützt also beim Aus- und Aufbau strategischer Personalentwicklungs-prozesse, indem
- die individuelle Entwicklung von Nachwuchsführungskräften und Managern (Karriereplanung),
- die Unterstützung der externern und internen Auswahl (Nachfolgeplanung) sowie
- die Gestaltung und Veränderung von Organisationen (Laufbahnplanung) ermöglicht werden.

### Entwicklung eines systematischen Personalentwicklungskonzepts

Opus® erlaubt – über den üblichen gegenwartsbezogenen Vergleich von Anfor-derungen der Position und augenblickliche Kompetenz der Person hinaus – sehr gezielte zukunftsorientierte Personalentwicklungspläne zu verfolgen durch den Ver-gleich von
- Kompetenz und Potenzial der Person (personenorientierte PE) und
- Anforderung der (voll ausgefüllten) Position und Potenzial der Person (strate-gieorientierte PE).

**Personenorientierte PE.** Mit dem Vergleich von Kompetenz und Potenzial einer Per-son lässt sich die individuelle Entwicklung dieser Person zum Anker von Personal-entwicklung nehmen. Die Zielposition einer Person wird erkennbar und damit auch der mögliche Weg (Management, Spezialistenfunktion) und evtl. die Geschwindig-keit mit der die Entwicklung verlaufen kann.

**Strategieorientierte PE.** Entscheidend für ein Gesamtkonzept Personalentwicklung ist jedoch immer die strategische Ausrichtung des Unternehmens. Nur wenn Anforderungen für die Zukunft in die Positionsanforderungen eingegangen sind, können die Potenziale von Personen im Abgleich zu den Anforderungen gesehen werden. Dies kann Konsequenzen haben für die Entwicklung interner Mitarbeiter oder die notwendige Einstellung Externer und die inhaltliche Ausrichtung der Personalentwicklung.

Insgesamt gibt Opus® sehr viel mehr »harte« Daten, mit denen ein Personalentwicklungskonzept entwickelt werden kann, was für die Kommunikation zur Linie von hoher Bedeutung sein kann.

## Ergebnisse und Nutzenabschätzungen

Gleiche Kriterien bieten den Vergleich von Positionsanforderung und individuellem Potenzial und von Kompetenz und Potenzial:
- Flexibilität bei Einschätzung unüblicher Spezialistenrollen sowie typischer Managementrollen;
- Transparenz bei allen Prozessschritten sowie Konsens der Ergebnisse;
- Sensitivität gegenüber der Organisationskultur, die oftmals einen großen Einfluss auf die Rollenanforderungen besitzt;
- einfache Nutzung: die Ergebnisse sind schnell zugänglich und sofort einsetzbar;
- Erfassung ausschließlich relevanter Kriterien;
- Benchmark gegen interne sowie industrie- und branchenweite Daten, basierend auf internationalen Standards.

Damit soll ausgedrückt werden, dass der Nutzen davon abhängt, für welche Ziele Opus® eingesetzt wird. Grundsätzlich ist hervorzuheben, dass damit im Personalmanagement in Aufgabenfeldern quantifizierbare Ergebnisse zur Verfügung stehen, die davon bislang weitgehend ausgenommen waren, nämlich
- interpersonell vergleichbare Messung von Kompetenz und Potenzial und
- Verknüpfung von Positionsanforderungen durch aufeinander bezogene Mindestanforderungen und Entwicklungspotenziale.

Dadurch wird der Kommunikationsprozess zwischen Personalstab und Linie wesentlich erleichtert und Personal hat mehr Chancen zu Personal- und Strukturentscheidungen beizutragen.

Beides hat außerdem erhebliche Konsequenzen für die Ausbildung eines strategisch orientierten Personalentwicklungskonzepts. Durch die gemeinsame Grundlage der Messung von Kompetenz und Potenzial bei Personen sowie der Verknüpfung von Positionsanforderungen entsteht die Basis für eine strategische Personalentwicklung von Personen (Entwicklungsplanung) und von Positionen (Laufbahnplanung).

Opus® lässt in quantifizierbarer Form erkennen,
- welches Potenzial ein Mitarbeiter benötigt, um die Herausforderung einer Position zu bewältigen;

- welche Mindestkompetenz ein Mitarbeiter bereits mitbringen muss, um für eine Position ein akzeptabler Kandidat zu sein;
- welche Karrierepfade es im Unternehmen gibt und wo diese ggf. nicht konsistent sind;
- welche Entwicklungsmöglichkeiten für Ihre Mitarbeiter auf bestimmten Positionen bestehen.

## Erlernbarkeit und Erfahrungshinweise, Ergebnisinterpretation

O & P Consult bietet Opus®-Assessments als externen Service für eine Kundenorganisation an, jedoch können in mehrtägigen Trainingskurse den Kundenmitarbeitern zu Opus®-Interviewern trainiert und nach einer Prüfung lizenziert werden, so dass gegen eine Lizenzgebühr selbst Interviews durchgeführt werden können. Dies ist bei einer bestimmten Größe der Organisation sinnvoll. Neben Experten der Personal(entwicklungs)abteilung werden in gleichem Maße auch Linienführungskräfte qualifiziert. Sie erkennen dadurch ihre Aufgaben in der Personalentwicklung besser.

Jedoch kann auch ein Kurztraining nur dazu dienen, Ergebnisse besser verstehen zu können ohne selbst Potenzial- und Kompetenzinterviews durchzuführen. Ergebnisse von Opus®-Interviews und -Positionsanalysen sind unmittelbar verständlich und untereinander voll vergleichbar.

Die hohe Systematik von Opus®-Interviews, durch die ihre zuverlässigen Ergebnisse erzielt werden, widerspricht dem häufig geübten freien Interviewstil, insbesondere bei Auswahlinterviews. Dies erfordert ein Umdenken, jedoch wird durch das Training auch die allgemeine Interviewerqualifikation erhöht.

Das Opus®-Interview lässt sich flexibel in verschiedene Kontexte einbauen:
- ein Interview eines Kandidaten durch einen Interviewer, möglich sind auch zwei Interviewer; dies ist die am meisten angewandte Form;
- der Einbau in ein Assessment Center ist möglich.

Anwendungen sind möglich für alle Anwendungen in der Personalauswahl und der Personalentwicklung, insbesondere bei
- Auswahl von Trainees,
- Auswahl von High Potentials in Nachwuchspools,
- Personalbesetzungen von außen oder innen,
- Einzelinterviews zur Bestimmung der weiteren Entwicklungschancen eines Kandidaten.

## Materialien

Alle Opus® Materialien unterliegen dem Lizenzschutz und können hier nicht abgebildet werden. Unten finden Sie die graphische Kurzdarstellung eines Personen-Positionen-Abgleichs. Dieses Ergebnis stellt jedoch lediglich die stark verkürzte Zusammenfassung eines Opus® Interviews und einer Opus® Positionsanalyse dar.

Informationen können über die im Autorenverzeichnis angegeben Adresse bezogen werden.

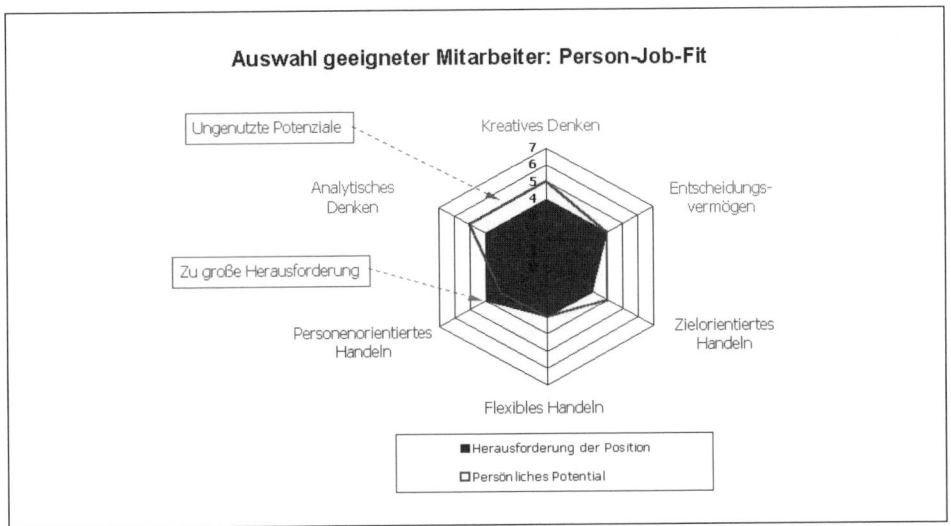

Abb. 2: Auswahl geeigneter Mitarbeiter

## Literaturverzeichnis

Jaques, E. & Clement, S. (1991). Executive Leadership: A practical guide to managing complexity. Cason Hall & Co. Publishers. Malden Massachusetts

Jaques, E. & Cason, K. (1994). Human Capability: A study of individual and its application. Cason Hall & Co. Publishers. Malden Massachusetts

König, E. (1992). Soziale Kompetenz. In: E. Gaugler & W. Weber (Hrsg.). Handwörterbuch des Personalwesens, 2. Aufl. Stuttgart

Stamp, G. (1991). Wellbeing and Stress at Work. In: Employee Counselling Today, Vol. 3, No. 3, pp. 3-9.

Wunderer, R. & Bruch, H. (2000). Umsetzungskompetenz. Diagnose und Förderung in Theorie und Unternehmenspraxis. München

Wunderer, R. (1999). Mitarbeiter als Mitunternehmer – ein Transformationskonzept. In: R. Wunderer (Hrsg.). Mitarbeiter als Mitunternehmer. Neuwied, S. 22-58.

# WM-Kompetenz-Check

## Fragebogen zur Erfassung relevanter Kompetenzen für Wissensmanagement

### Peter Heisig/Ina Finke

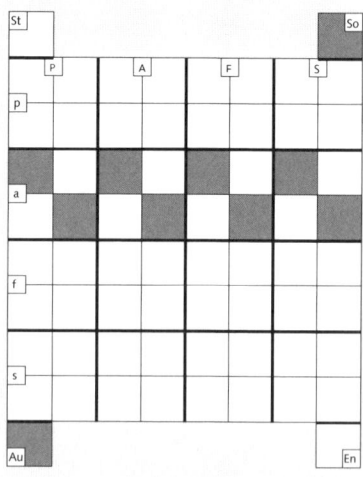

## Rasterdarstellung

### Schlagworte
Personalentwicklung; Selbsteinschätzung; Wissensgesellschaft; Wissensmanagement;

### Entwickler
Peter Heisig, Ina Finke unter Mitarbeit von Dr. Arne Jaitner
Competence Center Wissensmanagement am Fraunhofer Institut für Produktionsanlagen und Produktionstechnik (Fraunhofer IPK), Berlin

### Kompetenzdefinition
Der Begriff Kompetenz bezieht sich in diesem Verfahren stark auf die Tätigkeit des Befragten. Zentraler Schwerpunkt ist dabei die aktuell ausgeprägte Fähigkeit im Arbeitsalltag, mit Wissen effektiv umgehen zu können. Anders als Qualifikationen bezeichnen Kompetenzen dabei nicht fachliche Fähigkeiten, sondern Fertigkeiten zur Ordnung und Gestaltung von Arbeitsabläufen. Diese Managementfertigkeiten sind für den effektiven und effizienten Umgang mit Wissen im Arbeitsalltag zentral. Kompetenz beschreibt in dem Untersuchungsfeld Wissensmanagement die Fähigkeiten Wissen und Information entsprechend vordefinierter Merkmale zu verarbeiten.

## Zielstellungen

Mit dem WM-Kompetenz-Check werden folgende Ziele angestrebt:

- *Schärfung der Selbstreflektion und -einschätzung des Probanden hinsichtlich seiner Kompetenzen im Umgang mit Wissen.* Das Verfahren bietet dem Befragten die Möglichkeit sich selbst hinsichtlich erforderlicher Basiskompetenzen im Umgang mit Wissen und Information zu bewerten. Dabei wird er mit den benötigten Verhaltensweisen und Fähigkeiten konfrontiert, die aus Sicht des Unternehmens bzw. in Hinblick auf die Entwicklung eines erfolgreichen Wissensmanagements im Unternehmen zukünftig als wesentlich für den weiteren Erfolg definiert werden und maßgeblich erforderlich für die Bewältigung der eigenen Tätigkeit sind.
- *Stärken-Schwächen-Analyse des Mitarbeiters im Unternehmen.* Als Ergebnis erhält der Mitarbeiter und wahlweise der Vorgesetzte ein einfach überschaubares Analyseprofil, in dem die Stärken und Schwächen des Mitarbeiters deutlich werden. Inhaltlich sind die individuellen Ausprägungen in Bezug auf die vier Kernaktivitäten abgebildet. Hier können die unterschiedlichen Bewertungen von Mitarbeiter und Vorgesetzter gegenübergestellt werden.
- *Einsatz im Mitarbeiter bzw. Zielvereinbarungsgespräch.* Das Stärken und Schwächenprofil kann dann im Mitarbeitergespräch, aber auch in Zielvereinbarungsgesprächen als Diskussionsgrundlage dienen. Auf ihrer Grundlage lässt sich die Erreichung der zuletzt gesetzten Ziele hinsichtlich der persönlichen Kompetenzentwicklung einschätzen, sowie die Definition des Entwicklungsbedarfs und neuer Entwicklungsziele vornehmen. Die Konsensfindung mit dem Vorgesetzten spielt dabei eine wichtige Rolle, um den weiteren Einsatz des Instrumentes zu gewährleisten.

## Theoretische Grundlagen

Die Konstruktion des WM-Kompetenz-Check Verfahrens lehnt sich eng an das Referenzmodells des Fraunhofer IPK (Heisig 1999a) an. Es handelt sich um einen geschäftsprozessorientierten Ansatz zur Einführung und Umsetzung systematischer Wissensmanagement – Aktivitäten in einer Organisation. Auf Basis der empirisch abgeleiteten zentralen vier Kernaktivitäten im Umgang mit Wissen wurden die Kompetenzfelder wie folgt inhaltlich untermauert. Angelehnt an das Referenzmodell ergeben sich vier Kompetenzbereiche:

- *Wissen speichern* (Platzieren und Zugriff auf relevantes Wissen). Hier geht es um die Fähigkeit, Wissen in Dokumenten abzuspeichern. Das Ziel ist, Wissen schnell innerhalb der Organisation verfügbar zu machen. Dabei sind sowohl die Speicherstrukturen (Verzeichnisstrukturen, Ablage usw.) als auch die Struktur der Inhalte der Dokumente (Übersichtlichkeit, Anschaulichkeit, Einfachheit) wesentliche Faktoren, um Wissen schnell verfügbar zu machen. Ein weiteres Kriterium für erfolgreiches Speichern ist die Beurteilung von Relevanz und Wichtigkeit von Wissen: Es ist erforderlich zu selektieren, welches Wissen an welchem Ort in welcher Form (z.B. als Präsentation, Bericht, Checkliste) abgespeichert werden soll. Darüber hinaus ist es entscheidend, Wissen regelmäßig zu aktualisieren und dem Nutzer rechtzeitig zur Verfügung zu stellen.

- *Wissen verteilen* (Austausch). Um Wissen effizient zu verteilen, sind besonders Kommunikations- und Kooperationsfähigkeiten erforderlich. Wissen zu teilen bedeutet Inhalte auszutauschen. Um die Interaktion zwischen den Teilhabern an den Kernaktivitäten zu optimieren ist soziale Kompetenz unerlässlich, u.a. auf andere eingehen zu können, abweichende Meinungen zuzulassen, kritikfähig zu sein, konstruktive Lösungen für Interessenskonflikte zu finden. Nicht zuletzt gilt es, die passive und aktive Bereitschaft zur Verteilung zu fördern, also die Motivation zum Abrufen und Bereitstellen von Inhalten zu erhöhen.
- *Wissen anwenden* (Einsatz, Umsetzung). Die Anwendung oder Nutzung von Wissen ist Ziel des Wissensmanagements. Der produktive Einsatz von Wissen soll dem Unternehmen und der Entwicklung seiner Mitarbeiter zugute kommen. Vorhandenes individuelles und organisationales Wissen wird eingesetzt, um Arbeitsaufgaben erfolgreich zu bewältigen. Um Wissen anzuwenden, muss die Bereitschaft dazuzulernen sowie die Fähigkeit sich auf Neuerungen einzustellen (Anpassungsfähigkeit) vorhanden sein. Dabei spielt die Fähigkeit und Motivation, theoretisches Wissen zu nutzen und in die Praxis umzusetzen, eine große Rolle.
- *Wissen erzeugen* (Entwicklung). Die Entwicklung von Wissen kann durch die Verarbeitung externer Wissensquellen (Datenbanken, Kooperationen, Neueinstellungen, Beratung) oder durch die organisationsinterne Weiterentwicklung erfolgen. So werden durch die persönliche Erfahrung bei der Anwendung von Wissen Lernprozesse in Gang gebracht, die neues Wissen generieren. Die Fachkompetenz bzw. das fachliche Wissen muss ständig aktualisiert und weiterentwickelt werden, um die Organisation für zukünftige Anforderungen zu rüsten. Eine wesentliche Fähigkeit ist schließlich, sich selbst und andere zur Erzeugung von Wissen zu motivieren.

### Methodologische Einordnung

Zentrale Verwendungsmöglichkeit des WM-Kompetenz-Check ist zur Zeit in der individuellen Selbsteinschätzung durch den Mitarbeiter in der Organisation zu sehen. Das Verfahren fasst Kompetenzen als prozessbezogene Fähigkeiten der effektiven und effizienten Gestaltung der oben genannten Kernaktivitäten auf. Es handelt sich dabei um Tätigkeitsdispositionen im Sinne der Arbeits- und Organisationspsychologie. Die mittels der Fremdeinschätzung des Vorgesetzten verifizierte Selbsteinschätzung zielt auf die Formulierung von Entwicklungszielen und setzt mithin die Erlernbarkeit adäquater Tätigkeitsdispositionen voraus.

### Einschätzung der Gütekriterien

Das WM-Kompetenz-Check-Verfahren ist zur Zeit noch kein wissenschaftliches Testverfahren, sondern ein Reflexionsinstrument, das den Einzelnen dabei unterstützen kann, sich seiner eigenen Schwierigkeiten im persönlichen Umgang mit Information und Wissen bewusst zu werden. Basierend auf dem vorgestellten Referenzmodell kann die Beschäftigung mit dem Selbsttest dazu beitragen, diejenigen kritischen Kernaktivitäten ausfindig zu machen, in denen sich der Proband besonders unsicher ist und entsprechende Hilfestellung benötigt.

Die Testkonstruktion orientiert sich an den Gütekriterien der klassischen Testtheorie, die zur Zeit noch überprüft werden. Objektivität hinsichtlich Durchführung und Auswertung sind gegeben. Die objektive Interpretation ist jedoch schwierig zu gewährleisten. Klassische Reliabilitätsmessungen sind bislang noch nicht durchgeführt worden, sind aber in Planung. Es wird von einer hohen inhaltlichen Validität ausgegangen.

## Fehler- und Problemkritik

Zur theoretischen Basis des Wissensmanagement-Kompetenz-Checks muss darauf hingewiesen werden, dass die vier Kernaktivitäten zwar empirisch als zentrale Charakteristika im Umgang mit Wissen identifiziert wurden (Heisig 1999a: 53-66), als die herrschende Meinung in den zahlreichen Veröffentlichungen zum Wissensmanagement Geltung erlangt haben (vgl. Probst et al. 1999) sowie sich in Unternehmensprojekten sehr gut bewähren. Sie sind jedoch bislang noch nicht wissenschaftlich als unabhängige Faktoren eindeutig nachgewiesen worden. Im Rahmen des BMBF-Projektes »Wachstum mit Wissen«[1] wird derzeit an der Validierung des Instruments gearbeitet.

Die Methode der Selbsteinschätzung ist in diesem Kontext kritisch zu betrachten, nicht zuletzt da sie in einem kompetitiven Umfeld wie einer Organisation eingesetzt wird. Durch die individuelle Einschätzung kann es immer zu gewollten und ungewollten Verzerrungen des subjektiv wahrgenommenen Entwicklungsstandes kommen. Derzeit muss ebenfalls die Auswahl der Items überprüft werden, da sich die Zusammenstellung der Komplexe zu den vier Kernaktivitäten eventuell stärker auf die tatsächliche Tätigkeit ausrichten muss. Zu Zeit beziehen sich die Items noch stark auf den typischen Büro-Arbeitsplatz, in dem vorrangig der Umgang mit Information und Wissen im Vordergrund stehen. Doch auch in klassischen Produktionsbereichen besteht Bedarf der Kompetenzentwicklung in Hinblick auf den ökonomischen und nachhaltigen Transfer von Wissen.

## Ablauf des Messprozesses

Die Durchführung erfordert lediglich einen mit einem Computer ausgestatteten Arbeitsplatz. Besondere technische Anforderungen bestehen nicht, außer einer einfachen Browser-Funktion (z.B. Microsoft Internet Explorer oder Netscape Navigator). Eine einfache Testversion kann zur Zeit ebenfalls auf dem Papier ausgefüllt werden. Die Beantwortung des Fragebogen dauert rund 10 Minuten und sollte vom Mitarbeiter selbstständig vorgenommen werden.

## Referenzen

Der Ansatz des Individuellen Wissensmanagements von Reinmann-Rothmeier und Mandl (2000) verfolgt eine ähnliche Zielsetzung.

Die britische Personalberatung TFPL Ltd. veröffentlichte im September 1999 eine von der britischen Library and Information Commission geförderte Studie unter dem Titel »Skills für Knowledge Management: building a knowledge economy«. Dort werden für fünf generische Wissensmanagement-Rollen die jeweils erforderlichen Kompetenzen kurz beschrieben.

---

1 Förderkennzeichen 01HW0119

## Einleitung und konzeptionelle Grundlage

Wissen nimmt seit jeher eine zentrale Stellung in der Bildungs- und Kompetenzforschung ein. In der jüngeren Zeit hat die Bedeutung und Funktion des Wissens
für die Gesellschaft nicht nur von Seiten der Wissenschaft, sondern insbesondere
von Seiten der Wirtschaft und Politik zunehmende Aufmerksamkeit erlangt. Für
den Übergang zur Wissensgesellschaft wird die wissensbasierte Organisation als
zentraler Ort der Anwendung von Wissen hervorgehoben. Mitarbeiter werden als
Wissens- oder Kompetenzträger bezeichnet, denen zunehmende Aufmerksamkeit
seitens der Ausbildungsstätten und des Managements zuteil kommen muss (vgl.
Drucker 2000, Kurtzke/Popp 1999; Rogowski 2001). Die Europäische Union hat sich
2000 das Ziel gesetzt, »die wettbewerbsfähigste und dynamischste Wissensgesellschaft der Welt zu werden.« (Jubert 2001:53). Die Europäische Kommission fördert
derzeit mehrere Forschungsprojekte unter anderem mit dem Ziel, »die Fähigkeiten
von Einzelpersonen und Organisationen mittels neuartiger Wissensmanagement-
Lösungen zu unterstützen, die darauf abzielen, Kreativität, Innovation, Kompetenz
und Reaktionsfähigkeit zu verbessern.« (Jubert 2001: 53f.).

Unter dem Begriff des Wissensmanagements beziehungsweise Knowledge Management werden zahlreiche Konzepte, Maßnahmen und Instrumente von Forschern,
Beratern und Praktikern zusammengefasst, die den systematischeren und effizienteren Umgang mit Wissen und Erfahrungen fördern und somit zur Stärkung der
Wettbewerbsfähigkeit von Organisationen beitragen sollen (vgl. u.a. Bach et al.
1999; Davenport/Prusak 1998; Probst et al. 1998; Nonaka/Takeuchi 1995; Wiig
1995; Willke 1998). Dabei thematisieren sämtliche Wissensmanagement-Konzepte
die Bedeutung der Informationstechnologien, der Unternehmenskultur, die Unterstützung durch das Management und der Motivation und Anreize der Mitarbeiter. Während die erste Welle der Wissensmanagement Anwendungen in der zweiten Hälfte der 90er Jahre stark informationstechnologisch ausgerichtet war, wird
in letzter Zeit stärkeres Gewicht auf die Einbindung und Motivation der Mitarbeiter als Wissensträger gelegt.

Die Aspekte der Qualifikation und der Kompetenzen der Mitarbeiter zum systematischen Umgang mit Wissen werden bisher jedoch kaum systematisch thematisiert. Falls die jeweilige Wissensmanagement-Lösung neue Aufgaben und Rollen,
wie beispielsweise sogenannte »Chief Knowledge Officers« (CKO) oder »Wissensbroker« vorsieht, werden die Qualifikationsanforderungen ebenfalls nur grob beschrieben (TFPL 1999).

Einige Wissensmanagement-Ansätze thematisieren elektronisch unterstütztes
Lernen, das sogenannte E-Learning. Bei diesen Ansätzen handelt es sich jedoch
hauptsächlich um die Fortschreibung von Konzepten des Computer Based Training
mit neuen Web-basierten Anwendungen, die die Vermittlung von Fachwissen in
das Zentrum stellen.

In einer umfangreichen Benchmarkingstudie des Competence Centers Wissensmanagement und des Informationszentrums Benchmarking am Fraunhofer IPK wurden in einer Befragung der 1000 umsatzstärksten deutschen und 200 europäischen Unternehmen fünf kritische Erfolgsfaktoren für die Einführung von Wissensmanagement identifiziert: Unternehmenskultur, Prozesse und Strukturen, Informationstechnologien, Qualifikation und Motivation sowie Unterstützung des Managements (Abbildung 1) (Heisig 1999a, 2000; Mertins et al. 2001).

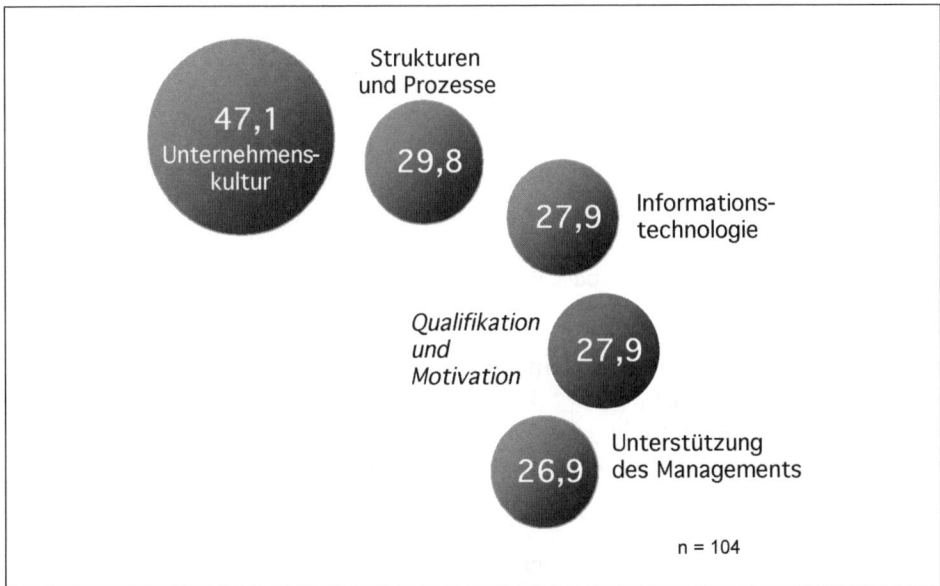

Abb. 1: Kritische Erfolgsfaktoren für Wissensmanagement (Heisig 1999a)

Auf der Basis der Unternehmensbefragung und zahlreichen Unternehmensfallstudien wurde das Fraunhofer IPK Referenzmodell Wissensmanagement entwickelt und in Projekten in Industrie- und Dienstleistungsunternehmen (u.a. VOLKSWAGEN AG, Deutsche Flugsicherung GmbH) sowie im öffentlichen Bereich (u.a. Innenministerium NRW, Polizei NRW) erfolgreich zur Gestaltung von ganzheitlichen Wissensmanagement-Lösungen eingesetzt (vgl. Abbildung 2) (Heisig 1999a, 1999b: 42-50; Mertins et al. 2001).

Dieses Referenzmodell bildet die konzeptionelle Grundlage für den Fragebogen zur Überprüfung der Wissensmanagement-Kompetenzen. Den Kern des Fraunhofer IPK Referenzmodells bilden die wertschöpfenden Geschäftsprozesse beziehungsweise die täglichen Arbeitsabläufe, in denen die Mitarbeiter mit Wissen umgehen. Der Umgang mit Wissen lässt sich analytisch auf der obersten Ebene in vier Kernaktivitäten gliedern: Wissens anwenden, erzeugen, speichern und verteilen. In der Unternehmensbefragung wurden diese vier Kernaktivitäten am häufigsten als »unabdingbar« und »wichtig« genannt (Abbildung 3). Ein Vergleich der verschiedenen derzeit publizierten Wissensmanagement-Ansätze zeigt eine sehr hohe Übereinstimmung in der Benennung dieser Aktivitäten. Entscheidend ist nicht die

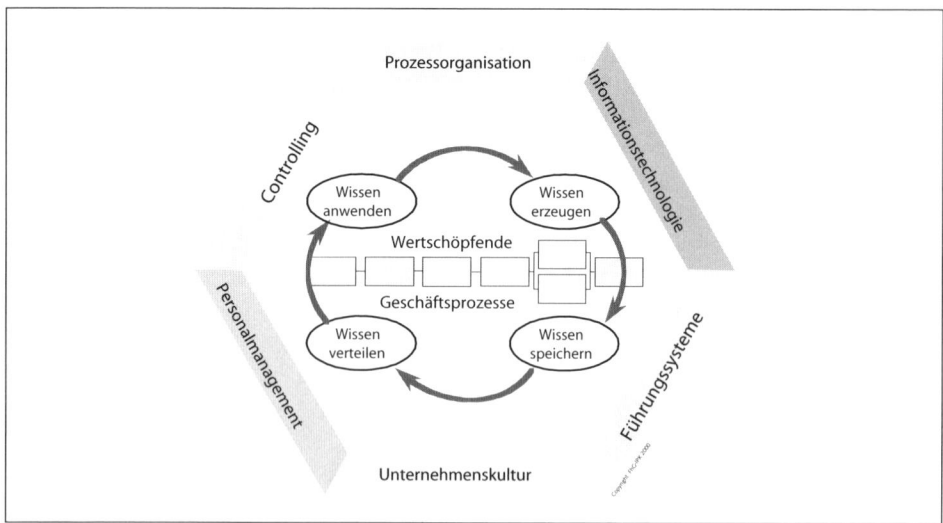

Abb. 2: Fraunhofer IPK Referenzmodell Wissensmanagement (Heisig 1999b)

exzellente Ausführung einer einzelnen dieser Kernaktivitäten, sondern deren Verknüpfung zu einem geschlossenen Kernprozess. In der betrieblichen Realität werden diese abstrakt-analytischen Kernaktivitäten je nach Anwendungsbereich durch
spezielle Methoden, Verfahren und Instrumente operationalisiert.

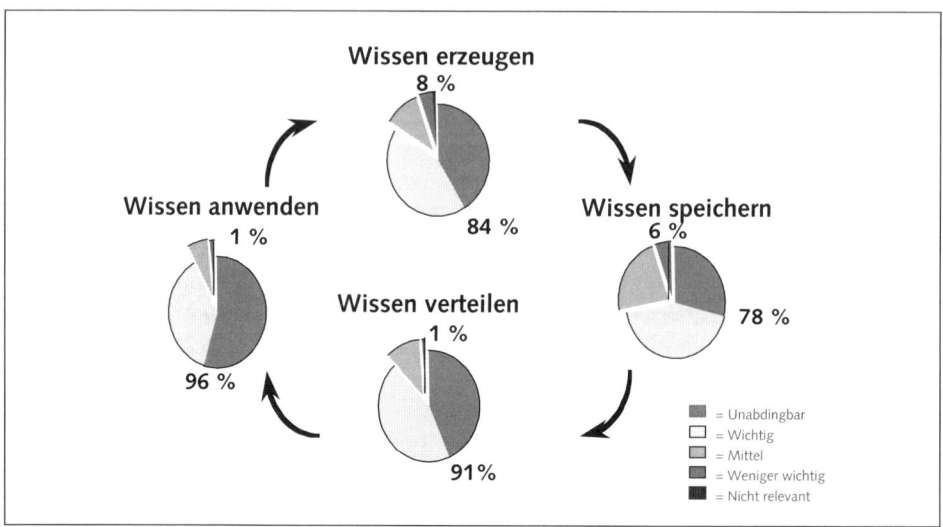

Abb. 3: Einschätzung der Wissensmanagement-Aktivitäten (Heisig, Vorbeck 2001)

Die Aufgaben im Gestaltungsfeld des Personalmanagements betreffen einerseits die
Motivation der Wissensträger, Wissen zu erzeugen, zu speichern, zu verteilen und
anzuwenden. In der wissenschaftlichen Diskussion zum Wissensmanagement und

in der organisatorischen Praxis werden die Aufgaben des Personalmanagements in der Regel auf diese Motivations- und Anreizfunktion reduziert und damit einseitig überbetont. Die zweite sehr wichtige Gestaltungsdimension, die der individuellen Fähigkeiten und Kompetenzen, die Kernaktivitäten des Wissensmanagements effizient auszuführen, wird jedoch kaum betrachtet. Obwohl das Jahrbuch Personalentwicklung und Weiterbildung 2000/2001 dem Thema Wissensmanagement eine eigene Sektion mit acht Beiträgen widmet, wird der Aspekt der Fähigkeiten kaum explizit behandelt (vgl. Schwuchow 2000:79-84). Unter den mehr als 80 uns persönlich bekannten Wissensmanagement-Projekten weltweit ist uns bisher nur ein britisch-amerikanisches Pharmaunternehmen bekannt, das die systematische Entwicklung von grundlegenden Wissensmanagement-Fähigkeiten für alle Mitarbeiter als ein zentrales Gestaltungselement seiner Wissensmanagement-Projektes bearbeitet hat. Eine Ausnahme stellt der von Reinmann-Rothmeier und Mandl (2000) verfolgte Ansatz des individuellen Wissensmanagements dar. In einem typischen Wissensmanagement-Projekt reduzieren sich die Personalentwicklungsmaßnahmen in der Regel auf die Einweisung in die neue Softwareanwendung und die Schulung der Mitarbeiter, die Spezialfunktionen in der eingeführten Wissensmanagement-Lösung ausüben. Drastisch ausgedrückt bedeutet dies, dass eine Einführung in die Funktionalität einer neuen Suchmaschine durchgeführt wird, jedoch niemand in der Fähigkeit geschult wird, inhaltlich sinnvolle Recherchefragen zu formulieren und das Suchergebnis richtig zu interpretieren. Schließlich wird dem Anwender die nutzenstiftende Integration seines neuen Wissensmanagement-Instruments in seine Tagesarbeit überhaupt nicht verdeutlicht.

Aus unserer Sicht ist das Personalmanagement im Rahmen von Wissensmanagement-Projekten für die zentrale Aufgabe der Entwicklung der Wissensmanagement-Kompetenzen der Führungskräfte und Mitarbeiter verantwortlich.

## Wissensmanagement-Kompetenzen

Mit Wissensmanagement-Kompetenzen bezeichnen wir die Fähigkeiten, die vier Kernaktivitäten des Wissensmanagements effizient in der täglichen Arbeitspraxis ausüben zu können. Die Wissensmanagement-Kompetenzen umfassen beispielsweise die Kompetenz, verschiedene Recherchestrategien zu kennen sowie die richtigen Fragen stellen zu können und die Fähigkeit, sein Wissen und Erfahrungen sowie Informationen effizient strukturieren zu können. Die zielgruppengerechte Darstellung und verbale wie auch schriftliche (elektronische) Kommunikation zählen ebenfalls dazu. Nach amerikanischen und auch deutschen Untersuchungen erfolgt der Informations- und Wissensaustausch zwischen Wissensarbeitern (»knowledge workern«) zu 50 bis 95 Prozent durch das gesprochene Wort[1]. Schließlich ist hier auch die Fähigkeit relevant, externes Wissen aufzunehmen, zu verstehen, zu akzeptie-

---

1  Befragungsergebnisse von 683 Knowledge Workern in amerikanischen Unternehmen Jim Bair (Research Director Gardener Group) persönliche E-Mail-Kommunikation 1999; Meister in der Automobilproduktion verwenden mehr als 40 Prozent der täglichen Arbeitszeit auf informationsverarbeitende bzw. kommunikative Tätigkeiten wie das Reden (19 %) und das Zuhören/Befragen (24 %) (Frieling 1999).

ren und anwenden zu können. Diese Fähigkeiten werden in Zukunft eine zentrale Rolle in der Arbeitswelt erlangen. Sie werden Teil der Kulturtechniken der Wissensgesellschaft sein. Der Wissensmanagement-Kompetenz-Check knüpft an diesen Überlegungen an, indem die vier Kernaktivitäten durch 34 Fragebogen-Items operationalisiert wurden. Diese 34 Items beziehen sich auf allgemeine Basiskompetenzen eines systematischen Umgangs mit Wissen. Diese Basiskompetenzen verteilen sich gleichgewichtig auf Wissen erzeugen und Wissen speichern, jeweils acht Fragebogen-Items; Wissen verteilen und Wissen anwenden jeweils neun Items. Die einzelnen Items stellen grundsätzlich keine neuen Fähigkeiten dar. So wird Wissen mündlich kommuniziert, weshalb die kommunikativen Fähigkeiten auch im Wissensmanagement von besonderer Bedeutung sind. Wissen speichern erfolgt nicht nur im Gehirn der Mitarbeiter, sondern auch in schriftlicher Form in verschiedenen Dokumenten. Die Fähigkeit, sein Wissen und seine Erfahrungen strukturiert und adressatengerecht darzustellen ist ebenfalls eine bekannte jedoch nicht triviale Fähigkeit[2]. Schließlich gehört die Fähigkeit, bestehendes Wissen zu recherchieren, zu ordnen, zu bewerten und auf neue Fragestellungen anzuwenden, zu den Basiskompetenzen der wissenschaftlichen Ausbildung.

## Ziele, Durchführung und Ergebnisse

### Ziele des Verfahrens

Mit dem Wissensmanagement-Kompetenz-Check des Fraunhofer IPK werden folgende Ziele verfolgt:
- Sensibilisierung von Mitarbeitern und Führungskräften hinsichtlich der relevanten Basiskompetenzen für den systematischen Umgang mit Wissen;
- Kenntnis der eigenen Stärken und Schwächen in Bezug auf die Kernaktivitäten des Wissensmanagements und Selbstkontrolle der Entwicklungsziele;
- Bewertungsgrundlage für Gespräche mit Vorgesetzten und Personalentwicklern zur Festlegung von Fortbildungsmaßnahmen.

### Ablauf des Verfahrens

Der Fragebogen ist in elektronischer Form und papierbasiert verfügbar. Nach dem Aufruf des webbasierten Fragebogenmoduls folgt auf der Einstiegsseite eine kurze Erläuterungen zu Zweck und Zielsetzung sowie den organisatorischen Rahmenbedingungen des Fragenbogeneinsatzes (z.B. geltende Betriebsvereinbarung). Danach folgt eine kurze Instruktion. Durch Mausklick kann der Proband den interaktiven Fragebogen aufrufen.

Die 34 Frage-Items sind nach den vier Kernaktivitäten Wissen anwenden, erzeugen, speichern und verteilen gruppiert dargestellt. Der Proband kann für jedes Item angeben, inwieweit die Aussage für ihn zutrifft oder gar nicht zutrifft. Die Skala gliedert sich in fünf Stufen von 100 Prozent bis 0 Prozent. Die durchschnittliche Dauer zum Ausfüllen des Fragenbogens beträgt maximal zehn Minuten (Abbildung 4).

---

2   Selbst von Hochschullehrern wird diese Fähigkeit oft eher als Last denn als Lust empfunden (Narr & Stary 2000)

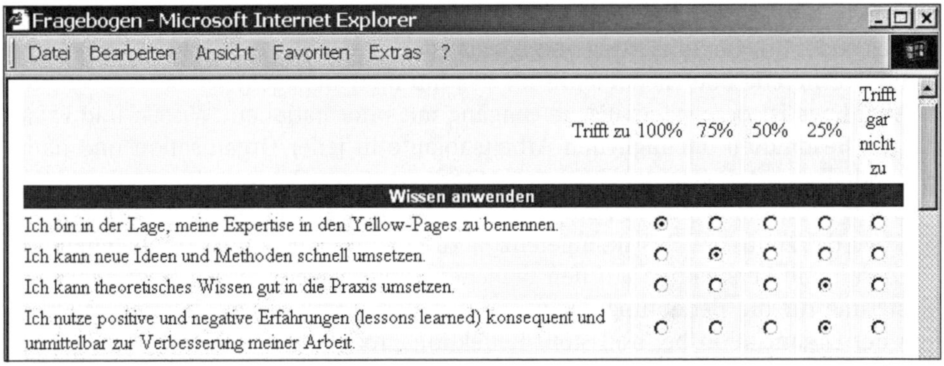

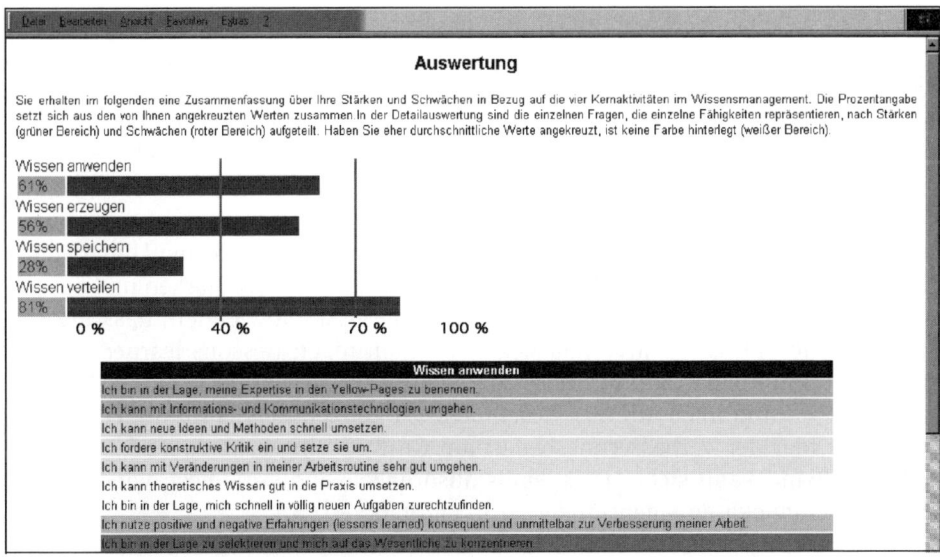

Abb. 4: Eingabemaske

Nach Beenden des Fragebogens kann sich der Proband das Ergebnis sofort in einem zusätzlichen Fenster anzeigen lassen und ausdrucken. Das Ergebnis wird aggregiert für die jeweilige Kernaktivität mit einem Prozentwert (0 bis 100 Prozent) angezeigt. In der Detailauswertung sind die einzelnen Fragebogen-Items je nach Antworteingabe farblich hinterlegt. Die Stärken sind grün hervorgehoben, die Schwächen sind rot eingefärbt und die mittleren Werte sind nicht farblich dargestellt (weißer Bereich) (Abbildung 5).

Abb. 5: Ergebnisdarstellung

## Ergebnisse des Verfahrens

Ein wichtiges Ergebnis ist zunächst die Sensibilisierung der Mitarbeiter. In Projekten zur Einführung von Wissensmanagement wird bisher der Aspekt der Fähigkeiten primär auf den Umgang mit neuen Softwareprogrammen, das Erlernen von

speziellen Methoden (z.B.: De-briefing-Techniken zur Sicherung von Projekterfah-
rungen) oder die Qualifizierung von Spezialisten (z.B.: Wissensbroker für die Infor-
mationsrecherche oder Redakteure für das Intranet) bezogen.

Allerdings ist der systematische Umgang mit Informationen, Wissen und Erfahrungen Bestandteil der täglichen Arbeitsabläufe in jeder Organisation und damit
Bestandteil der Arbeitsaufgaben jedes Mitarbeiters der Organisation.

Der Wissensmanagement-Kompetenz-Check verknüpft erstmals aus Wissensper-
spektive die zentralen Basiskompetenzen zu einem allgemeinen Kompetenzprofil.

Diese neue Perspektive auf den täglichen Umgang mit Wissen trägt zur Sensibilisierung für die Bedeutung der genannten Basiskompetenzen bei den Mitarbeitern der Organisation bei und stößt Reflektionsprozesse an.

Dadurch fördert der Kompetenz-Check ebenfalls die Veränderung von Einstellungen gegenüber Arbeitsaufgaben, deren Bedeutung aus der Perspektive des Wissensmanagements als sehr wichtig anzusehen sind. So wird beispielsweise das Dokumentieren oft als nicht bzw. gering wertschöpfende Aufgabe betrachtet und wird
daher nicht mit der erforderlichen Priorität erfüllt (Irlinger 1999).

### Stärken- und Schwächenprofil

Die graphisch-farbliche Ergebnisdarstellung des Kompetenz-Checks zeigt dem Probanden schnell und einfach, wo er seine Stärken und Verbesserungspotenziale sieht.

In der aggregierten Darstellung erkennt der Proband an den erreichten Prozent-
werten, in welchen Kernaktivitäten des Wissensmanagements er sich stark (über
70 Prozent) einschätzt und wo seine Schwächen (kleiner 40 Prozent) liegen. Das
aggregierte Ergebnis in Abbildung 5 zeigt, dass sich der Proband bei den Aktivitäten des Wissen Verteilens (81%) sehr stark bewertet, während bei den Tätigkeiten des Wissen Speicherns (28%) dringender Handlungsbedarf besteht. Bei Wissen anwenden (61%) und Wissen erzeugen (56%) zeigt seine Selbsteinschätzung
mittlere Werte.

In der Detailauswertung sieht der Proband anhand der farblichen Hinterlegung
der einzelnen Items, in welchen konkreten Tätigkeiten er seine Stärken und Schwächen sieht. Die Abbildung 5 zeigt zur Aktivität Wissen anwenden, dass die beiden Items »Ich nutze positive und negative Erfahrungen (lessons learned) konsequent und unmittelbar zur Verbesserung meiner Arbeit« und »Ich bin in der Lage
zu selektieren und mich auf das Wesentliche zu konzentrieren« rot hinterlegt sind
und daher hier der Verbesserungsbedarf am Größten eingeschätzt wird.

Der Proband kann sich das Ergebnis ausdrucken und periodisch wiederholen,
um seine Entwicklung eigenständig zu monitoren.

### Bewertungsgrundlage zur Festlegung von Fortbildungsmaßnahmen

Die Selbsteinschätzung seitens des Mitarbeiters soll einerseits zur Steigerung der
Selbstverantwortlichkeit für die persönliche Kompetenzentwicklung (»Employability«) beitragen und andererseits als Gesprächsgrundlage für jährliche Mitarbeitergespräche mit der Führungskraft als auch für die Auswahl und Festlegung von Fortbildungsmaßnahmen dienen.

Bei der Nutzung des Wissensmanagement-Kompetenz-Checks im Mitarbeiterge-spräch ist es sinnvoll, dass die jeweilige Führungskraft ebenfalls eine Fremdeinschät-zung seines Mitarbeiters mit dem Fragebogenmodul vornimmt. Anhand der beiden Ergebnisse sollten dann sowohl die Übereinstimmungen von Selbst- und Fremdein-schätzung als auch die Abweichungen offen diskutiert werden. Dabei ist es von Vorteil, wenn die jeweiligen Einschätzungen anhand der konkreten Arbeitsanfor-derungen an die Position des Probanden und am Beispiel konkreter Ereignisse und Arbeitsergebnisse aus dem zu betrachtenden Zeitraum verdeutlicht werden. Damit fördert der Kompetenz-Check zudem das notwendige Feedbackverhalten der Füh-rungskräfte, dem besondere Motivationsfunktion auf Seiten der Mitarbeiter zukommt.

Bei der Festlegung von Fortbildungsmaßnahmen dient der Kompetenz-Check zur notwendigen Schwerpunktsetzung und Auswahl von speziellen Schulungsmaß-nahmen. Die derzeitigen Schulungsangebote im Bereich des Wissensmanagements richten sich allerdings in der Regel an spezielle Aufgabenträger, wie beispielsweise Wissensbroker oder Webredakteure und sind daher für die hier angesprochenen allgemeinen Fähigkeiten nicht zu empfehlen. Uns sind auch bisher keine entspre-chenden Schulungs- und Fortbildungsangebote bekannt. Daher hat die Personal-entwicklung hier eine wichtige Orientierungs- und Auswahlfunktion wahrzuneh-men und einen entsprechenden Angebotskanon zusammenzustellen. Sinnvoll ist es ferner, auf bestehende Angebote und Experten aus dem eigenen Haus zurück-zugreifen, um gegebenenfalls gezielte Schulungsmodule zu erstellen. Hier besteht aus unserer Kenntnis jedoch noch ein großer Verbesserungsbedarf.

## Gütekriterien

Das Kompetenz-Check Verfahren ist zur Zeit noch kein wissenschaftliches Testver-fahren, sondern ein Reflexionsinstrument, das den Einzelnen dabei unterstützen kann, sich seiner eigenen Schwierigkeiten im persönlichen Umgang mit Informa-tion und Wissen bewusst zu werden. Basierend auf dem vorgestellten Referenz-modell kann die Beschäftigung mit dem Selbsttest dazu beitragen, diejenigen kriti-schen Kernaktivitäten ausfindig zu machen, in denen man sich besonders unsicher ist und entsprechende Hilfestellung gebrauchen könnte.

Die Testkonstruktion orientiert sich an den Gütekriterien der klassischen Test-theorie, die zur Zeit noch überprüft werden. Deshalb können hier nur erste Erfah-rungswerte berichtet werden. Die Items wurden aus Aussagen in Interviews im Rahmen des Wissensmanagement-Audits (Mertins 2001: 157-162) generiert. In den Interviews wurde ein zentraler Schwerpunkt auf die Haupttätigkeiten der Mitarbei-ter im Unternehmen gelegt und dabei die vier Kernaktivitäten (Wissen erzeugen, speichern, verteilen, anwenden) in ihrer Bedeutung und Ausprägung im Umgang mit Wissen im Arbeitsalltag überprüft.

Objektivität ist hinsichtlich der Durchführung gesichert (elektronische Eingabe-maske). Ebenso ist der Auswertung des Verfahrens objektiv auf Grund der Auf-summierung der Skalenwerte. Hinsichtlich der objektiven Interpretation sind jedoch Grenzen offensichtlich, vor allem wenn der Kompetenz-Check im Rahmen von Mit-arbeitergesprächen eingesetzt wird. Jedoch sei darauf hingewiesen, dass der Fra-gebogen eben genau die Diskrepanzen zwischen der subjektiven Wahrnehmung der Führungskraft und die des Mitarbeiters widerspiegeln soll. Die persönliche Einschätzung zu den einzelnen Items ist subjektiv und auf Grund der Zielstellung des Verfahrens auch so gewollt (Selbsttest).

Klassische Reliabilitätsmessungen sind bislang noch nicht durchgeführt worden, sind aber in Planung. Wir gehen von einer hohen inhaltlichen Validität aus, da die Items, die den jeweiligen Kernaktivitäten zugeordnet sind, diese Aktivitäten sehr genau beschreiben. Die aufwendige Konstruktvalidierung steht bislang noch aus, da die vier Kernaktivitäten als voneinander unabhängige Faktoren zur Zeit noch untersucht werden. Erste Einsätze in der Praxis zeigen jedoch eine hohe Übereinstimmung mit der eigenen subjektiven Einschätzung von Stärken und Schwächen und den Ergebnissen des Tests. Zum jetzigen Zeitpunkt dient das Instrument zum einen einer systematischen Analyse und zum anderen als eine fundierte Diskussionsgrundlage für die Kompetenzeinschätzung.


## Entwicklungsmöglichkeiten

Der hier vorgelegte Wissensmanagement-Kompetenz-Check ist seit 1999 im Rahmen von Entwicklungs- und Beratungsprojekten mit Dienstleistungs- und Industrieunternehmen sowie öffentlichen Institutionen entwickelt worden, um die Dimension des »Könnens« neben derer des »Wollens« und »Dürfens« inhaltlich auszufüllen und den Anwendern ein einfach zu handhabendes Instrument zur Verfügung zu stellen. Im Rahmen des vom BMBF geförderten Projektes »Wachstum mit Wissen« wird das Instrument derzeit sowohl inhaltlich als auch technisch weiterentwickelt. Allerdings soll die Einfachheit des Instruments weiterhin oberste Entwicklungsmaxime bleiben.

### Inhaltliche Entwicklungsmöglichkeiten

Auf Grund der ersten Erfahrungen und der Anforderungen der Pilotanwender lassen sich folgende inhaltliche Entwicklungsmöglichkeiten benennen.

**Verknüpfung von Selbst- und Fremdeinschätzung.** Die derzeitige Version des Wissensmanagement-Kompetenz-Checks nutzt für Selbst- und Fremdeinschätzung den wortgleichen Fragebogen. Für die Fremdeinschätzung lassen sich die Fragebogen-Items entsprechend umformulieren, um eine eindeutigere Unterscheidung von Fremd- und Selbsteinschätzung zu fördern.

**Erweiterungen für bestimmte Funktionsbereiche.** Auf der Basis unseres Grundverständnisses, dass der systematischere Umgang mit Informationen, Wissen und Erfahrungen zur täglichen Aufgabe jedes Mitarbeiters gehört, sind die Fragebogen-Items sehr allgemein formuliert.

In der Organisationspraxis zeigt sich der Bedarf nach einer differenzierteren Betrachtung der thematisierten Fähigkeiten. Dabei ist die Vorstellung eines Kompetenzkontinuums hilfreich. Das eine Ende des Kompetenzkontinuums wird durch die spezialisierten Fähigkeiten von bestehenden oder neuen Tätigkeiten ausgefüllt, die im Rahmen von Wissensmanagement an Bedeutung zunehmen oder neu geschaffen werden. Dies trifft aus unserer Sicht für Rechercheure und sogenannte Content-Manager von Webseiten zu. Die im vorliegenden Wissensmanagement-Kompetenz-Check benannten Fähigkeiten sehen wir eher am anderen Ende des Kontinuums als Basiskompetenzen für den systematischen Umgang mit Wissen.

Je nach betrieblichem Funktionsbereich (z.B. Forschung und Entwicklung, Vertrieb, Produktherstellung, Kundendienst), Position (z.B. Führungsaufgaben, Sachbearbeitung) sind im Zwischenraum dieser beiden Enden verschiedene Anforderungsprofile an den systematischen Umgang mit Wissen denkbar. Hierzu sind uns bisher weder in der Forschung noch in der Organisationspraxis entsprechende Lösungsvorschläge und Ideen bekannt.

**Verknüpfung mit arbeitsprozessorientierten Anforderungsprofilen.** Eine weitere Entwicklungsmöglichkeit stellt die Verknüpfung mit der Entwicklung von Qualifikationsanforderungen und Instrumenten der Qualifikationsbedarfsanalyse dar. Im Rahmen unserer Entwicklungen zur Methodik des Geschäftsprozessorientierten Wissensmanagements (GPO-WM) haben wir Kriterien zur Analyse und Gestaltung von Geschäftsprozessen aus der Perspektive des systematischen Umgangs mit Wissen erarbeitet (Heisig 2002: 47-64). Ein zentrales Element bei der Erstellung der Geschäftsprozessmodelle stellen die Arbeitstätigkeiten und die personellen Wissensträger dar. Perspektivisch lassen sich aus diesen Prozessmodellen nicht nur die fachlichen und prozessbezogenen Qualifikationsanforderungen für die beteiligten Stelleninhaber ableiten, sondern auch die aus Wissensmanagement-Sicht erforderlichen Anforderungen.

### Technische Entwicklungsmöglichkeiten

Die vorliegende elektronische Version des Wissensmanagement-Kompetenz-Checks ist bisher als einfaches Web-Applett verfügbar. Verbunden mit der inhaltlichen Erweiterung für eine verknüpfte Selbst- und Fremdeinschätzung ist die Implementierung als datenbankbasierte Lösung sinnvoll. Wichtig wäre zugleich eine einfache Visualisierung der beiden Bewertungen in einem Spinnennetz-Diagramm, wie es in einem Pharmaunternehmen bereits Anwendung findet (Abbildung 6) (Heisig & Vorbeck 2001).

Diese softwaretechnische Erweiterung unterstützt ferner die periodische (z.B. halbjährlich oder jährlich) Selbsteinschätzung der eigenen Kompetenzveränderungen durch den Probanden.

Im Rahmen von Human Resource Portalen werden von den führenden Softwareanbietern (u.a. PeopleSoft HR, SAP HR) zunehmend Employee Self Service (ESS) Anwendungen zur Pflege der Personaldaten angeboten und implementiert. Der Wissensmanagement-Kompetenz-Check kann als ein Modul in ein HR Portal eingebunden werden.

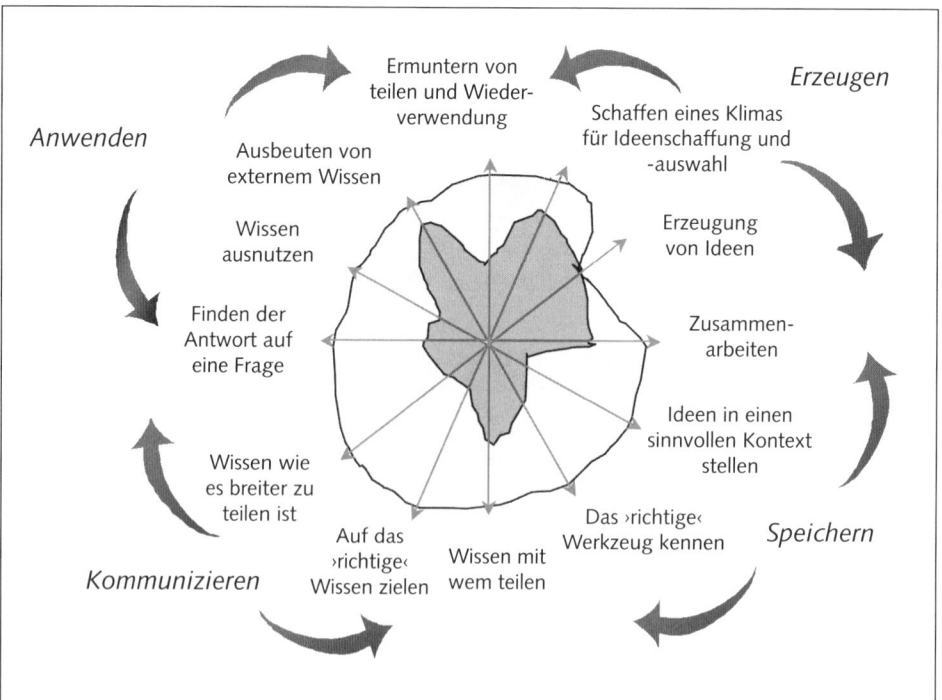

Abb. 6: Visualisierung von Selbst- und Fremdeinschätzung

## Erlernbarkeit durch Anwender

Die Anwendung des Wissensmanagement-Kompetenz-Check erfordert keinerlei spezialisierte Kenntnisse auf Seiten der direkten Anwender. Besondere Durchführungsvoraussetzungen gibt es nicht.

Allerdings sollten die Führungskräfte und die verantwortlichen Personalentwickler über allgemeine Kenntnisse des Wissensmanagements verfügen und fähig sein, die allgemeinen Basiskompetenzen des Kompetenz-Checks auf ihre Organisation beziehungsweise den von ihnen zu verantworteten Organisationsbereich zu übertragen. Führungskräfte sollten sich entweder durch das Studium der einschlägigen Literatur mit dem Thema Wissensmanagement vertraut gemacht haben oder einen Einführungsworkshop besuchen. Die eigene Anwendung des Fragebogens und die konsequente Umsetzung von identifizierten Verbesserungspotenzialen trägt nicht nur zur persönlichen Kompetenzentwicklung als Führungskraft bei, sondern dient auch als Vorbildfunktion für Mitarbeiter und Kollegen.

Die Personalentwicklung ist gefordert, bei der zukünftigen stärkeren strategischen Personalplanung und Personalauswahl den Entwicklungsbedarf hinsichtlich der für das jeweilige Unternehmen relevanten Wissensmanagement-Kompetenzen zu analysieren und zu definieren (Sattelberger 1999).

## Einfachheit des Verfahrens

Der Wissensmanagement-Kompetenz-Check ist mit einer durchschnittlichen Beant-wortungszeit von maximal 10 Minuten und der sofortigen, graphisch und farb-lich visualisierten Ergebnisaufbereitung ein sehr ökonomisches Verfahren. Die gra-phisch, farbliche Ergebnisdarstellung zeigt auch dem ungeübten Anwender sofort, wo er sich stark einschätzt (= grüne Balken) und wo er noch Verbesserungsbedarf (= weiße und rote Balken) sieht.

## Materialien

Der schriftliche Fragebogen und die webbasierte Version mit Auswerte- und Visu-alisierungmodul kann über die im Autorenverzeichnis angegebene Adresse bezo-gen werden. Als flankierende Maßnahmen bietet das CCWM ferner Einführungs- und Schulungsseminare für Führungskräfte an.

## Literaturverzeichnis

Bach, V.; Vogler, P. & Österle, H. (Hrsg.) (1999). Business Knowledge Management. Praxi-serfahrungen mit Intranet-basierten Lösungen. Berlin et al.

Davenport, T.H. & Prusak, L. (1998). Working Knowledge. How Organizations Management What They Know. Boston. Deutsch: Wenn Sie wüssten, was Sie wissen? Landsberg/Lech

Drucker, P.F. (2000). Die Kunst des Managements. 2. Aufl. München

Frieling, E. (1999). Tätigkeitsanalyseinventar (TAI). In: H. Dunckel (Hrsg.). Handbuch psy-chologischer Arbeitsanalyseverfahren. Zürich

Heisig, P. (2002). GPO-WM: Methode und Werkzeuge zum geschäftsprozessorientierten Wis-sensmanagement. In: A. Abecker; K. Hinkelmann et al. (Hrsg.). Geschäftsprozessorien-tiertes Wissensmanagement. Berlin, Heidelberg

Heisig, P. & Vorbeck, J. (2001). The Knowledge Network: A successful combination of Con-tent Management with the management of Staff Competencies. Unveröff. Unternehmens-fallstudie IZB am Fraunhofer IPK

Heisig, P. (2000). Benchmarking Knowledge Management und wissensorientierte Gestaltung von Geschäftsprozessen. In: R. Bühner (Hrsg.). Landsberg/Lech

Heisig, P. (1999b). Die ersten Schritte zum professionellen Wissensmanagement. In: C.H. Antoni, T. Sommerlatte (Hrsg.). Spezialreport Wissensmanagement: Wie deutsche Fir-men ihr Wissen profitabel machen. Düsseldorf

Heisig, P. (1999a). Wissensmanagement in Deutschland und Europa – Stand und Entwick-lungen. Ergebnisse der Befragung der TOP 1000 deutschen und TOP 200 europäischen Unternehmen. In: R. Schmidt (Hrsg.). 21. Online-Tagung der DGI: Aufbruch ins Wissens-management. Frankfurt/Main

Irlinger, R. (1999). Methoden und Werkzeuge zur nachvollziehbaren Dokumentation in der Produktentwicklung. Aachen

Jubert, A. (2000). KM Made in Europe: die Herausforderungen für Europa als Wissensge-sellschaft. In: wissensmanagement Heft 6

Kurtzke, Ch. & Popp, P. (1999). Das wissensbasierte Unternehmen: Praxiskonzepte und Management-Tools. München

Mertins, K.; Heisig, P. & Vorbeck, J. (Hrsg.) (2001). Knowledge Management. Best Practices in Europe. Berlin

Mertins, K.; Heisig, P. & Finke, J. (2001). Wissensmanagement-Audit: Benachmarks für den Umgang mit Wissen. In: K. Schwuchow & J. Gutmann (Hrsg.). Jahrbuch Personalentwicklung und Weiterbildung. Neuwied, S. 157-162

Narr, W.-D. & Stary, J., (Hrsg.) (2000). Lust und Last des wissenschaftlichen Schreibens. Hochschullehrerinnen und Hochschullehrer geben Studierenden Tips. 2. Aufl. Frankfurt/Main

Nonaka, I. & Takeuchi, H. (1995). The Knowledge-Creating Company. Oxford University Press. Deutsch: Die Organisation des Wissens. Wie japanische Unternehmen eine brachliegende Ressource nutzbar machen. Frankfurt/Main et al.

Probst, G.; Raub, St. & Romhardt, K. (1998). Wissen managen. Wie Unternehmen ihre wertvollste Ressource optimal nutzen. 2. Aufl. Frankfurt/Main et al.

Reinmann-Rothmeier, G. & Mandl, H. (2000). Individuelles Wissensmanagement: Strategien für den persönlichen Umgang mit Information und Wissen am Arbeitsplatz. Göttingen

Rogowski, M. (2001). Weiterbildung in der globalen Wissensgesellschaft. Vorwort in: Jahrbuch Personalentwicklung und Weiterbildung 2001/2002. Hrsg. von K. Schwuchow & J. Gutmann. Neuwied

Sattelberger, T. (1999). Wissenskapitalisten oder Söldner? Personalarbeit in Unternehmensnetzwerken des 21. Jahrhunderts. Wiesbaden

Schwuchow, K. (2000). Knowledge Management – Der Schlüssel zum Wissenszeitalter. In: Schwuchow, Gutmann (Hrsg.): Jahrbuch Personalentwicklung und Weiterbildung 2000/2001. Neuwied

TFPL Ltd. (1999). Skills for Knowledge Management: Building a Knowledge Economy: A Report by TFPL Ltd.

Wiig, K.M. (1995). Knowledge Management Methods. Practical Approaches to Managing Knowledge. Vol. 3. Arlington

Willke, H. (1998). Systemisches Wissensmanagement. Stuttgart

# DISG®-Persönlichkeits-Profil, Verhalten in konkreten Situationen

## Friedbert Gay

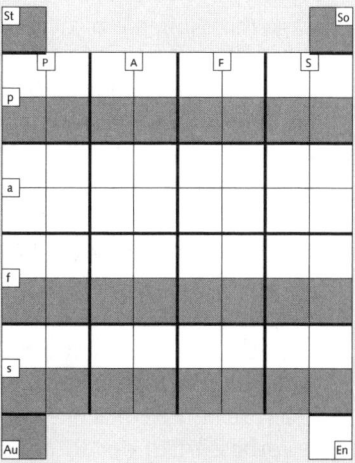

## Rasterdarstellung

### Schlagworte

Analysefähigkeit; Flexibilität; Führungskräfteentwicklung; Kernpersönlichkeit; Konflikte; konkrete Umfelder; Leistungsfähigkeit; Lernstil; Schwächen; Stärken; Teamfähigkeit; Verhaltensweisen in konkreten Situationen

### Entwickler

Dr. John Geier, Minneapolis, USA
Ins Deutsche übertragen von Friedbert Gay, DISG-Training GmbH, Remchingen

### Kompetenzdefinition

Der hier verwendete Kompetenzbegriff bezieht sich auf das Identifizieren von Stärken (Kompetenzen wie u.a. Leistungsfähigkeit, Teamfähigkeit, Führungsfähigkeit, Spitzenleistungen im Verkauf, Vermeidung von Konflikten, Analysefähigkeit oder Flexibilität) auf der Basis von situativen, beobachtbaren Verhaltensweisen, die aus der Kernpersönlichkeit und den genetisch bedingten Persönlichkeitswesenszügen resultieren.
Kompetenz wird im Sinne der Entwicklung von Handlungs-, aktivitäts- und umsetzungsorientierter Kompetenz zur Bewältigung von Arbeitssituationen und neuen Anforderungen gesehen.

## Zielstellungen

Aufgrund der Identifizierung der Stärken (Kompetenzen) soll der erwachsene Lerner fähig werden, durch Adaption fremdorganisierter Lehrinhalte selbstorganisierte Dispositionen zu entwickeln. Ein Ziel ist es, ein Art Metawissen zu erlangen, das den Lerner befähigt, über das eigene Verhalten in konkreten Situationen und sein Wissen über verschiedene andere Verhaltensstile flexibler auf neue Situationen zu reagieren. Außerdem soll die Reflexion über das eigene Verhalten die Anpassungsfähigkeit an Menschen mit anderen Verhaltensstilen erhöhen und eine gemeinsame Kommunikationsbasis schaffen, auf der sehr unterschiedliche Persönlichkeiten über das gegenseitig wahrgenommene Verhalten reflektieren und Wege zum besseren gegenseitigen Verständnis (Vermeidung von Reibungsverlusten) erarbeiten können.

Daneben sollen die Gefahrenpotenziale (Übertreibung einzelner Eigenschaften) im Verhalten des Lerners deutlich gemacht und er in die Lage versetzt werden, eigene Strategien zu entwickeln, um in Zukunft erfolgreicher interagieren, agieren und reagieren zu können. Reibungsverluste zwischen Menschen sollen minimiert und dadurch die Effektivität der Zusammenarbeit gesteigert werden. Der Lernende

- steigert durch Selbsterkenntnis und durch die Auseinandersetzung mit den Inhalten seine Persönlichkeitskompetenz (nach Hülshoff 1996);
- verbessert in der Interaktion mit anderen seine Sozialkompetenz (Hülshoff 1996);
- hebt durch das Wissen um die Unterschiede und Strategien für den Umgang mit verschiedenen Menschen seine Fachkompetenz (Hülshoff 1996) an und
- begegnet durch die Anwendung der richtigen Strategie unterschiedlichen Menschen aufgeschlossener und wendet so seine Methodenkompetenz (Hülshoff 1996) an.

## Theoretische Grundlagen

John Geier entwickelte das DISG®-Persönlichkeits-Profil in den 60er-Jahren des letzten Jahrhunderts. Er erarbeitete die Items des Profils, die grafischen Darstellungen und den ipsativen Fragebogen. Auf der Suche nach einer Theorie, die beobachtetes Verhalten verbalisierbar macht, stieß er auf die Theorien von William Moulten Marston und nutzte dieses Wissen, um seine Beobachtungen zu verifizieren.

William Moulton Marston beschäftigte sich in den 20er-Jahren des letzten Jahrhunderts mit der Frage, welche Emotionen der normale (= gesunde, durchschnittliche) Mensch zeigt und wie sie sich differenzieren lassen. Der Terminus »normaler Mensch« wirkt heute eher befremdlich; dennoch ist zu bedenken, dass Marston mit seiner Forschung in einer Zeit begann, in der das Hauptaugenmerk der psychologischen Forschung auf psychischen Anomalien bzw. Krankheiten lag.

Er beschäftigte sich mit Verhaltensweisen, die er aufgrund von Beobachtung identifizieren konnte, und stellte fest, dass Menschen sich in verschiedenen Umfeldern sehr unterschiedlich verhalten können. Ein zentraler Begriff seiner Theorie ist die Wahrnehmung. Nach Marstons Beobachtung nehmen sich Menschen in ihrem Umfeld als »more powerful/less powerful« wahr. Dieses Erleben beeinflusst ihr Verhalten und die Art und Weise, wie sie auf ihre Umwelt zugehen bzw. wie sie Einfluss auf sie nehmen. Er untersuchte in Bezug auf menschliches Verhalten die

Kategorien: Dominanz (dominance), Zustimmung (compliance), Gewissenhaftigkeit (consciousness), Unterwerfung (submission) und Veranlassung (inducement).

Als Professor an der Universität of Minnesota in Minneapolis entwickelte Geier die Theorien Marstons weiter und machte daraus ein Profil zur Messung von Verhaltenspräferenzen im situativen Umfeld.

Er nutzte das Instrument im universitären Kontext in der Arbeit mit seinen Studenten und nannte es »Personal-Profile-System« (vgl. Abbildung 1).

Parallel dazu gründete er seine eigene Firma, die Performax Company, und arbeitete auch in seinem Unternehmen mit dem Profil. 1972 verkaufte er das Unternehmen und somit die Rechte des DISG®-Persönlichkeits-Profils an die Carlson Learing Company in Minneapolis/Minnesota. Heute heißt die Firma Inscape Publishing Inc.

## Methodologische Einordnung

Das DISG®-Persönlichkeits-Profil ist ein Verfahren, bei dem das Augenmerk auf dem Verhalten liegt (Geier 1979: 1-33). Es ist kein Instrument, bei dem der Schwerpunkt der wissenschaftlichen Untersuchung auf den Kompetenzen liegt. Es wird in der Praxis eingesetzt, und die statistischen Untersuchungen beziehen sich auf Menschen in der Arbeitswelt (18-65 Jahre). Entstanden ist die Theorie in den 20er-Jahren des letzten Jahrhunderts quasi als Reflex auf die Fokussierung der Psychologie auf Psychopathologien und den »kranken« Menschen.

Das DISG®-Persönlichkeits-Profil ist ein quantitatives Instrument, das Verhalten in konkreten Situationen ermittelt. Dieses Verhalten wird in zwei Dimensionen (aufgabenorientiert – menschenorientiert, introvertiert – extrovertiert) und vier Quadranten (Dominanz, Initiative [beeinflussend], Stetigkeit [unterstützend] und Gewissenhaftigkeit) beschrieben. Aus den vier Verhaltensstilen ergeben sich 15 Mischformen, die so genannten »DISG®-Typen«, die die Verhaltensstile nochmals in ihrer Kombination näher beschreiben (vgl. Abbildung 2).

Das Testmanual besteht aus 28 Wortgruppen, die durch eine ipsative Skalierung abgefragt werden. Mit dem Testmanual werden Verhaltenspräferenzen ermittelt. Als Hypothese lässt sich ableiten, dass die Verhaltenspräferenzen augenscheinlich mit den jeweiligen Kompetenzbeschreibungen in Zusammenhang stehen. Aufgrund der Verhaltenspräferenzen können Kompetenzen[1] aufgebaut werden, die dann in der Zusammenarbeit mit anderen ein sich ergänzendes harmonisches Ganzes bilden.

Bestimmte Präferenzen des Verhaltensstils Stetigkeit stehen den Beschreibungen der sozial-kommunikativen Kompetenz (Erpenbeck & Heyse 1999: 50-72) und der personalen Kompetenz sehr nahe. Demgegenüber stehen dem Verhaltensstil Gewissenhaftigkeit eher Kompetenzaspekte aus dem Bereich der methodischen Kompetenz und der personalen Kompetenz nahe. Die Präferenzen der Verhaltensstile Dominanz und Initiative spiegeln sich hauptsächlich im Bereich der personalen Kompetenzen wider, wobei Dominanz noch den Bereich der metho-

---

1 Grundlagenforschung zum Thema: www.abwf.de Veröffentlichung: Theoretisch-Strategische Überlegungen. QUEM, Berlin.

dischen Kompetenzen tangiert und Initiative den Bereich der sozial-kommunikativen Kompetenzen. Eine direkte Ableitung, dass verschiedene Verhaltensstile diese Kompetenzen auch wirklich zeigen, ist nicht zulässig. Interessant wäre aber eine Forschungsarbeit, die den Zusammenhang zwischen Verhaltenspräferenzen und Kompetenzen zum Thema hat.

## Einschätzung der Gütekriterien

*Theoretischer Hintergrund*
Studien und Forschungen von Moulton William Marston (Ursprung); weiterentwickelt von John Geier (Geier 1979)

*Hauptgütekriterien*
**Objektivität**. Die Objektivität wird durch die Art des Verfahrens gewährleistet. Der Proband wählt seinen eigenen Fokus und beschreibt sein Verhalten situativ.
**Durchführungsobjektivität**. Erfüllt durch Fragebogenform mit Auswertungsanweisungen und klaren Verfahrensanweisungen für die Durchführung. Verfahren zur Selbstauswertung und Selbstinterpretation.
**Auswertungsobjektivität**.
Format der ipsativen Skalierung. Erfüllt durch klare Vorlagen zur Ermittlung der Werte und Profil-Darstellung.
**Interpretationsobjektivität**. Hohe Interpretationsobjektivität durch normierten Fragebogen. Normen für die Gesamtstichprobe m/w; Menschen im Erwerbsalter (18-65 Jahre), Datensammlung nach Bundesländern und Ländern. Klare Übersicht der einzelnen Verhaltensstile.

*Reliabilität und Validität*
**Reliabilität**. Die internen Konsistenzkoeffizienten der Primärfaktoren liegen zwischen .82 und .92 und sprechen somit insgesamt für eine hohe Präzision der Messung von Persönlichkeitseigenschaften auf dem Niveau der Primärdimensionen.
**Konstruktvalidität** (vgl. dazu Kaplan 1983). Das DISG®-Persönlichkeits-Profil wurde zur Konstruktvalidierung mit folgenden Testverfahren, die ebenfalls Konstrukt- und/oder Vorhersagevalidität aufweisen, untersucht: WAIS (Wechsler 1995), MBTI (Meyers & Meyers-Briggs 1962), 16 PF (Cattell et al. 1970), MMPI (Dahlstrom et al. 1975), SCII (Strong & Campbell 1981).
**Vorhersagevalidität** (vgl. dazu Kaplan 1984). Die Vorhersagevalidität wurde verglichen mit dem WAIS (Wechsler 1955), EAT (Education Abilities Test 1978), HTP (Buck 1948), CPQ (Porter & Cattell 1975), HSPQ (Cattell & Cattell 1975), MBTI (Meyers & Meyers-Briggs 1962); ferner (Lange 1992).
Deutsche statistische Untersuchungen der Reliabilitätskoeffizienten wurden für den deutschsprachigen Bereich durchgeführt (Österreich, Deutschland und Schweiz); die untersuchte Hauptzielgruppe sind Menschen im Erwerbsleben. Angaben zur deutschen Validierungsstudie 1994, N = 280; Versuch, 24 Wortgruppen zu validieren und erneute Untersuchung 1995, N = 286; DISG®-Persönlichkeits-Profil 24 Wortgruppen (vgl. ROI-Institut 1995). Eine weitere Validierung erfolgte 1997 zu N = 306 (Kragness 1997).

Erneute deutsche statistische Überprüfung der Dimensionen und Items des DISG®-Persönlichkeits-Profils im Jahre 2000 mit Umstellung auf Kurzsätze und 28 Wortgruppen, N = 1118 Samples. Umstellung auf ipsative Skalierung, dadurch eine erneute statistische Untersuchung 2001, N = 710 Daten. (Schauben, Price 2001) Grundlegend wurde das DISG®-Persönlichkeits-Profil an den beschriebenen psychologischen Testverfahren überprüft, die oben genannt wurden. Das Modell wurde hierbei als gültige Theorie bestätigt.

*Nebengütekriterien*
**Normierung**. Die Skalen sind an dem oben beschriebenen Testverfahren normiert.
**Ökonomie**. Als Einzel- oder Gruppenauswertung durchführbar, wenig Material, einfach zu handhaben. Durchführungszeit ca. 10 Min. Auswertungszeit ca. 15 Min. Computerunterstütztes Auswerten in 15 Min., schnell und bequem.
**Vergleichbarkeit**. Vergleichbarkeit des DISG®-Persönlichkeits-Modells mit früheren Studien und Studien in anderen Ländern gegeben.
**Nützlichkeit**. Mittlere Nützlichkeit, da Persönlichkeitsmerkmale und Verhaltensweisen feststellbar sind, die eine praktische Bedeutung haben. Besonders hervorzuheben ist die situative Betrachtung der Verhaltensweisen. Einzelne Merkmale können auch durch andere Tests ermittelt werden.
**Zugänglichkeit**. Gute Zugänglichkeit und diagnostische Valenz durch die angemessen beschriebenen Verhaltensdimensionen (siehe Validität).

## Fehler- und Problemkritik

Da es sich bei dem DISG®-Persönlichkeits-Profil um kein explizites Instrument der Kompetenzmessung handelt, werden die Ableitungen interpretiert. Hier sind erste Hypothesen per Augenschein verifizierbar. Detaillierte Forschungen, die den Zusammenhang zwischen Verhaltensstilen und Kompetenzen in Bezug auf das DISG®-Modell beweisen, wären sehr hilfreich. Die Interpretationen unterliegen einer hohen Subjektivität, weil dafür keine objektivierbaren Verfahren entwickelt worden sind.
Problemstellungen bezüglich des Instrumentes ergeben sich aufgrund des statistischen Forced Choice Formates (Bowas & Bernardin 1991). Den Messungenauigkeiten, die bei dieser Methode auftreten können, unterliegt auch das oben beschriebene Instrument.

## Ablauf des Messprozesses

Das DISG®-Persönlichkeits-Profil ist als *Selbstlerninstrument* konzipiert. Es ist im Buchhandel erhältlich und kann im häuslichen Kontext ausgefüllt werden. Grundsätzlich ist es ein Instrument zur Verbesserung der Selbsterkenntnis. Es ist selbstauswertend, selbsterklärend und selbstevaluierend.
Daneben wird das Instrument in *Seminaren* eingesetzt, die von autorisierten DISG-Trainern durchgeführt werden. Dies ermöglicht es dem Probanden, ein vertieftes Wissen über seinen Verhaltensstil in einer konkreten Situation zu erlangen und durch verschiedene Übungen auf den Alltag anzuwenden. In der Praxis wird das Lernen und die Auseinandersetzung in einer Gruppe empfohlen, da auf diese Weise soziale Prozesse durch Fallstudien, Feedbackübungen und Erfahrungslernen mög-

lich werden. Das DISG®-Persönlichkeits-Profil kann in beliebig großen Gruppen durchgeführt werden. Dabei sind auch Gruppen mit 100 Personen denkbar. Dies erfordert jedoch eine besondere Vorbereitung und mehrere Trainer (Facilitators), die den Lernprozess in Kleingruppen steuern und begleiten.

Je nach Gruppengröße muss der Raum angepasst sein. Es bedarf keines besonderen psychologischen Settings, wie z.B. bei der Durchführung von IQ-Tests.

Ein andragogisch durchdachtes Lernkonzept, das sich durch Teilnehmerantizipation, Didaktik, Methodik und Beachtung eines angenehmen Raumsettings auszeichnet, ermöglicht ein erfolgreiches Durchführen des Testmanuals und Seminars. Während der Testfragebogen ausgefüllt wird, soll der Trainer sicherstellen, dass dies auf die richtige Weise geschieht. Inhaltliche Fragen werden zugelassen, der Trainer wird jedoch angehalten, in dieser Phase die Inhalte so wenig wie möglich zu interpretieren. Die Teilnehmer werden angehalten, sich ihr Umfeld konkret vorzustellen und das Instrument situationsbezogen auszufüllen.

Im Seminar verlängert sich der Prozess der Auswertung, da zusätzliche Informationen gegeben werden.

Vor dem Ausfüllen überlegt sich der Proband, auf welche Situation bzw. welches Umfeld er das DISG®-Persönlichkeits-Profil anwenden möchte.

Der Proband füllt danach ein Profil mit 28 Wortgruppen unter Berücksichtigung des individuell gewählten Fokus aus. Dabei soll er die Reihenfolge der Wortgruppen beachten und keine Wortgruppe auslassen. In jeder Wortgruppe wird eine Aussage in der Spalte »am ehesten« und eine in der Spalte »am wenigsten« angekreuzt. Pro Wortgruppe müssen zwei Aussagen angekreuzt sein.

Wenn alle Wortgruppen auf diese Weise bearbeitet wurden, zählt der Proband jeweils die einzelnen Symbole für die Spalte »am ehesten« und »am wenigsten« zusammen. Die Ergebnisse werden in eine Auswertungsbox eingetragen und addiert. Nach Überprüfung der Ergebnisse werden die Zahlen in drei verschiedene Diagramme übertragen, jeweils eins für die Daten von »am ehesten«, eins für die Daten von »am wenigsten« und eins für die Differenz zwischen beiden. Die einzelnen Punkte in den Diagrammen werden anschließend zu einer Grafik verbunden. Nach Auswertung der Ergebnisse kann der Proband in drei Interpretationsstufen seine Ergebnisse erarbeiten und ausdifferenzieren.

Für die *computerunterstützte Auswertung* ist das Ausfüllen des Profils auf einem Datenblatt erforderlich. Danach werden die Ergebnisse in den Computer eingegeben und die Diagramme mit der jeweiligen Grafik erstellt.

In Kürze werden Onlinefragebögen verfügbar sein, die dann direkt im Internet ausgefüllt werden.

Die *Auswertung* und Vertiefung des Profils umfasst in der Buchversion drei Interpretationsstufen mit jeweils verschiedenen Informationsstufen.

Die Papierversion ist selbstauswertend und kann zu Hause oder im Seminar bearbeitet werden. Für die Computerauswertung werden die Bögen an die DISG-Training GmbH oder an einen autorisierten DISG-Trainer eingesandt. Der Computerreport ist in zwei Auswertungsstufen mit den Graden »elementar« und »professionell erhältlich«.

*Technische Voraussetzung* für den Probanden ist das Buch mit dem Fragebogen. Außerdem benötigt man einen Bleistift und einen Leuchtmarker, für einige Versionen zusätzlich eine Münze. Overheadfolien oder Beamerpräsentationen erleichtern dem Trainer das Erklären des methodischen Vorgehens. Zum Ausfüllen des computerunterstützten Profils ist fakultativ das Internet und/oder das Computerprogramm erforderlich.

## Freie Darstellung

### Darstellung der wichtigsten Ergebnisse des Kompetenzverfahrens

Mit dem DISG®-Persönlichkeits-Profil wird Verhalten, das normalerweise erst durch langes Beobachten und durch Gespräche bewusst wird, in konkreten Situationen sichtbar gemacht. Die Dimensionen beschreiben Verhalten in verschiedenen Ausprägungen von extrovertiert bis introvertiert und von menschenorientiert bis aufgabenorientiert.

Das Verhalten wird in der ersten Auswertungsstufe mit den vier Quadranten dominant, initiativ (beeinflussend), stetig (unterstützend) und gewissenhaft beschrieben. Ziel der ersten Stufe ist es, dass der Teilnehmer die vier grundlegenden Verhaltensstile kennen lernt. Dabei bearbeitet er zunächst in ca. 10-12 Minuten ein Profil mit 28 Wortgruppen und erhält in drei Diagrammen eine erste Information über seine Verhaltenspräferenzen aus drei Blickwinkeln. Hier wird jedem sehr schnell das eigene Verhalten im gewählten Umfeld bewusst. Eigene Stärken und auch Schwächen (Begrenzungen) werden erkannt und durch Selbsterarbeitungsphasen beleuchtet.

Als Aspekte werden »Allgemeine Tendenzen, Umfeldanforderungen, Unterstützungshilfen und Hilfestellungen zur Entfaltung« beschrieben. Schon im ersten Schritt kommt es zu Aha-Erlebnissen, weil den Teilnehmern z.B. Konflikte mit Kollegen bewusst und Verhaltensweisen bzw. Reaktionen ihres Umfeldes plötzlich verständlich werden.

In einem zweiten Schritt werden Kombinationen der vier Verhaltensstile beschrieben, so dass der jeweilige Verhaltensstil noch weiter differenziert wird. Hier geht es um vertiefende Einsichten. Die Teilnehmer personalisieren ihre Erkenntnisse. Sie setzen sich mit den Informationen über ihre Person auseinander – wie z.B. »Grundtendenz, Zielvorstellungen, Bewertet andere, Beeindruckt und beeinflusst andere, Beitrag für eine Organisation, Mögliche Reaktionen unter Stress, Befürchtungen und Hinweise zur Effektivitätssteigerung« – und lernen, sie in ihrem Alltag anzuwenden. Ziel ist es, eigene Bedürfnisse und die anderer Menschen besser zu verstehen. Dies steigert die persönliche, die fachliche und die soziale Kompetenz.

In einem dritten Schritt erfährt der Teilnehmer, welche Tendenzen mit großer Wahrscheinlichkeit vorhanden sind. Auch hier geht es darum, die Interpretation zu individualisieren. Nachdem in den beiden ersten Schritten der Proband selbst im Mittelpunkt gestanden hat, ist die dritte Stufe dazu geeignet, das Erlernte auf den erfolgreichen Umgang mit anderen anzuwenden. Die Themen der Fremdeinschätzung und des Umgangs mit anderen können jetzt bearbeitet werden. So kann die methodische Kompetenz jedes Einzelnen gesteigert werden.

## Differenzierte Einschätzung der qualitativen und quantitativen Gütekriterien des Kompetenzverfahrens und Fehlerkritik

Das DISG®-Persönlichkeits-Profil ist ein Instrument zur Identifizierung des primären Verhaltensstils in einer konkreten Situation, das in einem zweiten Schritt über die Kombination der primären Verhaltensstile Aussagen macht. Er wurde im statistischen Format des forced choice entwickelt und fordert keine einfache Ja/Nein Entscheidung, sondern eine Entscheidung aus vier Antwortmöglichkeiten.

*Die internen Konsistenzkoeffizienten der Primärfaktoren* liegen zwischen .82 und .92 und sprechen somit insgesamt für ein gute bis sehr gute Präzision der Messung von Verhaltensdimensionen. Negative Interkorrelationen sind formatbedingt gegeben. Durch das Format wird die Tendenz zur Mitte ausgeschlossen.

Fortlaufende Forschung in Deutschland und den USA garantieren ständige Verbesserungen und Forschung der Theorie und Testkonstruktion.

*Die Validität* wurde für das DISG®-Persönlichkeits-Profil in drei Studien bewiesen, die in den USA in den 70iger Jahren durchgeführt wurden. Für den deutschsprachigen Raum ist eine Überprüfung der Konstruktvalidität in Vorbereitung und wird in Kooperation mit einer Universität durchgeführt.

*Die Nebengütekriterien* sind alle voll erfüllt. Es handelt sich um ein normiertes Testverfahren. Die Normierung ergibt sich aus der Testkonstruktion und Durchführung. Durch eine schnelle Durchführungs- und Auswertungszeit ist die Ökonomie gegeben. Vergleichbarkeit, Nützlichkeit und Zugänglichkeit begründen sich aus der fortlaufende Forschung, theoriegeleiteten Entwicklung und den Ergebnissen der Validitätsüberprüfung.

Aussagen zu Kompetenzen können durch Interpretation gewonnen werden. Explizite Forschungserkenntnisse liegen nicht vor.

Kritik an dem statistischen Format ist hinlänglich bekannt, und soll hier nochmals erwähnt werden. Der Selbsterkenntnis Gewinn beim Probanden ist sehr hoch, deswegen ergibt sich eine sehr hohe Akzeptanz bei den Anwendern.

## Perspektivische Entwicklungsmöglichkeiten des Messverfahrens (methodische Innovationen, Einsatz für neue Nutzergruppen, Verfahrensvarianten)

Das DISG®-Persönlichkeits-Modell ist in einer großen Vielfalt von Produkten verfügbar. So gibt es von der einfachen Checkliste, über die Rubbeltechnik und das Internet bis zum computerunterstützten Profil sehr viele Varianten für die einfachen wie auch für die anspruchsvollen Applikationen. Das Modell kann in einem Ranking-, in einem Forced-Choise- und im Likert-Format bearbeitet werden. Es ist in mehr als 20 Sprachen verfügbar, darunter Deutsch, Englisch und Japanisch. Die Kosten liegen je nach Applikation zwischen ca. 3 Euro und 80 Euro. Das Modell gibt es als Kurzcheck-, als DISG®-Persönlichkeits-Profil, als Partner-Profil und für den Coaching-Bereich nochmals in einer anderen Anwendung.

## Nutzungsabschätzungen, insbesondere für den Bereich der beruflichen und betrieblichen Weiterbildung

Dadurch, dass Verhaltensweisen definiert werden, hilft das Modell dem Unternehmen und dem Einzelnen, die Kommunikation wesentlich zu verbessern, eine gemeinsame Sprache zu sprechen sowie Verhalten verstehen zu lernen. Mit der Grundprämisse »Vielfalt durch Verschiedenheit« wird die Basis für eine konfliktärmere Zusammenarbeit gelegt. Indem Menschen das Verhalten von anderen Menschen verstehen und deuten lernen, werden sie dialogfähiger und lernen, anderes Verhalten nicht zu stigmatisieren, sondern zu schätzen. Die Vielfalt verschiedener Verhaltensstile macht die Zusammenarbeit reicher und effektiver.

Nutzen für den Einzelnen:
- neutrale respektvolle Kommunikation;
- eine Struktur für Gespräche über Unterschiede;
- sich und andere besser verstehen lernen;
- besser mit anderen kommunizieren;
- grundsätzliche Verhaltenstendenzen von Personen verstehen lernen;
- die Stärken von anderen erkennen und fördern;
- Konfliktpotenziale erkennen lernen;
- Vorschläge zur persönlichen Leistungssteigerung erhalten;
- Erkennen der eigenen Begrenzungen und Entwicklungspotenziale;
- die Verschiedenheit anderer respektieren und schätzen lernen;
- Verhaltenstendenzen in Konfliktsituationen erkennen;
- die Erwartungen des Umfeldes verstehen,
- eine gemeinsame Sprache entwickeln, die eine Verstehensbasis für andere entwickelt.

Nutzen für das Unternehmen:
- die Mitarbeiter übernehmen neue Aufgaben mit großem Erfolg,
- das Unternehmen kann Teams nach individuellen Stärken zusammensetzen,
- eine gemeinsame Kommunikationsbasis wird geschaffen,
- das Konfliktpotenzial wird minimiert,
- Leistungspotenziale werden aufgedeckt,
- Veränderungen im Alltag werden schneller umgesetzt,
- Mitarbeiter lernen, ihre Stärken besser einzusetzen und mit ihren Begrenzungen umzugehen,
- Verständnis und Anpassung verringern Konflikte und verstärken die Effektivität,
- Mitarbeiter erlernen einen Prozess zum Verhandeln und Lösen von Konflikten auf Grund von Unterschieden,
- Menschen, die ihre Stärken und Schwächen kennen, können sich auf die Bedürfnisse anderer und die Bedürfnisse ihrer Umgebung auf eine Weise einstellen, die für maximale Effektivität sorgt,
- Menschen, die sich in dieser Weise selbst managen, können Spitzenleistungen erbringen,
- Verhaltensmuster werden deutlich und können identifiziert werden,

- die Anpassung an bestimmte Umfeldanforderungen wird ermöglicht,
- das Leistungsvermögen der Mitarbeiter wird verbessert.

## Erlernbarkeit durch wissenschaftsferne Anwender (Weiterbildner, Führungskräfte, Personalwirtschaftler, Pädagogen usw.)

In Deutschland, Österreich und der Schweiz gibt es ca. 1500 autorisierte Trainer und Berater. Die meisten davon sind Führungs-, Verkaufs- oder Teamtrainer und haben einen betriebswirtschaftlichen Hintergrund.

Voraussetzung für die Autorisierung zum DISG-Trainer sind Trainer-Know-how im Bereich Verhaltenstraining und ein guter Leumund. Weitere Voraussetzungen gibt es nicht. Zusätzlich gibt es weiterführende Qualifizierungen in den Bereichen Team-Entwicklung, Führungskräfte-Entwicklung, Verkauf allgemein und Verkauf im Einzelhandel. Hierfür wird eine Autorisierung im Persönlichkeitstraining vorausgesetzt.

Der Trainer erhält einen Trainerleitfaden mit einem vollständig ausgearbeiteten »Wort für Wort«-Tages- und Halbtagesseminar, Gestaltungshilfen, Checklisten zur Vorbereitung des Seminars sowie Hintergründe der Theorie. Hinzu kommen Kopiervorlagen für ein Teilnehmerheft und Folienvorlagen. Außerdem erhält er einen Trainerkoffer mit fast allen Produkten, die zum DISG®-Persönlichkeits-Profil entwickelt wurden. Für die Arbeit mit dem Kunden stehen Seminartext, Kalkulationshilfen sowie Marketingmaterial zur Verfügung. Während der Autorisierung erhält der Trainer eine Auswertung seines Computerprofils. Zusätzlich bekommt jeder Teilnehmer eine CD-Rom mit ca. 70 Farbfolien, z.B. für eine Beamerpräsentation oder den Ausdruck von Farbfolien, und das Teilnehmerheft im PDF-Dateiformat.

## Einfachheit und Vereinfachbarkeit des Verfahrens für und in der Praxis

Das DISG®-Persönlichkeits-Profil kann jeder zu Hause allein für sich bearbeiten. Allerdings ist es weitaus erfolgreicher, es als Instrument in einer Weiterbildungsmaßnahme einzusetzen. Da es sehr praktikabel und gehirngerecht aufbereitet ist, leistet es Außerordentliches, um Selbsterkenntnis zu erlangen und die persönlichen Stärken und Begrenzungen herauszuarbeiten. Die autorisierten Trainer setzen das DISG®-Persönlichkeits-Profil zur Führungskräfteentwicklung, Verkaufsschulung, Teamentwicklung, Konfliktberatung, zum Führungskräftenachwuchstraining, für Trainings zur sozialen Kompetenz, für Zeitmanagementverhalten, Telefontraining, Mentoring und Coaching ein.

Nachstehend einige Statements aus der Amazon-Buchseite:

»Trotz aller Skepsis solchen Tests gegenüber war ich schlichtweg platt, wie treffsicher dieser Test ist. Er half mir, in einer Phase der Neuorientierung die eigenen Stärken herauszufinden und neue Möglichkeiten auch zu sehen. Erstaunlich, wie viel man ohne Seminarbesuch, auf dem heimischen Sofa quasi, in so kurzer Zeit an »Selbstfindung« anhand dieser Methode geboten bekommt.«
Tübingen, 20.01.1999

»Dieser Test bietet neben einer äußerst genauen Möglichkeit der Selbstanalyse auch die Chance, das Verhalten anderer Menschen verstehen zu lernen. Weshalb reagieren sie in gewissen Situationen eben anders als andere? Durch die Klassifizierung der 4 Grundtypen können sie ihren Fähigkeiten nach vor allem im Beruf noch zielführender eingesetzt werden.«
Austria, 15.03.1999

### Beispiele für den Einsatz des Messverfahrens und Erfahrungshinweise

Das DISG®-Persönlichkeits-Profil wird in Seminaren zur Entdeckung der persönlichen Stärken (Kompetenzen) und Begrenzungen angewandt. Viele autorisierte Trainer und Berater setzen das Persönlichkeits-Profil zur Führungskräfteentwicklung, Verkaufsschulung, Teamentwicklung, Konfliktberatung, zum Führungskräftenachwuchstraining, Training zur sozialen Kompetenz, für Zeitmanagementverhalten, Telefontraining und Coaching ein.

Marktpräsenz:
- seit 1962 am internationalen Markt;
- seit 1990 am deutschen Markt;
- 70.000 Analysen im Jahr 2001 in Deutschland;
- durchgeführte Analysen (Stand: 10/2002) im deutschsprachigen Raum: 530.000, international: 36 Mio.;
- 1400 autorisierte Trainer im deutschsprachigen Raum;
- ca. 10.000 autorisierte Trainer weltweit.

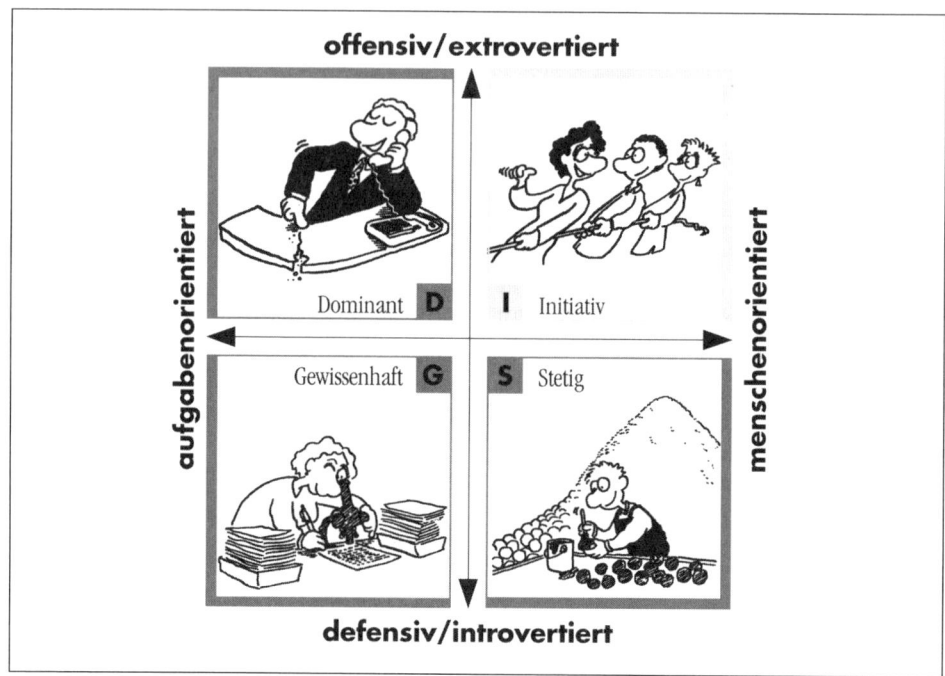

Abb. 1: DISG® Vier-Quadranten-Darstellung

Abb. 2: Die 15 »DISG-Typen«

## Materialien

Die wichtigsten Instrumente sind:

- *Die Papier-Instrumente*: DISG®-Persönlichkeits-Profil, Focus Point, I-Sight (für Jugendliche), DISG®-Persönlichkeits-Profil »Light Version« DISG®-Partner-Profil;
- *Computerunterstützte Auswertung*: DISG®-EDV-Auswertung »elementar«, DISG®-EDV-Auswertung »professionell«, DISG®-EDV-Auswertung »Verkauf«, DISG®-EDV-Auswertung »Beziehungen«.

## Literaturverzeichnis

Bala, J.; DeJong, K.; Huang, J.; Vafaie, H. & Wechsler, H. (1995). Hybrid Learning Using Genetic Algorithms and Decision Trees for Pattern Classification, *International Joint Conference on Artificial Intelligence (IJCAI)*, August 19-25, 1995. Montreal, Canada

Bowas, D.A. & Bernardin, J.H. (1991). Suppressing Illusory Halo with Forced Choice Items. In: Journal of Applied Psychology. August Vol. 76 (4). American Psychology Assn. USA, pp. 592-594

Buck, J.N. (1948). The H-T-P technique: A qualitative and quantitative scoring manual. In: Journal of Clinical Psychology, 4. Washington, DC, pp. 317-396

Cattell, R.B. & Cattell, M.D.L. (1975). Handbook for the Jr.-Sr. High School Personality Questionnaire. Institute for Personality and Ability Testing. Champaign, IL

Cattell, R.B.; Eber, H.W. & Tasuoba, M.M. (1970). Handbook for the Sixteen Personality Factor Questionnaire. Institute for Personality and Ability Testing. Champaign, IL

Charles, B. (1997). Was für Eltern braucht mein Kind? Wuppertal

Dahlstrom, W.G.; Welsh, G.S. & Dahlstrom, L.E. (1975). An MMPI Handbook. University of Minnesota Press. Minneapolis, MN

Science Research Accociates (1978). EAT (Education Abilities Test). Chicago

Erpenbeck, J. & Heyse, V. (1999). Kompetenzbiographie – Kompetenzmilieu – Kompetenz-transfer. Zum biografischen Kompetenzerwerb von Führungskräften der mittleren Ebene, nachgeordneten Mitarbeitern und Betriebsräten. QUEM-report. Schriften zur beruflichen Weiterbildung. Heft 62. Berlin

Gay, F. & Herzler, H. (1996). Ich brauch dich und du brauchst mich. Wuppertal

Gay, F. & Seiwert, J.L. (1996). Das 1x1 der Persönlichkeit. Sich und andere besser verste-hen mit dem DISG-Persönlichkeits-Modell. Offenbach

Gay, F. (1997). DISG-Persönlichkeits-Profil. Offenbach

Geier, J.G. & Downey, D.E. (1989). Energetics of personality. Success through quality action introducing the behavior indicator. Minneapolis

Geier, J.G. (1979). Einführung zu Marstons Theorie. In: J.G. Geier. Emotions of Normal People. Minneapolis

Hansen, J.C. & Swanson, J.L. (1981). Stability of interests and the predictive and concur-rent validity of the 1981 Strong-Campbell Interest Inventory for college majors. In: Jour-nal of Counseling Psychology, 30. Washington DC, 194-201

Hülshoff, T. (1996). Das Handlungskompetenz-Modell. WSB-intern 2/1996. Koblenz-Landau

Kaplan, S. (1983). The Kaplan Report. A Study of the Validity of the Personal Profil Sys-tem. Minneapolis

Kaplan, S. (1984). The Winchester Report. The Validity of the Child´s Profile, Personal Pro-file System, Youth Development Profile and the Action Projection System. Minneapolis

Kragness, M. (1995). Analysis of the German version of the Personal Profile System, Inno-vate with C.A.R.E.-Profile, and Dimensions of Leadership Profile. Minneapolis: ROI Con-sultants

Küstenmacher, W., »Tiki« (1994). Der Ich-Kompass. Wuppertal

Lange, A. (1992). A Study of the Constructs in the Personal Profile System. Minneapolis

Marston, W.M. (1979). Emotions of Normal People. Minneapolis

Meyers, I.B. & Meyers-Briggs (1962). *The Meyers-Briggs Type Indicator; Educational Testing Service.* Princeton, N.J

Porter, R.B. & Cattell, R.G. (1975). Children's Personality Questionnaire (CPQ). Texas

Tuzinski K. & Price, A. (2001). German Reliability/Validity Report for the Personal Profile System; Inscape Publishing Inc. Minneapolis

Wechsler, D. (1955). Wechsler Adult Intelligence Scale. Manual. New York: Psychological Corporation

# INSIGHTS MDI®-Leadership-Check

## Frank M. Scheelen

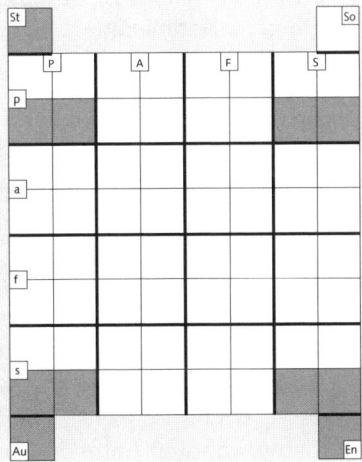

## Rasterdarstellung

### Schlagworte
Coaching; individuelle Ressourcennutzung; Personalauswahl; Personalentwicklung; persönliche Ressourcen; Outplacementberatung; Teamentwicklung; Training; Verkaufs-, Kommunikations-, Führungskräfteschulung

### Entwickler
C.G. Jung; W.M. Marston; D. Warburton; Target Training International (Success INSIGHTS®, Ltd., Scottsdale, Arizona, USA)

SCHEELEN®AG-Institut für Managementberatung und Bildungsmarketing, Waldshut-Tiengen

### Kompetenzdefinition
Kompetenz wird aufgefasst als Umfang, in dem das Individuum seine psychologischen Ressourcen in die Arbeitstätigkeit einbringt.

### Zielstellungen
- Ziel des Verfahrens ist es, Verhalten von Menschen unter Arbeitsbedingungen und unter natürlichen Bedingungen zu beschreiben.
- Es soll die Passung zwischen persönlichen Ressourcen und Arbeitsbedingungen festgestellt werden.
- Für die Personalauswahl sollen damit Eignungsaussagen, für die Bereiche Personalentwicklung, Training, Coaching und Outplacementberatung sollen Aussagen

zu den Stärken und Chancen gemacht werden. Im Bereich der Weiterbildung ist INSIGHTS die Grundlage für Verkaufs-, Kommunikations- und Führungskräfteschulungen.

- Darüber hinaus ist es möglich, im Rahmen der Teamentwicklung Teamleistungen zu optimieren.

## Theoretische Grundlagen

Die Wurzeln von INSIGHTS MDI® liegen bei Carl Gustav Jung, einem Schweizer Psychologen und Vertreter der analytischen Psychologie. Er ging von 3 psychologischen Funktionen oder auch Dimensionen aus, auf denen jeder Mensch einen Platz hat: Denken versus Fühlen, Wahrnehmung versus Intuition und Extraversion versus Introversion. Die weitere Entwicklung des Verfahrens wurde durch Jolande Jacobi (1996) vorangetrieben. Das Ergebnis ihrer Arbeiten sind 8 Persönlichkeitstypen. Darüber hinaus liegt INSIGHTS MDI® das Persönlichkeitsmodell des amerikanischen Psychologen William Moulton Marston (1986) zugrunde. Es geht zunächst von zwei Dimensionen aus: widrige versus freundliche Umwelt und Aktivität versus Passivität. Letztere Dimension entspricht Extraversion versus Introversion der oben erwähnten Autoren. Durch die Kombination dieser Modelle können 60 individuelle Persönlichkeitsprofile erfasst werden.

## Methodologische Einordnung

Was die Regeln der Konstruktion betrifft, steht dafür der INSIGHTS MDI® Lizenzgeber weltweit, Target Training International (Kontaktadresse siehe Verzeichnis) für Informationen zur Verfügung.

## Einschätzung der Gütekriterien

Die Erfüllung bestimmter Gütekriterien ist Voraussetzung, um Aussagen oder Vorhersagen mit INSIGHTS machen zu können, die in der Praxis zutreffen bzw. zutreffen werden.

Das erste Gütekriterium, Objektivität, kann als gegeben betrachtet werden: Durchführungsinstruktionen, Computerprogramme zur Auswertung und die Ausbildung von Anwendern gewährleisten Objektivität.

Die Zuverlässigkeit der Messung liegt für die Items der jeweiligen Verhaltensstile, die mit den Farben rot, gelb, grün und blau bezeichnet werden bei r=0,92, r=0,89, r=0,91 und 0,9 (alle split-half nach Spearman-Brown) bzw. bei 0,9 (Wiederholungszuverlässigkeit) über ein Zeitintervall von 6 Monaten.

Zum dritten Gütekriterium, Gültigkeit, wurden in den vergangenen Jahren Untersuchungen zu verschiedenen Themen durchgeführt, u.a. Teamentwicklung und Verkauf. Ziel dieser Untersuchungen war es, an unterschiedlichen Stichproben von Personen die Aussagen, die INSIGHTS MDI® zu Verhaltenseigenschaften macht, auf ihre Gültigkeit in der Praxis zu überprüfen.

Warburton (1995) untersuchte erfolgreich, ob sich das Verhalten von 91 Mitarbeitern aus dem mittleren Management verschiedener Industriezweige vorhersagen ließ (Vorhersagegültigkeit).

Darüber hinaus wurde die Übereinstimmung mit anderen eignungsdiagnostischen Verfahren überprüft, die sich ebenfalls bewährt haben (Konstruktvalidität).

Eine dritte Untersuchung belegte an einer Stichprobe von 150 Managern das Auftreten oder Ausbleiben bestimmter Reaktionen (Arbeitszufriedenheit, körperliche Gesundheit, psychische Gesundheit, Fluktuation), die mit INSIGHTS MDI® vorhergesagt werden konnten (Vorhersagegültigkeit).

Die Gültigkeit von Verhaltensvorhersagen, die INSIGHTS MDI® macht, konnten durch die oben genannten Untersuchungen nachgewiesen werden.

Derzeit laufen weitere Evaluierungsuntersuchungen.

## Fehler- und Problemkritik

Bei Personen, die sich in der Analyse nicht zutreffend beschrieben fühlen, ist zunächst nach der Art und Weise zu fragen, in der der Fragebogen bearbeitet wurde. In den meisten Fällen wurde der Fragebogen nicht instruktionsgemäß ausgefüllt. Darüber hinaus ist bei der Rückmeldung der Ergebnisse darauf zu achten, wann der Fragebogen bearbeitet wurde. Ist es in der Zeit zwischen Bearbeitung und Rückmeldung zu Veränderungen in verschiedenen Lebensbereichen des Probanden gekommen, so ist dies zu berücksichtigen. Veränderungen des Arbeitsumfeldes, z.B. auf Grund von Stellenwechsel, Organisationsentwicklung oder Fusion, aber auch möglicherweise kritische Lebensereignisse, Scheidung, Heirat, Tod eines Angehörigen o.a. können Zeiteffekte begünstigen. In solchen Fällen ist es empfehlenswert, die Analyse zu wiederholen.

## Ablauf des Messprozesses

*Räumliche Voraussetzungen*
Abhängig von Anzahl der Probanden (Einzel- oder Gruppendurchführung) überall durchführbar.

*Zeitliche Voraussetzungen*
15 Minuten für die Durchführung der Messung, 10 Minuten für die Auswertung und den Ausdruck des Berichts, 4-5 Minuten für die Durchführung, Auswertung und Senden des Berichts über das Internet.

*Personale Voraussetzungen*
Einzel- oder Gruppendurchführung.

*Technische Voraussetzungen*
Computerdurchführung: Fragebogen, Schreibstift, Computer, Auswertungs-Software.
Internetdurchführung: Computer mit Internetanschluss, E-Mail-Adresse, Internetcode.

## Referenzen

ABB, AWD, Bank Austria, Bosch Siemens, DaimlerChrysler, Johnson + Johnson, Merk, Pharmacia Upjohn, Continentale Versicherung, Helvetia Patria, UBS, Wirtschaftskammer, Roche, Oventrop, BMW

**Freie Darstellung**

## Inhaltliche Aspekte

Das Verfahren misst 4 Verhaltensstile und 6 Werte.

### Verhaltensstile

Der erste Verhaltensstil ist der Antrieb (Rot = extravertierter Denker). Er beschreibt, wie ein Individuum mit Problemen und Herausforderungen umgeht. Der zweite Verhaltensstil »Initiative« (Gelb = extravertierter Fühler) misst, wie eine Person die Beziehung zu anderen Menschen gestaltet. Die Stetigkeit (Grün = introvertierter Fühler) befasst sich damit, wie jemand auf Veränderungen reagiert. Der vierte und letzte Verhaltensstil, Gewissenhaftigkeit (Blau = introvertierter Denker), stellt fest, wie eine Person auf Regeln und Regulierungen reagiert.

Diese Verhaltensstile können einmal als Basisverhalten unter natürlichen Bedingungen und als Reaktion auf das beruflichen Umfeld (angepasstes Verhalten) gemessen werden.

### Werte

Der theoretische Wert misst das Interesse, sich Wissen anzueignen, der ökonomische Wert das Interesse an Effizienz, Nutzen und Ertrag, der ästhetische die Neigung zu Form, Harmonie und dem Genießen des Lebens. Personen mit hohen sozialen Werten interessieren die Sorge und das Wohlergehen der Mitmenschen. Wer hohe individualistische Werte hat, interessiert sich für das Ausüben von Macht und das Führen von Menschen. Personen mit hohen traditionellen Werten haben ein starkes Bedürfnis nach Ordnung in allen Lebensbereichen.

## Methodische Aspekte

### Gütekriterien und Untersuchungsergebnisse

Die Split-Half-Reliabilität von INSIGHTS MDI® wurde an einer Stichprobe von $n = 120$ Studenten bestimmt. Für die 4 Verhaltensstile für folgende Koeffizienten ermittelt: $r = .91$ (Rot), $r = .9$ (Gelb), $r = .92$ (Grün) und $r = .89$ (Blau).

An einer Stichprobe von 230 Arbeitern wurde gefunden, dass Personen, die sich am Arbeitsplatz verletzten, signifikant andere Ausprägungen im Basis- und adaptierten Stil aufwiesen als Personen ohne Verletzungen.

Die Augenscheinvalidität wurde gemessen, indem Personen ihre Kollegen Adjektiven zuordnen sollten. Diese Adjektive wurden aus den 4 Verhaltensstilen abgeleitet. Die Kollegen selbst bearbeiteten den Fragebogen. Zwischen den Ergebnissen herrschte hohe Übereinstimmung: Rot: 86 %; Gelb: 91 %; Grün: 71 %; Blau: 76 %.

Die Binnenvalidität wurde bestimmt durch die Korrelation mit anderen Verfahren die Ähnliches messen. Darüber hinaus wurden signifikante Korrelationen zu Alkohol- und Zigarettenkonsum gemessen.

In einer Untersuchung zur prädiktiven Validität konnten Zusammenhänge zur Arbeitszufriedenheit, mentalen Gesundheit, körperlichen Gesundheit, Fehlzeiten am Arbeitsplatz und Alkohol- und Zigarettenkonsum gemessen werden.

In einer anderen Untersuchung wurde gefunden, dass bestimmte Persönlichkeitsstile eine Moderatorfunktion haben zwischen den Quellen beruflichen Drucks und stressbedingter Verhaltensweisen.

## Anwendungsaspekte

### Perspektivisches

Im INSIGHTS MDI® -Diagnosesystem wird in Kürze ein weiteres Verfahren, der sogenannte Kompetenz-Check, zur Verfügung gestellt. Er misst Fertigkeiten, die im Gegensatz zu Persönlichkeitseigenschaften gezielt trainierbar sind. Dieses Verfahren wird es in zwei Varianten geben: Zum einen als Anforderungsdiagnostikum, mit dem die für eine erfolgreiche Tätigkeitsausführung verbundenen Anforderungen erhoben werden können; zum anderen als Persönlichkeitsdiagnostikum, mit dem erhoben werden kann, welche Fertigkeiten eine Person bereits mitbringt. Der Abgleich zwischen Anforderungs- und Persönlichkeitsprofil gibt Auskunft über den Grad der Eignung für eine bestimmte Tätigkeit bzw. über den Umfang und die Art des Trainingsbedarfs von Individuen.

### Nutzergruppen

INSIGHTS MDI® kann prinzipiell für alle Berufgruppen eingesetzt werden. Es liegt in 10 verschiedenen Versionen vor.

Zusätzlich ist es möglich, im Bedarfsfall aus den Persönlichkeitsdaten erfolgreicher Mitarbeiter ein Anforderungsprofil für neu einzustellende Bewerber abzuleiten. So ist es möglich, auch sehr spezielle Bereiche zu bedienen.

### Nutzen und Beispiele

Der Nutzen von INSIGHTS MDI® soll an zwei Beispielen aus der Praxis aufgezeigt werden.

Das erste Beispiel kommt aus dem Bereich der Teamanalyse und des Coachings. Es handelt sich dabei um ein Unternehmen, das technische Produkte herstellt und verkauft. Die Situation, die vorgefunden wurde, war folgende: Das Team bestand aus Ingenieuren, die eine so hervorragende Arbeit leisteten, dass mehrere Qualitätspreise gewonnen wurden. Diese Produkte wurden jedoch nicht so gut verkauft, wie es die Produktqualität erwarten ließ.

Eine Analyse der Beteiligten (siehe Teamrad in Abbildung 1) zeigte, dass sich die Verhaltensstile der Teammitglieder überwiegend in den Bereichen »Beobachter«

und »Koordinator« bewegten. Es handelte sich um stark analytisch orientierte und beziehungskompetente Personen. Der Bereich »Kommunikation« ist nicht besetzt. In dem Unternehmen gab es eine Mitarbeiterin, die die persönlichen Voraussetzungen (Kommunikations- und Beziehungsressourcen) mitbrachte, die für das Verkaufen wichtig sind. Sie konnte diese Ressourcen jedoch nicht ausschöpfen. Die Analyse zeigte weiter, dass die mangelnde Nutzung dieser Ressourcen auf ein allzu dominantes Verhalten des Geschäftsführers zurückzuführen war. Er ließ der Mitarbeiterin keinen Handlungsspielraum. Ihr Verhalten ließ sich auf Grund dessen als eher introvertiert und wenig veränderungsbereit beschreiben. Ein Coaching, in das sowohl der Geschäftsführer als auch die Mitarbeiterin einbezogen wurden, konnte diesem Missstand Abhilfe verschaffen. Folge waren steigende Leistungen und Arbeitszufriedenheit der Mitarbeiter, verbessertes Betriebsklima sowie Umsatzsteigerungen.

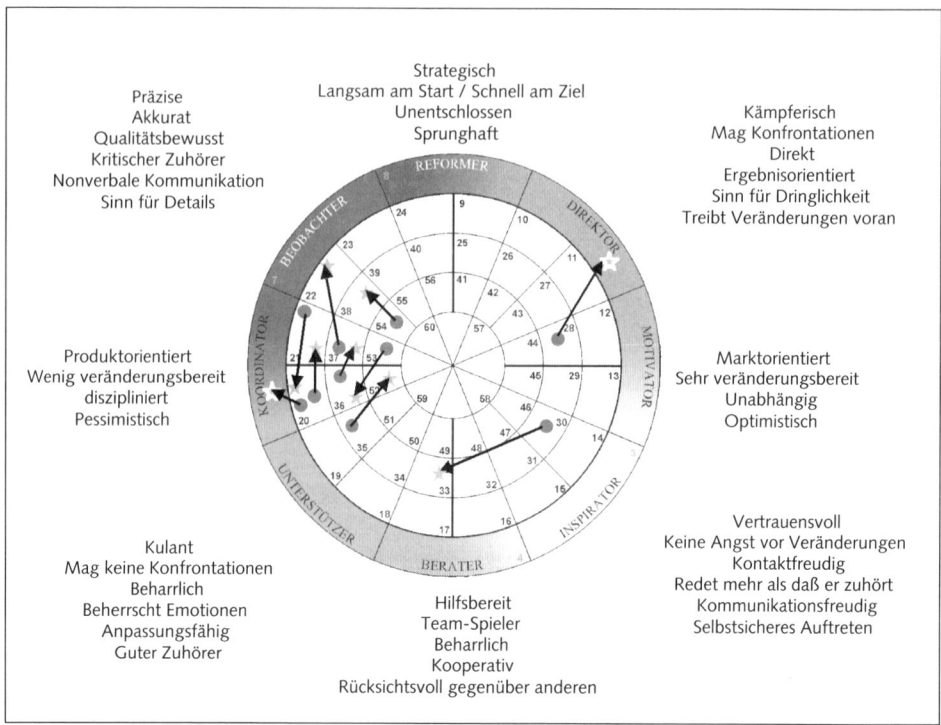

Abb. 1: Darstellung der Personen der Unternehmensabteilung aus Beispiel 1. Jedes Individuum ist mit seinen Ressourcen (blaue Punkte) und dem Umfang, in dem diese Ressourcen für die Arbeitstätigkeit genutzt werden (rote Sterne) auf dem INSIGHTS Teamrad positioniert.

Das zweite Beispiel tangiert die Bereiche Personalmarketing und Personalauswahl. Ein großes Unternehmen aus der Allfinanzbranche hat Schwierigkeiten, geeignete Leute für eine Mitarbeit anzusprechen und auszuwählen.

Indem Mitarbeiter einer Berufsgruppe auf ihre typische Persönlichkeit untersucht werden, erhält man ein Persönlichkeitsprofil, aus dem die Abteilung für Personalmarketing Gestaltungsideen für die Außendarstellung des Unternehmens und der Tätigkeit, für die neue Mitarbeiter gesucht werden, ableiten kann: Anzeigentexte, Imagebroschüren, Auftritt auf Rekrutierungsmessen können auf ein typisches Profil zugeschnitten werden. Dadurch kann die Selbstselektion von Bewerbern unterstützt werden. Abbildung 2 zeigt die Ausprägung der ökonomischen Interessen von Verkaufsmanagern im Finanzdienstleistungsbereich. Es ist zu erkennen, dass der Mittelwert mit 59 % deutlich über dem Bevölkerungsdurchschnitt mit 46 % liegt (hier nicht abgebildet).

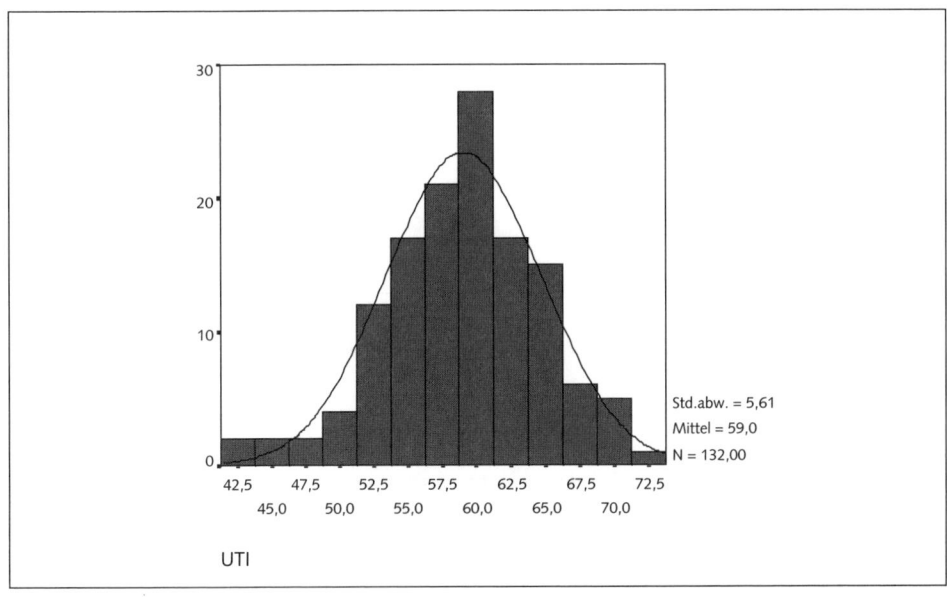

Abb. 2: Häufigkeitsverteilung der Ausprägung des theoretischen Motivs an allen untersuchten Verkaufsmanagern

Unterstützung für die Personalauswahl hat das Unternehmen erhalten, indem bei erfolgreichen und weniger erfolgreichen Verkaufsmanagern Persönlichkeitsunterschiede ermittelt wurden. Das Persönlichkeitsprofil erfolgreicher Mitarbeiter kann im Rahmen der Personalauswahl für Entscheidungen hinzugezogen werden.

Mit den zur Verfügung gestellten Informationen kann der Anteil richtig getroffener Personalentscheidungen erhöht werden. Dies bedeutet: mehr Umsatz, geringere Fluktuation, höhere Produkt- und Dienstleistungsqualität, besseres Image in der Öffentlichkeit.

Der negative Zusammenhang zwischen Umsatz im Jahre 2000 und der Ausprägungsstärke des ökonomischen Motivs besagt, dass in dieser Stichprobe hoch ökonomische Ausprägungen eher mit geringem Umsatz im Jahre 2000 einhergingen (Abbildung 3).

Auf den ersten Blick macht dies bei der untersuchten Stichprobe, Finanzdienstleistungsberater, keinen Sinn. Ein Blick auf den Mittelwert (Abbildung 2) der untersuchten Stichprobe hilft: Die Berater wiesen eine durchschnittliche Ausprägungs-

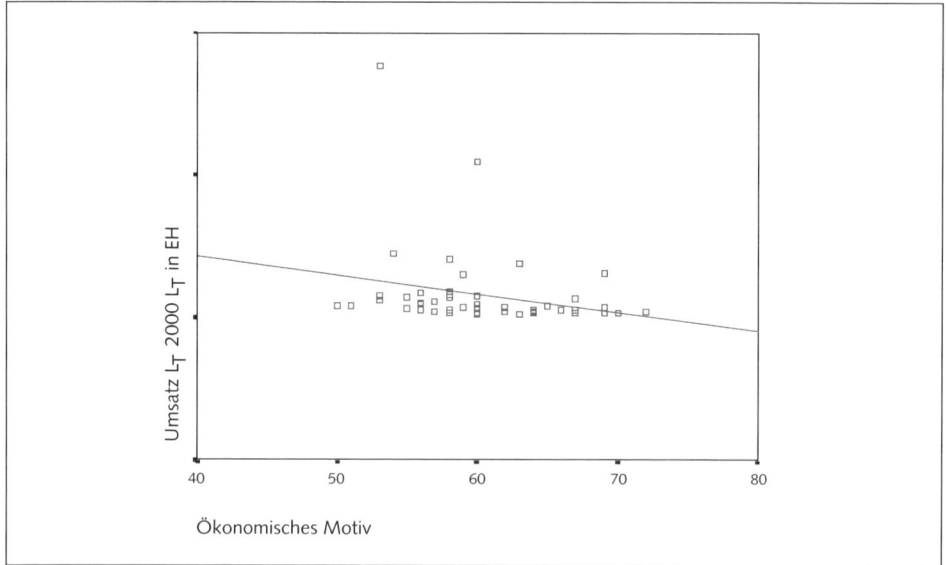

Abb.3: Streudiagramm mit Zusammenhangsfunktion zwischen ökonomischem Motiv und Umsatz an der Stichprobe untersuchter Verkaufsmanager

stärke im ökonomischen Motiv von 60% auf und liegen damit knapp 14% über dem Bevölkerungsdurchschnitt. Man kann daher sagen, dass erfolgreiche Berater eine hohe, aber keine extrem hohe Ausprägung im ökonomischen Motiv zeigten.

Bei sehr hoher Ausprägungsstärke würde der materielle Eigennutz derart im Mittelpunkt des Handelns stehen, dass möglicherweise Kunden und Mitarbeiter ihre Bedürfnisse vernachlässigt sähen. Dies dürfte sich auf den eigenen Umsatzerfolg der Wirtschaftsberater wenig förderlich auswirken.

Für die Auswahl von Beratern kann daher empfohlen werden, Personen zu bevorzugen, deren Ausprägungen im ökonomischen Motiv über dem Bevölkerungsdurchschnitt liegen. Extrem hohe Ausprägungen sollten jedoch vermieden werden.

### Schulung und Material

Wer INSIGHTS in der eigenen Arbeit einsetzen möchte, wird in einem mehrtägigen Akkreditierungsseminar geschult. Im Anschluss an das Seminar wird bei Bedarf Unterstützung in psychologisch-inhaltlichen und Softwarefragen gegeben. INSIGHTS wird sowohl von Personalverantwortlichen nur für das eigene Unternehmen eingesetzt als auch von Beratern, Weiterbildnern und Trainern als Dienstleistung für andere Unternehmen angeboten.

Zusätzlich besteht die Möglichkeit, an Workshops zum Erfahrungsaustausch teilzunehmen.

Im Rahmen von Schulung und Service werden zahlreiche Materialien zur eigenen Verwendung und Weitergabe zur Verfügung gestellt: Unterlagen zum Nacharbeiten und Nachlesen, Präsentationsmaterial, Auswertungssoftware, Fragebögen u.v.a.m.

INSIGHTS MDI® zeichnet sich durch Effektivität in der Durchführung und Einfachheit in Auswertung und Interpretation aus.

Die Instruktionen sind verständlich gehalten und beschränken sich auf das Nötige. Darüber hinaus hat jeder Anwender das Verfahren selber bearbeitet, so dass eigene Erfahrungen vorliegen.

Die Auswertung geschieht durch die Eingabe der markierten Items in die Computerversion des Fragebogens, so dass Rechenfehler ausgeschlossen sind. Die Software übernimmt die Auswertung. Wird der Fragebogen über das Internet bearbeitet, entfällt die Dateneingabe durch eine auswertende Person völlig, so dass hier Eingabefehler unmöglich sind.

Auch die Interpretation wird von der Software übernommen: Es wird ein zwischen 25 und 35 Seiten umfassender Bericht erstellt, der über einen Drucker ausgegeben werden kann. Die Interpretationsobjektivität ist damit gewährleistet.

Aktionsplaner und Coachingunterlagen sichern die Umsetzung der gewonnenen Informationen für den Probanden in der Praxis.

## Literaturverzeichnis

Baas, B. (1999). Warum Makler keine Autos verkaufen können. In: Acquisa, 1 (Sonderdruck), S. 1-6

Butler, J./Scheelen, F.M. (2000). Managementkompetenz. Der Weg zum erfolgreichen Unternehmer. Landsberg

Christiani, A./Scheelen, F.M. (2002). Stärken stärken. Talente entdecken, entwickeln und einsetzen. München

Dertz, J. & Martens, C. (1999). Coaching in Farbe. In: Euro-Wirtschaftsmagazin 5, S. 36f.

Eber, A. (2001). Software schützt für Personalfehlentscheidungen

Jacobi, J. (1996). Die Psychologie von C.G. Jung. Frankfurt a. M.

Marston, W.M. (1986). Emotions of normal people. Ormskirk

O. V. (1999). Was Verkäufer zu Spitzenleistung antreibt. In: Acquisa 4, S. 17-28

Scheelen, F.M. (1999). Das Rätsel des Erfolgs. In: Cash 3, S. 110

Scheelen, F.M. (2000). Menschenkenntnis auf einen Blick. Landsberg/Lech

Scheelen, F.M.(1996). Verkaufsmanagement – Die richtigen Mitarbeiter einstellen. In: Sales Profi 12, S. 42-44

Scheelen, F.M. (2003). Jeder Mensch hat seinen Preis, Metropolitan, Regensburg

Warburton, D.M. (1995). Discovering the person at work. Scottsdale

# Behavioural Event Interview (BEI)

## Axel Peters/Holger Winzer

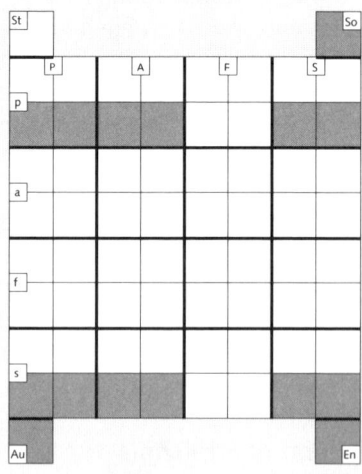

## Rasterdarstellung

### Schlagworte
Competencies; Critical Incident; Leadership; Personalauswahl und -entwicklung

### Entwickler
David McClelland†; HayGroup

### Kompetenzdefinition
Eine Competency ist ein grundlegendes Merkmal eines Individuums, das ursäch-
lich mit eindeutigen Kriterien für effektive oder herausragende Leistung in einem
Job oder in einer Situation verbunden ist.

### Zielstellungen
Mit dem BEI können empirisch und unternehmensspezifisch erfolgskritische Merkmale von Top-Leistern identifiziert werden. Die Summe der Competencies bildet
ein Competency-Modell, das die Grundlage für z.B. die Gestaltung von Instrumenten der Personalauswahl, -beurteilung und -entwicklung ist. Das BEI ist dann
ebenso geeignet, das Vorliegen der unternehmensspezifischen Competencies zu
testen. Gute Erfahrungen mit dem BEI wurden dabei vor allem im Rahmen von
Management-Audits gemacht. Dabei werden die durch das Interview gemessenen
individuellen Competency-Profile von Stelleninhabern den Soll-Profilen der Funktion gegenübergestellt. Die anschließende Abweichungsanalyse bildet die Entscheidungsgrundlage für die Besetzung von Management-Funktionen.

## Theoretische Grundlagen

Die BEI-Technik ist eine Weiterentwicklung der Critical Incident Technique (CIT) des Psychologen J.C. Flanagan (1954). Diese basiert auf der Idee, dass die Identifikation und Diskussion von »kritischen Lebensereignissen« eine gute Basis liefert, um das Verhalten in ähnlichen Situationen vorherzusagen.

Während bei der CIT der Schwerpunkt auf der Erhebung von Verhaltensweisen und Ergebnissen liegt, betont die BEI-Technik zusätzlich die Identifizierung von individuellen Gedanken, Gefühlen und Motiven in konkreten Arbeitssituationen (McClelland 1976).

McClelland entwickelte um die BEI-Technik herum eine vollständige Methode zur Identifizierung von Competencies, bekannt unter dem Namen »Job Competence Assessment« (McClelland et al. 1994).

## Methodologische Einordnung

Das BEI ist ein halbstrukturiertes Interview zur Messung von personenbezogenen Merkmalen, die zur Vorhersage von Top-Leistungen in Arbeitssituationen dienen.

## Einschätzung der Gütekriterien

Von Forschungsgruppen wurden übergreifende Validitätskennzahlen veröffentlicht (z.B. Spencer & Spencer 1993). Nachfolgend ist eine Auswahl von Competencies aufgelistet, die Top-Leister von Durchschnittsleistern trennen. Es ist angegeben, in wieviel Prozent aller einbezogenen Studien die jeweilige Competency als differenzierende Variable zwischen den beiden Gruppen identifiziert werden konnte ($**p<.02$).

- Leistungsorientierung            42**
- Analytisches Denken              42**
- Einflussnahme/Wirkung            46**
- Selbstbewusstsein                46**
- Leadership                       42**

Die zu Grunde liegenden Daten stammen von mehr als 30 unterschiedlichen Unternehmen und Funktionen (z.B. Geschäftsführer, Verkäufer, Bergbau-Geologen, Krankenhausmanager). Die Beurteilerübereinstimmung für gut trainierte Coder liegt im Bereich von 74% bis 80% (Boyatzis 1982).

## Fehler- und Problemkritik

Neben dem zeitlichen Aufwand für das Training der Interviewer und Coder entstehen Kosten für die Durchführung, Transkription und Analyse der Interviews.

Wie bei anderen Interviewverfahren besteht auch beim BEI die Gefahr einer hohen Subjektivität in der Durchführung und Auswertung. Zur Sicherung des hohen Qualitätsstandards werden von der HayGroup weltweit nur akkreditierte Interviewer und Coder eingesetzt, deren Arbeit einem strengen Monitoring unterliegt.

**Ablauf des Messprozesses**
Die Grundlage für die Messung individueller Competency-Ausprägungen von Stelleninhabern bildet ein im Vorfeld entwickeltes, unternehmensspezifisches Competency-Modell. Dieses umfasst i.d.R. sechs bis zehn skalierte, erfolgskritische Kern-Competencies, aus denen Personalauswahl- und Personalentwicklungsinstrumente abgeleitet werden können. Typischerweise werden darin die für Spitzenleistungen notwendigen Compentencies von denen unterschieden, die Personen für Durchschnittsleistungen auf einer bestimmten Stelle benötigen. Ein auf dem Modell aufbauendes Competency-Handbuch dient als praktische Arbeitshilfe für Personalmanager und Führungskräfte.
Im BEI werden Bewerber oder Stelleninhaber gebeten, 3-5 der wichtigsten beruflichen Ereignisse der jüngsten Zeit detailliert zu beschreiben: 2-3 Höhepunkte bzw. große Erfolge und 1-2 Tiefpunkte. Die Ereignisse können frei gewählt werden. Der Interviewer erfragt kontinuierlich die Gedanken, Gefühle und Verhaltensweisen in den geschilderten Arbeitssituationen.
McClellands Technik betont die Bedeutung einer vollständigen Tonband-Aufnahme und Abschrift des BEIs. Anschließend erfolgt die Analyse des Skripts, das sog. Coding. Dazu liest eine im Coding ausgebildete Person das Interview-Skript und kennzeichnet alle erwähnten, konkreten Verhaltensweisen, die zu den Competencies des unternehmensspezifischen Modells passen. Es werden sowohl die Ausprägungsstufe (z.B. »Leistungsmotivation Stufe 4«) als auch die Häufigkeit des Auftretens (z.B. »Initiative, 17 relevante Verhaltensweisen«) einer Competency notiert. Jedes Skript wird idealerweise unabhängig von zwei Personen kodiert.

*Räumliche Voraussetzungen*
Für das Interview und die Analyse der Daten werden je ein Raum in einem ruhigen Umfeld benötigt.

*Zeitliche Voraussetzungen*
Das BEI nimmt ca. drei Stunden in Anspruch. Für die Analyse des Interview-Transkripts müssen ca. vier Stunden eingeplant werden.

*Personelle Voraussetzungen*
Für die Messung der individuellen Ausprägungen von Competencies bei einer Person werden ein akkreditierter Interviewer und ausgebildete Coder benötigt.

*Technische Voraussetzungen*
Beim BEI wird ein Tonaufzeichnungsgerät eingesetzt. Die Codierung kann manuell erfolgen. Eine PC-gestützte Codierung bietet die Möglichkeit umfangreicher Auswertungen.

**Referenzen**
Andere Forschungsgruppen mit ähnlichen Zielstellungen und/oder Verfahren; insbesondere die Erfahrungen der weltweit in 38 Ländern tätigen HayGroup.

## Freie Darstellung

### Kompetenzen von Topleistern: Was machen die Besten anders?

Ein Klassentreffen 20 Jahre nach dem Schulabschluss bringt es an den Tag: nicht der Klassenprimus hat die eindrucksvollste berufliche Karriere absolviert, sondern ein Mitschüler, der nie durch besonders gute Noten aufgefallen war. Was hat diesen im Beruf so »smart« und erfolgreich gemacht? Es gibt offenbar Eigenschaften, die für seine schulische Beurteilung keine große Rolle gespielt haben, die ihm aber auf seinem speziellen Berufsweg zum Durchbruch verholfen haben. Es sind seine »Competencies«. Eine Competency in diesem Sinn ist ein grundlegendes Merkmal eines Individuums, das ursächlich mit eindeutigen Kriterien für effektive oder herausragende Leistung in einem Job oder in einer Situation verbunden ist.

Als grundlegendes Merkmal ist die Competency ein tief verwurzelter und dauerhafter Teil der Persönlichkeit eines Individuums und kann Verhalten in einer großen Bandbreite von Situationen und beruflichen Aufgaben vorhersagen.

Eindeutige Kriterien für effektive oder herausragende Leistung bedeuten, dass die Competency bezogen auf ein bestimmtes Kriterium oder einen spezifischen Standard tatsächlich vorhersagt, wer etwas gut oder schlecht machen wird. Beispiele für solche Kriterien sind der Umsatz in Euro bei Vertriebsmitarbeitern oder die Rückfallquote der Patienten bei Drogenberatern (Spencer, L.M. & Spencer S.M. 1993).

### Grundelemente des Competency Ansatzes von McClelland/Hay

Der Competency Ansatz von David McClelland und der HayGroup[1] kann auf mittlerweile rund 30 Jahre erfolgreicher praktischer Bewährung als Basis für Personalinstrumente (Auswahl und Entwicklung von Mitarbeitern, Karrierepfade, Zielorientierte Führung, Vergütung) zurückblicken.

Ausgangspunkt für die »Competency Bewegung« in der (vorwiegend angelsächsischen) Psychologie war die Kritik McClellands an der Vorhersagevalidität sowohl von traditionellen akademischen Begabungs- und Wissenstests als auch von Abschlussprüfungen von Schulen und anderen »Qualifikationsnachweisen«: sie waren allesamt nach seiner Auffassung nicht in der Lage, Erfolg in einem Beruf oder im Leben zu prognostizieren und hatten häufig diskriminierenden Charakter beispielsweise gegenüber Frauen, Minderheiten oder Angehörigen unterer sozialer Schichten (McClelland 1973).

---

1  David McClelland entwickelte die Methodologie des Job Competency Assessment (JCA) und erprobte und verbesserte den Ansatz in praktischer Projektarbeit der von ihm gegründeten Unternehmensberatung McBer in Boston, Mass. Nach Jahren intensiver Zusammenarbeit mit Hay wurde McBer 1990 mit der HayGroup verschmolzen. Das McClelland Center der HayGroup ist heute sowohl in der Forschung als auch in der Umsetzung des Ansatzes für das Personalmanagement von Unternehmen und anderen Organisationen tätig.

Mit »Competencies« rückten Variablen in den Mittelpunkt der Forschung, die Erfolg in einem bestimmten Beruf vorhersagen konnten und die keinen Bias hinsichtlich Rasse, Geschlecht oder sozioökonomischen Faktoren haben sollten.

Die wichtigsten methodischen Grundlagen sind (McClelland 1993):

- Der Einsatz von Samples, die bestimmten Kriterien entsprechen: Vergleich von Individuen, die eindeutig in einem Job besonders gute Ergebnisse erzielten mit anderen, die weniger erfolgreich waren, um jene Persönlichkeitsmerkmale zu identifizieren, die mit dem Erfolg verknüpft sind.
- Die Identifizierung von Gedanken und Verhaltensweisen, die mit den besten Ergebnissen kausal verknüpft sind, durch offene diagnostische Situationen, in denen das Individuum spontan seinen eigenen Weg entwickelt (im Gegensatz zu vorstrukturierten Situationen, wie beispielsweise Multiple-Choice-Fragen, wo nicht agiert, sondern reagiert wird). Die beste Prognose über künftiges Verhalten lässt sich ableiten aus den spontanen Reaktionen auf eine unstrukturierte Situation oder dem tatsächlichen Verhalten in einer vergleichbaren Situation in der Vergangenheit.

## Entwicklung eines Competency Modelles[2]

Da Competencies mit überragender Leistung in einem bestimmten beruflichen Umfeld verbunden sind, sind Unternehmen daran interessiert, die spezifischen Competencies zu erheben, die für strategisch bedeutsame Jobs (Management, Vertrieb, Entwicklung) erfolgsrelevant sind und in einem Competency-Modell abzubilden. Dazu müssen zunächst die Ergebnisse eindeutig geklärt werden, die ein Unternehmen von einer Stelle erwartet. Nur bei klaren Performance-Kriterien ist es möglich, überlegene Leistungen zu kennzeichnen und entsprechende Samples von exzellenten und durchschnittlichen Stelleninhabern zu bilden. Als Kriterien sind vor allem »harte« Leistungskennzahlen wie beispielsweise Produktivitätskennziffern geeignet – soweit sie für eine bestimmte Tätigkeit vorliegen. Zusätzlich werden Nominierungen von Vorgesetzten, Kollegen, Mitarbeitern und/oder Kunden zur Hilfe genommen.

Das Forschungs-Sample besteht dann einerseits aus der Gruppe der Spitzenleister (definiert als jene Stelleninhaber, die hinsichtlich der Performance-Kriterien eine Standardabweichung besser sind als der Durchschnitt, oder die »besten 10%«) und andererseits aus einer Vergleichsgruppe von Durchschnittsleistern in diesem Job. Eine Standardabweichung über dem Durchschnitt wird deshalb als Messlatte benutzt, weil der ökonomische Wert dieser Messziffer für ein Unternehmen oder eine Organisation nachgewiesen werden konnte.

Hunter, Schmidt u.a. (1990) haben gezeigt, dass, abhängig von der Komplexität eines Jobs, eine Standardabweichung über dem Durchschnitt zwischen 19% und 48% zusätzlichen Output von einer Stelle bedeutet, bei Vertriebsfunktionen sogar zwischen 48% und 120%.

---

2  Vergleiche hierzu ausführlich Spencer & Spencer 1993.

Für dieses Sample werden dann aus unterschiedlichen Quellen *Daten gesammelt*. Zuerst sind die strategischen Umfelddaten zu strukturieren. Vor welchen Herausforderungen steht das Unternehmen und die Branche, in der das Unternehmen agiert? Welche Auswirkungen hat dies für die Jobs des Forschungssamples? Mit welcher spezifischen Art von Situationen und Problemen werden die Stelleninhaber künftig konfrontiert? Welche Verhaltensweisen führen dann zu erfolgreichen oder herausragenden Lösungen? Diese Daten werden in der Regel durch *Hintergrundgespräche* mit dem Vorstand/der Geschäftsführung und *Experten-Panels* (Teilnehmer sind z.B. Führungskräfte, Stelleninhaber, Organisationsexperten) erhoben.

Das Sample selbst wird unter verschiedenen Blickwinkeln beleuchtet. Einen hohen Stellenwert hat hierbei das *Behavioural Event Interview*. Jeder ausgewählte Stelleninhaber wird in einem ca. 3-stündigen Interview von einem gründlich ausgebildeten und zertifizierten Interviewer zu beruflichen Situationen der jüngeren Vergangenheit befragt. Es geht hierbei darum, genau zu verstehen, wie sich der Interviewte in beruflichen Situationen verhält, welche Gedanken ihm durch den Kopf gehen und welche Gefühle ihm hierbei bewusst sind. Eine Tonband-Aufzeichnung des Interviews wird anschließend transskribiert und von einem erfahrenen und zertifizierten »Coder« gegen Competencies gespiegelt, die sich in der HAY-Competency-Datenbank für vergleichbare Stellen finden. Nur Gedanken, Worte, Handlungen oder Gefühle der Vergangenheit (»was ist wirklich in bestimmten Situationen gewesen«) werden »codiert«, d.h. einer Competency und einer Ausprägungsstufe zugeordnet. Dies dient der Identifizierung von Durchschnittsniveaus und Ausprägungen, die den Unterschied zwischen durchschnittlichen Leistungsergebnissen und Spitzenleistungen markieren. Zusätzlich können die *Motivationsstrukturen* der Individuen des Samples durch sogenannte »Picture Story Exercises« (thematischer Apperzeptions Test) erhoben und durch eine *360°-Analyse* verschiedener Fragebogen (z.B. Organisationsklima, Führungsstile) ergänzt werden.

Alle diese Daten werden in einem *Workshop zur Konzeptgestaltung* zu einem Competency-Modell verdichtet, das verdeutlicht, was die Besten häufiger und in höheren Ausprägungsstufen tun, um zu ihren überragenden Ergebnissen zu kommen.

Dieses Modell kann dann, gegebenenfalls über Praxistest und Modifikation weiter optimiert, als Grundlage für verschiedene Instrumente der Human Resources Funktion in Unternehmen genutzt werden.

## Der Einsatz von Competency Modellen als Basis der Personalinstrumente von Unternehmen

Spezifische Competency-Modelle sind für Unternehmen der für die Strategieumsetzung fundamentale Teil der »People-Strategie«.

Die ausformulierten Verhaltenskriterien und die abgestuften Skalen beobachtbarer individueller Vorgehensweisen liefern eine konkrete Sprache und befreien die Unternehmen von Plattitüden und Gemeinplätzen, die sonst in Grundsatz-(Hochglanz-)Papieren verstauben und von jedem im Unternehmen anders interpretiert und gelebt werden.

Die im Competency-Modell erforschte und eindeutig niedergelegte plastische Darstellung erfolgversprechenden Verhaltens, das dem Unternehmen die erfolgreiche Strategieumsetzung ermöglichen wird, muss folgerichtig in alle Personalinstrumente des Unternehmens integriert werden. Das Competency-Modell wird Basis von Auswahlprozessen, Performance Management, Vergütung, Entwicklung und Nachfolgeplanung (Beeckmans 1998).

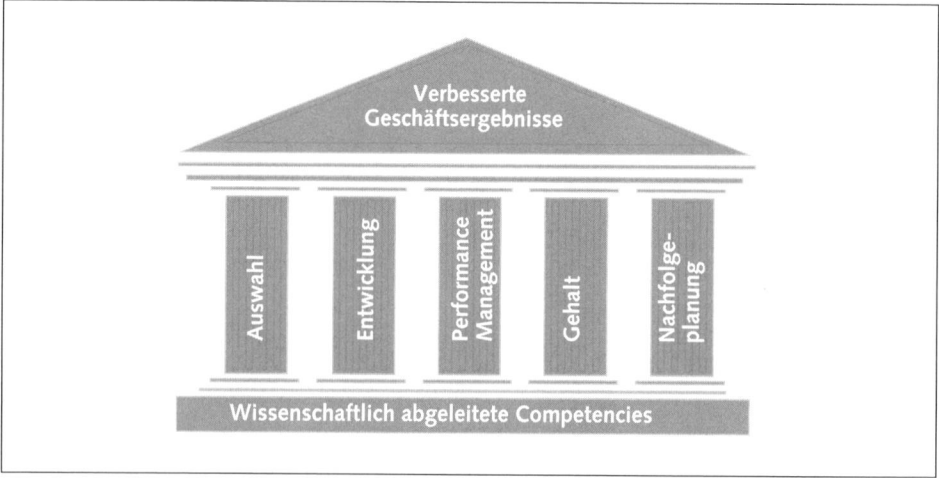

Abb. 1: Competency-Modelle als Grundlage für Unternehmenserfolg

## Generische Competencies

Die Erfahrung mit der Entwicklung von unternehmens- und tätigkeitsspezifischen Competency-Modellen (vgl. oben) lehrte, dass die spezifischen Anforderungen von Jobs ebenso wie die strategischen und branchenbezogenen Merkmale der Unternehmen und Organisationen zwingend verknüpft sind mit der Art der Competencies, die als Eigenschaften der jeweils erfolgreichsten Stelleninhaber identifiziert werden konnten.

Dennoch war es möglich, aus hunderten von Competency-Modellen im Jahre 1996 die Erfahrung von mehr als 20 Jahren in einem »Scaled Competency Dictionary« zusammenzufassen; dieses Handbuch umfasst 18 »Generic Competencies«, 5 »Supplemental Competencies/Customized Competencies« und 14 »Emerging Competencies«. Dieses Handbuch wurde im Jahr 2000 modifiziert und aktualisiert zum »Scaled Competency Dictionary Millennium«.

Handelt es sich bei diesen Zusammenstellungen um interne Experten-Datenbanken der HayGroup, so sind auch öffentlich zugängliche Competency-Übersichten der McClelland Tradition publiziert worden. Zu nennen ist das Standard-Werk von Spencer, L.M. und Spencer, S.M. (1993), das eine Übersicht zu spezifischen Competency Modellen für bestimmte Berufsgruppen gibt: Technische Berufe, Vertriebsfunktionen, Soziale Berufe, Manager und »Entrepreneure«.

Die umfangreichen Datenbanken der HayGroup waren auch Basis der Analysen von Daniel Goleman (1998), der versucht, die Summe der Erfahrungen mit unternehmens- und jobspezifischen Competency-Modellen unter dem Begriff der »Emotionalen Intelligenz« wieder zu einem allgemeinen Modell zu bündeln.

Interessant ist an Golemans Untersuchungsergebnissen vor allem die relative Bedeutung von kognitiven Fähigkeiten und Erfahrung auf der einen Seite und »Emotionaler Intelligenz« auf der anderen.

Spitzenleister unterscheiden sich von durchschnittlichen Mitarbeitern in erster Linie durch die auf emotionalen Fähigkeiten basierenden Competencies. So sind zum Beispiel Selbstvertrauen, Leistungsorientierung, Vertrauenswürdigkeit, Empathie und Teamfähigkeit zur Prognose von überragenden Leistungen für alle Berufe im Schnitt etwa doppelt so wichtig wie IQ und Berufserfahrung zusammengenommen. Je höher die Hierarchiestufe, desto wichtiger wird Emotionale Intelligenz: Beim Vergleich von Spitzen- mit Durchschnittsmanagern ließen sich über 90 % des Unterschieds in den Personenprofilen auf Faktoren der Emotionalen Intelligenz und nicht auf kognitive Fähigkeiten zurückführen (Goleman 1998).

Auf eine einfache Formel gebracht geht es bei den unter dem Begriff der »Emotionalen Intelligenz« zusammengefassten Competencies um das Geschick, effizient mit sich selbst und anderen umzugehen. Eine neuere Definition beschreibt sie so: »Emotional intelligence is observed when a person demonstrates the competencies that constitute self-awareness, self-management, social awareness, and social skills at appropriate times and ways in sufficient frequency to be effective in the situation.« (Boyatzis et al. 1999). Die vier Grundelemente, Selbstbewusstsein, Selbstmanagement, Soziales Bewusstsein und Soziale Fähigkeiten (vgl. Abbildung 2), sind untereinander verknüpft, d.h., ob jemand andere wirklich beeinflussen kann oder nicht, hängt von den sozialen Fähigkeiten ab, die ihrerseits vom sozialen Bewusstsein und vom Selbstmanagement geprägt werden. Der Grundbaustein des Modells ist die Selbstwahrnehmung, auf die Selbstmanagement und Soziales Bewusstsein aufbauen.

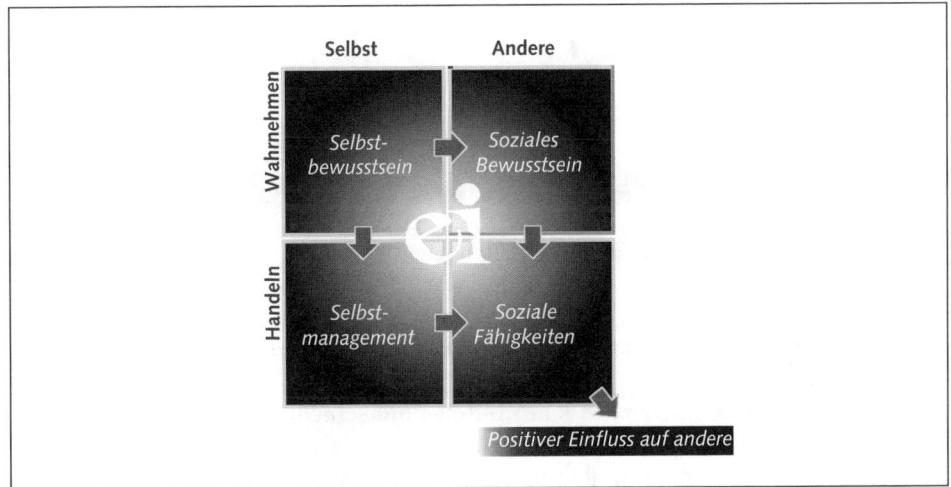

Abb. 2: Grundelemente der Emotionalen Intelligenz

Für jedes der vier Grundelemente wurden verschiedene Competencies identifiziert (vgl. Abbildung 3), insgesamt werden so 20 Competencies unterschieden die durch Skalen unterschiedlicher Ausprägungsstufen weiter operationalisiert sind (vgl. Abbildung 4).

Abb. 3: Emotionale Competencies

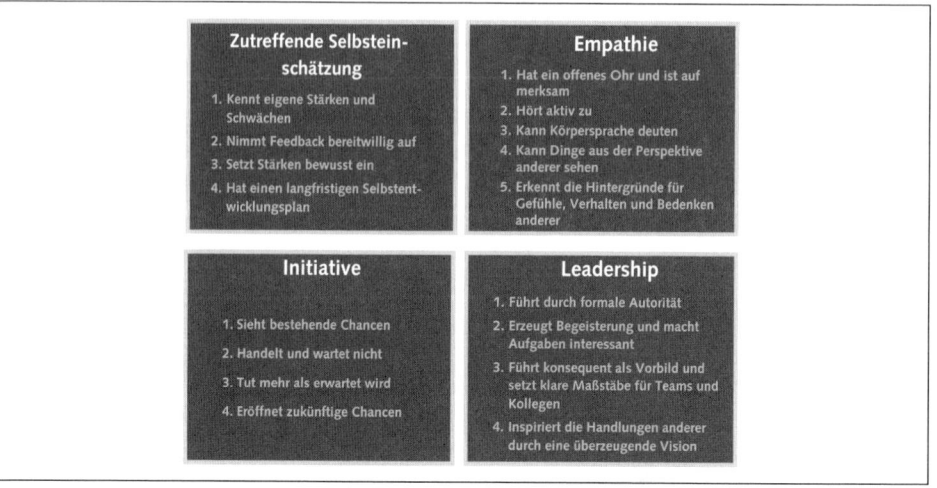

Abb. 4: Beispiele von Skalen für Emotionale Competencies

## Die Messung der Competencies auf Basis eines Competency-Modelles

Die Messung von Competencies kann durch unterschiedliche Methoden erfolgen. Simulationen/Beobachtung (z.B. Assessment-Center) sind ebenso denkbar wie das oben bereits als Instrument im Rahmen der Competency-Modellbildung dargestellte BEI oder spezifische Fragebogen.

Die HayGroup hat eine Vielzahl einschlägiger Fragebogen entwickelt, so auch in Zusammenarbeit mit Goleman und Boyatzis ein Messinstrument für die Emotionale Intelligenz, den Emotional Competence Inventory (ECI). Dieser ermöglicht im Multi-Source oder 360°-Assessment die Bestandsaufnahme der in der beruflichen Praxis gezeigten charakteristischen Emotionalen Competencies. Der ECI hat sich im Einsatz mittlerweile bewährt, erste wissenschaftliche Bewertungen liegen vor (Boyatzis et al. 1999).

Die mit dem Fragebogen erhobenen Daten, werden in Ergebnisberichten detailliert dargestellt. Die Selbsteinschätzung zu jeder einzelnen der verhaltensorientiert beschriebenen Competency-Ausprägung wird den Einschätzungen der anderen Beurteiler (Vorgesetzten, Kollegen, Mitarbeiter, Kunden etc.) gegenübergestellt und mit der jeweils »idealen« Ausprägung verglichen. Es wird ein individuelles Portfolio mit Entwicklungsfeldern herausgearbeitet.

Die besten Erfahrungen bei der praktischen Messung von Competencies wurden gemacht, wenn eine Kombination verschiedener Messinstrumente erfolgte und vor allem das BEI zum Einsatz kam.

In einem posthum erschienenen Beitrag beschrieb McClelland (1998) eindrucksvoll die Vorhersagevalidität von BEI's in Bezug auf »harte« Leistungskennzahlen bei Top-Managern eines multinationalen Großkonzerns.

Mit dem entwickelten Competency-Modell konnten in neu zusammengestellten Samples bis zu 86% der Führungskräfte korrekt als Durchschnittsleister bzw. Top-Leister vorhergesagt werden.

## Literaturverzeichnis

Beeckmans, J. (1998). Competency Model and International Personnel Management, Jahrbuch Personalentwicklung und Weiterbildung 1998/1999, S. 468-473

Boyatzis, R.E. (1982). The competent manager: A model for effective performance. New York

Boyatzis, R. (1999). The financial impact of competencies in leadership and management of consulting firms. Department of Organizational Behavior Working Paper. Case Western Reserve University, Cleveland

Boyatzis & Burckle (1999). »Psychometric Properties of the ECI«, Technical Note, Hay/McBerGroup 9/17/99, Boston, MA

Boyatzis, R.E.; Goleman, D. & Rhee, K. (1999). Clustering competence in emotional intelligence: insights from the emotional competence inventory (ECI). In: Bar-On, R. & Parker, James D.A. Handbook of Emotional Intelligence. San Francisco

Boyatzis, R., Goleman, D. & Rhee, K. (2000). Clustering Competence in emotional intelligence: Insights from the emotional competence inventory (ECI). In R. Bar-On & J. D. A. Parker (Eds.), Handbook of emotional intelligence. San Francisco

Chemiss, C., Goleman, D. (Eds.) (2001). The emotionally Intelligent Workplace. San Francisco

Flanagan, J.C. (1954). The critical incident technique. In: Psychological Bulletin, 51, pp. 327-358

Gardner, H. (1983). Frames of mind: The theory of multiple intelligences. New York

Goleman, D. (1995). Emotional intelligence. New York

Goleman, D. (1998). Working with Emotional Intelligence. London

Hunter, J.E.; Schmidt, F.L. & Judiesch, M.K. (1990). Individual differences in output variability as a function of job complexity. In: Journal of Applied Psychology, 75(1), pp. 28-42

Jacobs, R. (2001). Using Human Ressource Functions to Enhance Emotional Intelligence. In: Cherniss, C. & Goleman, D. (Eds.) The emotionally Intelligent Workplace. San Francisco

Mayer, J. D. & Salovey, P. (1997). What is emotional intelligence? In: P. Salovey & D. Sluyter (Eds.). Emotional Development and Emotional Intelligence: Implications for Educators. New York, pp. 3-31

McClelland, D. (1973). Testing for competence rather than for »intelligence«, In: American Psychologist, 28, pp. 1-14

McClelland, D. (1976). Guide to behavioural event interviewing

McClelland, D. (1993). The concept of competence, Introduction. In: Spencer, L.M. & Spencer, S.M., S. 3-8

McClelland, D.; Spencer, L.M., Jr. & Spencer S. M. (1994). Competency Assessment Methods: History and state of the art

Salovey, P. & Mayer, J. D. (1990). Emotional intelligence. Imagination, cognition and personality. 9. pp. 185-211

Spencer, L.M. & Spencer, S. (1993). Competence at work: Models for superior performance. New York

# Emotional Competency Inventory (ECI)

## Axel Peters/Holger Winzer

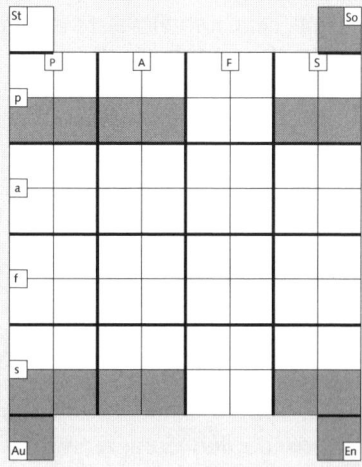

## Rasterdarstellung

### Schlagworte
360°-Feedback; Competencies; Emotionale Intelligenz; Fragebogen

### Entwickler
Das ECI wurde von Richard E. Boyatzis, Daniel Goleman und Mitarbeitern der HayGroup entwickelt.

### Kompetenzdefinition
Eine Competency ist ein grundlegendes Merkmal eines Individuums, das ursächlich mit eindeutigen Kriterien für effektive oder herausragende Leistung in einem Job oder in einer Situation verbunden ist.

### Zielstellungen
Das ECI misst mit 110 Fragen die 20 Competencies der Emotionalen Intelligenz (Boyatzis et al. 2000). Diese sind z.B. Selbstvertrauen, Selbstkontrolle, Kundenorientierung und Einflussnahme/Wirkung. Die Competencies verteilen sich auf vier Cluster: Selbstbewusstsein, Selbstmanagement, Soziales Bewusstsein, Soziale Fähigkeiten. Das Inventar ist für die Anwendung im organisationalen Umfeld, speziell für Feedback-Prozesse in Führungspositionen, Vertriebsfunktionen, Spezialisten und Dienstleistungsfunktionen entwickelt worden (Jacobs 2001). Neben der Selbsteinschätzung nehmen Kollegen, Mitarbeiter und der Vorgesetzte Competency-Einschätzungen der zu beurteilenden Führungskraft vor (360°-Feedback). Das ECI kann z.B. im Rahmen von Einzel-Coaching, Führungstrainings, Feedback-Prozessen, Management-Audits und bei Fragestellungen der Vergütung eingesetzt werden.

## Theoretische Grundlagen

Mit dem ECI wurde das erste Competency-basierte Verfahren zur Messung der Emotionalen Intelligenz entwickelt. Der Competency-Ansatz hat zum Ziel, überdauernde Merkmale von Personen zu definieren, mit denen in Organisationen Top- von Durchschnittsleistern differenziert werden können (McClelland 1973).

Das Konzept der Emotionalen Intelligenz (Goleman 1995) integriert die Forschungsansätze zur »Intrapersonalen und Interpersonalen Intelligenz« (Gardner 1983) und die Theorie zur Emotionalen Intelligenz von Salovey und Mayer (1990).

Goleman präsentierte mit seinem Ansatz ein integriertes Konzept, das die Organisation der Persönlichkeit mit Verhaltenstheorien und Erklärungsmodellen der Arbeitsleistung verbindet.

## Methodologische Einordnung

Das ECI ist ein Fragebogenverfahren zur Messung von operational definierten Competencies, d.h. von relativ stabilen Merkmalen der Person. Das Instrument basiert auf einer Itemanalyse.

Da sowohl Mitarbeiter als auch Kollegen und Vorgesetze eine Einschätzung der individuellen Competency-Ausprägung geben (Selbst- und Fremdeinschätzung), ist es der Klasse der Multi-Rater-Verfahren zuzuordnen.

## Einschätzung der Gütekriterien

Die verwendeten Skalen sind in einem empirisch-statistischen und psychologisch-interpretativen Konstruktionsprozess entstanden. Die Reliabilitäten (Cronbach's Alpha) liegen bei allen Competency-Skalen zwischen .789 und .948 (Boyatzis & Burckle 1997). Mehrere Untersuchungen zur Validität des ECI sind begonnen oder geplant. Als Validitätshinweise kann an dieser Stelle ein Ergebnis von Boyatzis (1999) angeführt werden. Eine seiner Studien ergab, dass bei Partnern eines großen Beratungsunternehmens ein positiver Zusammenhang zwischen dem erwirtschafteten Gewinn und den individuellen Competency-Ausprägungen bestand. Die Durchführung und Auswertung des ECI ist in hohem Maße objektiv. Die Testinterpretation ist intersubjektiv gut zu kontrollieren.

## Fehler- und Problemkritik

Die Itembeantwortungen sind Selbst- oder Fremdbeschreibungen mit den charakteristischen Vor- und Nachteilen von Fragebogenverfahren. Der ökonomischen Informationsgewinnung und der hohen Objektivität der Messung stehen Nachteile wie Antworttendenzen im Sinne sozialer Erwünschtheit gegenüber, die gerade bei Selbstbeurteilungsprozessen im Kontext der Personalauswahl- und -entwicklung nicht ausgeschlossen werden können.

Die HayGroup legt als Anbieter des ECI großen Wert darauf, dass das Instrument nur von akkreditiertem Personal angewendet wird, um Fehlerquellen in der Datenerhebung und der Dateninterpretation zu minimieren.

## Ablauf des Messprozesses

Im ersten Schritt folgt eine Auswahl der an der Beurteilung teilnehmenden Personen in Abstimmung mit dem Linienmanagement und dem Personalbereich des Unternehmens.

Die Teilnehmer werden dann mit einem Informationsschreiben oder im Idealfall mit einer Auftaktveranstaltung über den Ablauf des 360°-Feedbacks informiert. Anschließend erhalten sie dann Fragebögen und Begleitschreiben zur weiteren Verteilung an den direkten Vorgesetzten, an drei bis fünf Kollegen und an drei bis fünf Mitarbeiter. In einer Internet-Version ist es auch möglich, dass die Beurteiler die Fragen online beantworten. In diesem Fall werden statt der Fragebögen Zugangscodes verteilt.

Es können auch andere Beurteilergruppen, wie z.B. Kunden oder Familienmitglieder, in den Feedbackprozess mit einbezogen werden. Die Beurteiler geben auf einer siebenstufigen Rating-Skala an, wie charakteristisch das in jedem Item beschriebene Verhalten für die zu beurteilende Person ist. Sollte ein Item nicht zu beantworten sein, so kann dies in einer eigenen Antwortkategorie vermerkt werden. Nach der Rücksendung der Fragebögen erfolgen die Auswertung und Erstellung eines individuellen Feedback-Reports zentral in einem spezialisierten Servicebereich der Hay-Group z.B. in London oder Boston. Um die Anonymität zu gewährleisten, werden die Fragebögen von Kollegen und Mitarbeitern nicht ausgewertet, wenn in diesen Gruppen weniger als 3 Personen eine Beurteilung abgegeben haben.

Der Feedback-Report ist in 5 Abschnitte gegliedert:

1. Erläuterung des Competency-Modells der emotionalen Intelligenz,
2. Informationen zur Validität der Daten (z.B. Inter-Rater-Übereinstimmung),
3. Ergebnisse pro Competency,
4. Detailergebnisse pro Competency (heruntergebrochen auf Beurteiler-Gruppen),
5. Häufigkeitsverteilung pro Item.

Die Ergebnisse werden anschließend mit einer für die Anwendung des ECI ausgebildeten Person besprochen. Dabei werden zudem persönliche Entwicklungsmaßnahmen vereinbart. Alternativ kann die Kandidaten-Rückmeldung und Entwicklungsplanung auch in einem Trainings-Workshop erfolgen. Für einen wirksamen Entwicklungsprozess ist es wichtig, in einem zeitlichen Abstand von ca. neun bis zwölf Monaten einen Follow-up durchzuführen: Hierfür werden erneut ECI-Daten erhoben, zurückgemeldet und in einen revidierten Entwicklungsplan integriert.

*Räumliche Voraussetzungen*
Das Ausfüllen des Fragebogens ist abgesehen von einer ruhigen Umgebung an keine besonderen räumlichen Voraussetzungen geknüpft.

*Zeitliche Voraussetzungen*
Die Fragebögen, bzw. Zugangscodes werden ca. vier Wochen vor der Auswertung an die Beurteiler (Vorgesetzten, Kollegen und Mitarbeiter) versendet. Das Ausfüllen des Fragebogens dauert ca. 30 min. Die Auswertung erfolgt über EDV.

*Personelle Voraussetzungen*
Beim Einsatz des ECI im Rahmen eines 360°-Feedback-Prozesses wird eine Person für die Koordination der Versendung und Auswertung der Fragebögen benötigt. Ein geschulter Berater führt das individuelle Feedbackgespräch. Im Falle der

Rückmeldung in einem Workshop (ca. 3 Tage) werden maximal zwölf Teilnehmer von zwei zertifizierten Trainern betreut. Ein Follow-up-Workshop mit dem gleichen Teilnehmerkreis lässt sich in einem Tag absolvieren.

*Technische Voraussetzungen*
Neben der Papier-Version können die Beurteiler den Fragebogen auch im Internet ausfüllen. Dazu werden ein Internet-Anschluss und ein Computer mit üblicher Arbeitsgeschwindigkeit benötigt.

**Referenzen**
Andere Forschungsgruppen mit ähnlichen Zielstellungen und/oder Verfahren; insbesondere die Erfahrungen der weltweit in 38 Ländern tätigen HayGroup. Intensive Anstrengungen zur Messung der Emotionalen Intelligenz unternimmt das »Consortium for Research on Emotional Intelligence in Organizations«; ein Überblick findet sich in Cherniss & Golemann (Eds.) 2001.
John Mayer (Universität New Hampshire) und Peter Salovey (Yale University) erforschen ebenfalls das Konzept der emotionalen Intelligenz. Sie entwickelten die Multifactor Emotional Intelligence Scale ™ (MEIS) (Mayer & Salovey 1997).

# Exemplarische ausländische Beispiele (referiert)

# Bilan de compétences

Jürgen Thömmes

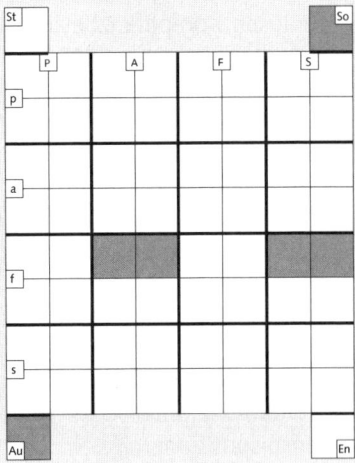

## Rasterdarstellung

### Schlagworte

Aufstiegsqualifizierung; berufliche Veränderung; Frankreich; lebenslanges Lernen; multimodales Kompetenzmessverfahren; Potenzialdiagnose

### Entwickler

»Délégation générale à l'emploi et à la formation professionnelle«
DGEFP du Ministère du travail et de la solidarité (früher: »Délégation à la formation professionnelle« DGF im französischen Arbeitsministerium), Paris, Frankreich

### Kompetenzdefinition

Kompetenz ist die Einheit von theoretischem Wissen, Können, Anwendungswissen, Verhalten und Motivation, so, wie sie durch eine gegebene Situation der Zielerreichung strukturiert wird (Gilbert 1998)

### Zielstellungen

Der »bilan de compétences« ist Startpunkt für ein berufliches und/oder persönliches Veränderungsvorhaben. In dem Gesetz vom 31.12.1991 ist die Durchführung und die Finanzierung geregelt. Dieses Verfahren wurde in mehreren paritätisch besetzten Gremien aus einer Vielzahl von vorgängigen Praktiken heraus in seine aktuelle Form gebracht. Die Durchführung obliegt akkreditierten »Centres interinstitutionels de bilans de compétences« CIBC; die Teilnahme ist kostenlos.
Die wesentlichen Zielsetzungen sind (1) Stärkung der Eigenverantwortung für die berufliche Entwicklung des Einzelnen, (2) Institutionelle Verankerung des politi-

schen Ziels des lebenslangen Lernens, (3) Aufwertung des Erfahrungs- und Anwendungswissens sowie der Verhaltensdimensionen gegenüber formalen Abschlüssen und Qualifikationen in Berufsbiographien.

Es sollte in Frankreich allen Berufstätigen ermöglicht werden, an einer für sie kostenlosen Kompetenzbestimmung bei externen spezialisierten Anbietern teilzunehmen. Die Teilnahme ist immer freiwillig; die Ergebnisse werden ausschließlich dem Teilnehmer ausgehändigt, auch wenn der Arbeitgeber direkt oder indirekt an der Finanzierung der Maßnahme beteiligt ist.

## Theoretische Grundlagen

Innerhalb der französischen Arbeitsverwaltung (Ministère du Travail, Délégation à la formation professionelle, Agence nationale pour l'emploi, ...) gab es in den 80er Jahren erste Ansätze, in »Centres de bilan de compétences« eine Diagnostik bereitzustellen, die es allen Arbeitnehmern ermöglichen sollte, ein berufliches Veränderungsprojekt mit Hilfe von Experten zu planen. Im Zuge des »bilan de compétences« sollten formale Qualifikationen und Abschlüsse ebenso berücksichtigt werden wie praktisches Anwendungswissen, Handlungskompetenzen und Verhaltensdispositionen.

Der theoretische Hintergrund war die gezielte Aufwertung von »acquis professionnels«, also im Verlauf einer Erwerbsbiographie erworbener Kompetenzen und Dispositionen, die nicht über formale Qualifikationen abgeleitet werden können. Es sollte ein Gegengewicht gegen die kartographierten Typologien der »emploi/type« in den Manualen der Arbeitsverwaltung geschaffen werden. Der 1994 von der »Agence nationale pour l'emploi« ANPE herausgegebene »Répertoire opérationnel des métiers et emplois« ROME vollzog den Paradigmenwechsel hin zum »métier/emploi«. In einer übersichtlichen, graphisch anspruchsvollen Form werden verschiedene Kompetenzdimensionen für eine Vielzahl von Berufsbildern und Funktionen dargestellt. Grundsätzlich sollte Verhaltensdispositionen und Motivationen der ihnen gebührende Stellenwert eingeräumt werden. Nutznießer sollten vor allem Arbeitnehmer mit einem geringen formalen Bildungsstatus sein, um ein Gegengewicht zur erdrückenden Prädominanz der Diplome in den französischen Karriereverläufen zu schaffen.

## Methodologische Einordnung

Der »bilan de compétences« kann nicht als einheitliche Methode oder als klar abgrenzbares Verfahren definiert werden. In Analogie zu Assessment Centern sollte man von einem *multimodalen* Ansatz sprechen. Nach einer Typologie von Schuler kann in der Berufseignungsdiagnostik unterschieden werden zwischen Eigenschaftsansatz, Simulationsansatz und biographischem Ansatz. Der »bilan de compétences« kann eindeutig den beiden letztgenannten zugeordnet werden. Aus dem folgenden Inventar an Methoden kommen im Einzelfall einige immer, andere nur einzelfallspezifisch zum Einsatz, nachdem im CIBC geklärt worden ist, welche Zielsetzungen der Teilnehmer verfolgt:

- Lebenslaufanalyse (Curriculum Vitae, Zeugnisse, Diplome, Referenzschreiben, Beurteilungen),
- Interviews (explorativ, biographisch),

- Fragebögen und psychometrische Tests,
- Simulationen, Arbeitsproben, Planspiele, Rollenspiele.

## Einschätzung der Gütekriterien

Die inhaltliche und prognostische Validität lässt sich nicht innerhalb der gängigen Paradigmen untersuchen, weil der »bilan de compétences« als Kompetenzmessverfahren nicht zur Vorhersage beruflichen Erfolgs oder zur Bezifferung von Potenzialen eingesetzt wird. Das Verfahren ist als subjektive Messmethode zu charakterisieren und als Element der qualitativen Kompetenzforschung nur so gut, wie Anwender und Nutznießer den Verwendungszusammenhang klar definieren und beachten. Als Startpunkt eines beruflichen Veränderungsprozesses kann der »bilan de compétences« zum Katalysator werden. Zur Absicherung von Personalentscheidungen sollte er nicht herangezogen werden.

## Fehler- und Problemkritik

Es sind im Laufe der Praxis mit dem »bilan de compétences« Probleme aufgetreten, die mit der Finanzierungs- und Anbieterstruktur zusammenhängen. Einerseits zahlen die Unternehmen in paritätische Fonds ein, die den bezahlten Urlaub der Teilnehmer und die Durchführungskosten der Zentren tragen, andererseits haben sie keine Rechte auf Offenlegung der Ergebnisse. Diese Konstruktion sehen viele Unternehmen als Missverhältnis und sie traten demzufolge nicht als Förderer dieses Ansatzes in Erscheinung. Ein zweiter Problemkreis ist die überdurchschnittlich hohe Zahl von Arbeitssuchenden unter den Teilnehmern. Eine teilweise sehr großzügige Auslegung der im Gesetz klar definierten Zugangsvoraussetzungen und eine starke Zurückhaltung bei Angestellten ohne konkrete Veränderungsabsicht führte dazu, dass der »bilan de compétences« aus der Sicht vieler Entscheider in Unternehmen bereits Ende der 90er Jahre zu einem »Therapeutikum für Arbeitslose« degeneriert war und potenzielle Interessenten abgeschreckt wurden, weil sie fürchten mussten, ihr Arbeitgeber unterstelle ihnen Abwanderungsabsichten.

## Ablauf des Messprozesses

Drei Phasen mit insgesamt 20-24 Stunden, zwischen denen mehrere Tage oder Wochen liegen; die mittlere Durchlaufzeit beträgt vier bis sechs Wochen.

*Phase 1:*
- Vorbereitung und Vertragsgestaltung (ca. 4 h)
- Ziele und Inhalte festlegen
- Methodenrepertoire individuell zusammenstellen

Vertrag zwischen Teilnehmer, CIBC und finanzierender Institution gestalten (zwingend ist die Freiwilligkeitserklärung, die nicht unmittelbar im ersten Kontaktgespräch abgegeben werden darf)

*Phase 2:*
- Durchführung (12-16 h)
- Interviews zur Rekapitulation der Berufsbiographie
- Tests: Intelligenz, Interessen, Lernfähigkeit, Motivation, Geschicklichkeit, Konzentration

- Persönlichkeitsinventare: 16-PF, MBTI, SOSIE, D-5-D
- Simulationsübungen: Übungen aus Assessment Centern, Planspiele
- Beurteilung der Lern- und Entwicklungspotenziale

*Phase 3:*
- Schlussphase (ca. 4 h)
- Ergebnisbesprechung: Stärken-/Schwächen-Profil
- Redaktionsgespräch für das schriftliche Gutachten
- Schriftliche Skizzierung eines beruflichen Veränderungsprojektes
- Vereinbarung: follow up ca. sechs Monate später

*Personale Voraussetzungen*
Grundsätzlich nur Einzelteilnehmer mit Vertraulichkeitszusage, durchgeführt in spezialisierten Zentren, die eine Akkreditierung durch die finanzierenden Fonds benötigen.
Formale Erfordernisse: die durchführenden Experten müssen eine qualifizierte Ausbildung haben (Hochschulabschluss in Psychologie, Pädagogik, Soziologie, Arbeitswissenschaft, Arbeitsmedizin, o.Ä.) und dürfen nur mit Methoden arbeiten, deren Zuverlässigkeit nach allgemeinen wissenschaftlichen Standards als gesichert gilt.

*Technische Voraussetzungen*
In den Zentren müssen Verfahrensweisen und Räumlichkeiten nachgewiesen werden, die eine strenge Vertraulichkeit der Abwicklung garantieren. Die technischen Voraussetzungen zur Durchführung einzelner Bausteine des »bilan de compétences« sind die gleichen wie bei einer Einzelanwendung oder einer Anwendung innerhalb eines Assessment Centers. Die Zentren müssen garantieren, dass ausschließlich der Teilnehmer Zugang zu den Ergebnissen hat. Ein Weiterreichen an Dritte wird mit Strafen bis zu 100.000 Francs belegt. Zudem ist es den Zentren verboten, die Einzelergebnisse einzelner Teilnehmer zu archivieren. Nach Aushändigung des Ergebnisberichtes an den Teilnehmer sind die Zentren verpflichtet, die personenbezogenen Daten zu löschen.

## Referenzen

Im luxemburgischen »Institut National pour le développement de la formation professionnelle« INFPC, 38, rue de l'Avenir, L-1147 Luxembourg, wurde zwischen 1995 und 1998 ein Kompetenzmessverfahren mit dem Namen »bilan de compétences« entwickelt, das inhaltlich und formal eng an das französische Vorbild angelehnt war. Es sind zwischen 1997 und 2001 eine Vielzahl von »bilans« für verschiedene Zielgruppen in Luxemburg durchgeführt worden, teils im Auftrag der staatlichen Arbeitsverwaltung ADEM, teils im Auftrag von Unternehmen und öffentlichen Institutionen. Im Unterschied zu Frankreich gab es keine parastaatlich organisierten Finanzierungsmodelle. Die Auftraggeber tragen die Kosten und haben – im Gegensatz zu Frankreich – auch Zugriff auf die Ergebnisse. Die in Luxemburg bis heute durchgeführten »bilans de compétences« (teilweise auch als »cartes de compétences« bezeichnet) zielten hauptsächlich auf berufliche Weiterbildung und Neuorientierung. Neben INFPC verfügt ein weiterer privater Anbieter über ein breit gefächertes Erfahrungsspektrum in der Anwendung: Etudes et Formation, 335, route de Longwy, L-1941 Luxembourg. Dieses Institut hat seit 1998 mehrere hundert »bilans de compétences« für verschiedene Zielgruppen im Auftrag der staatlichen luxemburgischen Arbeitsverwaltung und des Bildungs- und Erziehungsministeriums konzipiert und durchgeführt.

Zum Verständnis des »bilan de compétences« lohnt es, einen kleinen Exkurs in die Weiterbildungspolitik der französischen Regierungen nach 1990 zu machen (vgl. auch Drexel 1997). Den französischen Unternehmen ist ein für Europa einmalig rigider Finanzierungszwang bezüglich der Weiterbildung ihrer Mitarbeiter auferlegt worden. Jedes Unternehmen mit mehr als zehn Mitarbeitern muss 1,5 % seiner jährlichen Lohn- und Gehaltskosten in Weiterbildung investieren und dies nachweisen. Das kann einerseits durch direkt vom Unternehmen veranlasste interne oder externe Weiterbildungsmaßnahmen wie Seminare, Tagungen, Workshops o.Ä. nachgewiesen werden; die Summe oder ein Teil davon kann aber auch eingezahlt werden in paritätisch verwaltete Fonds, deren Zweck es ist, die Kosten der »bilan de compétences« zur Hälfte zu übernehmen.

Seit dem Gesetz vom 31.12.1992 gibt es einen eindeutig definierten institutionellen Rahmen, in den der »bilan de compétences« als Kompetenzmessverfahren eingebettet ist. Die Grundidee ist einfach: Jedem französischen Arbeitnehmer sowie Selbstständigen und Arbeitsuchenden soll bei Vorliegen bestimmter, klar definierter Voraussetzungen die Möglichkeit gegeben werden, eine Bilanz seiner bisherigen Berufsbiographie mit Unterstützung durch Experten anzufertigen, um im Anschluss ein Projekt der beruflichen Weiterentwicklung oder Umorientierung systematisch angehen zu können. Es sind einige Rahmenbedingungen zu beachten, die dem »bilan de compétences« eine andere Finalität zuweisen und eine andere Wahrnehmung bei den Unternehmen auslösen: Die Teilnahme ist immer freiwillig, die Teilnahme ist kostenlos, die Durchführung ist immer außerhalb des Unternehmens, die Ergebnisse stehen ausschließlich dem Teilnehmer zur Verfügung. Mit diesem institutionellen Setting wird ein starker politischer Willen zum Ausdruck gebracht, (1) die Eigenverantwortung der Betroffenen für ihr berufliches Schicksal zu stärken, (2) das Konzept des lebenslangen Lernens zu fördern und finanziell zu unterstützen und (3) den praktischen Erfahrungen vieler Berufsjahre einen stärkeren Stellenwert im Vergleich zu formalen Abschlüssen zukommen zu lassen.

Diese Rahmenbedingungen sind entstanden in einem Kontext, in dem das Konzept der »compétences« das diskussionsbeherrschende Thema in beinahe allen französischen human-resources-Debatten geworden war. Grob vereinfacht lässt sich sagen, dass im Konzept der »compétences« eine Abwendung von eher statischen Konzepten wie formaler Abschluss, Qualifikation, Stellenbeschreibung, Berufsbild etc. vollzogen wurde hin zu einer dynamischen Beziehung zwischen konkreten Anforderungssituationen und Dispositionen zu deren erfolgreicher Bewältigung. Der Begriff der Kompetenz umfasst in den maßgeblichen französischen Begriffsbestimmungen immer drei Komponenten: savoir, savoir-faire und savoir-être. Damit ist eindeutig, dass Kompetenz nicht als Gegenbegriff zu Qualifikation anzusehen ist, sondern vielmehr als das umfassendere Konzept, dem eine Hinwendung zu den verhaltensmäßigen und motivationalen Dimensionen innewohnt. Einer der ausgewiesenen Kenner der französischen Debatten, Gilbert (1998), hat die folgende Definition geprägt: »Compétence: un ensemble de connaissances, de capacités d´action et de comportements, structurés en fonction d´un but dans un type de situation données«.

Die Aufbau- und Ablaufstruktur eines «bilan de compétences» gleicht einem Assessment Center. Es ist ein Oberbegriff für ein Verfahren, in dem ein multimodaler Mix aus explorativen Verfahren, psychometrischen Tests und situativen Übungen zum Einsatz gebracht wird. Im Gegensatz zum Assessment Center werden mit dem «bilan de compétences» keine absoluten Potenzialdiagnosen angestrebt. Es gibt keine Zielsetzung in Richtung einer Prognose künftigen beruflichen Erfolgs in bestimmten Zielpositionen. Im Gegensatz zur Leistungsbeurteilung als einem anderen etablierten Instrument des betrieblichen human resources management wird auch nicht auf vergangene Zielerreichungsgrade abgehoben. Die Finalität eines «bilan de compétences» ist es, dem Teilnehmer bei der beruflichen und z.T. auch persönlichen Neuorientierung ein differenziertes Stärken/Schwächen-Profil zu liefern und ihm die Verantwortung für alle konkreten Schlussfolgerungen und Aktivitäten restlos selbst aufzubürden.

Im Gegensatz zum eher umsorgenden oder versorgenden Ansatz einer fein gegliederten beruflichen Weiterbildungspolitik, wo der Teilnehmer eher Rezipient und Konsument ist, soll der »bilan de compétences« als Startpunkt eines selbst gewollten Veränderungsprozesses angesehen werden, den fremde Experten begleiten und fördern, aber nicht initiieren. Der Teilnehmer, der einerseits freiwillig kommt, andererseits bezahlten Urlaub erhält und die Maßnahme kostenfrei durchlaufen kann, wird gezwungen, selbst zum Akteur seiner beruflichen Zukunft zu werden. Die Bestandsaufnahme von Kompetenzen, die Messung und Erläuterung von Potenzialen werden nicht mit dem Ziel verfolgt, eine Bilanz zu erstellen und als gleichsam schriftliches, extern »gestempeltes« Zeugnis zu überreichen, sondern sie sollen den Arbeitnehmer auf seine Rolle als »Unternehmer in eigener Sache« besser vorbereiten. Es ist ein klarer Verantwortungsshift weg von den Institutionen und den Unternehmen hin zum Individuum zu erkennen und es wäre naiv, die dahinter stehenden Kalküle der Initiatoren in der Arbeitsverwaltung, in den Arbeitgeberverbänden und den Gewerkschaften für zufällig zu halten.

Die Perspektiven, die sich aus diesem Instrument zu Beginn der 90er Jahre ableiten ließen, sind größtenteils nicht erreicht worden. Es hat sich herausgestellt, dass es unmöglich ist, Unternehmen mit Finanzierungs- und bürokratischen Nachweispflichten zu einer neuen Weiterbildungspolitik zwingen zu können. Selbst wenn die hinter dem »plan de formation« und dem »bilan de compétences« mit ihren Finanzierungspflichten stehenden Absichten bildungspolitisch gut gewesen sein mögen, kann man nicht von Entscheidern in Unternehmen erwarten, dass sie für etwas zahlen, das sie nicht bekommen. In Form von Arbeitszeitausfällen und in bar für ein Instrument zu zahlen, dessen Nutzen im Unternehmen nicht erkannt wird, ist den meisten Unternehmern zuwider. Genau dieses Missverhältnis hat den »bilan de compétences« binnen weniger Jahre zu einem Instrument für Arbeitslose und von Arbeitslosigkeit bedrohte Arbeitnehmer gemacht und keineswegs zu dem intendierten, flächendeckend akzeptierten Feedback- und Dynamisierungstool einer neuen staatlichen Weiterbildungspolitik. Konkret äußerte sich dies bereits Mitte der 90er Jahre so, dass nur wenige Arbeitnehmer ohne externen Veränderungsdruck das Instrument inklusive des ihnen zustehenden Urlaubs beantragten. Dadurch entstand im Sinne einer »self-destroying prophecy« genau die vielfach beklagte Tatsache, dass einem Mitarbeiter, der einen »bilan de compétences«-Urlaub beantragte, von seinem Arbeitgeber unterstellt wurde, er wolle wechseln.

Diese völlig ungewollte Entwicklung wurde noch dadurch verstärkt, dass die genau definierten Teilnahmevoraussetzungen vielfach nicht eingehalten wurden. Im Gesetz von 1991 und den begleitenden Verwaltungsvorschriften wurde bspw. definiert, dass ein Mitarbeiter insgesamt fünf Jahre in Arbeitsverhältnissen stehen müsse, davon mindestens zwei in einem unbefristeten Arbeitsverhältnis beim gleichen Arbeitgeber beschäftigt sein müsse, bevor ihm ein »congé individuel formation«, d.h. ein bezahlter Urlaub für einen »bilan de compétences« zustehe. Da gleichzeitig einige, ursprünglich als Sonderregelungen gedachte Fälle für Selbstständige und Arbeitssuchende in den Bestimmungen standen, konnten vielfach junge Arbeitslose in diesen Maßnahmen »versorgt« werden, die noch nie wirklich ins Arbeitsleben eingetreten waren. Diese Duldungspolitik war es, die zu einem massiven Zustrom von Arbeitssuchenden führte, die verständlicherweise völlig andere Zielsetzungen mit einem »bilan de compétences« verbanden als das ursprünglich anvisierte Zielpublikum, nämlich Arbeitnehmer, die nach vielen Jahren beruflicher Erfahrungen eine Zwischenbilanz mit unternehmensexternen Experten ziehen sollten, um anschließend zu planen, wie und wo es mit ihrer Karriere weitergehen solle.

In einer 1996 begonnenen empirischen Studie ist von einem Forscherteam aus Nancy, Paris und Luxemburg eine Fragebogenerhebung in den damals existierenden 117 »centres interinstitutionels de bilans de compétences« CIBC durchgeführt worden. Es wurden alle Zentren angefragt, die den Status eines CIBC hatten, mit Ausnahme der französischen Überseedépartements. Von den Forschern wurden die Zentrumsleiter darum gebeten, einzelnen Teilnehmern entweder direkt im Anschluss an ihren »bilan de compétences« einen Fragebogen mit nach Hause zu geben oder einer zweiten Zielgruppe etwa sechs Monate nach Beendigung der Maßnahme einen anderen Fragebogen zukommen zu lassen, um den zeitlichen Bias abbilden zu können, der eine mögliche Anfangseuphorie oder eine große Enttäuschung über den Zeitlauf etwas nüchterner beurteilen lassen sollte. Zudem gab es eine dritte Teilerhebung, in der die Experten in den Zentren nach ihren Erfahrungen und Verbesserungsvorschlägen gefragt wurden. Um eine absolute Anonymität auf Seiten der Teilnehmer sicherzustellen, erfolgte der Versand an die Zentren, die den befragten Teilnehmern einen Freiumschlag mitgaben, der selbstverständlich ohne Absenderangaben an die Studienleiter zurückzusenden war.

Die Rücklaufquote war mit 25-30% je nach Fragebogentyp als gut einzustufen für eine Befragung, bei der wegen der Anonymität keine schriftlichen Nachfassaktionen möglich waren. Zum Zeitpunkt der Untersuchung, d.h. in den Jahren 1996 und 1997 waren die Ergebnisse repräsentativ für die Teilnehmerzufriedenheit mit dem »bilan de compétences«. Die Ergebnisse waren zum Teil überraschend: bei den sofort im Anschluss befragten Teilnehmern waren 75% auf Arbeitssuche, 48% waren jünger als 25, 51% waren Arbeiter oder angelernte Kräfte und 60% kamen aus dem Bereich der Dienstleistungen (etwa die Hälfte davon aus dem Handel). Von mittleren oder höheren Führungskräften wurde das Instrument kaum angenommen, obwohl es von den eignungsdiagnostischen Verfahren, dem damit verbundenen Aufwand und der erwarteten hohen Selbstselektion der Teilnehmer als sehr geeignet für Hochschulabsolventen anzusehen war. Nicht zuletzt die Ähnlichkeiten mit anderen Verfahren der Managementdiagnostik (Assessment Center, Management Audit), die ebenfalls nach dem Baukastenprinzip maßgeschneidert werden können, legte den Schluss nahe, dass Führungskräfte zu den Nachfragern zählen würden.

Vor dem Hintergrund der folgenden Ergebnisse werden die o.g. Befunde weniger erstaunlich: Die wichtigste Informationsquelle im Vorfeld eines »bilan de compétences« war die staatliche Arbeitsverwaltung ADEM mit 41 % Nennungen, gefolgt von Freunden und Familie mit 18 %, Arbeitgeber mit 7 %, Arbeitskollegen mit 5 % und Gewerkschaften mit 1 %. Beim zweiten Themenkreis der Befragung wurde nach dem auslösenden Impuls für die Teilnahme gefragt: Hier nannten sich 50 % selbst, danach kam die ADEM mit 25 %, alle anderen Nennungen waren kleiner als 10 %. Die eher allgemeinen Erwartungen der Teilnehmer vor dem Beginn der Maßnahme waren: 91 % besseres Verständnis der eigenen Person, 78 % Anerkennung der festgestellten Kompetenzen durch sachkundige und unabhängige Experten, 73 % Ausarbeiten eines persönlichen Entwicklungsplanes, aber auch 65 % Wechsel aus der aktuellen Tätigkeit, 61 % Wahl eines neuen Betätigungsfeldes und 47 % Hilfe beim Finden einer neuen Stelle. Die Befragung bezog allerdings auch spezifischere Teilnehmererwartungen mit ein: 80 % wollten ihren Weiterbildungsbedarf schwarz auf weiß dokumentiert sehen, 36 % wollten sich in ihrer aktuellen Tätigkeit perfektionieren, 32 % strebten eine Beförderung oder mehr Verantwortung an, 10 % bereiteten eine Unternehmensgründung vor und 8 % versprachen sich von ihrem »bilan de compétences« eine Gehaltserhöhung.

Ohne diese summarisch dargestellten Ergebnisse im Einzelnen zu würdigen, lässt sich festhalten, dass in vielen Fällen eine eklatante Diskrepanz zwischen den intendierten bildungspolitischen Zielsetzungen und den Erwartungen der Teilnehmer besteht. Vordergründig muss dies zurückgeführt werden auf die überproportional hohen Prozentsätze an Arbeitslosen – sowohl in der Population der Teilnehmer als auch in den ausgewerteten Stichproben. Niemand wird daran zweifeln, dass es für einen Arbeitssuchenden opportun ist, nach jedem Strohhalm zu greifen, auch wenn es von der Zielsetzung des Instrumentes, von den Möglichkeiten der Experten und der Zentren, aber auch von Seiten der ADEM kaum eine schlechtere Wahl geben kann, als einen »bilan de compétences« zu belegen und zu hoffen, dieser würde die Lösung bringen. Genauso als Fehlallokation muss man die Arbeitnehmer einstufen, die sich eindeutig opportunistisch eine Verbesserung ihres Status durch das Instrument erhoffen. Möglicherweise hätten hier die Fragestellungen trennschärfer formuliert werden müssen, denn es ist legitim und keineswegs abwegig, mittelfristig als Ergebnis eines persönlichen, von Weiterbildung getriebenen Veränderungsprozesses mehr Einkommen oder eine Beförderung zu erwarten – und dies mit einem »bilan de compétences« in Gang setzen zu wollen.

Dieser kurze Einblick in die empirischen Befunde soll abgerundet werden durch die ermittelten Verwendungen der Ergebnisse und die Zufriedenheitsscores der befragten Teilnehmer. Mit dem schriftlichen Schlussgutachten gehen die Teilnehmer sehr sorgfältig um: 99 % heben es auf, 72 % besprechen die Ergebnisse mit einer Person ihres Vertrauens. Darüber hinaus öffnen sich 30 % ihrem Betreuer bei der ADEM und 25 % nutzen die Ergebnisse für Planungen ihrer Weiterbildung, indem sie das Ergebnis einem Weiterbildungsträger zeigen (Mehrfachnennungen möglich). In das

Bild ausgesprochener Reserviertheit zwischen Arbeitgebern und Arbeitnehmern beim Thema »bilan de compétences« passen die folgenden Zahlen: Weniger als 10 % der Teilnehmer besprechen die Ergebnisse mit ihrem direkten Vorgesetzten oder legen sie ihren Kollegen gegenüber offen. Die Teilnehmerzufriedenheit als subjektive Einschätzung ist als durchgängig hoch einzuschätzen, auch wenn es vielfach Brüche, Dissonanzen oder Frustrationen gibt, die auf einen mangelnden fit zwischen Erwartungshaltungen und mit dem Instrument erreichbaren Ergebnissen gibt. Der »bilan de compétences« ist jedenfalls aus Teilnehmersicht ein weitgehend enttäuschungsresistentes und sie persönlich zufrieden stellendes Verfahren: 85 % waren zufrieden oder sehr zufrieden bei der Befragung direkt im Anschluss, nach sechs Monaten waren es immer noch 65 %. Diese zweite Zahl war sehr überraschend, weil zwei Drittel immer noch zufrieden waren, obwohl sie eine Reihe ernüchternder Erfahrungen bezüglich der sofortigen Wirksamkeit eines solchen Verfahrens gemacht hatten. Es würden immerhin 75 % der Teilnehmer, die sechs Monate »danach« befragt wurden, einem Freund empfehlen, den »bilan de compétences« zu machen; bei denen sofort im Anschluss waren es sogar 90 %. Das spricht dafür, dass die Zentren offenkundig so arbeiten, dass die Teilnehmer mit dem Ablauf sehr zufrieden oder zufrieden sind und die eine oder andere Erwartungsenttäuschung auf Teilnehmerseite nicht dem Verfahren als solchem angelastet wird.

Aus den referierten Ergebnissen lässt sich das folgende Fazit ziehen: Im europäischen Konzert des human resources management nimmt der »bilan de compétences« eine Sonderstellung ein. In Frankreich können Arbeitnehmer und Selbstständige bei Erfüllen weniger formaler Kriterien eine Bestandsaufnahme ihrer Kompetenzen durch externe Experten vornehmen lassen und sie bleiben allein im Besitz dieser Informationen, auch wenn die Arbeitgeber direkt und indirekt in die Finanzierung einbezogen werden. Es ist trotz dieser theoretisch überzeugend klingenden Angebotsseite zu konstatieren, dass es im Wesentlichen Arbeitslose sind, die das Instrument nachfragen. Ein überraschender Befund der empirischen Analyse war die Tatsache, dass es keine signifikanten Unterschiede im Antwortverhalten von arbeitssuchenden Teilnehmern und solchen in festen Arbeitsverhältnissen gibt. Wenn man den Fragenkomplex nach Hilfestellungen beim Finden eines neuen Arbeitsplatzes ausklammert, konvergieren die Antworten in hohem Maße zwischen diesen beiden Gruppen. Überraschend hoch war der Anteil junger Menschen unter 25, die fast die Hälfte der Teilnehmer stellen.

Zudem ist es ein dringender Handlungsaufruf an die bildungspolitisch Verantwortlichen, dass kaum Führungskräfte dieses Instrument nutzen. Vom Zuschnitt her erscheint es als prädestiniert für diese Zielgruppe, und in anderen institutionellen Kontexten werden vergleichbare multimodale Verfahren auch eingesetzt. In der Form firmeninterner Assessment Center nehmen viele Manager an Verfahren mit identischen oder teilidentischen Inhalten und Zielsetzungen teil, was darauf schließen lässt, dass es ein schwerwiegender Konstruktionsfehler war, die Verfügbarkeit über die Ergebnisse ausschließlich den Teilnehmern zuzubilligen. Wer eine umfangreiche, von Experten durchgeführte und folglich kostenaufwändige Diagnostik betreibt, darf nicht Unternehmen und öffentliche Hand in die Rolle rechteloser Zahlmeister drängen. Die Erfahrungen, die mit dem »bilan de compétences« in den 90er Jahren in Frankreich gemacht wurden, deuten eindeutig in diese Richtung. Es ist demzufolge nötig, eine Diskussion zu führen, wie die Belange einer zu schützenden Privatsphäre und berechtigte Informationsinteressen beteiligter Dritter neu justiert werden können.

## Literaturverzeichnis

Ant, M.; van Haecht, A. & Walter, R. (Hrsg.) (1996). Berufliche Weiterbildung in Europa: Zugang, Qualität und Umfang. Neuwied

Aubret, J. & Gilbert, P. (1993). Savoir et pouvoir. Les compétences en question. Paris

Drexel, I. Die bilans de compétences – ein neues Instrument der Arbeits- und Bildungspolitik in Frankreich. In: Kompetenzentwicklung '97. Münster et al., S. 197-242

Gilbert, P. & Schmidt, G. (1998). L'évaluation des compétences: Méthodes et situations de gestion. Paris

Gilbert, P.; Thömmes, J. & Mader, C. (1998). L'évaluation des compétences à l'épreuve des faits. Etat des lieux en Allemagne, en France et au Luxembourg. Paris

Joras, M. (1995). Le bilan de compétences. Paris

LeBoterf, G. (1994). De la compétence, essai sur un attracteur étrange. Paris

Lévy-Leboyer, C. (1993). Le bilan de compétences. Paris

Michel; S. (1993). Sens et contresens des bilans de compétences. Paris

Minet, F.; Parlier, M. & de Witte, S. (1994). La compétence, mythe, construction ou réalité? Paris

Thömmes, J. & Kop, J.-L. (2000). Der bilan de compétences in Frankreich: ein eigenständiges eignungsdiagnostisches Instrument der Potenzialbeurteilung. In: L. von Rosenstiel & T. Lang-von Wins. Perspektiven der Potenzialbeurteilung. Göttingen, S. 201-223

# Schweizerisches Qualifikationshandbuch

Portfolio für Jugendliche und Erwachsene
zur Weiterentwicklung in Ausbildung und Beruf

## Nori Möding/Matthias Stickel

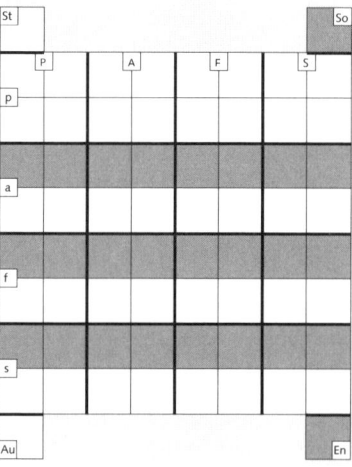

## Rasterdarstellung

### Schlagworte
Kompetenzerfassung- und -darstellung; lebenslanges Lernen; nationale Bildungsinitiative; Potenzialdiagnose

### Entwickler
Autorengemeinschaft / Gesellschaft CH-Q. Schweizerisches Qualifikationsprogramm zur Berufslaufbahn, Meilen; Schweiz

### Kompetenzdefinition
Fachliche, soziale und methodische Fähigkeiten ergeben im Zusammenwirken auf
ein bestimmtes Ziel hin die Kompetenz, eine vollständige Handlung (= Information, Planung, Entscheidung, Ausführung, Kontrolle, Auswertung) auszuführen.
Zentrale Handlungskompetenzen (Kernkompetenzen) prägen das Profil einer Persönlichkeit.

### Zielstellungen
Das Schweizerische Qualifikationshandbuch verfolgt im Rahmen der Nationalen
Bildungsinitiative für Angehörige aller Bevölkerungsgruppen während und nach
der beruflichen Erstausbildung folgende Ziele:

- Brückenschlag zwischen Ausbildung und Beschäftigung,
- Schaffung von Voraussetzungen für persönliche und berufliche Weiterentwicklung,
- Perspektiventwicklung für neue Bildungs- und Berufswege,
- Förderung der Anerkennung von Kompetenzen in allen Lebensbereichen,
- Gleichstellung der Geschlechter,
- Unterstützung und Förderung des lebenslangen Lernens.

Es ist auf Empowerment, Stärkung des Selbst-Bewusstseins und der Selbstreflexität (Perspektiventwicklung) gerichtet. Einsatzbereiche liegen in der persönlichen Entwicklungsplanung, der betrieblichen Personalauswahl und -entwicklung und der Beschäftigungsförderung auch für Erwerbslose.

## Theoretische Grundlagen

Ansatzpunkt sind die jetzt von den europäischen bzw. auch den jeweiligen nationalen Behörden vorgegebenen Konzepte des »lebenslangen Lernens«, die auf die neuen, im Zusammenhang der »Globalisierung« insbesondere an die Erwerbsbevölkerung (»Humankapital«) entstehenden Anforderungen reagieren.

Daraus leiten sich die Qualitätsstandards der Gesellschaft CH-Q (Markenzeichen CH-Q) her. Das Schweizerische Qualifikationshandbuch verfolgt einen biographischen Ansatz, gerichtet auf die Fähigkeit der Einzelnen zur Erhebung und Präsentation ihrer Kompetenzen mit Hilfe des im Handbuch angebotenen Instrumentariums sowie vier Kompetenzbewertungsniveaus, als Fähigkeiten zur Realisierung einer vollständigen Handlung: 1 = Unter Anleitung, 2 = selbstständig bei ähnlichen Bedingungen, 3 = selbstständig bei unterschiedlichen Bedingungen, 4 = selbstständig + erklären und anleiten.

## Methodologische Einordnung

Das Schweizerische Qualifikationshandbuch zielt methodologisch auf die Erarbeitung, Sichtbarmachung und den Nachweis des persönlichen Potenzials in Form eines individuellen Kompetenzportfolios und die Anerkennung dieser Kompetenzen in Bildung und Beruf. Das ist letztlich auf die Schaffung der Grundlagen für ein nachhaltiges Management der Kompetenzen und eine zielgerichtete Bildungs- und Laufbahnplanung auf Basis der Selbsterarbeitung und -darstellung der Kompetenzentwicklung (allein, unter Beratung, in Bildungs- bzw. betrieblichen Seminaren) hin orientiert.

## Einschätzung der Gütekriterien

Ausgangspunkt der Kompetenzerhebung ist das jeweilige Subjekt, sind die individuellen Kriterien, die sich selbstverständlich zum gesellschaftlichen Umfeld in Beziehung setzen, aber dennoch von der besonderen individuellen Perspektive geprägt bleiben. Gütekriterien sind ausschließlich bezogen auf das mit dem Handbuch für den individuellen Nutzer zur Verfügung gestellte Instrumentarium zu beurteilen. Darauf bezogen ist festzuhalten, dass der vom individuellen empowerment ausgehende Ansatz sowohl für die Selbstpräsentation (Lebenslauf, Bewerbungsunterlagen, Kompetenzentwicklungsbiographie), als auch unter dem Aspekt der Eröffnung subjektiver Lern- und Entwicklungschancen ein geeignetes Instrumentarium darstellt.

**Fehler- und Problemkritik**

Die Qualität des mit dem Handbuch zur Verfügung gestellten Instrumentariums ist gegeben. Diese Tatsache sagt aber noch nichts über die Qualität seiner jeweiligen individuellen Anwendung aus, die immer von den individuellen Voraussetzungen bestimmt sein wird. Insofern sind einer allgemeinen, quantitativ oder gesamtgesellschaftlich orientierten Gütebeurteilung oder gar -messung Grenzen gesetzt. Diese wäre erst – ebenso wie der über die Individuen hinausgehende gesellschaftliche Effekt der »nationalen Bildungsinitiative« – in einer langzeitlichen, mehrdimensionalen und ein großes sample umfassenden Untersuchung überprüfbar. Insofern ist der Ansatz des Handbuches dem homöopathischen Ansatz mit seiner Kombination des »Arzneimittelbildes« des zur Heilung ausgewählten Mittels und dem individuellen (konstitutionellen) Krankheitsbild vergleichbar. Jede auf eine einzelne Medikation und deren Wirkung als Gegenmittel orientierte allopathische Überprüfung muss hier gerade wegen ihrer bloß quantitativen Orientierung (wirkt das Mittel heilend bei einer Vielzahl von spezifischen Krankheitsfällen, d.h. ist die Wirkung quantitativ relevant nachweisbar?) scheitern. Relevant wäre die Untersuchung eines größeren samples von Portfolios oder eine Langzeituntersuchung: Die Entfaltungschancen der individuellen Entwicklung sind selbstverständlich von den im Rahmen einer nationalen bzw. auch der globalen Gesellschaft jeweilig zur Verfügung stehenden Entwicklungsbedingungen abhängig. Eine Untersuchung, die verallgemeinerbare individuelle Entwicklungsorientierungen (erhoben aus vielen »Portfolios«) mit diesen Bedingungen des jeweiligen sozialen Umfeldes (räumlich und zeitlich eingeordnet) konfrontieren würde, wäre zu einer begründeten, allgemeinen Kritik der Effizienz des Instrumentariums erforderlich. Darüber hinaus könnte sie eine Grundlage für politische Entscheidungen bieten, wenn z.B. deutlich wird, dass die Entwicklung individueller Entwicklungspotenziale, deren Entfaltung als gesellschaftlich relevant und erwünscht beurteilt werden kann, von bestimmten systemisch bedingten Voraussetzungen gehemmt oder nicht genügend unterstützt wird.

**Ablauf des Messprozesses**

*Räumliche Voraussetzungen*
Wenn das Portfolio nicht privat erarbeitet wird, wird ein Seminarraum oder Beratungsraum benötigt.

*Zeitliche Voraussetzungen*
Der Zeitaufwand für den/ die einzelne(n) ist abhängig vom Lebensalter, dem Bildungsstand und dem Stand der bisherigen Dokumentation und Selbstreflexion. Der Zeitaufwand für die Beratung beträgt für die einleitende Info-Veranstaltung etwa 2 Stunden mit ca. 15 Personen, danach ist pro Person ein maximal einstündiges Beratungsgespräch notwendig.

*Personale Voraussetzungen*
Durchführende sollten Erfahrung in Berufs- und Arbeitsberatung besitzen und in der Lage sein, die zu Beratenden zu aktivieren. Schulungen werden von der Gesellschaft CH-Q angeboten.

*Technische Voraussetzungen*
Overhead Projektor.

## Referenzen

Vergleichbar ist die in diesem Band dargestellte »bilan de compétences«.

**Freie Darstellung**

Es handelt sich im Fall des Schweizer Handbuchs nicht um ein Messverfahren im Sinne der Etablierung und Anwendung quantitativer Messkriterien. Vielmehr ist es ein Verfahren zur Anleitung von Personen, ihre persönliche Kompetenzentwicklungsbiographie zu erheben, darzustellen und zu reflektieren, wobei sie subjektiv beurteilen und bewerten und Fremdbeurteilungen einbeziehen. Jede/r kann das Handbuch anwenden. Es dient zunächst der subjektiven Beurteilung und Bewertung, der Reflexion des biographischen Weges der Qualifikations- und Kompetenzentwicklung.

| Inhaltlicher Aufbau des Schweizerischen Qualifikationshandbuches | |
|---|---|
| Erfassen, Beurteilen | Werdegang<br>Erfassung der Daten und Fakten zu Aus und Weiterbildung, Erwerbstätigkeit, Nichterwerbstätigkeit |
| | Potential<br>Erfassung, Beurteilung von Fähigkeiten/Kompetenzen |
| | Persönliches Profil<br>Gezielte Darstellung der Stärken |
| Überdenken, umsetzen | Lernerfahrungen<br>Überdenken von Lernprozessen |
| | Weichenstellung<br>Bereit sein für Veränderungen |
| | Perspektive und Massnahmen<br>Persönlicher Aktionsplan |
| | Bewerbungen<br>Lebenslauf<br>Bewerbungsdossiers |
| Nachweisen | Nachweise (Aus- und Weiterbildung)<br>Diplome, Zeugnisse, Ausweise, Bestätigungen... |
| | Nachweise (Erwerbstätigkeit)<br>Arbeitszeugnisse, Referenzschreiben... |
| | Nachweise (Nichterwerbstätigkeit)<br>Referenz-/Dankesschreiben, Bestätigungen |

Abb. 1: Inhaltlicher Aufbau des Schweizerischen Qualifikationshandbuches

Entscheidend dafür, das Handbuch in unserem geplanten Prozess einzusetzen, war gerade dieser Ansatz in Richtung des persönlichen empowerments derjenigen, die mit Hilfe des Handbuches ihr persönliches Portfolio erarbeiten. In einem Umfeld, das permanenten Veränderungsprozessen unterliegt, ist die Entwicklung des Humanpotenzials zentral wichtig. Von dieser Perspektive ausgehend, beteiligten sich verschiedene relevante Institutionen, Verbände und Unternehmen an Entwicklung und Einsatz des Handbuches, das von seinen Autoren deshalb zu Recht als »einzigartiges Gemeinschaftswerk« begriffen wird. (Verbände (Arbeitgeber, Erwachsenenbildung, Gewerbe, Kaufleute, Berufsberatung), Behörden (u.a. Staatssekretariat für Wirtschaft, Gleichstellungsbüro, Berufsbildungsämter), Gewerkschaften, Arbeiterhilfswerk, Unternehmen, Rotes Kreuz, Armee, Verband der Arbeitsämter. vgl. Handbuch, S. 4) Die Portfolios sind als »Sichtbarmachung des beruflichen und persönlichen Potenzials« handelnder Individuen (Handbuch, S. 6) in verschiedenen betrieblichen und institutionellen Prozessen einsetzbar.

Das Handbuch ist ein wichtiges Element im Prozess der Entwicklung von Individuen zur lernenden Persönlichkeit, die sich erst in einer angemessenen infrastrukturellen *Lernkultur* (Netzwerke, Kooperationen, verbandliche, behördliche, politische Strukturen und Haltungen) realisieren kann, die die Souveränität des Lernsubjektes gestatten. »Lernkultur« bezeichnet hierbei »Systeme von Tätigkeiten, mit dem individuelle oder kollektive Subjekte die geistige Aneignung sozialer Wirklichkeiten vollziehen. Das System, seine Formen und Normen, bilden sich in den gemeinsamen Handlungs- und Erfahrungszusammenhängen selbst heraus. Es kann sich formelle Regelungen und explizit formulierte Normen und Regeln geben, die einer ständigen ... sozialen Kontrolle unterliegen, damit sie nicht als Begrenzungen und Beschränkung des Systems und der Individuen wirken« (vgl. Kirchhöfer 1998). Lernkultur in diesem Sinne ist ein hochkomplexes System, das aus ebenso komplexen Modulen oder Bausteinen besteht. Das Schweizer Handbuch und vergleichbare Instrumentarien sind relevante Elemente in einem solchen System, die jedoch allein nicht ausreichen, sondern nur im Rahmen dieses Systems optimal funktionieren können. Ebenso wie die anderen Elemente müssen diese Module oder Bausteine einem Prozess der permanenten Verbesserung (Reflexion, Analyse, Konfrontation mit den Funktions- und Wirkungsweisen anderer Systembausteine) unterliegen – das System als solches muss lernfähig sein, seine einzelnen Bestandteile müssen einer kontinuierlichen Qualitätskontrolle und -verbesserung unterliegen.

Im Ergebnis des Schweizer Verfahrens liegt in Form des Portfolios eine persönliche *Kompetenzentwicklungsbiographie* vor, die auch die fachliche Entwicklung (Qualifikationen) umfasst und auf deren Basis weiterführende Perspektiven entwickelt werden können. Das Portfolio kann bei Bewerbungen bzw. im Rahmen der Personalentwicklung eines Betriebes oder – seitens der mit Arbeitsvermittlung befassten Institutionen – für die (Re)Integration in Erwerbsarbeit eingesetzt werden. Darüber hinaus können Analysen quantitativ relevanter samples von Portfolios ( = individueller Lernbiographien) resp. Langzeituntersuchungen bezogen auf die jeweilige Lernkultur und -infrastruktur die weiterführende Analyse des systemischen Zusammenhangs und seiner kontinuierlichen Verbesserung gewährleisten.

## Literaturverzeichnis

Bildungsinitiative – Ch-Q Schweizerisches Qualifikationsprogramm zur Berufslaufbahn (Hrsg.) (1999). CH-Q Schweizerisches Qualifikationshandbuch. Portfolio für Jugendliche und Erwachsene zur Weiterentwicklung in Bildung zur beruflichen Arbeitsanleitung. Zürich
Kirchhöfer, D. (1998). Begriffliche Grundlagen des Programms ›Lernen im sozialen Umfeld‹. Diskussion unterschiedlicher Ansätze und Definitionsvorschläge. In: QUEM (Hrsg.). Kompetenzentwicklung in außerbetrieblichen Strukturen. Begriffe und Zugänge. QUEM-report, Heft 56. Berlin, S. 67

QUEM (Hrsg.) (1997). Kompetenzentwicklung ´97. Berufliche Weiterbildung in der Transformation – Fakten und Visionen. Münster et al.

QUEM (Hrsg.) (1999). Kompetenzentwicklung ´99. Aspekte einer neuen Lernkultur. Argumente, Erfahrungen, Konsequenzen. Münster et al.

QUEM (Hrsg.) (2000). Kompetenzentwicklung 2000. Lernen im Wandel – Wandel durch Lernen. Münster et al.

QUEM (Hrsg.) (2001) Kompetenzentwicklung 2001. Tätigsein – Lernen – Innovation. Münster et al.

QUEM (Hrsg.) (1998). Kompetenzentwicklung´98. Forschungsstand und Forschungsperspektiven. Münster et al.

# DACUM (Developing a Curriculum)

**Rudolf Tippelt/Doris Edelmann**

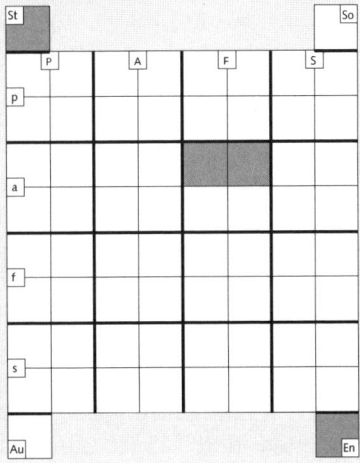

## Rasterdarstellung

### Schlagworte
Berufsanalyse; DACUM-Workshop; kompetenzbasierte Ausbildung; Tätigkeitsanalyse

### Entwickler
Robert E. Norton, CETE (Center on Education and Training for Employment), Ohio State University College, USA

### Kompetenzdefinition
Praktische Kenntnisse, Fähigkeiten, Fertigkeiten, Arbeitstugenden sowie theoretisches Wissen, das von einem Individuum beherrscht werden muss, damit eine spezifische berufliche Tätigkeit im realen Arbeitszusammenhang erfolgreich ausgeübt werden kann.

### Zielstellungen
Der DACUM-Prozess dient der Berufs- und Tätigkeitsanalyse mit dem Ziel, Tätigkeiten, Fertigkeiten, Kenntnisse und Arbeitstugenden, die für die erfolgreiche Ausübung eines Berufes erforderlich sind (= competencies), mittels eines in der Regel zwei Tage dauernden DACUM-Workshops zu definieren. Die DACUM-Analyseergebnisse fungieren als Grundlage für zahlreiche Anwendungsfelder wie die Entwicklung praxisnaher Berufsbildungscurricula, die Elaborierung neuer Trainingsprogramme, die Aktualisierung und Anpassung bereits bestehender Ausbildungsprogramme, die exakte Beschreibung von Berufsbildern, die Überarbeitung

von Pflichtenheften, die Leistungsbeurteilung von Arbeitnehmern sowie die Erarbeitung kompetenzbasierter Prüfungsverfahren. Weiterhin werden die Analyseergebnisse für die gezielte Rekrutierung von Arbeits- und Führungskräften, Berufs- und Laufbahnberatungen sowie Organisations- und Prozessanalysen verwendet, wobei die Methode im Rahmen von ISO-Standards und Total Quality Management zunehmend an Bedeutung gewinnt.

### Theoretische Grundlagen

Die Methode wurde von der »Experimental Projects Branch«, dem »Canada Department of Manpower and Immigration« und der »General Learning Corporation of New York« gemeinsam entwickelt und 1964 erstmals eingesetzt. Heute wird die DACUM-Methode insbesondere mit dem Center on Education and Training for Employment (CETE) am Ohio State University College of Education und dessen DACUM-Programmdirektor Robert E. Norton in Verbindung gebracht. Das CETE wurde 1965 gegründet und ist heute eines der führenden amerikanischen Institute im Bereich der Entwicklung von Berufsbildungsprogrammen und -trainings. In den vergangenen vierzig Jahren sind weltweit in rund 30 Ländern Tausende von Berufs- und Tätigkeitsanalysen in Schulen, kleinen Betrieben, Unternehmen und staatlichen Einrichtungen durchgeführt worden.

Die DACUM-Methode basiert auf der Grundannahme, dass berufliche Tätigkeiten und Anforderungen am präzisesten durch erfahrene Facharbeiter (expert workers) beschrieben werden können. Deshalb werden ihre Erfahrungen für die Erfassung von beruflichen Kompetenzen genutzt. Weiter besteht die Auffassung, dass Tätigkeiten und Verantwortungsbereiche eines jeden Berufes, unabhängig von seinem Niveau, detailliert identifiziert werden können. Drittens wird davon ausgegangen, dass jede berufliche Aufgabe und Tätigkeit, die korrekt und erfolgreich ausgeführt werden soll, bestimmte Kenntnisse, Fertigkeiten, Geräte, Arbeitshaltungen sowie Einstellungen bedingt. Diese Grundvoraussetzungen werden mittels der DACUM-Methode exakt definiert.

### Methodologische Einordnung

Die Methode beruht auf einem qualitativen Gruppenverfahren, weshalb das Rating auf Face-Validity basiert. Die Kompetenzen eines zu analysierenden Berufes resp. einer zu analysierenden Tätigkeit werden von Berufsexperten, die im entsprechenden beruflichen Kontext arbeiten, ermittelt und definiert. Dafür werden in einer ersten Phase unter professioneller Anleitung Brainstorming-Methoden eingesetzt. Daran schließt sich eine konsensorientierte Bearbeitung und Strukturierung der Ergebnisse an. Diese werden in Tätigkeitsanalysen und Curricula operationalisiert und nach der Umsetzung summativ sowie formativ evaluiert.

### Einschätzung der Gütekriterien

Die langjährige Erfahrung zeigt, dass während eines DACUM-Workshops von den teilnehmenden Berufsexperten (expert workers) in der Regel alle Tätigkeiten, nötigen Einstellungen und Arbeitsmittel definiert werden, die ein bestimmter Beruf oder eine Position vom Stelleninhaber verlangt. Zu den guten Ergebnissen trägt insbesondere bei, dass jeweils die besten einer Branche am Workshop teilnehmen und

dieser von einem professionellen DACUM-Moderator geleitet wird. Gruppensyn-
ergien kommen somit zum Tragen, wodurch ein maximales Ergebnis erreicht werden kann. Weiter trägt zur Qualität der Workshop-Ergebnisse bei, dass neben der
Ermittlung aktueller beruflicher Anforderungen auch Entwicklungsperspektiven und
Zukunftstrends des zu analysierenden Berufes oder Berufsfeldes aufgeschlüsselt
werden. Von großer Bedeutung ist es, dass durch den Einbezug beruflicher Fachleute die Ergebnisse in der Wirtschaft eine hohe Akzeptanz erzielen.

## Fehler- und Problemkritik

Die Ergebnisse der DACUM-Workshops sind zu einem großen Teil abhängig von
der Auswahl der Expertengruppe, da ihre beruflichen Kenntnisse, Kommunikationsfähigkeit und Motivation sich maßgeblich darauf auswirken. Weiter kommt
dem DACUM-Moderator eine entscheidende Rolle zu, denn er übt einen wesentlichen Einfluss auf die Workshop-Atmosphäre aus, welche die Qualität der Resultate beeinflusst. Eine häufige Kritik an der DACUM-Methode ist, dass Berufsbilder zu eng gefasst oder die Zukunftsperspektiven unzureichend erkannt würden.

## Ablauf des Messprozesses

Kernelement der DACUM-Methode ist ein in der Regel zwei Tage dauernder
Experten-Workshop, der von einem professionellen Moderator (DACUM facilitator) geleitet wird. Im Laufe dieses Workshops werden berufsspezifische Fertigkeiten, allgemeine Kenntnisse, Verhaltensweisen, Werkzeuge und Maschinen, welche direkt aus den Erfordernissen in der Berufswelt abgeleitet werden, identifiziert
und schriftlich festgehalten. Die Teilnehmergruppe (DACUM committee) setzt sich
aus sechs bis zwölf erfahrenen Berufsexperten (expert workers) des zu analysierenden Berufes zusammen, die in intensiver Gruppenarbeit – insbesondere unter
Anwendung strukturierter Brainstorming-Methoden – die zentralen Kompetenzen elaborieren.

Der DACUM-Workshop beginnt mit einer detaillierten Erklärung des Prozesses.
Anschließend erarbeitet das Workshop-Team eine Liste (DACUM-Chart) von Verantwortungsbereichen (duties) sowie den darin enthaltenen Aufgaben und Tätigkeiten (tasks), die der Beruf und die entsprechende Position verlangt. Sobald innerhalb
der Gruppe bezüglich der einzelnen Tätigkeiten und Aufgaben Konsens besteht,
werden die Stichworte vom Moderatoren auf Karten geschrieben und tabellenförmig aufgelistet. Die Erfahrung zeigt, dass für die meisten Berufe 6 bis 12 Aufgabenfelder und Verantwortungsbereiche genannt werden können, die sich wiederum in 6 bis 20 Tätigkeiten unterteilen lassen.

Sollen solche Berufsanalysen für die Entwicklung von Curricula oder Ausbildungsprogrammen Verwendung finden, wird in einem weiteren Schritt eine Analyse der
einzelnen Tätigkeiten vorgenommen. Dabei wird jede Tätigkeit in einzelne Arbeitsschritte (steps) unterteilt, die notwendig sind, um diese auszuführen. Werkzeuge,
Geräte, Hilfsmittel, Wissen und Kenntnisse, Sicherheitsstandards, Arbeitshaltungen,
Entscheidungen, die vom Ausführenden einer bestimmten Tätigkeit zu erfüllen
sind, werden dabei exakt definiert. Es wird auch erarbeitet, welche Konsequenzen
entstehen, wenn falsche Entscheidung getroffen werden oder die Arbeitsschritte
unsachgemäß ausgeführt werden.

*Räumliche Voraussetzungen*
Benötigt wird ein Gruppenraum für maximal 13 Personen.

*Zeitliche Voraussetzungen*
Die Analysen werden während in der Regel in zwei Tage dauernden Workshops durchgeführt. Als Ergebnis resultieren fertige Analysedokumente (DACUM-Charts), die sofort und ohne weitere Auswertungsprozesse eingesetzt werden können. Wenn solche Analysen für die Curriculumsentwicklung verwendet werden sollen, folgen weitere Workshops, in denen Instruktionsschritte und die Implementation erarbeitet werden.

*Personale Voraussetzungen*
Für die Durchführung des Workshops werden sechs bis zwölf erfahrene Berufsleute (expert workers) des zu analysierenden Berufes eingeladen. Aufgrund ihrer Expertise müssen sich die Teilnehmer nicht auf den Workshop vorbereiten. Die Leitung unterliegt einem professionellen DACUM-Moderator. Manchmal wird eine weitere Fachkraft eingesetzt, die den Workshop organisiert, also die Teilnehmer einlädt, die Räumlichkeiten reserviert und das Moderationsmaterial bereitstellt. Häufig wird diese Aufgabe auch vom Moderatoren übernommen.

*Technische Voraussetzungen*
Für die Durchführung des Workshops sind ein bis zwei Stellwände, Papierbögen und Moderationskarten, Pin-Nadeln und Stifte notwendig. Mittlerweile werden vom CETE Computerprogramme vertrieben, die es erleichtern, die Ergebnisse nachträglich im Computer zu erfassen. Dieses Vorgehen ist jedoch erstens nicht unbedingt notwendig und zweitens können die Ergebnisse in einfachen Tabellen (z.B. Word) festgehalten werden.

## Referenzen
Insbesondere in den angelsächsischen Ländern, zunehmend auch in Entwicklungs- und Transformationsländern Asiens und Lateinamerikas hat sich die Verwendung von DACUM durchgesetzt. Am CETE gibt es eine Datenbank mit über 350 fertig erarbeiteten Berufsprofilen, die zur Unterstützung eigener Analysen von Berufen und Tätigkeiten angefordert werden können (http://www.dacum.com/ohio / chart.htm). Zudem existiert ein virtuelles Diskussionsforum, damit sich weltweit DACUM-Anwender über Erfahrungen und Probleme austauschen können (http:/ /www.dacum.com/ohio/).

## Kompetenzbasiertes Lernen als Antwort auf Veränderungen in der Arbeitswelt

Weltweit wird ein wirtschaftlicher und technologischer Wandel wahrgenommen, der zu maßgeblichen und rapiden Veränderungen in der Arbeitswelt führt. Dies bedingt auch in Schwellen- und Entwicklungsländern eine immer kürzere Halbwertszeit von Berufsqualifikationen, die in einem Ungleichgewicht auf dem Arbeitsmarkt bezüglich Angebot und Nachfrage deutlich wird (vgl. Garcia Robles 2001: 18). Folglich stehen die Bildungssysteme vor der großen Herausforderung, ihre Leistungen flexibel und innovativ den sich schnell verändernden Anforderungen des Beschäftigungssystems anzupassen (vgl. Grootings 1994: 7). Die größten Herausforderungen sind dabei, einerseits Fachkenntnisse und Fertigkeiten zu vermitteln, die den raschen Wandel überdauern, andererseits Methoden zu finden, das Ausbildungsniveau der Arbeitnehmer mit effizienten Maßnahmen kontinuierlich zu aktualisieren und an die neuen Gegebenheiten gezielt anzupassen (vgl. Bunk 1994: 10).

International bestehen dabei unterschiedliche Auffassungen, wie oder was Kompetenzen sind, die in der Ausbildung vermittelt werden sollen, damit Auszubildende und Arbeitnehmer auf diese Veränderungen kompetent reagieren können. Bekanntermaßen werden im deutschen pädagogischen Diskurs Kompetenzen vor allem als Persönlichkeitsdimensionen verstanden, welche sich umfassend auf die »fühlenden, denkenden, wollenden und handelnden Individuen« (Erpenbeck & Heyse 1999: 156) während ihres lebensbegleitenden Lern- und Entwicklungsprozesses beziehen. Im beruflichen Kontext werden sie dagegen als ganzheitliche Fertigkeiten und Kenntnisse aufgefasst. Dieses Kompetenzverständnis basiert in Deutschland vor allem auf dem historisch gewachsenen dualen Berufsprinzip, bei dem durch den starken Einbezug der beruflichen Praxis ein hohes Maß an Übereinstimmung von Bildungs- und Beschäftigungssystem erreicht werden kann (vgl. Grootings 1994: 7). »Berufliche Kompetenz besitzt derjenige, der über die erforderlichen Kenntnisse, Fertigkeiten und Fähigkeiten eines Berufes verfügt, Arbeitsaufgaben selbständig und flexibel lösen kann sowie fähig und bereit ist, dispositiv in seinem Berufsumfeld und innerhalb der Arbeitsorganisation mitzuwirken« (Bunk 1994: 10).

Das stark amerikanisch geprägte, international weit verbreitete Competency-Based Training (CBT) ist hingegen aus dem Bedarf heraus entstanden, die verschulte Berufsausbildung vieler Länder intensiver und praxisbezogener den Anforderungen der Arbeitswelt anzugleichen (vgl. Achatz & Tippelt 2001: 112). Kompetenzen erhalten dabei eine andere Bedeutung als im deutschen Bildungskontext. Ihre Definition basiert vor allem auf praxisbezogene Anforderungen. Sie stehen also im Wesentlichen für praktische Kenntnisse und theoretisches Wissen, die von einem Beschäftigten im realen Arbeitszusammenhang beherrscht werden müssen, damit eine spezifische berufliche Tätigkeit erfolgreich ausgeübt werden kann (vgl. Norton 1997, 2000). Die Lernziele sind daher in Form von Kompetenzen (= Kenntnisse, Fertigkeiten, Verhaltensweisen) unmittelbar auf die berufliche Praxis bezogen und es wird von den Auszubildenden erwartet, auch unter realen Bedingungen der gegebenen Arbeitsplätze, berufliche Leistung zu erbringen (vgl. Greinert 2000, Tippelt 2002). Dies ist eine grundlegende Veränderung traditioneller Auffassungen schulzentrierten beruflichen Lernens, in der Fähigkeiten und Wissen häufig mit den realen Arbeitssituationen und -umgebungen nur gering korrespondierten (vgl. Tippelt 2002).

## Was ist Competency-Based Training

Die Konzepte von Competency-Based Training wurden hauptsächlich in den USA entwickelt und seit den 1960er Jahren insbesondere in der Lehrerausbildung und der beruflichen Bildung umgesetzt (vgl. Tuxworth 1989; Achtenhagen & Grubb 2001). Es existieren zahlreiche Bezeichnungen für diesen Ausbildungsansatz – stellvertretend sollen hier Competency-Based Instruction, Competency-Based Education, Criterion Instruction Referenced (vgl. Blank 1982) genannt werden –, deren zentrales Merkmal darin besteht, dass sie sich weniger am Lernprozess als vielmehr am Ergebnis von Lehren und Lernen orientieren (vgl. Norton 1997).

Competency-Based Training versucht die Lernziele und Lerninhalte durch die Analyse von Praxis- und Berufsbereichen zu ermitteln, bevor der Lernprozess beginnt. Gewünschte Ergebnisse werden in Form von Kompetenzen (Kenntnissen, Fähigkeiten, Fertigkeiten, Verhaltensweisen), die der Auszubildende am Ende des Lernprozesses für bestimmte Aufgaben beherrschen soll, beschrieben und veröffentlicht. Das Erreichen dieser standardisierten Kompetenzen im Verlauf der Ausbildung ist das Kriterium für den Erfolg des Lernprozesses, denn jeder Lernende muss diese vordefinierten Standards beherrschen. Der Zugang zum Lernprozess – so eine Grundidee von CBT – ist unabhängig von den Lernerfahrungen, die vorher im Bildungssystem erworben wurden. Mit anderen Worten: berufliches Lernen ist offen für jede Form der vorausgehenden Erziehung und Ausbildung, sofern in einem Eingangstest nachgewiesen werden kann, dass die Ausgangsvoraussetzungen für den Berufsbildungsprozess bei den Lernenden vorhanden sind. Zu den Grundannahmen von CBT gehört weiter, dass Auszubildende dann besser lernen, wenn ihnen die Lernziele und Lerninhalte offengelegt werden können und wenn diese in einem unmittelbaren Zusammenhang zu den realen Anforderungssituationen stehen. Man geht auch davon aus, dass sich Lernende in unterschiedlichen Stilen und Lerngeschwindigkeiten theoretische und praktische Lerneinheiten aneignen. Insofern versucht man das Lernen und insbesondere auch die Praxisphasen in hohem Maße zu individualisieren. Großer Wert wird auf das Assessment gelegt, d.h. jedes Modul wird mit einer Form von Prüfung, Zertifizierung oder zumindest Erfolgskontrolle abgeschlossen (vgl. Tippelt 2002: 227ff.).

CBT unterscheidet sich folglich in mindestens vier Punkten von konventionellem Lernen. »What it is trainees learn, how they learn each task, when they proceed from task to task, and finally, how we determine and report, if students learned each task« (Blank 1982: 3f.).

## Vorteile von Competency-Based Training

Ein großer Vorteil ist in der Anpassung der Lerninhalte an die realen Bedingungen der Arbeitswelt zu sehen. Weiter berücksichtigt der Ansatz die individuellen Lerngeschwindigkeiten. Durch die Entwicklung von Lernmodulen wird das zu vermittelnde Wissen – im Sinne von aktuellen Wissensmanagementansätzen – sichtbar und bleibt der Ausbildungsinstitution auch dann erhalten, wenn einzelne Lehrkräfte im Laufe der Zeit die Einrichtung verlassen. Dadurch, dass individualisiert gearbeitet wird, ist es nicht nötig, Bücher und Maschinen in 20facher Ausführung bereitzustellen, wie das beim traditionellen Unterricht der Fall ist. Dies ist kostensparend und ermöglicht es den Ausbildungseinrichtungen, häufiger aktuelle Unterrichtsmaterialien zu erwerben. Da die Offenlegung von Zielen und Prüfungsanforderungen den Auszubildenden in klaren Richtlinien vorgibt, was von ihnen erwartet wird, können sie diesen Anforderungen leichter gerecht werden. Ebenso ist es ein Vorteil, dass die Qualität des kompetenzbasierten Unterrichts relativ stabil ist, da sie weniger von einzelnen Lehrkräften und deren Engagement abhängig ist. Im Sinne einer lernenden Organisation tragen die Lehrer einer Ausbildungseinrichtungen ihr Wissen beim Entwickeln der Lernmodule zusammen, wodurch synergetische Effekte nicht auszuschließen sind, d.h. dass durch die Zusammenarbeit qualitativ wertvollere Unterrichtseinheiten entstehen können (vgl. Blank 1982; Norton 1997, 2000).

## Nachteile von Competency-Based Training

Wird von den Befürwortern von CBT explizit betont, dass diese Lehr- und Lernform für alle Berufe eingesetzt werden kann (vgl. Blank 1982; Norton 1997, 2000), da jeder Beruf und jede Tätigkeit in einzelne Handlungsschritte und Wissenskomponenten unterteilt werden könne, die für eine erfolgreiche Ausübung beherrscht werden mussten, wird von Kritikern immer wieder betont, dass die enge Auffassung von Kompetenzen nicht dazu führte, hinreichend fundierte berufliche Kenntnisse zu erwerben. »It is inadequate preparation for the high-skilled workplace with its demands for flexiblity, autonomy, and problem solving abilities« (Achtenhagen & Grubb 2001: 630). Auch von Greinert (2000: 136) wird angezweifelt, ob eine »kognitive Durchdringung« wie sie für »komplexe Arbeitsvollzüge« in modernen Berufen notwendig ist, durch das relativ enge Einüben von Fähigkeiten und Fertigkeiten erreicht werden kann.

Insbesondere im Rahmen der Übertragung des CBT-Konzepts in Entwicklungs- und Transformationsländer zeigt sich, dass für die Umsetzung und auch für die Erarbeitung der kompetenzbasierten Materialien zuwenig ausgebildetes Lehrpersonal zur Verfügung steht. Da diese Ausbildungsform eine große Anzahl medialer und sorgfältig entwickelter Lernmaterialien voraussetzt, ist es in Ländern mit beschränkten Ressourcen insbesondere in der Anfangsphase ein Problem, dass erhebliche Investitionen geleistet werden müssen. Kritisch ist es im Rahmen der sich verändernden Arbeitsformen (Gruppenarbeit, flachere Hierarchien, vermehrt kommunikative Tätigkeiten), dass durch die CBT-Methode das Erlernen sozialer Fähigkeiten wenig berücksichtigt wird. Ebenso sind die Auszubildenden nur selten aufgefordert, Handlungen selbständig zu planen oder eigene Informationen zu recherchieren.

### Beispiele aus der Praxis

Zur Verdeutlichung des CBT-Ansatzes werden nachfolgend kompetenzbasierte Lern- und Lehrkonzepte aus den USA, dem Vereinigten Königreich und Peru vorgestellt.

**Competency-Based Training in den USA.** Während sich in Europa – insbesondere in Deutschland – Traditionen der mittelalterlichen Berufslehre aufrechterhalten konnten, fanden diese Prinzipien keinen Eingang in die Berufslehre in den Vereinigten Staaten (vgl. de Moura Castro 2000: 223). Einen Grund dafür sieht De Moura Castro (= Chief Education Adviser of the Inter-American Development Bank) vor allem darin, dass die Arbeitsmärkte in den USA im Vergleich zu Europa weniger geschützt und instabiler seien. Berufliche Bildung kann in den USA freiwillig in den letzten zwei Jahren der Highschool in Form von Kursen (The 2 + 2 Formula) erworben werden. Allgemein genießt diese Ausbildung wenig Anerkennung und viele, insbesondere große Betriebe bilden ihre Arbeitnehmer zusätzlich selber aus. Da in den USA ebenfalls die Tendenz zur Auslagerung von Weiterbildungsmaßnahmen besteht, übernehmen zunehmend private und öffentliche Einrichtungen die Aufgabe der Aus- und Weiterbildung. So auch in Oklahoma, wo sich eine öffentliche Einrichtung namens VoTech zu einer renommierten beruflichen Ausbildungseinrichtung entwickelt hat (vgl. de Moura Castro 2000: 213).

Das Ausbildungsprinzip von VoTech ist rein kompetenzbasiert. Im Laufe der Jahre wurde in der Institution eine Vielzahl von Modulen entwickelt, die ständig aktualisiert werden. Nach wie vor werden anhand einer umfangreichen Analyse für jeden Betrieb spezifisch die Lernbedürfnisse ermittelt. Für VoTech ist es dann jedoch möglich, innerhalb kürzester Zeit – »the customization of the program takes no more than a few minutes« (de Moura Castro 2000: 217) – ein passgenaues Ausbildungs- oder Trainingsprogramm entsprechend den Bedürfnissen der Betriebe zusammenzustellen.

Die Module bestehen aus Videoeinheiten, geschriebenen Materialen und computerbasierten Lerneinheiten, mit denen die Auszubildenden individualisiert lernen. Frontalunterricht findet nicht mehr statt, wohl aber eine individuelle Betreuung der Lernenden. Erfahrungen von VoTech zeigen, dass die Absolventen das Training in durchschnittlich 75% der eingeplanten Zeit absolvieren. Es konnte festgestellt werden, dass alleine 15% der Zeit eingespart wird, weil bereits bekannte Lerninhalte weggelassen werden können, wie dies beim traditionellen Klassenunterricht nicht möglich wäre. Es wurden auch Module erarbeitet, die in die kompetenzbasierte Lernmethode einführen und es gibt ein Tutorensystem. Trotzdem zeigt sich, dass diese Methode nicht allen Auszubildenden zusagt, wobei es sich dabei keinesfalls nur um Lernende mit schlechten formalen Schulleistungen handelt (vgl. de Moura Castro 2000: 221). Diese Erfahrungen bei VoTech decken sich mit Erkenntnissen von Blank (1982), der aufzeigt, dass rund 80% der Lernenden mit der kompetenzbasierten Methode erfolgreich sind.

**Das NVQ-System im Vereinigten Königreich.** Eine Vielzahl von Anbietern und Zertifikaten kennzeichnete die berufliche Ausbildungssituation des Vereinigten Königreichs bis Mitte der 1980er Jahre. Die gleiche Pluralität bestand in Bezug auf die Angebote der beruflichen Weiterbildung, weshalb eine mangelnde Transparenz sowohl von Seiten der Arbeitgeber als auch von Seiten der Beschäftigten moniert wurde. In der Folge wurde 1986 das modularisierte System der »National Vocational Qualifications« (NVQs) eingeführt (vgl. van Cleve 1997; Kohn & Ziehm 2000). Das NVQ-System bezieht sich im Wesentlichen auf Kompetenzen, die als eine Verbindung von Fertigkeiten und Kenntnissen sowie die Fähigkeit, diese anzuwenden, definiert werden. Kennzeichen dieses kompetenzbasierten Aus- und Weiterbildungssystems ist seine starke Orientierung an den Lernergebnissen. Irrelevant ist es daher wann, auf welche Weise und wo die Lernenden ihr Wissen und ihre Fertigkeiten erwerben, denn maßgebend ist einzig das berufliche Können (vgl. Kohn & Ziehm 2000).

Bis 1996 war der »National Council of Vocational Qualifications« (NVCQ) für die Organisation der Lernorte, die Rahmenbedingungen und die Standardisierung der einzelnen beruflichen Module zuständig. Seit der NVCQ 1996 mit der »Curriculum and Examination Authority« zusammengeführt wurde, nennt sich das verantwortliche Gremium »Qualification and Curriculum Authority« (QCA) (vgl. Kohn & Ziehm 2000: 18). Definiert werden die Standards von unabhängigen »Lead Bodies« unterschiedlicher Wirtschaftssektoren, die sich aus Vertretern der Arbeitgeber, der Gewerkschaften, der Lehrerschaft und Ausbildungsleitern konstituieren (vgl. Greinert 2000: 85). Parallel dazu gibt es »Awarding Bodies«, die für die Prüfung bzw. Zertifizierung der beruflichen Kompetenzen zuständig sind. Bisher wurden 800 standardisierte Kompetenzmodule (NVQs) für 11 verschiedene Berufsrichtungen auf 5 Kompetenzebenen erarbeitet (vgl. Greinert 2000; Kohn & Ziehm 2000).

Die Kompetenzmodule sind als unabhängige Teilqualifikationen zu verstehen, die sich auf berufliche Tätigkeiten typischer Berufe beziehen. Die verschiedenen Kompetenzen können in individuellem Tempo erworben werden, dabei ist es den Lernenden frei gestellt, bis zu welchem Niveau sie sich solche Kompetenzen aneignen. Die Modularisierung lässt Unterbrechungen in der Ausbildung zu und ermöglicht jederzeit die Wiederaufnahme. Durch die Erfassung der zertifizierten Module in speziellen Prüfungsdokumenten ist es für (zukünftige) Arbeitgeber sofort ersichtlich, über welche beruflichen Kompetenzen ein Arbeitnehmer verfügt (vgl. Greinert 2000; Bolder 2002: 660).

**Kompetenzorientiertes Lernen in Peru.** Berufliche Bildung in Peru kann in verschiedener Hinsicht für die Entwicklung in Lateinamerika als typisch gelten. So hat die Wirtschaft in den 1990er Jahren eine Phase der Privatisierung durchlaufen, wodurch Betriebe und Beschäftigte mit technologischen und betriebswirtschaftlich neuen Anforderungen konfrontiert sind. Der Bedarf an qualifizierten Fachkräften ist in Handwerksbetrieben und im Dienstleistungsbereich im modernen Sektor wie im informellen Sektor größer geworden. Peru steht nun vor der Herausforderung, die wirtschaftlichen und sozialen Veränderungen – auch die Armutsbekämpfung – durch zunehmend besser qualifizierte Fachkräfte zu bewältigen (vgl. Tippelt 2002: 231ff.)

SENATI (Servicio Nacional de Adestriamiento en Trabajo Industrial) – in Peru der wichtigste Anbieter beruflicher Fort- und Ausbildung – ist derzeit bestrebt, Competency-Based Training einzuführen, und damit die Ausbildung unmittelbar am betrieblichen Bedarf auszurichten. Angestrebt wird nutzungsbezogenes Lernen, denn der Wissens- und Kompetenztransfer in das Beschäftigungssystem wird als besonders wichtig erkannt (vgl. von Hippel 2001). Dabei sollen nicht nur berufliche Kenntnisse und berufliches Verständnis entfaltet werden. Die Lernenden sollen vielmehr in der Lage sein, das Wissen praktisch anzuwenden, aktuelle Arbeitsprobleme zu lösen und zu Bewertungen von praktischen Handlungsstrategien zu gelangen. Die Lernziele und Lernstandards sind unmittelbar auf die berufliche Praxis bezogen und man erwartet von den Auszubildenden, auch unter den realen Rahmenbedingungen der Arbeitsplätze, berufliche Leistung zu erbringen. Für Peru ist dies ein Fortschritt, da schulische Praxisferne und teilweise unklare Zielsetzungen durch den verstärkten Bezug der Ausbildung auf die berufliche Praxis überwunden werden. Man hofft durch eine verbesserte kompetenzbasierte Ausbildung sowohl die Produktivität und Wettbewerbsfähigkeit der Wirtschaft zu verbessern, als auch die Beschäftigungsaussichten und Einkommenserwartungen der Absolventen von Ausbildungsmaßnahmen deutlich zu erhöhen (vgl. Tippelt 2002: 231ff.).

Neben den bereits genannten Vorteilen ist CBT auch in Peru mit Problemen konfrontiert. Zu nennen sind hier insbesondere die nicht immer gegebenen institutionellen und personellen Voraussetzungen in den Ausbildungszentren und vor allem in den Betrieben. Auch ist CBT auf Lehrmaterialien angewiesen, deren Herstellung sich in Peru aufgrund der knappen Ressourcen als schwierig erweist. Entsprechend ist nach der großen Welle der kompetenzbasierten Curriculumskonstruktion nun die Aufgabe der Schulung und Förderung des Lehrpersonals und die Entwicklung beruflicher Medien ein wichtiges Thema. Dies stellt auch einen Schwerpunkt bundesdeutscher Bildungszusammenarbeit mit Peru dar (vgl. Edelmann 2000).

## Definition von Kompetenzen mit der DACUM-Methode

Den Ambitionen international eingeführter Konzepte des Competency-Based Training ist also gemeinsam, die Inhalte und Methoden der beruflichen Bildung intensiver und genauer den praxisbezogenen Anforderungen des Beschäftigungssystems anzupassen. Daher ist die Grundlage einer jeden kompetenzbasierten Ausbildung die vorangehende Bestimmung und Identifikation der zu erlernenden Kompetenzen. Berufs- und Tätigkeitsanalysen gewannen dabei seit den 1990er Jahren im internationalen Raum zunehmend an Bedeutung. Vor allem der von Robert E. Norton (1997, 2000) entwickelte DACUM-Ansatz[1] liefert die geeigneten Kriterien dafür. Die DACUM-Methode ist weit verbreitet in den USA, Kanada und zunehmend auch in Entwicklungs- und Transformationsländern sowie in Europa.

---

1   Siehe auch http://www.dacum.com/ohio/

| Australia | Israel | Nicaragua |
|---|---|---|
| Barbados | Japan | Philippines |
| Canada | Korea | Saudia Arabia |
| Chile | Kuwait | Singapore |
| China | Kyrgyzstan | Sri Lanka |
| Dominican Republic | Malaysia | Sweden |
| Fiji | Mauritius | Turkey |
| Germany | Netherlands | Tunisia |
| Indonesia | New Zealand | Venezuela |

Tab. 1: Länder, in denen die DACUM-Methode bisher eingesetzt wurde (vgl. Norton 2000: 192)

Die DACUM-Methode kann beispielsweise für die zuverlässige, schnelle und kostengünstige Analyse von Berufen, die Entwicklung neuer Trainingsprogramme sowie die Aktualisierung und Anpassung bereits bestehender Ausbildungsprogramme verwendet werden. Ebenso findet die DACUM-Methode Verwendung für Organisations- und Prozessanalysen (vgl. Norton 2000: 180). In den vergangenen vierzig Jahren sind Tausende von Berufs- und Tätigkeitsanalysen nach der DACUM-Methode durchgeführt worden, wobei sie für Schulen, kleine Betriebe, Unternehmen und staatliche Einrichtungen angewandt wurde. Kernelement dieser Methode ist ein zweitägiger Experten-Workshop, während dessen die Kompetenzen, welche direkt aus den Erfordernissen in der Berufswelt abgeleitet werden, identifiziert und schriftlich festgehalten werden (vgl. Norton 2000).

Entwickelt wurde die Methode gemeinsam von der »Experimental Projects Branch«, dem »Canada Department of Manpower and Immigration« und der »General Learning Corporation of New York«. 1964 wurde sie erstmals eingesetzt. In den späteren sechziger Jahren wurde der Prozess durch Adams (1975) weiter verfeinert, der auch für die Namensgebung verantwortlich zeichnet (vgl. Collum 1999). Letztere wird von Norton (2000) als irreführend bezeichnet, denn heutzutage wird der Begriff ›DACUM‹ vor allem für die Bezeichnung des Analyse-Workshops, als eine von fünf Phasen der Curriuculumsentwicklung, verwendet. Solche Analyse-Workshops, die im Folgenden näher beschrieben werden, dienen dazu, die berufsnahen Tätigkeiten, Pflichten, Kenntnisse und Fertigkeiten (competencies) zu identifizieren. Diese werden dann als Grundlage für die Entwicklung von Curricula und Evaluationsinstrumenten verwendet (vgl. Collum 1999).

Die DACUM-Methode wird heute vor allem mit dem Center on Education and Training for Employment (CETE[2]) am Ohio State University College of Education

---

2 Siehe auch http://www.cete.org

und dessen DACUM-Programmdirektor Robert E. Norton in Verbindung gebracht. Das CETE wurde 1965 gegründet und ist heute eines der führenden amerikanischen Institute im Bereich der Entwicklung von Berufsbildungsprogrammen und -trainings.

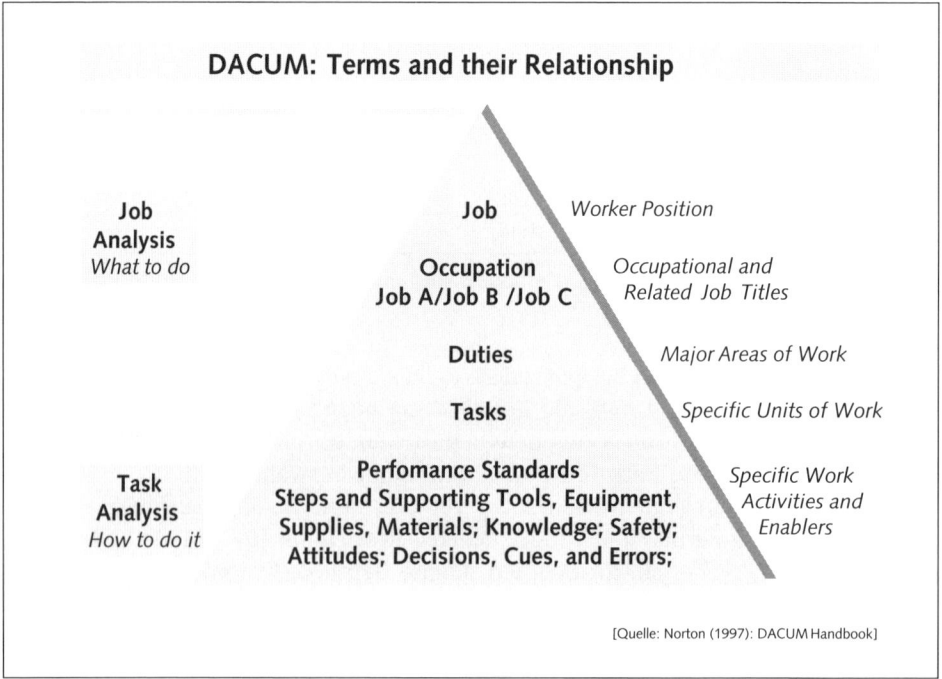

Abb. 1: Zentrale Begriffe der DACUM-Methode und ihr Zusammenhang

## Grundannahmen von DACUM

Die DACUM-Methode basiert auf drei Grundannahmen (»DACUM Philosophy«):
- erstens, dass erfahrene Facharbeiter und -angestellte (expert workers) die für die Erfüllung ihres Berufes erforderlichen Kompetenzen besser definieren können als sonst jemand. Sie sind die wahren Experten ihrer Tätigkeit – mehr noch als Manager und Vorgesetzte – und damit die zuverlässigste Informationsquelle für die Erfassung von beruflichen Kompetenzen;
- zweitens, dass jeder Beruf und jeder Tätigkeitsbereich detailliert in Form von Tätigkeiten beschrieben werden kann, die für eine erfolgreiche Ausübung eines Berufes erforderlich sind. Über diese Analyse, was erfolgreiche Arbeitnehmer in ihrem Berufsalltag machen, kann der Bedarf an Fähigkeiten und Kenntnissen für zukünftige Beschäftigte ermittelt werden;
- drittens, dass jede Aufgabe und Tätigkeit, die korrekt und erfolgreich ausgeführt werden soll, bestimmte Kenntnisse, Fertigkeiten, Geräte und Werkzeuge sowie Arbeitshaltungen und Einstellungen voraussetzt. Diese von Norton (2000) als

»enablers« (S. 181) bezeichneten Grundvoraussetzungen können von den Berufstätigen auf Grund ihrer Erfahrung sehr genau definiert werden.

## Der DACUM-Workshop

Kompetenzen – in diesem sehr engen Verständnis – werden in spezifischen, in
der Regel zwei Tage dauernden DACUM-Workshops, unter der Leitung eines professionellen Moderators (DACUM facilitator), elaboriert. Ziel dieser Workshops ist
die Definition und das schriftliche Festhalten der für den Arbeitsprozess erforderlichen, berufsspezifischen Fertigkeiten, allgemeinen Kenntnisse, Verhaltensweisen,
Werkzeuge und Maschinen. Die Teilnehmergruppe (DACUM committee) setzt sich
aus sechs bis zwölf erfahrenen Berufstätigen (expert workers) des zu analysierenden Berufes zusammen, die in intensiver Gruppenarbeit – insbesondere unter
Anwendung strukturierter Brainstormingmethoden – und unter Berücksichtigung
ihrer beruflichen Erfahrungen, die zentralen Kompetenzen erarbeiten. Vorgesetzte
und Manager von Unternehmen und Betrieben können ebenfalls Mitglieder dieser
Gruppe sein, jedoch nur unter der Voraussetzung, dass sie nicht mehr als 20 %
des Komitees ausmachen. Lehrer und Ausbilder sind grundsätzlich ausgeschlossen, da sie nicht über die für den Workshop erforderte berufliche Praxiserfahrung
verfügen (vgl. Collum 1999).

Es wird somit deutlich, dass die Auswahl der Expertengruppe eine entscheidende Komponente für das Gelingen der Workshops ist. Die Anforderungen, die
an die Mitglieder des Komitees gestellt werden, sind hoch. Nach den Erfahrungen
von Norton (2000) ist es daher unerlässlich, dass die Experten im zu analysierenden Beruf vollzeitlich beschäftigt sind, in der Lage sind ihre Aufgabenbereiche zu
systematisieren, über ausgeprägte Kommunikationsfähigkeit verfügen, kooperativ
und offen sind sowie den Wandel in ihrem Fachbereich reflektieren können. Im
Weiteren sollten sie an beiden Tagen des Workshops teilnehmen und ihre Interessen unabhängig vertreten können.

Eine Vorbereitung der Mitglieder des Komitees auf den Workshop ist aufgrund
ihrer Expertise nicht notwendig. Der DACUM-Workshop beginnt mit einer detaillierten Erklärung des Prozesses, wobei auch die wichtigsten Begriffe wie »duty«
(Verantwortungsbereich) und »task« (Aufgabe) geklärt werden. Anschließend erarbeitet das Workshop-Team eine Liste (DACUM-Chart) von Verantwortungsbereichen
sowie den darin enthaltenen Aufgaben und Tätigkeiten, die der Beruf und die entsprechende Position verlangt. Sobald innerhalb der Gruppe bezüglich der einzelnen
Tätigkeiten und Aufgaben Konsens besteht, werden die Stichworte vom Moderator
auf Karten geschrieben und tabellenförmig, gut sichtbar für die Teilnehmer aufgelistet. Die Erfahrung zeigt, dass für die meisten Berufe 6 bis 12 Aufgabenfelder und
Verantwortungsbereiche genannt werden können, die sich wiederum in 6 bis 20
Tätigkeiten unterteilen lassen (vgl. Norton 2000: 181). Zur Qualität der Workshop-
Ergebnisse trägt bei, dass auch Entwicklungsperspektiven und Zukunftstrends des
zu analysierenden Berufes oder Berufsfeldes aufgeschlüsselt werden.

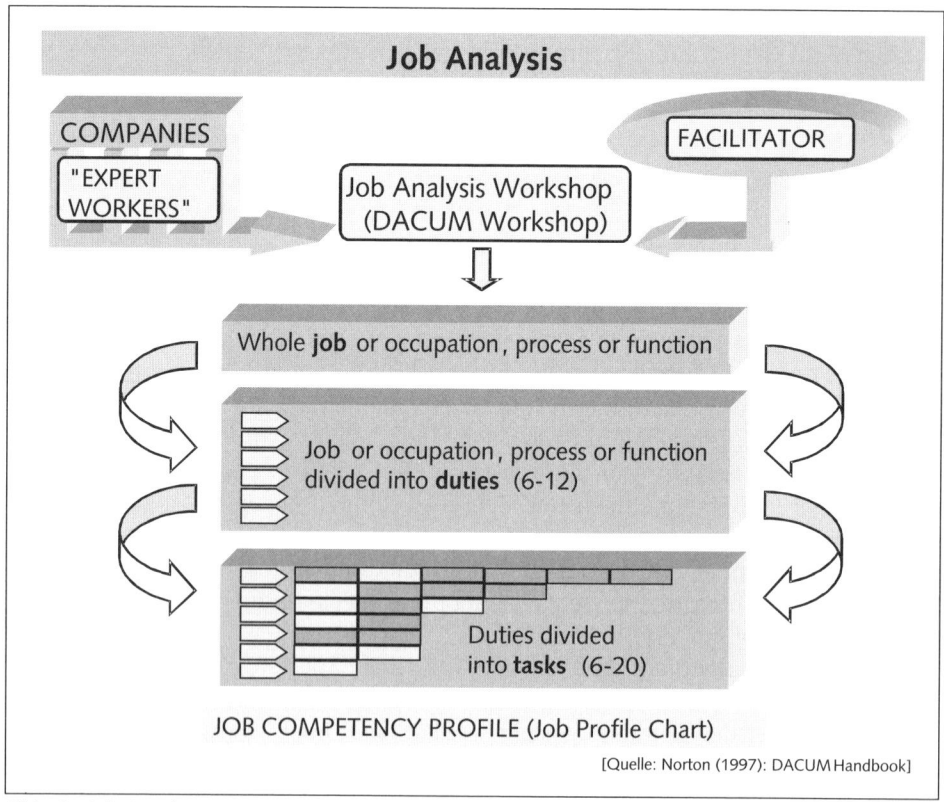

Abb. 2: Arbeitsschritte im DACUM Workshop

Nachdem der zu analysierende Beruf in einzelne Aufgabenfelder und Tätigkeiten unterteilt ist, können in einem weiteren Schritt – je nach dem unter welchem Ziel-aspekt die Analyse durchgeführt wurde – die einzelnen Tätigkeiten in ihre Arbeits-schritte aufgeschlüsselt werden. Dabei kann die DACUM-Matrix beispielsweise als solide Basis für die Entwicklung von Curricula dienen. Für die Curriculumsentwick-lung ist nach der Tätigkeitsanalyse – so die Grundlage der DACUM-Methode – eine Unterrichtsanalyse (Instruction Analysis) vorgesehen, an der auch Lehrkräfte und Ausbildungsverantwortliche teilnehmen (vgl. Collum 1999: 17f.).

Am CETE-Institut in Ohio können mittlerweile für über 350 Berufe bereits erar-beitete Berufs- und Tätigkeitsprofile erworben werden (DACUM Research Chart Bank[3]). Solche fertigen Berufs- und Tätigkeitsprofile sollen als Grundlage zum Ver-gleich und zur Vorbereitung von Workshops – jedoch nicht als Ersatz – fungieren (vgl. Norton 2000).

---

3   Siehe http://dacum.com/ohio/

**Beispiel – Curriculumsentwicklung in Manila.** 1999 wurden vom Autor in Manila – im Rahmen der beruflichen Zusammenarbeit der GTZ (Deutsche Gesellschaft für Technische Zusammenarbeit) mit den Philippinen – unter Verwendung der DACUM-Methode Berufsanalysen durchgeführt. Die Auflistung der einzelnen Tätigkeiten, die für eine erfolgreiche Ausübung eines Berufes erforderlich sind, diente dabei als Basis für die anschließende Entwicklung von beruflichen Curricula.

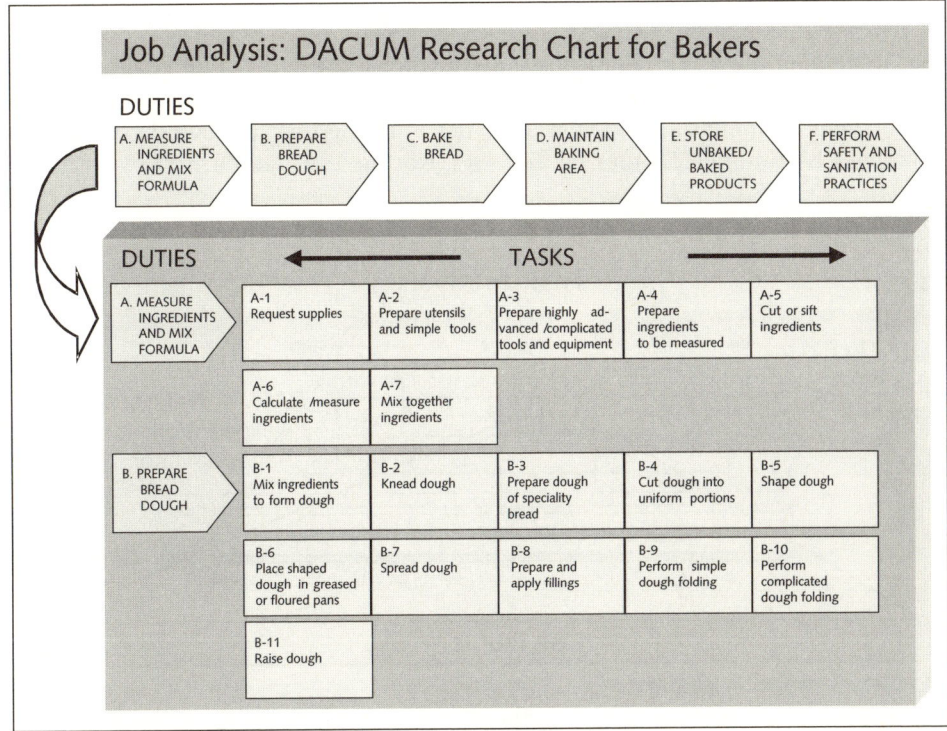

Abb. 3: Beispiel einer Job-Anlayse mit der DACUM Methode für Bäcker (Manila)

### Die Tätigkeitsanalyse im DACUM-Workshop

Bei der Tätigkeitsanalyse wird jede Tätigkeit in einzelne Arbeitsschritte (steps) unterteilt, die notwendig sind, diese zu erfüllen. Werkzeuge, Geräte, Hilfsmittel, Wissen und Kenntnisse, Sicherheitsstandards, Arbeitshaltungen, Entscheidungen, die vom Ausführenden einer bestimmten Tätigkeit zu erfüllen sind, werden dabei exakt definiert. Dabei wird auch berücksichtigt, welche Konsequenzen entstehen, wenn Arbeitstätige die falsche Entscheidung treffen oder die Arbeitsschritte unsachgemäß ausführen (vgl. Sachs 2000: 167). Tätigkeiten (tasks), die während diesem curriculaorientierten Workshop erarbeitet werden, sind nach der DACUM-Methode wie folgt zu verstehen:

- sie sind die kleinsten Arbeitsschritte eines auszuübenden Berufes und führen zu einem eindeutigen Produkt, einer Dienstleistung oder einer relevanten Entscheidung;

- sie repräsentieren eine typische Aufgabe des zu analysierenden Berufes und könnten von einem Arbeitgeber oder einem Kunden bezahlt werden;
- ihr Kennzeichen ist ein klar bestimmter Anfang und ein eindeutiges Ende;
- sie können in einem überschaubaren kurzen Zeitraum ausgeführt werden;
- sie können unabhängig von weiteren Tätigkeiten ausgeführt werden;
- sie beinhalten zwei oder mehr Arbeitsschritte;
- sie sind beobachtbar und/oder messbar, wobei Entscheidungen vor allem durch ihre Abgeschlossenheit sichtbar werden (vgl. Norton 1997; Sachs 2000).

Die Gesamtheit dieser korrekt ausgeführten Arbeitsschritte führt zu einer erfolgreichen Tätigkeit. Die Beherrschung aller Tätigkeiten führt letztlich zu erfolgreichem beruflichem Handeln und bedeutet, dass der Einzelne über die berufliche Kompetenz eines bestimmten Berufes verfügt (vgl. Norton 1997, 2000).

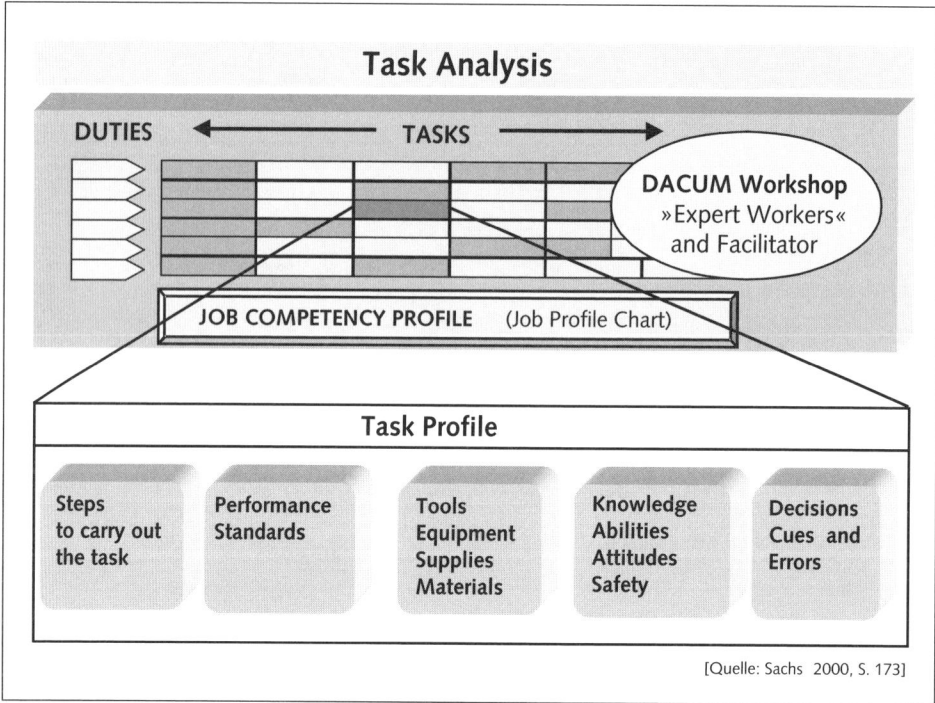

Abb. 4: Tätigkeitsanalyse mit der DACUM Methode

**DACUM-Moderatoren.** Gut ausgebildete Moderatoren, so Norton (2000), sind die absolute Bedingung für das Gelingen dieser Workshops. Einen DACUM-Workshop zu leiten, gilt als komplexe und anspruchsvolle Aufgabe, die multiple Fähigkeiten verlangt. »The process calls for more than a competent ›discussion leader‹ or ›curriculum developer‹« (Norton 2000: 189). Analytisches Denken und ein umfassendes Verständnis der Methode sind daher unbedingt erforderlich. Die Rolle des Moderators im DACUM-Prozess besteht darin, eine Workshop-Atmosphäre zu schaffen, die es allen Beteiligten erleichtert, sich mit ihrer gesamten Berufserfahrung in den Analyseprozess einzubringen (vgl. Rauner 1999). Die Erfahrung zeigt, dass DACUM-Workshops einer großen Eigendynamik unterliegen und in der Teilnehmergruppe nicht nur Konsens besteht, sondern häufig gilt »so viele Experten – so viele Meinungen« (Sollberger 1999: 15).

Um das erforderte Profil, die Anforderungen und die Ausbildung, sprich die notwendigen Kompetenzen eines ›kompetenten‹ Moderatoren zu identifizieren, wurden am Center on Education and Training for Employment (CETE) folglich eigens DACUM-Workshops für die Erarbeitung und Definition dieser Kompetenzen durchgeführt: ›DACUM on DACUM‹ – ein Workshop in dem sechs erfahrene Moderatoren Aufgaben und Tätigkeiten sowie Entwicklungspotentiale des professionellen DACUM-Facilitators erarbeitet haben. Während dieser Workshops wurde deutlich, dass die Moderatoren über die folgenden Kenntnisse und Fähigkeiten verfügen sollten, um ihrer wichtigen Funktion im DACUM-Prozess gerecht zu werden: »a professional image and outlook, a sensitivity for others, the ability to establish and maintain enthusiasm, a sense of humor, the ability to show empathy, the ability to display and maintain a positive image, patience, the ability to make decisions« (Norton 2000: 187).

## Weitere Verwendung der DACUM-Charts

Wie bereits angesprochen wurde, können die während der Workshops elaborierten Kompetenzprofile nicht nur für die Entwicklung von Curricula verwendet werden. Sie können ebenso als Basis für die Leistungsbeurteilung von Arbeitnehmern, die Rekrutierung von Arbeits- und Führungskräften oder die Überarbeitung von Pflichtenheften eingesetzt werden (vgl. Collum 1999). An Bedeutung gewinnt DACUM zunehmend auch im Zusammenhang mit der großen Nachfrage nach ISO 9000(ff.)-Normierungen und den Total Quality Management-Bestrebungen in Unternehmen und Betrieben (vgl. Norton 2000). Weiterhin wird die DACUM-Analyse als Grundlage für die Ausbildung von Handwerkern und Kleinunternehmern, das Training von Bildungsexperten und Beratern im Dienstleistungssektor sowie für Berufs- und Laufbahnberatungen eingesetzt (vgl. Collum 1999, Norton 2000). Die detaillierten Berufsinformationen dienen dabei als wichtige Basis, richtige Entscheidungen, in allen Bereichen des Personalmanagements zu treffen, denn, so Norton (2000: 186), »once you have a clear understanding of what actually is going on in the job, then you can make logical decisions in regards to re-engineering or re-structuring the job«.

Mit der DACUM-Analyse wird deutlich, welche Aufgaben und Tätigkeiten von welchen Mitarbeitern tatsächlich wahrgenommen werden. Aufgrund solcher Informationen lassen sich im Betrieb wichtige Entscheidungen fällen, es hilft die Verlaufs- und Produktionsprozesse sichtbar zu machen und darauf basierend, Veränderungen einzuleiten, falls diese notwendig sind (vgl. Norton 2000: 186). Ebenso kann DACUM dafür eingesetzt werden, neue Berufsbilder zu entwickeln. Nachfolgend wird hierfür ein Beispiel aus Deutschland – ein vom BMBF gefördertes Projekt – aufgezeigt, bei dem anhand der DACUM-Methode die erforderten Kompetenzen für zukünftige Mitarbeiter in der IT-Branche elaboriert werden sollen.

**DACUM für die IT-Branche – ein deutsches Projekt.** Das innovative Projekt mit dem Namen »tele.soft[4]« ist in der IT-Branche angesiedelt und hat die Qualifizierung von Arbeitslosen zum Ziel. Das Projekt wird vom Bundesministerium für Bildung und Forschung (BMBF) gefördert, läuft seit Juni 2001 und wird voraussichtlich Ende 2002 abgeschlossen sein. Träger des Projekts ist das Institut für berufliche Bildung, Arbeitsmarkt- und Sozialpolitik GmbH (INBAS GmbH). Ausgangspunkt dieses Projekts ist die Tatsache, dass die IT Branche einer der am stärksten expandierenden Bereiche der deutschen Wirtschaft und damit ein maßgebliches Beschäftigungspotenzial darstellt. Nach wie vor besteht jedoch ein Mangel an Fachkräften auf dem IT-Arbeitsmarkt, da es dem Berufs- und Weiterbildungssystem offensichtlich noch nicht ausreichend gelingt, Absolventen adäquat für diesen Arbeitssektor auszubilden. Parallel dazu sind in Deutschland beinahe vier Millionen Menschen arbeitslos gemeldet. Das Projekt »tele.soft« hat daher zum Ziel, mittels innovativer Lösungsansätze insbesondere un- und angelernte arbeitslose junge Erwachsene für die IT-Branche nachzuqualifizieren und damit sowohl deren Eingliederung in den Arbeitsmarkt zu erreichen als auch den aktuellen Fachkräftemangel zu reduzieren.

Für die Bedarfsanalyse wurden 100 Betriebe befragt. Mit der DACUM Methode – also unter Einbezug von Betriebspraktikern – werden nachfolgend klar definierte und praxisrelevante Tätigkeitsprofile (gemäß DACUM: Kompetenzprofile) für diese Branche ermittelt. In einem weiteren Schritt werden in Zusammenarbeit mit Bildungsträgern einzelne Lehr- und Lernmaterialien entwickelt, die in Ausbildungskurse von drei- bis sechsmonatiger Dauer zusammengestellt werden. In Kooperation mit den örtlichen Arbeitsämtern – das Projekt wird exemplarisch an zwei Standorten getestet – sollen auf diese Weise 150 Arbeitslose qualifiziert und in den Arbeitsmarkt reintegriert werden. Eine Dokumentation relevanter Ergebnisse und Materialien ist geplant und wird gegen Ende 2002 sowohl auf den Internetseiten der INBAS GmbH als auch des BMBF[5] abrufbar sein.

### Weitere Beispiele aus der Praxis

Nachfolgend wird aufgezeigt, wie in Malaysia im Rahmen der deutschen Bildungszusammenarbeit mittels des DACUM-Ansatzes an die 370 Kompetenzprofile auf nationalem Niveau erarbeitet wurden. In einem zweiten Beispiel wird der DACUM-Ansatz im Rahmen der schweizerischen internationalen Bildungszusammenarbeit aufgezeigt, wo in Vietnam anhand der DACUM-Methode wirtschaftsnahe Curricula erarbeitet wurden.

**Modularisierung der beruflichen Bildung in Malaysia.** Auch Malaysia zeigt sich wie zahlreiche andere Entwicklungs- und Transformationsländer vom Konzept der modularisierten kompetenzbasierten Berufsbildung fasziniert, weshalb die berufliche Bildung nach diesen Prinzipien neu strukturiert wurde (vgl. Greinert 2000: 90).

---

4   Siehe auch http://www.inbas.de
5   Siehe http://bmbf.de

Mittlerweile wurden in Malaysia ungefähr 370 Berufsstandards (NOSS = National Occupational Standards) auf fünf Kompetenzebenen entwickelt (vgl. Sachs 2000). Ausgangslage war, dass Malaysia Ende der 1980er Jahre ein starkes wirtschaftliches Wachstum insbesondere im industriellen Sektor verzeichnete. Der technologische Wandel führte zu einem großen Bedarf an qualifizierten Arbeitskräften. Dabei wurde ein Mangel an adäquaten Ausbildungsmöglichkeiten für technische Berufe deutlich. Die Ausbildungen entsprachen einerseits nicht den Anforderungen der Wirtschaft und Industrie, da ihre Curricula mit den schnellen technischen Veränderungen nicht Schritt halten konnten, andererseits waren sie akademisch ausgerichtet, d.h., der Praxisbezug fehlte (vgl. Sachs 2000: 163ff.). Ähnlich dem englischen System wurde zu Beginn der 1990er Jahre vom National Vocational Training Council (NVTC) eine kompetenzbasierte modulare berufliche Aus- und Weiterbildung eingeführt. Malaysische Verantwortliche wurden dafür an der Ohio State University am CETE und am Humber College in Ontario/Kanada für die DACUM-Methode ausgebildet. Es wurde aber auch die direkte Unterstützung des CETE in Anspruch genommen. Während die Berufstitel mit Hilfe von Standards der ILO ( = International Labour Organization) und der malaysischen Standards (MASCO 98) definiert wurden, wurde das Kompetenzprofil für die einzelnen Berufe, also die »tasks« und »duties«, mit Hilfe der DACUM-Methode analysiert (vgl. Sachs 2000: 167). Die Herausforderung für Malaysia besteht nun darin, die erarbeiteten DACUM-Charts in kompetenzbasierte Lerneinheiten umzuarbeiten. Ein Mangel an qualifiziertem Personal sowie fehlendes modernes Equipment erschweren jedoch diesen Prozess (vgl. Sachs 2000: 175ff.).

**Entwicklung von wirtschaftsnahen Curricula in Vietnam.** Swisscontact, die Schweizerische Stiftung für technische Entwicklungszusammenarbeit, erarbeitet in verschiedenen Berufsbildungsprojekten Curricula in enger Zusammenarbeit mit der lokalen Wirtschaft. Die Entwicklung solcher Curricula kann am Beispiel der Projektes »Strengthening of Vocational Training Centers in Vietnam« aufgezeigt werden.

Im Rahmen dieses Projektes wurden bisher in Vietnam Curricula für etwa 100 Ausbildungsberufe geschaffen, die den Lernenden die direkte Einmündung ins Erwerbsleben ermöglichen sollen, was voraussetzt, dass die Lerninhalte dem aktuellen Bedarf der Wirtschaft angepasst sind (vgl. Sollberger 1997). Es handelt sich dabei um Kurzausbildungen von 2- bis 3-monatiger Dauer, die in Vietnam auf großes Interesse unter den Arbeitssuchenden stoßen. Es besteht auch die Möglichkeit, durch die Kombinationen solcher Module eine umfassende Ausbildung zu erlangen. Für die Erarbeitung der zu vermittelnden Inhalte der einzelnen Module wurden DACUM-Workshops mit erfahrenen Berufsexperten durchgeführt. In einer anschließenden Phase wurden die Berufs- und Tätigkeitsprofile in Ausbildungsprogramme umgesetzt. Nach einer Evaluation und Überarbeitung durch eine Gruppe Instruktoren wurden die fertigen Ausbildungspläne an alle Instruktoren verteilt, wobei die Übergabe mittels eines weiteren Workshops erfolgte. In diesem Workshop wurden die Instruktoren über die Entstehung, Inhalte und Umsetzung der Ausbildungslehrgänge informiert. Dieses Vorgehen trug wesentlich zur Akzeptanz der Curricula bei den Ausbildern bei. Eine Evaluation der in diesem Sinne kompetenzbasierten Curricula in Abständen von 3 bis 5 Jahren ist vorgesehen, wobei Rückmeldungen sowohl der Ausbilder als auch der Absolventen in die Überarbeitung der Ausbildungsmodule einfließen sollen (vgl. Sollberger 1999: 15).

## Vorteile der DACUM-Methode

Ihre Schnelligkeit, die geringen Kosten und die Zuverlässigkeit der Ergebnisse haben die DACUM-Methode weltweit zu einem erfolgreichen Konzept für Schulen, Unternehmen und staatliche Einrichtungen werden lassen (vgl. Norton 2000: 184).

Es ist offensichtlich, dass die Schnelligkeit von DACUM traditionelle Methoden der Jobanalyse übertrifft, die zwischen einem Monat und bis zu zwei Jahren dauern können. Die Schnelligkeit macht DACUM insbesondere zu einer idealen Methode für Berufe, die einem ständigen technologischen Wandel unterliegen (vgl. Collum 1999: 16). Von großer Bedeutung ist es weiterhin, dass die Berufstätigen (expert workers) nur zwei Tage vom Arbeitsplatz ferngehalten werden und auch keine Vorbereitung im Hinblick auf den Workshop notwendig ist. Da die Methode einfach ist, kann ihr Grundprinzip von den Teilnehmern leicht verstanden werden (vgl. Collum 1999). Die Schnelligkeit, der geringe Personalaufwand und nach zwei Tagen fertig erarbeitete Listen mit beruflichen Kompetenzprofilen führen dazu, dass die Kosten für die Kompetenzanalyse niedrig ausfallen. Dies ermöglicht es den Einrichtungen, die von DACUM Gebrauch machen, die Curricula oder Berufsbilder je nach Bedarf in relativ kurzen Abständen zu erneuern. Einen weiteren Vorteil sieht Norton (1997, 2000) im umfassenden Ergebnis der Gruppenarbeit, da die Erfahrung zeigt, dass die Gruppe innerhalb von zwei Tagen in der Regel alle Tätigkeiten, Einstellungen und Arbeitsmittel definiert, die ein bestimmter Beruf oder eine Position vom Ausübenden verlangen. Dies hängt auch damit zusammen, dass sich jeweils die besten ihrer Branche im Workshop-Komitee befinden und das Zusammentragen ihrer Ideen zu einer maximalen Qualität beiträgt (vgl. Norton 2000: 183).

Von größtem Interesse dürfte es jedoch sein, dass die Ergebnisse plausibel und glaubwürdig sind, denn die inhaltliche Analyse wird von Fachleuten durchgeführt, die den zu analysierenden Beruf kennen. Dies kann zu einer besseren Qualität führen als bei Analysen, die von externen Beobachtern vorgenommen werden. Collum (1999) betont, dass auch die DACUM-Methode nicht dem Anspruch gerecht werden kann, ein absolut genaues Bild der beruflichen Wirklichkeit widerzugeben. Er verweist jedoch darauf, dass auch aufwändigere Techniken diesem Anspruch nicht absolut genügen könnten. Nicht zu unterschätzen ist weiter die Akzeptanz der Ergebnisse in der Wirtschaft (vgl. Collum 1999). Norton (2000) stellt diesbezüglich fest, dass von Workshop-Mitgliedern oftmals eine über den Workshop hinausgehende Unterstützung angeboten wird, beispielsweise dass sie Materialien (Maschinen, Werkzeuge etc.) zur Verfügung stellen, Betriebsbesichtigungen anbieten oder Praktikumsplätze für Studierende bereitstellen (vgl. Norton 2000: 183).

## Nachteile der DACUM-Methode

Die Ergebnisse sind subjektiv und hängen stark vom Verlauf des Workshops ab, also von der Teilnehmergruppe und ihrer Motivation, ihrem Wissen und ihrer Kommunikationsfähigkeit. Von Bedeutung ist auch die Gruppendynamik, auf welche der

Moderator einen maßgeblichen Einfluss ausübt. Ebenso ist die Zukunftsprognose für den analysierten Beruf abhängig von der entsprechenden Weitsicht der Teilnehmer. Da die Ansprüche an das Workshop-Team hoch sind, ist davon auszugehen, dass solche Experten vor allem im formellen Sektor zu finden sind. Dabei ist insbesondere in Entwicklungs- und Transformationsländern der informelle Sektor sehr ausgeprägt, wodurch eine Verkürzung der Interessen der Betriebe und Unternehmen dieses Sektors nicht auszuschließen ist (vgl. Greinert 2000). Insgesamt besteht die Gefahr, dass die Berufsbilder zu eng gefasst werden. Diese engen Kompetenzprofile können jedoch mit gezielten Weiterbildungsmaßnahmen überbrückt werden. So werden beispielsweise in Peru die Ausbilder in den Berufszentren bei SENATI für die gezielte Anwendung von Projektmethoden ausgebildet (vgl. Tippelt & Amorós 2000, Tippelt & Lindemann 2000). Dadurch wird es möglich, neben den fachlichen auch methodische und soziale Kompetenzen sowie selbstorganisiertes Handeln der Lernenden zu fördern.

## Literaturverzeichnis

Achatz, M. & Tippelt, R. (2001). Wandel von Erwerbsarbeit und Begründung kompetenzorientierten Lernens im internationalen Kontext. In: A. Bolder et al. (Hrsg.). Deregulierung der Arbeit – Pluralisierung der Bildung? Jahrbuch Bildung und Arbeit 1999/2000. Opladen, S. 111-127

Achtenhagen, F. & Grubb, W.N. (2001). Vocational and Occupational Education: Pedagogical Complexity, Institutional Diversity. In: V. Richardson (Ed.). Handbook of Research on Teaching. Washington D.C.

Adams, R.E. (1975). DACUM Approach to Curriculum, Learning and Evaluation in Occupational Training. Nova Scotia

Blank, W.E. (1982). Handbook for Developing Competency-Based Training Programs. New Jersey

Bolder, A. (2002). Arbeit, Qualifikation und Kompetenzen. In: R. Tippelt (Hrsg.). Handbuch Bildungsforschung. Opladen, S. 651-674

Bunk, G.P. (1994). Kompetenzvermittlung in der beruflichen Aus- und Weiterbildung in Deutschland. In: Europäische Zeitschrift für Berufsbildung (CEDEFOP), 1/94, S. 9-15

Cleve, B. van (1997). Innovationen der Curriculum-Entwicklung in internationaler Perspektive. Modulare Curricula in der Berufsbildung. In: K. Schaack & R. Tippelt (Hrsg.). Strategien der internationalen Berufsbildung. Ausgewählte Aspekte. Frankfurt am Main, S. 165-184

Collum, J. (1985). A Verification Test of the DACUM Process. Atlanta, Doctoral Dissertation

Collum, J. (1999). Analyse von Berufen mit dem DACUM-Prozess. In: Panorama, Zeitschrift für Berufsbildung, 1/99, S. 16-18

Collum, J. (2000). After the DACUM? Curriculum Development for Occupational Skills Formation. In: G. Kohn et al. (Eds.). Compatibility of Vocational Qualification Systems. Berlin

Edelmann, D. (2000). Untersuchung zum Verhältnis von Ausbildern bei SENATI und Lehrlingsbetreuern in den Betrieben. Lima

Erpenbeck, J. & Heyse, V. (1999). Die Kompetenzbiographie. Strategien der Kompetenzentwicklung durch selbstorganisiertes Lernen und multimediale Kommunikation. Münster

Garcia Robles, R. (2001). Metadaten zu Ausbildung und Schulung im Dienste lebenslangen Lernens. In: The IPTS Report, 53, S. 13-20

Greinert, W.D. (2000). Organisationsmodelle und Lernkonzepte in der beruflichen Bildung. Analytische Grundlagentexte, Bd. 16. Baden-Baden

Grootings, P. (1994). Von Qualifikation zu Kompetenz: Wovon reden wir eigentlich? In: Europäische Zeitschrift für Berufsbildung (CEDEFOP), 1/94, S. 5-8

Hippel, A.v. (2001). Untersuchung zum beruflichen Verbleib von SENATI-Absolventen der dualen Ausbildung. Lima

International Labour Organization (ILO) (2002). The most frequently asked questions about competencies. (http://www.ilo.org/public/english/)

Kohn, G.; Rützel, J.; Schröter, H.-G. & Ziehm, S., (Hrsg.) (2000). Compatibility of Vocational Qualification Systems. Berlin

Lindemann, H.-J. & Tippelt, R. (2000). Competencias Claves y Capacidades Profesionales Básicas. Buenos Aires

Moura Castro, C. de (2000). Vocational Training at the Turn of the Century. Hrsg. v. Schaack, K. & Tippelt, R., Frankfurt am Main

Norton, R.E. (1997). DACUM Handbook. Columbus/Ohio State University

Norton, R.E. (2000). DACUM: Curriculum for the High Performance Workplace. In: G. Kohn et al. (Eds.). Compatibility of Vocational Qualification Systems. Berlin, S. 180-193

Rauner, F. (1999). Der berufswissenschaftliche Beitrag zur Qualifikationsforschung und zur Curriculumsentwicklung. In: J.-P. Pahl et al. (Hrsg.). Berufliches Arbeitsprozesswissen. Ein Forschungsgegenstand der Berufsfeldwissenschaften. Baden-Baden, S. 339-363

Sachs, R. (2000). Development of National Occupational Skill Standards in Malaysia. In: G. Kohn et al. (Eds.). Compatibility of Vocational Qualification Systems. Berlin, S. 163-179

Schaack, K. & Tippelt, R. (Hrsg.) (1997). Strategien der internationalen Berufsbildung. Ausgewählte Aspekte. Frankfurt am Main

Sollberger, U. (1999). Entwicklung von wirtschaftsnahen Curricula. In: Panorama, Zeitschrift für Berufsbildung, 1/99, S. 14-15

Tippelt, R. (2000). Kompetenzorientiertes Lernen in Peru. In: Berufsbildung, Heft 64, S. 42-44

Tippelt, R. (2002). Bildung in Entwicklungsländern und internationale Bildungsarbeit. In: ders. (Hrsg.). Handbuch Bildungsforschung. Opladen, S. 217-240

Tippelt, R. & Amorós, A. (2000a). Formación de Formadores: Formación basada en Competenicas. Manual didáctico. Lima

Tippelt, R. & Amorós, A. (2000b). Formación de Formadores: Diseño y Desarrollo curricular. Manual didáctico. Lima

Tippelt, R. & Amorós, A. (2000c). Formación de Formadores: Métodos de Enseñanza Aprendizaje innovativos y participativos en el Marco de la Formación orientada a Proyectos. Manual didáctico. Lima

Tippelt, R. & Amorós, A. (2000d). Formación de Formadores: El Método de Proyectos en la Formación Professional. Manual didáctico. Lima

Tuxworth, E. (1989). Competence Based Education and Training: Background and Origins. In: J. Burke (Ed.). Competeny Based Education and Training. London, pp. 10-25.

# Die Kompetenzhaltigkeit von Methoden moderner psychologischer Diagnostik-, Personalauswahl- und Arbeitsanalyseverfahren sowie aktueller Management-Diagnostik-Ansätze

## Thomas Lang-von Wins

In diesem Beitrag wird zunächst in einem allgemeinen Teil der Begriff der Kompetenz problematisiert und von dem psychologischen Eignungsbegriff abgesetzt; die aus psychologischer Sicht wesentlichen Anforderungen an die organisationale Kompetenzanalyse werden darauf aufbauend diskutiert. In dem darauf folgenden Abschnitt werden psychologische Verfahren der Anforderungsanalyse dargestellt und in ihren Auswirkungen für die Kompetenzdiagnose bewertet.

## 1. Der Kompetenzbegriff und der Begriff der Eignung bzw. des Potenzials in der psychologischen Eignungsdiagnostik

### 1.1 Kompetenz: ein unproblematischer Begriff?

Der Begriff der Kompetenz ist kein scharf definierter Sachverhalt, unter dem die damit befassten Forscher und Praktiker Gleiches verstehen würden (vgl. Shippmann et al. 2000). F.E. Weinert (2001) kommt in einem posthum erschienenen Aufsatz zu der zusammenfassenden Feststellung, dass ein negativer Zusammenhang zwischen der Popularität des Kompetenzbegriffes und seiner Genauigkeit bestünde und ein breiter Konsens darüber, was Kompetenzen eigentlich seien noch fehlt. Shippmann und Mitarbeiter (2000) weisen darauf hin, dass der Kompetenzbegriff zunächst offenbar den Rang einer juristischen Konstruktion hatte und später in den Wortschatz der klinischen Psychologie aufgenommen wurde, um rechtsrelevante Sachverhalte wie z.B. die Fähigkeit, für sich selbst und andere zu sorgen, oder Aufmerksamkeit wissenschaftlich abzusichern. Später wurde der Kompetenzbegriff verstärkt als das Wissen, die Fähigkeiten und Fertigkeiten verstanden, die als Leistungsvoraussetzungen spezifischer Berufsbilder betrachtet werden. Im Bereich der Erziehungswissenschaften wurde der Kompetenzbegriff als Synonym für den Erfolg in spezifischen Wissensgebieten benutzt.

Die gegenwärtige Situation wird von Weinert (2001) als paradoxer Zustand charakterisiert, in dem einerseits jeder zu wissen glaubt, was mit Kompetenzen gemeint sei, sich andererseits aber keine Einigung hinsichtlich eines differenzierenden Kompetenzbegriffes erzielen lässt. Gleichzeitig verneint er die Möglichkeit, den Kompetenzbegriff durch andere Konstrukte wie z.B. Fertigkeiten, Fähigkeiten oder Eignung zu ersetzen, da diese Begriffe aus seiner Sicht keinen Zuwachs an definitorischer Schärfe erbringen können. Kompetenzen sind für Weinert zunächst Kombinationen kognitiver, motivationaler und sozialer Fähigkeiten oder Potenziale, wobei er auch moralisch-ethische Komponenten als wesentlich erachtet. Kompetenzen sind in ihrer jeweiligen Ausprägung in komplexe Handlungssysteme eingebettet und lassen sich daher nicht durch grundlegende kognitive Fähigkeiten oder einfache Fertigkeiten charakterisieren.

Eine ähnliche Problematik betrifft die sogenannten Schlüsselkompetenzen: Ausgehend von der begrifflichen Herausstellung besonders wichtiger oder zentraler Kompetenzen ließe sich vermuten, dass eine Einschränkung oder Schärfung des Konzeptes der Kompetenzen vorgenommen werden kann. Allein in der deutschsprachigen Aus- und Weiterbildungsliteratur werden zumindest 654 unterschiedliche Schlüsselkompetenzen unterschieden (Weinert, i. Druck). Auch der Begriff der Schlüsselkompetenzen scheint also nicht zu einer genaueren Bestimmung des Kompetenzbegriffes beizutragen. Entsprechend schlägt Weinert eine Konkretisierung des Begriffes vor, wobei er zwischen einer normativ-philosophischen und einer realitätsbasierten Vorgehensweise unterscheidet. Für unsere Zwecke ist die realitätsbasierte Vorgehensweise wichtiger, da sie grundsätzlich Ähnlichkeiten mit kriterienorientierten eignungsdiagnostischen Grundannahmen aufweist. Die realitätsbasierte Vorgehensweise zur Identifikation von Schlüsselkompetenzen geht von der Annahme aus, dass es für die Mehrheit der Menschen unserer Gesellschaft einen Satz von Grundkompetenzen gibt, die zum Erreichen von persönlichem Lebenserfolg nötig sind. In eine ähnliche Richtung geht die Auffassung von Erpenbeck und von Rosenstiel (in diesem Band), die Kompetenzen zunächst als Selbstorganisationsdispositionen verstehen.

Über die Häufigkeit ihrer Nennung in der einschlägigen Literatur identifiziert Weinert acht grundlegende Kompetenzen, die im Folgenden aufgeführt sind:
- die mündliche und schriftliche Beherrschung der Muttersprache,
- mathematisches Wissen,
- Lesekompetenz zur Aneignung und korrekten Verarbeitung geschriebener Information,
- Beherrschung wenigstens einer Fremdsprache,
- Medienkompetenz,
- Unabhängige Lernstrategien,
- Soziale Kompetenzen,
- divergentes Denken, die Fähigkeit, kritisch zu urteilen und die Fähigkeit zur Selbstkritik.

Hierbei wird deutlich, dass sich diese Grundkompetenzen für ein erfolgreiches Leben auch auf den beruflichen Bereich übertragen lassen (in unserem gesellschaftlichen Zusammenhang ist der berufliche Bereich allerdings ein bedeutender Teil des Lebens).

Wesentlich erscheint ihm bei der Definition von Kompetenzen ein normatives Vorgehen, das er dem empiristischen Vorgehen gegenüberstellt. Beide Vorgehensweisen befinden sich jedoch in kritischen Spannungszuständen, etwa auf der Ebene des Abstraktionsgrades der Kompetenzdefinition: hier stehen sich der wissenschaftlich-theoretische Anspruch einer hohen Abstraktion und der anwendungsorientierte Aspekt eines möglichst hohen Pragmatismus gegenüber. Weinert (2001; i.D.) geht davon aus, dass sich Kompetenzen in einem komplexen Wechselspiel von Wissen, Überzeugungen und Handlungstendenzen konstituieren. Die wesentlichen Einflussgrößen auf diesen Prozess sieht er in

- gut organisierter, domänenspezifischer Expertise,
- grundlegenden Fertigkeiten,
- generalisierten Einstellungen,
- und zusammenlaufenden kognitiven Stilen.

Ohne eine sorgfältige Analyse des Zusammenwirkens dieser Prozessgrößen und ein Mindestmaß an hypothetischer Struktur über die Natur des Prozesses sieht er die Gefahr einer Verwässerung der benannten Schlüsselkompetenzen insofern drohen, als damit lediglich angestrebte Zielzustände beschrieben werden. Dieser Punkt wird in den Ausführungen zur Kompetenzhaltigkeit psychologischer Anforderungsanalyseverfahren eine wichtige Rolle spielen.

Eine wesentliche Frage der psychologischen Eignungsdiagnostik bezieht sich auf die Veränderbarkeit von persönlichen Fähigkeiten, Merkmalen oder Kompetenzen. Die Bedeutung dieser Frage liegt in dem Umgang mit den gemessenen Kompetenzausprägungen begründet: Geht man von einer Veränderbarkeit spezifischer Kompetenzen aus, dann muss bei der Bewertung der entsprechenden Ausprägungen in Rechnung gestellt werden, dass diese Kompetenzen grundsätzlich in der gewünschten Richtung gefördert werden können. Geht man von einer Nichtveränderbarkeit aus, ist der definierte Schwellenwert entscheidend, den Kandidaten überspringen müssen. Komplizierter wird diese grundsätzliche Frage noch, wenn man von Kompensationsmodellen ausgeht, deren Argumentation darauf aufbaut, dass Defizite in einem Kompetenzbereich durch bestimmte Ausprägungen anderer Kompetenzen ausgeglichen werden können.

Erfolgskritisch sind weniger allgemeine Kompetenzen als kontextspezifische Formen von Kompetenz. Aus kognitiver Perspektive sind damit Problemlöseheuristiken angesprochen, die unter bestimmten Bedingungen zum Erfolg führen. Auch hierbei ist die Fähigkeit, entsprechende Heuristiken zu generieren – was als wesentlicher Teil einer allgemeinen Problemlösekompetenz gelten kann – von grundlegender Bedeutung. Weinert (2001; i.D.) geht zu Recht davon aus, dass ein hohes Maß an allgemeinen Kompetenzen das Fehlen spezifischer Kompetenzen nicht grundsätzlich ausgleichen könne. Wesentlich für das Entstehen spezifischer Kompetenz ist die Erfahrung in entsprechenden Handlungskontexten.

Neben der Unterscheidung von Kompetenzen und Schlüsselkompetenzen erscheint Weinert (2001) die Differenzierung von Metakompetenzen wesentlich für das Verständnis des Kompetenzbegriffes. In Anlehnung an eine Arbeit von Nelson und Narens (1990) fasst er Metakompetenzen als die Fähigkeit, Vorhandensein, Nutzen und Erlernbarkeit persönlicher Kompetenzen angemessen beurteilen zu können. Diese Fähigkeit zur Reflektion des eigenen Kompetenzstandes und -erwerbes wird im Zusammenhang mit der organisationalen Beurteilungspraxis vor allem bei der Einstufung interner Bewerber wichtig. Im folgenden Kapitel werden in Zusammenhang mit Verfahren zur Selbst- und Fremdbeurteilung eigener Kompetenzen Anwendungsaspekte von Metakompetenzen diskutiert.

Die Fähigkeit zur kritischen Bestandsaufnahme findet sich auch in dem von Erpenbeck und Heyse (1999) herausgearbeiteten Kernmerkmal von Kompetenzen. Sie heben in ihrem Ansatz der Kompetenzbiografie – von dem im nächsten Kapitel noch zu reden sein wird – den Entwicklungsaspekt von Kompetenzen heraus und betrachten die Selbstorganisation als wesentliche Voraussetzung einer individuellen Kompetenzentwicklung. Die selbstorganisierte individuelle Kompetenzentwicklung wird von Erpenbeck und Heyse (1999) insbesondere vor dem Hintergrund einer ergebnisoffenen Entwicklung zukünftiger Anforderungen in der Arbeitswelt als ein zentrales Beschreibungsmerkmal verstanden. Entscheidend ist die Dynamik des Systems, innerhalb dessen sich die Entwicklung von Kompetenzen vollzieht: sie ist einerseits Reaktion auf notwendige Veränderungen, andererseits eine wichtige Prozessgröße, die selbst Veränderungen herbeiführt oder sie modifiziert.

## 1.2  Kompetenz und Eignung

Die bisherigen Ausführungen haben gezeigt, dass der Kompetenzbegriff nicht unbedingt mit dem psychologischen Begriff der Eignung gleichzusetzen ist, der für die organisationspsychologische Diagnostik bei Personalauswahl und -beurteilung konstituierend ist. Dies spricht zunächst für die Beibehaltung beider Begrifflichkeiten. Dennoch finden sich bei einer eingehenderen Betrachtung mehr Gemeinsamkeiten als Unterschiede zwischen beiden Konzepten.

Deutlich wird diese konzeptuelle Ähnlichkeit u.a. an den von Weinert (2001) entwickelten Kriterien einer psychologisch-pädagogischen Minimaldefinition von Kompetenz. Seiner Auffassung nach sollte von Kompetenz nur dann die Rede sein, wenn notwendige Voraussetzungen der erfolgreichen Bewältigung komplexer Aufgabenzusammenhänge benannt werden. Diese personalen Voraussetzungen bestehen aus einer Kombination kognitiver, motivationaler, ethischer, volitionaler und sozialer Komponenten. Wie Erpenbeck und Heyse (1999) betrachtet er Lernprozesse als wesentlich für die erfolgreiche Bewältigung einer sich dynamisch entwickelnden komplexen Anforderungsstruktur und fordert daher, nur dann von Kompetenz zu sprechen, wenn diese Lernnotwendigkeiten gegeben sind.

Diese Bestandteile einer Minimaldefinition von Kompetenz sind auch zentrale Begriffsmerkmale eines modernen Eignungsbegriffes, der auf drei Ebenen ansetzt: gegenwärtige Anforderungen der Arbeitstätigkeit bzw. des Tätigkeitszusammenhanges, Wert der Arbeitstätigkeit für die Person und der dynamische Aspekt der Veränderung von Person und Anforderungen.

**Gegenwärtige Anforderungen der Arbeitstätigkeit.** Im Rahmen eignungsdiagnostischer Prozeduren wird in der Regel versucht, auf unterschiedlichen Ebenen liegende Anforderungen bei den Kandidaten zu prüfen. Die von Weinert (2001) als Minimalkriterium einer Kompetenzdefinition benannte Kombination kognitiver, motivationaler, ethischer, volitionaler und sozialer Komponenten kann auch als Anspruch an den Eignungsbegriff formuliert werden. Kognitive, motivationale und volitionale Komponenten können als Grunddimensionen der Eignung für eine Tätigkeit aufgeasst werden. Neben diesen durch den Aufgabenzusammenhang bestimmten Komponenten sind Aspekte der sozialen Realität in Organisationen ein wichtiger Bestandteil von Eignung. Unter diesen Begriff lassen sich sowohl die individuellen sozialen, als auch die ethischen Komponenten fassen, die als gemeinsame oder geteilte Werte die soziale Dimension von Organisation konstituieren.

**Wert der Arbeitstätigkeit für die Person.** Zentral für den Wert der Arbeitstätigkeit für die Person ist der Gedanke des *person-environment-fit*, der Passung von Person und beruflicher Umwelt. Damit wird deutlich, dass der Eignungsbegriff nicht einseitig auf die Eignung der Person beschränkt bleibt, bestimmte Aufgaben durch ihre Fähigkeiten zu bewältigen, sondern dass der Eignungsbegriff umkehrbar sein muss. Diese Überlegung ist zentraler Bestandteil berufswahltheoretischer Ansätze (Super, Holland) und des daraus abgeleiteten individuenzentrierten Beratungsanspruches. Ausgehend von der Schwierigkeit, vor allem hochqualifizierte Kandidaten für vakante Positionen zu begeistern, sind in den Achtziger- und Neunzigerjahren des vergangenen Jahrhunderts die Ziele und Bedürfnisse der gewünschten Kandidaten ein immer wichtigerer Bestandteil eigungsdiagnostischer Prozeduren geworden. Der dahinter stehende Gedanke einer beruflichen Selbstselektion – Personen suchen sich die berufliche Umwelt, die zu ihnen und ihren Ansprüchen passt – wird zunehmend als Ergänzung klassischer fremdselektiver Vorgehensweisen betrachtet. Organisationspsychologische Erkenntnisse, die den komplizierten Zusammenhang zwischen persönlichen Einstellungen und beruflicher Leistung näher beleuchten, weisen darauf hin, dass das Beachten persönlicher Werte und Ziele für die Organisation durchaus nützlich ist. Dieser Aspekt, der zusammenfassend als Anreizwert einer Arbeitstätigkeit bezeichnet werden kann, findet sich zwar in der von Weinert (2001) vorgeschlagenen Minimaldefinition von Kompetenz nicht wieder, kann aber in seiner abstrahierenden Bezeichnung »förderliche Umwelt« als eine intervenierende Größe für das Lernen und damit für die Entwicklung von Kompetenz betrachtet werden.

**Veränderung von Person und Anforderungen.** Dem Eignungsbegriff haftet häufig das statische Verständnis eines Erfüllens von eindeutig definierten, sich nur auf die gegenwärtige Situation beziehende Anforderungen an. Dieser statische Aspekt ist theoretisch nicht haltbar; er wird offenbar durch die Schwierigkeit begünstigt, mit einiger Sicherheit Prognosen über die in Zukunft wichtigen Anforderungen anzustellen. Häufig wird bei einer in die Zukunft gerichteten Eignung von dem Potenzial von Personen gesprochen. Darunter versteht man die Befähigung einer Person, die gegenwärtigen und vorhersehbaren künftigen Anforderungen des Aufgabenkomplexes, dem sie zugeordnet wird, erfolgreich zu bewältigen. Die aus diagnostischer Sicht grundlegende Schwierigkeit liegt in der Tatsache, dass sich neben den Personen auch die Aufgaben selbst über die Zeit hinweg verändern (vgl. Schmidt & Hunter 2000). Die Dynamik dieser Veränderungen hat sich zunehmend intensiviert und wird noch weiter zunehmen. Neue Formen der Organisationsgestaltung stellen in vielen Bereichen neuartige Anforderungen an die dort beschäftigten Personen (Nerdinger 1997), die in ihrer Komplexität kaum zu überblicken sind. Damit verbunden ist vor allem bei Führungskräften die »Unsicherheit beim Blick in die Zukunft« (v. Rosenstiel 1994a). Besonders für die Gruppe der Führungskräfte und Spitzenmanager ist es also schwierig, konkrete Anforderungen für die Zukunft zu formulieren (Kannheiser 2000). Sarges (1996, 2000) fordert angesichts dieser Situation, das Lernpotenzial als zentralen Bestandteil des Führungspotenzials in die Beurteilung von Managementkandidaten aufzunehmen. Diese Problematik gab Anstoß zur Weiterentwicklung von diagnostischen Verfahren in Richtung auf eine Entwicklungsdiagnostik (vgl. Jüttemann 2000).

Gewöhnlich werden für die Beurteilung von Bewerbern in deutschen Unternehmen unterschiedliche Verfahren eingesetzt, die miteinander kombiniert werden (Schuler et al. 1993). Dieser Multimethodenansatz verspricht durch die Kombination unterschiedlicher Datenquellen eine größere Sicherheit bei den abgeleiteten Urteilen über die Bewerber. Gewöhnlich kommt bei externen Bewerbern eine breitere Auswahl von Verfahrensweisen zur Anwendung als bei internen Kandidaten. Dies lässt sich u.a. durch die höhere Qualität der Daten bei internen Kandidaten erklären, die außerhalb des aktuellen Beurteilungsverfahrens über einen längeren Zeitraum systematisch beobachtet werden können. Kompetenzeinschätzungen können auf Grund bisheriger Entwicklungen vorgenommen werden und sind damit genauer als bei denjenigen Kandidaten, die im Rahmen einer Ausnahmesituation über einen begrenzten Zeitraum beobachtet und eingestuft werden müssen.

## 2.  Psychologische Methoden zur Analyse von Anforderungen

Eine aus der Arbeitspsychologie stammende Perspektive betont eine differenzierte Erfassung der Anforderungen von Positionen an die Stelleninhaber auf der Ebene von Arbeitsbedingungen und Arbeitsinhalten. Die Anforderungen von Arbeitstätigkeiten liegen in Bereichen wie der Wahrnehmung, dem Gedächtnis, dem Denken, der Psychomotorik, der Interessen und der Motivation der zu beurteilenden Personen (Kannheiser 1995).

Demnach geht der Erfassung des Potenzials bzw. der Kompetenzen von Personen zunächst die Diagnose situativer Anforderungen voraus. In der Praxis ist diese Diagnose häufig eine Sammlung von mehr oder weniger begründeten Vermutungen darüber, welche Tätigkeiten der künftige Stelleninhaber auf welche Art ausüben soll, um seine Aufgaben erfolgreich zu bewältigen. Eine Anforderungsanalyse nach den Regeln und Vorgaben der wissenschaftlichen Eignungsdiagnostik wird hier kaum betrieben (Lang-von Wins et al. 1998). Ausschlaggebend dafür sind zeitökonomische Gründe und die vermutete Schwerfälligkeit dieses Vorgehens im Vergleich zu den sich dynamisch weiterentwickelnden Aufgabenbereichen in den Unternehmen (Lang-von Wins 2000). Eine mögliche Lösung bieten computerbasierte Methoden zur Anforderungsfeststellung, die helfen, die subjektive Aufgabenanalyse annähernd zu objektivieren (vgl. Miesen et al. 1999).

Die Konkretheit, mit der situative Tätigkeitsanforderungen formuliert werden können, ist eine wichtige methodische Determinante der Kompetenzbeurteilung: Je klarer und präziser zukünftige Anforderungen bestimmt sind, desto eher lassen sich entsprechende Indikatoren bei der Person finden, die Aufschluss über ihre Kompetenzen und die personalen Vorbedingungen zur Entwicklung bestimmter Kompetenzen geben, mit diesen Anforderungen erfolgreich zurecht zu kommen.

Die psychologische Anforderungsanalyse ist eine ursprünglich zur Beschreibung von Aufgabenzusammenhängen entwickelte Methode der Arbeitspsychologie. Hier bediente man sich ihrer als Zugang zu einer arbeitswissenschaftlich fundierten und methodisch nachvollziehbaren umfangreichen Analyse der Arbeitsbedingungen spezifischer Positionen. Da die Arbeitspsychologie einen Schwerpunkt auf die gestaltende Erforschung der modernen Industriearbeit legte, verwundert es nicht, dass sich methodisch ausgefeilte Aufgaben- und Anforderungsanalysen zunächst in diesem Kontext finden.

Verschiedene Autoren (z.B. Frei 1981; Hacker & Matern 1980) haben in den Achtzigerjahren Richtlinien zur Gestaltung und Durchführung von Arbeits- und Anforderungsanalysen entwickelt. Diese Empfehlungen, die zum Teil auf ältere Arbeiten zurückgehen (z.B. Hackman 1969) lassen sich im Kern auf ein dreistufiges Vorgehen reduzieren:

- Analyse der Auftrags- und Erfüllungsbedingungen einer Arbeitstätigkeit,
- Identifikation und Beschreibung von Tätigkeitsdimensionen,
- Analyse der Tätigkeit anhand dieser Dimensionen, mit dem Ziel, leistungs- und qualifizierungsdifferenzierende Variablen zu finden (vgl. Frei 1981:28).

Zu beachten ist, dass der Anforderungsbegriff in der Arbeitspsychologie in einem umfangreicheren Sinn verstanden wird, als es in der traditionellen psychologischen Eignungsbeurteilung der Fall ist. In wesentlich stärkerem Ausmaß werden in arbeitspsychologisch orientierten Ansätzen die Arbeitsbedingungen selbst einer wertenden Beschreibung unterzogen; das Ziel der verändernden Optimierung liegt in einer menschenwürdigen Anpassung der Arbeitsbedingungen, die auf unterschiedlichen Ebenen bewertet werden. Die psychologische Eignungsdiagnostik, aus der psychologische Verfahren zur Ermittlung von Kompetenzen stammen, bewertet dagegen explizit die personalen Voraussetzungen zur Bewältigung bestimmter, durch einen Aufgabenzusammenhang vorgegebener Anforderungen. Sie ordnet sich dem Prinzip der Zweckrationalität unter, nach dem Organisationen untergliedert sind und Tätigkeiten und deren Anforderungen weitgehend definiert werden. Ihr Ziel folgt der Eignungsbeurteilung und besteht in der Feststellung personaler Eignung bzw. Kompetenzen und bei einer Verzahnung mit der Personalentwicklung in der Formulierung von Entwicklungsempfehlungen, die freilich wieder eine Veränderung der Arbeitsbedingungen zur Voraussetzung haben können. Anastasi und Urbina (1997) charakterisieren eine im Schwerpunkt eignungsdiagnostisch ausgerichtete Arbeitsanalyse als eine Kombination unterschiedlicher Verfahrensweisen, deren Ziel es ist, erfolgsrelevante Anforderungen der Arbeitstätigkeit zu identifizieren und zu beschreiben. Ausgewählt werden unter dieser Prämisse für den eignungsdiagnostischen Prozess diejenigen Anforderungen, die am deutlichsten zwischen erfolgreichen und erfolglosen Kandidaten bzw. Stelleninhabern unterscheiden. Diese Vorgehensweise der Tätigkeitsanalyse und die ihr folgenden Weiterentwicklungen sind seit den Fünfzigerjahren des vergangenen Jahrhunderts in den USA verhältnismäßig weit verbreitet. Auch im Rahmen der Führungsforschung wurden Tätigkeitsanalysen durchgeführt (vgl. Flanagan 1954; Fleishman 1953), die zur Identifikation verschiedener Handlungs- und Leistungsdimensionen für Führungstätigkeiten führten.

Für die verfahrensabhängig in hohem Maß standardisierte arbeitspsychologische Anforderungsanalyse wurde bereits von Frei (1981) darauf hingewiesen, dass es keine generelle Vorgehensweise geben kann. Er plädierte dafür, situationsabhängig aus bereits existierenden Verfahren auszuwählen und sich damit eine entsprechend angepasste Vorgehensweise zusammenzustellen. Einen guten Überblick über verschiedene arbeitsanalytische Verfahren bieten Frieling und Sonntag (1999).

Ungeachtet der unterschiedlichen Zielrichtungen von arbeitspsychologischer und eignungsdiagnostischer Aufgaben- und Anforderungsanalyse lassen sich bereits aus klassischen arbeitspsychologischen Verfahrensweisen Möglichkeiten der kompetenzbezogenen Anforderungsdiagnose ableiten. Die entsprechenden und von Ulich (1990) erweiterten Ansätze nehmen Bezug auf ein ganzheitliches Bild der Arbeits- und Anforderungsanalyse. Ulich (1990: 57) charakterisiert ein grundsätzliches Rahmenkonzept der psychologischen Arbeitsanalyse, das aus drei Schritten besteht: »(1) *Analyse der Arbeitsbedingungen und ihrer Erfüllung, (2) Analyse der Arbeitstätigkeiten und der erforderlichen Regulationsvorgänge, (3) Analyse der Auswirkungen von Produktionsbedingungen und Arbeitstätigkeiten auf Befinden und Erleben der Beschäftigten*«. Der so umrissene Rahmen macht deutlich, dass das dahinterstehende Menschenbild von ganzheitlicher Natur ist und mit dem Befinden und Erleben der Beschäftigten auch gesundheitspsychologische Aspekte bzw. Aspekte der Passung mit einbezieht. Diese Aspekte können auch als Zielkriterien einer psychologischen Eignungsdiagnostik aufgefasst werden (vgl. Kapitel 1.2). Anforderungen an die Kompetenzen der Tätigkeitsinhaber ergeben sich aus allen drei Ebenen der von Ulich vorgeschlagenen Vorgehensweise. Aus der Analyse der Arbeitsbedingungen und ihrer Erfüllung können zumindest Annahmen über die im Rahmen der Tätigkeit anfallenden kommunikativen und kooperativen Kompetenzen sowie bestimmter auf die Lösung von Problemen im Arbeitsvollzug ausgerichteten Kompetenzen abgeleitet werden (vgl. Hacker & Matern 1980).

Die angewandten Methoden entscheiden über die Differenziertheit der abgeleiteten Anforderungsdimensionen. Ulich (1990) verweist in diesem Zusammenhang auf die Notwendigkeit multipler Methoden und Analyseebenen (übrigens auch eine Grundvoraussetzung gelungener psychologischer Eignungsdiagnostik): die Analyse betrieblicher Dokumente wird ergänzt durch die Beobachtung der zu bewertenden Arbeitsabläufe und das Gespräch mit den Beschäftigten sowie durch ein ausführliches Interview mit betrieblichen Spezialisten.

Wesentlich an den Erkenntnissen der arbeitspsychologischen Arbeits- und Anforderungsanalyse ist der Gedanke, dass das Individuum in ein »soziotechnisches System« eingebettet ist, das die Bedingungen für das Handeln einzelner auf einer anderen Ebene beeinflusst, als es unmittelbar tätigkeitsbezogene Aspekte vermuten lassen. Obwohl eine soziotechnische Analyse, wie sie z.B. Hill (1971) als fünfstufigen Ablauf beschrieben hat, weit über den Rahmen einer Anforderungsanalyse als Ansatzpunkt für eine nachfolgende Kompetenzbeurteilung hinausgeht, scheinen dabei doch zwei für die Ermittlung von notwendigen Kompetenzen bedeutsame Punkte auf. Einerseits bezieht eine soziotechnische Analyse die Organisation mit möglichst allen für den konkreten Arbeitsvollzug unmittelbar und mittelbar relevanten Merkmalen mit ein. Andererseits wird auch die Wahrnehmung ihrer Arbeitsrollen durch die Mitarbeiter als wesentliche Determinante des sozialen Systems betrachtet. Beide Ebenen können als situativ-soziale Bedingungen von Kompetenzerwerb und Kompetenzausübung betrachtet werden und sollten damit auch Bestandteil einer kompetenzbezogenen Anforderungsanalyse sein.

Der zweite Schritt des von Ulich (1990) vorgeschlagenen arbeitsanalytischen Ablaufes liegt in einer Fokussierung auf die Tätigkeit selbst. In der ursprünglich auf Industriearbeit bezogenen Ausrichtung der Arbeitsanalyse wurde darunter beispielsweise die Analyse von Teiltätigkeiten verstanden, die Aufschluss über die Vielfalt und den Anregungsgehalt einer Tätigkeit geben sollte. Zur Ermittlung der – wie es in der handlungstheoretischen Terminologie heißt – Regulationsanforderungen der Arbeitstätigkeit wurden unterschiedliche Verfahren und Vorgehensweisen entwickelt. Zu den bekannt gewordenen Instrumenten gehört das von Volpert et al. (1983) entwickelte Verfahren VERA (Verfahren zur Ermittlung von Regulationserfordernissen in der Arbeitstätigkeit), das »objektive« Anforderungen der Arbeitstätigkeit erfassen soll. In einer von den Verfahrensschritten genau festgelegten hochdifferenzierten Abfolge wird es möglich, die Anforderungen an eigenständige Planungs- und Denkprozesse bei der Ausführung der Tätigkeit zu bestimmen.

Neben den wie VERA auf die Erfassung der objektiven Tätigkeitsanforderungen gerichteten Verfahren wurde in der Psychologie eine Reihe von Verfahren entwickelt, die die subjektive Analyse von Tätigkeiten ermöglichen sollen. Das in diesem Zusammenhang bekannteste Verfahren dürfte sicherlich der von Hackman und Oldham (1975) entwickelte »job diagnostic survey« sein, der wie die Mehrzahl der Verfahren eine bewertende Einordnung der eigenen Arbeits*situation* von den Befragten verlangt.

Neben der dargestellten arbeitsanalytischen Methode der Anforderungsanalyse lassen sich zwei weitere Wege unterscheiden, die in unterschiedlichem Ausmaß die Erfassung notwendiger Kompetenzen zum Gegenstand haben. Die Befragung und Beschreibung von Mitarbeitern, deren Kompetenzgrad variiert, ist eine bei der Konstruktion biografischer Fragebögen eingesetzte Methode der Anforderungserfassung. Problematisch hierbei ist jedoch der zugrunde liegende Kompetenzbegriff, dem eine eingeschränkte und in der Regel formalisierte Ausrichtung an dem Kriterium »beruflicher Erfolg« zugrunde liegt. Zudem ist die Operationalisierung des Berufserfolges in der Regel auf den beruflichen Aufstieg, die Einkommenshöhe sowie Vorgesetztenbeurteilungen beschränkt, so dass hier eine weitere Bedeutungseinschränkung erfolgt.

Am häufigsten dürfte eine Methode der Anforderungsanalyse zum Einsatz kommen, die Schuler (2001) als erfahrungsgeleitet-intuitiv beschreibt: auf der Grundlage des eigenen Bildes von der Arbeitstätigkeit und ihrer organisationalen Einbettung werden erwünschte und notwendige Kompetenzen abgeleitet. Diese Methode scheint vor allem in klein- und mittelständischen Unternehmen weit verbreitet zu sein, in denen die operativen Seiten der Personalarbeit eng mit der Beurteilung von Mitarbeiterkompetenzen zusammenhängt (vgl. Lang-von Wins et al. 1998). Problematisch dabei ist, dass diese Art der Anforderungsanalyse zur zutreffenden Abbildung von Anforderungen große Erfahrung und ein hohes Maß an Reflektion der eigenen Urteile von den Beurteilern verlangt. De facto wird sie aber offenbar unter Bedingungen eingesetzt (z.B. Zeitknappheit; fehlender Wille, sich auf andere Verfahrensweisen einzulassen), die dem entgegenlaufen.

Zusammenfassend lässt sich festhalten, dass psychologische Anforderungsanalysen dann gewinnbringend für den Prozess der Kompetenzbeurteilung eingesetzt werden können, wenn sie die für die Bewältigung komplexer Aufgabenzusammenhänge notwendigen personalen und sozialen Voraussetzungen benennen (vgl. Weinert 2001; Kap. 1.2). Dies ist bei den umfangreicheren soziotechnischen Ansätzen in stärkerem Maße der Fall, da hier ein weiter Blickwinkel gewählt wird; spezialisiertere Formen der psychologischen Arbeitsanalyse, die sich auf die Beschreibung der konkreten Arbeitstätigkeit beschränken, sollten u.U. durch geeignete Verfahren ergänzt werden, die die vernachlässigten sozialen und systemischen Aspekte messen. Aus der Sicht der Anwender gilt allerdings die Einschränkung, dass gerade in Hinblick auf die teilweise hohe Veränderungsdynamik der Arbeitsanforderungen und organisationalen Rahmenbedingungen von Arbeit arbeitsanalytische Verfahren verhältnismäßig schwerfällige Instrumente darstellen.

## 3. Psychologische Verfahren zur Ermittlung von Kompetenzen

Bei der in diesem Abschnitt folgenden Darstellung von im Rahmen der psychologischen Eignungsdiagnostik eingesetzten Verfahrensweisen und der Möglichkeit, damit Kompetenzen zu messen, steht die Beurteilung der klassischen Kriterien (Objektivität, Reliabilität, Validität), die an solche Verfahren angelegt werden, nicht im Mittelpunkt. Der geneigte Leser, der diese Thematik vertiefen möchte, sei in diesem Zusammenhang auf einschlägige Sammeldarstellungen verwiesen (z.B. Lang-von Wins & von Rosenstiel 2000; Schuler 1996, 2001).

Die Darstellung der im Folgenden besprochenen Verfahren wird sich im Wesentlichen an den in Kapitel 1 entwickelten zentralen Kriterien von Kompetenz ausrichten. Dabei wird deutlich, dass die Hauptentwicklungswege psychologischer Diagnostik bisher nicht auf die Erfassung von Kompetenzen ausgerichtet waren, sondern die Beurteilung besser eingrenzbarer Konstrukte in den Mittelpunkt stellte. Dennoch sind mit den dargestellten Verfahren – eine entsprechende theoretische Reflexion der Bedingungen und Möglichkeiten von Kompetenzentwicklung im jeweiligen Kontext vorausgesetzt – auch Aussagen über Kompetenzen und Prognosen über deren Entwicklung möglich, was im Folgenden kritisch diskutiert werden soll.

**Interviews.** Für die diagnostische Praxis sind Interviews ein unverzichtbares Breitbanddiagnostikum (Sarges 1995), bei ihnen handelt es sich um das in der Praxis populärste Verfahren zur Beurteilung von Bewerbern (Schuler et al. 1993). Interviews können jedoch nicht als eine durch große Übereinstimmung im Vorgehen gekennzeichnete Verfahrensgruppe betrachtet werden, sondern müssen eher als eine im verbal gestützten Erkenntnisrahmen gemeinsamen Grundannahmen folgende Möglichkeit der Beurteilung von Kandidaten gesehen werden, die in der Anwendung extrem unterschiedlich sein kann. Die Sammelbezeichnung »Interviews« verstellt den Blick auf die große Verschiedenheit der zum Einsatz kommenden Vorgehensweisen, die sehr stark von der Person des Interviewers abhängen können. Einflussgrößen auf die Art des Interviewverlaufes liegen vor allem im sozialen Kontakt der beteiligten Personen begründet; hierin sind gleichzeitig die wesentlichen Störgrößen auf die darin gewonnenen Erkenntnisse zu suchen.

Neben der sozialen Interaktion der Interviewpartner miteinander liegen qualitätskritische Einflüsse in der Art der Interviewführung und der Gestaltung des Instrumentes. Um diesen Einflüssen vorzubeugen, wird dringend empfohlen, Interviews in strukturierter Form und idealerweise unter Einbeziehung von zwei Interviewern durchzuführen. Die Strukturierung soll dafür sorgen, dass die notwendigen Fragen in angemessener Weise gestellt werden und die angestrebten Informationen im Laufe des Interviews eingeholt werden können. Das Mehraugenprinzip soll sicherstellen, dass die Subjektivität des isolierten Blickwinkels einer Person in der gemeinsamen Reflektion des Gespräches und der Gesprächseindrücke objektiviert wird. Die verzerrenden Einflüsse von persönlicher Sympathie und Antipathie bzw. von individuell unterschiedlichen blinden Flecken in der Wahrnehmung des Interviewverlaufes (z.B. Graves 1993; Anderson & Shackleton 1990) sollen damit weitgehend ausgeschaltet werden; die situativ notwendig gegebene Subjektivität (vgl. Anderson & Shackleton 1990) des Erkenntnisinstrumentes »Interviewer« soll damit abgemildert werden.

Die Erfassung der personalen Voraussetzungen zur Bewältigung komplexer Aufgabenzusammenhänge ist im Rahmen sorgfältig konstruierter Interviews grundsätzlich möglich. Dennoch muss das Beurteilungsinterview als in hohem Maße von der Person des Beurteilenden abhängiges Instrument gesehen werden: gerade darin liegt ein das potenziell Mögliche stark einschränkender Einfluss. Offenbar dürfen die Widerstände der Anwender gegen das aus ihrer Sicht einschränkende Korsett der vorgegebenen Struktur von Beurteilungsinterviews nicht unterschätzt werden (vgl. Lang-von Wins et al. 1998; Lang-von Wins 2000). Sarges (1995) vermutet, dass die geringe Verbreitung vollstrukturierter Interviews nicht nur auf die hohen Anforderungen zurückzuführen ist, die ein solches Interview an den Interviewer stellt. Auch die Bewerber sehen sich bei unstrukturierten Interviews weniger gefordert. Die Akzeptanz weniger strukturierter Formen des Einstellungsinterviews ist bei den Bewerbern höher (Schuler et al. 1993). Eine neuere Arbeit von van der Zee et al. (2002) kommt zu dem Ergebnis, dass Personalpraktiker und Führungskräfte intuitive und unstrukturierte Vorgehensweisen bei der Beurteilung bevorzugen. Obwohl grundsätzlich davon ausgegangen werden muss, dass das intuitive Wissen der Anwender möglicherweise Aspekte und Verfeinerungen beinhaltet, die in einer nach den Regeln der Kunst vorgenommenen Analyse von Anforderungen und deren Übersetzung in vorformulierte Fragen mit festem Auswertungsraster nicht enthalten sind, liegt ein großes Fehlerpotenzial in entsprechenden Vorgehensweisen.

Die Erfassung des Lernpotenzials – eine wichtige Voraussetzung zur Entwicklung von Kompetenz – ist im Rahmen von Interviews nur eingeschränkt möglich. Grundsätzlich sind dafür Beurteilungen nötig, die sich über einen längeren Zeitraum erstrecken, als er üblicherweise von einem Interview abgedeckt werden kann. Eine mögliche Lösung dieses Problems liegt in der Erfassung biografischer Daten, die über die entsprechenden Fragen auch innerhalb eines Interviews geleistet werden kann. Natürlich ist es auch hierfür notwendig, die Fragen entsprechend sorgfältig zu konstruieren. Grundsätzlich gilt für das Interview als Methode der Beurteilung von Kompetenzen in besonderem Maße, was auch für alle anderen Verfahren gilt: je klarer und genauer die formulierten Fragen sind und den zu erfassenden Kompetenzbereich bzw. kritische Bedingungen der Kompetenzausübung erfassen, desto besser sind sie einsetzbar. Angesichts der hohen Beeinflussbarkeit des Ergebnisses und der vielfältigen verzerrenden Einflüsse, denen der Verlauf und die Auswertung des Interviews unterliegt, hängt der angemessene Gebrauch in besonderem Maße von der Erfahrung und Methodenkompetenz des Anwenders ab. Neben der von Sarges (1995) empfohlenen Pflege der fachlichen Expertise als Voraussetzung für eine angemessene Exploration bestimmter Voraussetzungen des Probanden gehören gut geschulte kommunikative Fähigkeiten deshalb zum unverzichtbaren Rüstzeug eines Interviewers.

Zusammenfassend kann festgehalten werden: Man kann davon ausgehen, dass das komplexe Wechselspiel der Anforderungen einerseits und die ihnen entsprechenden Kompetenzbereiche innerhalb eines Interviews nur schwer erfasst werden können. Eine Möglichkeit, die hohe Komplexität und Dichte der zu erfassenden Informationen zu reduzieren und handhabbarer zu machen, liegt – abgesehen von der in der Praxis häufig gewählten Möglichkeit, sich ihr nicht zu stellen – in der

- sorgfältigen Konstruktion,
- der Strukturierung des Interviews und
- der Vorgabe fester, verhaltensgestützter Bewertungskategorien.

Von ausschlaggebender Bedeutung ist die Methodenkompetenz und Erfahrung des Interviewers selbst, der den Verlauf des Interviews steuert und die Informationen seinen Erfahrungskategorien zuordnet. Die größte Chance des Interviews – das Erfahrungswissen des Anwenders – ist zugleich die größte Bedrohung seiner Qualität. Andererseits liegt offenbar gerade in der Möglichkeit, die eigene Person in das Beurteilungsverfahren einzubringen, ein Punkt der sich in hohem Maß förderlich auf die Akzeptanz des Verfahrens auswirkt.

Eine neue und vielversprechende Weiterentwicklung des Interviewansatzes ist das multimodale Interview (Schuler 1994), das die Vorteile anderer Vorgehensweisen mit denen eines sorgfältig konstruierten Interviews vereint. Es wurde als ein Verfahren entwickelt, das durch hohen Anforderungsbezug und ein hohes Ausmaß an Strukturiertheit die bekannten Nachteile herkömmlicher Interviewverfahren verbessern sollte. Ein weiterer wichtiger Aspekt bei der Entwicklung des multimodalen Interviews lag in Aspekten der sozialen Validität (Schuler 1990): Information, Partizipation, Transparenz und Urteilskommunikation. Damit erhält das multimodale Interview trotz aller Standardisierung und Strukturierung beim Vorgehen eine – bezogen auf den Prozess der Kompetenzbeurteilung – starke kommunikative Note, die über die Rückmeldung der Ergebnisse direkte Auswirkungen auf den Prozess des Kompetenzerwerbes nehmen kann.

Das multimodale Interview folgt dem Prinzip, mehrere Methoden miteinander zu kombinieren, was zu einer höheren Urteilssicherheit beitragen kann (z.B. biografische und situative Teile). Die im multimodalen Interview vorgesehenen situativen Fragen sind nahe an den Arbeitsproben anzusiedeln, sie werden als »mentale Arbeitsproben« betrachtet (Schuler 1994). Durch die explizite Betonung erfolgskritischer Situationen und die Einbeziehung der Werte und Interessen des Kandidaten in einem gesonderten Interviewteil ist das multimodale Interview als eine verhältnismäßig differenzierte Methode einzuordnen, die grundsätzlich die Beurteilung von Kompetenzen ermöglicht.

**Arbeitsproben.** Arbeitsproben folgen der Logik einer kontrollierten Nachbildung erfolgskritischer Situationen, innerhalb derer das Verhalten der zu beurteilenden Person beobachtet und bewertet werden kann. Die beiden für den prognostischen Wert von Arbeitsproben ausschlaggebenden Faktoren sind die Auswahl einer repräsentativen erfolgskritischen Situation sowie die Genauigkeit der Nachbildung dieser Situation innerhalb eines geschlossenen Kontextes. Der Aufwand für die sach- und anforderungsgerechte Konstruktion von Arbeitsproben ist verhältnismäßig hoch (Schuler 1996). Die Konstruktion von Arbeitsproben und Testverfahren weist einige konzeptuelle Ähnlichkeiten auf, die im Rahmen dieses Beitrages jedoch nicht weiter vertieft werden können. Wesentlich für die Unterscheidung beider Verfahrensgruppen ist der Abstraktionsgrad der zu erfassenden Konstrukte: er ist bei Testverfahren deutlich höher anzusetzen, Arbeitsproben erfassen erfolgsrelevantes Verhalten dagegen über direkte Beobachtung. Daher bezeichnet Schuler (1996) Arbeitsproben als Prototypen für das Prinzip des simulationsorientierten Prognosekonzeptes.

Bei Arbeitsproben kann zwischen individualisierten und interaktionsbezogenen Formen unterschieden werden. Ein geradezu klassisches Beispiel für eine individualisierte Arbeitsprobe ist die von Lienert (1967) konzipierte Drahtbiegeprobe: Der Proband muss dabei mit einem Stück Draht eine bestimmte vorgegebene Figur formen. Anschließend wird geprüft, inwieweit die Proportionen des erstellten Modells mit den Proportionen der Vorlage übereinstimmen. Eine interaktionsbezogene Form der Arbeitsprobe ist z.B. die als Bestandteil des Assessment-Center häufig eingesetzte Gruppendiskussion. Schuler et al. (1993) machen in diesem Zusammenhang auf den kritischen Punkt der relevanten Arbeitsanforderungen aufmerksam. Es ist zu bezweifeln, ob jede zum Einsatz kommende Gruppendiskussion die Anforderungen abbildet; offenbar werden Gruppendiskussionen als »modische« Bestandteile von Assessment Center-Verfahren häufig auch unhinterfragt eingesetzt und bilden eher globale als spezifische Anforderungen ab. Arbeitsproben können wegen ihres nachvollziehbaren Bezuges zur Zieltätigkeit als allgemein hoch akzeptiert gelten (Fruhner et al. 1991; Schuler et al. 1993).

Die Anwendbarkeit von Arbeitsproben zur Beurteilung von Kompetenzen muss in Abhängigkeit von der Komplexität des entsprechenden Realitätsbereiches gesehen werden. Bereiche, in denen die Anforderungen auf komplexe Weise ineinandergreifen, sind weniger zum Einsatz von klassischen Arbeitsproben geeignet, da sowohl bei der Beobachtung als auch bei der Konstruktion der Arbeitsprobe ein zu hoher Aufwand zu erwarten ist. Arbeitsproben sind eher dazu geeignet, isolierte Realitätsausschnitte abzubilden und klar definierte, zu ihrer Regulierung erforderliche Kompetenzen zu analysieren, als ein umfassendes Gesamtbild zu erstellen. Als Voraussetzungen für den Einsatz von Arbeitsproben zur Kompetenzmessung können die folgenden Punkte gelten:

- begrenzte Realitätsbereiche,
- die in ihrer Stellung zum Gesamtgefüge klar definiert werden können
- in denen isolierte Teilkompetenzen eine erfolgskritische Bedeutung haben.

Bei geringer Strukturiertheit der Anforderungen ist die Arbeitsprobe ein unflexibles Instrument. Die Abdeckung aller Aspekte der Tätigkeit einschließlich individueller Gestaltungsmöglichkeiten bedarf dann weiterer Verfahren zur Kompetenzmessung.

**Testverfahren**. Die Benennung eines Verfahrens als »Test« beruht auf den methodischen Prinzipien der Testtheorie. Angesichts der in der Praxis offenbar verbreiteten Etikettierung selbstentwickelter Verfahrensweisen, die einerseits die relativ leichte Handhabbarkeit und andererseits Ad-Hoc-Entwicklungen vereinen (vgl. Lang-von Wins 2000), erscheint dieser Hinweis durchaus beachtenswert. Der inflationäre Gebrauch der Terminologie »Testverfahren« sollte nicht darüber hinwegtäuschen, dass ein Testverfahren eine aufwändige Entwicklungsphase und methodisch genau festgelegte Schritte durchlaufen muss.

Doch auch nach wissenschaftlichen Kriterien entwickelte Tests sind keine in sich homogene Gruppe von Verfahrensweisen – sowohl was die inhaltliche Ausrichtung als auch was die methodische Konstruktion der Testverfahren angeht. Man unterscheidet gemeinhin zwischen *Fähigkeitstests, Leistungstests, Persönlichkeitstests und Interessentests* (vgl. Lang-von Wins & von Rosenstiel 2000). Gemeinsam ist den Testverfahren eine – verglichen mit anderen Verfahrensgruppen – verhältnismäßig geringe Akzeptanz bei den beurteilten Personen (Fruhner et al. 1991; Schuler et al. 1993): Testverfahren sind häufig für den Beurteilten extrem intransparent konzipiert, um die Gefahr der Durchschaubarkeit und damit der Verfälschung der Testergebnisse zu minimieren. Es ist nur zu verständlich, dass die mit Testverfahren begutachteten Personen sich ausgeforscht fühlen und befürchten, dass Dinge über sie ans Licht kommen, die sie selbst freiwillig nicht preisgeben würden. Die entsprechende Handlungstendenz von Seiten der Begutachteten versucht dies zu kompensieren und ein sozial erwünschtes Bild zu malen.

Dies trifft vor allem auf Persönlichkeitstests zu (Schuler 1990); Fähigkeits- und Leistungstests sind in ihrem Bezug zu den Anforderungen einer Zielsituation besser nachvollziehbar, der Aspekt des »Ausforschens persönlicher Bereiche« spielt hierbei eine geringere Rolle.

Testergebnisse sind Indikatoren theoretischer psychologischer Konstrukte. Diese Konstrukte – wie etwa Intelligenz oder Persönlichkeitseigenschaften – können als Vorbedingungen für die Entstehung von Kompetenzen aufgefasst werden. Sie sind Voraussetzungen für die Herausbildung von spezifischen Kompetenzen. Psychologische Testverfahren können daher im Bereich der Kompetenzmessung zur Erfassung des zur Entstehung von Kompetenzen notwendigen Potenzials eingesetzt werden.

Lang-von Wins und von Rosenstiel (2000:85) weisen darauf hin, dass der besondere Vorteil von Testverfahren in ihrem hohen Standardisierungsgrad und in den hohen methodischen Ansprüchen liegt, denen sie genügen müssen. Dabei ist von zentraler Bedeutung, dass Tests objektive, zuverlässige und vergleichbare Ergebnisse bieten, wobei die Interpretation der Ergebnisse genormt ist und der Vorhersagewert für Kriterien des Berufserfolgs vielfach bekannt oder zumindest exakt prüfbar ist. Inwieweit Testverfahren tatsächlich genauer Vorhersagen über die Entwicklung oder die Ausprägung von Kompetenzen machen können, hängt von der Art des Tests und seinem Einsatz ab.

**Intelligenztests.** Im Jahr 1973 verfasste David McClelland einen einflussreichen Artikel, der die Brauchbarkeit von Intelligenztests für die Kompetenzmessung problematisierte. Kompetenzen wurden von ihm als Wissensstrukturen, Fähigkeiten, Fertigkeiten und Persönlichkeitsdispositionen verstanden, die in direkter Beziehung zu Verhaltensergebnissen oder wichtigen Lebensereignissen stehen. Er ging davon aus, dass klassische Intelligenz- und Leistungstests keinen nennenswerten Zusammenhang zum Handeln in für das Individuum wichtigen Lebenssituationen aufweisen.

Gardner (1983) nimmt wie McClelland an, dass es eine Vielzahl unterschiedlicher kognitiver Kompetenzen gibt, die mit dem Begriff »Intelligenz« bzw. der Annahme einer kognitiven Gerenalkompetenz, die dann Intelligenz genannt wird, nur unzureichend beschrieben werden können. Er nimmt vielfältige Formen von Intelligenz an, die sich dynamisch entwickeln und die dabei unterschiedliche Kompetenzen und situative Gelegenheiten nutzen. Die Erfassung dieser Kompetenzen, so folgert Gardner weiter, könne nicht mit abstrakten Testverfahren erfolgen, sondern müsse im Rahmen der natürlichen Verhaltenssettings stattfinden.

Dies weist darauf hin, dass bereits die Definition der zugrunde liegenden Konstrukte problematisiert werden muss. Nimmt man als Beispiel die Messung der Intelligenz, so ist es von entscheidender Bedeutung für die Interpretation der Messergebnisse als Indikatoren für das Entstehen oder die weitere Entwicklung von Kompetenz, was man unter Intelligenz versteht. Intelligenz ist ein schillernder Begriff innerhalb der Psychologie, der seiner mehr als hundertjährigen Geschichte zum Trotz auf keine allgemein geteilten Definitionen zurückgreifen kann. Der etwas hilflos wirkende pragmatische Definitionsversuch, Intelligenz sei das, was Intelligenztests messen, unterstreicht diese Definitionsnot. Für unsere Zwecke wollen wir die vielfältigen messbaren Erscheinungsformen von Intelligenz kurz als kognitive Leistungsfähigkeit zusammenfassen (was freilich nicht der Versuch einer schärferen Begrifflichkeit ist, sondern dem inflationären Gebrauch des Begriffes Intelligenz weit über die Grenzen der wissenschaftlichen Psychologie hinaus geschuldet ist). Den begrifflichen Unschärfen zum Trotz gehören Intelligenztests was ihre Prognosegenauigkeit angeht, zu den validesten Testverfahren innerhalb der Berufseignungsdiagnostik.

Auf dem Markt wird eine Vielzahl unterschiedlicher Intelligenztests angeboten, die verschiedene Bereiche von Kompetenzen vorhergehenden kognitiven Fähigkeiten messen. Unter den entsprechenden Verfahren sind besonders diejenigen Verfahren hervorzuheben, die Intelligenzstrukturen messen wollen. Der Intelligenzstrukturtest (I-S-T 70, Amthauer 1973; I-S-T 2000 R, Amthauer et al. 2001) erfasst bis zu 11 unterschiedliche kognitive Fähigkeiten, deren Kombinationsmöglichkeiten der praktischen Anwendung theoretisch große Möglichkeiten eröffnen. Diese Möglichkeiten sowie das hinter dem I-S-T 2000 R stehende theoretische Modell sind jedoch offenbar nicht leicht zu überblicken und für den Praktiker bislang kaum dokumentiert (vgl. Schmidt-Atzert 2002). Ebenfalls zur Gruppe der verschiedene Intelligenzstrukturen differenzierenden Testverfahren gehört der Berliner-Intelligenzstruktur-Test – Form 4 (Jäger et al. 1997): Er unterscheidet grundsätzlich zwischen 4 operativen kognitiven Fähigkeiten (z.B. Verarbeitungskapazität) und drei inhaltsgebundenen Fähigkeiten (z.B. sprachgebundenes Denken) sowie der allgemeinen Intelligenz, die den theoretischen Grundannahmen des Berliner Intelligenzstrukturmodells zufolge an der Spitze der hierarchisch aufgebauten Intelligenzstruktur steht. Als Besonderheit bei den bekannten Intelligenztests wurde den Autoren zufolge (Jäger et al. 2001) die Dimension »Kreativität« in die Intelligenzmessung mitaufgenommen, die als grundlegende Selbstorganisationskompetenz aufgefasst werden kann (vgl. Erpenbeck & Heyse 1999). Eine weitere Besonderheit dieses häufig in grundlagenwissenschaftlichen Belangen angewendeten Testverfahrens ist seine Adaptation durch die Deutsche Gesellschaft für Personalwesen (BIS-r-DGP; Kersting & Beauducel 1996); das adaptierte Verfahren folgt den inhaltlichen und methodischen Annahmen des Berliner Intelligenzstrukturmodells, nutzt aber nach Angaben der Autoren neuentwickelte Aufgaben zur Messung (Kersting & Beauducel 2001).

Während die beiden dargestellten Verfahren zur Messung bestimmter Intelligenzstrukturen sowohl verbal als auch nonverbal messen, haben sich eine Reihe von Verfahren auf die gänzlich nonverbale Messung der Intelligenz spezialisiert. Mit diesen Verfahren soll die Messung der kognitiven Leistungsfähigkeit unter Ausklammerung der Sprachkompetenz bzw. des Bildungsniveaus der Testanden erfolgen und damit eine höhere Testfairness gewährleisten. Die Verfahren erfassen in der Regel vor allem das schlussfolgernde und logische Denkvermögen der Probanden, wobei der Schwierigkeitsgrad variiert. Eines der prominentesten Verfahren zur Erfassung nonverbaler kognitiver Leistungen ist der von Raven entwickelte progressive Matrizentest, der u.a. als methodisches Vorbild des Bochumer Matrizentests (BOMAT; Hossiep et al. 1999, 2001) gelten kann: methodisches Prinzip der Matrizentests ist die durch Multiple-Choice-Vorgaben eingegrenzte Auswahl der jeweils richtigen Alternative zur Lösung verschiedener Testaufgaben unter Zeitdruck und bei steigender Schwierigkeit. Im Gegensatz zu diesen weitgehend sprachfreien Verfahren existieren auch Tests, die explizit die sprachgebundene Intelligenz erfassen wollen (z.B. Verbaler Kurzintelligenztest, Anger et al. 1980; Wortschatztest, Schmidt & Metzler 1992).

Insbesondere in Umfeldern, in denen die rasche Entwicklung neuer Kompetenzen als notwendig für erfolgreiches Handeln betrachtet wird, empfiehlt sich der Einsatz von elaborierten Intelligenztests, um die Vorbedingungen der Kompetenzentwicklung abzuklären.

**Leistungstests.** Eine Gruppe verwandter Testverfahren sind die sogenannten Leistungstests, die häufig kognitive Leistungskomponenten erfassen. Genau genommen handelt es sich dabei um einen methodischen Oberbegriff, der auch auf Intelligenztests anwendbar ist: vorgegebene Aufgaben müssen innerhalb fester Zeitintervalle gelöst werden, wobei die Aufgabenschwierigkeit festgelegt ist.

Diese Verfahren überprüfen einen weiten Bereich kognitiver und nicht-kognitiver Fähigkeiten (z.B. Konzentration, Aufmerksamkeit, Reaktionsfähigkeit, sensumotorische Leistungsfähigkeit oder spezielle Kenntnisse). Ihr Einsatz ist dann lohnend, wenn bestimmte spezifische Kompetenzmuster erfasst werden sollen (bzw. die ihnen vorhergehenden Bedingungen). Lang-von Wins und von Rosenstiel (2000) weisen darauf hin, dass ihr zusätzlicher Einsatz und die kombinierte Verwendung mit Intelligenztests die Vorhersagekraft des prognostischen Urteils ganz beträchtlich erhöhen kann.

Ein Punkt, der bereits bei der Darstellung der sprachfreien Verfahren zur Messung der Intelligenz angeklungen ist, betrifft die Fairness von Tests. Diskutiert wird die zentrale Frage, ob die Ergebnisse des Tests tatsächlich lediglich Ausdruck der gemessenen Konstrukte sind oder ob das Testergebnis durch Drittvariablen beeinflusst wird, die sich z.B. auf die soziale Herkunft der Testanden beziehen. Da eine der wesentlichen Säulen der Testdiagnostik die Normierung der Testwerte ist – die Erarbeitung eines absoluten Vergleichsmaßstabes – bezieht sich die Frage nach der Fairness von Tests zentral auf die ökologische Validität der Verfahren und damit auf die Anwendbarkeit über unterschiedliche Gruppen hinweg. Bei Leistungstests betrifft diese Thematik so grobe Unterscheidungen wie die Herkunft aus den alten bzw. neuen Bundesländern, die unterschiedliche Sozialisationsbedingungen boten (vgl. Lang-von Wins & von Rosenstiel 2000). Kersting (1995) hat Hinweise darauf gefunden, dass Testanden aus den neuen Bundesländern in zur Unterstützung von Auswahlentscheidungen eingesetzten Leistungstests schlechter abschneiden, als Kandidaten aus den alten Bundesländern.

Klassische Leistungstests erfassen die Konzentrationsfähigkeit aus unterschiedlichen Blickwinkeln. Der von Brickenkamp entwickelte Aufmerksamkeits-Belastungs-Test (vgl. Brickenkamp 2001), der 2002 in die neunte Auflage ging, kann als einer der klassischen deutschen Leistungstests gelten. Der Test beruht auf der Unterscheidung visueller Vorgaben nach bestimmten Regeln in einem vorgegebenen Zeitraum. Damit beruht der Aufmerksamkeits-Belastungs-Test auf den historischen Vorbildern der sogenannten Durchstreichtests. Praktisch eingesetzt wurde der Aufmerksamkeits-Belastungstest im beruflichen Bereich vor allem bei der Auswahl von Bewerbern für sicherheitsrelevante Bereiche in Industrie und Verkehr. Sehr ähnlich in den methodisch-theoretischen Grundannahmen sind Konzentrationstests wie das Frankfurter Aufmerksamkeits-Inventar (FAIR, Moosbrugger & Oehlschlägel 1996, 2001) oder das Inventar komplexer Aufmerksamkeit (INKA, Heyde 2000, 2001). Dem diagnostischen Prinzip des adaptiven Testens folgt der Frankfurter Adaptive Konzentrationsleistungs-Test (FAKT, Moosbrugger & Heyden 1998, 2001). FAKT setzt auf computergestützte Testung, die sich von ihren technischen Möglichkeiten her für Leistungstests im Besonderen anbietet. Auch für die meisten anderen Testverfahren liegen mittlerweile computergestützte Fassungen vor, die jedoch häufig in einer schlichten Übertragung der Papier-und-Bleistift-Versionen auf die PC-Oberfläche bestehen, ohne die technischen Möglichkeiten des Mediums auszureizen.

Eine andere Komponente der kognitiven Leistungsfähigkeit ist die Lern- und Gedächtnisfähigkeit, die eine Reihe von Testverfahren zu messen suchen. Der Lern- und Merkfähigkeitstest von Seyfried (1990) erfasst im Hinblick auf den Einsatz in Beratungs- und Ausbildungssituationen auf zwei Dimensionen vier Komponenten der Lern- und Merkfähigkeit: verbale Lern- bzw. Merkfähigkeit sowie nonverbale Lern- bzw. Merkfähigkeit. Der Lern- und Gedächtnistest (LGT 3) von

Bäumler (1974) verspricht die Ermittlung eines Gedächtnisquotienten, der eine Beurteilung der allgemeinen Merkfähigkeit zum Ziel hat. Angesichts der von dem Autor berichteten Reliabilitäten der sechs Subtests sollte der Test nicht in Bezug auf seine Subskalen ausgewertet werden, sondern nur der Gesamtwert Berücksichtigung finden.

**Persönlichkeitstests.** In komplexer Weise spielt auch die Persönlichkeit bei der Entwicklung von Kompetenzen eine wichtige Rolle. Ähnlich der kognitiven Leistungsfähigkeit können bestimmte Persönlichkeitsmerkmale als Antezedenzien der Entwicklung von Kompetenzen in spezifischen Situationen betrachtet werden. Dieser Zusammenhang ist jedoch wesentlich abstrakter als bei der kognitiven Leistungsfähigkeit, die als unmittelbar vorhergehende Bedingung gelten kann. Persönlichkeitsmerkmale oder -dispositionen lassen mit einer gewissen Wahrscheinlichkeit Aussagen darüber zu, wie sich Personen unter bestimmten Umständen verhalten werden, also auch, in welcher Weise sie Gebrauch von ihren Kompetenzen machen bzw. in welchen Situationen sie Kompetenzen entwickeln werden (sofern es ihre anderen Voraussetzungen zulassen).

Die Art und Weise, wie Persönlichkeitsmerkmale das Verhalten beeinflussen, gehört zu den Grundsatzfragen der Psychologie, die vielfältig untersucht wurden und konträr diskutiert werden. Seit den Arbeiten Mischels (z.B. 1968) gilt die Situationsspezifität von Verhalten als erwiesen, was eine durch die Persönlichkeit bedingte situationsüberdauernde Stabilität deutlich relativiert. Auch die Resultate der Persönlichkeitstests müssen also in Hinblick auf spezifische situative Anforderungen interpretierbar sein, um für die Kompetenzdiagnose von Wert zu sein. Dies ist nur in begrenztem Umfang der Fall, weswegen die Resultate von Persönlichkeitstests als isolierte Prädiktoren für die Kompetenzdiagnose so abstrakte Aussagen liefern würden, dass sie letztlich wertlos wären.

Im beruflichen Kontext werden Persönlichkeitstests dennoch zur Beurteilung der Eignung für externe Bewerber und unter bestimmten Voraussetzungen auch zur Ableitung von Entwicklungsempfehlungen für interne Kandidaten eingesetzt. Die dem zugrunde liegende allgemeine Hypothese lautet: Neben anderen Voraussetzungen trägt die Persönlichkeit zum beruflichen Erfolg bei. Kuhl (2002:34) weist darauf hin, dass mit dem Einsatz von Persönlichkeitstests häufig die Gefahr eines »defizitorientierten Testens« verbunden ist: »Man achtet mehr auf das, was jemand nicht kann, als auf verborgene Entwicklungsmöglichkeiten«. Um den Einsatz von Persönlichkeitstests im Kontext der Kompetenzanalyse sinnvoll zu gestalten, empfiehlt es sich, spezifische und differenzierte Hypothesen über die Zusammenhänge bestimmter Persönlichkeitseigenschaften bzw. -strukturen und den entsprechenden Kompetenzmustern aufzustellen.

Große Verbreitung in beruflichen Kontexten hat der 16-PF-Test von Raymond B. Cattell (1980; Cattell et al. 1970) gefunden, der in einer übersetzten und überarbeiteten Version vorliegt (16 PF-R, Schneewind & Graf 1998). Er umfasst 16 Persönlichkeitsfaktoren (Primärdimensionen), die fünf Globaldimensionen der Persönlichkeit zugeordnet werden. Auf Grund der Forschungsarbeiten Cattells und seiner Mitarbeiter wird vermutet, dass die Persönlichkeitsstruktur in Zusammenhang mit beruflichem Erfolg steht.

Mehrdimensionale Modelle der Persönlichkeit liegen neben dem 16-PF-R auch einer Reihe anderer Persönlichkeitstests zugrunde. Der prominenteste dieser Tests dürfte der in wissenschaftlichen Arbeiten zu berufs- bzw. arbeitsbezogenen Fragen häufig eingesetzte NEO-FFI (deutsch von Borkenau & Ostendorf 1993) bzw. der NEO-PI-R (die umfangreichere Testlangform, deutsch von Ostendorf & Angleitner 2001) sein, der fünf theoretisch begründete Hauptfaktoren der Persönlichkeit – die »big five« – misst. Eine auch in der Originalversion deutsche Entwicklung ist das Freiburger Persönlichkeitsinventar (FPI, Fahrenberg et al. 2001), das in der mittlerweile siebten Auflage vertrieben wird. Für alle aufgeführten Tests liegen differenzierte Normen und Dokumentationen der wissenschaftlichen Testprüfungen vor.

Wenden wir uns nun von den in ihrer Grundform meist sehr umfangreichen allgemeinen Tests der Persönlichkeit kommend spezifischeren Verfahren zu. Zu der Gruppe der Persönlichkeitstests können auch Verfahren gerechnet werden, die die individuellen Motivgrundlagen erfassen. Hervorzuheben ist u.a. das Multi-Motiv-Gitter (MMG, Schmalt et al. 2000, 2001), das die Autoren als »semi-projektives« Verfahren bezeichnen. Die Bezeichnung semi-projektiv verweist auf das zweistufige Vorgehen des MMG: zunächst werden den Probanden ähnlich wie in dem berühmten Thematischen Apperzeptionstest Bilder dargeboten, auf denen bestimmte Situationen dargestellt sind, um dann im zweiten Schritt in einem Fragebogen die drei Motive Anschluss, Leistung und Macht zu erfassen. Auf neuen theoretischen Entwicklungen der Persönlichkeitspsychologie setzen Verfahren des »entwicklungsorientierten Scanning« auf, die – dem Multi-Motiv-Gitter ähnlich – methodisch auf Fragebögen zur Selbstexploration und einem projektiven Bildertest (Operanter Motiv Test, OMT, Kuhl et al. 2001) beruhen. Spezifisch auf das Leistungsmotiv bezogen ist das Leistungsmotivinventar (LMI, Schuler & Prochaska 2000, 2001; Schuler & Frintrup 2002), das verhältnismäßig ausführlich und differenziert die Leistungsmotivation von Personen erfasst. Auf 17 Dimensionen werden mit dem LMI Bestandteile der Leistungsmotivation erfasst, um zu einem abgewogenen Urteil zu gelangen. Auch der Fragebogen »Arbeitshaltungen« (AHA, Kubinger & Ebenlöh 1996) lässt sich den Persönlichkeitstests zurechnen, die spezifisch die motivationalen Grundlagen von Leistung erfassen. In den Mittelpunkt ihres Verfahrens stellen die Autoren das »Arbeits- und Kontaktverhalten einer Person bei Leistungsanforderung« (Kubinger & Ebenlöh 2001:43).

Daneben existieren andere Verfahren, die nicht mehr direkt den Persönlichkeitstests zuzurechnen sind, die aber erwähnt werden sollen, da sie eine deutlich größere Nähe zur Messung von Kompetenzen aufweisen, als die bisher dargestellten Verfahrensweisen. Dazu gehört der Fragebogen zur sozialen Kompetenz (FSK, Schuler & Funke 2001), der das Konglomerat sozialer Kompetenzen theoretisch differenziert und methodisch sauber zu erfassen sucht.

**Computergestützte Kompetenzbeurteilung.** Wie bereits bei der vorhergehenden Darstellung von Testverfahren deutlich wurde, ergänzt zunehmend eine PC-gestützte Variante die herkömmlichen Papier-und-Bleistift-Tests, die über viele Jahre als das nahezu ausschließliche Medium psychometrischer Testung eingesetzt wurden. Die Möglichkeiten, die eine computerbasierte Aufbereitung psychologischer Beurteilungsverfahren bieten würde, werden damit allerdings kaum ausgenützt, da die

PC-Version nur eine Reproduktion des geprüften und bewährten Tests in ein anderes Medium darstellt (bzw. darstellen kann, ansonsten wäre eine Neuentwicklung notwendig).

Es gibt jedoch einen wachsenden Fundus an explizit für die Möglichkeiten der Computertechnologie angelegten Beurteilungsverfahren, die zum großen Teil ihre Wurzeln in den Arbeiten der komplexen Problemlöseforschung haben. Bereits in den Siebziger- und Achtzigerjahren des vergangenen Jahrhunderts hatten sich Forscher, die sich für das Problemlöseverhalten unter den Bedingungen von Unbestimmtheit und Komplexität interessierten, der Technik des Computers bedient, da damit die differenzierte Modellierung von dynamischen und komplexen Entwicklungen unter kontrollierten Bedingungen und die Erfassung einer Vielzahl unterschiedlicher Daten möglich wurde (z.B. Dörner et al. 1983; vgl. Strauß & Kleinmann 1995).

Für die Beurteilung von Kompetenz und den ihr vorhergehenden situativen und personalen Komponenten bietet sich die komplexe computergestützte Diagnostik aus den dargestellten Gründen besonders an. Innerhalb von PC-gestützten Beurteilungsprogrammen werden komplexe Wirklichkeiten simuliert, die bestimmten bei der Programmerstellung genau zu definierenden Gesetzmäßigkeiten folgen. Für die klassischen Arbeiten der komplexen Problemlöseforschung wurden für die Simulationen Aufgaben ausgewählt, die durch ein hohes Ausmaß an Intransparenz, Dynamik und Vernetztheit gekennzeichnet waren. Damit sollten bestimmte Teilbereiche der Realität in ihren charakteristischen Anforderungen an den Handelnden nachgebildet werden. Theoretisch lässt sich damit in einem situativ kontrollierten Kontext auch die Entwicklung von Kompetenzen nachbilden, wobei man jedoch die Tatsache nicht aus den Augen verlieren darf, dass es sich doch nur um eine Simulation mit den ihr entsprechenden Einschränkungen handelt. Die Erfassung von Kompetenzentwicklungen kann angesichts der stark verdichteten Zeitabläufe nur in der »Echtzeit« erfolgen, solange begründete und auf Computersimulationen extrapolierbare Annahmen darüber fehlen, wie sich welche Kompetenzen entwickeln und von welchen Größen diese Entwicklung abhängt. Bei den zum Training von Flugzeugpiloten eingesetzten Flugsimulatoren erscheint die Beurteilung von Kompetenzentwicklungsverläufen dagegen durchaus möglich, denn neben der entfallenden zeitlichen Verdichtung der Simulationen können die Einheiten wiederholt werden und bieten damit Daten, die für die Interpretation von Entwicklungsverläufen genutzt werden können. Die Wiederholung von Testläufen kann auch in entsprechend angepassten Computersimulationen Daten liefern, die Aufschluss über Lernpotenzial und Kompetenzentwicklungen geben können.

Eine weitere Einschränkung, die die Interpretation der durch Computersimulationen erhobenen Daten betrifft, ergibt sich aus dem grundsätzlichen Fehlen von sozialen Bezügen bei der Bearbeitung der Testaufgaben. Die Aussparung des sozialen Umfeldes bei der Bearbeitung von Computersimulationen vermindert die ökologische Validität der erhobenen Daten, da davon auszugehen ist, dass im sozialen Bereich wesentliche Determinanten des Handelns zu suchen sind.

Entsprechend der Herkunft dieser Verfahren werden in Simulationen bisher vor allem Indikatoren für kognitives und problemlösendes Potenzial erfasst, wobei – wie in der folgenden Darstellung unterschiedlicher Verfahren zu zeigen sein wird – auch bereits Ausweitungen auf eine Reihe anderer Zielgrößen stattfinden.

Die Szenarien der Simulationen beziehen sich in der Regel auf Realitätsausschnitte, denen – im Kontext der organisationalen Auswahl und Beurteilung von Kandidaten – ein hoher Bezug zu bestimmten als repräsentativ erachteten Zielsituationen zugebilligt wird. Anders als bei den Testverfahren ist der Anforderungsbezug für die Kandidaten deutlich nachvollziehbar, die zu bewältigenden Testaufgaben sind realistisch und damit aus Sicht der begutachteten Personen auch hinreichend transparent (wenngleich die Art und Weise der Datenaufbereitung und -auswertung letztlich natürlich intransparent bleibt).

Das von Funke (1992) entworfene System DISKO simuliert die Führung eines Unternehmens, das elektronische Bauteile herstellt und folgt explizit dem Ansatz der komplexen Problemlöseforschung. Wie Funke (2001) darlegt, wurde die Simulation zunächst im Rahmen eines Forschungsprojektes erstellt und dann für praxisbezogene Belange weiterentwickelt. Der Autor hebt besonders hervor, dass bei DISKO für den Kandidaten die Möglichkeit besteht, den Ablauf individuell zu gestalten, indem Parameter wie die Arbeitsgeschwindigkeit selbst gewählt werden können.

Auf den spezifischen Realitätsausschnitt der Flugsicherung bezogen ist der »Dynamische Air Traffic Control Test« (DAC) von Eißfeldt (1991). Im Sinne einer komplexen Arbeitsprobe wird eine unter den Bedingungen der Arbeitsrealität simulierte Aufgabe vorgegeben, die der Kandidat bewältigen muss. Unmittelbaren Kompetenzbezug weist in diesem von dem Deutschen Zentrum für Luft- und Raumfahrt eingesetzten Verfahren die Erfassung von Lernleistungen im Rahmen wiederholter Testungen auf (vgl. Eißfeldt 2001). Eine detaillierte Rückmeldung auf die Aufgabenbearbeitung im ersten Durchgang bildet die Grundlage für den an Komplexität erhöhten zweiten Testlauf, an dessen Resultaten dann die Lernfortschritte des Kandidaten abgelesen werden können.

Wagener und Conrad haben 1996 ein computergestütztes Szenario vorgelegt, das in Anlehnung an die Arbeiten zum komplexen Problemlösen erstellt wurde. Gegenstand des Szenarios ist die Leitung eines forstwirtschaftlichen Betriebes und die dort notwendigen Arbeiten und Steuerungsmaßnahmen (Wagener & Conrad 2000).

Eine Reihe weiterer Computersimulationen versucht ebenfalls, Unternehmen und die dort notwendigen Steuerungsprozesse abzubilden (z.B. Home Robot, SAP Learning Solutions 1997; Manage!, Kreuzig & Enzenberger 2000). Die von Etzel und Küppers (2000) erstellte Management-Arbeitsprobe MArP ähnelt dagegen von der abgebildeten Rahmenhandlung eher einer Postkorbaufgabe, wie sie traditionell in Assessment Center-Verfahren eingesetzt wird. Verfahren, die der Management-Arbeitsprobe ähneln, wurden von J. Funke (1993) untersucht. Er kommt in einer kritischen Würdigung dieser Verfahren zu dem Schluss, dass der Anforderungsbezug dieser Simulationen meist nur gering ist. Angesichts der Potenziale dieser Art von Kompetenzmessung und der bisher realisierten Lösungen kann darüber spekuliert werden, ob die computersimulierte Testung ihre Anwendungsreife bereits erreicht hat (vgl. Funke 1995).

Obwohl sich entsprechend der wachsenden Zahl an computersimulierten Szenarien auch die Erfahrungen mit dieser Art von Diagnostikum mehren, können zum derzeitigen Zeitpunkt noch keine eindeutigen Schlussfolgerungen gezogen werden, die sich auf den Einsatz zur Kompetenzmessung beziehen.

**Rahmensysteme zur Beurteilung von Kompetenzen**. Neuere Entwicklungen vor allem der computerbasierten Testung haben zu einigen interessanten integrierten Ansätzen geführt, die im Folgenden im Überblick dargestellt und bewertet werden sollen. Unter Rahmensystemen sollen dabei computergestützte Systeme verstanden werden, die dem Benutzer die Möglichkeit bieten, entsprechend seiner Bedürfnisse aus einer größeren Menge unterschiedlicher Verfahren der Potenzialbeurteilung auszuwählen. Vereinzelte Systeme (vgl. Miesen et al. 1999) bieten dem Anwender zusätzlich Hilfestellungen zur Auswahl der geeigneten Verfahren an. Die Möglichkeiten solch computerbasierter integrierter Systeme im Bereich der Kompetenzbeurteilung scheinen vom heutigen Standpunkt aus nahezu unbegrenzt und lediglich durch die Kreativität im Umgang mit der Technik und die technischen Möglichkeiten eingeschränkt. Die Systeme unterliegen jedoch denselben Einschränkungen, die generell für den Einsatz computerbasierter Testung gelten.

Das Testsystem ELIGO besteht nach Angaben des Vertreibers aus zwei Basismodulen: das erste Basismodul dient der Organisation der zur eigentlichen Kompetenzerfassung notwendigen Vorarbeiten wie Bestimmung der relevanten Anforderungsdimensionen, Auswahl geeigneter Testmodule und Festlegen technischer Optionen; das zweite Modul ist der eigentlichen Testung und Auswertung der Testergebnisse vorbehalten.

Bei der Auswahl der relevanten Anforderungsdimensionen kann der Anwender auf unterschiedliche von ELIGO unterstützte Möglichkeiten zurückgreifen, die jedoch eine sorgfältige und differenzierte Ermittlung der Anforderungen nicht ersetzen kann. Freilich bietet das System einen entsprechend der in den angebotenen Beurteilungsverfahren erfassten Konstrukte differenzierten Katalog von Anforderungsdimensionen an, aus dem der Nutzer die von ihm als relevant festgelegten Merkmale auswählt. Dies dient in erster Linie einer erleichterten Anwendbarkeit durch den Nutzer, der dabei Informationen über Dauer und Preis der von ihm ausgewählten Anforderungsdimensionen und der ihnen durch das System zugeordneten Module erhält. Im weiteren Verlauf müssen durch den Nutzer auf einer Prozentrangskala Soll-Werte für die ausgewählten Konstrukte festgelegt werden.

Interessant erscheinen die mit dem System verbundenen Möglichkeiten, die über die herkömmliche Testung im Rahmen von Personalauswahlverfahren hinausgehen. In Bezug auf die Möglichkeiten einer Selbst- und Fremdbeurteilung ist der Einsatz von ELIGO – wie auch der anderer wissenschaftlich gesicherter Verfahren – denkbar, um die Entwicklung von Kompetenzen zu fördern (vgl. ohne Autor 2001a). Bei einer Gesamtbewertung bietet ELIGO Vorteile vor allem für die Nutzer von psychologischen Beurteilungsverfahren, da das System zu einer »Rationalisierung« der Vorgehensweise führen kann. In Bezug auf die Möglichkeiten zur Kompetenzerfassung muss in Rechnung gestellt werden, dass das System auf eine breite Grundlage unterschiedlicher Testverfahren zurückgreifen kann. Dies gilt in ähnlicher Weise für die umfangreichste deutsche Testplattform, das Hogrefe TestSystem, das derzeit etwa 250 unterschiedliche Verfahren zur Verfügung stellt (o.V. 2001b). Angesichts der großen Vielfalt unterschiedlicher zur Verfügung stehender Verfahren kann sich der Benutzer nach dem Baukastenprinzip individuelle Testungen zusammenstellen und aus einer Reihe unterschiedlicher Testskalen auswählen.

Das System pro facts (Etzel & Küppers 2000) soll mit 43 Bausteinen zur differenzierten Erfassung beruflicher und berufsrelevanter Kompetenzen beitragen. Wie die bereits dargestellten Rahmensysteme stehen die entsprechenden Testmodule in computerbasierter Form zur Verfügung. Die Testmodule thematisieren verhaltensnahe Szenarios aus dem Berufsalltag (darin liegt ein Unterschied zu allgemeinen Testverfahren, die weniger auf der Ebene der konkreten berufsrelevanten Kompetenzen ansetzen).

Die dargestellten Rahmensysteme bieten zudem den Vorteil, dass sie die Dokumentierung individueller Entwicklungen erleichtern.

**An der Biografie orientierte Methoden.** In der Biografie von Menschen lassen sich verschiedene Anhaltspunkte für die Entwicklung unterschiedlicher Kompetenzen ablesen. Darüber hinaus lassen sich auch motivationale Korrelate und Anhaltspunkte für Persönlichkeitseigenschaften im bisherigen Verhalten finden – vor allem, wenn es sich um über einen längeren Zeitraum regelmäßig wiederkehrende Verhaltens- und Reaktionsweisen handelt, die zudem situativ stabil sind, d.h. in unterschiedlichen situativen Kontexten auftreten.

Dieses Prinzip machen sich biografische Fragen in *Interviews* zu Nutze, indem sie vergangenes Verhalten thematisieren, das sie in einer inhaltlich sinnvollen Beziehung zu einem Kompetenzbereich setzen, der für zukünftiges Verhalten als wichtig erachtet wird. Anhaltspunkte für biografische Fragen in Interviews lassen sich meist aus den schriftlichen Lebensläufen ableiten, die freilich dann, wenn sie nur berufliche Stationen thematisieren, wenig Anregung bieten. Häufig werden biografische Fragen in Interviews also eher explorativen Charakter haben und im Rahmen einer mehr oder weniger freien Schilderung biografische Zusammenhänge zu erfassen suchen. Das setzt auf Seiten des Interviewers ein differenziertes psychologisches Verständnis voraus, das die Einordnung der gewonnenen Informationen in hinterfragbare Bedeutungskategorien ermöglicht.

Biografische Daten können jedoch auch sehr viel systematischer erhoben werden. Dies geschieht mit standardisierten Fragen zur Biografie von Kandidaten, wie sie u.a. konstituierender Bestandteil *biografischer Fragebögen* sind. Einfachere Formen dieser standardisierten Fragen begnügen sich analog zu dem Vorgehen in Interviews mit quasi-objektiven Daten des Lebenslaufs, wie sie üblicherweise in Bewerbungsunterlagen zu finden sind. In aufwändigeren Varianten werden – durchaus ähnlich zu dem Vorgehen von Persönlichkeitstests – auch subjektive Stellungnahmen, Emotionen, Einstellungen, Interessen etc. erfragt (Schuler et al. 1993). Die Ergebnisse empirischer Überprüfungen der prognostischen Validität biografischer Fragebögen weisen sie als solide Instrumente aus, die sich in dieser Hinsicht mit Leistungs- und Intelligenztests vergleichen lassen (vgl. Lang-von Wins & von Rosenstiel 2000).

Die Grundlage der verhältnismäßig hohen Vorhersagegenauigkeit von methodisch ausgefeilten biografischen Inventaren liegt in dem diagnostischen Prinzip begründet, nach dem vergangenes Verhalten als valider Prädiktor von zukünftigem Verhalten gilt. Zusätzlich sichert ein hohes Maß an Standardisierung der Fragen die Qualität der erfassten Daten.

Der Einsatz *standardisierter* biografischer Fragen oder Fragebögen ist offenbar nicht weit verbreitet. Die Ursachen dafür liegen einerseits in dem hohen Aufwand

für die Konstruktion biografischer Fragebögen und andererseits in der klaren Unterschätzung des diagnostischen Wertes dieser Instrumente durch die Praktiker begründet (vgl. Schuler et al. 1993). Biografische Fragebögen sind zwar standardisierte
diagnostische Instrumente, die psychologischen Tests ähneln, doch ihre Konstruktion ist sehr viel stärker auf spezifische Gruppen bzw. Organisationen bezogen.
Gemeinhin werden zwei unterschiedliche Konstruktionsarten von biografischen Fragebögen unterschieden (Stehle 1995), die beide verhältnismäßig viel Aufwand und
Sorgfalt verlangen (vgl. Lang-von Wins & von Rosenstiel 2000). Neben dem hohen
Konstruktionsaufwand sind biografische Fragebögen auch pflegeintensive Instrumente, die den vielfältigen Veränderungen in den Erfolgsvoraussetzungen innerhalb und außerhalb des Unternehmens folgen müssen.

Ein interessanter Spezialfall biografisch orientierter Verfahren ist die von Erpenbeck und Heyse (1999) entwickelte *Kompetenzbiografie*, die in ihrer theoretischen
Fundierung letztlich auf Theorien selbstorganisierten Lernens zurückgeht. Von
ihren Entwicklern wird sie als ein Verfahren zur retrospektiven und prospektiven
Kompetenzentwicklung dargestellt, das sich auf Methoden und Erkenntnisse aus
der Biografieforschung stützt. Der Ausgangspunkt der theoretischen Überlegungen
zur Kompetenzbiografie liegt in der Veränderungsdynamik der Umwelt (gerade
dem Faktor also, der für das Veralten von standardisierten biografischen Inventaren
verantwortlich ist) und in der lernenden Anpassung von Personen an die Ergebnisse
dieser Veränderungen begründet. Bei der Kompetenzbiografie handelt es sich um
eine Kombination unterschiedlicher Methoden (Fragebogenverfahren und narrative
Interviews), die biografische Entscheidungs- und Risikosituationen in den Mittelpunkt stellen, und die in der individuellen Auseinandersetzung die Entwicklung
von Kompetenzen über längere Zeiträume hinweg zu erfassen suchen. Inhaltlich
beziehen sich die Bereiche der in der biografischen Entwicklung notwendigen
Auseinandersetzung mit sich verändernden Umweltanforderungen nicht nur auf
kognitive Problemlöseprozesse und Handlungsstile, sondern auch auf Werte und
Wertdispositionen, die sich in der handelnden Auseinandersetzung mit der Umwelt
ergeben und ihr auch zugrunde liegen. Die narrativen Interviews stellen eine in
der wissenschaftlichen Erfassung von Biografien weit verbreitete und gut erprobte
Methode der Exploration von Biografien dar, die sich vor allem durch die Intensität
der Interviewführung von den meisten anderen Interviewformen unterscheiden
dürfte. Diese Schwerpunktsetzung macht bereits deutlich, dass das Anliegen der
Kompetenzbiografie stärker auf das entdeckende und wertende Aufspüren von individuellen Kompetenzentwicklungen bezogen ist, als auf die vergleichende Bewertung
großer Personenmengen, wie es z.B. Gegenstand biografischer Fragebögen ist.

**Assessment Center-Verfahren.** Mit dem Begriff Assessment Center wird ein aufeinander abgestimmtes Bündel von Methoden bezeichnet, das zur differenzierten
Bewertung von berufsrelevanten Kompetenzen und Persönlichkeitsdispositionen eingesetzt wird. Vom Aufbau her folgen die Verfahren dieser methodischen Gruppe
dem Gedanken einer Kombination unterschiedlicher Methoden zu einem Verfahren.
In der ersten großangelegten Evaluationsstudie ergab sich eine auf den späteren
Berufserfolg angelegte prognostische Validität, die die entsprechenden Koeffizienten anderer Verfahren bei weitem überstieg (Bray & Grant 1966). Thornton, Gaug-

ler, Rosenthal und Bentson (1992) konnten in einer umfangreichen Metaanalyse die vergleichsweise hohe prognostische Validität von Assessment Center-Verfahren bestätigen. Die großen Streuungen, die für die Validitätskoeffizienten in entsprechenden Arbeiten ermittelt werden, deuten aber darauf hin, dass bei der Konstruktion, Durchführung und Auswertung von Assessment Center-Verfahren mit großer Sorgfalt und methodischer Strenge vorgegangen werden muss.

Die hohen Validitätskoeffizienten von Assessment Center-Verfahren können als Hinweis darauf gewertet werden, dass eine sorgfältige Kombination unterschiedlicher Methoden zu einer Erhöhung der prognostischen Güte der damit gewonnenen Daten beiträgt. Voraussetzung dafür ist einerseits die Multimodalität der Verfahrensteile: mit ihnen sollten nach Möglichkeit unterschiedliche Datenquellen erschlossen werden. In Assessment Center-Verfahren werden entsprechend vielfältige Methoden eingesetzt (z.B. Interview, Tests und vor allem Arbeitsproben), die Anforderungen aus dem sozialkognitiven Bereich der Tätigkeit erfassen. Jedes dieser Verfahren liefert Daten zu bestimmten Merkmalen, wobei bereits im Vorhinein festgelegt wird, mit welcher Methode welches Kompetenzbündel erfasst wird. Ein weiteres validitätssicherndes Merkmal von Assessment Center-Verfahren liegt im Einsatz mehrerer Beobachter, die die Verhaltensäußerungen der Kandidaten beobachten und einstufen. Ein wichtiger und in der Wirtschaft hoch geschätzter Nebeneffekt folgt aus der notwendigen Schulung der Beobachter zur Vorbereitung der Verfahrensdurchführung. In der Regel besteht die Beobachtergruppe einerseits aus einschlägigen Experten und andererseits aus Linienführungskräften, die durch eine intensive Beobachtung und Hinterfragung führungsrelevanter Verhaltensweisen lernen, auch ihr eigenes Führungshandeln intensiv zu reflektieren. Damit erfüllt die Vorbereitung, Teilnahme und Nachbereitung von Assessment Center-Verfahren für die der Beobachtergruppe angehörenden Führungskräfte die Kriterien einer wirkungsvollen Trainingsmaßnahme und trägt bei zu einer kritisch-reflektiven Erhöhung eigener Kompetenzen im Führungsbereich.

Assessment Center werden nicht nur zu Auswahlzwecken eingesetzt, sondern auch zur Ableitung von Weiterentwicklungsempfehlungen für Angehörige des Unternehmens. Die Fragestellungen der beiden Arten von Assessment Center-Verfahren unterscheiden sich entsprechend voneinander. Steht im einen Fall die Ermittlung einer punktuellen Eignung für einen gegebenen Aufgabenzusammenhang im Vordergrund, liegt im anderen Fall das Ziel in einer Feststellung von mehr oder weniger abstrakten Kompetenzen und der Erarbeitung von Entwicklungsempfehlungen. Grundlage dieser Empfehlungen sind Vorstellungen davon, welche Ausprägung von Kompetenzen Voraussetzung für die Weiterentwicklung innerhalb des Unternehmens sind, und mit welchen Mitteln die dafür geeignet erscheinenden Kandidaten auf die Übernahme der angestrebten Position bzw. Funktion vorbereitet werden können.

Neu- und Weiterentwicklungen der Assessment Center-Verfahren sind ausgerichtet auf die Erfassung von Kompetenzen, die bisher einer direkten Beobachtung in Assessment Centern nur schwer zugänglich waren. Sarges (1996) berichtet z.B. von einem Assessment Center, das zur Erfassung der Lernfähigkeit von Kandidaten für Managementpositionen konzipiert wurde. Lernpotenzial gilt im Managementbereich, dessen künftige Anforderungen nur mit großer Unsicherheit prognostiziert werden können, als eine kognitive Schlüsselkompetenz, um mit den sich dynamisch verändernden Umweltanforderungen Schritt zu halten. Die klassische Messung von Lernpotenzial erfolgt im Rahmen einer Erstmessung, in der der Informationsstand des Kandidaten über einen bestimmten Bereich festgestellt wird; darauf folgt eine Lernphase und schließlich eine Veränderungsmessung, aus der die Lernfortschritte abgeleitet werden können (vgl. Guthke 1972). Sarges (1996) verlegt für sein Lernpotenzial-Assessment Center die Lernphase im Rahmen von Erkundungen und Selbststudium noch vor den Beginn der Testung, und misst die entsprechende Leistung zu Beginn des Assessment Center und durch Beobachtung während des Assessment Center-Verfahrens. Die Anregungen, aus denen die Kandidaten während des Assessment Center-Verfahrens lernen können, bestehen aus Rückmeldungen, die auf die Leistung in den durchgeführten Übungen und Assessment Center-Bausteinen gegeben werden. Diese Neuentwicklung der Assessment Center-Methode ist vor allem für die Beurteilung interner Kandidaten interessant, die für eine Managementposition in Betracht gezogen werden. Vom diagnostischen Nutzen her gesehen liegt diese sophistizierte Variante am Schnittpunkt von Auswahl- und Entwicklungs-Assessment Centern.

Eine weitere, im Hinblick auf die Erfassung von Kompetenzen vielversprechende Weiterentwicklung der Assessment Center-Methode liegt in den direkt in die betriebliche Realität eingebetteten Verfahren. Birkhan (1996) berichtet von einem »Assessment Center vor Ort«, das versucht, die der Situation herkömmlicher Assessment Center-Verfahren innewohnende Künstlichkeit aufzuheben und eine den Standards von Assessment Centers genügende natürliche Beobachtungssituation herzustellen. Dabei werden die Kandidaten von geschulten Beobachtern in bestimmten Anforderungssituationen hinsichtlich bereits vorher festgelegter Kriterien beurteilt. Das Verfahren kann über einen längeren Zeitraum andauern, wobei die verbindliche Festlegung eines Endtermins, zu dem das Verfahren abgeschlossen sein soll, empfohlen wird. Die zusätzliche Einbeziehung von Informationen von Kunden, Mitarbeitern, Kollegen und Vorgesetzten in den diagnostischen Prozess dürfte die Urteilssicherheit zusätzlich erhöhen.

Der Vorteil dieser Art von Assessment Center liegt in der hohen Validität der Daten, die unter quasi-natürlichen Bedingungen erhoben werden. Sarges (1995b) geht davon aus, dass die Beurteilung von bestimmten Aspekten beruflicher Leistungsfähigkeit dann die größte Validität aufweist, wenn sie im natürlichen Arbeitskontext stattfindet.

Eindeutig auf die weitere berufliche Entwicklung der Kandidaten bezogene Verfahrensweisen im Rahmen der Assessment Center-Methode haben in den vergangenen zwanzig Jahren klar an Bedeutung gewonnen. Deutlicher als die beiden oben dargestellten Ansätze einer Weiterentwicklung herkömmlicher Assessment Center Verfahren dominiert in den Nutzenerwägungen dieser Verfahrensweisen das Interesse an einer – im Sinne des Kandidaten – konstruktiven Auseinandersetzung mit Entwicklungsbedarfen und -potenzialen. Diese Formen von Assessment Center-Verfahren sind direkt in den Prozess der Kompetenzentwicklung eingebunden. Deutlich betont wird dabei auch die Aufgabe, Querverbindungen zu Maßnahmen der Personalentwicklung herzustellen, die auf den diagnostischen Urteilen aufsetzen. Wesentliche strukturelle Merkmale von Entwicklungs- oder Orientierungs-Assessment Centern liegen denn auch in der Rückmeldung von diagnostischen Ergebnissen an die Kandidaten. Auch diese Maßnahmen können – falls sich entsprechende Beratungs- oder Unterstützungsmaßnahmen anschließen – als direkter Baustein der Kompetenzentwicklung aufgefasst werden.

In der Laufbahnberatung sind – bezogen auf das Vorgehen – ähnliche Ansätze bereits seit den Fünfzigerjahren des vergangenen Jahrhunderts weit verbreitet. Aus den einflussreichen Schulen der angloamerikanischen Laufbahntheoretiker Donald E. Super und John L. Holland sind zahlreiche Testverfahren hervorgegangen, die bestimmte Interessen und berufsrelevante Werthaltungen erfassen und den Beurteilten in systematisierter Form zurückspiegeln. Die Daten werden so stark verdichtet, dass sich entsprechend der theoretischen Annahmen Empfehlungen über bestimmte Berufslaufbahnen (die sich als abstrakte Anforderungsgewichtungen auffassen lassen), aussprechen lassen. Diese Verfahren sind in der Regel nicht auf erworbene Kompetenzen und damit auf die Nützlichkeit des individuellen Profils von Fähigkeiten und Fertigkeiten ausgerichtet, sondern setzen an der Vorstellung eines zu dem Selbstkonzept der Person passenden Berufes an. Die Grundannahme dabei ist – stark vereinfacht – dass in dem Selbstkonzept der Kandidaten der Schlüssel für die zu ihnen passende Berufsalternative liegt. Entsprechend bilden die Verfahren zur Diagnose der relevanten Teile des Selbstkonzeptes den Kern des Beratungsprozesses, auf dem die weiteren Empfehlungen aufsetzen.

Die Wirkungsweise von Entwicklungs- und Orientierungs-Assessment Centern unterscheidet sich grundsätzlich voneinander. Während bei den Entwicklungs-Assessment Centern die auf eine Potenzialdiagnose folgende zielgerichtete Kompetenzentwicklung im Vordergrund steht, die auf Empfehlungen des Diagnostikers zurückgeht, steht in den Orientierungs-Assessment Centern stärker der Gedanke einer »Moderation« der weiteren Entwicklung im Vordergrund: Der wesentliche Akteur ist in diesem Fall das Individuum selbst, das sich dem Verfahren unterzieht und – angeleitete – Schlussfolgerungen für die weitere Entwicklung daraus ableitet. Formal sind Entwicklungs-Assessment Center damit stärker dem Gedanken der Fremdselektion zuzuordnen, während Orientierungs-Assessment Center den Gedanken der Selbstselektion in den Mittelpunkt stellen. Selbstselektive Entscheidungen werden im Verlauf des gesamten Lebens getroffen; an bestimmten Punkten sind sie jedoch weitreichender und die Entscheidungsgrundlage ist unsicherer. Dies betrifft z.B. die Wahl eines passenden Berufes, einer passenden Arbeitsstelle oder eines Partners bzw. einer Partnerin. In einigen Fällen ist eine externe Unterstützung dieser Entscheidung wesentlich für die Qualität der Entscheidung; die geeignete Assistenz besteht in der Regel darin, sich bestimmte, entscheidungsrelevante Teile der eigenen Person bewusst zu machen und die Komplexität, die die Entscheidungssituation unüberschaubar macht, auf die wesentlichen Punkte zurückzuführen.

**Selbsttests und Selbstbeurteilungen.** Selbsteinschätzungen berufsrelevanter Kompetenzen wurden bislang in Hinblick auf ihren diagnostischen Wert sehr kritisch betrachtet und haben daher kaum Anwendung in der Praxis der Potenzialdiagnose gefunden (vgl. Esser 1998). Vor allem in jüngerer Zeit hat aber die Möglichkeit, Selbsteinschätzungen in das diagnostische Urteil mit einzubeziehen, erhebliche Aufmerksamkeit erfahren (z.B. Bass & Yammarino 1991; Fletcher & Kerslake

1992); sie sind u.a. wesentlicher Bestandteil des Verfahrens der Kompetenzbiografie, das im Rahmen dieses Beitrages bereits kurz vorgestellt wurde.

Im beruflichen Bereich, dem der größte Teil der einschlägigen Arbeiten gewidmet ist, wird unter einer Selbsteinschätzung oder einem Self-Assessment eine Bewertung eigener Leistungen verstanden (vgl. Randall et al. 2000). In der Regel wird diese Form der Leistungsbeurteilung im Zusammenhang mit Fremdeinschätzungen erhoben, die z.B. von Kollegen, Vorgesetzten oder Kunden abgegeben werden. Yammarino und Atwater (1997) weisen darauf hin, dass das Ziel dieser Kombination von Selbst- und Fremdurteilen letztlich darin liegt, über die Benennung und Rückmeldung von Unterschieden zwischen Selbst- und Fremdeinschätzung einen Lernprozess anzustoßen und damit mittel- und langfristig zu einer Verbesserung der Leistungen beizutragen. Generell kann davon ausgegangen werden, dass die Konfrontation von Selbst- und Fremdurteilen die Auseinandersetzung mit den eigenen Kompetenzen fördert und Lernprozesse anregt. Eine durchgängige, hohe Überschätzung eigener Fähigkeiten wird in diesem Zusammenhang als ein Hinweis auf mangelnde Lernfähigkeit gewertet, wobei Selbsturteile generell höhere Werte haben als entsprechende Fremdbeurteilungen.

Die in den Self Assessments geäußerten Urteile können als Teil des Selbstkonzeptes aufgefasst werden, wie es u.a. kennzeichnend für die Berufswahlberatung ist (s.o.). Zudem kommen in ihnen Erwartungen in Bezug auf die eigene Leistungsfähigkeit in bestimmten Domänen zum Ausdruck, die in hohem Maße handlungsleitend wirken. Entsprechende Kompetenzerwartungen, die sich in generalisierter Weise in Selbstwirksamkeitsüberzeugungen niederschlagen (vgl. Bandura 1978), beeinflussen sowohl die Wahl von Zielen als auch die kognitiv-motivationale Lage beim Handlungsvollzug.

Im Rahmen der begleitenden Personalarbeit werden Selbsturteile in jüngerer Zeit vor allem im Zusammenhang zur Vorbereitung von Personalbeurteilungsgesprächen diskutiert (z.B. Esser 1998). Ein wesentlicher Effekt von Personalbeurteilungen, zu denen auch die Selbstbeurteilung der Betroffenen eingeholt wird, ist die im Vergleich zu herkömmlichen Vorgehensweisen deutlich höhere Akzeptanz des daraus abgeleiteten Urteils. Im konkreten Fall gibt der Mitarbeiter noch vor der Beurteilung durch den Vorgesetzten sein Selbsturteil ab und macht eigene Entwicklungsempfehlungen. Der Vorgesetzte nimmt dazu im zweiten Schritt Stellung und eine von beiden Parteien getragene Vereinbarung kann schließlich im dritten Schritt folgen. Diese Vorgehensweise verweist darauf, dass Selbsturteile sowohl als diagnostisches Mittel als auch als kommunikatives Werkzeug eingesetzt werden können.

Verschiedene Autoren weisen darauf hin, dass gerade die Fähigkeit der realistischen Selbsteinschätzung hohen diagnostischen Wert besitzt, da sie eine wesentliche Komponente des Lernpotenzials repräsentiert (z.B. Fletcher 1997; Randall et al. 2000). Esser (1998) bezeichnet die Fähigkeit zur realistischen Selbsteinschätzung als eine Grundkompetenz erfolgreicher Führung, die damit selbst beurteilt werden könne. »Nur wer sich selbst in seinen Stärken und Schwächen angemessen wahrzunehmen vermag, wird sein Verhalten selbst regulieren und auch bei Mitarbeitern Stärken und Schwächen differenziert erkennen können« (Esser 1998:651). Als Beleg für diese These zitiert Esser eine Arbeit von Thornton (1968), aus der hervorgeht, dass die größten Unterschiede zwischen Selbst- und Fremdeinschätzung bestimmter Kompetenzen bei als nicht förderungswürdig eingestuften Führungskräften anzutreffen sind.


## 4.    Fazit

Die von psychologischer Seite zur Verfügung stehenden Methoden zur Diagnose von Managementkompetenzen erfassen mehrheitlich Kompetenzkorrelate auf der Ebene von Persönlichkeitseigenschaften und kognitiver Leistungsfähigkeit; sie können daher nicht unmittelbar auf die Diagnose von Kompetenz angewandt werden. Wesentlich bei der Anwendung für diese Fragestellung sind fundierte Hypothesen darüber, in welcher Beziehung die erfassten Konstrukte zu der Entwicklung von Kompetenzen stehen bzw. welchen Aufschluss sie über vorhandene Kompetenzen geben. Dies gilt hauptsächlich für psychologische Testverfahren mit Ausrichtung auf die Erfassung komplexer Konstrukte und ohne direkten Bezug zu praktischen Kompetenzen und deren individueller Entwicklung. Simulationsorientierte Ansätze wie computergestützte Verfahren oder Arbeitsproben gewinnen vor diesem Hintergrund für die psychologische Kompetenzdiagnostik an Bedeutung, da sie unmittelbareren Bezug zu Kompetenzen haben. Da mit verhaltensnahen Methoden jedoch in der Regel auch nur ein querschnittartiges Bild des status quo der verfügbaren Kompetenzen gezeichnet wird, ist die Kombination mit biografischen Methoden zu fordern, die Aufschluss über die Genese der gegenwärtigen Kompetenzausprägungen geben. Unter den in diesem Bereich dargestellten Methoden nimmt die Kompetenzbiografie von Erpenbeck und Heyse eine herausragende Stellung ein, da sie explizit und in die Tiefe gehend die biografische Logik der Entwicklung von Kompetenzen erfasst. Wesentlich erscheint neben der angemessenen Diagnose und der fundierten theoretisch-hypothetischen Grundlage der Methoden ein weiterer Punkt, der in der traditionellen psychologischen Eignungsdiagnostik bislang eine eher untergeordnete Rolle spielt: die Konfrontation des Bildes vom eigenen Können mit den entsprechenden Urteilen anderer. Entsprechende Verfahren, wie sie zum Teil auch in diesem Band dargestellt sind, können eine vertiefende Auseinandersetzung mit den eigenen Kompetenzen anregen und so zum Ausgangspunkt einer fruchtbaren Weiterentwicklung werden. Eine deutliche Verschränkung zwischen Diagnose und Kompetenzentwicklung – wie sie u.a. durch feedbackgestützte Verfahren und Self-Assessments praktiziert wird – könnte zu dem wesentlichen Zukunftstrend der Kompetenzforschung und ihrer Anwendung werden.


## Literaturverzeichnis

Amthauer, R. (1973). Intelligenz-Struktur-Test (I-S-T 70). Göttingen
Amthauer, R.; Brocke, B.; Liepmann, D. & Beauducel, A. (2001). Intelligenz-Struktur-Test 2000 R. Göttingen
Anastasi, A. & Urbina, S. (1997). Psychological testing. Upper Saddle River, NJ.
Anderson, N. & Shackleton, V. (1990). Decision making in the graduate selection interview: A field study. Journal of Occupational Psychology, 63, pp. 63-76

Anger, H.; Mertesdorf, F.; Wegener, R. & Wülfing, G. (1980). Verbaler Kurzintelligenztest (VKI). Göttingen

Arvey, R.D. & Campion, J.E. (1982). The employment interview: A summary and review of recent research. Personnel Psychology, 35, pp. 281-322

Bäumler, G. (1974). Lern- und Gedächtnistest (LGT 3). Göttingen

Bandura, A. (1978). The self system in reciprocal determinism. American Psychologist, 33, pp. 344-358

Bartram, D. (1993). Emerging trends in computer-assisted assessment. In: H. Schuler; J.L. Farr & M. Smith (Eds.), Personnel selection and assessment. Hillsdale, NJ, pp. 267-288

Bass, B.M. & Yammarino, F.J. (1991). Congruence of self and other ratings of naval officers for understanding successful performance. Applied Psychology – An International Review, 40, pp. 437-454

Beuchel, M. (1994). Management-Potential-Analyse: Ein moderner Ansatz von Führungsarbeit. In: R. Dahlems (Hrsg.), Handbuch des Führungskräfte-Managements. München, S. 201-210

Birkhan, G. (1996). Assessment Center vor Ort (on-the-job). In: W. Sarges (Hrsg.). Weiterentwicklungen der Assessment Center-Methode. Göttingen, S. 109-128

Borkenau, P. & Ostendorf, F. (1993). NEO-Fünf-Faktoren-Inventar (NEO-FFI). Göttingen

Bray, D.W. & Grant, D.L. (1966). The assessment center in the measurement of potential for business management. Psychological Monographs, 80, Whole No. 625

Brickenkamp, R. (2001). d2 Aufmerksamkeits-Belastungs-Test. In W. Sarges & H. Wottawa (Hrsg.) Handbuch wirtschaftspsychologischer Testverfahren. Lengerich, S. 177-181

Brickenkamp, R. (2002). d2 Aufmerksamkeits-Belastungs-Test. Göttingen

Cascio, W.R. (1987). Applied psychology in personnel management. Englewood Cliffs, NJ

Cattell, R.B. (1980). Personality and learning theory. A system theory of motivation and structural learning. New York

Cattell, R.B.; Eber, H.W. & Tatsuoka, M. (1970). Handbook for the sixteen personality factor questionnaire. Champaign: Institute for Personality and Ability Testing

Dörner, D.; Kreuzig, H.W.; Reither, F. & Stäudel, T. (Hrsg.) (1983). Lohhausen: Vom Umgang mit Unbestimmtheit und Komplexität. Bern

Eißfeldt, H. (1991). Dynamischer Air Traffic Control Test (DAC). Hamburg. Deutsches Zentrum für Luft- und Raumfahrt e.V.

Eißfeldt, H. (2001). DAC Dynamischer Air Traffic Control Test. In: W. Sarges & H. Wottawa (Hrsg.). Handbuch wirtschaftspsychologischer Testverfahren. Lengerich, S. 183-186

Erpenbeck, J. & Heyse, V. (1999). Die Kompetenzbiographie. Münster

Esser, M. (1998). Selbsturteile. In: W. Sarges (Hrsg.). Managementdiagnostik. Göttingen, S. 649-655

Etzel, S. & Küppers, A. (2000). Management Arbeitsprobe MArP. Nürnberg

Etzel, S. & Küppers, A. (2000). Pro facts. Nürnberg: Pro facts Assessment und Training

Fahrenberg, J.; Hampel, R. & Selg, H. (2001). Freiburger Persönlichkeitsinventar (FPI-R). Göttingen

Flanagan, J.C. (1954). The critical incident technique. Psychological Bulletin, 51, pp. 327-359

Fleishman, E.A. (1953). The description of supervisory behavior. Journal of Applied Psychology, 37, pp. 1-6

Fletcher, C. (1997). Self-awareness – A neglected attribute in selection and assessment. International Journal of Selection and Assessment, 5, pp. 183-187

Fletcher, C. & Kerslake, C. (1992). The impact of assessment centres and their outcomes on participants´ self assessments. Human Relations, 45, pp. 73-81

Frei, F. (1981). Psychologische Arbeitsanalyse – eine Einführung zum Thema. In: F. Frei & E. Ulich (Hrsg.). Beiträge zur psychologischen Arbeitsanalyse. Bern, S. 11-36

Frieling, E. & Sonntag (1999). Lehrbuch Arbeitspsychologie. Bern

Fruhner, R.; Schuler, H.; Funke, U. & Moser, K. (1991). Einige Determinanten der Bewertung von Personauswahlverfahren. Zeitschrift für Arbeits- und Organisationspsychologie, 35, S. 170-178

Funke, J. (1993). Computergestützte Arbeitsproben: Begriffsklärung, Beispiele sowie Entwicklungspotentiale. Zeitschrift für Arbeits- und Organisationspsychologie, 30, S. 92-97

Funke, U. (1992). Diagnostisches interaktives System zur Komplexitätssimulation (DISKO). Altenriet: Personal-System-Entwicklung

Funke, U. (1995). Szenarien in der Eigungsdiagnostik und im Personaltraining. In: B. Strauß & M. Kleinmann (Hrsg.). Computersimulierte Szenarien in der Personalarbeit. Göttingen, S. 145-216

Funke, U. (2001). DISKO Diagnostisches interaktives System zur Komplexitätssimulation. In: W. Sarges & H. Wottawa (Hrsg.). Handbuch wirtschaftspsychologischer Testverfahren. Lengerich, S. 205-210

Funke, U.; Krauß, J.; Schuler, H. & Stapf, K.-H. (1987). Zur Prognostizierbarkeit wissenschaftlich-technischer Leistungen mittels Personvariablen: Eine Metaanalyse der Validität diagnostischer Verfahren im Bereich Forschung und Entwicklung. Gruppendynamik, 18, S. 407-428

Graves, L.M. (1993). Sources of individual differences in interviewer effectiveness: A model and implications for future research. Journal of Organizational Behavior, 14, pp. 349-370

Guthke, J. (1972). Zur Diagnostik der intellektuellen Lernfähigkeit. Stuttgart

Hacker, W. & Matern, B. (1980). Methoden zum Ermitteln tätigkeitsregulierender kognitiver Prozesse und Repräsentationen bei industriellen Arbeitstätigkeiten. In: W. Volpert (Hrsg.). Beiträge zur psychologischen Handlungstheorie. Bern, S. 29-49

Hackman, J.R. (1969). Nature of the task as a determiner of job behavior. Personnel Psychology, 22, pp. 435-444

Hackman, J.R. & Oldham, G.R. (1975). Development of the Job Diagnostic Survey. Journal of Applied Psychology, 60, pp. 159-170

Hakel , M.D. (1986). Personnel selection and placement. Annual Review of Psychology, 37, pp. 351-380

Hasselmann, D. & Strauß, B. (1995). TEXTILFABRIK. Hamburg

Heyde, G. (2000). Inventar komplexer Aufmerksamkeit (INKA). Frankfurt/Main

Heyde, G. (2001). INKA Inventar Komplexer Aufmerksamkeit. In: W. Sarges & H. Wottawa (Hrsg.). Handbuch wirtschaftspsychologischer Testverfahren. Lengerich, S. 297-299

Hossiep, R. (2000). Konsequenzen aus neueren Erkenntnissen zur Potentialbeurteilung. In: L. v. Rosenstiel & T. Lang-von Wins (Hrsg.) Perspektiven der Potentialbeurteilung. Göttingen

Hossiep, R.; Turck, D. & Hasella, M. (1999). BOMAT Bochumer Matrizentest – advanced. Göttingen

Hossiep, R.; Turck, D. & Hasella, M. (2001). BOMAT Bochumer Matrizentest – advanced. In: W. Sarges & H. Wottawa (Hrsg.). Handbuch wirtschaftspsychologischer Testverfahren. Lengerich, S. 117-120.

Hunter, J.E. & Hunter, R.F. (1984). Validity and utility of alternative predictors of job performance. Psychological Bulletin, 96, pp. 72-98

Jäger, A.O. (1989). Validität von Intelligenztests. Diagnostica, 32, S. 272-289

Jäger, A.O.; Süß, H.-M. & Beauducel, A. (1997). BIS-4. Göttingen

Jäger, A.O.; Süß, H.-M. & Beauducel, A. (2001). BIS-4. Berliner Intelligenzstrukturtest Form 4. In: W. Sarges & H. Wottawa (Hrsg.). Handbuch wirtschaftspsychologischer Testverfahren. Lengerich, S. 95-101

Judge, T.A. & Bretz, R.D. (1992). Effects of work-values on job choice decisions. Journal of Applied Psychology, 77, pp. 261-271

Kersting, M. (1995). Der Einsatz »westdeutscher« Tests zur Personalauswahl in den neuen Bundesländern und die Fairnessfrage. Report Psychologie, 20, S. 32-41

Kersting, M. & Beauducel, A. (1996). BIS-r-DGP. Hannover: Deutsche Gesellschaft für Personalwesen e.V. (DGP)

Kersting, M. & Beauducel, A. (2001). BIS-r-DGP. Berliner-Intelligenzstruktur-Test der Deutschen Gesellschaft für Personalwesen e.V. In W. Sarges & H. Wottawa (Hrsg.). Handbuch wirt schaftspsychologischer Testverfahren. Lengerich, S. 103-110

Kieser, A.; Nagel, R.; Krüger, K.-H. & Hippler, G. (1985). Die Einführung neuer Mitarbeiter in das Unternehmen. Frankfurt/Main

Kreuzig, H. & Enzenberger, P. (2000). Manage!. Hamburg

Kubinger, K.D. & Ebenlöh, J. (1996). AHA Arbeitshaltungen. Frankfurt/Main

Kubinger, K.D. & Ebenlöh, J. (2001). AHA Arbeitshaltungen. In: W. Sarges & H. Wottawa (Hrsg.). Handbuch wirtschaftspsychologischer Testverfahren. Lengerich, S. 43-47

Kuhl, J. (2002). Eine neue Ära des Motivations-Assessments in der Personalentwicklung. Wirtschaftspsychologie, 9 (2), S. 33-40

Kuhl, J.; Scheffer, D. & Eichstaedt, J. (2001). Operanter Motiv-Test (OMT). In: W. Sarges & H. Wottawa (Hrsg.). Handbuch wirtschaftspsychologischer Testverfahren. Lengerich, S. 417-422

Lang-von Wins, T. (2000). Perspektiven der Potentialbeurteilung in Unternehmen: Probleme und Chancen. In: L. v. Rosenstiel & T. Lang-von Wins (Hrsg.). Perspektiven der Potentialbeurteilung. Göttingen

Lang-von Wins, T. & Rosenstiel, L. v. (2000). Potentialfeststellungsverfahren. In: M Kleinmann & B. Strauß (Hrsg.) Potentialfeststellung und Personalentwicklung. Göttingen, S. 73-100

Lang-von Wins, T.; Maukisch, H. & Rosenstiel, L.v. (1998). Abschlußbericht des LEONARDO-Projektes »CLEVER«: Teilprojekt der Ludwig-Maximilians-Universität München. Universität München, Arbeitsbericht

Latham, G.P. (1989). The reliability, validity, and practicality of the situational interview. In: R.W. Eder & G.R. Ferris (Eds.). The employment interview: Theory, research, and practice. Newbury Park, CA

Lienert, G.A. (1967). Die Drahtbiegeprobe als standardisierter Test. Göttingen

Miesen, J.; Schuhfried, G. & Wottawa, H. (1999). ELIGO: eine vorläufige Antwort auf Grundprobleme der testgestützten Eignungsdiagnostik. Wirtschaftspsychologie, 1, S. 16-24

Mischel, W (1968). Personality and assessment. New York

Moosbrugger, H. & Heyden, M. (1998). FAKT Frankfurter Adaptiver Konzentrationsleistungs-Test. Bern

Moosbrugger, H. & Heyden, M. (2001). FAKT Frankfurter Adaptiver Konzentrationsleistungs-Test. In: W. Sarges & H. Wottawa (Hrsg.). Handbuch wirtschaftspsychologischer Testverfahren. Lengerich, S. 233-236

Moosbrugger, H. & Oehlschlägel, J. (1996). FAIR Frankfurter Aufmerksamkeits-Inventar. Bern

Moosbrugger, H. & Oehlschlägel, J. (2001). FAIR Frankfurter Aufmerksamkeits-Inventar. In: W. Sarges & H. Wottawa (Hrsg.). Handbuch wirtschaftspsychologischer Testverfahren. Lengerich, S. 229-232

Nerdinger, F.W. (1997). Integration des Fach- und Führungsnachwuchses in flexible Organisationen – auf dem Weg zu einem neuen psychologischen Kontrakt? In: L.v. Rosenstiel; T. Lang-von Wins & E. Sigl (Hrsg.). Perspektiven der Karriere. Stuttgart, S. 43-62

o. V. (2001a). ELIGO. In: W. Sarges & H. Wottawa (Hrsg.). Handbuch wirtschaftspsychologischer Testverfahren. Lengerich, S. 571-582

o. V. (2001b). Hogrefe TestSystem. In: W. Sarges & H. Wottawa (Hrsg.). Handbuch wirtschaftspsychologischer Testverfahren. Lengerich, S. 583-590

Ostendorf, F. & Angleitner, A. (2001). NEO-Persönlichkeitsinventar nach Costa und McCrae, revidierte Form (NEO-PI-R). Göttingen

Pulakos, E.D.; Schmitt, N.; Whitney, D. & Smith, M. (1996). Individual differences in interviewer ratings: The impact of standardization, consensus discussion, and sampling error on the validity of a structured interview. Personnel Psychology, 49, pp. 85-102

Randall, R.; Ferguson, E. & Patterson, F. (2000). Self-assessment accuracy and assessment centre decisions. Journal of Occupational and Organizational Psychology, 73, pp. 443-459

Reilly, R.R. & Chao, G.R. (1982). Validity and fairness of some alternative employee selection procedures. Personnel Psychology, 35, pp. 1-62

Rettig, K. & Hornke, L.F. (1995). Adaptives Testen. In: W. Sarges (Hrsg.). Management-Diagnostik. Göttingen, S. 557-564

Robertson, I.T. & Downs, S. (1989). Work-sample tests of trainability: A meta-analysis. Journal of Applied Psychology, 74, pp. 402-410

Robertson, I.T. & Kandola, R.S. (1982). Work sample tests: Validity, adverse impact, and applicant reaction. Journal of Occupational Psychology, 55, pp. 171-183

Rosenstiel, L. v. (1994). Grundlagen der Organisationspsychologie. Stuttgart

Rosenstiel, L. v. & Stengel, M. (1987). Identifikationskrise? Bern

SAP Learning Solutions (Hrsg.) (1997). Home Robot. Immenstaad: SAP Learning Solutions

Sarges, W. (1995a). Interviews. In: W. Sarges (Hrsg.). Management-Diagnostik. Göttingen, S. 475-489

Sarges, W. (1995b). Lernpotential-AC. In W. Sarges (Hrsg.). Management-Diagnostik. Göttingen S. 728-739

Sarges, W. (1996). Lernpotential-Assessment Center. In: W. Sarges (Hrsg.). Weiterentwicklungen der Assessment-Center-Methode. Göttingen, S. 97-108

Sarges, W. (2000). Diagnose von Managementpotential für eine sich immer schneller und unvorhersehbarer ändernde Wirtschaftswelt. In: L. v. Rosenstiel & T. Lang-von Wins (Hrsg.). Perspektiven der Potentialentwicklung. Göttingen, S. 97-108

Schmalt, H.-D.; Sokolowski, K. & Langens, T. (2000). Multi-Motiv-Gitter (MMG). Frankfurt/Main

Schmalt, H.-D.; Sokolowski, K. & Langens, T. (2001). Multi-Motiv-Gitter (MMG). In: W. Sarges & H. Wottawa (Hrsg.). Handbuch wirtschaftspsychologischer Testverfahren. Lengerich, S. 391-396

Schmidt-Atzert, L. (2002). Intelligenz-Struktur-Test 2000 R. Zeitschrift für Personalpsychologie, 1, S. 50-56

Schmidt, F.L. & Hunter, J.E. (2000). Messbare Personmerkmale: Stabilität, Variabilität und Validität zur Vorhersage zukünftiger Berufsleistung und berufsbezogenen Lernens. In: M. Kleinmann & B. Strauß (Hrsg.). Potentialfeststellung und Personalentwicklung. Göttingen, S. 15-44

Schmidt, K.-H. & Metzler, P. (1992). Wortschatztest (WST). Göttingen

Schmitt, N.; Gooding, R.Z.; Noe, R.D. & Kirsch, M. (1984). Metaanalysis of validity studies published between 1964 and 1982 and the investigation of study characteristics. Personnel Psychology, 37, pp. 407-422

Schneewind, K.A. & Graf, J. (1998). 16-Persönlichkeits-Faktoren-Test Revidierte Fassung (16 PF-R). Bern

Schuler, H. (1990). Personalauswahl aus der Sicht der Bewerber: Zum Erleben eignungsdiagnostischer Situationen. Zeitschrift für Arbeits- und Organisationspsychologie, 34, S. 184-191

Schuler, H. (1994). Selektion und Selbstselektion durch das multimodale Interview. In: L. v. Rosenstiel; T. Lang & E. Sigl (Hrsg.). Fach- und Führungsnachwuchs finden und fördern. Stuttgart, S. 97-112

Schuler, H. (1996). Psychologische Personalauswahl. Göttingen

Schuler, H. & Berger, W. (1979). Physische Attraktivität als Determinante von Beurteilung und Einstellungsempfehlung. Psychologie und Praxis, 2, S. 59-70

Schuler, H. & Frintrup, A. (2002). Das Leistungsmotivationsinventar (LMI). Wirtschaftspsychologie, 9 (2), S. 78-82

Schuler, H. & Funke, U. (2001). FSK Fragebogen zur sozialen Kompetenz. In: W. Sarges & H. Wottawa (Hrsg.). Handbuch wirtschaftspsychologischer Testverfahren. Lengerich, S. 255-259

Schuler, H. & Prochaska, M. (2000). Leistungsmotivationsinventar (LMI). Göttingen

Schuler, H. & Prochaska, M. (2001). Leistungsmotivationsinventar (LMI). In: W. Sarges & H. Wottawa (Hrsg.). Handbuch wirtschaftspsychologischer Testverfahren. Lengerich, S. 339-343

Schuler, H.; Frier, D. & Kauffmann, M. (1993). Personalauswahl im europäischen Vergleich. Göttingen

Seyfried, H. (1990). Lern- und Merkfähigkeitstest (LMT). Göttingen

Shippmann, J.S.; Ash, R.A.; Battista, M.; Carr, L.; Eyde, L.D.; Hesketh, B.; Kehoe, J.; Pearlman, K.; Prien, E.P. & Sanchez, J.I. (2000). The practice of competency modeling. Personnel Psychology, 53, pp. 703-740

Stehle, W. (1995). Biographische Fragebogen. In: W. Sarges (Hrsg.). Management-Diagnostik. Göttingen, S. 526-530

Strauß, B. (2000). Die Messung der praktischen Intelligenz von Managern mit Hilfe computersimulierter Szenarien. In: L. v. Rosenstiel & T. Lang-von Wins (Hrsg.). Perspektiven der Potentialbeurteilung. Göttingen

Strauß, B. & Kleinmann, M. (1995). Computersimulierte Szenarien in der Personalarbeit. Göttingen

Thornton, G.C. (1968). The relationship between supervisory- and self-appraisal of executive performance. Personnel Psychology, 33, pp. 263-271

Thornton, G.C. III; Gaugler, B.B.; Rosenthal, D.B. & Bentson, C. (1992). Die prädiktive Validität des Assessment Centers: eine Metaanalyse. In: H. Schuler & W. Stehle (Hrsg.). Assessment Center als Methode der Personalentwicklung. Göttingen, S. 36-60

Ulich, E. (1990). Arbeitspsychologie. Zürich/Stuttgart

Volpert, W.; Oesterreich, R.; Gablenz-Kolakovic, S.; Krogoll, T. & Reisch, M. (1983). Verfahren zur Ermittlung von Regulationserfordernissen in der Arbeitstätigkeit (VERA). Köln

Wagener, D. & Conrad, W. (1996). FSYS 2.0. Mannheim

Wagener, D. & Conrad, W. (2000). FSYS 2.0. In: W. Sarges & H. Wottawa (Hrsg.). Handbuch wirtschaftspsychologischer Testverfahren. Lengerich, S. 261-264

Webster, E.C. (1982). The employment interview. Schomberg

Weinert, F.E. (2001). Concept of competence: A conceptual clarification. In: D. Rychen & L. Salganik (eds.), Defining and selecting key competencies. Kirkland, pp. 45-65

Wiesner, W.H. & Cronshaw, S.F. (1988). A meta-analytic investigation of the impact of interview format and degree of structure on the validity of the employment interview. Journal of Occupational Psychology, 72, pp. 484-487

Yammarino, F.J. & Atwater, L.E. (1997). Do managers see themselves as others see them? Implications of self-other rating agreeement for human resources management. Organizational Dynamics, 25, pp. 35-44

Zee, K.I. van der; Bakker, A.B. & Bakker, P. (2002). Why are structured interviews so rarely used in personnel selection? Journal of Applied Psychology, 87, pp. 176-184

# Autoren- und Entwicklerverzeichnis

Die gegenwärtig gültigen Adressen lassen sich leicht über die angegebenen Namens- und Ortsangaben im Internet ermitteln.

## a. Autoren

*Balzer, Lars Dipl.-Psych.*, Zentrum für empirische pädagogische Forschung, Universität Koblenz-Landau

*Bambeck, Jörn J. Dr.*, vormalig Mitleiter des I.f.V. (Institut für Verhaltensmodifikation) und Leiter des I.f.P. (Institut für Persönlichkeitsanalyse), München

*Bergmann, Bärbel Prof. Dr.*, Institut für Allgemeine Psychologie, Biopsychologie und Methoden der Psychologie, Technische Universität Dresden

*Dittler, Andreas Dipl.-Psych.*, nextpractice GmbH, Bremen

*Donaubauer, Andreas Dipl.-Psych.*, Abteilung für Sozial- und Organisationspsychologie, Universität Regensburg

*Edelmann, Doris, M.A.*, Institut für Pädagogik, Ludwig-Maximilians-Universität München, Pädagogische Hochschule Zürich

*Erke, Alena Dipl.-Psych.*, Lehrstuhl für Wirtschafts- und Organisationspsychologie, Universität Mannheim

*Erler, Wolfgang*, Deutsches Jugendinstitut, München

*Erpenbeck, John Prof. Dr.*, Bereichsleiter Grundlagenforschung im Qualifikations-Entwicklungsmanagement QUEM der Arbeitsgemeinschaft betriebliche Weiterbildungsforschung (ABWF), Berlin

*Etzel, Stefan Dr.*, Kienbaum Management Consultants GmbH, Gummersbach

*Finke, Ina*, Competence Center Wissensmanagement am Fraunhofer Institut für Produktionsanlagen und Produktionstechnik (Fraunhofer IPK), Berlin

*Fischer, Stephan Dr.*, O & P Consult, Organisations- und Personalentwicklungsberatung AG, Heidelberg

*Frey, Andreas Dr.*, Zentrum für empirische pädagogische Forschung, Universität Koblenz-Landau

*Friedrich, Peter Dr. Ing.*, FRITZ Change AB, Stocksund, Schweden

*Frieling, Ekkehart Prof. Dr.*, Institut für Arbeitswissenschaft, Universität Kassel

*Gay, Friedbert*, geschäftsführender Gesellschafter der DISG-Training GmbH, Remchingen

*Gerber, Pia*, Freudenbergstiftung, Weinheim/ Bergstraße

*Gerzer-Saß, Annemarie, M.A.*, Deutsches Jugendinstitut, München

*Gress, Felix Dr.*, Executive Management Development und Planung BASF Aktiengesellschaft, Ludwigshafen

*Grote, Sven Dipl.-Psych.*, Institut für Arbeitswissenschaft, Universität Kassel

*Hänggi, Gerhard*, Global Soft AG, Allschwil, Schweiz

*Heisig, Peter*, Competence Center Wissensmanagement am Fraunhofer Institut für Produktionsanlagen und Produktionstechnik (Fraunhofer IPK), Berlin

*Henseler, Wilfried*, Differentielle Psychologie und Persönlichkeitsforschung, Universität Osnabrück

*Heyse, Volker Prof. Dr.*, TfP Trainingszentrum für Personalentwicklung, Regensburg

*Hofer, Stefan Dipl.-Psych.*, Lehrstuhl für Organisationspsychologie, Universität Münster

*Holling, Heinz Prof. Dr.*, Lehrstuhl für Organisationspsychologie, Universität Münster

*Jöns, Ingela PD Dr.*, Lehrstuhl für Wirtschafts- und Organisationspsychologie, Universität Mannheim

*Kanning, Uwe Peter Dr.*, Lehrstuhl für Organisationspsychologie, Universität Münster

*Karnicnik, Erich Dipl.-Psych.*, Siemens AG, Corporate Personnel, München

*Kaschube, Jürgen Dr.*, Lehrstuhl für Organisations- und Wirtschaftspsychologie, München

*Kauffeld, Simone Dr.*, Institut für Arbeitswissenschaft, Universität Kassel

*Kirbach, Christine Dipl.-Psych.*, ELIGO Psychologische Personalsoftware GmbH, München

*Kriegesmann, Bernd Prof. Dr.*, Fachhochschule Gelsenkirchen und Vorstandsvorsitzender des IAI – Institut für angewandte Innovationsforschung e.V., Bochum

*Kruse, Peter Prof. Dr.*, Honorarprofessor für Allgemeine und Organisationspsychologie, Universität Bremen; nextpractice GmbH, Bremen

*Kuhl, Prof. Dr. Julius*, Differentielle Psychologie und Persönlichkeitsforschung, Universität Osnabrück

*Küppers, Anja Dipl.-Psych.*, pro facts assessment & training, Herzogenrath

*Langens, Thomas A. Dr.*, wissenschaftlicher Mitarbeiter am Lehrstuhl für Allgemeine Psychologie II, Universität Wuppertal

*Lang-von Wins, Thomas PD Dr.*, PERFORM, Arbeitsgruppe für angewandte Personalforschung, Schwabhausen

*Lantz, Annika*, Märdalen University, Eskilstuna, Schweden

*Möding, Nori Dr.*, zukunft im zentrum GmbH, Berlin

*Montel, Christian Dipl.-Psych.*, ELIGO Psychologische Personalsoftware GmbH, Berlin

*Muschik, Claus Dr.*, wissenschaftlicher Mitarbeiter am IAI – Institut für angewandte Innovationsforschung e.V., Bochum

*Mussel, Patrick Dipl.-Psych.*, S&F Personalpsychologie Managementberatung GmbH, Stuttgart

*North, Klaus Prof. Dr.*, Fachbereich Wirtschaft, Fachhochschule Wiesbaden

*Nußhart, Christine Dipl.-Soz.*, Katholische Arbeitnehmerbewegung Süddeutschland, München

*Oenning, Stefan Dipl.-Psych.*, ELIGO Psychologische Personalsoftware GmbH, Bochum

*Peters, Axel Dipl.-Volksw.*, Hay Group GmbH, Frankfurt/Main

*Prochaska, Michael Dr.*, Institut für Psychologie, Universität Hohenheim, Stuttgart

*Racky, Sabine Dipl.-Psych.*, Lehrstuhl für Wirtschafts- und Organisationspsychologie, Universität Mannheim

*von Rosenstiel, Lutz Dr. Dr. h.c.*, Lehrstuhl für Organisations- und Wirtschaftspsychologie, Ludwig-Maximilians-Universtiät München; Vorsitzender des vom Bundesministerium für Bildung und Forschung berufenen wissenschaftlichen Beirates des Projekts Lernkultur Kompetenzentwicklung, das von der Arbeitsgemeinschaft betriebliche Weiterbildungsforschung (ABWF) initiiert und durch das Projekt Qualitäts-Entwicklungs-Management (QUEM) organisiert wird

*Rothe, Heinz-Jürgen Prof. Dr.*, Institut für Psychologie, Universität Potsdam

*Sanne, Christoph Dipl.-Psych.*, Siemens AG, Corporate Personnel, München

*Sarges, Werner Prof. Dr.*, Institut für Management-Diagnostik (Prof. Sarges & Partner), Barnitz

*Saß, Jürgen Dipl.-Soz.*, Deutsches Jugendinstitut, München

*Schaper, Niclas PD Dr.*, Psychologisches Institut, Arbeits-, Betriebs- und Organisationspsychologie, Universität Heidelberg

*Scheelen, Frank M.*, SCHEELEN® AG, Institut für Managementberatung und Bildungsmarketing, Waldshut-Tiengen

*Scherm, Martin Dr.*, Fachbereich Pädagogik, Professur für Quantitative Methoden, Universität der Bundeswehr, Hamburg

*Schmalt, Heinz-Dieter Prof. Dr.*, Lehrstuhl für Allgemeine Psychologie II, Universität Wuppertal

*Schomburg, Frank*, Dipl.-Inf., nextpractice GmbH, Bremen

*Schuler, Heinz Prof. Dr.*, Lehrstuhl für Psychologie, Universität Hohenheim, Stuttgart

*Simon, Patricia Dr.*, Abteilung für Sozial- und Organisationspsychologie, Universität Regensburg

*Sokolowsi, Kurt Prof. Dr.*, Institut für Allgemeine und Differentielle Psychologie, Universität Siegen

*Sonnentag, Sabine Prof. Dr.*, Institut für Psychologie, Universität Braunschweig

*Staudt, Erich Prof. Dr.†*, Gründer des IAI – Institut für angewandte Innovationsforschung e.V., Bochum

*Stickel, Matthias*

*Thömmes, Jürgen Dr.*, refaconsult GmbH, Dortmund

*Tippelt, Rudolf Prof. Dr.*, Lehrstuhl für Allgemeine Pädagogik und Bildungsforschung, Ludwig-Maximians-Universtität München

*Winzer, Holger Dipl.-Psych.*, Hay Group GmbH, Frankfurt/Main

*Wittmann, Angela Dr.*, Lehrstuhl für Organisations- und Wirtschaftspsychologie, München

## b. Entwickler

*Autorengemeinschaft/Gesellschaft CH-Q, Schweizerisches Qualifikationsprogramm zur Berufslaufbahn*, Meilen, Schweiz; Vertreterin der Autorengemeinschaft: Anita E. Calonder Gerster, Ausbildungs- und Organisationsberatung, Zumikon, Schweiz

*Bambeck, Jörn J. Dr.*, München

*BASF Aktiengesellschaft*, ZOF – Obere Führungskräfte und Führungskräfteentwicklung, Ludwigshafen; Hay Group, Frankfurt/Main

*Bergmann, Bärbel Prof. Dr.*; entwickelt im Rahmen des Projekts »Individuelle Kompentenzentwicklung durch Lernen im Prozess der Arbeit« von Barbara Wardanjan, Katja Uhlemann und Falk Richter unter Leitung von Bärbel Bergmann

*Boyatzis, Richard, E.; Goleman, Daniel;* Mitarbeiter der Hay Group

*»Délégation générale à l'emploi et à la formation professionnelle«* DGEFP du Ministère du travail et de la solidarité (früher: »Délégation à la formation professionnelle« DGF im französischen Arbeitsministerium), Paris

*Kauffeld, Simone Dr.* Institut für Arbeitswissenschaft, Universität Kassel

*Erke, Alena; Racky, Sabine; Jöns, Ingela PD Dr.*, Projekt »Unterstützung selbstregulierter Gruppenarbeit« (USG), Lehrstuhl für Wirtschafts- und Organisationspsychologie, Universität Mannheim

*Erpenbeck, John Prof. Dr.; Heyse, Volker Prof. Dr.; Max, Horst*, A C T Audit Coaching Training, Regensburg, www.kodel.com; www.globalsoft.ch

*Etzel, Stefan Dr.*, Kienbaum Management Consultants GmbH, Gummersbach; *Küppers, Anja Dipl.-Psych.*, pro facts assessment and training, Herzogenrath

*Freudenberg Stiftung Weinheim* in Zusammenarbeit mit dem Ministerium für Kultus, Jugend und Sport, Baden-Württemberg

*Frey, Andreas Dr.; Balzer, Lars*, Zentrum für empirische pädagogische Forschung, Universität Koblenz-Landau, Landau

*Friedrich, Peter Dr. Ing.*, FRITZ Change AB, Olof Hermelins Väg 8, S-18275 Stocksund; *Lantz Annika*, Mälardalen University, Eskilstuna, Schweden

*Frieling, Ekkehart Prof. Dr.; Grote, Sven, Kauffeld, Simone Dr.*, Institut für Arbeitswissenschaft, Universität Kassel

*Geier, John Dr.*, Minneapolis, USA, ins Deutsche übertragen von Friedbert Gay

*Global Soft AG*, Allschwil, Schweiz, www.globalsoft.ch

*Heisig, Peter; Finke, Ina* unter Mitarbeit von *Jaitner, Arne*, Competence Center Wissensmanagement am Fraunhofer Institut für Produktionsanlagen und Produktionstechnik (Fraunhofer IPK), Berlin

*Kruse, Peter Prof. Dr.; Raeithel, Arne Dr.†*, nextpractice GmbH, Bremen

*Kuhl, Julius Prof. Dr.*, Differentielle Psychologie und Persönlichkeitsforschung, Universität Osnabrück

*Langens, Thomas A. Dr.; Schmalt, Heinz-Dieter Prof. Dr.*, Lehrstuhl für Allgemeine Psychologie II, Universität Wuppertal; *Sokolowsi; Kurt, Prof. Dr.* Institut für Allgemeine und Differentielle Psychologie, Universität Siegen

*Lang-von Wins, Thomas Dr. PD; Kaschube, Jürgen Dr., Wittman, Angela Dr., von Rosenstiel, Lutz, Prof. Dr. Dr. h.c.*, PERFORM – Arbeitsgruppe für Angewandte Personalforschung, Schwabhausen. www.perform-muenchen.de

*Lehrstuhl für Organisationspsychologie*, Universität Münster, in Zusammenarbeit mit dem Zentralen Psychologischen Dienst der Bayerischen Polizei

*Lienert, Gustav A. Prof. Dr. Dr. h.c.†; Schuler, Heinz Prof. Dr.*, Lehrstuhl für Psychologie, Universität Hohenheim, Stuttgart

*McClelland, David†*, Hay Group, Frankfurt/Main

*North, Klaus Prof. Dr.*, Fachbereich Wirtschaft, Fachhochschule Wiesbaden

*Norton, Robert E.*, CETE (Center on Education and Training for Employment), Ohio State University College, Ohio, USA

*Nußhart, Christine Dipl.-Soz.*, Katholische Arbeitnehmerbewegung Süddeutschlands, wissenschaftliche Projektstelle, München; *Erler, Wolfgang, Gerzer-Saß, Annemarie M.A., Saß, Jürgen Dipl.-Soz.*, Deutsches Jugendinstitut München

*O & P Consult AG* auf Basis der Arbeiten zur Entwicklungspsychologie von Elliott Jaques, einem der Mitbegründer des Tavistock Instituts in London

*Rothe, Heinz-Jürgen Prof. Dr.*, Institut für Psychologie, Universität Potsdam

*S & F Personalpsychologie Managementberatung GmbH*, Stuttgart

*Sarges, Werner, Prof. Dr.*, Institut für Management-Diagnostik (Prof. Sarges & Partner), Barnitz

*Schaper, Niclas, PD Dr.*, Psychologisches Institut, Arbeits-, Betriebs- und Organisationspsychologie, Universität Heidelberg

*Scherm, Martin Dr.*, Fachbereich Pädagogik, Professur für Quantitative Methoden, Universität der Bundeswehr, Hamburg

*Schuler, Heinz Prof. Dr.; Prochaska, Michael Dr.*, unter Mitarbeit von *Andreas Frintrup*, Lehrstuhl für Psychologie, Universität Hohenheim, Stuttgart

*Siemens AG*, Corporate Personnel, München

*Simon, Patricia Dr.; Donaubauer, Andreas; Thomas, Alexander Prof. Dr.*, Abteilung für Sozial- und Organisationspsychologie, Universität Regensburg, Regensburg

*Sonnentag, Sabine Prof. Dr.*, Institut für Psychologie, Universität Münster

*Staudt, Erich Prof. Dr.†; Kriegesmann, Bernd, Prof. Dr.; Muschik, Claus Dr.*, IAI – Institut für angewandte Innovatiosforschung e.V., Bochum

*Target Training International* Success INSIGHTS®, Ltd., Scottsdale, Arizona, USA; *Jung, C. G.; Marston, W.M.; Warburton, D.*, SCHEELEN®-Institut für Managementberatung und Bildungsmarketing, Waldshut-Tiengen

*Wottawa, Heinrich Prof. Dr.*, Fakultät für Psychologie, Universität Bochum; ELIGO Psychologische Personalsoftware GmbH, Berlin, Bochum, München

# Stichwortverzeichnis